W0416130

PARLE Seigneur

TA PAROLE EST UN TRÉSOR

Nihil Obstat, Lyon, Père Henri Durand, le 15 juillet 2010
Imprimatur à usage catéchétique, le 15 juillet 2010
Cardinal Philippe Barbarin, archevêque de Lyon

© Textes liturgiques, AELF, Paris
© Mame-Tardy, Paris, 2010 pour l'ensemble de l'ouvrage
www.fleuruseditions.com
www.alarencontreduseigneur.fr
ISBN : 978-2-7105-0471-9
N° d'édition : 10200
MDS : 538 061
Tous droits réservés pour tous pays.
« Loi n° 49-956 du 16 juillet 1949 sur les publications destinées à la jeunesse. »

CECC
Faire vivre l'Église

Avec ce document vous soutenez la responsabilité de la catéchèse dans l'Église, et vous contribuez à une solidarité financière entre les diocèses de France.
Les évêques de la commission épiscopale de la catéchèse et du catéchuménat (CECC).

PARLE Seigneur
TA PAROLE EST UN TRÉSOR

Document biblique
de la proposition
« À la rencontre du Seigneur »

MAME ▪ Tardy ▪ La Diffusion Catéchistique - Lyon

Auteurs

LA DIFFUSION CATÉCHISTIQUE - LYON

Jean-Claude BRUNETTI

avec la collaboration de :

Vincent FEROLDI
Bernadette FILLION
Paul GIMARET
Clarisse GINON
Georges GOUDET
Monique HOUSSE
Françoise MEYER
Gabriel POBELLE
Claire RICOULEAU
Ghislaine ROUSSEL

Édition revue et corrigée par :

Marie-Noëlle BOUR
Marie-Agnès BRESSON LAVIGNE
Bénédicte CRÉPET
Élisabeth GLEYSAL
Annie PERCEVAL
Olivier PETIT

Remerciements à
Monseigneur Jean LEGREZ, évêque de Saint-Claude
Maryam MICHACA
Daniel REVAUD

Depuis deux mille ans, des centaines de millions d'hommes et de femmes de tous âges, de tous pays et de toutes races se sont intéressés à Jésus Christ.

Ils l'ont découvert en lisant et relisant les Évangiles de Matthieu, Marc, Luc et Jean, et en sont devenus disciples.

Ils se sont aussi intéressés à ces textes plus anciens que Jésus lisait et méditait comme tous les Juifs de son époque, et ils ont découvert un Dieu qui parle, qui se fait proche et qui fait alliance avec son peuple.

À leur tour, ils ont lu, médité et prié ces textes. Recevant ainsi la Parole, ils l'ont partagée, annoncée, proclamée, chantée, acclamée…

Ce livre rassemble beaucoup de textes de la Bible. Il veut rejoindre tous ceux qui, quel que soit leur âge, désirent connaître la Bonne Nouvelle de Jésus Christ.

En complément de ce livre, un autre document intitulé Seigneur, apprends-nous à prier *ouvre un chemin de prière.*

LA BIBLE, LE LIVRE DU PEUPLE DE DIEU

LA BIBLE, UNE VÉRITABLE BIBLIOTHÈQUE

– Le mot français « Bible » vient d'un mot grec signifiant « les livres ». Quand on ouvre la Bible, c'est comme si l'on entrait dans une bibliothèque. On y trouve des ouvrages très différents : des histoires vraies, des paraboles, des lois, des règlements, des prières, des discours, des lettres, des poèmes… Ils ont été rédigés à différentes époques sur une période qui couvre plus de mille ans. Certains de ces livres ont été longuement élaborés et complétés au cours des siècles avant de parvenir à leur forme définitive.*

LES ÉCRITURES DU PEUPLE D'ISRAËL

Au cours de l'histoire, le peuple d'Israël a été appelé hébreu, puis juif*. En Égypte où il fut esclave, puis à Babylone où il fut déporté, comme au cours de son installation sur la Terre* promise, il reçut la révélation d'un Dieu unique, Créateur de tout l'univers, désireux d'établir une Alliance avec les hommes. Cette expérience fut fixée oralement puis par écrit en différentes œuvres transcrites sur des rouleaux de parchemin.*

À partir du Ier siècle avant Jésus Christ, les pharisiens contribuèrent à fixer la liste des livres inspirés par Dieu. Au temps de Jésus, chaque synagogue* en possédait une collection plus ou moins importante, écrite soit en hébreu, soit en grec. Mais ce furent des sages établis à Jamnia[1] après la destruction de Jérusalem par les Romains en 70 après Jésus Christ qui décidèrent que les Écritures saintes des Juifs devaient être écrites en hébreu et qui exclurent les livres dont il n'existait pas une version en langue hébraïque. Cet ensemble de livres constitue la Bible juive et ne correspond pas totalement à l'« Ancien Testament* ». Les Juifs l'appellent* Tanak, *abréviation de trois mots hébreux :* Torah *(Loi)*, Néviim *(Prophètes)*, Kétouviim *(Écrits)*.

(1) Près de la ville actuelle de Tel Aviv. Voir canon*.

LA BIBLE DES CHRÉTIENS

Aux livres de la Bible juive (Tanak), *les chrétiens ajoutent d'autres ouvrages, écrits au Ier siècle de notre ère. Ces livres témoignent de la nouvelle Alliance proposée à l'humanité par Jésus, Fils de Dieu. Ils constituent le Nouveau Testament.*

Cette façon de distinguer Ancien Testament et Nouveau Testament dans la Bible chrétienne est devenue très habituelle. Elle présente cependant un inconvénient. Quand on parle d'Ancien Testament ou d'ancienne Alliance, on donne l'impression de parler de quelque chose de dépassé et d'inutile. Or, cette ancienne Alliance est toujours valable. En effet, en proposant une nouvelle Alliance(1), Jésus lui-même a affirmé qu'il n'était pas venu abolir, mais accomplir(2), c'est-à-dire achever l'Alliance proposée aux ancêtres. On aurait donc avantage à parler de Première Alliance ou de Premier Testament pour mieux manifester que tout ce qui a été révélé avant Jésus constitue comme les racines de l'Évangile(3) et le fondement de la foi chrétienne.

LA BIBLE, UNE ŒUVRE LONGUE À ÉCRIRE

L'élaboration des livres bibliques a été longue. De nombreuses personnes y ont participé. Elles ont été inspirées par le Saint-Esprit. Il les a aidées à comprendre qu'à travers tous les événements marquant l'histoire du peuple d'Israël – comme l'existence des individus (naissance, esclavage, guerre, famine, récolte abondante…) –, Dieu se révèle et appelle les hommes à l'aimer. Ainsi éclairé par le Saint-Esprit, chaque rédacteur biblique a composé son ouvrage avec son talent propre et dans le style le plus adapté pour faire entendre son expérience singulière de Dieu. La plupart des rédacteurs, surtout pour l'Ancien Testament, sont inconnus, même quand les livres portent un nom d'auteur. Le livre d'Isaïe, par exemple, est l'œuvre de plusieurs scribes. Ils ont recueilli la prédication d'Isaïe. Animés par l'Esprit Saint, ils ont parfois actualisé ou complété certaines prophéties. Ils ont même ajouté des oracles prononcés par d'autres prophètes. C'est pourquoi la rédaction finale a nécessité de nombreuses années.*

(1) Luc 22, 20.
(2) Matthieu 5, 17, p. 249.
(3) Matthieu 13, 52, p. 63.

Inspirés par l'Esprit Saint, tous ces écrivains de l'Ancien et du Nouveau Testament se sont attachés à inscrire, dans la lettre même des textes, l'expérience de la Parole de Dieu, vécue par eux ou par d'autres, de telle sorte que les lecteurs puissent à leur tour en faire l'expérience. Ils ont ainsi offert à leurs contemporains et aux générations à venir un véritable trésor : l'expérience vive de Dieu se révélant à travers l'existence de son Peuple par sa Parole, jusqu'à prendre corps en Jésus Christ, lui, le Verbe de Dieu.

LA BIBLE, UN OUVRAGE POUR AUJOURD'HUI

À leur tour, les chrétiens cherchent à découvrir dans la Bible ce que Dieu dit aux hommes d'aujourd'hui. L'Esprit Saint les aide à comprendre le sens profond des mots. Il donne vie aux textes bibliques. Ce ne sont plus des textes simplement écrits sur du papier. Ce sont les Paroles qu'un Vivant leur adresse, lui qui est Père, Fils et Esprit. Les mots, les phrases, les textes sont comme une route qui conduit les chrétiens à la rencontre de Dieu.

PRÉSENTATION DES LIVRES DE LA BIBLE

La première Alliance

LA TORAH

L'homme et le monde — Abraham et ses fils

Genèse

L'histoire de Moïse

Exode — Lévitique — Nombres — Deutéronome

LA VIE DU PEUPLE D'ISRAËL

Le temps des rois et des prophètes : sur une terre, le peuple, un roi, un temple, des prophètes

Josué — Juges — Ruth — Livres de Samuel — Livres des Rois — Livres des Chroniques — Amos — Osée — Isaïe 1-39 — Michée — Sophonie

L'Exil : un peuple en exil, sans roi ni temple mais accompagné par des prophètes

Nahum — Jérémie — Lamentations — Habaquq — Abdias — Ézékiel — Isaïe 40-55

Après l'Exil : la foi vécue dans la diversité des nations

Esdras — Néhémie — Malachie — Joël — Isaïe 56-66 — Jonas — Aggée — Zacharie — Judith — Esther

Cantique des cantiques — Livres des Martyrs d'Israël — Job — Proverbes — Ben Sirac — Ecclésiaste — Tobie — Sagesse — Baruch — Daniel

LA PRIÈRE DU PEUPLE DE DIEU

Psaumes

La nouvelle Alliance

L'ÉVANGILE

- Matthieu
- Marc
- Luc
- Jean

LA NAISSANCE DE L'ÉGLISE

Les Actes des Apôtres

- Actes des apôtres

Les épîtres

Les épîtres de Paul

- Lettre aux Romains
- Première lettre aux Corinthiens
- Deuxième lettre aux Corinthiens
- Lettre aux Galates
- Lettre aux Éphésiens
- Lettre aux Philippiens
- Lettre aux Colossiens
- Lettres aux Thessaloniciens
- Lettres à Timothée
- Lettre à Tite
- Lettre à Philémon
- Lettre aux Hébreux

Les épîtres catholiques

- Lettre de saint Jacques Apôtre
- Lettres de saint Pierre* Apôtre
- Lettres de saint Jean
- Lettre de saint Jude

APOCALYPSE DE SAINT JEAN

- Livre de l'Apocalypse

De gauche à droite : Ordre des livres dans *Parle Seigneur*

- Livres de la Bible dont des passages figurent dans ce livre
- Livres de la Bible dont aucun passage ne figure dans ce livre

ANCIEN TESTAMENT

Il s'agit des livres qui présentent l'Alliance entre Dieu et le Peuple d'Israël. Des extraits de ces livres sont cités dans les trois premières parties.*

***1. La Torah** (p. 17 à 89)*

Les cinq premiers livres de la Bible : Genèse, Exode, Lévitique, Nombres et Deutéronome sont les plus importants de la Bible juive. Les juifs les rassemblent sous le nom de Torah*. Dieu y révèle son désir de vivre en Alliance.*

***2. La vie du Peuple d'Israël** (p. 93 à 211)*

Dans cette partie sont présentés des récits, des textes de prophètes, des proverbes… Elle couvre la période qui va de la création du royaume d'Israël jusqu'aux années précédant la naissance de Jésus. À travers les événements quotidiens, le Peuple d'Israël poursuit sa découverte de Dieu.

***3. La prière du Peuple de Dieu** (p. 213 à 233)*

Cette partie présente les psaumes, prières du Peuple de Dieu. Aujourd'hui comme hier, les psaumes permettent à Israël de rencontrer Dieu. Ils sont devenus aussi prières de l'Église.

NOUVEAU TESTAMENT

Il s'agit des livres qui présentent l'Alliance « nouvelle et éternelle » que Jésus, le Fils de Dieu, établit avec toute l'humanité.

Des extraits de ces livres sont cités dans les parties 4 et 5.

***4. L'Évangile** (p. 235 à 399)*

Cette partie est faite de quatre témoignages sur Jésus, Fils de Dieu fait homme, mort et ressuscité.

***5. La naissance de l'Église** (p. 401 à 467)*

Cette partie donne quelques échos des événements survenus après la résurrection du Christ. Les disciples de Jésus partent annoncer l'Évangile dans le monde entier. On y trouve des extraits des Actes des Apôtres, de lettres et de l'Apocalypse.

6. Lexique

Des mots, des images, des explications à découvrir (p. 469 à 546)

Des explications et des images pour mieux comprendre les mots marqués d'un astérisque (*) dans l'ensemble du livre. Les définitions en gras concernent particulièrement les enfants.

On trouve également dans ce livre des grandes planches illustrées. Elles permettent de mieux comprendre les textes bibliques et la vie du Peuple de Dieu. Chacune est présentée sur une double page. La liste complète en est donnée p. 557.

CLÉS DE LECTURE DE « PARLE SEIGNEUR »

• Parle Seigneur *présente un choix de textes bibliques. Des tables pour situer ces textes se trouvent p. 16 et p. 551 à 553.*

– Le plus souvent, les textes sont cités dans la traduction utilisée pour la liturgie(1)*.*

– Le nom du livre biblique dont ils sont extraits est indiqué en haut de page. Par exemple : JÉRÉMIE.

– Pour faciliter la lecture, les auteurs ont ajouté des titres. Parfois aussi, quelques lignes en italique qui situent le texte dans l'ensemble de la Bible, en résumant éventuellement des passages non cités.

– Les livres bibliques sont divisés en chapitres numérotés. Dans un chapitre, les phrases ou un ensemble de phrases sont également numérotés : ce sont les versets. Pour retrouver un passage, on cite donc le titre du livre, le numéro du chapitre, puis le numéro du ou des versets concernés. On dira, par exemple, que l'histoire de la tour de Babel se trouve au livre de la Genèse, chapitre 11, versets 1 à 9 (p. 33).

• *Chaque page est comme enchâssée dans un cadre orné. Des artistes d'hier et d'aujourd'hui illustrent la manière dont ils comprennent le texte biblique. Un commentaire des cadres ornés est proposé p. 561 à 569.*

• *Des textes de genres différents aident à la lecture du texte biblique :*

– Les méditations – imprimées sur fond blanc comme le texte biblique, mais en caractères plus petits – actualisent la Parole de Dieu.

– Les commentaires – imprimés dans des encadrés de couleur – sont soit des introductions à un livre ou à une partie de livre, soit des explications d'un verset ou d'une particularité du texte cité. Une table des principaux commentaires se trouve p. 555 à 556.

– Les notes proposent des renseignements d'ordre historique ou géographique. Elles peuvent aussi renvoyer à un autre texte biblique. Les mots difficiles indiqués par un astérisque sont expliqués dans le lexique à la fin du livre, p. 469 à 546. Les noms propres ont souvent aussi une notice dans le lexique.*

(1) Lorsque celle-ci n'existe pas, c'est la traduction de la Bible de Jérusalem qui a été utilisée.

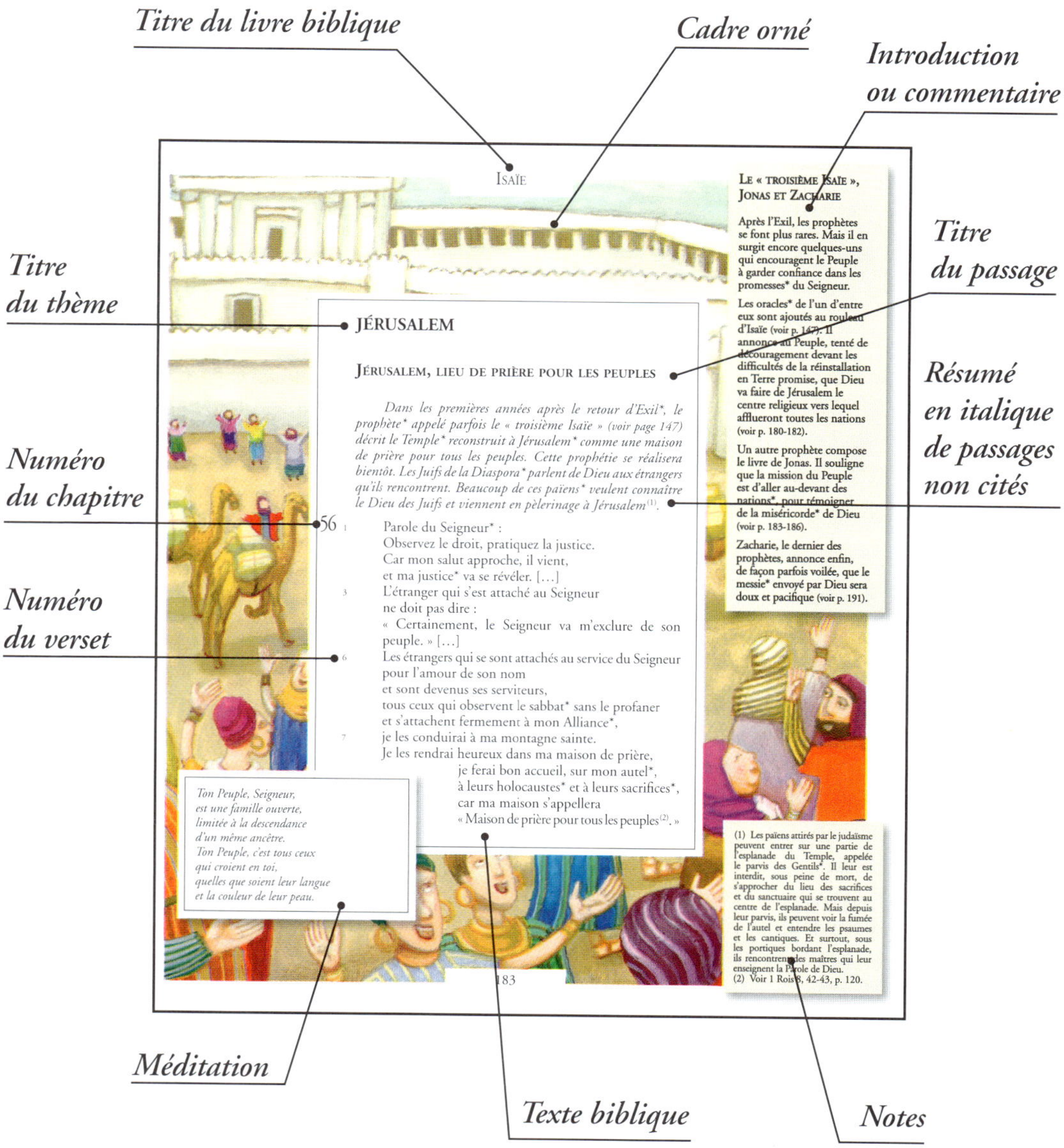

Isaïe

Le « troisième Isaïe », Jonas et Zacharie

Après l'Exil, les prophètes se font plus rares. Mais il en surgit encore quelques-uns qui encouragent le Peuple à garder confiance dans les promesses* du Seigneur.

Les oracles* de l'un d'entre eux sont ajoutés au rouleau d'Isaïe (voir p. 147). Il annonce au Peuple, tenté de découragement devant les difficultés de la réinstallation en Terre promise, que Dieu va faire de Jérusalem le centre religieux vers lequel afflueront toutes les nations (voir p. 180-182).

Un autre prophète compose le livre de Jonas. Il souligne que la mission du Peuple est d'aller au-devant des nations*, pour témoigner de la miséricorde* de Dieu (voir p. 183-186).

Zacharie, le dernier des prophètes, annonce enfin, de façon parfois voilée, que le messie* envoyé par Dieu sera doux et pacifique (voir p. 191).

JÉRUSALEM

Jérusalem, lieu de prière pour les peuples

Dans les premières années après le retour d'Exil, le prophète* appelé parfois le « troisième Isaïe » (voir page 147) décrit le Temple* reconstruit à Jérusalem* comme une maison de prière pour tous les peuples. Cette prophétie se réalisera bientôt. Les Juifs de la Diaspora* parlent de Dieu aux étrangers qu'ils rencontrent. Beaucoup de ces païens* veulent connaître le Dieu des Juifs et viennent en pèlerinage à Jérusalem[1].*

56 1 Parole du Seigneur* :
Observez le droit, pratiquez la justice.
Car mon salut approche, il vient,
et ma justice* va se révéler. […]
3 L'étranger qui s'est attaché au Seigneur
ne doit pas dire :
« Certainement, le Seigneur va m'exclure de son peuple. » […]
6 Les étrangers qui se sont attachés au service du Seigneur
pour l'amour de son nom
et sont devenus ses serviteurs,
tous ceux qui observent le sabbat* sans le profaner
et s'attachent fermement à mon Alliance*,
7 je les conduirai à ma montagne sainte.
Je les rendrai heureux dans ma maison de prière,
je ferai bon accueil, sur mon autel*,
à leurs holocaustes* et à leurs sacrifices*,
car ma maison s'appellera
« Maison de prière pour tous les peuples[2]. »

Ton Peuple, Seigneur,
est une famille ouverte,
limitée à la descendance
d'un même ancêtre.
Ton Peuple, c'est tous ceux
qui croient en toi,
quelles que soient leur langue
et la couleur de leur peau.

(1) Les païens attirés par le judaïsme peuvent entrer sur une partie de l'esplanade du Temple, appelée le parvis des Gentils*. Il leur est interdit, sous peine de mort, de s'approcher du lieu des sacrifices et du sanctuaire qui se trouvent au centre de l'esplanade. Mais depuis leur parvis, ils peuvent voir la fumée de l'autel et entendre les psaumes et les cantiques. Et surtout, sous les portiques bordant l'esplanade, ils rencontrent des maîtres qui leur enseignent la Parole de Dieu.
(2) Voir 1 Rois 8, 42-43, p. 120.

183

TABLE DES TEXTES BIBLIQUES

ANCIEN TESTAMENT

NOUVEAU TESTAMENT

1re PARTIE

LA TORAH

Pour les Juifs, les livres les plus importants de toute la Bible sont les cinq premiers : Genèse*, Exode*, Lévitique*, Nombres* et Deutéronome*.*

La Genèse révèle que Dieu crée par amour tout ce qui existe pour le confier à l'homme. Il choisit Abraham pour donner naissance à un Peuple dont la mission sera de le révéler à toutes les nations. Les quatre livres suivants racontent comment Dieu fait des descendants d'Abraham un peuple par l'intermédiaire de Moïse. Dieu lui remet des commandements* pour apprendre au peuple à vivre une Alliance avec Dieu, à vivre entre eux et avec les autres nations.*

Pour désigner l'ensemble des commandements, conseils, directives que Dieu transmet à son Peuple, on utilise en hébreu(1) *le mot « Torah* »*(2). *C'est ce nom qui est donné aux cinq premiers livres de la Bible.*

En grec, on les appelle Pentateuque, ce qui signifie « les cinq rouleaux », les livres se présentant sous la forme de rouleaux de papyrus ou de parchemin.

On a attribué à Moïse la rédaction de ces cinq livres. En fait, ils ont été composés lentement, par des rédacteurs différents, à des moments différents de l'histoire du Peuple de Dieu. Mais dire qu'ils viennent de Moïse, c'est souligner que tout leur contenu est bien dans le prolongement de la révélation faite à Moïse.*

La Torah comprend trois grandes parties :
– I. L'homme et le monde, p. 19 à 33 ;
– II. Les histoires d'Abraham et de ses fils, p. 35 à 53 ;
– III. L'histoire de Moïse, p. 55 à 89.

(1) Langue dans laquelle sont écrits la plupart des livres de l'Ancien Testament*. Quelques-uns sont écrits en grec et en araméen*.
(2) En français, on traduit souvent Torah par « Loi* ».

I
L'HOMME ET LE MONDE

Tous les peuples du Moyen-Orient ont composé des récits sur la création du monde, et surtout sur la création des hommes. Les fils d'Israël racontent, eux aussi, des histoires sur les origines. Mais ce qui les intéresse, ce n'est pas de savoir comment tout a commencé. Ils cherchent à comprendre pourquoi les hommes vivent dans le monde. Leur existence si souvent difficile a-t-elle un sens ? À cette question, ils apportent des réponses très différentes de celles des peuples qui les entourent. Pour eux, le monde – et tout ce qu'il contient – est l'œuvre d'un seul Dieu.*

Dieu prend plaisir à créer : il crée par amour ! Il désire nouer des relations d'amitié avec les hommes créés à son image. Il fait Alliance avec eux et il leur confie la Création.*

Mais alors se pose la question : « D'où viennent les catastrophes naturelles, les guerres, la méchanceté et la jalousie présentes dans le cœur des hommes ? »

La Bible répond que les hommes ne veulent pas toujours avoir des relations confiantes avec Dieu, alors ils s'endurcissent dans le péché qui coupe la relation des hommes avec Dieu, fausse les relations entre eux et détruit la nature.*

LE MONDE VU PAR LES ANCIENS

1. Dans le jardin* d'Éden, Adam et Ève sont tentés par le serpent* (Genèse 3, 1-24, p. 26-28).

2. Caïn, l'agriculteur, et
3. Abel, le berger* (Genèse 4, 1-5, p. 28).

4. Le Seigneur fait alliance* avec Noé (Genèse 6, 9 à 9, 15, p. 29-33).
Le signe de cette alliance est l'arc-en-ciel.

5. Le firmament est conçu comme une voûte solide (Genèse 1, 6-8, p. 22). Les « écluses du ciel » se répandent en pluie sur la terre (Genèse 7, 11, p. 30). Les astres sont suspendus au firmament (Genèse 1, 14-19, p. 22-23).

6. Les « eaux qui sont en dessous du ciel » forment la mer (Genèse 1, 9-10, p. 22). Dieu lui assigne ses limites (Job 38, 8-11, p. 202).

La mer est dangereuse. On imagine qu'elle est habitée par des monstres, tel Léviathan.

7. Histoire de la tour de Babel (Genèse 11, 1-9, p. 33).

8. Sous la terre s'ouvre le domaine des morts, le shéol* (Genèse 37, 35, p. 53).

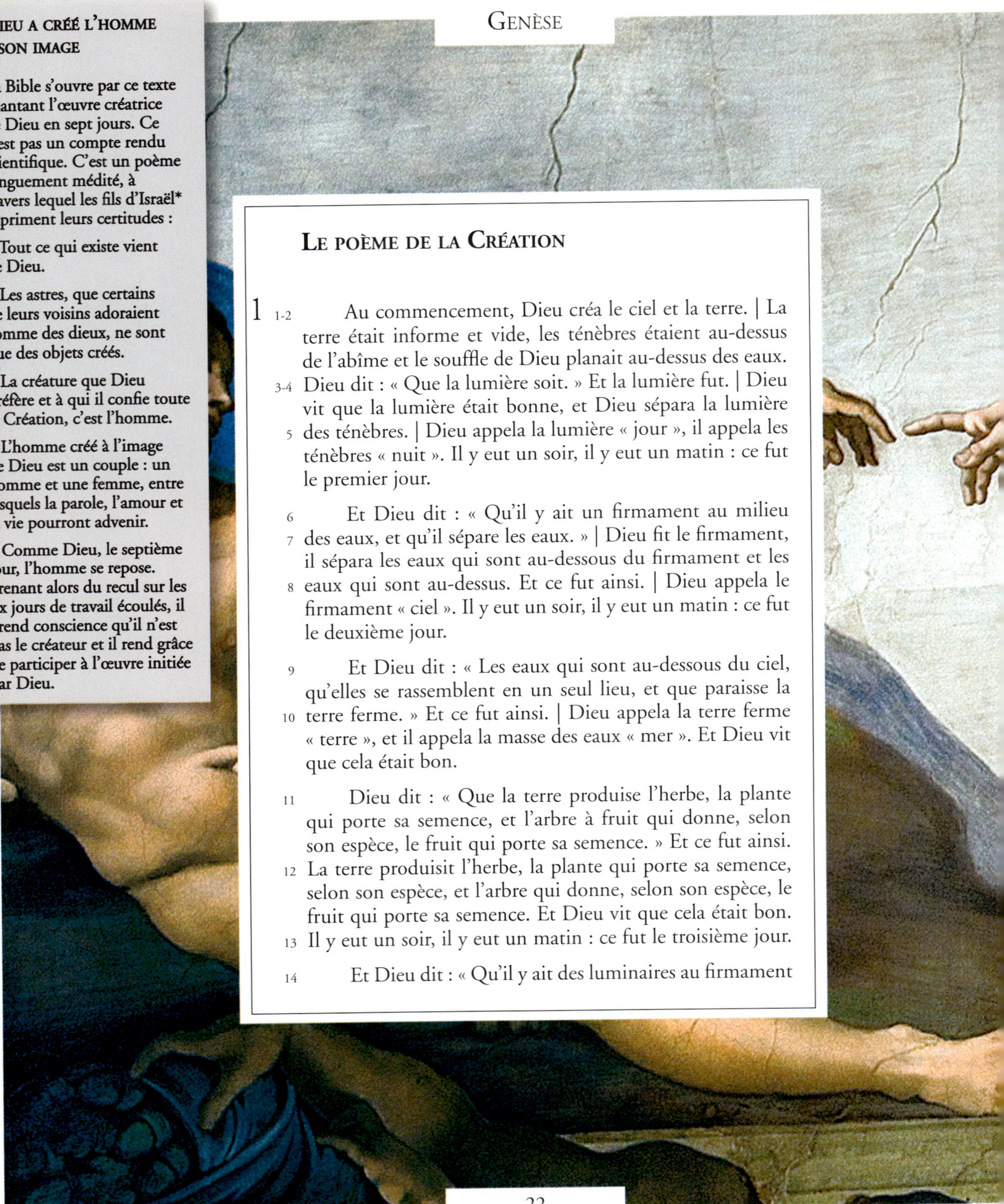

DIEU A CRÉÉ L'HOMME À SON IMAGE

La Bible s'ouvre par ce texte chantant l'œuvre créatrice de Dieu en sept jours. Ce n'est pas un compte rendu scientifique. C'est un poème longuement médité, à travers lequel les fils d'Israël* expriment leurs certitudes :

– Tout ce qui existe vient de Dieu.

– Les astres, que certains de leurs voisins adoraient comme des dieux, ne sont que des objets créés.

– La créature que Dieu préfère et à qui il confie toute la Création, c'est l'homme.

– L'homme créé à l'image de Dieu est un couple : un homme et une femme, entre lesquels la parole, l'amour et la vie pourront advenir.

– Comme Dieu, le septième jour, l'homme se repose. Prenant alors du recul sur les six jours de travail écoulés, il prend conscience qu'il n'est pas le créateur et il rend grâce de participer à l'œuvre initiée par Dieu.

LE POÈME DE LA CRÉATION

1 1-2 Au commencement, Dieu créa le ciel et la terre. | La
terre était informe et vide, les ténèbres étaient au-dessus
de l'abîme et le souffle de Dieu planait au-dessus des eaux.
3-4 Dieu dit : « Que la lumière soit. » Et la lumière fut. | Dieu
vit que la lumière était bonne, et Dieu sépara la lumière
5 des ténèbres. | Dieu appela la lumière « jour », il appela les
ténèbres « nuit ». Il y eut un soir, il y eut un matin : ce fut
le premier jour.

6 Et Dieu dit : « Qu'il y ait un firmament au milieu
7 des eaux, et qu'il sépare les eaux. » | Dieu fit le firmament,
il sépara les eaux qui sont au-dessous du firmament et les
8 eaux qui sont au-dessus. Et ce fut ainsi. | Dieu appela le
firmament « ciel ». Il y eut un soir, il y eut un matin : ce fut
le deuxième jour.

9 Et Dieu dit : « Les eaux qui sont au-dessous du ciel,
qu'elles se rassemblent en un seul lieu, et que paraisse la
10 terre ferme. » Et ce fut ainsi. | Dieu appela la terre ferme
« terre », et il appela la masse des eaux « mer ». Et Dieu vit
que cela était bon.

11 Dieu dit : « Que la terre produise l'herbe, la plante
qui porte sa semence, et l'arbre à fruit qui donne, selon
son espèce, le fruit qui porte sa semence. » Et ce fut ainsi.
12 La terre produisit l'herbe, la plante qui porte sa semence,
selon son espèce, et l'arbre qui donne, selon son espèce, le
fruit qui porte sa semence. Et Dieu vit que cela était bon.
13 Il y eut un soir, il y eut un matin : ce fut le troisième jour.

14 Et Dieu dit : « Qu'il y ait des luminaires au firmament

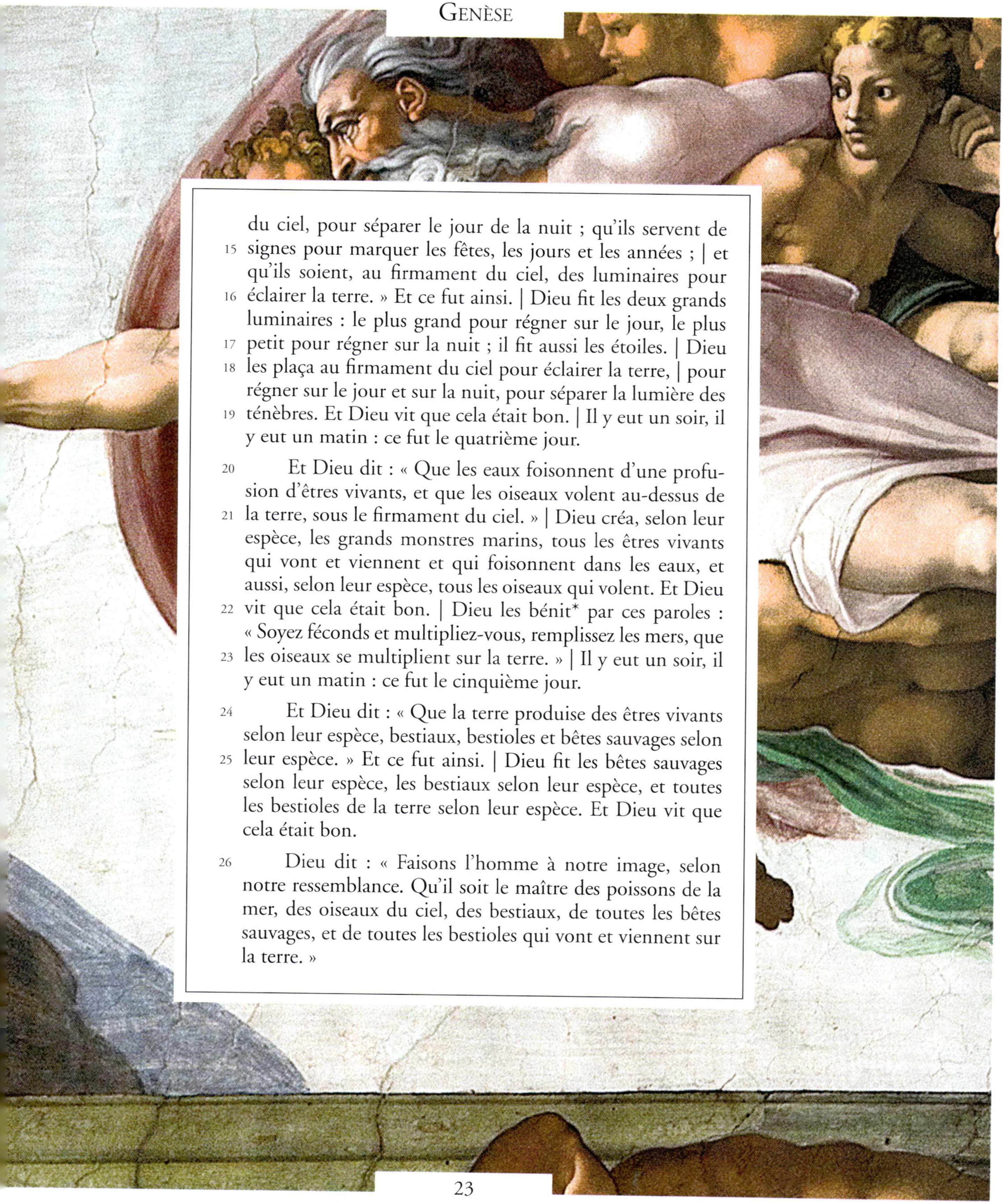

du ciel, pour séparer le jour de la nuit ; qu'ils servent de
15 signes pour marquer les fêtes, les jours et les années ; | et
qu'ils soient, au firmament du ciel, des luminaires pour
16 éclairer la terre. » Et ce fut ainsi. | Dieu fit les deux grands
luminaires : le plus grand pour régner sur le jour, le plus
17 petit pour régner sur la nuit ; il fit aussi les étoiles. | Dieu
18 les plaça au firmament du ciel pour éclairer la terre, | pour
régner sur le jour et sur la nuit, pour séparer la lumière des
19 ténèbres. Et Dieu vit que cela était bon. | Il y eut un soir, il
y eut un matin : ce fut le quatrième jour.

20 Et Dieu dit : « Que les eaux foisonnent d'une profu-
sion d'êtres vivants, et que les oiseaux volent au-dessus de
21 la terre, sous le firmament du ciel. » | Dieu créa, selon leur
espèce, les grands monstres marins, tous les êtres vivants
qui vont et viennent et qui foisonnent dans les eaux, et
aussi, selon leur espèce, tous les oiseaux qui volent. Et Dieu
22 vit que cela était bon. | Dieu les bénit* par ces paroles :
« Soyez féconds et multipliez-vous, remplissez les mers, que
23 les oiseaux se multiplient sur la terre. » | Il y eut un soir, il
y eut un matin : ce fut le cinquième jour.

24 Et Dieu dit : « Que la terre produise des êtres vivants
selon leur espèce, bestiaux, bestioles et bêtes sauvages selon
25 leur espèce. » Et ce fut ainsi. | Dieu fit les bêtes sauvages
selon leur espèce, les bestiaux selon leur espèce, et toutes
les bestioles de la terre selon leur espèce. Et Dieu vit que
cela était bon.

26 Dieu dit : « Faisons l'homme à notre image, selon
notre ressemblance. Qu'il soit le maître des poissons de la
mer, des oiseaux du ciel, des bestiaux, de toutes les bêtes
sauvages, et de toutes les bestioles qui vont et viennent sur
la terre. »

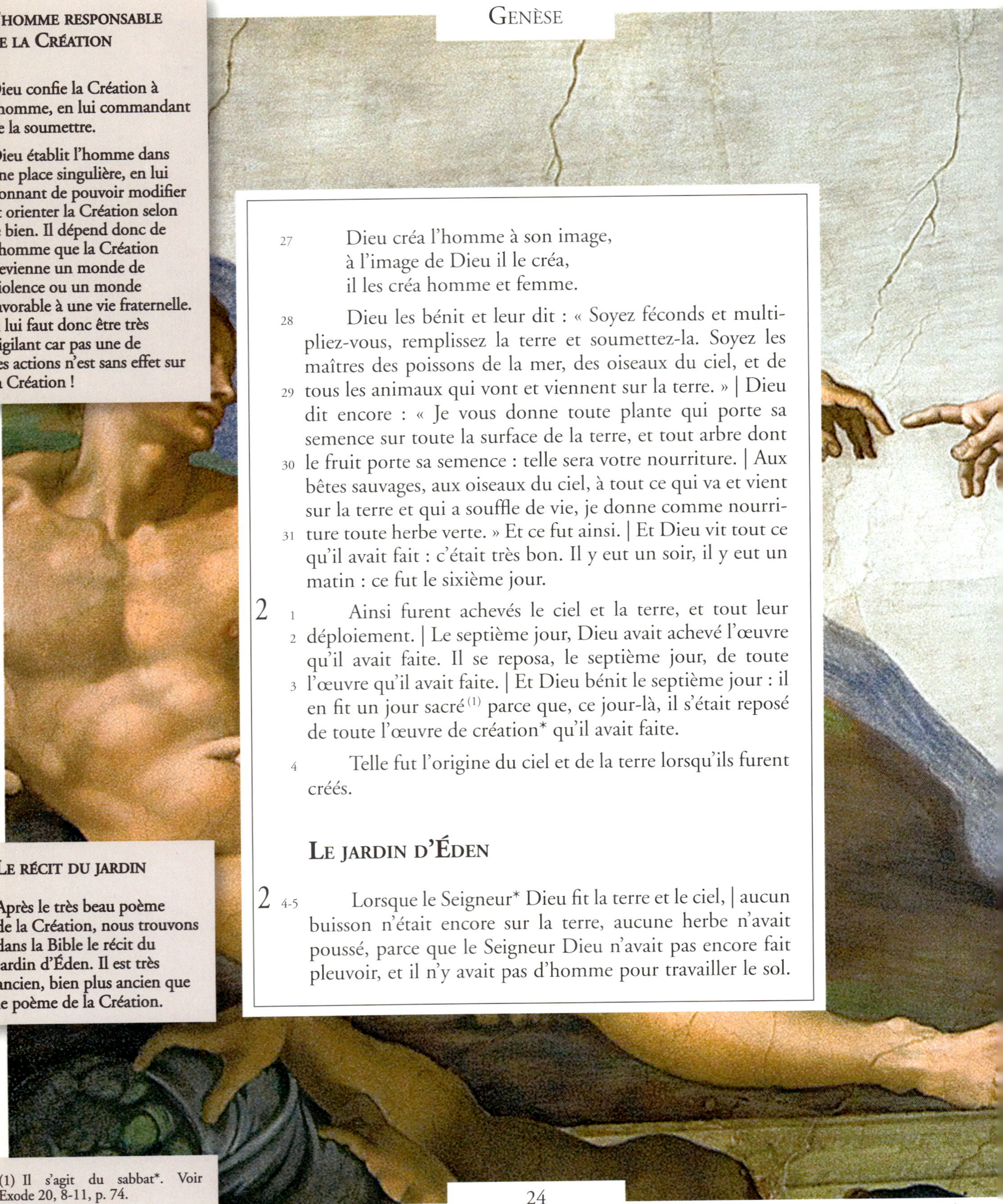

L'HOMME RESPONSABLE DE LA CRÉATION

Dieu confie la Création à l'homme, en lui commandant de la soumettre.

Dieu établit l'homme dans une place singulière, en lui donnant de pouvoir modifier et orienter la Création selon le bien. Il dépend donc de l'homme que la Création devienne un monde de violence ou un monde favorable à une vie fraternelle. Il lui faut donc être très vigilant car pas une de ses actions n'est sans effet sur la Création !

27 Dieu créa l'homme à son image,
à l'image de Dieu il le créa,
il les créa homme et femme.

28 Dieu les bénit et leur dit : « Soyez féconds et multi-
pliez-vous, remplissez la terre et soumettez-la. Soyez les
maîtres des poissons de la mer, des oiseaux du ciel, et de
29 tous les animaux qui vont et viennent sur la terre. » | Dieu
dit encore : « Je vous donne toute plante qui porte sa
semence sur toute la surface de la terre, et tout arbre dont
30 le fruit porte sa semence : telle sera votre nourriture. | Aux
bêtes sauvages, aux oiseaux du ciel, à tout ce qui va et vient
sur la terre et qui a souffle de vie, je donne comme nourri-
31 ture toute herbe verte. » Et ce fut ainsi. | Et Dieu vit tout ce
qu'il avait fait : c'était très bon. Il y eut un soir, il y eut un
matin : ce fut le sixième jour.

2 1 Ainsi furent achevés le ciel et la terre, et tout leur
2 déploiement. | Le septième jour, Dieu avait achevé l'œuvre
qu'il avait faite. Il se reposa, le septième jour, de toute
3 l'œuvre qu'il avait faite. | Et Dieu bénit le septième jour : il
en fit un jour sacré(1) parce que, ce jour-là, il s'était reposé
de toute l'œuvre de création* qu'il avait faite.

4 Telle fut l'origine du ciel et de la terre lorsqu'ils furent
créés.

LE JARDIN D'ÉDEN

2 4-5 Lorsque le Seigneur* Dieu fit la terre et le ciel, | aucun
buisson n'était encore sur la terre, aucune herbe n'avait
poussé, parce que le Seigneur Dieu n'avait pas encore fait
pleuvoir, et il n'y avait pas d'homme pour travailler le sol.

LE RÉCIT DU JARDIN

Après le très beau poème de la Création, nous trouvons dans la Bible le récit du jardin d'Éden. Il est très ancien, bien plus ancien que le poème de la Création.

(1) Il s'agit du sabbat*. Voir Exode 20, 8-11, p. 74.

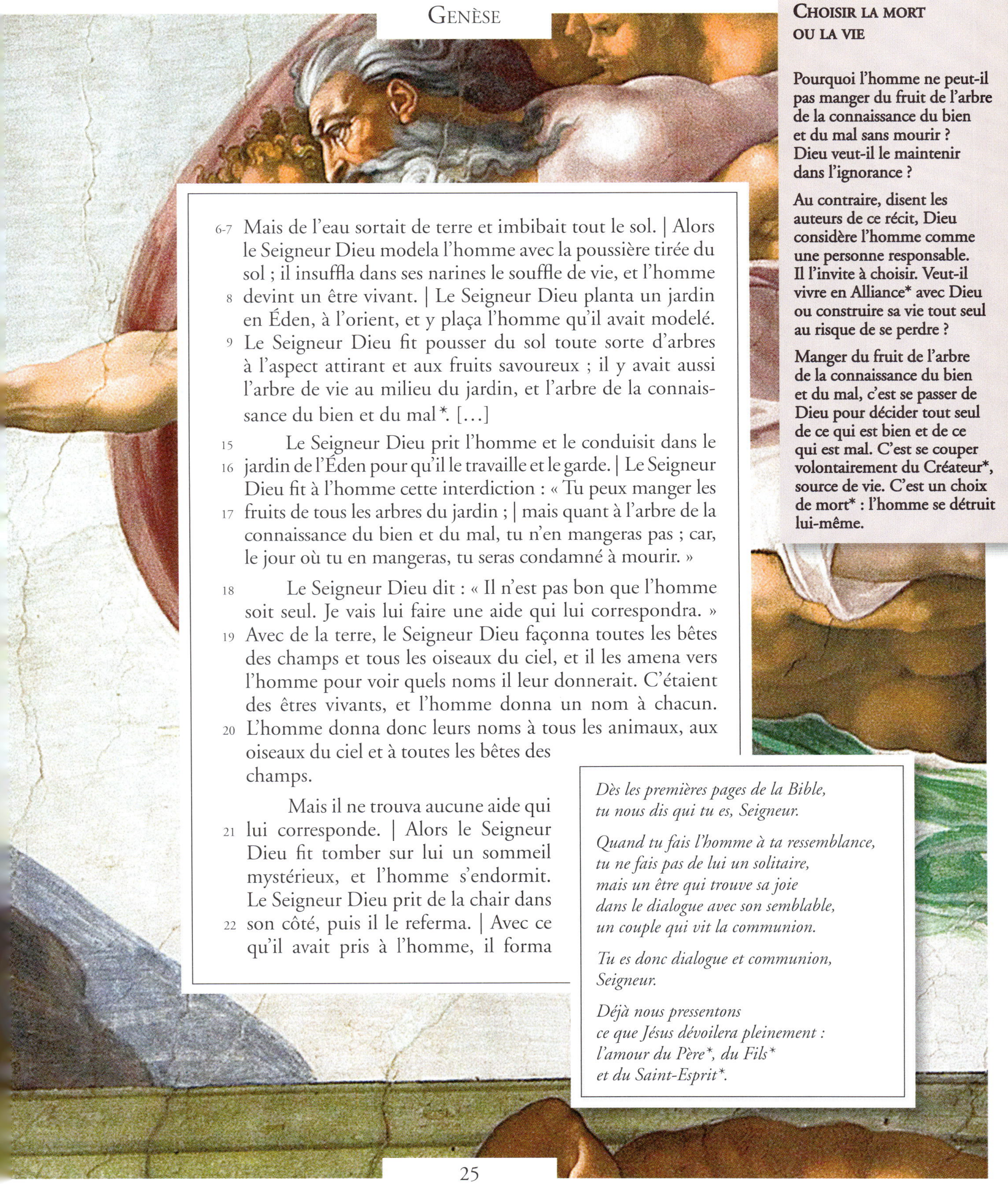

6-7 Mais de l'eau sortait de terre et imbibait tout le sol. | Alors
le Seigneur Dieu modela l'homme avec la poussière tirée du
sol ; il insuffla dans ses narines le souffle de vie, et l'homme
8 devint un être vivant. | Le Seigneur Dieu planta un jardin
en Éden, à l'orient, et y plaça l'homme qu'il avait modelé.
9 Le Seigneur Dieu fit pousser du sol toute sorte d'arbres
à l'aspect attirant et aux fruits savoureux ; il y avait aussi
l'arbre de vie au milieu du jardin, et l'arbre de la connais-
sance du bien et du mal*. [...]

15 Le Seigneur Dieu prit l'homme et le conduisit dans le
16 jardin de l'Éden pour qu'il le travaille et le garde. | Le Seigneur
Dieu fit à l'homme cette interdiction : « Tu peux manger les
17 fruits de tous les arbres du jardin ; | mais quant à l'arbre de la
connaissance du bien et du mal, tu n'en mangeras pas ; car,
le jour où tu en mangeras, tu seras condamné à mourir. »

18 Le Seigneur Dieu dit : « Il n'est pas bon que l'homme
soit seul. Je vais lui faire une aide qui lui correspondra. »
19 Avec de la terre, le Seigneur Dieu façonna toutes les bêtes
des champs et tous les oiseaux du ciel, et il les amena vers
l'homme pour voir quels noms il leur donnerait. C'étaient
des êtres vivants, et l'homme donna un nom à chacun.
20 L'homme donna donc leurs noms à tous les animaux, aux
oiseaux du ciel et à toutes les bêtes des
champs.

Mais il ne trouva aucune aide qui
21 lui corresponde. | Alors le Seigneur
Dieu fit tomber sur lui un sommeil
mystérieux, et l'homme s'endormit.
Le Seigneur Dieu prit de la chair dans
22 son côté, puis il le referma. | Avec ce
qu'il avait pris à l'homme, il forma

CHOISIR LA MORT OU LA VIE

Pourquoi l'homme ne peut-il pas manger du fruit de l'arbre de la connaissance du bien et du mal sans mourir ? Dieu veut-il le maintenir dans l'ignorance ?

Au contraire, disent les auteurs de ce récit, Dieu considère l'homme comme une personne responsable. Il l'invite à choisir. Veut-il vivre en Alliance* avec Dieu ou construire sa vie tout seul au risque de se perdre ?

Manger du fruit de l'arbre de la connaissance du bien et du mal, c'est se passer de Dieu pour décider tout seul de ce qui est bien et de ce qui est mal. C'est se couper volontairement du Créateur*, source de vie. C'est un choix de mort* : l'homme se détruit lui-même.

Dès les premières pages de la Bible,
tu nous dis qui tu es, Seigneur.

Quand tu fais l'homme à ta ressemblance,
tu ne fais pas de lui un solitaire,
mais un être qui trouve sa joie
dans le dialogue avec son semblable,
un couple qui vit la communion.

Tu es donc dialogue et communion,
Seigneur.

Déjà nous pressentons
ce que Jésus dévoilera pleinement :
l'amour du Père, du Fils**
et du Saint-Esprit.*

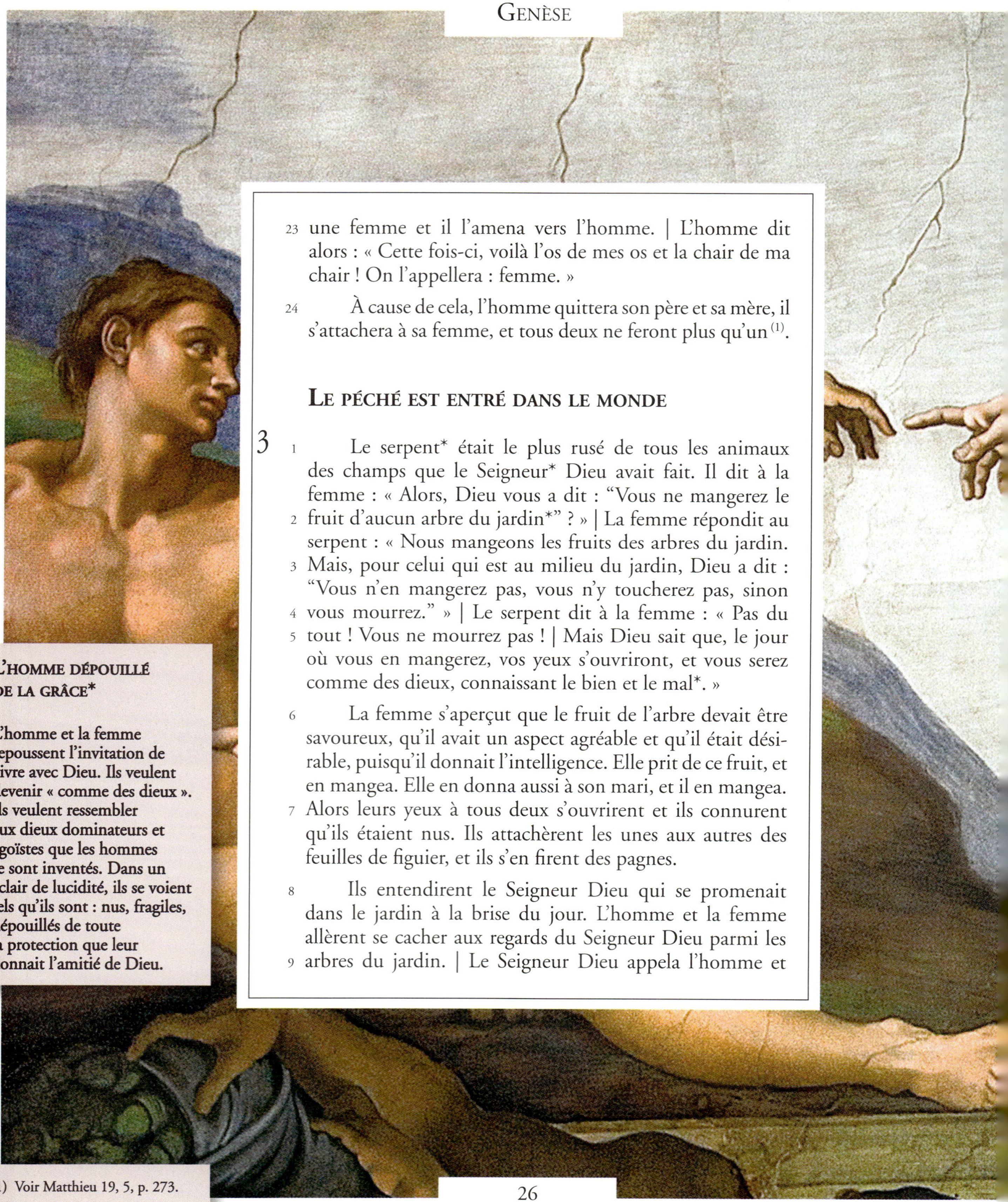

23 une femme et il l'amena vers l'homme. | L'homme dit
alors : « Cette fois-ci, voilà l'os de mes os et la chair de ma
chair ! On l'appellera : femme. »

24 À cause de cela, l'homme quittera son père et sa mère, il
s'attachera à sa femme, et tous deux ne feront plus qu'un (1).

LE PÉCHÉ EST ENTRÉ DANS LE MONDE

3 1 Le serpent* était le plus rusé de tous les animaux
des champs que le Seigneur* Dieu avait fait. Il dit à la
femme : « Alors, Dieu vous a dit : "Vous ne mangerez le
2 fruit d'aucun arbre du jardin*" ? » | La femme répondit au
serpent : « Nous mangeons les fruits des arbres du jardin.
3 Mais, pour celui qui est au milieu du jardin, Dieu a dit :
"Vous n'en mangerez pas, vous n'y toucherez pas, sinon
4 vous mourrez." » | Le serpent dit à la femme : « Pas du
5 tout ! Vous ne mourrez pas ! | Mais Dieu sait que, le jour
où vous en mangerez, vos yeux s'ouvriront, et vous serez
comme des dieux, connaissant le bien et le mal*. »

6 La femme s'aperçut que le fruit de l'arbre devait être
savoureux, qu'il avait un aspect agréable et qu'il était dési-
rable, puisqu'il donnait l'intelligence. Elle prit de ce fruit, et
en mangea. Elle en donna aussi à son mari, et il en mangea.
7 Alors leurs yeux à tous deux s'ouvrirent et ils connurent
qu'ils étaient nus. Ils attachèrent les unes aux autres des
feuilles de figuier, et ils s'en firent des pagnes.

8 Ils entendirent le Seigneur Dieu qui se promenait
dans le jardin à la brise du jour. L'homme et la femme
allèrent se cacher aux regards du Seigneur Dieu parmi les
9 arbres du jardin. | Le Seigneur Dieu appela l'homme et

L'HOMME DÉPOUILLÉ DE LA GRÂCE*

L'homme et la femme repoussent l'invitation de vivre avec Dieu. Ils veulent devenir « comme des dieux ». Ils veulent ressembler aux dieux dominateurs et égoïstes que les hommes se sont inventés. Dans un éclair de lucidité, ils se voient tels qu'ils sont : nus, fragiles, dépouillés de toute la protection que leur donnait l'amitié de Dieu.

(1) Voir Matthieu 19, 5, p. 273.

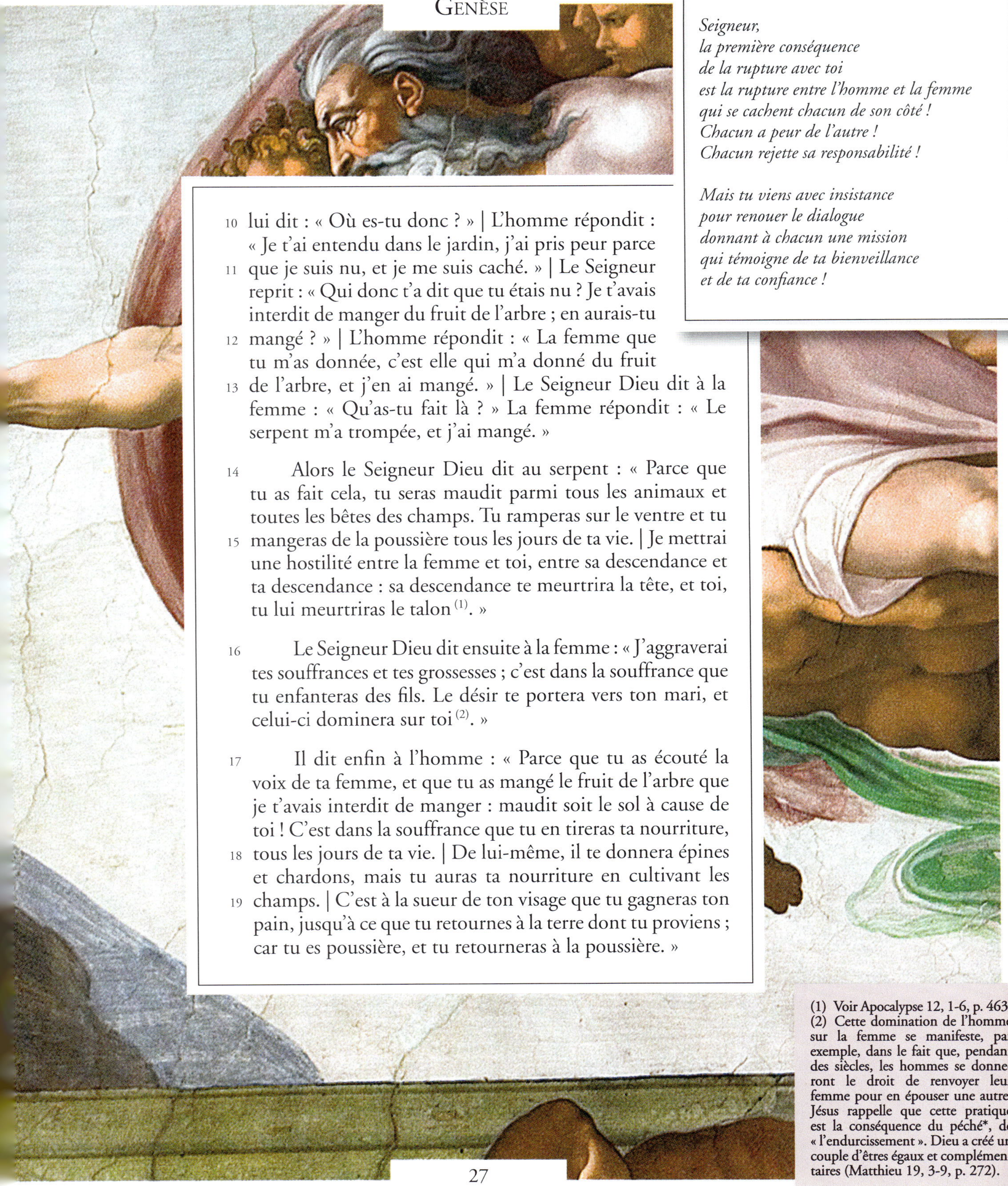

Seigneur,
la première conséquence
de la rupture avec toi
est la rupture entre l'homme et la femme
qui se cachent chacun de son côté !
Chacun a peur de l'autre !
Chacun rejette sa responsabilité !

Mais tu viens avec insistance
pour renouer le dialogue
donnant à chacun une mission
qui témoigne de ta bienveillance
et de ta confiance !

10 lui dit : « Où es-tu donc ? » | L'homme répondit :
« Je t'ai entendu dans le jardin, j'ai pris peur parce
11 que je suis nu, et je me suis caché. » | Le Seigneur
reprit : « Qui donc t'a dit que tu étais nu ? Je t'avais
interdit de manger du fruit de l'arbre ; en aurais-tu
12 mangé ? » | L'homme répondit : « La femme que
tu m'as donnée, c'est elle qui m'a donné du fruit
13 de l'arbre, et j'en ai mangé. » | Le Seigneur Dieu dit à la
femme : « Qu'as-tu fait là ? » La femme répondit : « Le
serpent m'a trompée, et j'ai mangé. »

14 Alors le Seigneur Dieu dit au serpent : « Parce que
tu as fait cela, tu seras maudit parmi tous les animaux et
toutes les bêtes des champs. Tu ramperas sur le ventre et tu
15 mangeras de la poussière tous les jours de ta vie. | Je mettrai
une hostilité entre la femme et toi, entre sa descendance et
ta descendance : sa descendance te meurtrira la tête, et toi,
tu lui meurtriras le talon (1). »

16 Le Seigneur Dieu dit ensuite à la femme : « J'aggraverai
tes souffrances et tes grossesses ; c'est dans la souffrance que
tu enfanteras des fils. Le désir te portera vers ton mari, et
celui-ci dominera sur toi (2). »

17 Il dit enfin à l'homme : « Parce que tu as écouté la
voix de ta femme, et que tu as mangé le fruit de l'arbre que
je t'avais interdit de manger : maudit soit le sol à cause de
toi ! C'est dans la souffrance que tu en tireras ta nourriture,
18 tous les jours de ta vie. | De lui-même, il te donnera épines
et chardons, mais tu auras ta nourriture en cultivant les
19 champs. | C'est à la sueur de ton visage que tu gagneras ton
pain, jusqu'à ce que tu retournes à la terre dont tu proviens ;
car tu es poussière, et tu retourneras à la poussière. »

(1) Voir Apocalypse 12, 1-6, p. 463.
(2) Cette domination de l'homme sur la femme se manifeste, par exemple, dans le fait que, pendant des siècles, les hommes se donneront le droit de renvoyer leur femme pour en épouser une autre. Jésus rappelle que cette pratique est la conséquence du péché*, de « l'endurcissement ». Dieu a créé un couple d'êtres égaux et complémentaires (Matthieu 19, 3-9, p. 272).

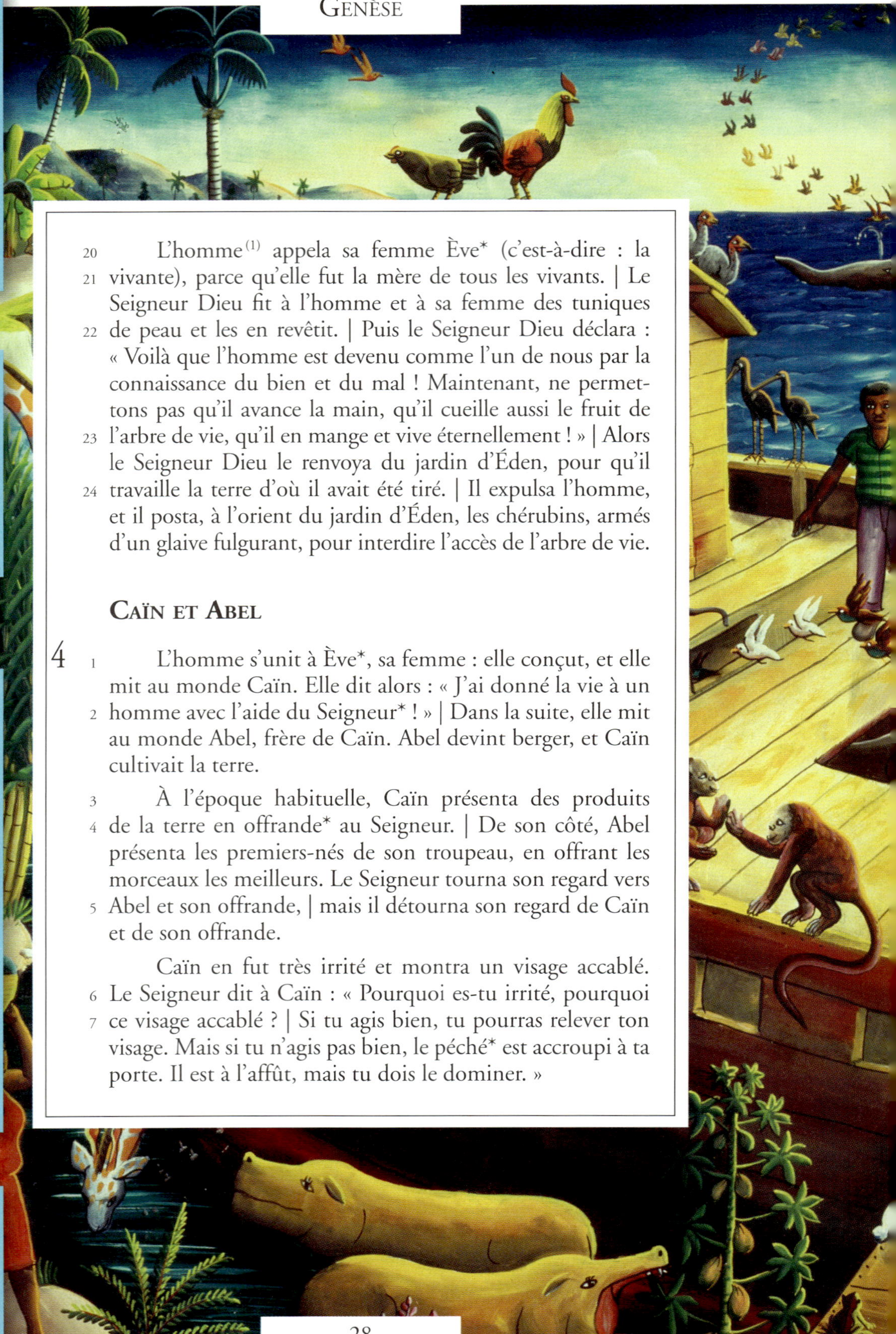

L'homme revêtu de miséricorde*

L'homme et la femme ont peur de Dieu. Pourtant, tel un père attentionné, il protège leur fragilité en la revêtant de tuniques. Un jour, les hommes comprendront le désir de Dieu : les revêtir « d'une force venue d'en haut » (Luc 24, 49, p. 357).

De nouveaux récits

Le récit du jardin perdu est suivi d'autres récits : Caïn et Abel, Noé, la tour de Babel. Ces récits nous aident à méditer sur des difficultés communes aux hommes de tous les temps.

Dieu regarde le cœur

Le rédacteur du livre ne s'étend pas sur les raisons pour lesquelles Dieu détourne son regard de Caïn. Tout au plus suggère-t-il qu'Abel est mieux disposé à l'égard de Dieu. Il offre les premiers-nés de son troupeau, il choisit ce qu'il y a de meilleur. Caïn présente « des produits de la terre », est-il écrit sans plus de précision. Ce qui est sûr, c'est que Dieu n'agit pas par caprice. Il ne regarde pas comme les hommes, il regarde le cœur de l'homme (1 Samuel 16, 1-7, p. 101).

20 L'homme[1] appela sa femme Ève* (c'est-à-dire : la
21 vivante), parce qu'elle fut la mère de tous les vivants. | Le
Seigneur Dieu fit à l'homme et à sa femme des tuniques
22 de peau et les en revêtit. | Puis le Seigneur Dieu déclara :
« Voilà que l'homme est devenu comme l'un de nous par la
connaissance du bien et du mal ! Maintenant, ne permet-
tons pas qu'il avance la main, qu'il cueille aussi le fruit de
23 l'arbre de vie, qu'il en mange et vive éternellement ! » | Alors
le Seigneur Dieu le renvoya du jardin d'Éden, pour qu'il
24 travaille la terre d'où il avait été tiré. | Il expulsa l'homme,
et il posta, à l'orient du jardin d'Éden, les chérubins, armés
d'un glaive fulgurant, pour interdire l'accès de l'arbre de vie.

Caïn et Abel

4 1 L'homme s'unit à Ève*, sa femme : elle conçut, et elle
mit au monde Caïn. Elle dit alors : « J'ai donné la vie à un
2 homme avec l'aide du Seigneur* ! » | Dans la suite, elle mit
au monde Abel, frère de Caïn. Abel devint berger, et Caïn
cultivait la terre.

3 À l'époque habituelle, Caïn présenta des produits
4 de la terre en offrande* au Seigneur. | De son côté, Abel
présenta les premiers-nés de son troupeau, en offrant les
morceaux les meilleurs. Le Seigneur tourna son regard vers
5 Abel et son offrande, | mais il détourna son regard de Caïn
et de son offrande.

Caïn en fut très irrité et montra un visage accablé.
6 Le Seigneur dit à Caïn : « Pourquoi es-tu irrité, pourquoi
7 ce visage accablé ? | Si tu agis bien, tu pourras relever ton
visage. Mais si tu n'agis pas bien, le péché* est accroupi à ta
porte. Il est à l'affût, mais tu dois le dominer. »

(1) Dans tout ce récit, le mot hébreu traduit par « homme » est « Adam ». C'est un nom commun qui signifie « le terrien » : celui qui est tiré de la terre. Très souvent, on l'utilise comme un nom propre pour désigner l'homme du jardin dont nous parle cette histoire.

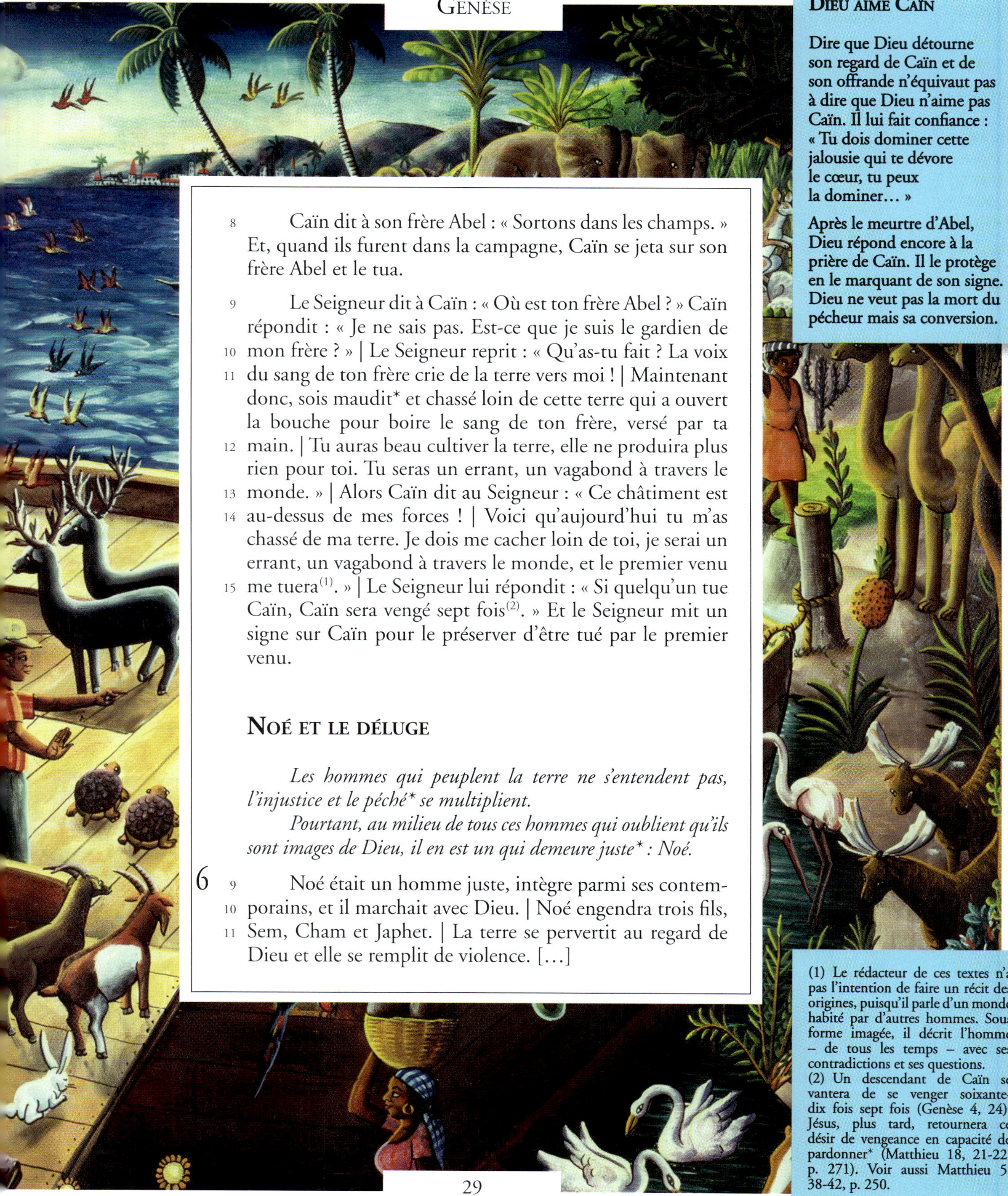

8 Caïn dit à son frère Abel : « Sortons dans les champs. »
Et, quand ils furent dans la campagne, Caïn se jeta sur son
frère Abel et le tua.

9 Le Seigneur dit à Caïn : « Où est ton frère Abel ? » Caïn
répondit : « Je ne sais pas. Est-ce que je suis le gardien de
10 mon frère ? » | Le Seigneur reprit : « Qu'as-tu fait ? La voix
11 du sang de ton frère crie de la terre vers moi ! | Maintenant
donc, sois maudit* et chassé loin de cette terre qui a ouvert
la bouche pour boire le sang de ton frère, versé par ta
12 main. | Tu auras beau cultiver la terre, elle ne produira plus
rien pour toi. Tu seras un errant, un vagabond à travers le
13 monde. » | Alors Caïn dit au Seigneur : « Ce châtiment est
14 au-dessus de mes forces ! | Voici qu'aujourd'hui tu m'as
chassé de ma terre. Je dois me cacher loin de toi, je serai un
errant, un vagabond à travers le monde, et le premier venu
15 me tuera[(1)]. » | Le Seigneur lui répondit : « Si quelqu'un tue
Caïn, Caïn sera vengé sept fois[(2)]. » Et le Seigneur mit un
signe sur Caïn pour le préserver d'être tué par le premier
venu.

NOÉ ET LE DÉLUGE

Les hommes qui peuplent la terre ne s'entendent pas, l'injustice et le péché se multiplient.*

Pourtant, au milieu de tous ces hommes qui oublient qu'ils sont images de Dieu, il en est un qui demeure juste : Noé.*

6 9 Noé était un homme juste, intègre parmi ses contem-
10 porains, et il marchait avec Dieu. | Noé engendra trois fils,
11 Sem, Cham et Japhet. | La terre se pervertit au regard de
Dieu et elle se remplit de violence. [...]

DIEU AIME CAÏN

Dire que Dieu détourne son regard de Caïn et de son offrande n'équivaut pas à dire que Dieu n'aime pas Caïn. Il lui fait confiance : « Tu dois dominer cette jalousie qui te dévore le cœur, tu peux la dominer… »

Après le meurtre d'Abel, Dieu répond encore à la prière de Caïn. Il le protège en le marquant de son signe. Dieu ne veut pas la mort du pécheur mais sa conversion.

(1) Le rédacteur de ces textes n'a pas l'intention de faire un récit des origines, puisqu'il parle d'un monde habité par d'autres hommes. Sous forme imagée, il décrit l'homme – de tous les temps – avec ses contradictions et ses questions.
(2) Un descendant de Caïn se vantera de se venger soixante-dix fois sept fois (Genèse 4, 24). Jésus, plus tard, retournera ce désir de vengeance en capacité de pardonner* (Matthieu 18, 21-22, p. 271). Voir aussi Matthieu 5, 38-42, p. 250.

LE DÉLUGE ?

Le déluge est l'effet du péché et non un phénomène naturel. Mais Dieu a choisi Noé, qui est un homme juste, pour sauver du déluge des hommes, des femmes, des enfants et chaque espèce animale. Il sait s'adapter aux circonstances et, grâce à son travail, il va échapper au déluge.

13 Dieu dit à Noé : « La fin de toute chair est arrivée,
je l'ai décidé, car la terre est pleine de violence à cause des
14 hommes et je vais les faire disparaître de la terre. | Fais-toi
une arche[1] en bois résineux, tu la feras en roseaux et tu l'en-
15 duiras de bitume en dedans et en dehors. | Voici comment
tu la feras : trois cents coudées pour la longueur de l'arche,
cinquante coudées pour sa largeur, trente coudées pour sa
16 hauteur. | Tu feras à l'arche un toit et tu l'achèveras une
coudée plus haut, tu placeras l'entrée de l'arche sur le côté
et tu feras un premier, un second et un troisième étage.

17 « Pour moi, je vais amener le déluge, les eaux, sur la
terre, pour exterminer de dessous le ciel toute chair ayant
18 souffle de vie : tout ce qui est sur la terre doit périr. | Mais
j'établirai mon Alliance* avec toi et tu entreras dans l'arche,
toi et tes fils, ta femme et les femmes de tes fils avec toi.
19 De tout ce qui vit, de tout ce qui est chair, tu feras entrer
dans l'arche deux de chaque espèce pour les garder en vie
20 avec toi ; qu'il y ait un mâle et une femelle. | De chaque
espèce d'oiseaux, de chaque espèce de bestiaux, de chaque
espèce de toutes les bestioles du sol, un couple viendra avec
21 toi pour que tu les gardes en vie. | De ton côté, procure-toi
de tout ce qui se mange et fais-en provision : cela servira
22 de nourriture pour toi et pour eux. » | Noé agit ainsi ; tout
ce que Dieu avait commandé, il le fit.

7 11 […] En l'an six cent de la vie de Noé, le second mois,
le dix-septième jour du mois, ce jour-là jaillirent toutes les
sources du grand abîme et les écluses du ciel s'ouvrirent.
12 La pluie tomba sur la terre pendant quarante jours et
quarante nuits.

13 Ce jour même, Noé et ses fils, Sem, Cham, Japhet, avec
la femme de Noé et les trois femmes de ses fils, entrèrent

(1) Bien que, dans le texte hébreu*, ce que nous appelons l'arche de Noé et l'arche* d'Alliance ne soit pas désigné par le même mot, il s'agit dans les deux cas d'une caisse, ou d'un coffre, qui ont une relation directe avec l'Alliance que Dieu veut nouer avec les hommes. Dans le grand coffre de Noé (ses dimensions ne sont en rien celles d'un bateau), Dieu fait entrer tous ceux qu'il veut sauver du déluge – hommes et animaux – pour faire Alliance avec eux. Voir Genèse 9, 8-12, p. 32.

L'homme pécheur,
séparé de son Créateur,*
devient comme un étranger
dans la Création.
La troisième conséquence du péché,
c'est la rupture de l'harmonie
entre l'homme et la nature.
Et toi, Seigneur, tu envoies les animaux
chercher protection auprès de Noé,
comme pour nous rappeler que, malgré tout,
les hommes demeurent responsables
de la Création.

14 dans l'arche, | et avec eux les bêtes sauvages de
toute espèce, les bestiaux de toute espèce, les
bestioles de toute espèce qui rampent sur la terre,
les volatiles de toute espèce, tous les oiseaux, tout
15 ce qui a des ailes. | Auprès de Noé, entra dans l'arche un
16 couple de tout ce qui est chair, ayant souffle de vie, | et
ceux qui entrèrent étaient un mâle et une femelle de tout
ce qui est chair, comme Dieu le lui avait commandé. Et le
Seigneur* ferma la porte sur Noé.

Les eaux du déluge montèrent plus haut que les hautes montagnes. Tout ce qui vivait sur terre mourut. L'arche et ses occupants flottaient sur les eaux.

UNE ALLIANCE EN FORME D'ARC-EN-CIEL

Quand les eaux commencèrent à baisser, l'arche s'arrêta sur les monts d'Ararat[1].

8 6 Au bout de quarante jours, Noé ouvrit la fenêtre de
7 l'arche qu'il avait construite, | et il lâcha un corbeau ; celui-
ci s'envola et revint en attendant que la terre soit redevenue
8 sèche. | Ensuite, Noé lâcha une colombe* pour savoir si
9 les eaux avaient baissé à la surface du sol. | La colombe ne
trouva pas d'endroit où se poser, et elle revint vers l'arche
auprès de lui, parce que les eaux couvraient toute la terre ;
Noé tendit la main, prit la colombe, et la fit rentrer auprès
de lui dans l'arche.

10 Il attendit encore sept jours, et lâcha de nouveau la
11 colombe hors de l'arche. | Sur le soir, la colombe revint, et
dans son bec il y avait un rameau d'olivier tout frais[2] ! Noé

(1) Il n'est pas question du mont Ararat mais des monts d'Ararat. Il s'agit des montagnes du royaume d'Ourartou, à l'est de la Turquie actuelle. Quand ce royaume disparut au VIe siècle avant Jésus Christ, le nom de la région devint Ararat. C'est ce nom que connaissent les rédacteurs bibliques. Plus tard encore, aux environs du Ier siècle, la région prit le nom d'Arménie, et le mot Ararat devint alors le nom de la plus haute montagne (5 165 m). Il existe bien aujourd'hui un mont Ararat, mais les rédacteurs bibliques ne le connaissaient pas. Cela n'empêche pas des « explorateurs » d'y chercher les restes de l'arche, et les Arméniens d'y situer la première plantation d'une vigne par Noé. Voir Genèse 9, 20.
(2) Le monde du péché* a été détruit par les eaux et, apportant un rameau d'olivier tout frais, la colombe atteste que Dieu crée un monde nouveau. Le déluge est une image du baptême* : les eaux du baptême noient les forces du péché qui sont en nous et le Saint-Esprit* nous crée un cœur nouveau. Voir Matthieu 3, 13-17, p. 246.

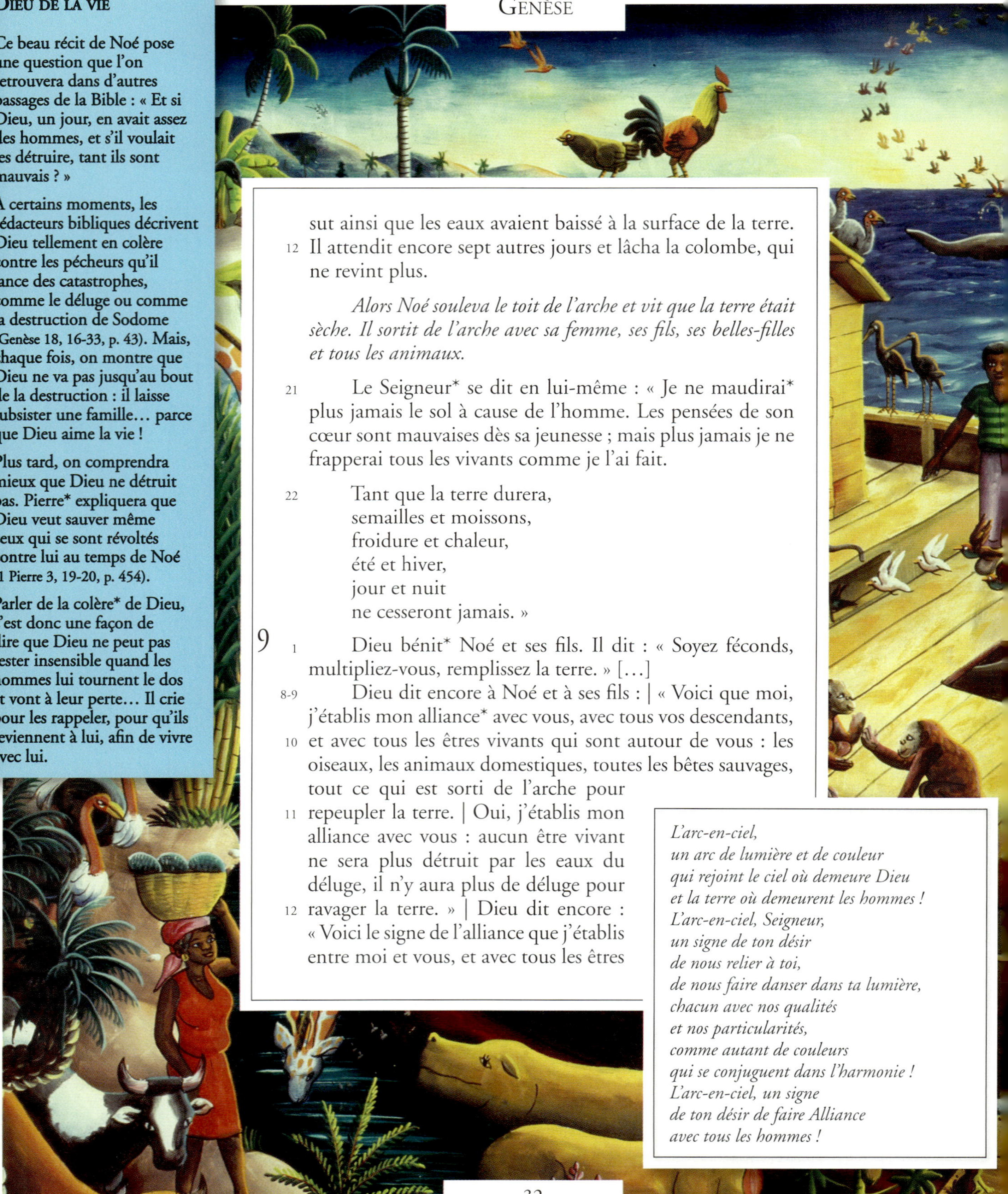

DIEU DE LA VIE

Ce beau récit de Noé pose une question que l'on retrouvera dans d'autres passages de la Bible : « Et si Dieu, un jour, en avait assez des hommes, et s'il voulait les détruire, tant ils sont mauvais ? »

À certains moments, les rédacteurs bibliques décrivent Dieu tellement en colère contre les pécheurs qu'il lance des catastrophes, comme le déluge ou comme la destruction de Sodome (Genèse 18, 16-33, p. 43). Mais, chaque fois, on montre que Dieu ne va pas jusqu'au bout de la destruction : il laisse subsister une famille… parce que Dieu aime la vie !

Plus tard, on comprendra mieux que Dieu ne détruit pas. Pierre* expliquera que Dieu veut sauver même ceux qui se sont révoltés contre lui au temps de Noé (1 Pierre 3, 19-20, p. 454).

Parler de la colère* de Dieu, c'est donc une façon de dire que Dieu ne peut pas rester insensible quand les hommes lui tournent le dos et vont à leur perte… Il crie pour les rappeler, pour qu'ils reviennent à lui, afin de vivre avec lui.

sut ainsi que les eaux avaient baissé à la surface de la terre.
12 Il attendit encore sept autres jours et lâcha la colombe, qui
ne revint plus.

Alors Noé souleva le toit de l'arche et vit que la terre était sèche. Il sortit de l'arche avec sa femme, ses fils, ses belles-filles et tous les animaux.

21 Le Seigneur* se dit en lui-même : « Je ne maudirai*
plus jamais le sol à cause de l'homme. Les pensées de son cœur sont mauvaises dès sa jeunesse ; mais plus jamais je ne frapperai tous les vivants comme je l'ai fait.

22 Tant que la terre durera,
semailles et moissons,
froidure et chaleur,
été et hiver,
jour et nuit
ne cesseront jamais. »

9 1 Dieu bénit* Noé et ses fils. Il dit : « Soyez féconds,
multipliez-vous, remplissez la terre. » […]
8-9 Dieu dit encore à Noé et à ses fils : | « Voici que moi,
j'établis mon alliance* avec vous, avec tous vos descendants,
10 et avec tous les êtres vivants qui sont autour de vous : les
oiseaux, les animaux domestiques, toutes les bêtes sauvages,
tout ce qui est sorti de l'arche pour
11 repeupler la terre. | Oui, j'établis mon
alliance avec vous : aucun être vivant
ne sera plus détruit par les eaux du
déluge, il n'y aura plus de déluge pour
12 ravager la terre. » | Dieu dit encore :
« Voici le signe de l'alliance que j'établis
entre moi et vous, et avec tous les êtres

L'arc-en-ciel,
un arc de lumière et de couleur
qui rejoint le ciel où demeure Dieu
et la terre où demeurent les hommes !
L'arc-en-ciel, Seigneur,
un signe de ton désir
de nous relier à toi,
de nous faire danser dans ta lumière,
chacun avec nos qualités
et nos particularités,
comme autant de couleurs
qui se conjuguent dans l'harmonie !
L'arc-en-ciel, un signe
de ton désir de faire Alliance
avec tous les hommes !

vivants qui sont autour de vous, pour toutes les générations
13 à venir : | je mets mon arc au milieu des nuages, pour qu'il
14 soit le signe de l'alliance entre moi et la terre. | Lorsque je
rassemblerai les nuages au-dessus de la terre, et que l'arc-
15 en-ciel paraîtra au milieu des nuages, | je me souviendrai de
mon alliance avec vous et avec tous les êtres vivants. »

LA TOUR DE BABEL

11 1 Toute la terre avait alors le même langage et les mêmes
2 mots. | Au cours de leurs déplacements du côté de l'orient,
les hommes découvrirent une plaine en Mésopotamie, et ils
3 s'y installèrent. | Ils se dirent l'un à l'autre : « Allons ! fabri-
quons des briques et mettons-les à cuire ! » Les briques leur
4 servaient de pierres, et le bitume, de mortier. | Ils dirent :
« Allons ! bâtissons une ville, avec une tour dont le sommet
soit dans les cieux. Nous travaillerons à notre renommée,
pour n'être pas dispersés sur toute la terre. »
5 Le Seigneur* descendit pour voir la ville et la tour que
6 les hommes avaient bâties. | Et le Seigneur dit : « Ils sont un
seul peuple, ils ont tous le même langage : s'ils commen-
cent ainsi, rien ne les empêchera désormais de faire tout ce
7 qu'ils décideront. | Eh bien ! descendons, embrouillons leur
langage : qu'ils ne se comprennent plus les uns les autres. »
8 De là, le Seigneur les dispersa sur toute l'étendue de la terre.
9 Ils cessèrent donc de bâtir la ville. | C'est pourquoi on l'ap-
pela Babel (Babylone), car c'est là que
le Seigneur embrouilla le langage des
habitants de toute la terre ; et c'est de
là qu'il les dispersa sur toute l'étendue
de la terre.

La quatrième conséquence du péché, c'est la rupture de l'harmonie entre les peuples : le désir de pouvoir altère les relations entre les hommes, alors que ton souhait, Seigneur, est d'être en communion avec nous. Apprends-nous à nous accueillir et à nous respecter avec nos différences.*

LE DÉSIR DE PUISSANCE

Ce qui provoque la dispersion des peuples, c'est l'orgueil des hommes et leur avidité du pouvoir. Dans cette course au pouvoir, on peut difficilement être ensemble et on ne se comprend plus.

Jésus, en venant dans le monde, nous révèle un autre chemin en se faisant serviteur des hommes (Marc 10, 35-45, p. 314).

L'orgueil et le désir de puissance des hommes vont provoquer leur division. Dieu va disperser les hommes sur toute la terre et chaque peuple parlera une langue différente.

Mais Dieu se sert de tout… même du mal commis : cette diversité de peuples, de langues et de cultures va passer par le feu de l'Esprit Saint*, le jour de la Pentecôte*. Les disciples du Christ deviendront alors les serviteurs d'une unité entre les hommes, unité qui ne peut se trouver qu'en Dieu (Actes des Apôtres 2, 7-11, p. 406).

II
ABRAHAM ET SES FILS

Les récits rassemblés dans les onze premiers chapitres de la Genèse essaient de décrire les relations entre Dieu et les hommes. Dieu, créateur de l'univers, désire associer les hommes à ses projets et à sa vie. Les hommes hésitent à lui faire confiance. Ils veulent décider tout seuls de ce qui est bien et de ce qui est mal.*

Pour sortir de ces malentendus, il est nécessaire que Dieu se fasse mieux connaître. Il choisit un peuple auquel il se révélera.*

À partir du chapitre 12, le livre de la Genèse nous fait donc entrer dans l'histoire du Peuple d'Israël. Un Peuple qui se reconnaît dans la foi d'Abraham*.*

De génération en génération, on se raconte comment, se détournant des idoles, Abraham s'est mis à l'écoute de Dieu. Il a appris à connaître un Dieu très différent de ceux qu'imaginaient les hommes : un Dieu désireux de répandre ses bénédictions* sur toutes les familles de la terre[1]…*

L'histoire d'Abraham, sans cesse méditée par ses descendants, nous révèle que la foi est un abandon plein de confiance à quelqu'un qui nous aime.

Dans les tribus d'Israël, on se racontait l'histoire de Térah et de ses fils ; Térah, descendant de Sem (fils aîné de Noé), vivait à Ur, en Chaldée. Il eut trois fils : Abram, Naor et Harân.*

Abram épousa Saraï[2], mais ils n'eurent pas d'enfants : Saraï était stérile. Harân se maria lui aussi. Il eut un fils, Loth, et mourut peu après. Alors Térah prit avec lui Abram et sa femme, Saraï, ainsi que Loth, son petit-fils, et quitta Ur pour gagner le pays de Canaan*. Mais, avant de parvenir à leur but, ils s'arrêtèrent dans la ville de Harrane, où Térah mourut.*

(1) Voir Genèse 12, 3, p. 38.
(2) Plus tard, Dieu changera le nom d'Abram en Abraham (Genèse 17, 5) et celui de Saraï en Sarah (Genèse 17, 15). Voir p. 41.

LA ROUTE DES PATRIARCHES

1. Térah quitte Ur avec Abram, Saraï* et Loth (voir p. 35).

2. Abram quitte Harrane avec sa femme et son neveu. Il part à la recherche du pays que Dieu lui montrera (Genèse 12, 1-5, p. 38).

3. À Sichem, Abram bâtit un autel* au Seigneur* (Genèse 12, 6-7, p. 38).

4. Abraham accueille* trois visiteurs à Mambré.
Sara écoute dans la tente (Genèse 18, 1-14, p. 42-43).

5. Malgré la prière* d'intercession* d'Abraham (Genèse 18, 16-33, p. 43-45), Sodome est détruite : il y avait moins de dix justes* dans la ville.

6. Abraham est prêt à sacrifier son fils Isaac. Arrêté par l'ange du Seigneur, c'est un bélier qu'il sacrifie à la place (Genèse 22, 1-13, p. 46-47). Plus tard, la tradition situera cette scène à Jérusalem*, sur la colline où sera construit le Temple*.

7. Abraham achète une grotte à Hébron pour la sépulture de Sara (voir p. 47).

8. Jacob*, encouragé par Rébecca, trompe Isaac pour recevoir sa bénédiction* (Genèse 27, 1-29, p. 47-49).

9. Jacob rêve à une échelle où les anges montent et descendent entre le ciel et la terre (Genèse 28, 10-21, p. 49-50).

10. Laban donne pour épouses à Jacob ses deux filles Léa puis Rachel (voir p. 50).

11. Jacob quitte Harrane pour la Terre promise. Il est accompagné de Léa et Rachel, ses deux épouses, de leurs servantes et de ses onze fils (voir p. 50).

12. Avant d'entrer en Terre promise, Jacob affronte un mystérieux adversaire, qui lui donne un nom nouveau : Israël* (Genèse 32, 23-32, p. 50-51).

13. Joseph* est jeté dans la citerne par ses frères (Genèse 37, 21-28, p. 52-53).

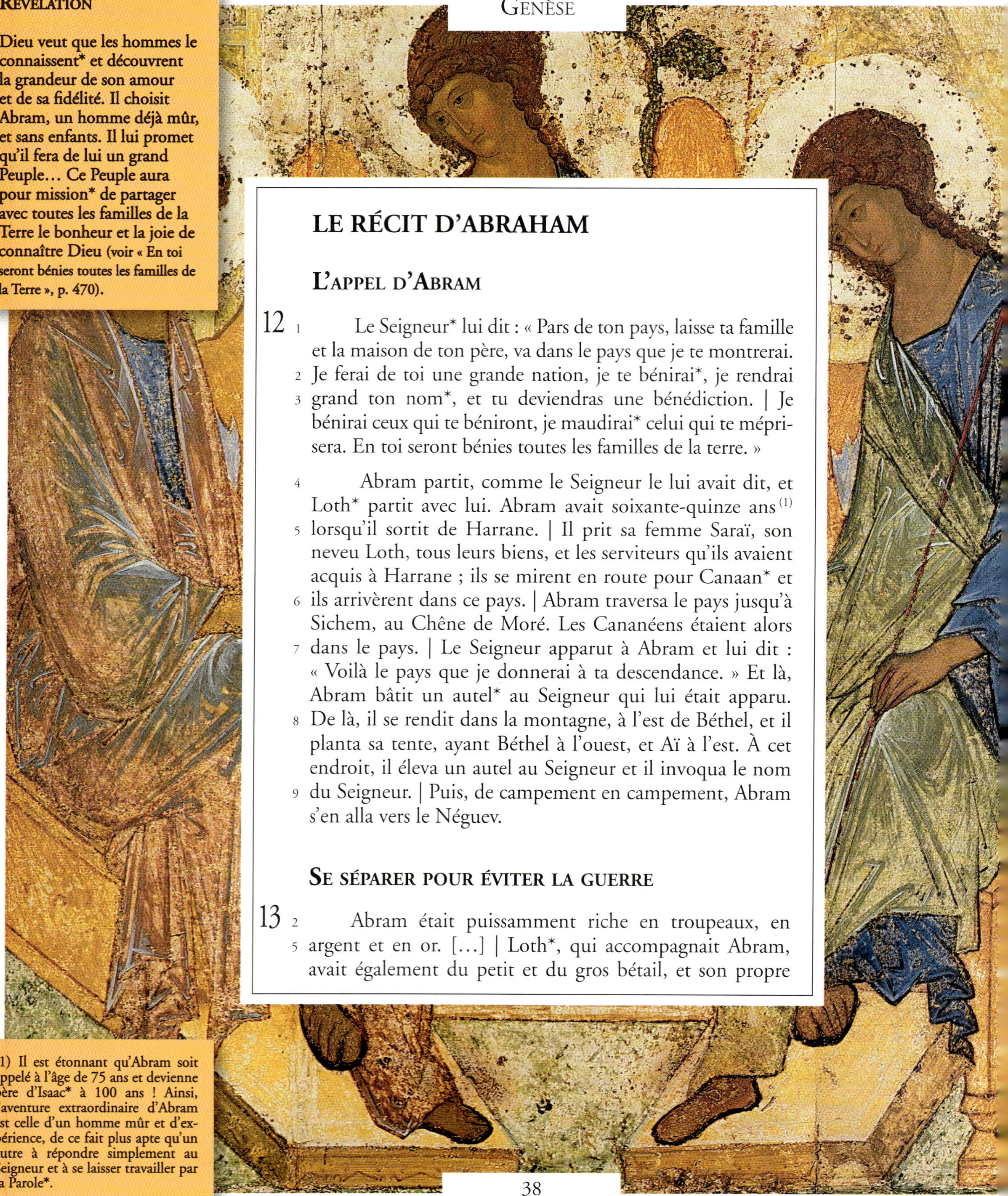

RÉVÉLATION

Dieu veut que les hommes le connaissent* et découvrent la grandeur de son amour et de sa fidélité. Il choisit Abram, un homme déjà mûr, et sans enfants. Il lui promet qu'il fera de lui un grand Peuple… Ce Peuple aura pour mission* de partager avec toutes les familles de la Terre le bonheur et la joie de connaître Dieu **(voir « En toi seront bénies toutes les familles de la Terre », p. 470).**

LE RÉCIT D'ABRAHAM

L'APPEL D'ABRAM

12 1 Le Seigneur* lui dit : « Pars de ton pays, laisse ta famille
et la maison de ton père, va dans le pays que je te montrerai.
2 Je ferai de toi une grande nation, je te bénirai*, je rendrai
3 grand ton nom*, et tu deviendras une bénédiction. | Je
bénirai ceux qui te béniront, je maudirai* celui qui te mépri-
sera. En toi seront bénies toutes les familles de la terre. »

4 Abram partit, comme le Seigneur le lui avait dit, et
Loth* partit avec lui. Abram avait soixante-quinze ans [(1)]
5 lorsqu'il sortit de Harrane. | Il prit sa femme Saraï, son
neveu Loth, tous leurs biens, et les serviteurs qu'ils avaient
acquis à Harrane ; ils se mirent en route pour Canaan* et
6 ils arrivèrent dans ce pays. | Abram traversa le pays jusqu'à
Sichem, au Chêne de Moré. Les Cananéens étaient alors
7 dans le pays. | Le Seigneur apparut à Abram et lui dit :
« Voilà le pays que je donnerai à ta descendance. » Et là,
Abram bâtit un autel* au Seigneur qui lui était apparu.
8 De là, il se rendit dans la montagne, à l'est de Béthel, et il
planta sa tente, ayant Béthel à l'ouest, et Aï à l'est. À cet
endroit, il éleva un autel au Seigneur et il invoqua le nom
9 du Seigneur. | Puis, de campement en campement, Abram
s'en alla vers le Néguev.

SE SÉPARER POUR ÉVITER LA GUERRE

13 2 Abram était puissamment riche en troupeaux, en
5 argent et en or. […] | Loth*, qui accompagnait Abram,
avait également du petit et du gros bétail, et son propre

(1) Il est étonnant qu'Abram soit appelé à l'âge de 75 ans et devienne père d'Isaac* à 100 ans ! Ainsi, l'aventure extraordinaire d'Abram est celle d'un homme mûr et d'expérience, de ce fait plus apte qu'un autre à répondre simplement au Seigneur et à se laisser travailler par sa Parole*.

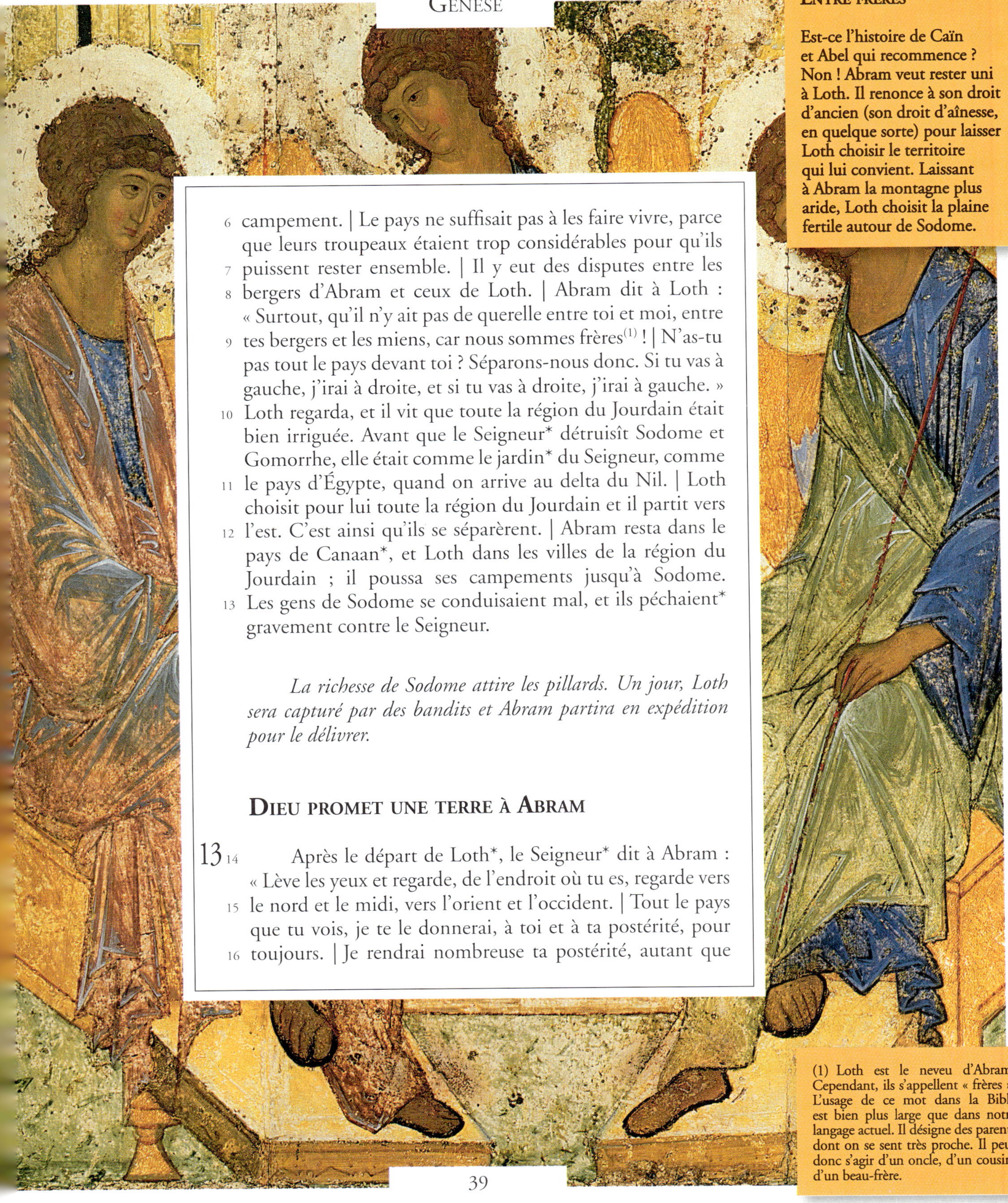

ENTRE FRÈRES

Est-ce l'histoire de Caïn et Abel qui recommence ? Non ! Abram veut rester uni à Loth. Il renonce à son droit d'ancien (son droit d'aînesse, en quelque sorte) pour laisser Loth choisir le territoire qui lui convient. Laissant à Abram la montagne plus aride, Loth choisit la plaine fertile autour de Sodome.

6 campement. | Le pays ne suffisait pas à les faire vivre, parce
que leurs troupeaux étaient trop considérables pour qu'ils
7 puissent rester ensemble. | Il y eut des disputes entre les
8 bergers d'Abram et ceux de Loth. | Abram dit à Loth :
« Surtout, qu'il n'y ait pas de querelle entre toi et moi, entre
9 tes bergers et les miens, car nous sommes frères[1] ! | N'as-tu
pas tout le pays devant toi ? Séparons-nous donc. Si tu vas à
gauche, j'irai à droite, et si tu vas à droite, j'irai à gauche. »
10 Loth regarda, et il vit que toute la région du Jourdain était
bien irriguée. Avant que le Seigneur* détruisît Sodome et
Gomorrhe, elle était comme le jardin* du Seigneur, comme
11 le pays d'Égypte, quand on arrive au delta du Nil. | Loth
choisit pour lui toute la région du Jourdain et il partit vers
12 l'est. C'est ainsi qu'ils se séparèrent. | Abram resta dans le
pays de Canaan*, et Loth dans les villes de la région du
Jourdain ; il poussa ses campements jusqu'à Sodome.
13 Les gens de Sodome se conduisaient mal, et ils péchaient*
gravement contre le Seigneur.

La richesse de Sodome attire les pillards. Un jour, Loth sera capturé par des bandits et Abram partira en expédition pour le délivrer.

DIEU PROMET UNE TERRE À ABRAM

13 14 Après le départ de Loth*, le Seigneur* dit à Abram :
« Lève les yeux et regarde, de l'endroit où tu es, regarde vers
15 le nord et le midi, vers l'orient et l'occident. | Tout le pays
que tu vois, je te le donnerai, à toi et à ta postérité, pour
16 toujours. | Je rendrai nombreuse ta postérité, autant que

(1) Loth est le neveu d'Abram. Cependant, ils s'appellent « frères ». L'usage de ce mot dans la Bible est bien plus large que dans notre langage actuel. Il désigne des parents dont on se sent très proche. Il peut donc s'agir d'un oncle, d'un cousin, d'un beau-frère.

De la terre au royaume

Un peuple a besoin d'un territoire pour vivre. Dieu promet donc une terre* à celui dont il veut faire « une grande nation ». Pourtant, il faudra conquérir cette terre. La conquête de Canaan* se fera par des combats violents.

Plus tard, les chrétiens comprendront qu'il faut conquérir la terre que Jésus nous donne, par un combat contre la violence qui est en nous. Car cette terre n'est pas une patrie terrestre. C'est le Royaume* de Dieu (Jean 18, 33-38).

« Heureux les doux car ils auront la terre en héritage » (Matthieu 5, 4, p. 248).

la poussière sur le sol : si l'on pouvait compter les grains
17 de poussière, on pourrait compter tes descendants ! | Va !
Parcours le pays dans toute son étendue : c'est à toi que je
18 vais le donner. » | Abram déplaça son campement et alla
s'installer aux Chênes de Mambré, près d'Hébron ; et là, il
dressa un autel* au Seigneur.

Le père des croyants

Abram est vieux maintenant, et il n'a pas d'enfants. Comment la promesse de Dieu : « Je ferai de toi une grande nation » peut-elle se réaliser ?

15 1 La parole du Seigneur* fut adressée à Abram dans une
vision : « Ne crains pas, Abram ! Je suis un bouclier pour
toi. Tu recevras de cette Alliance* un merveilleux salaire. »
2 Abram répondit : « Mon Seigneur Dieu, qu'est-ce que tu
3 vas me donner ? Je suis sans enfant… | Tu ne m'as pas
donné de descendance, et c'est un de mes serviteurs qui
sera mon héritier. »

4 Alors cette parole du Seigneur fut adressée à Abram :
« Ce n'est pas lui qui sera ton héritier, mais quelqu'un de
5 ton sang. » | Puis il le fit sortir et lui dit : « Regarde le
ciel, et compte les étoiles, si tu le peux » Et il déclara :
6 « Vois quelle descendance tu auras ! » | Abram eut foi dans
le Seigneur et le Seigneur estima qu'il était juste*.

Abram, tu vieillis
et parfois tu te demandes
si Dieu va tenir sa Parole !
Heureusement,
tu ne lui caches pas tes inquiétudes
et tu n'hésites pas à l'interpeller !
Au fil de vos dialogues,
une intimité profonde va s'établir entre vous !
Peu à peu tu grandis dans la foi !

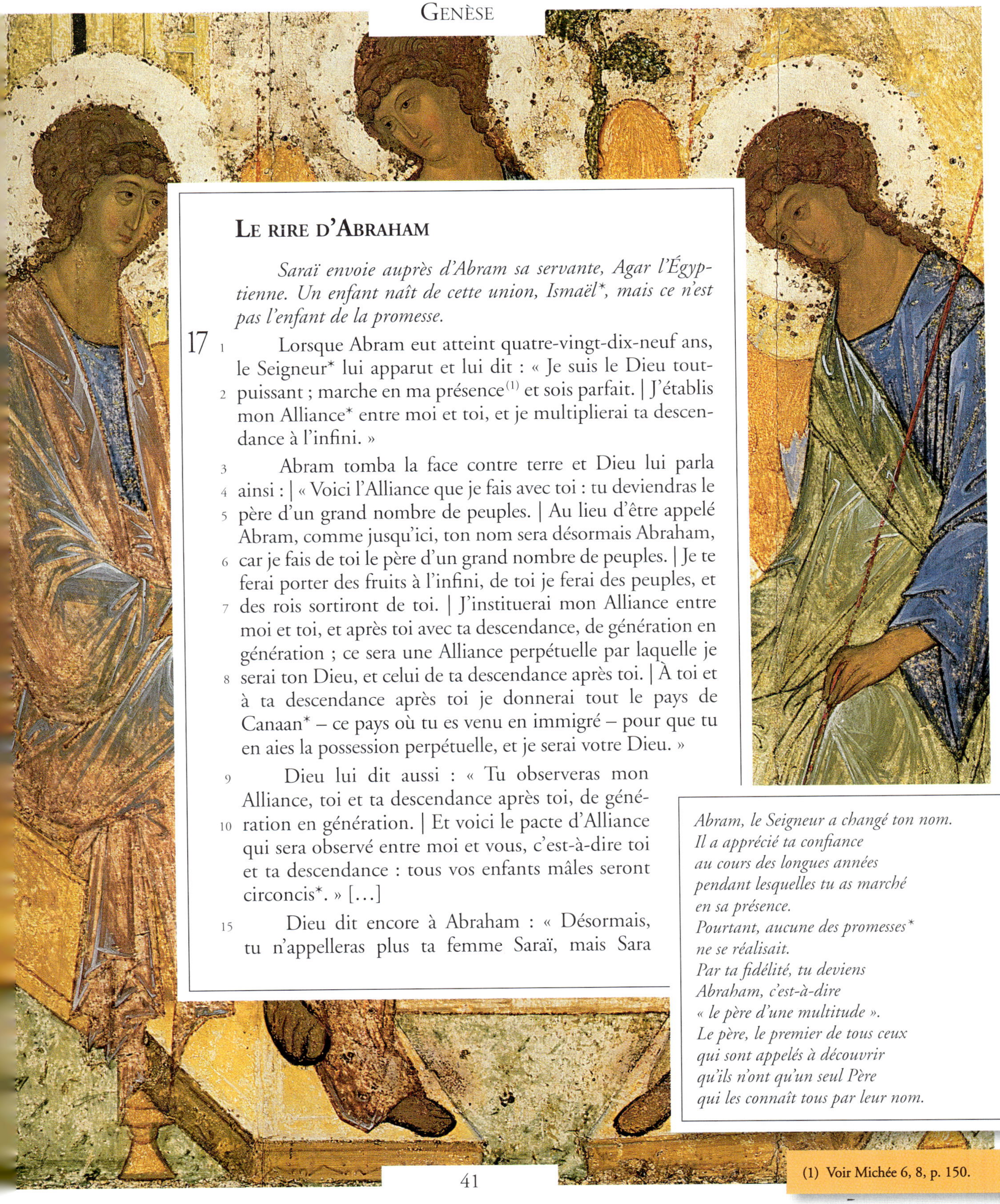

LE RIRE D'ABRAHAM

Saraï envoie auprès d'Abram sa servante, Agar l'Égyptienne. Un enfant naît de cette union, Ismaël, mais ce n'est pas l'enfant de la promesse.*

17 1 Lorsque Abram eut atteint quatre-vingt-dix-neuf ans,
le Seigneur* lui apparut et lui dit : « Je suis le Dieu tout-
2 puissant ; marche en ma présence[(1)] et sois parfait. | J'établis
mon Alliance* entre moi et toi, et je multiplierai ta descen-
dance à l'infini. »

3 Abram tomba la face contre terre et Dieu lui parla
4 ainsi : | « Voici l'Alliance que je fais avec toi : tu deviendras le
5 père d'un grand nombre de peuples. | Au lieu d'être appelé
Abram, comme jusqu'ici, ton nom sera désormais Abraham,
6 car je fais de toi le père d'un grand nombre de peuples. | Je te
ferai porter des fruits à l'infini, de toi je ferai des peuples, et
7 des rois sortiront de toi. | J'instituerai mon Alliance entre
moi et toi, et après toi avec ta descendance, de génération en
génération ; ce sera une Alliance perpétuelle par laquelle je
8 serai ton Dieu, et celui de ta descendance après toi. | À toi et
à ta descendance après toi je donnerai tout le pays de
Canaan* – ce pays où tu es venu en immigré – pour que tu
en aies la possession perpétuelle, et je serai votre Dieu. »

9 Dieu lui dit aussi : « Tu observeras mon
Alliance, toi et ta descendance après toi, de géné-
10 ration en génération. | Et voici le pacte d'Alliance
qui sera observé entre moi et vous, c'est-à-dire toi
et ta descendance : tous vos enfants mâles seront
circoncis*. » [...]

15 Dieu dit encore à Abraham : « Désormais,
tu n'appelleras plus ta femme Saraï, mais Sara

Abram, le Seigneur a changé ton nom.
Il a apprécié ta confiance
au cours des longues années
pendant lesquelles tu as marché
en sa présence.
*Pourtant, aucune des promesses**
ne se réalisait.
Par ta fidélité, tu deviens
Abraham, c'est-à-dire
« le père d'une multitude ».
Le père, le premier de tous ceux
qui sont appelés à découvrir
qu'ils n'ont qu'un seul Père
qui les connaît tous par leur nom.

(1) Voir Michée 6, 8, p. 150.

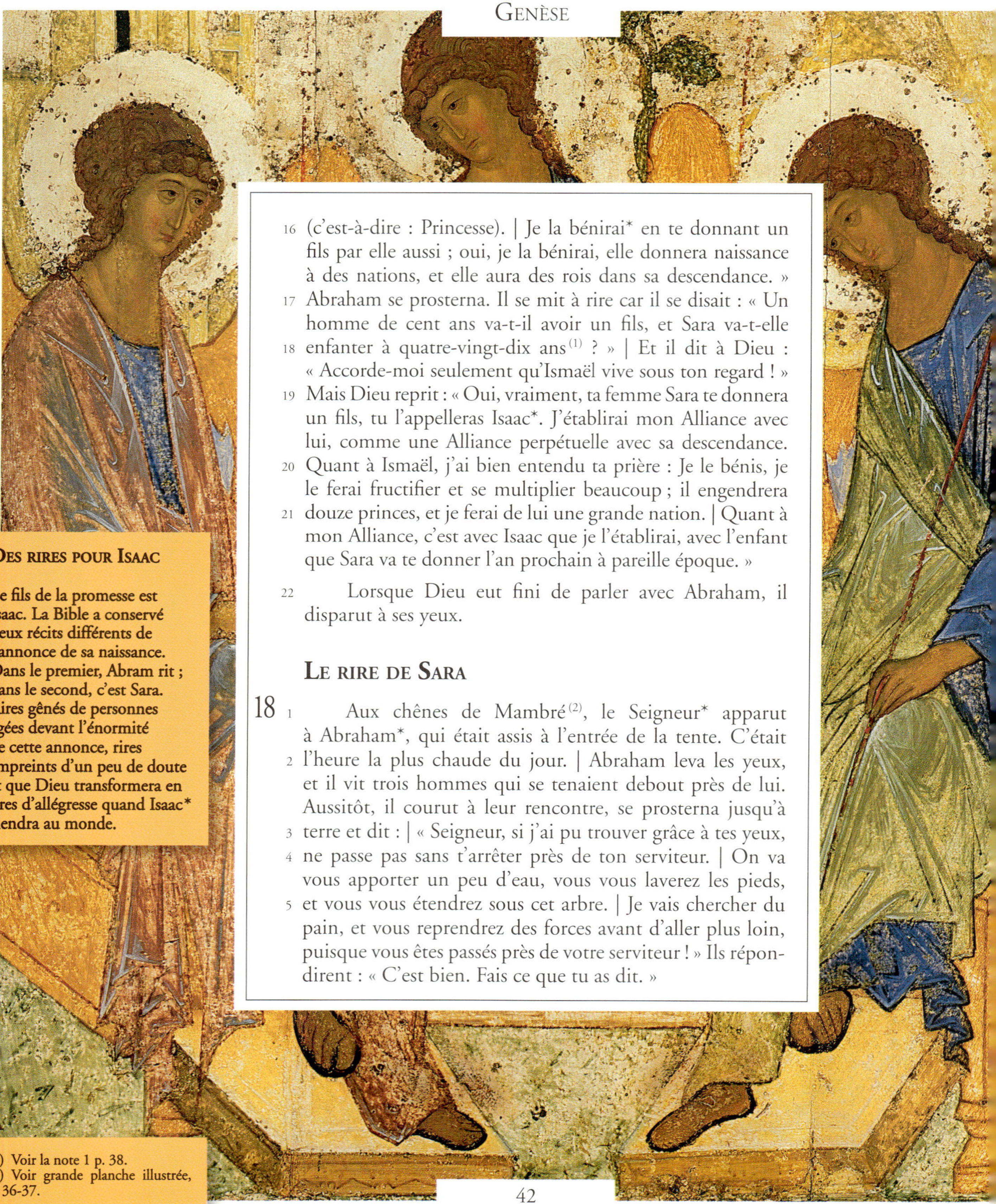

16 (c'est-à-dire : Princesse). | Je la bénirai* en te donnant un
fils par elle aussi ; oui, je la bénirai, elle donnera naissance
à des nations, et elle aura des rois dans sa descendance. »
17 Abraham se prosterna. Il se mit à rire car il se disait : « Un
homme de cent ans va-t-il avoir un fils, et Sara va-t-elle
18 enfanter à quatre-vingt-dix ans[1] ? » | Et il dit à Dieu :
« Accorde-moi seulement qu'Ismaël vive sous ton regard ! »
19 Mais Dieu reprit : « Oui, vraiment, ta femme Sara te donnera
un fils, tu l'appelleras Isaac*. J'établirai mon Alliance avec
lui, comme une Alliance perpétuelle avec sa descendance.
20 Quant à Ismaël, j'ai bien entendu ta prière : Je le bénis, je
le ferai fructifier et se multiplier beaucoup ; il engendrera
21 douze princes, et je ferai de lui une grande nation. | Quant à
mon Alliance, c'est avec Isaac que je l'établirai, avec l'enfant
que Sara va te donner l'an prochain à pareille époque. »

22 Lorsque Dieu eut fini de parler avec Abraham, il
disparut à ses yeux.

LE RIRE DE SARA

18 1 Aux chênes de Mambré[2], le Seigneur* apparut
à Abraham*, qui était assis à l'entrée de la tente. C'était
2 l'heure la plus chaude du jour. | Abraham leva les yeux,
et il vit trois hommes qui se tenaient debout près de lui.
Aussitôt, il courut à leur rencontre, se prosterna jusqu'à
3 terre et dit : | « Seigneur, si j'ai pu trouver grâce à tes yeux,
4 ne passe pas sans t'arrêter près de ton serviteur. | On va
vous apporter un peu d'eau, vous vous laverez les pieds,
5 et vous vous étendrez sous cet arbre. | Je vais chercher du
pain, et vous reprendrez des forces avant d'aller plus loin,
puisque vous êtes passés près de votre serviteur ! » Ils répondirent : « C'est bien. Fais ce que tu as dit. »

DES RIRES POUR ISAAC

Le fils de la promesse est Isaac. La Bible a conservé deux récits différents de l'annonce de sa naissance. Dans le premier, Abram rit ; dans le second, c'est Sara. Rires gênés de personnes âgées devant l'énormité de cette annonce, rires empreints d'un peu de doute et que Dieu transformera en rires d'allégresse quand Isaac* viendra au monde.

(1) Voir la note 1 p. 38.
(2) Voir grande planche illustrée, p. 36-37.

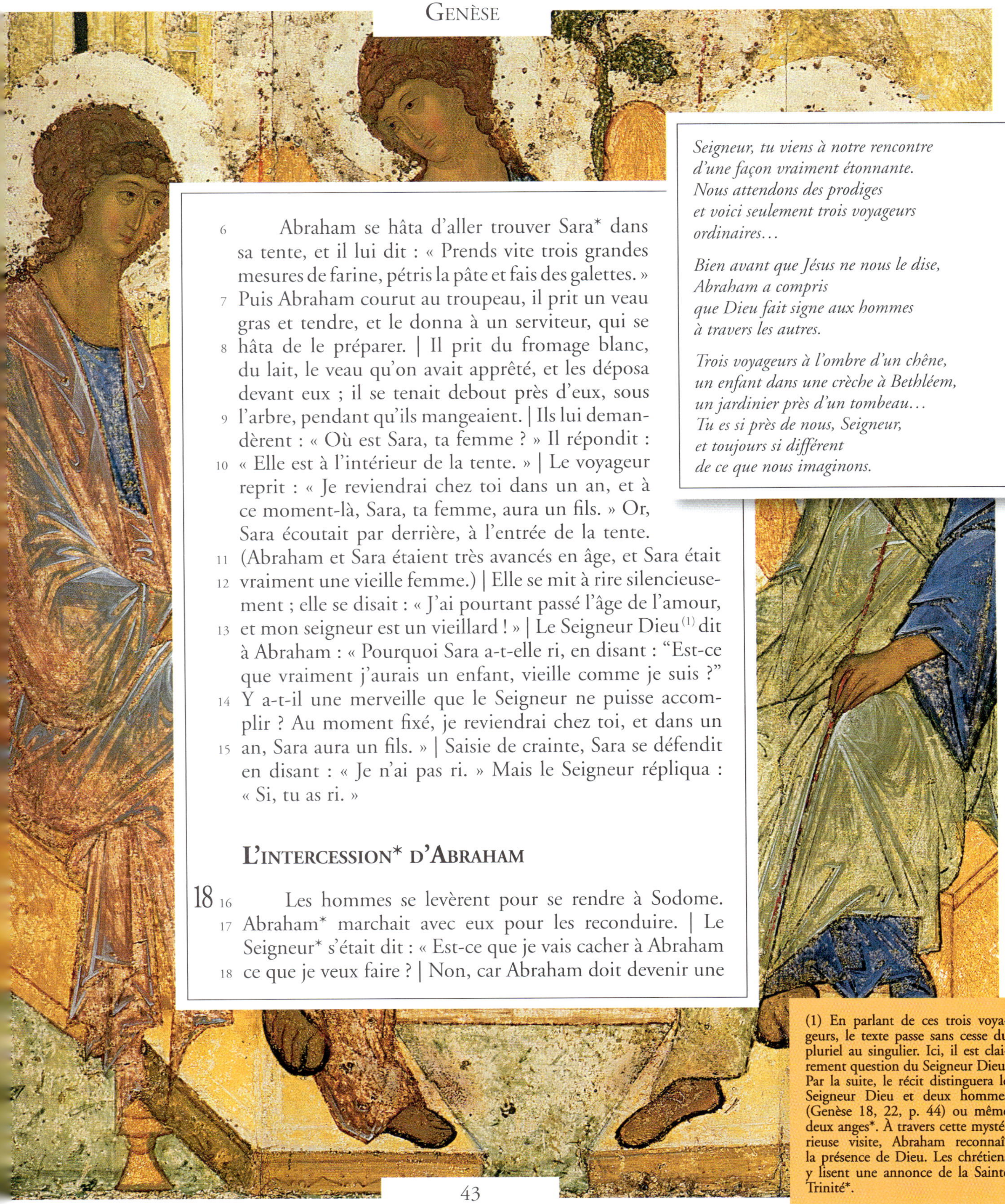

6 Abraham se hâta d'aller trouver Sara* dans
sa tente, et il lui dit : « Prends vite trois grandes
mesures de farine, pétris la pâte et fais des galettes. »
7 Puis Abraham courut au troupeau, il prit un veau
gras et tendre, et le donna à un serviteur, qui se
8 hâta de le préparer. | Il prit du fromage blanc,
du lait, le veau qu'on avait apprêté, et les déposa
devant eux ; il se tenait debout près d'eux, sous
9 l'arbre, pendant qu'ils mangeaient. | Ils lui deman-
dèrent : « Où est Sara, ta femme ? » Il répondit :
10 « Elle est à l'intérieur de la tente. » | Le voyageur
reprit : « Je reviendrai chez toi dans un an, et à
ce moment-là, Sara, ta femme, aura un fils. » Or,
Sara écoutait par derrière, à l'entrée de la tente.
11 (Abraham et Sara étaient très avancés en âge, et Sara était
12 vraiment une vieille femme.) | Elle se mit à rire silencieuse-
ment ; elle se disait : « J'ai pourtant passé l'âge de l'amour,
13 et mon seigneur est un vieillard ! » | Le Seigneur Dieu[(1)] dit
à Abraham : « Pourquoi Sara a-t-elle ri, en disant : "Est-ce
que vraiment j'aurais un enfant, vieille comme je suis ?"
14 Y a-t-il une merveille que le Seigneur ne puisse accom-
plir ? Au moment fixé, je reviendrai chez toi, et dans un
15 an, Sara aura un fils. » | Saisie de crainte, Sara se défendit
en disant : « Je n'ai pas ri. » Mais le Seigneur répliqua :
« Si, tu as ri. »

Seigneur, tu viens à notre rencontre
d'une façon vraiment étonnante.
Nous attendons des prodiges
et voici seulement trois voyageurs
ordinaires...

Bien avant que Jésus ne nous le dise,
Abraham a compris
que Dieu fait signe aux hommes
à travers les autres.

Trois voyageurs à l'ombre d'un chêne,
un enfant dans une crèche à Bethléem,
un jardinier près d'un tombeau...
Tu es si près de nous, Seigneur,
et toujours si différent
de ce que nous imaginons.

L'intercession* d'Abraham

18 16 Les hommes se levèrent pour se rendre à Sodome.
17 Abraham* marchait avec eux pour les reconduire. | Le
Seigneur* s'était dit : « Est-ce que je vais cacher à Abraham
18 ce que je veux faire ? | Non, car Abraham doit devenir une

(1) En parlant de ces trois voyageurs, le texte passe sans cesse du pluriel au singulier. Ici, il est clairement question du Seigneur Dieu. Par la suite, le récit distinguera le Seigneur Dieu et deux hommes (Genèse 18, 22, p. 44) ou même deux anges*. À travers cette mystérieuse visite, Abraham reconnaît la présence de Dieu. Les chrétiens y lisent une annonce de la Sainte Trinité*.

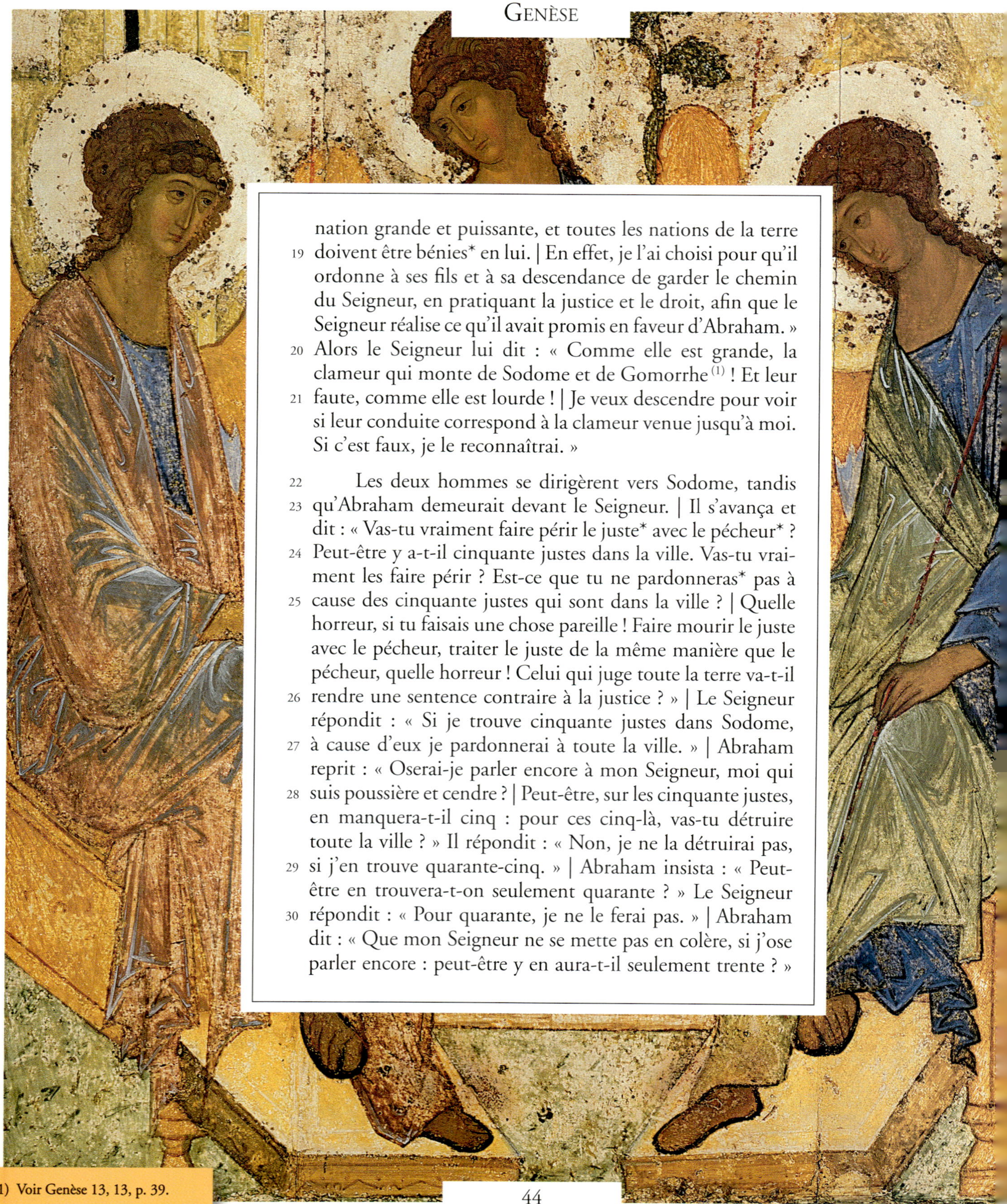

nation grande et puissante, et toutes les nations de la terre
19 doivent être bénies* en lui. | En effet, je l'ai choisi pour qu'il
ordonne à ses fils et à sa descendance de garder le chemin
du Seigneur, en pratiquant la justice et le droit, afin que le
Seigneur réalise ce qu'il avait promis en faveur d'Abraham. »
20 Alors le Seigneur lui dit : « Comme elle est grande, la
clameur qui monte de Sodome et de Gomorrhe [(1)] ! Et leur
21 faute, comme elle est lourde ! | Je veux descendre pour voir
si leur conduite correspond à la clameur venue jusqu'à moi.
Si c'est faux, je le reconnaîtrai. »

22 Les deux hommes se dirigèrent vers Sodome, tandis
23 qu'Abraham demeurait devant le Seigneur. | Il s'avança et
dit : « Vas-tu vraiment faire périr le juste* avec le pécheur* ?
24 Peut-être y a-t-il cinquante justes dans la ville. Vas-tu vrai-
ment les faire périr ? Est-ce que tu ne pardonneras* pas à
25 cause des cinquante justes qui sont dans la ville ? | Quelle
horreur, si tu faisais une chose pareille ! Faire mourir le juste
avec le pécheur, traiter le juste de la même manière que le
pécheur, quelle horreur ! Celui qui juge toute la terre va-t-il
26 rendre une sentence contraire à la justice ? » | Le Seigneur
répondit : « Si je trouve cinquante justes dans Sodome,
27 à cause d'eux je pardonnerai à toute la ville. » | Abraham
reprit : « Oserai-je parler encore à mon Seigneur, moi qui
28 suis poussière et cendre ? | Peut-être, sur les cinquante justes,
en manquera-t-il cinq : pour ces cinq-là, vas-tu détruire
toute la ville ? » Il répondit : « Non, je ne la détruirai pas,
29 si j'en trouve quarante-cinq. » | Abraham insista : « Peut-
être en trouvera-t-on seulement quarante ? » Le Seigneur
30 répondit : « Pour quarante, je ne le ferai pas. » | Abraham
dit : « Que mon Seigneur ne se mette pas en colère, si j'ose
parler encore : peut-être y en aura-t-il seulement trente ? »

(1) Voir Genèse 13, 13, p. 39.

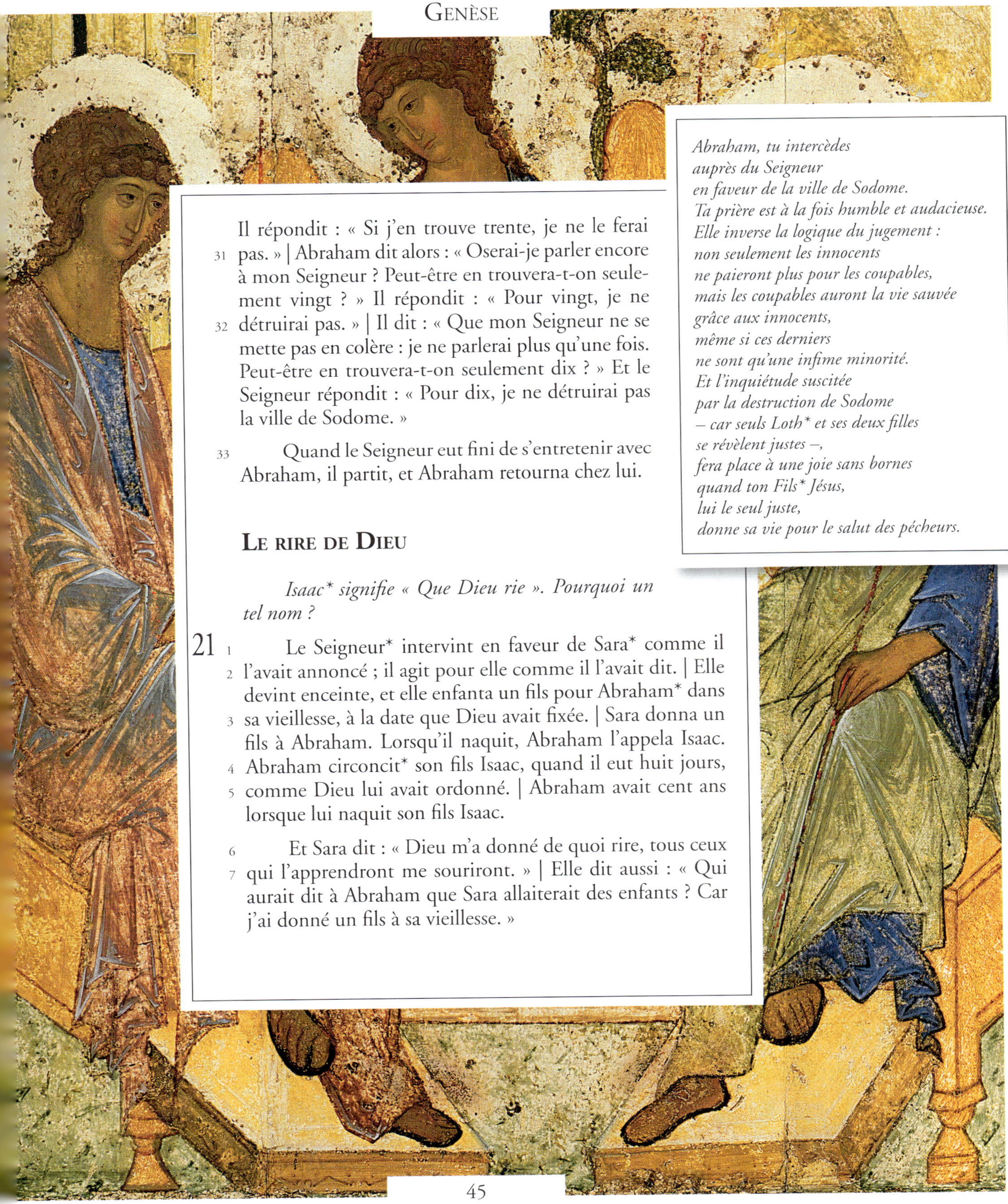

Il répondit : « Si j'en trouve trente, je ne le ferai
31 pas. » | Abraham dit alors : « Oserai-je parler encore
à mon Seigneur ? Peut-être en trouvera-t-on seule-
ment vingt ? » Il répondit : « Pour vingt, je ne
32 détruirai pas. » | Il dit : « Que mon Seigneur ne se
mette pas en colère : je ne parlerai plus qu'une fois.
Peut-être en trouvera-t-on seulement dix ? » Et le
Seigneur répondit : « Pour dix, je ne détruirai pas
la ville de Sodome. »

33 Quand le Seigneur eut fini de s'entretenir avec
Abraham, il partit, et Abraham retourna chez lui.

Abraham, tu intercèdes
auprès du Seigneur
en faveur de la ville de Sodome.
Ta prière est à la fois humble et audacieuse.
Elle inverse la logique du jugement :
non seulement les innocents
ne paieront plus pour les coupables,
mais les coupables auront la vie sauvée
grâce aux innocents,
même si ces derniers
ne sont qu'une infime minorité.
Et l'inquiétude suscitée
par la destruction de Sodome
– car seuls Loth et ses deux filles*
se révèlent justes –,
fera place à une joie sans bornes
quand ton Fils Jésus,*
lui le seul juste,
donne sa vie pour le salut des pécheurs.

Le rire de Dieu

Isaac signifie « Que Dieu rie ». Pourquoi un tel nom ?*

21 1 Le Seigneur* intervint en faveur de Sara* comme il
2 l'avait annoncé ; il agit pour elle comme il l'avait dit. | Elle
devint enceinte, et elle enfanta un fils pour Abraham* dans
3 sa vieillesse, à la date que Dieu avait fixée. | Sara donna un
fils à Abraham. Lorsqu'il naquit, Abraham l'appela Isaac.
4 Abraham circoncit* son fils Isaac, quand il eut huit jours,
5 comme Dieu lui avait ordonné. | Abraham avait cent ans
lorsque lui naquit son fils Isaac.

6 Et Sara dit : « Dieu m'a donné de quoi rire, tous ceux
7 qui l'apprendront me souriront. » | Elle dit aussi : « Qui
aurait dit à Abraham que Sara allaiterait des enfants ? Car
j'ai donné un fils à sa vieillesse. »

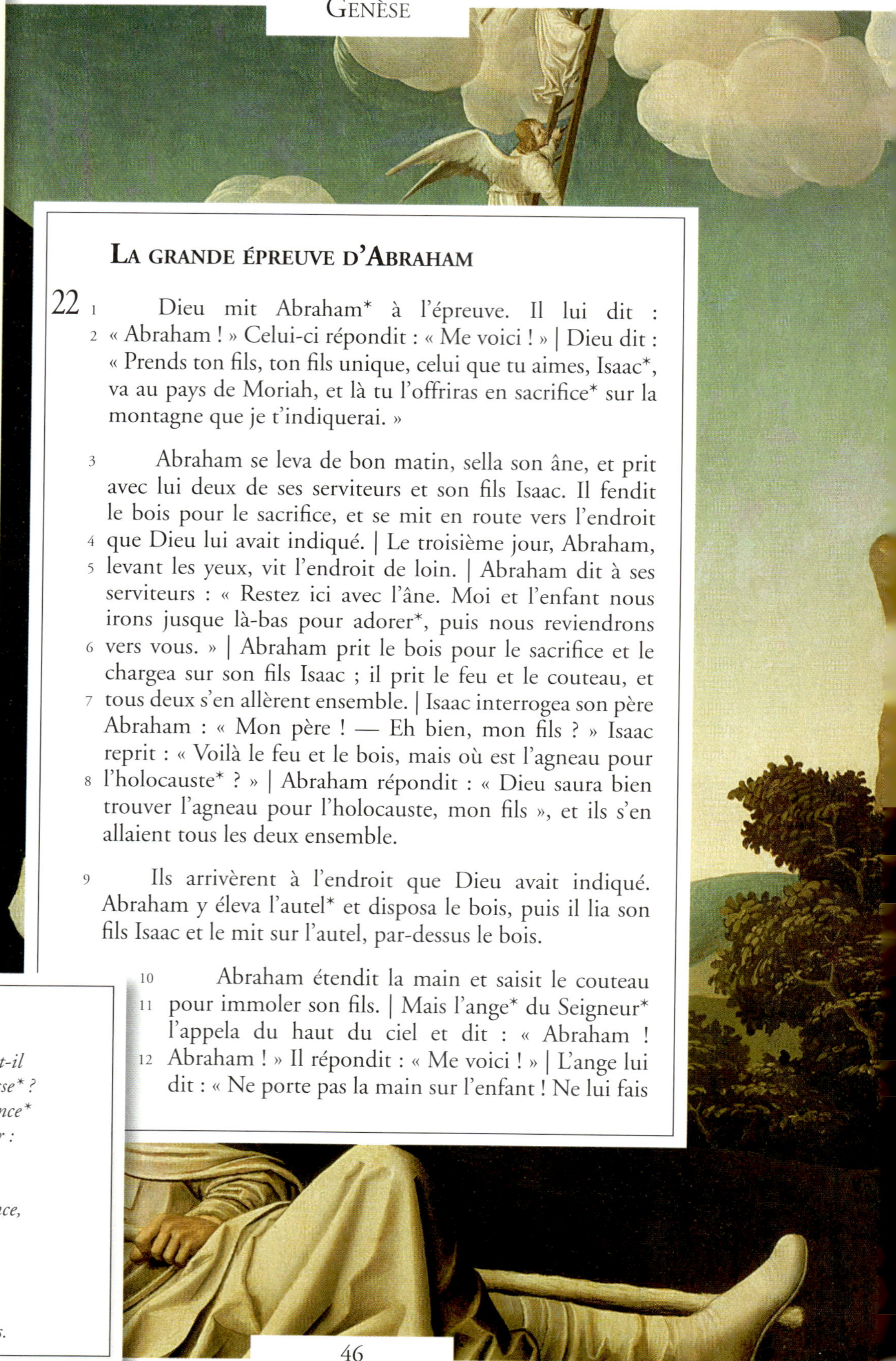

LE SACRIFICE DES PREMIERS-NÉS

Abraham vit au contact des Cananéens*. C'est un peuple très religieux qui honore ses dieux avec des pratiques dont nous réalisons aujourd'hui la violence. Par exemple, ils offrent en sacrifice leurs fils premiers-nés.

La mise à l'épreuve d'Abraham est très importante, car bien après lui les fils d'Israël se poseront encore la question : « Pour manifester notre attachement à notre Dieu, ne devons-nous pas lui offrir ce que nous avons de plus cher ? » (Michée 6, 6-8, p. 149).

Abraham commence les préparatifs du sacrifice d'Isaac. Malgré sa détresse, son cœur garde confiance, si bien qu'il peut entendre la Parole de Dieu : « Je ne veux pas de sacrifices humains. »

LA GRANDE ÉPREUVE D'ABRAHAM

22 1 Dieu mit Abraham* à l'épreuve. Il lui dit :
2 « Abraham ! » Celui-ci répondit : « Me voici ! » | Dieu dit :
« Prends ton fils, ton fils unique, celui que tu aimes, Isaac*,
va au pays de Moriah, et là tu l'offriras en sacrifice* sur la
montagne que je t'indiquerai. »

3 Abraham se leva de bon matin, sella son âne, et prit
avec lui deux de ses serviteurs et son fils Isaac. Il fendit
le bois pour le sacrifice, et se mit en route vers l'endroit
4 que Dieu lui avait indiqué. | Le troisième jour, Abraham,
5 levant les yeux, vit l'endroit de loin. | Abraham dit à ses
serviteurs : « Restez ici avec l'âne. Moi et l'enfant nous
irons jusque là-bas pour adorer*, puis nous reviendrons
6 vers vous. » | Abraham prit le bois pour le sacrifice et le
chargea sur son fils Isaac ; il prit le feu et le couteau, et
7 tous deux s'en allèrent ensemble. | Isaac interrogea son père
Abraham : « Mon père ! — Eh bien, mon fils ? » Isaac
reprit : « Voilà le feu et le bois, mais où est l'agneau pour
8 l'holocauste* ? » | Abraham répondit : « Dieu saura bien
trouver l'agneau pour l'holocauste, mon fils », et ils s'en
allaient tous les deux ensemble.

9 Ils arrivèrent à l'endroit que Dieu avait indiqué.
Abraham y éleva l'autel* et disposa le bois, puis il lia son
fils Isaac et le mit sur l'autel, par-dessus le bois.

10 Abraham étendit la main et saisit le couteau
11 pour immoler son fils. | Mais l'ange* du Seigneur*
l'appela du haut du ciel et dit : « Abraham !
12 Abraham ! » Il répondit : « Me voici ! » | L'ange lui
dit : « Ne porte pas la main sur l'enfant ! Ne lui fais

Dans ton cœur, Abraham,
c'est l'obscurité.
Le Dieu de l'Alliance désirerait-il*
la mort de l'enfant de la promesse ?*
*Pourtant, la flamme de l'espérance**
continue à briller dans ton cœur :
« Dieu saura bien trouver
l'agneau pour l'holocauste. »
Jusqu'au bout, tu gardes confiance,
car Dieu est pour la vie.
Et tu as raison !
Comme Abraham,
aide-nous, Seigneur,
à garder confiance en tout temps.

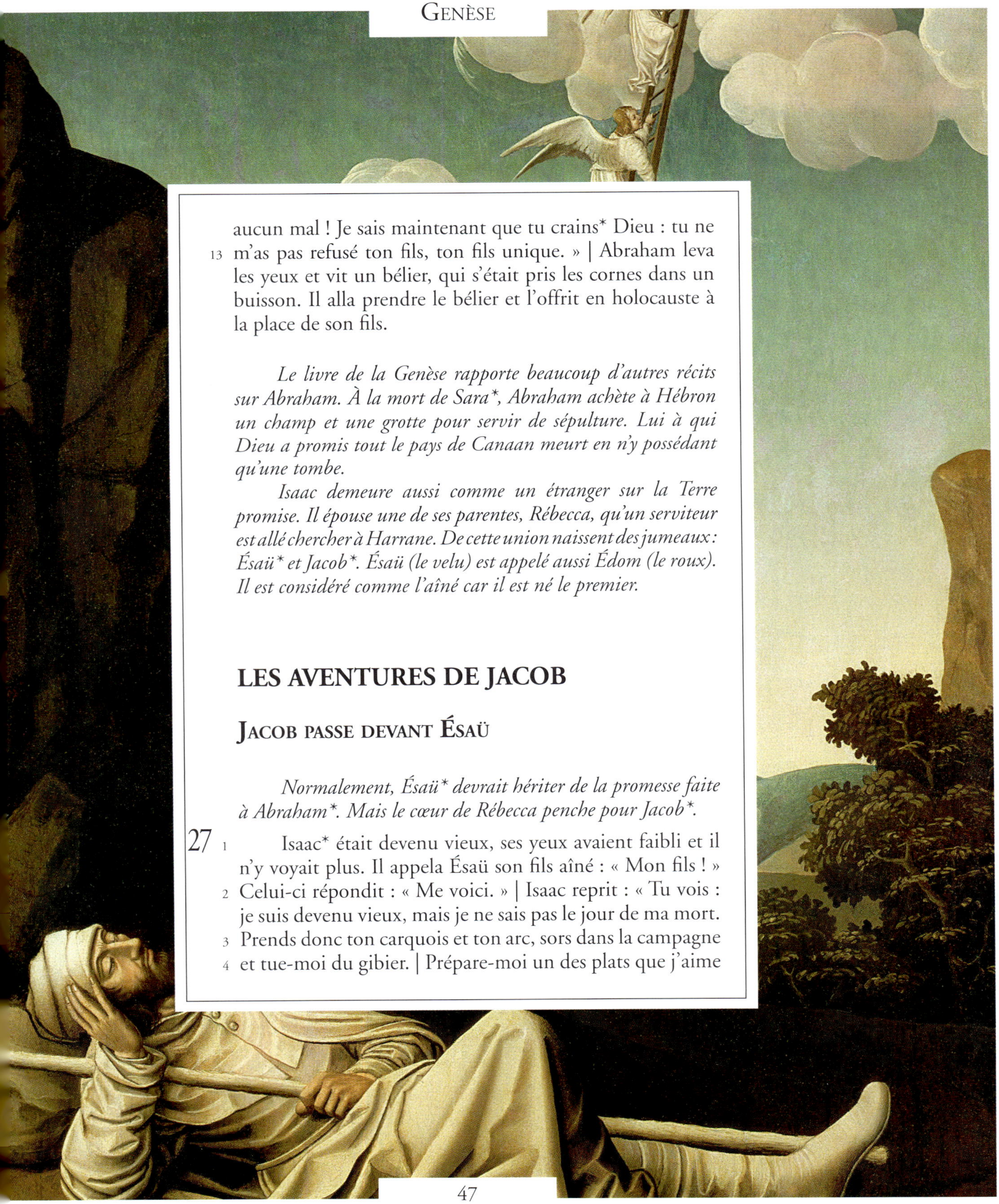

aucun mal ! Je sais maintenant que tu crains* Dieu : tu ne
13 m'as pas refusé ton fils, ton fils unique. » | Abraham leva
les yeux et vit un bélier, qui s'était pris les cornes dans un
buisson. Il alla prendre le bélier et l'offrit en holocauste à
la place de son fils.

Le livre de la Genèse rapporte beaucoup d'autres récits sur Abraham. À la mort de Sara, Abraham achète à Hébron un champ et une grotte pour servir de sépulture. Lui à qui Dieu a promis tout le pays de Canaan meurt en n'y possédant qu'une tombe.*

Isaac demeure aussi comme un étranger sur la Terre promise. Il épouse une de ses parentes, Rébecca, qu'un serviteur est allé chercher à Harrane. De cette union naissent des jumeaux : Ésaü et Jacob*. Ésaü (le velu) est appelé aussi Édom (le roux). Il est considéré comme l'aîné car il est né le premier.*

LES AVENTURES DE JACOB

JACOB PASSE DEVANT ÉSAÜ

Normalement, Ésaü devrait hériter de la promesse faite à Abraham*. Mais le cœur de Rébecca penche pour Jacob*.*

27 1 Isaac* était devenu vieux, ses yeux avaient faibli et il
n'y voyait plus. Il appela Ésaü son fils aîné : « Mon fils ! »
2 Celui-ci répondit : « Me voici. » | Isaac reprit : « Tu vois :
je suis devenu vieux, mais je ne sais pas le jour de ma mort.
3 Prends donc ton carquois et ton arc, sors dans la campagne
4 et tue-moi du gibier. | Prépare-moi un des plats que j'aime

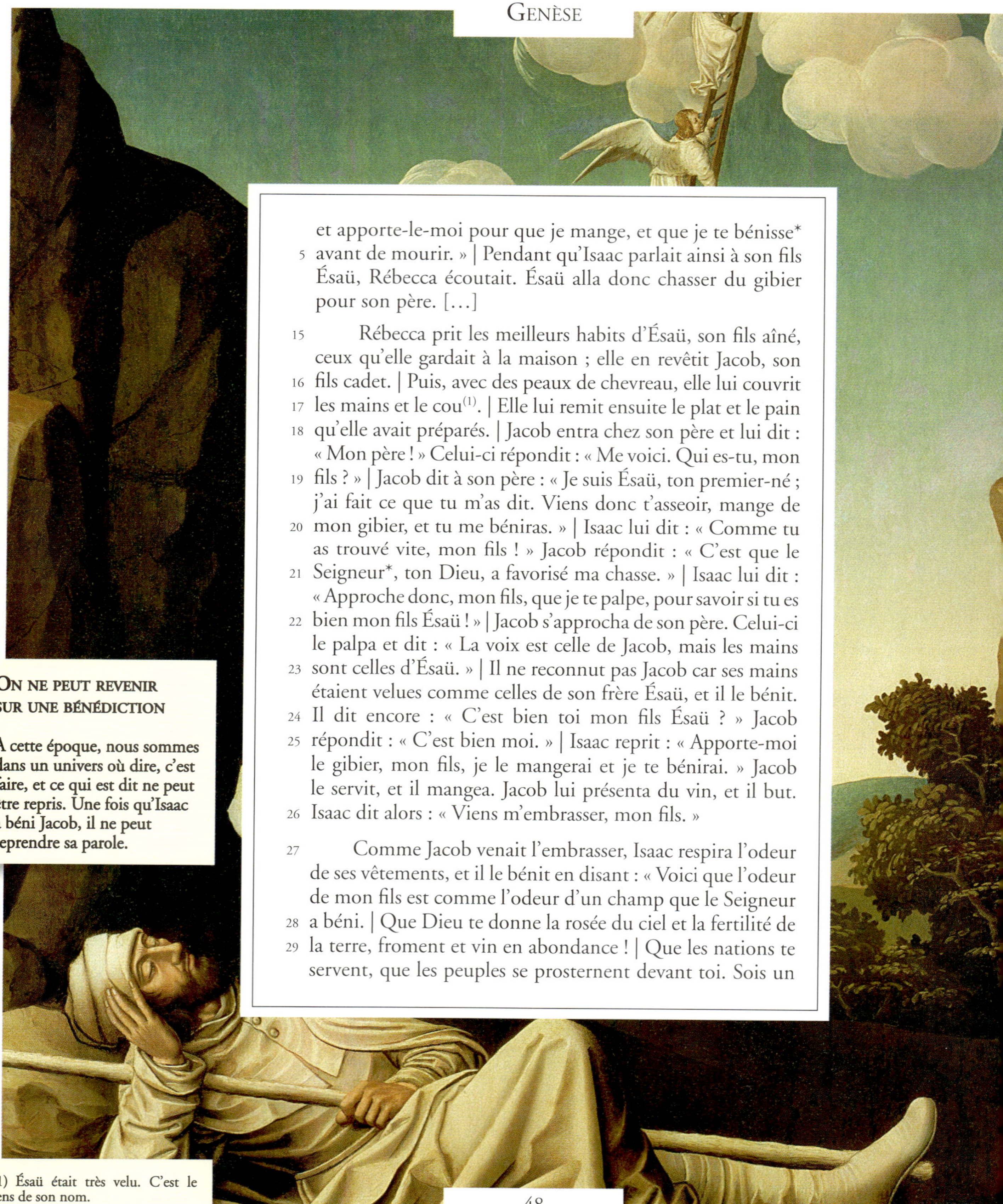

et apporte-le-moi pour que je mange, et que je te bénisse*
5 avant de mourir. » | Pendant qu'Isaac parlait ainsi à son fils
Ésaü, Rébecca écoutait. Ésaü alla donc chasser du gibier
pour son père. [...]

15 Rébecca prit les meilleurs habits d'Ésaü, son fils aîné,
ceux qu'elle gardait à la maison ; elle en revêtit Jacob, son
16 fils cadet. | Puis, avec des peaux de chevreau, elle lui couvrit
17 les mains et le cou(1). | Elle lui remit ensuite le plat et le pain
18 qu'elle avait préparés. | Jacob entra chez son père et lui dit :
« Mon père ! » Celui-ci répondit : « Me voici. Qui es-tu, mon
19 fils ? » | Jacob dit à son père : « Je suis Ésaü, ton premier-né ;
j'ai fait ce que tu m'as dit. Viens donc t'asseoir, mange de
20 mon gibier, et tu me béniras. » | Isaac lui dit : « Comme tu
as trouvé vite, mon fils ! » Jacob répondit : « C'est que le
21 Seigneur*, ton Dieu, a favorisé ma chasse. » | Isaac lui dit :
« Approche donc, mon fils, que je te palpe, pour savoir si tu es
22 bien mon fils Ésaü ! » | Jacob s'approcha de son père. Celui-ci
le palpa et dit : « La voix est celle de Jacob, mais les mains
23 sont celles d'Ésaü. » | Il ne reconnut pas Jacob car ses mains
étaient velues comme celles de son frère Ésaü, et il le bénit.
24 Il dit encore : « C'est bien toi mon fils Ésaü ? » Jacob
25 répondit : « C'est bien moi. » | Isaac reprit : « Apporte-moi
le gibier, mon fils, je le mangerai et je te bénirai. » Jacob
le servit, et il mangea. Jacob lui présenta du vin, et il but.
26 Isaac dit alors : « Viens m'embrasser, mon fils. »

27 Comme Jacob venait l'embrasser, Isaac respira l'odeur
de ses vêtements, et il le bénit en disant : « Voici que l'odeur
de mon fils est comme l'odeur d'un champ que le Seigneur
28 a béni. | Que Dieu te donne la rosée du ciel et la fertilité de
29 la terre, froment et vin en abondance ! | Que les nations te
servent, que les peuples se prosternent devant toi. Sois un

ON NE PEUT REVENIR SUR UNE BÉNÉDICTION

À cette époque, nous sommes dans un univers où dire, c'est faire, et ce qui est dit ne peut être repris. Une fois qu'Isaac a béni Jacob, il ne peut reprendre sa parole.

(1) Ésaü était très velu. C'est le sens de son nom.

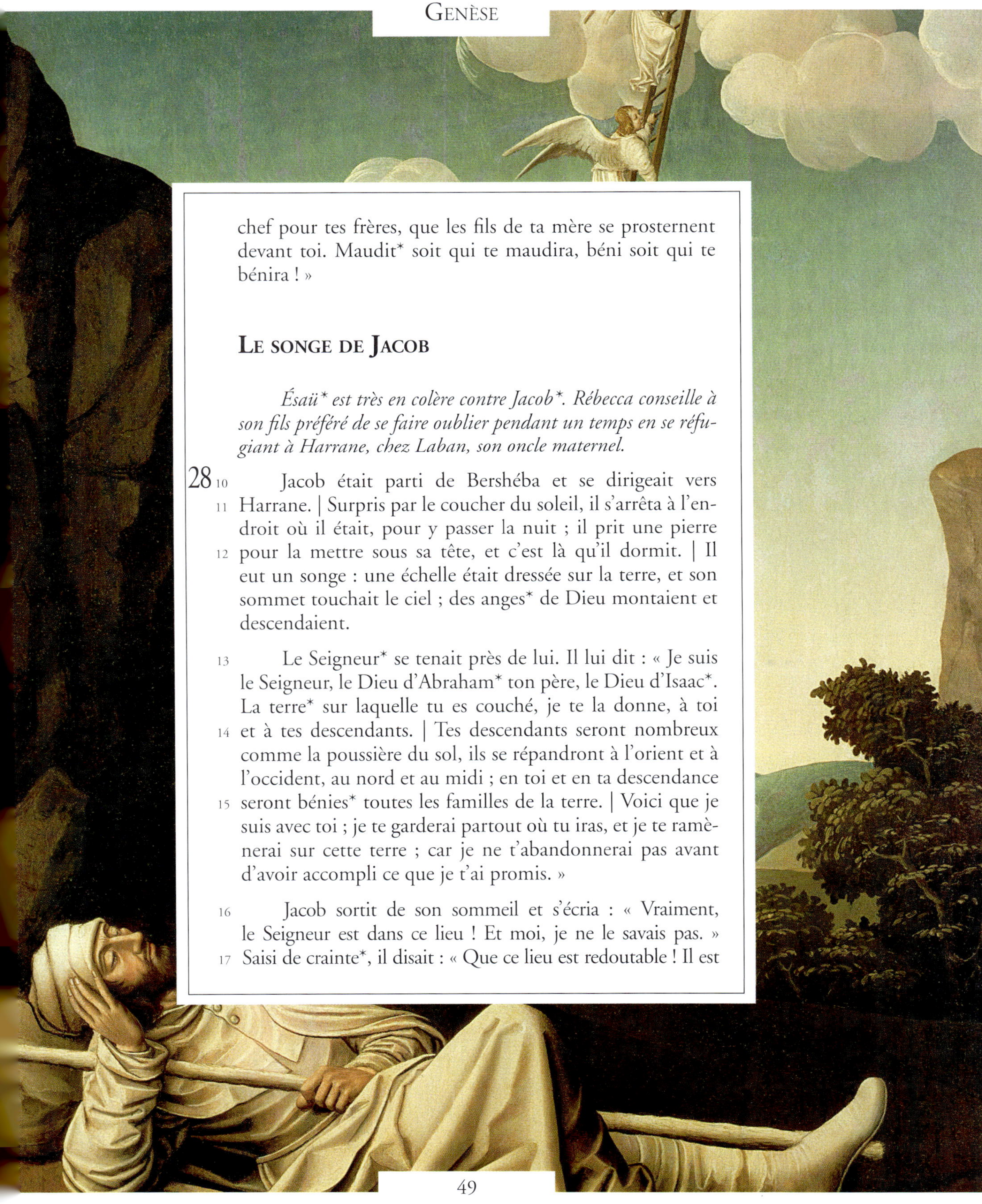

chef pour tes frères, que les fils de ta mère se prosternent devant toi. Maudit* soit qui te maudira, béni soit qui te bénira ! »

LE SONGE DE JACOB

Ésaü est très en colère contre Jacob*. Rébecca conseille à son fils préféré de se faire oublier pendant un temps en se réfugiant à Harrane, chez Laban, son oncle maternel.*

28 10 Jacob était parti de Bershéba et se dirigeait vers
11 Harrane. | Surpris par le coucher du soleil, il s'arrêta à l'en-
droit où il était, pour y passer la nuit ; il prit une pierre
12 pour la mettre sous sa tête, et c'est là qu'il dormit. | Il
eut un songe : une échelle était dressée sur la terre, et son
sommet touchait le ciel ; des anges* de Dieu montaient et
descendaient.

13 Le Seigneur* se tenait près de lui. Il lui dit : « Je suis
le Seigneur, le Dieu d'Abraham* ton père, le Dieu d'Isaac*.
La terre* sur laquelle tu es couché, je te la donne, à toi
14 et à tes descendants. | Tes descendants seront nombreux
comme la poussière du sol, ils se répandront à l'orient et à
l'occident, au nord et au midi ; en toi et en ta descendance
15 seront bénies* toutes les familles de la terre. | Voici que je
suis avec toi ; je te garderai partout où tu iras, et je te ramè-
nerai sur cette terre ; car je ne t'abandonnerai pas avant
d'avoir accompli ce que je t'ai promis. »

16 Jacob sortit de son sommeil et s'écria : « Vraiment,
le Seigneur est dans ce lieu ! Et moi, je ne le savais pas. »
17 Saisi de crainte*, il disait : « Que ce lieu est redoutable ! Il est

LA FOI NE S'ACQUIERT PAS PAR HÉRITAGE

Si le Seigneur* renouvelle sa promesse* à chaque génération, il faut pour autant que chacun y réponde dans la foi* en fondant son existence sur cette promesse. Jacob joue son avenir sur la promesse de Dieu (Genèse 28, 20-21, ci-contre).

18 réellement la maison de Dieu, la porte du ciel ! » | Jacob se leva
de bon matin, il prit la pierre qu'il avait mise sous sa tête, il la
dressa pour en faire une stèle, et il la consacra* en versant de
19 l'huile sur le sommet. | Et à ce lieu, qui s'appelait alors Louz, il
donna le nom de Béthel (c'est-à-dire : Maison de Dieu).

20 Alors Jacob prononça ce vœu : « Si Dieu est avec moi,
s'il me protège sur le chemin où je marche, s'il me donne
du pain pour manger et des vêtements pour me couvrir,
21 et si je reviens sain et sauf à la maison de mon père, le
Seigneur sera mon Dieu. »

À Harrane, Jacob est tombé follement amoureux de Rachel, la fille cadette de son oncle Laban. Mais Laban impose à Jacob d'épouser d'abord Léa, sa fille aînée. Par la suite, la polygamie étant très répandue à cette époque, Jacob peut également épouser Rachel.

Jacob devient ainsi le père de onze fils pendant son séjour à Harrane. Il s'enrichit beaucoup et décide de retourner vers la Terre promise avec ses épouses, ses enfants et ses troupeaux. Mais auparavant il lui faut rencontrer son frère.

LE COMBAT DE JACOB-ISRAËL

32 23 Cette nuit-là, Jacob* se leva, il prit ses deux femmes,
ses deux servantes, ses onze enfants, et passa le gué du
24 Yabboq. | Il leur fit traverser le torrent et il fit passer aussi
25 tout ce qui lui appartenait. | Jacob resta seul. Or, quelqu'un
26 lutta avec lui jusqu'au lever de l'aurore. | L'homme,
voyant qu'il ne pouvait pas le vaincre, le frappa au creux
de la hanche, et la hanche de Jacob se démit pendant ce

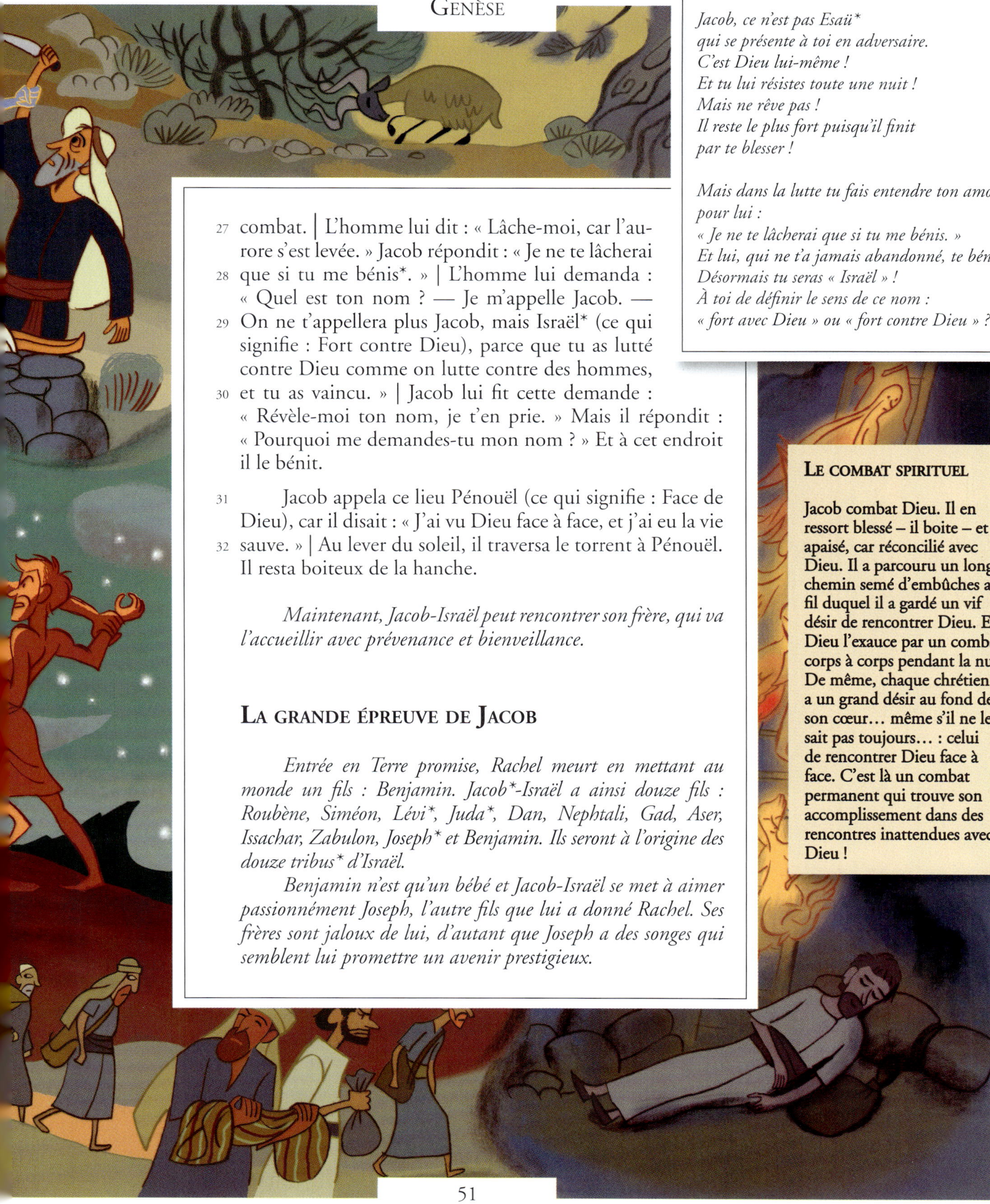

*Jacob, ce n'est pas Esaü**
qui se présente à toi en adversaire.
C'est Dieu lui-même !
Et tu lui résistes toute une nuit !
Mais ne rêve pas !
Il reste le plus fort puisqu'il finit
par te blesser !

Mais dans la lutte tu fais entendre ton amour pour lui :
« Je ne te lâcherai que si tu me bénis. »
Et lui, qui ne t'a jamais abandonné, te bénit.
Désormais tu seras « Israël » !
À toi de définir le sens de ce nom :
« fort avec Dieu » ou « fort contre Dieu » ?

27 combat. | L'homme lui dit : « Lâche-moi, car l'au-
rore s'est levée. » Jacob répondit : « Je ne te lâcherai
28 que si tu me bénis*. » | L'homme lui demanda :
« Quel est ton nom ? — Je m'appelle Jacob. —
29 On ne t'appellera plus Jacob, mais Israël* (ce qui
signifie : Fort contre Dieu), parce que tu as lutté
contre Dieu comme on lutte contre des hommes,
30 et tu as vaincu. » | Jacob lui fit cette demande :
« Révèle-moi ton nom, je t'en prie. » Mais il répondit :
« Pourquoi me demandes-tu mon nom ? » Et à cet endroit
il le bénit.
31 Jacob appela ce lieu Pénouël (ce qui signifie : Face de
Dieu), car il disait : « J'ai vu Dieu face à face, et j'ai eu la vie
32 sauve. » | Au lever du soleil, il traversa le torrent à Pénouël.
Il resta boiteux de la hanche.

Maintenant, Jacob-Israël peut rencontrer son frère, qui va l'accueillir avec prévenance et bienveillance.

LA GRANDE ÉPREUVE DE JACOB

Entrée en Terre promise, Rachel meurt en mettant au monde un fils : Benjamin. Jacob-Israël a ainsi douze fils : Roubène, Siméon, Lévi*, Juda*, Dan, Nephtali, Gad, Aser, Issachar, Zabulon, Joseph* et Benjamin. Ils seront à l'origine des douze tribus* d'Israël.*

Benjamin n'est qu'un bébé et Jacob-Israël se met à aimer passionnément Joseph, l'autre fils que lui a donné Rachel. Ses frères sont jaloux de lui, d'autant que Joseph a des songes qui semblent lui promettre un avenir prestigieux.

LE COMBAT SPIRITUEL

Jacob combat Dieu. Il en ressort blessé – il boite – et apaisé, car réconcilié avec Dieu. Il a parcouru un long chemin semé d'embûches au fil duquel il a gardé un vif désir de rencontrer Dieu. Et Dieu l'exauce par un combat corps à corps pendant la nuit. De même, chaque chrétien a un grand désir au fond de son cœur… même s'il ne le sait pas toujours… : celui de rencontrer Dieu face à face. C'est là un combat permanent qui trouve son accomplissement dans des rencontres inattendues avec Dieu !

37 3 Jacob aimait Joseph plus que tous ses autres enfants,
parce qu'il était le fils de sa vieillesse, et il lui fit faire une
4 tunique de grand prix. | En voyant qu'il leur préférait
Joseph, ses autres fils se mirent à détester celui-ci, et ils ne
pouvaient plus lui dire que des paroles hostiles. [...]

12 Ils étaient allés à Sichem faire paître le troupeau de
13 leur père. | Celui-ci dit à Joseph : « Tes frères gardent le trou-
17 peau à Sichem : je vais t'envoyer là-bas. » [...] | Joseph partit
18 rejoindre ses frères. [...] | Ils l'aperçurent de loin et, avant
qu'il arrive près d'eux, ils complotèrent de le faire mourir.
19 Ils se dirent l'un à l'autre : « Voilà l'homme aux songes qui
20 arrive ! | C'est le moment, allons-y, tuons-le, et jetons-le dans
une de ces citernes. Nous raconterons qu'une bête féroce l'a
dévoré, et on verra ce que voulaient dire ses songes ! »

21 Mais Roubène les entendit, et voulut le sauver de
22 leurs mains. Il leur dit : « Ne touchons pas à sa vie. » | Et
il ajouta : « Ne répandez pas son sang : jetez-le dans cette
citerne du désert, mais sans le frapper. » Il voulait le sauver
de leurs mains et le ramener à son père.

23 Dès que Joseph eut rejoint ses frères, ils le dépouil-
24 lèrent de la tunique précieuse qu'il portait, | ils se saisirent
de lui et le jetèrent dans la citerne, qui était vide et sans
25 eau. | Ils s'assirent ensuite pour manger. En levant les yeux,
ils virent une caravane d'Ismaélites* qui venait de Galaad.
Leurs chameaux étaient chargés d'aromates, de baume et
26 de myrrhe* qu'ils allaient livrer en Égypte. | Alors Juda dit
à ses frères : « Quel profit aurions-nous à tuer notre frère et
27 à dissimuler sa mort ? | Vendons-le plutôt aux Ismaélites et
ne portons pas la main sur lui, car il est du même sang que
28 nous, c'est notre frère. » Les autres l'écoutèrent. | Quand

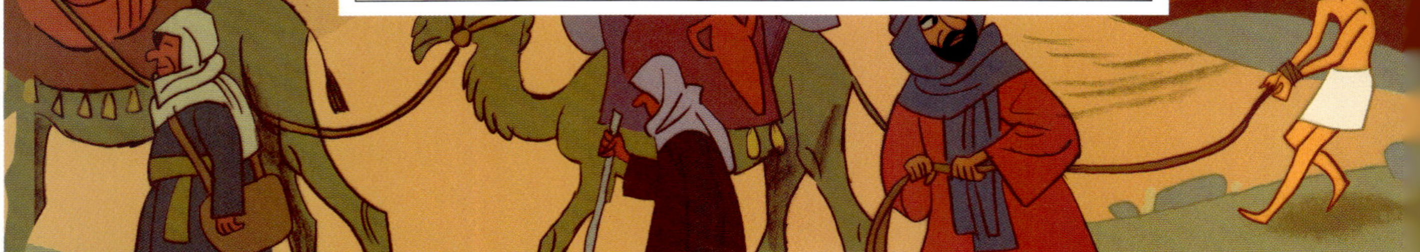

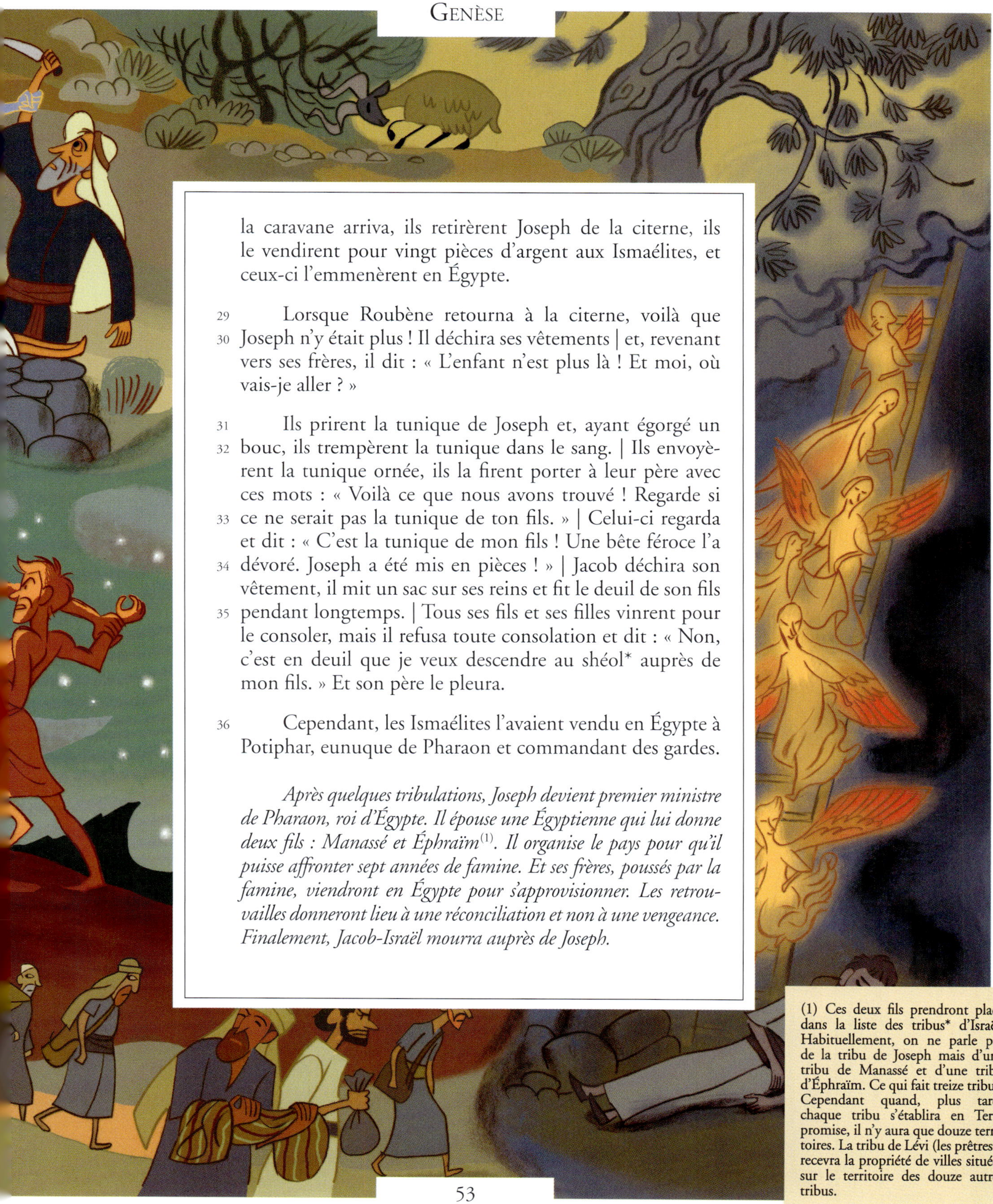

la caravane arriva, ils retirèrent Joseph de la citerne, ils le vendirent pour vingt pièces d'argent aux Ismaélites, et ceux-ci l'emmenèrent en Égypte.

29 Lorsque Roubène retourna à la citerne, voilà que
30 Joseph n'y était plus ! Il déchira ses vêtements | et, revenant
vers ses frères, il dit : « L'enfant n'est plus là ! Et moi, où
vais-je aller ? »

31 Ils prirent la tunique de Joseph et, ayant égorgé un
32 bouc, ils trempèrent la tunique dans le sang. | Ils envoyè-
rent la tunique ornée, ils la firent porter à leur père avec
ces mots : « Voilà ce que nous avons trouvé ! Regarde si
33 ce ne serait pas la tunique de ton fils. » | Celui-ci regarda
et dit : « C'est la tunique de mon fils ! Une bête féroce l'a
34 dévoré. Joseph a été mis en pièces ! » | Jacob déchira son
vêtement, il mit un sac sur ses reins et fit le deuil de son fils
35 pendant longtemps. | Tous ses fils et ses filles vinrent pour
le consoler, mais il refusa toute consolation et dit : « Non,
c'est en deuil que je veux descendre au shéol* auprès de
mon fils. » Et son père le pleura.

36 Cependant, les Ismaélites l'avaient vendu en Égypte à
Potiphar, eunuque de Pharaon et commandant des gardes.

Après quelques tribulations, Joseph devient premier ministre de Pharaon, roi d'Égypte. Il épouse une Égyptienne qui lui donne deux fils : Manassé et Éphraïm(1)*. Il organise le pays pour qu'il puisse affronter sept années de famine. Et ses frères, poussés par la famine, viendront en Égypte pour s'approvisionner. Les retrouvailles donneront lieu à une réconciliation et non à une vengeance. Finalement, Jacob-Israël mourra auprès de Joseph.*

(1) Ces deux fils prendront place dans la liste des tribus* d'Israël. Habituellement, on ne parle pas de la tribu de Joseph mais d'une tribu de Manassé et d'une tribu d'Éphraïm. Ce qui fait treize tribus. Cependant quand, plus tard, chaque tribu s'établira en Terre promise, il n'y aura que douze territoires. La tribu de Lévi (les prêtres*) recevra la propriété de villes situées sur le territoire des douze autres tribus.

III
L'HISTOIRE DE MOÏSE

Au fil de la Genèse, le Créateur* propose à Abraham*, Isaac* et Jacob*-Israël, membres de la même famille, de vivre en alliance avec lui. Au fil des autres livres du Pentateuque* (Exode, Lévitique, Nombres et Deutéronome), la famille devient un peuple. Installé en Égypte, ce peuple est réduit en esclavage.*

Moïse est envoyé par Dieu aux fils d'Israël. Il leur révèle que Dieu est tout proche d'eux. Ce Dieu connaît leurs épreuves et veut les libérer. Il est un Dieu sauveur qui brise les chaînes de leur esclavage. Il est un Dieu fidèle qui fait Alliance* avec eux et les ramène dans la Terre promise à leurs ancêtres.*

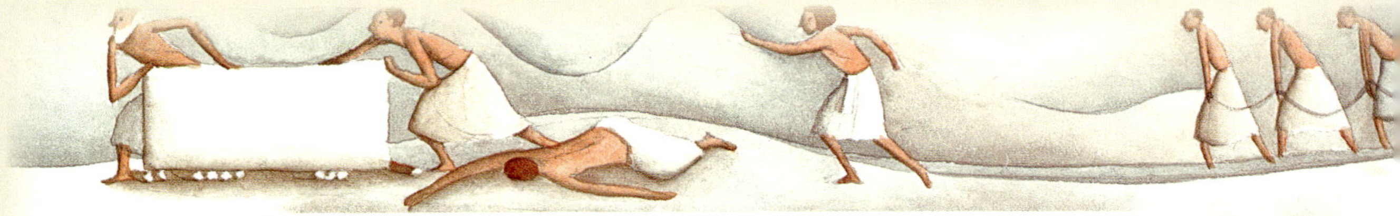

LE PEUPLE DE DIEU EN ESCLAVAGE

La vie amère

Appelés « les Hébreux » par les Égyptiens, les descendants d'Israël* sont devenus très nombreux. Les Égyptiens prennent alors peur devant cette présence massive d'étrangers sur leur sol.*

1 8 Un nouveau roi vint au pouvoir en Égypte. Il n'avait
9 pas connu Joseph*. | Il dit à son peuple : « Voici que les fils
d'Israël sont maintenant un peuple plus nombreux et plus
10 puissant que nous. | Prenons donc les dispositions voulues
pour l'empêcher de se multiplier. Car, s'il y avait une
guerre, il se joindrait à nos ennemis, combattrait contre
11 nous, et ensuite il sortirait du pays. » | On imposa donc
aux fils d'Israël des chefs de corvée pour les accabler de
travaux pénibles. Ils durent bâtir pour Pharaon[1] les villes
12 et entrepôts de Pithome et de Ramsès. | Mais, plus on les
accablait, plus ils se multipliaient et proliféraient, ce qui les
13 fit détester. | Les Égyptiens les soumirent à un dur esclavage
14 et leur rendirent la vie intenable à force de corvées : prépa-
ration de l'argile et des briques et toutes sortes de travaux
à la campagne ; tous ces travaux étaient pour eux un dur
esclavage.

15 Le roi d'Égypte dit aux accoucheuses des femmes
des Hébreux, dont l'une s'appelait Shiphra et l'autre Pua :
16 « Quand vous accoucherez les femmes des Hébreux,
regardez les deux pierres. Si c'est un fils, faites-le mourir,
17 si c'est une fille, laissez-la vivre. » | Mais les accoucheuses
craignirent* Dieu, elles ne firent pas ce que leur avait

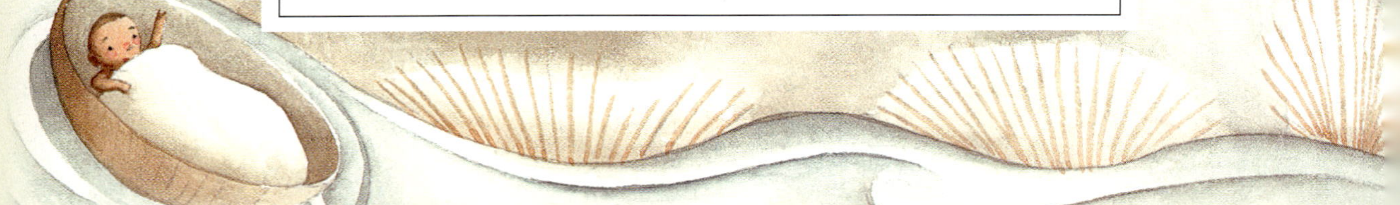

(1) Titre porté par le roi des Égyptiens.

18 dit le roi d'Égypte et laissèrent vivre les garçons. | Le roi
d'Égypte les appela et leur dit : « Pourquoi avez-vous agi
19 de la sorte et laissé vivre les garçons ? » | Elles répondirent
à Pharaon : « Les femmes des Hébreux ne sont pas comme
les Égyptiennes, elles sont vigoureuses. Avant que l'accou-
20 cheuse n'arrive auprès d'elle, elles se sont délivrées. » | Dieu
favorisa les accoucheuses ; quant au peuple, il devint très
21 nombreux et très puissant. | Comme les accoucheuses
avaient craint Dieu, il leur accorda une postérité.

22 Finalement, Pharaon donna cet ordre à tout son
peuple : « Tous les garçons qui naîtront chez les Hébreux,
jetez-les dans le Nil. Ne laissez vivre que les filles. »

Moïse le rescapé

2 1 Un homme de la tribu* de Lévi* avait épousé une
2 femme de la même tribu. | Elle conçut, et elle donna nais-
sance à un fils. Voyant qu'il était beau, elle le cacha durant
3 trois mois. | Lorsqu'il lui fut impossible de le tenir caché
plus longtemps, elle prit une corbeille de jonc, qu'elle
enduisit de bitume et de résine. Elle y plaça le bébé, et
déposa la corbeille au bord du Nil, au milieu des roseaux.
4 La sœur de l'enfant se tenait à distance pour voir ce qui
5 allait arriver. | La fille de Pharaon descendit au fleuve pour
s'y baigner. […] Elle aperçut la corbeille parmi les roseaux
6 et envoya sa servante pour la prendre. | Elle l'ouvrit et elle
vit le bébé. C'était un petit garçon, il pleurait. Elle en eut
7 pitié et dit : « C'est un petit Hébreu*. » | La sœur de l'en-
fant dit alors à la fille de Pharaon : « Veux-tu que j'aille
te chercher, parmi les femmes des Hébreux, une nourrice

La fille de Pharaon

Dieu a des alliés jusque dans l'entourage du Pharaon persécuteur. En parfaite connaissance de cause, la propre fille de Pharaon sauve l'un de ceux que son père avait condamnés à mort.

8 pour allaiter le bébé ? » | La fille de Pharaon lui répondit :
« Va. » La jeune fille alla donc chercher la mère de l'enfant.
9 La fille de Pharaon dit à celle-ci : « Emmène ce bébé et
nourris-le. C'est moi qui te donnerai ton salaire. » Alors la
femme emporta l'enfant et le nourrit.

Moïse le justicier

2 10 Lorsqu'il eut grandi, elle le ramena à la fille de Pharaon
qui le traita comme son propre fils ; elle lui donna le nom
de Moïse*, en disant : « Je l'ai tiré des eaux. »

11 Arrivé à l'âge d'homme, Moïse se rendit auprès
de ses compatriotes et fut témoin de l'oppression
qu'ils subissaient. Il vit un Égyptien qui frappait
12 un Hébreu*. | Regardant autour de lui et ne voyant
personne, il tua l'Égyptien et l'enfouit dans le sable.
13 Revenu le lendemain, il vit deux Hébreux qui se
battaient et il dit à l'agresseur : « Pourquoi frappes-tu
14 ton compagnon ? » | L'homme lui répliqua : « Qui
t'a institué chef et juge sur nous ? Veux-tu me tuer
comme tu as tué l'Égyptien ? » Moïse eut peur et se
15 dit : « Pas de doute, la chose est connue. » | Pharaon
en fut informé et chercha à faire périr Moïse. Celui-ci
prit la fuite et se retira dans le pays de Madiane(1).

Moïse, tu es révolté par les injustices
qui accablent tes frères.
Tu te crois capable
de rétablir la justice par la violence.
Mais ta brutalité ne produit que méfiance
dans le cœur de ceux que tu voulais aider…
Il te faut maintenant apprendre
à servir ta nouvelle famille
et un jour tu répondras à l'appel
qui t'enverra au service de ton Peuple.

Moïse et le Libérateur

Au pays de Madiane, Moïse rencontre un homme sage, Jéthro. Il épouse l'une de ses filles, Cippora.*

3 1 Moïse gardait le troupeau de son beau-père Jéthro,
prêtre* de Madiane. Il mena le troupeau au-delà du désert

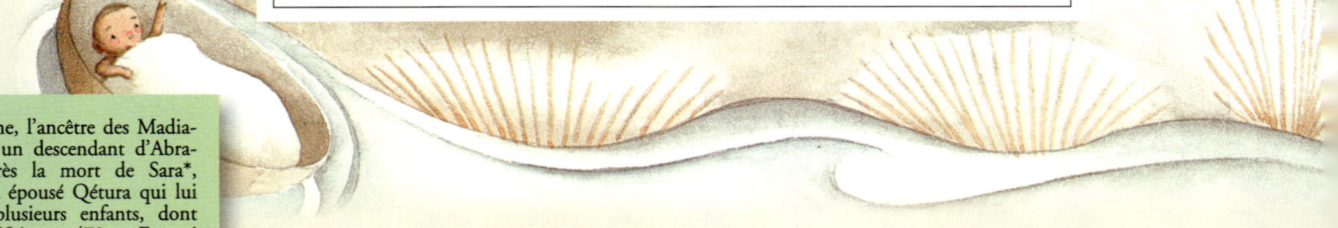

(1) Madiane, l'ancêtre des Madianites*, est un descendant d'Abraham*. Après la mort de Sara*, Abraham a épousé Qétura qui lui a donné plusieurs enfants, dont Madiane. Voir p. 470 « En toi seront bénies toutes les familles de la Terre ».

Seigneur, tu es blessé par les injustices
qui accablent ton Peuple.
Tu n'as pas oublié
ta promesse faite à Abraham*
car tu es un Dieu fidèle.
Quand tu aimes, c'est pour toujours,
comme une flamme qui ne s'éteint pas…

et parvint à l'Horeb[1], la montagne de Dieu.
2 L'ange* du Seigneur* lui apparut au milieu d'un
feu qui sortait d'un buisson[2]. Moïse regarda : le
3 buisson brûlait sans se consumer. | Moïse se dit
alors : « Je vais faire un détour pour voir cette chose
extraordinaire : pourquoi le buisson ne brûle-t-il
pas ? »

4 Le Seigneur vit qu'il avait fait un détour pour venir
regarder, et Dieu l'appela du milieu du buisson : « Moïse !
5 Moïse ! » Il dit : « Me voici ! » | Dieu dit alors : « N'approche
pas d'ici ! Retire tes sandales, car le lieu que foulent tes pieds
6 est une terre sainte*[3] ! | Je suis le Dieu de ton père, Dieu
d'Abraham*, Dieu d'Isaac*, Dieu de Jacob*. » Moïse se voila
7 le visage car il craignait de porter son regard sur Dieu. | Le
Seigneur dit à Moïse : « J'ai vu, oui, j'ai vu la misère de mon
peuple qui est en Égypte, et j'ai entendu ses cris sous les
coups des chefs de corvée. Oui, je connais ses souffrances.
8 Je suis descendu pour le délivrer de la main des Égyptiens
et le faire monter de cette terre vers une terre spacieuse et
fertile, vers une terre ruisselant de lait et de miel, vers le
9 pays de Canaan*. | La clameur des fils d'Israël* est parvenue
jusqu'à moi, et j'ai vu l'oppression que leur font subir les
10 Égyptiens. | Et maintenant, va ! Je t'envoie chez Pharaon :
tu feras sortir d'Égypte mon peuple, les fils d'Israël. »

11 Moïse dit à Dieu : « Qui suis-je pour aller trouver
Pharaon, et pour faire sortir d'Égypte les fils d'Israël ? »
12 Dieu lui répondit : « Je suis avec toi. Et voici à quel signe
on reconnaîtra que c'est moi qui t'ai envoyé : quand tu
auras fait sortir d'Égypte mon peuple, vous rendrez un
culte* à Dieu sur cette montagne. »

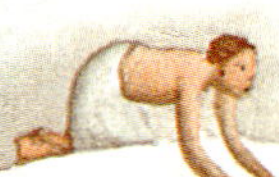

(1) Dans d'autres récits, cette même montagne est appelée Sinaï.
(2) On appelle ce buisson « le buisson ardent », ce qui veut dire « en feu ».
(3) Il est intéressant de noter que la première fois où la Bible parle de terre sainte, il ne s'agit pas de la Terre promise. Toute terre où Dieu se révèle est donc sainte.

Le Nom

Par respect, les Hébreux décidèrent, assez rapidement, de ne plus prononcer le Nom que Dieu avait révélé à Moïse. Dans la lecture publique, on le remplace par « Adonaï » qui signifie « le Seigneur ». Dans la conversation, on dit simplement « le Nom ». C'est une façon de se rappeler qu'aucun nom du langage des hommes ne peut dire la beauté et la bonté de Dieu.

Dans les traductions françaises, le Nom est habituellement rendu par « Seigneur ».

Yhvh*

Quand les Hébreux écrivent, ils n'utilisent que des consonnes. Le Nom de Dieu révélé à Moïse est constitué de quatre consonnes qui correspondent dans notre alphabet à J ou Y, H, V et H. Cette dernière consonne « tombe » dans les transcriptions en français.

On appelle parfois ce Nom en quatre consonnes le « Tétragramme ». Au XIXe siècle, beaucoup de savants chrétiens pensèrent que les voyelles manquantes étaient « e, o, a », ce qui donnait Jéhova(h). On réalisa assez vite que c'était une erreur : le mot Jéhova n'a aucun sens, ce qui n'est pas le cas des noms hébreux. On pense, aujourd'hui, que le Nom se prononçait « YAHVÉ », c'est-à-dire « IL EST ». C'est la transcription du nom « JE SUIS » par lequel Dieu se désigne lui-même (Jean 8, 58, p. 379).

Le Nom du Seigneur

3 13 Moïse* répondit : « J'irai donc trouver les fils d'Is-
raël*, et je leur dirai : "Le Dieu de vos pères m'a envoyé
vers vous." Ils vont me demander quel est son Nom* ; que
14 leur répondrai-je ? » | Dieu dit à Moïse : « JE SUIS CELUI
QUI SUIS. Tu parleras ainsi aux fils d'Israël : "Celui qui
15 m'a envoyé vers vous, c'est : JE-SUIS." » | Dieu dit encore
à Moïse : « Tu parleras ainsi aux fils d'Israël : "Celui qui
m'a envoyé vers vous, c'est YAHVÉ, c'est LE SEIGNEUR,
le Dieu de vos pères, Dieu d'Abraham*, Dieu d'Isaac*,
Dieu de Jacob*." C'est là mon nom pour toujours, c'est le
16 mémorial* par lequel vous me célébrerez, d'âge en âge. | Va,
rassemble les anciens* d'Israël. Tu leur diras : "Le Seigneur*,
le Dieu de vos pères, le Dieu d'Abraham, d'Isaac et de
Jacob, m'est apparu. Il m'a dit : J'ai décidé de m'occuper de
17 vous et de ce qu'on vous fait subir en Égypte ; | j'ai dit : Je
vous ferai monter de l'Égypte qui vous opprime vers le pays
de Canaan*, la terre qui ruisselle de lait et de miel."

18 Ils écouteront ta voix ; alors tu iras, avec les anciens*
d'Israël, auprès du roi d'Égypte, et vous lui direz : "Le
Seigneur, le Dieu des Hébreux*, est venu nous trouver. Et
maintenant, laisse-nous aller dans le désert, à trois jours
de marche, pour y offrir un sacrifice* au Seigneur notre
19 Dieu." | Or, je sais que le roi d'Égypte ne vous laissera pas
20 partir s'il n'y est pas forcé. | Aussi j'étendrai la main, je frap-
perai l'Égypte par toutes sortes de prodiges que j'accom-
plirai au milieu d'elle. Après cela, Pharaon vous permettra
de partir. »

LES RÉTICENCES DE MOÏSE

4 10 Moïse* dit au Seigneur* : « Excuse-moi, mon Seigneur,
je ne suis pas doué pour la parole, ni d'hier ni d'avant-hier,
ni même depuis que tu adresses la parole à ton serviteur,
11 car ma bouche et ma langue sont pesantes. » | Le Seigneur
lui dit : « Qui a doté l'homme d'une bouche ? Qui rend
muet ou sourd, clairvoyant ou aveugle ? N'est-ce pas moi,
12 le Seigneur ? | Va maintenant, je serai avec ta bouche et je
t'indiquerai ce que tu devras dire. »

13 Moïse dit encore : « Excuse-moi, mon Seigneur,
14 envoie, je t'en prie, qui tu voudras. » | La colère du Seigneur
s'enflamma contre Moïse et il dit : « N'y a-t-il pas Aaron*,
ton frère, le lévite* ? Je sais qu'il parle bien, lui ; le voici qui
vient à ta rencontre et à ta vue il se réjouira en son cœur.
15 Tu lui parleras et tu mettras les paroles dans sa bouche.
Moi, je serai avec ta bouche et avec sa bouche, et je vous
16 indiquerai ce que vous devrez faire. | C'est lui qui parlera
pour toi au peuple ; il te tiendra lieu de bouche et tu seras
17 pour lui un dieu. | Quant à ce bâton, prends-le dans ta
main, c'est par lui que tu accompliras les signes*. »

18 Moïse s'en alla et retourna vers Jéthro, son beau-père.
Il lui dit : « Permets que je m'en aille et que je retourne vers
mes frères qui sont en Égypte pour voir s'ils sont encore en
vie. » Jéthro lui répondit : « Va en paix. »

19 Le Seigneur dit à Moïse au pays de Madiane :
« Va, retourne en Égypte, car ils sont morts, tous
ceux qui cherchaient à te faire périr. »

Moïse, tu crains de retourner
auprès de Pharaon et de ton Peuple.
Tu n'as pu te faire écouter
quand tu étais prince d'Égypte.
Maintenant que tu es un simple berger,
comment pourrais-tu y arriver ?
Mais justement,
parce tu t'es mis humblement
au service des troupeaux de ton beau-père,
le Seigneur est venu te chercher.
Et de même que tu conduisais
les troupeaux de Jethro,
tu conduiras le peuple de Dieu !

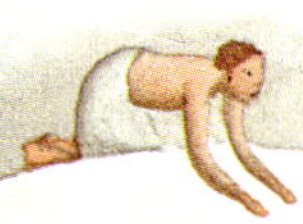

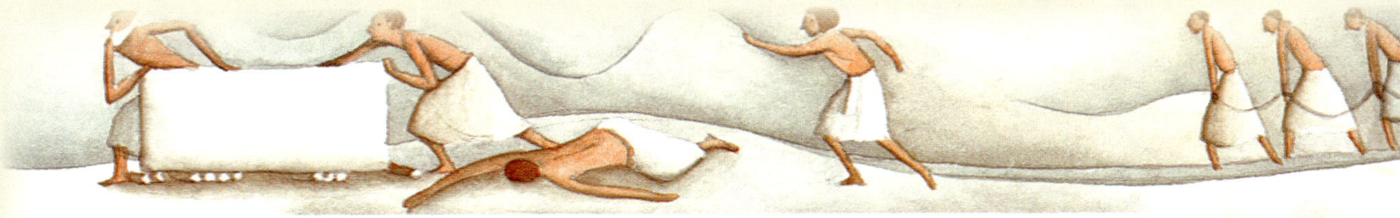

LES REFUS DE PHARAON

5 1 Moïse* et Aaron* vinrent trouver Pharaon et lui
dirent : « Ainsi parle le Seigneur*, le Dieu d'Israël* : Laisse
partir mon peuple, qu'il célèbre une fête pour moi dans le
2 désert. » | Pharaon répondit : « Qui est le Seigneur, pour
que j'écoute sa voix et que je laisse partir Israël ? Je ne
connais* pas le Seigneur, et quant à Israël, je ne le lais-
3 serai pas partir. » | Ils dirent : « Le Dieu des Hébreux* est
venu à notre rencontre. Accorde-nous d'aller à trois jours
de marche dans le désert pour sacrifier* au Seigneur notre
4 Dieu. » | Le roi d'Égypte leur dit : « Pourquoi, Moïse et
Aaron, voulez-vous débaucher le peuple de ses travaux ?
5 Retournez à vos corvées. » | Pharaon dit : « Maintenant que
le peuple est nombreux dans le pays, vous voudriez lui faire
interrompre ses corvées ? »

6 Le jour même, Pharaon donna cet ordre aux
7 surveillants du peuple et aux scribes : | « Ne continuez plus
à donner de la paille (1) hachée au peuple pour mouler les
briques, comme hier et avant-hier ; qu'ils aillent eux-mêmes
8 ramasser la paille qu'il leur faut. | Mais vous leur imposerez
la même quantité de briques qu'ils fabriquaient hier et
avant-hier, sans rien en retrancher car ce sont des paresseux.
C'est pour cela qu'ils crient : "Allons sacrifier à notre Dieu."
9 Qu'on alourdisse le travail de ces gens, qu'ils le fassent et ne
prêtent plus attention à ces paroles trompeuses. »

Les contremaîtres israélites allèrent demander grâce à Pharaon.

17 Il répondit : « Vous êtes des paresseux, voilà pour-
quoi vous dites : "Nous voulons aller sacrifier au Seigneur."
18 Maintenant allez travailler. On ne vous donnera pas de

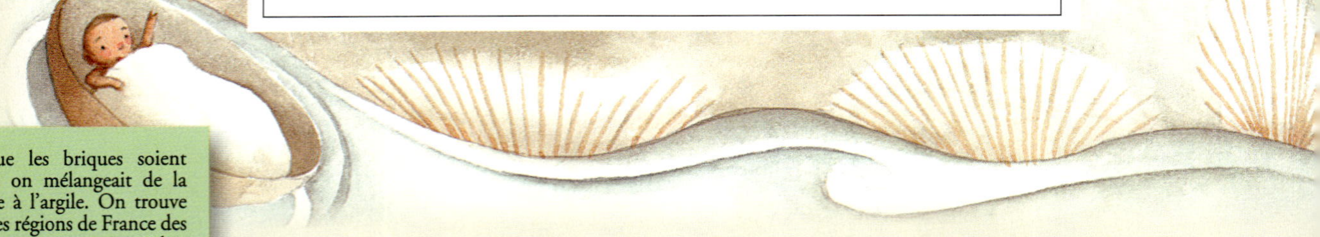

(1) Pour que les briques soient plus solides, on mélangeait de la paille hachée à l'argile. On trouve dans certaines régions de France des maisons construites en pisé, selon ce même principe de la terre argileuse mêlée de paille.

paille hachée mais vous livrerez la quantité de briques fixée.
19 Les scribes d'Israël se virent dans un mauvais cas quand on
leur dit : « Vous ne diminuerez rien de votre production
20 quotidienne de briques. » | Ayant quitté Pharaon, ils se
heurtèrent à Moïse et à Aaron qui se tenaient devant eux.
21 Ils leur dirent : « Que le Seigneur vous observe et qu'il
juge ! Vous nous avez rendus odieux aux yeux de Pharaon
et de ses serviteurs et vous leur avez mis l'épée en main pour
22 nous tuer. » | Moïse retourna vers le Seigneur et lui dit :
« Seigneur, pourquoi maltraites-tu ce peuple ? Pourquoi
23 m'as-tu envoyé ? | Depuis que je suis venu trouver Pharaon
et que je lui ai parlé en ton nom, il maltraite ce peuple, et
tu ne fais rien pour délivrer ton peuple. »

6 1 Le Seigneur dit alors à Moïse : « Maintenant, tu vas
voir ce que je vais faire à Pharaon. Une main forte l'obligera
à les laisser partir, une main forte l'obligera à les expulser
de son pays. »

LA PÂQUE

LE SEIGNEUR ANNONCE SA PÂQUE À MOÏSE

12 1 Dans le pays d'Égypte, le Seigneur* dit à Moïse*
2 et à son frère Aaron* : | « Ce mois-ci sera pour vous le
premier des mois, il marquera pour vous le commen-
3 cement de l'année. | Parlez ainsi à toute la communauté
d'Israël* : le dix de ce mois, que l'on prenne un agneau par
4 famille, un agneau par maison. | Si la maisonnée est trop
peu nombreuse pour un agneau, elle le prendra avec son

UN COMBAT POUR LA LIBERTÉ

Pour vaincre Pharaon, qui ne veut pas perdre ses esclaves, Dieu déploie sa puissance.

Le livre de l'Exode* raconte le combat de Dieu contre Pharaon à travers des récits beaucoup plus proches de l'épopée que d'une chronique historique. Tout événement qui affaiblit l'Égypte est présenté comme une intervention de Dieu arrachant son Peuple des mains de Pharaon.

On trouve ainsi le récit de dix plaies transformant l'Égypte en un corps blessé, sans force, et ne pouvant plus s'opposer au départ des Hébreux.

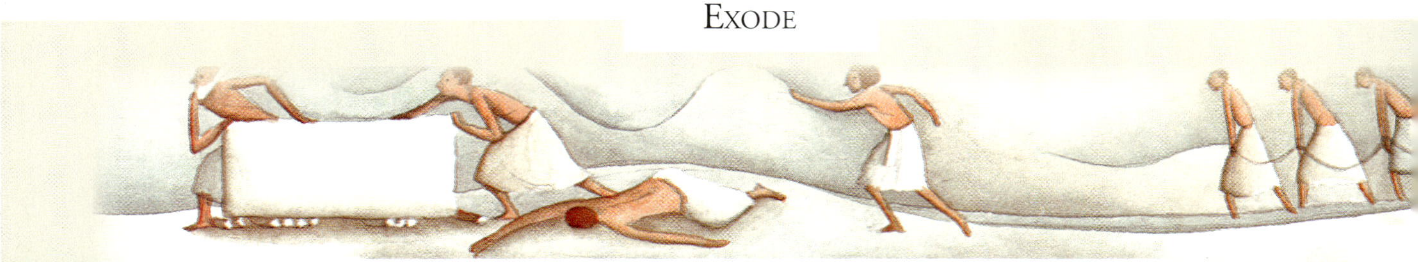

La Pâque juive

La fête de Pâque* est la grande fête des Juifs▸. En mémoire de la première Pâque, celle d'Égypte, on sacrifiait* un agneau semblable à celui dont le sang, mis sur les portes des maisons, avait protégé les premiers-nés.

Depuis la destruction du Temple de Jérusalem en 70 après Jésus Christ, les Juifs ne pratiquent plus le sacrifice des agneaux. Ils l'évoquent de façon symbolique au cours du repas pascal.

▸ Juifs, c'est le nom donné aujourd'hui aux descendants des Hébreux*, fils d'Israël.

L'agneau pascal

L'agneau pascal manifeste que Dieu veut libérer, sauver, faire vivre. Plus tard, Dieu enverra son Fils*. Jésus aime tous les hommes. Il les libère du péché* et les arrache à la mort*.

voisin le plus proche, selon le nombre des personnes. Vous
5 choisirez l'agneau d'après ce que chacun peut manger. | Ce
sera un agneau sans défaut, un mâle, âgé d'un an. Vous
prendrez un agneau ou un chevreau.

6 Vous le garderez jusqu'au quatorzième jour du mois.
Dans toute l'assemblée de la communauté d'Israël, on l'im-
7 molera au coucher du soleil. | On prendra du sang, que l'on
mettra sur les deux montants et sur le linteau des maisons
8 où on le mangera. | On mangera sa chair cette nuit-là, on
la mangera rôtie au feu, avec des pains sans levain et des
9 herbes amères. | Vous n'en mangerez aucun morceau qui
soit à moitié cuit ou qui soit bouilli ; tout sera rôti au feu,
10 y compris la tête, les jarrets et les entrailles. | Vous n'en
garderez rien pour le lendemain ; ce qui resterait pour le
11 lendemain, vous le détruirez en le brûlant. | Vous mangerez
ainsi : la ceinture aux reins, les sandales aux pieds, le bâton
à la main. Vous mangerez en toute hâte : c'est la Pâque[1]
12 du Seigneur. | Cette nuit-là, je traverserai le pays d'Égypte,
je frapperai tout premier-né au pays d'Égypte, depuis les
hommes jusqu'au bétail. Contre tous les dieux de l'Égypte,
13 j'exercerai mes jugements : je suis le Seigneur. | Le sang sera
pour vous un signe*, sur les maisons où vous serez. Je verrai
le sang et je passerai : vous ne serez pas atteints par le fléau
dont je frapperai le pays d'Égypte.

14 Ce jour-là sera pour vous un mémorial*. Vous en
ferez pour le Seigneur une fête de pèlerinage. C'est une
15 loi perpétuelle : d'âge en âge vous la fêterez. | Pendant sept
jours, vous mangerez des azymes. Dès le premier jour vous
ferez disparaître le levain de vos maisons car quiconque, du
premier au septième jour, mangera du pain levé, celui-là
16 sera retranché d'Israël. | Le premier jour vous aurez une

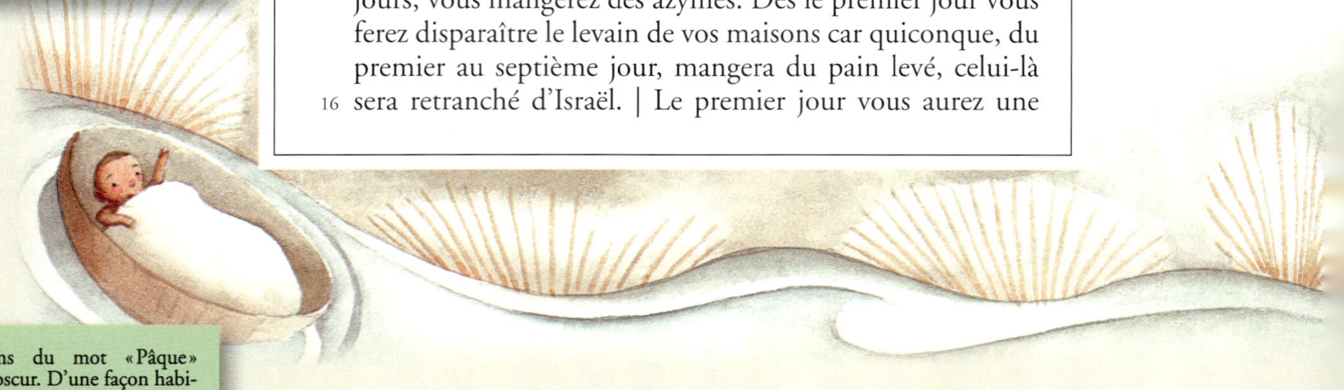

(1) Le sens du mot « Pâque » demeure obscur. D'une façon habituelle, on dit que la Pâque est le « passage » du Seigneur.

sainte assemblée, et le septième jour, une sainte assemblée.
On n'y fera aucun ouvrage, vous préparerez seulement
17 ce que chacun doit manger. | Vous observerez la fête des
Azymes, car c'est en ce jour-là que j'ai fait sortir vos armées
du pays d'Égypte. Vous observerez ce jour-là dans vos géné-
18 rations, c'est un décret perpétuel. | Le premier mois, le soir
du quatorzième jour, vous mangerez des azymes jusqu'au
19 soir du vingt et unième jour. | Pendant sept jours il ne se
trouvera pas de levain dans vos maisons, car quiconque
mangera du pain levé sera retranché de la communauté
20 d'Israël, qu'il soit étrangé ou né dans le pays. | Vous ne
mangerez pas de pain levé, en tout lieu où vous habiterez
vous mangerez des azymes. »

21 Moïse convoqua tous les anciens* d'Israël et leur dit :
« Prenez un agneau par famille et immolez-le pour la Pâque. »

Moïse organise Israël en vue de la Pâque

12 22 « Puis vous prendrez un bouquet d'hysope*, vous le
tremperez dans le sang que vous aurez recueilli, et vous
étendrez le sang sur le linteau et les deux montants de la
porte. Que nul d'entre vous ne sorte de sa maison avant le
23 matin. | Ainsi, lorsque le Seigneur* parcourra l'Égypte pour
la frapper, et qu'il verra le sang sur le linteau et les deux
montants, il passera cette maison sans permettre à l'Exter-
24 minateur d'y pénétrer pour la frapper. | Vous observerez
cet ordre comme une loi perpétuelle pour vous et vos fils.
25 Quand vous serez entrés dans le pays que le Seigneur vous
26 donnera selon sa promesse*, vous conserverez ce rite*. | Et
quand vos fils vous demanderont : « Que signifie pour vous
27 ce rite ? » | vous répondrez : « C'est le sacrifice* de

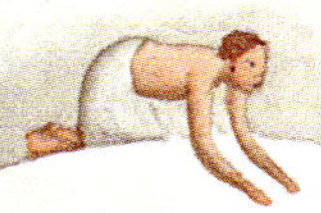

Sur les montants et les linteaux,
le sang d'un agneau
fermait les portes des maisons.
La mort est passée sans entrer.

Sur le bois d'une croix,*
le sang d'un homme
criant pardon pour ses bourreaux*
a ouvert la porte des cœurs.
Dieu est entré pour faire Alliance.*

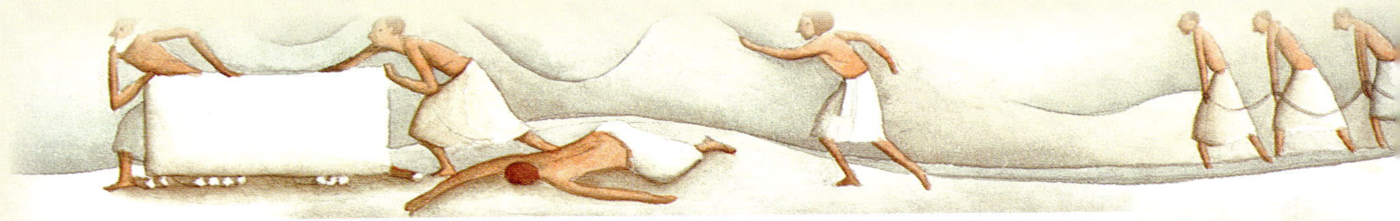

la Pâque en l'honneur du Seigneur : il a passé les maisons
des fils d'Israël* en Égypte ; lorsqu'il a frappé l'Égypte, il a
épargné nos maisons ! » À ces paroles de Moïse*, le peuple
28 s'agenouilla et se prosterna. | Les fils d'Israël s'en allèrent et
firent ce que le Seigneur avait ordonné à Moïse et à Aaron*.

Le Seigneur frappe les premiers-nés d'Égypte

12 29 Au milieu de la nuit, le Seigneur* frappa tous les
premiers-nés dans le pays d'Égypte, aussi bien le premier-né
de Pharaon qui devait s'asseoir sur son trône, que le premier-
né du captif dans la prison et tous les premiers-nés du bétail.
30 Pharaon se leva pendant la nuit, ainsi que tous ses servi-
teurs et tous les Égyptiens, et ce fut en Égypte une grande
clameur car il n'y avait pas de maison où il n'y eût un mort.
31 Pharaon appela Moïse* et Aaron* pendant la nuit et leur
dit : « Levez-vous et sortez du milieu de mon peuple, vous et
les fils d'Israël*, et allez servir le Seigneur comme vous l'avez
32 demandé. | Prenez votre petit et votre gros bétail comme
vous l'avez demandé, partez et bénissez*-moi, moi aussi. »
33 Les Égyptiens pressèrent le peuple en se hâtant de le faire
sortir du pays car, disaient-ils : « Nous allons tous mourir. »
34 Le peuple emporta sa pâte avant qu'elle n'eût levé, ses
huches serrées dans les manteaux, sur les épaules.

35 Les fils d'Israël firent ce qu'avait dit Moïse et deman-
dèrent aux Égyptiens des objets d'argent, des objets d'or et
36 des vêtements. | Le Seigneur fit que le peuple trouva grâce
aux yeux des Égyptiens qui les leur prêtèrent. Ils dépouil-
lèrent ainsi les Égyptiens.

37 Les fils d'Israël partirent de la ville de Ramsès en

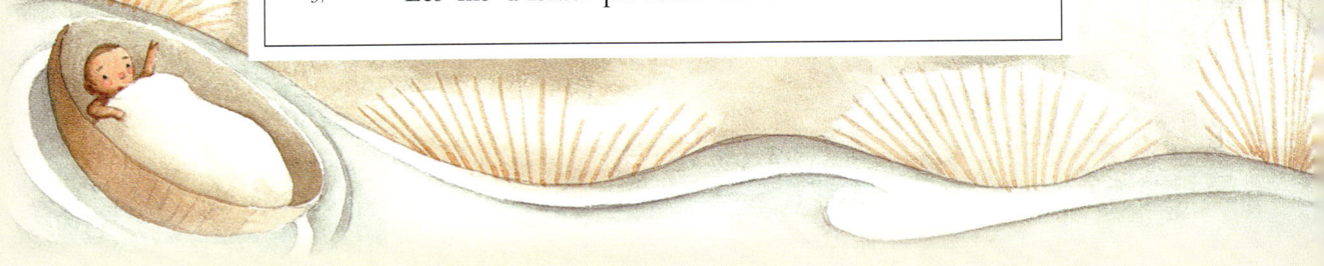

direction de Souccoth, au nombre d'environ six cent mille
38 sans compter les enfants. | Une multitude disparate les
accompagnait, ainsi qu'un immense troupeau de moutons
39 et de bœufs. | Ils firent cuire des galettes sans levain avec
la pâte qu'ils avaient emportée d'Égypte et qui n'avait pas
levé ; en effet, ils avaient été chassés d'Égypte sans avoir eu
le temps de faire des provisions.

40 Le séjour des fils d'Israël en Égypte avait duré quatre
41 cent trente ans. | Et, au bout de quatre cent trente ans,
jour pour jour, toutes les armées du Seigneur sortirent du
42 pays d'Égypte. | Ce fut une nuit de veille pour le Seigneur,
quand il fit sortir d'Égypte les fils d'Israël ; ce doit être
pour eux, de génération en génération, une nuit de veille
en l'honneur du Seigneur.

Le Seigneur réserve sa Pâque à Israël

12 43 Le Seigneur* dit à Moïse* et à Aaron* : « Voici le rituel
44 de la Pâque : aucun étranger n'en mangera. | Mais tout
esclave acquis à prix d'argent, quand tu l'auras circoncis,
45 pourra en manger. | Le résident et le serviteur à gages n'en
46 mangeront pas. | On la mangera dans une seule maison
et vous ne ferez sortir de cette maison aucun morceau de
47 viande. Vous n'en briserez aucun os. | Toute la commu-
48 nauté d'Israël* la fera. | Si un étranger en résidence chez
toi veut faire la Pâque pour le Seigneur, tous les mâles de
sa maison devront être circoncis* ; il sera alors admis à la
faire, il sera comme un citoyen du pays ; mais aucun incir-
49 concis ne pourra en manger. | La loi sera la même pour le
50 citoyen et pour l'étranger en résidence parmi vous. » | Tous
les fils d'Israël firent comme le Seigneur l'avait ordonné à

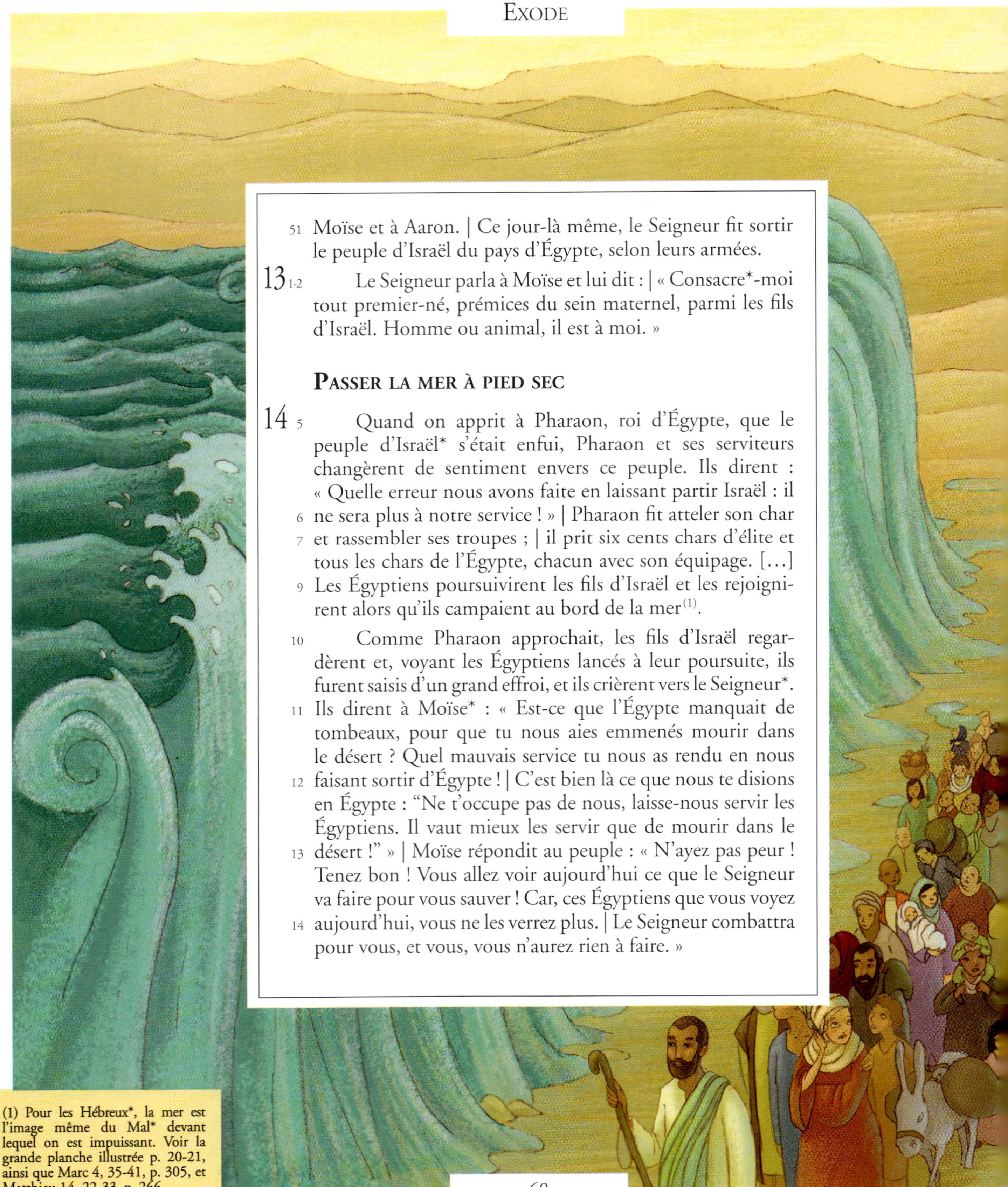

51 Moïse et à Aaron. | Ce jour-là même, le Seigneur fit sortir
le peuple d'Israël du pays d'Égypte, selon leurs armées.
13 1-2 Le Seigneur parla à Moïse et lui dit : | « Consacre*-moi
tout premier-né, prémices du sein maternel, parmi les fils
d'Israël. Homme ou animal, il est à moi. »

PASSER LA MER À PIED SEC

14 5 Quand on apprit à Pharaon, roi d'Égypte, que le
peuple d'Israël* s'était enfui, Pharaon et ses serviteurs
changèrent de sentiment envers ce peuple. Ils dirent :
« Quelle erreur nous avons faite en laissant partir Israël : il
6 ne sera plus à notre service ! » | Pharaon fit atteler son char
7 et rassembler ses troupes ; | il prit six cents chars d'élite et
tous les chars de l'Égypte, chacun avec son équipage. [...]
9 Les Égyptiens poursuivirent les fils d'Israël et les rejoigni-
rent alors qu'ils campaient au bord de la mer(1).
10 Comme Pharaon approchait, les fils d'Israël regar-
dèrent et, voyant les Égyptiens lancés à leur poursuite, ils
furent saisis d'un grand effroi, et ils crièrent vers le Seigneur*.
11 Ils dirent à Moïse* : « Est-ce que l'Égypte manquait de
tombeaux, pour que tu nous aies emmenés mourir dans
le désert ? Quel mauvais service tu nous as rendu en nous
12 faisant sortir d'Égypte ! | C'est bien là ce que nous te disions
en Égypte : "Ne t'occupe pas de nous, laisse-nous servir les
Égyptiens. Il vaut mieux les servir que de mourir dans le
13 désert !" » | Moïse répondit au peuple : « N'ayez pas peur !
Tenez bon ! Vous allez voir aujourd'hui ce que le Seigneur
va faire pour vous sauver ! Car, ces Égyptiens que vous voyez
14 aujourd'hui, vous ne les verrez plus. | Le Seigneur combattra
pour vous, et vous, vous n'aurez rien à faire. »

(1) Pour les Hébreux*, la mer est l'image même du Mal* devant lequel on est impuissant. Voir la grande planche illustrée p. 20-21, ainsi que Marc 4, 35-41, p. 305, et Matthieu 14, 22-33, p. 266.

15-16 Le Seigneur dit à Moïse : [...] | « Lève ton bâton,
étends le bras contre la mer, fends-la en deux, et que les fils
17 d'Israël pénètrent dans la mer à pied sec. | Et moi, je vais
endurcir le cœur des Égyptiens : ils pénétreront derrière
eux dans la mer ; je triompherai, pour ma gloire*, de
Pharaon et de toute son armée, de ses chars et de ses guer-
18 riers. | Les Égyptiens sauront que je suis le Seigneur, quand
j'aurai triomphé, pour ma gloire, de Pharaon, de ses chars
et de ses guerriers. »

19 L'ange* de Dieu, qui marchait en avant d'Israël,
changea de place et se porta à l'arrière. La colonne de nuée*
20 quitta l'avant-garde et vint se placer à l'arrière, | entre le
camp des Égyptiens et le camp d'Israël. Cette nuée était à
la fois ténèbres et lumière dans la nuit, si bien que, de toute
la nuit, ils ne purent se rencontrer.

21 Moïse étendit le bras contre la mer. Le Seigneur chassa
la mer toute la nuit par un fort vent d'est, et il mit la mer
22 à sec. Les eaux se fendirent, | et les fils d'Israël pénétrèrent
dans la mer à pied sec[1], les eaux formant une muraille à
23 leur droite et à leur gauche. | Les Égyptiens les poursui-
virent et pénétrèrent derrière eux [...] jusqu'au milieu de la
24 mer. | Aux dernières heures de la nuit, le Seigneur observa,
depuis la colonne de feu et de nuée, l'armée des Égyptiens,
25 et il la mit en déroute. | Il faussa les roues de leurs chars, et
ils eurent beaucoup de peine à les conduire. Les Égyptiens
s'écrièrent : « Fuyons devant Israël, car c'est le Seigneur qui
26 combat pour eux contre nous ! » | Le Seigneur dit à Moïse :
« Étends le bras contre la mer : que les eaux reviennent
27 sur les Égyptiens, leurs chars et leurs guerriers ! » | Moïse
étendit le bras contre la mer. Au point du jour, la mer reprit
sa place ; dans leur fuite, les Égyptiens s'y heurtèrent, et

Les eaux se fendirent

Dans leur enthousiasme à raconter cet événement, les Hébreux* se laissent emporter, encore une fois, par le souffle de l'épopée. On comprend que des réalisateurs de films aient essayé de reconstituer cette scène. Moïse lève son bâton et, tout à coup, la mer s'ouvre. La foule des Hébreux se précipite entre deux murs d'eau. Moïse, le premier « sauvé des eaux », entraîne tout son Peuple à travers la mer, vers la liberté. Spectacle merveilleux dont il est important de comprendre le sens.

Les rédacteurs ne désirent pas faire un reportage pour rendre compte de ce qui s'est passé. Ils racontent comment cet événement a été compris par les fils d'Israël. C'est la première fois que les Hébreux « en Peuple » découvrent Dieu. Dieu est libérateur. C'est le Dieu de la vie. Devant ceux qui sont acculés à la mer, il ouvre un passage à pied sec. Quel que soit le mal qui nous menace, on peut toujours trouver secours auprès de Dieu pour passer.

Dieu fait passer les Hébreux de l'esclavage à la liberté, de la servitude avilissante au service du vrai Dieu. Déjà, Dieu commence à murmurer dans leur cœur : « Je ne vous appelle plus serviteurs [...] je vous appelle mes amis » (Jean 15, 15, p. 390).

(1) En Genèse 1, 1-31 (p. 22), Dieu sépare les eaux et fait apparaître le sec, la terre ferme, sur laquelle il crée l'homme. Ici, c'est un peu la même chose : Dieu sépare les eaux pour créer son Peuple.

28 le Seigneur les précipita au milieu de la mer. | Les eaux
refluèrent et recouvrirent toute l'armée de Pharaon, ses
chars et ses guerriers, qui avaient pénétré dans la mer à la
29 poursuite d'Israël. Il n'en resta pas un seul. | Mais les fils
d'Israël avaient marché à pied sec au milieu de la mer, les
eaux formant une muraille à leur droite et à leur gauche.

30 Ce jour-là, le Seigneur sauva Israël de la main de
l'Égypte, et Israël vit sur le bord de la mer les cadavres des
31 Égyptiens. | Israël vit avec quelle main puissante le Seigneur
avait agi contre l'Égypte. Le peuple craignit* le Seigneur, il
mit sa foi* dans le Seigneur et dans son serviteur Moïse.

15 1 Alors Moïse et les fils d'Israël chantèrent ce cantique
au Seigneur :

Je veux chanter au Seigneur :
superbe est sa victoire !
cheval et cavalier, il les jette à la mer !

2 Il est ma force, il est mon chant ;
je lui dois le salut !
Il est mon Dieu, et je l'admire,
Dieu de mon père, et je l'exalte.

Recevoir du pain dans le désert

La joie et l'action de grâce durent peu. Poursuivant leur route dans le désert, les fils d'Israël* rencontrent bien des difficultés. Ils en viennent à regretter le temps de l'esclavage. Avec ingratitude, ils évoquent leur passé de misère comme une époque d'abondance où ils avaient à manger. Ils en oublient les travaux forcés et les chaînes !*

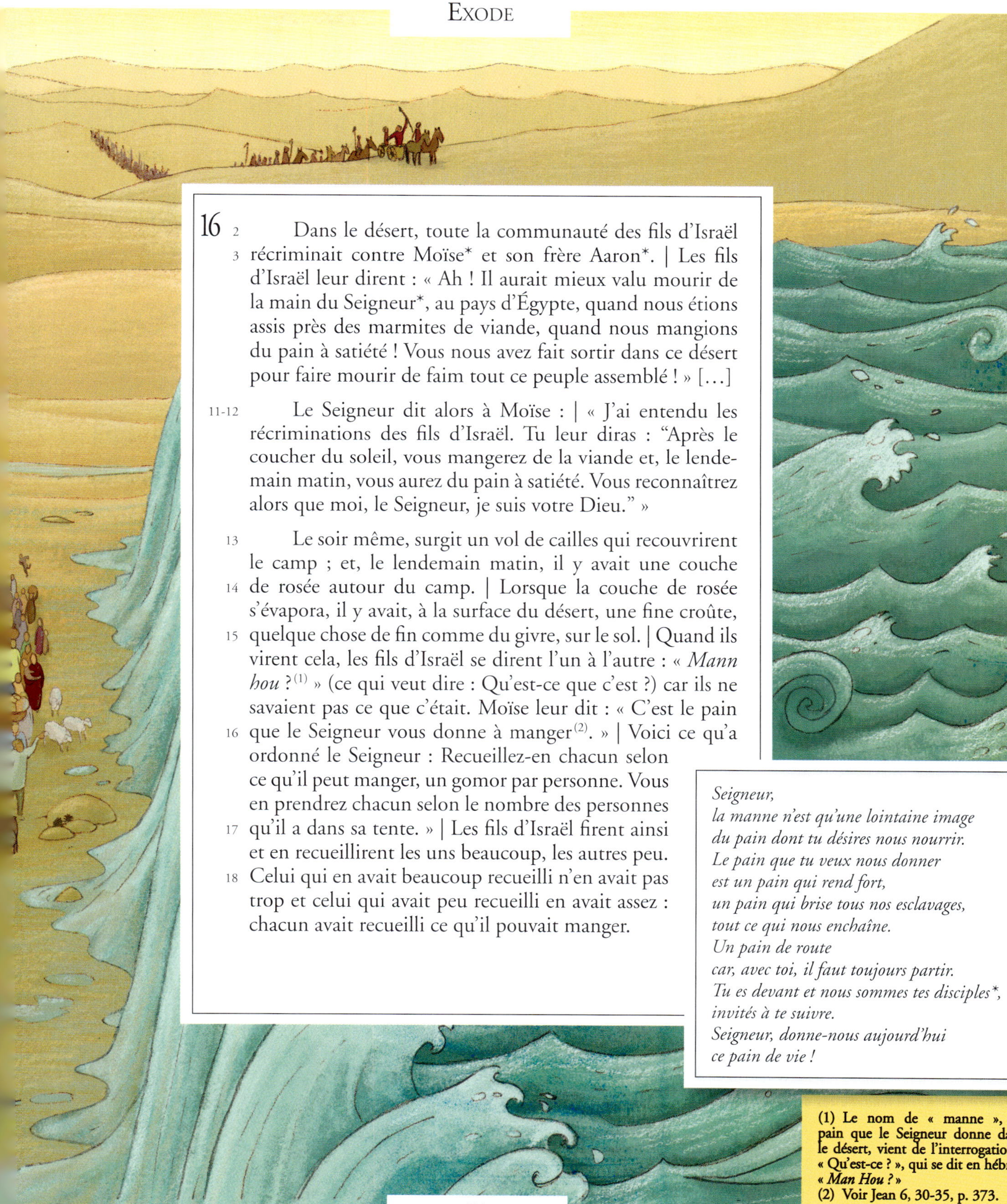

16 2 Dans le désert, toute la communauté des fils d'Israël
3 récriminait contre Moïse* et son frère Aaron*. | Les fils
d'Israël leur dirent : « Ah ! Il aurait mieux valu mourir de
la main du Seigneur*, au pays d'Égypte, quand nous étions
assis près des marmites de viande, quand nous mangions
du pain à satiété ! Vous nous avez fait sortir dans ce désert
pour faire mourir de faim tout ce peuple assemblé ! » [...]

11-12 Le Seigneur dit alors à Moïse : | « J'ai entendu les
récriminations des fils d'Israël. Tu leur diras : "Après le
coucher du soleil, vous mangerez de la viande et, le lende-
main matin, vous aurez du pain à satiété. Vous reconnaîtrez
alors que moi, le Seigneur, je suis votre Dieu." »

13 Le soir même, surgit un vol de cailles qui recouvrirent
le camp ; et, le lendemain matin, il y avait une couche
14 de rosée autour du camp. | Lorsque la couche de rosée
s'évapora, il y avait, à la surface du désert, une fine croûte,
15 quelque chose de fin comme du givre, sur le sol. | Quand ils
virent cela, les fils d'Israël se dirent l'un à l'autre : « *Mann
hou* ?[1] » (ce qui veut dire : Qu'est-ce que c'est ?) car ils ne
savaient pas ce que c'était. Moïse leur dit : « C'est le pain
16 que le Seigneur vous donne à manger[2]. » | Voici ce qu'a
ordonné le Seigneur : Recueillez-en chacun selon
ce qu'il peut manger, un gomor par personne. Vous
en prendrez chacun selon le nombre des personnes
17 qu'il a dans sa tente. » | Les fils d'Israël firent ainsi
et en recueillirent les uns beaucoup, les autres peu.
18 Celui qui en avait beaucoup recueilli n'en avait pas
trop et celui qui avait peu recueilli en avait assez :
chacun avait recueilli ce qu'il pouvait manger.

Seigneur,
la manne n'est qu'une lointaine image
du pain dont tu désires nous nourrir.
Le pain que tu veux nous donner
est un pain qui rend fort,
un pain qui brise tous nos esclavages,
tout ce qui nous enchaîne.
Un pain de route
car, avec toi, il faut toujours partir.
Tu es devant et nous sommes tes disciples,*
invités à te suivre.
Seigneur, donne-nous aujourd'hui
ce pain de vie !

(1) Le nom de « manne », ce pain que le Seigneur donne dans le désert, vient de l'interrogation : « Qu'est-ce ? », qui se dit en hébreu « *Man Hou ?* »
(2) Voir Jean 6, 30-35, p. 373.

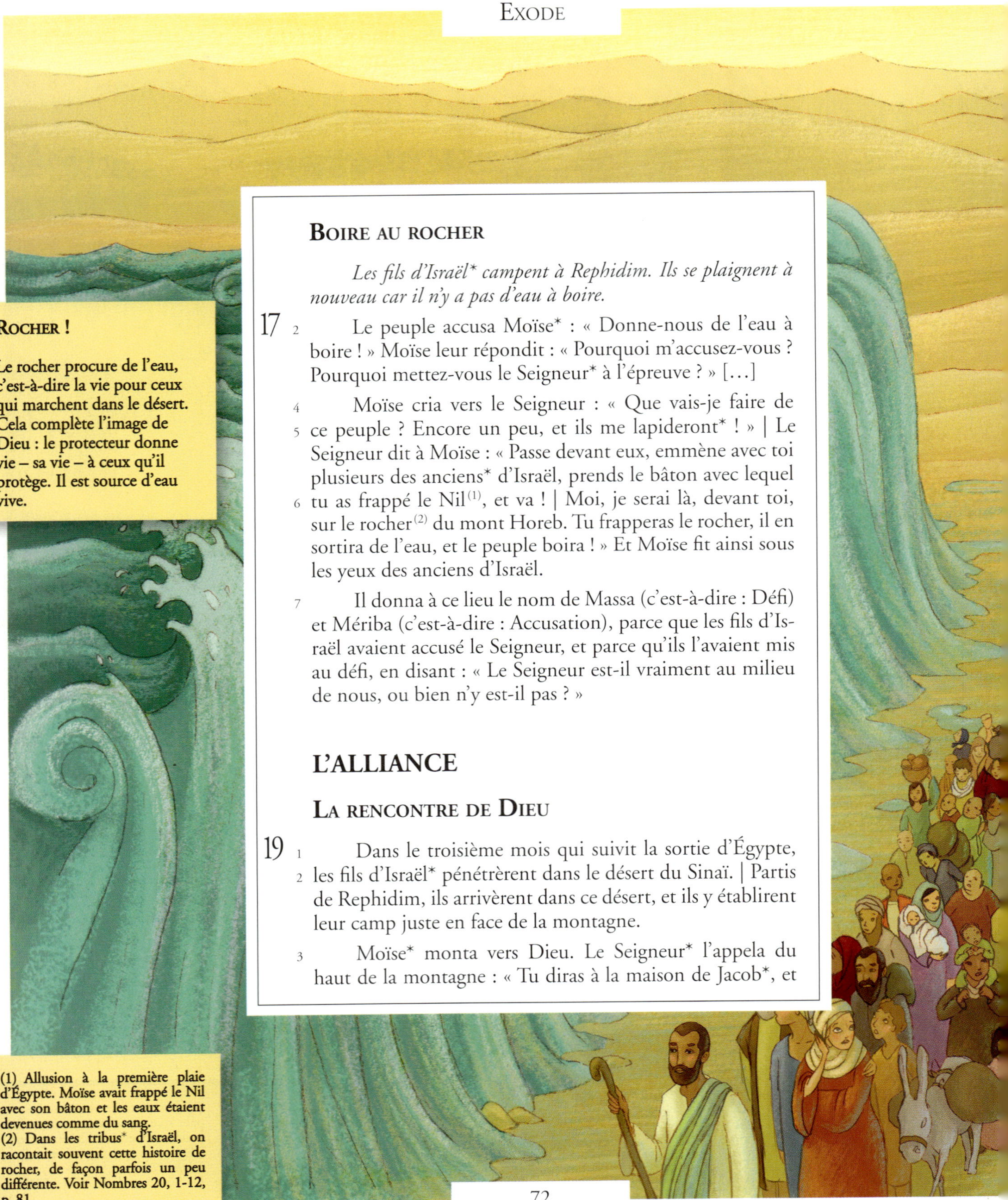

Boire au rocher

Les fils d'Israël campent à Rephidim. Ils se plaignent à nouveau car il n'y a pas d'eau à boire.*

17 2 Le peuple accusa Moïse* : « Donne-nous de l'eau à
boire ! » Moïse leur répondit : « Pourquoi m'accusez-vous ?
Pourquoi mettez-vous le Seigneur* à l'épreuve ? » […]
4 Moïse cria vers le Seigneur : « Que vais-je faire de
5 ce peuple ? Encore un peu, et ils me lapideront* ! » | Le
Seigneur dit à Moïse : « Passe devant eux, emmène avec toi
plusieurs des anciens* d'Israël, prends le bâton avec lequel
6 tu as frappé le Nil[1], et va ! | Moi, je serai là, devant toi,
sur le rocher[2] du mont Horeb. Tu frapperas le rocher, il en
sortira de l'eau, et le peuple boira ! » Et Moïse fit ainsi sous
les yeux des anciens d'Israël.
7 Il donna à ce lieu le nom de Massa (c'est-à-dire : Défi)
et Mériba (c'est-à-dire : Accusation), parce que les fils d'Is-
raël avaient accusé le Seigneur, et parce qu'ils l'avaient mis
au défi, en disant : « Le Seigneur est-il vraiment au milieu
de nous, ou bien n'y est-il pas ? »

Rocher !

Le rocher procure de l'eau, c'est-à-dire la vie pour ceux qui marchent dans le désert. Cela complète l'image de Dieu : le protecteur donne vie – sa vie – à ceux qu'il protège. Il est source d'eau vive.

L'ALLIANCE

La rencontre de Dieu

19 1 Dans le troisième mois qui suivit la sortie d'Égypte,
2 les fils d'Israël* pénétrèrent dans le désert du Sinaï. | Partis
de Rephidim, ils arrivèrent dans ce désert, et ils y établirent
leur camp juste en face de la montagne.
3 Moïse* monta vers Dieu. Le Seigneur* l'appela du
haut de la montagne : « Tu diras à la maison de Jacob*, et

(1) Allusion à la première plaie d'Égypte. Moïse avait frappé le Nil avec son bâton et les eaux étaient devenues comme du sang.
(2) Dans les tribus* d'Israël, on racontait souvent cette histoire de rocher, de façon parfois un peu différente. Voir Nombres 20, 1-12, p. 81.

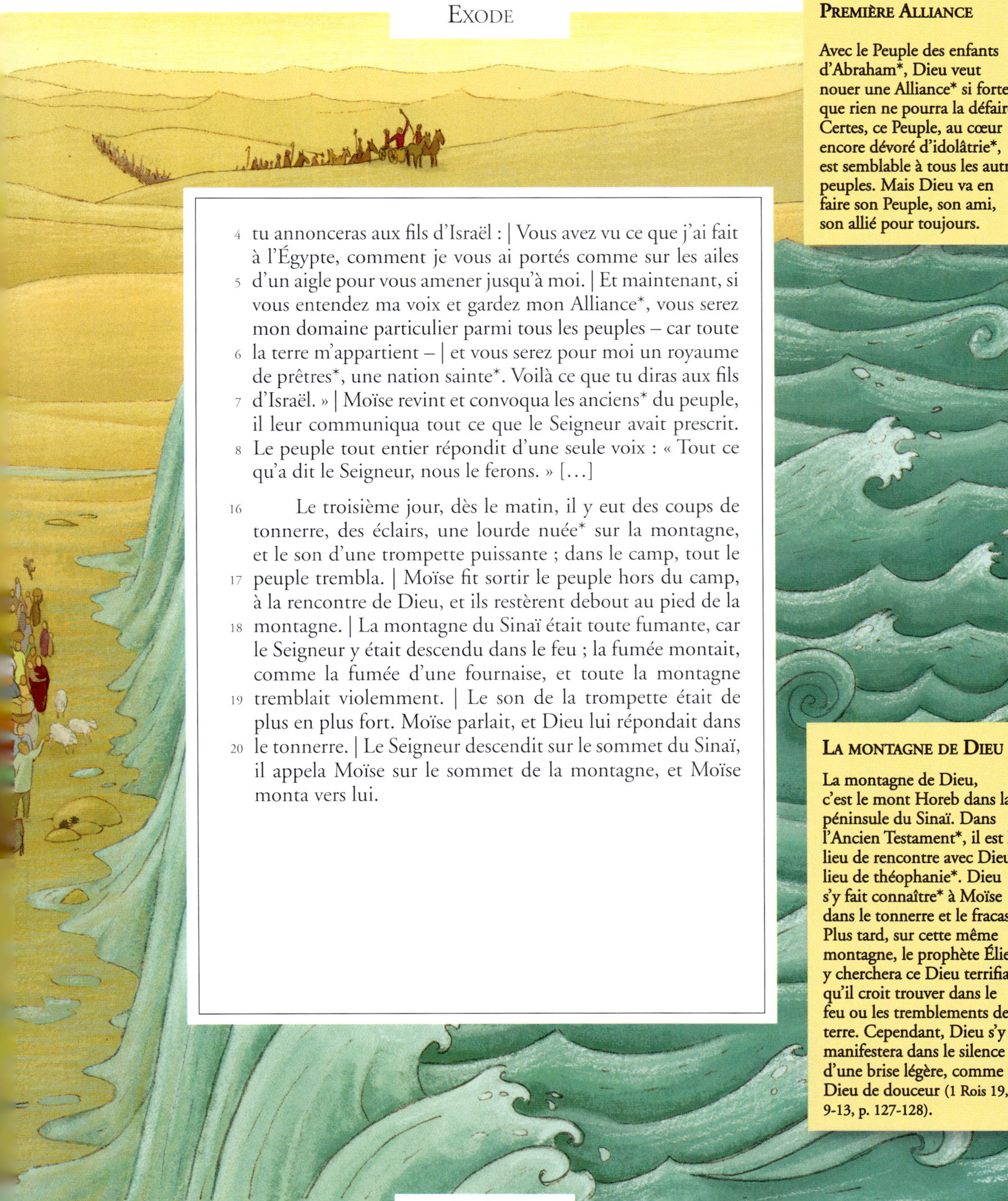

4 tu annonceras aux fils d'Israël : | Vous avez vu ce que j'ai fait
à l'Égypte, comment je vous ai portés comme sur les ailes
5 d'un aigle pour vous amener jusqu'à moi. | Et maintenant, si
vous entendez ma voix et gardez mon Alliance*, vous serez
mon domaine particulier parmi tous les peuples – car toute
6 la terre m'appartient – | et vous serez pour moi un royaume
de prêtres*, une nation sainte*. Voilà ce que tu diras aux fils
7 d'Israël. » | Moïse revint et convoqua les anciens* du peuple,
il leur communiqua tout ce que le Seigneur avait prescrit.
8 Le peuple tout entier répondit d'une seule voix : « Tout ce
qu'a dit le Seigneur, nous le ferons. » […]

16 Le troisième jour, dès le matin, il y eut des coups de
tonnerre, des éclairs, une lourde nuée* sur la montagne,
et le son d'une trompette puissante ; dans le camp, tout le
17 peuple trembla. | Moïse fit sortir le peuple hors du camp,
à la rencontre de Dieu, et ils restèrent debout au pied de la
18 montagne. | La montagne du Sinaï était toute fumante, car
le Seigneur y était descendu dans le feu ; la fumée montait,
comme la fumée d'une fournaise, et toute la montagne
19 tremblait violemment. | Le son de la trompette était de
plus en plus fort. Moïse parlait, et Dieu lui répondait dans
20 le tonnerre. | Le Seigneur descendit sur le sommet du Sinaï,
il appela Moïse sur le sommet de la montagne, et Moïse
monta vers lui.

Première Alliance

Avec le Peuple des enfants d'Abraham*, Dieu veut nouer une Alliance* si forte que rien ne pourra la défaire. Certes, ce Peuple, au cœur encore dévoré d'idolâtrie*, est semblable à tous les autres peuples. Mais Dieu va en faire son Peuple, son ami, son allié pour toujours.

La montagne de Dieu

La montagne de Dieu, c'est le mont Horeb dans la péninsule du Sinaï. Dans l'Ancien Testament*, il est le lieu de rencontre avec Dieu, lieu de théophanie*. Dieu s'y fait connaître* à Moïse dans le tonnerre et le fracas. Plus tard, sur cette même montagne, le prophète Élie* y cherchera ce Dieu terrifiant qu'il croit trouver dans le feu ou les tremblements de terre. Cependant, Dieu s'y manifestera dans le silence d'une brise légère, comme un Dieu de douceur (1 Rois 19, 9-13, p. 127-128).

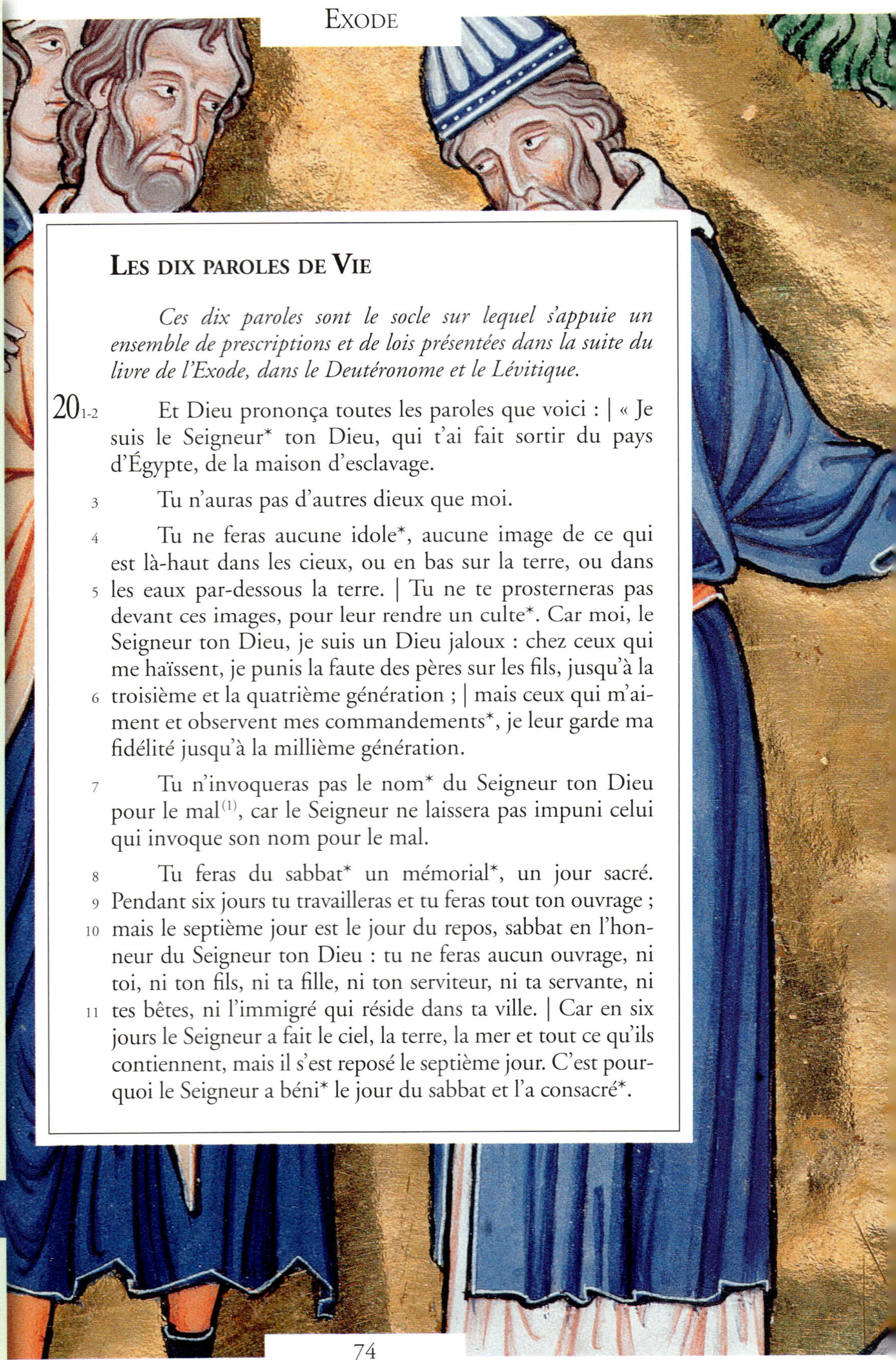

LES DIX PAROLES DE VIE

La tentation constante des hommes est de se servir de Dieu pour réussir leur vie à leur façon. Le Décalogue* (ce qui signifie « dix paroles ») commence donc par rappeler qu'on ne se sert pas de Dieu, mais qu'on le respecte ▸ :
– Dieu est unique. On ne servira pas d'autres dieux (argent, pouvoir, plaisir…).
– On ne fera pas d'images de Dieu, car elles le réduiraient aux propres dimensions de l'homme.
– On respectera le Nom de Dieu en ne le citant pas à tort et à travers.
– En interrompant son travail le jour du sabbat, on se souviendra que le monde n'est pas la propriété de l'homme, mais de Dieu.

La cinquième parole du Décalogue est une charnière entre le respect de Dieu et le respect des autres. En parlant du père et de la mère, elle évoque Dieu se révélant aux hommes avec l'autorité d'un père et la tendresse d'une mère. En même temps, elle oriente vers les parents humains.

Les cinq dernières paroles veulent empêcher tout ce qui peut compromettre une véritable relation fraternelle avec le prochain. Cette relation sera abondamment décrite dans d'autres passages de la Torah*. Il s'agit de respecter les autres et tout particulièrement les petits, ceux qui n'ont pas suffisamment de force pour défendre leurs droits.

▸ Dans la Bible, le respect de Dieu porte un autre nom : la crainte* de Dieu, à ne pas confondre avec la peur.

LES DIX PAROLES DE VIE

Ces dix paroles sont le socle sur lequel s'appuie un ensemble de prescriptions et de lois présentées dans la suite du livre de l'Exode, dans le Deutéronome et le Lévitique.

20 1-2 Et Dieu prononça toutes les paroles que voici : | « Je
suis le Seigneur* ton Dieu, qui t'ai fait sortir du pays
d'Égypte, de la maison d'esclavage.

3 Tu n'auras pas d'autres dieux que moi.

4 Tu ne feras aucune idole*, aucune image de ce qui
est là-haut dans les cieux, ou en bas sur la terre, ou dans
5 les eaux par-dessous la terre. | Tu ne te prosterneras pas
devant ces images, pour leur rendre un culte*. Car moi, le
Seigneur ton Dieu, je suis un Dieu jaloux : chez ceux qui
me haïssent, je punis la faute des pères sur les fils, jusqu'à la
6 troisième et la quatrième génération ; | mais ceux qui m'ai-
ment et observent mes commandements*, je leur garde ma
fidélité jusqu'à la millième génération.

7 Tu n'invoqueras pas le nom* du Seigneur ton Dieu
pour le mal[1], car le Seigneur ne laissera pas impuni celui
qui invoque son nom pour le mal.

8 Tu feras du sabbat* un mémorial*, un jour sacré.
9 Pendant six jours tu travailleras et tu feras tout ton ouvrage ;
10 mais le septième jour est le jour du repos, sabbat en l'hon-
neur du Seigneur ton Dieu : tu ne feras aucun ouvrage, ni
toi, ni ton fils, ni ta fille, ni ton serviteur, ni ta servante, ni
11 tes bêtes, ni l'immigré qui réside dans ta ville. | Car en six
jours le Seigneur a fait le ciel, la terre, la mer et tout ce qu'ils
contiennent, mais il s'est reposé le septième jour. C'est pour-
quoi le Seigneur a béni* le jour du sabbat et l'a consacré*.

(1) Invoquer le nom du Seigneur pour le mal, c'est prendre Dieu à témoin d'un mensonge, c'est parfois souhaiter que le Seigneur fasse du mal à quelqu'un (voir malédiction*).

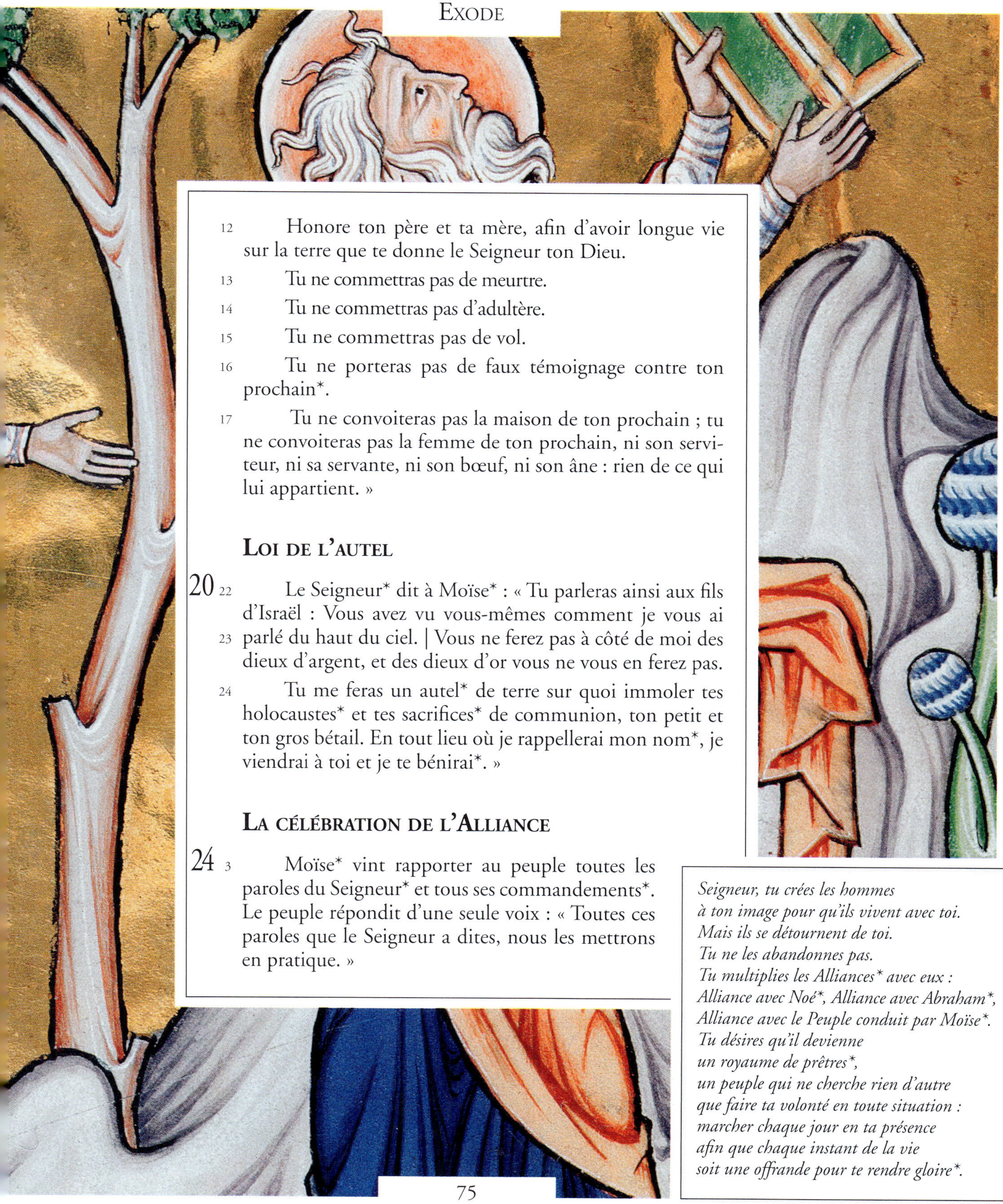

12 Honore ton père et ta mère, afin d'avoir longue vie
sur la terre que te donne le Seigneur ton Dieu.
13 Tu ne commettras pas de meurtre.
14 Tu ne commettras pas d'adultère.
15 Tu ne commettras pas de vol.
16 Tu ne porteras pas de faux témoignage contre ton
prochain*.
17 Tu ne convoiteras pas la maison de ton prochain ; tu
ne convoiteras pas la femme de ton prochain, ni son servi-
teur, ni sa servante, ni son bœuf, ni son âne : rien de ce qui
lui appartient. »

LOI DE L'AUTEL

20 22 Le Seigneur* dit à Moïse* : « Tu parleras ainsi aux fils
d'Israël : Vous avez vu vous-mêmes comment je vous ai
23 parlé du haut du ciel. | Vous ne ferez pas à côté de moi des
dieux d'argent, et des dieux d'or vous ne vous en ferez pas.
24 Tu me feras un autel* de terre sur quoi immoler tes
holocaustes* et tes sacrifices* de communion, ton petit et
ton gros bétail. En tout lieu où je rappellerai mon nom*, je
viendrai à toi et je te bénirai*. »

LA CÉLÉBRATION DE L'ALLIANCE

24 3 Moïse* vint rapporter au peuple toutes les
paroles du Seigneur* et tous ses commandements*.
Le peuple répondit d'une seule voix : « Toutes ces
paroles que le Seigneur a dites, nous les mettrons
en pratique. »

Seigneur, tu crées les hommes
à ton image pour qu'ils vivent avec toi.
Mais ils se détournent de toi.
Tu ne les abandonnes pas.
Tu multiplies les Alliances avec eux :*
Alliance avec Noé, Alliance avec Abraham*,*
Alliance avec le Peuple conduit par Moïse.*
Tu désires qu'il devienne
un royaume de prêtres,*
un peuple qui ne cherche rien d'autre
que faire ta volonté en toute situation :
marcher chaque jour en ta présence
afin que chaque instant de la vie
soit une offrande pour te rendre gloire.*

LE SANG DE L'ALLIANCE

En circulant dans tout le corps, le sang diffuse la vie. C'est pour cette raison que dans certains peuples, quand deux amis veulent faire alliance et devenir comme des frères, prêts à donner leur vie l'un pour l'autre, ils rapprochent la blessure qu'ils se sont faite chacun à une main pour « échanger » leur sang : « Désormais ton sang coule dans mes veines ; nous avons la même vie pour toujours. »

Moïse adapte cette coutume pour signifier qu'entre Dieu et son Peuple, il y a un engagement d'amitié pour toujours. Il prend du sang et en répand une partie sur l'autel représentant Dieu et l'autre partie sur le Peuple. C'est comme si, désormais, Dieu et son Peuple avaient le même sang, la même vie. C'est le sang de l'Alliance (Marc 14, 24).

4 Moïse écrivit toutes les paroles du Seigneur ; le lende-
main matin, il bâtit un autel* au pied de la montagne, et il
5 dressa douze pierres pour les douze tribus* d'Israël. | Puis il
chargea quelques jeunes Israélites d'offrir des holocaustes*,
et d'immoler au Seigneur de jeunes taureaux en sacrifice*
6 de paix. | Moïse prit la moitié du sang et le mit dans des
7 bassins ; puis il aspergea l'autel avec le reste du sang. | Il prit
le livre de l'Alliance* et en fit la lecture au peuple. Celui-ci
répondit : « Tout ce que le Seigneur a dit, nous le mettrons
en pratique, nous y obéirons. »

8 Moïse prit le sang, en aspergea le peuple, et dit :
« Voici le sang de l'Alliance que, sur la base de toutes ces
paroles, le Seigneur a conclue avec vous. »

LE VEAU D'OR

Moïse est monté dans le Sinaï pour recevoir les Dix commandements* gravés sur des tablettes de pierre, les tables de la Loi*. Il a emmené avec lui Josué* et a laissé le Peuple sous la responsabilité d'Aaron* et de Hour. Quarante jours passent, le Peuple se croit abandonné.*

32 1 Quand le peuple vit que Moïse tardait à descendre
de la montagne, le peuple s'assembla auprès de Aaron et
lui dit : « Allons, fais-nous un dieu qui aille devant nous,
car ce Moïse, l'homme qui nous a fait monter du pays
2 d'Égypte, nous ne savons pas ce qui lui est arrivé. » | Aaron
leur répondit : « Ôtez les anneaux d'or qui sont aux oreilles
de vos femmes, de vos fils et de vos filles et apportez-les
3 moi. » | Tout le peuple ôta ses anneaux d'or qui étaient à
4 leurs oreilles et ils les apportèrent à Aaron. | Il reçut l'or de

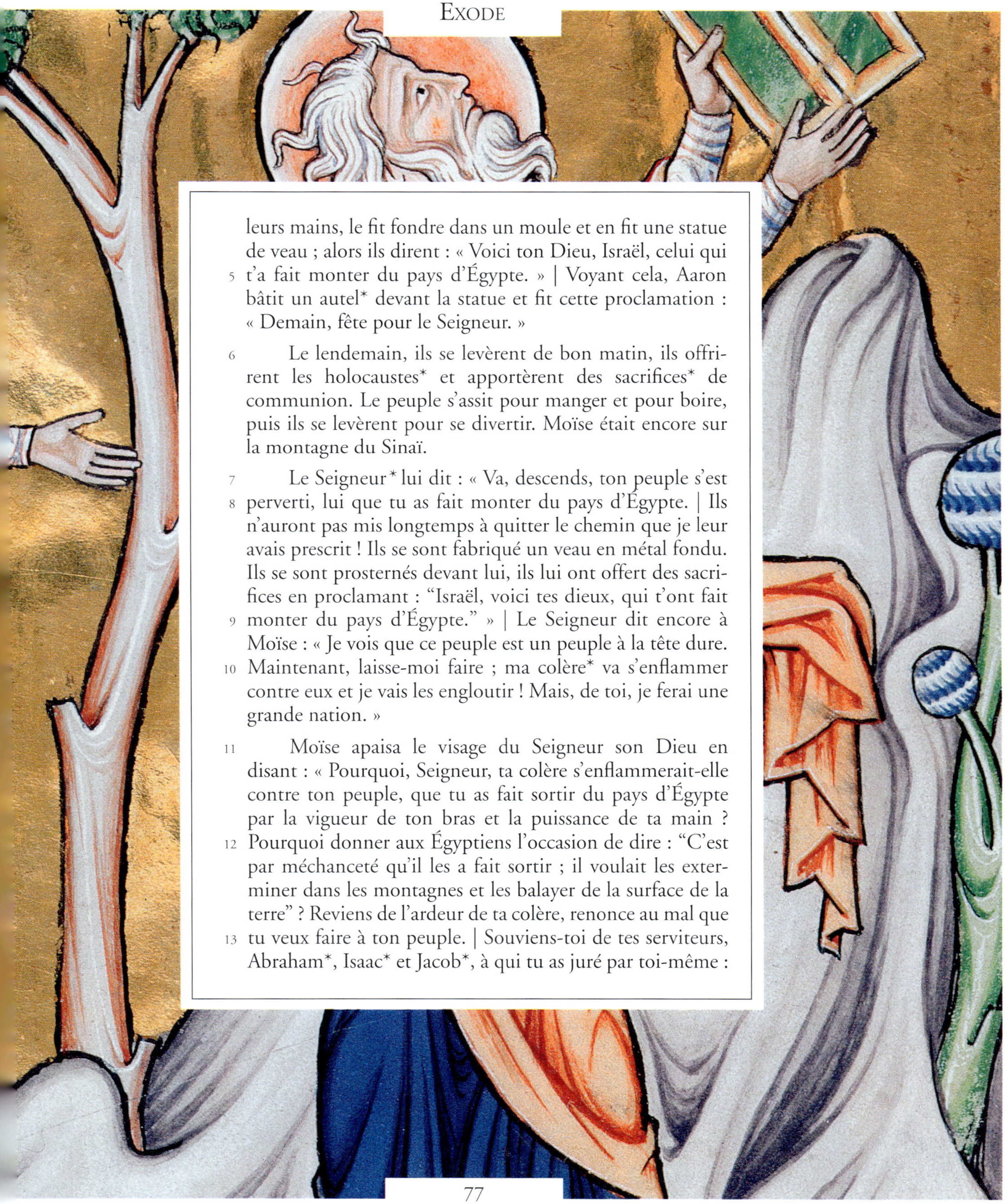

leurs mains, le fit fondre dans un moule et en fit une statue
de veau ; alors ils dirent : « Voici ton Dieu, Israël, celui qui
5 t'a fait monter du pays d'Égypte. » | Voyant cela, Aaron
bâtit un autel* devant la statue et fit cette proclamation :
« Demain, fête pour le Seigneur. »

6 Le lendemain, ils se levèrent de bon matin, ils offri-
rent les holocaustes* et apportèrent des sacrifices* de
communion. Le peuple s'assit pour manger et pour boire,
puis ils se levèrent pour se divertir. Moïse était encore sur
la montagne du Sinaï.

7 Le Seigneur* lui dit : « Va, descends, ton peuple s'est
8 perverti, lui que tu as fait monter du pays d'Égypte. | Ils
n'auront pas mis longtemps à quitter le chemin que je leur
avais prescrit ! Ils se sont fabriqué un veau en métal fondu.
Ils se sont prosternés devant lui, ils lui ont offert des sacri-
fices en proclamant : "Israël, voici tes dieux, qui t'ont fait
9 monter du pays d'Égypte." » | Le Seigneur dit encore à
Moïse : « Je vois que ce peuple est un peuple à la tête dure.
10 Maintenant, laisse-moi faire ; ma colère* va s'enflammer
contre eux et je vais les engloutir ! Mais, de toi, je ferai une
grande nation. »

11 Moïse apaisa le visage du Seigneur son Dieu en
disant : « Pourquoi, Seigneur, ta colère s'enflammerait-elle
contre ton peuple, que tu as fait sortir du pays d'Égypte
par la vigueur de ton bras et la puissance de ta main ?
12 Pourquoi donner aux Égyptiens l'occasion de dire : "C'est
par méchanceté qu'il les a fait sortir ; il voulait les exter-
miner dans les montagnes et les balayer de la surface de la
terre" ? Reviens de l'ardeur de ta colère, renonce au mal que
13 tu veux faire à ton peuple. | Souviens-toi de tes serviteurs,
Abraham*, Isaac* et Jacob*, à qui tu as juré par toi-même :

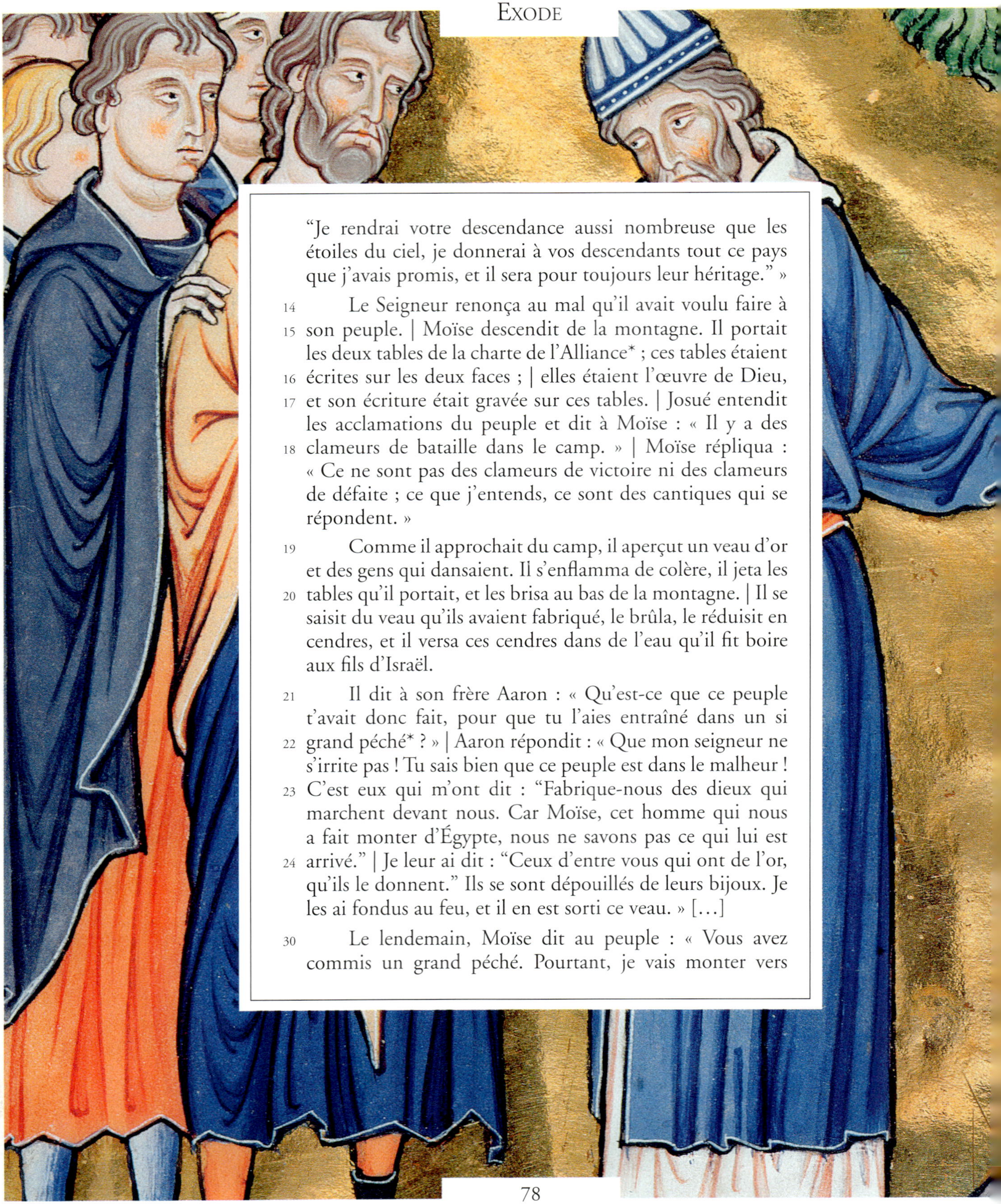

"Je rendrai votre descendance aussi nombreuse que les
étoiles du ciel, je donnerai à vos descendants tout ce pays
que j'avais promis, et il sera pour toujours leur héritage." »

14 Le Seigneur renonça au mal qu'il avait voulu faire à
15 son peuple. | Moïse descendit de la montagne. Il portait
les deux tables de la charte de l'Alliance* ; ces tables étaient
16 écrites sur les deux faces ; | elles étaient l'œuvre de Dieu,
17 et son écriture était gravée sur ces tables. | Josué entendit
les acclamations du peuple et dit à Moïse : « Il y a des
18 clameurs de bataille dans le camp. » | Moïse répliqua :
« Ce ne sont pas des clameurs de victoire ni des clameurs
de défaite ; ce que j'entends, ce sont des cantiques qui se
répondent. »

19 Comme il approchait du camp, il aperçut un veau d'or
et des gens qui dansaient. Il s'enflamma de colère, il jeta les
20 tables qu'il portait, et les brisa au bas de la montagne. | Il se
saisit du veau qu'ils avaient fabriqué, le brûla, le réduisit en
cendres, et il versa ces cendres dans de l'eau qu'il fit boire
aux fils d'Israël.

21 Il dit à son frère Aaron : « Qu'est-ce que ce peuple
t'avait donc fait, pour que tu l'aies entraîné dans un si
22 grand péché* ? » | Aaron répondit : « Que mon seigneur ne
s'irrite pas ! Tu sais bien que ce peuple est dans le malheur !
23 C'est eux qui m'ont dit : "Fabrique-nous des dieux qui
marchent devant nous. Car Moïse, cet homme qui nous
a fait monter d'Égypte, nous ne savons pas ce qui lui est
24 arrivé." | Je leur ai dit : "Ceux d'entre vous qui ont de l'or,
qu'ils le donnent." Ils se sont dépouillés de leurs bijoux. Je
les ai fondus au feu, et il en est sorti ce veau. » [...]

30 Le lendemain, Moïse dit au peuple : « Vous avez
commis un grand péché. Pourtant, je vais monter vers

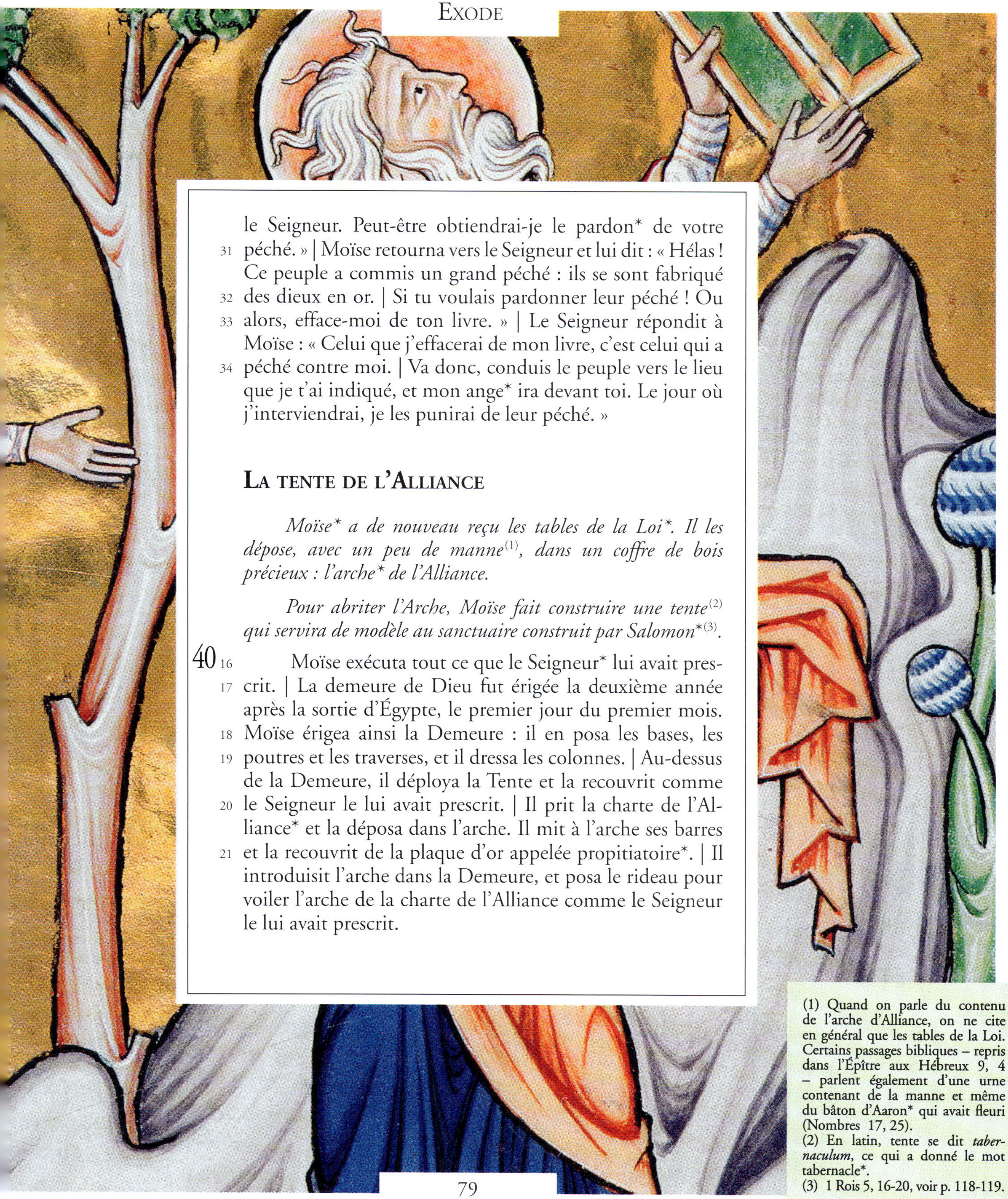

le Seigneur. Peut-être obtiendrai-je le pardon* de votre
31 péché. » | Moïse retourna vers le Seigneur et lui dit : « Hélas !
Ce peuple a commis un grand péché : ils se sont fabriqué
32 des dieux en or. | Si tu voulais pardonner leur péché ! Ou
33 alors, efface-moi de ton livre. » | Le Seigneur répondit à
Moïse : « Celui que j'effacerai de mon livre, c'est celui qui a
34 péché contre moi. | Va donc, conduis le peuple vers le lieu
que je t'ai indiqué, et mon ange* ira devant toi. Le jour où
j'interviendrai, je les punirai de leur péché. »

La tente de l'Alliance

Moïse a de nouveau reçu les tables de la Loi*. Il les dépose, avec un peu de manne(1), dans un coffre de bois précieux : l'arche* de l'Alliance.*

Pour abriter l'Arche, Moïse fait construire une tente(2) qui servira de modèle au sanctuaire construit par Salomon(3).*

40 16 Moïse exécuta tout ce que le Seigneur* lui avait pres-
17 crit. | La demeure de Dieu fut érigée la deuxième année
après la sortie d'Égypte, le premier jour du premier mois.
18 Moïse érigea ainsi la Demeure : il en posa les bases, les
19 poutres et les traverses, et il dressa les colonnes. | Au-dessus
de la Demeure, il déploya la Tente et la recouvrit comme
20 le Seigneur le lui avait prescrit. | Il prit la charte de l'Al-
liance* et la déposa dans l'arche. Il mit à l'arche ses barres
21 et la recouvrit de la plaque d'or appelée propitiatoire*. | Il
introduisit l'arche dans la Demeure, et posa le rideau pour
voiler l'arche de la charte de l'Alliance comme le Seigneur
le lui avait prescrit.

(1) Quand on parle du contenu de l'arche d'Alliance, on ne cite en général que les tables de la Loi. Certains passages bibliques – repris dans l'Épître aux Hébreux 9, 4 – parlent également d'une urne contenant de la manne et même du bâton d'Aaron* qui avait fleuri (Nombres 17, 25).
(2) En latin, tente se dit *tabernaculum*, ce qui a donné le mot tabernacle*.
(3) 1 Rois 5, 16-20, voir p. 118-119.

Les anciens

En grec, on les appelle les presbytres, ce qui a donné le mot prêtre. Ce sont des chefs de communauté. Ils sont des prophètes rassemblant le Peuple autour de la Parole* de Dieu et non autour de leur parole.

Moïse et les soixante-dix Anciens

Un autre livre de la Bible rapporte des récits de la vie de Moïse et du peuple hébreu dans le désert : le livre des Nombres.*

Les fils d'Israël marchaient à travers le désert, en gémissant constamment. Moïse est découragé, il s'adresse au Seigneur*.*

11 11 « Pourquoi m'as-tu imposé le fardeau de tout ce
12 peuple ? | Est-ce moi qui ai conçu tout ce peuple, est-ce
moi qui l'ai enfanté, pour que tu me dises : "Comme on
porte un nourrisson, porte ce peuple dans tes bras jusqu'au
13 pays que j'ai promis par serment à tes pères ?" | Où puis-je
trouver de la viande pour en donner à tout ce peuple, quand
ils viennent pleurer près de moi en disant : "Donne-nous
14 de la viande à manger" ? | Je ne puis, à moi seul, porter
15 tout ce peuple : c'est un fardeau trop lourd pour moi. | Si
c'est ainsi que tu me traites, fais-moi plutôt mourir ! Ah !
Si je pouvais trouver grâce à tes yeux et voir la fin de mon
malheur ! »

16 Le Seigneur dit alors à Moïse : « Rassemble soixante-
dix hommes parmi les anciens* d'Israël. [...] Tu les
amèneras à la tente* de la Rencontre, où ils se présenteront
17 avec toi. | Je descendrai pour te parler, et je prendrai une
part de l'esprit qui est sur toi pour le mettre sur eux. Ainsi
ils porteront avec toi le fardeau de ce peuple, et tu ne seras
plus le seul à le porter. » [...]

24 Moïse réunit soixante-dix hommes parmi les anciens
et les rangea autour de la tente. [...]

25 Le Seigneur prit une part de l'esprit qui reposait sur
Moïse, et le mit sur les soixante-dix anciens du peuple. Dès

que l'esprit reposa sur eux, ils se mirent à prophétiser*,
mais cela ne dura pas.

26 Or, deux hommes étaient restés dans le camp ; l'un
s'appelait Eldad, et l'autre Médad. L'esprit reposa sur eux ;
bien que n'étant pas venus à la tente de la Rencontre,
ils comptaient parmi les anciens qui avaient été choisis,
27 et c'est dans le camp qu'ils se mirent à prophétiser. | Un
jeune homme courut annoncer à Moïse : « Eldad et Médad
28 prophétisent dans le camp ! » | Josué*, fils de Noun, servi-
teur de Moïse depuis sa jeunesse, prit la parole : « Moïse,
29 mon maître, arrête-les(1) ! » | Mais Moïse lui dit : « Serais-tu
jaloux pour moi ? Ah ! Si le Seigneur pouvait mettre son
esprit sur eux, pour faire de tout son peuple un peuple de
prophètes* ! »

LA DÉFAILLANCE DE MOÏSE

Le Peuple multiplie les infidélités. Dieu décide que la génération de ceux qui sont sortis d'Égypte n'ira pas jusqu'en Canaan. Au bout de quarante années d'errance dans le désert, c'est une génération nouvelle qui entrera en Terre promise.*

20 1 Le premier mois de l'année, toute la communauté des
fils d'Israël* arriva dans le désert de Sine. Le peuple s'éta-
blit à Cadès. C'est là que Myriam(2) mourut et qu'elle fut
2 enterrée. | Comme il n'y avait pas d'eau, la communauté
3 s'ameuta contre Moïse* et Aaron*. | Ils accusaient Moïse :
« Ah ! si seulement nous avions péri, comme nos frères
4 ont péri, frappés par le Seigneur* ! | Pourquoi avoir amené
l'assemblée du Seigneur dans ce désert où nous allons

(1) Voir Luc 9, 49-50, p. 340.
(2) Myriam est la sœur de Moïse. Voir Exode 2, 4, p. 57.

5 mourir, nous et nos bêtes ? | Pourquoi nous avoir fait
monter d'Égypte, et nous avoir amenés dans cet endroit
sinistre où l'on ne peut rien semer, où il n'y a ni figuiers, ni
vignes, ni grenadiers, et même pas d'eau à boire ! »

6 Moïse et Aaron quittèrent l'assemblée et se rendirent
à l'entrée de la tente* de la Rencontre. Ils tombèrent la
face contre terre, et la gloire* du Seigneur leur apparut.
7-8 Le Seigneur dit à Moïse : | « Prends ton bâton de chef
et, avec ton frère Aaron, rassemble la communauté. Puis
devant eux, tu commanderas à ce rocher de donner son
eau(1). Pour eux tu feras jaillir l'eau du rocher, et tu feras
9 boire la communauté et ses bêtes. » | Comme il en avait
reçu l'ordre, Moïse prit le bâton qui était placé devant le
10 Seigneur. | Moïse et Aaron réunirent l'assemblée en face
du rocher, et Moïse leur dit : « Écoutez donc, rebelles.
Est-ce que nous pouvons faire jaillir de l'eau pour vous
11 de ce rocher ? » | Moïse leva la main et, de son bâton, il
frappa le rocher par deux fois : l'eau jaillit en abondance,
12 et la communauté put boire et abreuver ses bêtes. | Le
Seigneur dit alors à Moïse et à son frère Aaron : « Puisque
vous n'avez pas eu assez de foi* pour manifester ma sainteté* devant les fils d'Israël, vous ne ferez pas entrer cette
assemblée dans le pays que je lui donne. »

L'ânesse de Balaam

Conduit par Moïse, le Peuple approche de la Terre promise et doit traverser le territoire de Moab(2). Mais le roi des lieux, Balaq, lui refuse le droit de passage et, inquiet, il fait appel à un magicien(3), Balaam. Après un premier refus, Balaq sollicite à nouveau Balaam.*

(1) Un récit presque semblable se trouve en Exode 17, 2-7, p. 72.
(2) Les Moabites* étaient des descendants de Loth*, le neveu d'Abraham. Leur territoire est situé au nord-ouest de la mer Morte.
(3) Le récit plein d'humour du mage* Balaam apporte un éclairage intéressant sur la façon dont étaient gouvernés les peuples à cette époque. Les rois, avant de combattre, s'assuraient le concours de magiciens qui, par leurs malédictions*, devaient entraîner la défaite des adversaires.

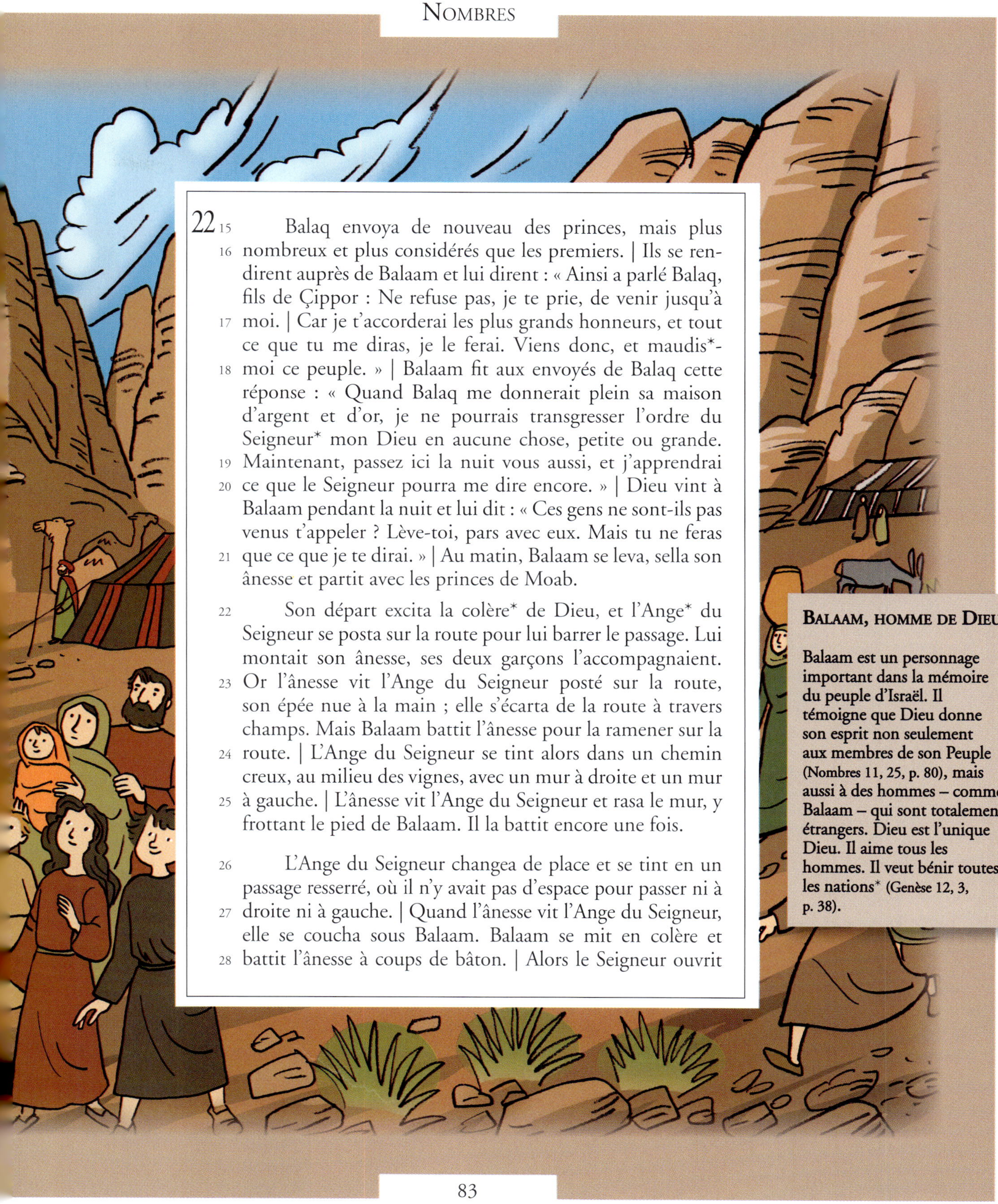

22 15 Balaq envoya de nouveau des princes, mais plus
16 nombreux et plus considérés que les premiers. | Ils se ren-
dirent auprès de Balaam et lui dirent : « Ainsi a parlé Balaq,
fils de Çippor : Ne refuse pas, je te prie, de venir jusqu'à
17 moi. | Car je t'accorderai les plus grands honneurs, et tout
ce que tu me diras, je le ferai. Viens donc, et maudis*-
18 moi ce peuple. » | Balaam fit aux envoyés de Balaq cette
réponse : « Quand Balaq me donnerait plein sa maison
d'argent et d'or, je ne pourrais transgresser l'ordre du
Seigneur* mon Dieu en aucune chose, petite ou grande.
19 Maintenant, passez ici la nuit vous aussi, et j'apprendrai
20 ce que le Seigneur pourra me dire encore. » | Dieu vint à
Balaam pendant la nuit et lui dit : « Ces gens ne sont-ils pas
venus t'appeler ? Lève-toi, pars avec eux. Mais tu ne feras
21 que ce que je te dirai. » | Au matin, Balaam se leva, sella son
ânesse et partit avec les princes de Moab.

22 Son départ excita la colère* de Dieu, et l'Ange* du
Seigneur se posta sur la route pour lui barrer le passage. Lui
montait son ânesse, ses deux garçons l'accompagnaient.
23 Or l'ânesse vit l'Ange du Seigneur posté sur la route,
son épée nue à la main ; elle s'écarta de la route à travers
champs. Mais Balaam battit l'ânesse pour la ramener sur la
24 route. | L'Ange du Seigneur se tint alors dans un chemin
creux, au milieu des vignes, avec un mur à droite et un mur
25 à gauche. | L'ânesse vit l'Ange du Seigneur et rasa le mur, y
frottant le pied de Balaam. Il la battit encore une fois.

26 L'Ange du Seigneur changea de place et se tint en un
passage resserré, où il n'y avait pas d'espace pour passer ni à
27 droite ni à gauche. | Quand l'ânesse vit l'Ange du Seigneur,
elle se coucha sous Balaam. Balaam se mit en colère et
28 battit l'ânesse à coups de bâton. | Alors le Seigneur ouvrit

Balaam, homme de Dieu

Balaam est un personnage important dans la mémoire du peuple d'Israël. Il témoigne que Dieu donne son esprit non seulement aux membres de son Peuple (Nombres 11, 25, p. 80), mais aussi à des hommes – comme Balaam – qui sont totalement étrangers. Dieu est l'unique Dieu. Il aime tous les hommes. Il veut bénir toutes les nations* (Genèse 12, 3, p. 38).

la bouche de l'ânesse et elle dit à Balaam : « Que t'ai-je fait,
29 pour que tu m'aies battue ainsi par trois fois ? » | Balaam
répondit à l'ânesse : « C'est que tu t'es moquée de moi !
Si j'avais eu à la main une épée, je t'aurais déjà tuée. »
30 L'ânesse dit à Balaam : « Ne suis-je pas ton ânesse, qui te
sert de monture depuis toujours et jusqu'à aujourd'hui ? Ai-je
l'habitude d'agir ainsi envers toi ? » Il répondit : « Non. »

31 Alors le Seigneur ouvrit les yeux de Balaam. Il vit
l'Ange du Seigneur posté sur la route, son épée nue à la
32 main. Il s'inclina et se prosterna face contre terre. | Et
l'Ange du Seigneur lui dit : « Pourquoi as-tu battu ainsi ton
ânesse par trois fois ? C'est moi qui étais venu te barrer le
33 passage ; car moi présent, la route n'aboutit pas. | L'ânesse
m'a vu et devant moi elle s'est détournée par trois fois. Bien
t'en a pris qu'elle se soit détournée, car je t'aurais déjà tué.
34 Elle, je l'aurais laissée en vie. » | Balaam répondit à l'Ange
du Seigneur : « J'ai péché*. C'est que j'ignorais que tu étais
posté devant moi sur la route. Et maintenant, si cela te
35 déplaît, je m'en retourne. » | L'Ange du Seigneur répondit à
Balaam : « Va avec ces hommes. Seulement, ne dis rien de
plus que ce que je te ferai dire. » Balaam s'en alla avec les
princes envoyés par Balaq.

LES BÉNÉDICTIONS DE DIEU

Balaam a poursuivi sa route. Il rejoint le roi de Moab. Mais, au lieu de maudire Israël, il le bénit*.*

24 2 Levant les yeux, il vit le peuple qui campait, rangé par
3 tribus*. L'esprit de Dieu vint sur lui, | et il prononça ces
paroles prophétiques :

« Oracle* de Balaam, fils de Béor,
oracle de l'homme au regard pénétrant,
4 oracle de celui qui entend les paroles de Dieu.
Il voit ce que le Tout-Puissant lui fait voir,
il tombe en extase, et ses yeux s'ouvrent.

5 Que tes tentes sont belles, Jacob,
et tes demeures, Israël* !
6 Elles s'étendent comme des vallées, comme des jardins
au bord d'un fleuve ; le Seigneur* les a plantées comme des
aloès, comme des cèdres auprès des eaux !
7 Un héros sortira de sa descendance,
il dominera sur des peuples nombreux.
Son règne sera plus grand que celui de Gog(1),
sa royauté s'étendra. » [...]

15 Balaam prononça encore ces paroles prophétiques :

« Oracle de Balaam, fils de Béor, oracle de l'homme
au regard pénétrant. [...]
17 Ce héros, je le vois – mais pas pour maintenant – ;
je l'aperçois – mais pas de près :
Un astre se lève, issu de Jacob*,
un sceptre se dresse, issu d'Israël(2). »

UN ASTRE SE LÈVE

En écho à la prédiction de Balaam, Zacharie*, le père de Jean* Baptiste, parlera de la naissance de Jésus en ces termes : « Quand nous visitera l'astre d'en haut pour illuminer ceux qui habitent les ténèbres et l'ombre de la mort, pour conduire nos pas au chemin de la paix » (Luc 1, 78-79, p. 327).

Jésus lui-même se désignera comme la lumière du monde (Jean 9, 5, p. 379).

(1) Le nom de Gog revient à plusieurs reprises dans la Bible, toujours pour représenter un conquérant barbare, hostile au Peuple de Dieu. Certains pensent que le modèle historique de Gog est Agag, un ancien roi d'Amalec.

(2) L'Évangile* de Matthieu raconte comment cet oracle de Balaam s'est réalisé : des mages* venus d'Orient se présentent à Jérusalem*, car ils ont vu se lever un astre qui annonce la naissance d'un roi. Ils viennent lui rendre hommage (Matthieu 2, 1-12, p. 243).

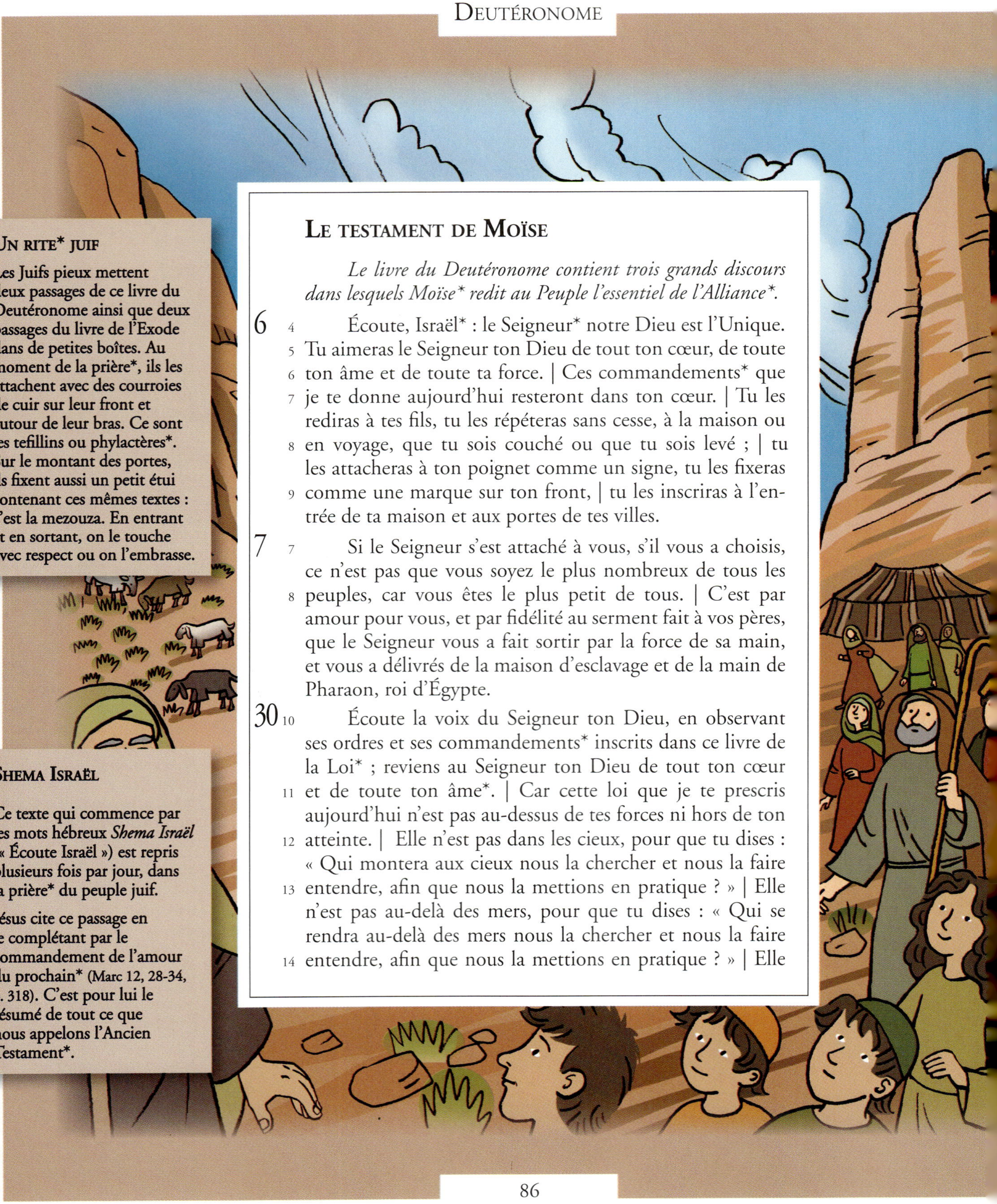

UN RITE* JUIF

Les Juifs pieux mettent deux passages de ce livre du Deutéronome ainsi que deux passages du livre de l'Exode dans de petites boîtes. Au moment de la prière*, ils les attachent avec des courroies de cuir sur leur front et autour de leur bras. Ce sont les tefillins ou phylactères*. Sur le montant des portes, ils fixent aussi un petit étui contenant ces mêmes textes : c'est la mezouza. En entrant et en sortant, on le touche avec respect ou on l'embrasse.

SHEMA ISRAËL

Ce texte qui commence par les mots hébreux *Shema Israël* (« Écoute Israël ») est repris plusieurs fois par jour, dans la prière* du peuple juif.

Jésus cite ce passage en le complétant par le commandement de l'amour du prochain* (Marc 12, 28-34, p. 318). C'est pour lui le résumé de tout ce que nous appelons l'Ancien Testament*.

LE TESTAMENT DE MOÏSE

Le livre du Deutéronome contient trois grands discours dans lesquels Moïse redit au Peuple l'essentiel de l'Alliance*.*

6 4 Écoute, Israël* : le Seigneur* notre Dieu est l'Unique.
5 Tu aimeras le Seigneur ton Dieu de tout ton cœur, de toute
6 ton âme et de toute ta force. | Ces commandements* que
7 je te donne aujourd'hui resteront dans ton cœur. | Tu les
rediras à tes fils, tu les répéteras sans cesse, à la maison ou
8 en voyage, que tu sois couché ou que tu sois levé ; | tu
les attacheras à ton poignet comme un signe, tu les fixeras
9 comme une marque sur ton front, | tu les inscriras à l'en-
trée de ta maison et aux portes de tes villes.

7 7 Si le Seigneur s'est attaché à vous, s'il vous a choisis,
ce n'est pas que vous soyez le plus nombreux de tous les
8 peuples, car vous êtes le plus petit de tous. | C'est par
amour pour vous, et par fidélité au serment fait à vos pères,
que le Seigneur vous a fait sortir par la force de sa main,
et vous a délivrés de la maison d'esclavage et de la main de
Pharaon, roi d'Égypte.

30 10 Écoute la voix du Seigneur ton Dieu, en observant
ses ordres et ses commandements* inscrits dans ce livre de
la Loi* ; reviens au Seigneur ton Dieu de tout ton cœur
11 et de toute ton âme*. | Car cette loi que je te prescris
aujourd'hui n'est pas au-dessus de tes forces ni hors de ton
12 atteinte. | Elle n'est pas dans les cieux, pour que tu dises :
« Qui montera aux cieux nous la chercher et nous la faire
13 entendre, afin que nous la mettions en pratique ? » | Elle
n'est pas au-delà des mers, pour que tu dises : « Qui se
rendra au-delà des mers nous la chercher et nous la faire
14 entendre, afin que nous la mettions en pratique ? » | Elle

est tout près de toi, cette Parole*, elle est dans ta bouche et
dans ton cœur afin que tu la mettes en pratique.

15 Je te propose aujourd'hui de choisir ou bien la vie et
16 le bonheur, ou bien la mort* et le malheur. | Écoute les
commandements que je te donne aujourd'hui : aimer le
Seigneur ton Dieu, marcher dans ses chemins, garder ses
ordres, ses commandements et ses décrets. Alors, tu vivras
et te multiplieras ; le Seigneur ton Dieu te bénira* dans le
17 pays dont tu vas prendre possession. | Mais si tu détournes
ton cœur, si tu n'obéis pas, si tu te laisses entraîner à te
18 prosterner devant d'autres dieux et à les servir, | je te le
déclare aujourd'hui : certainement vous périrez, vous ne
vivrez pas de longs jours sur la terre dont vous allez prendre
possession quand vous aurez traversé le Jourdain.

19 Je prends aujourd'hui à témoin contre toi le ciel et la
terre : je te propose de choisir entre la vie et la mort, entre
la bénédiction et la malédiction*[(1)]. Choisis donc la vie,
20 pour que vous viviez, toi et ta descendance, | en
aimant le Seigneur ton Dieu, en écoutant sa voix,
en vous attachant à lui ; c'est là que se trouve la
vie, une longue vie sur la terre que le Seigneur a
juré de donner à tes pères, Abraham*, Isaac* et
Jacob*.

LE CANTIQUE DE MOÏSE

Moïse chante la grandeur de l'amour de Dieu pour son Peuple.*

32 1 Cieux, prêtez l'oreille, et je parlerai ;
terre, écoute ce que je vais dire !

CHOISIS DONC LA VIE

L'homme créé à l'image de Dieu ne peut trouver son bonheur qu'en vivant avec Dieu et en se mettant à son écoute. S'il se détourne de Dieu, il s'éloigne de celui qui lui donne vie. Il se détruit. Sa vie n'a plus de sens. C'est comme s'il se condamnait à mort.

Seigneur, tu nous aimes,
non pas parce que nous sommes les meilleurs,
mais parce que tu ne sais qu'aimer.
Tu es fidèle, tu ne te lasses jamais de nous,
malgré nos indifférences et nos refus.
Tu nous libères de l'esclavage du péché.*
Tu nous as choisis
pour que nous partagions
avec les autres la joie de te connaître.*

(1) Adam était placé devant le même choix, entre l'arbre de la vie et l'arbre de la connaissance du bien et du mal* dont le fruit donne la mort. Voir Genèse 2, 9-17, p. 25.

2 Que ma doctrine ruisselle comme la pluie,
que ma parole tombe comme la rosée […].
3 C'est le nom* du Seigneur* que j'invoque :
vous, magnifiez notre Dieu.
4 Le Rocher[1] : parfaite est son œuvre,
car toutes ses voies sont justice.
5 Ils se sont corrompus, eux qu'il avait engendrés sans tare,
génération fourbe et tortueuse.
6 Est-ce là ce que vous rendez au Seigneur ?
Peuple insensé, dénué de sagesse !
N'est-ce pas lui ton père, qui t'a procréé[2],
lui qui t'a fait et par qui tu subsistes ?

Parmi tous les peuples, Dieu a choisi le peuple d'Israël.*

9 Mais le lot du Seigneur fut son peuple,
Jacob, sa part d'héritage ;
10 Au pays du désert, il le trouve,
dans la solitude lugubre de la steppe.
Il l'entoure, il l'élève, il le garde
comme la prunelle de son œil.
11 Tel un aigle qui veille sur son nid,
plane au-dessus de ses petits,
il déploie ses ailes et le prend,
il le soutient sur son pennage.
12 Le Seigneur seul l'a conduit :
pas de dieu étranger avec lui.

LA MORT DE MOÏSE

Le chemin de Moïse est parvenu à son terme. Avec autorité et miséricorde*[3], il a amené son Peuple à prendre*

(1) Voir Exode 17, 6, p. 72.
(2) Dieu a voulu que, parmi toutes les créatures, les hommes soient à son image. Cette volonté de Dieu crée entre lui et les hommes des relations particulières, semblables à celles d'un père vis-à-vis de ses fils.
(3) Voir Nombres 11, 12, p. 80.

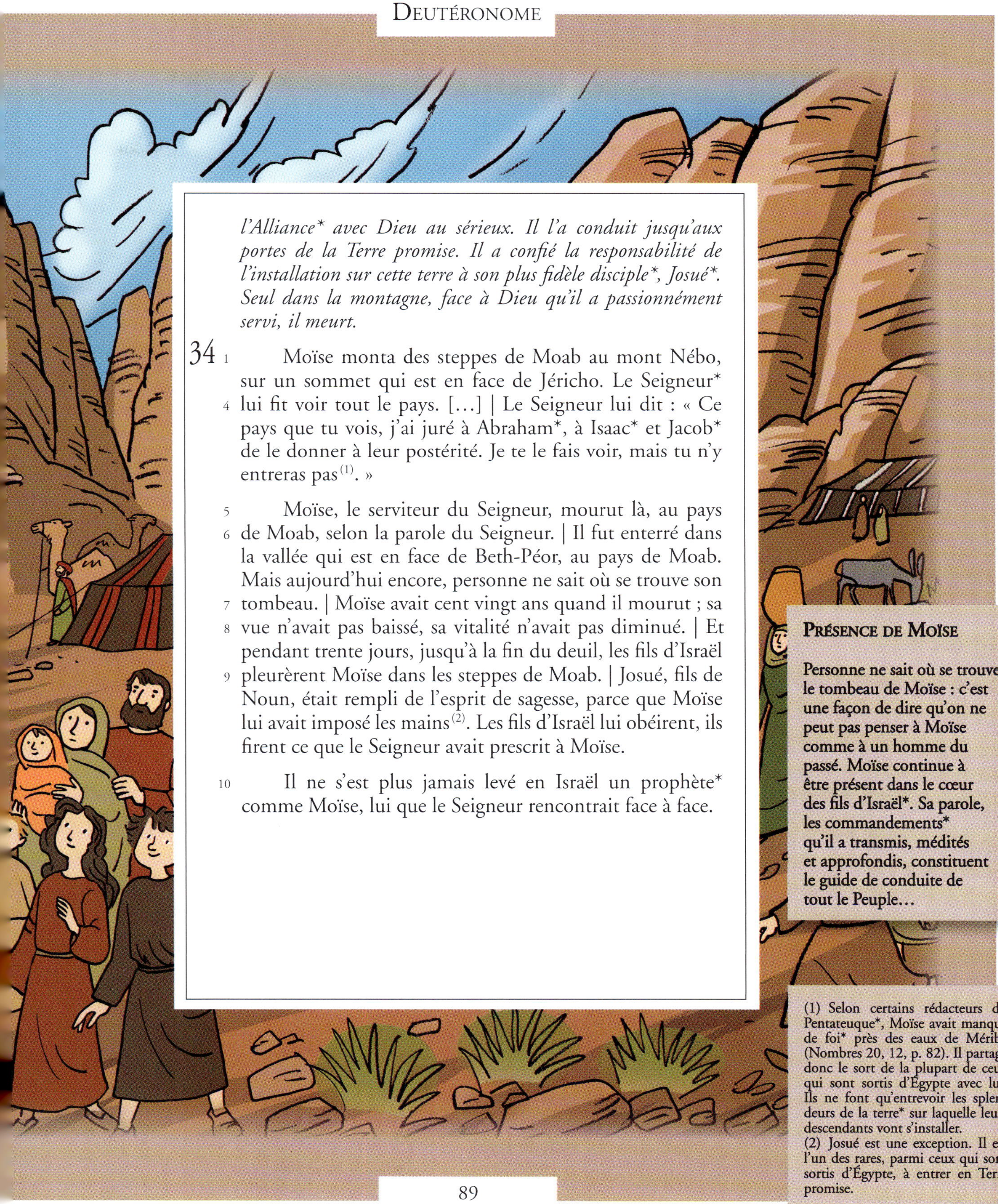

l'Alliance avec Dieu au sérieux. Il l'a conduit jusqu'aux portes de la Terre promise. Il a confié la responsabilité de l'installation sur cette terre à son plus fidèle disciple*, Josué*. Seul dans la montagne, face à Dieu qu'il a passionnément servi, il meurt.*

34 1 Moïse monta des steppes de Moab au mont Nébo,
sur un sommet qui est en face de Jéricho. Le Seigneur*
4 lui fit voir tout le pays. […] | Le Seigneur lui dit : « Ce
pays que tu vois, j'ai juré à Abraham*, à Isaac* et Jacob*
de le donner à leur postérité. Je te le fais voir, mais tu n'y
entreras pas(1). »

5 Moïse, le serviteur du Seigneur, mourut là, au pays
6 de Moab, selon la parole du Seigneur. | Il fut enterré dans
la vallée qui est en face de Beth-Péor, au pays de Moab.
Mais aujourd'hui encore, personne ne sait où se trouve son
7 tombeau. | Moïse avait cent vingt ans quand il mourut ; sa
8 vue n'avait pas baissé, sa vitalité n'avait pas diminué. | Et
pendant trente jours, jusqu'à la fin du deuil, les fils d'Israël
9 pleurèrent Moïse dans les steppes de Moab. | Josué, fils de
Noun, était rempli de l'esprit de sagesse, parce que Moïse
lui avait imposé les mains(2). Les fils d'Israël lui obéirent, ils
firent ce que le Seigneur avait prescrit à Moïse.

10 Il ne s'est plus jamais levé en Israël un prophète*
comme Moïse, lui que le Seigneur rencontrait face à face.

PRÉSENCE DE MOÏSE

Personne ne sait où se trouve le tombeau de Moïse : c'est une façon de dire qu'on ne peut pas penser à Moïse comme à un homme du passé. Moïse continue à être présent dans le cœur des fils d'Israël*. Sa parole, les commandements* qu'il a transmis, médités et approfondis, constituent le guide de conduite de tout le Peuple…

(1) Selon certains rédacteurs du Pentateuque*, Moïse avait manqué de foi* près des eaux de Mériba (Nombres 20, 12, p. 82). Il partage donc le sort de la plupart de ceux qui sont sortis d'Égypte avec lui. Ils ne font qu'entrevoir les splendeurs de la terre* sur laquelle leurs descendants vont s'installer.
(2) Josué est une exception. Il est l'un des rares, parmi ceux qui sont sortis d'Égypte, à entrer en Terre promise.

L'ÉPOPÉE DE MOÏSE

1. Les Hébreux*, réduits en esclavage, fabriquent des briques (Exode 1, 8-14, p. 56).

2. La fille de Pharaon sauve un enfant* des eaux : c'est Moïse (Exode 2, 1-9, p. 57-58).

3. Moïse tue un chef de corvée égyptien (Exode 2, 11-15, p. 58).

4. À l'Horeb, Dieu appelle Moïse depuis le buisson ardent (Exode 3, 1-12, p. 58-59).

5. Moïse et Aaron demandent à Pharaon de laisser les Hébreux aller rendre un culte à leur Dieu (Exode 5, 1-9, p. 69).

6. Les Hébreux préparent le repas pascal. Ils sont prêts à quitter l'Égypte (Exode 12, 1-14, p. 63-64).

7. L'armée de Pharaon poursuit les Hébreux qui, sous la conduite de Moïse, traversent la mer Rouge (Exode 14, 5-30, p. 68-70).

8. Le Peuple est nourri par la manne (Exode 16, 2-15, p. 71).

9. Le Peuple est abreuvé par l'eau du rocher (Exode 17, 2-7, p. 72).

10. Moïse reçoit les Tables de la Loi (voir p. 74-75).

11. Moïse découvre que son Peuple est devenu idolâtre. Aaron a fondu un veau d'or (Exode 32, 1-24, p. 76-78).

12. Le Peuple reprend sa marche vers la Terre promise en portant l'arche* d'Alliance* (voir p. 79 et suivantes).

13. Moïse dresse un serpent* d'airain sur un étendard pour protéger le Peuple attaqué par des serpents venimeux (Jean 3, 14-15, p. 368).

14. Moïse meurt sur le mont Nébo, face à Jéricho et à la Terre promise (Deutéronome 34, 1-10, p. 89).

2e PARTIE

LA VIE DU PEUPLE D'ISRAËL

Cette deuxième partie de Parle, Seigneur regroupe des livres qui présentent la vie du Peuple de Dieu depuis son entrée en Terre promise jusqu'à la naissance de Jésus. En réfléchissant sur les événements, les membres du Peuple approfondissent leur connaissance* de Dieu, avec l'aide des Anciens*, des prophètes*, des sages… Dans cette longue période d'environ mille ans, on distingue facilement trois époques.

I. LE TEMPS DES ROIS ET DES PROPHÈTES, p. 95 à 150

Sous la conduite de Josué*, les fils d'Israël se sont installés, plus ou moins facilement, au milieu des peuples de Canaan*. Ils sont parfois tentés d'oublier le Dieu de l'Alliance*[1]. Mais quand naissent des conflits avec les premiers occupants du sol, ils reviennent vers le Seigneur* pour crier leur angoisse. Le Seigneur leur envoie alors des chefs pour les aider à se libérer des oppresseurs. Ces sauveurs sont appelés les Juges*. Les plus célèbres sont Gédéon, Jephté, Samson et Déborah, une femme.

Les Anciens réalisent que le Peuple ne pourra survivre que si toutes les tribus* s'unissent sous la conduite d'un roi. Saül*, David*, Salomon* règnent sur les douze tribus. Par la suite, le Peuple se sépare en deux royaumes. Un grand au nord : le royaume d'Israël*, et un plus petit au sud : le royaume de Juda*.

II. L'EXIL, p. 151 à 178

Après un temps de prospérité, le royaume d'Israël est totalement détruit par les Assyriens. La population, déportée, est remplacée par des étrangers. Le royaume de Juda connaît un temps de répit, mais tombe entre les mains des Babyloniens une centaine d'années plus tard. C'est le temps de l'Exil*. Un temps de souffrance au cœur duquel la découverte de Dieu s'approfondit encore : Dieu ne protège pas son Peuple contre les autres peuples, il est le Dieu universel. Par son Peuple, il désire se révéler à toutes les nations*.

III. APRÈS L'EXIL, p. 179 à 211

Le roi Cyrus permet à tous les exilés de regagner leur terre. Un certain nombre de ceux qu'on appelle désormais les Juifs* relèvent Jérusalem* et son Temple* de leurs ruines. Ils n'ont plus de roi : ils dépendent de gouverneurs perses. Plus tard ils passeront sous domination grecque puis romaine. L'espoir d'un libérateur se creuse dans les cœurs. Mais qui sera-t-il ? Un guerrier invincible ou un humble messager de paix ?

(1) À cette époque, il n'existe presque aucun écrit biblique.

I
LE TEMPS DES ROIS ET DES PROPHÈTES

Les tribus se sont installées en terre de Canaan*. Leur vie est difficile. Des peuples vivaient sur cette terre avant eux. D'autres peuples, comme les Philistins*, désirent s'y établir. Les conflits sont constants.*

À Josué, qui était reconnu par toutes les tribus, ont succédé les Juges*. Ils ont autorité sur quelques tribus, parfois même sur une seule. La nécessité d'un regroupement de toutes les tribus sous un seul chef se fait sentir. Elles seraient ainsi plus fortes pour faire face aux difficultés. Le Peuple demande un roi* à Samuel*, le dernier Juge.*

Saül puis David* sont les premiers rois d'Israël. Ils sont institués par une onction* d'huile qui fait d'eux des messies*(1). Leur mission* principale est d'être à l'écoute du Seigneur* pour bien guider le Peuple. Hélas ! Beaucoup parmi les rois qui vont se succéder sont de mauvais guides, de mauvais bergers*, de mauvais messies. Dieu envoie alors des prophètes*(2). Ils ne reçoivent pas l'onction d'huile, mais l'esprit du Seigneur fait d'eux les véritables bergers du Peuple. Ils corrigent les erreurs des rois et rappellent inlassablement au Peuple qu'il est le Peuple de Dieu.*

(1) Messie signifie « oint », celui qui a reçu l'onction. L'esprit de Dieu s'empare de lui, il s'ouvre à son action, et lui donne la sagesse pour garder le Peuple dans l'Alliance*.

(2) Il arrive qu'un prophète soit le contemporain d'un bon roi, mais en général les grands prophètes sont appelés par Dieu pour compenser les insuffisances des rois-messies.

L'unité des tribus

Les tribus d'Israël mettront du temps avant de s'unir dans un royaume. Elles ont du mal à vivre ensemble. Il existe entre elles des conflits, des divisions. Chacune préserve son indépendance.

Dans un livre écrit tardivement, on raconte que Josué avait rassemblé des représentants des douze tribus à Sichem, aussitôt après l'installation en Terre promise. Avec beaucoup d'habileté, il avait mis les tribus au défi de continuer à vivre en Alliance avec Dieu. Et les tribus avaient relevé le défi : elles s'étaient engagées solennellement à vivre dans l'Alliance.

C'est cette foi* au même Dieu qui constitue le lien d'unité entre les tribus. Peu à peu, elles prendront davantage conscience qu'elles constituent un seul Peuple. Un jour, elles demanderont à être dirigées par un roi*.

VERS LA ROYAUTÉ

L'Alliance de Sichem

Josué réunit toutes les tribus* d'Israël à Sichem[1] et il tient un long discours dans lequel il rappelle toutes les marques d'amour que Dieu a données à son Peuple. Josué laisse, en quelque sorte, Dieu parler par sa bouche : « J'ai choisi Abraham*, le fils de Térah, je lui ai donné Isaac*. Je vous ai libérés d'Égypte. »*

24 13 « Je vous ai donné une terre* qui ne vous a coûté aucune
peine, des villes dans lesquelles vous vous êtes installés sans
les avoir bâties, des vignes et des oliveraies dont vous profitez
14 aujourd'hui sans les avoir plantées. | Craignez* donc le
Seigneur* et servez-le dans l'intégrité et la fidélité. Écartez
les dieux que vos pères ont servis au-delà de l'Euphrate et
en Égypte ; servez le Seigneur.

15 S'il ne vous plaît pas de servir le Seigneur, choisissez
aujourd'hui qui vous voulez servir : les dieux que vos pères
servaient au-delà de l'Euphrate, ou les dieux des Amorites[2]
dont vous habitez le pays. Moi et les miens, nous voulons
servir le Seigneur. »

16 Le peuple répondit : « Plutôt mourir que d'abandonner
17 le Seigneur pour servir d'autres dieux ! | C'est le Seigneur
notre Dieu qui nous a fait monter, nous et nos pères, du
pays d'Égypte, cette maison d'esclavage ; c'est lui qui, sous
nos yeux, a opéré tous ces grands prodiges et nous a protégés
tout le long du chemin que nous avons parcouru, chez tous
18 les peuples au milieu desquels nous sommes passés. | Et

(1) Sichem est la première ville où Abraham s'établit en Canaan*. Il y élève un autel* au Seigneur. Voir Genèse 12, 6, p. 38.
(2) Les Amorites sont un des peuples qui occupaient Canaan avant l'arrivée des Hébreux*. Ils étaient établis dans la montagne alors que les Cananéens occupaient les plaines.

même le Seigneur a chassé devant nous tous ces peuples,
ainsi que les Amorites qui habitaient le pays. Nous aussi,
nous voulons servir le Seigneur, car c'est lui notre Dieu. »
19 Alors Josué dit au peuple : « Vous ne pouvez pas servir le
Seigneur, car il est un Dieu saint*, il est un Dieu jaloux(1),
20 qui ne pardonnera* ni vos révoltes ni vos péchés*. | Si vous
abandonnez le Seigneur pour servir les dieux étrangers, il se
retournera contre vous, il vous fera du mal, il vous anéan-
21 tira, lui qui vous a fait tant de bien. » | Le peuple répondit à
22 Josué : « Mais si ! Nous voulons servir le Seigneur. » | Alors
Josué dit au peuple : « Vous en êtes témoins contre vous-
mêmes : c'est vous qui avez choisi de servir le Seigneur. » Ils
répondirent : « Nous en sommes témoins. » Josué reprit :
23 « Alors, enlevez les dieux étrangers qui sont au milieu de
vous, et tournez votre cœur vers le Seigneur, le Dieu d'Is-
24 raël. » | Le peuple répondit à Josué : « C'est le Seigneur
notre Dieu que nous voulons servir, c'est à sa voix que nous
25 voulons obéir. » | En ce jour-là, Josué conclut une Alliance*
pour le peuple. C'est à Sichem qu'il lui donna un statut et
un droit.

L'APPEL DE SAMUEL

L'arche d'Alliance, souvenir de l'Exode*, est vénérée dans un petit temple de la montagne, Silo. Dans ce temple campagnard, très différent de celui que Salomon* construira plus tard à Jérusalem*(2), l'arche est à la vue de tout le monde. Samuel*, un garçon au service du Seigneur* depuis son tout jeune âge, dort auprès d'elle.*

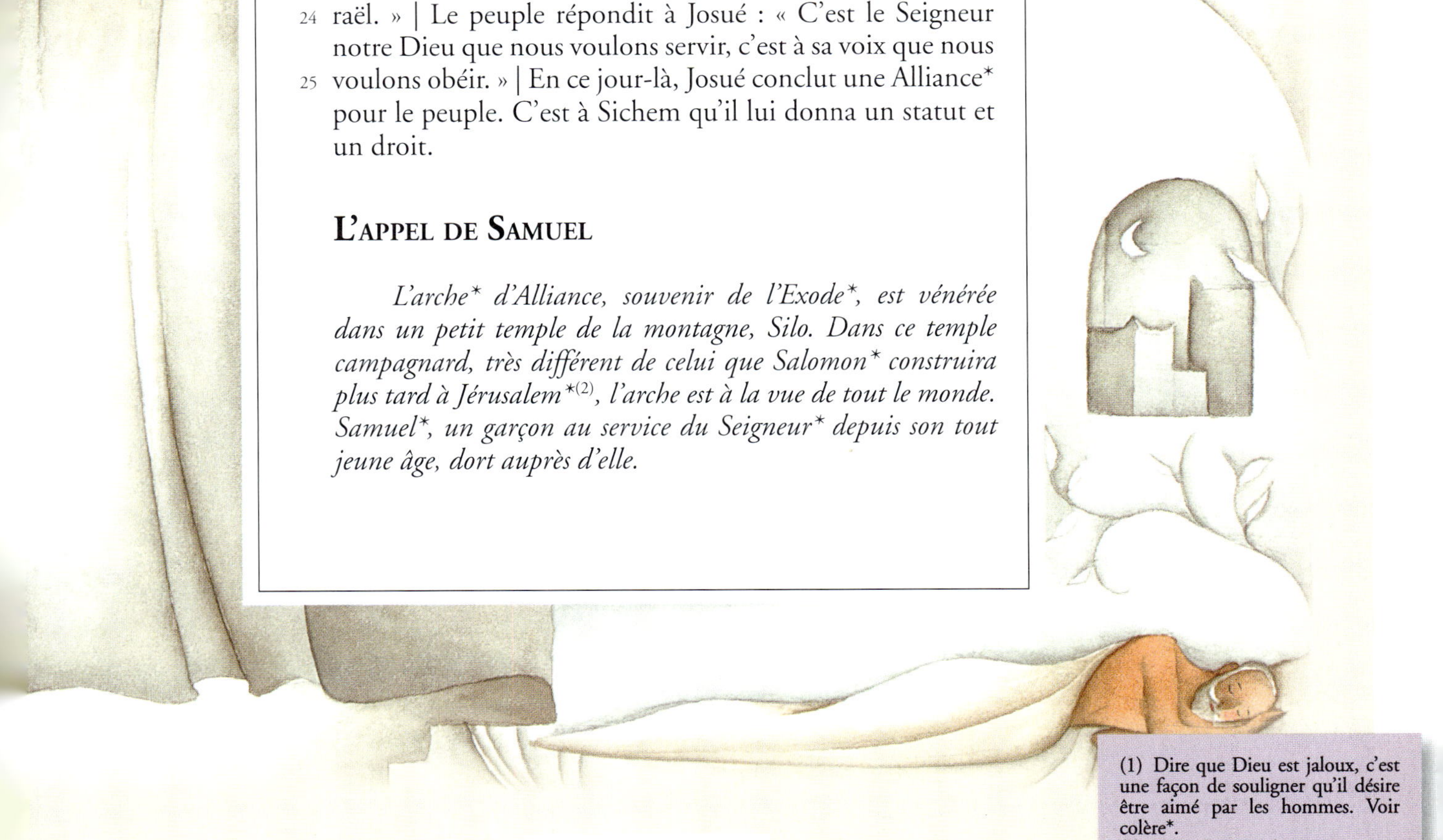

(1) Dire que Dieu est jaloux, c'est une façon de souligner qu'il désire être aimé par les hommes. Voir colère*.
(2) Voir 1 Rois 5, 16-32, p. 118-119.

3 1 Le jeune Samuel accomplissait le service divin sous la
direction du prêtre* Éli. Les oracles* du Seigneur étaient
rares à cette époque, et les visions, peu fréquentes.

2 Un jour, Éli dormait dans sa chambre (sa vue bais-
3 sait et il ne pouvait plus bien voir). | La lampe de Dieu
n'était pas encore éteinte. Samuel couchait dans le temple
4 du Seigneur, où se trouvait l'arche de Dieu. | Le Seigneur
5 appela Samuel, qui répondit : « Me voici ! » | Il courut
vers le prêtre Éli, et il dit : « Tu m'as appelé, me voici. » Éli
répondit : « Je ne t'ai pas appelé. Retourne te coucher. »
6 L'enfant alla se coucher. | De nouveau, le Seigneur appela
Samuel. Et Samuel se leva. Il alla auprès d'Éli, et il dit : « Tu
m'as appelé, me voici. » Éli répondit : « Je ne t'ai pas appelé,
7 mon fils. Retourne te coucher. » | Samuel ne
connaissait[1] pas encore le Seigneur, et la parole
du Seigneur ne lui avait pas encore été révélée.

8 Une troisième fois, le Seigneur appela
Samuel. Celui-ci se leva. Il alla auprès d'Éli,
et il dit : « Tu m'as appelé, me voici. » Alors
Éli comprit que c'était le Seigneur qui appelait
9 l'enfant, | et il lui dit : « Retourne te coucher,
et si l'on t'appelle, tu diras : "Parle, Seigneur,
ton serviteur écoute." » Samuel retourna se
10 coucher. | Le Seigneur vint se placer près de lui
et il appela comme les autres fois : « Samuel !
Samuel ! » et Samuel répondit : « Parle, ton
serviteur écoute. »

Écouter,
c'est la grande attitude des croyants▸.
Aussi, Seigneur, je t'écoute.
Je fais silence.
J'essaie de ne penser qu'à toi.
Je ne te vois pas avec mes yeux,
mais je sais que tu es là.
Je sais que tu es vivant.
Comme Samuel, me voici, Seigneur,
tu me connais par mon nom,
tu m'appelles,
et je suis rempli de joie.

▸*Deutéronome 6, 4-9, p. 86.*

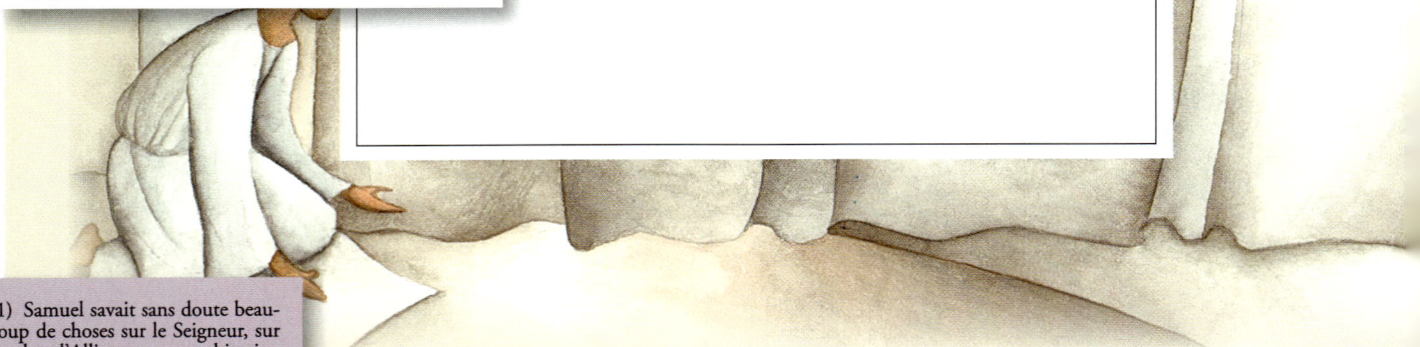

(1) Samuel savait sans doute beaucoup de choses sur le Seigneur, sur l'arche d'Alliance et son histoire. Il avait plein de bonnes idées sur Dieu, mais il ne le connaissait* pas comme quelqu'un de vivant.

Le Peuple demande un roi

La vie de Samuel est tout illuminée par la Parole* de Dieu entendue au temple de Silo. Toutes les tribus* d'Israël reconnaissent en lui un Juge* inspiré par le Seigneur*. Mais Samuel vieillit et ses fils ne lui ressemblent pas.*

8 4 Tous les anciens* se réunirent et vinrent le trouver à
5 Rama. | Ils lui dirent : « Tu es devenu vieux, et tes fils ne
marchent pas sur tes traces. Donne-nous donc, pour nous
gouverner, un roi* comme en ont toutes les nations. »

Samuel est contrarié par cette demande. Après avoir prié le Seigneur, il s'adresse ainsi au Peuple :*

11 « Voici quel sera le statut du roi qui va régner sur vous.
Il prendra vos fils, il les affectera à ses chars et à ses chevaux,
12 et les fera courir devant son char. | Il les utilisera comme
chefs de mille hommes et comme chefs de cinquante ; il
les fera labourer et moissonner à son profit, fabriquer ses
13 armes de guerre et ses attelages. | Il prendra vos filles pour
la préparation de ses parfums, pour sa cuisine et pour sa
14 boulangerie. | Il prendra vos champs, vos vignes et vos
oliveraies les meilleures, pour les donner aux gens de sa
maison. […]

16 Les meilleurs de vos serviteurs, de vos servantes, de
vos bœufs et de vos ânes, il les prendra et les fera travailler
17 pour lui. | Il prélèvera la dîme sur vos troupeaux, et vous-
18 mêmes deviendrez ses esclaves. | Alors, vous pousserez des
cris pour vous plaindre du roi que vous avez voulu, mais
alors le Seigneur ne vous répondra pas ! »

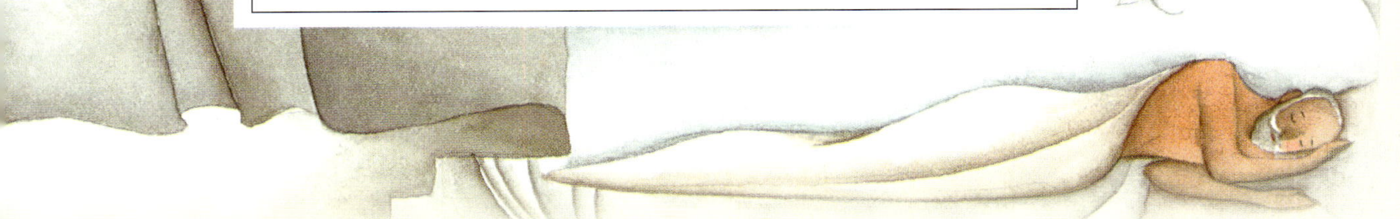

« Nous voulons être comme les autres ! »
Ô Dieu, ton Peuple ne comprend pas
ce que tu attends de lui.
Tu l'as choisi pour qu'il ne soit pas
« comme les autres », mais comme toi !
Tu l'invites à aimer comme tu aimes,
à être saint comme tu es saint.*
Tu désires que ton Peuple
donne aux autres peuples
l'envie de te connaître.*

19 Le peuple refusa d'écouter Samuel et
20 dit : « Tant pis ! il nous faut un roi ! | Nous
voulons être, nous aussi, comme toutes les
autres nations ; notre roi nous gouvernera,
il marchera à notre tête et combattra avec
21 nous. » | Samuel entendit toutes les paroles du peuple et les
22 rapporta au Seigneur. | Et le Seigneur lui dit : « Écoute-les
et donne-leur un roi. »

LE ROI SAÜL

Le choix d'un roi très grand

Samuel convoque le Peuple auprès du Seigneur* à Miçpa pour désigner le roi*.*

10 20 Samuel fit approcher toutes les tribus* d'Israël et la
21 tribu de Benjamin fut désignée par le sort. | Il fit appro-
cher la tribu de Benjamin par clans, et le clan de Matri
fut désigné. Puis Saül*, fils de Qish, fut désigné ; on le
22 chercha, mais on ne le trouva pas. | On consulta encore
le Seigneur : « Est-il venu ici quelqu'un d'autre ? » Et le
23 Seigneur dit : « Le voici caché parmi les bagages. » | On
courut l'y prendre et il se présenta au milieu du peuple : de
24 l'épaule et au-dessus, il dépassait tout le peuple. | Samuel
dit à tout le peuple : « Avez-vous vu celui qu'a choisi le
Seigneur ? Il n'a pas son pareil dans tout le peuple. » Tout
le peuple s'écria : « Vive le roi ! »

Même s'il est courageux, Saül commence à ne plus tenir compte de la Parole de Dieu et à agir comme s'il était tout-puissant. Dieu décide d'appeler un nouveau roi. Mais trouvera-t-il la personne adéquate ?*

À la recherche d'un grand roi

16 1 Le Seigneur* dit à Samuel* : « Combien de temps
encore vas-tu pleurer Saül* ? Je l'ai rejeté. Il ne régnera plus
sur Israël. Je t'envoie chez Jessé de Bethléem, car j'ai décou-
vert un roi parmi ses fils. Prends une corne que tu rempliras
2 d'huile, et pars ! » | Samuel répondit : « Comment faire ?
Saül va le savoir, et il me tuera. » Le Seigneur reprit :
« Emmène avec toi une génisse, et tu diras que tu viens
3 offrir un sacrifice* au Seigneur. | Tu inviteras Jessé au sacri-
fice ; je te dirai alors ce que tu dois faire : tu consacreras*
par l'onction* celui que je te désignerai. »

4 Quand il parvint à Bethléem, les anciens* de la ville
furent pris de crainte* ; ils allèrent à sa rencontre et lui
5 demandèrent : « Est-ce pour la paix que tu viens ? » | Samuel
répondit : « Oui, pour la paix. Je suis venu offrir un sacri-
fice au Seigneur. Purifiez*-vous pour sacrifier avec moi. »
Il purifia lui-même Jessé et ses fils et les invita au sacrifice.

6 Lorsqu'ils arrivèrent et que Samuel aperçut Éliab, il se
dit : « Sûrement, c'est celui que le Seigneur a en vue pour
7 lui donner l'onction ! » | Mais le Seigneur dit à Samuel :
« Ne considère pas son apparence ni sa haute taille, car
je l'ai écarté. Dieu ne regarde pas comme les hommes,
car les hommes regardent l'apparence, mais le Seigneur

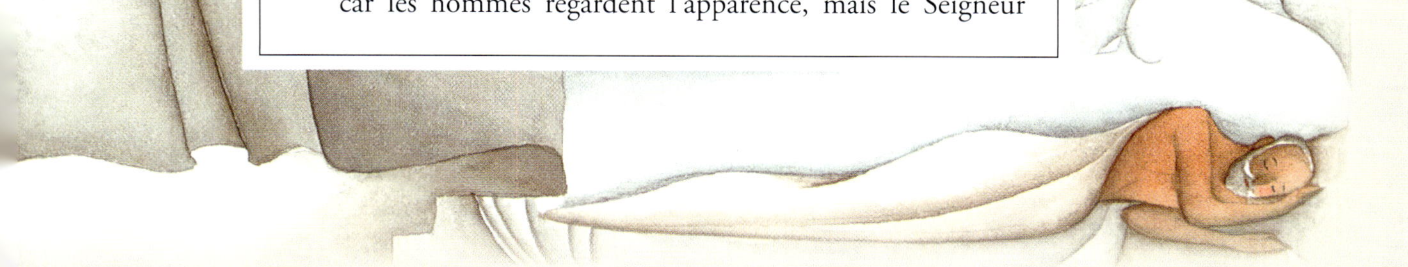

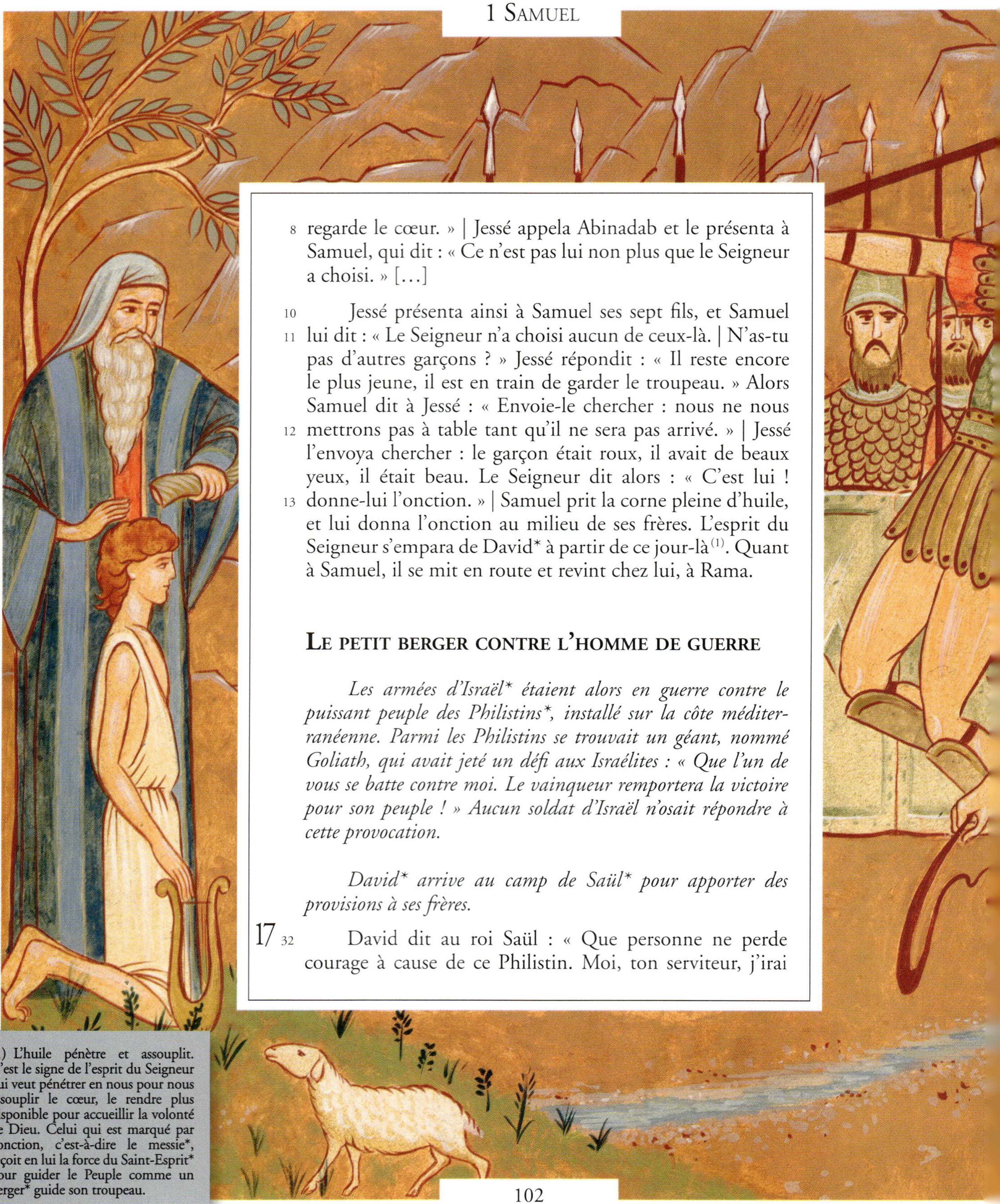

8 regarde le cœur. » | Jessé appela Abinadab et le présenta à
Samuel, qui dit : « Ce n'est pas lui non plus que le Seigneur
a choisi. » [...]

10 Jessé présenta ainsi à Samuel ses sept fils, et Samuel
11 lui dit : « Le Seigneur n'a choisi aucun de ceux-là. | N'as-tu
pas d'autres garçons ? » Jessé répondit : « Il reste encore
le plus jeune, il est en train de garder le troupeau. » Alors
Samuel dit à Jessé : « Envoie-le chercher : nous ne nous
12 mettrons pas à table tant qu'il ne sera pas arrivé. » | Jessé
l'envoya chercher : le garçon était roux, il avait de beaux
yeux, il était beau. Le Seigneur dit alors : « C'est lui !
13 donne-lui l'onction. » | Samuel prit la corne pleine d'huile,
et lui donna l'onction au milieu de ses frères. L'esprit du
Seigneur s'empara de David* à partir de ce jour-là[1]. Quant
à Samuel, il se mit en route et revint chez lui, à Rama.

Le petit berger contre l'homme de guerre

Les armées d'Israël étaient alors en guerre contre le puissant peuple des Philistins*, installé sur la côte méditerranéenne. Parmi les Philistins se trouvait un géant, nommé Goliath, qui avait jeté un défi aux Israélites : « Que l'un de vous se batte contre moi. Le vainqueur remportera la victoire pour son peuple ! » Aucun soldat d'Israël n'osait répondre à cette provocation.*

David arrive au camp de Saül* pour apporter des provisions à ses frères.*

17 32 David dit au roi Saül : « Que personne ne perde
courage à cause de ce Philistin. Moi, ton serviteur, j'irai

(1) L'huile pénètre et assouplit. C'est le signe de l'esprit du Seigneur qui veut pénétrer en nous pour nous assouplir le cœur, le rendre plus disponible pour accueillir la volonté de Dieu. Celui qui est marqué par l'onction, c'est-à-dire le messie*, reçoit en lui la force du Saint-Esprit* pour guider le Peuple comme un berger* guide son troupeau.

33 me battre avec lui. » | Saül répondit à David : « Tu ne peux
pas marcher contre ce Philistin pour lutter avec lui, car tu
n'es qu'un enfant, et lui, c'est un homme de guerre depuis
sa jeunesse. »

34 Mais David dit à Saül : « Quand ton serviteur faisait
paître les brebis de son père et que survenait un lion ou un
35 ours qui enlevait une bête du troupeau, | je le poursuivais,
je le frappais et j'arrachais celle-ci de sa gueule. Et s'il se
dressait contre moi, je le saisissais par les poils du menton
36 et je le frappais à mort. | Ton serviteur a battu le lion et
l'ours, il en sera de ce Philistin incirconcis comme de l'un
d'eux, puisqu'il a lancé un défi aux lignes du Dieu vivant. »
37 David insista : « Le Seigneur*, qui m'a sauvé des griffes du
lion et de l'ours, me sauvera des mains de ce Philistin. »
Alors Saül lui dit : « Va, et que le Seigneur soit avec toi ! »
38 Saül revêtit David de sa tenue, lui mit sur la tête un casque
39 de bronze et le revêtit d'une cuirasse. | David ceignit l'épée
de Saül par-dessus sa tenue. Il s'efforça de marcher, mais
il n'était pas entraîné, et il dit à Saül : « Je ne puis pas
marcher avec cela, car je ne suis pas entraîné. » David s'en
débarrassa.

40 David prit son bâton, il choisit dans le torrent cinq
cailloux bien ronds et les mit dans une poche de son
sac de berger ; puis, la fronde à la main, il marcha vers
41 le Philistin. | Le Philistin s'avança, précédé de son porte-
42 bouclier, et arriva près de David. | Il le regarda avec mépris
car c'était un jeune garçon ; il était roux et de belle appa-
43 rence. | Le Philistin lui dit : « Suis-je donc un chien, pour
que tu viennes contre moi avec un bâton ? » Et il lui lança
44 une malédiction* en invoquant ses dieux. | Il dit à David :
« Viens ici, que je te donne en pâture aux oiseaux du ciel

La foi de David

Ce récit du combat de David contre Goliath veut surtout mettre en valeur la foi* de David, et inviter le Peuple à l'imiter. David ne cherche pas à être un guerrier « comme les autres ». Il croit que Dieu a choisi Israël pour être son témoin au milieu des nations*. C'est donc Dieu lui-même qui assure la sécurité de son Peuple. Les prophètes* reprendront sans cesse ce message.

*David, là où les plus aguerris
s'étaient laissé prendre
par le doute et la peur,
toi, tu as gardé une confiance d'enfant.
Avec la certitude que Dieu
ne peut pas abandonner
le Peuple qu'il a libéré d'Égypte,
tu cours au combat.
Tu seras victorieux
parce que tu t'appuies sur le Seigneur.*

45 et aux bêtes sauvages ! » | David lui répondit :
« Tu marches contre moi avec l'épée, la lance et le
javelot, mais moi, je marche contre toi au nom du
Seigneur des armées, le Dieu des troupes d'Israël
46 que tu as insulté. | Aujourd'hui le Seigneur va te
livrer en mon pouvoir, je vais te tuer, te trancher
la tête, donner aujourd'hui même les cadavres de l'armée
philistine aux oiseaux du ciel et aux bêtes sauvages. Toute
47 la terre saura qu'il y a un Dieu pour Israël, | et tous ces gens
rassemblés sauront que le Seigneur ne donne la victoire ni
par l'épée ni par la lance, mais que le Seigneur combat lui-
même, et qu'il vous livre entre nos mains. »

48 Goliath s'était avancé et venait à la rencontre de
David. Celui-ci s'élança et courut vers les rangs des ennemis
49 au-devant du Philistin. | Il plongea la main dans son sac, et
en retira un caillou qu'il lança avec sa fronde. Il atteignit le
Philistin au front, le caillou s'y enfonça, et Goliath tomba
50 la face contre terre. | Ainsi David triompha avec une fronde
et un caillou : quand il frappa le Philistin à mort, il n'avait
51 pas d'épée à la main. | David se précipita, et arrivé près du
Philistin, il lui prit son épée, qu'il tira du fourreau, et le tua
en lui tranchant la tête. Quand les Philistins virent que leur
champion était mort, ils prirent la fuite.

L'AMITIÉ DE JONATHAN POUR DAVID

David est devenu le chef des armées d'Israël*. Il a épousé Mikal, la fille de Saül*. Il remporte succès sur succès contre les Philistins* et Saül commence à ressentir de la jalousie. Très lucidement, il voit poindre chez son gendre un candidat à la succession royale.*

Jonathan[1], fils de Saül, lui aussi merveilleux guerrier, a depuis le début une amitié sans faille pour David. Loin d'éprouver de la jalousie à son égard, il s'efforce de désamorcer celle de son père.

19 1 Saül dit à Jonathan son fils et à tous ses gens
sa volonté de faire mourir David. Mais Jonathan,
2 le fils de Saül, aimait beaucoup David | et il alla
le prévenir :

« Mon père Saül veut te faire mourir. Demain
matin, sois sur tes gardes, reste caché, dissimule-
3 toi. | Moi, je sortirai et je me tiendrai à côté de mon père
dans la campagne, pas loin de toi. Je parlerai de toi à mon
père, je verrai ce qu'il dira et je te le ferai savoir. »

4 Jonathan fit à son père Saül l'éloge de David et il
continua :

« Que le roi ne commette pas de crime contre son
serviteur David, car lui n'a commis aucun crime contre toi.
5 Au contraire, il t'a rendu un grand service. | Il a risqué sa
vie, il a tué Goliath le Philistin, et le Seigneur* a donné une
grande victoire à tout Israël : tu l'as vu et tu en as été
heureux. Pourquoi donc commettre un crime contre la vie
d'un homme innocent, en faisant mourir David sans
motif ? »

6 Saül écouta Jonathan et fit ce serment : « Je le jure par
le Seigneur qui est vivant : David ne mourra pas ! »

7 Alors Jonathan appela David et lui répéta tout ce que
le roi avait dit. Puis il le conduisit à Saül, et il reprit sa place
comme avant.

Jonathan, fidèle à ton amitié pour David,
fidèle à ton affection pour ton père,
tu reflètes, comme une image,
la grandeur de l'amour de Dieu !

(1) Jonathan signifie « Dieu a donné », « Cadeau de Dieu ».

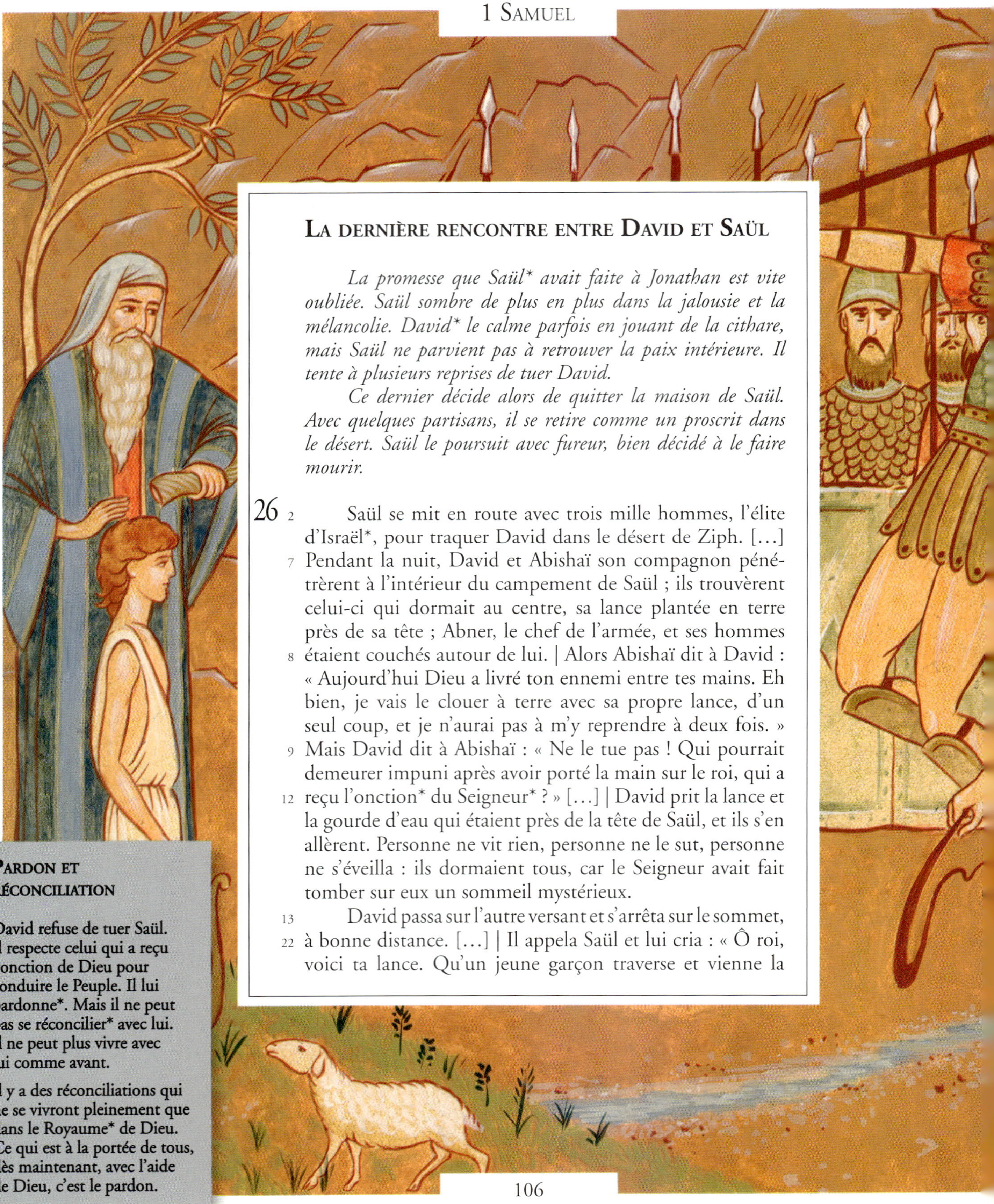

LA DERNIÈRE RENCONTRE ENTRE DAVID ET SAÜL

La promesse que Saül avait faite à Jonathan est vite oubliée. Saül sombre de plus en plus dans la jalousie et la mélancolie. David* le calme parfois en jouant de la cithare, mais Saül ne parvient pas à retrouver la paix intérieure. Il tente à plusieurs reprises de tuer David.*

Ce dernier décide alors de quitter la maison de Saül. Avec quelques partisans, il se retire comme un proscrit dans le désert. Saül le poursuit avec fureur, bien décidé à le faire mourir.

26 2 Saül se mit en route avec trois mille hommes, l'élite
d'Israël*, pour traquer David dans le désert de Ziph. [...]
7 Pendant la nuit, David et Abishaï son compagnon péné-
trèrent à l'intérieur du campement de Saül ; ils trouvèrent
celui-ci qui dormait au centre, sa lance plantée en terre
près de sa tête ; Abner, le chef de l'armée, et ses hommes
8 étaient couchés autour de lui. | Alors Abishaï dit à David :
« Aujourd'hui Dieu a livré ton ennemi entre tes mains. Eh
bien, je vais le clouer à terre avec sa propre lance, d'un
seul coup, et je n'aurai pas à m'y reprendre à deux fois. »
9 Mais David dit à Abishaï : « Ne le tue pas ! Qui pourrait
demeurer impuni après avoir porté la main sur le roi, qui a
12 reçu l'onction* du Seigneur* ? » [...] | David prit la lance et
la gourde d'eau qui étaient près de la tête de Saül, et ils s'en
allèrent. Personne ne vit rien, personne ne le sut, personne
ne s'éveilla : ils dormaient tous, car le Seigneur avait fait
tomber sur eux un sommeil mystérieux.
13 David passa sur l'autre versant et s'arrêta sur le sommet,
22 à bonne distance. [...] | Il appela Saül et lui cria : « Ô roi,
voici ta lance. Qu'un jeune garçon traverse et vienne la

PARDON ET RÉCONCILIATION

David refuse de tuer Saül. Il respecte celui qui a reçu l'onction de Dieu pour conduire le Peuple. Il lui pardonne*. Mais il ne peut pas se réconcilier* avec lui. Il ne peut plus vivre avec lui comme avant.

Il y a des réconciliations qui ne se vivront pleinement que dans le Royaume* de Dieu. Ce qui est à la portée de tous, dès maintenant, avec l'aide de Dieu, c'est le pardon.

23 prendre ! | Le Seigneur rendra à chacun selon sa justice et
sa fidélité. Aujourd'hui, le Seigneur t'avait livré entre mes
mains, mais je n'ai pas voulu porter la main sur le roi, qui a
24 reçu l'onction du Seigneur. | De même que ta vie a compté
beaucoup à mes yeux en ce jour, ainsi ma vie comptera
beaucoup au regard du Seigneur et il me délivrera de toute
25 angoisse. » | Saül dit à David : « Béni* sois-tu, mon fils
David. Certainement tu entreprendras et tu
réussiras. » David alla son chemin et Saül
retourna chez lui.

David et Saül ne se reverront jamais. David se réfugiera chez les Philistins pour se protéger de Saül qu'il ne combattra jamais. Saül meurt, ainsi que ses trois fils, lors d'un combat contre les Philistins.*

À la mort du Saül et de Jonathan,
David chanta cette lamentation :
« Pleurez sur Saül, filles d'Israël :
il vous habillait de pourpre somptueuse
avec des joyaux d'or,
il rehaussait votre parure. […]
Je pleure sur toi, mon frère Jonathan.
Tu m'étais si cher :
ton amitié était pour moi
plus merveilleuse
que l'amour d'une femme. »

2 Samuel 24-26

LE ROI DAVID

Le choix d'une capitale

5 1 Toutes les tribus* d'Israël(1) vinrent trouver David* à
Hébron et lui dirent : « Nous sommes du même sang que
2 toi ! | Dans le passé déjà, quand Saül* était notre roi, tu diri-
geais les mouvements de l'armée d'Israël*, et le Seigneur*
t'a dit : "Tu seras le pasteur d'Israël mon peuple, tu seras le
chef d'Israël." »

3 C'est ainsi que tous les anciens* d'Israël vinrent
trouver le roi à Hébron. Le roi David fit alliance avec eux,

(1) On appelle habituellement « tribus d'Israël » les tribus du Nord, par opposition à la tribu de Juda* au Sud. Elles formeront plus tard le royaume de Samarie (voir p. 121-122).

à Hébron, devant le Seigneur. Ils donnèrent l'onction* à
4 David pour le faire roi sur Israël. | Il avait trente ans quand
il devint roi, et il régna quarante ans […].

6 Le roi avec ses hommes marcha sur Jérusalem* contre
les habitants de la région, les Jébuséens. On lui dit : « Tu
n'entreras pas ici : les aveugles et les boiteux suffiront à te
7 repousser. » (Autrement dit : David n'entrera pas ici.) | Mais
David s'empara de la citadelle de Sion*(1), qu'on appelle
maintenant la cité de David.

La sanctification de Jérusalem

Jérusalem est une capitale qui permet aux Israélites de toutes les tribus* de se rassembler autour de leur roi. Mais David* n'est pas un roi comme les autres. Il est le messie* du Seigneur*, le berger* qui guide son Peuple vers Dieu. Il faut donc qu'à Jérusalem même, il y ait un signe de la présence de Dieu.*

Dans les guerres contre les Philistins, le temple de Silo où était entreposée l'arche* d'Alliance a été détruit. L'Arche elle-même est abandonnée, quasiment oubliée chez un habitant de Qyriat Yearim.*

6 12 David fit monter l'arche de Dieu de la maison
d'Obed-Édom jusqu'à Jérusalem, la cité de David, au
13 milieu des cris de joie. | Quand les porteurs de l'arche
eurent avancé de six pas, David offrit en sacrifice* un bœuf
14 et un veau gras. | Vêtu d'un pagne de lin, il dansait devant
15 le Seigneur*, en tournoyant de toutes ses forces. | David et
tout le peuple d'Israël* firent monter l'arche du Seigneur
16 parmi les acclamations, au son du cor. | Or, comme l'arche

Roi des douze tribus

Après la mort de Saül, l'unité des douze tribus se défait. La tribu de Juda reconnaît David comme roi. David s'installe à Hébron, auprès du tombeau des patriarches*. C'est là que, sept ans après, les onze autres tribus viennent lui demander d'être le roi de tout le Peuple. Pour réussir l'unification des douze tribus, David cherche une nouvelle capitale. Une ville qui n'appartienne à aucune des tribus. Une ville dans laquelle chacun puisse venir voir le roi, sans se sentir « à l'étranger » sur le territoire des autres. Une ville où le roi puisse être l'arbitre des douze tribus sans être l'otage d'aucune (Psaume 122, p. 227).

Au centre du pays, Jérusalem – qui n'a pas, jusqu'alors, été conquise par les Israélites – répond tout à fait aux désirs de David.

(1) Sion est le nom cananéen* de la citadelle de Jérusalem. C'est ce nom qu'on donnera au mont du Temple*. Mais par la suite, Sion désignera toute la ville. Parler de Sion ou de Jérusalem, c'est la même chose. C'est comme si toute la ville était rassemblée dans le lieu sacré.

du Seigneur entrait dans la Cité de David, la fille de Saül*, Mikal, regardait par la fenêtre, et elle vit le roi David qui sautait et tournoyait devant le Seigneur, et, dans son cœur, elle le méprisa.

17 Ils amenèrent donc l'arche du Seigneur et
l'installèrent au milieu de la tente que David avait
dressée pour elle. Puis on offrit devant le Seigneur
des holocaustes* et des sacrifices* de communion.
18 Quand David eut achevé d'offrir les holocaustes
et les sacrifices de communion, il bénit* le peuple
19 au nom du Seigneur des armées. | Puis il fit une
distribution à tout le peuple, à la foule entière des
Israélites, hommes et femmes : pour chacun une
couronne de pain, un morceau de rôti et un gâteau
de raisins secs ; puis tout le monde s'en retourna
chacun chez soi.

Criez de joie pour le Seigneur, hommes justes !
Hommes droits, à vous la louange !

Rendez grâce au Seigneur sur la cithare,
jouez pour lui sur la harpe à dix cordes.
Chantez-lui le cantique nouveau,
de tout votre art soutenez l'ovation.

Oui, elle est droite, la parole du Seigneur ;
il est fidèle en tout ce qu'il fait.
Il aime le bon droit et la justice ;*
la terre est remplie de son amour.

Psaume 33, 1-5

La grande promesse de Dieu

7 1 Le roi David* était enfin installé dans sa maison, à
Jérusalem*. Le Seigneur* lui avait accordé des jours tran-
quilles en le délivrant de tous les ennemis qui l'entouraient.
2 Le roi dit alors au prophète* Nathan : « Regarde ! J'habite
dans une maison de cèdre, et l'arche de Dieu habite sous
3 la tente ! » | Nathan répondit au roi : « Tout ce que tu as
l'intention de faire, fais-le, car le Seigneur est avec toi. »

4 Mais, cette nuit-là, la parole du Seigneur fut adressée
5 à Nathan : | « Va dire à mon serviteur David : Ainsi parle le
Seigneur : Est-ce toi qui me bâtiras une maison pour que
6 j'y habite ? | Depuis le jour où j'ai fait monter d'Égypte les

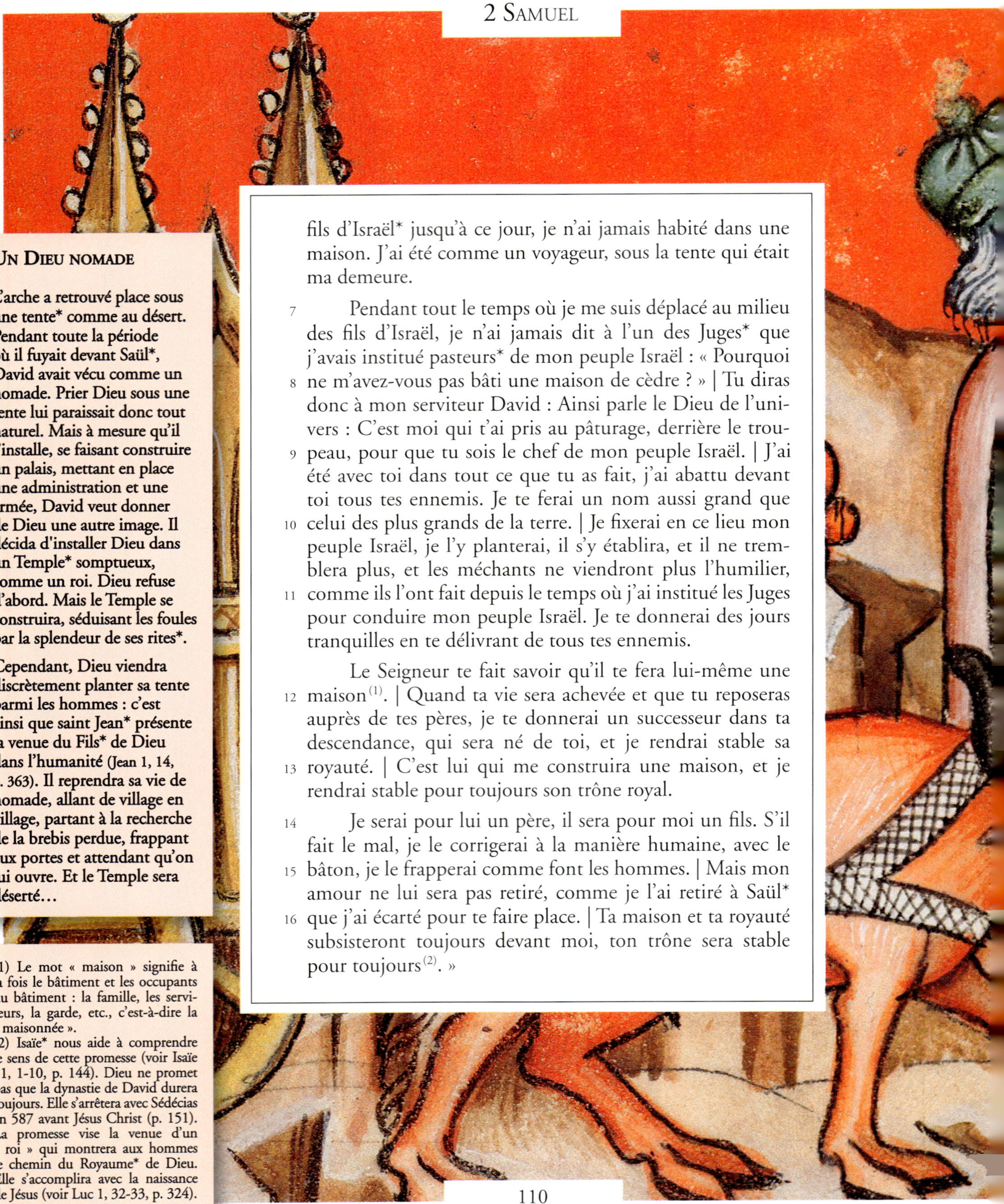

fils d'Israël* jusqu'à ce jour, je n'ai jamais habité dans une
maison. J'ai été comme un voyageur, sous la tente qui était
ma demeure.

7 Pendant tout le temps où je me suis déplacé au milieu
des fils d'Israël, je n'ai jamais dit à l'un des Juges* que
j'avais institué pasteurs* de mon peuple Israël : « Pourquoi
8 ne m'avez-vous pas bâti une maison de cèdre ? » | Tu diras
donc à mon serviteur David : Ainsi parle le Dieu de l'uni-
vers : C'est moi qui t'ai pris au pâturage, derrière le trou-
9 peau, pour que tu sois le chef de mon peuple Israël. | J'ai
été avec toi dans tout ce que tu as fait, j'ai abattu devant
toi tous tes ennemis. Je te ferai un nom aussi grand que
10 celui des plus grands de la terre. | Je fixerai en ce lieu mon
peuple Israël, je l'y planterai, il s'y établira, et il ne trem-
blera plus, et les méchants ne viendront plus l'humilier,
11 comme ils l'ont fait depuis le temps où j'ai institué les Juges
pour conduire mon peuple Israël. Je te donnerai des jours
tranquilles en te délivrant de tous tes ennemis.

Le Seigneur te fait savoir qu'il te fera lui-même une
12 maison[1]. | Quand ta vie sera achevée et que tu reposeras
auprès de tes pères, je te donnerai un successeur dans ta
descendance, qui sera né de toi, et je rendrai stable sa
13 royauté. | C'est lui qui me construira une maison, et je
rendrai stable pour toujours son trône royal.

14 Je serai pour lui un père, il sera pour moi un fils. S'il
fait le mal, je le corrigerai à la manière humaine, avec le
15 bâton, je le frapperai comme font les hommes. | Mais mon
amour ne lui sera pas retiré, comme je l'ai retiré à Saül*
16 que j'ai écarté pour te faire place. | Ta maison et ta royauté
subsisteront toujours devant moi, ton trône sera stable
pour toujours[2]. »

UN DIEU NOMADE

L'arche a retrouvé place sous une tente* comme au désert. Pendant toute la période où il fuyait devant Saül*, David avait vécu comme un nomade. Prier Dieu sous une tente lui paraissait donc tout naturel. Mais à mesure qu'il s'installe, se faisant construire un palais, mettant en place une administration et une armée, David veut donner de Dieu une autre image. Il décida d'installer Dieu dans un Temple* somptueux, comme un roi. Dieu refuse d'abord. Mais le Temple se construira, séduisant les foules par la splendeur de ses rites*.

Cependant, Dieu viendra discrètement planter sa tente parmi les hommes : c'est ainsi que saint Jean* présente la venue du Fils* de Dieu dans l'humanité (Jean 1, 14, p. 363). Il reprendra sa vie de nomade, allant de village en village, partant à la recherche de la brebis perdue, frappant aux portes et attendant qu'on lui ouvre. Et le Temple sera déserté…

(1) Le mot « maison » signifie à la fois le bâtiment et les occupants du bâtiment : la famille, les serviteurs, la garde, etc., c'est-à-dire la « maisonnée ».
(2) Isaïe* nous aide à comprendre le sens de cette promesse (voir Isaïe 11, 1-10, p. 144). Dieu ne promet pas que la dynastie de David durera toujours. Elle s'arrêtera avec Sédécias en 587 avant Jésus Christ (p. 151). La promesse vise la venue d'un « roi » qui montrera aux hommes le chemin du Royaume* de Dieu. Elle s'accomplira avec la naissance de Jésus (voir Luc 1, 32-33, p. 324).

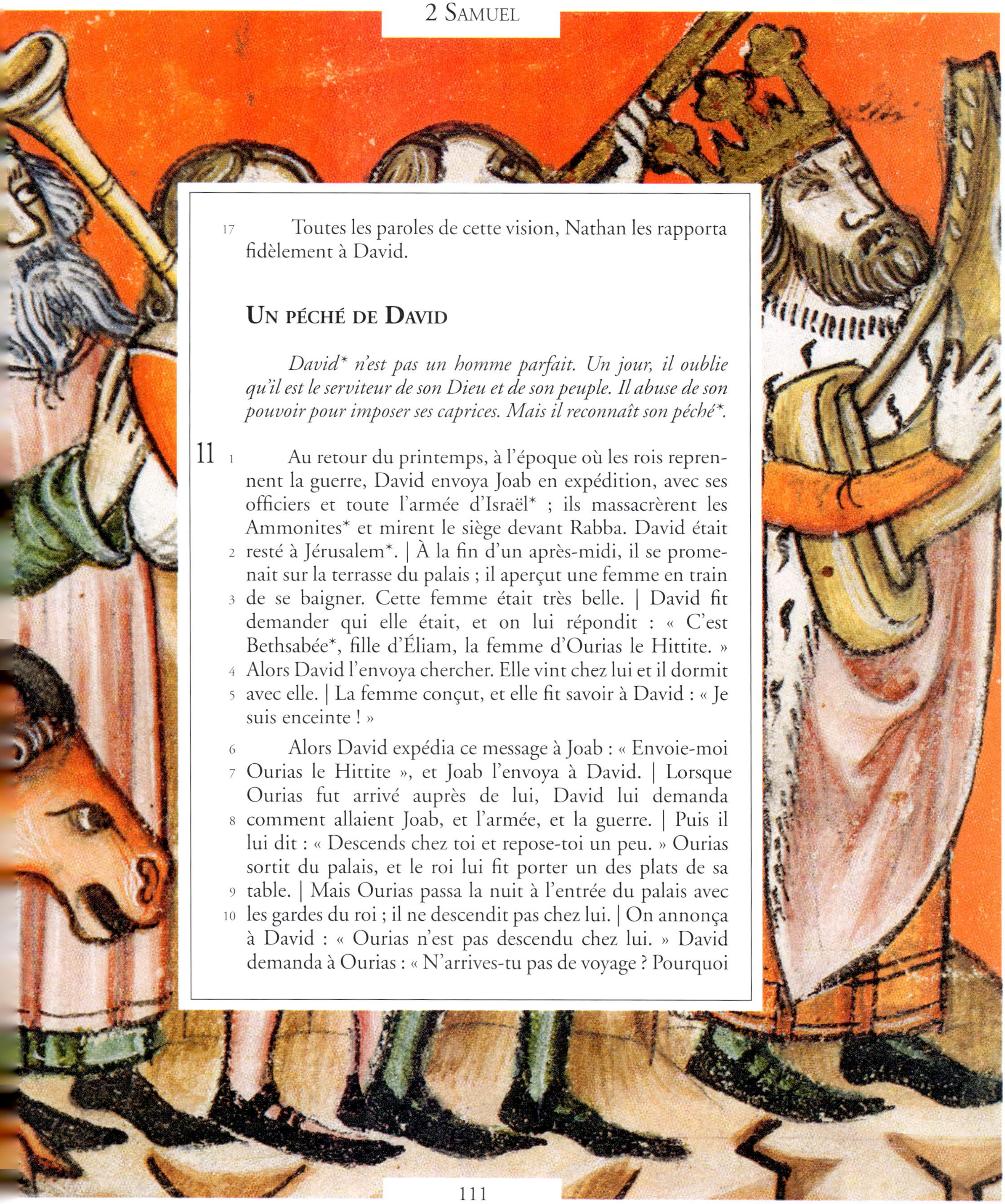

17 Toutes les paroles de cette vision, Nathan les rapporta fidèlement à David.

Un péché de David

David n'est pas un homme parfait. Un jour, il oublie qu'il est le serviteur de son Dieu et de son peuple. Il abuse de son pouvoir pour imposer ses caprices. Mais il reconnaît son péché*.*

11 1 Au retour du printemps, à l'époque où les rois repren-
nent la guerre, David envoya Joab en expédition, avec ses
officiers et toute l'armée d'Israël* ; ils massacrèrent les
Ammonites* et mirent le siège devant Rabba. David était
2 resté à Jérusalem*. | À la fin d'un après-midi, il se prome-
nait sur la terrasse du palais ; il aperçut une femme en train
3 de se baigner. Cette femme était très belle. | David fit
demander qui elle était, et on lui répondit : « C'est
Bethsabée*, fille d'Éliam, la femme d'Ourias le Hittite. »
4 Alors David l'envoya chercher. Elle vint chez lui et il dormit
5 avec elle. | La femme conçut, et elle fit savoir à David : « Je
suis enceinte ! »

6 Alors David expédia ce message à Joab : « Envoie-moi
7 Ourias le Hittite », et Joab l'envoya à David. | Lorsque
Ourias fut arrivé auprès de lui, David lui demanda
8 comment allaient Joab, et l'armée, et la guerre. | Puis il
lui dit : « Descends chez toi et repose-toi un peu. » Ourias
sortit du palais, et le roi lui fit porter un des plats de sa
9 table. | Mais Ourias passa la nuit à l'entrée du palais avec
10 les gardes du roi ; il ne descendit pas chez lui. | On annonça
à David : « Ourias n'est pas descendu chez lui. » David
demanda à Ourias : « N'arrives-tu pas de voyage ? Pourquoi

11 n'es-tu pas descendu à ta maison ? » | Ourias répondit à
David : « L'arche*, Israël et Juda logent sous les huttes, mon
maître Joab et la garde de Monseigneur campent en rase
campagne, et moi j'irais à ma maison pour manger et boire
et coucher avec ma femme ! Aussi vrai que le Seigneur*
est vivant et que tu vis toi-même, je ne ferai pas une chose
12 pareille ! » | Alors David dit à Ourias : « Reste encore
aujourd'hui ici, et demain je te donnerai congé. » Ourias
13 resta donc à Jérusalem ce jour-là. | Le lendemain, David
l'invita à manger et à boire à sa table, et il l'enivra. Le soir,
Ourias sortit et alla se coucher dans la salle des gardes ; il ne
14 descendit pas chez lui. | Le matin suivant, David écrivit une
15 lettre pour Joab, et la fit porter par Ourias. | Il disait dans
cette lettre : « Poussez Ourias au plus fort de la mêlée, puis
retirez-vous à distance ; qu'il soit frappé et qu'il meure ! »

16 Joab fit exprès de placer Ourias à un endroit où
17 les ennemis étaient en force, [...] | et Ourias le Hittite
mourut.

Le pardon de Dieu

12 1 Le Seigneur* envoya vers David* le prophète* Nathan
qui alla le trouver et lui dit : « Dans une même ville, il y
avait deux hommes ; l'un était riche et l'autre était pauvre.
2 Le riche avait des brebis et des bœufs en très grand nombre.
3 Le pauvre avait tout juste une petite brebis qu'il avait
achetée. Il la nourrissait, et elle grandissait chez lui avec
ses enfants, elle mangeait de son pain, elle buvait dans sa
coupe, elle dormait tout près de lui : elle était comme sa
4 fille. | Un jour, un voyageur se présenta chez l'homme riche.
Celui-ci, voulant nourrir son hôte tout en ménageant ses

troupeaux, alla prendre la brebis du pauvre, et la prépara
pour le voyageur… »
5 En entendant cela, David entra dans une grande
colère contre cet homme, et dit à Nathan : « Je le jure par
le Seigneur qui est vivant : l'homme qui a fait cela mérite
6 la mort ! | Et il remboursera la brebis au quadruple, pour
avoir commis une telle action et n'avoir pas eu de pitié. »
7 Alors Nathan dit à David : « Cet homme, c'est toi ! Ainsi
parle le Seigneur Dieu d'Israël : Je t'ai sacré roi d'Israël,
8 je t'ai sauvé de la main de Saül*, | […] je t'ai donné la
maison d'Israël* et de Juda* et, si ce n'est pas encore assez,
9 j'y ajouterai tout ce que tu voudras. | Pourquoi donc as-tu
méprisé le Seigneur en faisant ce qui est mal à ses yeux ? Tu
as frappé par l'épée Ourias le Hittite ; sa femme, tu l'as
prise pour femme ; lui, tu l'as fait périr par l'épée des fils
10 d'Ammon. | Désormais, l'épée ne cessera plus de frapper ta
13 maison, […] | David dit à Nathan : « J'ai péché* contre le
Seigneur ! » Nathan lui répondit : « Le Seigneur a pardonné*
14 ton péché, tu ne mourras pas. | Cependant, parce que tu
as bafoué le Seigneur, le fils que tu viens d'avoir mourra. »

David connaîtra sur la fin de sa vie un autre drame : la révolte et la mort de son fils préféré, Absalon.

Reconnaître son péché

Le grand roi s'est montré lâche et odieusement cruel. Mais, lorsque Nathan vient lui révéler son péché, David ne cherche pas à se défendre. C'est là qu'il manifeste son vrai courage : être capable de reconnaître ce qu'il voudrait oublier.

David se remet tel qu'il est entre les mains de Dieu… Le Psaume 51 (p. 221) montre bien quelle pouvait être la prière* de David dans cette circonstance.

Un pardon limité ?

David reconnaît lui-même devant Nathan qu'il mérite la mort. Mais le Seigneur lui pardonne. Peu à peu, le pardon de Dieu se révélera sans limites. Ézékiel* précisera aussi que le fils ne porte pas la faute de son père (Ézékiel 18, 20).

Les Anciens* des tribus* d'Israël demandent à Samuel* de désigner un roi. Ils veulent devenir une nation « comme les autres nations » (1 Samuel 8, 4-22, p. 99-100).

Le jeune Saül* vient consulter Samuel. Il lui demande conseil au sujet de ses ânesses qui se sont perdues ! Samuel désignera Saül comme premier roi* d'Israël (1 Samuel 10, 20-24, p. 100).

Samuel, à Bethléem, ne trouve pas de roi parmi les sept fils de Jessé. Il envoie chercher le petit dernier : David* (1 Samuel 16, 1-13, p. 101-102).

Saül est le premier à avoir reçu l'onction* pour régner sur Israël. David respecte celui qui a été choisi par le Seigneur*. Il épargne sa vie (1 Samuel 26, 2-23, p. 106-107).

LA ROYAUTÉ AU TEMPS DE DAVID ET DE SALOMON

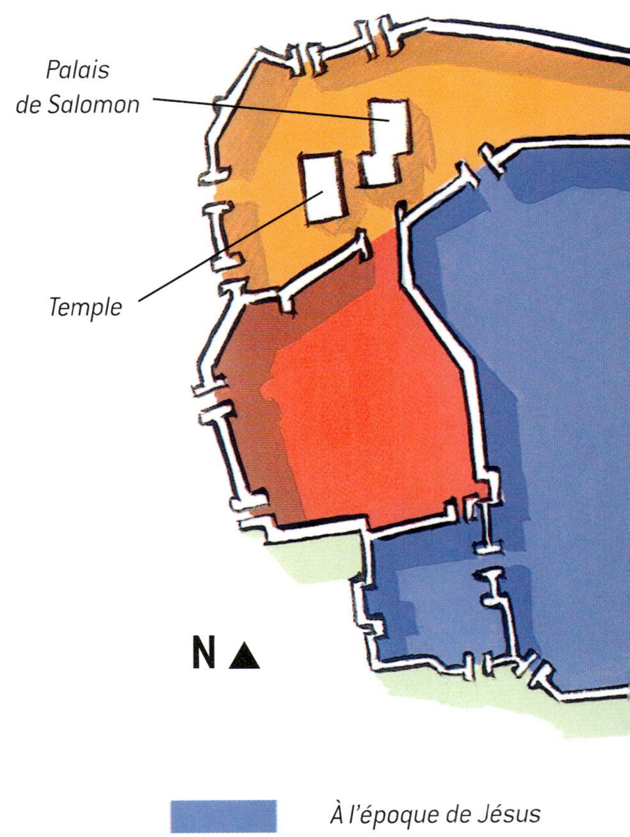

David installe l'arche* d'Alliance* à Jérusalem. Il la dépose sous une tente, comme au temps de l'Exode*. Il manifeste ainsi son désir de guider le Peuple sous le regard de Dieu (2 Samuel 6, 12-19, p. 108-109).

Pour régner avec justice sur tout Israël, David veut s'installer dans une ville qui n'appartienne à aucune des tribus. Il conquiert Jérusalem* en passant (sans doute) par le système d'alimentation en eau de la ville (2 Samuel 5, 6-7, p. 108).

Salomon* juge entre les deux femmes qui se disent mères du même enfant : « Il y avait en lui une sagesse divine pour rendre la justice » (1 Rois 3, 16-28, p. 117-118).

Salomon surveille la construction du Temple de Jérusalem en compagnie d'Hiram, l'architecte en chef (voir p. 118, note 1).

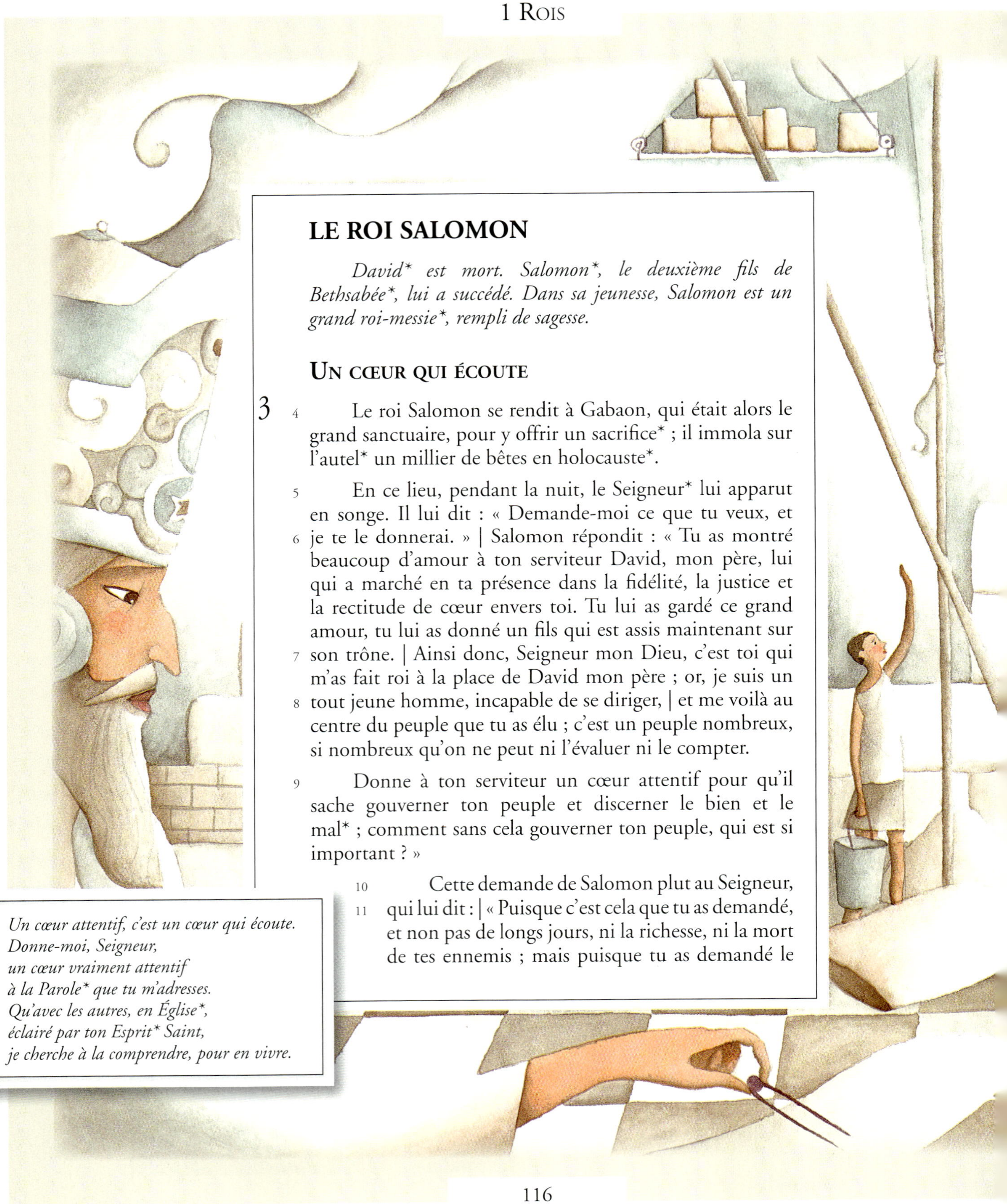

LE ROI SALOMON

David est mort. Salomon*, le deuxième fils de Bethsabée*, lui a succédé. Dans sa jeunesse, Salomon est un grand roi-messie*, rempli de sagesse.*

Un cœur qui écoute

3 4 Le roi Salomon se rendit à Gabaon, qui était alors le
grand sanctuaire, pour y offrir un sacrifice* ; il immola sur
l'autel* un millier de bêtes en holocauste*.

5 En ce lieu, pendant la nuit, le Seigneur* lui apparut
en songe. Il lui dit : « Demande-moi ce que tu veux, et
6 je te le donnerai. » | Salomon répondit : « Tu as montré
beaucoup d'amour à ton serviteur David, mon père, lui
qui a marché en ta présence dans la fidélité, la justice et
la rectitude de cœur envers toi. Tu lui as gardé ce grand
amour, tu lui as donné un fils qui est assis maintenant sur
7 son trône. | Ainsi donc, Seigneur mon Dieu, c'est toi qui
m'as fait roi à la place de David mon père ; or, je suis un
8 tout jeune homme, incapable de se diriger, | et me voilà au
centre du peuple que tu as élu ; c'est un peuple nombreux,
si nombreux qu'on ne peut ni l'évaluer ni le compter.

9 Donne à ton serviteur un cœur attentif pour qu'il
sache gouverner ton peuple et discerner le bien et le
mal* ; comment sans cela gouverner ton peuple, qui est si
important ? »

10 Cette demande de Salomon plut au Seigneur,
11 qui lui dit : | « Puisque c'est cela que tu as demandé,
et non pas de longs jours, ni la richesse, ni la mort
de tes ennemis ; mais puisque tu as demandé le

*Un cœur attentif, c'est un cœur qui écoute.
Donne-moi, Seigneur,
un cœur vraiment attentif
à la Parole* que tu m'adresses.
Qu'avec les autres, en Église*,
éclairé par ton Esprit* Saint,
je cherche à la comprendre, pour en vivre.*

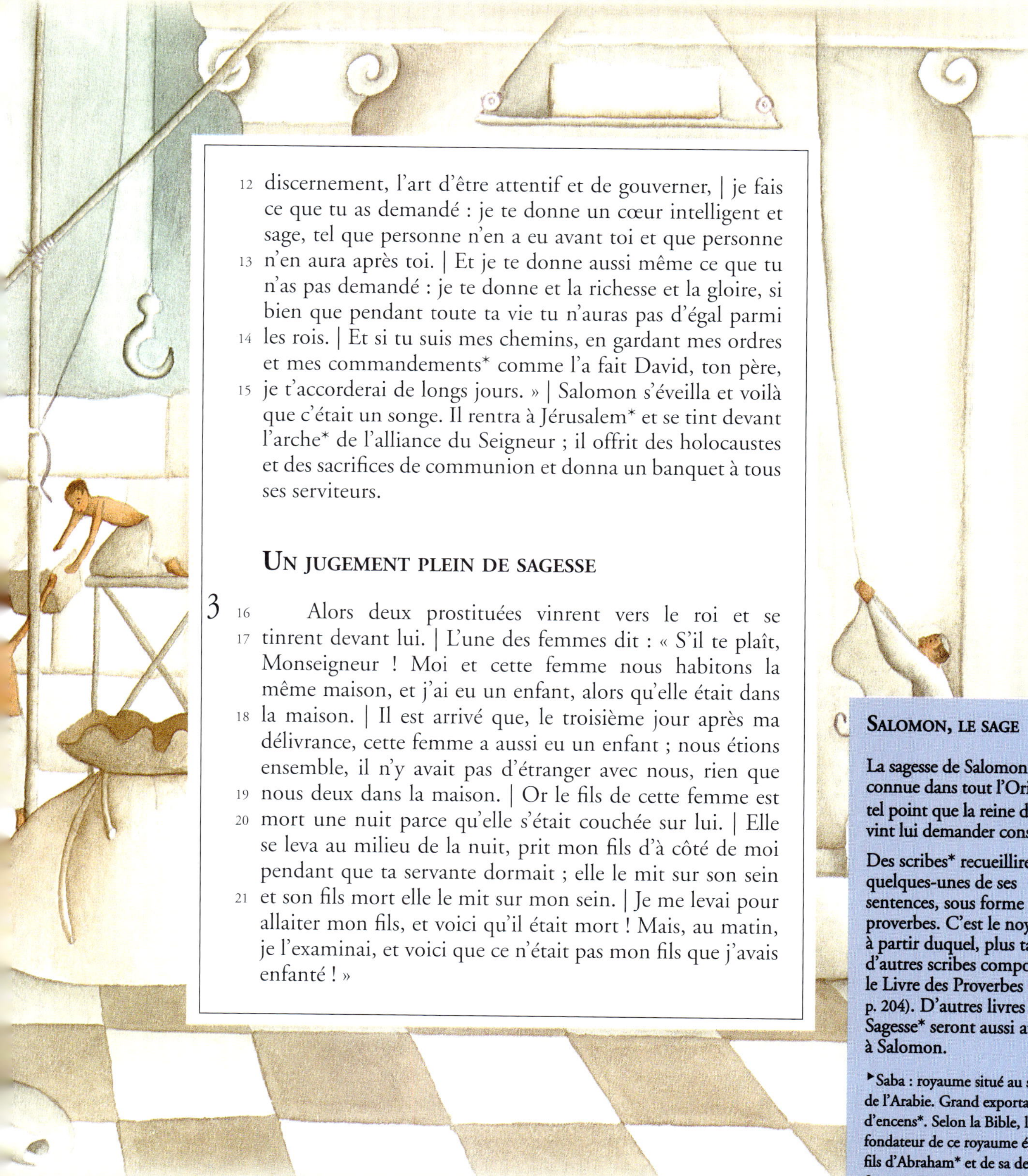

12 discernement, l'art d'être attentif et de gouverner, | je fais
ce que tu as demandé : je te donne un cœur intelligent et
sage, tel que personne n'en a eu avant toi et que personne
13 n'en aura après toi. | Et je te donne aussi même ce que tu
n'as pas demandé : je te donne et la richesse et la gloire, si
bien que pendant toute ta vie tu n'auras pas d'égal parmi
14 les rois. | Et si tu suis mes chemins, en gardant mes ordres
et mes commandements* comme l'a fait David, ton père,
15 je t'accorderai de longs jours. » | Salomon s'éveilla et voilà
que c'était un songe. Il rentra à Jérusalem* et se tint devant
l'arche* de l'alliance du Seigneur ; il offrit des holocaustes
et des sacrifices de communion et donna un banquet à tous
ses serviteurs.

Un jugement plein de sagesse

3 16 Alors deux prostituées vinrent vers le roi et se
17 tinrent devant lui. | L'une des femmes dit : « S'il te plaît,
Monseigneur ! Moi et cette femme nous habitons la
même maison, et j'ai eu un enfant, alors qu'elle était dans
18 la maison. | Il est arrivé que, le troisième jour après ma
délivrance, cette femme a aussi eu un enfant ; nous étions
ensemble, il n'y avait pas d'étranger avec nous, rien que
19 nous deux dans la maison. | Or le fils de cette femme est
20 mort une nuit parce qu'elle s'était couchée sur lui. | Elle
se leva au milieu de la nuit, prit mon fils d'à côté de moi
pendant que ta servante dormait ; elle le mit sur son sein
21 et son fils mort elle le mit sur mon sein. | Je me levai pour
allaiter mon fils, et voici qu'il était mort ! Mais, au matin,
je l'examinai, et voici que ce n'était pas mon fils que j'avais
enfanté ! »

Salomon, le sage

La sagesse de Salomon fut connue dans tout l'Orient. À tel point que la reine de Saba▸ vint lui demander conseil.

Des scribes* recueillirent quelques-unes de ses sentences, sous forme de proverbes. C'est le noyau à partir duquel, plus tard, d'autres scribes composeront le Livre des Proverbes (voir p. 204). D'autres livres de Sagesse* seront aussi attribués à Salomon.

▸Saba : royaume situé au sud de l'Arabie. Grand exportateur d'encens*. Selon la Bible, le fondateur de ce royaume était fils d'Abraham* et de sa dernière femme, Quétura (voir « En toi seront bénies toutes les familles de la Terre », p. 470).

22 Alors l'autre femme dit : « Ce n'est pas vrai ! Mon fils
est celui qui est vivant, et ton fils est celui qui est mort ! » et
celle-là reprenait : « Ce n'est pas vrai ! Ton fils est celui qui
est mort et mon fils est celui qui est vivant ! »

23 Elles se disputaient ainsi devant le roi | qui prononça :
« Celle-ci dit : "Voici mon fils qui est vivant et c'est ton fils
qui est mort !" et celle-là dit : "Ce n'est pas vrai ! Ton fils
est celui qui est mort et mon fils est celui qui est vivant !"
24 Apportez-moi une épée », ordonna le roi ; et on apporta
25 une épée devant le roi, | qui dit : « Partagez l'enfant vivant
en deux et donnez la moitié à l'une et la moitié à l'autre. »
26 Alors la femme dont le fils était vivant s'adressa au roi, car
sa pitié s'était enflammée pour son fils, et elle dit : « S'il
te plaît, Monseigneur ! Qu'on lui donne l'enfant vivant,
qu'on ne le tue pas ! » mais celle-là disait : « Il ne sera ni à
27 moi ni à toi, partagez ! » | Alors le roi prit la parole et dit :
« Donnez l'enfant vivant à la première, ne le tuez pas. C'est
elle la mère. »

28 Tout Israël* apprit le jugement qu'avait rendu le roi
car ils virent qu'il y avait en lui une sagesse divine pour
rendre la justice.

Un Temple pour adorer le Seigneur

5 16 Salomon* envoya ce message à Hiram[1], le roi de Tyr :
17 « Tu sais que David*, mon père, harcelé par les guerres,
n'a pu bâtir une maison pour le Nom* du Seigneur* son
Dieu, jusqu'à ce que le Seigneur eût mis sous ses pieds les
18 ennemis qui l'encerclaient. | Mais à présent, le Seigneur
mon Dieu m'a donné le repos de tous côtés ; je n'ai plus

(1) Ce roi de Tyr ne doit pas être confondu avec un autre Hiram dont parle la Bible et qui fut l'architecte en chef du Temple. Les confréries de maçons au Moyen Âge le considéraient comme le maître de tous les constructeurs. Beaucoup de légendes le mettent en scène.

19 d'opposants ni de dangers à craindre. | Ainsi, j'ai décidé
de bâtir une maison pour le Nom du Seigneur mon Dieu,
selon la parole du Seigneur à David mon père : "Ton fils,
celui que je mettrai après toi sur ton trône, c'est lui qui
20 construira la Maison pour mon Nom !" | Maintenant
donc, ordonne que l'on me coupe des cèdres du Liban.
Mes serviteurs travailleront avec les tiens, et je te donnerai
pour le salaire de ceux-ci ce que tu me fixeras ; car tu sais
qu'il n'y a personne chez nous qui sache couper les arbres
comme les gens de Sidon. » [...]

31 Le roi ordonna d'extraire de grands blocs, taillés dans
une belle pierre, pour poser en pierres de taille les fonda-
32 tions de la Maison. | Puis les maçons de Salomon et ceux
d'Hiram, ainsi que les gens de Byblos, taillèrent et prépare-
rent le bois et les pierres pour construire la Maison.

L'inauguration du Temple

8 6 Puis les prêtres* transportèrent l'Arche* à sa place,
dans le sanctuaire qu'on appelle le Saint des saints. [...]
9 Dans l'Arche, il n'y avait rien, sinon les deux tables de la
Loi* que Moïse* y avait placées, quand le Seigneur* avait
conclu alliance avec les fils d'Israël* au mont Horeb, à leur
10 sortie d'Égypte. | Quand les prêtres sortirent du sanctuaire,
la nuée* remplit le temple du Seigneur. [...]

22 Salomon se plaça devant l'autel* du Seigneur, en face
de toute l'assemblée d'Israël ; il étendit les mains vers le
23 ciel | et fit cette prière : « Seigneur, Dieu d'Israël, il n'y a
pas de Dieu comme toi, ni là-haut dans les cieux, ni sur la
terre ici-bas ; car tu gardes fidèlement ton Alliance* avec

Salomon, le bâtisseur

Salomon réalise beaucoup de grands travaux : palais, forteresses, écuries pour les chevaux de guerre, entrepôts... Mais le plus prestigieux de tous ces travaux est la construction du Temple* de Jérusalem*.

Pour réaliser tous ses projets, Salomon utilise les mêmes moyens que les autres rois de cette époque. Il oblige les étrangers à accomplir des corvées (Exode 1, 11-14, p. 56). Puis il impose ces corvées aux hommes des tribus* du Nord. L'unité des douze tribus, réussie par David (voir p. 108), est ainsi remise en question.

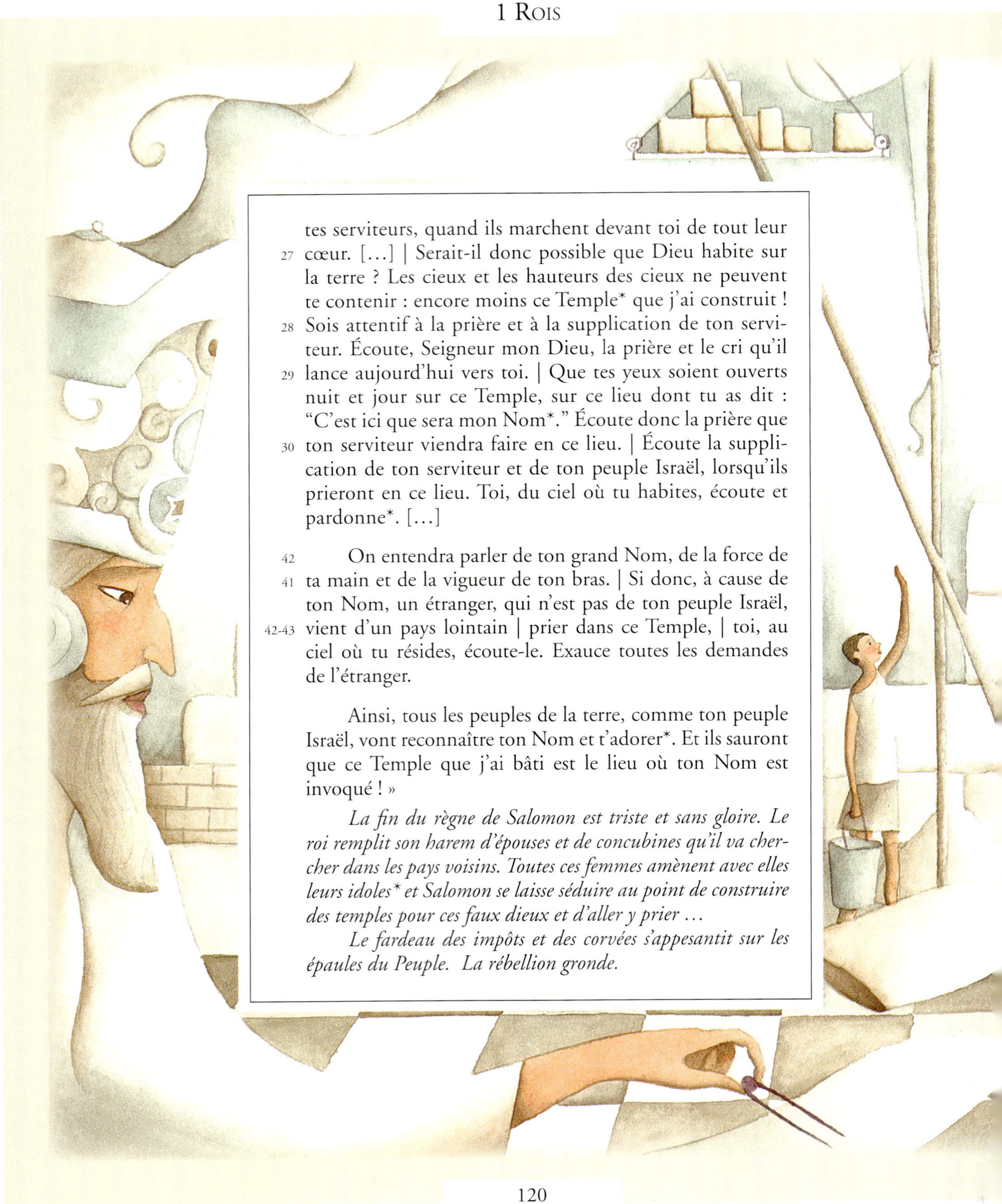

tes serviteurs, quand ils marchent devant toi de tout leur
27 cœur. [...] | Serait-il donc possible que Dieu habite sur
la terre ? Les cieux et les hauteurs des cieux ne peuvent
te contenir : encore moins ce Temple* que j'ai construit !
28 Sois attentif à la prière et à la supplication de ton servi-
teur. Écoute, Seigneur mon Dieu, la prière et le cri qu'il
29 lance aujourd'hui vers toi. | Que tes yeux soient ouverts
nuit et jour sur ce Temple, sur ce lieu dont tu as dit :
"C'est ici que sera mon Nom*." Écoute donc la prière que
30 ton serviteur viendra faire en ce lieu. | Écoute la suppli-
cation de ton serviteur et de ton peuple Israël, lorsqu'ils
prieront en ce lieu. Toi, du ciel où tu habites, écoute et
pardonne*. [...]

42 On entendra parler de ton grand Nom, de la force de
41 ta main et de la vigueur de ton bras. | Si donc, à cause de
ton Nom, un étranger, qui n'est pas de ton peuple Israël,
42-43 vient d'un pays lointain | prier dans ce Temple, | toi, au
ciel où tu résides, écoute-le. Exauce toutes les demandes
de l'étranger.

Ainsi, tous les peuples de la terre, comme ton peuple Israël, vont reconnaître ton Nom et t'adorer*. Et ils sauront que ce Temple que j'ai bâti est le lieu où ton Nom est invoqué ! »

La fin du règne de Salomon est triste et sans gloire. Le roi remplit son harem d'épouses et de concubines qu'il va chercher dans les pays voisins. Toutes ces femmes amènent avec elles leurs idoles et Salomon se laisse séduire au point de construire des temples pour ces faux dieux et d'aller y prier ...*

Le fardeau des impôts et des corvées s'appesantit sur les épaules du Peuple. La rébellion gronde.

David avait su maintenir les douze tribus* dans l'unité. Sur la fin de son règne, Salomon avait négligé les tribus du Nord, au profit des tribus de Juda* et de Benjamin, les deux territoires les plus proches de Jérusalem*. Aussitôt après sa mort, quand son fils Roboam accède au trône, les revendications des tribus du Nord se font pressantes.*

Le royaume déchiré

Roboam se rend à Sichem pour y être proclamé roi par les tribus du Nord.*

Par la bouche de Jéroboam, de la tribu d'Éphraïm, le peuple du Nord lui présente des revendications.*

12 4 « Ton père a rendu pénible notre joug, allège mainte-
nant le dur servage de ton père, la lourdeur du joug qu'il
5 nous imposa, et nous te servirons ! » | Il leur dit : « Retirez-
vous pour trois jours, puis revenez vers moi », et le peuple
s'en alla.

6 Le roi Roboam prit conseil des anciens*, qui avaient
assisté son père Salomon* pendant qu'il vivait, et demanda :
7 « Quelle réponse conseillez-vous de faire à ce peuple ? » | Ils
lui répondirent : « Si tu te fais aujourd'hui serviteur de ces
gens, si tu te soumets et leur donnes de bonnes paroles,
8 alors ils seront toujours tes serviteurs. » | Mais il repoussa le
conseil que les anciens avaient donné et consulta des jeunes
9 gens qui l'assistaient, ses compagnons d'enfance. | Il leur
demanda : « Que conseillez-vous que nous répondions à
ce peuple qui m'a parlé ainsi : "Allège le joug que ton père
10 nous a imposé" ? » | Les jeunes gens, ses compagnons d'en-
fance, lui répondirent : « Voici ce que tu diras à ce peuple

qui t'a dit : "Ton père a rendu pesant notre joug, mais toi
allège notre charge", voici ce que tu leur répondras : "Mon
11 petit doigt est plus gros que les reins de mon père ! | Ainsi,
mon père vous a fait porter un joug pesant, moi j'ajou-
terai encore à votre joug ; mon père vous a châtiés avec des
lanières, moi je vous châtierai avec des fouets à pointes de
fer !" »

C'est le message que Roboam transmet, le troisième jour, aux délégués des tribus du Nord. Ceux-ci décident alors de se séparer de Roboam.

Le grand royaume de David et de Salomon se divise en deux. Au Sud, le royaume de Juda* formé des tribus de Juda et de Benjamin conserve la capitale Jérusalem*. Il est gouverné par un roi de la famille de David, Roboam, puis par ses descendants.*

Au Nord, les dix autres tribus choisissent Jéroboam comme roi. Après lui, il y aura beaucoup de rivalités, de meurtres pour s'emparer du trône. Dans la Bible, ce grand royaume du Nord est appelé Israël.*

Les prophètes Élie et Élisée

De 874 à 853 avant Jésus Christ, Acab règne à Samarie, capitale du royaume d'Israël.*

Il y installe son épouse Jézabel, fille du roi de Sidon. Jézabel est très attachée au culte de son dieu, Baal. Elle n'a pas grand mal à obtenir que son époux abandonne le culte* du Seigneur* pour celui de Baal.*

Dieu aime son peuple divisé

Le Peuple a beau s'être divisé en deux royaumes, pour Dieu, il demeure son unique Peuple élu. Il ne privilégie pas Jérusalem* par rapport à Samarie. Au royaume de Juda*, comme au royaume d'Israël*, il envoie des prophètes.

17 1 Le prophète* Élie*, de Tisbé en Galaad, dit au roi
Acab : « Par le Seigneur qui est vivant, par le Dieu d'Israël
dont je suis le serviteur, pendant plusieurs années il n'y aura
pas de rosée ni de pluie, à moins que j'en donne l'ordre. »
2-3 La parole du Seigneur lui fut adressée : | « Va-t'en d'ici,
dirige-toi vers l'est, et cache-toi près du torrent de Kérith,
4 qui se jette dans le Jourdain. | Tu boiras au torrent, et j'or-
5 donne aux corbeaux de t'apporter ta nourriture. » | Le
prophète fit ce que le Seigneur lui avait dit, et alla s'établir
6 près du torrent de Kérith, qui se jette dans le Jourdain. | Les
corbeaux lui apportaient du pain et de la viande, matin et
soir, et le prophète buvait au torrent.

7 Au bout d'un certain temps, il ne tombait plus une
goutte de pluie dans tout le pays, et le torrent finit par
8 être à sec. | Alors la parole du Seigneur lui fut adressée :
9 « Lève-toi, va à Sarepta, dans le pays de Sidon ; tu y habi-
teras ; il y a là une veuve que j'ai chargée de te nourrir. »
10 Le prophète Élie partit pour Sarepta, et il parvint à l'entrée
de la ville. Une veuve ramassait du bois ; il l'appela et lui
dit : « Veux-tu me puiser, avec ta cruche, un peu d'eau
11 pour que je boive ? » | Elle alla en puiser. Il lui dit encore :
12 « Apporte-moi aussi un morceau de pain. » | Elle répondit :
« Je le jure par la vie du Seigneur ton Dieu : je n'ai pas de
pain. J'ai seulement, dans une jarre, une poignée de farine,
et un peu d'huile dans un vase. Je ramasse deux morceaux
de bois, je rentre préparer pour moi et pour mon fils ce qui
nous reste. Nous le mangerons, et puis nous mourrons. »
13 Élie lui dit alors : « N'aie pas peur, va, fais ce que tu as
dit. Mais d'abord cuis-moi un petit pain et apporte-le moi,
14 ensuite tu feras du pain pour toi et ton fils. | Car ainsi parle
le Seigneur, Dieu d'Israël :

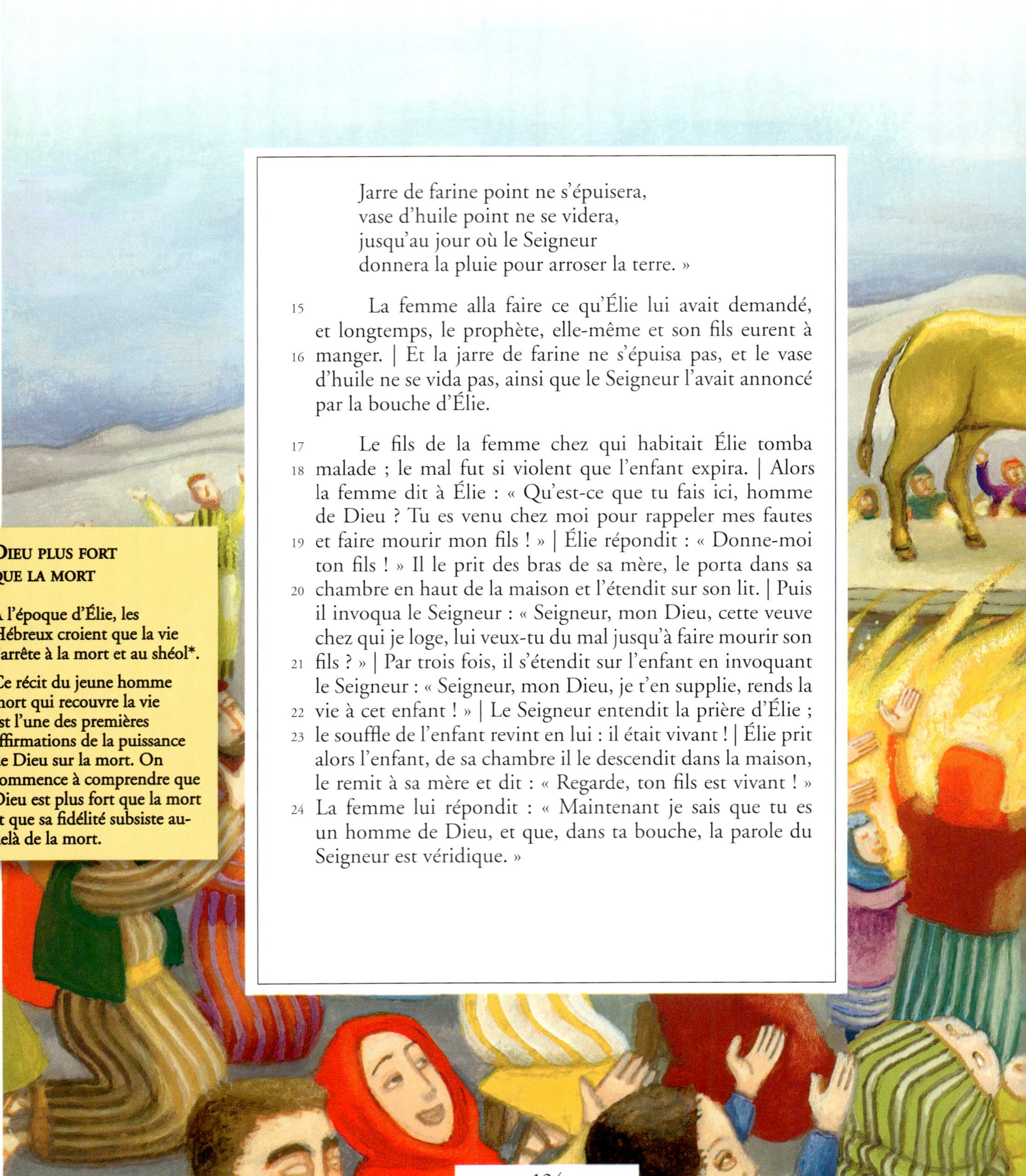

Jarre de farine point ne s'épuisera,
vase d'huile point ne se videra,
jusqu'au jour où le Seigneur
donnera la pluie pour arroser la terre. »

15 La femme alla faire ce qu'Élie lui avait demandé,
et longtemps, le prophète, elle-même et son fils eurent à
16 manger. | Et la jarre de farine ne s'épuisa pas, et le vase
d'huile ne se vida pas, ainsi que le Seigneur l'avait annoncé
par la bouche d'Élie.

17 Le fils de la femme chez qui habitait Élie tomba
18 malade ; le mal fut si violent que l'enfant expira. | Alors
la femme dit à Élie : « Qu'est-ce que tu fais ici, homme
de Dieu ? Tu es venu chez moi pour rappeler mes fautes
19 et faire mourir mon fils ! » | Élie répondit : « Donne-moi
ton fils ! » Il le prit des bras de sa mère, le porta dans sa
20 chambre en haut de la maison et l'étendit sur son lit. | Puis
il invoqua le Seigneur : « Seigneur, mon Dieu, cette veuve
chez qui je loge, lui veux-tu du mal jusqu'à faire mourir son
21 fils ? » | Par trois fois, il s'étendit sur l'enfant en invoquant
le Seigneur : « Seigneur, mon Dieu, je t'en supplie, rends la
22 vie à cet enfant ! » | Le Seigneur entendit la prière d'Élie ;
23 le souffle de l'enfant revint en lui : il était vivant ! | Élie prit
alors l'enfant, de sa chambre il le descendit dans la maison,
le remit à sa mère et dit : « Regarde, ton fils est vivant ! »
24 La femme lui répondit : « Maintenant je sais que tu es
un homme de Dieu, et que, dans ta bouche, la parole du
Seigneur est véridique. »

Dieu plus fort que la mort

À l'époque d'Élie, les Hébreux croient que la vie s'arrête à la mort et au shéol*.

Ce récit du jeune homme mort qui recouvre la vie est l'une des premières affirmations de la puissance de Dieu sur la mort. On commence à comprendre que Dieu est plus fort que la mort et que sa fidélité subsiste au-delà de la mort.

Qui est vrai Dieu ?

18 20 Le roi Acab convoqua tout Israël* et rassembla les
21 prophètes sur le mont Carmel. | Élie* se présenta devant
la foule et dit : « Combien de temps plierez-vous le genou
des deux côtés ? Si c'est le Seigneur* qui est Dieu, suivez
le Seigneur ; si c'est Baal*, suivez Baal. » Et la foule ne
22 répondit mot. | Élie continua : « Moi, je suis le seul qui
reste des prophètes* du Seigneur, tandis que les prophètes
de Baal sont quatre cent cinquante.

23 Amenez-nous deux jeunes taureaux ; qu'ils en choi-
sissent un, qu'ils le dépècent et le placent sur le bûcher,
mais qu'ils n'y mettent pas le feu. Moi, je préparerai l'autre
taureau, je le placerai sur le bûcher, mais je n'y mettrai pas le
24 feu. | Vous invoquerez le nom de votre dieu, et moi, j'invo-
querai le nom* du Seigneur : le dieu qui répondra par le feu,
c'est lui qui est Dieu. » La foule répondit : « C'est d'accord. »
25 Élie dit alors aux prophètes de Baal : « Choisissez votre
taureau et commencez, car vous êtes les plus nombreux.
Invoquez le nom de votre dieu, mais ne mettez pas le feu. »
26 Ils prirent le taureau et le préparèrent, et ils invoquèrent le
nom de Baal depuis le matin jusqu'au milieu du jour, en
disant : « Ô Baal, réponds-nous ! » Mais il n'y eut ni voix ni
réponse ; et ils pliaient le genou devant l'autel* qu'ils avaient
27 dressé. | Au milieu du jour, Élie se moqua d'eux en disant :
« Criez plus fort, puisque c'est un dieu : il a des soucis ou
des affaires, ou bien il est en voyage ; ou peut-être dort-il,
28 mais il va se réveiller ! » | Ils crièrent donc plus fort, [...]
ils se tailladèrent jusqu'au sang avec des épées et des lances
29 [...] jusqu'à l'heure du sacrifice du soir, mais il n'y eut ni
voix, ni réponse, ni le moindre signe. [...]

36 Élie le prophète s'avança et dit : « Seigneur, Dieu
d'Abraham*, d'Isaac* et d'Israël, on saura aujourd'hui que
tu es Dieu en Israël, que je suis ton serviteur, et que j'ai
37 accompli toutes ces choses sur ton ordre. | Réponds-moi,
Seigneur, réponds-moi, pour que tout ce peuple sache
que c'est toi, Seigneur, qui es Dieu, et qui as retourné leur
cœur ! »

38 Alors le feu du Seigneur tomba, il dévora la victime et
le bois, les pierres et la poussière, et l'eau qui était dans la
39 rigole. | Tout le peuple en fut témoin ; les gens tombèrent
la face contre terre et dirent : « C'est le Seigneur qui est
Dieu ! C'est le Seigneur qui est Dieu ! »

40 Élie leur dit : « Saisissez les prophètes de Baal, que
pas un d'eux n'échappe ! », et ils les saisirent. Élie les fit
descendre près du torrent du Qishôn, et là il les égorgea.
41 Au pied du mont Carmel | le prophète Élie dit au roi Acab :
« Monte, tu peux maintenant manger et boire, car j'entends
42 le grondement de la pluie. » | Le roi Acab monta pour aller
manger et boire. Élie, de son côté, monta sur le sommet
du Carmel, il se courba vers la terre et mit son visage entre
43 ses genoux. | Il dit à son serviteur : « Monte, et regarde du
côté de la mer. » Le serviteur monta, regarda et dit : « Il
n'y a rien. » Sept fois de suite, Élie lui dit : « Retourne. »
44 La septième fois, le serviteur annonça : « Voilà un nuage
qui monte de la mer, gros comme le poing. » Alors Élie
dit au serviteur : « Va dire au roi Acab : "Attelle ton char et
descends de la montagne, avant d'être arrêté par la pluie." »
45 Peu à peu, le ciel s'obscurcit de nuages, poussés par le vent,
et il tomba une grosse pluie. Acab monta sur son char et
partit pour la ville d'Israéel.

Le Dieu qui murmure la tendresse

19 1 Le roi Acab avait rapporté à Jézabel comment le
prophète* Élie* avait réagi et comment il avait fait égorger
2 tous les prophètes de Baal*. | Alors Jézabel envoya un
messager dire à Élie : « Que les dieux m'envoient malheur
sur malheur si demain, à cette heure même, je ne t'in-
flige pas le même sort que tu as infligé à ces prophètes. »
3 Devant cette menace, Élie se hâta de partir pour sauver
sa vie. Arrivé à Bershéba, au royaume de Juda*, il y laissa
4 son serviteur. | Quant à lui, il marcha toute une journée
dans le désert. Il vint s'asseoir à l'ombre d'un buisson, et
demanda la mort en disant : « Maintenant, Seigneur*, c'en
est trop ! Reprends ma vie : je ne vaux pas mieux que mes
5 pères. » | Puis il s'étendit sous le buisson, et s'endormit.
Mais voici qu'un ange* le toucha et lui dit : « Lève-toi, et
6 mange ! » | Il regarda, et il y avait près de sa tête un pain
cuit sur la braise et une cruche d'eau. Il mangea,
7 il but, et se rendormit. | Une seconde fois, l'ange
du Seigneur le toucha et lui dit : « Lève-toi, et
mange ! Autrement le chemin serait trop long
8 pour toi. » | Élie se leva, mangea et but. Puis,
fortifié par cette nourriture, il marcha quarante
jours et quarante nuits jusqu'à l'Horeb, la
montagne de Dieu.

9 Là, il entra dans la caverne[1] et y passa la
11 nuit. […] | La parole du Seigneur lui fut adressée :
« Sors dans la montagne et tiens-toi devant
le Seigneur, car il va passer. » À l'approche du
Seigneur, il y eut un ouragan, si fort et si violent
qu'il fendait les montagnes et brisait les rochers,

*Élie, tu t'es dépouillé, enfin,
de ton désir d'avoir raison
contre les prophètes de Baal.
Tu peux reconnaître la présence
du Seigneur.
Le Seigneur n'est pas dans l'ouragan,
le tremblement de terre ou le feu.
Le Seigneur ne détruit pas.
Le Seigneur ne s'impose pas
par la violence.
Au contraire, il se propose.
Il invite avec douceur.*

*Seigneur, avec Élie,
je veux fermer mes oreilles
aux rumeurs de la gloire
et de la domination,
et me mettre à l'écoute
du murmure de ta tendresse.*

(1) Pour l'auteur de ce récit, « la caverne » évoque le creux du rocher d'où Moïse* avait vu le dos de Dieu (Exode 33, 22).

mais le Seigneur n'était pas dans l'ouragan ; et après l'ou-
ragan, il y eut un tremblement de terre, mais le Seigneur
12 n'était pas dans le tremblement de terre ; | et après ce trem-
blement de terre, un feu, mais le Seigneur n'était pas dans
ce feu ; et après ce feu, le murmure d'une brise légère.
13 Aussitôt qu'il l'entendit, Élie se couvrit le visage avec son
manteau, il sortit et se tint à l'entrée de la caverne. Alors il
entendit une voix qui disait : « Que fais-tu là, Élie ? » [...]

19 Élie s'en alla. Il trouva Élisée, fils de Shafate, en train
de labourer. Il avait à labourer douze arpents, et il en était
au douzième. Élie passa près de lui et jeta vers lui son
20 manteau. | Alors Élisée quitta ses bœufs, courut derrière
Élie, et lui dit : « Laisse-moi embrasser mon père et ma
mère, puis je te suivrai. » Élie répondit : « Va-t'en, retourne
21 là-bas ! Je n'ai rien fait. » | Alors Élisée s'en retourna ; mais
il prit la paire de bœufs pour les immoler, les fit cuire avec
le bois de l'attelage, et les donna à manger aux gens. Puis il
se leva, partit à la suite d'Élie et se mit à son service.

Le Dieu des nations

5 1 Naaman, général de l'armée du roi de Syrie, était
hautement estimé par son maître, car il avait été l'instru-
ment du Seigneur* pour donner la victoire à la Syrie. Or,
cet homme était lépreux.

2 Des Syriens, au cours d'une expédition en terre
d'Israël*, avaient fait prisonnière une fillette qui fut mise au
3 service de la femme de Naaman. | Elle dit à sa maîtresse :
« Ah ! si mon maître s'adressait au prophète* qui est à
Samarie, celui-ci le délivrerait de sa lèpre. »

4 Naaman alla auprès du roi et lui dit : « Voilà ce que la
5 jeune fille d'Israël a déclaré. » | Le roi de Syrie lui répondit :
« Vas-y. J'envoie une lettre au roi d'Israël[1]. » Naaman
partit donc ; il emportait sept cents livres d'argent, douze
cents livres d'or et dix vêtements de fête.

6 Il remit la lettre au roi d'Israël. Celle-ci portait :
« En même temps que te parvient cette lettre, je t'en-
voie Naaman mon serviteur, pour que tu le délivres de sa
7 lèpre. » | Quand le roi d'Israël lut ce message, il déchira
ses vêtements et s'écria : « Est-ce que je suis Dieu, maître
de la vie et de la mort ? Car ce roi m'envoie un homme
pour que je le délivre de sa lèpre ! Vous le voyez bien : c'est
8 une provocation ! » | Quand Élisée, l'homme de Dieu,
apprit que le roi d'Israël avait déchiré ses vêtements, il lui
fit dire : « Pourquoi as-tu déchiré tes vêtements ? Que cet
homme vienne à moi, et il saura qu'il y a un prophète en
Israël. »

9 Naaman arriva avec ses chevaux et son char, et s'arrêta
10 à la porte de la maison d'Élisée. | Élisée envoya un messager
lui dire : « Va te baigner sept fois dans le Jourdain, et ta chair
11 redeviendra nette. » | Naaman se mit en colère et s'éloigna
en disant : « Je m'étais dit : Sûrement il va sortir, et se tenir
debout pour invoquer le nom du Seigneur son Dieu ; puis
il agitera sa main au-dessus de l'endroit malade et guérira
12 ma lèpre. | Est-ce que les fleuves de Damas, l'Abana et le
Parpar, ne valent pas mieux que toutes les eaux d'Israël ?
Si je m'y baignais, est-ce que je ne serais pas purifié ? » Il
13 tourna bride et partit en colère. | Mais ses serviteurs s'ap-
prochèrent pour lui dire : « Père ! Si le prophète t'avait
ordonné quelque chose de difficile, tu l'aurais fait, n'est-ce
pas ? Combien plus, lorsqu'il te dit : "Baigne-toi, et tu seras

(1) Il s'agit du roi de Samarie. Le royaume du Nord est habituellement appelé royaume d'Israël.

14 purifié." » | Il descendit jusqu'au Jourdain et s'y plongea
sept fois, pour obéir à l'ordre d'Élisée ; alors sa chair rede-
vint semblable à celle d'un petit enfant : il était purifié !

15 Il retourna chez l'homme de Dieu avec toute son
escorte ; il entra, se présenta devant lui et déclara : « Je le
sais désormais : il n'y a pas d'autre Dieu, sur toute la terre,
que celui d'Israël ! Je t'en prie, accepte un présent de ton
16 serviteur. » | Mais Élisée répondit : « Par la vie du Seigneur
que je sers, je n'accepterai rien. » Naaman le pressa d'ac-
17 cepter, mais il refusa. | Naaman dit alors : « Puisque c'est
ainsi, permets que ton serviteur emporte de la terre de ce
pays autant que deux mulets peuvent en transporter[1], car
je ne veux plus offrir ni holocauste* ni sacrifice* à d'autres
dieux qu'au Seigneur Dieu d'Israël. »

(1) Naaman veut avoir chez lui une portion d'Israël, pour pouvoir y prier tout à son aise le Dieu qu'il a rencontré sur cette terre. On a ici le témoignage de la conception encore bien ancrée à cette époque que chaque territoire est protégé par son dieu. Voir p. 495 « Dieu parle aussi en terre étrangère ».

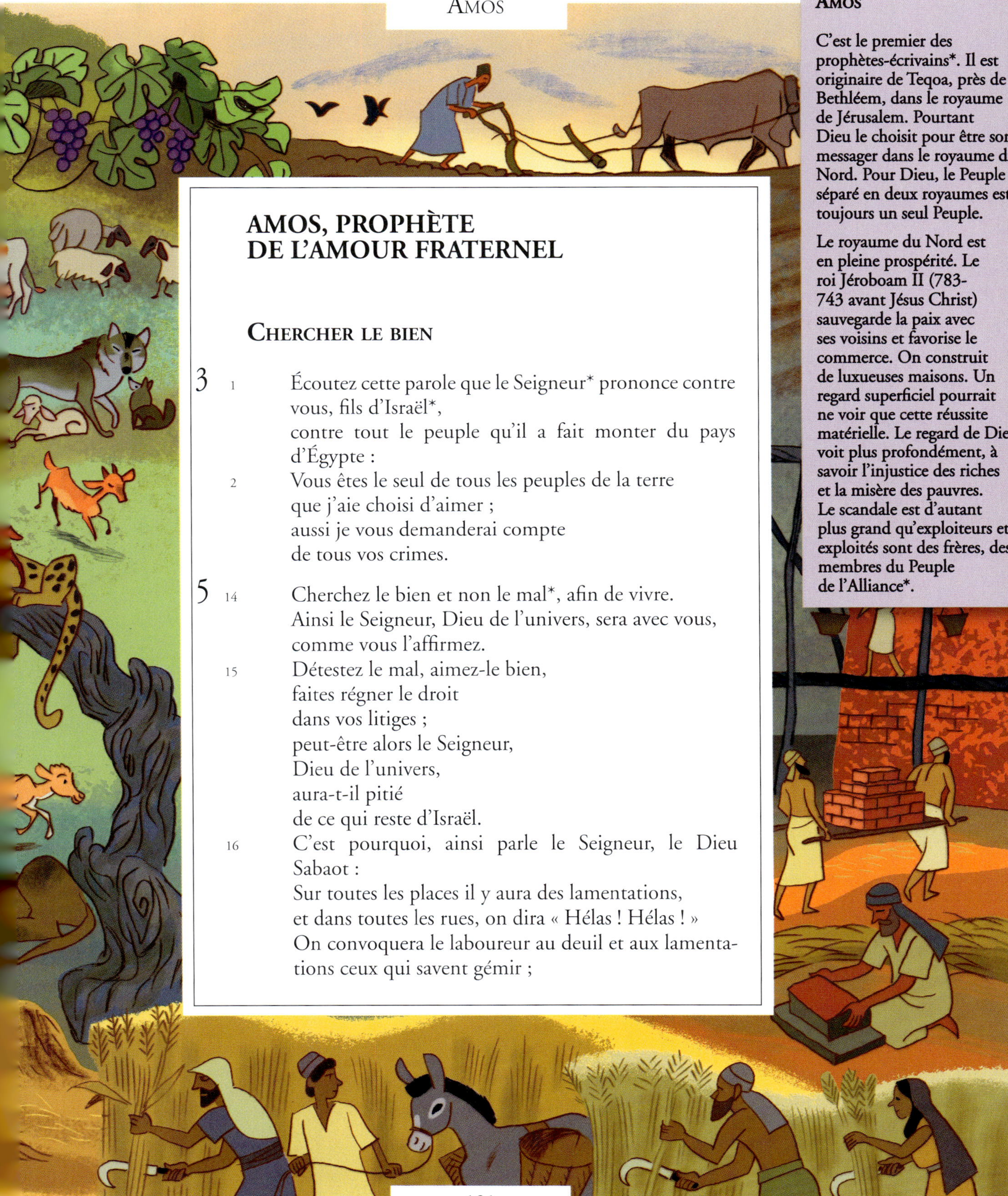

AMOS, PROPHÈTE DE L'AMOUR FRATERNEL

Chercher le bien

3 1 Écoutez cette parole que le Seigneur* prononce contre vous, fils d'Israël*,
contre tout le peuple qu'il a fait monter du pays d'Égypte :
2 Vous êtes le seul de tous les peuples de la terre
que j'aie choisi d'aimer ;
aussi je vous demanderai compte
de tous vos crimes.

5 14 Cherchez le bien et non le mal*, afin de vivre.
Ainsi le Seigneur, Dieu de l'univers, sera avec vous,
comme vous l'affirmez.
15 Détestez le mal, aimez-le bien,
faites régner le droit
dans vos litiges ;
peut-être alors le Seigneur,
Dieu de l'univers,
aura-t-il pitié
de ce qui reste d'Israël.
16 C'est pourquoi, ainsi parle le Seigneur, le Dieu Sabaot :
Sur toutes les places il y aura des lamentations,
et dans toutes les rues, on dira « Hélas ! Hélas ! »
On convoquera le laboureur au deuil et aux lamentations ceux qui savent gémir ;

Amos

C'est le premier des prophètes-écrivains*. Il est originaire de Teqoa, près de Bethléem, dans le royaume de Jérusalem. Pourtant Dieu le choisit pour être son messager dans le royaume du Nord. Pour Dieu, le Peuple séparé en deux royaumes est toujours un seul Peuple.

Le royaume du Nord est en pleine prospérité. Le roi Jéroboam II (783-743 avant Jésus Christ) sauvegarde la paix avec ses voisins et favorise le commerce. On construit de luxueuses maisons. Un regard superficiel pourrait ne voir que cette réussite matérielle. Le regard de Dieu voit plus profondément, à savoir l'injustice des riches et la misère des pauvres. Le scandale est d'autant plus grand qu'exploiteurs et exploités sont des frères, des membres du Peuple de l'Alliance*.

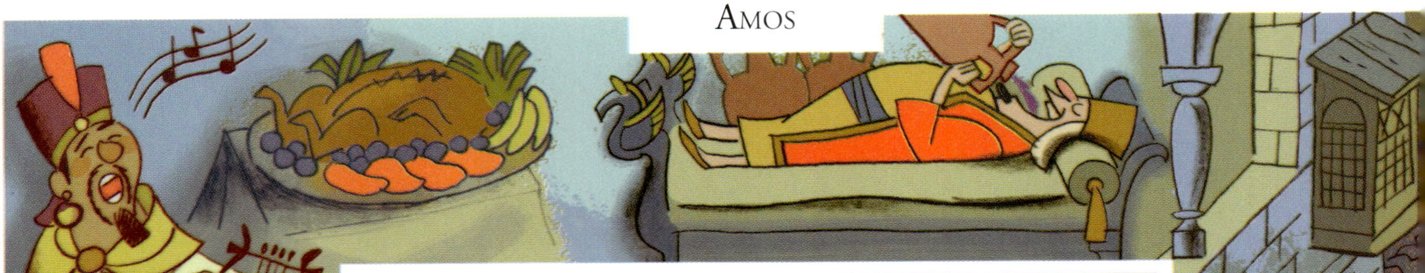

17 dans toutes les vignes il y aura des lamentations,
car je vais passer au milieu de toi, dit le Seigneur.
18 Malheur à ceux qui soupirent après le jour du Seigneur !
Que sera-t-il pour vous, le jour du Seigneur ?
Il sera ténèbres, et non lumière.
19 Tel l'homme qui fuit devant un lion et tombe sur un ours !
Il entre à la maison, appuie sa main au mur, et un serpent le mord !
20 N'est-il pas ténèbres, le jour du Seigneur, et non lumière ?
Il est obscur et sans clarté !

21 Je déteste, je méprise vos fêtes,
je n'ai aucun goût
pour vos assemblées.
22 Quand vous me présentez des
holocaustes* et des offrandes,
je ne les accueille pas ;
vos sacrifices* de bêtes grasses,
je ne les regarde même pas.

23 Éloignez de moi le tapage de vos cantiques ;
que je n'entende pas la musique de vos harpes.
24 Mais que le droit jaillisse comme une source ;
la justice, comme un torrent qui ne tarit jamais !

LE PEUPLE COURT À SA PERTE

6 1 Malheur à ceux qui vivent bien tranquilles dans Jérusalem*,

DIEU N'OUBLIE PAS LES PAUVRES

Amos appelle ses contemporains à ouvrir les yeux : derrière l'opulence des riches, la révolte des pauvres est étouffée. Mais un peuple, chez qui les liens de solidarité sont ainsi brisés, ne peut pas résister à ses adversaires. Sa richesse attire les convoitises et ses divisions le dépouillent de tout esprit de résistance.

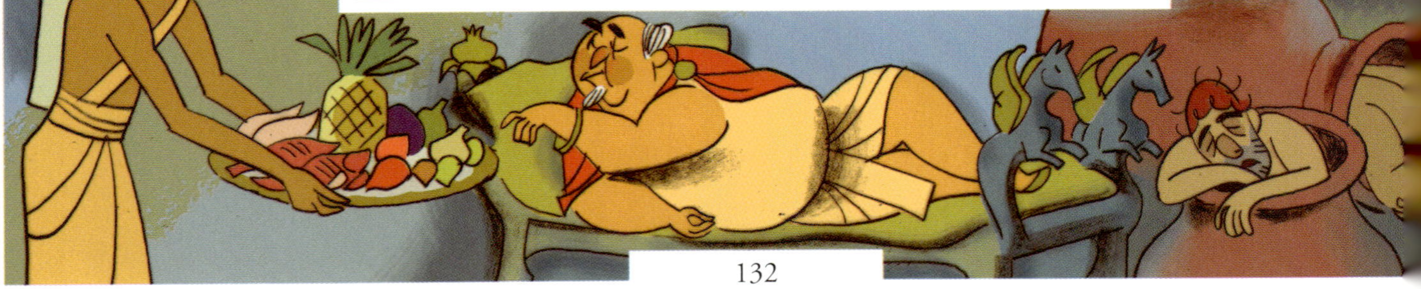

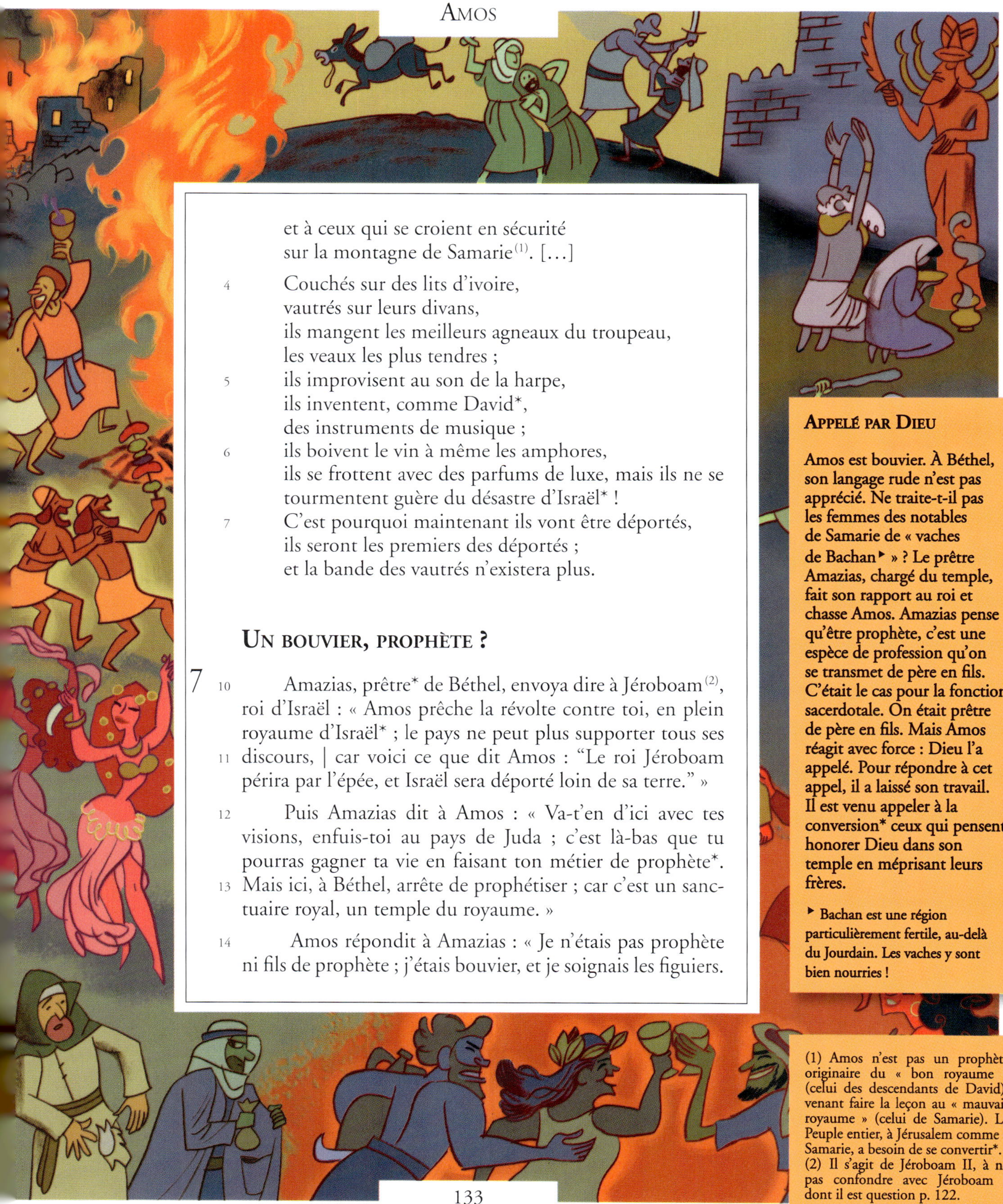

et à ceux qui se croient en sécurité
sur la montagne de Samarie[1]. [...]

4 Couchés sur des lits d'ivoire,
vautrés sur leurs divans,
ils mangent les meilleurs agneaux du troupeau,
les veaux les plus tendres ;
5 ils improvisent au son de la harpe,
ils inventent, comme David*,
des instruments de musique ;
6 ils boivent le vin à même les amphores,
ils se frottent avec des parfums de luxe, mais ils ne se tourmentent guère du désastre d'Israël* !
7 C'est pourquoi maintenant ils vont être déportés,
ils seront les premiers des déportés ;
et la bande des vautrés n'existera plus.

UN BOUVIER, PROPHÈTE ?

7 10 Amazias, prêtre* de Béthel, envoya dire à Jéroboam[2],
roi d'Israël : « Amos prêche la révolte contre toi, en plein
royaume d'Israël* ; le pays ne peut plus supporter tous ses
11 discours, | car voici ce que dit Amos : “Le roi Jéroboam
périra par l'épée, et Israël sera déporté loin de sa terre.” »

12 Puis Amazias dit à Amos : « Va-t'en d'ici avec tes
visions, enfuis-toi au pays de Juda ; c'est là-bas que tu
pourras gagner ta vie en faisant ton métier de prophète*.
13 Mais ici, à Béthel, arrête de prophétiser ; car c'est un sanc-
tuaire royal, un temple du royaume. »

14 Amos répondit à Amazias : « Je n'étais pas prophète
ni fils de prophète ; j'étais bouvier, et je soignais les figuiers.

APPELÉ PAR DIEU

Amos est bouvier. À Béthel, son langage rude n'est pas apprécié. Ne traite-t-il pas les femmes des notables de Samarie de « vaches de Bachan‣ » ? Le prêtre Amazias, chargé du temple, fait son rapport au roi et chasse Amos. Amazias pense qu'être prophète, c'est une espèce de profession qu'on se transmet de père en fils. C'était le cas pour la fonction sacerdotale. On était prêtre de père en fils. Mais Amos réagit avec force : Dieu l'a appelé. Pour répondre à cet appel, il a laissé son travail. Il est venu appeler à la conversion* ceux qui pensent honorer Dieu dans son temple en méprisant leurs frères.

‣ Bachan est une région particulièrement fertile, au-delà du Jourdain. Les vaches y sont bien nourries !

(1) Amos n'est pas un prophète originaire du « bon royaume » (celui des descendants de David), venant faire la leçon au « mauvais royaume » (celui de Samarie). Le Peuple entier, à Jérusalem comme à Samarie, a besoin de se convertir*.
(2) Il s'agit de Jéroboam II, à ne pas confondre avec Jéroboam I dont il est question p. 122.

15 Mais le Seigneur* m'a saisi quand j'étais derrière le trou-
peau, et c'est lui qui m'a dit : "Va, tu seras prophète pour
mon peuple Israël." »

La restauration d'Israël

9 11 En ce jour-là, je relèverai la hutte de David*,
qui s'écroule ;
je réparerai ses brèches, je relèverai ses ruines,
je la rebâtirai telle qu'aux jours d'autrefois,
12 afin que ses habitants prennent possession
du reste d'Édom(1) et de toutes les nations
sur lesquelles mon nom fut jadis invoqué,
déclare le Seigneur*, qui fera tout cela.
13 Voici venir des jours, déclare le Seigneur,
où se suivront de près labours et moissons,
vendanges et semailles.
Les montagnes laisseront couler le vin nouveau,
toutes les collines en seront ruisselantes.
14 Je ramènerai les captifs de mon peuple Israël* ;
ils rebâtiront les villes dévastées et les habiteront ;
ils planteront des vignes et en boiront le vin ;
ils cultiveront des jardins et en mangeront les fruits.
15 Je les planterai sur leur sol,
et jamais plus ils ne seront arrachés
du sol que je leur ai donné.
– Le Seigneur ton Dieu a parlé.

Dieu est fidèle

Le livre d'Amos se termine sur cette promesse pleine de joie : Dieu fera l'unité de son Peuple autour d'un descendant de David et il lui donnera tout ce qu'il faut pour vivre.

(1) Voir Édomites*.

OSÉE

Le prophète Osée annonce la Parole* de Dieu dans le royaume de Samarie, peu de temps après Amos. Témoin de la faiblesse d'Israël* face aux Assyriens, il invite à la conversion*.

Osée utilise deux comparaisons : Dieu aime son peuple comme un époux fidèle et comme un père plein de miséricorde*.

OSÉE, PROPHÈTE DE L'AMOUR FOU DE DIEU

DIEU, ÉPOUX FIDÈLE

2 Parole du Seigneur* :
16 Mon épouse infidèle, je vais la séduire,
je vais l'entraîner jusqu'au désert,
et je lui parlerai cœur à cœur.
17 Et là, je lui rendrai ses vignobles [...].
Là, elle me répondra
comme au temps de sa jeunesse,
au jour où elle est sortie du pays d'Égypte.

18 En ce jour-là, déclare le Seigneur,
voici ce qui arrivera :
Tu m'appelleras : « Mon époux »
et non plus : « Mon maître ».
19 J'éloignerai de ses lèvres les noms des Baals*
ses maîtres,
on ne prononcera plus leurs noms.

20 En ce jour-là je conclurai à leur profit
une alliance avec les animaux des champs,
avec les oiseaux du ciel et les bestioles de la terre ;
je briserai l'arc, l'épée, la guerre,
pour en délivrer le pays,
et ses habitants, je les ferai reposer en sécurité.

21 Tu seras ma fiancée,
et ce sera pour toujours.

LES NOCES DE DIEU

Osée aime Gomer, sa femme, pourtant infidèle. « Vous aussi, vous êtes infidèles à Dieu, dit-il au Peuple. Pourtant, vous ne parviendrez jamais à décourager l'amour de Dieu, quels que soient vos refus ou vos indifférences. Dieu est fidèle, il vous donnera d'être fidèles à votre tour. »

Dieu a fait Alliance* avec Israël, une Alliance semblable à des noces. Il se considère comme l'époux de son Peuple. Il propose à tous les membres de la maison d'Israël, hommes et femmes, de vivre avec lui. Il ne s'agit pas seulement de penser à lui de temps en temps, mais de construire une vie commune, comme une épouse construit sa vie avec son époux.

Tu seras ma fiancée,
et je t'apporterai la justice et le droit,
l'amour et la tendresse ;
22 tu seras ma fiancée,
et je t'apporterai la fidélité,
et tu connaîtras* le Seigneur.

ISRAËL, ÉPOUSE INFIDÈLE

6 Les fils d'Israël* se disaient entre eux :
1 « Allons ! Revenons au Seigneur* !
C'est lui qui nous a cruellement déchirés,
c'est lui qui nous guérira ;
lui qui nous a meurtris,
il pansera nos blessures.
2 Après deux jours il nous rendra la vie,
le troisième jour il nous relèvera (1)
et nous vivrons en sa présence.
3 Efforçons-nous de connaître* le Seigneur ;
sa venue est aussi certaine que celle de l'aurore,
elle sera bienfaisante pour nous comme l'ondée,
comme les pluies de printemps
qui arrosent la terre. »

4 Et Dieu répondit :
Que vais-je te faire, Éphraïm* ?
Que vais-je te faire, Juda (2) ?
Votre amour est fugitif comme la brume du matin,
comme la rosée qui s'évapore à la première heure.

5 Voilà pourquoi je vous ai frappés par mes prophètes*,
je vous ai massacrés par les paroles de ma bouche.

(1) L'expression « le troisième jour » sera utilisée par Jésus pour parler de sa Résurrection (par exemple Matthieu 16, 21, p. 269) et reprise dans le Symbole* de Nicée-Constantinople. Voir Résurrection*.
(2) Éphraïm est le royaume du Nord ; Juda est le royaume du Sud. Malgré les divisions, Dieu reste fidèle à l'Alliance* avec son Peuple.

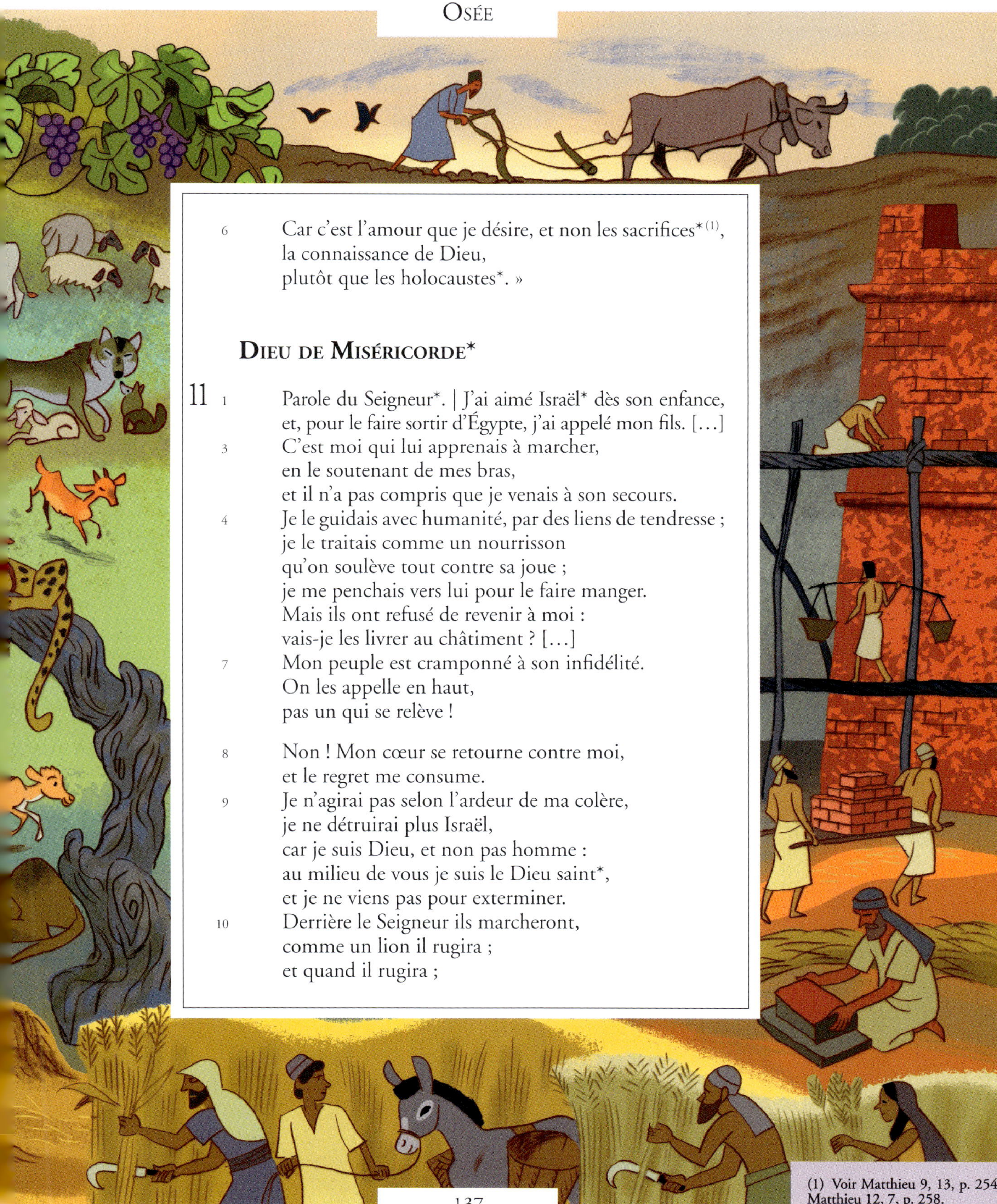

6 Car c'est l'amour que je désire, et non les sacrifices*[1],
la connaissance de Dieu,
plutôt que les holocaustes*. »

Dieu de Miséricorde*

11 1 Parole du Seigneur*. | J'ai aimé Israël* dès son enfance,
et, pour le faire sortir d'Égypte, j'ai appelé mon fils. […]
3 C'est moi qui lui apprenais à marcher,
en le soutenant de mes bras,
et il n'a pas compris que je venais à son secours.
4 Je le guidais avec humanité, par des liens de tendresse ;
je le traitais comme un nourrisson
qu'on soulève tout contre sa joue ;
je me penchais vers lui pour le faire manger.
Mais ils ont refusé de revenir à moi :
vais-je les livrer au châtiment ? […]
7 Mon peuple est cramponné à son infidélité.
On les appelle en haut,
pas un qui se relève !

8 Non ! Mon cœur se retourne contre moi,
et le regret me consume.
9 Je n'agirai pas selon l'ardeur de ma colère,
je ne détruirai plus Israël,
car je suis Dieu, et non pas homme :
au milieu de vous je suis le Dieu saint*,
et je ne viens pas pour exterminer.
10 Derrière le Seigneur ils marcheront,
comme un lion il rugira ;
et quand il rugira ;

(1) Voir Matthieu 9, 13, p. 254 et Matthieu 12, 7, p. 258.

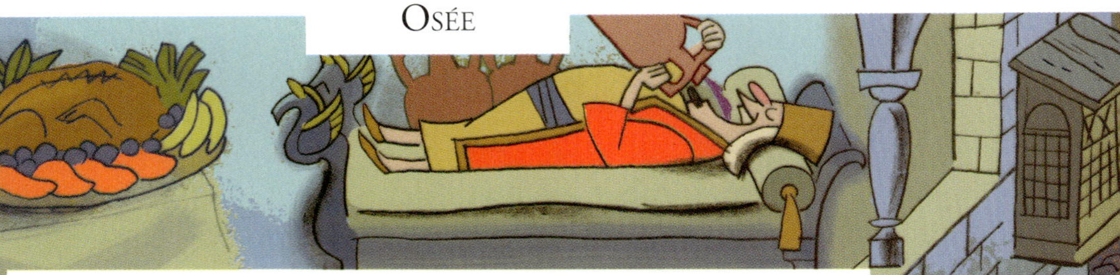

les fils viendront, tremblants, de l'Occident ;
11 comme un passereau ils viendront en tremblant de l'Égypte,
comme une colombe, du pays d'Assur,
et je les ferai habiter dans leurs maisons,
oracle* du Seigneur.

LA FIN DU ROYAUME DU NORD

Le royaume d'Israël ne peut plus résister à la puissance conquérante des Assyriens. En 721 avant Jésus Christ, Samarie, longuement assiégée, tombe entre les mains de Sargon II.

Une grande partie de la population est massacrée, l'autre partie emmenée vers un exil d'où elle ne reviendra pas. Les Assyriens installent sur le territoire ainsi dévasté des populations venant d'autres contrées récemment conquises. Ces païens apprennent à connaître le Seigneur* auprès des rares Israélites qui n'ont pas été déportés. Ils sont les ancêtres de ceux qu'on appellera les Samaritains* à l'époque de Jésus.*

L'Assyrie tente alors de conquérir le royaume de Jérusalem. Des problèmes intérieurs l'empêcheront d'aboutir*[1]*.*

(1) Voir p. 145 le récit du siège interrompu de Jérusalem.

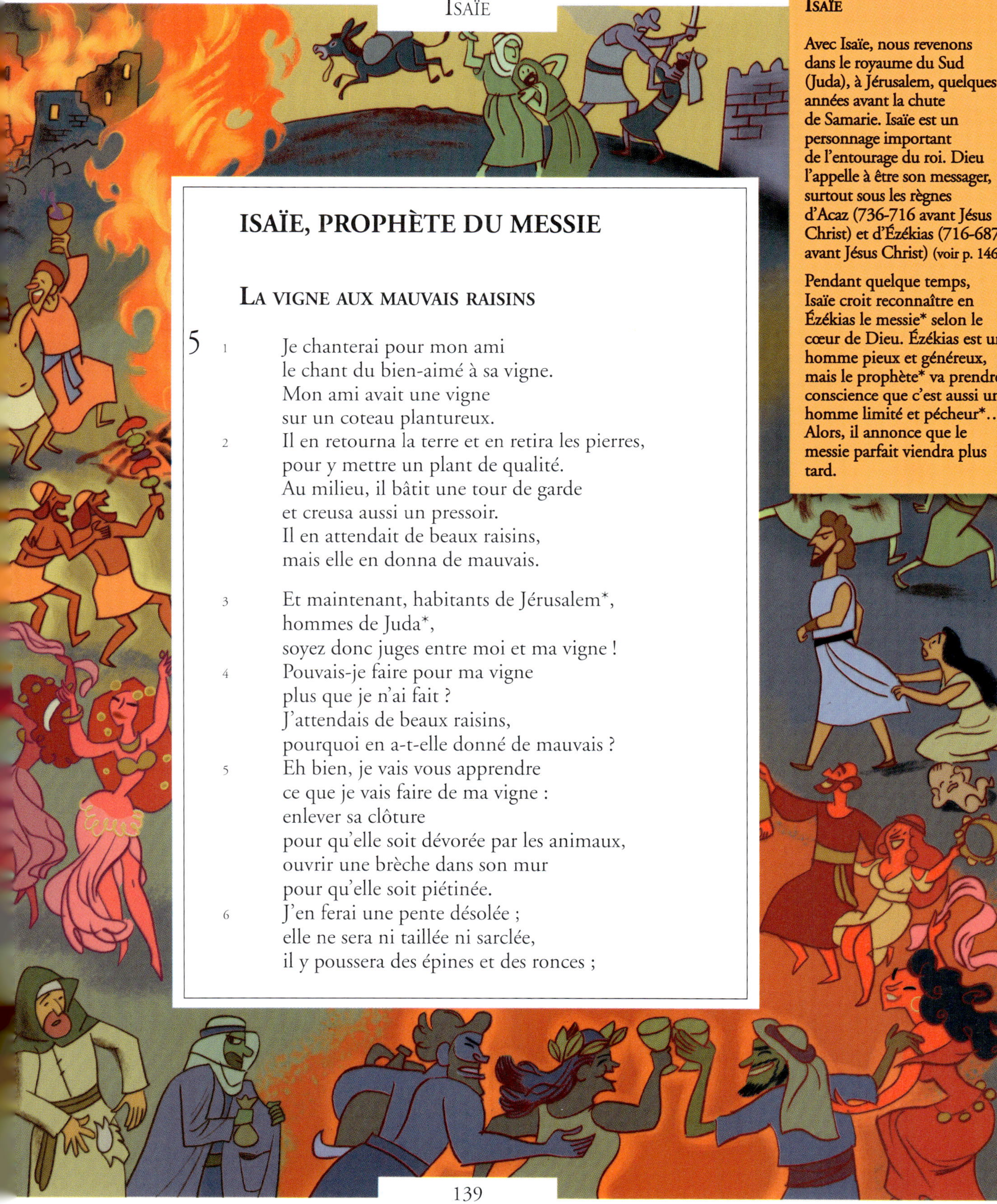

Isaïe

Avec Isaïe, nous revenons dans le royaume du Sud (Juda), à Jérusalem, quelques années avant la chute de Samarie. Isaïe est un personnage important de l'entourage du roi. Dieu l'appelle à être son messager, surtout sous les règnes d'Acaz (736-716 avant Jésus Christ) et d'Ézékias (716-687 avant Jésus Christ) (voir p. 146).

Pendant quelque temps, Isaïe croit reconnaître en Ézékias le messie* selon le cœur de Dieu. Ézékias est un homme pieux et généreux, mais le prophète* va prendre conscience que c'est aussi un homme limité et pécheur*… Alors, il annonce que le messie parfait viendra plus tard.

ISAÏE, PROPHÈTE DU MESSIE

La vigne aux mauvais raisins

5 1 Je chanterai pour mon ami
le chant du bien-aimé à sa vigne.
Mon ami avait une vigne
sur un coteau plantureux.
2 Il en retourna la terre et en retira les pierres,
pour y mettre un plant de qualité.
Au milieu, il bâtit une tour de garde
et creusa aussi un pressoir.
Il en attendait de beaux raisins,
mais elle en donna de mauvais.

3 Et maintenant, habitants de Jérusalem*,
hommes de Juda*,
soyez donc juges entre moi et ma vigne !
4 Pouvais-je faire pour ma vigne
plus que je n'ai fait ?
J'attendais de beaux raisins,
pourquoi en a-t-elle donné de mauvais ?
5 Eh bien, je vais vous apprendre
ce que je vais faire de ma vigne :
enlever sa clôture
pour qu'elle soit dévorée par les animaux,
ouvrir une brèche dans son mur
pour qu'elle soit piétinée.
6 J'en ferai une pente désolée ;
elle ne sera ni taillée ni sarclée,
il y poussera des épines et des ronces ;

Porter de bons fruits

Isaïe fait un constat amer pour Dieu, son ami : la vigne qu'il aime tant ne lui donne que du mauvais raisin.

La vigne, c'est le Peuple d'Israël (royaume du Nord) et de Juda (royaume du Sud). Pour Dieu, malgré la séparation, il n'y a toujours qu'un seul Peuple, une seule vigne.

Ce Peuple, mal dirigé par des messies* incapables et pécheurs, ne reconnaît plus l'amour que Dieu lui porte et se laisse entraîner dans l'infidélité. Il produit de mauvais fruits.

Mais parce qu'il est Dieu, Dieu n'abandonne pas sa vigne (Osée 11, 9, p. 137).

j'interdirai aux nuages
d'y faire tomber la pluie.

7 La vigne du Seigneur* de l'univers,
c'est la maison d'Israël*.
Le plant qu'il chérissait,
ce sont les hommes de Juda.
Il en attendait le droit,
et voici l'iniquité ;
il en attendait la justice,
et voici les cris de détresse.

Le messager du Seigneur de l'univers

Ozias, roi de Jérusalem, meurt en 740 avant Jésus Christ. Son fils Yotam lui succède pour seize ans. Ce sont de bons rois*, mais ils ne parviennent pas à arracher l'idolâtrie* du cœur de leur peuple. Alors Dieu se choisit d'autres messagers, les prophètes*.*

6 1 L'année de la mort du roi Ozias, je vis le Seigneur*
qui siégeait sur un trône très élevé ; les pans de
2 son manteau remplissaient le Temple*. | Des séra-
phins* se tenaient au-dessus de lui. Ils avaient
chacun six ailes : deux pour se couvrir le visage,
deux pour se couvrir les pieds, et deux pour voler.
3 Ils se criaient l'un à l'autre : « Saint* ! Saint !
Saint, le Seigneur, Dieu de l'univers. Toute la
4 terre est remplie de sa gloire*. » | Les pivots des
portes se mirent à trembler à la voix de celui qui
5 criait, et le Temple se remplissait de fumée. | Je

Saint, Saint, Saint
le Seigneur de l'univers,
le ciel où volent les séraphins
et la terre où se dresse ton Temple
sont remplis de ta gloire.

Toi, l'Au-delà de tout,
tu envoies aux hommes des messagers :
messies, prophètes,
pécheurs aux lèvres impures.
Mais un jour,
descendant de ton trône,
ton Fils prendra le langage des hommes*
pour proclamer la Bonne Nouvelle
de ton amour.
Béni soit celui qui vient*
au nom du Seigneur !

dis alors : « Malheur à moi ! je suis perdu, car je suis un
homme aux lèvres impures, j'habite au milieu d'un peuple
aux lèvres impures : et mes yeux ont vu le Roi, le Seigneur
6 de l'univers ! » | L'un des séraphins vola vers moi, tenant un
charbon brûlant qu'il avait pris avec des pinces sur l'autel*.
7 Il l'approcha de ma bouche et dit : « Ceci a touché tes
lèvres, et maintenant ta faute est enlevée, ton péché* est
pardonné*. »

8 J'entendis alors la voix du Seigneur qui disait : « Qui
enverrai-je ? qui sera notre messager ? » Et j'ai répondu :
« Moi, je serai ton messager : envoie-moi. »

La promesse de l'Emmanuel

Le roi Acaz a succédé à son père Yotam à Jérusalem. Pékah, roi de Samarie, et Raçône, roi de Damas en Syrie, lui proposent d'entreprendre avec eux une guerre contre les Assyriens. Acaz refuse. Pékah et Raçône décident alors de marcher sur Jérusalem. Ils veulent détrôner Acaz et le remplacer par un de leurs amis.*

Acaz, affolé, intercède auprès de tous les dieux. Il offre son propre fils en sacrifice. Par ce geste d'idolâtrie*, il manifeste qu'il n'accorde pas beaucoup d'importance à la promesse* que Dieu avait faite à David[1]. Il n'hésite pas à sacrifier à un faux dieu la descendance promise par le Seigneur*. Malgré tout, Dieu ne renie pas sa promesse.*

7 1 Au temps d'Acaz, roi de Juda, Raçône, roi de Syrie, et
Pékah, roi d'Israël*, montèrent contre Jérusalem pour l'at-
2 taquer, mais ils ne purent lui donner l'assaut. | Lorsqu'on

(1) Voir 2 Samuel 7, 11-16, p. 110.

apprit, au palais du roi, que l'armée syrienne avait pris
position en Éphraïm*, le roi et son peuple furent secoués
comme les arbres de la forêt sont secoués par le vent.

3 Le Seigneur dit alors à Isaïe* : « Avec ton fils qui s'ap-
pelle "Un-reste-reviendra", va trouver Acaz, au bout du canal
du réservoir supérieur, sur la route du Champ-du-Foulon.

4 Tu lui diras :
"Garde ton calme, ne crains pas,
ne va pas perdre cœur devant ces deux bouts de tisons
fumants,
à cause de la colère bruyante du roi de Syrie
et du roi d'Israël[1].
5 Oui, la Syrie a décidé ta perte,
en accord avec Éphraïm et le roi d'Israël.
Ils ont dit :
6 Marchons contre le royaume de Juda*,
pour l'intimider ;
pénétrons chez lui
pour l'obliger à se rendre,
et nous lui imposerons comme roi le fils de Tabéel.
7 Mais voici ce que dit le Seigneur Dieu :
Cela ne tiendra pas, cela ne sera pas." […]

10 Le Seigneur parla encore ainsi au roi Acaz :
11 « Demande pour toi un signe*
venant du Seigneur ton Dieu,
demande-le au fond des vallées
ou bien en haut sur les sommets. »
12 Acaz répondit : « Non, je n'en demanderai pas,
je ne mettrai pas le Seigneur à l'épreuve[2]. »
13 Isaïe dit alors :

(1) Le royaume d'Israël, c'est le royaume du Nord avec Samarie comme capitale.
(2) Acaz se donne l'apparence d'un homme respectueux de la Loi*. Il prétend ne pas vouloir mettre Dieu au défi de manifester sa présence (Exode 17, 7, p. 72). Mais Isaïe sait que, dans son cœur idolâtre, Acaz cherche la protection d'autres dieux.

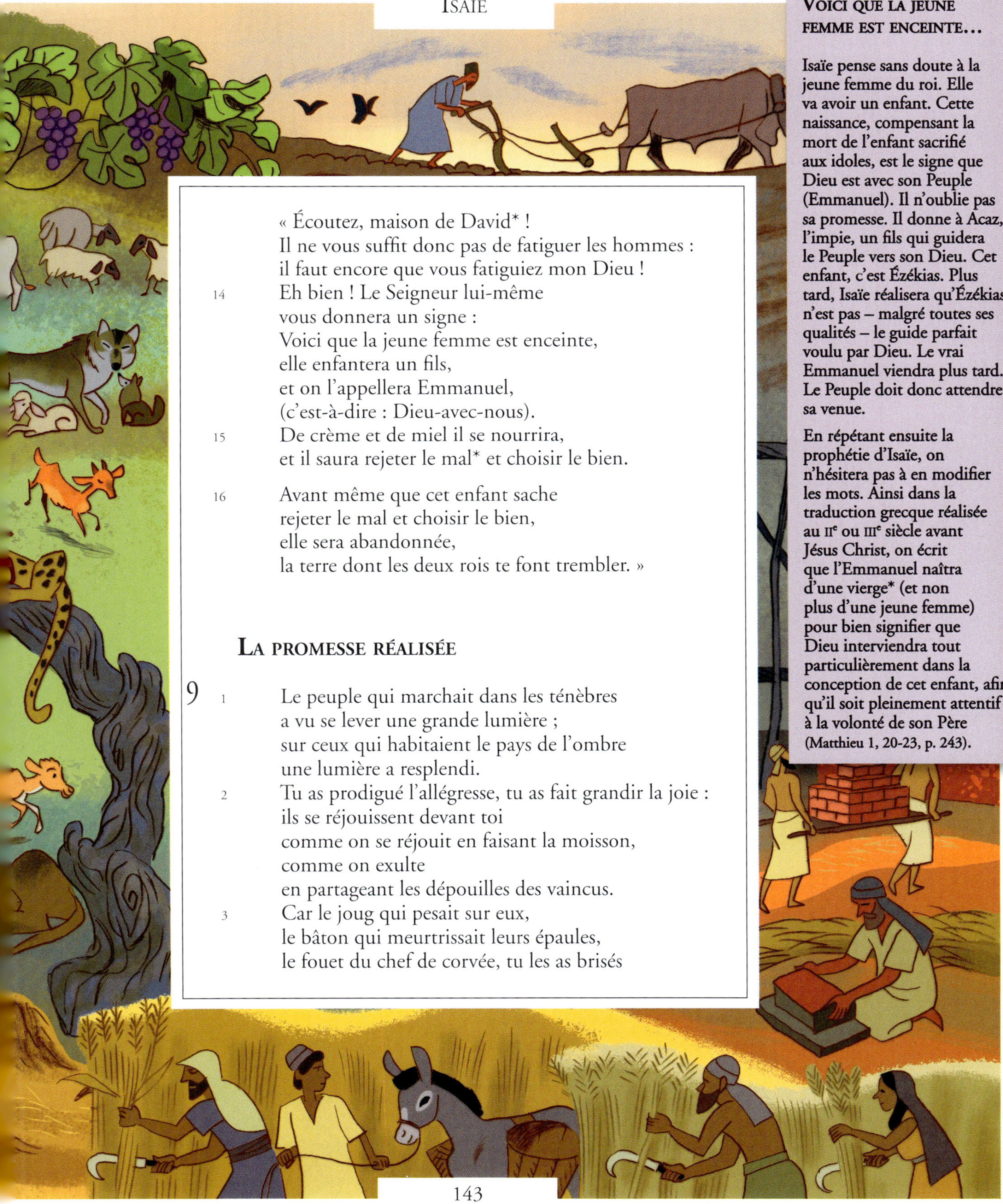

« Écoutez, maison de David* !
Il ne vous suffit donc pas de fatiguer les hommes :
il faut encore que vous fatiguiez mon Dieu !
14 Eh bien ! Le Seigneur lui-même
vous donnera un signe :
Voici que la jeune femme est enceinte,
elle enfantera un fils,
et on l'appellera Emmanuel,
(c'est-à-dire : Dieu-avec-nous).
15 De crème et de miel il se nourrira,
et il saura rejeter le mal* et choisir le bien.

16 Avant même que cet enfant sache
rejeter le mal et choisir le bien,
elle sera abandonnée,
la terre dont les deux rois te font trembler. »

La promesse réalisée

9 1 Le peuple qui marchait dans les ténèbres
a vu se lever une grande lumière ;
sur ceux qui habitaient le pays de l'ombre
une lumière a resplendi.
2 Tu as prodigué l'allégresse, tu as fait grandir la joie :
ils se réjouissent devant toi
comme on se réjouit en faisant la moisson,
comme on exulte
en partageant les dépouilles des vaincus.
3 Car le joug qui pesait sur eux,
le bâton qui meurtrissait leurs épaules,
le fouet du chef de corvée, tu les as brisés

Voici que la jeune femme est enceinte…

Isaïe pense sans doute à la jeune femme du roi. Elle va avoir un enfant. Cette naissance, compensant la mort de l'enfant sacrifié aux idoles, est le signe que Dieu est avec son Peuple (Emmanuel). Il n'oublie pas sa promesse. Il donne à Acaz, l'impie, un fils qui guidera le Peuple vers son Dieu. Cet enfant, c'est Ézékias. Plus tard, Isaïe réalisera qu'Ézékias n'est pas – malgré toutes ses qualités – le guide parfait voulu par Dieu. Le vrai Emmanuel viendra plus tard. Le Peuple doit donc attendre sa venue.

En répétant ensuite la prophétie d'Isaïe, on n'hésitera pas à en modifier les mots. Ainsi dans la traduction grecque réalisée au IIe ou IIIe siècle avant Jésus Christ, on écrit que l'Emmanuel naîtra d'une vierge* (et non plus d'une jeune femme) pour bien signifier que Dieu interviendra tout particulièrement dans la conception de cet enfant, afin qu'il soit pleinement attentif à la volonté de son Père (Matthieu 1, 20-23, p. 243).

UN ENFANT NOUS EST NÉ

Isaïe* chante sa joie, soit à la naissance d'Ézékias, le fils d'Acaz, soit à l'occasion de son onction* royale, souvent comparée à une nouvelle naissance. Ainsi le Psaume 2, utilisé lors des onctions royales, met dans la bouche de Dieu cette phrase adressée au nouveau messie* : « Tu es mon fils, moi aujourd'hui, je t'ai engendré » (voir p. 215).

Ézékias, malgré toutes ses qualités, n'est qu'une faible image du Prince-de-la-Paix que le Seigneur enverra un jour. La prophétie d'Isaïe se réalisera pleinement avec la naissance de Jésus.

comme au jour de la victoire sur Madiane (1).
4 Toutes les chaussures des soldats
qui piétinaient bruyamment le sol,
tous leurs manteaux couverts de sang,
les voilà brûlés : le feu les a dévorés.
5 Oui ! un enfant nous est né,
un fils nous a été donné ;
l'insigne du pouvoir est sur son épaule ;
on proclame son nom :
« Merveilleux-Conseiller, Dieu-Fort,
Père-à-jamais, Prince-de-la-Paix ».
6 Ainsi le pouvoir s'étendra, la paix sera sans fin
pour David* et pour son royaume.
Il sera solidement établi sur le droit et la justice*
dès maintenant et pour toujours.
Voilà ce que fait
l'amour invincible du Seigneur* de l'univers.

LA PROMESSE DIFFÉRÉE

11 1 Un rameau sortira de la souche de Jessé,
père de David*, un rejeton jaillira de ses racines.
2 Sur lui reposera l'esprit* du Seigneur* :
esprit de sagesse et de discernement,
esprit de conseil et de force,
esprit de connaissance* et de crainte* du Seigneur
qui lui inspirera la crainte du Seigneur.
3 Il ne jugera pas d'après les apparences,
il ne tranchera pas d'après ce qu'il entend dire.
4 Il jugera les petits avec justice*, il tranchera

(1) Voir Madianites*.

avec droiture en faveur des pauvres du pays.
Comme un bâton, sa parole frappera le pays,
le souffle de ses lèvres fera mourir le méchant.
5 Justice est la ceinture de ses hanches ;
fidélité, le baudrier de ses reins.

6 Le loup habitera avec l'agneau,
le léopard se couchera près du chevreau,
le veau et le lionceau seront nourris ensemble,
un petit garçon les conduira.
7 La vache et l'ourse auront même pâturage,
leurs petits auront même gîte.
Le lion, comme le bœuf, mangera du fourrage.
8 Le nourrisson s'amusera sur le nid du cobra,
sur le trou de la vipère l'enfant étendra la main.
9 Il ne se fera plus rien de mauvais ni de corrompu
sur ma montagne sainte ;
car la connaissance du Seigneur remplira le pays
comme les eaux recouvrent le fond de la mer.

10 Ce jour-là, la racine de Jessé, père de David,
sera dressée comme un étendard pour les peuples,
les nations* la chercheront,
et la gloire sera sa demeure.

L'ÉCHEC DES ASSYRIENS

Après avoir détruit Samarie, le roi d'Assyrie s'en prend à Jérusalem. Il puise dans toutes les victoires qu'il a remportées la certitude d'être protégé par un dieu invincible. Il tourne en dérision les autres dieux incapables de sauver leurs fidèles.*

ISAÏE ET L'ATTENTE DU MESSIE

Avant Isaïe*, le Peuple n'attendait pas le messie*. Quand un roi-messie mourait, un de ses fils lui succédait tout naturellement. Isaïe réalise que les rois-messies sont rarement les guides souhaités par Dieu. Il révèle que Dieu va envoyer un Messie selon son cœur. Désormais, le Peuple va attendre ce Messie comme un sauveur*. La disparition de la royauté au moment de l'Exil* (voir p. 151) ne détruit pas l'espérance* du Peuple. Il crie vers le Seigneur pour que vienne enfin le Messie-sauveur. Certains l'imaginent comme un roi* très puissant, mais d'autres en tracent un portrait plus proche d'un prophète* que d'un roi.

La réaction de foi d'Ézékias est admirable. Il ne cherche pas, comme son père Acaz, à s'approprier la bienveillance de dieux étrangers. Il sait que le Seigneur* est le seul Dieu. Il se remet entre ses mains. Isaïe* lui annonce que la ville sera sauvée.*

37 9 De nouveau Sennachérib envoya des messagers à
10 Ézékias pour lui dire : | « Vous parlerez ainsi à Ézékias, roi
de Juda* : Que ton Dieu en qui tu te confies ne t'abuse pas
en disant : "Jérusalem ne sera pas livrée aux mains du roi
11 d'Assyrie." | Tu as appris ce que les rois d'Assyrie ont fait
à tous les pays, les vouant à l'anathème, et toi, tu serais
délivré ! » [...]

14 Ézékias prit la lettre de la main des messagers et la lut.
Puis il monta au temple du Seigneur et la déplia devant
15 le Seigneur. | Et Ézékias fit cette prière en présence du
16 Seigneur : | « Seigneur Sabaot, Dieu d'Israël*, qui sièges
sur les chérubins, c'est toi qui es seul Dieu de tous les
royaumes de la terre, c'est toi qui as fait le ciel et la terre.
17 Prête l'oreille, Seigneur, et entends, ouvre les yeux, Seigneur,
18 et vois. | Il est vrai, Seigneur, les rois d'Assyrie ont exter-
19 miné toutes les nations (et leurs pays). | Ils ont jeté au feu
leurs dieux, car ce n'étaient pas des dieux mais l'ouvrage de
mains d'hommes, du bois et de la pierre, alors ils les ont
20 anéantis. | Mais maintenant, Seigneur notre Dieu, sauve-
nous de sa main, je t'en supplie, et que tous les royaumes
de la terre sachent que toi seul es Dieu, Seigneur. »

21 Alors Isaïe fils d'Amoç envoya dire à Ézékias : « Ainsi
parle le Seigneur, Dieu d'Israël, à propos de la prière que tu
22 m'as adressée au sujet de Sennachérib, roi d'Assyrie. | Voici
l'oracle* que le Seigneur a prononcé contre lui :

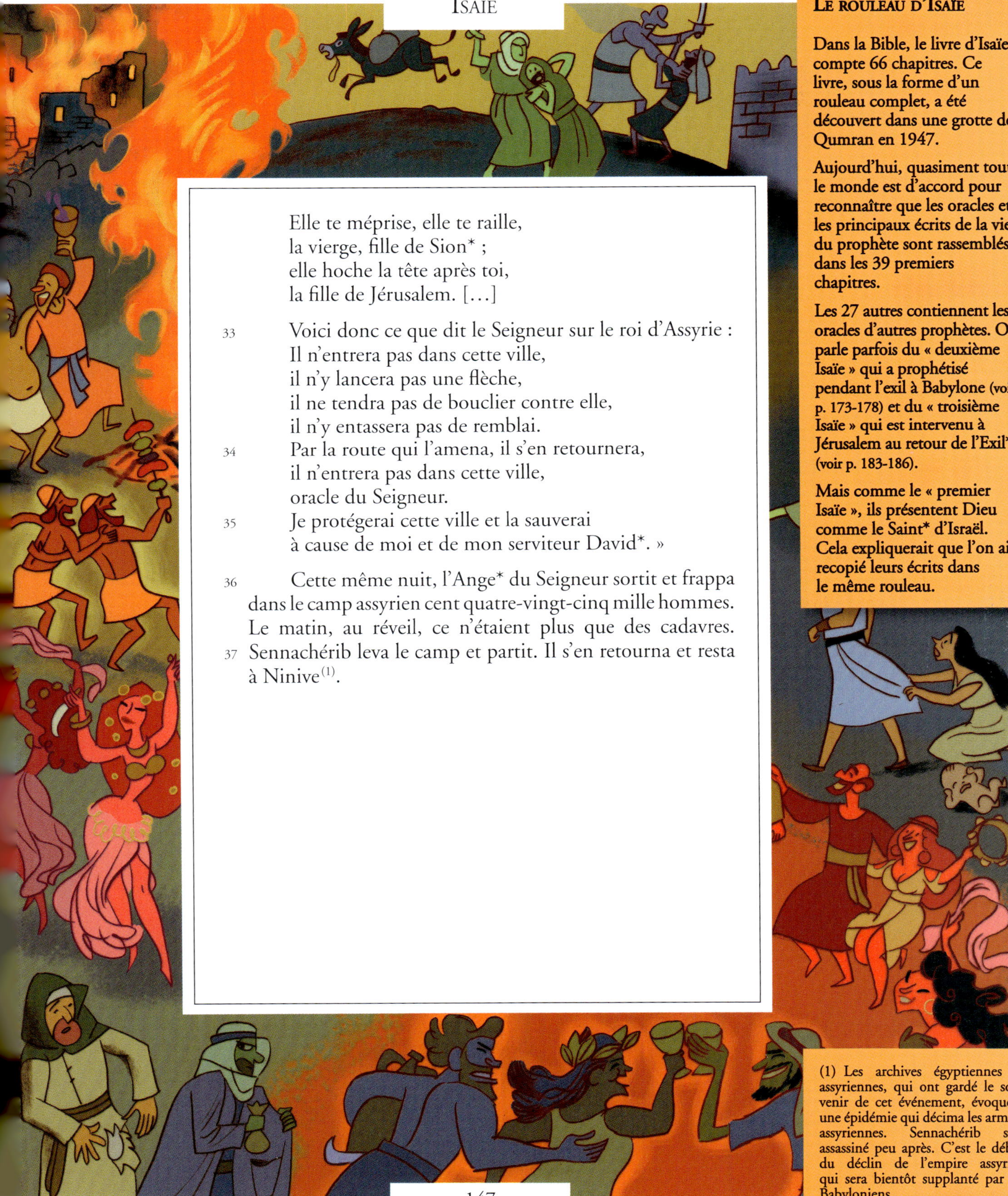

Elle te méprise, elle te raille,
la vierge, fille de Sion* ;
elle hoche la tête après toi,
la fille de Jérusalem. […]

33 Voici donc ce que dit le Seigneur sur le roi d'Assyrie :
Il n'entrera pas dans cette ville,
il n'y lancera pas une flèche,
il ne tendra pas de bouclier contre elle,
il n'y entassera pas de remblai.
34 Par la route qui l'amena, il s'en retournera,
il n'entrera pas dans cette ville,
oracle du Seigneur.
35 Je protégerai cette ville et la sauverai
à cause de moi et de mon serviteur David*. »

36 Cette même nuit, l'Ange* du Seigneur sortit et frappa
dans le camp assyrien cent quatre-vingt-cinq mille hommes.
Le matin, au réveil, ce n'étaient plus que des cadavres.
37 Sennachérib leva le camp et partit. Il s'en retourna et resta
à Ninive[1].

LE ROULEAU D'ISAÏE

Dans la Bible, le livre d'Isaïe compte 66 chapitres. Ce livre, sous la forme d'un rouleau complet, a été découvert dans une grotte de Qumran en 1947.

Aujourd'hui, quasiment tout le monde est d'accord pour reconnaître que les oracles et les principaux écrits de la vie du prophète sont rassemblés dans les 39 premiers chapitres.

Les 27 autres contiennent les oracles d'autres prophètes. On parle parfois du « deuxième Isaïe » qui a prophétisé pendant l'exil à Babylone (voir p. 173-178) et du « troisième Isaïe » qui est intervenu à Jérusalem au retour de l'Exil* (voir p. 183-186).

Mais comme le « premier Isaïe », ils présentent Dieu comme le Saint* d'Israël. Cela expliquerait que l'on ait recopié leurs écrits dans le même rouleau.

(1) Les archives égyptiennes et assyriennes, qui ont gardé le souvenir de cet événement, évoquent une épidémie qui décima les armées assyriennes. Sennachérib sera assassiné peu après. C'est le début du déclin de l'empire assyrien qui sera bientôt supplanté par les Babyloniens.

MICHÉE

C'est un contemporain d'Isaïe*, mais il ne vit pas à Jérusalem dans l'entourage du roi. À cette époque où les expéditions guerrières ravagent les campagnes, Michée fait entendre le cri d'espérance des petits, qui attendent que Dieu envoie un Sauveur*.

DIEU DÉSARMÉ

Le Seigneur ne ressemble pas aux dieux cruels d'Assyrie. Il ne donne pas à son Peuple le pouvoir d'écraser les autres peuples (Isaïe 37, 17-19, p. 146). Il invite au contraire toutes les nations à inventer une vie fraternelle. Les épées qui ouvraient le corps des soldats pour y porter la mort deviennent des socs de charrue ouvrant la terre pour qu'en jaillisse la vie.

Cette prophétie se trouve aussi dans le livre d'Isaïe 2, 2-4.

MICHÉE, PROPHÈTE DE LA PAIX

PLUS JAMAIS LA GUERRE

4 1 Il arrivera dans l'avenir
que la montagne du temple du Seigneur*
sera placée à la tête des montagnes
et dominera les collines.

Des peuples afflueront vers elle,
2 des nations* nombreuses se mettront en marche
et elles diront :
« Venez, montons à la montagne du Seigneur,
au temple du Dieu de Jacob*.
Il nous enseignera ses chemins
et nous suivrons ses sentiers.
Car c'est de Sion* que vient la Loi*,
de Jérusalem*, la parole du Seigneur. »

3 Il sera le juge de la multitude des peuples,
l'arbitre des nations puissantes, jusqu'au loin.
De leurs épées, ils forgeront des socs de charrue,
et, de leurs lances, des faucilles.
On ne lèvera plus l'épée nation contre nation,
on ne s'entraînera plus pour la guerre.

4 Chacun pourra s'asseoir sous sa vigne et sous
son figuier, sans que personne l'inquiète.
La bouche du Seigneur de l'univers a parlé !

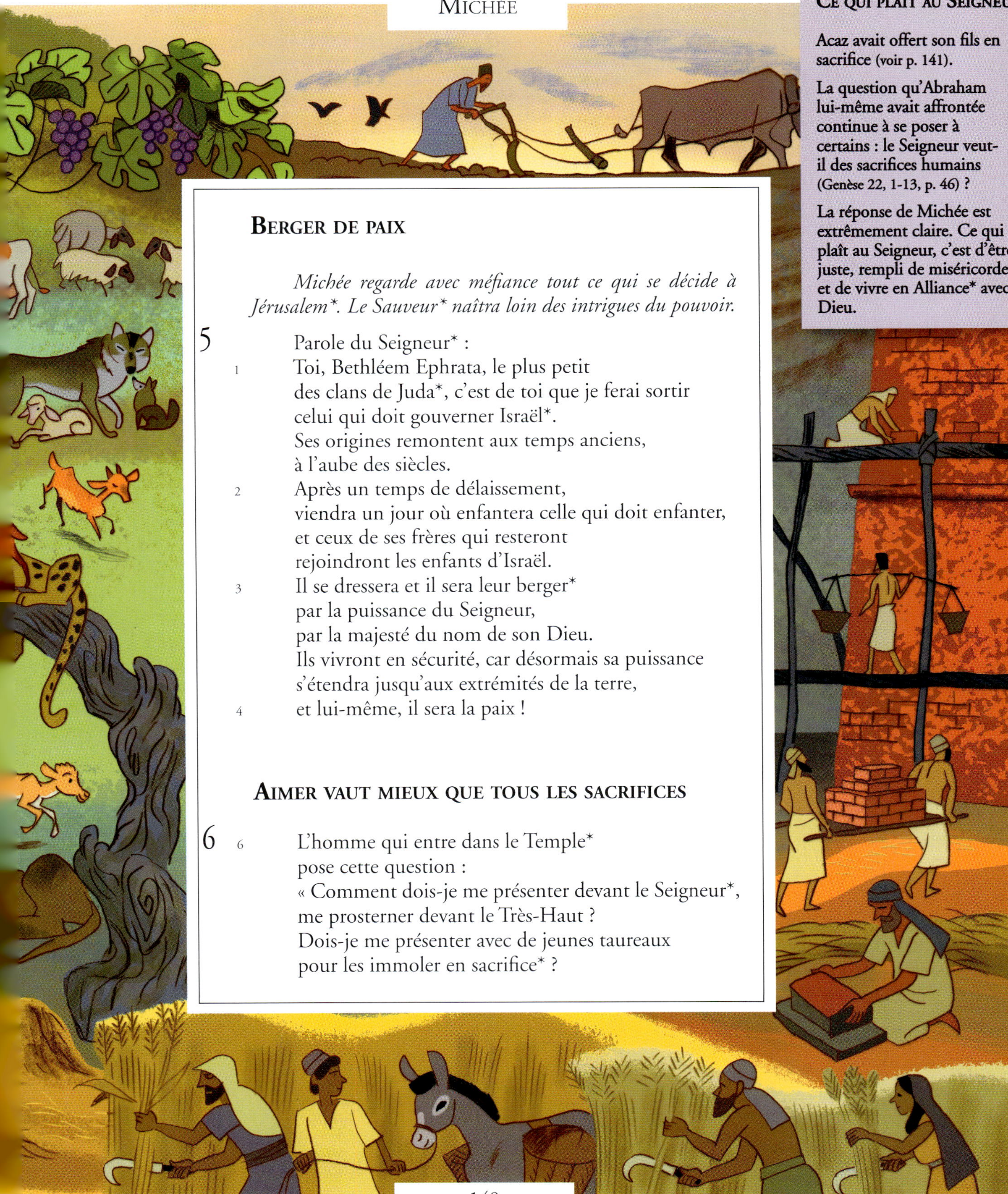

BERGER DE PAIX

Michée regarde avec méfiance tout ce qui se décide à Jérusalem. Le Sauveur* naîtra loin des intrigues du pouvoir.*

5 Parole du Seigneur* :
1 Toi, Bethléem Ephrata, le plus petit
des clans de Juda*, c'est de toi que je ferai sortir
celui qui doit gouverner Israël*.
Ses origines remontent aux temps anciens,
à l'aube des siècles.
2 Après un temps de délaissement,
viendra un jour où enfantera celle qui doit enfanter,
et ceux de ses frères qui resteront
rejoindront les enfants d'Israël.
3 Il se dressera et il sera leur berger*
par la puissance du Seigneur,
par la majesté du nom de son Dieu.
Ils vivront en sécurité, car désormais sa puissance
s'étendra jusqu'aux extrémités de la terre,
4 et lui-même, il sera la paix !

AIMER VAUT MIEUX QUE TOUS LES SACRIFICES

6 6 L'homme qui entre dans le Temple*
pose cette question :
« Comment dois-je me présenter devant le Seigneur*,
me prosterner devant le Très-Haut ?
Dois-je me présenter avec de jeunes taureaux
pour les immoler en sacrifice* ?

CE QUI PLAÎT AU SEIGNEUR

Acaz avait offert son fils en sacrifice (voir p. 141).

La question qu'Abraham lui-même avait affrontée continue à se poser à certains : le Seigneur veut-il des sacrifices humains (Genèse 22, 1-13, p. 46) ?

La réponse de Michée est extrêmement claire. Ce qui plaît au Seigneur, c'est d'être juste, rempli de miséricorde, et de vivre en Alliance* avec Dieu.

7 Pour lui plaire, faut-il offrir des centaines de béliers,
verser de l'huile à flots sur l'autel* ?
Faudra-t-il que j'offre mon fils aîné pour ma faute,
le fruit de mes entrailles pour mon péché* ? »

8 Et il reçoit cette réponse :
« Homme, le Seigneur t'a fait savoir ce qui est bien,
ce qu'il réclame de toi : rien d'autre que pratiquer
la justice*, aimer la miséricorde*,
et marcher humblement avec ton Dieu[1]. »

(1) Le Psaume 51, 18-19, p. 222, approfondit cette réflexion de Michée.

II
L'EXIL

Josias *règne à Jérusalem* de 640 à 609 avant Jésus Christ. Il entreprend une grande réforme religieuse, aidé par son secrétaire Shafane*(1)*. Mais, en voulant interdire au pharaon Neko de traverser son territoire, il est tué à Meggido*(2) *en 609 avant Jésus Christ.*

Neko, désormais « protecteur » du royaume de Juda, désigne un fils de Josias pour régner à Jérusalem. Il lui donne le nom de* ***Joakim*** *(609-598 avant Jésus Christ). Bientôt, cependant, la puissance égyptienne est éclipsée par celle de* ***Nabucodonosor****, roi de Babylone. Il exige que Jérusalem lui verse un tribut. Mais Joakim préfère rester fidèle au pharaon, assassin de son père. Nabucodonosor vient donc assiéger Jérusalem.*

Joakim étant mort entre-temps, c'est son fils ***Jékonias***(3) *qui ouvre Jérusalem aux troupes de Nabucodonosor. Le Temple* et la ville ne sont pas détruits. Le roi est emmené en exil à Babylone avec une partie de la population, à savoir les serruriers, les forgerons*(4)*, les responsables du Peuple : tous ceux qui pourraient encourager une révolte contre Babylone. Parmi eux se trouve un prêtre*,* ***Ézékiel****.*

Nabucodonosor désigne un nouveau roi pour Jérusalem. Ce sera le dernier. ***Sédécias*** *(598-587 avant Jésus Christ) poursuit le rêve impossible d'échapper au pouvoir de Babylone en s'appuyant sur l'Égypte. Il n'écoute pas le prophète** ***Jérémie**** *qui invite le Peuple à mettre sa confiance dans le Seigneur*, sous peine de subir un terrible châtiment. À Babylone, Ézékiel tient un langage très semblable. En 587 avant Jésus Christ, Nabucodonosor, excédé par les rébellions de Sédécias, conquiert Jérusalem et détruit le Temple. La prédication de Jérémie et d'Ézékiel s'ouvre alors à l'espérance* d'une Alliance* nouvelle entre Dieu et le Peuple purifié de ses péchés*. Un peu plus tard, un prophète inconnu – souvent appelé le « deuxième Isaïe*(5) *» – annonce aux exilés que Dieu ne désire pas un Peuple dominateur, mais un Peuple témoin de l'unique Seigneur parmi les nations*.*

(1) Josias purifie le Temple des idoles* qu'on y a introduites. Il fait détruire un autel païen* dans la vallée de Ben-Hinnom. Voir p. 157.
(2) Dans l'Apocalypse* de Jean, c'est à la montagne de Meggido (Harmaggedon) que Dieu conduira une dernière bataille contre les forces du mal.
(3) Appelé aussi Joakin, il ne règne que trois mois.
(4) Serruriers et forgerons devaient être éloignés de Jérusalem, car ils auraient pu fabriquer des armes.
(5) Voir p. 147 et 173.

L'EXIL À BABYLONE

1. *Babylone, avec ses cinquante-trois temples, le palais royal et ses fameux jardins suspendus, est protégée par une double muraille, longue de 18 km.*

2. *Nabucodonosor revient en vainqueur de Jérusalem* (587 avant Jésus Christ). Derrière lui, le roi Sédécias* enchaîné, les yeux crevés. À la fin du cortège, les trésors du Temple* rapportés à Babylone (voir « La fin du royaume de Jérusalem », p. 161).*

3. *La ziggourat de Babylone qui a servi de modèle au récit de la tour de Babel (Genèse 11, 1-9, p. 33). Il s'agit d'un temple de briques, en forme de tour à étages superposés.*

4. *En 598 avant Jésus Christ, lors de la première déportation, Nabucodonosor a emmené à Babylone tous les forgerons (voir p. 151). Suivant les conseils de Jérémie*, les exilés se sont installés et travaillent (Jérémie 29, 4-14, p. 161-162).*

5. Le prophète* inconnu, que nous appelons le deuxième Isaïe, est en prière. Il comprend que le peuple sera libéré par un serviteur (voir p. 173).

6. Les exilés ont fondé des familles. Ils ont eu des enfants* (Jérémie 29, 6, p. 161).

7. Ézékiel* condamne les mauvais bergers* d'Israël (Ézékiel 34, 1-16, p. 169-170).

8. Des gens se réunissent pour écouter la Parole de Dieu et prier. C'est le début des synagogues* (voir « Un nouveau culte », p. 181).

9. Des scribes* mettent par écrit les récits bibliques. Esdras* est l'un de ces scribes de Babylone.

10. Des exilés se souviennent de Jérusalem avec amertume. Ils ont pendu leurs harpes aux saules des alentours. Ils refusent de chanter pour leurs vainqueurs (Psaume 137, p. 230-231).

11. L'Euphrate, le fleuve qui coule au pied de Babylone.

JÉRÉMIE

Jérémie a pour mission* d'annoncer la Parole* de Dieu au moment où s'effondre le royaume de Jérusalem. C'est un homme très différent d'Isaïe*. Il est plutôt timide et très sensible. Il n'aime pas les conflits. Pourtant, le Seigneur le pousse à dénoncer ouvertement les péchés* des rois et du Peuple. Avec beaucoup de courage, Jérémie pose les mêmes questions que le prophète Osée : « Si Dieu en avait assez de son épouse infidèle ? S'il avait décidé de l'oublier ? » **(Osée 2, 16-22, p. 135).**

JÉRÉMIE, PROPHÈTE DE LA NOUVELLE ALLIANCE

VOCATION DE JÉRÉMIE

1 1 Paroles de Jérémie*, fils de Helkias, l'un des prêtres*
2 qui étaient à Anatoth, dans le territoire de Benjamin. | À lui
fut adressée la parole du Seigneur*, aux jours de Josias, fils
3 d'Amon, roi de Juda*, la troisième année de son règne ; | puis
aux jours de Joiaqim, fils de Josias, roi de Juda, jusqu'à la fin
de la onzième année de Sédécias, fils de Josias, roi de Juda,
jusqu'à la déportation de Jérusalem*, au cinquième mois.

4 Le Seigneur m'adressa la parole et me dit :
5 « Avant même de te former dans le sein de ta mère,
je te connaissais ;
avant que tu viennes au jour,
je t'ai consacré* ;
je fais de toi un prophète* pour les peuples. »
6 Et je dis : « Oh ! Seigneur mon Dieu ! Vois donc : je
ne sais pas parler, je ne suis qu'un enfant ! »
7 Le Seigneur reprit :
« Ne dis pas : "Je ne suis qu'un enfant !"
Tu iras vers tous ceux à qui je t'enverrai,
tu diras tout ce que je t'ordonnerai.
8 Ne les crains pas,
car je suis avec toi pour te délivrer,
déclare le Seigneur. »
9 Puis le Seigneur étendit la main, il me toucha la
bouche et me dit :
« Ainsi, je mets dans ta bouche mes paroles !
10 Sache que je te donne aujourd'hui

Jérémie, comme Moïse ▸,
tu connais tes limites
et tu crains de ne pas être à la hauteur
de la tâche que te confie le Seigneur.
Mais avec la force du Seigneur,
tu annonceras vigoureusement
aux gens du Peuple,
comme aux grands du royaume,
la Parole du Seigneur.

▸ *Exode 4, 10-17, p. 61.*

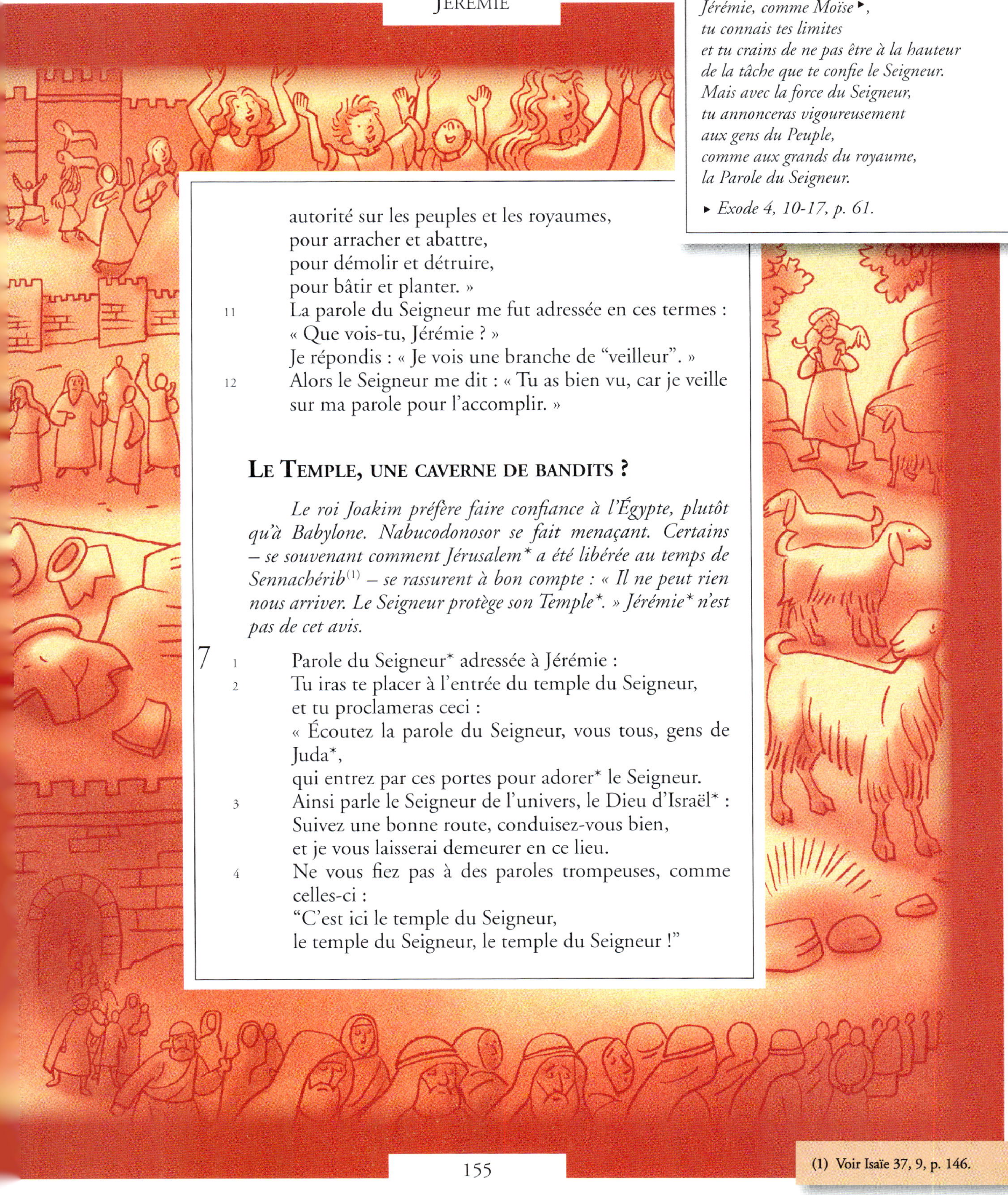

autorité sur les peuples et les royaumes,
pour arracher et abattre,
pour démolir et détruire,
pour bâtir et planter. »
11 La parole du Seigneur me fut adressée en ces termes :
« Que vois-tu, Jérémie ? »
Je répondis : « Je vois une branche de “veilleur”. »
12 Alors le Seigneur me dit : « Tu as bien vu, car je veille
sur ma parole pour l'accomplir. »

Le Temple, une caverne de bandits ?

Le roi Joakim préfère faire confiance à l'Égypte, plutôt qu'à Babylone. Nabucodonosor se fait menaçant. Certains – se souvenant comment Jérusalem a été libérée au temps de Sennachérib*[1] *– se rassurent à bon compte : « Il ne peut rien nous arriver. Le Seigneur protège son Temple*. » Jérémie* n'est pas de cet avis.*

7 1 Parole du Seigneur* adressée à Jérémie :
2 Tu iras te placer à l'entrée du temple du Seigneur,
et tu proclameras ceci :
« Écoutez la parole du Seigneur, vous tous, gens de Juda*,
qui entrez par ces portes pour adorer* le Seigneur.
3 Ainsi parle le Seigneur de l'univers, le Dieu d'Israël* :
Suivez une bonne route, conduisez-vous bien,
et je vous laisserai demeurer en ce lieu.
4 Ne vous fiez pas à des paroles trompeuses, comme celles-ci :
“C'est ici le temple du Seigneur,
le temple du Seigneur, le temple du Seigneur !”

(1) Voir Isaïe 37, 9, p. 146.

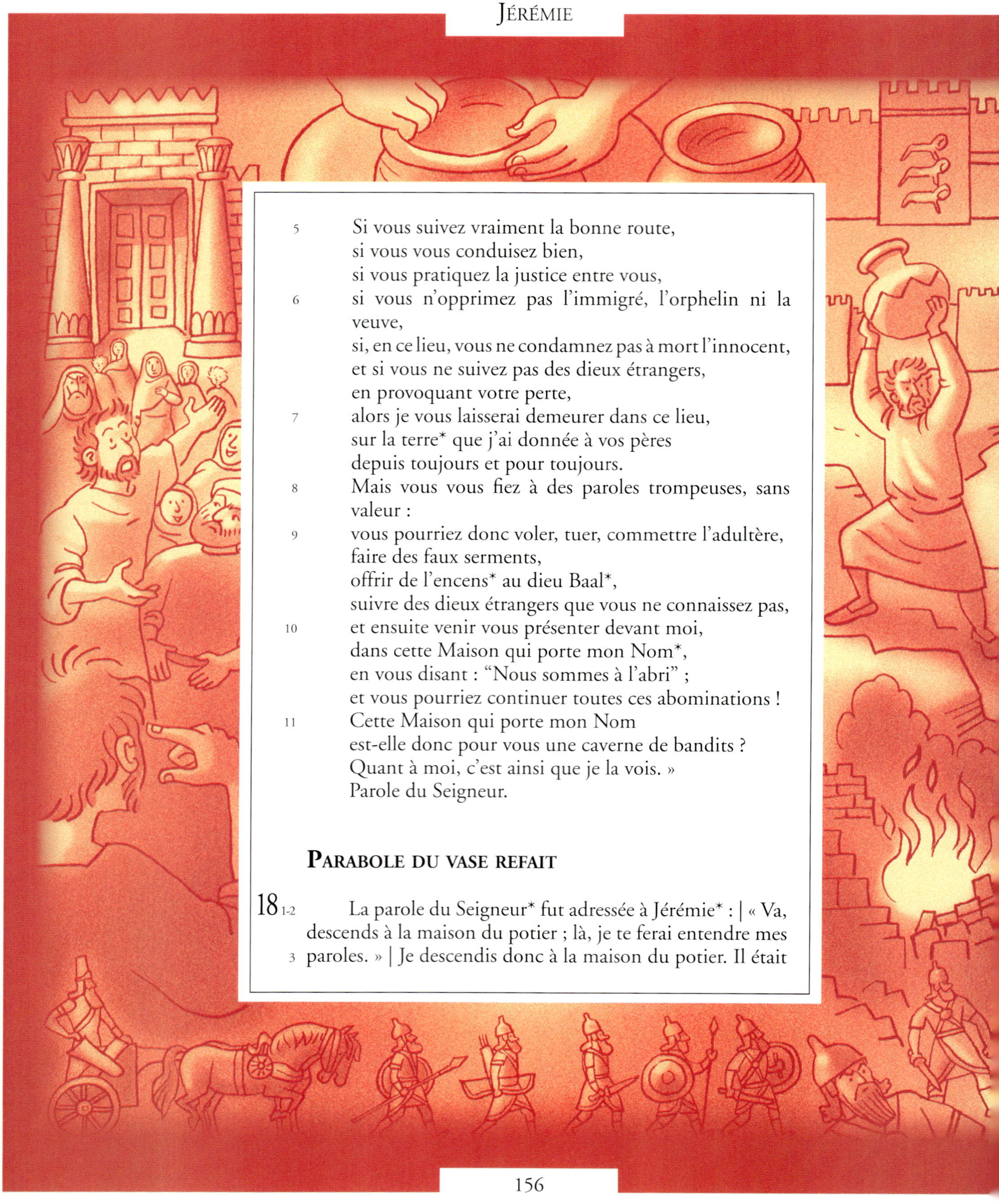

5 Si vous suivez vraiment la bonne route,
si vous vous conduisez bien,
si vous pratiquez la justice entre vous,
6 si vous n'opprimez pas l'immigré, l'orphelin ni la veuve,
si, en ce lieu, vous ne condamnez pas à mort l'innocent,
et si vous ne suivez pas des dieux étrangers,
en provoquant votre perte,
7 alors je vous laisserai demeurer dans ce lieu,
sur la terre* que j'ai donnée à vos pères
depuis toujours et pour toujours.
8 Mais vous vous fiez à des paroles trompeuses, sans valeur :
9 vous pourriez donc voler, tuer, commettre l'adultère,
faire des faux serments,
offrir de l'encens* au dieu Baal*,
suivre des dieux étrangers que vous ne connaissez pas,
10 et ensuite venir vous présenter devant moi,
dans cette Maison qui porte mon Nom*,
en vous disant : "Nous sommes à l'abri" ;
et vous pourriez continuer toutes ces abominations !
11 Cette Maison qui porte mon Nom
est-elle donc pour vous une caverne de bandits ?
Quant à moi, c'est ainsi que je la vois. »
Parole du Seigneur.

PARABOLE DU VASE REFAIT

18 1-2 La parole du Seigneur* fut adressée à Jérémie* : | « Va,
descends à la maison du potier ; là, je te ferai entendre mes
3 paroles. » | Je descendis donc à la maison du potier. Il était

4 en train de travailler sur son tour. | Le vase qu'il façonnait
de sa main avec l'argile fut manqué. Alors il recommença,
5 et il fit un autre vase, qu'il jugea satisfaisant. | Alors cette
6 parole du Seigneur me fut adressée : | « Maison d'Israël*,
est-ce que je ne pourrais pas vous traiter comme fait ce
potier ? déclare le Seigneur. Oui, comme l'argile est dans
la main du potier, ainsi êtes-vous dans ma main, maison
7 d'Israël ! | Parfois, je parle d'arracher, de renverser et de
8 détruire une nation ou un royaume. | Mais cette nation se
détourne du mal* que j'avais condamné ; alors je renonce
9 au mal que j'avais décidé de lui faire. | Parfois, je parle de
10 bâtir et de planter une nation ou un royaume. | Mais ils
font ce qui est mal à mes yeux, et ils n'écoutent pas ma
voix ; alors je renonce au bien que j'avais promis de leur
faire. »

Parabole du vase brisé

19 1 Alors le Seigneur* dit à Jérémie* : Va t'acheter une
cruche de potier. Prends avec toi des anciens* du peuple et
2 des anciens des prêtres*. | Sors en direction de la vallée de
Ben-Hinnom[1] qui est à l'entrée de la porte des Tessons.
3 Là, tu proclameras les paroles que je te dirai. | Tu diras :
Écoutez la parole du Seigneur, rois de Juda* et habitants
de Jérusalem*. Ainsi parle le Seigneur Sabaot, le Dieu d'Is-
raël* : Voici que j'amène un malheur sur ce lieu. Les oreilles
4 en tinteront à quiconque l'apprendra ! | Car ils m'ont aban-
donné, ils ont rendu ce lieu méconnaissable, ils y ont offert
l'encens* à des dieux étrangers que n'avaient connus ni eux,
ni leurs pères, ni les rois de Juda. Ils ont rempli ce lieu du
5 sang des innocents. | Car ils ont construit des hauts lieux

La colère de Dieu

Comme la plupart des prophètes*, Jérémie parle avec dureté. Il profère des menaces, car il révèle la colère* de Dieu devant les péchés* du Peuple de l'Alliance*.

(1) À l'époque de Jésus, cette vallée, transformée en dépôt d'ordures, s'appellera « vallée de la Géhenne* ».

Seigneur, tu as beau
y mettre tout ton savoir-faire,
ton Peuple, comme une argile rebelle,
refuse de se laisser façonner
par tes mains paternelles.
Toi qui es le Dieu fidèle,
ne nous abandonne pas.
Reprends, sans te lasser, ton travail
et recrée-nous à ton image.

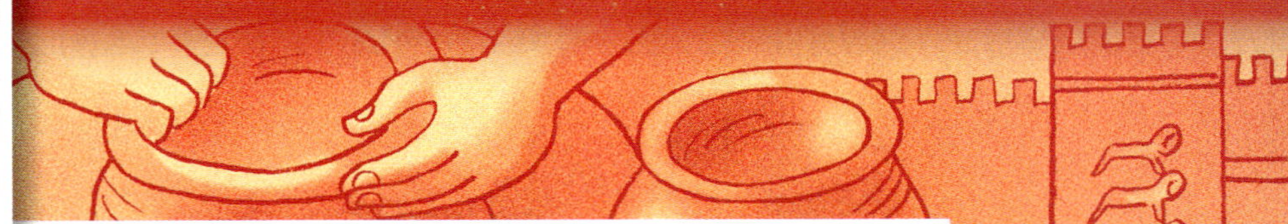

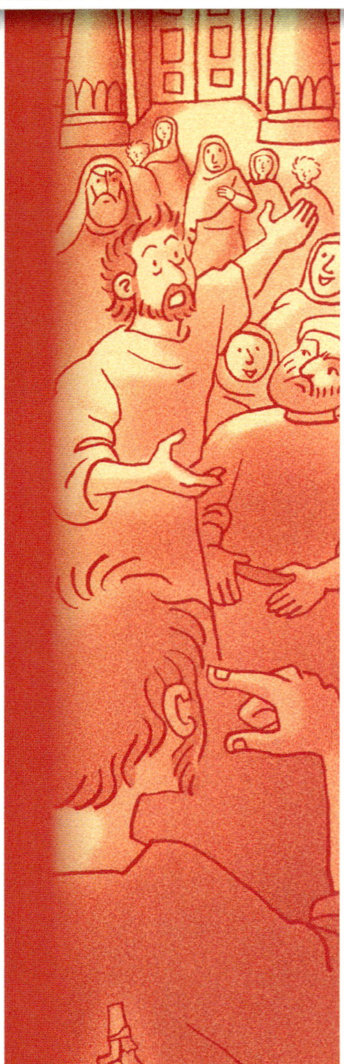

de Baal*, pour consumer au feu leurs fils, en holo-
causte* à Baal ; cela, je ne l'avais jamais ordonné,
je n'en avais jamais parlé, je n'y avais jamais
6 songé [1] ! | Aussi voici venir des jours – oracle* du
Seigneur – où l'on n'appellera plus ce lieu Tophèt ni vallée
de Ben-Hinnom, mais bien vallée du Carnage. […]

10 Tu briseras cette cruche sous les yeux des gens qui t'au-
11 ront accompagné | et tu leur diras : Ainsi parle le Seigneur
Sabaot : Je vais briser ce peuple et cette ville comme on
brise le vase du potier, qui ne peut plus être réparé.

Qu'il est difficile d'être prophète

Jérémie exprime ses difficultés et ses doutes dans des passages qu'on appelle « les confessions ».*

20 7 Seigneur*, tu as voulu me séduire, et je me suis laissé séduire ;
tu m'as fait subir ta puissance,
et tu l'as emporté.
À longueur de journée je suis en butte à la raillerie,
tout le monde se moque de moi.
8 Chaque fois que j'ai à dire la parole,
je dois crier,
je dois proclamer :
« Violence et pillage ! »

À longueur de journée, la parole du Seigneur
attire sur moi l'injure et la moquerie.
9 Je me disais : « Je ne penserai plus à lui,
je ne parlerai plus en son nom. »

(1) Il faut relire le récit de la grande épreuve d'Abraham (Genèse 22, 1-13, p. 46) à la lumière de cette affirmation sans ambiguïté.

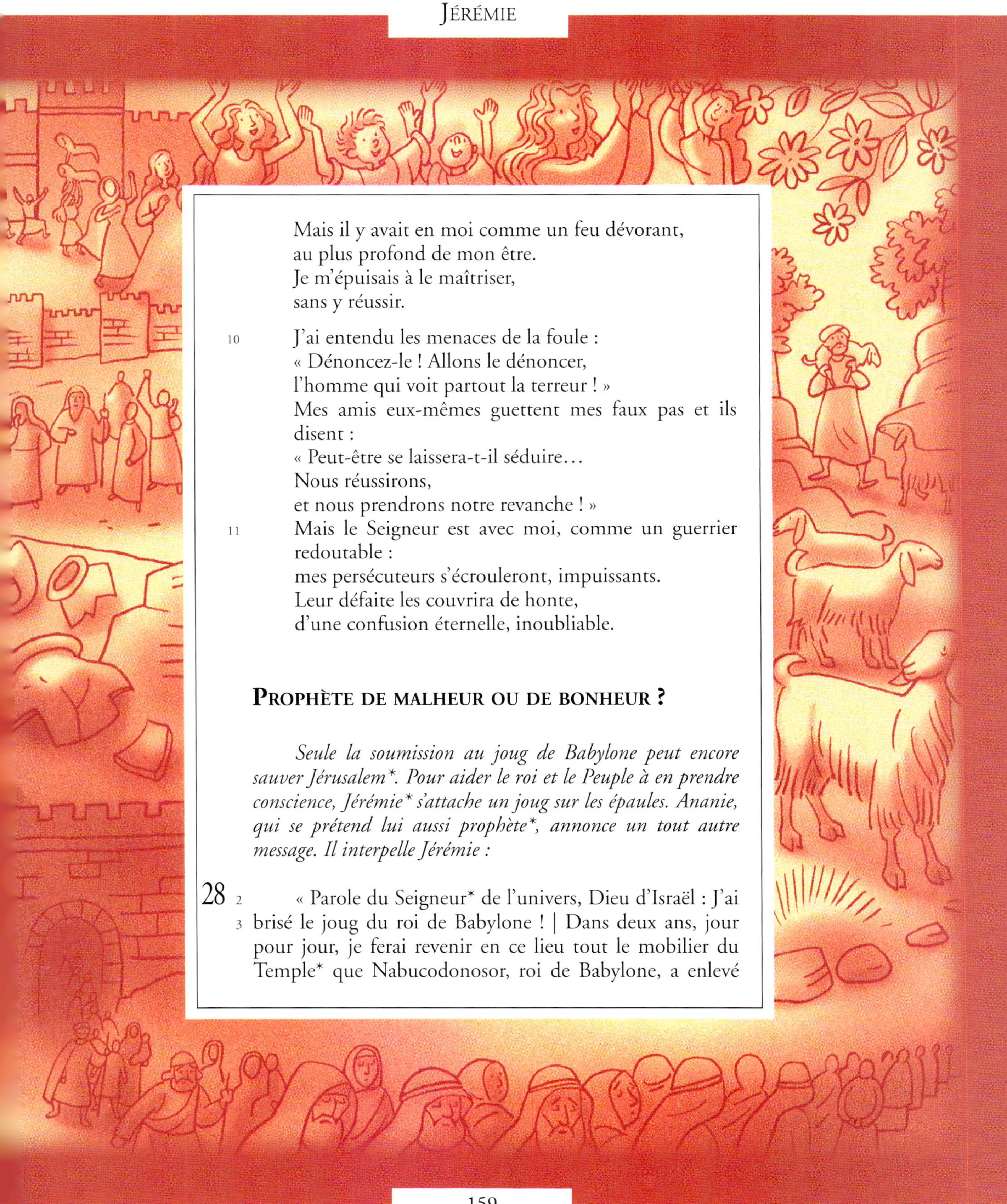

Mais il y avait en moi comme un feu dévorant,
au plus profond de mon être.
Je m'épuisais à le maîtriser,
sans y réussir.

10 J'ai entendu les menaces de la foule :
« Dénoncez-le ! Allons le dénoncer,
l'homme qui voit partout la terreur ! »
Mes amis eux-mêmes guettent mes faux pas et ils disent :
« Peut-être se laissera-t-il séduire…
Nous réussirons,
et nous prendrons notre revanche ! »
11 Mais le Seigneur est avec moi, comme un guerrier redoutable :
mes persécuteurs s'écrouleront, impuissants.
Leur défaite les couvrira de honte,
d'une confusion éternelle, inoubliable.

Prophète de malheur ou de bonheur ?

Seule la soumission au joug de Babylone peut encore sauver Jérusalem. Pour aider le roi et le Peuple à en prendre conscience, Jérémie* s'attache un joug sur les épaules. Ananie, qui se prétend lui aussi prophète*, annonce un tout autre message. Il interpelle Jérémie :*

28 2 « Parole du Seigneur* de l'univers, Dieu d'Israël : J'ai
3 brisé le joug du roi de Babylone ! | Dans deux ans, jour
pour jour, je ferai revenir en ce lieu tout le mobilier du
Temple* que Nabucodonosor, roi de Babylone, a enlevé

Vrai ou faux prophète ?

Jérémie ne répond rien à Ananie. Parce qu'il n'a rien à répondre sur le moment.

Ananie n'annonce pas une bonne nouvelle mais un mensonge rassurant, tandis que Jérémie invite à voir en face une situation dramatique. Il est dans une situation vraiment difficile !

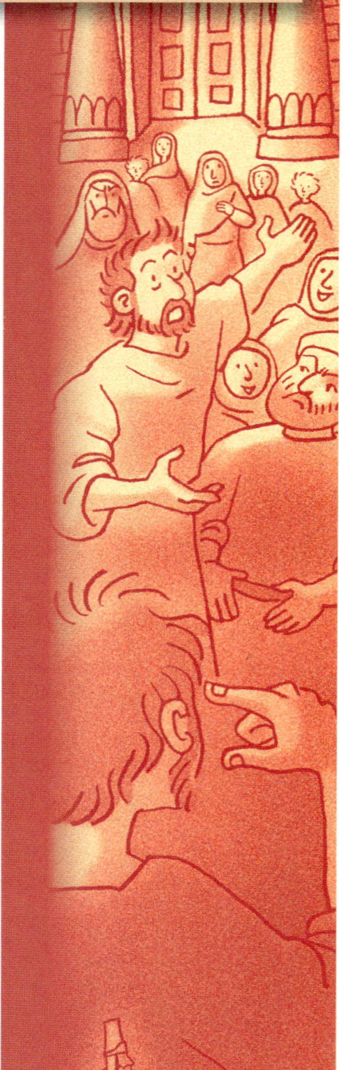

4 pour l'emporter à Babylone. | Je ramènerai ici Jékonias,
fils de Joakim, roi de Juda*, avec tous les déportés de Juda
qui sont partis à Babylone(1), déclare le Seigneur, car je vais
briser le joug du roi de Babylone ! »

5 Le prophète Jérémie répondit au prophète Ananie en
présence des prêtres* et de tout le peuple, qui se tenaient
6 dans le temple du Seigneur. | Il lui dit : « Amen* ! Dieu
veuille agir ainsi et accomplir ta prophétie : qu'il fasse
revenir de Babylone le mobilier du Temple et tous les
7 déportés. | Cependant, écoute bien cette parole que je vais
8 te faire entendre, à toi et à tout le peuple : | Les prophètes
qui nous ont précédés, toi et moi, depuis bien longtemps,
ont prophétisé contre de nombreux pays et de grands
9 royaumes la guerre, le malheur et la peste. | Le prophète
qui annonce la paix n'est reconnu comme prophète vrai-
ment envoyé par le Seigneur, que si sa parole s'accomplit. »

10 Alors le prophète Ananie enleva le joug que le prophète
11 Jérémie s'était mis sur la nuque, et il le brisa. | Et Ananie
déclara devant tout le peuple : « Parole du Seigneur : C'est
ainsi que dans deux ans, jour pour jour, je briserai le joug
de Nabucodonosor, roi de Babylone, pour en délivrer
toutes les nations. »

Alors le prophète Jérémie s'en alla.

Le Seigneur fait comprendre à Jérémie qu'Ananie est un faux prophète. La puissance de Nabucodonosor ne sera pas brisée. Elle se fera plus dure encore.

(1) Voir p. 151.

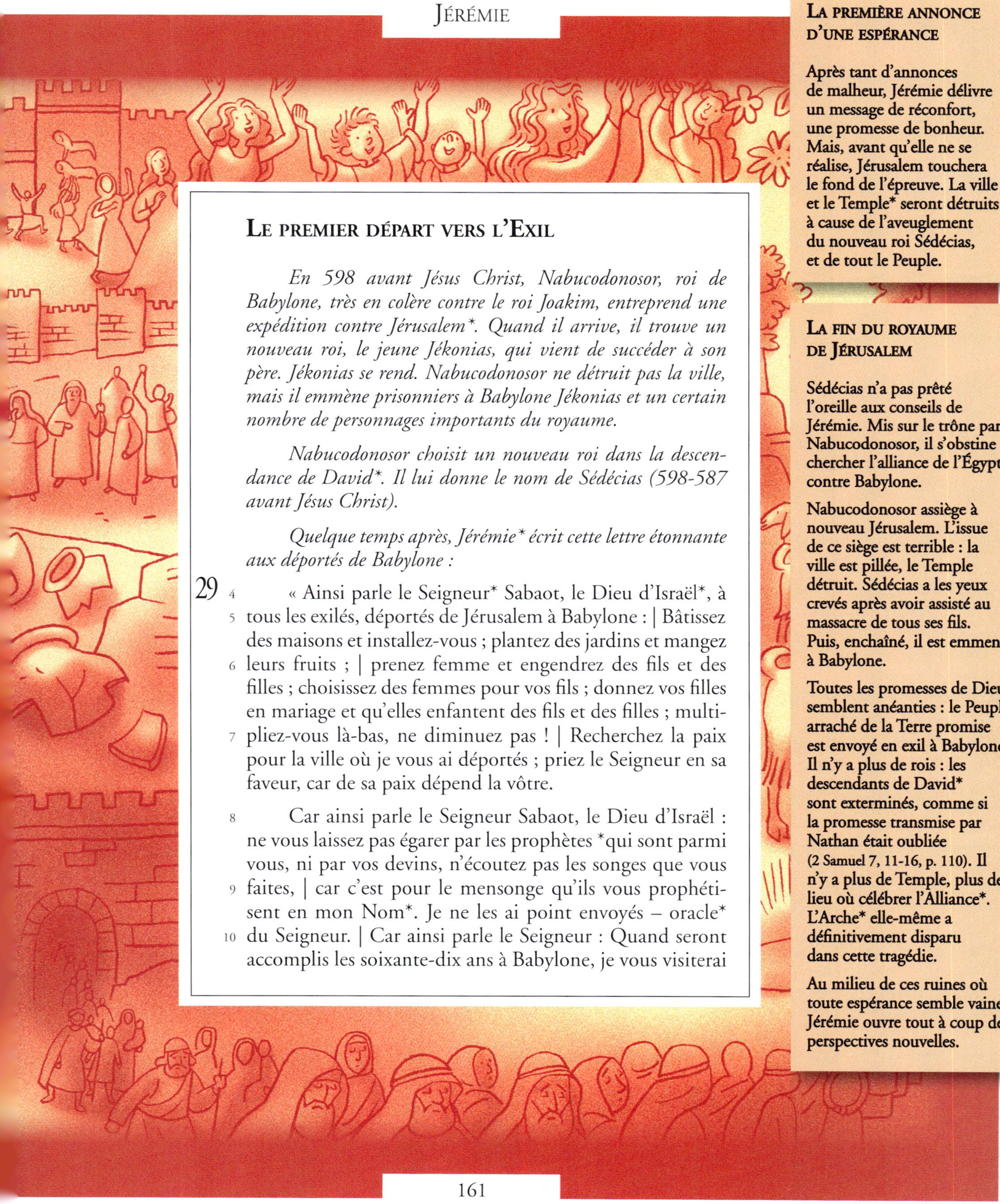

Le premier départ vers l'Exil

En 598 avant Jésus Christ, Nabucodonosor, roi de Babylone, très en colère contre le roi Joakim, entreprend une expédition contre Jérusalem. Quand il arrive, il trouve un nouveau roi, le jeune Jékonias, qui vient de succéder à son père. Jékonias se rend. Nabucodonosor ne détruit pas la ville, mais il emmène prisonniers à Babylone Jékonias et un certain nombre de personnages importants du royaume.*

Nabucodonosor choisit un nouveau roi dans la descendance de David. Il lui donne le nom de Sédécias (598-587 avant Jésus Christ).*

Quelque temps après, Jérémie écrit cette lettre étonnante aux déportés de Babylone :*

29 4 « Ainsi parle le Seigneur* Sabaot, le Dieu d'Israël*, à
5 tous les exilés, déportés de Jérusalem à Babylone : | Bâtissez
des maisons et installez-vous ; plantez des jardins et mangez
6 leurs fruits ; | prenez femme et engendrez des fils et des
filles ; choisissez des femmes pour vos fils ; donnez vos filles
en mariage et qu'elles enfantent des fils et des filles ; multi-
7 pliez-vous là-bas, ne diminuez pas ! | Recherchez la paix
pour la ville où je vous ai déportés ; priez le Seigneur en sa
faveur, car de sa paix dépend la vôtre.

8 Car ainsi parle le Seigneur Sabaot, le Dieu d'Israël :
ne vous laissez pas égarer par les prophètes *qui sont parmi
vous, ni par vos devins, n'écoutez pas les songes que vous
9 faites, | car c'est pour le mensonge qu'ils vous prophéti-
sent en mon Nom*. Je ne les ai point envoyés – oracle*
10 du Seigneur. | Car ainsi parle le Seigneur : Quand seront
accomplis les soixante-dix ans à Babylone, je vous visiterai

La première annonce d'une espérance

Après tant d'annonces de malheur, Jérémie délivre un message de réconfort, une promesse de bonheur. Mais, avant qu'elle ne se réalise, Jérusalem touchera le fond de l'épreuve. La ville et le Temple* seront détruits à cause de l'aveuglement du nouveau roi Sédécias, et de tout le Peuple.

La fin du royaume de Jérusalem

Sédécias n'a pas prêté l'oreille aux conseils de Jérémie. Mis sur le trône par Nabucodonosor, il s'obstine à chercher l'alliance de l'Égypte contre Babylone.

Nabucodonosor assiège à nouveau Jérusalem. L'issue de ce siège est terrible : la ville est pillée, le Temple détruit. Sédécias a les yeux crevés après avoir assisté au massacre de tous ses fils. Puis, enchaîné, il est emmené à Babylone.

Toutes les promesses de Dieu semblent anéanties : le Peuple arraché de la Terre promise est envoyé en exil à Babylone. Il n'y a plus de rois : les descendants de David* sont exterminés, comme si la promesse transmise par Nathan était oubliée (2 Samuel 7, 11-16, p. 110). Il n'y a plus de Temple, plus de lieu où célébrer l'Alliance*. L'Arche* elle-même a définitivement disparu dans cette tragédie.

Au milieu de ces ruines où toute espérance semble vaine, Jérémie ouvre tout à coup des perspectives nouvelles.

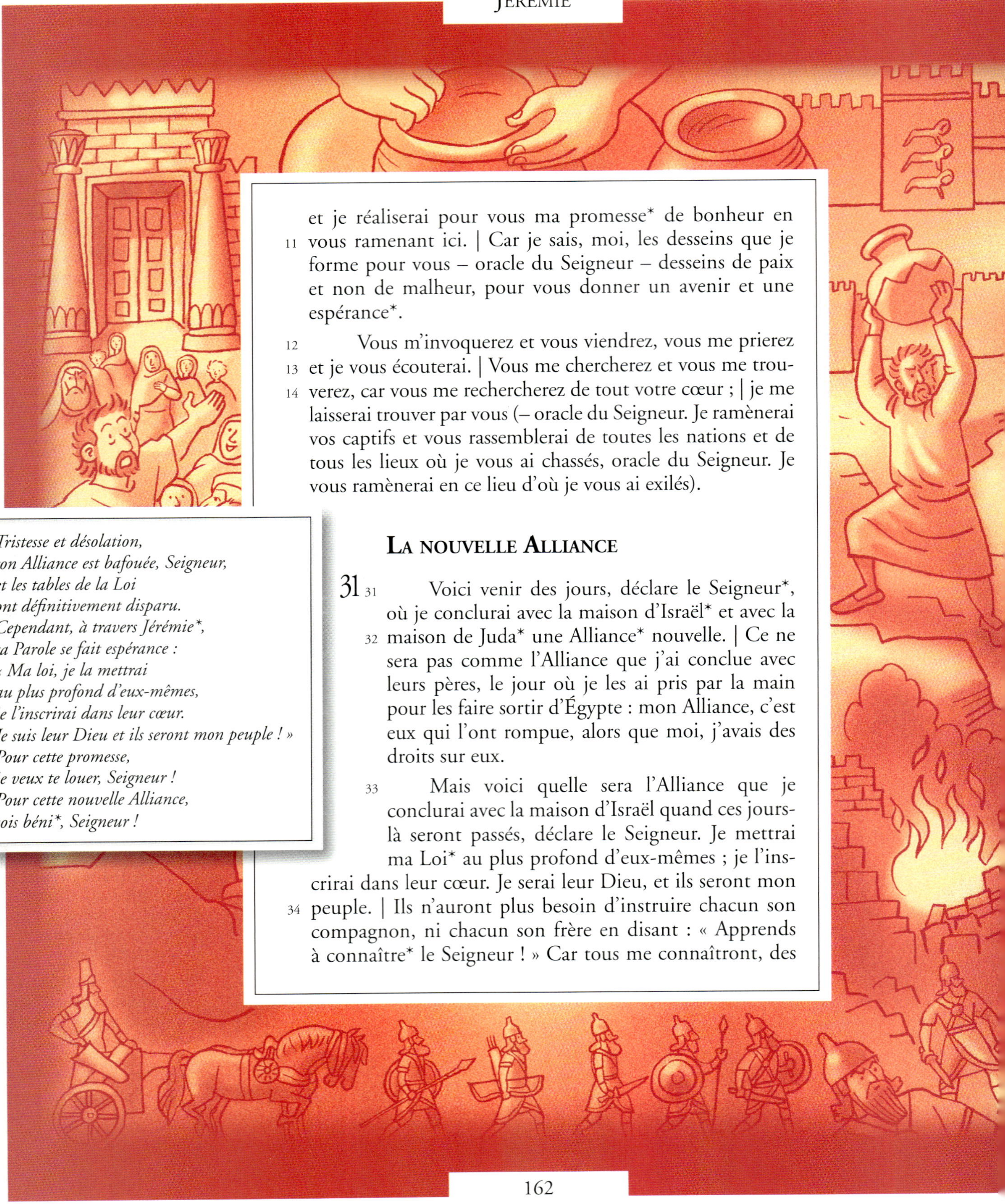

et je réaliserai pour vous ma promesse* de bonheur en
11 vous ramenant ici. | Car je sais, moi, les desseins que je
forme pour vous – oracle du Seigneur – desseins de paix
et non de malheur, pour vous donner un avenir et une
espérance*.

12 Vous m'invoquerez et vous viendrez, vous me prierez
13 et je vous écouterai. | Vous me chercherez et vous me trou-
14 verez, car vous me rechercherez de tout votre cœur ; | je me
laisserai trouver par vous (– oracle du Seigneur. Je ramènerai
vos captifs et vous rassemblerai de toutes les nations et de
tous les lieux où je vous ai chassés, oracle du Seigneur. Je
vous ramènerai en ce lieu d'où je vous ai exilés).

La nouvelle Alliance

31 31 Voici venir des jours, déclare le Seigneur*,
où je conclurai avec la maison d'Israël* et avec la
32 maison de Juda* une Alliance* nouvelle. | Ce ne
sera pas comme l'Alliance que j'ai conclue avec
leurs pères, le jour où je les ai pris par la main
pour les faire sortir d'Égypte : mon Alliance, c'est
eux qui l'ont rompue, alors que moi, j'avais des
droits sur eux.

33 Mais voici quelle sera l'Alliance que je
conclurai avec la maison d'Israël quand ces jours-
là seront passés, déclare le Seigneur. Je mettrai
ma Loi* au plus profond d'eux-mêmes ; je l'ins-
crirai dans leur cœur. Je serai leur Dieu, et ils seront mon
34 peuple. | Ils n'auront plus besoin d'instruire chacun son
compagnon, ni chacun son frère en disant : « Apprends
à connaître* le Seigneur ! » Car tous me connaîtront, des

Tristesse et désolation,
ton Alliance est bafouée, Seigneur,
et les tables de la Loi
ont définitivement disparu.
Cependant, à travers Jérémie,*
ta Parole se fait espérance :
« Ma loi, je la mettrai
au plus profond d'eux-mêmes,
je l'inscrirai dans leur cœur.
Je suis leur Dieu et ils seront mon peuple ! »
Pour cette promesse,
je veux te louer, Seigneur !
Pour cette nouvelle Alliance,
sois béni, Seigneur !*

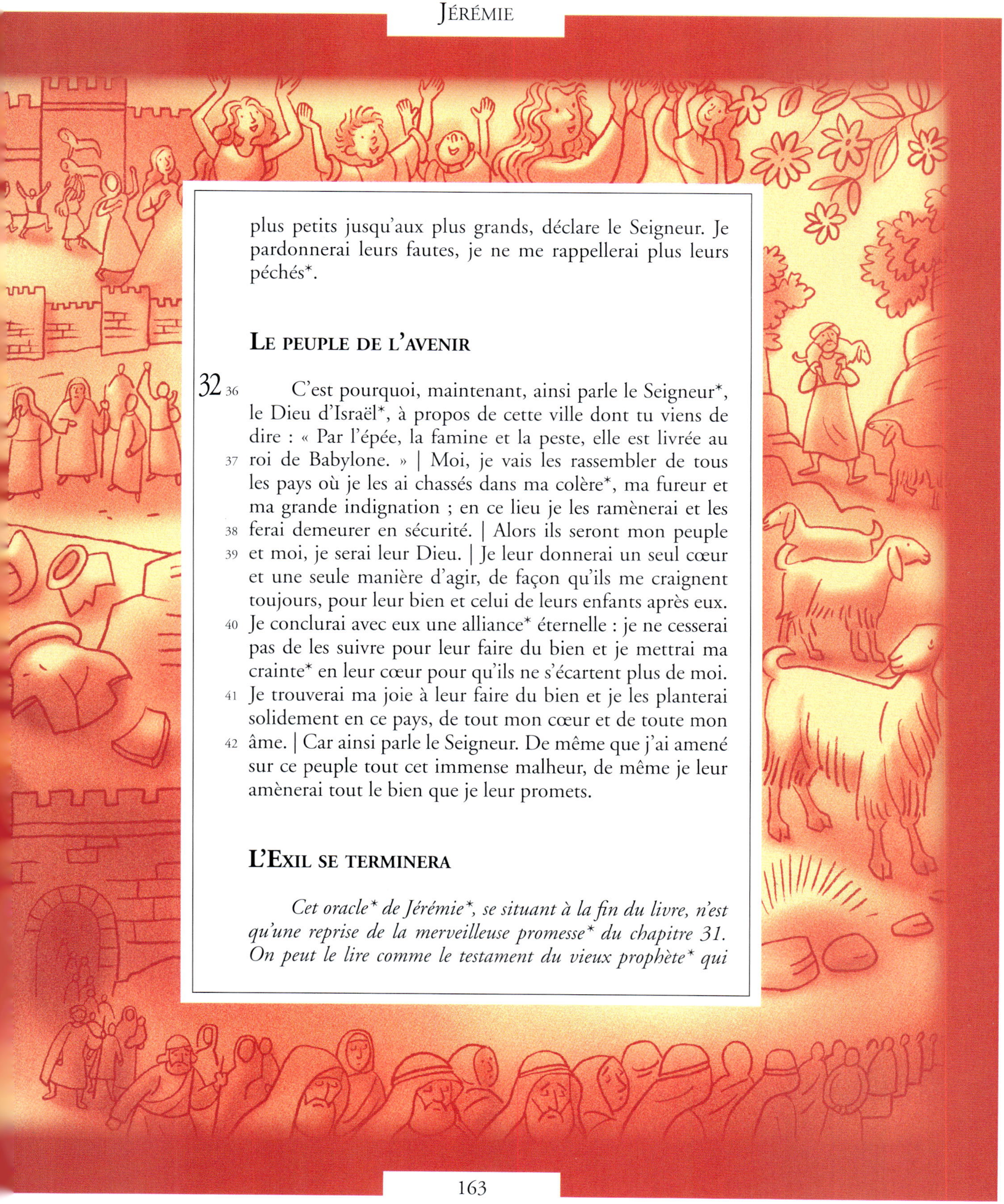

plus petits jusqu'aux plus grands, déclare le Seigneur. Je pardonnerai leurs fautes, je ne me rappellerai plus leurs péchés*.

LE PEUPLE DE L'AVENIR

32 36 C'est pourquoi, maintenant, ainsi parle le Seigneur*,
le Dieu d'Israël*, à propos de cette ville dont tu viens de
dire : « Par l'épée, la famine et la peste, elle est livrée au
37 roi de Babylone. » | Moi, je vais les rassembler de tous
les pays où je les ai chassés dans ma colère*, ma fureur et
ma grande indignation ; en ce lieu je les ramènerai et les
38 ferai demeurer en sécurité. | Alors ils seront mon peuple
39 et moi, je serai leur Dieu. | Je leur donnerai un seul cœur
et une seule manière d'agir, de façon qu'ils me craignent
toujours, pour leur bien et celui de leurs enfants après eux.
40 Je conclurai avec eux une alliance* éternelle : je ne cesserai
pas de les suivre pour leur faire du bien et je mettrai ma
crainte* en leur cœur pour qu'ils ne s'écartent plus de moi.
41 Je trouverai ma joie à leur faire du bien et je les planterai
solidement en ce pays, de tout mon cœur et de toute mon
42 âme. | Car ainsi parle le Seigneur. De même que j'ai amené
sur ce peuple tout cet immense malheur, de même je leur
amènerai tout le bien que je leur promets.

L'EXIL SE TERMINERA

Cet oracle de Jérémie*, se situant à la fin du livre, n'est qu'une reprise de la merveilleuse promesse* du chapitre 31. On peut le lire comme le testament du vieux prophète* qui*

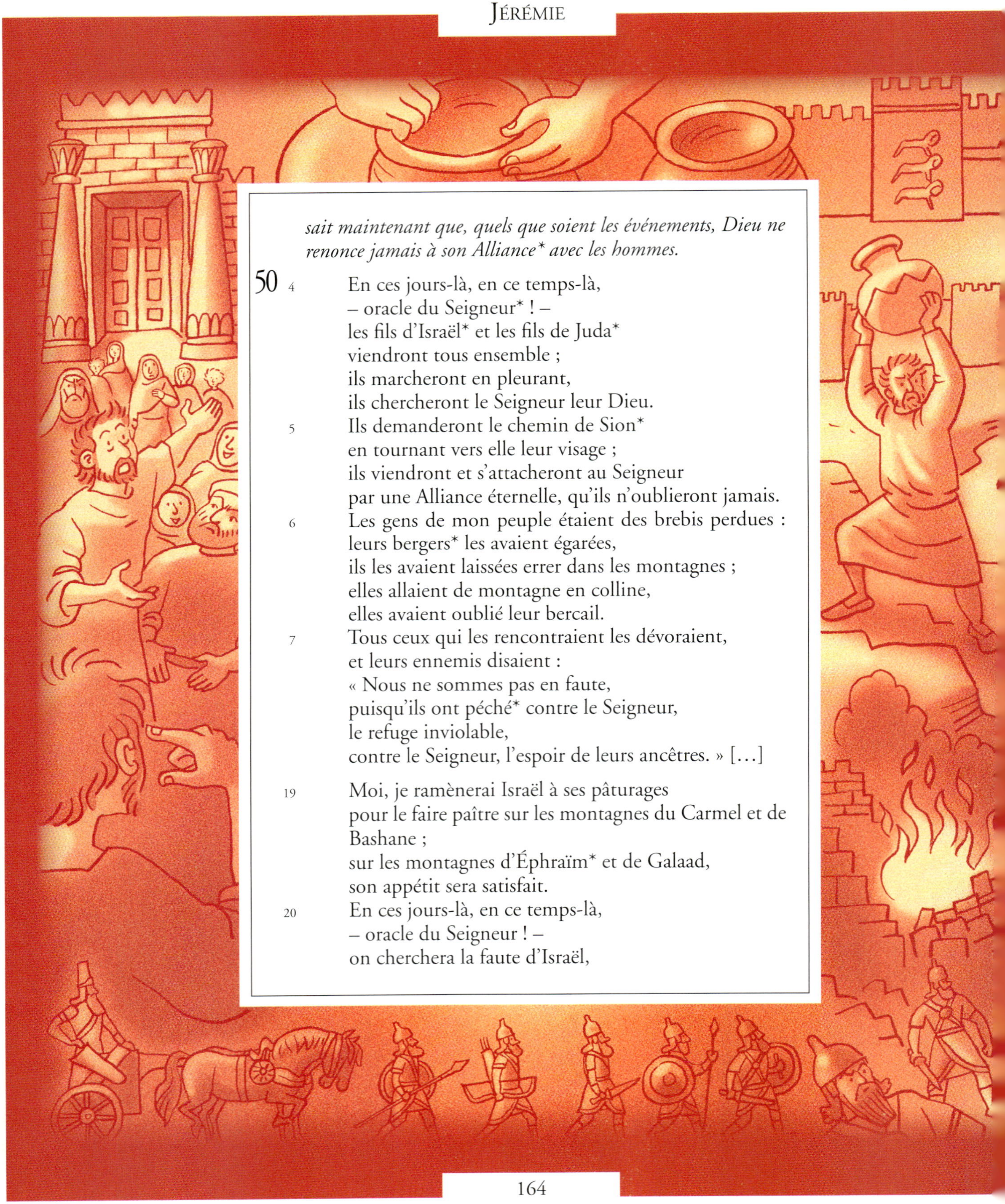

sait maintenant que, quels que soient les événements, Dieu ne renonce jamais à son Alliance avec les hommes.*

50 4 En ces jours-là, en ce temps-là,
– oracle du Seigneur* ! –
les fils d'Israël* et les fils de Juda*
viendront tous ensemble ;
ils marcheront en pleurant,
ils chercheront le Seigneur leur Dieu.
5 Ils demanderont le chemin de Sion*
en tournant vers elle leur visage ;
ils viendront et s'attacheront au Seigneur
par une Alliance éternelle, qu'ils n'oublieront jamais.
6 Les gens de mon peuple étaient des brebis perdues :
leurs bergers* les avaient égarées,
ils les avaient laissées errer dans les montagnes ;
elles allaient de montagne en colline,
elles avaient oublié leur bercail.
7 Tous ceux qui les rencontraient les dévoraient,
et leurs ennemis disaient :
« Nous ne sommes pas en faute,
puisqu'ils ont péché* contre le Seigneur,
le refuge inviolable,
contre le Seigneur, l'espoir de leurs ancêtres. » [...]

19 Moi, je ramènerai Israël à ses pâturages
pour le faire paître sur les montagnes du Carmel et de Bashane ;
sur les montagnes d'Éphraïm* et de Galaad,
son appétit sera satisfait.
20 En ces jours-là, en ce temps-là,
– oracle du Seigneur ! –
on cherchera la faute d'Israël,

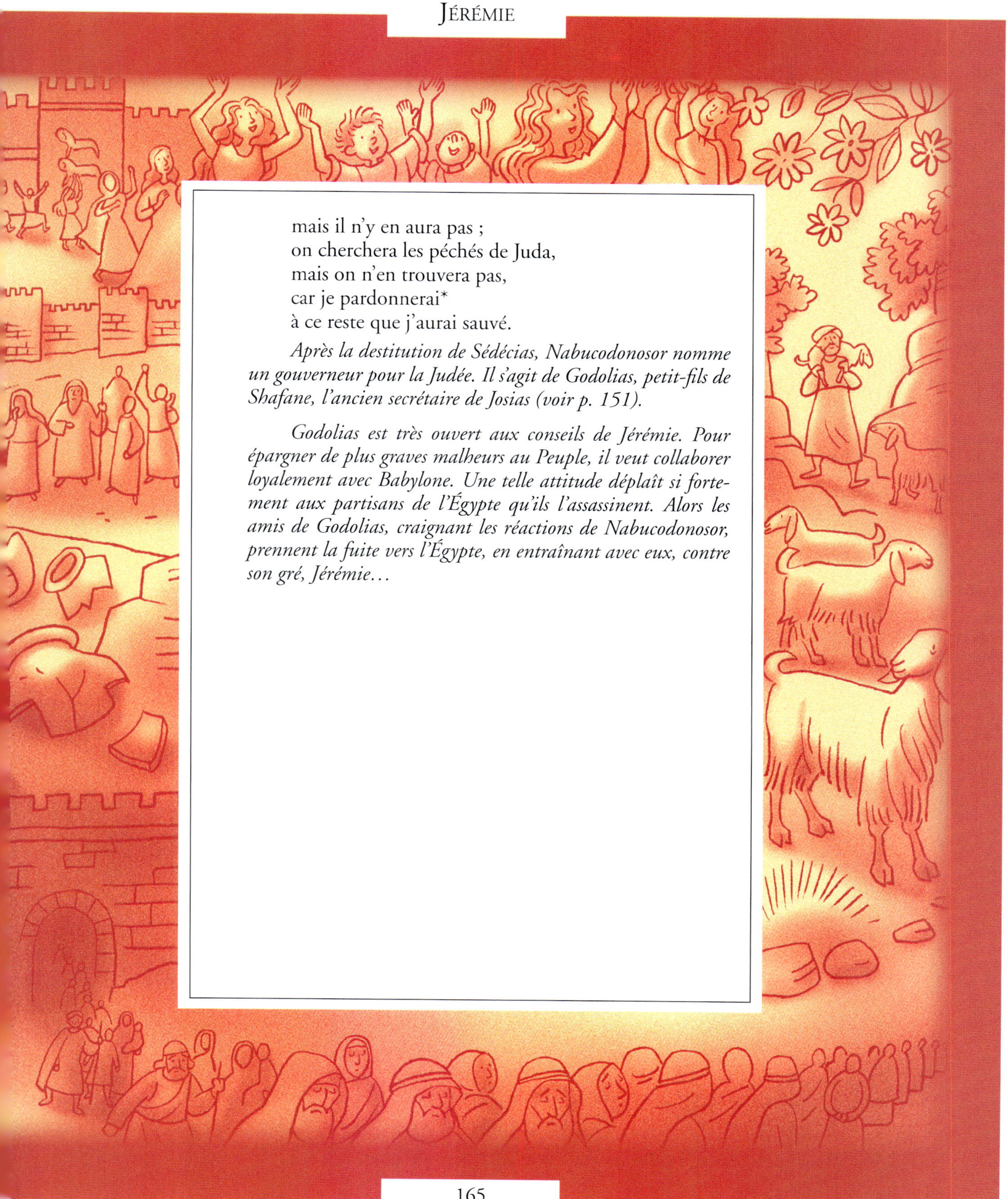

mais il n'y en aura pas ;
on cherchera les péchés de Juda,
mais on n'en trouvera pas,
car je pardonnerai*
à ce reste que j'aurai sauvé.

Après la destitution de Sédécias, Nabucodonosor nomme un gouverneur pour la Judée. Il s'agit de Godolias, petit-fils de Shafane, l'ancien secrétaire de Josias (voir p. 151).

Godolias est très ouvert aux conseils de Jérémie. Pour épargner de plus graves malheurs au Peuple, il veut collaborer loyalement avec Babylone. Une telle attitude déplaît si fortement aux partisans de l'Égypte qu'ils l'assassinent. Alors les amis de Godolias, craignant les réactions de Nabucodonosor, prennent la fuite vers l'Égypte, en entraînant avec eux, contre son gré, Jérémie…

ÉZÉKIEL

Ézékiel est un prêtre du Temple* de Jérusalem*. Il fait partie de la première vague de déportés, emmenés en exil avec le roi Jékonias en 598 avant Jésus Christ (voir p. 151). C'est à Babylone qu'il reçoit sa vocation de prophète*. Ainsi, Dieu parle aussi en terre étrangère (voir lexique p. 495).

Ézékiel commence donc à prophétiser à Babylone pendant que Jérémie* prophétise à Jérusalem. Leurs messages sont de tonalité semblable, bien que leur style soit différent. Jusqu'à la destruction de Jérusalem et de son Temple, Ézékiel – comme Jérémie – est très sombre. Il exprime l'extrême lassitude de Dieu vis-à-vis de son Peuple. Pendant un temps même, le prophète devient muet, manifestant ainsi que Dieu n'a plus rien à dire et qu'il rompt le dialogue avec son Peuple.

Après la chute du Temple de Jérusalem, Ézékiel retrouve l'usage de la parole et sa prédication se remplit alors d'annonces d'espérance*...

ÉZÉKIEL, PROPHÈTE DE LA RÉSURRECTION

LA VISION DE LA GLOIRE DE DIEU

1 1 La trentième année, au quatrième mois, le cinq du
mois, alors que je me trouvais parmi les déportés au bord
du fleuve Kebar, le ciel s'ouvrit et je fus témoin de visions
2 divines. | Dans la cinquième année qui suivit la déportation
3 à Babylone du roi Jékonias, | la parole de Dieu fut adressée
au prêtre* Ézékiel, dans le pays des Chaldéens, au bord du
fleuve Kebar, et la main du Seigneur* se posa sur lui.

4 « J'ai eu cette vision : un vent de tempête, qui venait
du nord, un gros nuage, irradié par une succession d'éclairs,
5 et, au milieu, comme un scintillement de vermeil. | Au
centre, on aurait dit quatre Vivants qui ressemblaient à des
6 hommes. | Ils avaient chacun quatre faces et quatre ailes.
7 Leurs jambes étaient droites et leurs sabots étaient comme
des sabots de bœuf, étincelants comme l'éclat de l'airain
8 poli. | Sous leurs ailes, il y avait des mains humaines tour-
nées vers les quatre directions, de même que leurs faces et
9 leurs ailes à eux quatre. | Leurs ailes étaient jointes l'une à
l'autre ; ils ne se tournaient pas en marchant : ils allaient
chacun devant soi.

10 Ils avaient une face d'homme, et tous les quatre
avaient une face de lion à droite, et tous les quatre avaient
une face de taureau à gauche, et tous les quatre avaient
12 une face d'aigle. [...] | Et ils allaient chacun devant soi ; ils
allaient là où l'esprit les poussait, ils ne se tournaient pas
en marchant.

13 Au milieu des animaux, il y avait quelque chose
comme des charbons ardents ayant l'aspect de torches,
allant et venant entre les animaux ; le feu jetait une lueur,
14 et du feu sortaient des éclairs. | Les animaux allaient et
venaient, semblables à l'éclair. […]

22 Il y avait sur les têtes de l'animal quelque chose qui
ressemblait à une voûte éclatante comme le cristal. […]

26 Au-dessus de cette voûte, il y avait comme un trône,
qui ressemblait à du saphir ; et, sur ce trône, quelqu'un qui
27 avait l'aspect d'un homme. | Puis j'ai vu comme un scin-
tillement de vermeil, quelque chose comme un feu tout
autour. À partir de ses reins, au-dessus et au-dessous, j'ai
vu quelque chose comme un feu qui irradiait tout autour.
28 Comme l'arc-en-ciel dans la nuée* un jour de pluie, ainsi
apparaissait ce rayonnement : c'était le reflet de la gloire*
du Seigneur. En voyant cela, je tombai la face contre terre. »

L'homme ne se nourrit pas seulement de pain

2 1 Il me dit : « Fils d'homme, tiens-toi debout, je vais
2 te parler. » | L'esprit vint en moi, il me fit mettre debout,
3 et j'entendis le Seigneur* qui me parlait ainsi : | « Fils
d'homme, je t'envoie vers les fils d'Israël*, vers ce peuple de
rebelles qui s'est révolté contre moi. Jusqu'à ce jour, eux et
leurs pères se sont soulevés contre moi. […]

8 Fils d'homme, écoute ce que je vais te dire. Ne sois
pas rebelle comme cette engeance de rebelles. Ouvre la
9 bouche, et mange ce que je te donne. » | Alors je vis une
main tendue vers moi : elle tenait un livre en forme de

Les Vivants et ce quelqu'un à l'aspect d'un homme

Ces Vivants sont des divinités babyloniennes, sortes de montages merveilleux. Ézékiel les contemple longuement avant d'en arriver à la vision renversante d'un personnage à l'aspect d'homme, placé au centre et au sommet. Ce personnage est le reflet de la gloire du Seigneur, à la différence des quatre Vivants.

Un style nouveau

La vocation d'Ézékiel rappelle celle d'Isaïe* (Isaïe 6, 1-8, p. 140), mais avec des différences très importantes :
- la gloire de Dieu ne se manifeste pas dans le Temple de Jérusalem, mais à Babylone. Dieu est vraiment le Dieu de l'univers ;
- le style d'Ézékiel est touffu, ses images extraordinaires. On trouve en abondance pierres et métaux précieux, feu, fumée, arc-en-ciel, roues avec des yeux… Ces éléments accomplissent parfois des mouvements complètement irréalisables. Ainsi les quatre Vivants qui portent le trône de Dieu vont chacun droit devant eux dans des directions opposées…

Ce genre d'images extraordinaires annonce une nouvelle sorte d'écrivains : les visionnaires qui produiront les apocalypses* dans les siècles suivants. Cependant, malgré la nouveauté de son style, Ézékiel demeure bien un prophète. Il veut aider ses contemporains à renouveler leur Alliance* avec Dieu à travers les événements de l'Histoire, alors que les apocalypses invitent leurs lecteurs à attendre la fin du monde.

10 rouleau | et le déroula devant moi ; ce rouleau était écrit
au-dedans et au-dehors, il contenait des chants de deuil,
des plaintes et des lamentations(1).

3 1 Le Seigneur me dit : « Fils d'homme, mange ce qui
est devant toi, mange ce rouleau, et va parler à la maison
2 d'Israël. » | J'ouvris la bouche, il me fit manger le rouleau
3-4 […] et dans ma bouche il fut doux comme du miel. | Il
me dit alors : « Fils d'homme, debout ! Va vers la maison
d'Israël, et tu lui transmettras mes paroles. »

Chaque homme est responsable de ses actes

18 1-2 La parole du Seigneur* me fut adressée : | « Qu'avez-
vous donc, dans le pays d'Israël*, à répéter ce proverbe :
“Ce sont les pères qui ont mangé du raisin vert, ce sont les
3 fils qui ont les dents agacées” ? | Aussi vrai que je suis vivant
– déclare le Seigneur Dieu – vous n'aurez plus à répéter ce
proverbe en Israël. […]

20 Celui qui a péché*, c'est lui qui mourra* ! Le fils ne
portera pas la faute de son père, ni le père, la faute de son
fils : la justice sera la part du juste, la méchanceté, celle du
méchant.

21 Si le méchant se détourne de tous les péchés qu'il
a commis, s'il observe tous mes commandements*, s'il
pratique le droit et la justice, il ne mourra pas, il vivra.
22 On ne se souviendra pas des péchés qu'il a commis, il vivra
23 à cause de la justice qu'il a pratiquée. | Est-ce donc la mort
du méchant que je désire, déclare le Seigneur, n'est-ce pas
plutôt qu'il se détourne de sa conduite et qu'il vive(2) ?
24 Mais, si le juste se détourne de sa justice et fait le mal en

Un Peuple de personnes responsables

Le Peuple d'Israël vivait en groupes : familles, clans, tribus*. Cette façon de vivre avait développé une grande solidarité entre les membres. Chacun était concerné par ce qui arrivait à l'autre. Mais, en contrepartie, on ne tenait pas assez compte de la responsabilité de chaque personne. La famille ou le clan décidait de la profession, du mariage… de chacun de ses membres. Quand un membre avait accompli une action d'éclat ou une vilenie, toute sa famille était illuminée de gloire ou éclaboussée de honte.

Ézékiel introduit avec force la notion de responsabilité personnelle.

(1) Les paroles dont Ézékiel doit se nourrir sont des paroles de tristesse et de condamnation. Cela concerne la première partie de son ministère de prophète. Ensuite, il apportera surtout des paroles d'espérance*.
(2) Voir Deutéronome 30, 19, p. 87.

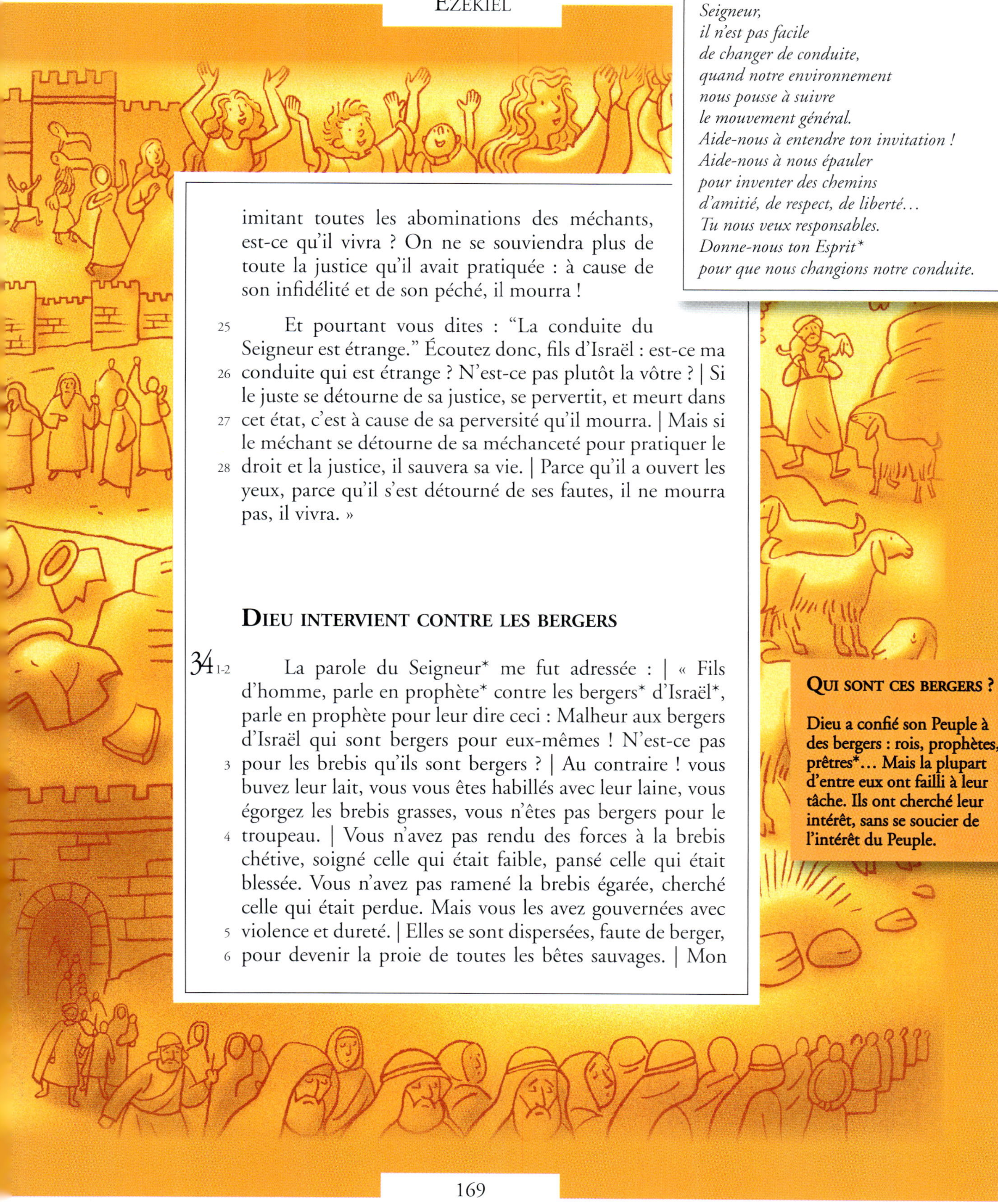

Seigneur,
il n'est pas facile
de changer de conduite,
quand notre environnement
nous pousse à suivre
le mouvement général.
Aide-nous à entendre ton invitation !
Aide-nous à nous épauler
pour inventer des chemins
d'amitié, de respect, de liberté…
Tu nous veux responsables.
*Donne-nous ton Esprit**
pour que nous changions notre conduite.

imitant toutes les abominations des méchants,
est-ce qu'il vivra ? On ne se souviendra plus de
toute la justice qu'il avait pratiquée : à cause de
son infidélité et de son péché, il mourra !

25 Et pourtant vous dites : “La conduite du
Seigneur est étrange.” Écoutez donc, fils d'Israël : est-ce ma
26 conduite qui est étrange ? N'est-ce pas plutôt la vôtre ? | Si
le juste se détourne de sa justice, se pervertit, et meurt dans
27 cet état, c'est à cause de sa perversité qu'il mourra. | Mais si
le méchant se détourne de sa méchanceté pour pratiquer le
28 droit et la justice, il sauvera sa vie. | Parce qu'il a ouvert les
yeux, parce qu'il s'est détourné de ses fautes, il ne mourra
pas, il vivra. »

Dieu intervient contre les bergers

34 1-2 La parole du Seigneur* me fut adressée : | « Fils
d'homme, parle en prophète* contre les bergers* d'Israël*,
parle en prophète pour leur dire ceci : Malheur aux bergers
d'Israël qui sont bergers pour eux-mêmes ! N'est-ce pas
3 pour les brebis qu'ils sont bergers ? | Au contraire ! vous
buvez leur lait, vous vous êtes habillés avec leur laine, vous
égorgez les brebis grasses, vous n'êtes pas bergers pour le
4 troupeau. | Vous n'avez pas rendu des forces à la brebis
chétive, soigné celle qui était faible, pansé celle qui était
blessée. Vous n'avez pas ramené la brebis égarée, cherché
celle qui était perdue. Mais vous les avez gouvernées avec
5 violence et dureté. | Elles se sont dispersées, faute de berger,
6 pour devenir la proie de toutes les bêtes sauvages. | Mon

Qui sont ces bergers ?

Dieu a confié son Peuple à des bergers : rois, prophètes, prêtres*… Mais la plupart d'entre eux ont failli à leur tâche. Ils ont cherché leur intérêt, sans se soucier de l'intérêt du Peuple.

Le Seigneur est mon berger :
je ne manque de rien.
Il me mène vers les eaux tranquilles
et me fait revivre.
Si je traverse les ravins de la mort,
je ne crains aucun mal,
car tu es avec moi.

***Psaume 23** (p. 220)*

troupeau erre de tous côtés, sur les montagnes et sur
les hautes collines ; mes brebis sont dispersées dans
tout le pays, personne ne va les chercher, personne ne
s'en occupe.

7 C'est pourquoi, bergers, écoutez la parole du
10 Seigneur : […] | J'interviens contre les bergers. Je leur
reprendrai mon troupeau, je les empêcherai de le conduire,
et ainsi ils ne seront plus mes bergers ; j'arracherai mes
brebis de leur bouche et elles ne seront plus leur proie.
11 – Parole du Seigneur Dieu – | Maintenant, j'irai moi-
même à la recherche de mes brebis, et je veillerai sur elles.
12 Comme un berger veille sur les brebis de son troupeau
quand elles sont dispersées, ainsi je veillerai sur mes brebis,
et j'irai les délivrer dans tous les endroits où elles ont été
16 dispersées un jour de brouillard et d'obscurité(1). […] | La
brebis perdue, je la chercherai ; l'égarée, je la ramènerai.
Celle qui est blessée, je la soignerai. Celle qui est faible, je
lui rendrai des forces. Celle qui est grasse et vigoureuse, je
la garderai, je la ferai paître avec justice*. »

Dieu renouvelle son Alliance

36 16-17 La parole du Seigneur* me fut adressée : | « Fils
d'homme, lorsque les gens d'Israël* habitaient leur pays, ils
le souillaient par leur conduite et par toutes leurs actions.
18 Alors j'ai déversé sur eux ma fureur, à cause du sang qu'ils
avaient versé dans le pays, à cause des idoles* qui l'avaient
19 profané* (2). | Je les ai dispersés parmi les nations païennes*,
ils ont été disséminés dans les pays étrangers. Je les ai jugés
selon leur conduite et selon leurs actions.

Dieu, fidèle, renforce son Alliance

Le Peuple a beau multiplier ses infidélités et ses rejets de l'Alliance*, il ne parvient pas à lasser Dieu. Après des moments de silence où il semble se désintéresser du sort de ceux qui profanent son Nom, Dieu revient. Il fait les premiers pas. Il offre son pardon* sans condition.

(1) Jérémie avait déjà utilisé cette image de bon berger (voir Jérémie 50, 6-19, p. 164). Quand Jésus affirme qu'il est le Bon Berger face aux bergers mercenaires* (voir Jean 10, 11, p. 382), il se présente comme Dieu lui-même.
(2) La Terre* Sainte où Dieu se révélait a été profanée car, en multipliant les idoles, les hommes ont manifesté leur refus de connaître* le vrai Dieu.

Pitié pour moi, mon Dieu, dans ton amour.
Lave-moi tout entier de ma faute.
Crée en moi un cœur pur, ô mon Dieu.
Ne me chasse pas loin de ta face.
Rends-moi la joie d'être sauvé.

Psaume 51 *(p. 221-222)*

20 Dans les nations où ils sont allés,
ils ont profané mon saint nom* [...]
22 Eh bien ! tu diras à la maison d'Israël :
Ainsi parle le Seigneur Dieu : Ce n'est
pas pour vous que je vais agir, maison
d'Israël, mais c'est pour mon saint nom que vous avez
profané dans les nations où vous êtes allés. [...]

23 Les nations apprendront que je suis le Seigneur
– déclare le Seigneur Dieu – quand par vous je me
24 montrerai saint* à leurs yeux. | J'irai vous prendre dans
toutes les nations ; je vous rassemblerai de tous les pays, et
je vous ramènerai sur votre terre.

25 Je verserai sur vous une eau pure, et vous serez puri-
fiés*(1). De toutes vos souillures, de toutes vos idoles je vous
26 purifierai. | Je vous donnerai un cœur nouveau, je mettrai
en vous un esprit nouveau. J'enlèverai votre cœur de pierre,
27 et je vous donnerai un cœur de chair. | Je mettrai en vous
mon esprit : alors vous suivrez mes lois, vous observerez
28 mes commandements* et vous y serez fidèles. | Vous habi-
terez le pays que j'ai donné à vos pères. Vous serez mon
peuple, et moi, je serai votre Dieu(2). »

DIEU RESSUSCITE SON PEUPLE

37 1 La main du Seigneur* se posa sur moi, son esprit
m'emporta, et je me trouvai au milieu d'une vallée qui était
2 pleine d'ossements. | Il m'en fit faire le tour ; le sol de la
vallée en était couvert, et ils étaient tout à fait desséchés.
3 Alors le Seigneur me dit : « Fils d'homme, ces ossements
peuvent-ils revivre ? » Je lui répondis : « Seigneur Dieu, c'est

DES OSSEMENTS PEUVENT-ILS REPRENDRE VIE ?

Le Peuple en exil est un Peuple mort. Il n'a plus de roi. Il n'a plus de Temple*. Il n'a plus de terre. Jérusalem* en ruines est occupée par des Babyloniens. Des Édomites* se sont emparés des propriétés des exilés. Comme tant d'autres peuples conquis, il va disparaître, assimilé par son vainqueur ▸. Il est semblable à des ossements desséchés répandus dans le sable du désert. Or, a-t-on déjà vu des ossements reprendre vie ? Ainsi le Peuple dispersé en terre étrangère est voué à la destruction définitive.

« Non, crie Ézékiel*, le Peuple qui est comme mort reviendra à la vie parce que Dieu le veut. Et rien n'est impossible à Dieu » (Genèse 18, 14, p. 43 et Luc 1, 37, p. 324).

(1) Désormais dans le judaïsme, l'eau va jouer un grand rôle de purification. Voir le baptême* de Jean Baptiste (Matthieu 3, 11-12, p. 245) ou les cuves de pierre pour les ablutions rituelles à Cana (Jean 2, 6, p. 365).
(2) Relire les versets 25 à 28 et les comparer à Jérémie 31, 33-34, p. 162.

DE LA RÉSURRECTION DU PEUPLE À LA RÉSURRECTION DES MORTS

C'est clair : Ézékiel ne parle pas ici de la résurrection* des morts. Il annonce que le peuple juif* qui est considéré par tout le monde comme détruit, mort, va reprendre vie. Cependant, la force de l'image utilisée par Ézékiel va marquer la réflexion de tous ceux qui se posent des questions sur le sort des hommes après la mort (voir p. 124 et Résurrection*).

Un jour, on proclamera que Dieu, qui a ressuscité son Peuple en le sortant des tombeaux de l'Exil*, ressuscite chaque membre de son Peuple après qu'on l'a déposé dans un tombeau.

4 toi qui le sais ! » | Il me dit alors : « Prononce un oracle*
sur ces ossements. Tu vas leur dire : Ossements desséchés,
5 écoutez la parole du Seigneur : | Je vais faire entrer en vous
6 l'esprit, et vous vivrez. | Je vais mettre sur vous des nerfs,
vous couvrir de chair, et vous revêtir de peau ; je vous
donnerai l'esprit, et vous vivrez. Alors vous saurez que je
suis le Seigneur. »

7 Je prononçai l'oracle, comme j'en avais reçu l'ordre.
Pendant que je prophétisais*, il y eut un bruit, puis une
violente secousse, et les ossements se rapprochèrent les uns
8 des autres. | Je vis qu'ils se couvraient de nerfs, la chair
repoussait, la peau les recouvrait, mais il n'y avait pas
9 d'esprit en eux. | Le Seigneur me dit alors : « Adresse un
oracle à l'esprit, prophétise, fils d'homme. Tu vas dire à
l'esprit : Ainsi parle le Seigneur Dieu : Viens des quatre
10 vents, esprit ! Souffle sur ces morts, et qu'ils vivent ! » | Je
prophétisai, comme il m'en avait donné l'ordre, et l'esprit
entra en eux ; ils revinrent à la vie, et ils se dressèrent sur
leurs pieds : c'était une armée immense !

11 Puis le Seigneur me dit : « Fils d'homme, ces osse-
ments, c'est tout le peuple d'Israël. Car ils disent : "Nos
ossements sont desséchés, notre espérance* est détruite,
12 nous sommes perdus !" | Eh bien, adresse-leur cet oracle :
Ainsi parle le Seigneur Dieu : Je vais ouvrir vos tombeaux
et je vous en ferai sortir, ô mon peuple, et je vous ramènerai
13 sur la terre d'Israël*. | Vous saurez que je suis le Seigneur,
quand j'ouvrirai vos tombeaux et vous en ferai sortir, ô mon
14 peuple ! | Je mettrai en vous mon esprit, et vous vivrez ; je
vous installerai sur votre terre*, et vous saurez que je suis
le Seigneur : je l'ai dit, et je le ferai. » Parole du Seigneur.

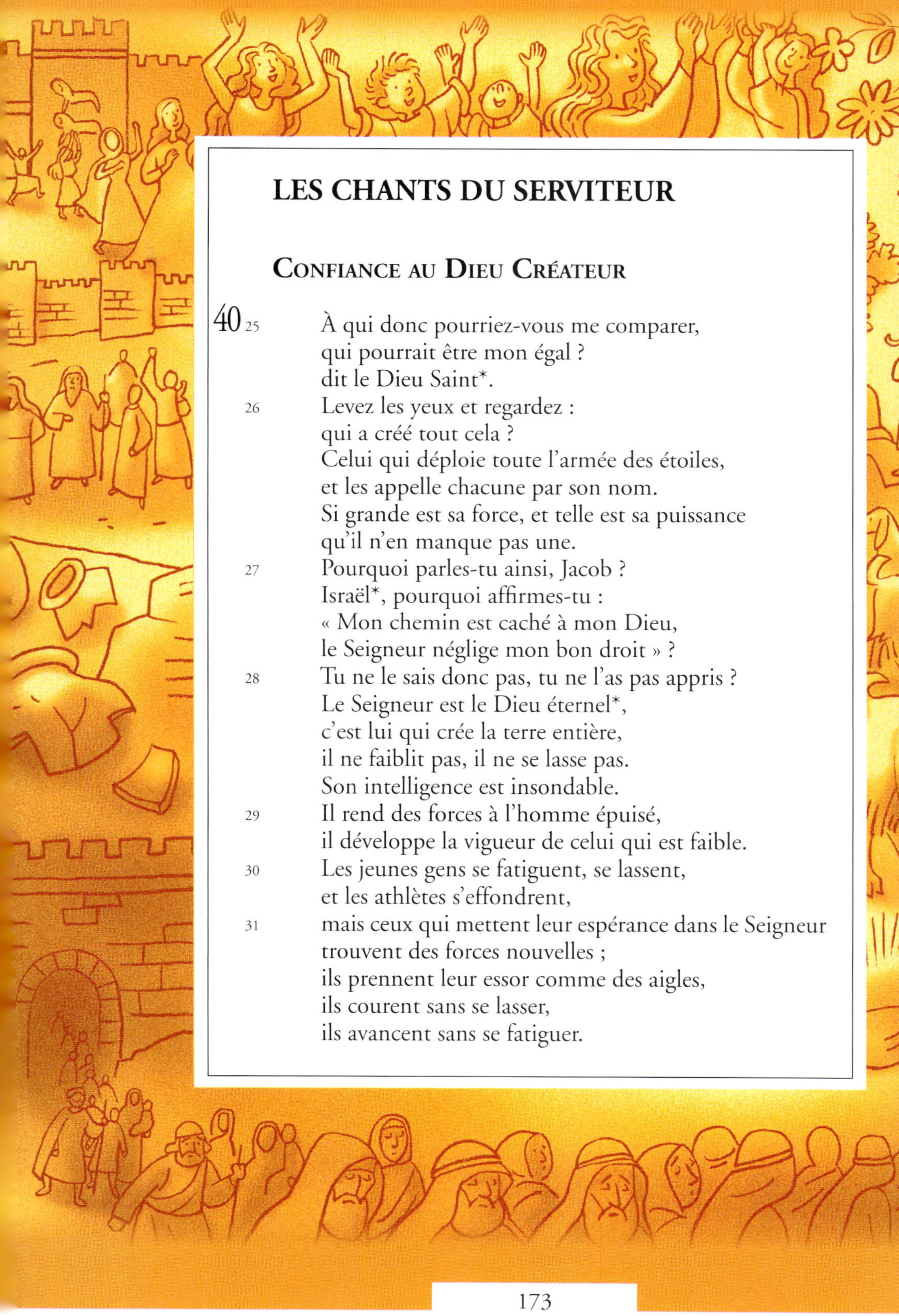

LES CHANTS DU SERVITEUR

CONFIANCE AU DIEU CRÉATEUR

40 25 À qui donc pourriez-vous me comparer,
qui pourrait être mon égal ?
dit le Dieu Saint*.
26 Levez les yeux et regardez :
qui a créé tout cela ?
Celui qui déploie toute l'armée des étoiles,
et les appelle chacune par son nom.
Si grande est sa force, et telle est sa puissance
qu'il n'en manque pas une.
27 Pourquoi parles-tu ainsi, Jacob ?
Israël*, pourquoi affirmes-tu :
« Mon chemin est caché à mon Dieu,
le Seigneur néglige mon bon droit » ?
28 Tu ne le sais donc pas, tu ne l'as pas appris ?
Le Seigneur est le Dieu éternel*,
c'est lui qui crée la terre entière,
il ne faiblit pas, il ne se lasse pas.
Son intelligence est insondable.
29 Il rend des forces à l'homme épuisé,
il développe la vigueur de celui qui est faible.
30 Les jeunes gens se fatiguent, se lassent,
et les athlètes s'effondrent,
31 mais ceux qui mettent leur espérance dans le Seigneur
trouvent des forces nouvelles ;
ils prennent leur essor comme des aigles,
ils courent sans se lasser,
ils avancent sans se fatiguer.

LE « DEUXIÈME ISAÏE »

Les Juifs* sont en exil à Babylone depuis une trentaine d'années. Vers 550 avant Jésus Christ, un roi voisin de Babylone, Cyrus de Perse, entreprend une guerre de conquête pour se construire un empire gigantesque.

Aussitôt, un prophète* dont les oracles* furent ajoutés à ceux du grand Isaïe ▸, annonce le retour du Peuple de Dieu sur sa terre. Cyrus, dit-il, sera le libérateur. Il n'hésite même pas à décerner à cet empereur païen* les titres de berger* et de messie*. Mais comment un tel conquérant pourrait-il être l'envoyé du Dieu de douceur ?

La méditation du prophète s'approfondit. Il comprend que Dieu ne peut pas libérer par la violence. Bien plus, Dieu, fidèle à ses promesses*, libérera avec Israël toutes les nations (Genèse 12, 3, p. 38).

Cette libération qui vient de Dieu sera bien plus grande que la libération procurée par Cyrus ▸▸. Elle sera l'œuvre d'un Serviteur. Le prophète trace le portrait de ce Serviteur à travers quatre poèmes qu'on appelle « les chants du Serviteur ».

▸ Voir « Le rouleau d'Isaïe », p. 147. Ce prophète anonyme de la fin de l'Exil* est généralement reconnu comme l'auteur des chapitres 40 à 55 du livre actuel d'Isaïe.

▸▸ Cyrus, vainqueur du roi de Babylone en 539 avant Jésus Christ, permettra à tous les peuples déportés par Nabucodonosor de regagner leurs pays.

DIEU UNIVERSEL

Celui qu'on appelle parfois le « deuxième Isaïe » (voir « Le rouleau d'Isaïe », p. 147) n'a pas laissé que les chants du Serviteur. Dans beaucoup d'autres passages, il proclame sa foi au Dieu créateur de l'univers. C'est sans doute pendant l'Exil* qu'est composé le poème placé aujourd'hui au début de la Genèse (voir p. 22). En parfaite harmonie avec ce poème, le prophète affirme avec force qu'il n'y a qu'un seul Créateur*.

LE SERVITEUR

Le prophète n'indique pas clairement l'identité du Serviteur. Parfois le Serviteur représente le Peuple tout entier. Il accepte la souffrance de l'Exil sans esprit de revanche. Témoin de la douceur de Dieu, il a renoncé à dominer les autres.

D'autres fois, le Serviteur est un membre du Peuple, un messie* dépouillé de tout pouvoir.

PREMIER CHANT :
LE SERVITEUR, LUMIÈRE DES NATIONS

42 Ainsi parle le Seigneur* :
1 Voici mon serviteur que je soutiens,
mon élu en qui j'ai mis toute ma joie.
J'ai fait reposer sur lui mon esprit* ;
devant les nations*,
il fera paraître le jugement que j'ai prononcé.
2 Il ne criera pas, il ne haussera pas le ton,
on n'entendra pas sa voix sur la place publique.
3 Il n'écrasera pas le roseau froissé,
il n'éteindra pas la mèche qui faiblit,
il fera paraître le jugement en toute fidélité.
4 Lui ne faiblira pas, lui ne sera pas écrasé,
jusqu'à ce qu'il impose mon jugement dans le pays,
et que les îles lointaines
aspirent à recevoir ses instructions.

5 Ainsi parle Dieu, le Seigneur,
qui crée les cieux et les déploie :
il dispose la terre avec sa végétation,
il donne la vie au peuple qui l'habite,
et le souffle à ceux qui la parcourent :
6 Moi, le Seigneur, je t'ai appelé selon la justice,
je t'ai pris par la main, je t'ai mis à part,
j'ai fait de toi mon Alliance* avec le peuple
et la lumière des nations(1) ;
7 tu ouvriras les yeux des aveugles,
tu feras sortir les captifs de leur prison,
et de leur cachot ceux qui habitent les ténèbres.

(1) C'est le titre que le vieillard Syméon donne à Jésus en l'accueillant dans le Temple. Voir Luc 2, 32, p. 330.

DEUXIÈME CHANT : LE SERVITEUR, SIGNE DE TENDRESSE POUR JÉRUSALEM

49 8 Je t'ai mis à part,
je t'ai destiné à être l'homme de
mon Alliance* avec le peuple pour relever le pays,
pour répartir les terres dévastées,
9 pour dire aux captifs : « Sortez de votre prison ! »
à ceux qui sont dans les ténèbres : « Venez à la lumière ! »
Même sur les chemins, mes brebis pourront paître,
dans toutes les terres désolées elles trouveront des pâturages.
10 Elles n'auront plus faim, elles n'auront plus soif,
soleil et vent brûlant ne les frapperont plus ;
car celui qui a eu pitié d'elles les guidera,
et vers les sources il les conduira[1].
11 À la place des montagnes je ferai des routes,
et les chemins seront remblayés. […]

13 Cieux, criez de joie, et que la terre exulte !
Montagnes, éclatez en cris de joie !
Car le Seigneur* console son peuple,
et de ses pauvres il prend pitié.
14 Jérusalem* disait :
« Le Seigneur m'a abandonnée,
le Seigneur m'a oubliée. »
15 Est-ce qu'une femme peut oublier son petit enfant,
ne pas chérir le fils de ses entrailles ?
Même si elle pouvait l'oublier,
moi, je ne t'oublierai pas.

De tout mon cœur, Seigneur, je te rends grâce :
tu as entendu les paroles de ma bouche.
Je te chante en présence des anges.*

Si je marche au milieu des angoisses,
tu me fais vivre,
ta main s'abat sur mes ennemis en colère.

Ta droite me rend vainqueur.
Le Seigneur fait tout pour moi !
Seigneur, éternel est ton amour :
n'arrête pas l'œuvre de tes mains.

Psaume 138

(1) Nous retrouvons ici l'image de Dieu berger* de son Peuple. Voir Ézékiel 34, 1-16, p. 169.

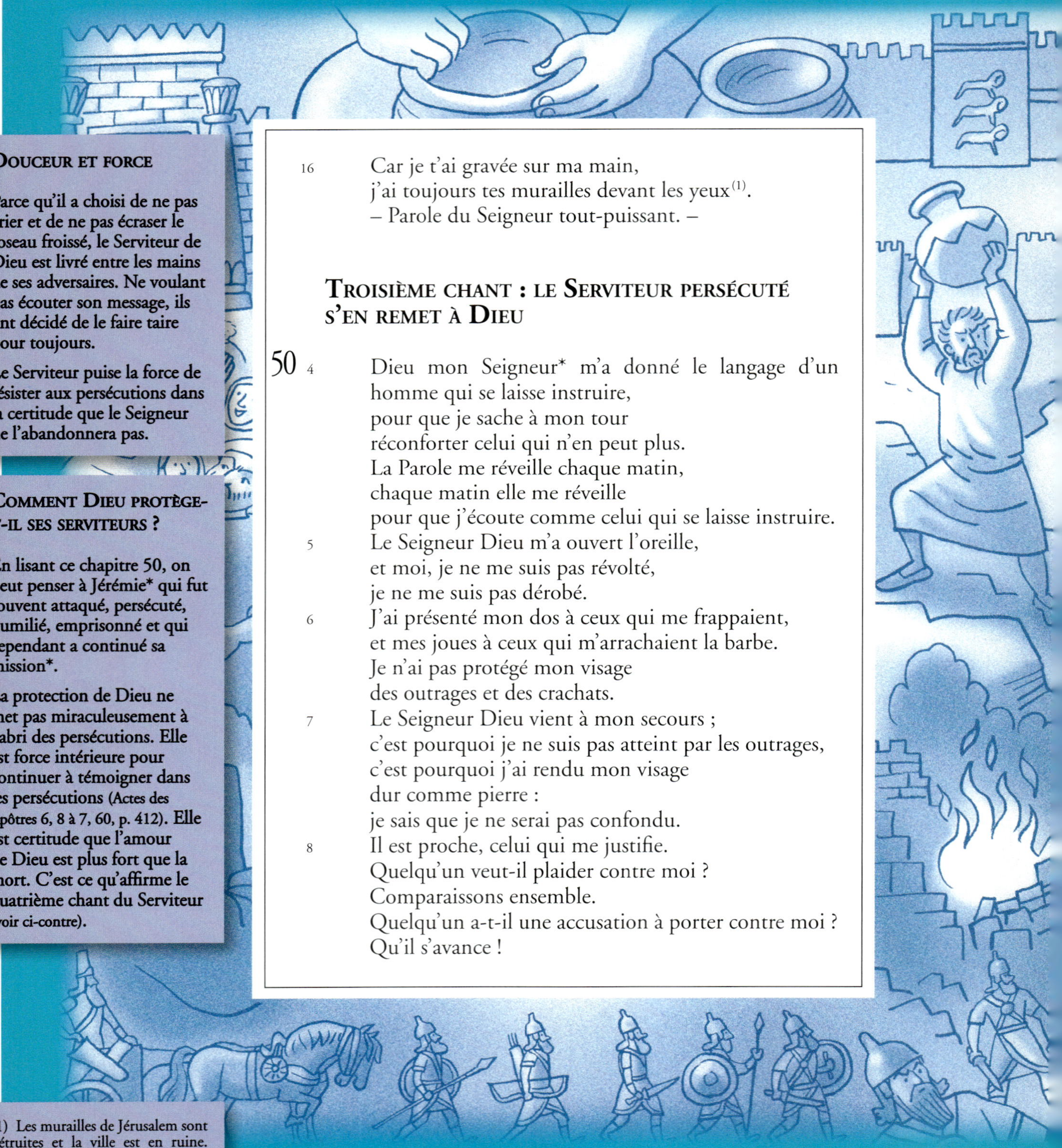

16 Car je t'ai gravée sur ma main,
j'ai toujours tes murailles devant les yeux[1].
– Parole du Seigneur tout-puissant. –

TROISIÈME CHANT : LE SERVITEUR PERSÉCUTÉ S'EN REMET À DIEU

50 4 Dieu mon Seigneur* m'a donné le langage d'un homme qui se laisse instruire,
pour que je sache à mon tour
réconforter celui qui n'en peut plus.
La Parole me réveille chaque matin,
chaque matin elle me réveille
pour que j'écoute comme celui qui se laisse instruire.
5 Le Seigneur Dieu m'a ouvert l'oreille,
et moi, je ne me suis pas révolté,
je ne me suis pas dérobé.
6 J'ai présenté mon dos à ceux qui me frappaient,
et mes joues à ceux qui m'arrachaient la barbe.
Je n'ai pas protégé mon visage
des outrages et des crachats.
7 Le Seigneur Dieu vient à mon secours ;
c'est pourquoi je ne suis pas atteint par les outrages,
c'est pourquoi j'ai rendu mon visage
dur comme pierre :
je sais que je ne serai pas confondu.
8 Il est proche, celui qui me justifie.
Quelqu'un veut-il plaider contre moi ?
Comparaissons ensemble.
Quelqu'un a-t-il une accusation à porter contre moi ?
Qu'il s'avance !

DOUCEUR ET FORCE

Parce qu'il a choisi de ne pas crier et de ne pas écraser le roseau froissé, le Serviteur de Dieu est livré entre les mains de ses adversaires. Ne voulant pas écouter son message, ils ont décidé de le faire taire pour toujours.

Le Serviteur puise la force de résister aux persécutions dans la certitude que le Seigneur ne l'abandonnera pas.

COMMENT DIEU PROTÈGE-T-IL SES SERVITEURS ?

En lisant ce chapitre 50, on peut penser à Jérémie* qui fut souvent attaqué, persécuté, humilié, emprisonné et qui cependant a continué sa mission*.

La protection de Dieu ne met pas miraculeusement à l'abri des persécutions. Elle est force intérieure pour continuer à témoigner dans les persécutions (Actes des Apôtres 6, 8 à 7, 60, p. 412). Elle est certitude que l'amour de Dieu est plus fort que la mort. C'est ce qu'affirme le quatrième chant du Serviteur (voir ci-contre).

(1) Les murailles de Jérusalem sont détruites et la ville est en ruine. Mais Jérusalem est gravée dans la main créatrice de Dieu qui la relèvera.

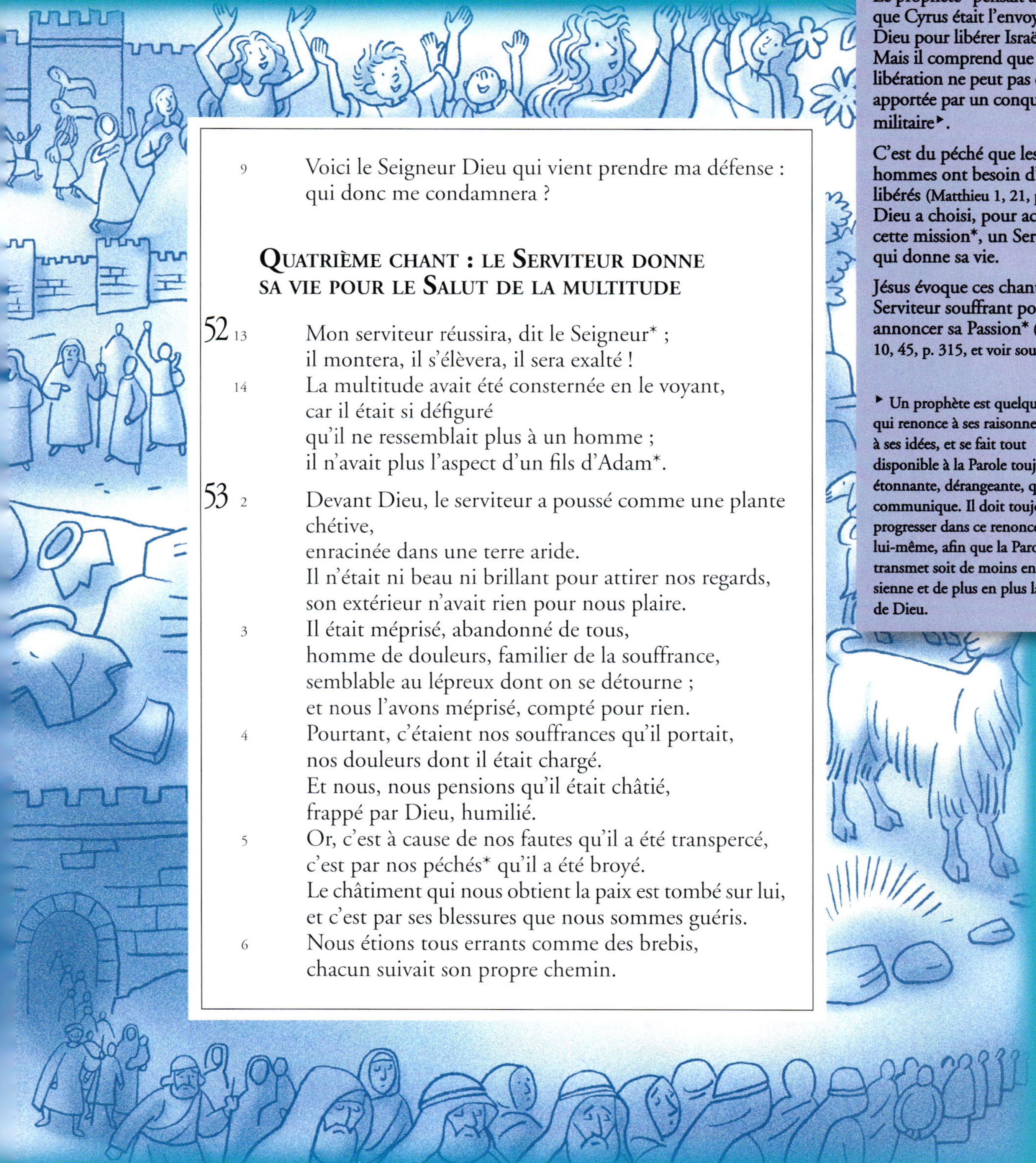

9 Voici le Seigneur Dieu qui vient prendre ma défense :
qui donc me condamnera ?

QUATRIÈME CHANT : LE SERVITEUR DONNE SA VIE POUR LE SALUT DE LA MULTITUDE

52 13 Mon serviteur réussira, dit le Seigneur* ;
il montera, il s'élèvera, il sera exalté !
14 La multitude avait été consternée en le voyant,
car il était si défiguré
qu'il ne ressemblait plus à un homme ;
il n'avait plus l'aspect d'un fils d'Adam*.

53 2 Devant Dieu, le serviteur a poussé comme une plante chétive,
enracinée dans une terre aride.
Il n'était ni beau ni brillant pour attirer nos regards,
son extérieur n'avait rien pour nous plaire.
3 Il était méprisé, abandonné de tous,
homme de douleurs, familier de la souffrance,
semblable au lépreux dont on se détourne ;
et nous l'avons méprisé, compté pour rien.
4 Pourtant, c'étaient nos souffrances qu'il portait,
nos douleurs dont il était chargé.
Et nous, nous pensions qu'il était châtié,
frappé par Dieu, humilié.
5 Or, c'est à cause de nos fautes qu'il a été transpercé,
c'est par nos péchés* qu'il a été broyé.
Le châtiment qui nous obtient la paix est tombé sur lui,
et c'est par ses blessures que nous sommes guéris.
6 Nous étions tous errants comme des brebis,
chacun suivait son propre chemin.

DE CYRUS AU SERVITEUR SOUFFRANT

Le prophète* pensait au début que Cyrus était l'envoyé de Dieu pour libérer Israël*. Mais il comprend que la vraie libération ne peut pas être apportée par un conquérant militaire▸.

C'est du péché que les hommes ont besoin d'être libérés (Matthieu 1, 21, p. 243). Dieu a choisi, pour accomplir cette mission*, un Serviteur qui donne sa vie.

Jésus évoque ces chants du Serviteur souffrant pour annoncer sa Passion* (Marc 10, 45, p. 315, et voir souffrance).

▸ Un prophète est quelqu'un qui renonce à ses raisonnements, à ses idées, et se fait tout disponible à la Parole toujours étonnante, dérangeante, que Dieu communique. Il doit toujours progresser dans ce renoncement à lui-même, afin que la Parole qu'il transmet soit de moins en moins la sienne et de plus en plus la Parole de Dieu.

Mais le Seigneur a fait retomber sur lui
nos fautes à nous tous.
7 Maltraité, il s'humilie,
il n'ouvre pas la bouche :
comme un agneau conduit à l'abattoir,
comme une brebis muette devant les tondeurs,
il n'ouvre pas la bouche.
8 Arrêté, puis jugé, il a été supprimé.
Qui donc s'est soucié de son destin ?
Il a été retranché de la terre des vivants,
frappé à cause des péchés de son peuple.
9 On l'a enterré avec les mécréants,
son tombeau est avec ceux des enrichis ;
et pourtant il n'a jamais commis l'injustice,
ni proféré le mensonge.
10 Broyé par la souffrance, il a plu au Seigneur.
Mais, s'il fait de sa vie un sacrifice* d'expiation*,
il verra sa descendance, il prolongera ses jours [1] :
par lui s'accomplira la volonté du Seigneur.
11 À cause de ses souffrances,
il verra la lumière, il sera comblé.
Parce qu'il a connu la souffrance,
le juste*, mon serviteur, justifiera les multitudes,
il se chargera de leurs péchés [2].
12 C'est pourquoi je lui donnerai la multitude en partage,
les puissants seront la part qu'il recevra,
car il s'est dépouillé lui-même jusqu'à la mort [3],
il a été compté avec les pécheurs,
alors qu'il portait le péché des multitudes
et qu'il intercédait pour les pécheurs.

Pourquoi, toi, le Serviteur,
acceptes-tu l'humiliation, la souffrance
et la mort, si ce n'est par amour ?
Ta souffrance est celle de Dieu
quand il est rejeté par les hommes !
Tu es habité par le désir de Dieu :
les sauver tous !
Qui es-tu ?

(1) De plus en plus s'impose la certitude que la mort n'est pas la fin définitive de la vie (voir p. 124 et Résurrection*).
(2) Voir Souffrance.
(3) Saint Paul* emploie des expressions très proches dans Philippiens 2, 1-11, p. 447.

III
APRÈS L'EXIL

En 538 avant Jésus Christ, l'Exil des Juifs* prend fin. Cyrus, le nouveau maître de Babylone, permet à toutes les populations déportées par Nabucodonosor de rentrer dans leurs pays d'origine. Il leur rend les objets religieux pris en butin et les encourage à relever les temples détruits, afin que chaque peuple puisse intercéder* auprès de son ou de ses dieux.*

Tandis que beaucoup de Juifs restent à Babylone, certains décident de rentrer à Jérusalem. Avec beaucoup de difficultés, ils reprennent leur place au milieu des Samaritains* et des Édomites*, et ils reconstruisent le Temple*(1). Ils restent environ 200 ans sous administration perse et dépendent du satrape(2).*

En 333 avant Jésus Christ, Alexandre le Grand ayant vaincu les Perses, la Judée passe sous administration grecque. Un des successeurs d'Alexandre, Antiochus IV, impose le culte du dieu grec Zeus à tous les peuples de son royaume. Une telle prétention soulève la révolte des Maccabées* (voir p. 195).*

Les Juifs remportent quelques victoires contre les Grecs. À partir de 106 avant Jésus Christ, ils reconstituent un royaume avec les souverains asmonéens (voir p. 199). Pour maintenir une certaine indépendance vis-à-vis des Grecs, les Juifs font alliance avec les Romains. Ceux-ci prennent petit à petit le pouvoir et en arrivent à désigner eux-mêmes les derniers rois asmonéens(3).*

Les Juifs trouvent réconfort dans la lecture de l'Écriture. Ils la méditent. Des livres nouveaux sont écrits, qui redisent la fidélité de Dieu pour son Peuple.*

Dans des genres très différents, on trouve :

– des livres prophétiques, p. 183 à 191 ;

– des livres racontant des événements de l'histoire du Peuple sous domination étrangère, p. 180 à 182 et p. 194 à 198 ;

– des réflexions sur la souffrance, des proverbes et des conseils de Sagesse, p. 200 à 209 ;

– des visions extraordinaires, dans le livre de Daniel, p. 210-211.

(1) Les historiens parlent du second Temple, que le roi Hérode fera agrandir et embellir. Voir p. 195 et lexique p. 539-540.

(2) Gouverneur de Transeuphratène, l'une des 127 provinces de l'empire.

(3) C'est ainsi qu'Hérode le Grand, protégé des Romains, occupera le trône de roi des Juifs au moment de la naissance de Jésus. Voir Matthieu 2, 1, p. 243.

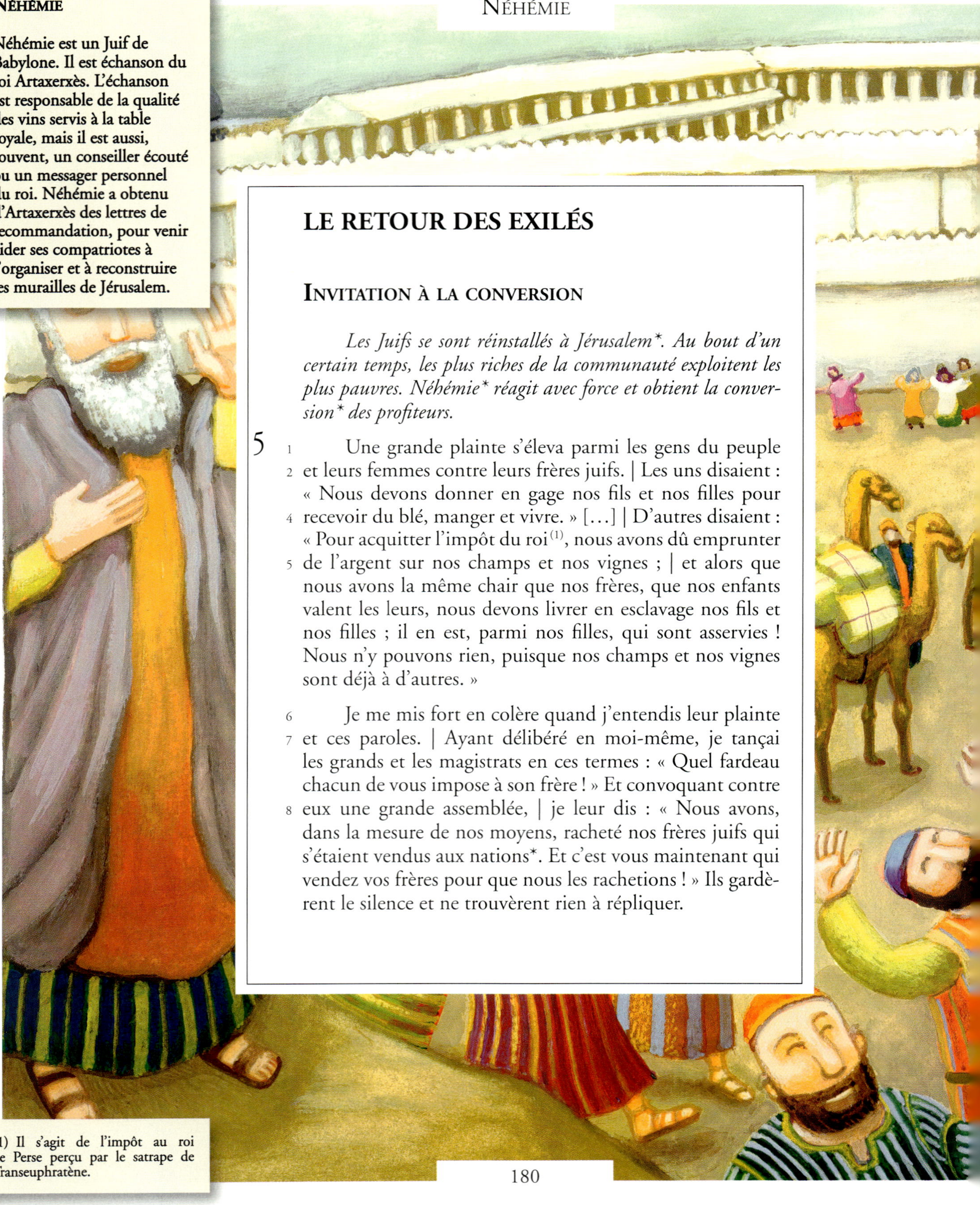

Néhémie

Néhémie est un Juif de Babylone. Il est échanson du roi Artaxerxès. L'échanson est responsable de la qualité des vins servis à la table royale, mais il est aussi, souvent, un conseiller écouté ou un messager personnel du roi. Néhémie a obtenu d'Artaxerxès des lettres de recommandation, pour venir aider ses compatriotes à s'organiser et à reconstruire les murailles de Jérusalem.

LE RETOUR DES EXILÉS

Invitation à la conversion

Les Juifs se sont réinstallés à Jérusalem. Au bout d'un certain temps, les plus riches de la communauté exploitent les plus pauvres. Néhémie* réagit avec force et obtient la conversion* des profiteurs.*

5 1 Une grande plainte s'éleva parmi les gens du peuple
2 et leurs femmes contre leurs frères juifs. | Les uns disaient :
« Nous devons donner en gage nos fils et nos filles pour
4 recevoir du blé, manger et vivre. » […] | D'autres disaient :
« Pour acquitter l'impôt du roi (1), nous avons dû emprunter
5 de l'argent sur nos champs et nos vignes ; | et alors que
nous avons la même chair que nos frères, que nos enfants
valent les leurs, nous devons livrer en esclavage nos fils et
nos filles ; il en est, parmi nos filles, qui sont asservies !
Nous n'y pouvons rien, puisque nos champs et nos vignes
sont déjà à d'autres. »

6 Je me mis fort en colère quand j'entendis leur plainte
7 et ces paroles. | Ayant délibéré en moi-même, je tançai
les grands et les magistrats en ces termes : « Quel fardeau
chacun de vous impose à son frère ! » Et convoquant contre
8 eux une grande assemblée, | je leur dis : « Nous avons,
dans la mesure de nos moyens, racheté nos frères juifs qui
s'étaient vendus aux nations*. Et c'est vous maintenant qui
vendez vos frères pour que nous les rachetions ! » Ils gardè-
rent le silence et ne trouvèrent rien à répliquer.

(1) Il s'agit de l'impôt au roi de Perse perçu par le satrape de Transeuphratène.

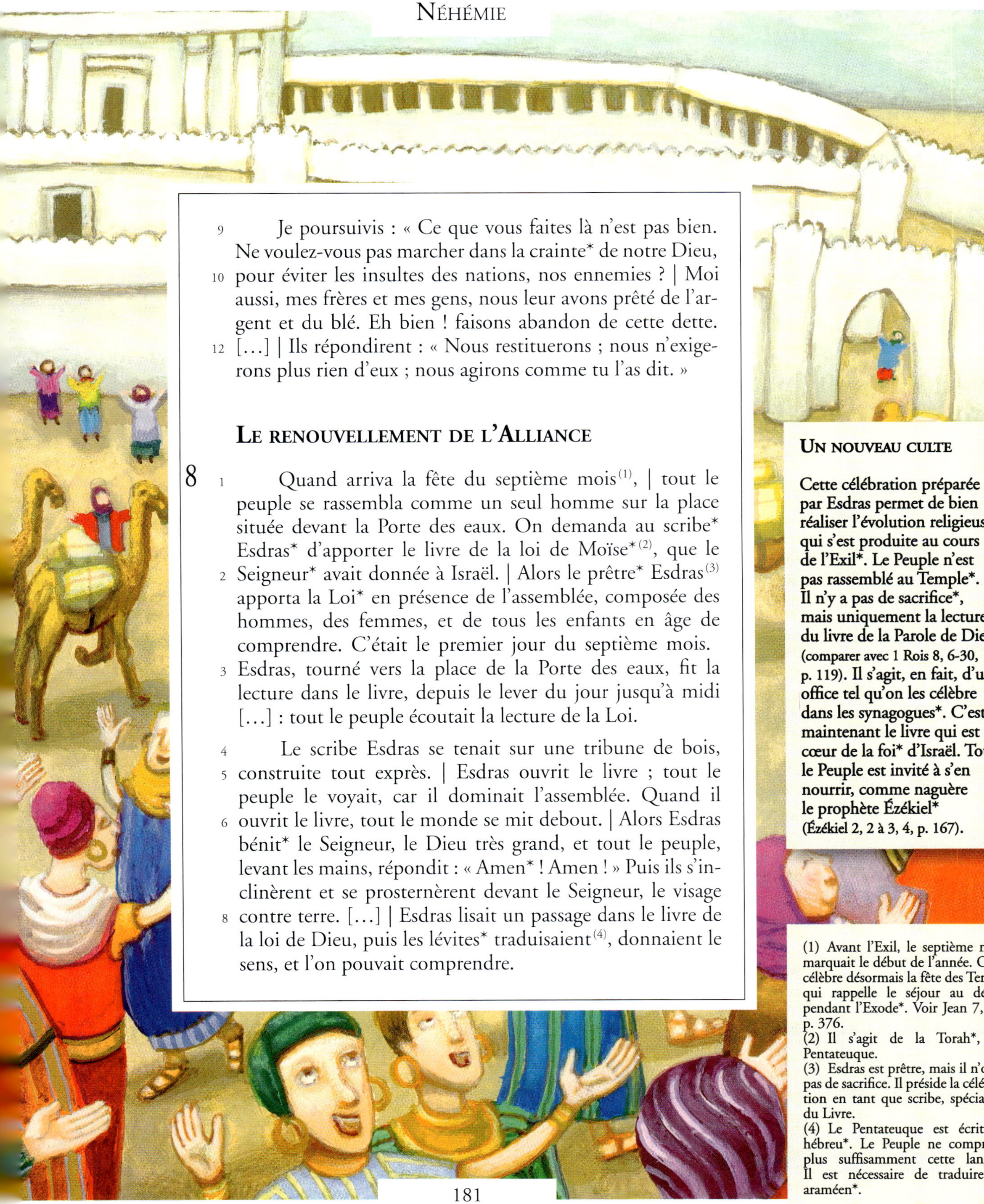

9 Je poursuivis : « Ce que vous faites là n'est pas bien.
Ne voulez-vous pas marcher dans la crainte* de notre Dieu,
10 pour éviter les insultes des nations, nos ennemies ? | Moi
aussi, mes frères et mes gens, nous leur avons prêté de l'ar-
gent et du blé. Eh bien ! faisons abandon de cette dette.
12 […] | Ils répondirent : « Nous restituerons ; nous n'exige-
rons plus rien d'eux ; nous agirons comme tu l'as dit. »

LE RENOUVELLEMENT DE L'ALLIANCE

8 1 Quand arriva la fête du septième mois[1], | tout le
peuple se rassembla comme un seul homme sur la place
située devant la Porte des eaux. On demanda au scribe*
Esdras* d'apporter le livre de la loi de Moïse*[2], que le
2 Seigneur* avait donnée à Israël. | Alors le prêtre* Esdras[3]
apporta la Loi* en présence de l'assemblée, composée des
hommes, des femmes, et de tous les enfants en âge de
comprendre. C'était le premier jour du septième mois.
3 Esdras, tourné vers la place de la Porte des eaux, fit la
lecture dans le livre, depuis le lever du jour jusqu'à midi
[…] : tout le peuple écoutait la lecture de la Loi.

4 Le scribe Esdras se tenait sur une tribune de bois,
5 construite tout exprès. | Esdras ouvrit le livre ; tout le
peuple le voyait, car il dominait l'assemblée. Quand il
6 ouvrit le livre, tout le monde se mit debout. | Alors Esdras
bénit* le Seigneur, le Dieu très grand, et tout le peuple,
levant les mains, répondit : « Amen* ! Amen ! » Puis ils s'in-
clinèrent et se prosternèrent devant le Seigneur, le visage
8 contre terre. […] | Esdras lisait un passage dans le livre de
la loi de Dieu, puis les lévites* traduisaient[4], donnaient le
sens, et l'on pouvait comprendre.

UN NOUVEAU CULTE

Cette célébration préparée par Esdras permet de bien réaliser l'évolution religieuse qui s'est produite au cours de l'Exil*. Le Peuple n'est pas rassemblé au Temple*. Il n'y a pas de sacrifice*, mais uniquement la lecture du livre de la Parole de Dieu (comparer avec 1 Rois 8, 6-30, p. 119). Il s'agit, en fait, d'un office tel qu'on les célèbre dans les synagogues*. C'est maintenant le livre qui est au cœur de la foi* d'Israël. Tout le Peuple est invité à s'en nourrir, comme naguère le prophète Ézékiel* (Ézékiel 2, 2 à 3, 4, p. 167).

(1) Avant l'Exil, le septième mois marquait le début de l'année. On y célèbre désormais la fête des Tentes, qui rappelle le séjour au désert pendant l'Exode*. Voir Jean 7, 37, p. 376.
(2) Il s'agit de la Torah*, ou Pentateuque.
(3) Esdras est prêtre, mais il n'offre pas de sacrifice. Il préside la célébration en tant que scribe, spécialiste du Livre.
(4) Le Pentateuque est écrit en hébreu*. Le Peuple ne comprend plus suffisamment cette langue. Il est nécessaire de traduire en araméen*.

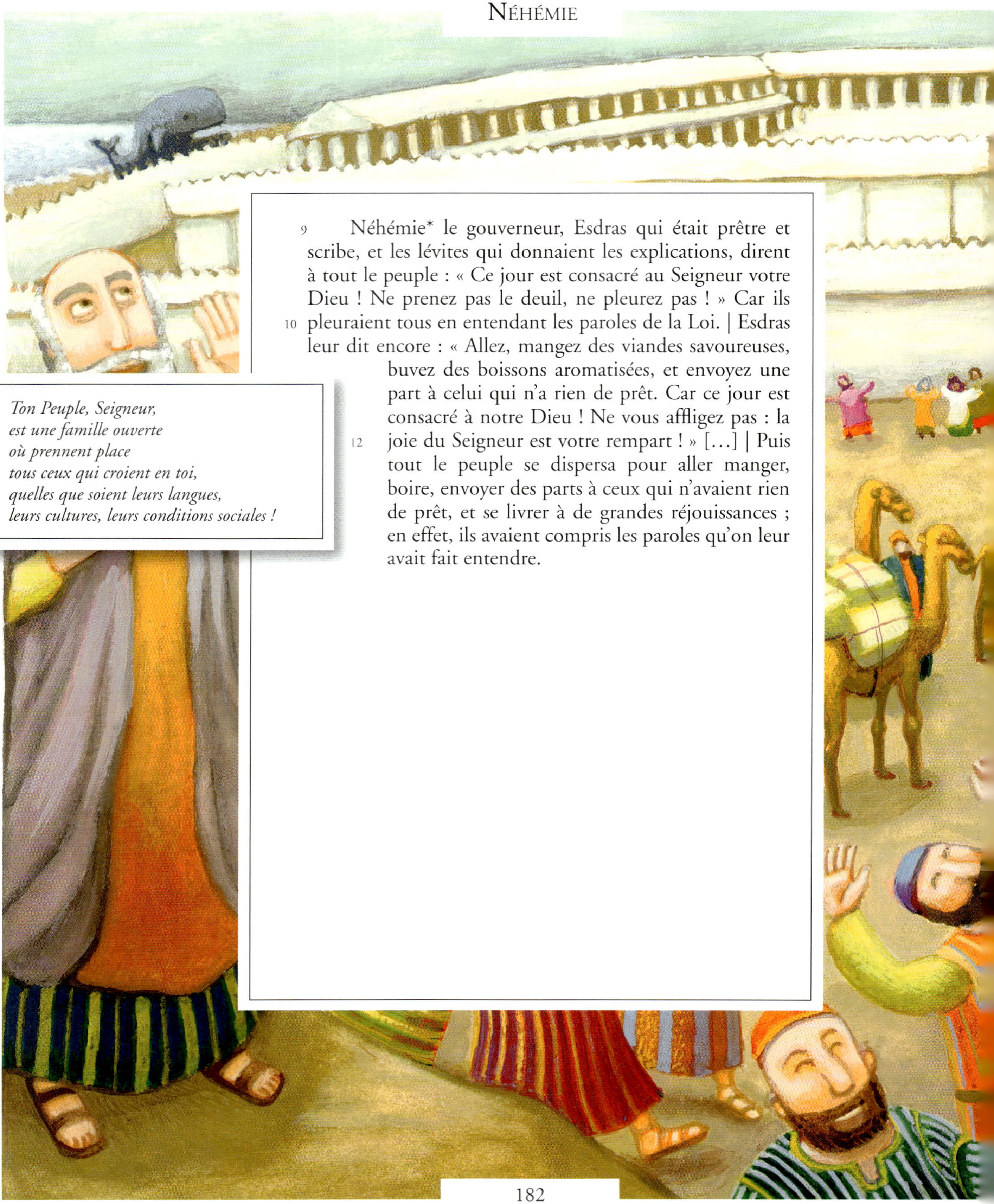

9 Néhémie* le gouverneur, Esdras qui était prêtre et
scribe, et les lévites qui donnaient les explications, dirent
à tout le peuple : « Ce jour est consacré au Seigneur votre
Dieu ! Ne prenez pas le deuil, ne pleurez pas ! » Car ils
10 pleuraient tous en entendant les paroles de la Loi. | Esdras
leur dit encore : « Allez, mangez des viandes savoureuses,
buvez des boissons aromatisées, et envoyez une
part à celui qui n'a rien de prêt. Car ce jour est
consacré à notre Dieu ! Ne vous affligez pas : la
12 joie du Seigneur est votre rempart ! » […] | Puis
tout le peuple se dispersa pour aller manger,
boire, envoyer des parts à ceux qui n'avaient rien
de prêt, et se livrer à de grandes réjouissances ;
en effet, ils avaient compris les paroles qu'on leur
avait fait entendre.

Ton Peuple, Seigneur,
est une famille ouverte
où prennent place
tous ceux qui croient en toi,
quelles que soient leurs langues,
leurs cultures, leurs conditions sociales !

JÉRUSALEM

JÉRUSALEM, LIEU DE PRIÈRE POUR LES PEUPLES

Dans les premières années après le retour d'Exil, le prophète* appelé parfois le « troisième Isaïe » (voir page 147) décrit le Temple* reconstruit à Jérusalem* comme une maison de prière pour tous les peuples. Cette prophétie se réalisera bientôt. Les Juifs de la Diaspora* parlent de Dieu aux étrangers qu'ils rencontrent. Beaucoup de ces païens* veulent connaître le Dieu des Juifs et viennent en pèlerinage à Jérusalem*[1].

56 1 Parole du Seigneur* :
Observez le droit, pratiquez la justice.
Car mon salut approche, il vient,
et ma justice* va se révéler. […]
3 L'étranger qui s'est attaché au Seigneur
ne doit pas dire :
« Certainement, le Seigneur va m'exclure de son peuple. » […]
6 Les étrangers qui se sont attachés au service du Seigneur
pour l'amour de son nom
et sont devenus ses serviteurs,
tous ceux qui observent le sabbat* sans le profaner
et s'attachent fermement à mon Alliance*,
7 je les conduirai à ma montagne sainte.
Je les rendrai heureux dans ma maison de prière,
je ferai bon accueil, sur mon autel*,
à leurs holocaustes* et à leurs sacrifices*,
car ma maison s'appellera
« Maison de prière pour tous les peuples[2]. »

'on Peuple, Seigneur,
st une famille ouverte,
mitée à la descendance
'un même ancêtre.
'on Peuple, c'est tous ceux
ui croient en toi,
uelles que soient leur langue
: la couleur de leur peau.

LE « TROISIÈME ISAÏE », JONAS ET ZACHARIE

Après l'Exil, les prophètes se font plus rares. Mais il en surgit encore quelques-uns qui encouragent le Peuple à garder confiance dans les promesses* du Seigneur.

Les oracles* de l'un d'entre eux sont ajoutés au rouleau d'Isaïe (voir p. 147)**. Il annonce au Peuple, tenté de découragement devant les difficultés de la réinstallation en Terre promise, que Dieu va faire de Jérusalem le centre religieux vers lequel afflueront toutes les nations** (voir p. 183-186)**.**

Un autre prophète compose le livre de Jonas. Il souligne que la mission du Peuple est d'aller au-devant des nations*, pour témoigner de la miséricorde* de Dieu (voir p. 187-190)**.**

Zacharie, le dernier des prophètes, annonce enfin, de façon parfois voilée, que le messie* envoyé par Dieu sera doux et pacifique (voir p. 191)**.**

(1) Les païens attirés par le judaïsme peuvent entrer sur une partie de l'esplanade du Temple, appelée le parvis des Gentils*. Il leur est interdit, sous peine de mort, de s'approcher du lieu des sacrifices et du sanctuaire qui se trouvent au centre de l'esplanade. Mais depuis leur parvis, ils peuvent voir la fumée de l'autel et entendre les psaumes et les cantiques. Et surtout, sous les portiques bordant l'esplanade, ils rencontrent des maîtres qui leur enseignent la Parole de Dieu.
(2) Voir 1 Rois 8, 42-43, p. 120.

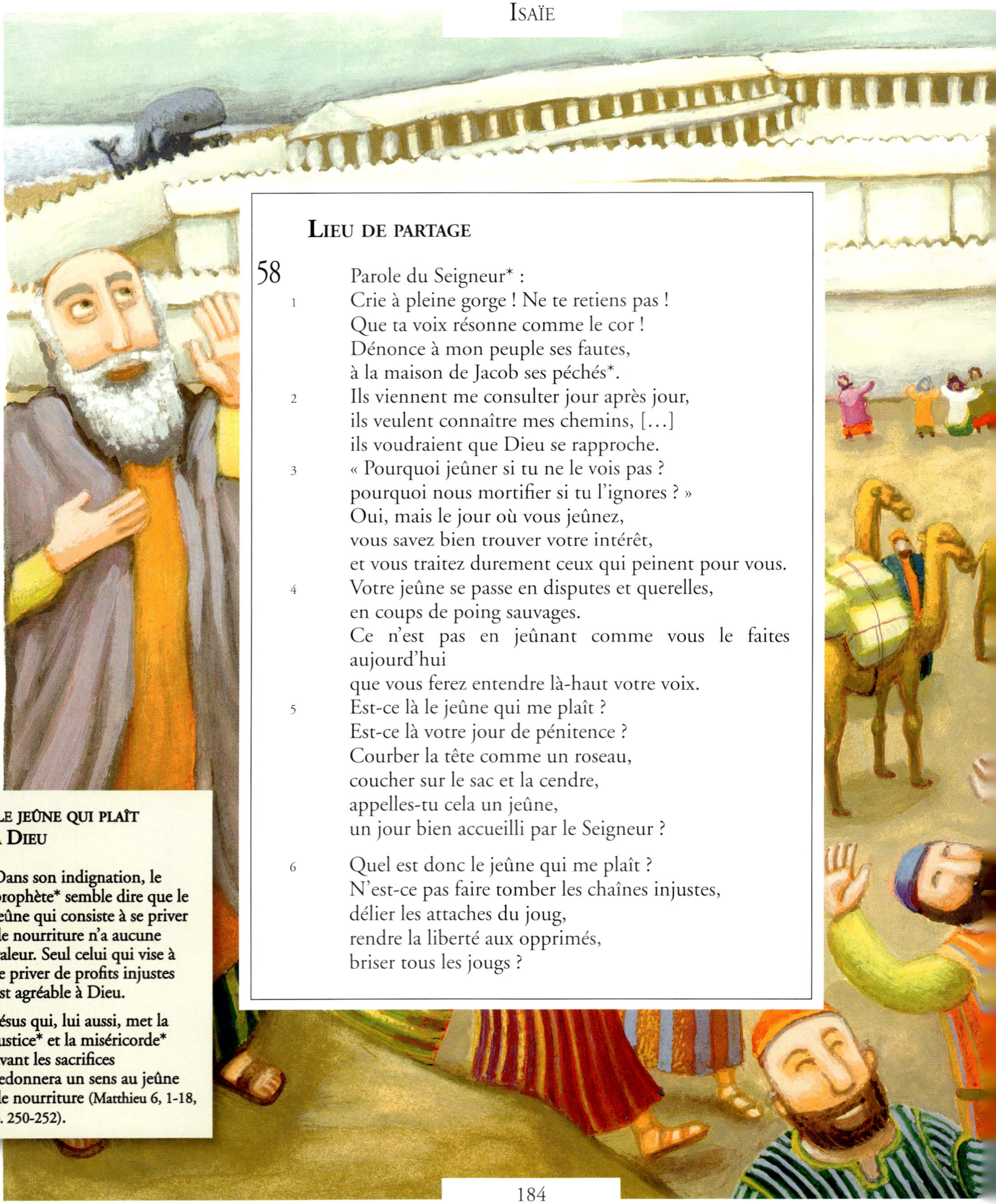

LIEU DE PARTAGE

58 Parole du Seigneur* :
1 Crie à pleine gorge ! Ne te retiens pas !
Que ta voix résonne comme le cor !
Dénonce à mon peuple ses fautes,
à la maison de Jacob ses péchés*.
2 Ils viennent me consulter jour après jour,
ils veulent connaître mes chemins, […]
ils voudraient que Dieu se rapproche.
3 « Pourquoi jeûner si tu ne le vois pas ?
pourquoi nous mortifier si tu l'ignores ? »
Oui, mais le jour où vous jeûnez,
vous savez bien trouver votre intérêt,
et vous traitez durement ceux qui peinent pour vous.
4 Votre jeûne se passe en disputes et querelles,
en coups de poing sauvages.
Ce n'est pas en jeûnant comme vous le faites aujourd'hui
que vous ferez entendre là-haut votre voix.
5 Est-ce là le jeûne qui me plaît ?
Est-ce là votre jour de pénitence ?
Courber la tête comme un roseau,
coucher sur le sac et la cendre,
appelles-tu cela un jeûne,
un jour bien accueilli par le Seigneur ?

6 Quel est donc le jeûne qui me plaît ?
N'est-ce pas faire tomber les chaînes injustes,
délier les attaches du joug,
rendre la liberté aux opprimés,
briser tous les jougs ?

LE JEÛNE QUI PLAÎT À DIEU

Dans son indignation, le prophète* semble dire que le jeûne qui consiste à se priver de nourriture n'a aucune valeur. Seul celui qui vise à se priver de profits injustes est agréable à Dieu.

Jésus qui, lui aussi, met la justice* et la miséricorde* avant les sacrifices redonnera un sens au jeûne de nourriture (Matthieu 6, 1-18, p. 250-252).

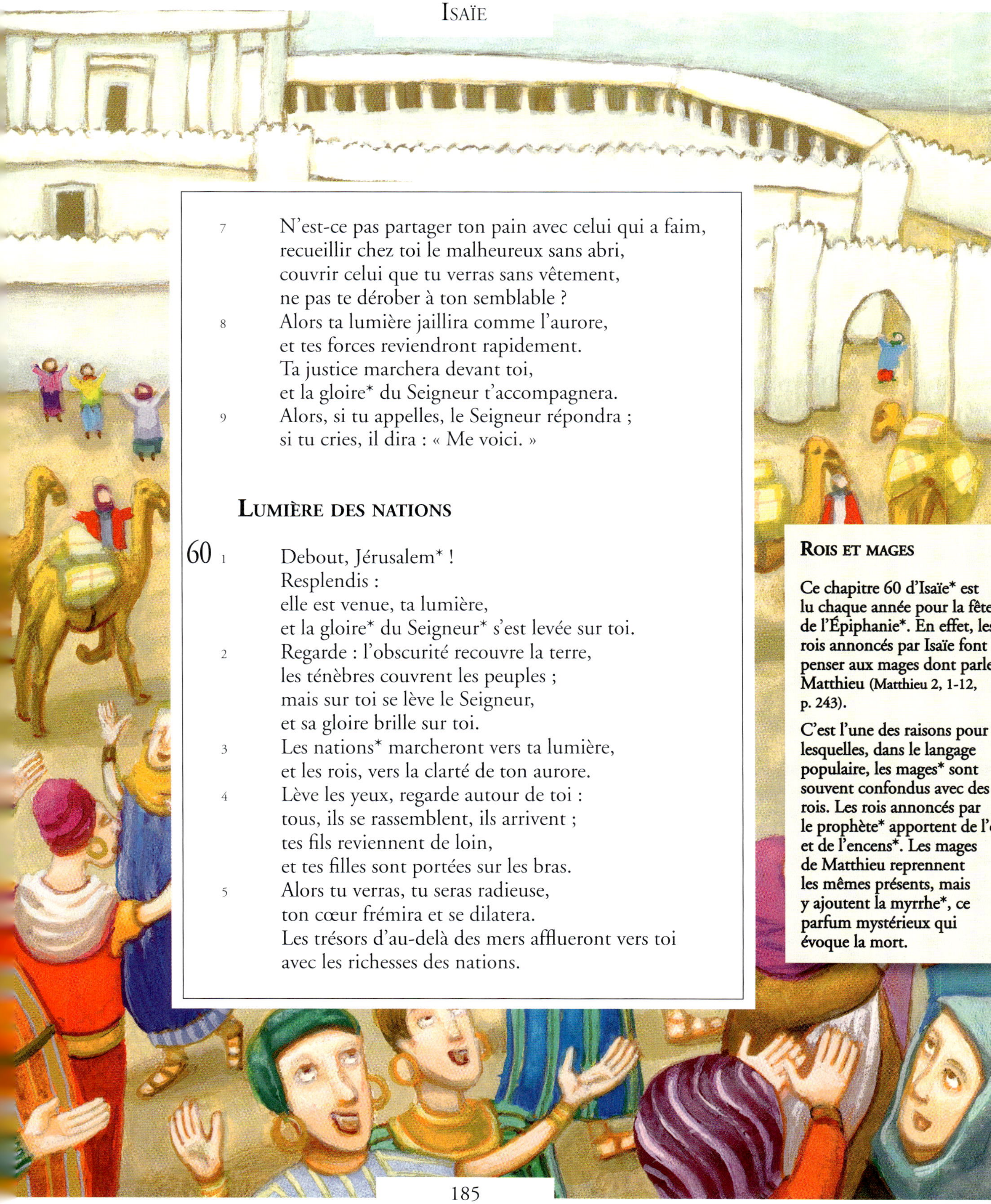

7 N'est-ce pas partager ton pain avec celui qui a faim,
recueillir chez toi le malheureux sans abri,
couvrir celui que tu verras sans vêtement,
ne pas te dérober à ton semblable ?
8 Alors ta lumière jaillira comme l'aurore,
et tes forces reviendront rapidement.
Ta justice marchera devant toi,
et la gloire* du Seigneur t'accompagnera.
9 Alors, si tu appelles, le Seigneur répondra ;
si tu cries, il dira : « Me voici. »

Lumière des nations

60 1 Debout, Jérusalem* !
Resplendis :
elle est venue, ta lumière,
et la gloire* du Seigneur* s'est levée sur toi.
2 Regarde : l'obscurité recouvre la terre,
les ténèbres couvrent les peuples ;
mais sur toi se lève le Seigneur,
et sa gloire brille sur toi.
3 Les nations* marcheront vers ta lumière,
et les rois, vers la clarté de ton aurore.
4 Lève les yeux, regarde autour de toi :
tous, ils se rassemblent, ils arrivent ;
tes fils reviennent de loin,
et tes filles sont portées sur les bras.
5 Alors tu verras, tu seras radieuse,
ton cœur frémira et se dilatera.
Les trésors d'au-delà des mers affluent vers toi
avec les richesses des nations.

Rois et mages

Ce chapitre 60 d'Isaïe* est lu chaque année pour la fête de l'Épiphanie*. En effet, les rois annoncés par Isaïe font penser aux mages dont parle Matthieu (Matthieu 2, 1-12, p. 243).

C'est l'une des raisons pour lesquelles, dans le langage populaire, les mages* sont souvent confondus avec des rois. Les rois annoncés par le prophète* apportent de l'or et de l'encens*. Les mages de Matthieu reprennent les mêmes présents, mais y ajoutent la myrrhe*, ce parfum mystérieux qui évoque la mort.

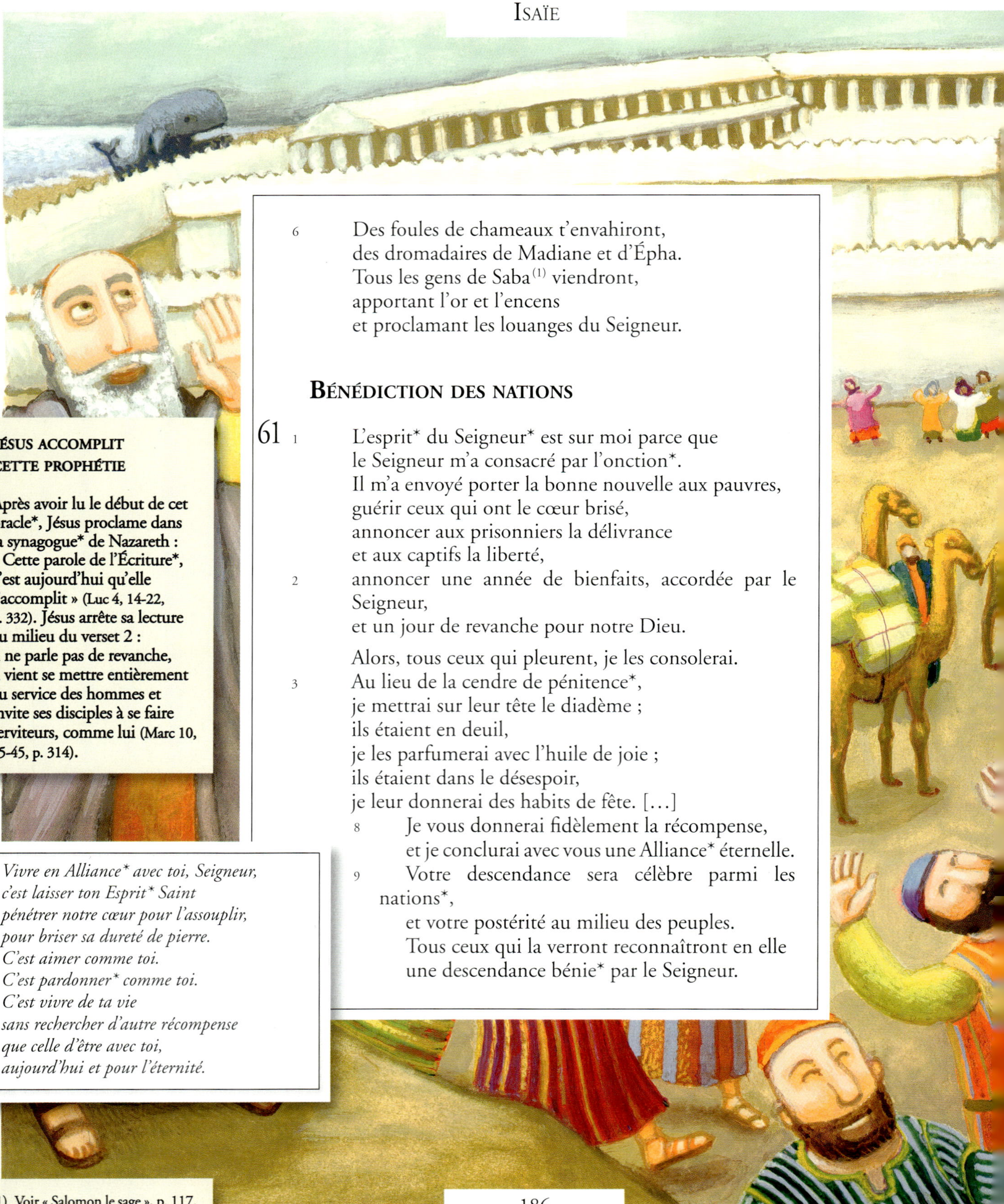

6 Des foules de chameaux t'envahiront,
des dromadaires de Madiane et d'Épha.
Tous les gens de Saba(1) viendront,
apportant l'or et l'encens
et proclamant les louanges du Seigneur.

BÉNÉDICTION DES NATIONS

61 1 L'esprit* du Seigneur* est sur moi parce que
le Seigneur m'a consacré par l'onction*.
Il m'a envoyé porter la bonne nouvelle aux pauvres,
guérir ceux qui ont le cœur brisé,
annoncer aux prisonniers la délivrance
et aux captifs la liberté,
2 annoncer une année de bienfaits, accordée par le Seigneur,
et un jour de revanche pour notre Dieu.

Alors, tous ceux qui pleurent, je les consolerai.
3 Au lieu de la cendre de pénitence*,
je mettrai sur leur tête le diadème ;
ils étaient en deuil,
je les parfumerai avec l'huile de joie ;
ils étaient dans le désespoir,
je leur donnerai des habits de fête. […]
8 Je vous donnerai fidèlement la récompense,
et je conclurai avec vous une Alliance* éternelle.
9 Votre descendance sera célèbre parmi les nations*,
et votre postérité au milieu des peuples.
Tous ceux qui la verront reconnaîtront en elle
une descendance bénie* par le Seigneur.

JÉSUS ACCOMPLIT CETTE PROPHÉTIE

Après avoir lu le début de cet oracle*, Jésus proclame dans la synagogue* de Nazareth : « Cette parole de l'Écriture*, c'est aujourd'hui qu'elle s'accomplit » (Luc 4, 14-22, p. 332). Jésus arrête sa lecture au milieu du verset 2 : il ne parle pas de revanche, il vient se mettre entièrement au service des hommes et invite ses disciples à se faire serviteurs, comme lui (Marc 10, 35-45, p. 314).

Vivre en Alliance avec toi, Seigneur,*
c'est laisser ton Esprit Saint*
pénétrer notre cœur pour l'assouplir,
pour briser sa dureté de pierre.
C'est aimer comme toi.
C'est pardonner comme toi.*
C'est vivre de ta vie
sans rechercher d'autre récompense
que celle d'être avec toi,
aujourd'hui et pour l'éternité.

(1) Voir « Salomon le sage », p. 117.

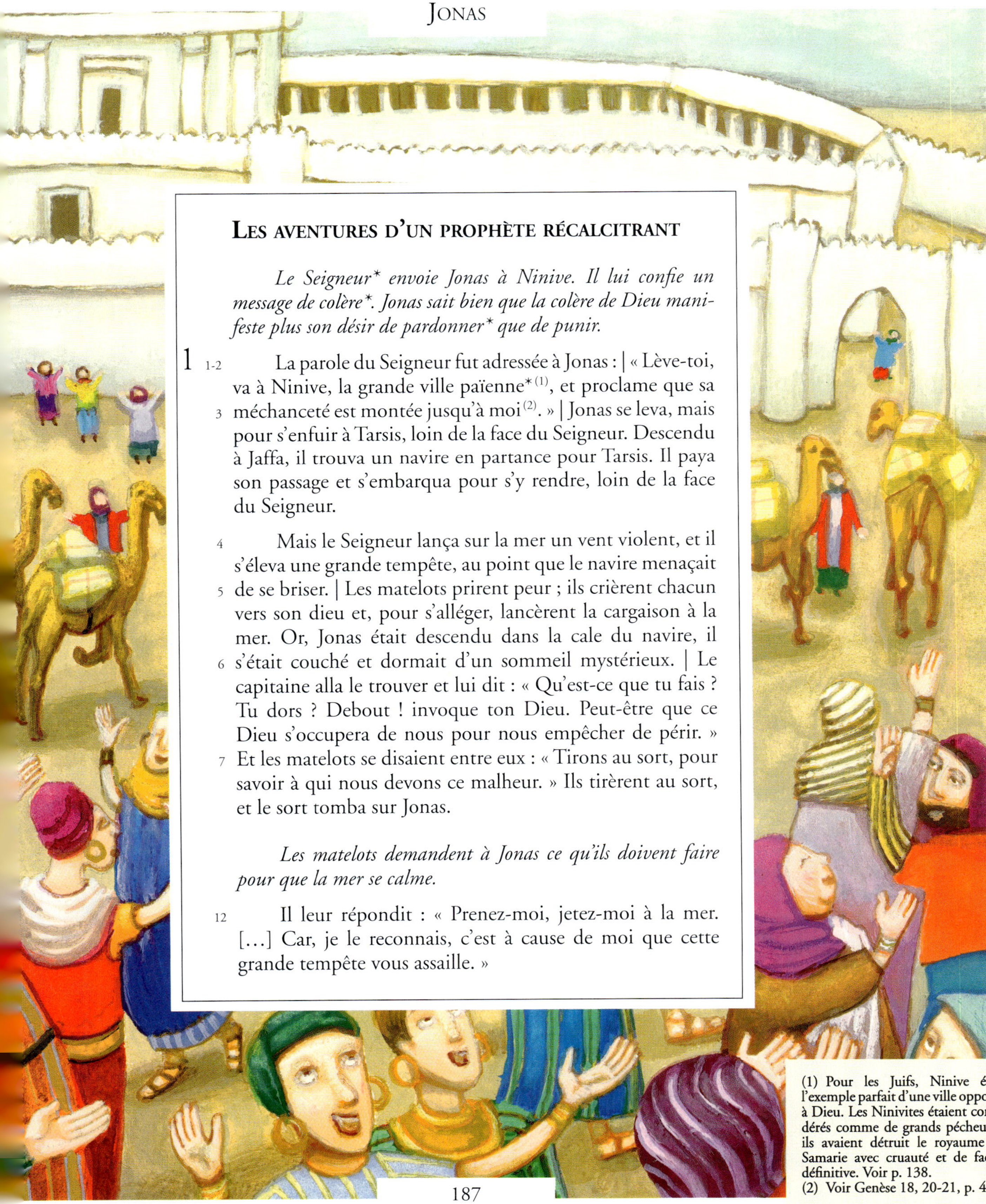

LES AVENTURES D'UN PROPHÈTE RÉCALCITRANT

Le Seigneur envoie Jonas à Ninive. Il lui confie un message de colère*. Jonas sait bien que la colère de Dieu manifeste plus son désir de pardonner* que de punir.*

1 1-2 La parole du Seigneur fut adressée à Jonas : | « Lève-toi,
va à Ninive, la grande ville païenne*[1], et proclame que sa
3 méchanceté est montée jusqu'à moi[2]. » | Jonas se leva, mais
pour s'enfuir à Tarsis, loin de la face du Seigneur. Descendu
à Jaffa, il trouva un navire en partance pour Tarsis. Il paya
son passage et s'embarqua pour s'y rendre, loin de la face
du Seigneur.

4 Mais le Seigneur lança sur la mer un vent violent, et il
s'éleva une grande tempête, au point que le navire menaçait
5 de se briser. | Les matelots prirent peur ; ils crièrent chacun
vers son dieu et, pour s'alléger, lancèrent la cargaison à la
mer. Or, Jonas était descendu dans la cale du navire, il
6 s'était couché et dormait d'un sommeil mystérieux. | Le
capitaine alla le trouver et lui dit : « Qu'est-ce que tu fais ?
Tu dors ? Debout ! invoque ton Dieu. Peut-être que ce
Dieu s'occupera de nous pour nous empêcher de périr. »
7 Et les matelots se disaient entre eux : « Tirons au sort, pour
savoir à qui nous devons ce malheur. » Ils tirèrent au sort,
et le sort tomba sur Jonas.

Les matelots demandent à Jonas ce qu'ils doivent faire pour que la mer se calme.

12 Il leur répondit : « Prenez-moi, jetez-moi à la mer.
[…] Car, je le reconnais, c'est à cause de moi que cette
grande tempête vous assaille. »

(1) Pour les Juifs, Ninive était l'exemple parfait d'une ville opposée à Dieu. Les Ninivites étaient considérés comme de grands pécheurs : ils avaient détruit le royaume de Samarie avec cruauté et de façon définitive. Voir p. 138.
(2) Voir Genèse 18, 20-21, p. 44.

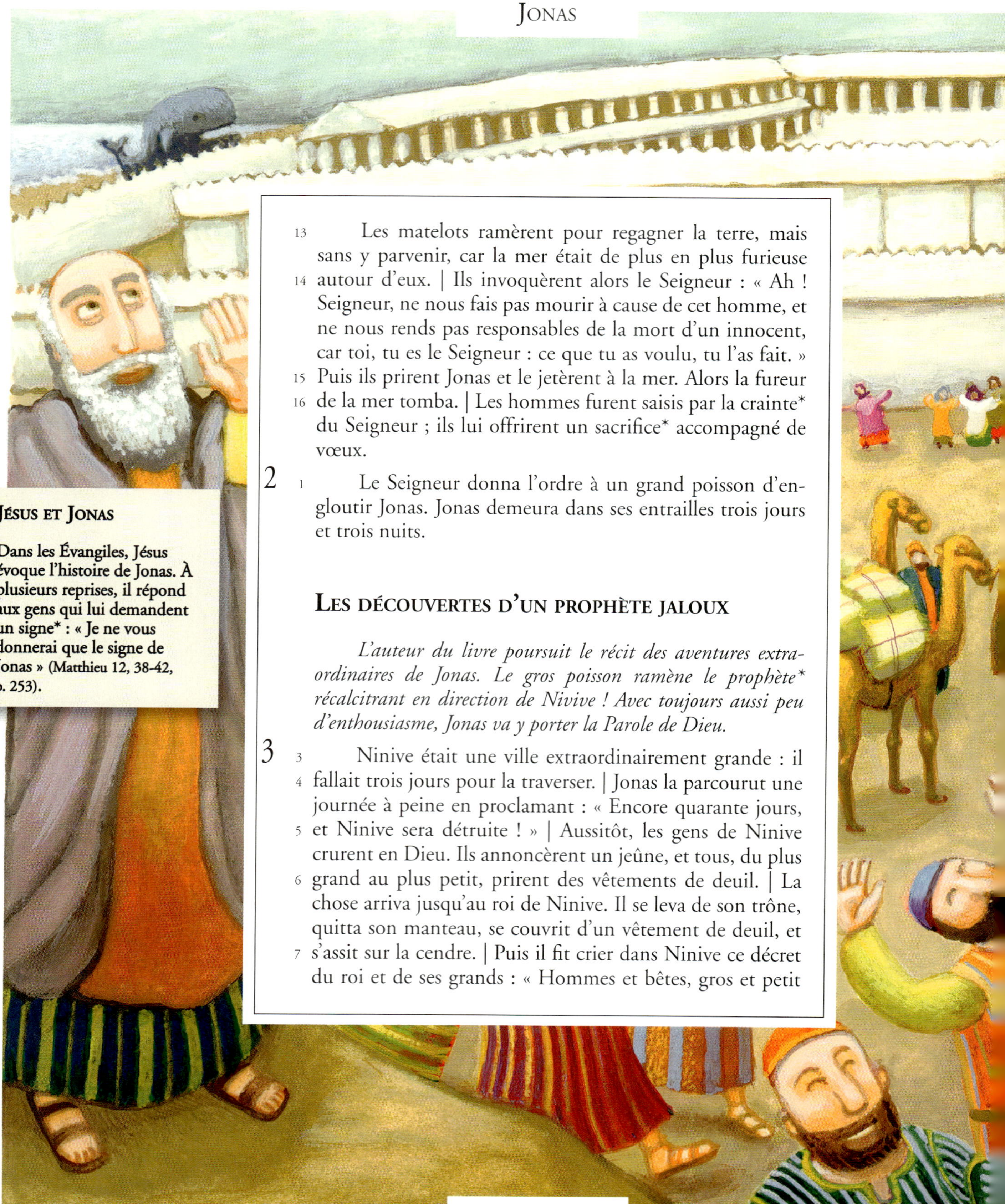

13 Les matelots ramèrent pour regagner la terre, mais
sans y parvenir, car la mer était de plus en plus furieuse
14 autour d'eux. | Ils invoquèrent alors le Seigneur : « Ah !
Seigneur, ne nous fais pas mourir à cause de cet homme, et
ne nous rends pas responsables de la mort d'un innocent,
car toi, tu es le Seigneur : ce que tu as voulu, tu l'as fait. »
15 Puis ils prirent Jonas et le jetèrent à la mer. Alors la fureur
16 de la mer tomba. | Les hommes furent saisis par la crainte*
du Seigneur ; ils lui offrirent un sacrifice* accompagné de
vœux.

2 1 Le Seigneur donna l'ordre à un grand poisson d'en-
gloutir Jonas. Jonas demeura dans ses entrailles trois jours
et trois nuits.

LES DÉCOUVERTES D'UN PROPHÈTE JALOUX

L'auteur du livre poursuit le récit des aventures extraordinaires de Jonas. Le gros poisson ramène le prophète récalcitrant en direction de Nivive ! Avec toujours aussi peu d'enthousiasme, Jonas va y porter la Parole de Dieu.*

3 3 Ninive était une ville extraordinairement grande : il
4 fallait trois jours pour la traverser. | Jonas la parcourut une
journée à peine en proclamant : « Encore quarante jours,
5 et Ninive sera détruite ! » | Aussitôt, les gens de Ninive
crurent en Dieu. Ils annoncèrent un jeûne, et tous, du plus
6 grand au plus petit, prirent des vêtements de deuil. | La
chose arriva jusqu'au roi de Ninive. Il se leva de son trône,
quitta son manteau, se couvrit d'un vêtement de deuil, et
7 s'assit sur la cendre. | Puis il fit crier dans Ninive ce décret
du roi et de ses grands : « Hommes et bêtes, gros et petit

JÉSUS ET JONAS

Dans les Évangiles, Jésus évoque l'histoire de Jonas. À plusieurs reprises, il répond aux gens qui lui demandent un signe* : « Je ne vous donnerai que le signe de Jonas » (Matthieu 12, 38-42, p. 253).

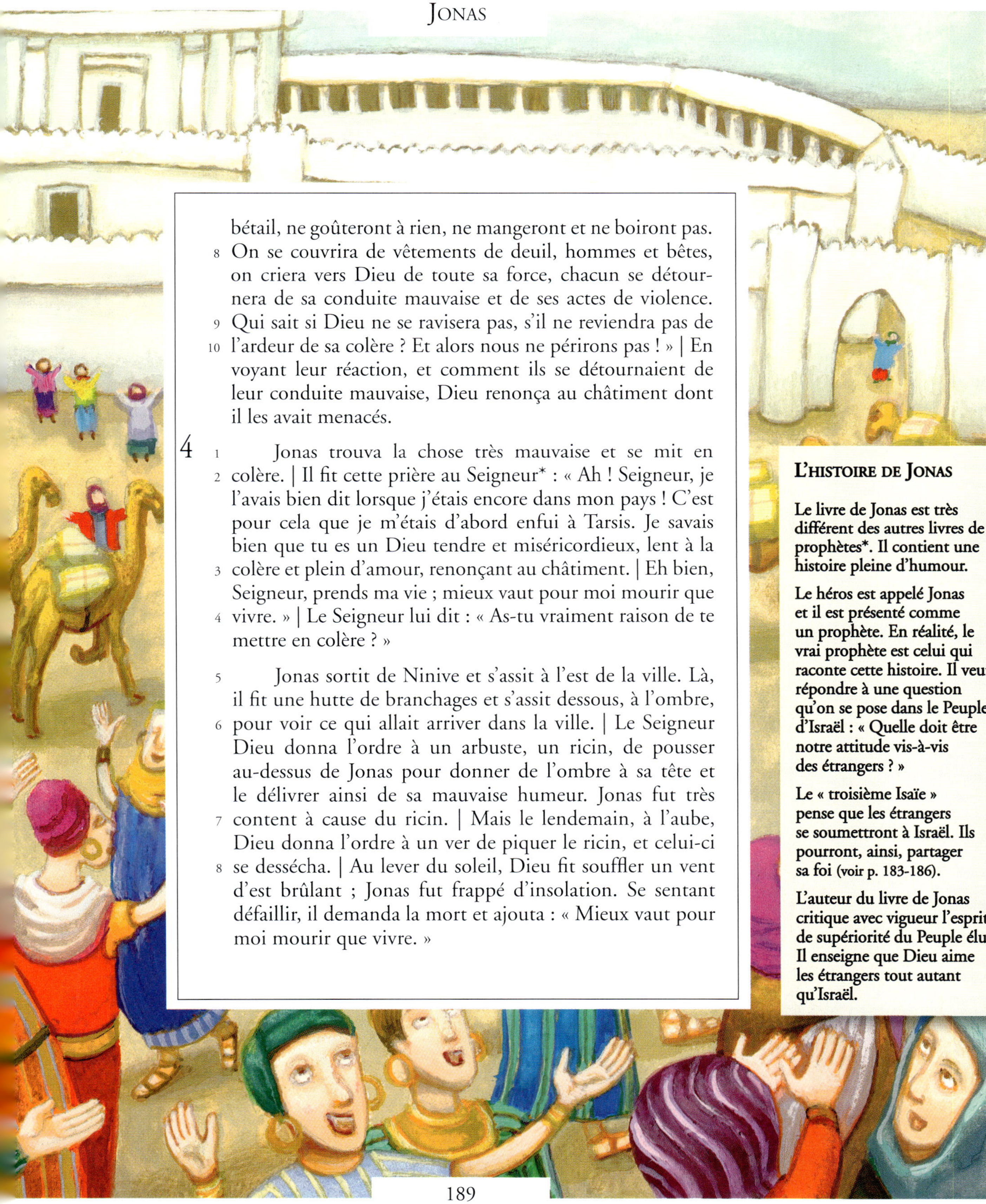

bétail, ne goûteront à rien, ne mangeront et ne boiront pas.
8 On se couvrira de vêtements de deuil, hommes et bêtes,
on criera vers Dieu de toute sa force, chacun se détour-
nera de sa conduite mauvaise et de ses actes de violence.
9 Qui sait si Dieu ne se ravisera pas, s'il ne reviendra pas de
10 l'ardeur de sa colère ? Et alors nous ne périrons pas ! » | En
voyant leur réaction, et comment ils se détournaient de
leur conduite mauvaise, Dieu renonça au châtiment dont
il les avait menacés.

4 1 Jonas trouva la chose très mauvaise et se mit en
2 colère. | Il fit cette prière au Seigneur* : « Ah ! Seigneur, je
l'avais bien dit lorsque j'étais encore dans mon pays ! C'est
pour cela que je m'étais d'abord enfui à Tarsis. Je savais
bien que tu es un Dieu tendre et miséricordieux, lent à la
3 colère et plein d'amour, renonçant au châtiment. | Eh bien,
Seigneur, prends ma vie ; mieux vaut pour moi mourir que
4 vivre. » | Le Seigneur lui dit : « As-tu vraiment raison de te
mettre en colère ? »

5 Jonas sortit de Ninive et s'assit à l'est de la ville. Là,
il fit une hutte de branchages et s'assit dessous, à l'ombre,
6 pour voir ce qui allait arriver dans la ville. | Le Seigneur
Dieu donna l'ordre à un arbuste, un ricin, de pousser
au-dessus de Jonas pour donner de l'ombre à sa tête et
le délivrer ainsi de sa mauvaise humeur. Jonas fut très
7 content à cause du ricin. | Mais le lendemain, à l'aube,
Dieu donna l'ordre à un ver de piquer le ricin, et celui-ci
8 se dessécha. | Au lever du soleil, Dieu fit souffler un vent
d'est brûlant ; Jonas fut frappé d'insolation. Se sentant
défaillir, il demanda la mort et ajouta : « Mieux vaut pour
moi mourir que vivre. »

L'histoire de Jonas

Le livre de Jonas est très différent des autres livres de prophètes*. Il contient une histoire pleine d'humour.

Le héros est appelé Jonas et il est présenté comme un prophète. En réalité, le vrai prophète est celui qui raconte cette histoire. Il veut répondre à une question qu'on se pose dans le Peuple d'Israël : « Quelle doit être notre attitude vis-à-vis des étrangers ? »

Le « troisième Isaïe » pense que les étrangers se soumettront à Israël. Ils pourront, ainsi, partager sa foi (voir p. 183-186)**.**

L'auteur du livre de Jonas critique avec vigueur l'esprit de supériorité du Peuple élu. Il enseigne que Dieu aime les étrangers tout autant qu'Israël.

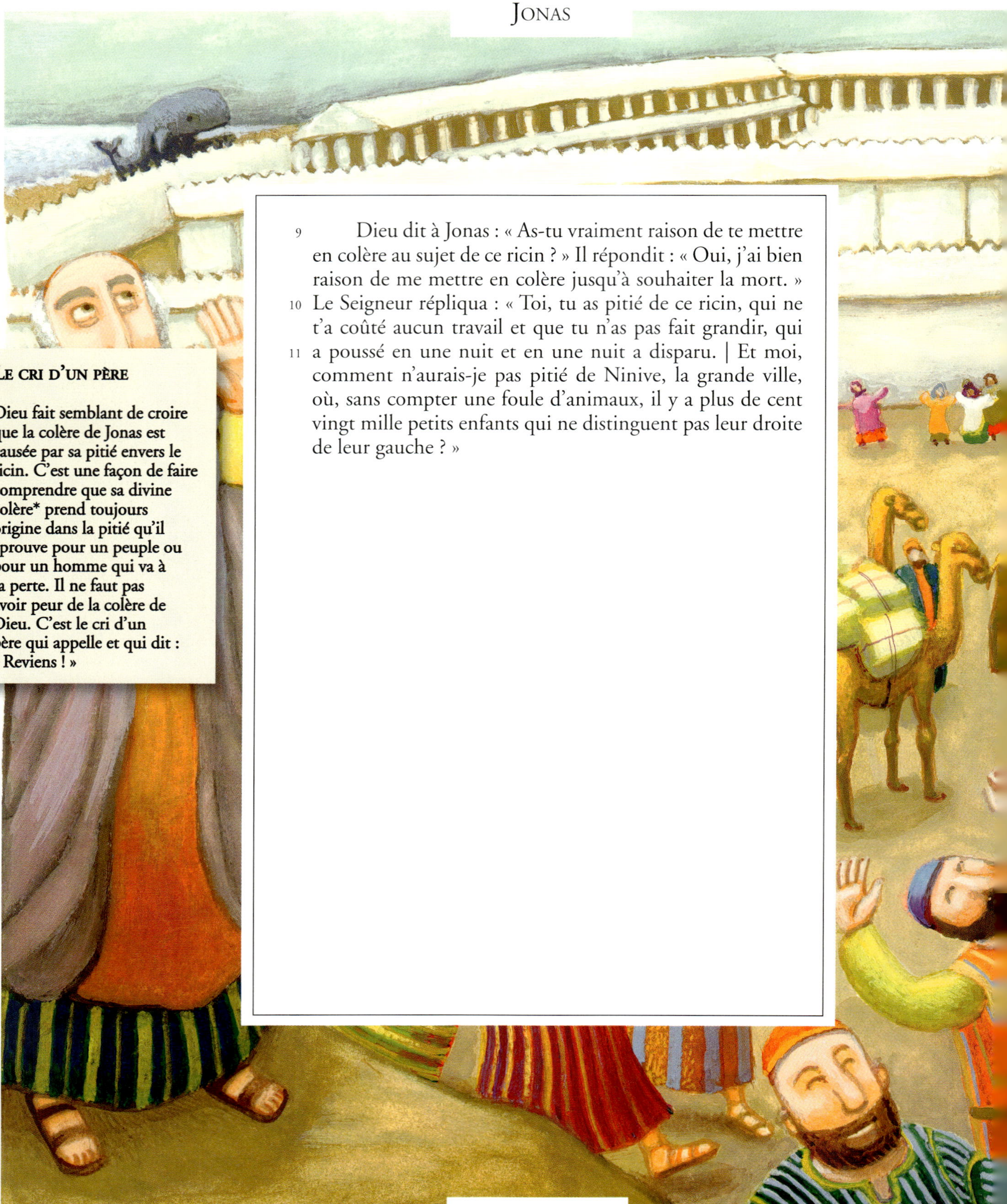

9 Dieu dit à Jonas : « As-tu vraiment raison de te mettre
en colère au sujet de ce ricin ? » Il répondit : « Oui, j'ai bien
raison de me mettre en colère jusqu'à souhaiter la mort. »
10 Le Seigneur répliqua : « Toi, tu as pitié de ce ricin, qui ne
t'a coûté aucun travail et que tu n'as pas fait grandir, qui
11 a poussé en une nuit et en une nuit a disparu. | Et moi,
comment n'aurais-je pas pitié de Ninive, la grande ville,
où, sans compter une foule d'animaux, il y a plus de cent
vingt mille petits enfants qui ne distinguent pas leur droite
de leur gauche ? »

LE CRI D'UN PÈRE

Dieu fait semblant de croire que la colère de Jonas est causée par sa pitié envers le ricin. C'est une façon de faire comprendre que sa divine colère* prend toujours origine dans la pitié qu'il éprouve pour un peuple ou pour un homme qui va à sa perte. Il ne faut pas avoir peur de la colère de Dieu. C'est le cri d'un père qui appelle et qui dit : « Reviens ! »

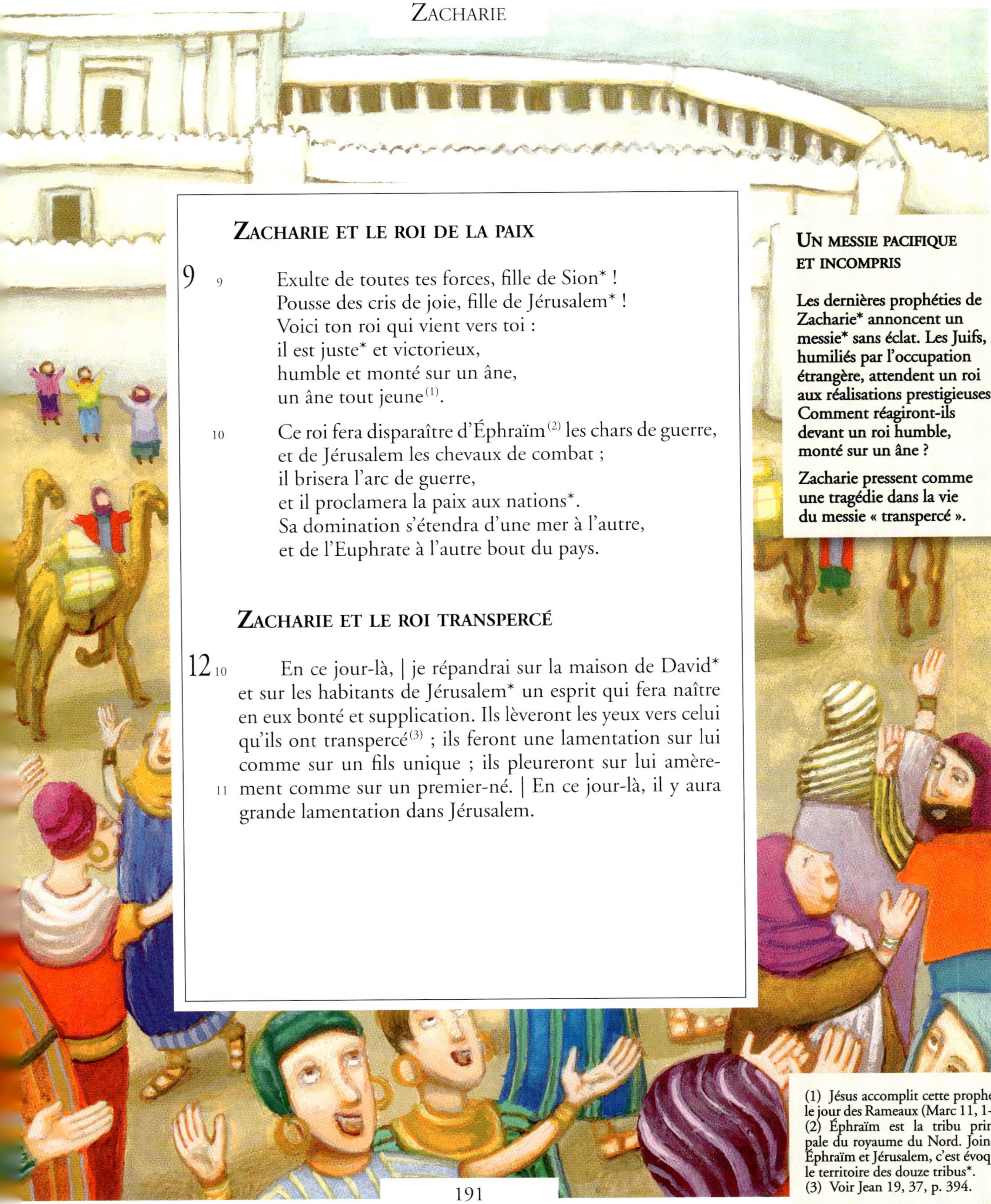

ZACHARIE ET LE ROI DE LA PAIX

9 9 Exulte de toutes tes forces, fille de Sion* !
Pousse des cris de joie, fille de Jérusalem* !
Voici ton roi qui vient vers toi :
il est juste* et victorieux,
humble et monté sur un âne,
un âne tout jeune[1].

10 Ce roi fera disparaître d'Éphraïm[2] les chars de guerre,
et de Jérusalem les chevaux de combat ;
il brisera l'arc de guerre,
et il proclamera la paix aux nations*.
Sa domination s'étendra d'une mer à l'autre,
et de l'Euphrate à l'autre bout du pays.

ZACHARIE ET LE ROI TRANSPERCÉ

12 10 En ce jour-là, | je répandrai sur la maison de David*
et sur les habitants de Jérusalem* un esprit qui fera naître
en eux bonté et supplication. Ils lèveront les yeux vers celui
qu'ils ont transpercé[3] ; ils feront une lamentation sur lui
comme sur un fils unique ; ils pleureront sur lui amère-
11 ment comme sur un premier-né. | En ce jour-là, il y aura
grande lamentation dans Jérusalem.

UN MESSIE PACIFIQUE ET INCOMPRIS

Les dernières prophéties de Zacharie* annoncent un messie* sans éclat. Les Juifs, humiliés par l'occupation étrangère, attendent un roi aux réalisations prestigieuses. Comment réagiront-ils devant un roi humble, monté sur un âne ?

Zacharie pressent comme une tragédie dans la vie du messie « transpercé ».

(1) Jésus accomplit cette prophétie le jour des Rameaux (Marc 11, 1-8).
(2) Éphraïm est la tribu principale du royaume du Nord. Joindre Éphraïm et Jérusalem, c'est évoquer le territoire des douze tribus*.
(3) Voir Jean 19, 37, p. 394.

LES PROPHÈTES LUI ONT PRÉPARÉ LE CHEMIN

Ce sigle désigne un prophète* écrivain

NATHAN *promet à David* que Dieu lui construira « une maison » (2 Samuel 7, 11-16, p. 110 ; Luc 1, 30-33, p. 324).*

AMOS, *le bouvier, est envoyé à Béthel. Il critique l'injustice des puissants (p. 131-134 ; Marc 10, 42-44, p. 314-315).*

ÉLIE* *découvre la présence de Dieu dans le murmure de la brise légère (1 Rois 19, 8-13, p. 127-128 ; Marc 9, 2-10, p. 311-312).*

OSÉE* *pardonne à son épouse infidèle. Il révèle que Dieu veut célébrer ses noces avec son Peuple (p. 135-138 ; Matthieu 9, 13, p. 254).*

ÉLISÉE *obtient la guérison de Naaman le Syrien (2 Rois 5, 9-17, p. 129-130 ; Luc 4, 27, p. 333).*

Un séraphin purifie* les lèvres d'* **ISAÏE*** *pour qu'il puisse être le messager de Dieu et annoncer la venue du Messie* (Isaïe 6, 1-8, p. 140-141).*

MICHÉE *annonce une ère de paix et d'abondance lorsque Dieu enverra son berger (p. 148-150).*

JÉRÉMIE* *conseille au Peuple d'accepter le joug de Nabucodonosor (Jérémie 28, 2-11, p. 159-160 ; Matthieu 22, 15-22, p. 278).*

ÉZÉKIEL *annonce la résurrection du Peuple en exil (Ézékiel 37, 1-14, p. 171-172).*

LE DEUXIÈME ISAÏE *annonce un messie serviteur : « Comme une brebis muette devant les tondeurs... » (Isaïe 53, 2-12, p. 177-178 ; Marc 10, 45, p. 315).*

LE TROISIÈME ISAÏE *annonce au retour de l'Exil : « Les nations marcheront vers ta lumière (Jérusalem) » (Isaïe 60, 1-6, p. 185-186 ; Luc 2, 30-32, p. 330).*

L'histoire de **JONAS** *rappelle que Dieu aime les païens (p. 187-190 ; Matthieu 12, 38-42, p. 259).*

ZACHARIE* *annonce un messie humble et pacifique (Zacharie 9, 9-10, p. 191 ; Matthieu 21, 1-11, p. 275).*

JEAN* BAPTISTE *reconnaît en Jésus celui que le Peuple attendait (Matthieu 3, 13-15, p. 246 ; Jean 1, 35-36, p. 364).*

Les livres des Martyrs

Les principaux épisodes de la résistance au paganisme grec sont rapportés dans deux livres : ce sont les premier et deuxième livres des Martyrs d'Israël, bien que le deuxième ne soit pas la suite du premier. Ce sont deux ouvrages indépendants l'un de l'autre, composés par des auteurs différents. Ils sont aussi appelés livres des Maccabées (voir canon*).

LA DOMINATION GRECQUE

L'insurrection contre les Grecs

En 333 avant Jésus Christ, les Perses sont vaincus par Alexandre le Grand. Les Juifs passent sous l'autorité des Grecs.

En 175 avant Jésus Christ commence le règne d'Antiochus IV. Ce roi est surnommé Épiphane, car il prétend être l'épiphanie de Zeus. Il veut donc que tous les peuples qui lui sont soumis lui rendent hommage comme à un dieu. Le Temple* est profané* par l'installation d'un autel* à Zeus. Beaucoup de prêtres* quittent alors Jérusalem*. Mattathias, le père de Judas Maccabée, est de ceux-là.*

2 15 Les hommes envoyés par le roi pour contraindre les
Juifs à l'apostasie* arrivèrent dans la ville de Modine pour
16 y organiser des sacrifices*. | Beaucoup d'Israélites allèrent à
17 eux ; Mattathias et ses fils vinrent à la réunion. | Les envoyés
du roi prirent la parole pour dire à Mattathias : « Tu es un
chef honoré et puissant dans cette ville, soutenu par des fils et
18 des frères. | Avance donc le premier, et exécute l'ordre du roi,
comme l'ont fait toutes les nations*. Alors, toi et tes fils, vous
serez les amis du roi. Toi et tes fils, vous serez comblés d'ar-
19 gent, d'or et de cadeaux nombreux. » | Mattathias répondit
d'une voix forte : « Toutes les nations qui appartiennent aux
États du roi peuvent bien lui obéir en rejetant chacune la
religion de ses pères, et se conformer à ses commandements ;
20 mais moi, mes fils et mes frères, nous suivrons l'Alliance* de
21 nos pères. | Que Dieu nous préserve d'abandonner la Loi* et
22 ses préceptes ! | Nous n'obéirons pas aux ordres du roi, nous
ne dévierons pas de notre religion, ni à droite ni à gauche. »

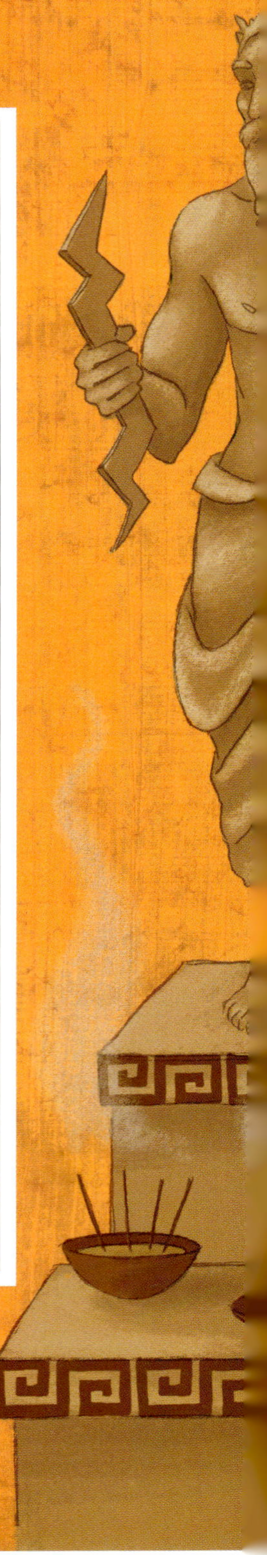

L'occupation grecque

En Judée, une grande partie de la population, désireuse d'éviter les persécutions, abandonne la pratique de la Loi juive. Partout dans le pays, et dans le Temple même, on dresse des autels pour offrir des sacrifices en l'honneur du roi-dieu. On abandonne la circoncision*. On oublie les interdictions de manger de la viande de porc et toutes les autres prescriptions sur la nourriture. On vit à la grecque !

23 Dès qu'il eut fini de prononcer ces paroles, un Juif
s'avança en présence de tout le monde pour offrir le sacri-
24 fice, selon l'ordre du roi, sur cet autel de Modine. | À
cette vue, Mattathias s'enflamma d'indignation et frémit
jusqu'au fond de lui-même ; il laissa monter en lui une
légitime colère, courut à l'homme, et l'égorgea sur l'autel.
25 Quant à l'envoyé du roi, qui voulait contraindre à offrir le
sacrifice, Mattathias le tua à l'instant même, et il renversa
27 l'autel. […] | Alors Mattathias se mit à crier d'une voix
forte à travers la ville : « Ceux qui sont enflammés d'ardeur
pour la Loi, et qui soutiennent l'Alliance, qu'ils sortent
28 tous de la ville à ma suite. » | Il s'enfuit dans la montagne
avec ses fils, en abandonnant tout ce qu'ils avaient dans la
29 ville. Alors, beaucoup de ceux qui recherchaient la justice
et la Loi s'en allèrent vivre au désert.

La purification du Temple

Judas Maccabée devient le chef de la révolte après la mort de son père Mattathias. Avec des troupes très inférieures en nombre, il inflige aux Grecs quelques défaites retentissantes. Ils sont obligés de négocier.

Le Temple de Jérusalem* est rendu au culte du Seigneur*. On détruit aussitôt l'autel* profané par les sacrifices* offerts à Zeus et on en construit un nouveau.*

4 36 Judas Maccabée et ses frères déclarèrent : « Voilà nos
ennemis écrasés, montons purifier le sanctuaire et en faire
37 la consécration. » | Toute l'armée se rassembla, et ils mon-
52 tèrent à la montagne de Sion*. […] | Le vingt-cinquième
53 jour du neuvième mois, de grand matin, | les prêtres*

La réaction des croyants

Des membres du Peuple s'engagent résolument dans la résistance aux prétentions d'Antiochus Épiphane. Certains bravent les persécuteurs et préfèrent mourir plutôt que de renier l'Alliance. Ce sont les martyrs* d'Israël. D'autres s'organisent et mettent sur pied une véritable armée pour tenir tête aux Grecs et obtenir la purification du Temple. Ce mouvement armé est animé par une famille qu'on appelle, d'après le surnom de l'un de ses membres, les Maccabées.

offrirent le sacrifice prescrit par la Loi* sur le nouvel autel
des holocaustes* qu'ils avaient construit.

54 L'autel fut inauguré au chant des hymnes, au son des
cithares, des harpes et des cymbales. C'était juste l'anni-
55 versaire du jour où les païens* l'avaient profané*. | Le
peuple entier se prosterna la face contre terre pour adorer*,
puis ils bénirent* le Ciel[1] qui avait fait aboutir leur effort.
56 Pendant huit jours, ils célébrèrent la consécration de l'autel,
en offrant, dans la joie, des holocaustes, des sacrifices de
57 communion et d'action* de grâce. | Ils ornèrent la façade
du Temple de couronnes d'or et de boucliers, ils en restau-
rèrent les entrées et les salles, et y replacèrent des portes.
58 Il y eut une grande joie dans le peuple, et l'humiliation
infligée par les païens* fut effacée.

59 Judas Maccabée décida, avec ses frères et toute l'as-
semblée d'Israël, que l'anniversaire de la consécration de
l'autel serait célébré pendant huit jours chaque année à
cette date, dans la joie et l'allégresse[2].

Mourir dans l'espérance de la résurrection

7 1 Sept frères avaient été arrêtés avec leur mère. À coups
de fouet et de nerf de bœuf, le roi Antiochus voulut les
2 contraindre à manger du porc, viande interdite. | L'un
d'eux déclara au nom de tous : « Que cherches-tu à savoir
de nous ? Nous sommes prêts à mourir plutôt que de trans-
gresser les lois de nos pères. » [...]

9 Le deuxième frère lui dit, au moment de rendre le
dernier soupir : « Tu es un scélérat, toi qui nous arraches à

Le deuxième livre des Martyrs

Alors que le premier livre des Martyrs d'Israël est consacré en priorité à la révolte des Maccabées, le deuxième, composé par un auteur différent, s'intéresse surtout aux réactions du petit peuple. Certains préfèrent mourir plutôt que de transgresser la Loi*.

Ce livre a été écrit autour des années 120 avant Jésus Christ. À cette époque, on peut constater que la foi* en la résurrection se répand.

(1) « Bénir le Ciel » signifie « bénir YHVH* ». Les Juifs ont de plus en plus de réticences à prononcer le nom de Dieu. Ils le remplacent par des expressions qui font penser à Dieu. Voir p. 60.
(2) Cette fête, toujours célébrée par les Juifs aujourd'hui, s'appelle la fête de la Dédicace ou la fête de Hanoukah, ce qui signifie « fête des Lumières ». On raconte que dans le Temple profané, Judas Maccabée trouva une ampoule d'huile portant le sceau du grand prêtre. À peine de quoi éclairer la Menorah, le chandelier à sept branches, pendant une journée. Or l'huile brûla pendant huit jours, d'où la durée de la fête et la forme du chandelier que chaque famille allume à cette occasion : un chandelier à neuf branches dont une branche différente des autres, allumée dès le début de la fête, rappelle l'ampoule d'huile trouvée par Judas Maccabée ; les huit autres branches, semblables, sont allumées successivement chaque jour de la fête. Ce chandelier s'appelle hanoukiah (voir Fêtes* juives).

cette vie présente, mais puisque nous mourons par fidélité
à ses lois, le Roi du monde nous ressuscitera pour une vie
éternelle. »

10 Après celui-là, le troisième fut mis à la torture. Il tendit
la langue aussitôt qu'on le lui ordonna, et il présenta les
11 mains avec intrépidité, | en déclarant avec noblesse : « C'est
du Ciel que je tiens ces membres, mais à cause de sa Loi je
12 les méprise, et c'est par lui que j'espère les retrouver. » | Le
roi et sa suite furent frappés du courage de ce jeune homme
qui comptait pour rien les souffrances.

13 Lorsque celui-ci fut mort, le quatrième frère fut
14 soumis aux mêmes tortures. | Le quatrième frère, sur le point
d'expirer, parla ainsi : « Mieux vaut mourir par la main des
hommes, quand on attend la résurrection* promise par
Dieu, tandis que toi, tu ne connaîtras pas la résurrection
pour la vie éternelle[(1)]. » [...]

20 Leur mère fut particulièrement admirable et digne
d'une illustre mémoire : voyant mourir ses sept fils dans
l'espace d'un seul jour, elle le supporta vaillamment
parce qu'elle avait mis son espérance* dans le Seigneur*.
21 Elle exhortait chacun d'eux dans la langue de ses pères ;
cette femme héroïque leur parlait avec le courage d'un
22 homme : | « Je suis incapable de dire comment vous vous
êtes formés dans mes entrailles. Ce n'est pas moi qui vous
ai donné l'esprit et la vie, qui ai organisé les éléments dont
23 chacun de vous est composé. | C'est le Créateur* du monde
qui façonne l'enfant à l'origine[(2)] qui préside à l'origine de
toute chose. Et c'est lui qui, dans sa miséricorde*, vous
rendra l'esprit et la vie, parce que, pour l'amour de ses lois,
vous méprisez maintenant votre propre existence. »

(1) Pour les Martyrs, il n'y a de résurrection que pour les « justes* ». Ceux qui ont essayé au cours de leur histoire de vivre avec Dieu ressusciteront. Ceux qui n'ont vécu que pour eux-mêmes disparaîtront pour toujours dans la mort. Le livre de Daniel introduit l'idée de résurrection générale. Voir p. 211.
(2) Psaume 139, 13-14, p. 233.

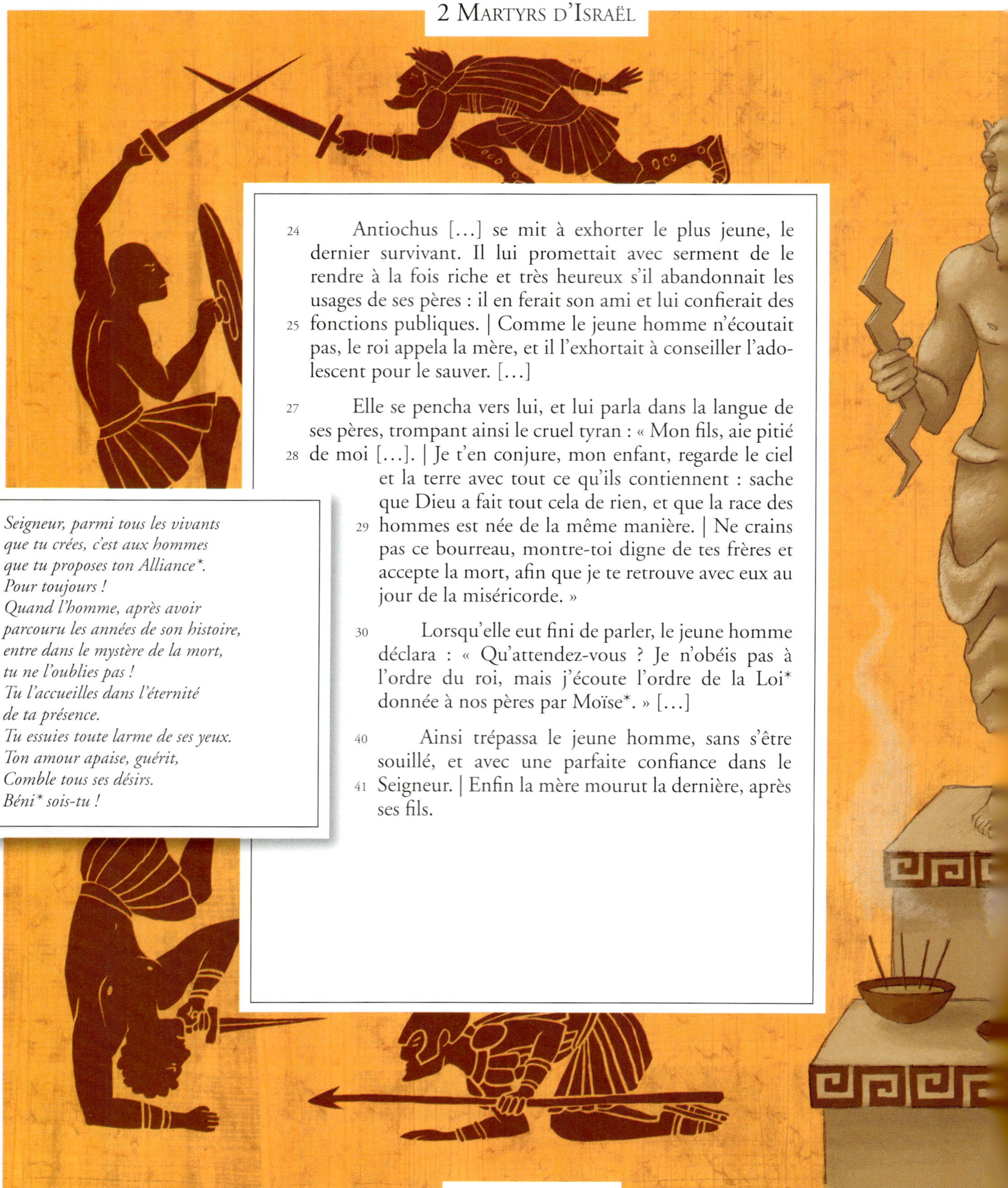

24 Antiochus […] se mit à exhorter le plus jeune, le
dernier survivant. Il lui promettait avec serment de le
rendre à la fois riche et très heureux s'il abandonnait les
usages de ses pères : il en ferait son ami et lui confierait des
25 fonctions publiques. | Comme le jeune homme n'écoutait
pas, le roi appela la mère, et il l'exhortait à conseiller l'ado-
lescent pour le sauver. […]

27 Elle se pencha vers lui, et lui parla dans la langue de
ses pères, trompant ainsi le cruel tyran : « Mon fils, aie pitié
28 de moi […]. | Je t'en conjure, mon enfant, regarde le ciel
et la terre avec tout ce qu'ils contiennent : sache
que Dieu a fait tout cela de rien, et que la race des
29 hommes est née de la même manière. | Ne crains
pas ce bourreau, montre-toi digne de tes frères et
accepte la mort, afin que je te retrouve avec eux au
jour de la miséricorde. »

30 Lorsqu'elle eut fini de parler, le jeune homme
déclara : « Qu'attendez-vous ? Je n'obéis pas à
l'ordre du roi, mais j'écoute l'ordre de la Loi*
donnée à nos pères par Moïse*. » […]

40 Ainsi trépassa le jeune homme, sans s'être
souillé, et avec une parfaite confiance dans le
41 Seigneur. | Enfin la mère mourut la dernière, après
ses fils.

Seigneur, parmi tous les vivants
que tu crées, c'est aux hommes
que tu proposes ton Alliance.*
Pour toujours !
Quand l'homme, après avoir
parcouru les années de son histoire,
entre dans le mystère de la mort,
tu ne l'oublies pas !
Tu l'accueilles dans l'éternité
de ta présence.
Tu essuies toute larme de ses yeux.
Ton amour apaise, guérit,
Comble tous ses désirs.
Béni sois-tu !*

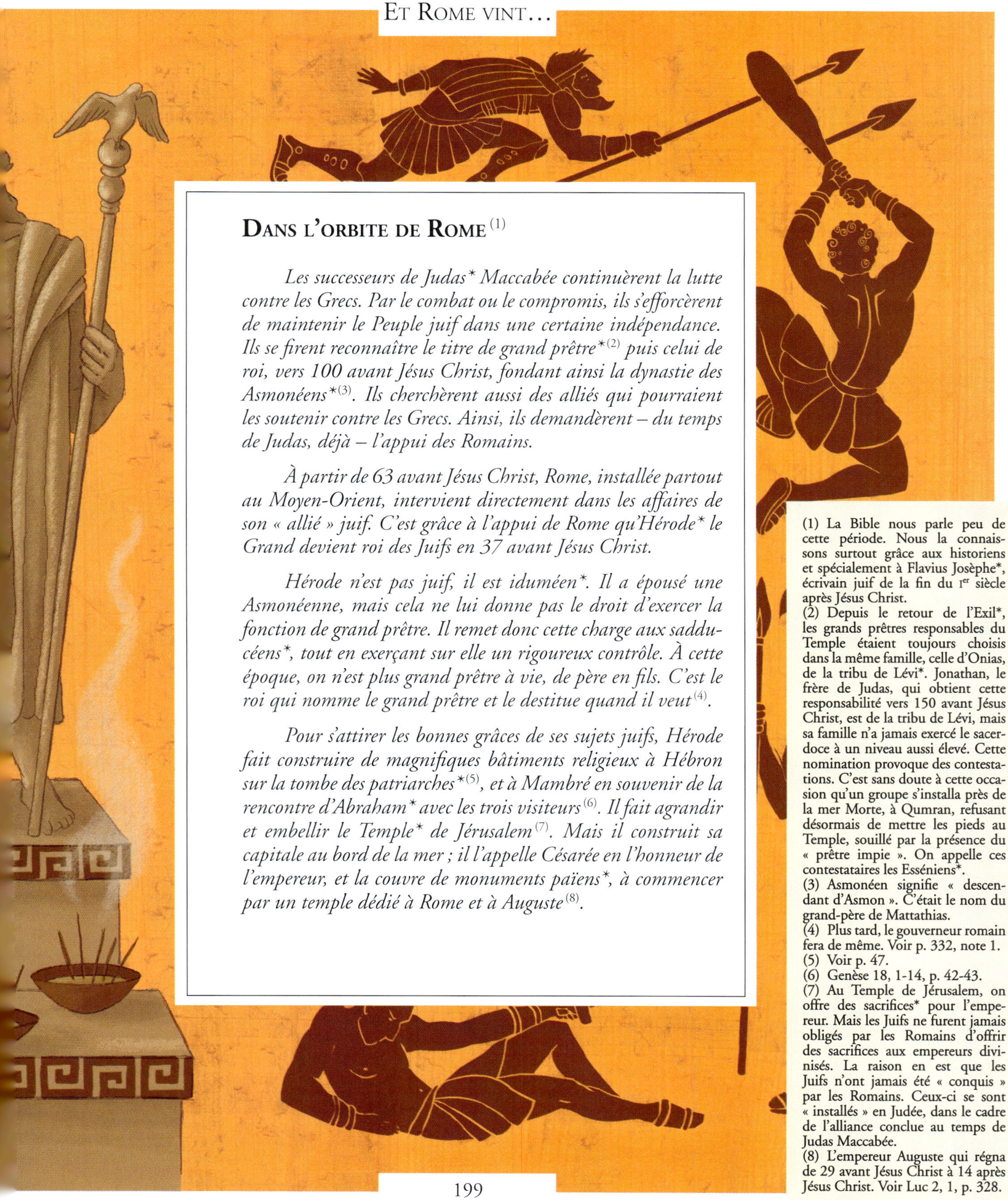

DANS L'ORBITE DE ROME[1]

Les successeurs de Judas Maccabée continuèrent la lutte contre les Grecs. Par le combat ou le compromis, ils s'efforcèrent de maintenir le Peuple juif dans une certaine indépendance. Ils se firent reconnaître le titre de grand prêtre*[2] puis celui de roi, vers 100 avant Jésus Christ, fondant ainsi la dynastie des Asmonéens*[3]. Ils cherchèrent aussi des alliés qui pourraient les soutenir contre les Grecs. Ainsi, ils demandèrent – du temps de Judas, déjà – l'appui des Romains.*

À partir de 63 avant Jésus Christ, Rome, installée partout au Moyen-Orient, intervient directement dans les affaires de son « allié » juif. C'est grâce à l'appui de Rome qu'Hérode le Grand devient roi des Juifs en 37 avant Jésus Christ.*

Hérode n'est pas juif, il est iduméen. Il a épousé une Asmonéenne, mais cela ne lui donne pas le droit d'exercer la fonction de grand prêtre. Il remet donc cette charge aux sadducéens*, tout en exerçant sur elle un rigoureux contrôle. À cette époque, on n'est plus grand prêtre à vie, de père en fils. C'est le roi qui nomme le grand prêtre et le destitue quand il veut[4].*

Pour s'attirer les bonnes grâces de ses sujets juifs, Hérode fait construire de magnifiques bâtiments religieux à Hébron sur la tombe des patriarches[5], et à Mambré en souvenir de la rencontre d'Abraham* avec les trois visiteurs[6]. Il fait agrandir et embellir le Temple* de Jérusalem[7]. Mais il construit sa capitale au bord de la mer ; il l'appelle Césarée en l'honneur de l'empereur, et la couvre de monuments païens*, à commencer par un temple dédié à Rome et à Auguste[8].*

(1) La Bible nous parle peu de cette période. Nous la connaissons surtout grâce aux historiens et spécialement à Flavius Josèphe*, écrivain juif de la fin du Ier siècle après Jésus Christ.
(2) Depuis le retour de l'Exil*, les grands prêtres responsables du Temple étaient toujours choisis dans la même famille, celle d'Onias, de la tribu de Lévi*. Jonathan, le frère de Judas, qui obtient cette responsabilité vers 150 avant Jésus Christ, est de la tribu de Lévi, mais sa famille n'a jamais exercé le sacerdoce à un niveau aussi élevé. Cette nomination provoque des contestations. C'est sans doute à cette occasion qu'un groupe s'installa près de la mer Morte, à Qumran, refusant désormais de mettre les pieds au Temple, souillé par la présence du « prêtre impie ». On appelle ces contestataires les Esséniens*.
(3) Asmonéen signifie « descendant d'Asmon ». C'était le nom du grand-père de Mattathias.
(4) Plus tard, le gouverneur romain fera de même. Voir p. 332, note 1.
(5) Voir p. 47.
(6) Genèse 18, 1-14, p. 42-43.
(7) Au Temple de Jérusalem, on offre des sacrifices* pour l'empereur. Mais les Juifs ne furent jamais obligés par les Romains d'offrir des sacrifices aux empereurs divinisés. La raison en est que les Juifs n'ont jamais été « conquis » par les Romains. Ceux-ci se sont « installés » en Judée, dans le cadre de l'alliance conclue au temps de Judas Maccabée.
(8) L'empereur Auguste qui régna de 29 avant Jésus Christ à 14 après Jésus Christ. Voir Luc 2, 1, p. 328.

LES SAGES

Alors que les prophètes* s'intéressent au Peuple et à son histoire, les sages s'intéressent aux questions que chacun peut se poser dans sa vie quotidienne.

– Le livre de Job (p. 200-203) rassemble les questions des hommes en face de la souffrance : est-ce une punition de Dieu ? Comment vivre dans la souffrance ?

– Le livre des Proverbes (p. 204) collectionne des sentences faciles à retenir, des règles de vie toutes simples. Certains de ces proverbes remontent sans doute à l'époque de Salomon*.

– Le livre de Ben Sirac (p. 205-207) délivre l'enseignement d'un sage de Jérusalem*, au IIe siècle avant Jésus Christ.

– Le livre de la Sagesse (p. 208-209) est écrit en Égypte quelques années avant la naissance de Jésus.

POURQUOI LA SOUFFRANCE ?

3 1 Job ouvrit la bouche et maudit le jour de sa naissance.
2 Il parla ainsi :
3 « Qu'ils périssent, le jour qui m'a vu naître
et la nuit qui a déclaré : "Un homme vient d'être conçu !" […]
11 Pourquoi ne suis-je pas mort dès le ventre maternel,
n'ai-je pas péri aussitôt après ma naissance ? […]
13 Maintenant je serais étendu dans le calme,
je dormirais d'un sommeil reposant,
14 avec les rois et les arbitres de la terre
qui se bâtissent des mausolées […].
16 Comme l'enfant mort-né
que l'on enfouit dans la terre,
je n'aurais pas connu l'existence,
comme les petits qui n'ont pas vu le jour.
17 C'est là, au séjour des morts,
que prend fin l'agitation des méchants,
c'est là que reposent ceux qui sont exténués[1]. […]

20 Pourquoi donner la lumière à un malheureux,
la vie à ceux qui sont pleins d'amertume,
21 qui aspirent à la mort sans qu'elle vienne,
qui la recherchent plus avidement qu'un trésor ?
22 Ils se réjouiraient, ils seraient dans l'allégresse,
ils exulteraient s'ils trouvaient le tombeau.
23 Pourquoi donner la vie
à l'homme qui ne trouve plus aucune issue,
et que Dieu enferme de toutes parts ? »

(1) Job décrit le séjour des morts, le shéol*, tel que se le représentaient ceux qui ne croyaient pas en la résurrection* : un lieu de sommeil et d'oubli.

POURQUOI DIEU SURVEILLE-T-IL L'HOMME ?

7 17 « Qu'est-ce que l'homme,
pour que tu lui accordes tant d'importance ?
Tu fixes sur lui ton attention,
18 tu l'inspectes chaque matin,
tu le scrutes à tout instant.
19 Ne peux-tu cesser de me regarder,
le temps que j'avale ma salive ?
20 Si j'ai péché*, en quoi t'ai-je offensé, toi,
rigoureux observateur de l'homme ?
Pourquoi me prendre pour cible,
pourquoi me rejeter comme un fardeau ?
21 Ne peux-tu tolérer mes péchés,
passer sur mes fautes ?
Me voici bientôt étendu dans la poussière ;
tu me chercheras, mais je ne serai plus. »

LE DIEU DES VIVANTS

Job cesse parfois de crier son désespoir. L'espérance peut alors prendre racine en son cœur. Job voit bien qu'il s'achemine vers la mort. Parfois même, il la souhaite. Mais la mort est-elle la fin de l'aventure avec Dieu ? Job entrevoit la possibilité d'une rencontre au-delà de la mort : Dieu le libérera de la poussière du shéol*.*

19 23 « Je voudrais qu'on écrive ce que je vais dire,
que mes paroles soient gravées sur le bronze
24 avec le ciseau de fer et le poinçon,
qu'elles soient sculptées dans le roc pour toujours :

LE REGARD DE DIEU

Autrefois, au temps de son bonheur, Job percevait le regard de Dieu posé sur lui comme un regard de miséricorde*. Aujourd'hui, au temps du malheur, il le perçoit comme un regard inquisiteur. Dieu est sans cesse à la recherche du défaut, de la broutille qui lui permettra de sortir son arsenal de punitions. Cette inspection constante est insupportable !

Presque avec les mêmes mots, un psalmiste chante le regard de Dieu sans cesse posé sur lui. Mais lui ne le ressent pas comme un carcan. Au contraire, c'est un regard d'amour qui veille sans cesse pour conduire son ami sur le chemin d'éternité (Psaume 139, p. 232-233).

JOB, LE RÉVOLTÉ

L'histoire de Job est l'une des plus connues de la Bible. Elle met en scène un homme juste*, comblé de bonheur et de richesses, et sur qui s'abattent des malheurs terribles. Ses récoltes sont détruites, ses troupeaux volés, sa maison s'écroule en tuant ses enfants, une maladie lui ronge la peau et le rend méconnaissable.

Job reste seul et misérable en compagnie de sa femme que cette succession d'épreuves a rendue acariâtre. Elle invite Job à rejeter Dieu, qui l'a bien mal récompensé de sa fidélité.

Quatre de ses amis viennent voir Job pour le consoler. Ils sont tous persuadés que, si Dieu, le juste, a permis de tels malheurs, ce ne peut être que pour permettre à Job d'expier ses péchés. Or Job refuse d'être considéré comme un grand pécheur. Il se dresse face à Dieu pour lui demander des comptes.

L'AMOUR PLUS FORT QUE LA SOUFFRANCE

Etty Hillesum a été internée en tant que juive pendant la Seconde Guerre mondiale. Elle y perdra la vie avec tous les siens. Innocente, comme Job, elle témoigne d'un amour plus fort que la souffrance :

« Je connais l'air traqué des gens, l'accumulation de la souffrance humaine, je connais les persécutions, l'oppression, l'arbitraire, la haine puissante et tout ce sadisme. Je connais cela, et continue de regarder au fond des yeux le moindre fragment de réalité qui s'impose à moi. À la fin de la journée, j'éprouvais le même sentiment : l'amour de mes semblables. Je ne ressentais aucune amertume devant les souffrances qu'on leur infligeait, seulement de l'amour pour eux pour leur façon de les endurer [...]. Chaque jour, je suis auprès des affamés, des torturés, des moribonds, mais je suis proche aussi du jasmin et du morceau de ciel devant ma fenêtre. Dans une vie, il y a place pour tout ; pour une foi* en Dieu et pour une mort misérable. »

Le livre de Job et le témoignage d'Etty Hillesum n'apportent pas de réponse à la question : « Pourquoi la souffrance ? » ; ils témoignent de la puissance d'une foi en Dieu tout amour.

25 Je sais, moi, que mon libérateur est vivant,
et qu'à la fin il se dressera sur la poussière des morts ;
26 avec mon corps, je me tiendrai debout
de mes yeux de chair, je verrai Dieu.
27 Moi-même, je le verrai,
et quand mes yeux le regarderont,
il ne se détournera pas[1]. »

DIEU RÉPOND À JOB

L'auteur prête à Dieu, répondant à Job, le ton de l'ironie. Puisqu'il critique si vivement le Créateur, Job doit être plus intelligent que lui. Qu'il vienne donc lui donner des conseils ou, carrément, prendre sa place !*

38 1 Du milieu de la tempête, le Seigneur* dit à Job :
2 « Quel est celui qui, sans rien y connaître,
défigure la Providence ?
3 Prépare-toi au combat, comme un brave.
Je vais t'interroger, et tu m'instruiras. [...]
8 Qui donc a retenu la mer avec des portes,
quand elle jaillit du sein de l'abîme ;
9 quand je fis de la nuée son vêtement,
et l'enveloppai de nuages pour lui servir de langes ;
10 quand je lui imposai des limites,
et que je disposai les portes et leurs verrous ?
11 Je lui dis : “Tu viendras jusqu'ici !
tu n'iras pas plus loin,
ici s'arrêtera l'orgueil de tes flots !”
12 As-tu, une seule fois dans ta vie, donné des ordres au matin,

(1) Ces quelques versets de Job sont un jalon dans la lente maturation qui s'effectue dans le Peuple au sujet de la résurrection personnelle. Voir Résurrection*.

assigné son poste à l'aurore ? […]
14 Elle donne à la terre sa teinte vermeille,
elle la colore comme un vêtement ;
15 elle enlève leur lumière aux méchants
et brise leur bras qui se levait.

16 Es-tu parvenu jusqu'aux sources de la mer,
as-tu exploré le fond de l'abîme ?
17 As-tu découvert les portes de la Mort,
l'entrée du pays de l'ombre ?
18 As-tu idée de l'immensité de la terre ?
Dis-le donc, si tu sais tout cela ! […]
21 Tu peux le savoir, car tu étais déjà né,
toi qui comptes un si grand nombre de jours ! »

42 1 Job fit cette réponse aux paroles du Seigneur :
2 « Je sais que tu es tout-puissant :
tous tes projets se réalisent.
Et tu l'as bien dit :
3 "Quel est celui qui, sans rien y connaître,
défigure la Providence ?"
J'ai fait, dans mon ignorance,
des discours sur des merveilles qui me dépassent
et dont je ne sais rien. […]
5 Je ne te connaissais* que par ouï-dire,
mais maintenant mes yeux t'ont vu.
6 C'est pourquoi je me rétracte,
je me repens sur la poussière et sur la cendre. »

Seigneur, m'entends-tu ?
Je souffre atrocement,
verrouillé en moi-même,
prisonnier de moi-même,
je n'entends rien que ma voix.
Je ne vois rien que moi-même,
et derrière moi il n'y a que souffrance.
Seigneur, m'entends-tu ?
Seigneur, je ne trouve même plus
la porte de chez moi,
je me heurte à mes propres parois,
à mes propres limites, je me blesse,
j'ai mal, je suis seul.
Seigneur, m'entends-tu ?
Seigneur, montre-moi ta porte.
Prends ma main, ouvre,
montre-moi la route,
le chemin de la joie, de la lumière.
Mais Seigneur entends-tu ?

Michel Quoist

LE LIVRE DES PROVERBES

Amitié, mariage, relations parents-enfants, souci des pauvres et des étrangers, paresse ou goût pour le travail bien fait… sont les sujets sur lesquels réfléchissent inlassablement les sages.

Ils se méfient d'une sagesse simplement humaine, acquise avec les seules lumières de l'intelligence. Ils désirent la Sagesse que Dieu, le seul Sage, donne à ceux qui se laissent illuminer par lui.

Souvent les conseils des sages sont ramassés dans des proverbes, courts, percutants et facilement mémorisables. Après l'Exil*, des sages regroupent des proverbes de différentes époques dans le livre des Proverbes.

UNE SAGESSE POUR TOUS

Salomon a toujours été considéré comme un grand sage. Quelques proverbes datent, sans doute, de son époque.*

14 31 Opprimer le faible, c'est outrager son Créateur* ;
c'est l'honorer que d'être bon pour les malheureux.

15 8 Le sacrifice* des méchants est une abomination pour le Seigneur*,
mais la prière des hommes droits fait ses délices.

16 9 Le cœur de l'homme délibère sur sa voie,
mais c'est le Seigneur qui affermit ses pas.

16 Combien il vaut mieux acquérir la sagesse que l'or !
L'acquisition de l'intelligence[1] est préférable à l'argent.

27 9 L'huile et le parfum[2] mettent le cœur en joie,
et la douceur de l'amitié, plus que la complaisance en soi-même.

17 Le fer s'aiguise par le fer,
l'homme s'affine en face de son prochain*.

LA PRIÈRE DU SAGE

30 7 Seigneur*, je ne te demande que deux choses,
ne me les refuse pas avant que je meure !
8 Éloigne de moi le mensonge et la fausseté,
ne me donne ni la pauvreté[3] ni la richesse :
accorde-moi seulement de quoi subsister.
9 Car, dans l'abondance, je pourrais te renier
en disant : « Le Seigneur n'existe pas. »
Et, dans la misère, je pourrais devenir un voleur,
et profaner ainsi le nom* de mon Dieu.

(1) Il ne s'agit pas de l'intelligence qui collectionne les diplômes, mais de l'intelligence qui permet de découvrir la présence de Dieu dans les événements.
(2) L'huile parfumée est ici présentée comme le symbole de l'amitié. Dans la liturgie* chrétienne, celui qui est marqué par le saint-chrême, huile parfumée, est poussé par le Saint-Esprit* à vivre en amitié avec les autres. Il partage avec eux la Bonne Nouvelle de l'Évangile*.
(3) Comme la suite le montre, c'est la misère que le sage souhaite éviter. On doit distinguer misère et pauvreté. La pauvreté, liberté totale par rapport aux richesses, est indispensable pour rencontrer Dieu. Voir Luc 16, 1-13, p. 348.

LE LIVRE DE BEN SIRAC

Ben* Sirac est un habitant de Jérusalem*. Il a certainement occupé des fonctions importantes qui l'ont amené à voyager. Il a passé sa vie à chercher passionnément la Sagesse. Il l'a enseignée aux jeunes gens de Jérusalem.

Sur la fin de sa vie, vers l'an 190 avant Jésus Christ, il décide de transmettre son enseignement par écrit pour que tout homme « soucieux d'instruction apprenne à vivre de mieux en mieux selon la Loi* ».

PENCHE L'OREILLE VERS LE PAUVRE

4 1 Mon fils, ne retire pas au pauvre ce qu'il lui faut pour vivre,
ne fais pas attendre le regard d'un indigent.
2 Ne fais pas souffrir un affamé,
n'exaspère pas un homme qui est dans la misère.
3 N'ajoute pas au trouble d'un cœur irrité,
ne fais pas attendre ton aumône à celui qui en a besoin.
4 Ne repousse pas celui qui supplie dans la détresse,
ne détourne pas du pauvre ton visage.
5 Ne détourne pas du miséreux ton regard,
ne donne pas à un homme l'occasion de te maudire*.
6 Car s'il te maudit dans l'amertume de son âme*,
celui qui l'a créé entendra sa prière. […]
8 Penche l'oreille vers le pauvre,
et réponds avec douceur à son salut de paix.
9 Délivre l'opprimé du pouvoir de l'oppresseur,
et ne sois pas timide quand tu rends la justice.
10 Sois comme un père pour les orphelins,
et pour leur mère sois comme un mari.
Alors tu seras comme un fils du Très-Haut,
il t'aimera plus que ta propre mère.

N'ABUSE PAS DE LA BONTÉ DE DIEU

5 4 Ne dis pas : « J'ai péché* ; et rien ne m'est arrivé. »
Ne parle pas ainsi,
car le Seigneur* sait attendre longtemps.
5 Ne sois pas assuré du pardon*

au point d'entasser péché sur péché.
6 Ne dis pas : « Sa miséricorde* est grande,
il pardonnera bien tous mes péchés. »
Ne parle pas ainsi, car il y a en lui la pitié
mais aussi la colère* ;
son indignation s'abattra sur les pécheurs.
7 Ne tarde pas à te retourner vers le Seigneur,
ne remets pas ta décision de jour en jour ;
car brusquement éclatera la colère du Seigneur,
et à l'heure du châtiment, tu seras anéanti.

CHOISIS BIEN TES AMIS

6 7 Si tu veux acquérir un ami,
acquiers-le en le mettant à l'épreuve ;
n'aie pas trop vite confiance en lui.
8 Il y a l'homme qui est ton ami quand cela lui convient,
mais qui ne reste pas avec toi au jour de ta détresse.
9 Il y a l'homme qui d'ami se transforme en ennemi,
et qui va divulguer, pour ta confusion, ce qui l'oppose à toi.
10 Il y a l'homme qui est ton ami pour partager tes repas,
mais qui ne reste pas avec toi au jour de ta détresse.
11 Quand tout va bien pour toi,
il est comme un autre toi-même
et commande avec assurance à tes domestiques ;
12 mais si tu deviens pauvre, il est contre toi,
et il se cache pour t'éviter.
13 Tes ennemis, tiens-les à distance,
mais avec tes amis sois sur tes gardes.

14 Un ami fidèle est un refuge assuré,
celui qui en trouve un a trouvé un trésor.
15 Un ami fidèle n'a pas de prix,
sa valeur est inestimable.
16 Un ami fidèle est un élixir de vie
que découvriront ceux qui craignent* le Seigneur*.
17 Celui qui craint le Seigneur orientera bien ses amitiés,
car son compagnon lui ressemblera.

PARDONNE

28 2 Pardonne* à ton prochain* le tort qu'il t'a fait ;
alors, à ta prière, tes péchés* seront remis.
3 Si un homme nourrit de la colère contre un autre homme,
comment peut-il demander à Dieu la guérison ?
4 S'il n'a pas de pitié pour un homme, son semblable,
comment peut-il supplier pour ses propres fautes ?
5 Lui qui est un pauvre mortel, il garde rancune ;
qui donc lui pardonnera ses péchés[1] ?
6 Pense à ton sort final et renonce à toute haine,
pense à ton déclin et à ta mort,
et demeure fidèle aux commandements*.
7 Pense aux commandements
et ne garde pas de rancune envers le prochain,
pense à l'Alliance* du Très-Haut
et oublie l'erreur de ton prochain.

(1) Voir Matthieu 18, 21-35, p. 271.

LE LIVRE DE LA SAGESSE

Ce livre a été écrit en grec, à Alexandrie en Égypte, au cours du siècle précédant la naissance de Jésus.

Les Juifs de la Diaspora*, installés depuis plusieurs générations dans les grandes villes du bassin méditerranéen, ne comprennent plus l'hébreu*. Pour eux, à partir du IIIe siècle avant Jésus Christ, on commence à traduire les livres de la Torah* et des prophètes* en grec. Puis des auteurs inspirés* se mettent à écrire des livres directement en grec (voir canon*).

C'est une étape importante dans l'histoire de la Révélation* de Dieu aux hommes. Ces livres grecs manifestent l'universalité du Dieu d'Abraham, d'Isaac et de Jacob. Il rejoint les hommes de toutes langues et de toutes cultures. Les Écritures qui lui rendent témoignage peuvent se répandre de langue en langue, de culture en culture.

SAGESSE DE DIEU, FOLIE DES HOMMES

2 12 « Attirons le juste* dans un piège, car il nous contrarie,
il s'oppose à notre conduite,
il nous reproche de désobéir à la loi de Dieu,
et nous accuse d'abandonner nos traditions.
13 Il prétend posséder la connaissance* de Dieu,
et s'intitule fils du Seigneur*(1).
14 Il est un démenti pour nos idées,
sa simple présence nous pèse ;
15 car son genre de vie s'oppose à celui des autres,
sa conduite est étrange.
16 Il nous regarde comme des gens douteux,
se détourne de nos chemins comme s'il craignait de se salir.
Il proclame bienheureux le sort final des justes,
il se vante d'avoir Dieu pour père.
17 Voyons si ses paroles sont vraies,
regardons où il aboutira.
18 Si ce juste est fils de Dieu,
Dieu l'assistera, et le délivrera de ses adversaires.
19 Soumettons-le à des outrages et à des tourments ;
nous saurons ce que vaut sa douceur,
nous éprouverons sa patience.
20 Condamnons-le à une mort infâme,
puisque, dit-il, quelqu'un veillera sur lui. »

21 C'est ainsi que raisonnent ces gens-là, mais ils s'égarent ;
leur méchanceté les a rendus aveugles.
22 Ils ne connaissent pas les secrets de Dieu,
ils n'espèrent pas que la sainteté* puisse être récompensée,
ils n'estiment pas qu'une âme* irréprochable
puisse être glorifiée.

(1) Le vrai sage reconnaît que Dieu l'aime comme un père. C'est pourquoi on peut l'appeler fils de Dieu. Voir Jean 1, 12-13, p. 362.

23 Or, Dieu a créé l'homme pour une existence impérissable,
il a fait de lui une image de ce qu'il est en lui-même.
24 La mort est entrée dans le monde
par la jalousie du démon*,
et ceux qui se rangent dans son parti
en font l'expérience.

PATIENCE ET MISÉRICORDE DE LA SAGESSE DE DIEU

11 23 Seigneur*, tu as pitié de tous les hommes,
parce que tu peux tout.
Tu fermes les yeux sur leurs péchés*,
pour qu'ils se convertissent.*
24 Tu aimes en effet tout ce qui existe,
tu n'as de répulsion envers aucune de tes œuvres,
car tu n'aurais pas créé un être
en ayant de la haine envers lui.
25 Et comment aurait-il subsisté,
si tu ne l'avais pas voulu ?
Comment aurait-il conservé l'existence,
si tu ne l'y avais pas appelé ?
26 Mais tu épargnes tous les êtres, parce qu'ils sont à toi,
Maître qui aimes la vie,

12 1 toi dont le souffle impérissable anime tous les êtres.
2 Ceux qui tombent, tu les reprends peu à peu,
tu les avertis, tu leur rappelles en quoi ils pèchent,
pour qu'ils se détournent du mal*,
et qu'ils puissent croire en toi, Seigneur. [...]
13 Il n'y a pas de Dieu en dehors de toi, Seigneur,
toi qui prends soin de toute chose,
et montres ainsi que tes jugements ne sont pas injustes.

ACCUEILLIR LA SAGESSE

L'auteur revient sur l'opposition entre sagesse des hommes et Sagesse de Dieu. Sans cesse les hommes sont tentés de rejeter la Sagesse de Dieu que, dans leur raisonnement à courte vue, ils considèrent comme une folie (1 Corinthiens 1, 11-25, p. 438).

Salomon* lui-même, le plus grand sage d'Israël, après avoir demandé le don d'un cœur qui sache discerner le bien et le mal dans une attention constante aux lumières venant du Seigneur, laissa son cœur s'endurcir au point de rendre hommage à des idoles* (voir p. 116 et 120).

LA BIBLE GRECQUE

La plus célèbre traduction des livres bibliques en grec est appelée la traduction des Septante, ou plus simplement « La Septante ». On racontait que 70 traducteurs, travaillant séparément, avaient réalisé une traduction identique. Cette légende atteste que, dans les milieux juifs, on reconnaissait une très grande autorité à cette traduction. Dans leur prédication et dans leurs lettres, les apôtres* de Jésus citent la Septante.

LE TEMPS DES APOCALYPSES

Le temps passe, mais aucune amélioration n'est repérable dans l'histoire des hommes. Ce n'est que succession de guerres, de trahisons, de cruautés. Dieu ne va-t-il pas se lasser d'envoyer des messagers que personne n'écoute ? Le Messie* viendra-t-il ? Pour répondre à ces questions, un certain nombre de livres sont composés dans les trois derniers siècles avant Jésus Christ. Écrits dans un style où les images et les énigmes se bousculent, on les appelle les apocalypses*. Le Messie vient, annoncent-elles, pour inaugurer la fin de ce monde. Dieu va faire le tri entre ceux qui ont essayé de lui demeurer fidèles et les autres. Il s'agit donc de rester vigilants dans la foi*.

L'Ancien Testament* n'a retenu que quelques extraits de cette production. On les trouve dans le livre de Daniel, composé pendant la persécution d'Antiochus Épiphane (voir p. 194).

LES BÊTES ET LE FILS DE L'HOMME

Dans l'Histoire se succèdent des tyrans plus monstrueux les uns que les autres. Daniel les compare à des bêtes. Pour vaincre la cruauté de ces bêtes, Dieu envoie un messager qui est « comme un fils d'homme ». Il établira le Règne de Dieu avec humanité, et les justes seront dans l'allégresse.*

7 2 Daniel prit la parole pour décrire sa vision : « Au
cours de la nuit, je regardais. Les quatre vents du ciel soule-
3 vaient la grande mer. | Quatre bêtes énormes sortirent de la
4 mer, chacune différente des autres(1). | La première ressem-
blait à un lion, et elle avait des ailes d'aigle. Tandis que je
la regardais, ses ailes lui furent arrachées, elle fut soulevée
de terre et dressée sur ses pieds, comme un homme, et un
5 cœur d'homme lui fut donné. | La deuxième bête ressem-
blait à un ours ; elle était à moitié debout, et elle avait
trois côtes d'animal dans la gueule, entre les dents. On lui
6 dit : "Lève-toi, dévore beaucoup de viande !" | Je conti-
nuais à regarder : je vis une autre bête, qui ressemblait à
un léopard ; et elle avait quatre ailes d'oiseaux sur le dos ;
elle avait aussi quatre têtes. La domination lui fut donnée.
7 Puis, au cours de la nuit, je regardais encore ; je vis une
quatrième bête, terrible, effrayante, extraordinairement
puissante ; elle avait des dents de fer énormes ; elle dévo-
rait, déchiquetait et piétinait tout ce qui restait. Elle était
différente des trois autres bêtes, et elle avait dix cornes. [...]

9 Je continuais à regarder : des trônes furent disposés, et un
Vieillard prit place ; son habit était blanc comme la neige(2), et
les cheveux de sa tête, comme de la laine immaculée ; son trône
10 était fait de flammes de feu, avec des roues de feu ardent. | Un
fleuve de feu coulait, qui jaillissait devant lui. Des millions

(1) L'auteur décrit quatre « bêtes » monstrueuses, car elles sont un mélange de bêtes créées par Dieu. Elles représentent les quatre empires agresseurs de Juda*. La première, c'est l'empire babylonien, la deuxième l'empire mède, la troisième l'empire perse et la quatrième l'empire grec. Elles sortent de la mer, car la mer est la résidence des forces du mal*.
(2) Le blanc est la couleur de Dieu. Voir le récit de la Transfiguration, Marc 9, 3, p. 311-312.

d'êtres le servaient, des centaines de millions se tenaient devant
11 lui. Le tribunal prit place et l'on ouvrit des livres. | Je regardais,
12 et la bête fut tuée, son cadavre fut jeté au feu. | Quant aux
autres bêtes, la domination leur fut retirée, mais une prolon-
gation de vie leur fut donnée, pour un temps et une période
13 déterminés. | Je regardais, au cours des visions de la nuit, et je
voyais venir, avec les nuées du ciel, comme un Fils d'homme ;
il parvint jusqu'au Vieillard, et on le fit avancer devant lui.
14 Et il lui fut donné domination, gloire* et royauté ; tous les
peuples, toutes les nations* et toutes les langues le servirent. Sa
domination est une domination éternelle, qui ne passera pas,
et sa royauté, une royauté qui ne sera pas détruite. »

LE CHEF DES ANGES ET LA RÉSURRECTION POUR TOUS

12 Moi, Daniel, j'ai entendu cette parole de la part du
Seigneur* :
1 « En ce temps-là se lèvera Michel, le chef des anges*(1),
celui qui veille sur ton peuple. Car ce sera un temps de détresse(2)
comme il n'y en a jamais eu depuis que les nations* existent.
Mais en ce temps-là viendra le salut de ton peuple, de
tous ceux dont le nom se trouvera dans le livre de Dieu.
2 Beaucoup de gens qui dormaient dans la poussière de la
terre s'éveilleront : les uns pour la vie éternelle, les autres
pour la honte et la déchéance éternelles(3).
3 Les sages brilleront comme la splendeur du firmament,
et ceux qui sont des maîtres de justice pour la multitude
resplendiront comme les étoiles dans les siècles des siècles. »

LE FILS DE L'HOMME

Face au gouvernement monstrueux des bêtes, Dieu établit un gouvernement humain instauré par un Fils d'homme. Ce personnage, à peine esquissé par Daniel, est repris dans d'autres livres qui, bien que non retenus dans la Bible, ont eu beaucoup d'influence. L'apocalypse* d'Hénok, par exemple, présente le Fils de l'homme comme le messie* de la fin des temps. Jésus se donnera souvent ce titre de Fils* de l'Homme qui souligne bien son origine céleste.

LA RÉSURRECTION POUR TOUS

Le deuxième livre des Martyrs d'Israël parlait clairement de la résurrection*, mais en la limitant aux justes* (voir p. 197). Daniel, lui, annonce une résurrection pour tous : certains recevront une récompense éternelle, d'autres seront voués à une « déchéance éternelle ». Dans le contexte des apocalypses*, cette résurrection intervient après un temps de détresse extrême. Pour instaurer le Règne de Dieu, les anges ont dû combattre l'opposition du monde corrompu par le péché*.

(1) Les apocalypses parlent beaucoup des anges. Le monde étant profondément perverti par le péché, Dieu ne peut y intervenir que par des intermédiaires.
(2) Les apocalypses ont tellement développé cette image de catastrophe finale (préludant à la victoire de Dieu) que, dans le langage populaire, le mot apocalypse est devenu synonyme de catastrophe. On parle volontiers d'un tremblement de terre ou d'une guerre « apocalyptique ».
(3) Première annonce de ce que nous appelons l'enfer*, à ne pas confondre avec « les enfers » qui désignent le shéol*.

Iudicium sedit
et libri aperti sunt

3e PARTIE

LA PRIÈRE DU PEUPLE DE DIEU

LE LIVRE DES PSAUMES

Abraham, Moïse*, Isaïe*, Jérémie*... sont tous des grands priants. Ils dialoguent avec Dieu comme un ami avec son ami*[(1)]. *Ils l'écoutent*[(2)] *et ils lui parlent...*

Mais dans le Peuple, c'est David qui a laissé le souvenir le plus marquant au sujet de la prière. Il inventait, dit-on, des instruments de musique*[(3)] *pour chanter au Seigneur* sa peine, ses joies, ses repentirs. On lui attribue les plus belles prières que le Peuple chantait dans le Temple* ou dans les synagogues*. Le recueil de ces prières constitue le livre des Psaumes*.*

Les Psaumes nous mettent en présence de Dieu, avec nos peines et nos joies, nos abattements et nos colères. Ils ont été la prière de Jésus Christ jusqu'à sa mort sur la croix. Quand nous prions avec les Psaumes, cela nous aide à entrer dans la même attitude filiale que Jésus envers son Père et notre Père.

(1) Voir Genèse 18, 22-32, p. 44 ; Deutéronome 34, 10, p. 89 ; Isaïe 6, 1-8, p. 140 ; Jérémie 20, 7-11, p. 158.
(2) Écouter est l'attitude essentielle du croyant. Voir Deutéronome 6, 4-5, p. 86 ; Luc 10, 38-42, p. 344.
(3) Voir Amos 6, 5, p. 133.

PSAUME 2

LE MESSIE, FILS DE DIEU

1 Pourquoi ce tumulte des nations*,
ce vain murmure des peuples ?
2 Les rois de la terre se dressent,
les grands se liguent entre eux
contre le Seigneur et son messie* :
3 « Faisons sauter nos chaînes,
rejetons ces entraves ! »

4 Celui qui règne dans les cieux s'en amuse,
le Seigneur* les tourne en dérision ;
5 puis il leur parle avec fureur
et sa colère* les épouvante :
6 « Moi, j'ai sacré mon roi
sur Sion*, ma sainte montagne[(1)]. »

7 Je proclame le décret du Seigneur !

Il m'a dit : « Tu es mon fils ;
moi, aujourd'hui, je t'ai engendré[(2)].
8 Demande, et je te donne en héritage les nations,
pour domaine la terre tout entière.
9 Tu les détruiras de ton sceptre de fer,
tu les briseras comme un vase de potier. »

10 Maintenant, rois, comprenez,
reprenez-vous, juges de la terre.
11 Servez le Seigneur avec crainte*,
rendez-lui votre hommage en tremblant.
12 Qu'il s'irrite et vous êtes perdus :
soudain sa colère éclatera.

Heureux qui trouve en lui son refuge !

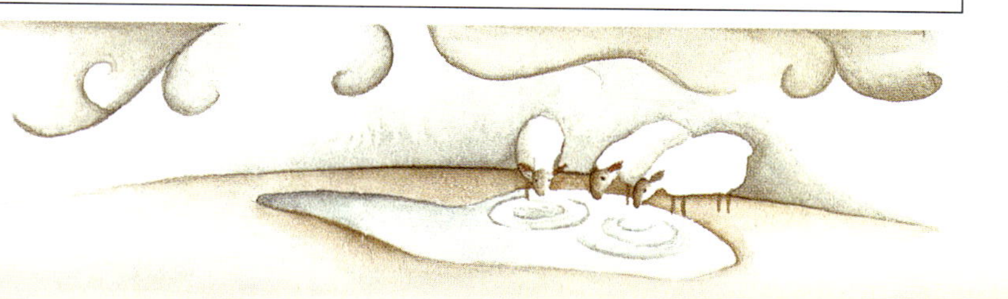

(1) On chantait ce psaume au cours du sacre des rois. On continua à le chanter après la disparition de la royauté. C'était une façon de demander à Dieu d'envoyer le Messie promis*.
(2) L'onction* donnée au roi fait de lui le messie. Il ne s'agit pas d'une récompense ou d'une distinction qui le mettrait au-dessus des autres hommes. Il s'agit d'une mission* que Dieu lui confie. Dieu l'appelle son fils ; il « l'engendre », c'est-à-dire qu'il lui donne son Esprit pour qu'il garde le Peuple dans l'Alliance*.

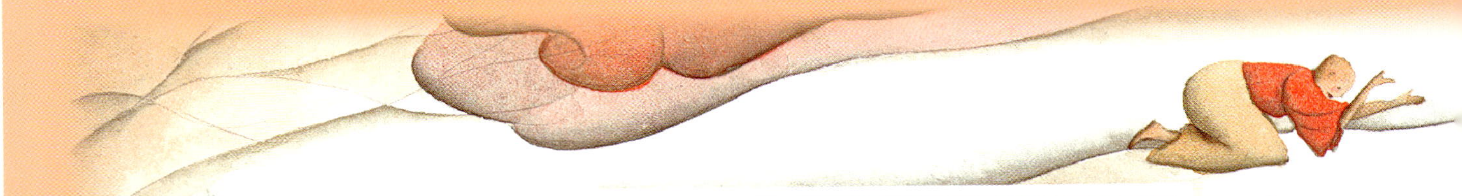

PSAUME 8

LA GLOIRE DE DIEU ET LA GRANDEUR DE L'HOMME

2 Ô Seigneur*, notre Dieu,
qu'il est grand ton nom*
par toute la terre !

Jusqu'aux cieux, ta splendeur est chantée
3 par la bouche des enfants, des tout-petits :
rempart que tu opposes à l'adversaire,
où l'ennemi se brise en sa révolte.

4 À voir ton ciel, ouvrage de tes doigts,
la lune et les étoiles que tu fixas,
5 qu'est-ce que l'homme pour que tu penses à lui,
le fils d'un homme, que tu en prennes souci ?

6 Tu l'as voulu un peu moindre qu'un dieu(1).
le couronnant de gloire* et d'honneur ;
7 tu l'établis sur les œuvres de tes mains,
tu mets toute chose à ses pieds(2) :

8 les troupeaux de bœufs et de brebis,
et même les bêtes sauvages,
9 les oiseaux du ciel et les poissons de la mer,
tout ce qui va son chemin dans les eaux.

10 Ô Seigneur, notre Dieu,
qu'il est grand ton nom
par toute la terre !

(1) Dieu a fait l'homme à son image. Dieu n'est pas un être jaloux qui préserve égoïstement ses privilèges. Il veut tout partager avec les hommes, les rendre participants de sa nature divine.
(2) Voir Genèse 1, 28, p. 24.

PSAUME 22 (OU 21[1])

DE L'ANGOISSE DÉLIVRE-MOI, SEIGNEUR !

2 Mon Dieu, mon Dieu,
pourquoi m'as-tu abandonné[2] ?
Le salut est loin de moi,
loin des mots que je rugis.

3 Mon Dieu, j'appelle tout le jour,
et tu ne réponds pas ;
même la nuit,
je n'ai pas de repos.

4 Toi, pourtant, tu es saint*,
toi qui habites les hymnes d'Israël !
5 C'est en toi que nos pères espéraient*,
ils espéraient et tu les délivrais.
6 Quand ils criaient vers toi, ils échappaient ;
en toi ils espéraient et n'étaient pas déçus.

7 Et moi, je suis un ver, pas un homme,
raillé par les gens, rejeté par le peuple.
8 Tous ceux qui me voient me bafouent,
ils ricanent et hochent la tête :
9 « Il comptait sur le Seigneur* : qu'il le délivre !
Qu'il le sauve, puisqu'il est son ami[3] ! »

10 C'est toi qui m'as tiré du ventre de ma mère,
qui m'a mis en sûreté entre ses bras.
11 À toi je fus confié dès ma naissance ;
dès le ventre de ma mère, tu es mon Dieu[4].

12 Ne sois pas loin : l'angoisse est proche,
je n'ai personne pour m'aider.

(1) Il y a deux numérotations pour les psaumes : l'hébraïque et la grecque. Car dans la traduction grecque de la Bible (voir p. 209), deux psaumes ont été regroupés, ce qui a produit un décalage. La numérotation grecque, utilisée dans les missels et les livres de prière, est donnée ici en chiffres plus petits. La numérotation hébraïque est donnée en premier, car c'est elle qu'on trouve dans les bibles.
(2) Sur la croix*, Jésus crie sa détresse vers son Père en redisant ce psaume (Matthieu 27, 46, p. 292). C'est l'appel de quelqu'un qui croit fermement que Dieu est près de lui, mais qui ne ressent pas cette présence.
(3) On retrouve la même argumentation qu'en Sagesse 2, 17-20, p. 208.
(4) Voir Jérémie 1, 5, p. 154.

13 Des fauves nombreux me cernent,
des taureaux de Basan[1] m'encerclent.
14 Des lions qui déchirent et rugissent
ouvrent leur gueule contre moi.

15 Je suis comme l'eau qui se répand,
tous mes membres se disloquent.
Mon cœur est comme la cire,
il fond au milieu de mes entrailles.
16 Ma vigueur a séché comme l'argile,
ma langue colle à mon palais.

Tu me mènes à la poussière de la mort.

17 Oui, des chiens me cernent,
une bande de vauriens m'entoure.
Ils me percent les mains et les pieds ;
18 je peux compter tous mes os.

Ces gens me voient, ils me regardent.
19 Ils partagent entre eux mes habits
et tirent au sort mon vêtement[2].

20 Mais toi, Seigneur, ne sois pas loin :
ô ma force, viens vite à mon aide !
21 Préserve ma vie de l'épée,
arrache-moi aux griffes du chien ;
22 sauve-moi de la gueule du lion
et de la corne des buffles.

Tu m'as répondu !
23 Et je proclame ton nom* devant mes frères,
je te loue en pleine assemblée.

(1) Amos nous avait fait connaître la région de Basan. Voir « Appelé par Dieu », p. 133.
(2) Voir Jean 19, 24, p. 399.

24 Vous qui le craignez*, louez le Seigneur,
glorifiez-le, vous tous, descendants de Jacob*,
vous tous, redoutez-le, descendants d'Israël.

25 Car il n'a pas rejeté,
il n'a pas réprouvé le malheureux dans sa misère ;
il ne s'est pas voilé la face devant lui,
mais il entend sa plainte.

26 Tu seras ma louange dans la grande assemblée ;
devant ceux qui te craignent, je tiendrai mes promesses.
27 Les pauvres mangeront : ils seront rassasiés ;
ils loueront le Seigneur, ceux qui le cherchent :
« À vous, toujours, la vie et la joie ! »

28 La terre entière se souviendra et reviendra vers le Seigneur,
chaque famille de nations se prosternera devant lui :
29 « Oui, au Seigneur la royauté,
le pouvoir sur les nations* ! »

30 Tous ceux qui festoyaient s'inclinent ;
promis à la mort, ils plient en sa présence.

31 Et moi, je vis pour lui : ma descendance le servira ;
on annoncera le Seigneur aux générations à venir.
32 On proclamera sa justice* au peuple qui va naître :
Voilà son œuvre !

PSAUME 23 (OU 22)

SUR LES CHEMINS DE LA VIE

1 Le Seigneur* est mon berger*[1] :
je ne manque de rien.
2 Sur des prés d'herbe fraîche,
il me fait reposer.

Il me mène vers les eaux tranquilles
3 et me fait revivre ;
il me conduit par le juste chemin
pour l'honneur de son nom*.

4 Si je traverse les ravins de la mort,
je ne crains aucun mal,
car tu es avec moi :
ton bâton me guide et me rassure.

5 Tu prépares la table pour moi
devant mes ennemis ;
tu répands le parfum sur ma tête,
ma coupe est débordante.

6 Grâce* et bonheur m'accompagnent
tous les jours de ma vie ;
j'habiterai la maison du Seigneur
pour la durée de mes jours.

(1) Voir Ézékiel 34, 1-16, p. 169.

PSAUME 51 (OU 50)

PURIFIE-MOI DE MON PÉCHÉ

Psaume de David. Quand Nathan le prophète* vint lui reprocher d'avoir pris Bethsabée*[1].*

3 Pitié pour moi, mon Dieu, dans ton amour,
selon ta grande miséricorde*, efface mon péché*.
4 Lave-moi tout entier de ma faute,
purifie-moi de mon offense.

5 Oui, je connais mon péché,
ma faute est toujours devant moi.
6 Contre toi, et toi seul, j'ai péché,
ce qui est mal à tes yeux, je l'ai fait.

Ainsi, tu peux parler et montrer ta justice*,
être juge et montrer ta victoire.
7 Moi, je suis né dans la faute,
j'étais pécheur dès le sein de ma mère[2].

8 Mais tu veux au fond de moi la vérité ;
dans le secret, tu m'apprends la sagesse.
9 Purifie-moi avec l'hysope*, et je serai pur* ;
lave-moi et je serai blanc, plus que la neige.

10 Fais que j'entende les chants et la fête :
ils danseront, les os que tu broyais.
11 Détourne ta face de mes fautes,
enlève tous mes péchés.

(1) Treize psaumes sont rattachés à des événements survenus dans la vie de David. Pour celui-ci, voir p. 111-113.
(2) Le psalmiste représente la pensée de ceux qu'Ézékiel combat en 18, 20, p. 168.

12 Crée en moi un cœur pur, ô mon Dieu,
renouvelle et raffermis au fond de moi mon esprit.
13 Ne me chasse pas loin de ta face,
ne me reprends pas ton esprit saint.

14 Rends-moi la joie d'être sauvé ;
que l'esprit généreux me soutienne.
15 Aux pécheurs, j'enseignerai tes chemins ;
vers toi, reviendront les égarés.

16 Libère-moi du sang versé, Dieu, mon Dieu sauveur*,
et ma langue acclamera ta justice.
17 Seigneur, ouvre mes lèvres,
et ma bouche annoncera ta louange.

18 Si j'offre un sacrifice*, tu n'en veux pas,
tu n'acceptes pas d'holocauste*.
19 Le sacrifice qui plaît à Dieu, c'est un esprit brisé ;
tu ne repousses pas, ô mon Dieu, un cœur brisé et broyé(1).

20 Accorde à Sion* le bonheur,
relève les murs de Jérusalem*.
21 Alors tu accepteras de justes sacrifices, oblations et holocaustes ;
alors on offrira des taureaux sur ton autel*.

(1) Le sacrifice qui plaît à Dieu, c'est de briser mon propre orgueil pour reconnaître que je ne suis pas un juste* mais un pécheur, et que j'ai besoin d'être sauvé. Après le retour de l'Exil* à Babylone, une dernière strophe fut ajoutée au psaume. Elle évoque la reconstruction du Temple* et la reprise des sacrifices d'animaux.

PSAUME 63 (OU 62)

MON ÂME A SOIF DE TOI

Psaume de David. Quand il était dans le désert de Juda*[1].

2 Dieu, tu es mon Dieu, je te cherche dès l'aube :
mon âme* a soif de toi ;
après toi languit ma chair*,
terre aride, altérée, sans eau.

3 Je t'ai contemplé au sanctuaire,
j'ai vu ta force et ta gloire*.
4 Ton amour vaut mieux que la vie :
tu seras la louange de mes lèvres !

5 Toute ma vie je vais te bénir*,
lever les mains en invoquant ton nom*.
6 Comme par un festin je serai rassasié ;
la joie sur les lèvres, je dirai ta louange.

7 Dans la nuit, je me souviens de toi
et je reste des heures à te parler.
8 Oui, tu es venu à mon secours :
je crie de joie à l'ombre de tes ailes[2].
9 Mon âme s'attache à toi,
ta main droite me soutient.

10 Mais ceux qui pourchassent mon âme,
qu'ils descendent aux profondeurs de la terre,
11 qu'on les passe au fil de l'épée,
qu'ils deviennent la pâture des loups[3] !

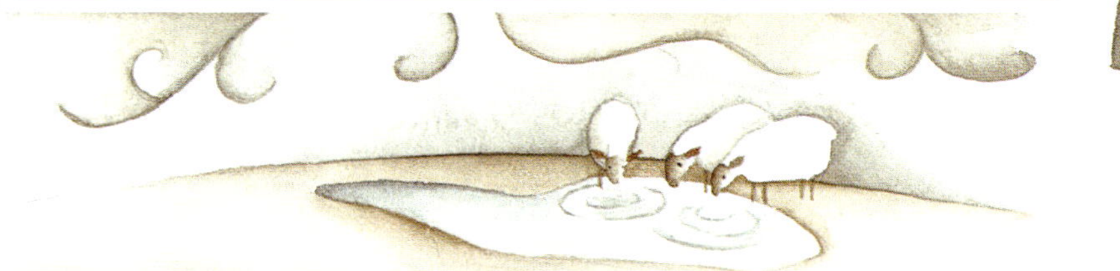

(1) Comme le Psaume 51, celui-ci fait partie des treize psaumes se rattachant à un événement de la vie de David.
(2) L'arche* d'Alliance était surmontée par deux chérubins qui déployaient leurs ailes au-dessus du couvercle appelé propitiatoire*. Pour que Dieu soit propice, il fallait se mettre à l'abri des ailes qui, petit à petit, sont devenues un attribut de Dieu lui-même dans le langage courant.
(3) Ces versets 10 et 11 manifestent le désir de vengeance du psalmiste. Il est important qu'il puisse en parler à Dieu. S'il le gardait caché, Dieu ne pourrait jamais le guérir du poison de la haine. Voir le dernier paragraphe de la p. 214.

12 Et le roi se réjouira de son Dieu.
Qui jure par lui en sera glorifié,
Tandis que l'homme de mensonge
aura la bouche close !

PSAUME 100 (OU 99)

TOUS LES PEUPLES, ACCLAMEZ DIEU

1 Acclamez le Seigneur*, terre entière,
2 servez le Seigneur dans l'allégresse,
venez à lui avec des chants de joie !

3 Reconnaissez que le Seigneur est Dieu :
il nous a faits, et nous sommes à lui,
nous, son peuple, son troupeau[1].

4 Venez dans sa maison lui rendre grâce,
dans sa demeure chanter ses louanges ;
rendez-lui grâce et bénissez* son nom !

5 Oui, le Seigneur est bon,
éternel est son amour,
sa fidélité demeure d'âge en âge.

(1) Voir Ézékiel 34, 1-16, p. 169, et Psaume 23, p. 220.

PSAUME 103 (OU 102)

LE SEIGNEUR EST TENDRESSE ET PITIÉ

1 Bénis* le Seigneur*, ô mon âme*,
bénis son nom* très saint*, tout mon être !
2 Bénis le Seigneur, ô mon âme,
n'oublie aucun de ses bienfaits !

3 Car il pardonne* toutes tes offenses
et te guérit de toute maladie ;
4 il réclame ta vie à la tombe
et te couronne d'amour et de tendresse ;
5 il comble de biens tes vieux jours :
tu renouvelles, comme l'aigle, ta jeunesse(1).

6 Le Seigneur fait œuvre de justice*,
il défend le droit des opprimés.
7 Il révèle ses desseins à Moïse*,
aux enfants d'Israël ses hauts faits.

8 Le Seigneur est tendresse et pitié,
lent à la colère et plein d'amour ;
9 il n'est pas pour toujours en procès,
ne maintient pas sans fin ses reproches ;
10 il n'agit pas envers nous selon nos fautes,
ne nous rend pas selon nos offenses(2).

11 Comme le ciel domine la terre,
fort est son amour pour qui le craint* ;
12 aussi loin qu'est l'orient de l'occident,
il met loin de nous nos péchés* ;
13 comme la tendresse du père pour ses fils,
la tendresse du Seigneur pour qui le craint !

(1) Voir Isaïe 40, 31, p. 173.
(2) Voir Jérémie 50, 20, p. 164.

14 Il sait de quoi nous sommes pétris,
il se souvient que nous sommes poussière.
15 L'homme ! ses jours sont comme l'herbe ;
comme la fleur des champs, il fleurit :
16 dès que souffle le vent, il n'est plus,
même la place où il était l'ignore.

17 Mais l'amour du Seigneur, sur ceux qui le craignent,
est de toujours à toujours,
et sa justice* pour les enfants de leurs enfants,
18 pour ceux qui gardent son alliance*
et se souviennent d'accomplir ses volontés.
19 Le Seigneur a son trône dans les cieux :
sa royauté s'étend sur l'univers.

20 Messagers du Seigneur, bénissez-le,
invincibles porteurs de ses ordres,
attentifs au son de sa parole !
21 Bénissez-le, armées du Seigneur,
serviteurs qui exécutez ses désirs !
22 Toutes les œuvres du Seigneur, bénissez-le,
sur toute l'étendue de son empire !

Bénis le Seigneur, ô mon âme !

PSAUME 122 (OU 121)

PAIX SUR JÉRUSALEM

1 Quelle joie quand on m'a dit :
« Nous irons à la maison du Seigneur* ! »

2 Maintenant notre marche prend fin
devant tes portes, Jérusalem* !
3 Jérusalem, te voici dans tes murs :
ville où tout ensemble ne fait qu'un !

4 C'est là que montent les tribus*,
les tribus du Seigneur,
là qu'Israël* doit rendre grâce
au nom* du Seigneur.
5 C'est là le siège du droit,
le siège de la maison de David.

6 Appelez le bonheur sur Jérusalem :
« Paix à ceux qui t'aiment [1] !
7 Que la paix règne dans tes murs,
le bonheur dans tes palais ! »

8 À cause de mes frères et de mes proches,
je dirai : « Paix sur toi ! »
9 À cause de la maison du Seigneur notre Dieu,
je désire ton bien.

(1) Ce Psaume 122, comme les Psaumes 126, 130 et 131, fait partie des « psaumes (ou cantiques) des montées ». C'étaient ceux que chantaient les pèlerins en venant à Jérusalem* pour les grandes fêtes*. Le mot hébreu* traduit ici par paix est le mot « shalom », qui ne désigne pas seulement la bonne entente, mais tout ce qui fait le bonheur des hommes (santé, prospérité matérielle et spirituelle).

PSAUME 126 (OU 125)

DES PLEURS CHANGÉS EN JOIE

1 Quand le Seigneur* ramena les captifs à Sion*,
nous étions comme en rêve[1] !

2 Alors notre bouche était pleine de rires,
nous poussions des cris de joie ;
alors on disait parmi les nations* :
« Quelles merveilles fait pour eux le Seigneur ! »
3 Quelles merveilles le Seigneur fit pour nous :
nous étions en grande fête !

4 Ramène, Seigneur, nos captifs,
comme les torrents au désert.

5 Qui sème dans les larmes
moissonne dans la joie :
6 il s'en va, il s'en va en pleurant,
il jette la semence ;
il s'en vient, il s'en vient dans la joie,
il rapporte les gerbes.

(1) Psaume chantant le retour des exilés. Voir p. 180, et Isaïe 60, 4-5, p. 185.

PSAUME 130 (OU 129)

PRÈS DE TOI SE TROUVE LE PARDON

1 Des profondeurs je crie vers toi, Seigneur*,
2 Seigneur, écoute mon appel !
Que ton oreille se fasse attentive
au cri de ma prière* !

3 Si tu retiens les fautes, Seigneur,
Seigneur, qui subsistera ?
4 Mais près de toi se trouve le pardon*
pour que l'homme te craigne*.

5 J'espère* le Seigneur de toute mon âme* ;
je l'espère, et j'attends sa parole.

6 Mon âme attend le Seigneur
plus qu'un veilleur ne guette l'aurore.
Plus qu'un veilleur ne guette l'aurore,
7 attends le Seigneur, Israël.

Oui, près du Seigneur, est l'amour ;
près de lui, abonde le rachat[1].
8 C'est lui qui rachètera Israël
de toutes ses fautes.

(1) Le péché* transforme l'homme en esclave. Il n'est plus libre. Il est comme aveuglé par son orgueil ou enchaîné par ses passions. Le Seigneur libère les esclaves ; d'où l'image du rachat : il les fait passer de la servitude au service.

PSAUME 131 (OU 130)

COMME UN PETIT ENFANT CONTRE SA MÈRE

1 Seigneur*, je n'ai pas le cœur fier
ni le regard ambitieux ;
je ne poursuis ni grands desseins,
ni merveilles qui me dépassent.

2 Non, mais je tiens mon âme*
égale et silencieuse ;
mon âme est en moi comme un enfant[(1)],
comme un petit enfant contre sa mère.

3 Attends le Seigneur, Israël,
maintenant et à jamais.

PSAUME 137 (OU 136)

CHANT DE L'EXILÉ

1 Au bord des fleuves de Babylone
nous étions assis et nous pleurions[(2)],
nous souvenant de Sion* ;
2 aux saules des alentours
nous avions pendu nos harpes.

3 C'est là que nos vainqueurs
nous demandèrent des chansons,
et nos bourreaux, des airs joyeux :

(1) Jésus rappellera avec force que, pour entrer dans le Royaume* de son Père, il faut se refaire un cœur d'enfant. Voir Marc 10, 15, p. 312.
(2) Psaume composé en Exil*. Le psalmiste exprime son amertume. Il a du ressentiment envers ses « bourreaux ». Il éprouve une profonde tristesse d'être éloigné de Jérusalem. Parce qu'il se présente devant le Seigneur tel qu'il est, sans masque, le Seigneur va pouvoir apaiser son cœur. Et le Peuple chantera des psaumes sur cette terre étrangère, car il comprendra que la présence du Seigneur n'est pas liée à Jérusalem. Voir « Dieu parle aussi en terre étrangère », p. 495.

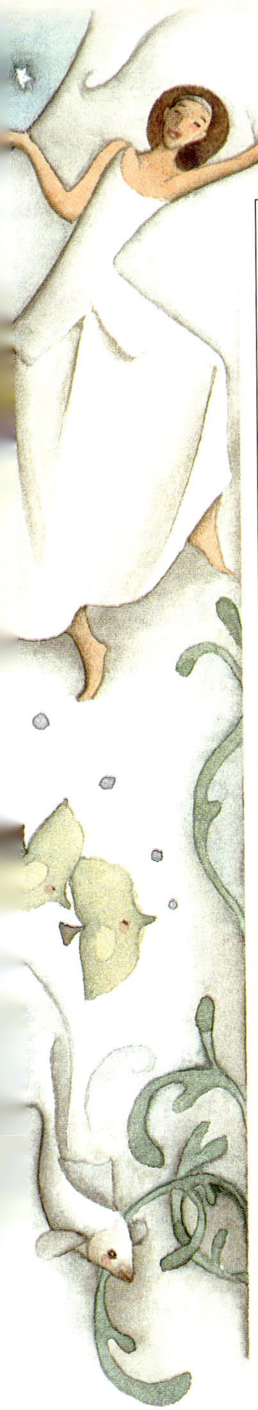

« Chantez-nous, disaient-ils,
quelque chant de Sion. »

4 Comment chanterions-nous
un chant du Seigneur*
sur une terre étrangère ?
5 Si je t'oublie, Jérusalem*,
que ma main droite m'oublie !

6 Je veux que ma langue
s'attache à mon palais
si je perds ton souvenir,
si je n'élève Jérusalem,
au sommet de ma joie.

7 Souviens-toi, Seigneur,
des fils du pays d'Édom,
et de ce jour à Jérusalem
où ils criaient : « Détruisez-la,
détruisez-la de fond en comble ! »

8 Ô Babylone misérable,
heureux qui te revaudra
les maux que tu nous as valus ;
9 heureux qui saisira tes enfants,
pour les briser contre le roc !

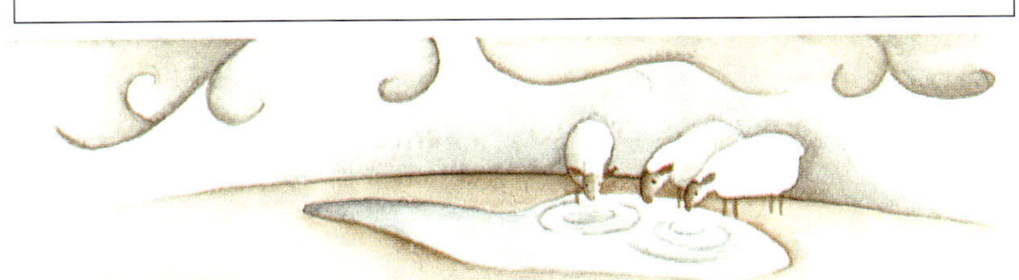

PSAUME 139 (OU 138)

SEIGNEUR, TU ME CONNAIS VRAIMENT !

1 Tu me scrutes, Seigneur*, et tu sais !
2 Tu sais quand je m'assois, quand je me lève ;
de très loin, tu pénètres mes pensées.

3 Que je marche ou me repose, tu le vois,
tous mes chemins te sont familiers.
4 Avant qu'un mot ne parvienne à mes lèvres,
déjà, Seigneur, tu le sais.

5 Tu me devances et me poursuis, tu m'enserres,
tu as mis la main sur moi.
6 Savoir prodigieux qui me dépasse,
hauteur que je ne puis atteindre !

7 Où donc aller, loin de ton souffle ?
où m'enfuir, loin de ta face ?
8 Je gravis les cieux : tu es là ;
je descends chez les morts : te voici (1).

9 Je prends les ailes de l'aurore
et me pose au-delà des mers :
10 même là, ta main me conduit,
ta main droite me saisit.

11 J'avais dit : « Les ténèbres m'écrasent ! »
mais la nuit devient lumière autour de moi.
12 Même la ténèbre pour toi n'est pas ténèbre,
et la nuit comme le jour est lumière !

(1) Le psalmiste sait que les enfers (le séjour des morts) ne sont plus le lieu de l'absence de Dieu, comme on se l'imaginait autrefois. Les justes* y attendent la résurrection*. Voir comment les gens se représentaient ce « séjour » dans la parabole de Lazare et du riche (Luc 16, 19-31, p. 349). Voir également shéol*.

13 C'est toi qui as créé mes reins,
qui m'as tissé dans le sein de ma mère.
14 Je reconnais devant toi le prodige,
l'être étonnant que je suis :
étonnantes sont tes œuvres
toute mon âme* le sait.

15 Mes os n'étaient pas cachés pour toi
quand j'étais façonné dans le secret,
modelé aux entrailles de la terre.

16 J'étais encore inachevé, tu me voyais ;
sur ton livre, tous mes jours étaient inscrits,
recensés avant qu'un seul ne soit !

17 Que tes pensées sont pour moi difficiles,
Dieu, que leur somme est imposante !
18 Je les compte : plus nombreuses que le sable !
Je m'éveille : je suis encore avec toi.

19 Dieu, si tu exterminais l'impie !
Hommes de sang, éloignez-vous de moi !
20 Tes adversaires profanent ton nom* :
ils le prononcent pour détruire.

21 Comment ne pas haïr tes ennemis, Seigneur,
ne pas avoir en dégoût tes assaillants ?
22 Je les hais d'une haine parfaite,
je les tiens pour mes propres ennemis

23 Scrute-moi, mon Dieu, tu sauras ma pensée ;
éprouve-moi, tu connaîtras mon cœur.
24 Vois si je prends le chemin des idoles*,
et conduis-moi sur le chemin d'éternité.

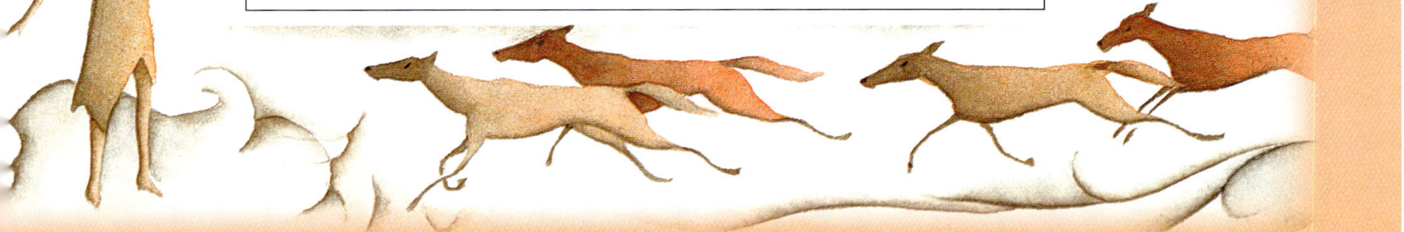

4e PARTIE

L'ÉVANGILE

L'ÉVANGILE : UNE BONNE NOUVELLE

Le mot Évangile vient d'un mot grec **eu angelion** *que l'on peut traduire par « bonne nouvelle », « heureuse annonce ». Les femmes et les hommes qui ont rencontré Jésus ont fait l'expérience heureuse d'une parole qui les a touchés dans leur chair et qui leur a fait entendre la bonne nouvelle de l'amour du Père. En cette rencontre, Jésus les a invités à vivre avec lui en fils de ce Père, et à être ainsi associés à sa victoire sur la mort et le péché* inaugurée par sa Résurrection*.*

DE L'ÉVANGILE AUX ÉVANGILES

En envoyant ses apôtres proclamer la Bonne Nouvelle, Jésus les a envoyés faire vivre aux personnes qu'ils allaient rencontrer une expérience semblable à celle qu'ils avaient eux-mêmes vécue avec lui. Ce faisant, les apôtres ont découvert que Jésus ressuscité cheminait avec eux !*

Le temps a passé et les témoins directs du parcours de Jésus ont commencé à disparaître. Les communautés suscitées par les apôtres ont alors recueilli des témoignages tant écrits qu'oraux afin de constituer ces textes qui s'appelleront plus tard les Évangiles. Ainsi, ces livres donnent, à qui les lit avec foi et en Église*, de vivre une heureuse rencontre avec le Christ* et d'y trouver des appuis solides.*

COMMENT A-T-ON RÉDIGÉ LES ÉVANGILES ?

Matthieu, Marc*, Luc* et Jean*, qu'on appelle « les évangélistes », ne proposent pas une reconstitution exacte de la vie de Jésus à la manière des historiens. Ils ne témoignent pas d'un homme du passé, car ils veulent permettre la rencontre du lecteur avec Jésus vivant, ressuscité. Les textes qu'ils composent, après avoir collecté des témoignages oraux et écrits, disposent le lecteur à faire la même expérience que les personnes mises en scène dans ces textes.*

Chaque évangéliste a d'abord écrit pour une communauté précise. Certaines sont composées en majorité de juifs, d'autres de païens devenus chrétiens. Elles vivent en des lieux différents : Jérusalem*, Antioche, Éphèse, Rome. Cela explique, en partie, les différences entre les Évangiles. Ces quatre témoignages convergent et se complètent. Ils révèlent, d'un point de vue différent, la présence vivante du Christ !*

L'ORDRE DES ÉVANGILES

Dans les bibles, on trouve habituellement les Évangiles dans l'ordre suivant : Matthieu, Marc, Luc et Jean. Cette présentation tient compte de certains témoignages qui affirment que Matthieu, le premier, a rédigé un Évangile en araméen. Malheureusement, cet ouvrage n'est pas parvenu jusqu'à nous.*

D'après la plupart des spécialistes, le plus ancien des Évangiles que nous possédions est celui de Marc, composé autour des années 70 après Jésus Christ. Puis, vers les années 80 sont composés l'Évangile de Luc, et l'Évangile de Matthieu tel que nous le connaissons. Rédigé en grec[1]*, ce nouveau Matthieu est sans doute une reprise très augmentée du Matthieu araméen. Enfin, vers la fin du Ier siècle, Jean écrit un nouvel Évangile, très différent dans sa présentation des trois précédents.*

Parle, Seigneur *présente des extraits de chaque Évangile, en suivant l'ordre biblique :*

LES SYNOPTIQUES

Trois des quatre Évangiles ont un plan assez similaire qu'on pourrait, en simplifiant, présenter ainsi : Jésus et Jean Baptiste ; le ministère de Jésus en Galilée* ; sa montée à Jérusalem ; son ministère à Jérusalem ; sa Passion* et sa Résurrection.*

Il semble que Marc soit le premier à avoir établi cette présentation du message qu'il voulait transmettre. Matthieu et Luc ont repris le même découpage en introduisant chacun leur façon de présenter les choses. On imprime parfois ces trois Évangiles sur trois colonnes parallèles dans une même page. Ainsi, d'un seul coup d'œil[2]*, on peut distinguer les passages communs aux trois évangélistes et ceux qui ne sont cités que par un seul ou par deux. On peut aussi détecter de façon rapide les différentes présentations du même récit ou du même discours.*

(1) Comme tous les écrits du Nouveau Testament*.
(2) C'est le sens du mot « synoptique ».

LE PEUPLE JUIF AU Ier SIÈCLE DE NOTRE ÈRE

C'est au peuple juif, d'abord, que Jésus destine la Bonne Nouvelle. Il est donc nécessaire d'avoir quelques repères géographiques et historiques sur ce peuple.*

Un peuple dispersé géographiquement

Les Juifs vivant en terre d'Israël sont beaucoup moins nombreux que ceux vivant en Diaspora*, c'est-à-dire dans des villes et sur des territoires étrangers.*

Les Juifs de la Terre sainte : *les habitants de Jérusalem et les Galiléens ont, entre eux, un certain nombre de différences, mais ils sont d'accord pour rejeter les Samaritains*.*

À Jérusalem, la population est quasiment entièrement juive. Toute la vie y est centrée sur le Temple. Les sacrifices* rythment les différentes heures de la journée(1). Les pèlerinages, qui attirent des foules considérables, marquent les différentes périodes de l'année. Il existe de nombreuses écoles de scribes*. Des maîtres réputés délivrent leur enseignement dans les synagogues* ou sur l'esplanade du Temple.*

En Galilée, en revanche, les Juifs vivent à proximité des populations païennes. Les villes de la Décapole(2) sont remplies de temples d'idoles et de théâtres. On y parle le grec. Les Juifs de Jérusalem suspectent donc leurs frères de Galilée d'être des tièdes, plus ou moins contaminés par leur voisinage avec les païens.*

En Samarie, entre Jérusalem et la Galilée, habitent les Samaritains. Ils descendent de populations étrangères implantées sur le territoire par les Assyriens(3). Ils se veulent de la même religion que les Juifs, mais ils ne sont pas acceptés par ceux-ci. Ils ont construit un temple sur le mont Garizim. Ce sanctuaire est en ruine à l'époque de Jésus, ce qui n'empêche pas les Samaritains de s'y réunir pour offrir des sacrifices. Entre les Juifs et les Samaritains, les relations sont souvent tendues, à tel point que les Juifs évitent de traverser la Samarie.

Les Juifs de la Diaspora : *un grand nombre de Juifs ne sont jamais rentrés de l'Exil*(4). Ils se sont installés à Babylone. D'autres sont partis à Alexandrie en Égypte ou dans les grandes villes de l'empire romain. Les Romains les ayant autorisés à pratiquer leur*

(1) Voir, par exemple, Actes des Apôtres 3, 1, p. 409.
(2) La Décapole est un ensemble d'environ dix villes qui se sont hellénisées à l'époque d'Antiochus Épiphane (voir p. 194). Jésus s'y rend à plusieurs reprises. Voir Marc 5, 1-20, p. 306.
(3) Voir « La fin du Royaume du Nord », p. 138.
(4) Voir « Dieu parle aussi en terre étrangère », p. 495.

religion, les Juifs de la Diaspora ont construit des synagogues. Dans leur grande majorité, ils ne comprennent plus l'hébreu. Ils utilisent des traductions en grec des livres bibliques dont la plus célèbre est celle des Septante*[1]*. Ils témoignent de leur foi auprès des païens qu'ils rencontrent. Un certain nombre de ceux-ci se montrent très intéressés par les Écritures* juives. Quelques-uns se convertissent*, se font circoncire et respectent toutes les lois juives. On les appelle des « prosélytes ». D'autres hésitent devant une judaïsation qui les couperait de leur milieu*[2]*, mais ils assistent aux réunions à la synagogue. Ils étudient la Bible. Ils montent même parfois au Temple de Jérusalem où une grande partie de l'esplanade a été aménagée pour eux*[3]*. On les appelle en général les « craignant Dieu » ou les « adorateurs de Dieu ».*

Un peuple éclaté spirituellement

Les Juifs sont divisés en différents courants. Les deux principaux sont celui des sadducéens et celui des pharisiens*.*

***Les sadducéens :** ils ne sont pas très nombreux, mais très influents. Ce sont des notables de Jérusalem, et particulièrement des membres de certaines familles sacerdotales, parmi lesquelles on choisit les grands prêtres*. Ils sont responsables du Temple et font partie du Sanhédrin* qui juge les délits et les crimes religieux. Les sadducéens ne reconnaissent que la Torah* comme Écriture vraiment inspirée par Dieu. Ils n'attachent pas d'importance aux autres révélations*. Ils ne croient ni à la résurrection des morts ni aux anges*.*

***Les pharisiens :** ce sont les descendants des gens du peuple qui, au cours de la persécution d'Antiochus Épiphane, ont résisté pour garder leur foi*[4]*. Ils acceptent comme Écritures inspirées, outre la Torah, les livres des prophètes* et des sages. Ils sont très attachés à une pratique minutieuse des commandements. Ils croient à la résurrection des morts. Des pharisiens font partie du Sanhédrin aux côtés des sadducéens.*

D'autres courants existent dont les Évangiles parlent plus ou moins :

***Les hérodiens* :** ce sont les partisans de la dynastie hérodienne. Le roi Hérode* le Grand n'était pas juif, mais iduméen*. Malgré ses efforts pour se faire accepter par les Juifs, il se conduisit toujours comme un païen. Son fils Hérode Antipas, gouverneur de*

(1) Voir « La Bible grecque », p. 209.
(2) Un Juif ne peut pas entrer chez un païen, il ne peut pas manger avec lui, il doit respecter le repos du sabbat*..., etc.
(3) Il s'agit du parvis des Gentils*.
(4) Voir p. 194.

Galilée, est plus proche du judaïsme : il est touché par la prédication de Jean Baptiste[1]*, il monte à Jérusalem pour la Pâque*. Les hérodiens de son entourage sont donc des Juifs qui essaient d'adapter leur pratique religieuse avec l'exercice d'un pouvoir sous la haute surveillance des Romains.*

Les esséniens* : *les Évangiles n'en parlent pas. Il s'agit d'un groupe assez sectaire dont le centre se situe à Qumran, près de la mer Morte, dans un genre de monastère. Ils se considèrent comme des fils de lumière opposés aux fils des ténèbres. Leur influence dépasse largement le territoire de leur implantation. Certains archéologues pensent qu'il y avait un quartier essénien à Jérusalem.*

Les zélotes* : *ce courant se manifestera comme un mouvement organisé autour des années 60 après Jésus Christ. Auparavant, il est difficile de le repérer exactement. On peut le trouver en germe dans le cœur de tous ceux qui n'acceptent pas l'occupation romaine. Ils attendent la venue d'un messie* guerrier qui redonnera à Israël la gloire qu'il avait sous les règnes des rois David* et Salomon*.*

Un peuple occupé

Depuis 63 avant Jésus Christ, les Romains, avec qui les Juifs s'étaient alliés, sont devenus les maîtres de la Judée. En 37 avant Jésus Christ, ils reconnaissent Hérode le Grand comme roi des Juifs.

Après la mort d'Hérode, son royaume est partagé entre ses fils. Arkelaüs obtient la Judée et Hérode Antipas la Galilée. D'autres, comme Philippe, ont des territoires plus au nord, en direction de la Syrie et du Liban actuel. Aucun ne reçoit le titre de roi porté par leur père. Ils ne sont que gouverneurs.

En l'an 6 après Jésus Christ, Arkelaüs est destitué. Un gouverneur romain prend directement en charge l'administration de la Judée. Il réside à Césarée Maritime. Il ne monte à Jérusalem qu'à la période des pèlerinages. Il peut ainsi surveiller ces grands rassemblements où l'étincelle d'une révolution risque toujours d'embraser le peuple tout entier. De 26 à 36 après Jésus Christ, le gouverneur s'appelle Ponce Pilate.

(1) Voir Marc 6, 20, p. 307-308.

I
L'ÉVANGILE SELON SAINT MATTHIEU

Qui est Matthieu ?

Une tradition du IIe siècle déclare que Matthieu, l'un des Douze*, « a mis en ordre les paroles du Seigneur* en langue hébraïque ». Ce premier ouvrage, qu'on appelle « l'Évangile araméen* de Matthieu », n'a laissé aucune trace. Plus tard, vers les années 80 après Jésus Christ, le même Matthieu, ou un autre auteur, s'inspirant de l'ouvrage araméen, compose en grec l'Évangile que nous connaissons aujourd'hui.*

Le nom de Matthieu signifie « don du Seigneur ». Il était publicain ou douanier à Capharnaüm. Il est parfois appelé Lévi. On ne sait pas grand-chose sur sa vie après la résurrection* de Jésus. Certaines traditions racontent qu'il évangélise la Perse, puis l'Éthiopie où il meurt martyr[1].*

Parce que son Évangile commence par la liste des ancêtres de Jésus, Matthieu est traditionnellement représenté par le symbole de l'homme[2].

Pour qui Matthieu écrit-il cet Évangile ?

Matthieu s'adresse à des chrétiens venus du judaïsme. Il s'attache à leur montrer que Jésus est bien celui qu'avaient annoncé les prophètes[3]. Il le présente comme un nouveau Moïse*, venant réaliser une nouvelle Alliance* entre Dieu et son Peuple.*

Ce Peuple n'est plus limité à Israël. Matthieu montre comment, devant le refus que lui oppose le judaïsme officiel[4], Jésus élargit le Peuple de l'Alliance. Sans rien abolir des promesses faites à Israël, il accueille des païens*, donnant ainsi naissance à l'Église*.*

Matthieu est soucieux de rappeler à cette Église les règles indispensables de vie fraternelle. Il veut lui transmettre une catéchèse solide à travers cinq grands discours où il « met en ordre » les paroles de Jésus.*

(1) À Nazareth, des chapiteaux réalisés au temps des croisades racontent l'histoire de Matthieu en Éthiopie.
(2) Voir p. 494.
(3) Soit par citation directe, soit par allusion, Matthieu fait référence 130 fois à l'Ancien Testament*.
(4) De nombreux membres du Peuple d'Israël ont accueilli Jésus et ont constitué les premières communautés chrétiennes. Mais à l'époque où l'Évangile de Matthieu est rédigé, des responsables pharisiens* commencent à rejeter des synagogues* les Juifs qui reconnaissent le Messie* en Jésus.

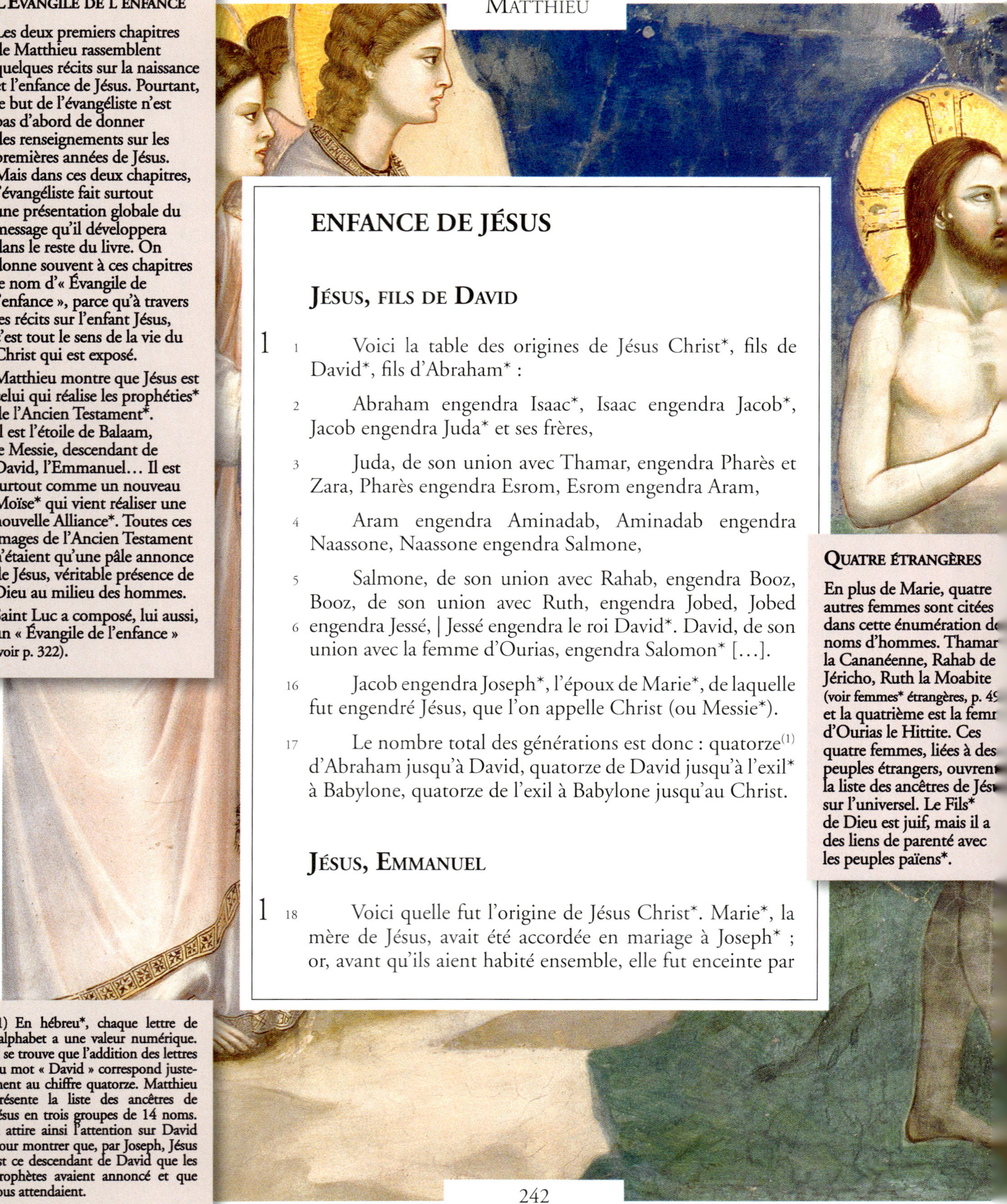

L'ÉVANGILE DE L'ENFANCE

Les deux premiers chapitres de Matthieu rassemblent quelques récits sur la naissance et l'enfance de Jésus. Pourtant, le but de l'évangéliste n'est pas d'abord de donner des renseignements sur les premières années de Jésus. Mais dans ces deux chapitres, l'évangéliste fait surtout une présentation globale du message qu'il développera dans le reste du livre. On donne souvent à ces chapitres le nom d'« Évangile de l'enfance », parce qu'à travers les récits sur l'enfant Jésus, c'est tout le sens de la vie du Christ qui est exposé.

Matthieu montre que Jésus est celui qui réalise les prophéties* de l'Ancien Testament*. Il est l'étoile de Balaam, le Messie, descendant de David, l'Emmanuel... Il est surtout comme un nouveau Moïse* qui vient réaliser une nouvelle Alliance*. Toutes ces images de l'Ancien Testament n'étaient qu'une pâle annonce de Jésus, véritable présence de Dieu au milieu des hommes.

Saint Luc a composé, lui aussi, un « Évangile de l'enfance » (voir p. 322).

ENFANCE DE JÉSUS

JÉSUS, FILS DE DAVID

1 1 Voici la table des origines de Jésus Christ*, fils de
David*, fils d'Abraham* :

2 Abraham engendra Isaac*, Isaac engendra Jacob*,
Jacob engendra Juda* et ses frères,

3 Juda, de son union avec Thamar, engendra Pharès et
Zara, Pharès engendra Esrom, Esrom engendra Aram,

4 Aram engendra Aminadab, Aminadab engendra
Naassone, Naassone engendra Salmone,

5 Salmone, de son union avec Rahab, engendra Booz,
Booz, de son union avec Ruth, engendra Jobed, Jobed
6 engendra Jessé, | Jessé engendra le roi David*. David, de son
union avec la femme d'Ourias, engendra Salomon* [...].

16 Jacob engendra Joseph*, l'époux de Marie*, de laquelle
fut engendré Jésus, que l'on appelle Christ (ou Messie*).

17 Le nombre total des générations est donc : quatorze(1)
d'Abraham jusqu'à David, quatorze de David jusqu'à l'exil*
à Babylone, quatorze de l'exil à Babylone jusqu'au Christ.

QUATRE ÉTRANGÈRES

En plus de Marie, quatre autres femmes sont citées dans cette énumération d[e] noms d'hommes. Thamar la Cananéenne, Rahab de Jéricho, Ruth la Moabite (voir femmes* étrangères, p. 49 et la quatrième est la fem[me] d'Ourias le Hittite. Ces quatre femmes, liées à des peuples étrangers, ouvrent la liste des ancêtres de Jés[us] sur l'universel. Le Fils* de Dieu est juif, mais il a des liens de parenté avec les peuples païens*.

JÉSUS, EMMANUEL

1 18 Voici quelle fut l'origine de Jésus Christ*. Marie*, la
mère de Jésus, avait été accordée en mariage à Joseph* ;
or, avant qu'ils aient habité ensemble, elle fut enceinte par

(1) En hébreu*, chaque lettre de l'alphabet a une valeur numérique. Il se trouve que l'addition des lettres du mot « David » correspond justement au chiffre quatorze. Matthieu présente la liste des ancêtres de Jésus en trois groupes de 14 noms. Il attire ainsi l'attention sur David pour montrer que, par Joseph, Jésus est ce descendant de David que les prophètes avaient annoncé et que tous attendaient.

Homme de prière, bienheureux es-tu d'avoir répondu à Dieu qui te visite.*

Homme de silence, bienheureux es-tu d'avoir reconnu l'enfant de la promesse.*

Homme de confiance, bienheureux es-tu d'accueillir Jésus, de lui servir de Père.

Homme d'espérance, bienheureux es-tu de participer à l'œuvre de l'Alliance*.*

Juste entre les justes, bienheureux es-tu d'entourer d'amour et l'enfant et sa mère.

19 l'action de l'Esprit* Saint. | Joseph, son
époux, qui était un homme juste*, ne
voulait pas la dénoncer publiquement ;
20 il décida de la répudier en secret. | Il
avait formé ce projet, lorsque l'ange* du Seigneur* lui
apparut en songe et lui dit : « Joseph, fils de David*, ne
crains pas de prendre chez toi Marie, ton épouse : l'en-
21 fant qui est engendré en elle vient de l'Esprit Saint ; | elle
mettra au monde un fils, auquel tu donneras le nom de
Jésus (c'est-à-dire : Le-Seigneur-sauve), car c'est lui qui
sauvera son peuple de ses péchés*. »

22 Tout cela arriva pour que s'accomplît la parole du
23 Seigneur prononcée par le prophète* : | *Voici que la Vierge
concevra et elle mettra au monde un fils, auquel on donnera
le nom d'Emmanuel**, qui se traduit : « *Dieu-avec-nous* »(1).

24 Quand Joseph se réveilla, il fit ce que l'ange du
Seigneur lui avait prescrit : il prit chez lui son épouse,
25 mais il n'eut pas de rapports avec elle ; elle enfanta un fils,
auquel il donna le nom de Jésus.

JÉSUS, ÉTOILE DE BALAAM

2 1 Jésus était né à Bethléem en Judée, au temps du roi
Hérode* le Grand. Or, voici que des mages* venus d'Orient
2 arrivèrent à Jérusalem* | et demandèrent : « Où est le roi des
Juifs qui vient de naître ? Nous avons vu se lever son étoile
3 et nous sommes venus nous prosterner devant lui. » En
apprenant cela, le roi Hérode fut pris d'inquiétude, et tout
4 Jérusalem avec lui. | Il réunit tous les chefs des prêtres* et tous
les scribes* d'Israël, pour leur demander en quel lieu devait

L'ANNONCE FAITE À JOSEPH

Joseph n'est pas entraîné malgré lui dans une affaire qui le dépasse. Il reçoit la mission* de former, avec Marie, un foyer pour accueillir Jésus. Certes, Joseph n'intervient pas dans la conception de Jésus, mais dès avant la naissance, il est auprès de Marie un époux attentif. Ensuite, il exercera auprès de l'enfant une autorité pleine d'affection. « Ton père et moi, nous te cherchions dans l'angoisse », dira un jour Marie. Sans minimiser cette paternité de Joseph, Jésus affirmera qu'il a un autre Père à qui il se doit en priorité (Luc 2, 47-50, p. 331).

DES PAÏENS* PLEINS DE FOI

Balaam avait annoncé : « Je le vois, mais pas pour maintenant, un astre se lève, issu de Jacob, un sceptre se dresse, issu d'Israël » (Nombres 24, 17, p. 85). Les mages en marche vers « l'étoile » et « le roi qui vient de naître » annoncent la réalisation de cette prophétie.

(1) Voir Isaïe 7, 14, p. 143. Saint Matthieu cite la prophétie dans sa traduction grecque : « La jeune femme » est devenue « la Vierge » pour bien signifier que le Messie* tant attendu sera plus que tout autre façonné par Dieu, « tissé dans le sein de sa mère » (Psaume 139, 13, p. 233). Il sera ainsi en plein accord avec Dieu.

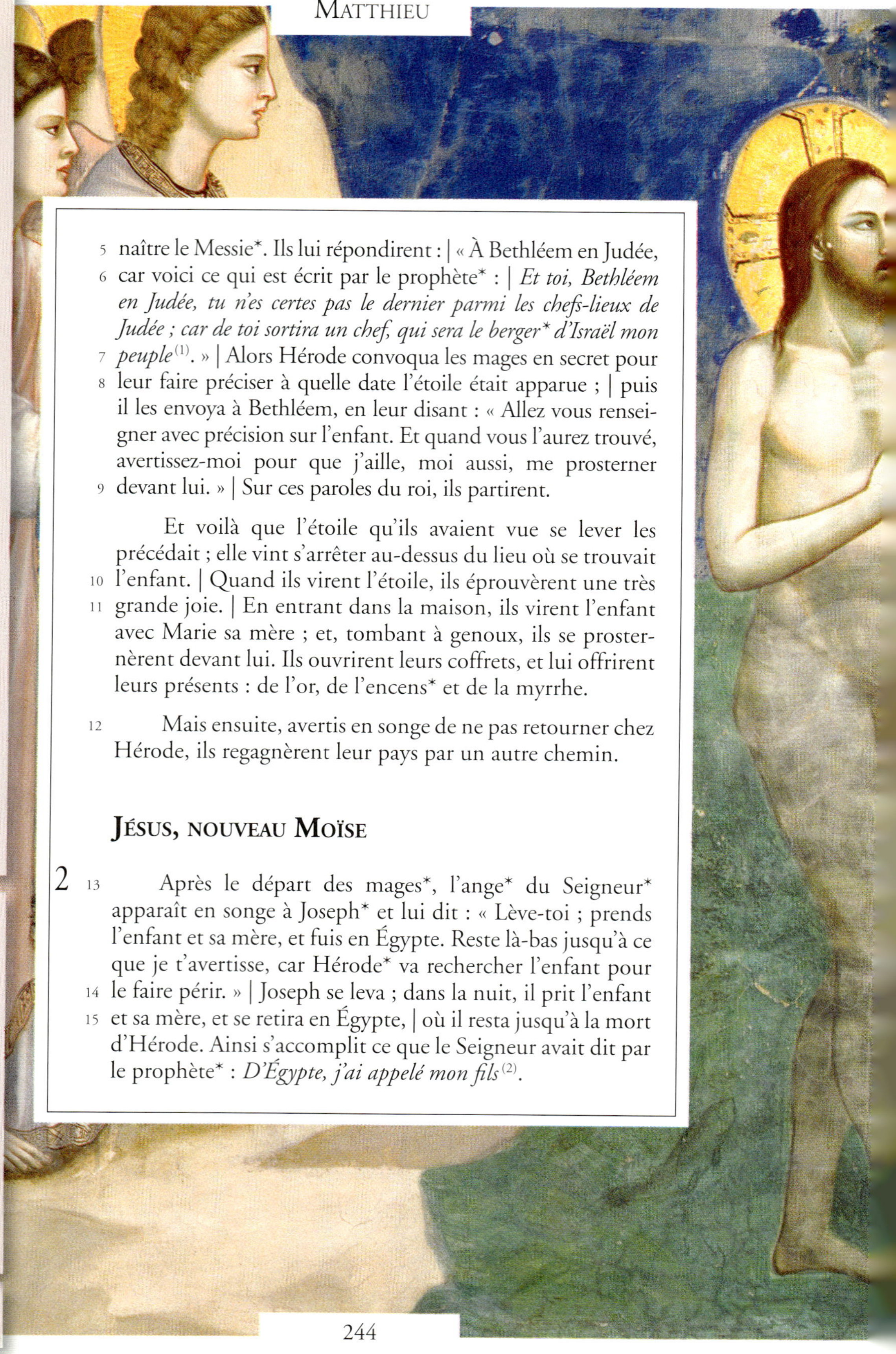

DES MAGES ROIS ?

L'Évangile ne dit pas combien de mages sont venus se prosterner devant Jésus. Comme il est question de trois cadeaux, on a pensé qu'ils étaient trois… et trois rois…

Dans la prophétie d'Isaïe (60, 1-6, p. 185-186), il est question d'or et d'encens apportés par les nations* et leurs rois, qui viennent à Jérusalem adorer le Seigneur*. Matthieu ajoute la myrrhe utilisée pour les sépultures (Jean 19, 39, p. 394). Ces trois cadeaux décrivent l'identité de l'enfant devant qui se prosternent les mages : l'or revient au Roi, à qui appartient la frappe de la monnaie (Luc 20, 24-25) ; l'encens à Dieu, à qui ce parfum – symbolisant la prière (Apocalypse 8, 3) – est réservé et offert en hommage au temple de Jérusalem chaque soir ; la myrrhe à l'Homme-Dieu, en vue de l'embaumement de son corps, lorsqu'il passera par la mort au calvaire et sera mis au tombeau…

C'est donc l'Enfant-Dieu qui est le vrai Roi et les mages représentent toutes les nations qui viennent se prosterner devant lui. C'est l'Épiphanie* : la manifestation du Fils de Dieu au monde entier.

VERS UNE NOUVELLE ALLIANCE

Jésus est emmené en exil en Égypte, d'où il reviendra un jour à l'appel de Dieu. Des enfants innocents sont massacrés par un roi avide de pouvoir et très superstitieux. Ces récits font penser à l'enfance de Moïse* (Exode, chapitres 1 et 2, p. 56-58). Jésus est un nouveau Moïse mais, bien plus grand que Moïse, il vient réaliser une nouvelle Alliance* entre Dieu et son Peuple.

5 naître le Messie*. Ils lui répondirent : | « À Bethléem en Judée,
6 car voici ce qui est écrit par le prophète* : | *Et toi, Bethléem
*en Judée, tu n'es certes pas le dernier parmi les chefs-lieux de
Judée ; car de toi sortira un chef, qui sera le berger d'Israël mon
7 *peuple*[1]. » | Alors Hérode convoqua les mages en secret pour
8 leur faire préciser à quelle date l'étoile était apparue ; | puis
il les envoya à Bethléem, en leur disant : « Allez vous renseigner avec précision sur l'enfant. Et quand vous l'aurez trouvé, avertissez-moi pour que j'aille, moi aussi, me prosterner
9 devant lui. » | Sur ces paroles du roi, ils partirent.

Et voilà que l'étoile qu'ils avaient vue se lever les précédait ; elle vint s'arrêter au-dessus du lieu où se trouvait
10 l'enfant. | Quand ils virent l'étoile, ils éprouvèrent une très
11 grande joie. | En entrant dans la maison, ils virent l'enfant
avec Marie sa mère ; et, tombant à genoux, ils se prosternèrent devant lui. Ils ouvrirent leurs coffrets, et lui offrirent leurs présents : de l'or, de l'encens* et de la myrrhe.

12 Mais ensuite, avertis en songe de ne pas retourner chez Hérode, ils regagnèrent leur pays par un autre chemin.

JÉSUS, NOUVEAU MOÏSE

2 13 Après le départ des mages*, l'ange* du Seigneur*
apparaît en songe à Joseph* et lui dit : « Lève-toi ; prends l'enfant et sa mère, et fuis en Égypte. Reste là-bas jusqu'à ce que je t'avertisse, car Hérode* va rechercher l'enfant pour
14 le faire périr. » | Joseph se leva ; dans la nuit, il prit l'enfant
15 et sa mère, et se retira en Égypte, | où il resta jusqu'à la mort
d'Hérode. Ainsi s'accomplit ce que le Seigneur avait dit par le prophète* : *D'Égypte, j'ai appelé mon fils*[2].

(1) Michée 5, 1-3, p. 149.
(2) Osée 11, 1, p. 137.

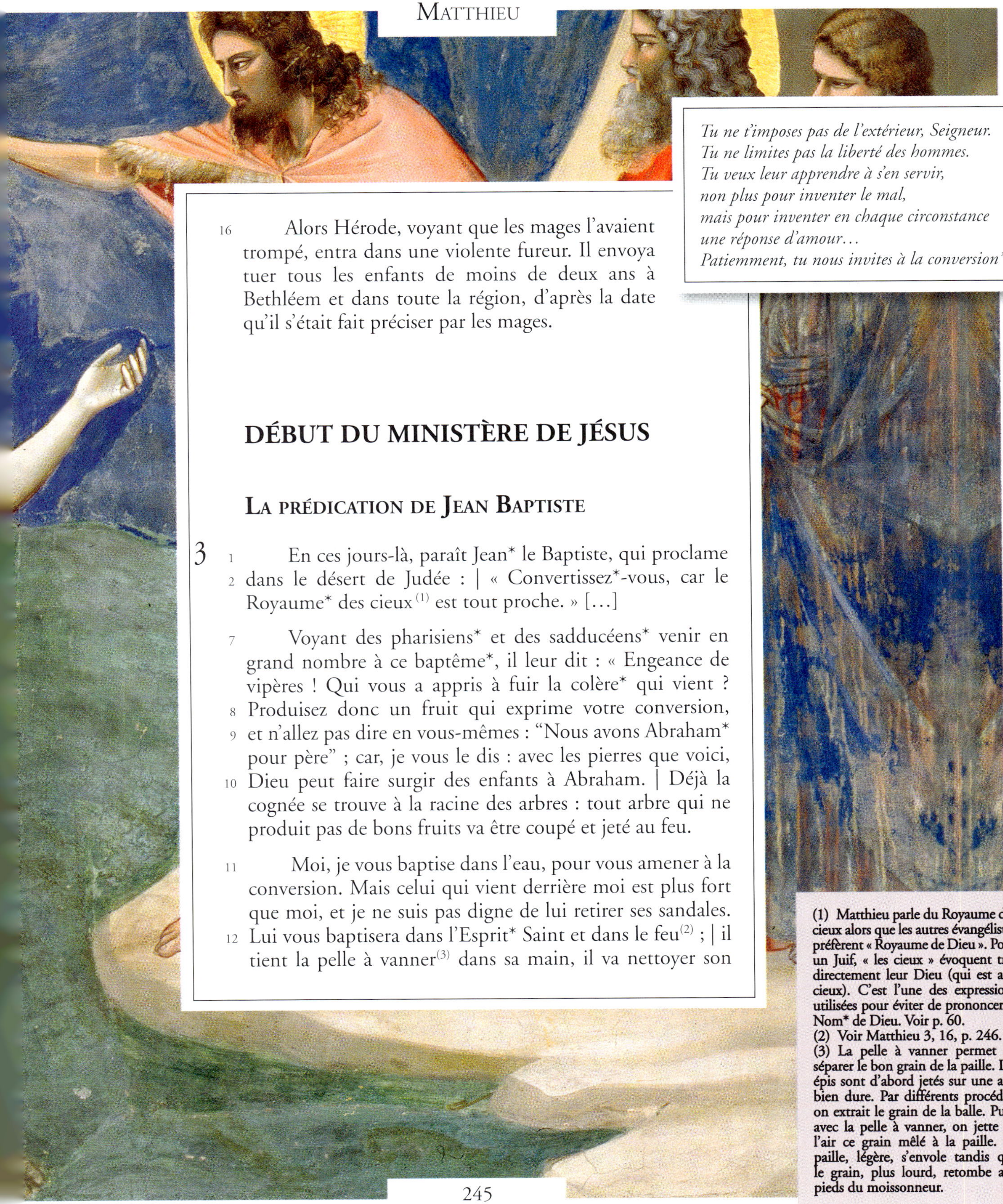

Tu ne t'imposes pas de l'extérieur, Seigneur.
Tu ne limites pas la liberté des hommes.
Tu veux leur apprendre à s'en servir,
non plus pour inventer le mal,
mais pour inventer en chaque circonstance
une réponse d'amour…
Patiemment, tu nous invites à la conversion.*

16 Alors Hérode, voyant que les mages l'avaient
trompé, entra dans une violente fureur. Il envoya
tuer tous les enfants de moins de deux ans à
Bethléem et dans toute la région, d'après la date
qu'il s'était fait préciser par les mages.

DÉBUT DU MINISTÈRE DE JÉSUS

LA PRÉDICATION DE JEAN BAPTISTE

3 1 En ces jours-là, paraît Jean* le Baptiste, qui proclame
2 dans le désert de Judée : | « Convertissez*-vous, car le
Royaume* des cieux[1] est tout proche. » […]

7 Voyant des pharisiens* et des sadducéens* venir en
grand nombre à ce baptême*, il leur dit : « Engeance de
vipères ! Qui vous a appris à fuir la colère* qui vient ?
8 Produisez donc un fruit qui exprime votre conversion,
9 et n'allez pas dire en vous-mêmes : "Nous avons Abraham*
pour père" ; car, je vous le dis : avec les pierres que voici,
10 Dieu peut faire surgir des enfants à Abraham. | Déjà la
cognée se trouve à la racine des arbres : tout arbre qui ne
produit pas de bons fruits va être coupé et jeté au feu.

11 Moi, je vous baptise dans l'eau, pour vous amener à la
conversion. Mais celui qui vient derrière moi est plus fort
que moi, et je ne suis pas digne de lui retirer ses sandales.
12 Lui vous baptisera dans l'Esprit* Saint et dans le feu[2] ; | il
tient la pelle à vanner[3] dans sa main, il va nettoyer son

(1) Matthieu parle du Royaume des cieux alors que les autres évangélistes préfèrent « Royaume de Dieu ». Pour un Juif, « les cieux » évoquent très directement leur Dieu (qui est aux cieux). C'est l'une des expressions utilisées pour éviter de prononcer le Nom* de Dieu. Voir p. 60.
(2) Voir Matthieu 3, 16, p. 246.
(3) La pelle à vanner permet de séparer le bon grain de la paille. Les épis sont d'abord jetés sur une aire bien dure. Par différents procédés, on extrait le grain de la balle. Puis, avec la pelle à vanner, on jette en l'air ce grain mêlé à la paille. La paille, légère, s'envole tandis que le grain, plus lourd, retombe aux pieds du moissonneur.

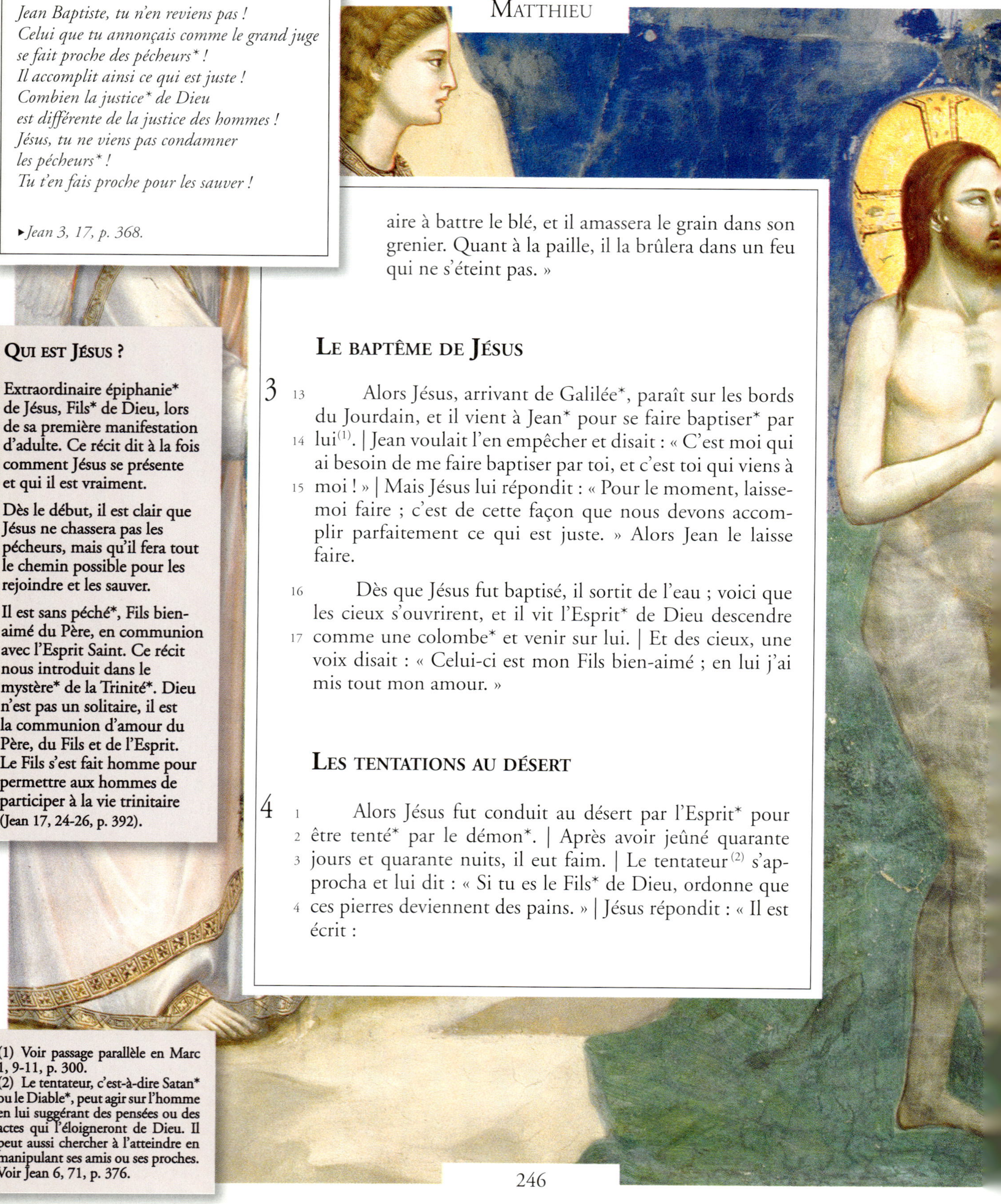

Jean Baptiste, tu n'en reviens pas !
Celui que tu annonçais comme le grand juge
se fait proche des pécheurs !*
Il accomplit ainsi ce qui est juste !
Combien la justice de Dieu*
est différente de la justice des hommes !
Jésus, tu ne viens pas condamner
les pécheurs !*
Tu t'en fais proche pour les sauver !

▸*Jean 3, 17, p. 368.*

aire à battre le blé, et il amassera le grain dans son
grenier. Quant à la paille, il la brûlera dans un feu
qui ne s'éteint pas. »

LE BAPTÊME DE JÉSUS

3 13 Alors Jésus, arrivant de Galilée*, paraît sur les bords
du Jourdain, et il vient à Jean* pour se faire baptiser* par
14 lui[1]. | Jean voulait l'en empêcher et disait : « C'est moi qui
ai besoin de me faire baptiser par toi, et c'est toi qui viens à
15 moi ! » | Mais Jésus lui répondit : « Pour le moment, laisse-
moi faire ; c'est de cette façon que nous devons accom-
plir parfaitement ce qui est juste. » Alors Jean le laisse
faire.

16 Dès que Jésus fut baptisé, il sortit de l'eau ; voici que
les cieux s'ouvrirent, et il vit l'Esprit* de Dieu descendre
17 comme une colombe* et venir sur lui. | Et des cieux, une
voix disait : « Celui-ci est mon Fils bien-aimé ; en lui j'ai
mis tout mon amour. »

LES TENTATIONS AU DÉSERT

4 1 Alors Jésus fut conduit au désert par l'Esprit* pour
2 être tenté* par le démon*. | Après avoir jeûné quarante
3 jours et quarante nuits, il eut faim. | Le tentateur[2] s'ap-
procha et lui dit : « Si tu es le Fils* de Dieu, ordonne que
4 ces pierres deviennent des pains. » | Jésus répondit : « Il est
écrit :

QUI EST JÉSUS ?

Extraordinaire épiphanie* de Jésus, Fils* de Dieu, lors de sa première manifestation d'adulte. Ce récit dit à la fois comment Jésus se présente et qui il est vraiment.

Dès le début, il est clair que Jésus ne chassera pas les pécheurs, mais qu'il fera tout le chemin possible pour les rejoindre et les sauver.

Il est sans péché*, Fils bien-aimé du Père, en communion avec l'Esprit Saint. Ce récit nous introduit dans le mystère* de la Trinité*. Dieu n'est pas un solitaire, il est la communion d'amour du Père, du Fils et de l'Esprit. Le Fils s'est fait homme pour permettre aux hommes de participer à la vie trinitaire (Jean 17, 24-26, p. 392).

(1) Voir passage parallèle en Marc 1, 9-11, p. 300.
(2) Le tentateur, c'est-à-dire Satan* ou le Diable*, peut agir sur l'homme en lui suggérant des pensées ou des actes qui l'éloigneront de Dieu. Il peut aussi chercher à l'atteindre en manipulant ses amis ou ses proches. Voir Jean 6, 71, p. 376.

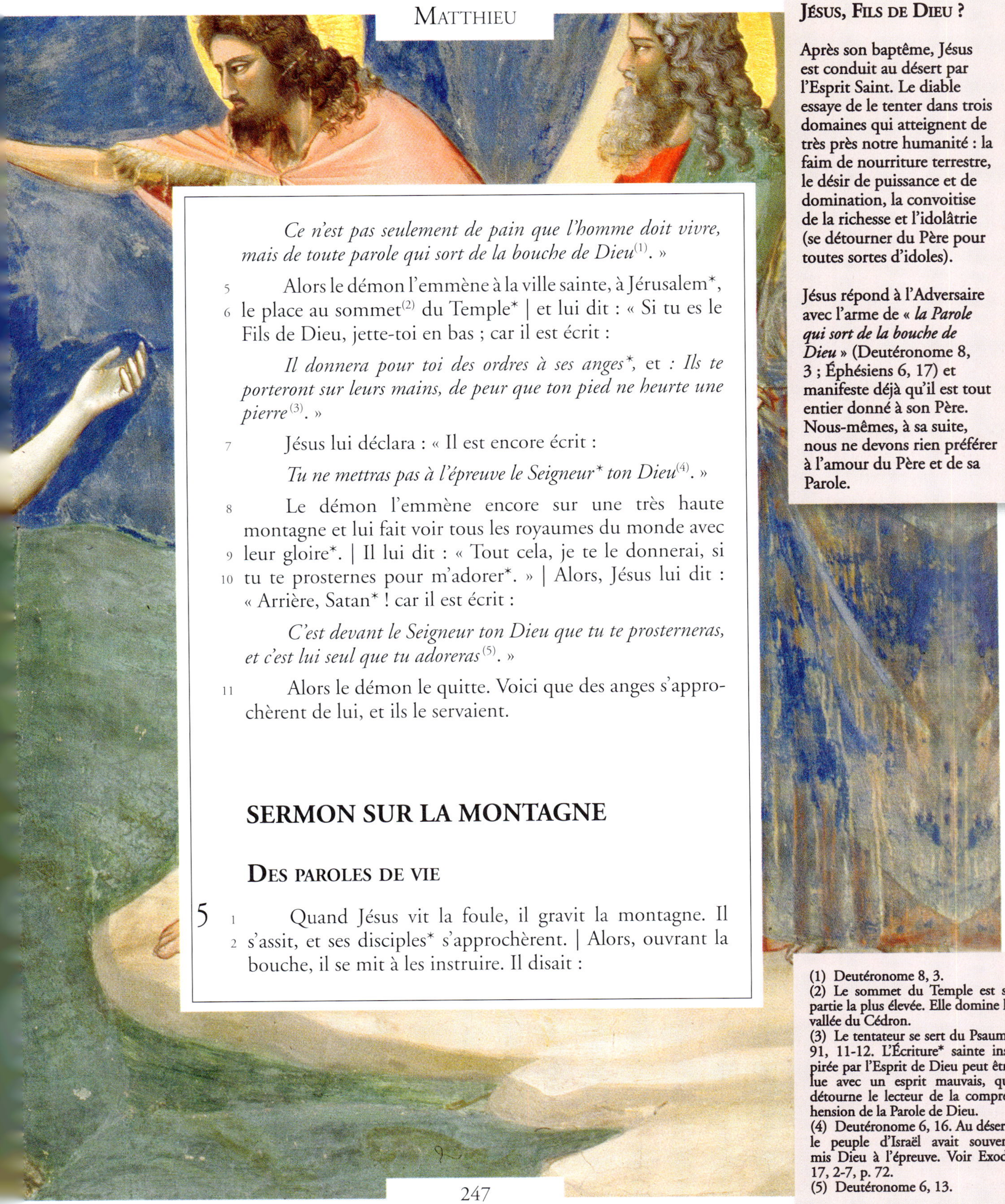

Ce n'est pas seulement de pain que l'homme doit vivre,
mais de toute parole qui sort de la bouche de Dieu[(1)]. »
5 Alors le démon l'emmène à la ville sainte, à Jérusalem*,
6 le place au sommet[(2)] du Temple* | et lui dit : « Si tu es le
Fils de Dieu, jette-toi en bas ; car il est écrit :

Il donnera pour toi des ordres à ses anges, et : Ils te*
porteront sur leurs mains, de peur que ton pied ne heurte une
pierre[(3)]. »
7 Jésus lui déclara : « Il est encore écrit :

Tu ne mettras pas à l'épreuve le Seigneur ton Dieu*[(4)]. »
8 Le démon l'emmène encore sur une très haute
montagne et lui fait voir tous les royaumes du monde avec
9 leur gloire*. | Il lui dit : « Tout cela, je te le donnerai, si
10 tu te prosternes pour m'adorer*. » | Alors, Jésus lui dit :
« Arrière, Satan* ! car il est écrit :

C'est devant le Seigneur ton Dieu que tu te prosterneras,
et c'est lui seul que tu adoreras[(5)]. »
11 Alors le démon le quitte. Voici que des anges s'appro-
chèrent de lui, et ils le servaient.

SERMON SUR LA MONTAGNE

DES PAROLES DE VIE

5 1 Quand Jésus vit la foule, il gravit la montagne. Il
2 s'assit, et ses disciples* s'approchèrent. | Alors, ouvrant la
bouche, il se mit à les instruire. Il disait :

JÉSUS, FILS DE DIEU ?

Après son baptême, Jésus est conduit au désert par l'Esprit Saint. Le diable essaye de le tenter dans trois domaines qui atteignent de très près notre humanité : la faim de nourriture terrestre, le désir de puissance et de domination, la convoitise de la richesse et l'idolâtrie (se détourner du Père pour toutes sortes d'idoles).

Jésus répond à l'Adversaire avec l'arme de « *la Parole qui sort de la bouche de Dieu* » (Deutéronome 8, 3 ; Éphésiens 6, 17) et manifeste déjà qu'il est tout entier donné à son Père. Nous-mêmes, à sa suite, nous ne devons rien préférer à l'amour du Père et de sa Parole.

(1) Deutéronome 8, 3.
(2) Le sommet du Temple est sa partie la plus élevée. Elle domine la vallée du Cédron.
(3) Le tentateur se sert du Psaume 91, 11-12. L'Écriture* sainte inspirée par l'Esprit de Dieu peut être lue avec un esprit mauvais, qui détourne le lecteur de la compréhension de la Parole de Dieu.
(4) Deutéronome 6, 16. Au désert, le peuple d'Israël avait souvent mis Dieu à l'épreuve. Voir Exode 17, 2-7, p. 72.
(5) Deutéronome 6, 13.

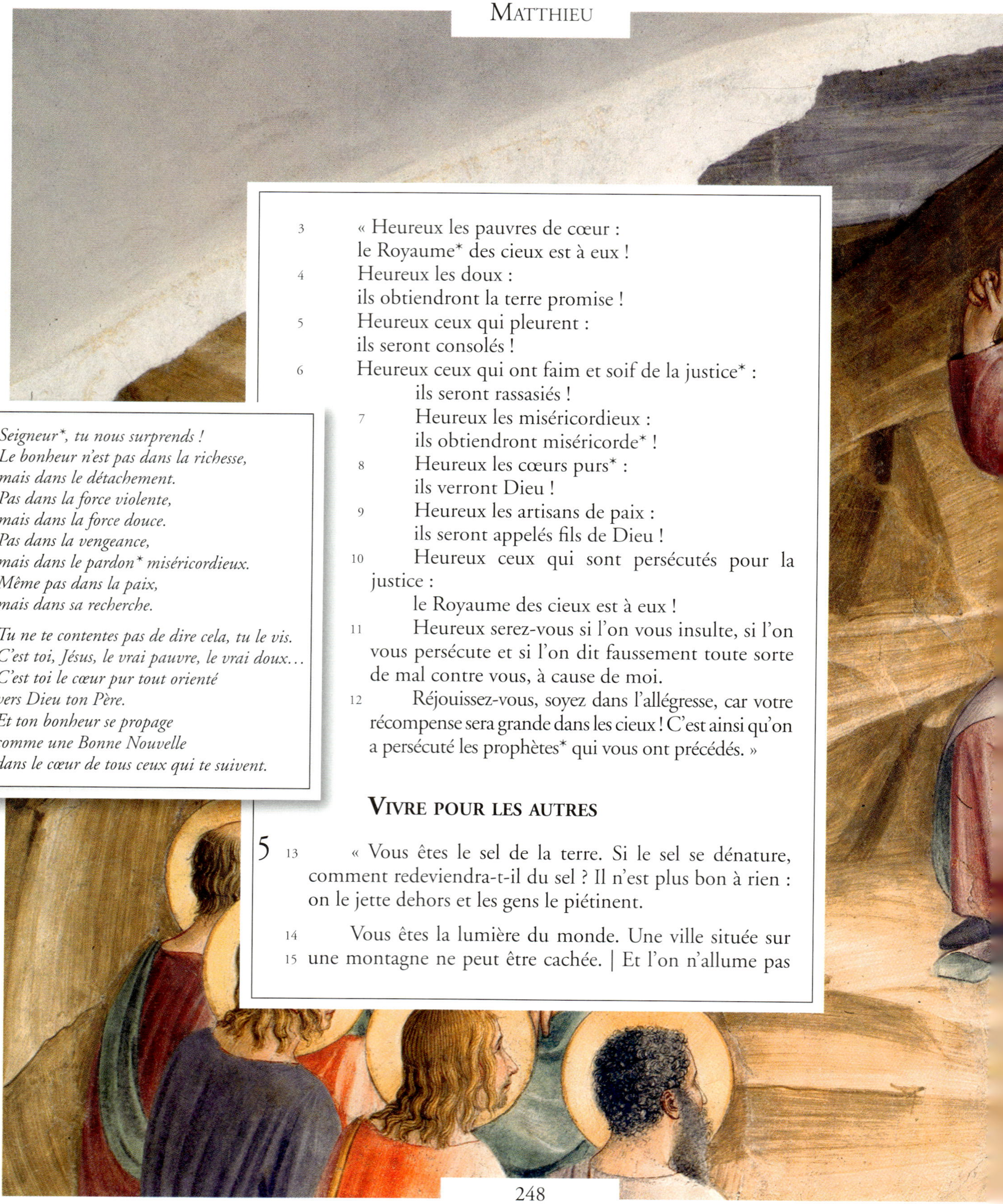

3 « Heureux les pauvres de cœur :
le Royaume* des cieux est à eux !
4 Heureux les doux :
ils obtiendront la terre promise !
5 Heureux ceux qui pleurent :
ils seront consolés !
6 Heureux ceux qui ont faim et soif de la justice* :
ils seront rassasiés !
7 Heureux les miséricordieux :
ils obtiendront miséricorde* !
8 Heureux les cœurs purs* :
ils verront Dieu !
9 Heureux les artisans de paix :
ils seront appelés fils de Dieu !
10 Heureux ceux qui sont persécutés pour la
justice :
le Royaume des cieux est à eux !
11 Heureux serez-vous si l'on vous insulte, si l'on
vous persécute et si l'on dit faussement toute sorte
de mal contre vous, à cause de moi.
12 Réjouissez-vous, soyez dans l'allégresse, car votre
récompense sera grande dans les cieux ! C'est ainsi qu'on
a persécuté les prophètes* qui vous ont précédés. »

Seigneur, tu nous surprends !*
Le bonheur n'est pas dans la richesse,
mais dans le détachement.
Pas dans la force violente,
mais dans la force douce.
Pas dans la vengeance,
mais dans le pardon miséricordieux.*
Même pas dans la paix,
mais dans sa recherche.

Tu ne te contentes pas de dire cela, tu le vis.
C'est toi, Jésus, le vrai pauvre, le vrai doux…
C'est toi le cœur pur tout orienté
vers Dieu ton Père.
Et ton bonheur se propage
comme une Bonne Nouvelle
dans le cœur de tous ceux qui te suivent.

VIVRE POUR LES AUTRES

5 13 « Vous êtes le sel de la terre. Si le sel se dénature,
comment redeviendra-t-il du sel ? Il n'est plus bon à rien :
on le jette dehors et les gens le piétinent.

14 Vous êtes la lumière du monde. Une ville située sur
15 une montagne ne peut être cachée. | Et l'on n'allume pas

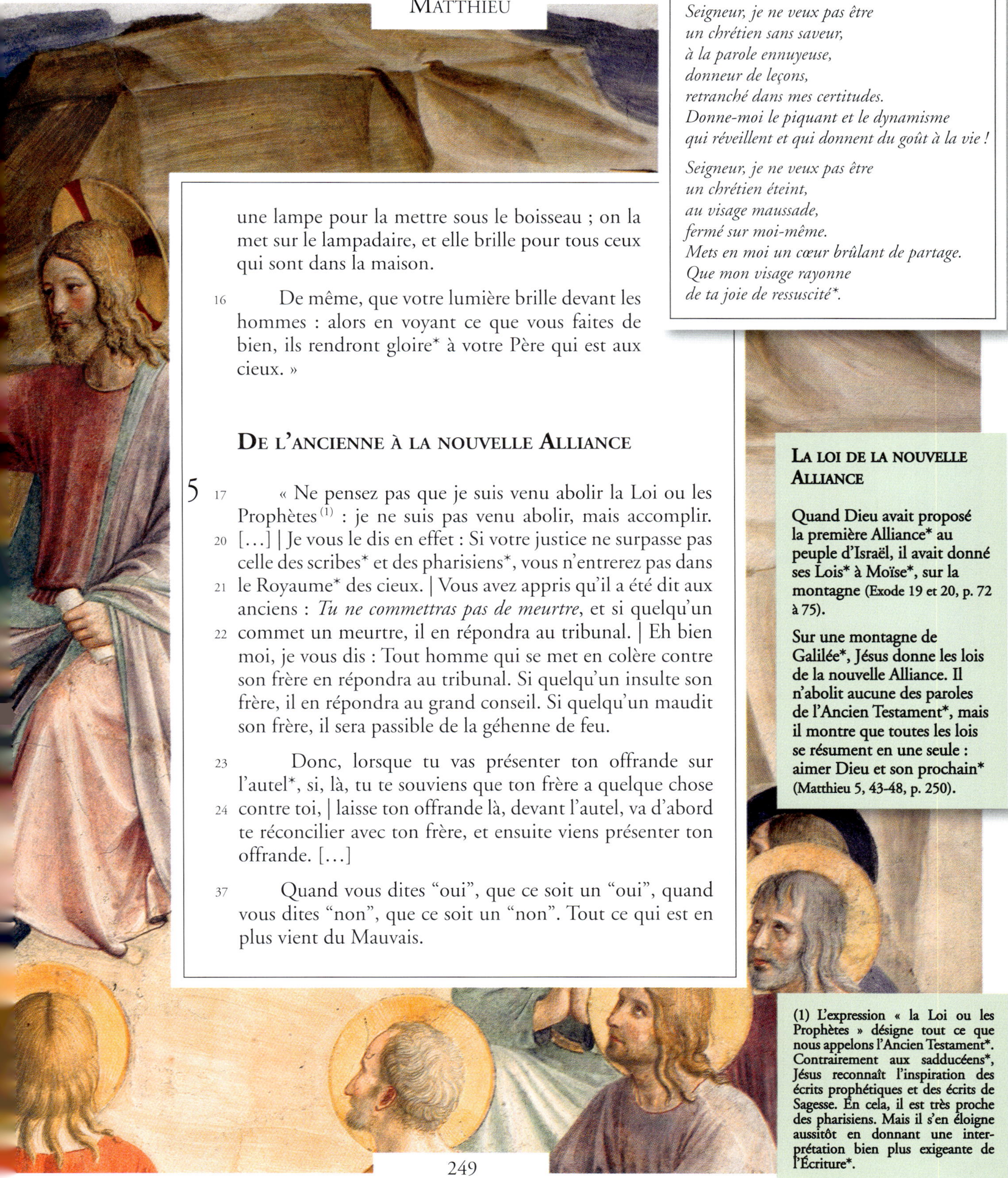

une lampe pour la mettre sous le boisseau ; on la
met sur le lampadaire, et elle brille pour tous ceux
qui sont dans la maison.

16 De même, que votre lumière brille devant les
hommes : alors en voyant ce que vous faites de
bien, ils rendront gloire* à votre Père qui est aux
cieux. »

DE L'ANCIENNE À LA NOUVELLE ALLIANCE

5 17 « Ne pensez pas que je suis venu abolir la Loi ou les
Prophètes [1] : je ne suis pas venu abolir, mais accomplir.
20 […] | Je vous le dis en effet : Si votre justice ne surpasse pas
celle des scribes* et des pharisiens*, vous n'entrerez pas dans
21 le Royaume* des cieux. | Vous avez appris qu'il a été dit aux
anciens : *Tu ne commettras pas de meurtre*, et si quelqu'un
22 commet un meurtre, il en répondra au tribunal. | Eh bien
moi, je vous dis : Tout homme qui se met en colère contre
son frère en répondra au tribunal. Si quelqu'un insulte son
frère, il en répondra au grand conseil. Si quelqu'un maudit
son frère, il sera passible de la géhenne de feu.

23 Donc, lorsque tu vas présenter ton offrande sur
l'autel*, si, là, tu te souviens que ton frère a quelque chose
24 contre toi, | laisse ton offrande là, devant l'autel, va d'abord
te réconcilier avec ton frère, et ensuite viens présenter ton
offrande. […]

37 Quand vous dites "oui", que ce soit un "oui", quand
vous dites "non", que ce soit un "non". Tout ce qui est en
plus vient du Mauvais.

Seigneur, je ne veux pas être
un chrétien sans saveur,
à la parole ennuyeuse,
donneur de leçons,
retranché dans mes certitudes.
Donne-moi le piquant et le dynamisme
qui réveillent et qui donnent du goût à la vie !

Seigneur, je ne veux pas être
un chrétien éteint,
au visage maussade,
fermé sur moi-même.
Mets en moi un cœur brûlant de partage.
Que mon visage rayonne
de ta joie de ressuscité.*

LA LOI DE LA NOUVELLE ALLIANCE

Quand Dieu avait proposé la première Alliance* au peuple d'Israël, il avait donné ses Lois* à Moïse*, sur la montagne (Exode 19 et 20, p. 72 à 75).

Sur une montagne de Galilée*, Jésus donne les lois de la nouvelle Alliance. Il n'abolit aucune des paroles de l'Ancien Testament*, mais il montre que toutes les lois se résument en une seule : aimer Dieu et son prochain* (Matthieu 5, 43-48, p. 250).

(1) L'expression « la Loi ou les Prophètes » désigne tout ce que nous appelons l'Ancien Testament*. Contrairement aux sadducéens*, Jésus reconnaît l'inspiration des écrits prophétiques et des écrits de Sagesse. En cela, il est très proche des pharisiens. Mais il s'en éloigne aussitôt en donnant une interprétation bien plus exigeante de l'Écriture*.

« Je ne vous accable pas sous le fardeau
de commandements nouveaux,
dit le Seigneur.*
Je vous invite à aller
jusqu'au bout des anciens. »

« Tu ne tueras pas, d'aucune manière ! »
Le mensonge, la calomnie, la moquerie
peuvent détruire aussi sûrement qu'une arme.

« Tu aimeras ton prochain. »
Tu n'oublieras pas que ton adversaire
est aussi ton prochain !

« Tu ne te vengeras pas. »
À force de patience et d'habileté,
tu désarmeras la colère
de celui qui te fait du mal.
De tout ton cœur, tu chercheras son bien.

38 Vous avez appris qu'il a été dit : *œil pour*
39 *œil, dent pour dent*(1). | Eh bien moi, je vous dis
de ne pas riposter au méchant ; mais si quelqu'un
te gifle sur la joue droite, tends-lui encore l'autre.
40 Et si quelqu'un veut te faire un procès et prendre
41 ta tunique, laisse-lui encore ton manteau. | Et
si quelqu'un te réquisitionne pour faire mille
42 pas(2), fais-en deux mille avec lui. | Donne à qui
te demande ; ne te détourne pas de celui qui veut
t'emprunter.

43 Vous avez appris qu'il a été dit : *Tu aimeras ton*
44 *prochain** et tu haïras ton ennemi. | Eh bien moi, je vous
dis : Aimez vos ennemis, et priez pour ceux qui vous persé-
45 cutent, | afin d'être vraiment les fils de votre Père qui est
dans les cieux ; car il fait lever son soleil sur les méchants
et sur les bons, et tomber la pluie sur les justes* et sur
46 les injustes. | Si vous aimez ceux qui vous aiment, quelle
récompense aurez-vous ? Les publicains* eux-mêmes n'en
47 font-ils pas autant ? | Et si vous ne saluez que vos frères,
que faites-vous d'extraordinaire ? Les païens* eux-mêmes
48 n'en font-ils pas autant ? | Vous donc, soyez parfaits comme
votre Père céleste est parfait. »

AUMÔNE, PRIÈRE ET JEÛNE

6 1 « Si vous voulez vivre comme des justes*, évitez d'agir
devant les hommes pour vous faire remarquer. Autrement,
il n'y a pas de récompense pour vous auprès de votre Père
2 qui est aux cieux. | Ainsi, quand tu fais l'aumône, ne fais
pas sonner de la trompette devant toi, comme ceux qui se
donnent en spectacle dans les synagogues* et dans les rues,

(1) « Œil pour œil, dent pour dent » est un principe qui avait permis à la justice de faire de grands progrès. Il ne s'agissait plus de se venger aveuglément, mais de chercher une réparation en rapport avec le préjudice subi. Jésus, dans ce texte, propose d'aller plus loin.
(2) Les soldats romains avaient le droit de réquisitionner les habitants des pays occupés et de leur imposer des corvées comme de porter des charges.

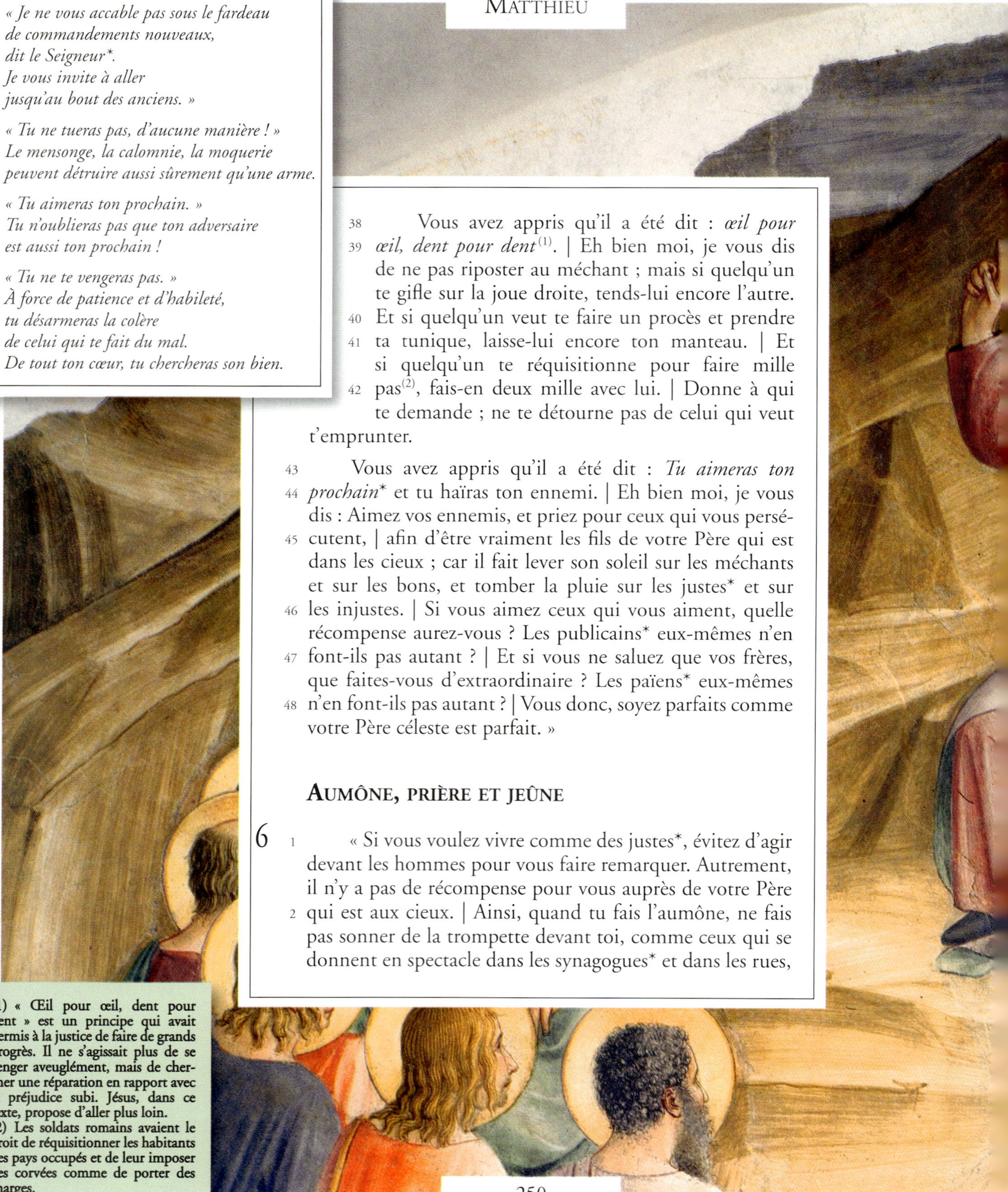

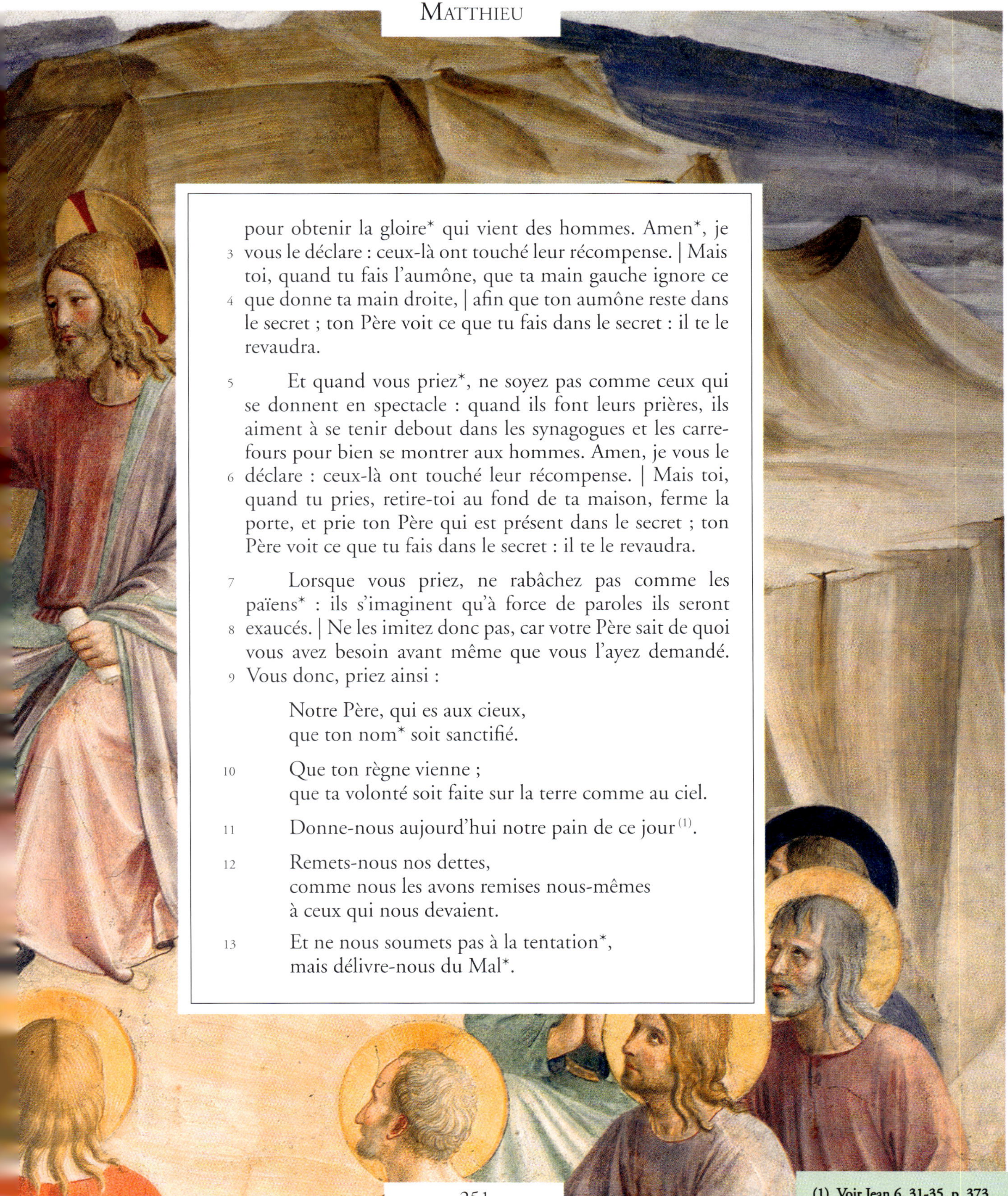

pour obtenir la gloire* qui vient des hommes. Amen*, je
3 vous le déclare : ceux-là ont touché leur récompense. | Mais
toi, quand tu fais l'aumône, que ta main gauche ignore ce
4 que donne ta main droite, | afin que ton aumône reste dans
le secret ; ton Père voit ce que tu fais dans le secret : il te le
revaudra.

5 Et quand vous priez*, ne soyez pas comme ceux qui
se donnent en spectacle : quand ils font leurs prières, ils
aiment à se tenir debout dans les synagogues et les carre-
fours pour bien se montrer aux hommes. Amen, je vous le
6 déclare : ceux-là ont touché leur récompense. | Mais toi,
quand tu pries, retire-toi au fond de ta maison, ferme la
porte, et prie ton Père qui est présent dans le secret ; ton
Père voit ce que tu fais dans le secret : il te le revaudra.

7 Lorsque vous priez, ne rabâchez pas comme les
païens* : ils s'imaginent qu'à force de paroles ils seront
8 exaucés. | Ne les imitez donc pas, car votre Père sait de quoi
vous avez besoin avant même que vous l'ayez demandé.
9 Vous donc, priez ainsi :

Notre Père, qui es aux cieux,
que ton nom* soit sanctifié.

10 Que ton règne vienne ;
que ta volonté soit faite sur la terre comme au ciel.

11 Donne-nous aujourd'hui notre pain de ce jour [(1)].

12 Remets-nous nos dettes,
comme nous les avons remises nous-mêmes
à ceux qui nous devaient.

13 Et ne nous soumets pas à la tentation*,
mais délivre-nous du Mal*.

(1) Voir Jean 6, 31-35, p. 373.

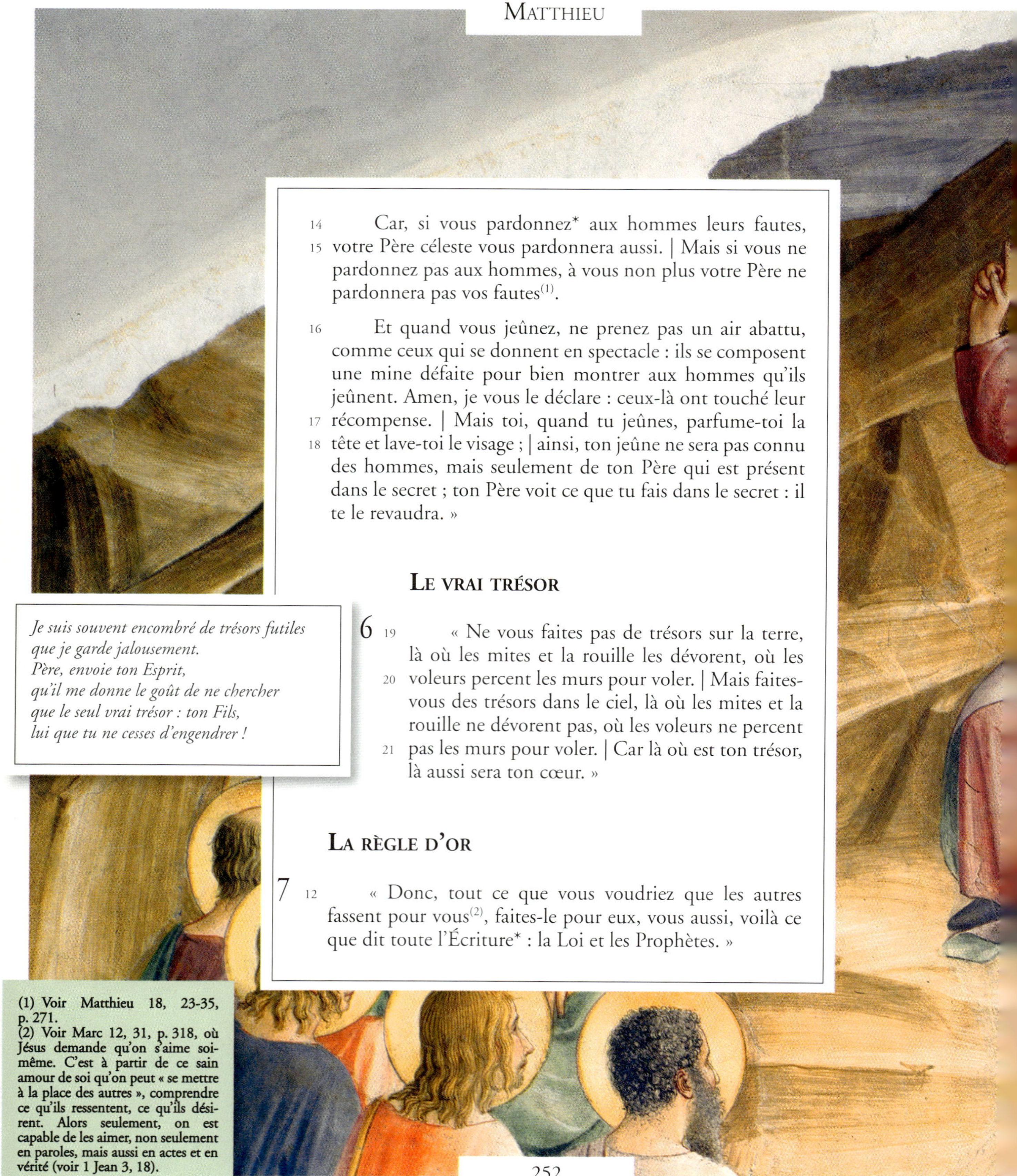

14 Car, si vous pardonnez* aux hommes leurs fautes,
15 votre Père céleste vous pardonnera aussi. | Mais si vous ne
pardonnez pas aux hommes, à vous non plus votre Père ne
pardonnera pas vos fautes[1].

16 Et quand vous jeûnez, ne prenez pas un air abattu,
comme ceux qui se donnent en spectacle : ils se composent
une mine défaite pour bien montrer aux hommes qu'ils
jeûnent. Amen, je vous le déclare : ceux-là ont touché leur
17 récompense. | Mais toi, quand tu jeûnes, parfume-toi la
18 tête et lave-toi le visage ; | ainsi, ton jeûne ne sera pas connu
des hommes, mais seulement de ton Père qui est présent
dans le secret ; ton Père voit ce que tu fais dans le secret : il
te le revaudra. »

LE VRAI TRÉSOR

Je suis souvent encombré de trésors futiles
que je garde jalousement.
Père, envoie ton Esprit,
qu'il me donne le goût de ne chercher
que le seul vrai trésor : ton Fils,
lui que tu ne cesses d'engendrer !

6 19 « Ne vous faites pas de trésors sur la terre,
là où les mites et la rouille les dévorent, où les
20 voleurs percent les murs pour voler. | Mais faites-
vous des trésors dans le ciel, là où les mites et la
rouille ne dévorent pas, où les voleurs ne percent
21 pas les murs pour voler. | Car là où est ton trésor,
là aussi sera ton cœur. »

LA RÈGLE D'OR

7 12 « Donc, tout ce que vous voudriez que les autres
fassent pour vous[2], faites-le pour eux, vous aussi, voilà ce
que dit toute l'Écriture* : la Loi et les Prophètes. »

(1) Voir Matthieu 18, 23-35, p. 271.
(2) Voir Marc 12, 31, p. 318, où Jésus demande qu'on s'aime soi-même. C'est à partir de ce sain amour de soi qu'on peut « se mettre à la place des autres », comprendre ce qu'ils ressentent, ce qu'ils désirent. Alors seulement, on est capable de les aimer, non seulement en paroles, mais aussi en actes et en vérité (voir 1 Jean 3, 18).

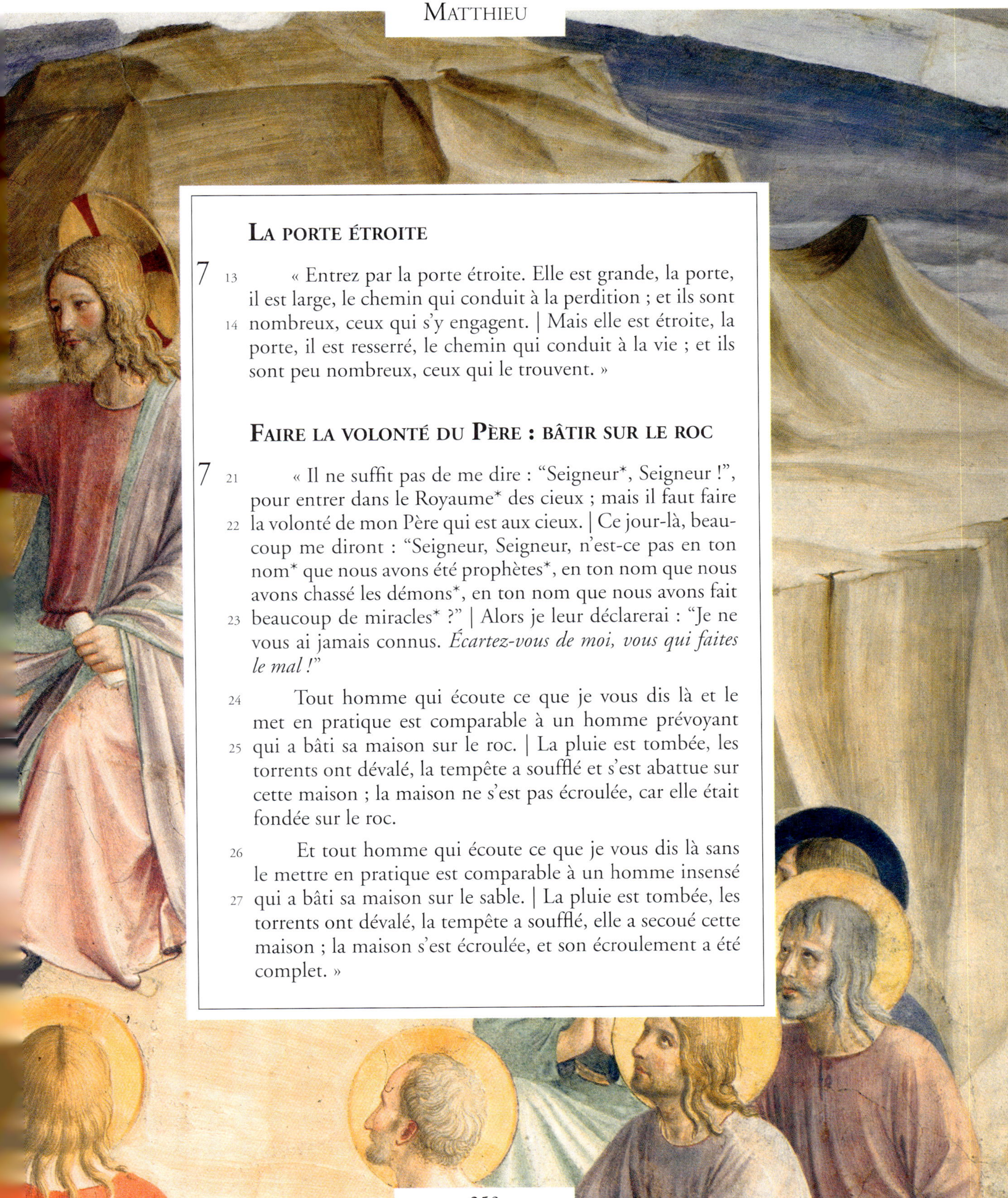

LA PORTE ÉTROITE

7 13 « Entrez par la porte étroite. Elle est grande, la porte,
il est large, le chemin qui conduit à la perdition ; et ils sont
14 nombreux, ceux qui s'y engagent. | Mais elle est étroite, la
porte, il est resserré, le chemin qui conduit à la vie ; et ils
sont peu nombreux, ceux qui le trouvent. »

FAIRE LA VOLONTÉ DU PÈRE : BÂTIR SUR LE ROC

7 21 « Il ne suffit pas de me dire : “Seigneur*, Seigneur !”,
pour entrer dans le Royaume* des cieux ; mais il faut faire
22 la volonté de mon Père qui est aux cieux. | Ce jour-là, beau-
coup me diront : “Seigneur, Seigneur, n'est-ce pas en ton
nom* que nous avons été prophètes*, en ton nom que nous
avons chassé les démons*, en ton nom que nous avons fait
23 beaucoup de miracles* ?” | Alors je leur déclarerai : “Je ne
vous ai jamais connus. *Écartez-vous de moi, vous qui faites
le mal !*”

24 Tout homme qui écoute ce que je vous dis là et le
met en pratique est comparable à un homme prévoyant
25 qui a bâti sa maison sur le roc. | La pluie est tombée, les
torrents ont dévalé, la tempête a soufflé et s'est abattue sur
cette maison ; la maison ne s'est pas écroulée, car elle était
fondée sur le roc.

26 Et tout homme qui écoute ce que je vous dis là sans
le mettre en pratique est comparable à un homme insensé
27 qui a bâti sa maison sur le sable. | La pluie est tombée, les
torrents ont dévalé, la tempête a soufflé, elle a secoué cette
maison ; la maison s'est écroulée, et son écroulement a été
complet. »

Seigneur, apprends-moi à t'écouter,
à vider mon cœur de mes idées, de mes désirs,
pour pouvoir comprendre
ce que tu attends de moi▸.

Alors, bien campé sur le roc de ta Parole,
j'ouvrirai ma maison à tous ceux
qui n'ont jamais entendu parler de toi.

▸ *Comme Marie, la sœur de Marthe*
(Luc 10, 38-42, p. 344).

28 Jésus acheva ainsi son discours. Les foules
29 étaient frappées par son enseignement, | car il les
instruisait en homme qui a autorité, et non pas
comme leurs scribes*.

JÉSUS ET LES DOUZE

JÉSUS APPELLE MATTHIEU

9 9 Jésus, sortant de Capharnaüm, vit un homme, du
nom de Matthieu*, assis à son bureau de publicain*[1]
(collecteur d'impôts). Il lui dit : « Suis-moi. » L'homme se
leva et le suivit.

10 Comme Jésus était à table à la maison, voici que
beaucoup de publicains et de pécheurs* vinrent prendre
11 place avec lui et ses disciples*. | Voyant cela, les pharisiens*
disaient aux disciples : « Pourquoi votre maître mange-t-il
12 avec les publicains et les pécheurs[2] ? » | Jésus, qui avait
entendu, déclara : « Ce ne sont pas les gens bien portants
13 qui ont besoin du médecin, mais les malades. | Allez
apprendre ce que veut dire cette parole : *C'est la miséri-*
corde que je désire, et non les sacrifices**[3]. Car je suis venu
appeler non pas les justes*, mais les pécheurs. »

DISCUSSION SUR LE JEÛNE

9 14 Les disciples* de Jean* Baptiste s'approchent de Jésus
en disant : « Pourquoi tes disciples ne jeûnent-ils pas, alors

JÉSUS, ÉDUCATEUR DES DOUZE

Parce qu'il veut en faire les responsables de son Peuple, Jésus est très attentif à la formation des Douze* qu'il a choisis pour « être avec lui » (Marc 3, 14, p. 304).

Il ne leur fait pas de cours théoriques, mais à travers les événements quotidiens, il leur fait découvrir la liberté des enfants de Dieu qu'aucune tradition humaine n'emprisonne.

(1) Capharnaüm étant à la frontière entre le territoire d'Hérode* Antipas et celui de son frère Philippe, Matthieu perçoit des taxes sur les marchandises qui passent d'un territoire à l'autre. Il tient le bureau de douane aux portes de la ville.
(2) Voir Luc 7, 31-35, p. 337.
(3) Voir Osée 6, 6, p. 137. Cette citation est reprise en Matthieu 12, 7, p. 258.

15 que nous et les pharisiens* nous jeûnons ? » | Jésus leur
répondit : « Les invités de la noce pourraient-ils donc faire
pénitence pendant le temps où l'Époux[1] est avec eux ?
Mais un temps viendra où l'Époux leur sera enlevé, et alors
16 ils jeûneront. | Et personne ne coud une pièce d'étoffe
neuve sur un vieux vêtement ; car le morceau ajouté tire
17 sur le vêtement et le déchire davantage. | Et on ne met
pas du vin nouveau dans de vieilles outres ; autrement les
outres éclatent, le vin se répand, et les outres sont perdues.
Mais on met le vin nouveau dans des outres neuves, et le
tout se conserve. »

DES OUVRIERS POUR LA MOISSON

9 35 Jésus parcourait toutes les villes et tous les villages, enseignant dans leurs synagogues*, proclamant la Bonne Nouvelle du Royaume* et guérissant toute maladie et toute infirmité.

36 Voyant les foules, il eut pitié d'elles parce qu'elles
étaient fatiguées et abattues comme des brebis sans berger*.
37 Il dit alors à ses disciples* : « La moisson est abondante, et
38 les ouvriers sont peu nombreux. | Priez donc le maître de la
moisson d'envoyer des ouvriers pour sa moisson. »

CONSEILS POUR LA MISSION

10 5 Ces douze, Jésus les envoya en mission avec les
instructions suivantes : « N'allez pas chez les païens*[2] et
6 n'entrez dans aucune ville des Samaritains*. | Allez plutôt
7 vers les brebis perdues de la maison d'Israël*. | Sur votre

AVOIR FAIM DE LA PAROLE DE DIEU

Les pharisiens et les disciples de Jean Baptiste jeûnent pour manifester qu'ils ont faim de la Parole de Dieu.

Jésus explique que, pour ses disciples, le jeûne n'aurait aucun sens. Ils ont une nourriture abondante à travers son enseignement, puisqu'il est, lui-même, la Parole de Dieu (Jean 6, 68, p. 375). Ils ne peuvent donc pas crier leur faim.

Ils jeûneront plus tard, quand Jésus ne sera plus physiquement avec eux, quand ils n'entendront plus sa voix. Ce jeûne sera comme une prière : « Seigneur, je veux me nourrir de ta Parole. Apprends-moi à l'écouter à travers les mots de l'Écriture*. Apprends-moi à la reconnaître au milieu de toutes les paroles que j'entends. Nourris mon cœur qui a faim de toi. »

(1) Jésus se présente bien comme l'Époux annoncé par les prophètes* (voir p. 135).
(2) Jésus accomplit les promesses des prophètes* : il propose d'abord au peuple d'Israël de renouveler son Alliance* avec Dieu. Plus tard, devant le refus d'une partie d'Israël, Jésus annoncera que les païens seront associés au festin du Royaume.

route, proclamez que le Royaume* des cieux est tout
8 proche. | Guérissez les malades, ressuscitez* les morts,
purifiez les lépreux, chassez les démons*. Vous avez reçu
gratuitement : donnez gratuitement.

9 Ne vous procurez ni or ni argent, ni petite monnaie
10 pour en garder sur vous ; | ni sac pour la route, ni tunique de
rechange, ni sandales, ni bâton. Car le travailleur mérite sa
11 nourriture. | Dans chaque ville ou village où vous entrerez,
informez-vous pour savoir qui est digne de vous accueillir,
et restez chez lui jusqu'à votre départ. [...]

16 Voici que je vous envoie comme des brebis au milieu
des loups. Soyez donc adroits comme les serpents[1], et
candides comme les colombes.

17 Méfiez-vous des hommes : ils vous livreront aux
tribunaux et vous flagelleront dans leurs synagogues*.
18 Vous serez traînés devant des gouverneurs et des rois à
cause de moi : il y aura là un témoignage pour eux et pour
19 les païens. | Quand on vous livrera, ne vous tourmentez pas
pour savoir ce que vous direz ni comment vous le direz : ce
20 que vous aurez à dire vous sera donné à cette heure-là. | Car
ce n'est pas vous qui parlerez, c'est l'Esprit* de votre Père
21 qui parlera en vous. | Le frère livrera son frère à la mort, et
le père, son enfant ; les enfants se dresseront contre leurs
22 parents et les feront mettre à mort. | Vous serez détestés de
tous à cause de mon nom* ; mais celui qui aura persévéré
23 jusqu'à la fin, celui-là sera sauvé. | Quand on vous persécu-
tera dans une ville, fuyez dans une autre. [...]

28 Ne craignez pas ceux qui tuent le corps, mais ne
peuvent pas tuer l'âme* ; craignez plutôt celui qui peut
faire périr dans la géhenne* l'âme aussi bien que le corps.

(1) Voir Luc 16, 8, p. 349, où Jésus recommande à ses disciples d'être habiles au service de l'Évangile.

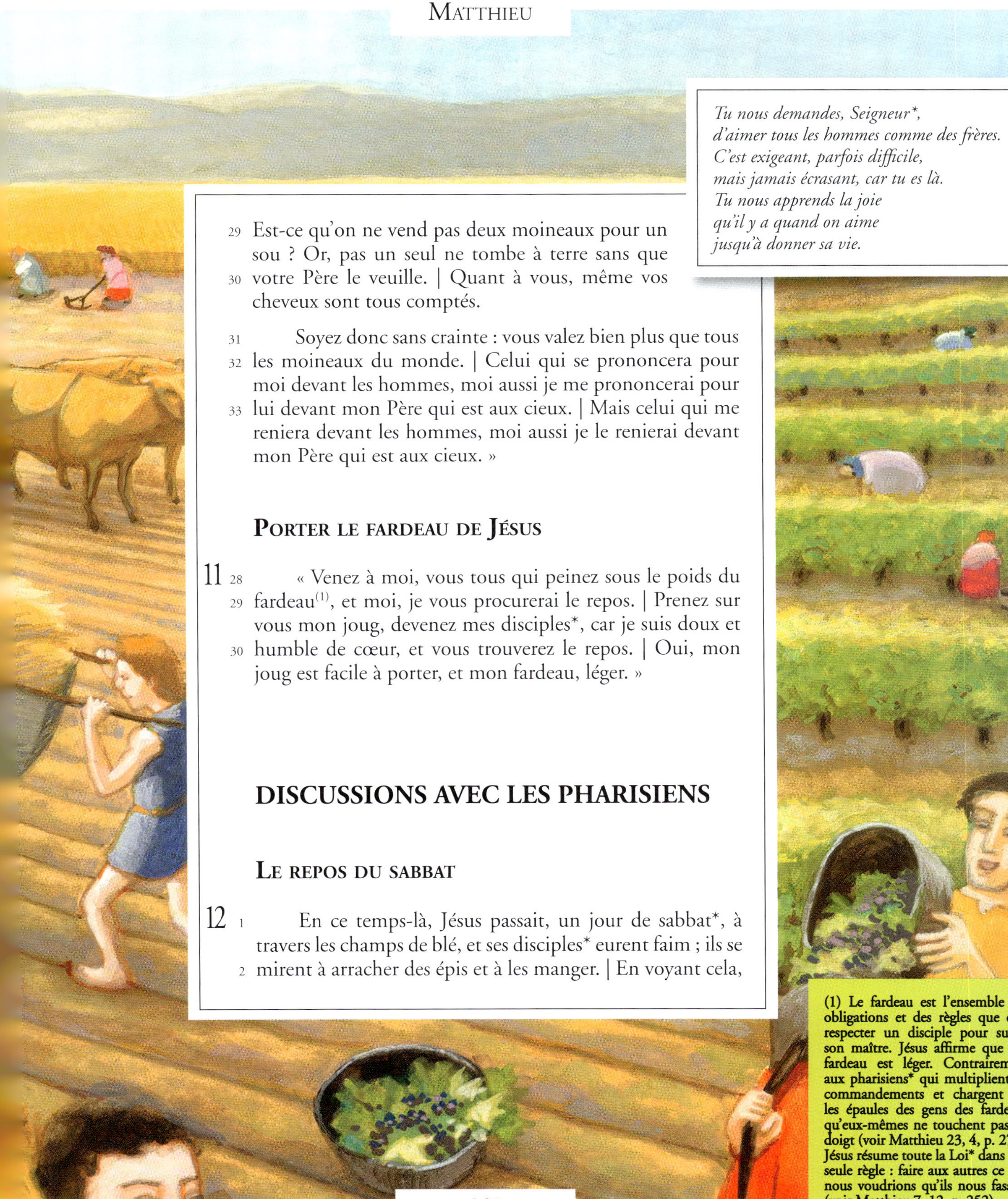

Tu nous demandes, Seigneur,*
d'aimer tous les hommes comme des frères.
C'est exigeant, parfois difficile,
mais jamais écrasant, car tu es là.
Tu nous apprends la joie
qu'il y a quand on aime
jusqu'à donner sa vie.

29 Est-ce qu'on ne vend pas deux moineaux pour un
sou ? Or, pas un seul ne tombe à terre sans que
30 votre Père le veuille. | Quant à vous, même vos
cheveux sont tous comptés.

31 Soyez donc sans crainte : vous valez bien plus que tous
32 les moineaux du monde. | Celui qui se prononcera pour
moi devant les hommes, moi aussi je me prononcerai pour
33 lui devant mon Père qui est aux cieux. | Mais celui qui me
reniera devant les hommes, moi aussi je le renierai devant
mon Père qui est aux cieux. »

PORTER LE FARDEAU DE JÉSUS

11 28 « Venez à moi, vous tous qui peinez sous le poids du
29 fardeau(1), et moi, je vous procurerai le repos. | Prenez sur
vous mon joug, devenez mes disciples*, car je suis doux et
30 humble de cœur, et vous trouverez le repos. | Oui, mon
joug est facile à porter, et mon fardeau, léger. »

DISCUSSIONS AVEC LES PHARISIENS

LE REPOS DU SABBAT

12 1 En ce temps-là, Jésus passait, un jour de sabbat*, à
travers les champs de blé, et ses disciples* eurent faim ; ils se
2 mirent à arracher des épis et à les manger. | En voyant cela,

(1) Le fardeau est l'ensemble des obligations et des règles que doit respecter un disciple pour suivre son maître. Jésus affirme que son fardeau est léger. Contrairement aux pharisiens* qui multiplient les commandements et chargent sur les épaules des gens des fardeaux qu'eux-mêmes ne touchent pas du doigt (voir Matthieu 23, 4, p. 279), Jésus résume toute la Loi* dans une seule règle : faire aux autres ce que nous voudrions qu'ils nous fassent (voir Matthieu 7, 12, p. 252).

Seigneur, tu as voulu le repos du sabbat pour que les hommes prennent le temps de te rendre grâce et d'écouter ta Parole.*

Or, pendant ce temps qui t'est consacré, ils ont dressé des listes de ce qui était permis et de tout ce qui était défendu ! Ils ont regardé d'un œil mauvais ceux qui bravaient leurs interdits.

Alors, toi, Seigneur, le maître du sabbat, tu rappelles qu'il n'y a qu'un seul interdit : celui de ne pas aimer !

▸ *Voir p. 22.*

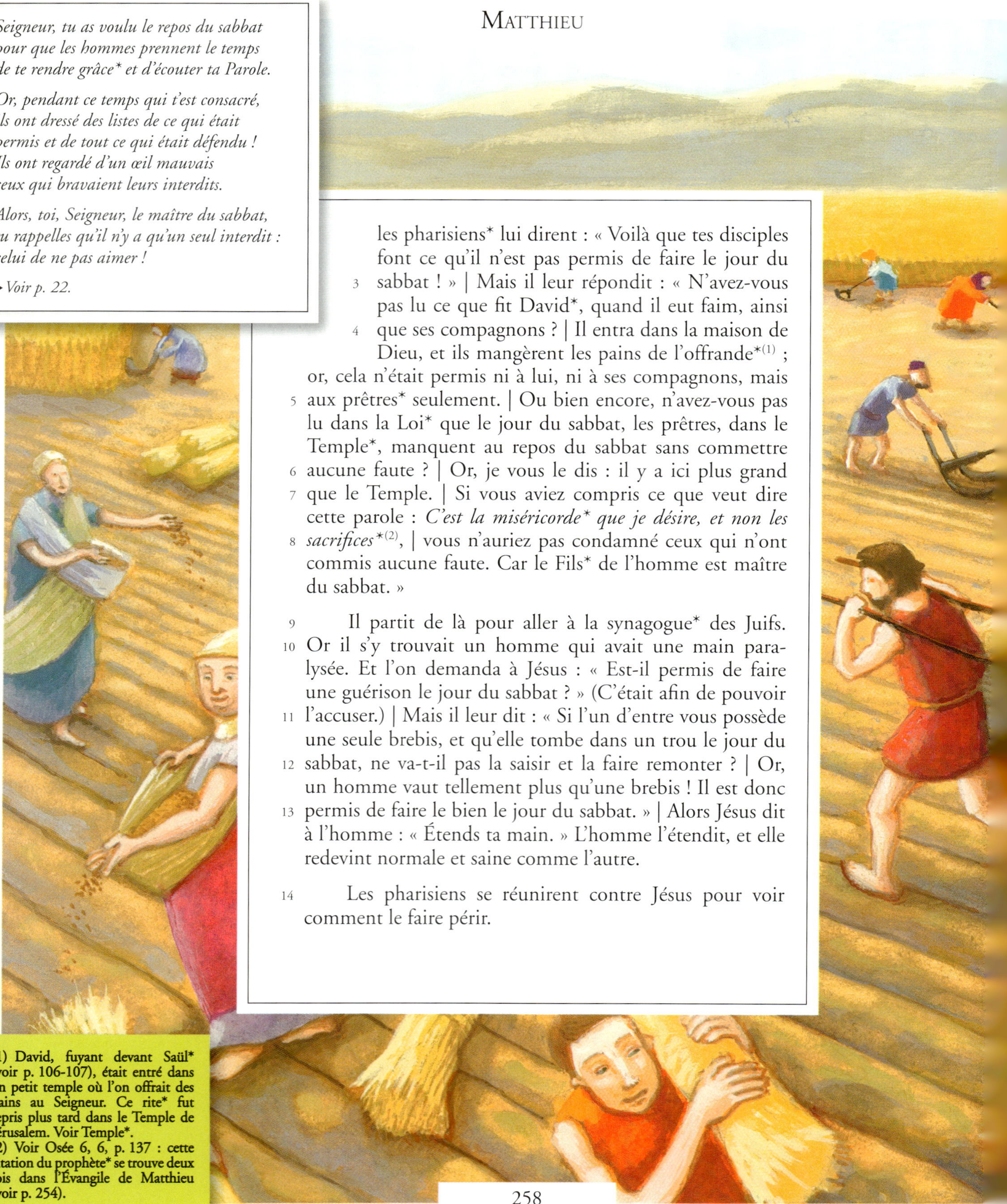

les pharisiens* lui dirent : « Voilà que tes disciples
font ce qu'il n'est pas permis de faire le jour du
3 sabbat ! » | Mais il leur répondit : « N'avez-vous
pas lu ce que fit David*, quand il eut faim, ainsi
4 que ses compagnons ? | Il entra dans la maison de
Dieu, et ils mangèrent les pains de l'offrande*(1) ;
or, cela n'était permis ni à lui, ni à ses compagnons, mais
5 aux prêtres* seulement. | Ou bien encore, n'avez-vous pas
lu dans la Loi* que le jour du sabbat, les prêtres, dans le
Temple*, manquent au repos du sabbat sans commettre
6 aucune faute ? | Or, je vous le dis : il y a ici plus grand
7 que le Temple. | Si vous aviez compris ce que veut dire
cette parole : *C'est la miséricorde* que je désire, et non les*
8 *sacrifices**(2), | vous n'auriez pas condamné ceux qui n'ont
commis aucune faute. Car le Fils* de l'homme est maître
du sabbat. »

9 Il partit de là pour aller à la synagogue* des Juifs.
10 Or il s'y trouvait un homme qui avait une main para-
lysée. Et l'on demanda à Jésus : « Est-il permis de faire
une guérison le jour du sabbat ? » (C'était afin de pouvoir
11 l'accuser.) | Mais il leur dit : « Si l'un d'entre vous possède
une seule brebis, et qu'elle tombe dans un trou le jour du
12 sabbat, ne va-t-il pas la saisir et la faire remonter ? | Or,
un homme vaut tellement plus qu'une brebis ! Il est donc
13 permis de faire le bien le jour du sabbat. » | Alors Jésus dit
à l'homme : « Étends ta main. » L'homme l'étendit, et elle
redevint normale et saine comme l'autre.

14 Les pharisiens se réunirent contre Jésus pour voir
comment le faire périr.

(1) David, fuyant devant Saül* (voir p. 106-107), était entré dans un petit temple où l'on offrait des pains au Seigneur. Ce rite* fut repris plus tard dans le Temple de Jérusalem. Voir Temple*.
(2) Voir Osée 6, 6, p. 137 : cette citation du prophète* se trouve deux fois dans l'Évangile de Matthieu (voir p. 254).

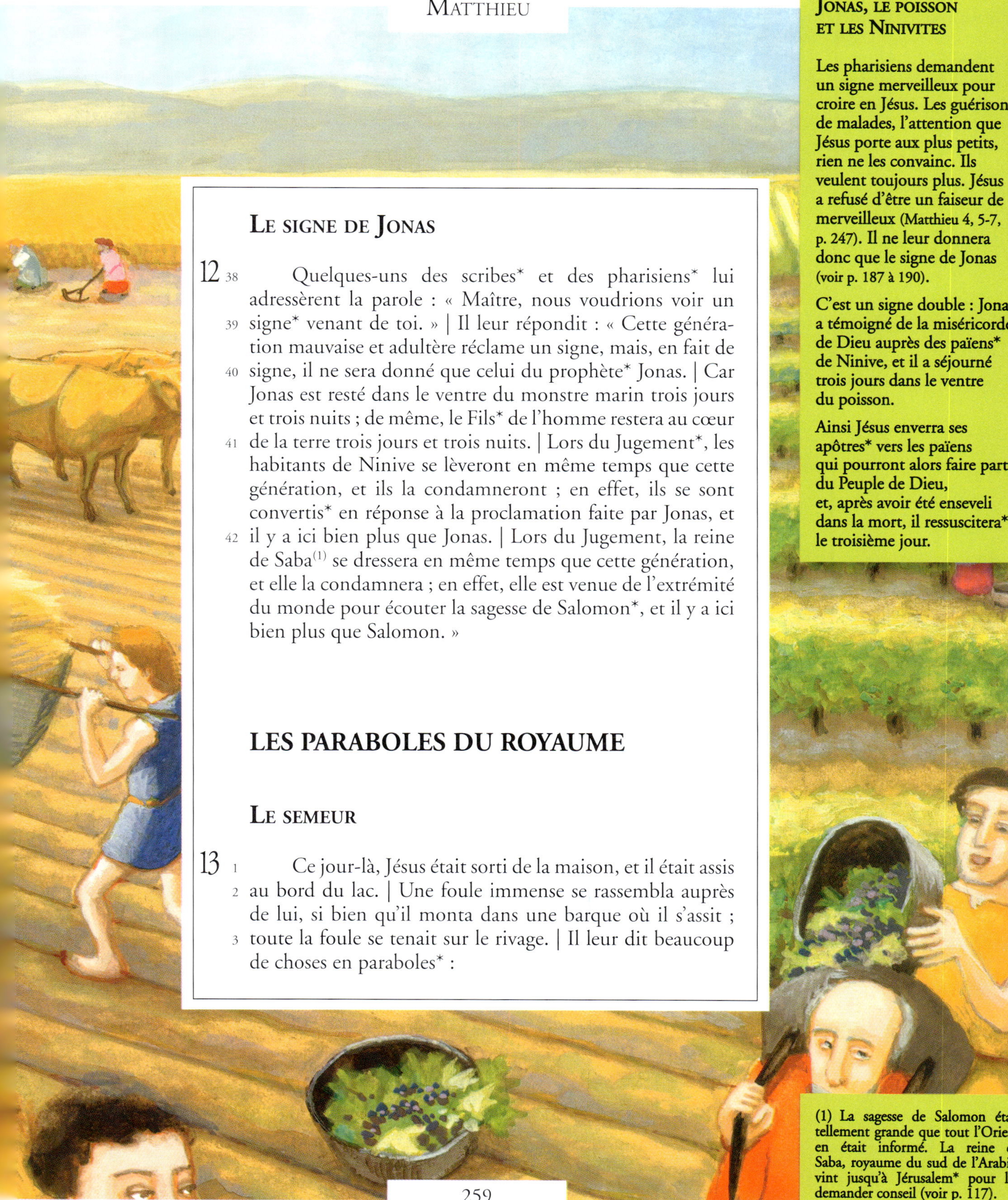

JONAS, LE POISSON ET LES NINIVITES

Les pharisiens demandent un signe merveilleux pour croire en Jésus. Les guérisons de malades, l'attention que Jésus porte aux plus petits, rien ne les convainc. Ils veulent toujours plus. Jésus a refusé d'être un faiseur de merveilleux (Matthieu 4, 5-7, p. 247). Il ne leur donnera donc que le signe de Jonas (voir p. 187 à 190).

C'est un signe double : Jonas a témoigné de la miséricorde* de Dieu auprès des païens* de Ninive, et il a séjourné trois jours dans le ventre du poisson.

Ainsi Jésus enverra ses apôtres* vers les païens qui pourront alors faire partie du Peuple de Dieu, et, après avoir été enseveli dans la mort, il ressuscitera* le troisième jour.

LE SIGNE DE JONAS

12 38 Quelques-uns des scribes* et des pharisiens* lui
adressèrent la parole : « Maître, nous voudrions voir un
39 signe* venant de toi. » | Il leur répondit : « Cette généra-
tion mauvaise et adultère réclame un signe, mais, en fait de
40 signe, il ne sera donné que celui du prophète* Jonas. | Car
Jonas est resté dans le ventre du monstre marin trois jours
et trois nuits ; de même, le Fils* de l'homme restera au cœur
41 de la terre trois jours et trois nuits. | Lors du Jugement*, les
habitants de Ninive se lèveront en même temps que cette
génération, et ils la condamneront ; en effet, ils se sont
convertis* en réponse à la proclamation faite par Jonas, et
42 il y a ici bien plus que Jonas. | Lors du Jugement, la reine
de Saba[1] se dressera en même temps que cette génération,
et elle la condamnera ; en effet, elle est venue de l'extrémité
du monde pour écouter la sagesse de Salomon*, et il y a ici
bien plus que Salomon. »

LES PARABOLES DU ROYAUME

LE SEMEUR

13 1 Ce jour-là, Jésus était sorti de la maison, et il était assis
2 au bord du lac. | Une foule immense se rassembla auprès
de lui, si bien qu'il monta dans une barque où il s'assit ;
3 toute la foule se tenait sur le rivage. | Il leur dit beaucoup
de choses en paraboles* :

(1) La sagesse de Salomon était tellement grande que tout l'Orient en était informé. La reine de Saba, royaume du sud de l'Arabie, vint jusqu'à Jérusalem* pour lui demander conseil (voir p. 117).

Seigneur, parfois je suis le bord du chemin
quand mon cœur endurci n'entend pas
ta Parole.
D'autres fois, je suis rempli de pierres
quand je me fais moqueur parmi
les moqueurs
parce que j'ai peur de me dire ton ami.
Je suis aussi quelquefois rempli de ronces
quand je ne pense qu'à mon plaisir.
Mais je suis aussi la bonne terre
en qui germe ta Parole !
Fais-toi laboureur
et que je devienne tout entier bonne terre !

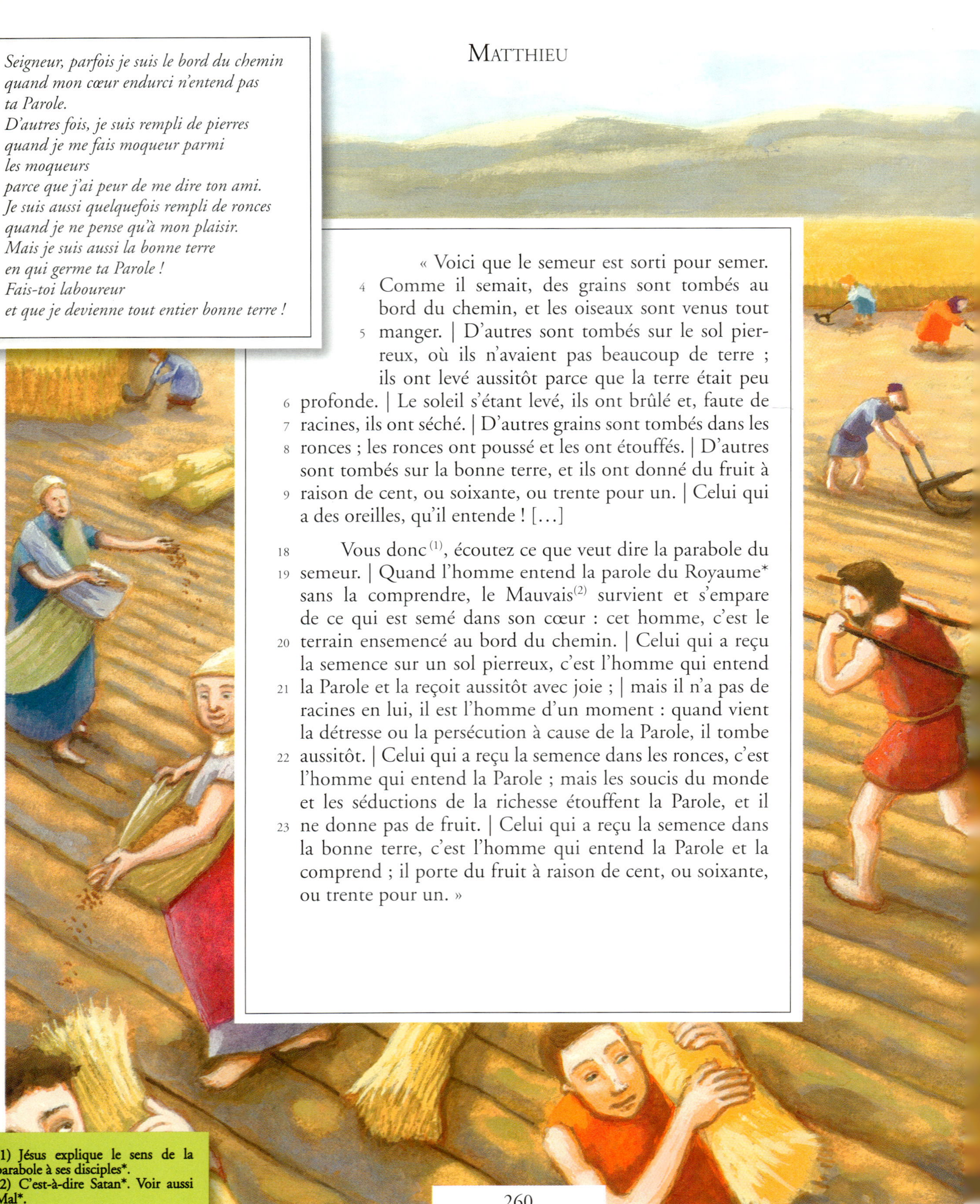

« Voici que le semeur est sorti pour semer.
4 Comme il semait, des grains sont tombés au
bord du chemin, et les oiseaux sont venus tout
5 manger. | D'autres sont tombés sur le sol pier-
reux, où ils n'avaient pas beaucoup de terre ;
ils ont levé aussitôt parce que la terre était peu
6 profonde. | Le soleil s'étant levé, ils ont brûlé et, faute de
7 racines, ils ont séché. | D'autres grains sont tombés dans les
8 ronces ; les ronces ont poussé et les ont étouffés. | D'autres
sont tombés sur la bonne terre, et ils ont donné du fruit à
9 raison de cent, ou soixante, ou trente pour un. | Celui qui
a des oreilles, qu'il entende ! […]

18 Vous donc[1], écoutez ce que veut dire la parabole du
19 semeur. | Quand l'homme entend la parole du Royaume*
sans la comprendre, le Mauvais[2] survient et s'empare
de ce qui est semé dans son cœur : cet homme, c'est le
20 terrain ensemencé au bord du chemin. | Celui qui a reçu
la semence sur un sol pierreux, c'est l'homme qui entend
21 la Parole et la reçoit aussitôt avec joie ; | mais il n'a pas de
racines en lui, il est l'homme d'un moment : quand vient
la détresse ou la persécution à cause de la Parole, il tombe
22 aussitôt. | Celui qui a reçu la semence dans les ronces, c'est
l'homme qui entend la Parole ; mais les soucis du monde
et les séductions de la richesse étouffent la Parole, et il
23 ne donne pas de fruit. | Celui qui a reçu la semence dans
la bonne terre, c'est l'homme qui entend la Parole et la
comprend ; il porte du fruit à raison de cent, ou soixante,
ou trente pour un. »

(1) Jésus explique le sens de la parabole à ses disciples*.
(2) C'est-à-dire Satan*. Voir aussi Mal*.

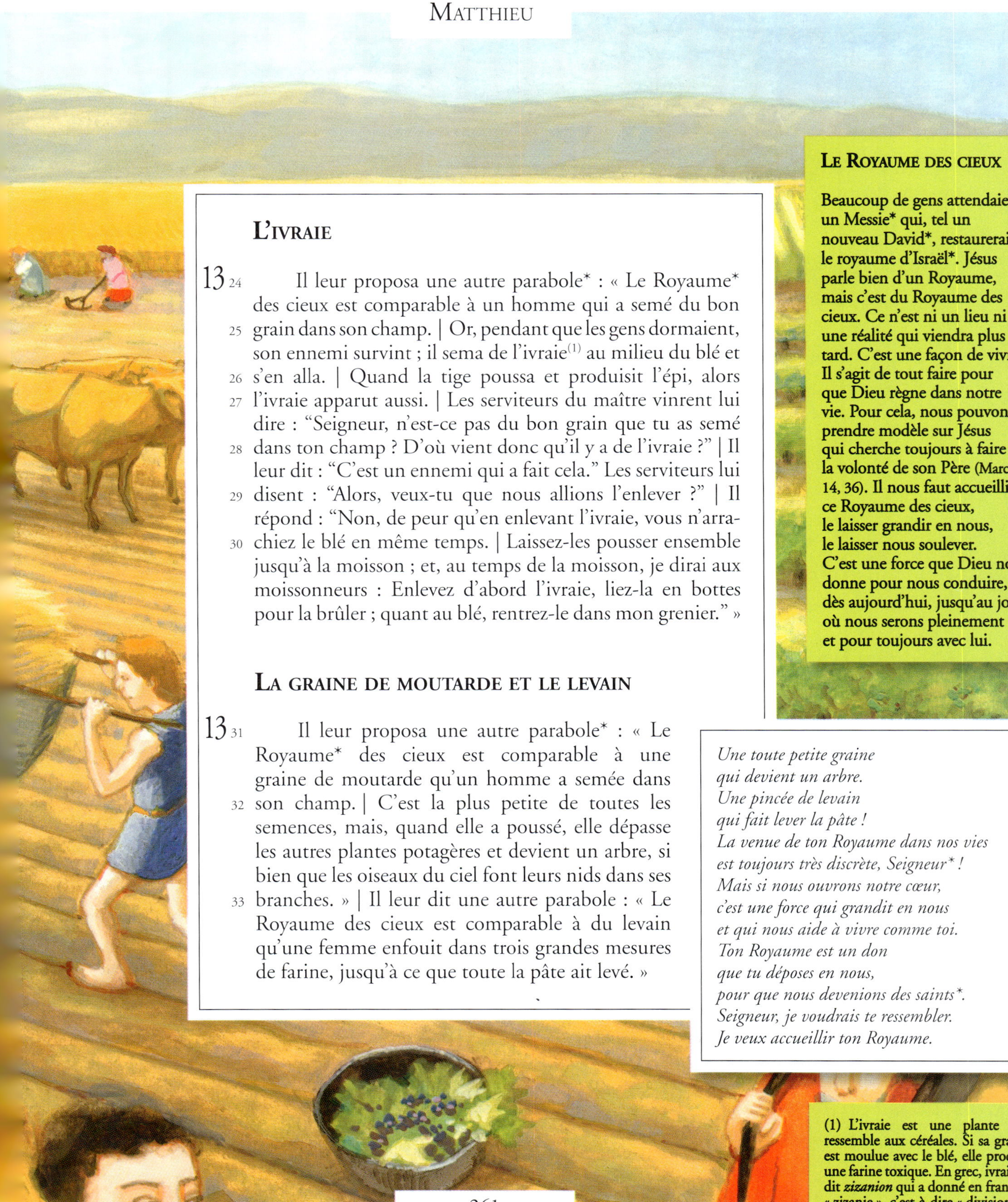

L'IVRAIE

13 24 Il leur proposa une autre parabole* : « Le Royaume*
des cieux est comparable à un homme qui a semé du bon
25 grain dans son champ. | Or, pendant que les gens dormaient,
son ennemi survint ; il sema de l'ivraie[1] au milieu du blé et
26 s'en alla. | Quand la tige poussa et produisit l'épi, alors
27 l'ivraie apparut aussi. | Les serviteurs du maître vinrent lui
dire : "Seigneur, n'est-ce pas du bon grain que tu as semé
28 dans ton champ ? D'où vient donc qu'il y a de l'ivraie ?" | Il
leur dit : "C'est un ennemi qui a fait cela." Les serviteurs lui
29 disent : "Alors, veux-tu que nous allions l'enlever ?" | Il
répond : "Non, de peur qu'en enlevant l'ivraie, vous n'arra-
30 chiez le blé en même temps. | Laissez-les pousser ensemble
jusqu'à la moisson ; et, au temps de la moisson, je dirai aux
moissonneurs : Enlevez d'abord l'ivraie, liez-la en bottes
pour la brûler ; quant au blé, rentrez-le dans mon grenier." »

LA GRAINE DE MOUTARDE ET LE LEVAIN

13 31 Il leur proposa une autre parabole* : « Le
Royaume* des cieux est comparable à une
graine de moutarde qu'un homme a semée dans
32 son champ. | C'est la plus petite de toutes les
semences, mais, quand elle a poussé, elle dépasse
les autres plantes potagères et devient un arbre, si
bien que les oiseaux du ciel font leurs nids dans ses
33 branches. » | Il leur dit une autre parabole : « Le
Royaume des cieux est comparable à du levain
qu'une femme enfouit dans trois grandes mesures
de farine, jusqu'à ce que toute la pâte ait levé. »

LE ROYAUME DES CIEUX

Beaucoup de gens attendaient un Messie* qui, tel un nouveau David*, restaurerait le royaume d'Israël*. Jésus parle bien d'un Royaume, mais c'est du Royaume des cieux. Ce n'est ni un lieu ni une réalité qui viendra plus tard. C'est une façon de vivre. Il s'agit de tout faire pour que Dieu règne dans notre vie. Pour cela, nous pouvons prendre modèle sur Jésus qui cherche toujours à faire la volonté de son Père (Marc 14, 36). Il nous faut accueillir ce Royaume des cieux, le laisser grandir en nous, le laisser nous soulever. C'est une force que Dieu nous donne pour nous conduire, dès aujourd'hui, jusqu'au jour où nous serons pleinement et pour toujours avec lui.

Une toute petite graine
qui devient un arbre.
Une pincée de levain
qui fait lever la pâte !
La venue de ton Royaume dans nos vies
est toujours très discrète, Seigneur !*
Mais si nous ouvrons notre cœur,
c'est une force qui grandit en nous
et qui nous aide à vivre comme toi.
Ton Royaume est un don
que tu déposes en nous,
pour que nous devenions des saints.*
Seigneur, je voudrais te ressembler.
Je veux accueillir ton Royaume.

(1) L'ivraie est une plante qui ressemble aux céréales. Si sa graine est moulue avec le blé, elle produit une farine toxique. En grec, ivraie se dit *zizanion* qui a donné en français « zizanie », c'est-à-dire « division ».

EXPLICATION DE LA PARABOLE DE L'IVRAIE

13 34 Tout cela, Jésus le dit à la foule en paraboles*, et il ne
35 leur disait rien sans employer de paraboles, | accomplis-
sant ainsi la parole du prophète* : *C'est en paraboles que je parlerai, je proclamerai des choses cachées depuis les origines.*

36 Alors, laissant la foule, il vint à la maison. Ses disciples*
s'approchèrent et lui dirent : « Explique-nous clairement la
37 parabole de l'ivraie dans le champ. » | Il leur répondit :
« Celui qui sème le bon grain, c'est le Fils* de l'homme ;
38 le champ, c'est le monde ; le bon grain, ce sont les fils du
39 Royaume* ; l'ivraie, ce sont les fils du Mauvais. | L'ennemi
qui l'a semée, c'est le démon*(1) ; la moisson, c'est la fin du
40 monde ; les moissonneurs, ce sont les anges*. | De même
que l'on enlève l'ivraie pour la jeter au feu, ainsi en sera-
41 t-il à la fin du monde. | Le Fils de l'homme enverra ses
anges, et ils enlèveront de son Royaume tous ceux qui font
42 tomber les autres et ceux qui commettent le mal, | et ils
les jetteront dans la fournaise : là il y aura des pleurs et
43 des grincements de dents (2). | Alors les justes* resplendiront
comme le soleil dans le royaume de leur Père. Celui qui a
des oreilles, qu'il entende ! »

LE TRÉSOR ET LA PERLE

13 44 « Le Royaume* des cieux est comparable à un trésor caché dans un champ ; l'homme qui l'a découvert le cache de nouveau. Dans sa joie, il va vendre tout ce qu'il possède, et il achète ce champ.

(1) Le texte grec parle du Diable*.
(2) À travers ces images, Jésus veut montrer toute l'importance de la vie d'aujourd'hui. C'est *aujourd'hui* qu'il faut accueillir le Royaume et se laisser brûler par le feu de l'amour, pour ne pas être, un jour, brûlé par le désespoir. Voir Enfer*.

45 Ou encore : Le Royaume des cieux est comparable
46 à un négociant qui recherche des perles fines. | Ayant
trouvé une perle de grande valeur, il va vendre tout ce qu'il
possède, et il achète la perle. »

LE FILET

13 47 « Le Royaume* des cieux est encore comparable à un
filet [1] qu'on jette dans la mer, et qui ramène toutes sortes
48 de poissons. | Quand il est plein, on le tire sur le rivage,
on s'assied, on ramasse dans des paniers ce qui est bon, et
49 on rejette ce qui ne vaut rien. | Ainsi en sera-t-il à la fin
du monde : les anges* viendront séparer les méchants des
50 justes* | et les jetteront dans la fournaise : là il y aura des
pleurs et des grincements de dents.

51 Avez-vous compris tout cela ? — Oui », lui
52 répondent-ils. | Jésus ajouta : « C'est ainsi que tout scribe*
devenu disciple* du Royaume des cieux est comparable à
un maître de maison qui tire de son trésor du neuf et de
l'ancien. »

(1) Pour bien comprendre la parabole* du filet, il faut se souvenir que pour les contemporains de Jésus, la mer* était le lieu des puissances du mal. Quand Jésus propose à Simon : « Désormais ce sont des hommes que tu prendras [dans tes filets] » (Luc 5, 4-11, p. 334), il lui confie la mission* de rassembler les hommes pour les tirer hors de l'influence des forces du mal. Le filet n'est donc pas destiné à emprisonner, mais à libérer.

LES PARABOLES DE JÉSUS

1. Les vignerons meurtriers (Marc 12, 1-10, p. 316).

2. Le « bon Samaritain » (Luc 10, 30-37, p. 343).

3. Le semeur (Matthieu 13, 1-23, p. 259-260).

4. La brebis perdue (Luc 15, 3-7, p. 346).

5. La maison sur le roc et la maison sur le sable (Matthieu 7, 24-27, p. 253).

6. Le filet (Matthieu 13, 47-50, p. 263).

7. Le trésor découvert et réenterré (Matthieu 13, 44, p. 262).

8. La brebis tirée d'un puits le jour du sabbat (Matthieu 12, 11-12, p. 258).*

9. « Si quelqu'un a soif, qu'il vienne à moi » (Jean 7, 37-39, p. 376).

10. Les invités qui refusent de venir aux noces sont remplacés par des pauvres (Matthieu 22, 1-10, p. 277).

11. Les prévoyantes ont une réserve d'huile pour leur lampe, les autres en manquent (Matthieu 25, 1-13, p. 279-280).

12. Le Royaume comparable à un roi qui invite à des noces (Matthieu 22, 2, p. 277).

13. Les ouvriers de la onzième heure (Matthieu 20, 1-15, p. 273-274).

14. La porte étroite (Matthieu 7, 13-14, p. 253).

15. Le levain dans la pâte (Matthieu 13, 33, p. 261).

16. « Vous savez donner de bonnes choses à vos enfants » (Luc 11, 11-13, p. 345).

17. Le vin nouveau fait éclater les vieilles outres (Matthieu 9, 17, p. 255).

18. Les sarments qui ne portent pas de fruits sont coupés (Jean 15, 1-8, p. 389-390).

19. La lampe sur le lampadaire (Matthieu 5, 15, p. 248-249).

20. La petite graine a donné un grand arbre (Matthieu 13, 31-32, p. 261).

21. La pièce d'argent perdue (Luc 15, 8-10, p. 346).

22. Le père aux deux fils (Luc 15, 11-32, p. 347-348).

23. Le serviteur qui a des dettes à rembourser à son maître (Matthieu 18, 23-35, p. 271-272).

UNE NOUVELLE ALLIANCE

La première multiplication des pains

14 13 Quand Jésus apprit la mort de Jean* Baptiste, il
partit en barque pour un endroit désert, à l'écart. Les
foules l'apprirent et, quittant leurs villes, elles suivirent à
14 pied. | En débarquant, il vit une grande foule de gens ;
15 il fut saisi de pitié envers eux et guérit les infirmes. | Le
soir venu, les disciples* s'approchèrent et lui dirent :
« L'endroit est désert et il se fait tard. Renvoie donc la
foule : qu'ils aillent dans les villages s'acheter à manger ! »
16 Mais Jésus leur dit : « Ils n'ont pas besoin de s'en aller.
17 Donnez-leur vous-mêmes à manger. » | Alors ils lui disent :
« Nous n'avons là que cinq pains et deux poissons. »
18-19 Jésus dit : « Apportez-les-moi ici. » | Puis, ordonnant à la
foule de s'asseoir sur l'herbe, il prit les cinq pains et les deux
poissons, et, levant les yeux au ciel, il prononça la béné-
diction* ; il rompit les pains, il les donna aux disciples, et
20 les disciples[1] les donnèrent à la foule. | Tous mangèrent à
leur faim et, des morceaux qui restaient, on ramassa douze
21 paniers pleins[2]. | Ceux qui avaient mangé étaient environ
cinq mille, sans compter les femmes et les enfants.

La marche sur la mer

14 22 Aussitôt Jésus obligea ses disciples* à monter dans la
barque et à le précéder sur l'autre rive, pendant qu'il renver-
23 rait les foules. | Quand il les eut renvoyées, il se rendit dans
la montagne, à l'écart, pour prier*. Le soir venu, il était là,

Les signes de la nouvelle Alliance

Lorsque Dieu avait conclu la première Alliance* avec son Peuple au Sinaï, il avait désigné Moïse* comme médiateur, c'est-à-dire intermédiaire entre le Peuple et lui. Il lui avait donné la faculté de faire des signes* : passage de la mer à pied sec, don de la manne (voir p. 68 à 71).
Le Peuple qui attendait le renouvellement de l'Alliance (Jérémie 31, 31, p. 162) espérait que le nouveau médiateur ferait des signes semblables à ceux de Moïse.

La promesse du corps

Ce pain partagé au désert fait écho à la manne et annonce l'eucharistie*. La manne est la promesse d'une nourriture venant du ciel donnée par Dieu. Cette promesse commence à prendre corps quand le Christ* lève les yeux au ciel et partage le pain qu'il a rompu lui-même. À cause de ces gestes, le pain distribué par les disciples n'est plus un pain comme les autres. Il porte la marque du Christ, envoyé par le Père. Mais il faudra la passion* et la résurrection* du Christ pour qu'il accomplisse la promesse de la manne en donnant son corps et son sang pour le salut de la multitude.

(1) Comparer avec Matthieu 26, 26, p. 285.
(2) Voir comment Jean raconte les suites de cette multiplication des pains, p. 373 à 376.

24 seul. | La barque était déjà à une bonne distance de la terre,
elle était battue par les vagues, car le vent était contraire.

25 Vers la fin de la nuit, Jésus vint vers eux en marchant
26 sur la mer*. | En le voyant marcher sur la mer, les disciples
furent bouleversés. Ils disaient : « C'est un fantôme », et
27 la peur leur fit pousser des cris. | Mais aussitôt Jésus leur
28 parla : « Confiance ! c'est moi ; n'ayez pas peur ! » | Pierre*
prit alors la parole : « Seigneur, si c'est bien toi, ordonne-
29 moi de venir vers toi sur l'eau. » | Jésus lui dit : « Viens ! »
Pierre* descendit de la barque et marcha sur les eaux pour
30 aller vers Jésus. | Mais, voyant qu'il y avait du vent, il
eut peur ; et, comme il commençait à enfoncer, il cria :
31 « Seigneur, sauve-moi ! » | Aussitôt Jésus étendit la main,
le saisit et lui dit : « Homme de peu de foi, pourquoi as-tu
32 douté ? » | Et quand ils furent montés dans la barque, le
33 vent tomba. | Alors ceux qui étaient dans la barque se pros-
ternèrent devant lui, et ils lui dirent : « Vraiment, tu es le
Fils* de Dieu ! »

La Cananéenne

15 21 Jésus s'était retiré vers la région de Tyr et de Sidon(1).
22 Voici qu'une Cananéenne(2), venue de ces territoires, criait :
« Aie pitié de moi, Seigneur, fils de David* ! Ma fille est
23 tourmentée par un démon*. » | Mais il ne lui répondit
rien. Les disciples* s'approchèrent pour lui demander :
« Donne-lui satisfaction, car elle nous poursuit de ses cris ! »
24 Jésus répondit : « Je n'ai été envoyé qu'aux brebis perdues
25 d'Israël. » | Mais elle vint se prosterner devant lui : « Seigneur,
26 viens à mon secours ! » | Il répondit : « Il n'est pas bien

Tout risquer par amour

« Et Pierre*, toujours ardent, toujours devançant les autres disciples, lui dit : “Seigneur, si c'est vous, commandez-moi d'aller à vous sur les eaux.” [...] Quelle ardeur et quelle foi ! C'était là pour lui source de beaucoup de dangers [...]. Ce qu'il demandait était une chose tout à fait extraordinaire, encore que ce fût par Amour, non pour se montrer. Il ne lui dit pas : “Commandez-moi de marcher sur les eaux” mais “Commandez-moi d'aller à vous” car personne n'aimait Jésus autant que lui. Il en fit de même après la résurrection* : ne pouvant supporter d'aller du même pas que les autres, il se mit à courir vers le tombeau. »

Saint Jean Chrysostome

(1) Jésus se trouve sur le territoire du Liban actuel.
(2) C'est une païenne qui, sans doute, fréquente les temples d'idoles* de la région.

LES MIETTES DE LA TABLE…

La demande insistante de la Cananéenne permet à Jésus de révéler doublement sa mission : il est venu pour tous les hommes, et non seulement pour le peuple juif. Il est venu nous nourrir du Pain de sa Parole et du Pain de son Eucharistie, symbolisés par ces petites miettes…

de prendre le pain des enfants pour le donner aux petits
27 chiens. — | C'est vrai, Seigneur, reprit-elle ; mais juste-
ment, les petits chiens mangent les miettes qui tombent
28 de la table de leurs maîtres. » | Jésus répondit : « Femme,
ta foi* est grande, que tout se fasse pour toi comme tu le
veux ! » Et, à l'heure même, sa fille fut guérie.

LA DEUXIÈME MULTIPLICATION DES PAINS

15 32 Jésus appela ses disciples* et leur dit : « J'ai pitié de
cette foule : depuis trois jours déjà, ils sont avec moi et
n'ont rien à manger. Je ne veux pas les renvoyer à jeun ; ils
33 pourraient défaillir en route. » | Les disciples lui disent :
« Où trouverons-nous dans un désert assez de pain pour
34 qu'une telle foule mange à sa faim ? » | Jésus leur dit :
« Combien de pains avez-vous ? » Ils dirent : « Sept, et
35 quelques petits poissons. » | Alors il ordonna à la foule de
36 s'asseoir par terre. | Il prit les sept pains et les poissons,
il rendit grâce, les rompit, et il les donnait aux disciples,
37 et les disciples aux foules. | Tous mangèrent à leur faim ;
et, des morceaux qui restaient, on ramassa sept corbeilles
38 pleines. | Or, ceux qui avaient mangé étaient quatre mille,
39 sans compter les femmes et les enfants. | Après avoir
renvoyé la foule, Jésus monta dans la barque et alla dans le
pays de Magadane.

DOUZE ET SEPT

La première multiplication des pains avait eu lieu en territoire juif. Après le repas, on avait ramassé douze corbeilles de morceaux. Douze, c'est le chiffre des tribus* d'Israël (Matthieu 14, 20, p. 266).

La deuxième multiplication des pains se passe en territoire païen*. On ramasse sept corbeilles de morceaux. Pour les Juifs, sept est un chiffre qui évoque les nations* païennes (Actes des Apôtres 6, 1-7, p. 411). Ainsi Jésus manifeste que la table du Royaume* est bien ouverte à tous, aux enfants d'Abraham* comme à ceux qui viennent d'Orient et d'Occident.

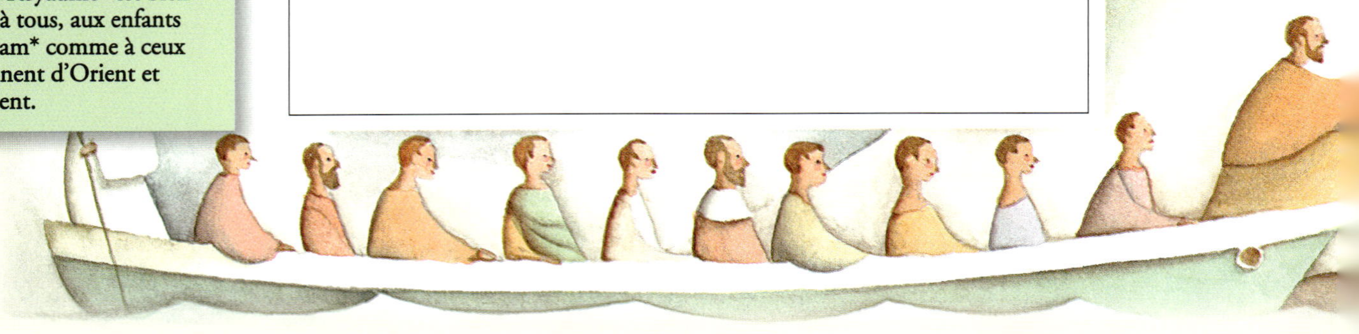

FONDATION DE L'ÉGLISE

PROFESSION DE FOI DE PIERRE*

16 13 Jésus était venu dans la région de Césarée-de-
Philippe[1], et il demandait à ses disciples* : « Le Fils* de
l'homme, qui est-il, d'après ce que disent les hommes ? »
14 Ils répondirent : « Pour les uns, il est Jean* Baptiste ; pour
d'autres, Élie* ; pour d'autres encore, Jérémie* ou l'un des
15 prophètes*. » | Jésus leur dit : « Et vous, que dites-vous ?
16 Pour vous, qui suis-je ? » | Prenant la parole, Simon-Pierre
déclara : « Tu es le Messie*, le Fils du Dieu vivant ! »
17 Prenant la parole à son tour, Jésus lui déclara :
« Heureux es-tu, Simon fils de Yonas : ce n'est pas la chair
et le sang qui t'ont révélé cela, mais mon Père qui est aux
18 cieux. | Et moi, je te le déclare : Tu es Pierre*[2], et sur cette
pierre je bâtirai mon Église* ; et la puissance de la Mort
19 ne l'emportera pas sur elle. | Je te donnerai les clefs du
Royaume* des cieux : tout ce que tu auras lié sur la terre
sera lié dans les cieux, et tout ce que tu auras délié sur la
terre sera délié dans les cieux. »
20 Alors, il ordonna aux disciples de ne dire à personne
qu'il était le Messie.

ANNONCE DE LA PASSION

16 21 À partir de ce moment, Jésus le Christ* commença
à montrer à ses disciples* qu'il lui fallait partir pour
Jérusalem*, souffrir beaucoup de la part des anciens*, des

(1) Césarée-de-Philippe est une ville gréco-romaine située au pied de l'Hermon, sur la route qui relie Tyr à Damas. C'est un territoire qui dépend de Philippe, l'un des fils d'Hérode* le Grand. En choisissant ce lieu pour évoquer, pour la première fois, la fondation de son Église, Jésus manifeste clairement qu'elle ne sera pas enfermée dans les limites d'un territoire ou d'un peuple. Elle sera universelle, ce qui, en grec, se dit « catholique* ». Voir carte p. 501.

(2) Puisque Simon s'est laissé enseigner de l'intérieur par le Père, Jésus lui confie la mission de manifester visiblement une qualité de Dieu. Simon reçoit alors la solidité du vrai roc (voir commentaire p. 72) pour assurer la stabilité de l'Église que Jésus veut construire.

chefs des prêtres* et des scribes*, être tué, et le troi-
sième jour[1] ressusciter*.

22 Pierre*, le prenant à part, se mit à lui faire
de vifs reproches : « Dieu t'en garde, Seigneur !
23 cela ne t'arrivera pas. » | Mais lui, se retournant,
dit à Pierre* : « Passe derrière moi[2], Satan*, tu es
un obstacle sur ma route ; tes pensées ne sont pas
celles de Dieu, mais celles des hommes. »

LE PLUS GRAND DANS LE ROYAUME

18 1 Les disciples* s'approchèrent de Jésus et
lui dirent : « Qui donc est le plus grand dans le
2 Royaume* des cieux ? » | Alors Jésus appela un petit
3 enfant ; il le plaça au milieu d'eux, | et il déclara :
« Amen*, je vous le dis : si vous ne changez pas pour
devenir comme les petits enfants, vous n'entrerez
4 point dans le Royaume des cieux. | Mais celui qui
se fera petit comme cet enfant, c'est celui-là qui
5 est le plus grand dans le Royaume des cieux[3]. | Et
celui qui accueillera un enfant comme celui-ci en
mon nom*, c'est moi qu'il accueille.

6 Celui qui entraînera la chute d'un seul de ces
petits qui croient en moi, il est préférable pour lui
qu'on lui accroche au cou une de ces meules que
tournent les ânes, et qu'on l'engloutisse en pleine
7 mer*. | Malheureux le monde qui entraîne au
péché* par le scandale* ! Il est fatal que le scan-
dale arrive, mais malheureux celui par qui arrive le
scandale ! [...]

Comme Pierre, je demande :*
pourquoi faut-il que tu souffres autant
et que tu meures ?

Tu es venu vivre au milieu de nous,
comme l'un d'entre nous.
Tu nous montres que ton Père,
notre Père, nous aime vraiment,
même quand nous ne l'aimons pas,
même quand nous l'oublions,
même quand nous le rejetons...
Tu acceptes la mort
que les hommes te préparent :
aucun de nos refus
n'empêchera jamais Dieu de nous aimer.

Garde-moi tout petit devant ta face,
Seigneur.*
« Je n'ai pas le cœur fier
ni le regard ambitieux ;
mon âme est en moi comme un enfant▸. »
Tu désires de tout ton cœur de Père
que tes enfants grandissent
et deviennent responsables...
Mais ils te brisent le cœur
quand ils entrent en compétition,
s'écrasant les uns les autres,
pour être les plus grands.
Garde-moi un cœur d'enfant,
un cœur comme celui de Jésus.
Renonçant à la toute-puissance,
il est venu témoigner,
au milieu des hommes,
de la joie qu'on ressent
à être enfant du Père.

▸*Psaume 131, p. 230.*

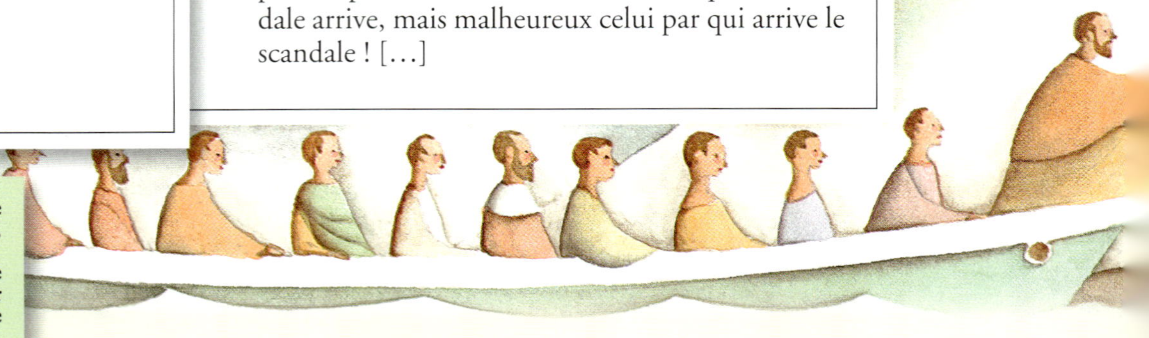

(1) « Le troisième jour » est une expression reprise d'Osée 6, 2, p. 136. Voir Résurrection*.
(2) L'expression « passe derrière moi » pourrait être traduite par « redeviens mon disciple ». Le disciple suit son maître.
(3) Comparer avec Marc 10, 13-16, p. 312.

10 Gardez-vous de mépriser un seul de ces petits, car, je
vous le dis, leurs anges* dans les cieux voient sans cesse la
face de mon Père qui est aux cieux. »

EXIGENCES DE LA VIE FRATERNELLE

18 15 « Si ton frère a commis un péché*, va lui parler seul
à seul et montre-lui sa faute. S'il t'écoute, tu auras gagné
16 ton frère. | S'il ne t'écoute pas, prends encore avec toi une
ou deux personnes afin que toute l'affaire soit réglée sur la
17 parole de deux ou trois témoins. | S'il refuse de les écouter,
dis-le à la communauté de l'Église* ; s'il refuse encore
d'écouter l'Église, considère-le comme un païen* et un
18 publicain*. | Amen*, je vous le dis : tout ce que vous aurez
lié sur la terre sera lié dans le ciel, et tout ce que vous aurez
délié sur la terre sera délié dans le ciel [1].

19 Encore une fois, je vous le dis : si deux d'entre vous
sur la terre se mettent d'accord pour demander quelque
chose, ils l'obtiendront de mon Père qui est aux cieux.
20 Quand deux ou trois sont réunis en mon nom*, je suis là,
au milieu d'eux. »

21 Pierre* s'approcha de Jésus pour lui demander :
« Seigneur, quand mon frère commettra des fautes contre
moi, combien de fois dois-je lui pardonner* ? Jusqu'à sept
22 fois ? » | Jésus lui répondit : « Je ne te dis pas jusqu'à sept
fois, mais jusqu'à soixante-dix fois sept fois [2].

23 En effet, le Royaume* des cieux est comparable à un
24 roi qui voulut régler ses comptes avec ses serviteurs. | Il
commençait, quand on lui amena quelqu'un qui lui devait

(1) Voir Matthieu 16, 19, p. 269. Les Douze* reçoivent la même promesse que Pierre*.
(2) Voir Genèse 4, 15, p. 29, avec la note 2.

Seigneur,*
tu nous demandes de pardonner.
Et nous te répondons parfois :
« Non, je ne pardonnerai pas,
c'est impossible ! »

C'est vrai que, tout seuls,
pardonner est difficile et parfois impossible.
Seigneur, apprends-nous à pardonner !

dix mille talents (c'est-à-dire soixante millions
25 de pièces d'argent). | Comme cet homme n'avait pas de
quoi rembourser, le maître ordonna de le vendre, avec sa
femme, ses enfants et tous ses biens, en remboursement de
26 sa dette. | Alors, tombant à ses pieds, le serviteur demeurait
prosterné et disait : "Prends patience envers moi, et je te
27 rembourserai tout." | Saisi de pitié, le maître de ce serviteur
28 le laissa partir et lui remit sa dette. | Mais, en sortant, le
serviteur trouva un de ses compagnons qui lui devait cent
pièces d'argent. Il se jeta sur lui pour l'étrangler, en disant :
29 "Rembourse ta dette !" | Alors, tombant à ses pieds, son
compagnon le suppliait : "Prends patience envers moi, et
30 je te rembourserai." | Mais l'autre refusa et le fit jeter en
31 prison jusqu'à ce qu'il ait remboursé. | Ses compagnons, en
voyant cela, furent profondément attristés et allèrent tout
32 raconter à leur maître. | Alors celui-ci le fit appeler et lui
dit : "Serviteur mauvais ! je t'avais remis toute cette dette
33 parce que tu m'avais supplié. | Ne devais-tu pas, à ton tour,
avoir pitié de ton compagnon, comme moi-même j'avais
34 eu pitié de toi ?" | Dans sa colère, son maître le livra aux
bourreaux jusqu'à ce qu'il ait tout remboursé.

35 C'est ainsi que mon Père du ciel vous traitera, si chacun
de vous ne pardonne pas à son frère de tout son cœur. »

MARIAGE ET CÉLIBAT

19 3 Des pharisiens* s'approchèrent de lui pour le mettre à
l'épreuve ; ils lui demandèrent : « Est-il permis de renvoyer
sa femme pour n'importe quel motif ? »

4 Il répondit : « N'avez-vous pas lu l'Écriture* ?

Au commencement, le Créateur les fit homme et femme,*
5 et il leur dit : *"Voilà pourquoi l'homme quittera son père et sa mère, il s'attachera à sa femme, et tous deux ne feront plus qu'un.*(1)"

6 À cause de cela, ils ne sont plus deux, mais un seul. Donc, ce que Dieu a uni, que l'homme ne le sépare pas ! »

7 Les pharisiens lui répliquent : « Pourquoi donc Moïse* a-t-il prescrit la remise d'un acte de divorce avant la séparation ? »

8 Jésus leur répond :

« C'est en raison de votre endurcissement que
Moïse vous a concédé de renvoyer vos femmes. Mais au
9 commencement, il n'en était pas ainsi. | Or je vous le dis :
si quelqu'un renvoie sa femme – sauf en cas d'union illégitime – pour en épouser une autre, il est adultère. »

10 Ses disciples* lui disent : « Si telle est la situation de
l'homme par rapport à sa femme, il n'y a pas intérêt à se
11 marier. » | Il leur répondit : « Ce n'est pas tout le monde qui
peut comprendre cette parole, mais ceux à qui Dieu l'a
12 révélée. | Il y a des gens qui ne se marient pas car, de naissance, ils en sont incapables ; il y en a qui ne peuvent pas se marier car ils ont été mutilés par les hommes ; il y en a qui ont choisi de ne pas se marier à cause du Royaume* des cieux. Celui qui peut comprendre, qu'il comprenne ! »

LES OUVRIERS DE LA ONZIÈME HEURE

20 1 « En effet, le Royaume* des cieux est comparable au maître d'un domaine qui sortit au petit jour afin

MARIAGE

Les pharisiens ne posent pas la question : « Est-il permis de renvoyer sa femme ? » Cela leur paraît évident. Ils demandent à Jésus de se prononcer sur le motif du renvoi. Deux écoles rabbiniques se disputaient à cette époque. Pour les disciples de Shammaï, il fallait un motif grave, l'adultère par exemple. Pour les disciples de Hillel, des reproches plus légers (bavardages, mensonges, maladresses dans la préparation des repas…) suffisaient comme motifs de répudiation.

Pour Jésus, quel que soit le motif, on ne peut répudier sa femme. Il s'oppose à cette loi injuste de la répudiation et donne aux femmes toute leur dignité. En effet, Dieu a voulu que, parmi toutes les créatures, l'homme et la femme soient à sa ressemblance, c'est-à-dire capables d'amour, de pardon* et de fidélité.

Quand un homme et une femme décident de se marier, ils font alliance pour construire une vie commune.

(1) Jésus cite Genèse 1, 27, p. 24, et Genèse 2, 24, p. 26.

UN SEUL MAÎTRE

« La parabole des ouvriers envoyés à la vigne à des moments différents montre qu'il n'y a qu'un seul et même Maître de maison, qui a appelé les uns aussitôt, dès le début de la formation du monde, d'autres par la suite, d'autres vers le milieu du temps, d'autres quand les temps étaient déjà avancés, et d'autres encore tout à la fin : de la sorte, nombreux sont les ouvriers selon leurs époques, mais unique est le Maître de maison qui les appelle.
Il n'y a en effet qu'une seule vigne, parce qu'il n'y a aussi qu'une seule justice* ; il n'y a qu'un seul intendant, car unique est l'Esprit* de Dieu qui administre toutes choses ; de même encore il n'y a qu'un seul salaire [...] la connaissance* du Fils* de Dieu [...] : il a donné le salaire en commençant par les derniers, parce que c'est dans les derniers temps que le Seigneur*, en se manifestant, s'est rendu lui-même présent à tous. »

Saint Irénée

2 d'embaucher des ouvriers pour sa vigne [1]. | Il se mit d'ac-
cord avec eux sur un salaire d'une pièce d'argent pour la
3 journée, et il les envoya à sa vigne. | Sorti vers neuf heures,
4 il en vit d'autres qui étaient là, sur la place, sans travail. | Il
leur dit : "Allez, vous aussi, à ma vigne, et je vous donnerai
5 ce qui est juste." | Ils y allèrent. Il sortit de nouveau vers
6 midi, puis vers trois heures, et fit de même. | Vers cinq
heures, il sortit encore, en trouva d'autres qui étaient là et
leur dit : "Pourquoi êtes-vous restés là, toute la journée,
7 sans rien faire ?" | Ils lui répondirent : "Parce que personne
ne nous a embauchés." Il leur dit : "Allez, vous aussi, à ma
vigne."

8 Le soir venu, le maître de la vigne dit à son intendant :
"Appelle les ouvriers et distribue le salaire, en commençant
9 par les derniers pour finir par les premiers." | Ceux qui
n'avaient commencé qu'à cinq heures s'avancèrent et reçu-
10 rent chacun une pièce d'argent. | Quand vint le tour des
premiers, ils pensaient recevoir davantage, mais ils reçurent,
11 eux aussi, chacun une pièce d'argent. | En la recevant, ils
12 récriminaient contre le maître du domaine : | "Ces derniers
venus n'ont fait qu'une heure, et tu les traites comme nous,
13 qui avons enduré le poids du jour et de la chaleur !" | Mais
le maître répondit à l'un d'entre eux : "Mon ami, je ne te
fais aucun tort. N'as-tu pas été d'accord avec moi pour une
14 pièce d'argent ? | Prends ce qui te revient, et va-t'en. Je veux
15 donner à ce dernier autant qu'à toi : | n'ai-je pas le droit de
faire ce que je veux de mon bien ? Vas-tu regarder avec un
œil mauvais parce que moi, je suis bon ?" »

(1) La vigne c'est le Peuple de Dieu. Voir Isaïe 5, 1-7, p. 139. « Aller à la vigne », c'est un peu comme être envoyé à la moisson. Voir Matthieu 9, 35-38, p. 255.

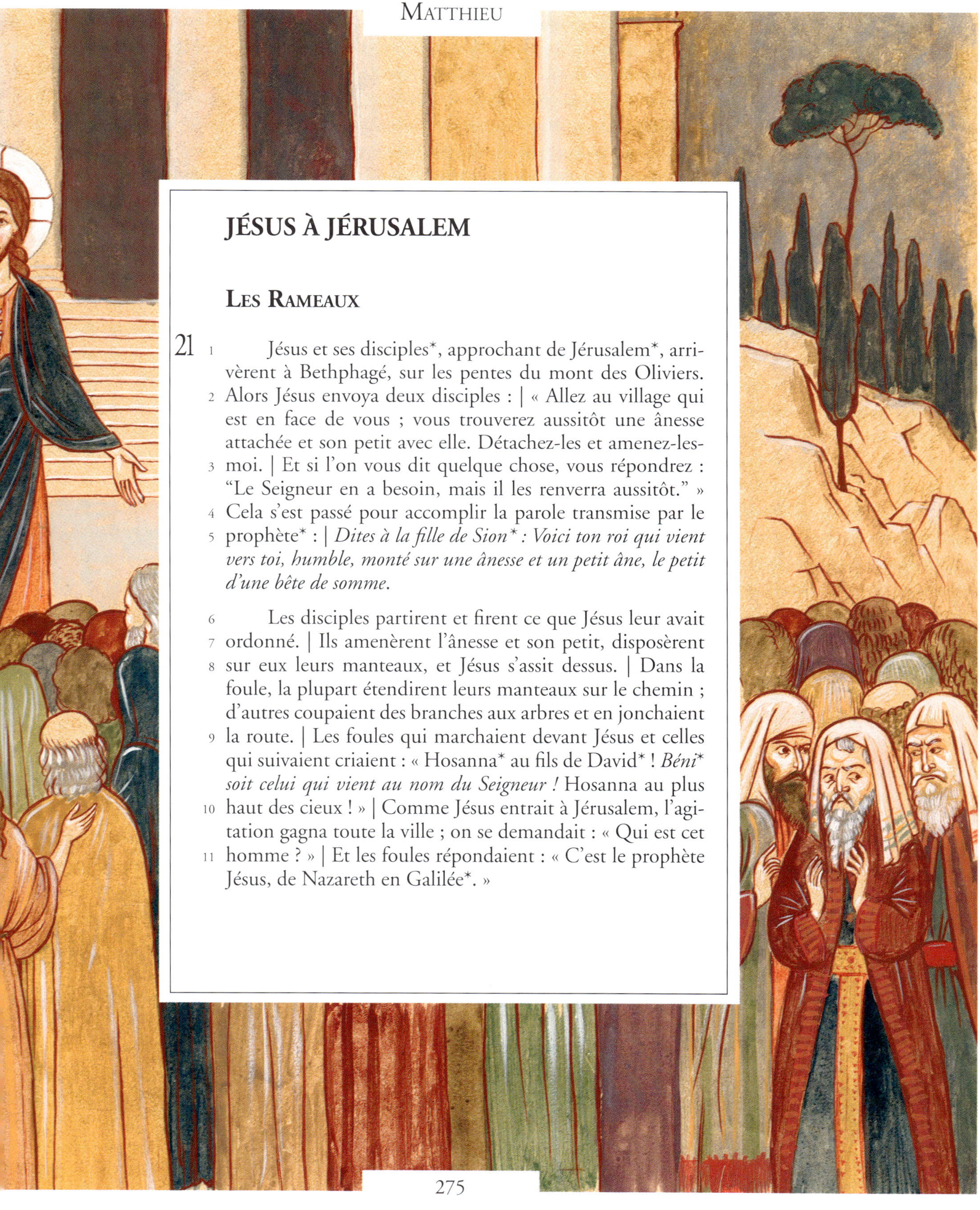

JÉSUS À JÉRUSALEM

LES RAMEAUX

21 1 Jésus et ses disciples*, approchant de Jérusalem*, arri-
vèrent à Bethphagé, sur les pentes du mont des Oliviers.
2 Alors Jésus envoya deux disciples : | « Allez au village qui
est en face de vous ; vous trouverez aussitôt une ânesse
attachée et son petit avec elle. Détachez-les et amenez-les-
3 moi. | Et si l'on vous dit quelque chose, vous répondrez :
“Le Seigneur en a besoin, mais il les renverra aussitôt.” »
4 Cela s'est passé pour accomplir la parole transmise par le
5 prophète* : | *Dites à la fille de Sion* : Voici ton roi qui vient*
vers toi, humble, monté sur une ânesse et un petit âne, le petit
d'une bête de somme.

6 Les disciples partirent et firent ce que Jésus leur avait
7 ordonné. | Ils amenèrent l'ânesse et son petit, disposèrent
8 sur eux leurs manteaux, et Jésus s'assit dessus. | Dans la
foule, la plupart étendirent leurs manteaux sur le chemin ;
d'autres coupaient des branches aux arbres et en jonchaient
9 la route. | Les foules qui marchaient devant Jésus et celles
qui suivaient criaient : « Hosanna* au fils de David* ! *Béni**
soit celui qui vient au nom du Seigneur ! Hosanna au plus
10 haut des cieux ! » | Comme Jésus entrait à Jérusalem, l'agi-
tation gagna toute la ville ; on se demandait : « Qui est cet
11 homme ? » | Et les foules répondaient : « C'est le prophète
Jésus, de Nazareth en Galilée*. »

JÉSUS AU TEMPLE

21 12 Jésus entra dans le Temple*, et il expulsa tous ceux
qui vendaient et qui achetaient dans le Temple ; il renversa
les comptoirs des changeurs et les sièges des marchands de
13 colombes. | Il leur dit : « L'Écriture affirme : *Ma maison*
*s'appellera maison de prière**. Or vous, vous en faites une
14 *caverne de bandits.* » | Des aveugles et des boiteux s'appro-
chèrent de lui dans le Temple, et il les guérit.

15 Les chefs des prêtres* et les scribes* s'indignèrent
quand ils virent ses actions étonnantes, et les enfants qui
criaient dans le Temple : « Hosanna* au fils de David* ! »
16 Ils dirent à Jésus : « Tu entends ce qu'ils crient ? » Jésus leur
répond : « Oui. Vous n'avez donc jamais lu dans l'Écri-
ture* : *De la bouche des enfants, des tout-petits, tu as fait*
17 *monter la louange.* » | Alors il les quitta et sortit de la ville
en direction de Béthanie, où il resta pour la nuit.

LE FIGUIER DESSÉCHÉ

21 18 Le lendemain matin, en revenant vers la ville, Jésus
19 eut faim. | Voyant un figuier au bord de la route, il s'en
approcha, mais il n'y trouva rien d'autre que des feuilles,
et il lui dit : « Plus jamais aucun fruit ne viendra de toi. »
20 Et à l'instant même, le figuier se dessécha. | En voyant cela,
les disciples* s'étonnèrent et dirent : « Comment se fait-il
21 que le figuier s'est desséché à l'instant même ? » | Alors
Jésus déclara : « Amen*, je vous le dis : si vous avez la foi*
et si vous ne doutez pas, vous ne ferez pas seulement ce
que j'ai fait au figuier ; vous pourrez même dire à cette

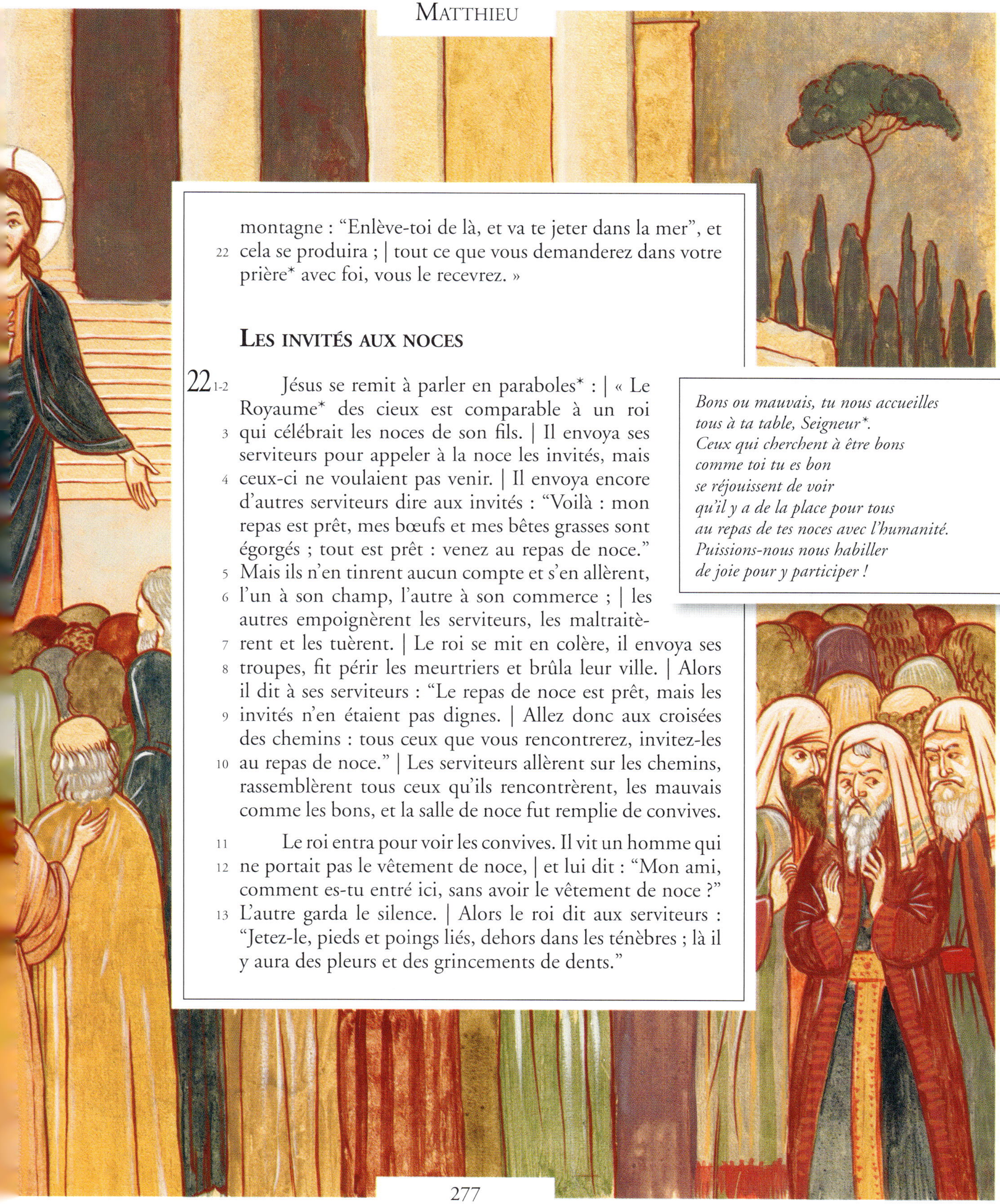

montagne : “Enlève-toi de là, et va te jeter dans la mer”, et
22 cela se produira ; | tout ce que vous demanderez dans votre
prière* avec foi, vous le recevrez. »

Les invités aux noces

22 1-2 Jésus se remit à parler en paraboles* : | « Le
Royaume* des cieux est comparable à un roi
3 qui célébrait les noces de son fils. | Il envoya ses
serviteurs pour appeler à la noce les invités, mais
4 ceux-ci ne voulaient pas venir. | Il envoya encore
d'autres serviteurs dire aux invités : “Voilà : mon
repas est prêt, mes bœufs et mes bêtes grasses sont
égorgés ; tout est prêt : venez au repas de noce.”
5 Mais ils n'en tinrent aucun compte et s'en allèrent,
6 l'un à son champ, l'autre à son commerce ; | les
autres empoignèrent les serviteurs, les maltraitè-
7 rent et les tuèrent. | Le roi se mit en colère, il envoya ses
8 troupes, fit périr les meurtriers et brûla leur ville. | Alors
il dit à ses serviteurs : “Le repas de noce est prêt, mais les
9 invités n'en étaient pas dignes. | Allez donc aux croisées
des chemins : tous ceux que vous rencontrerez, invitez-les
10 au repas de noce.” | Les serviteurs allèrent sur les chemins,
rassemblèrent tous ceux qu'ils rencontrèrent, les mauvais
comme les bons, et la salle de noce fut remplie de convives.

11 Le roi entra pour voir les convives. Il vit un homme qui
12 ne portait pas le vêtement de noce, | et lui dit : “Mon ami,
comment es-tu entré ici, sans avoir le vêtement de noce ?”
13 L'autre garda le silence. | Alors le roi dit aux serviteurs :
“Jetez-le, pieds et poings liés, dehors dans les ténèbres ; là il
y aura des pleurs et des grincements de dents.”

Bons ou mauvais, tu nous accueilles
tous à ta table, Seigneur.*
Ceux qui cherchent à être bons
comme toi tu es bon
se réjouissent de voir
qu'il y a de la place pour tous
au repas de tes noces avec l'humanité.
Puissions-nous nous habiller
de joie pour y participer !

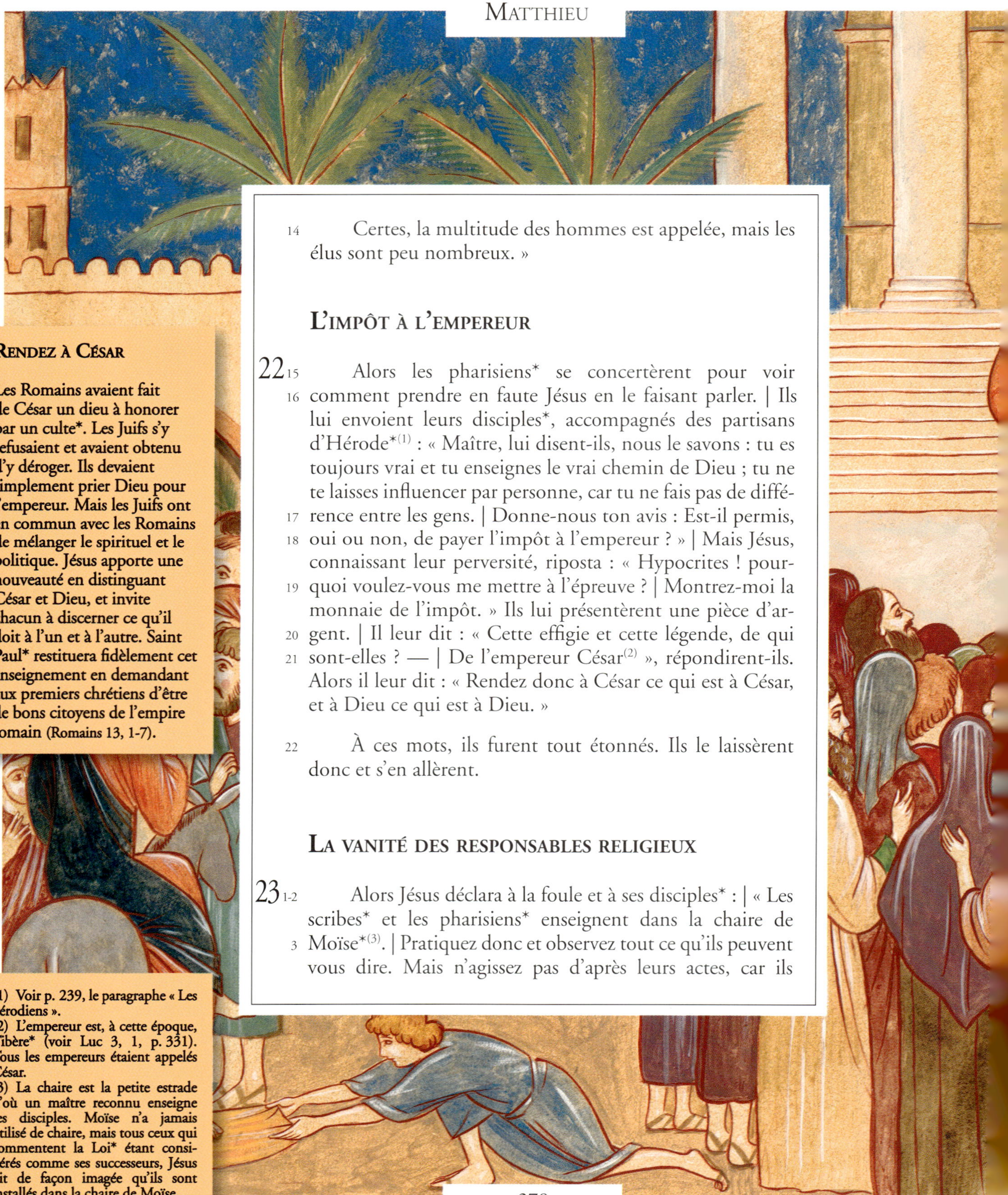

14 Certes, la multitude des hommes est appelée, mais les
élus sont peu nombreux. »

L'IMPÔT À L'EMPEREUR

22 15 Alors les pharisiens* se concertèrent pour voir
16 comment prendre en faute Jésus en le faisant parler. | Ils
lui envoient leurs disciples*, accompagnés des partisans
d'Hérode*[1] : « Maître, lui disent-ils, nous le savons : tu es
toujours vrai et tu enseignes le vrai chemin de Dieu ; tu ne
te laisses influencer par personne, car tu ne fais pas de diffé-
17 rence entre les gens. | Donne-nous ton avis : Est-il permis,
18 oui ou non, de payer l'impôt à l'empereur ? » | Mais Jésus,
connaissant leur perversité, riposta : « Hypocrites ! pour-
19 quoi voulez-vous me mettre à l'épreuve ? | Montrez-moi la
monnaie de l'impôt. » Ils lui présentèrent une pièce d'ar-
20 gent. | Il leur dit : « Cette effigie et cette légende, de qui
21 sont-elles ? — | De l'empereur César[2] », répondirent-ils.
Alors il leur dit : « Rendez donc à César ce qui est à César,
et à Dieu ce qui est à Dieu. »

22 À ces mots, ils furent tout étonnés. Ils le laissèrent
donc et s'en allèrent.

LA VANITÉ DES RESPONSABLES RELIGIEUX

23 1-2 Alors Jésus déclara à la foule et à ses disciples* : | « Les
scribes* et les pharisiens* enseignent dans la chaire de
3 Moïse*[3]. | Pratiquez donc et observez tout ce qu'ils peuvent
vous dire. Mais n'agissez pas d'après leurs actes, car ils

RENDEZ À CÉSAR

Les Romains avaient fait de César un dieu à honorer par un culte*. Les Juifs s'y refusaient et avaient obtenu d'y déroger. Ils devaient simplement prier Dieu pour l'empereur. Mais les Juifs ont en commun avec les Romains de mélanger le spirituel et le politique. Jésus apporte une nouveauté en distinguant César et Dieu, et invite chacun à discerner ce qu'il doit à l'un et à l'autre. Saint Paul* restituera fidèlement cet enseignement en demandant aux premiers chrétiens d'être de bons citoyens de l'empire romain (Romains 13, 1-7).

(1) Voir p. 239, le paragraphe « Les hérodiens ».
(2) L'empereur est, à cette époque, Tibère* (voir Luc 3, 1, p. 331). Tous les empereurs étaient appelés César.
(3) La chaire est la petite estrade d'où un maître reconnu enseigne ses disciples. Moïse n'a jamais utilisé de chaire, mais tous ceux qui commentent la Loi* étant considérés comme ses successeurs, Jésus dit de façon imagée qu'ils sont installés dans la chaire de Moïse.

4 disent et ne font pas. | Ils lient de pesants fardeaux[1] et en
chargent les épaules des gens ; mais eux-mêmes ne veulent
5 pas les remuer du doigt. | Ils agissent toujours pour être
remarqués des hommes : ils portent sur eux des phylactères*
6 très larges et des franges très longues ; | ils aiment les places
d'honneur dans les repas, les premiers rangs dans les syna-
7 gogues*, | les salutations sur les places publiques, ils aiment
8 recevoir des gens le titre de Rabbi*. | Pour vous, ne vous
faites pas donner le titre de Rabbi, car vous n'avez qu'un
9 seul enseignant[2], et vous êtes tous frères. | Ne donnez à
personne sur terre le nom de père, car vous n'avez qu'un
10 seul Père, celui qui est aux cieux. | Ne vous faites pas non
plus appeler maîtres, car vous n'avez qu'un seul maître, le
11 Christ*. | Le plus grand parmi vous sera votre serviteur.
12 Qui s'élèvera sera abaissé, qui s'abaissera sera élevé[3]. »

LES JEUNES FILLES AUX LAMPES

25 1 « Alors, le Royaume* des cieux sera comparable à dix
jeunes filles invitées à des noces, qui prirent leur lampe et
2 s'en allèrent à la rencontre de l'époux. | Cinq d'entre elles
3 étaient insensées, et cinq étaient prévoyantes : | les insen-
4 sées avaient pris leur lampe sans emporter d'huile, | tandis
que les prévoyantes avaient pris, avec leur lampe, de l'huile
5 en réserve. | Comme l'époux tardait, elles s'assoupirent
toutes et s'endormirent.

6 Au milieu de la nuit, un cri se fit entendre : “Voici
7 l'époux ! Sortez à sa rencontre.” | Alors toutes ces jeunes
8 filles se réveillèrent et préparèrent leur lampe. | Les insen-
sées demandèrent aux prévoyantes : “Donnez-nous de votre

(1) Voir p. 257, note 1.
(2) Sous le mot « enseignant », on peut reconnaître le Saint-Esprit*. Il y aurait donc, en ces versets 8 à 10, une allusion à la Trinité*, les trois personnes étant nommées : Enseignant, Père et Christ.
(3) Le cantique de la Vierge Marie fait la même constatation. Voir Luc 1, 52, p. 325.

9 huile, car nos lampes s'éteignent." | Les prévoyantes leur
répondirent : "Jamais cela ne suffira pour nous et pour vous ;
10 allez plutôt vous en procurer chez les marchands." | Pendant
qu'elles allaient en acheter, l'époux arriva. Celles qui étaient
prêtes entrèrent avec lui dans la salle des noces et l'on ferma
11 la porte. | Plus tard, les autres jeunes filles arrivent à leur
12 tour et disent : "Seigneur, Seigneur, ouvre-nous !" | Il leur
répondit : "Amen*, je vous le dis : je ne vous connais pas."

13 Veillez donc, car vous ne savez ni le jour ni l'heure. »

LES TALENTS

25 14 « C'est[1] comme un homme qui partait en voyage : il
15 appela ses serviteurs et leur confia ses biens. | À l'un il donna
une somme de cinq talents, à un autre deux talents, au troi-
sième un seul[2], à chacun selon ses capacités. Puis il partit.
16 Aussitôt, celui qui avait reçu cinq talents s'occupa de les faire
17 valoir et en gagna cinq autres. | De même, celui qui avait reçu
18 deux talents en gagna deux autres. | Mais celui qui n'en avait
reçu qu'un creusa la terre et enfouit l'argent de son maître.

19 Longtemps après, leur maître revient et il leur
20 demande des comptes. | Celui qui avait reçu les cinq talents
s'avança en apportant cinq autres talents et dit : "Seigneur,
tu m'as confié cinq talents ; voilà, j'en ai gagné cinq
21 autres. | — Très bien, serviteur bon et fidèle, tu as
été fidèle pour peu de chose, je t'en confierai beau-
22 coup ; entre dans la joie de ton maître." | Celui
qui avait reçu deux talents s'avança ensuite et dit :
"Seigneur, tu m'as confié deux talents ; voilà, j'en
23 ai gagné deux autres. | — Très bien, serviteur bon

Seigneur, tu me fais confiance,*
tu me confies un trésor :
amour à distribuer, joie à multiplier,
imagination à développer, rêve à réaliser,
sourire à fleurir, poème à écrire,
idées toutes neuves pour construire
avec toi ton Royaume.

(1) Il est toujours question du Royaume* des cieux cité au verset 1, p. 279.
(2) Un talent représente une somme considérable, l'équivalent d'environ 25 kilos d'argent. Recevoir un seul talent, c'est déjà recevoir un trésor.

et fidèle, tu as été fidèle pour peu de chose, je t'en confierai
24 beaucoup ; entre dans la joie de ton maître." | Celui qui
avait reçu un seul talent s'avança ensuite et dit : "Seigneur,
je savais que tu es un homme dur : tu moissonnes là où
tu n'as pas semé, tu ramasses là où tu n'as pas répandu le
25 grain. | J'ai eu peur, et je suis allé enfouir ton talent dans la
26 terre. Le voici. Tu as ce qui t'appartient." | Son maître lui
répliqua : "Serviteur mauvais et paresseux, tu savais que je
moissonne là où je n'ai pas semé, que je ramasse le grain là
27 où je ne l'ai pas répandu. | Alors, il fallait placer mon argent
à la banque ; et, à mon retour, je l'aurais retrouvé avec les
28 intérêts. | Enlevez-lui donc son talent et donnez-le à celui
29 qui en a dix. | Car celui qui a recevra encore, et il sera dans
l'abondance. Mais celui qui n'a rien se fera enlever même
30 ce qu'il a. | Quant à ce serviteur bon à rien, jetez-le dehors
dans les ténèbres ; là il y aura des pleurs et des grincements
de dents !" »

LE JUGEMENT* DERNIER

25 31 « Quand le Fils* de l'homme viendra dans sa gloire*,
et tous les anges* avec lui, alors il siégera sur son trône de
32 gloire. | Toutes les nations* seront rassemblées devant lui ;
il séparera les hommes les uns des autres, comme le berger
33 sépare les brebis des chèvres : | il placera les brebis à sa
droite, et les chèvres à sa gauche.

34 Alors le Roi dira à ceux qui seront à sa droite : "Venez,
les bénis* de mon Père, recevez en héritage le Royaume*
35 préparé pour vous depuis la création du monde. | Car j'avais
faim, et vous m'avez donné à manger ; j'avais soif, et vous
m'avez donné à boire ; j'étais un étranger, et vous m'avez

Ouvre mes yeux, Seigneur,*
afin que je te voie dans le mendiant,
dans l'immigré,
et dans tous ceux que l'on rejette
parce qu'ils sont différents.
Ouvre mes lèvres, Seigneur,
afin que je crie justice pour tous.
Ouvre mes mains, Seigneur,
afin que j'apprenne à partager, à accueillir.
Servir les hommes,
c'est te servir, Seigneur.

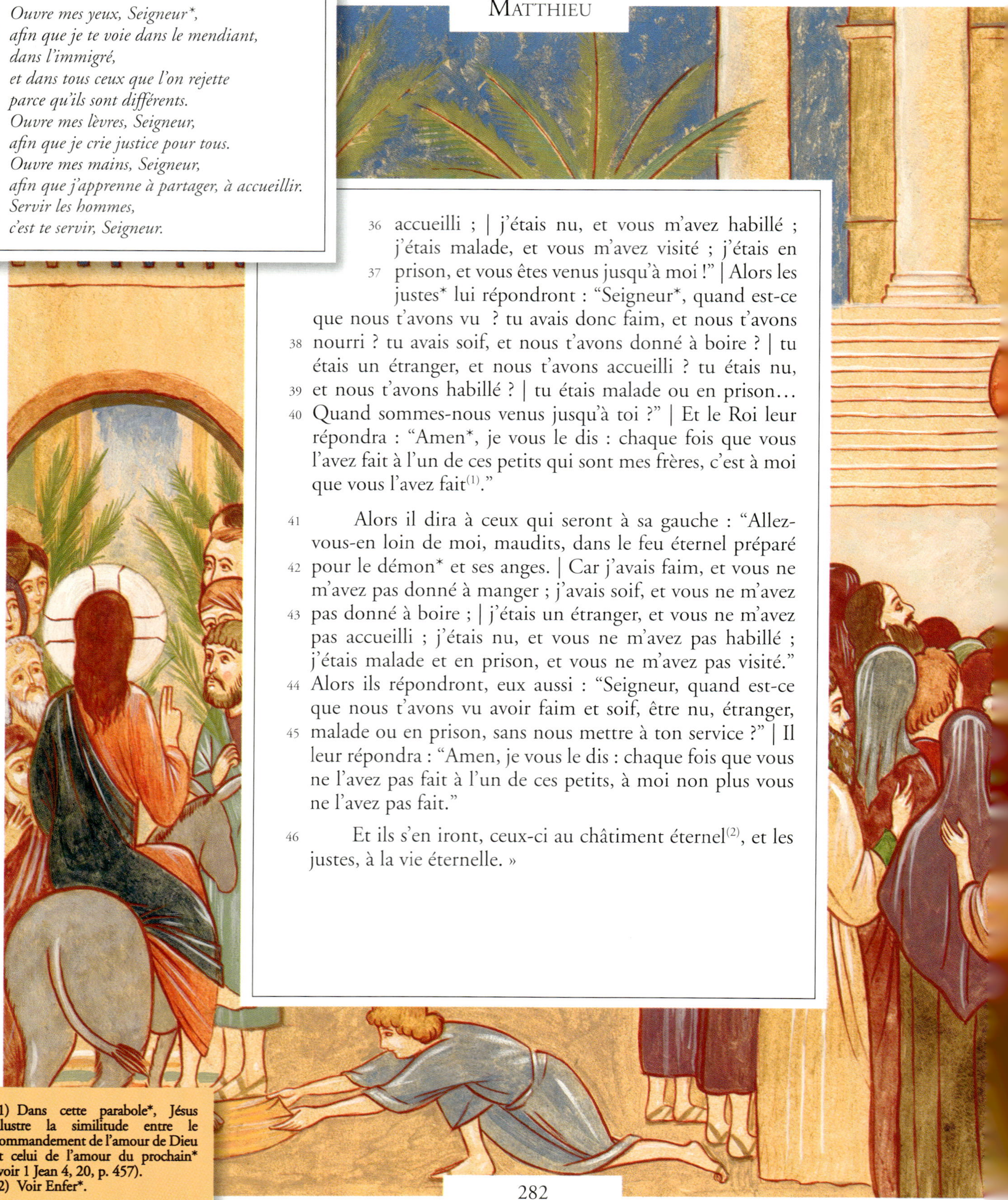

36 accueilli ; | j'étais nu, et vous m'avez habillé ;
j'étais malade, et vous m'avez visité ; j'étais en
37 prison, et vous êtes venus jusqu'à moi !" | Alors les
justes* lui répondront : "Seigneur*, quand est-ce
que nous t'avons vu ? tu avais donc faim, et nous t'avons
38 nourri ? tu avais soif, et nous t'avons donné à boire ? | tu
étais un étranger, et nous t'avons accueilli ? tu étais nu,
39 et nous t'avons habillé ? | tu étais malade ou en prison…
40 Quand sommes-nous venus jusqu'à toi ?" | Et le Roi leur
répondra : "Amen*, je vous le dis : chaque fois que vous
l'avez fait à l'un de ces petits qui sont mes frères, c'est à moi
que vous l'avez fait[(1)]."

41 Alors il dira à ceux qui seront à sa gauche : "Allez-
vous-en loin de moi, maudits, dans le feu éternel préparé
42 pour le démon* et ses anges. | Car j'avais faim, et vous ne
m'avez pas donné à manger ; j'avais soif, et vous ne m'avez
43 pas donné à boire ; | j'étais un étranger, et vous ne m'avez
pas accueilli ; j'étais nu, et vous ne m'avez pas habillé ;
j'étais malade et en prison, et vous ne m'avez pas visité."
44 Alors ils répondront, eux aussi : "Seigneur, quand est-ce
que nous t'avons vu avoir faim et soif, être nu, étranger,
45 malade ou en prison, sans nous mettre à ton service ?" | Il
leur répondra : "Amen, je vous le dis : chaque fois que vous
ne l'avez pas fait à l'un de ces petits, à moi non plus vous
ne l'avez pas fait."

46 Et ils s'en iront, ceux-ci au châtiment éternel[(2)], et les
justes, à la vie éternelle. »

(1) Dans cette parabole*, Jésus illustre la similitude entre le commandement de l'amour de Dieu et celui de l'amour du prochain* (voir 1 Jean 4, 20, p. 457).
(2) Voir Enfer*.

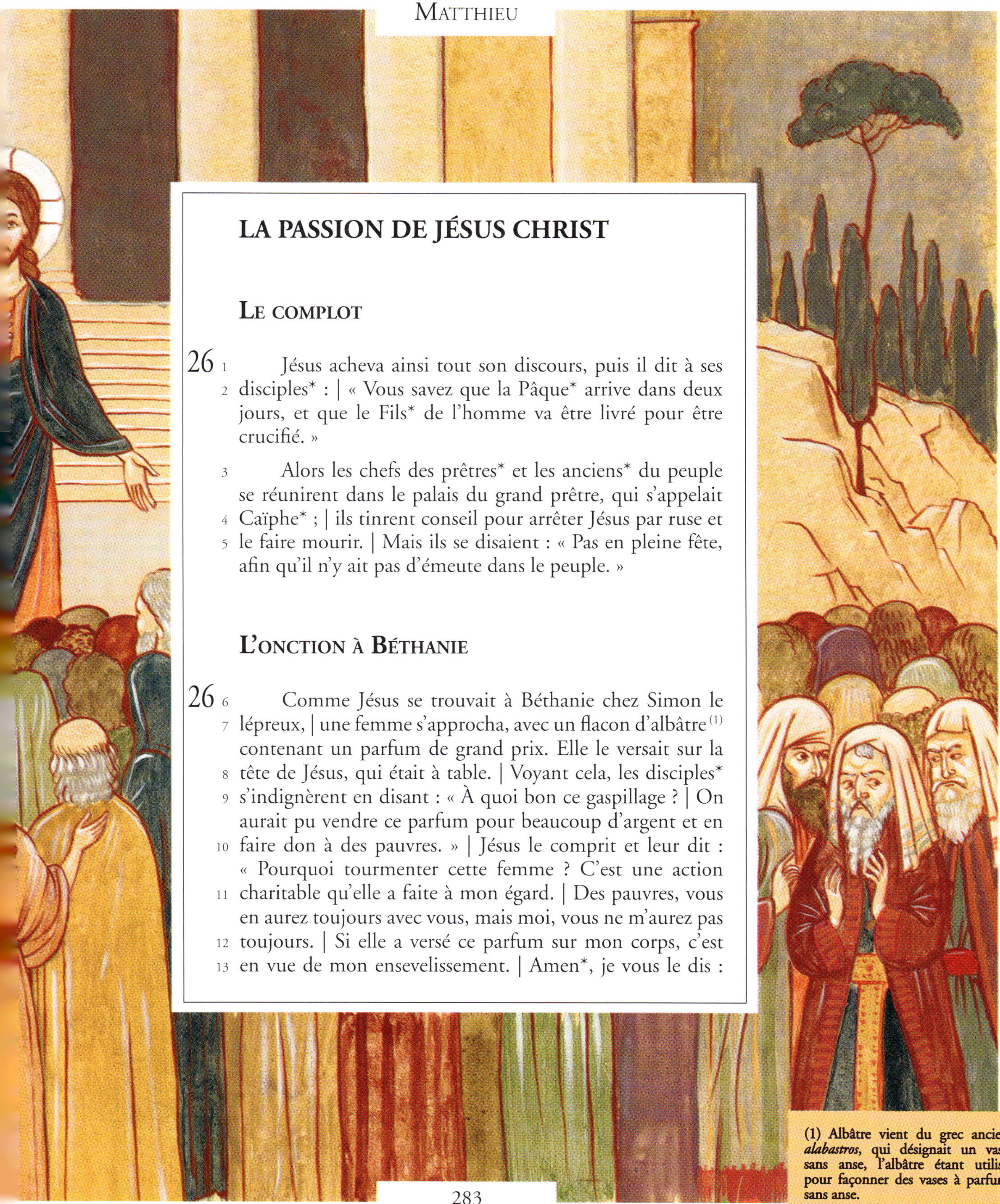

LA PASSION DE JÉSUS CHRIST

LE COMPLOT

26 1 Jésus acheva ainsi tout son discours, puis il dit à ses
2 disciples* : | « Vous savez que la Pâque* arrive dans deux
jours, et que le Fils* de l'homme va être livré pour être
crucifié. »

3 Alors les chefs des prêtres* et les anciens* du peuple
se réunirent dans le palais du grand prêtre, qui s'appelait
4 Caïphe* ; | ils tinrent conseil pour arrêter Jésus par ruse et
5 le faire mourir. | Mais ils se disaient : « Pas en pleine fête,
afin qu'il n'y ait pas d'émeute dans le peuple. »

L'ONCTION À BÉTHANIE

26 6 Comme Jésus se trouvait à Béthanie chez Simon le
7 lépreux, | une femme s'approcha, avec un flacon d'albâtre [(1)]
contenant un parfum de grand prix. Elle le versait sur la
8 tête de Jésus, qui était à table. | Voyant cela, les disciples*
9 s'indignèrent en disant : « À quoi bon ce gaspillage ? | On
aurait pu vendre ce parfum pour beaucoup d'argent et en
10 faire don à des pauvres. » | Jésus le comprit et leur dit :
« Pourquoi tourmenter cette femme ? C'est une action
11 charitable qu'elle a faite à mon égard. | Des pauvres, vous
en aurez toujours avec vous, mais moi, vous ne m'aurez pas
12 toujours. | Si elle a versé ce parfum sur mon corps, c'est
13 en vue de mon ensevelissement. | Amen*, je vous le dis :

(1) Albâtre vient du grec ancien *alabastros*, qui désignait un vase sans anse, l'albâtre étant utilisé pour façonner des vases à parfum sans anse.

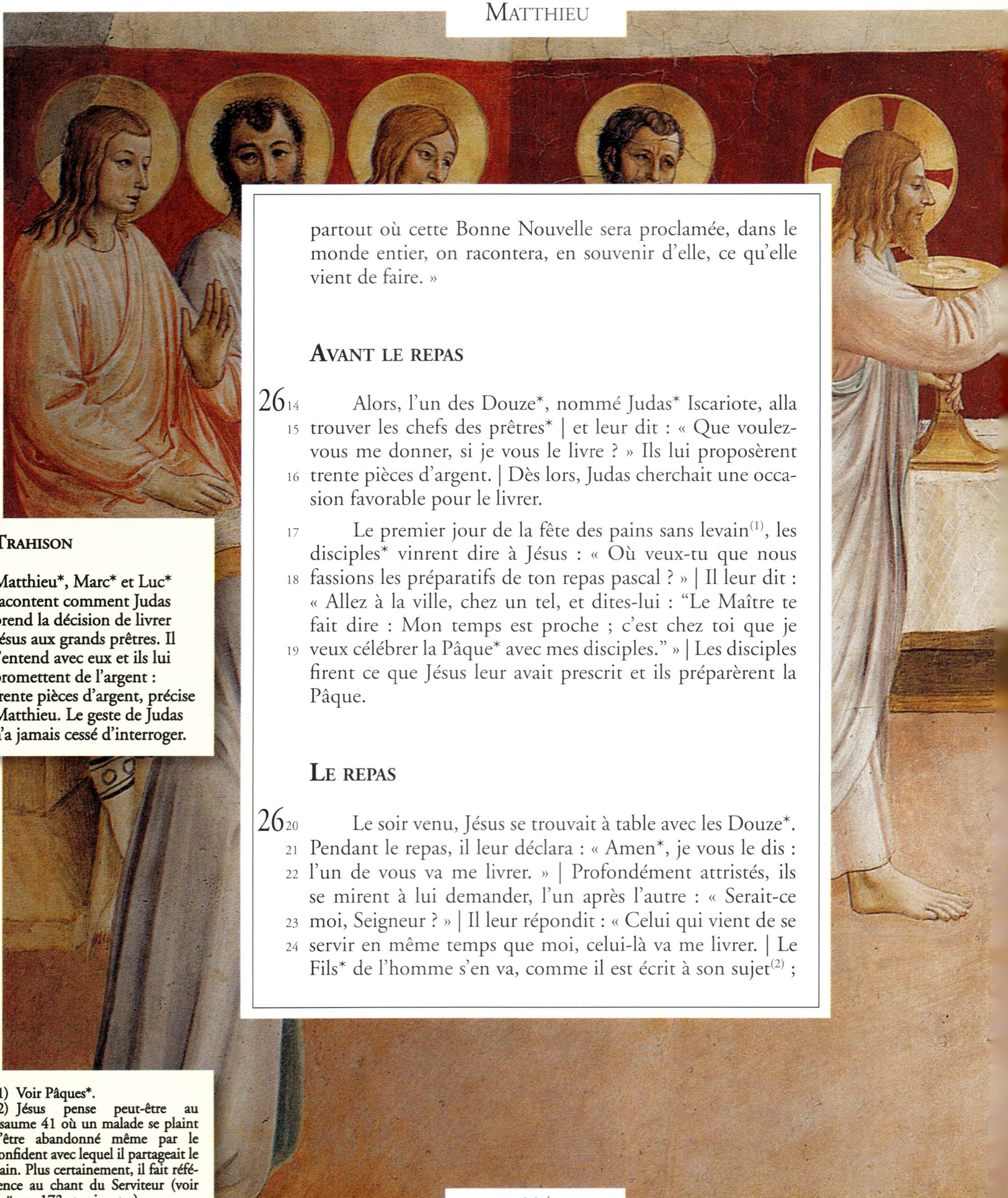

partout où cette Bonne Nouvelle sera proclamée, dans le
monde entier, on racontera, en souvenir d'elle, ce qu'elle
vient de faire. »

AVANT LE REPAS

26 14 Alors, l'un des Douze*, nommé Judas* Iscariote, alla
15 trouver les chefs des prêtres* | et leur dit : « Que voulez-
vous me donner, si je vous le livre ? » Ils lui proposèrent
16 trente pièces d'argent. | Dès lors, Judas cherchait une occa-
sion favorable pour le livrer.

17 Le premier jour de la fête des pains sans levain(1), les
disciples* vinrent dire à Jésus : « Où veux-tu que nous
18 fassions les préparatifs de ton repas pascal ? » | Il leur dit :
« Allez à la ville, chez un tel, et dites-lui : "Le Maître te
fait dire : Mon temps est proche ; c'est chez toi que je
19 veux célébrer la Pâque* avec mes disciples." » | Les disciples
firent ce que Jésus leur avait prescrit et ils préparèrent la
Pâque.

LE REPAS

26 20 Le soir venu, Jésus se trouvait à table avec les Douze*.
21 Pendant le repas, il leur déclara : « Amen*, je vous le dis :
22 l'un de vous va me livrer. » | Profondément attristés, ils
se mirent à lui demander, l'un après l'autre : « Serait-ce
23 moi, Seigneur ? » | Il leur répondit : « Celui qui vient de se
24 servir en même temps que moi, celui-là va me livrer. | Le
Fils* de l'homme s'en va, comme il est écrit à son sujet(2) ;

TRAHISON

Matthieu*, Marc* et Luc* racontent comment Judas prend la décision de livrer Jésus aux grands prêtres. Il s'entend avec eux et ils lui promettent de l'argent : trente pièces d'argent, précise Matthieu. Le geste de Judas n'a jamais cessé d'interroger.

(1) Voir Pâques*.
(2) Jésus pense peut-être au Psaume 41 où un malade se plaint d'être abandonné même par le confident avec lequel il partageait le pain. Plus certainement, il fait référence au chant du Serviteur (voir Isaïe, p. 173 et suivantes).

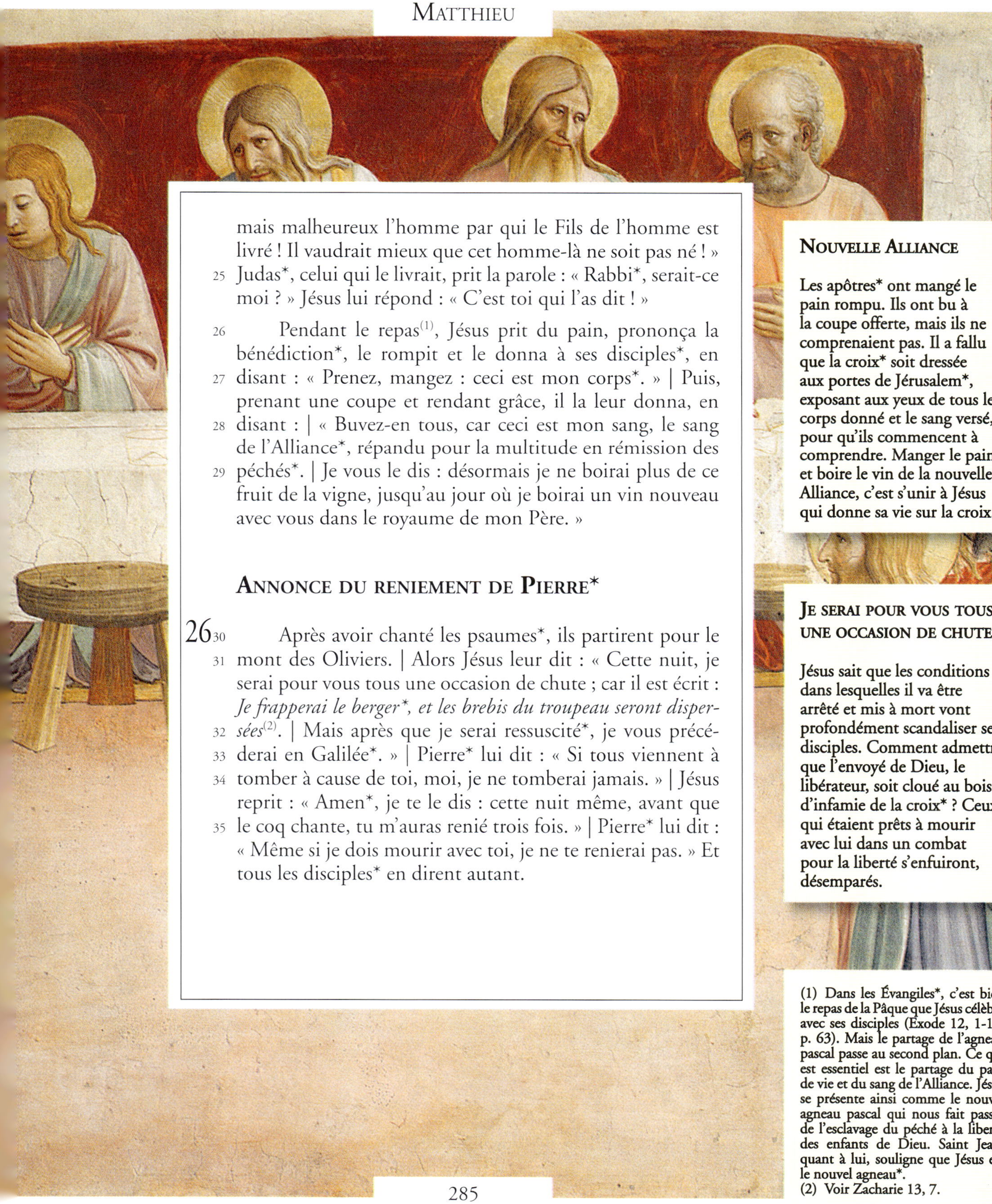

mais malheureux l'homme par qui le Fils de l'homme est
livré ! Il vaudrait mieux que cet homme-là ne soit pas né ! »
25 Judas*, celui qui le livrait, prit la parole : « Rabbi*, serait-ce
moi ? » Jésus lui répond : « C'est toi qui l'as dit ! »

26 Pendant le repas(1), Jésus prit du pain, prononça la
bénédiction*, le rompit et le donna à ses disciples*, en
27 disant : « Prenez, mangez : ceci est mon corps*. » | Puis,
prenant une coupe et rendant grâce, il la leur donna, en
28 disant : | « Buvez-en tous, car ceci est mon sang, le sang
de l'Alliance*, répandu pour la multitude en rémission des
29 péchés*. | Je vous le dis : désormais je ne boirai plus de ce
fruit de la vigne, jusqu'au jour où je boirai un vin nouveau
avec vous dans le royaume de mon Père. »

Annonce du reniement de Pierre*

26 30 Après avoir chanté les psaumes*, ils partirent pour le
31 mont des Oliviers. | Alors Jésus leur dit : « Cette nuit, je
serai pour vous tous une occasion de chute ; car il est écrit :
Je frapperai le berger, et les brebis du troupeau seront disper-*
32 *sées*(2). | Mais après que je serai ressuscité*, je vous précé-
33 derai en Galilée*. » | Pierre* lui dit : « Si tous viennent à
34 tomber à cause de toi, moi, je ne tomberai jamais. » | Jésus
reprit : « Amen*, je te le dis : cette nuit même, avant que
35 le coq chante, tu m'auras renié trois fois. » | Pierre* lui dit :
« Même si je dois mourir avec toi, je ne te renierai pas. » Et
tous les disciples* en dirent autant.

Nouvelle Alliance

Les apôtres* ont mangé le pain rompu. Ils ont bu à la coupe offerte, mais ils ne comprenaient pas. Il a fallu que la croix* soit dressée aux portes de Jérusalem*, exposant aux yeux de tous le corps donné et le sang versé, pour qu'ils commencent à comprendre. Manger le pain et boire le vin de la nouvelle Alliance, c'est s'unir à Jésus qui donne sa vie sur la croix.

Je serai pour vous tous une occasion de chute

Jésus sait que les conditions dans lesquelles il va être arrêté et mis à mort vont profondément scandaliser ses disciples. Comment admettre que l'envoyé de Dieu, le libérateur, soit cloué au bois d'infamie de la croix* ? Ceux qui étaient prêts à mourir avec lui dans un combat pour la liberté s'enfuiront, désemparés.

(1) Dans les Évangiles*, c'est bien le repas de la Pâque que Jésus célèbre avec ses disciples (Exode 12, 1-14, p. 63). Mais le partage de l'agneau pascal passe au second plan. Ce qui est essentiel est le partage du pain de vie et du sang de l'Alliance. Jésus se présente ainsi comme le nouvel agneau pascal qui nous fait passer de l'esclavage du péché à la liberté des enfants de Dieu. Saint Jean, quant à lui, souligne que Jésus est le nouvel agneau*.
(2) Voir Zacharie 13, 7.

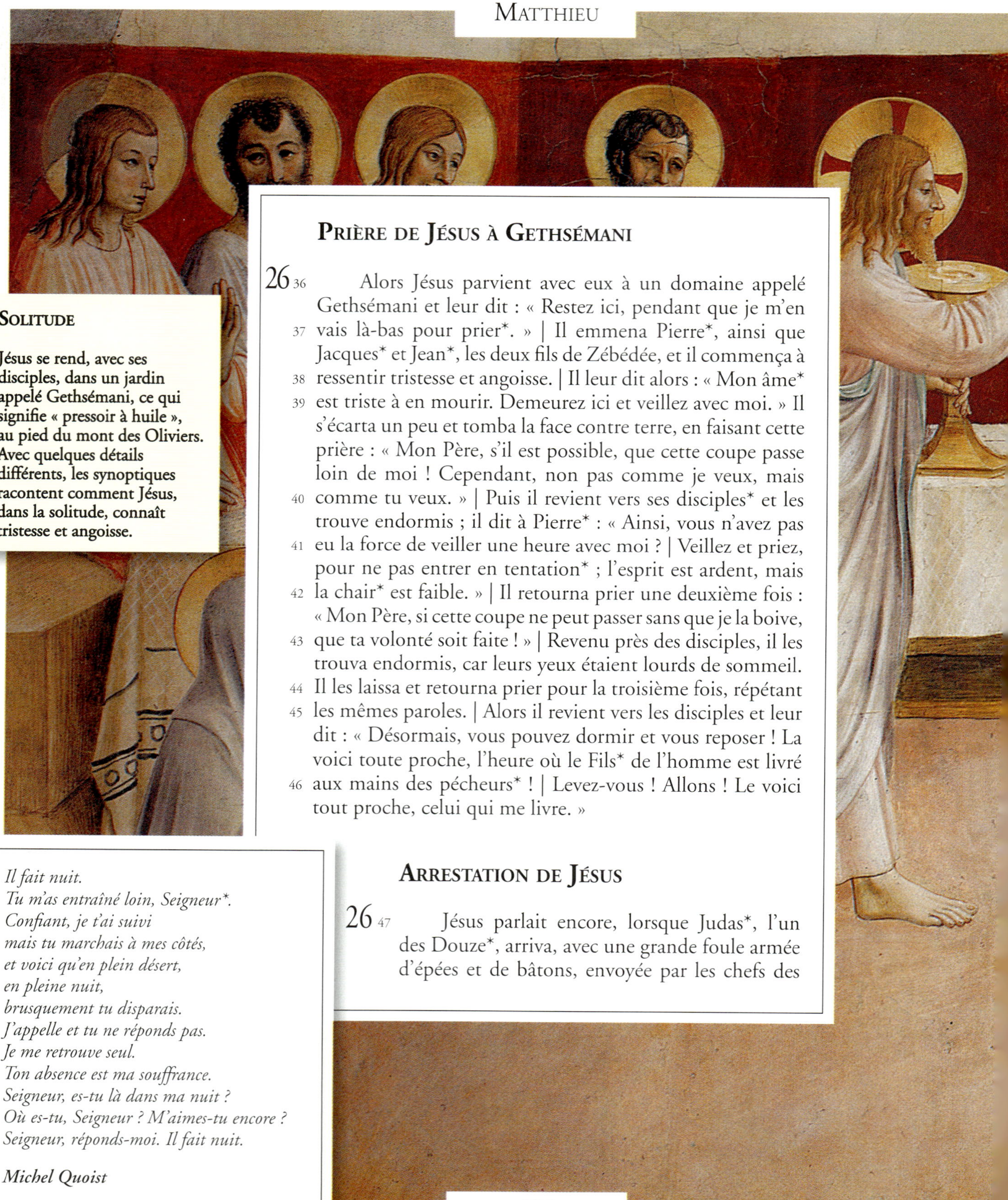

Prière de Jésus à Gethsémani

26 36 Alors Jésus parvient avec eux à un domaine appelé
Gethsémani et leur dit : « Restez ici, pendant que je m'en
37 vais là-bas pour prier*. » | Il emmena Pierre*, ainsi que
Jacques* et Jean*, les deux fils de Zébédée, et il commença à
38 ressentir tristesse et angoisse. | Il leur dit alors : « Mon âme*
39 est triste à en mourir. Demeurez ici et veillez avec moi. » Il
s'écarta un peu et tomba la face contre terre, en faisant cette
prière : « Mon Père, s'il est possible, que cette coupe passe
loin de moi ! Cependant, non pas comme je veux, mais
40 comme tu veux. » | Puis il revient vers ses disciples* et les
trouve endormis ; il dit à Pierre* : « Ainsi, vous n'avez pas
41 eu la force de veiller une heure avec moi ? | Veillez et priez,
pour ne pas entrer en tentation* ; l'esprit est ardent, mais
42 la chair* est faible. » | Il retourna prier une deuxième fois :
« Mon Père, si cette coupe ne peut passer sans que je la boive,
43 que ta volonté soit faite ! » | Revenu près des disciples, il les
trouva endormis, car leurs yeux étaient lourds de sommeil.
44 Il les laissa et retourna prier pour la troisième fois, répétant
45 les mêmes paroles. | Alors il revient vers les disciples et leur
dit : « Désormais, vous pouvez dormir et vous reposer ! La
voici toute proche, l'heure où le Fils* de l'homme est livré
46 aux mains des pécheurs* ! | Levez-vous ! Allons ! Le voici
tout proche, celui qui me livre. »

Arrestation de Jésus

26 47 Jésus parlait encore, lorsque Judas*, l'un
des Douze*, arriva, avec une grande foule armée
d'épées et de bâtons, envoyée par les chefs des

Solitude

Jésus se rend, avec ses disciples, dans un jardin appelé Gethsémani, ce qui signifie « pressoir à huile », au pied du mont des Oliviers. Avec quelques détails différents, les synoptiques racontent comment Jésus, dans la solitude, connaît tristesse et angoisse.

Il fait nuit.
Tu m'as entraîné loin, Seigneur.*
Confiant, je t'ai suivi
mais tu marchais à mes côtés,
et voici qu'en plein désert,
en pleine nuit,
brusquement tu disparais.
J'appelle et tu ne réponds pas.
Je me retrouve seul.
Ton absence est ma souffrance.
Seigneur, es-tu là dans ma nuit ?
Où es-tu, Seigneur ? M'aimes-tu encore ?
Seigneur, réponds-moi. Il fait nuit.

Michel Quoist

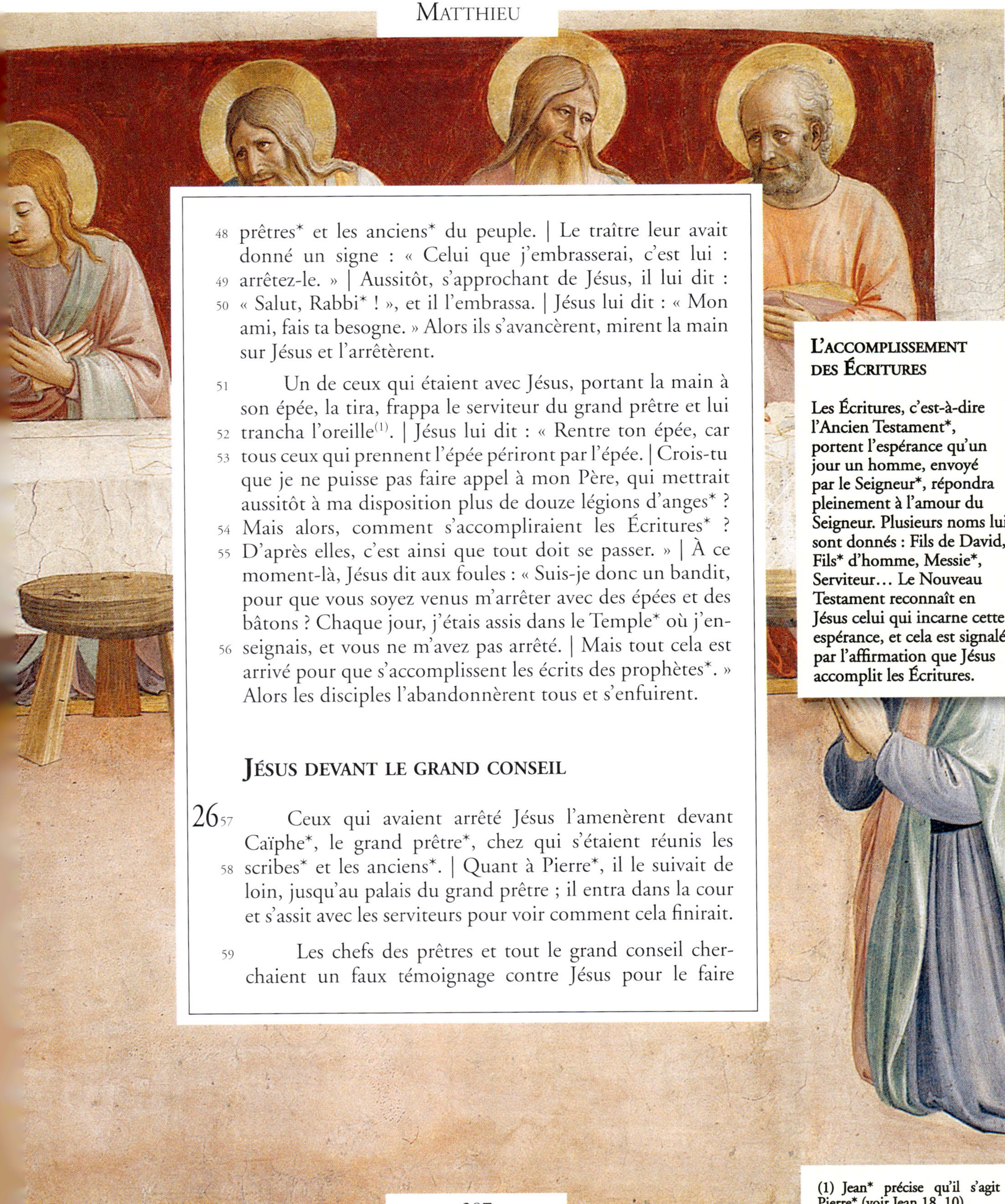

48 prêtres* et les anciens* du peuple. | Le traître leur avait
donné un signe : « Celui que j'embrasserai, c'est lui :
49 arrêtez-le. » | Aussitôt, s'approchant de Jésus, il lui dit :
50 « Salut, Rabbi* ! », et il l'embrassa. | Jésus lui dit : « Mon
ami, fais ta besogne. » Alors ils s'avancèrent, mirent la main
sur Jésus et l'arrêtèrent.

51 Un de ceux qui étaient avec Jésus, portant la main à
son épée, la tira, frappa le serviteur du grand prêtre et lui
52 trancha l'oreille(1). | Jésus lui dit : « Rentre ton épée, car
53 tous ceux qui prennent l'épée périront par l'épée. | Crois-tu
que je ne puisse pas faire appel à mon Père, qui mettrait
aussitôt à ma disposition plus de douze légions d'anges* ?
54 Mais alors, comment s'accompliraient les Écritures* ?
55 D'après elles, c'est ainsi que tout doit se passer. » | À ce
moment-là, Jésus dit aux foules : « Suis-je donc un bandit,
pour que vous soyez venus m'arrêter avec des épées et des
bâtons ? Chaque jour, j'étais assis dans le Temple* où j'en-
56 seignais, et vous ne m'avez pas arrêté. | Mais tout cela est
arrivé pour que s'accomplissent les écrits des prophètes*. »
Alors les disciples l'abandonnèrent tous et s'enfuirent.

Jésus devant le grand conseil

26 57 Ceux qui avaient arrêté Jésus l'amenèrent devant
Caïphe*, le grand prêtre*, chez qui s'étaient réunis les
58 scribes* et les anciens*. | Quant à Pierre*, il le suivait de
loin, jusqu'au palais du grand prêtre ; il entra dans la cour
et s'assit avec les serviteurs pour voir comment cela finirait.

59 Les chefs des prêtres et tout le grand conseil cher-
chaient un faux témoignage contre Jésus pour le faire

L'accomplissement des Écritures

Les Écritures, c'est-à-dire l'Ancien Testament*, portent l'espérance qu'un jour un homme, envoyé par le Seigneur*, répondra pleinement à l'amour du Seigneur. Plusieurs noms lui sont donnés : Fils de David, Fils* d'homme, Messie*, Serviteur… Le Nouveau Testament reconnaît en Jésus celui qui incarne cette espérance, et cela est signalé par l'affirmation que Jésus accomplit les Écritures.

(1) Jean* précise qu'il s'agit de Pierre* (voir Jean 18, 10).

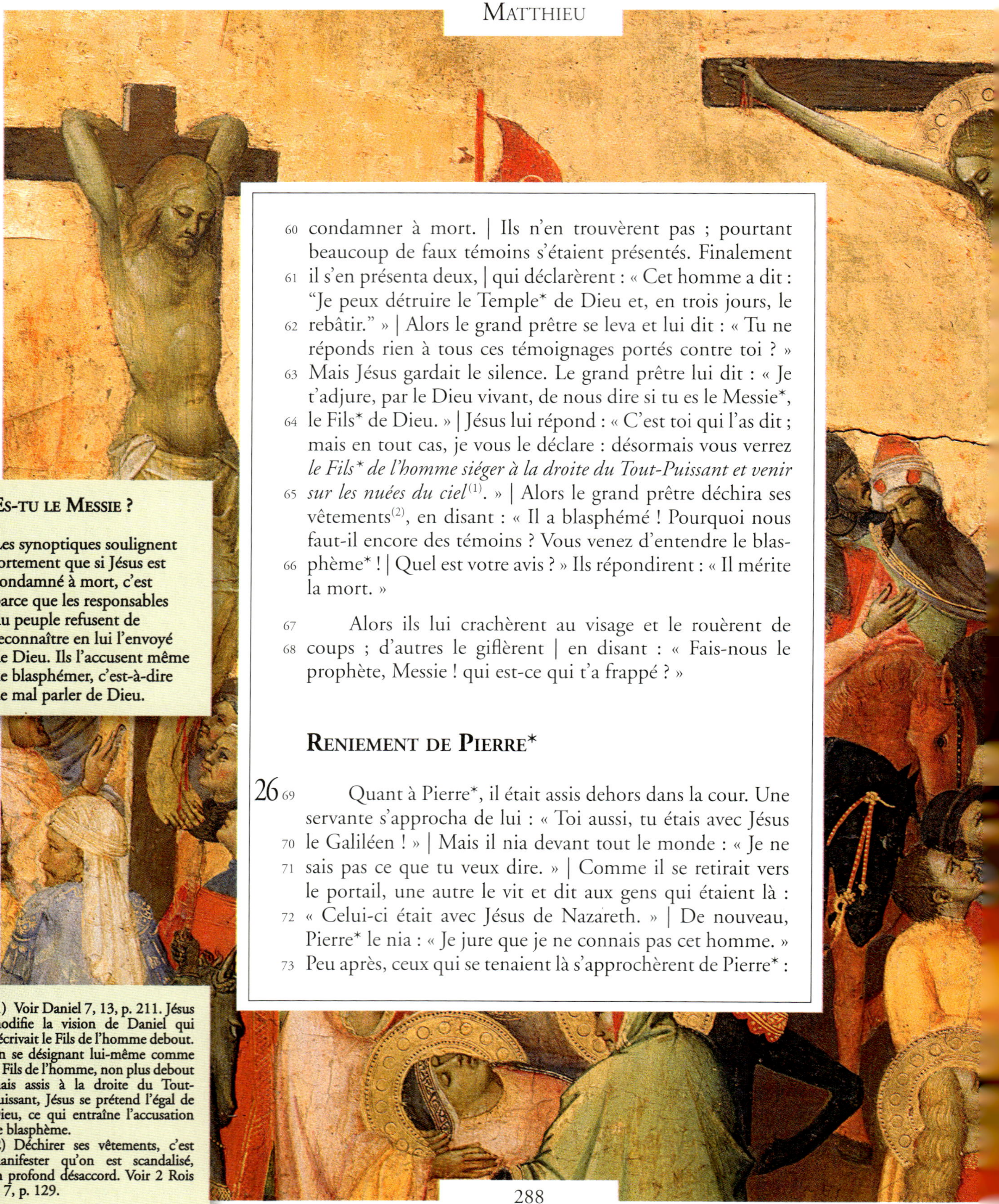

60 condamner à mort. | Ils n'en trouvèrent pas ; pourtant
beaucoup de faux témoins s'étaient présentés. Finalement
61 il s'en présenta deux, | qui déclarèrent : « Cet homme a dit :
“Je peux détruire le Temple* de Dieu et, en trois jours, le
62 rebâtir.” » | Alors le grand prêtre se leva et lui dit : « Tu ne
réponds rien à tous ces témoignages portés contre toi ? »
63 Mais Jésus gardait le silence. Le grand prêtre lui dit : « Je
t'adjure, par le Dieu vivant, de nous dire si tu es le Messie*,
64 le Fils* de Dieu. » | Jésus lui répond : « C'est toi qui l'as dit ;
mais en tout cas, je vous le déclare : désormais vous verrez
le Fils de l'homme siéger à la droite du Tout-Puissant et venir*
65 *sur les nuées du ciel*[1]. » | Alors le grand prêtre déchira ses
vêtements[2], en disant : « Il a blasphémé ! Pourquoi nous
faut-il encore des témoins ? Vous venez d'entendre le blas-
66 phème* ! | Quel est votre avis ? » Ils répondirent : « Il mérite
la mort. »

67 Alors ils lui crachèrent au visage et le rouèrent de
68 coups ; d'autres le giflèrent | en disant : « Fais-nous le
prophète, Messie ! qui est-ce qui t'a frappé ? »

RENIEMENT DE PIERRE*

26 69 Quant à Pierre*, il était assis dehors dans la cour. Une
servante s'approcha de lui : « Toi aussi, tu étais avec Jésus
70 le Galiléen ! » | Mais il nia devant tout le monde : « Je ne
71 sais pas ce que tu veux dire. » | Comme il se retirait vers
le portail, une autre le vit et dit aux gens qui étaient là :
72 « Celui-ci était avec Jésus de Nazareth. » | De nouveau,
Pierre* le nia : « Je jure que je ne connais pas cet homme. »
73 Peu après, ceux qui se tenaient là s'approchèrent de Pierre* :

ES-TU LE MESSIE ?

Les synoptiques soulignent fortement que si Jésus est condamné à mort, c'est parce que les responsables du peuple refusent de reconnaître en lui l'envoyé de Dieu. Ils l'accusent même de blasphémer, c'est-à-dire de mal parler de Dieu.

(1) Voir Daniel 7, 13, p. 211. Jésus modifie la vision de Daniel qui décrivait le Fils de l'homme debout. En se désignant lui-même comme le Fils de l'homme, non plus debout mais assis à la droite du Tout-Puissant, Jésus se prétend l'égal de Dieu, ce qui entraîne l'accusation de blasphème.
(2) Déchirer ses vêtements, c'est manifester qu'on est scandalisé, en profond désaccord. Voir 2 Rois 5, 7, p. 129.

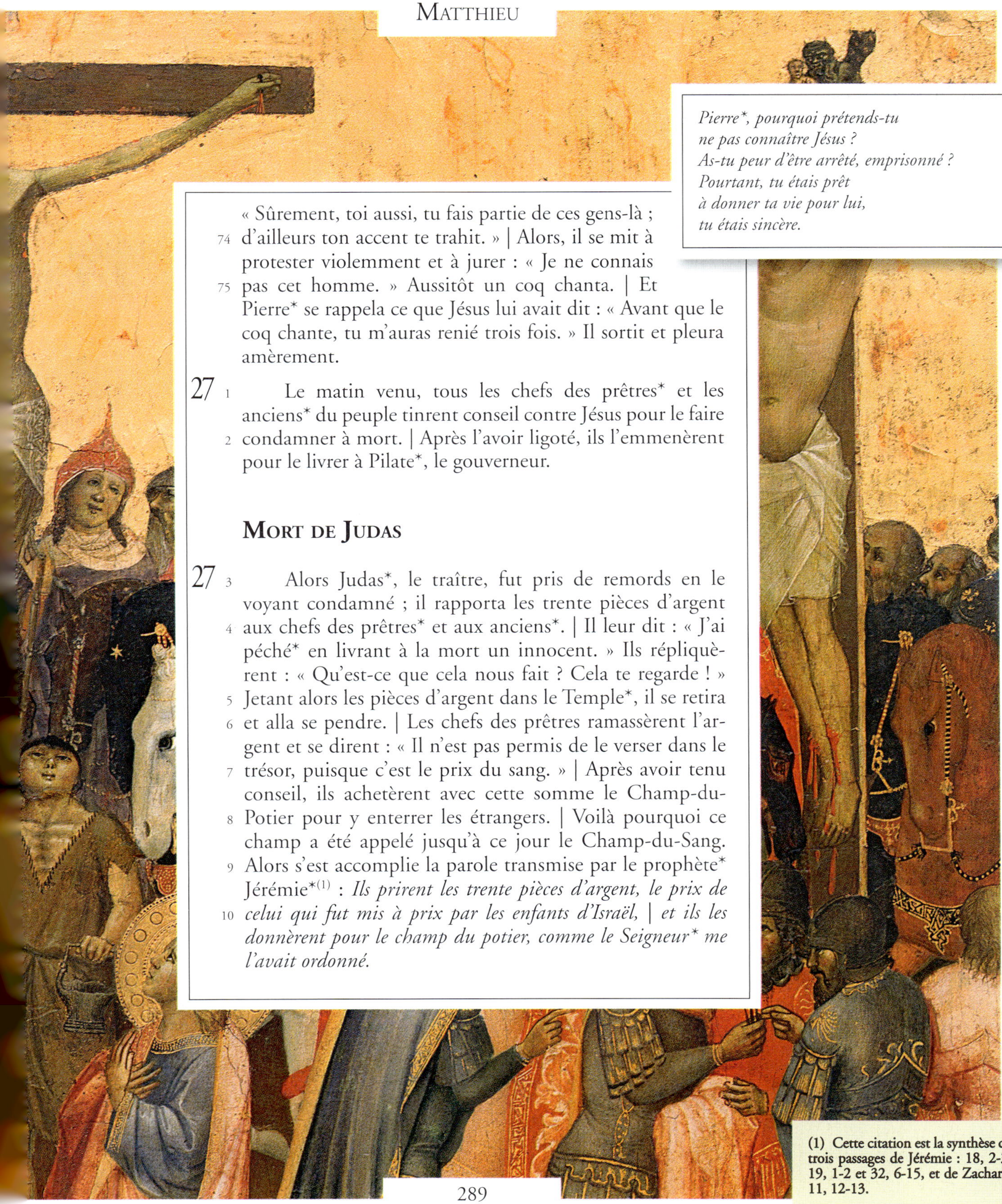

Pierre, pourquoi prétends-tu*
ne pas connaître Jésus ?
As-tu peur d'être arrêté, emprisonné ?
Pourtant, tu étais prêt
à donner ta vie pour lui,
tu étais sincère.

« Sûrement, toi aussi, tu fais partie de ces gens-là ;
74 d'ailleurs ton accent te trahit. » | Alors, il se mit à
protester violemment et à jurer : « Je ne connais
75 pas cet homme. » Aussitôt un coq chanta. | Et
Pierre* se rappela ce que Jésus lui avait dit : « Avant que le
coq chante, tu m'auras renié trois fois. » Il sortit et pleura
amèrement.

27 1 Le matin venu, tous les chefs des prêtres* et les
anciens* du peuple tinrent conseil contre Jésus pour le faire
2 condamner à mort. | Après l'avoir ligoté, ils l'emmenèrent
pour le livrer à Pilate*, le gouverneur.

MORT DE JUDAS

27 3 Alors Judas*, le traître, fut pris de remords en le
voyant condamné ; il rapporta les trente pièces d'argent
4 aux chefs des prêtres* et aux anciens*. | Il leur dit : « J'ai
péché* en livrant à la mort un innocent. » Ils répliquè-
rent : « Qu'est-ce que cela nous fait ? Cela te regarde ! »
5 Jetant alors les pièces d'argent dans le Temple*, il se retira
6 et alla se pendre. | Les chefs des prêtres ramassèrent l'ar-
gent et se dirent : « Il n'est pas permis de le verser dans le
7 trésor, puisque c'est le prix du sang. » | Après avoir tenu
conseil, ils achetèrent avec cette somme le Champ-du-
8 Potier pour y enterrer les étrangers. | Voilà pourquoi ce
champ a été appelé jusqu'à ce jour le Champ-du-Sang.
9 Alors s'est accomplie la parole transmise par le prophète*
Jérémie*(1) : *Ils prirent les trente pièces d'argent, le prix de*
10 *celui qui fut mis à prix par les enfants d'Israël, | et ils les*
donnèrent pour le champ du potier, comme le Seigneur me*
l'avait ordonné.

(1) Cette citation est la synthèse de trois passages de Jérémie : 18, 2-3, 19, 1-2 et 32, 6-15, et de Zacharie 11, 12-13.

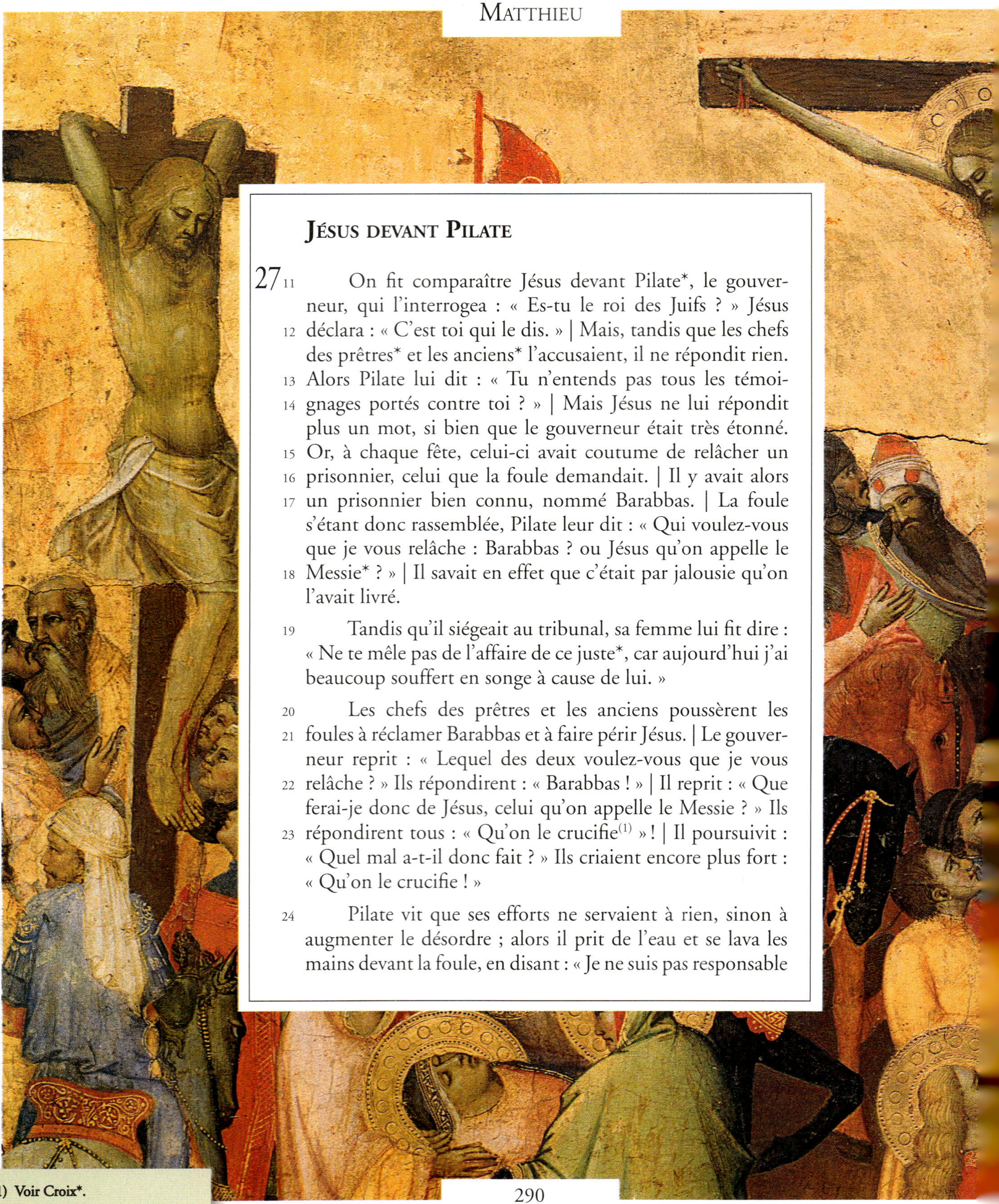

JÉSUS DEVANT PILATE

27 11 On fit comparaître Jésus devant Pilate*, le gouver-
neur, qui l'interrogea : « Es-tu le roi des Juifs ? » Jésus
12 déclara : « C'est toi qui le dis. » | Mais, tandis que les chefs
des prêtres* et les anciens* l'accusaient, il ne répondit rien.
13 Alors Pilate lui dit : « Tu n'entends pas tous les témoi-
14 gnages portés contre toi ? » | Mais Jésus ne lui répondit
plus un mot, si bien que le gouverneur était très étonné.
15 Or, à chaque fête, celui-ci avait coutume de relâcher un
16 prisonnier, celui que la foule demandait. | Il y avait alors
17 un prisonnier bien connu, nommé Barabbas. | La foule
s'étant donc rassemblée, Pilate leur dit : « Qui voulez-vous
que je vous relâche : Barabbas ? ou Jésus qu'on appelle le
18 Messie* ? » | Il savait en effet que c'était par jalousie qu'on
l'avait livré.

19 Tandis qu'il siégeait au tribunal, sa femme lui fit dire :
« Ne te mêle pas de l'affaire de ce juste*, car aujourd'hui j'ai
beaucoup souffert en songe à cause de lui. »

20 Les chefs des prêtres et les anciens poussèrent les
21 foules à réclamer Barabbas et à faire périr Jésus. | Le gouver-
neur reprit : « Lequel des deux voulez-vous que je vous
22 relâche ? » Ils répondirent : « Barabbas ! » | Il reprit : « Que
ferai-je donc de Jésus, celui qu'on appelle le Messie ? » Ils
23 répondirent tous : « Qu'on le crucifie[1] » ! | Il poursuivit :
« Quel mal a-t-il donc fait ? » Ils criaient encore plus fort :
« Qu'on le crucifie ! »

24 Pilate vit que ses efforts ne servaient à rien, sinon à
augmenter le désordre ; alors il prit de l'eau et se lava les
mains devant la foule, en disant : « Je ne suis pas responsable

(1) Voir Croix*.

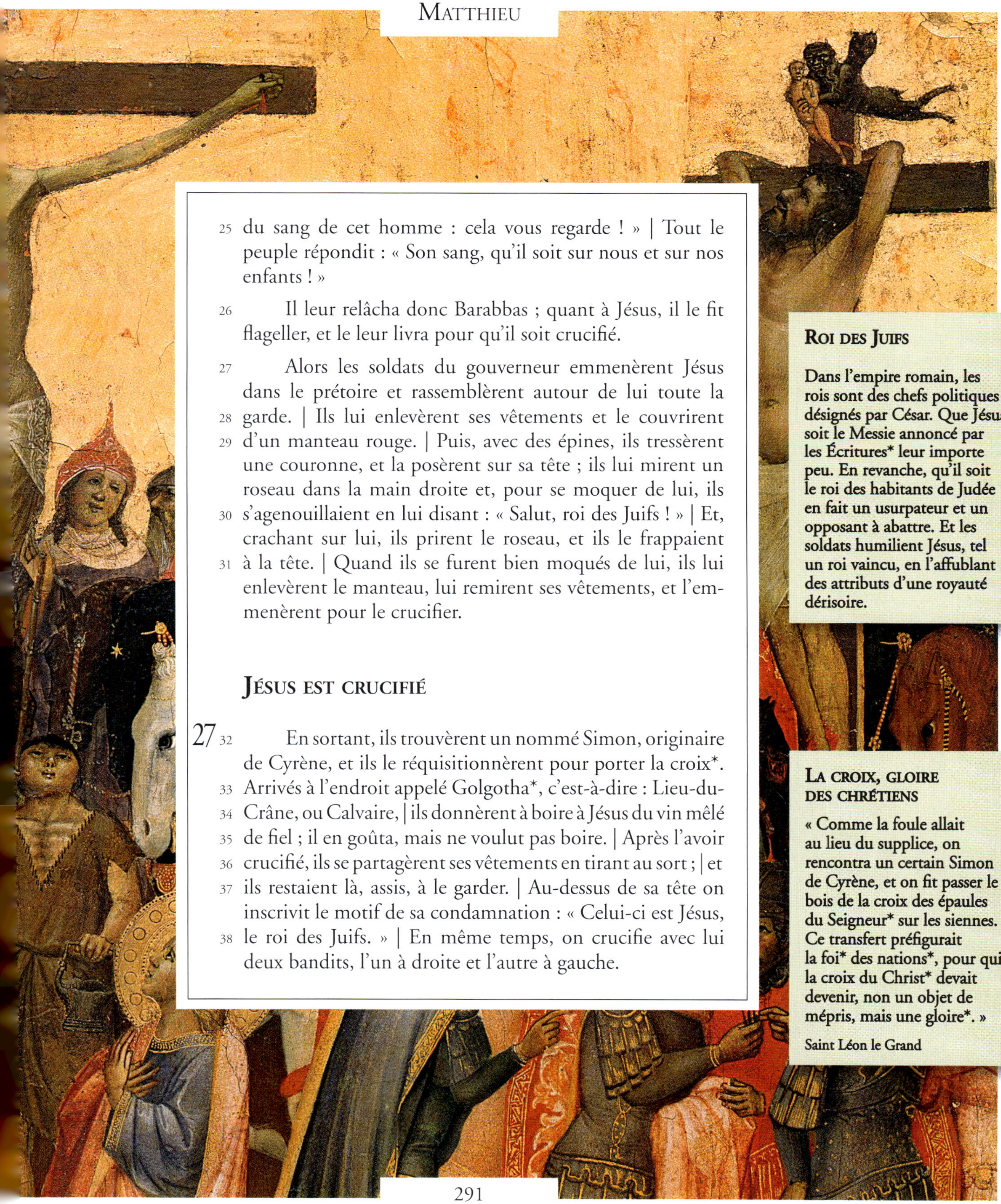

25 du sang de cet homme : cela vous regarde ! » | Tout le
peuple répondit : « Son sang, qu'il soit sur nous et sur nos
enfants ! »

26 Il leur relâcha donc Barabbas ; quant à Jésus, il le fit
flageller, et le leur livra pour qu'il soit crucifié.

27 Alors les soldats du gouverneur emmenèrent Jésus
dans le prétoire et rassemblèrent autour de lui toute la
28 garde. | Ils lui enlevèrent ses vêtements et le couvrirent
29 d'un manteau rouge. | Puis, avec des épines, ils tressèrent
une couronne, et la posèrent sur sa tête ; ils lui mirent un
roseau dans la main droite et, pour se moquer de lui, ils
30 s'agenouillaient en lui disant : « Salut, roi des Juifs ! » | Et,
crachant sur lui, ils prirent le roseau, et ils le frappaient
31 à la tête. | Quand ils se furent bien moqués de lui, ils lui
enlevèrent le manteau, lui remirent ses vêtements, et l'em-
menèrent pour le crucifier.

JÉSUS EST CRUCIFIÉ

27 32 En sortant, ils trouvèrent un nommé Simon, originaire
de Cyrène, et ils le réquisitionnèrent pour porter la croix*.
33 Arrivés à l'endroit appelé Golgotha*, c'est-à-dire : Lieu-du-
34 Crâne, ou Calvaire, | ils donnèrent à boire à Jésus du vin mêlé
35 de fiel ; il en goûta, mais ne voulut pas boire. | Après l'avoir
36 crucifié, ils se partagèrent ses vêtements en tirant au sort ; | et
37 ils restaient là, assis, à le garder. | Au-dessus de sa tête on
inscrivit le motif de sa condamnation : « Celui-ci est Jésus,
38 le roi des Juifs. » | En même temps, on crucifie avec lui
deux bandits, l'un à droite et l'autre à gauche.

ROI DES JUIFS

Dans l'empire romain, les rois sont des chefs politiques désignés par César. Que Jésus soit le Messie annoncé par les Écritures* leur importe peu. En revanche, qu'il soit le roi des habitants de Judée en fait un usurpateur et un opposant à abattre. Et les soldats humilient Jésus, tel un roi vaincu, en l'affublant des attributs d'une royauté dérisoire.

LA CROIX, GLOIRE DES CHRÉTIENS

« Comme la foule allait au lieu du supplice, on rencontra un certain Simon de Cyrène, et on fit passer le bois de la croix des épaules du Seigneur* sur les siennes. Ce transfert préfigurait la foi* des nations*, pour qui la croix du Christ* devait devenir, non un objet de mépris, mais une gloire*. »

Saint Léon le Grand

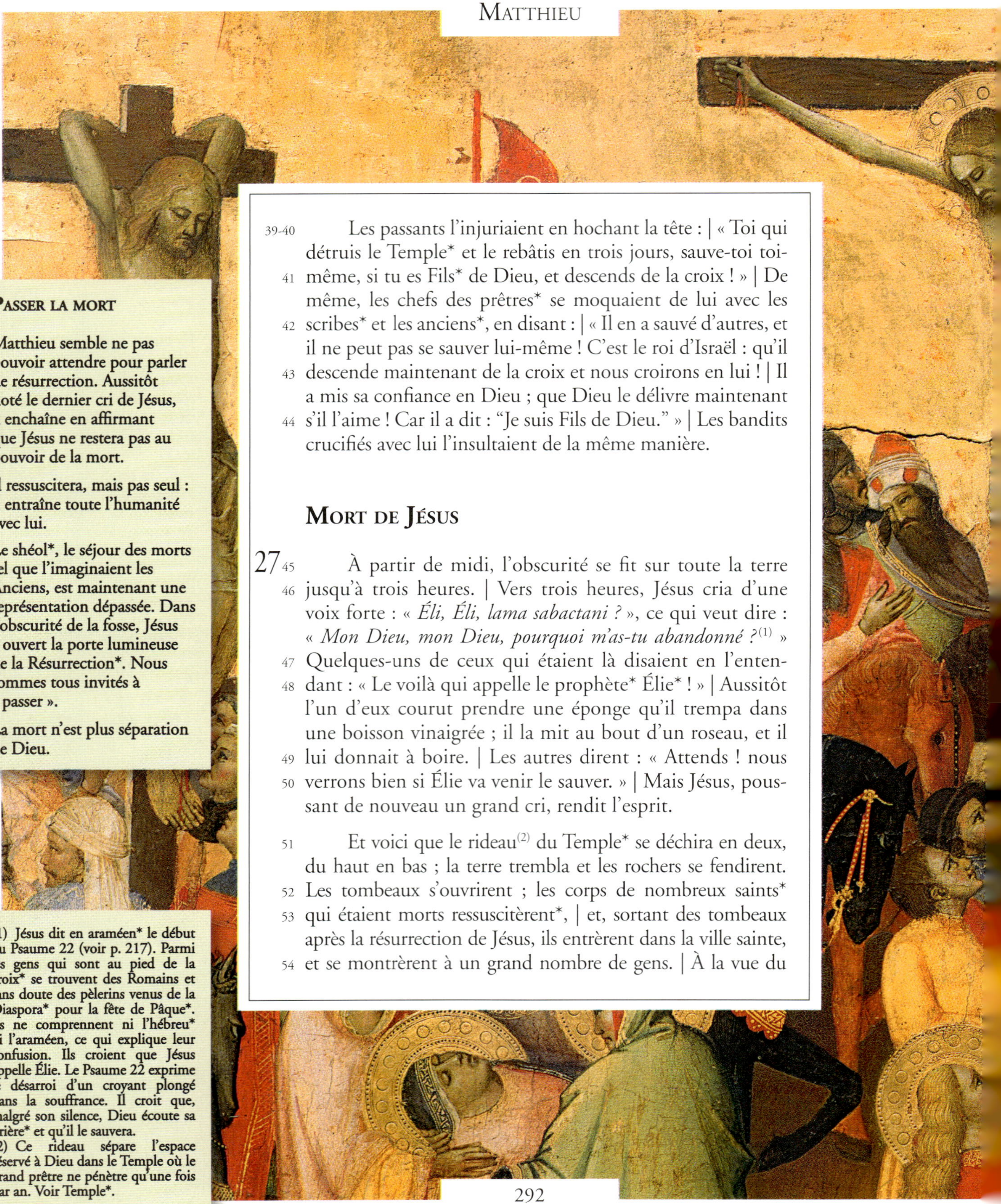

39-40 Les passants l'injuriaient en hochant la tête : | « Toi qui
détruis le Temple* et le rebâtis en trois jours, sauve-toi toi-
41 même, si tu es Fils* de Dieu, et descends de la croix ! » | De
même, les chefs des prêtres* se moquaient de lui avec les
42 scribes* et les anciens*, en disant : | « Il en a sauvé d'autres, et
il ne peut pas se sauver lui-même ! C'est le roi d'Israël : qu'il
43 descende maintenant de la croix et nous croirons en lui ! | Il
a mis sa confiance en Dieu ; que Dieu le délivre maintenant
44 s'il l'aime ! Car il a dit : "Je suis Fils de Dieu." » | Les bandits
crucifiés avec lui l'insultaient de la même manière.

MORT DE JÉSUS

27 45 À partir de midi, l'obscurité se fit sur toute la terre
46 jusqu'à trois heures. | Vers trois heures, Jésus cria d'une
voix forte : « *Éli, Éli, lama sabactani ?* », ce qui veut dire :
« *Mon Dieu, mon Dieu, pourquoi m'as-tu abandonné ?*[1] »
47 Quelques-uns de ceux qui étaient là disaient en l'enten-
48 dant : « Le voilà qui appelle le prophète* Élie* ! » | Aussitôt
l'un d'eux courut prendre une éponge qu'il trempa dans
une boisson vinaigrée ; il la mit au bout d'un roseau, et il
49 lui donnait à boire. | Les autres dirent : « Attends ! nous
50 verrons bien si Élie va venir le sauver. » | Mais Jésus, pous-
sant de nouveau un grand cri, rendit l'esprit.

51 Et voici que le rideau[2] du Temple* se déchira en deux,
du haut en bas ; la terre trembla et les rochers se fendirent.
52 Les tombeaux s'ouvrirent ; les corps de nombreux saints*
53 qui étaient morts ressuscitèrent*, | et, sortant des tombeaux
après la résurrection de Jésus, ils entrèrent dans la ville sainte,
54 et se montrèrent à un grand nombre de gens. | À la vue du

PASSER LA MORT

Matthieu semble ne pas pouvoir attendre pour parler de résurrection. Aussitôt noté le dernier cri de Jésus, il enchaîne en affirmant que Jésus ne restera pas au pouvoir de la mort.

Il ressuscitera, mais pas seul : il entraîne toute l'humanité avec lui.

Le shéol*, le séjour des morts tel que l'imaginaient les Anciens, est maintenant une représentation dépassée. Dans l'obscurité de la fosse, Jésus a ouvert la porte lumineuse de la Résurrection*. Nous sommes tous invités à « passer ».

La mort n'est plus séparation de Dieu.

(1) Jésus dit en araméen* le début du Psaume 22 (voir p. 217). Parmi les gens qui sont au pied de la croix* se trouvent des Romains et sans doute des pèlerins venus de la Diaspora* pour la fête de Pâque*. Ils ne comprennent ni l'hébreu* ni l'araméen, ce qui explique leur confusion. Ils croient que Jésus appelle Élie. Le Psaume 22 exprime le désarroi d'un croyant plongé dans la souffrance. Il croit que, malgré son silence, Dieu écoute sa prière* et qu'il le sauvera.
(2) Ce rideau sépare l'espace réservé à Dieu dans le Temple où le grand prêtre ne pénètre qu'une fois par an. Voir Temple*.

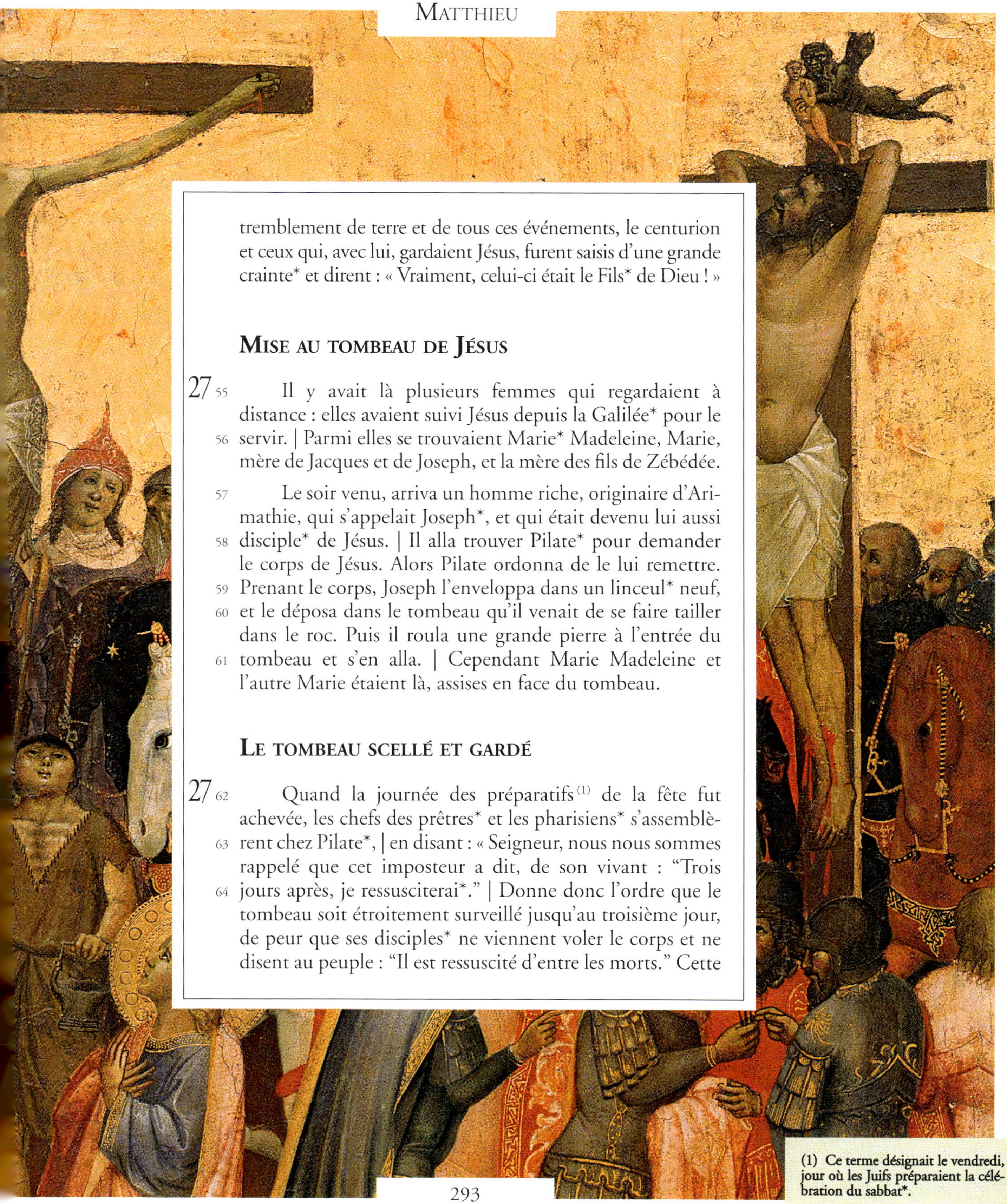

tremblement de terre et de tous ces événements, le centurion
et ceux qui, avec lui, gardaient Jésus, furent saisis d'une grande
crainte* et dirent : « Vraiment, celui-ci était le Fils* de Dieu ! »

MISE AU TOMBEAU DE JÉSUS

27 55 Il y avait là plusieurs femmes qui regardaient à
distance : elles avaient suivi Jésus depuis la Galilée* pour le
56 servir. | Parmi elles se trouvaient Marie* Madeleine, Marie,
mère de Jacques et de Joseph, et la mère des fils de Zébédée.

57 Le soir venu, arriva un homme riche, originaire d'Ari-
mathie, qui s'appelait Joseph*, et qui était devenu lui aussi
58 disciple* de Jésus. | Il alla trouver Pilate* pour demander
le corps de Jésus. Alors Pilate ordonna de le lui remettre.
59 Prenant le corps, Joseph l'enveloppa dans un linceul* neuf,
60 et le déposa dans le tombeau qu'il venait de se faire tailler
dans le roc. Puis il roula une grande pierre à l'entrée du
61 tombeau et s'en alla. | Cependant Marie Madeleine et
l'autre Marie étaient là, assises en face du tombeau.

LE TOMBEAU SCELLÉ ET GARDÉ

27 62 Quand la journée des préparatifs[1] de la fête fut
achevée, les chefs des prêtres* et les pharisiens* s'assemblè-
63 rent chez Pilate*, | en disant : « Seigneur, nous nous sommes
rappelé que cet imposteur a dit, de son vivant : "Trois
64 jours après, je ressusciterai*." | Donne donc l'ordre que le
tombeau soit étroitement surveillé jusqu'au troisième jour,
de peur que ses disciples* ne viennent voler le corps et ne
disent au peuple : "Il est ressuscité d'entre les morts." Cette

(1) Ce terme désignait le vendredi, jour où les Juifs préparaient la célébration du sabbat*.

RENCONTRER JÉSUS RESSUSCITÉ

Pour rédiger leur témoignage sur la résurrection de Jésus, les évangélistes ont des sources communes. Principalement au sujet de la découverte du tombeau vide par les femmes. Mais chacun utilise ces sources très librement. Leur but est d'aider les chrétiens à reconnaître la présence de Jésus ressuscité dans leur vie. On ne le reconnaît pas avec l'aide des sens : on ne le voit pas, on ne l'entend plus… On ne peut le rencontrer que dans la foi*.

Les récits d'apparition ne cherchent pas à faire des descriptions précises du Ressuscité. Ils veulent renforcer la foi des chrétiens : celui qui est mort sur la croix* est vraiment vivant aujourd'hui.

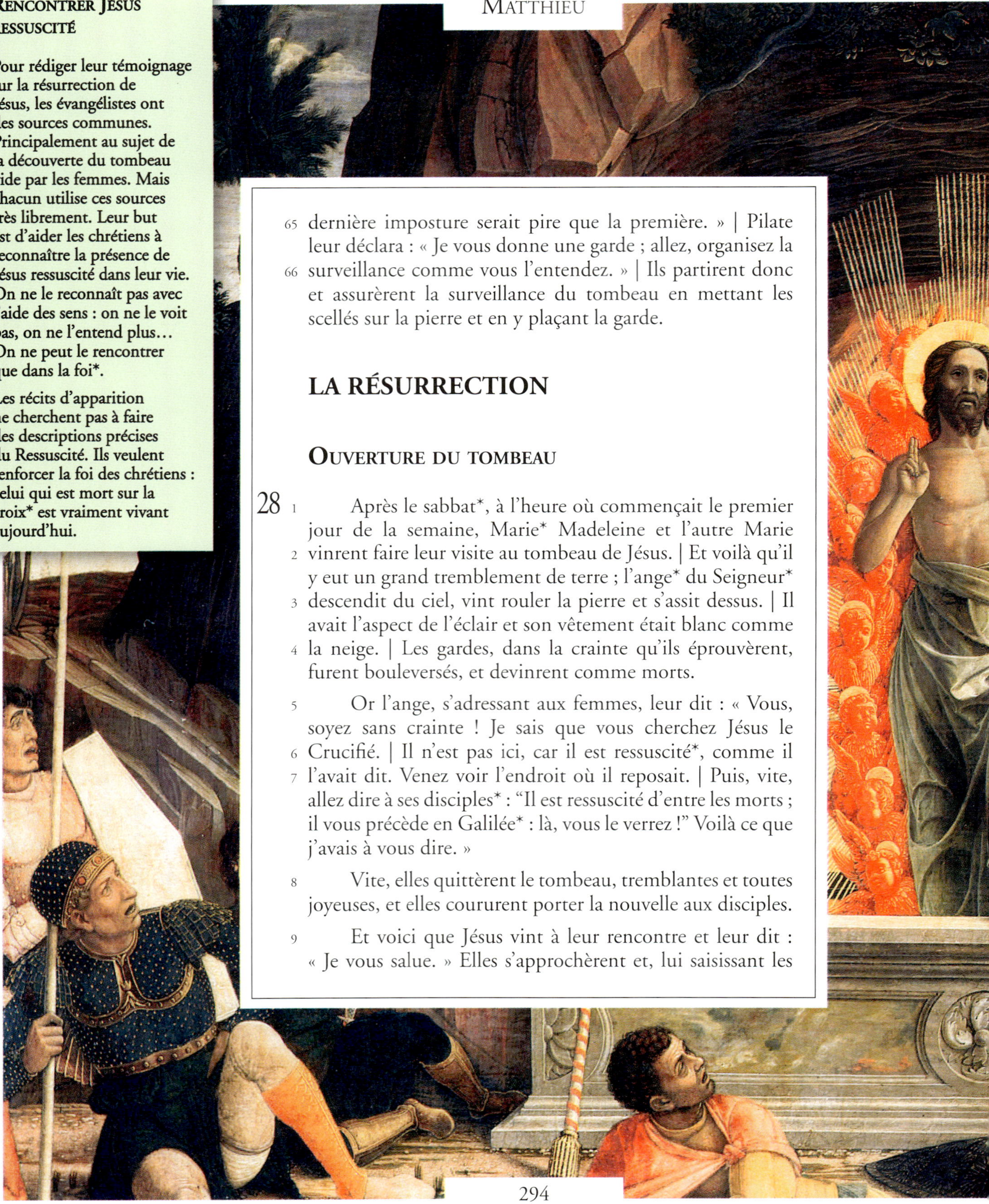

65 dernière imposture serait pire que la première. » | Pilate
leur déclara : « Je vous donne une garde ; allez, organisez la
66 surveillance comme vous l'entendez. » | Ils partirent donc
et assurèrent la surveillance du tombeau en mettant les
scellés sur la pierre et en y plaçant la garde.

LA RÉSURRECTION

OUVERTURE DU TOMBEAU

28 1 Après le sabbat*, à l'heure où commençait le premier
jour de la semaine, Marie* Madeleine et l'autre Marie
2 vinrent faire leur visite au tombeau de Jésus. | Et voilà qu'il
y eut un grand tremblement de terre ; l'ange* du Seigneur*
3 descendit du ciel, vint rouler la pierre et s'assit dessus. | Il
avait l'aspect de l'éclair et son vêtement était blanc comme
4 la neige. | Les gardes, dans la crainte qu'ils éprouvèrent,
furent bouleversés, et devinrent comme morts.

5 Or l'ange, s'adressant aux femmes, leur dit : « Vous,
soyez sans crainte ! Je sais que vous cherchez Jésus le
6 Crucifié. | Il n'est pas ici, car il est ressuscité*, comme il
7 l'avait dit. Venez voir l'endroit où il reposait. | Puis, vite,
allez dire à ses disciples* : “Il est ressuscité d'entre les morts ;
il vous précède en Galilée* : là, vous le verrez !” Voilà ce que
j'avais à vous dire. »

8 Vite, elles quittèrent le tombeau, tremblantes et toutes
joyeuses, et elles coururent porter la nouvelle aux disciples.

9 Et voici que Jésus vint à leur rencontre et leur dit :
« Je vous salue. » Elles s'approchèrent et, lui saisissant les

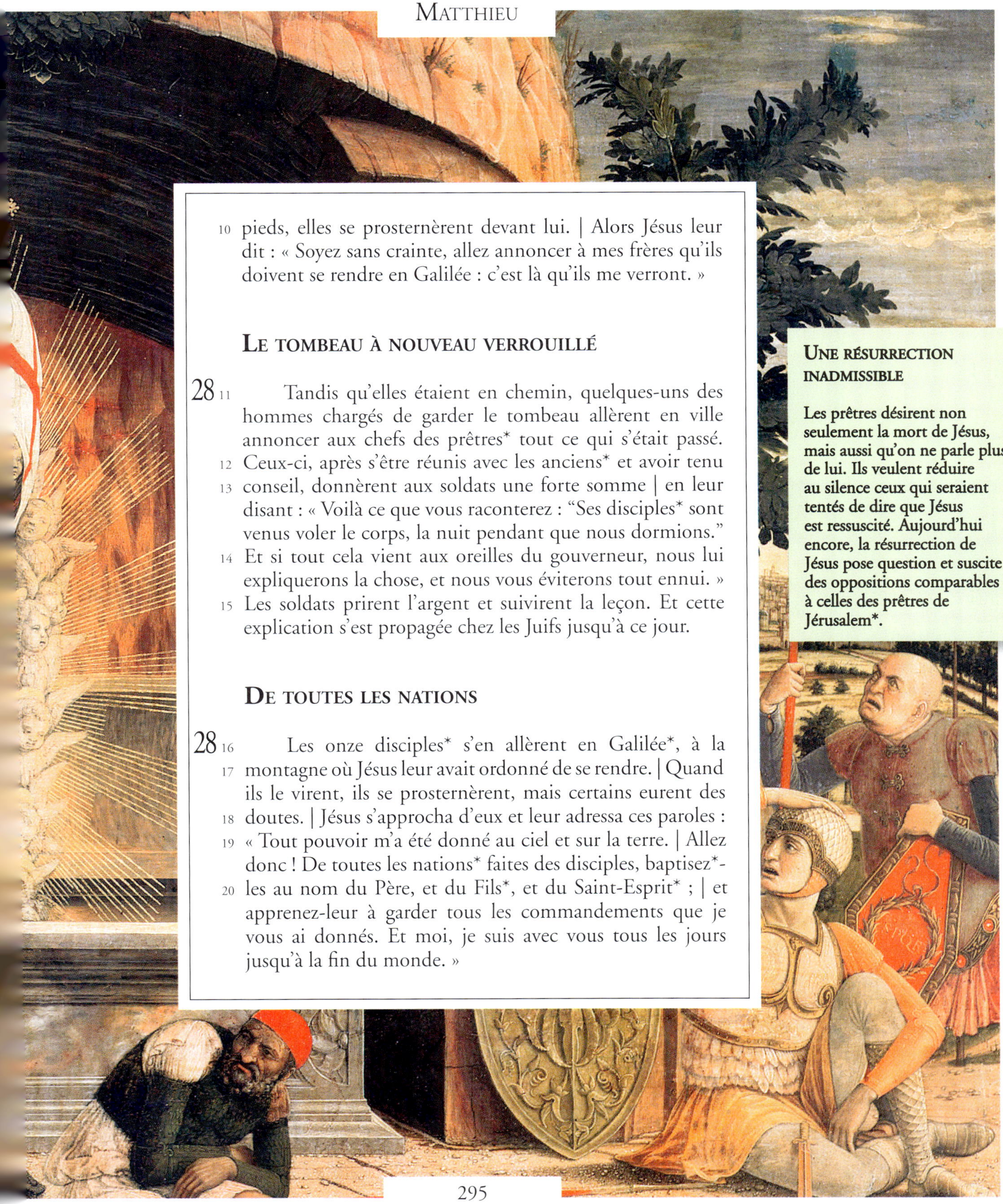

10 pieds, elles se prosternèrent devant lui. | Alors Jésus leur
dit : « Soyez sans crainte, allez annoncer à mes frères qu'ils
doivent se rendre en Galilée : c'est là qu'ils me verront. »

Le tombeau à nouveau verrouillé

28 11 Tandis qu'elles étaient en chemin, quelques-uns des
hommes chargés de garder le tombeau allèrent en ville
annoncer aux chefs des prêtres* tout ce qui s'était passé.
12 Ceux-ci, après s'être réunis avec les anciens* et avoir tenu
13 conseil, donnèrent aux soldats une forte somme | en leur
disant : « Voilà ce que vous raconterez : “Ses disciples* sont
venus voler le corps, la nuit pendant que nous dormions.”
14 Et si tout cela vient aux oreilles du gouverneur, nous lui
expliquerons la chose, et nous vous éviterons tout ennui. »
15 Les soldats prirent l'argent et suivirent la leçon. Et cette
explication s'est propagée chez les Juifs jusqu'à ce jour.

Une résurrection inadmissible

Les prêtres désirent non seulement la mort de Jésus, mais aussi qu'on ne parle plus de lui. Ils veulent réduire au silence ceux qui seraient tentés de dire que Jésus est ressuscité. Aujourd'hui encore, la résurrection de Jésus pose question et suscite des oppositions comparables à celles des prêtres de Jérusalem*.

De toutes les nations

28 16 Les onze disciples* s'en allèrent en Galilée*, à la
17 montagne où Jésus leur avait ordonné de se rendre. | Quand
ils le virent, ils se prosternèrent, mais certains eurent des
18 doutes. | Jésus s'approcha d'eux et leur adressa ces paroles :
19 « Tout pouvoir m'a été donné au ciel et sur la terre. | Allez
donc ! De toutes les nations* faites des disciples, baptisez*-
20 les au nom du Père, et du Fils*, et du Saint-Esprit* ; | et
apprenez-leur à garder tous les commandements que je
vous ai donnés. Et moi, je suis avec vous tous les jours
jusqu'à la fin du monde. »

LA PASSION DU CHRIST

Pilate* présente Jésus flagellé à la foule (Jean 19, 4-7).

Jésus meurt sur la croix* (Luc 23, 33-43 ; Jean 19, 25-27, p. 393).

Pierre* déclare qu'il ne connaît pas Jésus (Jean 18, 12-17 ; Luc 22, 58-62).

Jésus invite ses apôtres* à partager le repas de la nouvelle Alliance* (Luc 22, 14-20).

*Marie, mère de Jacques**
et Marie Salomé
découvrent
le tombeau vide
(Marc 16, 1-8).

Jésus ressent
frayeur
et angoisse
à Gethsémani
(Marc 14, 32-42).

LES LIEUX DE LA PASSION À JÉRUSALEM

a. *Parvis des Gentils**
b. *Mont des Oliviers*
c. *Salle du Sanhédrin*
d. *Piscine de Siloë*
e. *Palais d'Hérode Antipas (Luc 23, 6-12)*
f. *Emplacement du tombeau de Joseph d'Arimathie*
g. *Golgotha**
h. *Palais du gouverneur Pilate*
i. *Maison de Caïphe*
j. *Cénacle*
k. *Vallée de la Géhenne**
l. *Porte de Jérusalem*

Caïphe déchire ses vêtements et déclare que Jésus a blasphémé. Certains pensent que cette scène s'est déroulée dans le bâtiment du Sanhédrin* près du Temple*. D'autres pensent qu'elle a eu lieu dans la maison du grand prêtre, là où Pierre* renie Jésus (Matthieu 26, 62-66, p. 288).*
Marie Madeleine,*

Jésus est accueilli
triomphalement
*à Jérusalem**
(Marc 11, 1-10).

II
L'ÉVANGILE SELON SAINT MARC

Qui est Marc ?

Le livre des Actes des Apôtres parle d'un jeune Jean Marc[1] *dont la mère, Marie, possède une grande maison à Jérusalem**. Les disciples* de Jésus ont l'habitude de se réunir pour prier dans cette maison, et Pierre* y vient très souvent*[2].

Marie et Jean Marc ont un parent, Barnabé, qui exerce des responsabilités importantes dans les premières communautés chrétiennes. Quand il est envoyé avec Paul* pour évangéliser l'île de Chypre, Barnabé propose d'emmener Jean Marc. Mais, peut-être parce qu'il ne s'entend pas bien avec Paul, Jean Marc rentre à Jérusalem avant la fin de ce voyage missionnaire.*

Plus tard, Paul et Barnabé décident de repartir. Barnabé veut reprendre Jean Marc avec eux. Paul refuse et part avec un autre compagnon de route[3]*. Après la mort de Barnabé, Jean Marc rejoint Pierre* à Rome et abandonne son nom juif. Il recueille l'essentiel de la prédication de Pierre*, sans doute après sa mort, dans le livret que nous appelons l'Évangile selon saint Marc. On raconte aussi qu'il a évangélisé Alexandrie en Égypte. Il y serait mort martyr.*

Parce que son Évangile commence par la prédication de Jean Baptiste au désert, Marc est traditionnellement représenté par le symbole du lion*[4]*, animal du désert.*

Pour qui Marc écrit-il cet Évangile ?

La Tradition dit que Marc a écrit à Rome pour les Romains. Ses lecteurs ne doivent pas tous connaître les usages juifs. Marc leur explique que les Juifs font beaucoup de gestes de purification et qu'ils ont des règles alimentaires précises. La communauté à laquelle il s'adresse devait donc rassembler des païens devenus chrétiens sans fréquenter le judaïsme. Marc leur révèle que Jésus n'est pas seulement un envoyé de Dieu – le Messie* attendu par les Juifs – mais qu'il est le Fils* de Dieu.*

(1) Il ne s'agit pas d'un nom composé, mais de deux noms, l'un juif et l'autre romain : Jean c'est-à-dire « Dieu fait grâce », et Marc c'est-à-dire « celui qui frappe fort ».
(2) Voir Acte des Apôtres 12, 12, p. 421.
(3) Les relations entre Paul et Marc ne s'arrêtent cependant pas là. Plus tard, Paul reconnaîtra que Barnabé a eu raison de faire confiance à Marc : il est devenu un excellent évangélisateur (2 Timothée 4, 11).
(4) Voir p. 494.

JEAN BAPTISTE

Marc ne parle pas de l'enfance de Jésus. Il commence son Évangile par une comparaison entre Jean Baptiste dont le genre de vie est étonnant, et Jésus que rien ne distingue extérieurement des autres hommes.

Jean Baptiste attire les foules à lui. Il invite les gens à se convertir et à s'ouvrir à la présence de Dieu.

Il annonce la venue d'un plus grand que lui, le Messie* qui, lui, baptisera dans l'Esprit Saint.

JÉSUS, LE FILS DE DIEU

1 1 Commencement de la Bonne Nouvelle de Jésus
Christ*, le Fils* de Dieu.

2 Il était écrit dans le livre du prophète* Isaïe* :

Voici que j'envoie mon messager devant toi,
pour préparer la route.
3 *À travers le désert, une voix crie :*
Préparez le chemin du Seigneur,*
aplanissez sa route(1).

4 Et Jean* le Baptiste parut dans le désert. Il proclamait
un baptême* de conversion* pour le pardon des péchés*.

5 Toute la Judée, tout Jérusalem*, venait à lui. Tous
se faisaient baptiser par lui dans les eaux du Jourdain,
6 en reconnaissant leurs péchés. | Jean était vêtu de poil de
chameau, avec une ceinture de cuir autour des reins, et il se
7 nourrissait de sauterelles et de miel sauvage. | Il proclamait :
« Voici venir derrière moi celui qui est plus puissant que
moi(2). Je ne suis pas digne de me courber à ses pieds pour
8 défaire la courroie de ses sandales. | Moi, je vous ai baptisés
dans l'eau ; lui vous baptisera dans l'Esprit* Saint(3). »

9 Or, à cette époque, Jésus vint de Nazareth, ville de
10 Galilée*, et se fit baptiser par Jean dans le Jourdain. | Au
moment où il sortait de l'eau, Jésus vit le ciel se déchirer et
11 l'Esprit descendre sur lui comme une colombe*(4). | Du ciel
une voix se fit entendre : « C'est
toi mon Fils bien-aimé ; en toi j'ai
mis tout mon amour. »

12 Aussitôt, l'Esprit pousse Jésus
13 au désert. | Et dans le désert il resta

Jean Baptiste,
tu nous invites à préparer
le chemin du Seigneur,*
à ouvrir un espace où l'Esprit de Dieu
vient à notre rencontre.
Tu nous appelles à changer la vie,
à changer de vie.

Seigneur,*
rends-nous disponibles à ton Esprit,
ouvre nos cœurs pour mieux l'accueillir !

(1) Citation de deux prophètes : le verset 2 reprend Malachie 3, 1 ; et le verset 3 reprend Isaïe 40, 3.
(2) Voir Jean 1, 15, p. 363.
(3) Voir Jean 3, 1-8, p. 367, où Jésus parle de renaître de l'eau et de l'Esprit.
(4) Voir le passage parallèle en Matthieu 3, 13-17, p. 246.

quarante jours, tenté par Satan*. Il vivait parmi les bêtes
sauvages, et les anges* le servaient.

14 Après l'arrestation de Jean Baptiste, Jésus
partit pour la Galilée proclamer la Bonne Nouvelle
15 de Dieu ; il disait : | « Les temps sont accomplis : le
règne de Dieu est tout proche. Convertissez-vous
et croyez à la Bonne Nouvelle. »

Seigneur, tu fais signe à chacun.*
Tu n'appelles pas les plus saints,*
ni les meilleurs.
Pour toi, chacun est capable
d'être un envoyé, un annonceur.

Jésus, tu nous appelles tous
sans exception à être des apôtres :*
chacun à sa manière avec les dons
de son esprit et de son corps,
chacun avec ses dons et sa vie.

APPEL DES PREMIERS DISCIPLES

1 16 Passant au bord du lac de Galilée*, il vit
Simon* et son frère André* en train de jeter leurs
17 filets : c'étaient des pêcheurs. | Jésus leur dit :
« Venez derrière moi. Je ferai de vous des pêcheurs
18 d'hommes. » | Aussitôt, laissant là leurs filets, ils le
suivirent[1].

19 Un peu plus loin, Jésus vit Jacques*, fils de Zébédée,
et son frère Jean*, qui étaient aussi dans leur barque et
20 préparaient leurs filets. | Jésus les appela aussitôt. Alors,
laissant dans la barque leur père avec ses ouvriers, ils parti-
rent derrière lui.

DANS LA SYNAGOGUE

1 21 Jésus, accompagné de ses disciples*, arrive à
Capharnaüm. Aussitôt, le jour du sabbat*, il se rendit à la
22 synagogue*, et là, il enseignait. | On était frappé par son
enseignement, car il enseignait en homme qui a autorité,
et non pas comme les scribes*.

CAPHARNAÜM

Après son baptême* par Jean* Baptiste, Jésus revient en Galilée. Il s'installe à Capharnaüm, au bord du lac qu'on appelle « la mer de Galilée », chez deux frères, pêcheurs professionnels : Simon* et André*.

Capharnaüm est une petite ville habitée par des paysans et des pêcheurs, des marchands et des fonctionnaires. C'est une ville frontière entre le territoire d'Hérode* Antipas, prince de Galilée, et celui de son frère Philippe. Cela explique la présence d'un poste de douane (Matthieu 9, 9, p. 254) et celle d'une garnison romaine commandée par un centurion (Luc 7, 1-10, p. 335).

(1) Voir le passage parallèle en Luc 5, 1-11, p. 333.

23 Or, il y avait dans leur synagogue un homme tour-
24 menté par un esprit mauvais, qui se mit à crier : | « Que
nous veux-tu, Jésus de Nazareth ? Es-tu venu pour nous
perdre ? Je sais fort bien qui tu es : le Saint*, le Saint de
25 Dieu. » | Jésus l'interpella vivement : « Silence ! Sors de
26 cet homme. » | L'esprit mauvais le secoua avec violence et
27 sortit de lui en poussant un grand cri. | Saisis de frayeur,
tous s'interrogeaient : « Qu'est-ce que cela veut dire ? Voilà
un enseignement nouveau, proclamé avec autorité ! Il
commande même aux esprits mauvais, et ils lui obéissent. »
28 Dès lors, sa renommée se répandit dans toute la région de
la Galilée*.

Jésus,
tu ne restes pas à Capharnaüm
où tout le monde désire te garder,
parce que tous les hommes
ont droit à la Bonne Nouvelle.
Tous doivent savoir
combien Dieu les aime
et les appelle à partager sa vie.

Dans un endroit désert

1 35 Le lendemain, bien avant l'aube, Jésus se
leva. Il sortit et alla dans un endroit désert, et là
36 il priait. | Simon* et ses compagnons se mirent
37 à sa recherche. | Quand ils l'ont trouvé, ils lui
38 disent : « Tout le monde te cherche. » | Mais Jésus
leur répond : « Partons ailleurs, dans les villages
voisins, afin que là aussi je proclame la Bonne
Nouvelle ; car c'est pour cela que je suis sorti. »

39 Il parcourut donc toute la Galilée*, proclamant la
Bonne Nouvelle dans leurs synagogues*, et chassant les
esprits mauvais.

QUI PEUT PARDONNER LES PÉCHÉS ?

Les scribes sont des gens très honorables et très sérieux. Ils passent beaucoup de temps à recopier la Bible, à l'étudier dans ses moindres détails. Ils ont bien raison de dire que Dieu seul peut pardonner les péchés, puisque les péchés sont des offenses à Dieu. Pour obtenir le pardon, il faut aller offrir un sacrifice* au Temple* de Jérusalem. Jamais on n'a entendu un homme dire : « Je te pardonne tes péchés. » Les scribes sont troublés de voir Jésus parler et agir comme s'il était Dieu !

DANS LA MAISON DE SIMON

2 1 Jésus était de retour à Capharnaüm, et la nouvelle
2 se répandit qu'il était à la maison. | Tant de monde s'y
rassembla qu'il n'y avait plus de place, même devant la
3 porte. Il leur annonçait la Parole*. | Arrivent des gens
qui lui amènent un paralysé, porté par quatre hommes.
4 Comme ils ne peuvent l'approcher à cause de la foule, ils
découvrent le toit au-dessus de lui (1), font une ouverture, et
descendent le brancard sur lequel était couché le paralysé.
5 Voyant leur foi*, Jésus dit au paralysé : « Mon fils, tes
péchés* sont pardonnés*. »

6 Or, il y avait dans l'assistance quelques scribes* qui
7 raisonnaient en eux-mêmes : | « Pourquoi cet homme parle-
t-il ainsi ? Il blasphème*. Qui donc peut pardonner les
8 péchés, sinon Dieu seul ? » | Saisissant aussitôt dans son esprit
les raisonnements qu'ils faisaient, Jésus leur dit : « Pourquoi
9 tenir de tels raisonnements ? | Qu'est-ce qui est le
plus facile ? de dire au paralysé : "Tes péchés sont
pardonnés", ou bien de dire : "Lève-toi, prends ton
10 brancard et marche" ? | Eh bien ! Pour que vous
sachiez que le Fils* de l'homme a le pouvoir de
11 pardonner les péchés sur la terre, | je te l'ordonne,
dit-il au paralysé : Lève-toi, prends ton brancard et
12 rentre chez toi. » | L'homme se leva, prit aussitôt
son brancard, et sortit devant tout le monde. Tous
étaient stupéfaits et rendaient gloire* à Dieu, en
disant : « Nous n'avons jamais rien vu de pareil. »

Seigneur Jésus,*
tu n'es pas venu pour être un guérisseur.
Tu es venu sauver les hommes du péché,
les libérer de tout ce qui
les retient loin de Dieu.
Tu es venu les remettre en marche
vers le Père qui les attend.

Jésus, Fils de Dieu,
toi seul peux accomplir cette merveille.
J'ai besoin que tu me dises :
« Lève-toi et marche ! »

(1) Les maisons de Capharnaüm n'avaient qu'un étage. Elles étaient recouvertes de branchages et d'un léger enduit de terre. On pouvait accéder à cette « toiture » par un escalier de pierre extérieur. Ce n'étaient pas de vraies terrasses. Elles étaient surtout utilisées pour faire sécher le poisson ou les fruits. Des fouilles archéologiques ont permis de retrouver la maison de Pierre* à Capharnaüm.

L'APPEL DES DOUZE

3 13 Jésus gravit la montagne, et il appela ceux qu'il
14 voulait[1]. Ils vinrent auprès de lui, | et il en institua douze
pour qu'ils soient avec lui, et pour les envoyer prêcher
15 avec le pouvoir de chasser les esprits mauvais.

16 Donc, il institua les Douze* : Pierre* (c'est le nom
17 qu'il donna à Simon*), | Jacques*, fils de Zébédée, et Jean*,
le frère de Jacques (il leur donna le nom de « Boanerguès »,
18 c'est-à-dire : « Fils du tonnerre »), | André*, Philippe*,
Barthélemy*, Matthieu*, Thomas*, Jacques* fils d'Alphée,
19 Thaddée*, Simon* le Zélote, | et Judas* Iscariote, celui-là
même qui le livra.

UNE FAMILLE NOUVELLE

3 20 Jésus entre dans une maison, où de nouveau la foule
se rassemble, si bien qu'il n'était pas possible de manger.
21 Sa famille, l'apprenant, vint pour se saisir de lui, car ils
affirmaient : « Il a perdu la tête. »

22 Les scribes*, qui étaient descendus de Jérusalem*,
disaient : « Il est possédé par Béelzéboul* ; c'est par le chef
23 des démons* qu'il expulse les démons. » | Les appelant près
de lui, Jésus disait en parabole* : « Comment Satan* peut-il
24 expulser Satan ? | Si un royaume se divise, ce royaume ne
25 peut pas tenir. | Si une famille se divise, cette famille ne
26 pourra pas tenir. | Si Satan s'est dressé contre lui-même, s'il
27 s'est divisé, il ne peut pas tenir ; c'en est fini de lui. | Mais
personne ne peut entrer dans la maison d'un homme fort

LES DOUZE

Qu'on les appelle apôtres* ou disciples*, il est important de retenir que Jésus choisit douze hommes : « les Douze ».

Or, au moment où Moïse* montait dans la montagne pour faire Alliance* avec Dieu, le peuple hébreu était formé de douze tribus*. En choisissant douze compagnons, Jésus indique qu'il vient préparer ce Peuple à entrer dans une Alliance nouvelle avec Dieu.

La fonction des Douze est d'être avec Jésus, de devenir ses amis pour pouvoir annoncer la Bonne Nouvelle.

BÉELZÉBOUL

Jésus fait des guérisons inexplicables, tout en vivant comme un homme ordinaire. Les scribes pensent que si Dieu avait choisi de se manifester par un homme, il aurait choisi quelqu'un de plus remarquable par la richesse et la puissance…

Si Jésus n'est pas envoyé par Dieu, ne tiendrait-il pas son pouvoir de guérison de l'adversaire de Dieu, de Satan à qui on donne ici le nom d'un vieux dieu païen* : Béelzéboul ?

(1) Voir le récit parallèle en Luc 6, 12-16, p. 334.

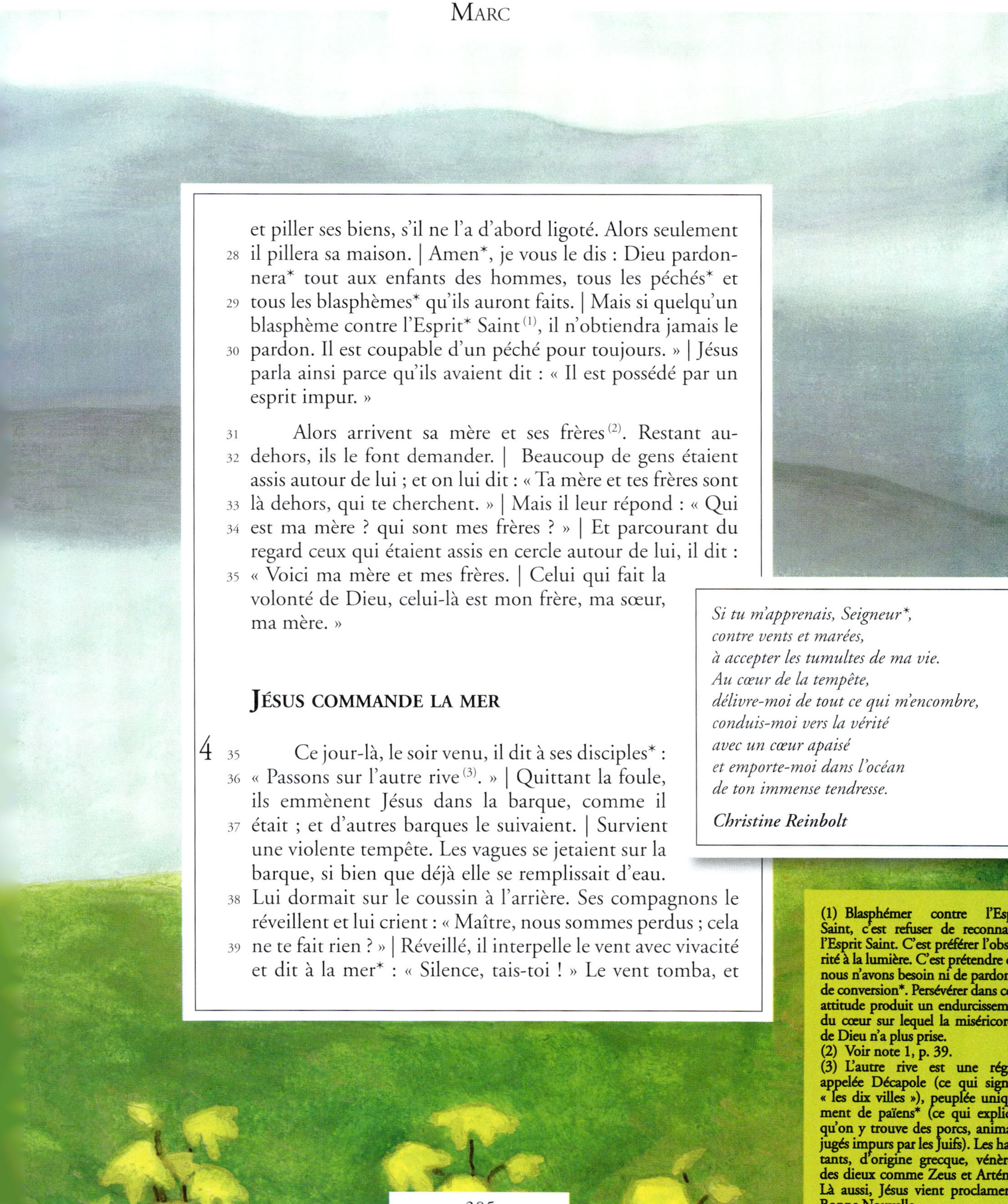

et piller ses biens, s'il ne l'a d'abord ligoté. Alors seulement
28 il pillera sa maison. | Amen*, je vous le dis : Dieu pardon-
nera* tout aux enfants des hommes, tous les péchés* et
29 tous les blasphèmes* qu'ils auront faits. | Mais si quelqu'un
blasphème contre l'Esprit* Saint[1], il n'obtiendra jamais le
30 pardon. Il est coupable d'un péché pour toujours. » | Jésus
parla ainsi parce qu'ils avaient dit : « Il est possédé par un
esprit impur. »

31 Alors arrivent sa mère et ses frères[2]. Restant au-
32 dehors, ils le font demander. | Beaucoup de gens étaient
assis autour de lui ; et on lui dit : « Ta mère et tes frères sont
33 là dehors, qui te cherchent. » | Mais il leur répond : « Qui
34 est ma mère ? qui sont mes frères ? » | Et parcourant du
regard ceux qui étaient assis en cercle autour de lui, il dit :
35 « Voici ma mère et mes frères. | Celui qui fait la
volonté de Dieu, celui-là est mon frère, ma sœur,
ma mère. »

JÉSUS COMMANDE LA MER

4 35 Ce jour-là, le soir venu, il dit à ses disciples* :
36 « Passons sur l'autre rive[3]. » | Quittant la foule,
ils emmènent Jésus dans la barque, comme il
37 était ; et d'autres barques le suivaient. | Survient
une violente tempête. Les vagues se jetaient sur la
barque, si bien que déjà elle se remplissait d'eau.
38 Lui dormait sur le coussin à l'arrière. Ses compagnons le
réveillent et lui crient : « Maître, nous sommes perdus ; cela
39 ne te fait rien ? » | Réveillé, il interpelle le vent avec vivacité
et dit à la mer* : « Silence, tais-toi ! » Le vent tomba, et

Si tu m'apprenais, Seigneur,*
contre vents et marées,
à accepter les tumultes de ma vie.
Au cœur de la tempête,
délivre-moi de tout ce qui m'encombre,
conduis-moi vers la vérité
avec un cœur apaisé
et emporte-moi dans l'océan
de ton immense tendresse.

Christine Reinbolt

(1) Blasphémer contre l'Esprit Saint, c'est refuser de reconnaître l'Esprit Saint. C'est préférer l'obscurité à la lumière. C'est prétendre que nous n'avons besoin ni de pardon ni de conversion*. Persévérer dans cette attitude produit un endurcissement du cœur sur lequel la miséricorde* de Dieu n'a plus prise.

(2) Voir note 1, p. 39.

(3) L'autre rive est une région appelée Décapole (ce qui signifie « les dix villes »), peuplée uniquement de païens* (ce qui explique qu'on y trouve des porcs, animaux jugés impurs par les Juifs). Les habitants, d'origine grecque, vénèrent des dieux comme Zeus et Artémis. Là aussi, Jésus vient proclamer la Bonne Nouvelle.

40 il se fit un grand calme. | Jésus leur dit : « Pourquoi avoir
peur ? Comment se fait-il que vous n'ayez pas la foi* ? »
41 Saisis d'une grande crainte*, ils se disaient entre eux :
« Qui donc est-il pour que même le vent et la mer lui
obéissent ? »

JÉSUS OUVRE LE TERRITOIRE DES PAÏENS* À L'ÉVANGILE

5 1 Ils arrivèrent sur l'autre rive du lac, dans le pays des
2 Géraséniens(1). | Comme Jésus descendait de la barque,
aussitôt un homme possédé d'un esprit mauvais sortit du
3 cimetière à sa rencontre ; | il habitait dans les tombeaux et
personne ne pouvait plus l'attacher, même avec une chaîne ;
4 en effet on l'avait souvent attaché avec des fers aux pieds et
des chaînes, mais il avait rompu les chaînes, brisé les fers, et
5 personne ne pouvait le maîtriser. | Sans arrêt, nuit et jour,
il était parmi les tombeaux et sur les collines, à crier, et à se
blesser avec des pierres(2).

6 Voyant Jésus de loin, il accourut, se prosterna devant
7 lui et cria de toutes ses forces | « Que me veux-tu, Jésus,
Fils* du Dieu très-haut ? Je t'adjure par Dieu, ne me fais
8 pas souffrir ! » | Jésus lui disait en effet : « Esprit mauvais,
9 sors de cet homme ! » | Et il lui demandait : « Quel est ton
nom ? » L'homme lui répond : « Je m'appelle Légion, car
10 nous sommes beaucoup. » | Et ils suppliaient Jésus avec
11 insistance de ne pas les chasser en dehors du pays. | Or, il y
avait là, du côté de la colline, un grand troupeau de porcs
12 qui cherchait sa nourriture. | Alors, les esprits mauvais
supplièrent Jésus : « Envoie-nous vers ces porcs, et nous

(1) Gérasa est l'une des villes de la Décapole. Jésus est donc en territoire païen.
(2) Marc nous montre concrètement, à travers ce possédé qui vit dans un cimetière, qu'être séparé de Dieu, c'est mourir, vraiment. Le péché* est la vraie mort*.

13 entrerons en eux. » | Il le leur permit. Alors ils sortirent de
l'homme et entrèrent dans les porcs. Du haut de la falaise,
le troupeau se précipita dans la mer* : il y avait environ
deux mille porcs, et ils s'étouffaient dans la mer.

14 Ceux qui les gardaient prirent la fuite, ils annoncèrent
la nouvelle dans la ville et dans la campagne, et les gens
15 vinrent voir ce qui s'était passé. | Arrivés auprès de Jésus,
ils voient le possédé assis, habillé, et devenu raisonnable,
lui qui avait eu la légion de démons*, et ils furent saisis
16 de crainte*. | Les témoins leur racontèrent l'aventure du
17 possédé et l'affaire des porcs. | Alors ils se mirent à supplier
Jésus de partir de leur région.

18 Comme Jésus remontait dans la barque, le possédé
19 le suppliait de pouvoir être avec lui. | Il n'y consentit pas,
mais il lui dit : « Rentre chez toi, auprès des tiens, annonce-
leur tout ce que le Seigneur* a fait pour toi dans sa miséri-
20 corde*. » | Alors cet homme s'en alla, il se mit à proclamer
dans la région de la Décapole tout ce que Jésus avait fait
pour lui, et tout le monde était dans l'admiration[1].

HÉRODE FAIT EXÉCUTER JEAN BAPTISTE

6 17 Car c'était lui, Hérode[2], qui avait fait arrêter Jean* et
l'avait mis en prison. En effet, il avait épousé Hérodiade, la
18 femme de son frère Philippe, | et Jean lui disait : « Tu n'as
19 pas le droit de prendre la femme de ton frère. » | Hérodiade
en voulait donc à Jean, et elle cherchait à le faire mettre à
20 mort. Mais elle n'y arrivait pas | parce que Hérode avait
peur de Jean : il savait que c'était un homme juste* et

(1) Marc souligne sans cesse l'étonnement et l'admiration des foules devant Jésus. Il amène ainsi ses lecteurs à se poser la question : « Qui est Jésus ? » Marc a exprimé sa propre réponse au début de son Évangile* : « Commencement de la Bonne Nouvelle de Jésus Christ*, le Fils de Dieu » (1, 1) ; et il la reprend à la fin : « Vraiment, cet homme était le Fils de Dieu » (15, 39).
(2) Il s'agit d'Hérode* Antipas, fils d'Hérode* le Grand. Il est gouverneur de Galilée*. Jésus comparaîtra devant lui pendant sa Passion*.

saint*, et il le protégeait ; quand il l'avait entendu, il était
très embarrassé, et pourtant, il aimait l'entendre.

21 Cependant, une occasion favorable se présenta
lorsque Hérode, pour son anniversaire, donna un banquet
à ses dignitaires, aux chefs de l'armée et aux notables de la
22 Galilée[1]. | La fille d'Hérodiade fit son entrée et dansa. Elle
plut à Hérode et à ses convives. Le roi dit à la jeune fille :
23 « Demande-moi tout ce que tu veux, je te le donnerai. » | Et
il lui fit ce serment : « Tout ce que tu me demanderas, je
te le donnerai, même si c'est la moitié de mon royaume. »
24 Elle sortit alors pour dire à sa mère : « Qu'est-ce que je
vais demander ? » Hérodiade répondit : « La tête de Jean le
25 Baptiste. » | Aussitôt la jeune fille s'empressa de retourner
auprès du roi, et lui fit cette demande : « Je veux que tout
de suite tu me donnes sur un plat la tête de Jean Baptiste. »
26 Le roi fut vivement contrarié ; mais à cause du serment fait
devant les convives, il ne voulut pas lui opposer un refus.
27 Aussitôt il envoya un garde avec l'ordre d'apporter la tête
28 de Jean. Le garde s'en alla, et le décapita dans la prison. | Il
apporta la tête sur un plat, la donna à la jeune fille, et la
jeune fille la donna à sa mère.

29 Lorsque les disciples* de Jean apprirent cela, ils vinrent
prendre son corps et le déposèrent dans un tombeau.

DÉBATS AVEC LES PHARISIENS

7 1 Les pharisiens* et quelques scribes* étaient venus de
2 Jérusalem*. Ils se réunissent autour de Jésus, | et voient
quelques-uns de ses disciples* prendre leur repas avec des

(1) L'historien juif Flavius Josèphe* nous apprend que cette scène se déroule dans la forteresse de Macheronte. Cette construction d'Hérode le Grand surplombe la mer Morte, sur le territoire de la Jordanie actuelle.

3 mains impures, c'est-à-dire non lavées. – | Les pharisiens
en effet, comme tous les Juifs, se lavent toujours soigneu-
sement les mains avant de manger, fidèles à la tradition
4 des anciens* ; | et au retour du marché, ils ne mangent pas
avant de s'être aspergés d'eau, et ils sont attachés encore par
tradition à beaucoup d'autres pratiques : lavage de coupes,
5 de cruches et de plats. – | Alors les pharisiens et les scribes
demandent à Jésus : « Pourquoi tes disciples ne suivent-ils
pas la tradition des anciens ? Ils prennent leurs repas sans
6 s'être lavé les mains. » | Jésus leur répond : « Isaïe* a fait
une bonne prophétie sur vous, hypocrites, dans ce passage
de l'Écriture* :

Ce peuple m'honore des lèvres,
mais son cœur est loin de moi.
7 *Il est inutile, le culte* qu'ils me rendent ;*
les doctrines qu'ils enseignent ne sont que des préceptes humains(1).

8 Vous laissez de côté le commandement* de Dieu pour
vous attacher à la tradition des hommes. »

9 Il leur disait encore : « Vous rejetez bel et bien le
commandement de Dieu pour observer votre tradition.
10 En effet, Moïse* a dit : *Honore ton père et ta mère.* Et encore :
11 *Celui qui maudit son père ou sa mère sera mis à mort.* | Et
vous, vous dites : "Supposons qu'un homme déclare à son
père ou à sa mère : Les ressources qui m'auraient permis de
12 t'aider sont *corbane*, c'est-à-dire offrande* sacrée." | Vous
13 l'autorisez à ne plus rien faire pour son père ou sa mère, | et
vous annulez la parole de Dieu par la tradition que vous
transmettez. Et vous faites beaucoup de choses du même
genre. »

HEUREUX LES CŒURS PURS !

Les pharisiens savent bien que seuls les cœurs purs*, c'est-à-dire sans mélange, verront Dieu (Matthieu 5, 8, p. 248).

Or, sans cesse, l'amour de Dieu se mélange à d'autres attachements : amour de l'argent, désir de vengeance, souci d'être « bien vu ». On a continuellement besoin d'être purifiés. C'est pourquoi les pharisiens multiplient les gestes de purification : en se lavant les mains, ils se rappellent ainsi qu'il faut se laver le cœur.

Le risque est de tomber dans le ritualisme, car il ne suffit pas de se laver à l'extérieur pour être pur à l'intérieur.

LA LIBERTÉ DE JÉSUS

« Jésus développe un enseignement centré sur l'exigence de la Parole* de Dieu. Les pharisiens respectaient scrupuleusement un ensemble de prescriptions destinées à traduire la volonté de Dieu dans la vie quotidienne.

Pour Jésus, la tradition des Anciens n'a de valeur que si elle est en accord avec la Parole de Dieu (Isaïe 29, 13). »

La Bible expliquée

(1) Isaïe 29, 13.

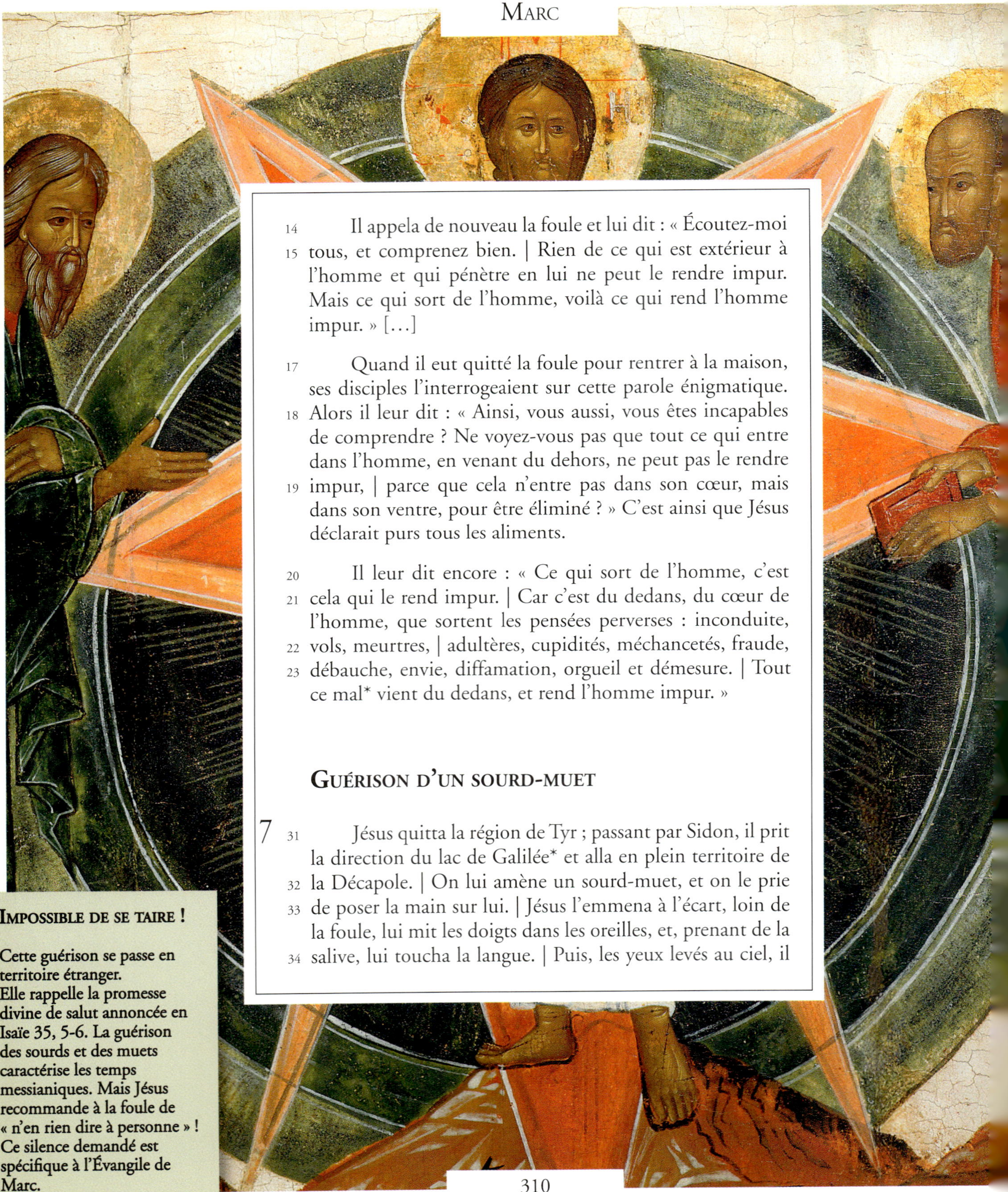

14 Il appela de nouveau la foule et lui dit : « Écoutez-moi
15 tous, et comprenez bien. | Rien de ce qui est extérieur à
l'homme et qui pénètre en lui ne peut le rendre impur.
Mais ce qui sort de l'homme, voilà ce qui rend l'homme
impur. » [...]

17 Quand il eut quitté la foule pour rentrer à la maison,
ses disciples l'interrogeaient sur cette parole énigmatique.
18 Alors il leur dit : « Ainsi, vous aussi, vous êtes incapables
de comprendre ? Ne voyez-vous pas que tout ce qui entre
dans l'homme, en venant du dehors, ne peut pas le rendre
19 impur, | parce que cela n'entre pas dans son cœur, mais
dans son ventre, pour être éliminé ? » C'est ainsi que Jésus
déclarait purs tous les aliments.

20 Il leur dit encore : « Ce qui sort de l'homme, c'est
21 cela qui le rend impur. | Car c'est du dedans, du cœur de
l'homme, que sortent les pensées perverses : inconduite,
22 vols, meurtres, | adultères, cupidités, méchancetés, fraude,
23 débauche, envie, diffamation, orgueil et démesure. | Tout
ce mal* vient du dedans, et rend l'homme impur. »

Guérison d'un sourd-muet

7 31 Jésus quitta la région de Tyr ; passant par Sidon, il prit
la direction du lac de Galilée* et alla en plein territoire de
32 la Décapole. | On lui amène un sourd-muet, et on le prie
33 de poser la main sur lui. | Jésus l'emmena à l'écart, loin de
la foule, lui mit les doigts dans les oreilles, et, prenant de la
34 salive, lui toucha la langue. | Puis, les yeux levés au ciel, il

Impossible de se taire !

Cette guérison se passe en territoire étranger. Elle rappelle la promesse divine de salut annoncée en Isaïe 35, 5-6. La guérison des sourds et des muets caractérise les temps messianiques. Mais Jésus recommande à la foule de « n'en rien dire à personne » ! Ce silence demandé est spécifique à l'Évangile de Marc.

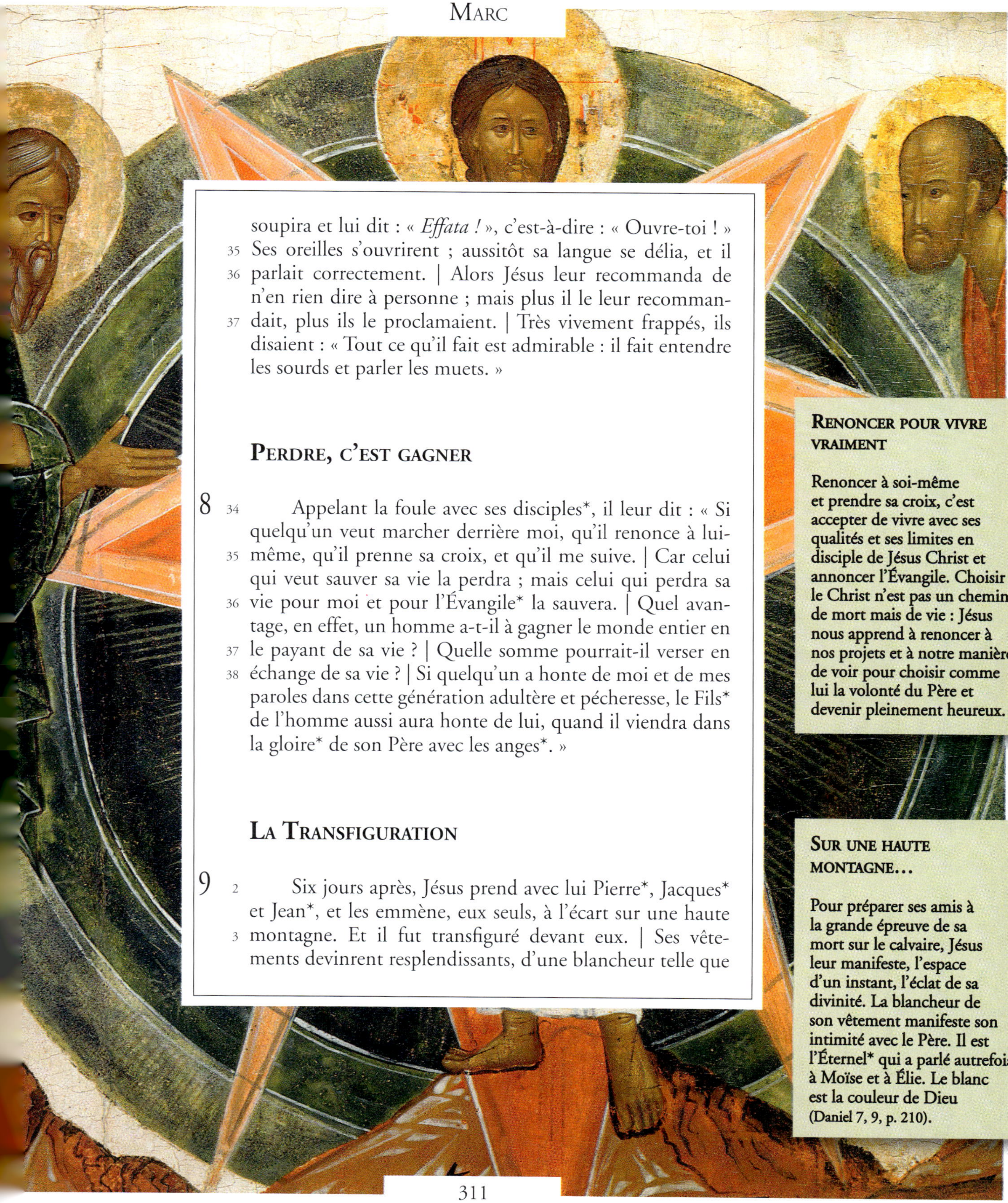

soupira et lui dit : « *Effata !* », c'est-à-dire : « Ouvre-toi ! »
35 Ses oreilles s'ouvrirent ; aussitôt sa langue se délia, et il
36 parlait correctement. | Alors Jésus leur recommanda de
n'en rien dire à personne ; mais plus il le leur recomman-
37 dait, plus ils le proclamaient. | Très vivement frappés, ils
disaient : « Tout ce qu'il fait est admirable : il fait entendre
les sourds et parler les muets. »

PERDRE, C'EST GAGNER

8 34 Appelant la foule avec ses disciples*, il leur dit : « Si
quelqu'un veut marcher derrière moi, qu'il renonce à lui-
35 même, qu'il prenne sa croix, et qu'il me suive. | Car celui
qui veut sauver sa vie la perdra ; mais celui qui perdra sa
36 vie pour moi et pour l'Évangile* la sauvera. | Quel avan-
tage, en effet, un homme a-t-il à gagner le monde entier en
37 le payant de sa vie ? | Quelle somme pourrait-il verser en
38 échange de sa vie ? | Si quelqu'un a honte de moi et de mes
paroles dans cette génération adultère et pécheresse, le Fils*
de l'homme aussi aura honte de lui, quand il viendra dans
la gloire* de son Père avec les anges*. »

LA TRANSFIGURATION

9 2 Six jours après, Jésus prend avec lui Pierre*, Jacques*
et Jean*, et les emmène, eux seuls, à l'écart sur une haute
3 montagne. Et il fut transfiguré devant eux. | Ses vête-
ments devinrent resplendissants, d'une blancheur telle que

RENONCER POUR VIVRE VRAIMENT

Renoncer à soi-même et prendre sa croix, c'est accepter de vivre avec ses qualités et ses limites en disciple de Jésus Christ et annoncer l'Évangile. Choisir le Christ n'est pas un chemin de mort mais de vie : Jésus nous apprend à renoncer à nos projets et à notre manière de voir pour choisir comme lui la volonté du Père et devenir pleinement heureux.

SUR UNE HAUTE MONTAGNE...

Pour préparer ses amis à la grande épreuve de sa mort sur le calvaire, Jésus leur manifeste, l'espace d'un instant, l'éclat de sa divinité. La blancheur de son vêtement manifeste son intimité avec le Père. Il est l'Éternel* qui a parlé autrefois à Moïse et à Élie. Le blanc est la couleur de Dieu (Daniel 7, 9, p. 210).

personne sur terre ne peut obtenir une blancheur pareille.
4 Élie* leur apparut avec Moïse*, et ils s'entretenaient avec
5 Jésus. | Pierre* alors prend la parole et dit à Jésus : « Rabbi*,
il est heureux que nous soyons ici ! Dressons donc trois
tentes : une pour toi, une pour Moïse et une pour Élie. »
6 De fait, il ne savait que dire, tant était grande leur frayeur.
7 Survint une nuée* qui les couvrit de son ombre, et de la
nuée une voix se fit entendre : « Celui-ci est mon
8 Fils* bien-aimé. Écoutez-le. » | Soudain, regardant
tout autour, ils ne virent plus que Jésus seul avec
eux.

9 En descendant de la montagne, Jésus leur
défendit de raconter à personne ce qu'ils avaient
vu, avant que le Fils* de l'homme soit ressuscité*
10 d'entre les morts. | Et ils restèrent fermement atta-
chés à cette consigne, tout en se demandant entre
eux ce que voulait dire : « ressusciter d'entre les
morts ».

Où donc faut-il aller, Seigneur Jésus,*
pour voir le visage de Dieu
transparaître aujourd'hui
sur la terre des hommes ?

Là où l'on prie à plein cœur ?
Là où l'on partage à pleines mains ?
Là où l'on aime à pleine vie ?

Fais-nous voir, Seigneur, ton visage !

COMME DES ENFANTS

10 13 On présentait à Jésus des enfants pour les lui faire
toucher ; mais les disciples* les écartèrent vivement.
14 Voyant cela, Jésus se fâcha et leur dit : « Laissez les enfants
venir à moi. Ne les empêchez pas, car le royaume* de Dieu
15 est à ceux qui leur ressemblent[1]. | Amen*, je vous le dis :
celui qui n'accueille pas le royaume de Dieu à la manière
16 d'un enfant* n'y entrera pas. » | Il les embrassait et les
bénissait* en leur imposant les mains.

ACCUEILLIR UN ENFANT

La société antique ne portait pas de sollicitude particulière aux enfants. Au contraire, loin d'être traités par les adultes comme de grandes personnes en herbe, on les tenait pour des êtres insignifiants. Jésus met l'enfant au cœur du cercle de ses amis.

Accueillir au nom de Jésus un enfant, symbole ici des pauvres et de tous les exclus, c'est accueillir Jésus en personne.

(1) Comparer avec Matthieu 18, 1-10, p. 270.

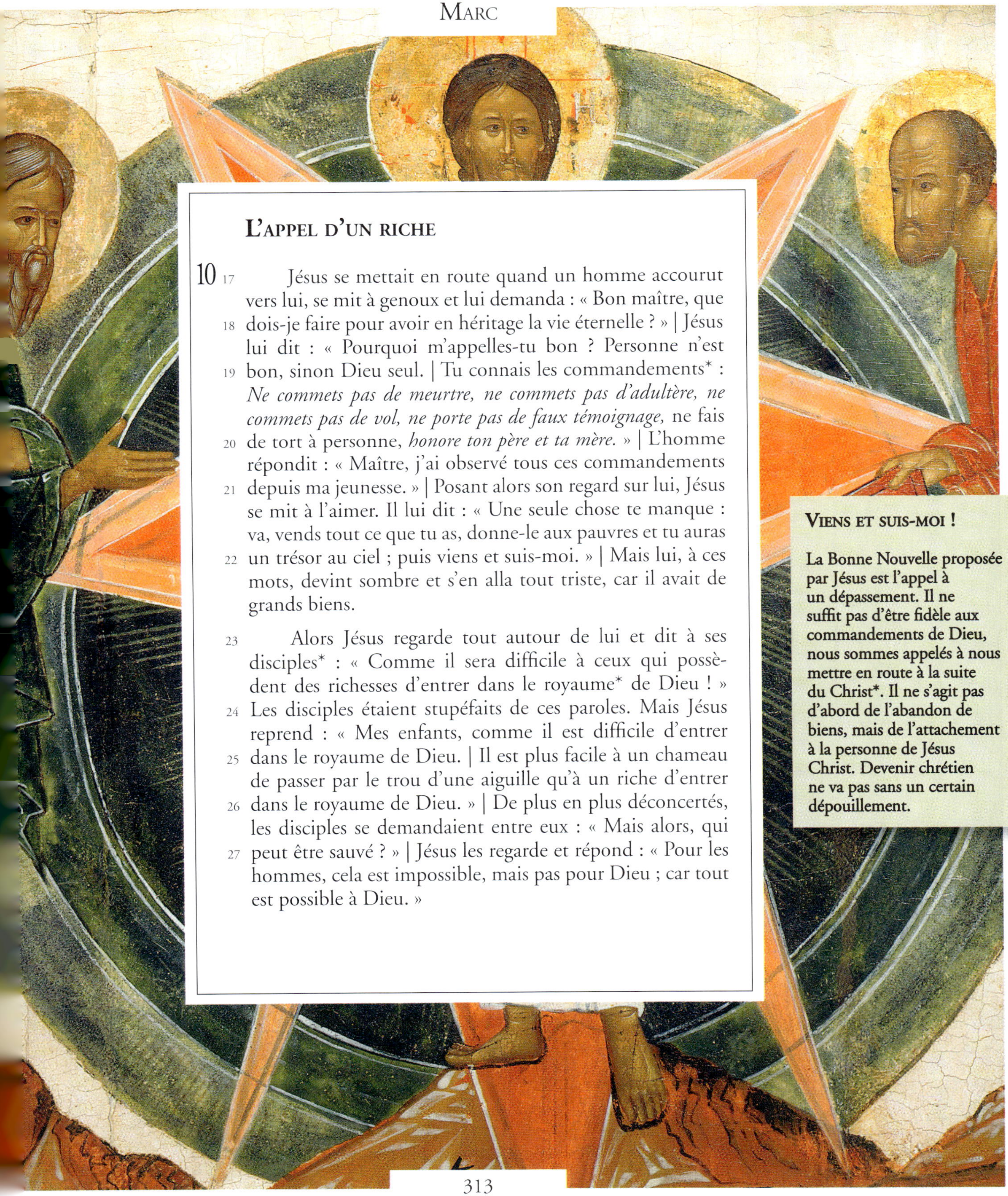

L'appel d'un riche

10 17 Jésus se mettait en route quand un homme accourut
vers lui, se mit à genoux et lui demanda : « Bon maître, que
18 dois-je faire pour avoir en héritage la vie éternelle ? » | Jésus
lui dit : « Pourquoi m'appelles-tu bon ? Personne n'est
19 bon, sinon Dieu seul. | Tu connais les commandements* :
Ne commets pas de meurtre, ne commets pas d'adultère, ne
commets pas de vol, ne porte pas de faux témoignage, ne fais
20 de tort à personne, *honore ton père et ta mère.* » | L'homme
répondit : « Maître, j'ai observé tous ces commandements
21 depuis ma jeunesse. » | Posant alors son regard sur lui, Jésus
se mit à l'aimer. Il lui dit : « Une seule chose te manque :
va, vends tout ce que tu as, donne-le aux pauvres et tu auras
22 un trésor au ciel ; puis viens et suis-moi. » | Mais lui, à ces
mots, devint sombre et s'en alla tout triste, car il avait de
grands biens.

23 Alors Jésus regarde tout autour de lui et dit à ses
disciples* : « Comme il sera difficile à ceux qui possè-
dent des richesses d'entrer dans le royaume* de Dieu ! »
24 Les disciples étaient stupéfaits de ces paroles. Mais Jésus
reprend : « Mes enfants, comme il est difficile d'entrer
25 dans le royaume de Dieu. | Il est plus facile à un chameau
de passer par le trou d'une aiguille qu'à un riche d'entrer
26 dans le royaume de Dieu. » | De plus en plus déconcertés,
les disciples se demandaient entre eux : « Mais alors, qui
27 peut être sauvé ? » | Jésus les regarde et répond : « Pour les
hommes, cela est impossible, mais pas pour Dieu ; car tout
est possible à Dieu. »

Viens et suis-moi !

La Bonne Nouvelle proposée par Jésus est l'appel à un dépassement. Il ne suffit pas d'être fidèle aux commandements de Dieu, nous sommes appelés à nous mettre en route à la suite du Christ*. Il ne s'agit pas d'abord de l'abandon de biens, mais de l'attachement à la personne de Jésus Christ. Devenir chrétien ne va pas sans un certain dépouillement.

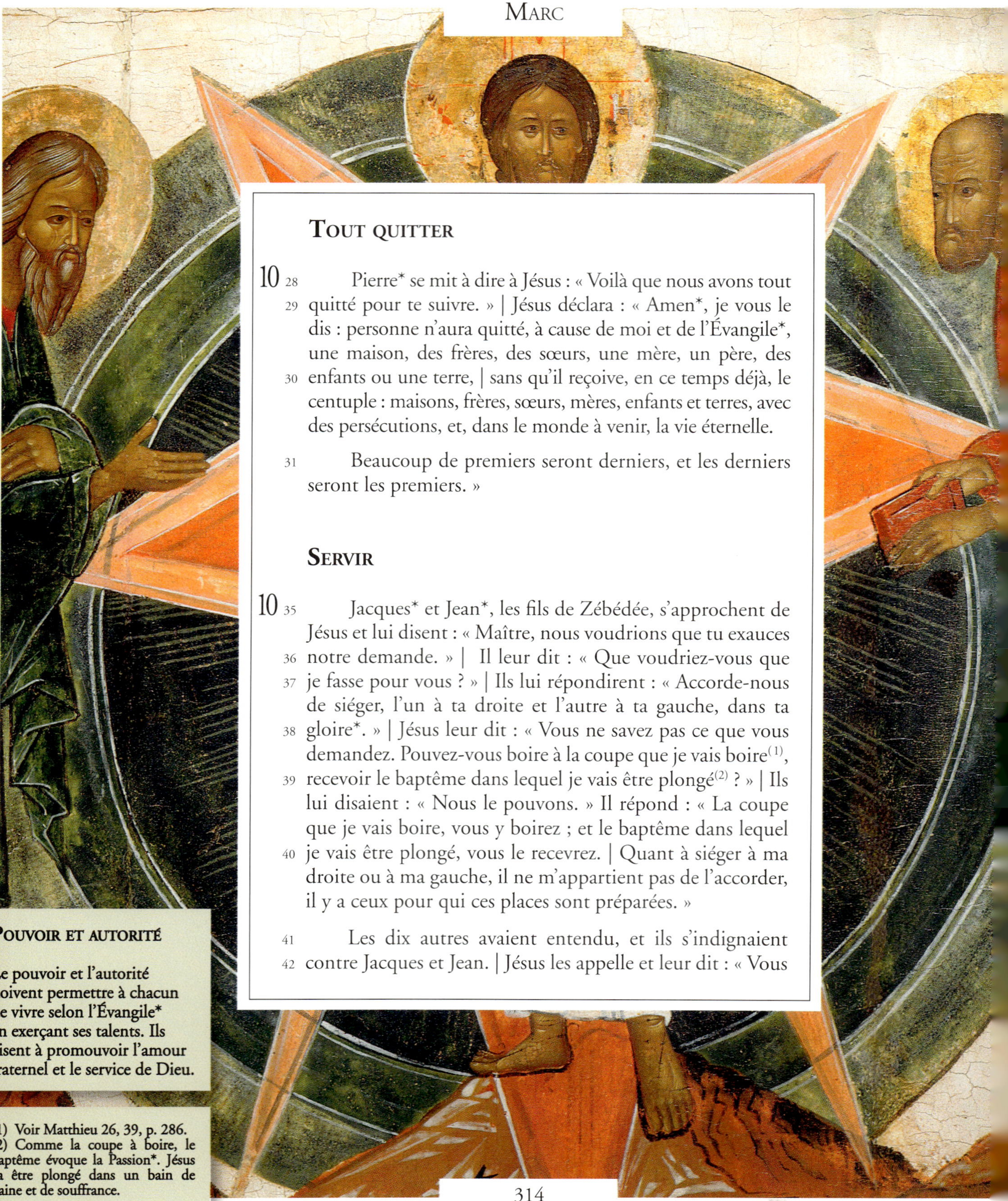

TOUT QUITTER

10 28 Pierre* se mit à dire à Jésus : « Voilà que nous avons tout
29 quitté pour te suivre. » | Jésus déclara : « Amen*, je vous le
dis : personne n'aura quitté, à cause de moi et de l'Évangile*,
une maison, des frères, des sœurs, une mère, un père, des
30 enfants ou une terre, | sans qu'il reçoive, en ce temps déjà, le
centuple : maisons, frères, sœurs, mères, enfants et terres, avec
des persécutions, et, dans le monde à venir, la vie éternelle.

31 Beaucoup de premiers seront derniers, et les derniers
seront les premiers. »

SERVIR

10 35 Jacques* et Jean*, les fils de Zébédée, s'approchent de
Jésus et lui disent : « Maître, nous voudrions que tu exauces
36 notre demande. » | Il leur dit : « Que voudriez-vous que
37 je fasse pour vous ? » | Ils lui répondirent : « Accorde-nous
de siéger, l'un à ta droite et l'autre à ta gauche, dans ta
38 gloire*. » | Jésus leur dit : « Vous ne savez pas ce que vous
demandez. Pouvez-vous boire à la coupe que je vais boire(1),
39 recevoir le baptême dans lequel je vais être plongé(2) ? » | Ils
lui disaient : « Nous le pouvons. » Il répond : « La coupe
que je vais boire, vous y boirez ; et le baptême dans lequel
40 je vais être plongé, vous le recevrez. | Quant à siéger à ma
droite ou à ma gauche, il ne m'appartient pas de l'accorder,
il y a ceux pour qui ces places sont préparées. »

41 Les dix autres avaient entendu, et ils s'indignaient
42 contre Jacques et Jean. | Jésus les appelle et leur dit : « Vous

POUVOIR ET AUTORITÉ

Le pouvoir et l'autorité doivent permettre à chacun de vivre selon l'Évangile* en exerçant ses talents. Ils visent à promouvoir l'amour fraternel et le service de Dieu.

(1) Voir Matthieu 26, 39, p. 286.
(2) Comme la coupe à boire, le baptême évoque la Passion*. Jésus va être plongé dans un bain de haine et de souffrance.

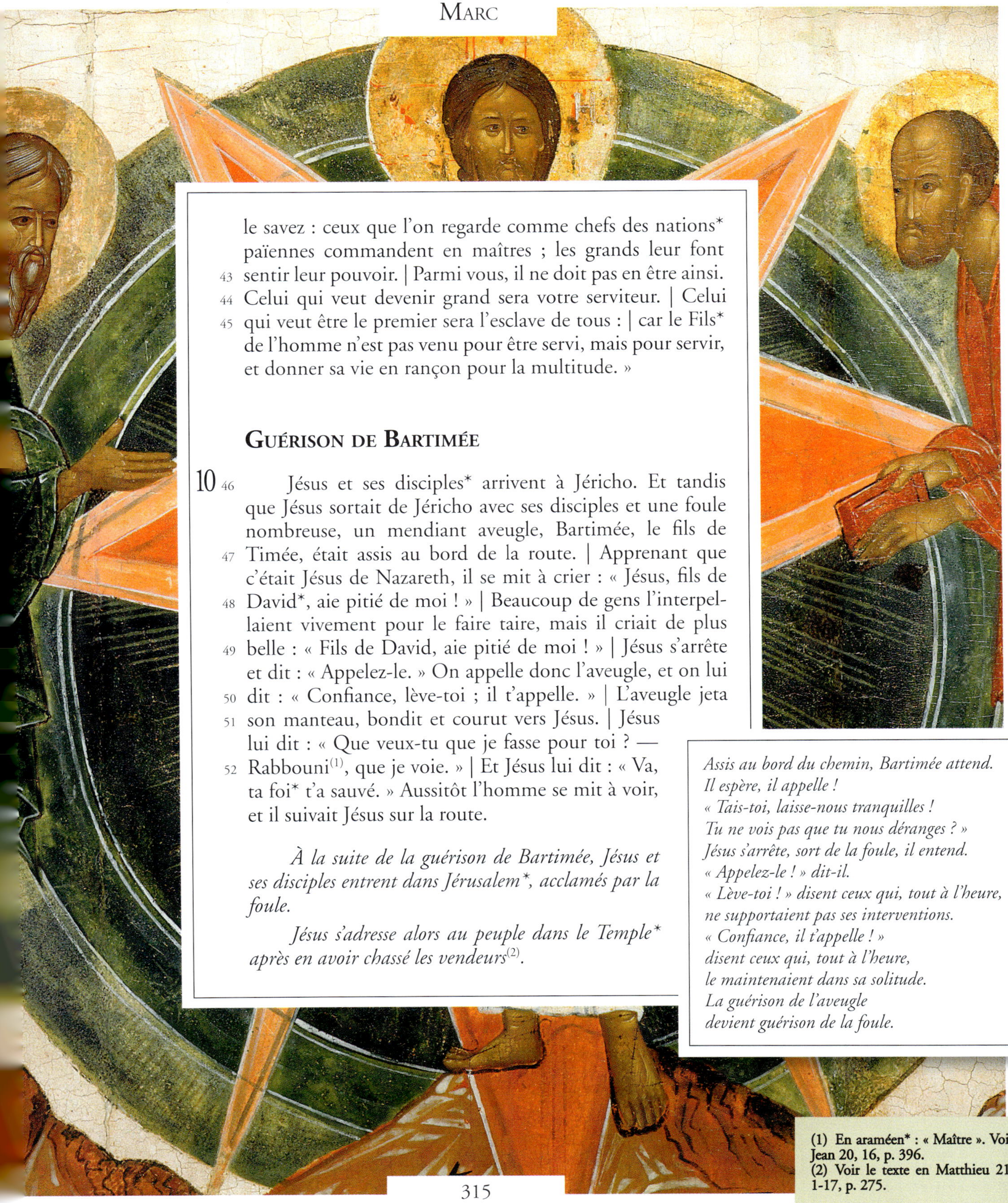

le savez : ceux que l'on regarde comme chefs des nations*
païennes commandent en maîtres ; les grands leur font
43 sentir leur pouvoir. | Parmi vous, il ne doit pas en être ainsi.
44 Celui qui veut devenir grand sera votre serviteur. | Celui
45 qui veut être le premier sera l'esclave de tous : | car le Fils*
de l'homme n'est pas venu pour être servi, mais pour servir,
et donner sa vie en rançon pour la multitude. »

GUÉRISON DE BARTIMÉE

10 46 Jésus et ses disciples* arrivent à Jéricho. Et tandis
que Jésus sortait de Jéricho avec ses disciples et une foule
nombreuse, un mendiant aveugle, Bartimée, le fils de
47 Timée, était assis au bord de la route. | Apprenant que
c'était Jésus de Nazareth, il se mit à crier : « Jésus, fils de
48 David*, aie pitié de moi ! » | Beaucoup de gens l'interpel-
laient vivement pour le faire taire, mais il criait de plus
49 belle : « Fils de David, aie pitié de moi ! » | Jésus s'arrête
et dit : « Appelez-le. » On appelle donc l'aveugle, et on lui
50 dit : « Confiance, lève-toi ; il t'appelle. » | L'aveugle jeta
51 son manteau, bondit et courut vers Jésus. | Jésus
lui dit : « Que veux-tu que je fasse pour toi ? —
52 Rabbouni[1], que je voie. » | Et Jésus lui dit : « Va,
ta foi* t'a sauvé. » Aussitôt l'homme se mit à voir,
et il suivait Jésus sur la route.

À la suite de la guérison de Bartimée, Jésus et ses disciples entrent dans Jérusalem, acclamés par la foule.*

Jésus s'adresse alors au peuple dans le Temple après en avoir chassé les vendeurs[2].*

Assis au bord du chemin, Bartimée attend.
Il espère, il appelle !
« Tais-toi, laisse-nous tranquilles !
Tu ne vois pas que tu nous déranges ? »
Jésus s'arrête, sort de la foule, il entend.
« Appelez-le ! » dit-il.
« Lève-toi ! » disent ceux qui, tout à l'heure,
ne supportaient pas ses interventions.
« Confiance, il t'appelle ! »
disent ceux qui, tout à l'heure,
le maintenaient dans sa solitude.
La guérison de l'aveugle
devient guérison de la foule.

(1) En araméen* : « Maître ». Voir Jean 20, 16, p. 396.
(2) Voir le texte en Matthieu 21, 1-17, p. 275.

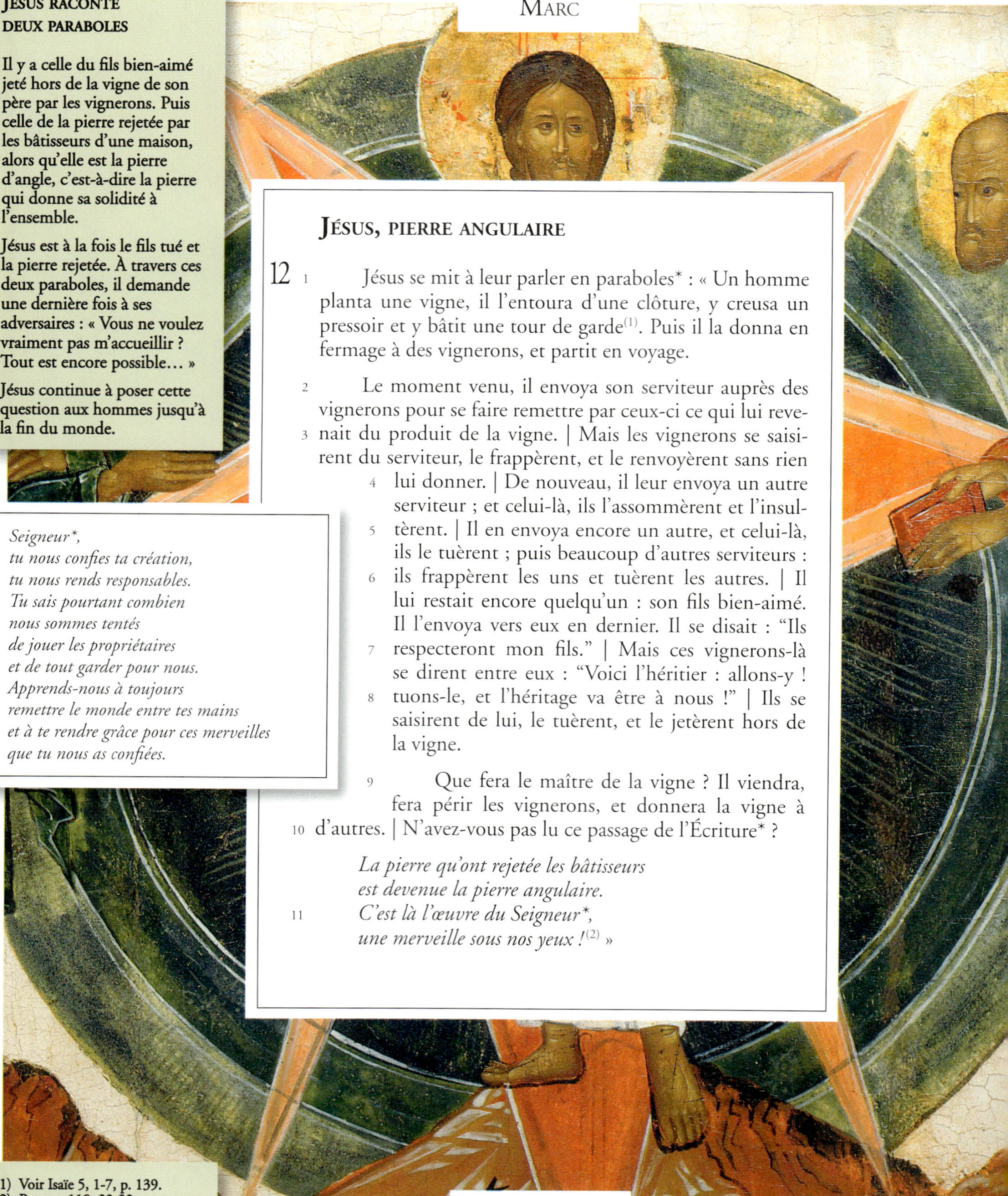

Jésus raconte deux paraboles

Il y a celle du fils bien-aimé jeté hors de la vigne de son père par les vignerons. Puis celle de la pierre rejetée par les bâtisseurs d'une maison, alors qu'elle est la pierre d'angle, c'est-à-dire la pierre qui donne sa solidité à l'ensemble.

Jésus est à la fois le fils tué et la pierre rejetée. À travers ces deux paraboles, il demande une dernière fois à ses adversaires : « Vous ne voulez vraiment pas m'accueillir ? Tout est encore possible… »

Jésus continue à poser cette question aux hommes jusqu'à la fin du monde.

Seigneur,*
tu nous confies ta création,
tu nous rends responsables.
Tu sais pourtant combien
nous sommes tentés
de jouer les propriétaires
et de tout garder pour nous.
Apprends-nous à toujours
remettre le monde entre tes mains
et à te rendre grâce pour ces merveilles
que tu nous as confiées.

Jésus, pierre angulaire

12 1 Jésus se mit à leur parler en paraboles* : « Un homme planta une vigne, il l'entoura d'une clôture, y creusa un pressoir et y bâtit une tour de garde[1]. Puis il la donna en fermage à des vignerons, et partit en voyage.

2 Le moment venu, il envoya son serviteur auprès des
vignerons pour se faire remettre par ceux-ci ce qui lui reve-
3 nait du produit de la vigne. | Mais les vignerons se saisi-
rent du serviteur, le frappèrent, et le renvoyèrent sans rien
4 lui donner. | De nouveau, il leur envoya un autre
serviteur ; et celui-là, ils l'assommèrent et l'insul-
5 tèrent. | Il en envoya encore un autre, et celui-là,
ils le tuèrent ; puis beaucoup d'autres serviteurs :
6 ils frappèrent les uns et tuèrent les autres. | Il
lui restait encore quelqu'un : son fils bien-aimé.
Il l'envoya vers eux en dernier. Il se disait : "Ils
7 respecteront mon fils." | Mais ces vignerons-là
se dirent entre eux : "Voici l'héritier : allons-y !
8 tuons-le, et l'héritage va être à nous !" | Ils se
saisirent de lui, le tuèrent, et le jetèrent hors de
la vigne.

9 Que fera le maître de la vigne ? Il viendra,
fera périr les vignerons, et donnera la vigne à
10 d'autres. | N'avez-vous pas lu ce passage de l'Écriture* ?

La pierre qu'ont rejetée les bâtisseurs
est devenue la pierre angulaire.
11 *C'est là l'œuvre du Seigneur*,*
une merveille sous nos yeux ![2] »

(1) Voir Isaïe 5, 1-7, p. 139.
(2) Psaume 118, 22-23.

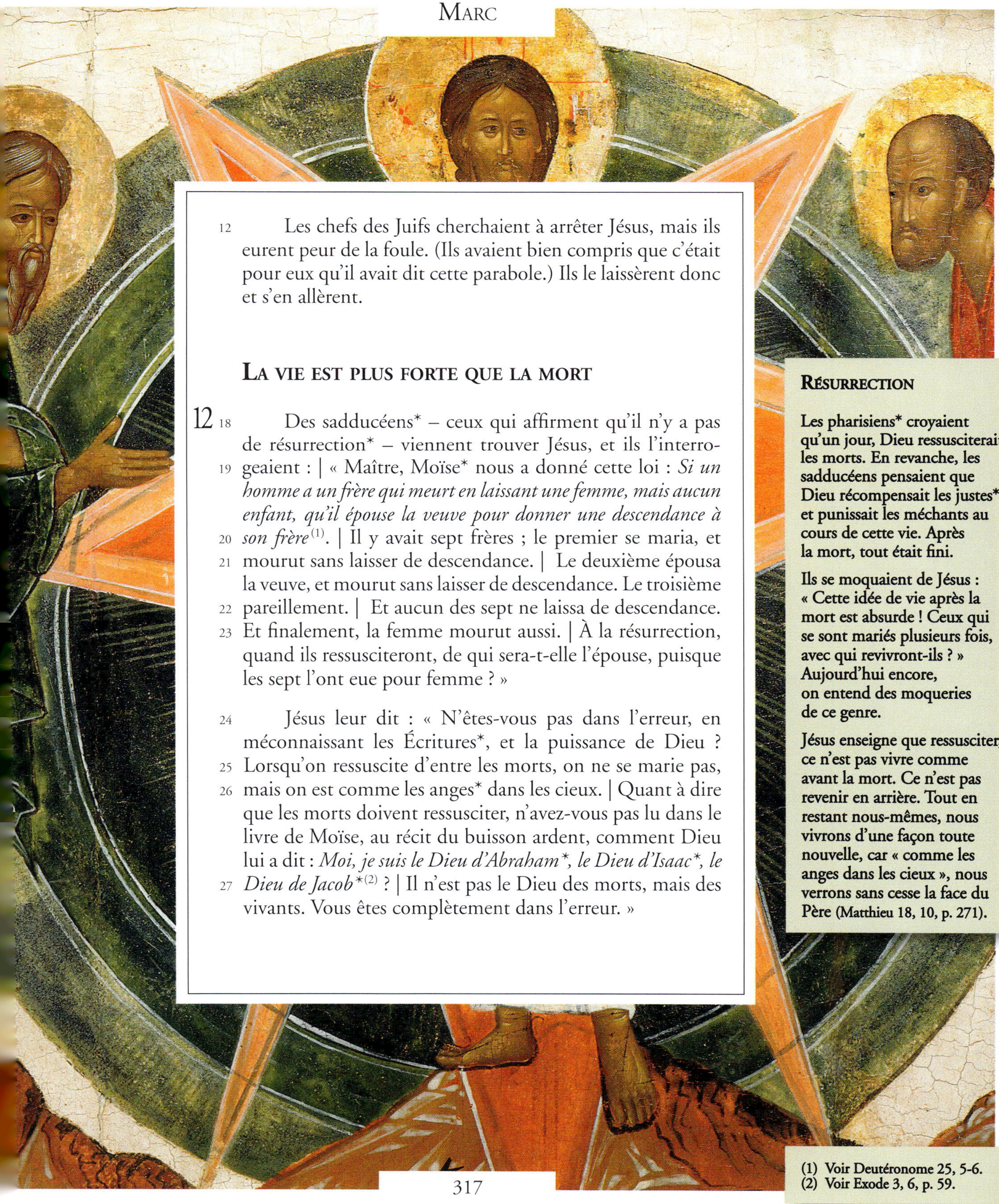

12 Les chefs des Juifs cherchaient à arrêter Jésus, mais ils
eurent peur de la foule. (Ils avaient bien compris que c'était
pour eux qu'il avait dit cette parabole.) Ils le laissèrent donc
et s'en allèrent.

LA VIE EST PLUS FORTE QUE LA MORT

12 18 Des sadducéens* – ceux qui affirment qu'il n'y a pas
de résurrection* – viennent trouver Jésus, et ils l'interro-
19 geaient : | « Maître, Moïse* nous a donné cette loi : *Si un
homme a un frère qui meurt en laissant une femme, mais aucun
enfant, qu'il épouse la veuve pour donner une descendance à*
20 *son frère*(1). | Il y avait sept frères ; le premier se maria, et
21 mourut sans laisser de descendance. | Le deuxième épousa
la veuve, et mourut sans laisser de descendance. Le troisième
22 pareillement. | Et aucun des sept ne laissa de descendance.
23 Et finalement, la femme mourut aussi. | À la résurrection,
quand ils ressusciteront, de qui sera-t-elle l'épouse, puisque
les sept l'ont eue pour femme ? »

24 Jésus leur dit : « N'êtes-vous pas dans l'erreur, en
méconnaissant les Écritures*, et la puissance de Dieu ?
25 Lorsqu'on ressuscite d'entre les morts, on ne se marie pas,
26 mais on est comme les anges* dans les cieux. | Quant à dire
que les morts doivent ressusciter, n'avez-vous pas lu dans le
livre de Moïse, au récit du buisson ardent, comment Dieu
lui a dit : *Moi, je suis le Dieu d'Abraham*, le Dieu d'Isaac*, le*
27 *Dieu de Jacob**(2) ? | Il n'est pas le Dieu des morts, mais des
vivants. Vous êtes complètement dans l'erreur. »

RÉSURRECTION

Les pharisiens* croyaient qu'un jour, Dieu ressusciterait les morts. En revanche, les sadducéens pensaient que Dieu récompensait les justes* et punissait les méchants au cours de cette vie. Après la mort, tout était fini.

Ils se moquaient de Jésus : « Cette idée de vie après la mort est absurde ! Ceux qui se sont mariés plusieurs fois, avec qui revivront-ils ? » Aujourd'hui encore, on entend des moqueries de ce genre.

Jésus enseigne que ressusciter, ce n'est pas vivre comme avant la mort. Ce n'est pas revenir en arrière. Tout en restant nous-mêmes, nous vivrons d'une façon toute nouvelle, car « comme les anges dans les cieux », nous verrons sans cesse la face du Père (Matthieu 18, 10, p. 271).

(1) Voir Deutéronome 25, 5-6.
(2) Voir Exode 3, 6, p. 59.

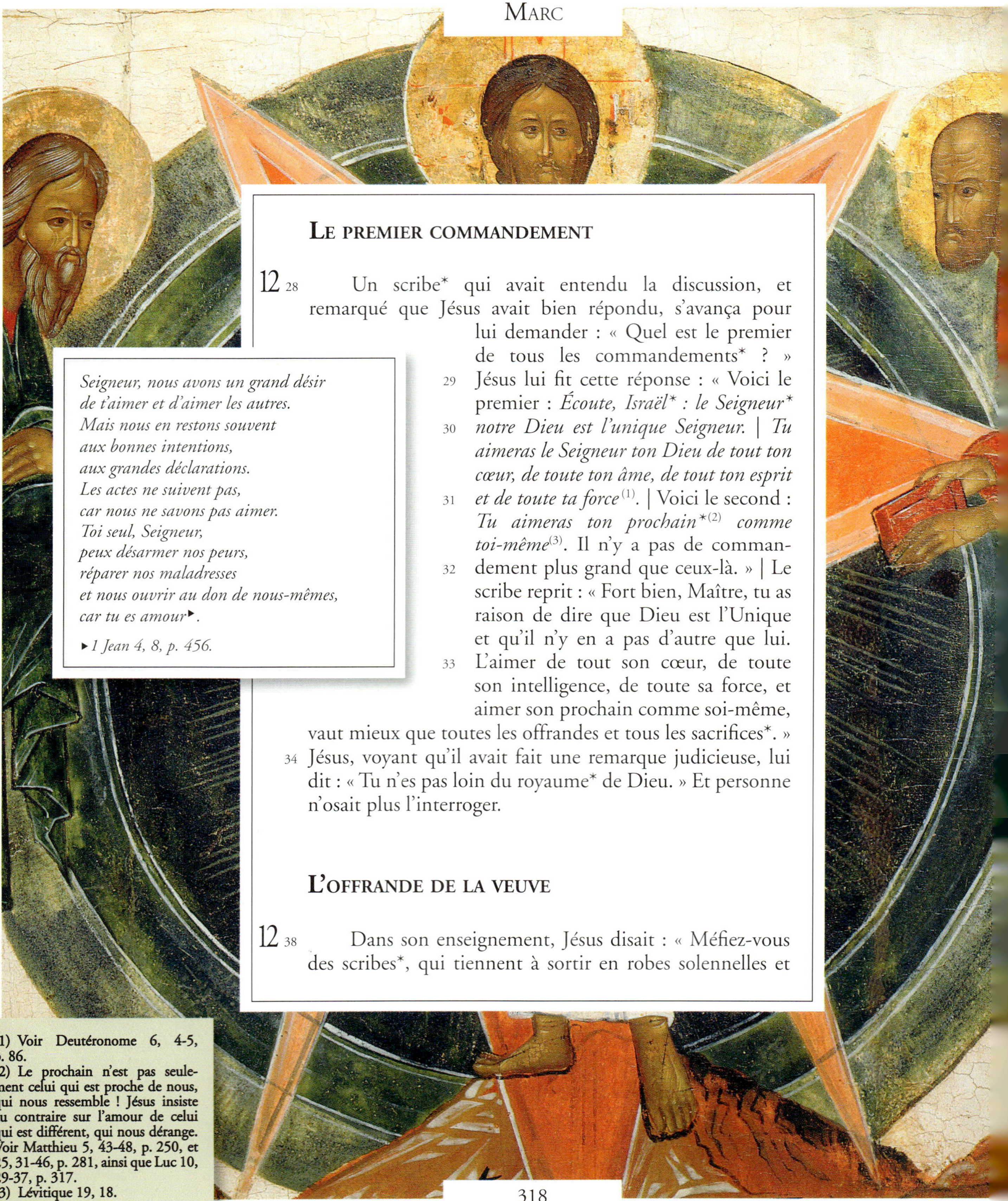

Le premier commandement

12 28 Un scribe* qui avait entendu la discussion, et
remarqué que Jésus avait bien répondu, s'avança pour
lui demander : « Quel est le premier
de tous les commandements* ? »
29 Jésus lui fit cette réponse : « Voici le
premier : *Écoute, Israël* : le Seigneur**
30 *notre Dieu est l'unique Seigneur.* | *Tu*
aimeras le Seigneur ton Dieu de tout ton
cœur, de toute ton âme, de tout ton esprit
31 *et de toute ta force*(1). | Voici le second :
*Tu aimeras ton prochain**(2) *comme*
toi-même(3). Il n'y a pas de comman-
32 dement plus grand que ceux-là. » | Le
scribe reprit : « Fort bien, Maître, tu as
raison de dire que Dieu est l'Unique
et qu'il n'y en a pas d'autre que lui.
33 L'aimer de tout son cœur, de toute
son intelligence, de toute sa force, et
aimer son prochain comme soi-même,
vaut mieux que toutes les offrandes et tous les sacrifices*. »
34 Jésus, voyant qu'il avait fait une remarque judicieuse, lui
dit : « Tu n'es pas loin du royaume* de Dieu. » Et personne
n'osait plus l'interroger.

Seigneur, nous avons un grand désir
de t'aimer et d'aimer les autres.
Mais nous en restons souvent
aux bonnes intentions,
aux grandes déclarations.
Les actes ne suivent pas,
car nous ne savons pas aimer.
Toi seul, Seigneur,
peux désarmer nos peurs,
réparer nos maladresses
et nous ouvrir au don de nous-mêmes,
car tu es amour▸.

▸ *1 Jean 4, 8, p. 456.*

L'offrande de la veuve

12 38 Dans son enseignement, Jésus disait : « Méfiez-vous
des scribes*, qui tiennent à sortir en robes solennelles et

(1) Voir Deutéronome 6, 4-5, p. 86.
(2) Le prochain n'est pas seulement celui qui est proche de nous, qui nous ressemble ! Jésus insiste au contraire sur l'amour de celui qui est différent, qui nous dérange. Voir Matthieu 5, 43-48, p. 250, et 25, 31-46, p. 281, ainsi que Luc 10, 29-37, p. 317.
(3) Lévitique 19, 18.

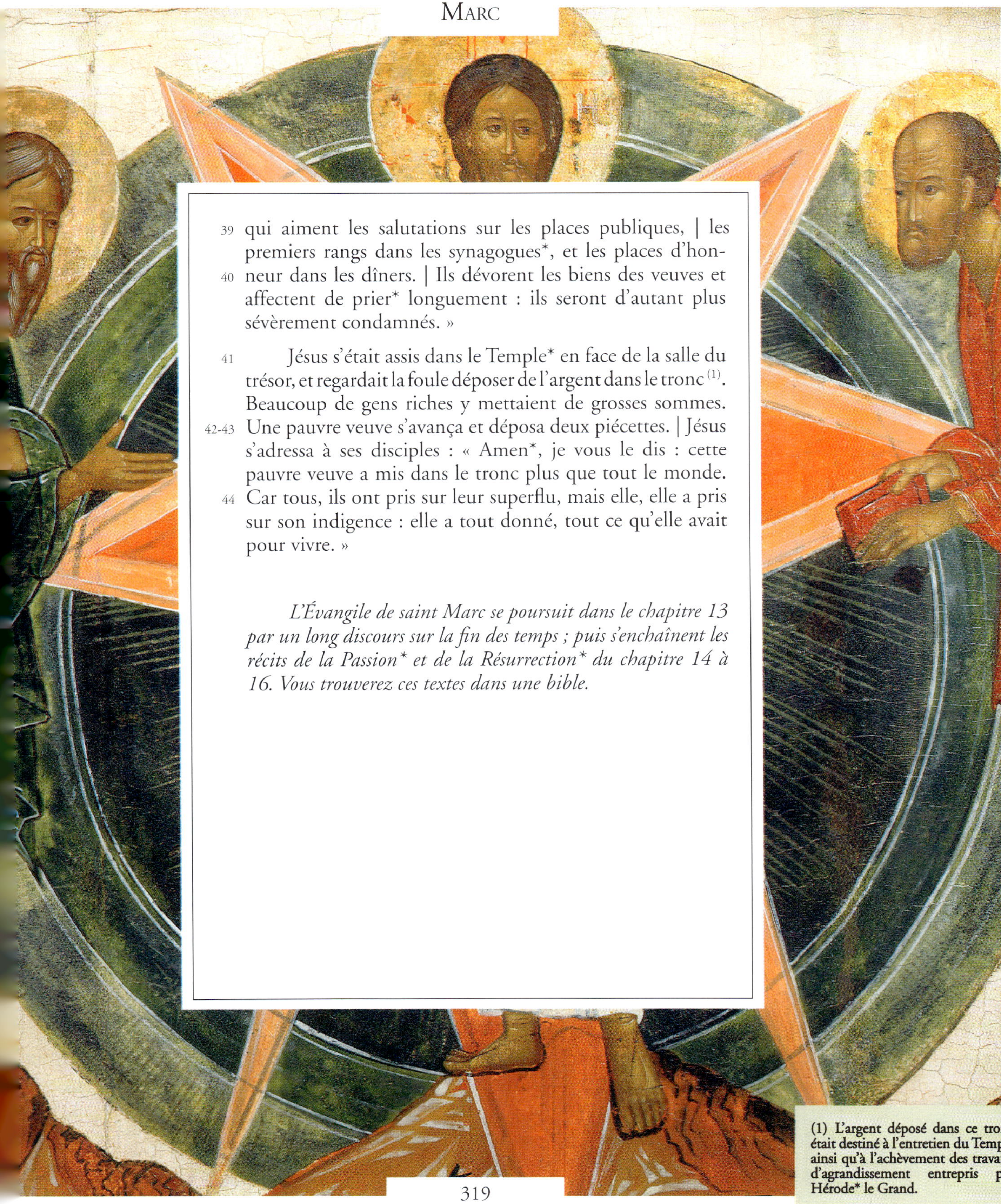

39 qui aiment les salutations sur les places publiques, | les
premiers rangs dans les synagogues*, et les places d'hon-
40 neur dans les dîners. | Ils dévorent les biens des veuves et
affectent de prier* longuement : ils seront d'autant plus
sévèrement condamnés. »

41 Jésus s'était assis dans le Temple* en face de la salle du
trésor, et regardait la foule déposer de l'argent dans le tronc (1).
Beaucoup de gens riches y mettaient de grosses sommes.
42-43 Une pauvre veuve s'avança et déposa deux piécettes. | Jésus
s'adressa à ses disciples : « Amen*, je vous le dis : cette
pauvre veuve a mis dans le tronc plus que tout le monde.
44 Car tous, ils ont pris sur leur superflu, mais elle, elle a pris
sur son indigence : elle a tout donné, tout ce qu'elle avait
pour vivre. »

L'Évangile de saint Marc se poursuit dans le chapitre 13 par un long discours sur la fin des temps ; puis s'enchaînent les récits de la Passion et de la Résurrection* du chapitre 14 à 16. Vous trouverez ces textes dans une bible.*

(1) L'argent déposé dans ce tronc était destiné à l'entretien du Temple ainsi qu'à l'achèvement des travaux d'agrandissement entrepris par Hérode* le Grand.

III
L'ÉVANGILE SELON SAINT LUC

Qui est Luc ?

Luc porte un nom gréco-latin évoquant la clarté. Saint Paul le présente comme l'un de ses collaborateurs, médecin de profession*(1)*. Les premiers auteurs chrétiens (Irénée, Eusèbe, Jérôme) ajoutent qu'il était d'origine païenne*. Il compose, sans doute à Antioche de Syrie vers les années 80-90 après Jésus Christ, l'Évangile qui porte son nom et les Actes des Apôtres. Dans ce dernier livre, plusieurs passages sont rédigés à la première personne du pluriel, comme par exemple au chapitre 16, verset 11 : « Nous avons pris le bateau*(2)*. » On pense donc qu'il s'agit de souvenirs personnels de Luc. On apprend ainsi qu'il accompagnait Paul lorsque celui-ci fut arrêté à Jérusalem*, puis emprisonné à Césarée dans les années 58 à 60 après Jésus Christ. Luc, tout en restant en contact avec son maître, eut donc l'occasion de mener l'enquête dont il parle au début de son Évangile*(3)*. Peut-être rencontra-t-il la Vierge Marie* ou des personnes de son entourage. Il est l'évangéliste qui nous parle le plus de la mère de Jésus.*

Il fait partie du voyage qui conduit Paul à Rome(4)* en 60-61 après Jésus Christ. D'après une ancienne tradition, il aurait été martyrisé avec saint André* à Patras, en Grèce, à l'âge de 84 ans.*

Parce que son Évangile commence dans le Temple de Jérusalem où des taureaux sont offerts en sacrifice*, Luc est traditionnellement représenté par le symbole du taureau*(5)*.*

Pour qui Luc écrit-il cet Évangile ?

Luc s'adresse à un certain Théophile. Derrière ce nom, qui signifie en grec « ami de Dieu », se cache peut-être un homme connu de Luc, ou se cachent plus sûrement des communautés composées de païens convertis au christianisme. C'est aussi une façon pour Luc de s'adresser à chaque lecteur de son Évangile : « Toi aussi, tu es invité à devenir ami de Dieu. »

Luc souligne tout particulièrement le rôle du Saint-Esprit qui fait naître la foi* dans le cœur des hommes. Il est très attentif à la miséricorde* de Jésus et il donne – plus que tous les autres évangélistes – une place importante aux femmes.*

(1) Voir Colossiens 4, 14 et Philémon 24.
(2) Voir p. 428.
(3) Voir Luc 1, 3, p. 322.
(4) Voir Actes 28, 11-31, p. 429-431.
(5) Voir p. 494.

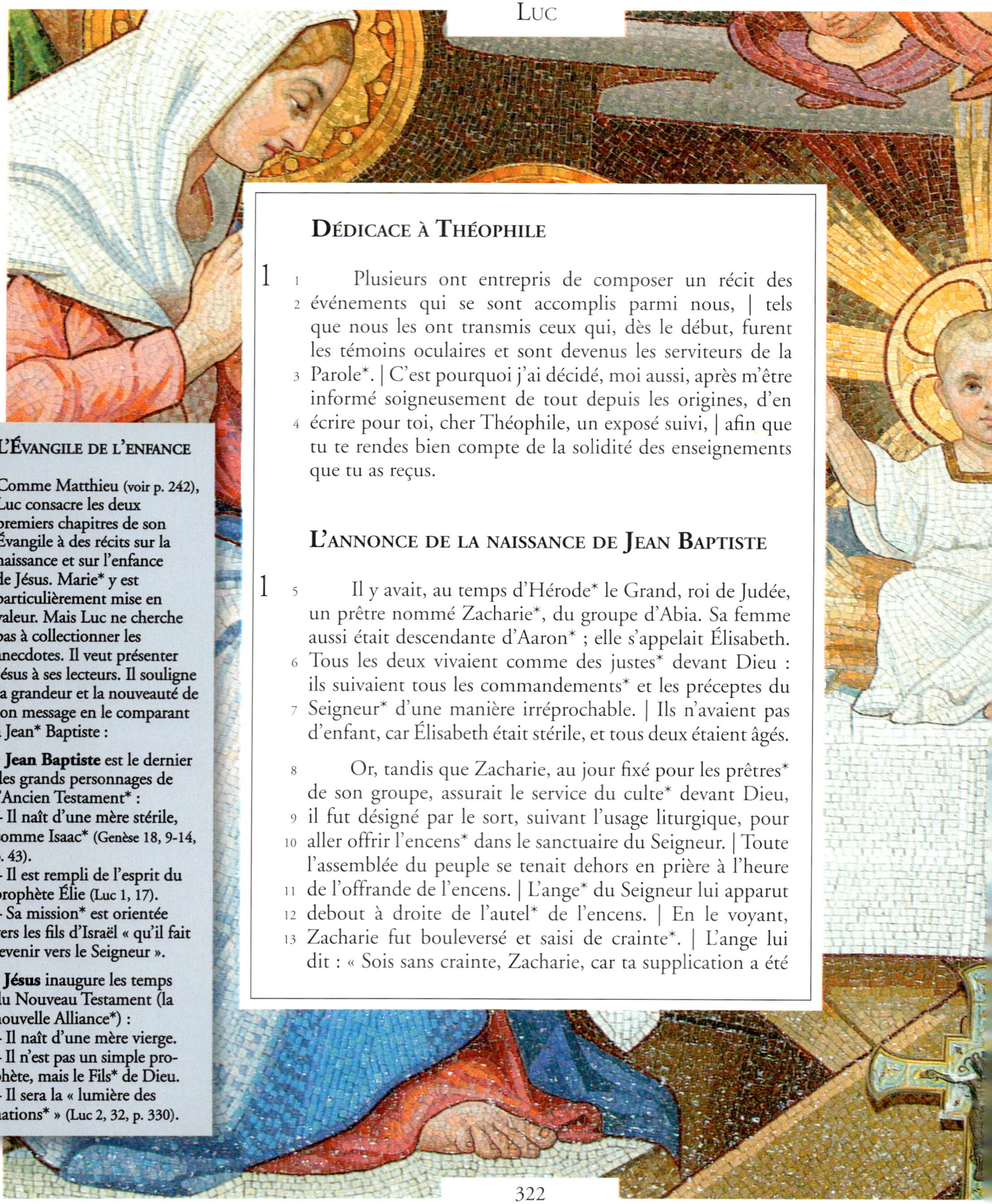

Dédicace à Théophile

1 1 Plusieurs ont entrepris de composer un récit des
2 événements qui se sont accomplis parmi nous, | tels
que nous les ont transmis ceux qui, dès le début, furent
les témoins oculaires et sont devenus les serviteurs de la
3 Parole*. | C'est pourquoi j'ai décidé, moi aussi, après m'être
informé soigneusement de tout depuis les origines, d'en
4 écrire pour toi, cher Théophile, un exposé suivi, | afin que
tu te rendes bien compte de la solidité des enseignements
que tu as reçus.

L'annonce de la naissance de Jean Baptiste

1 5 Il y avait, au temps d'Hérode* le Grand, roi de Judée,
un prêtre nommé Zacharie*, du groupe d'Abia. Sa femme
aussi était descendante d'Aaron* ; elle s'appelait Élisabeth.
6 Tous les deux vivaient comme des justes* devant Dieu :
ils suivaient tous les commandements* et les préceptes du
7 Seigneur* d'une manière irréprochable. | Ils n'avaient pas
d'enfant, car Élisabeth était stérile, et tous deux étaient âgés.

8 Or, tandis que Zacharie, au jour fixé pour les prêtres*
de son groupe, assurait le service du culte* devant Dieu,
9 il fut désigné par le sort, suivant l'usage liturgique, pour
10 aller offrir l'encens* dans le sanctuaire du Seigneur. | Toute
l'assemblée du peuple se tenait dehors en prière à l'heure
11 de l'offrande de l'encens. | L'ange* du Seigneur lui apparut
12 debout à droite de l'autel* de l'encens. | En le voyant,
13 Zacharie fut bouleversé et saisi de crainte*. | L'ange lui
dit : « Sois sans crainte, Zacharie, car ta supplication a été

L'Évangile de l'enfance

Comme Matthieu (voir p. 242), Luc consacre les deux premiers chapitres de son Évangile à des récits sur la naissance et sur l'enfance de Jésus. Marie* y est particulièrement mise en valeur. Mais Luc ne cherche pas à collectionner les anecdotes. Il veut présenter Jésus à ses lecteurs. Il souligne sa grandeur et la nouveauté de son message en le comparant à Jean* Baptiste :

• **Jean Baptiste** est le dernier des grands personnages de l'Ancien Testament* :
– Il naît d'une mère stérile, comme Isaac* (Genèse 18, 9-14, p. 43).
– Il est rempli de l'esprit du prophète Élie (Luc 1, 17).
– Sa mission* est orientée vers les fils d'Israël « qu'il fait revenir vers le Seigneur ».

• **Jésus** inaugure les temps du Nouveau Testament (la nouvelle Alliance*) :
– Il naît d'une mère vierge.
– Il n'est pas un simple prophète, mais le Fils* de Dieu.
– Il sera la « lumière des nations* » (Luc 2, 32, p. 330).

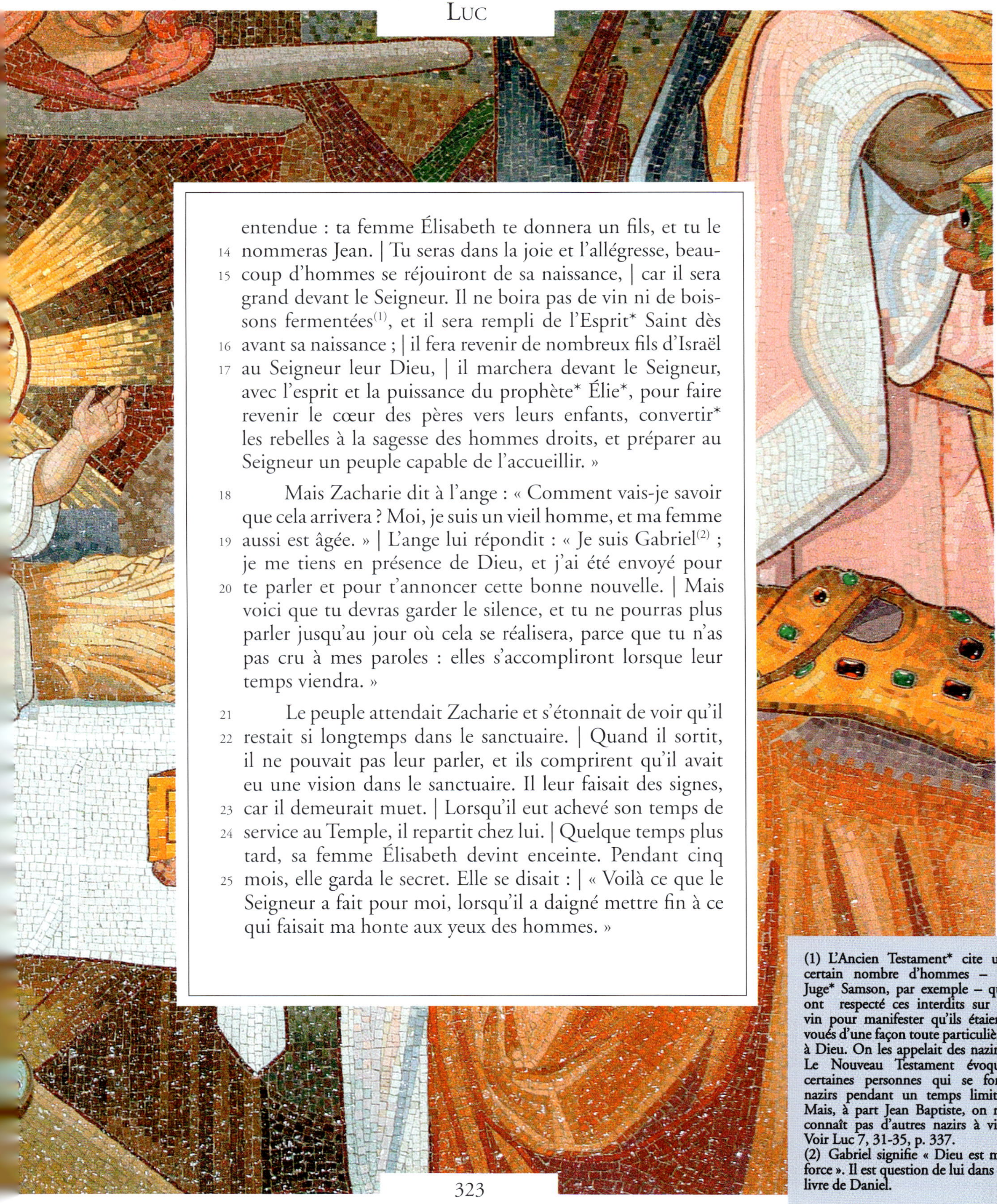

entendue : ta femme Élisabeth te donnera un fils, et tu le
14 nommeras Jean. | Tu seras dans la joie et l'allégresse, beau-
15 coup d'hommes se réjouiront de sa naissance, | car il sera
grand devant le Seigneur. Il ne boira pas de vin ni de bois-
sons fermentées[1], et il sera rempli de l'Esprit* Saint dès
16 avant sa naissance ; | il fera revenir de nombreux fils d'Israël
17 au Seigneur leur Dieu, | il marchera devant le Seigneur,
avec l'esprit et la puissance du prophète* Élie*, pour faire
revenir le cœur des pères vers leurs enfants, convertir*
les rebelles à la sagesse des hommes droits, et préparer au
Seigneur un peuple capable de l'accueillir. »

18 Mais Zacharie dit à l'ange : « Comment vais-je savoir
que cela arrivera ? Moi, je suis un vieil homme, et ma femme
19 aussi est âgée. » | L'ange lui répondit : « Je suis Gabriel[2] ;
je me tiens en présence de Dieu, et j'ai été envoyé pour
20 te parler et pour t'annoncer cette bonne nouvelle. | Mais
voici que tu devras garder le silence, et tu ne pourras plus
parler jusqu'au jour où cela se réalisera, parce que tu n'as
pas cru à mes paroles : elles s'accompliront lorsque leur
temps viendra. »

21 Le peuple attendait Zacharie et s'étonnait de voir qu'il
22 restait si longtemps dans le sanctuaire. | Quand il sortit,
il ne pouvait pas leur parler, et ils comprirent qu'il avait
eu une vision dans le sanctuaire. Il leur faisait des signes,
23 car il demeurait muet. | Lorsqu'il eut achevé son temps de
24 service au Temple, il repartit chez lui. | Quelque temps plus
tard, sa femme Élisabeth devint enceinte. Pendant cinq
25 mois, elle garda le secret. Elle se disait : | « Voilà ce que le
Seigneur a fait pour moi, lorsqu'il a daigné mettre fin à ce
qui faisait ma honte aux yeux des hommes. »

(1) L'Ancien Testament* cite un certain nombre d'hommes – le Juge* Samson, par exemple – qui ont respecté ces interdits sur le vin pour manifester qu'ils étaient voués d'une façon toute particulière à Dieu. On les appelait des nazirs. Le Nouveau Testament évoque certaines personnes qui se font nazirs pendant un temps limité. Mais, à part Jean Baptiste, on ne connaît pas d'autres nazirs à vie. Voir Luc 7, 31-35, p. 337.
(2) Gabriel signifie « Dieu est ma force ». Il est question de lui dans le livre de Daniel.

L'ANNONCE DE LA NAISSANCE DE JÉSUS

1 26 Le sixième mois, l'ange* Gabriel fut envoyé par Dieu
27 dans une ville de Galilée*, appelée Nazareth, | à une jeune
fille, une vierge*, accordée en mariage à un homme de la
maison de David*, appelé Joseph* ; et le nom de la jeune
fille était Marie*.

28 L'ange entra chez elle et dit : « Je te salue, Comblée-
29 de-grâce, le Seigneur* est avec toi. » | À cette parole, elle
fut toute bouleversée, et elle se demandait ce que pouvait
30 signifier cette salutation. | L'ange lui dit alors : « Sois sans
crainte, Marie, car tu as trouvé grâce auprès de Dieu.
31 Voici que tu vas concevoir et enfanter un fils ; tu lui
32 donneras le nom de Jésus. | Il sera grand, il sera appelé Fils
du Très-Haut ; le Seigneur Dieu lui donnera le trône de
33 David son père ; | il régnera pour toujours sur la maison de
Jacob*, et son règne n'aura pas de fin. »

34 Marie dit à l'ange : « Comment cela va-t-il se faire,
35 puisque je suis vierge ? | L'ange lui répondit : « L'Esprit*
Saint viendra sur toi, et la puissance du Très-Haut te
prendra sous son ombre ; c'est pourquoi celui qui va naître
36 sera saint*, et il sera appelé Fils* de Dieu. | Et voici
qu'Élisabeth, ta cousine, a conçu, elle aussi, un fils
dans sa vieillesse et elle en est à son sixième mois,
37 alors qu'on l'appelait : "la femme stérile". | Car rien
38 n'est impossible à Dieu(1). » | Marie dit alors : « Voici
la servante du Seigneur ; que tout se passe pour moi
selon ta parole. »

Alors l'ange la quitta.

Marie, tu as cru à « l'accomplissement
des paroles qui te furent dites
de la part du Seigneur » (Luc 1, 45).
Ta totale disponibilité a permis la merveille :
la Parole prend corps dans ta chair !
Les oracles prophétiques des livres sacrés
s'accomplissent de façon inattendue !
Le Fils de Dieu écrira de sa vie
la Bonne Nouvelle
de l'amour d'un Père pour ses enfants !
Merci Marie d'avoir dit oui !

(1) Voir Genèse 18, 14, p. 43.

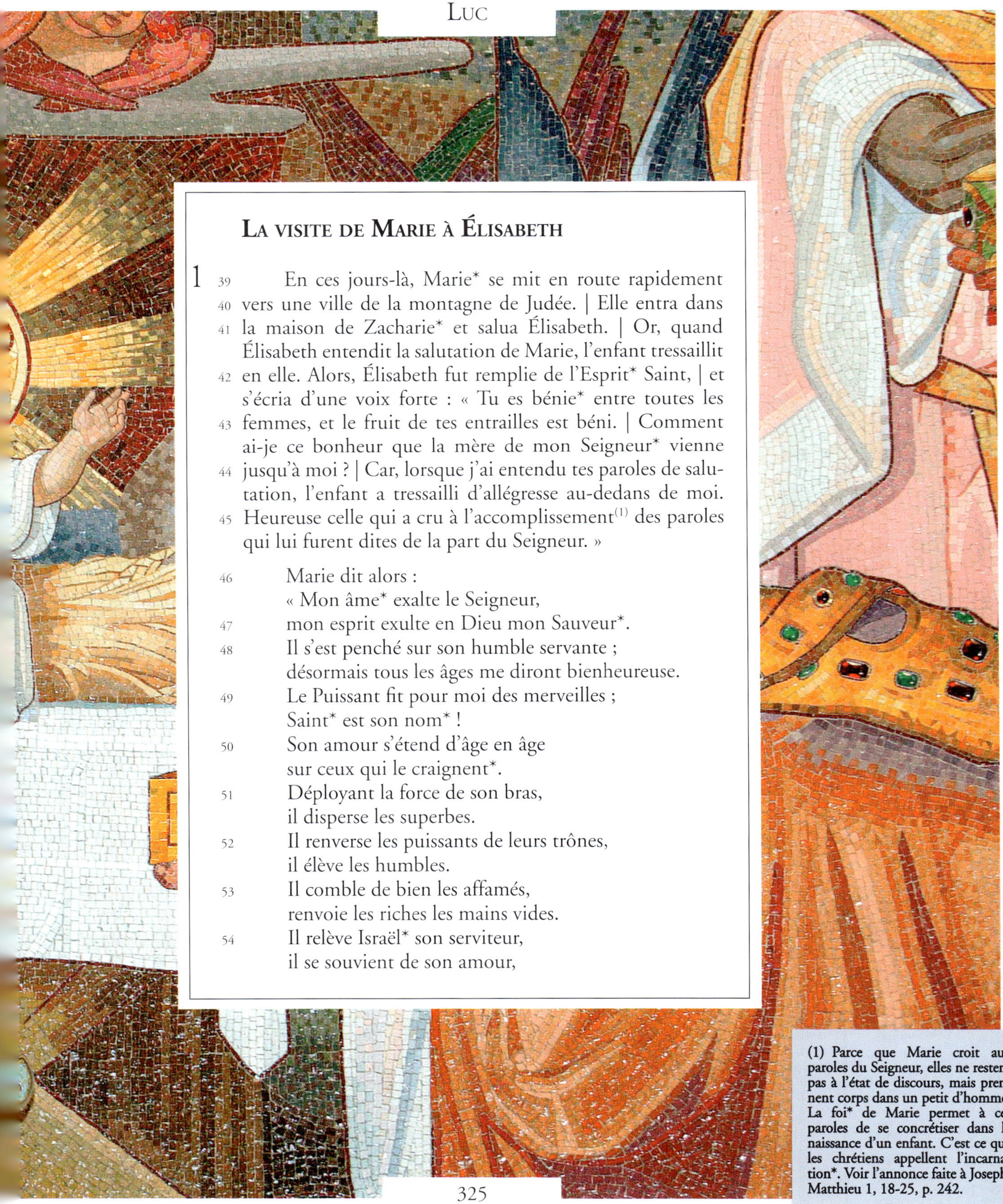

LA VISITE DE MARIE À ÉLISABETH

1 39 En ces jours-là, Marie* se mit en route rapidement
40 vers une ville de la montagne de Judée. | Elle entra dans
41 la maison de Zacharie* et salua Élisabeth. | Or, quand
Élisabeth entendit la salutation de Marie, l'enfant tressaillit
42 en elle. Alors, Élisabeth fut remplie de l'Esprit* Saint, | et
s'écria d'une voix forte : « Tu es bénie* entre toutes les
43 femmes, et le fruit de tes entrailles est béni. | Comment
ai-je ce bonheur que la mère de mon Seigneur* vienne
44 jusqu'à moi ? | Car, lorsque j'ai entendu tes paroles de salu-
tation, l'enfant a tressailli d'allégresse au-dedans de moi.
45 Heureuse celle qui a cru à l'accomplissement(1) des paroles
qui lui furent dites de la part du Seigneur. »

46 Marie dit alors :
« Mon âme* exalte le Seigneur,
47 mon esprit exulte en Dieu mon Sauveur*.
48 Il s'est penché sur son humble servante ;
désormais tous les âges me diront bienheureuse.
49 Le Puissant fit pour moi des merveilles ;
Saint* est son nom* !
50 Son amour s'étend d'âge en âge
sur ceux qui le craignent*.
51 Déployant la force de son bras,
il disperse les superbes.
52 Il renverse les puissants de leurs trônes,
il élève les humbles.
53 Il comble de bien les affamés,
renvoie les riches les mains vides.
54 Il relève Israël* son serviteur,
il se souvient de son amour,

(1) Parce que Marie croit aux paroles du Seigneur, elles ne restent pas à l'état de discours, mais prennent corps dans un petit d'homme. La foi* de Marie permet à ces paroles de se concrétiser dans la naissance d'un enfant. C'est ce que les chrétiens appellent l'incarnation*. Voir l'annonce faite à Joseph, Matthieu 1, 18-25, p. 242.

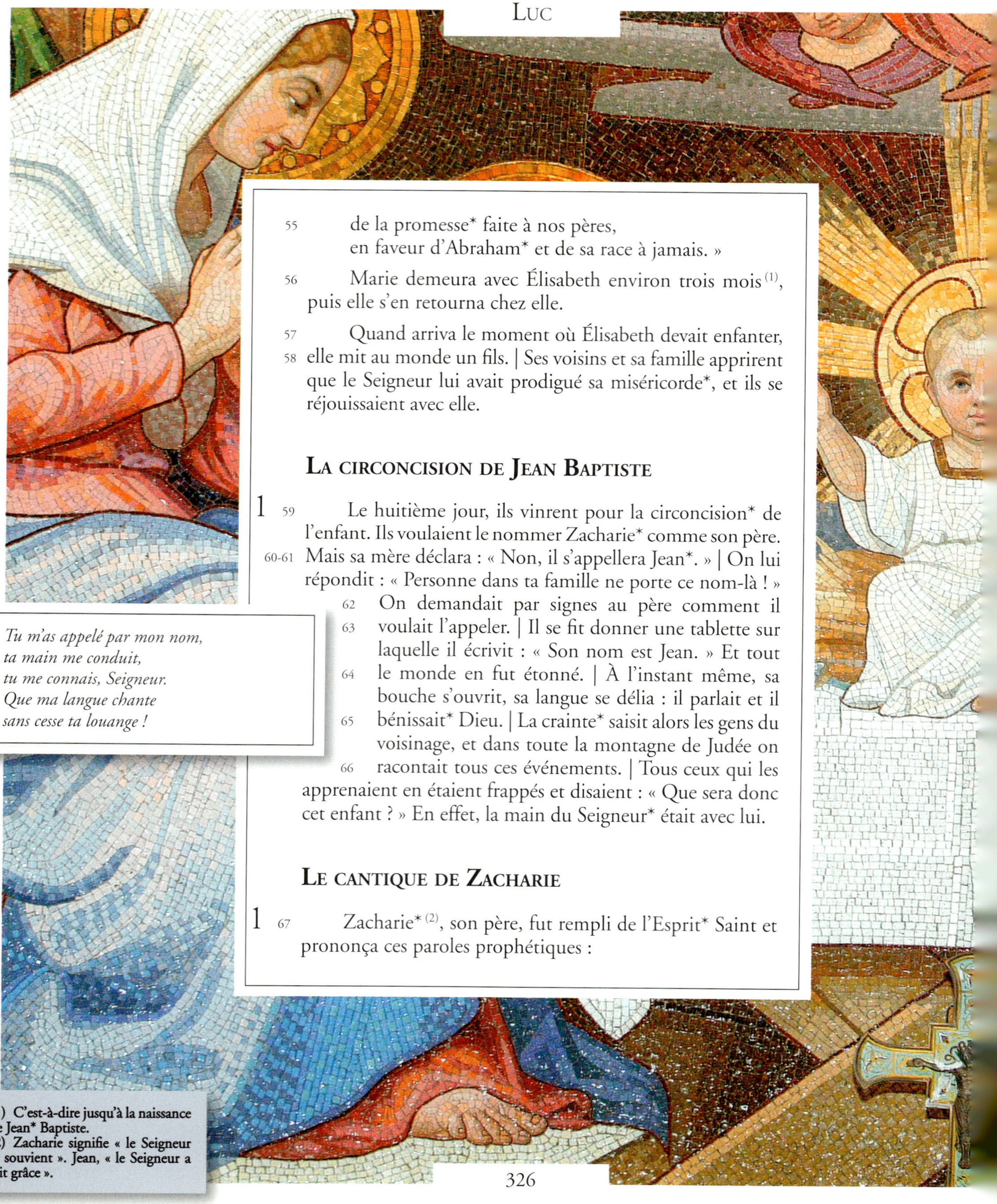

55 de la promesse* faite à nos pères,
en faveur d'Abraham* et de sa race à jamais. »

56 Marie demeura avec Élisabeth environ trois mois [1],
puis elle s'en retourna chez elle.

57 Quand arriva le moment où Élisabeth devait enfanter,
58 elle mit au monde un fils. | Ses voisins et sa famille apprirent
que le Seigneur lui avait prodigué sa miséricorde*, et ils se
réjouissaient avec elle.

LA CIRCONCISION DE JEAN BAPTISTE

1 59 Le huitième jour, ils vinrent pour la circoncision* de
l'enfant. Ils voulaient le nommer Zacharie* comme son père.
60-61 Mais sa mère déclara : « Non, il s'appellera Jean*. » | On lui
répondit : « Personne dans ta famille ne porte ce nom-là ! »
62 On demandait par signes au père comment il
63 voulait l'appeler. | Il se fit donner une tablette sur
laquelle il écrivit : « Son nom est Jean. » Et tout
64 le monde en fut étonné. | À l'instant même, sa
bouche s'ouvrit, sa langue se délia : il parlait et il
65 bénissait* Dieu. | La crainte* saisit alors les gens du
voisinage, et dans toute la montagne de Judée on
66 racontait tous ces événements. | Tous ceux qui les
apprenaient en étaient frappés et disaient : « Que sera donc
cet enfant ? » En effet, la main du Seigneur* était avec lui.

Tu m'as appelé par mon nom,
ta main me conduit,
tu me connais, Seigneur.
Que ma langue chante
sans cesse ta louange !

LE CANTIQUE DE ZACHARIE

1 67 Zacharie* [2], son père, fut rempli de l'Esprit* Saint et
prononça ces paroles prophétiques :

(1) C'est-à-dire jusqu'à la naissance de Jean* Baptiste.
(2) Zacharie signifie « le Seigneur se souvient ». Jean, « le Seigneur a fait grâce ».

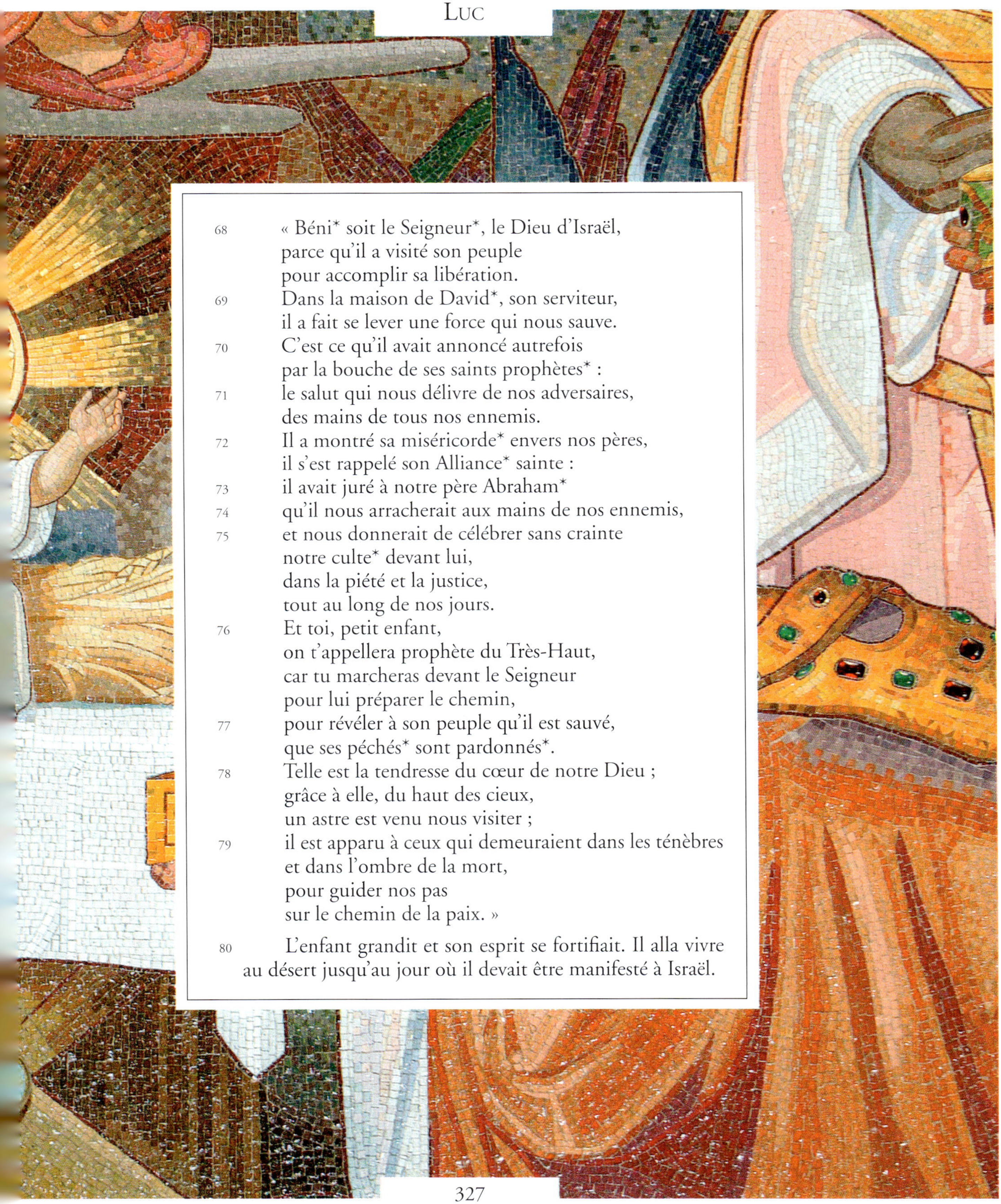

68 « Béni* soit le Seigneur*, le Dieu d'Israël,
parce qu'il a visité son peuple
pour accomplir sa libération.
69 Dans la maison de David*, son serviteur,
il a fait se lever une force qui nous sauve.
70 C'est ce qu'il avait annoncé autrefois
par la bouche de ses saints prophètes* :
71 le salut qui nous délivre de nos adversaires,
des mains de tous nos ennemis.
72 Il a montré sa miséricorde* envers nos pères,
il s'est rappelé son Alliance* sainte :
73 il avait juré à notre père Abraham*
74 qu'il nous arracherait aux mains de nos ennemis,
75 et nous donnerait de célébrer sans crainte
notre culte* devant lui,
dans la piété et la justice,
tout au long de nos jours.
76 Et toi, petit enfant,
on t'appellera prophète du Très-Haut,
car tu marcheras devant le Seigneur
pour lui préparer le chemin,
77 pour révéler à son peuple qu'il est sauvé,
que ses péchés* sont pardonnés*.
78 Telle est la tendresse du cœur de notre Dieu ;
grâce à elle, du haut des cieux,
un astre est venu nous visiter ;
79 il est apparu à ceux qui demeuraient dans les ténèbres
et dans l'ombre de la mort,
pour guider nos pas
sur le chemin de la paix. »

80 L'enfant grandit et son esprit se fortifiait. Il alla vivre
au désert jusqu'au jour où il devait être manifesté à Israël.

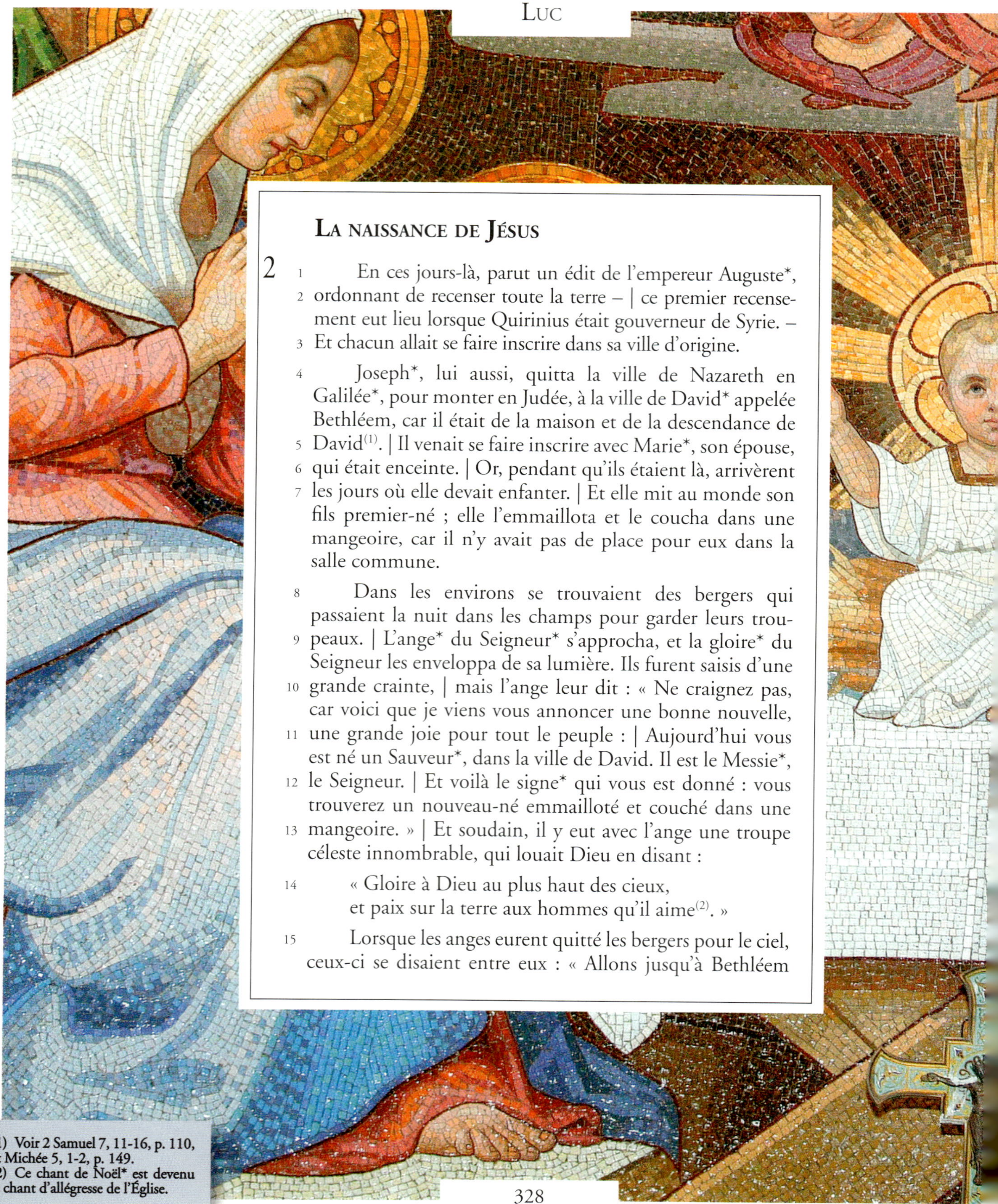

La naissance de Jésus

2 1 En ces jours-là, parut un édit de l'empereur Auguste*,
2 ordonnant de recenser toute la terre – | ce premier recense-
ment eut lieu lorsque Quirinius était gouverneur de Syrie. –
3 Et chacun allait se faire inscrire dans sa ville d'origine.

4 Joseph*, lui aussi, quitta la ville de Nazareth en
Galilée*, pour monter en Judée, à la ville de David* appelée
Bethléem, car il était de la maison et de la descendance de
5 David(1). | Il venait se faire inscrire avec Marie*, son épouse,
6 qui était enceinte. | Or, pendant qu'ils étaient là, arrivèrent
7 les jours où elle devait enfanter. | Et elle mit au monde son
fils premier-né ; elle l'emmaillota et le coucha dans une
mangeoire, car il n'y avait pas de place pour eux dans la
salle commune.

8 Dans les environs se trouvaient des bergers qui
passaient la nuit dans les champs pour garder leurs trou-
9 peaux. | L'ange* du Seigneur* s'approcha, et la gloire* du
Seigneur les enveloppa de sa lumière. Ils furent saisis d'une
10 grande crainte, | mais l'ange leur dit : « Ne craignez pas,
car voici que je viens vous annoncer une bonne nouvelle,
11 une grande joie pour tout le peuple : | Aujourd'hui vous
est né un Sauveur*, dans la ville de David. Il est le Messie*,
12 le Seigneur. | Et voilà le signe* qui vous est donné : vous
trouverez un nouveau-né emmailloté et couché dans une
13 mangeoire. » | Et soudain, il y eut avec l'ange une troupe
céleste innombrable, qui louait Dieu en disant :

14 « Gloire à Dieu au plus haut des cieux,
et paix sur la terre aux hommes qu'il aime(2). »

15 Lorsque les anges eurent quitté les bergers pour le ciel,
ceux-ci se disaient entre eux : « Allons jusqu'à Bethléem

(1) Voir 2 Samuel 7, 11-16, p. 110, et Michée 5, 1-2, p. 149.
(2) Ce chant de Noël* est devenu le chant d'allégresse de l'Église.

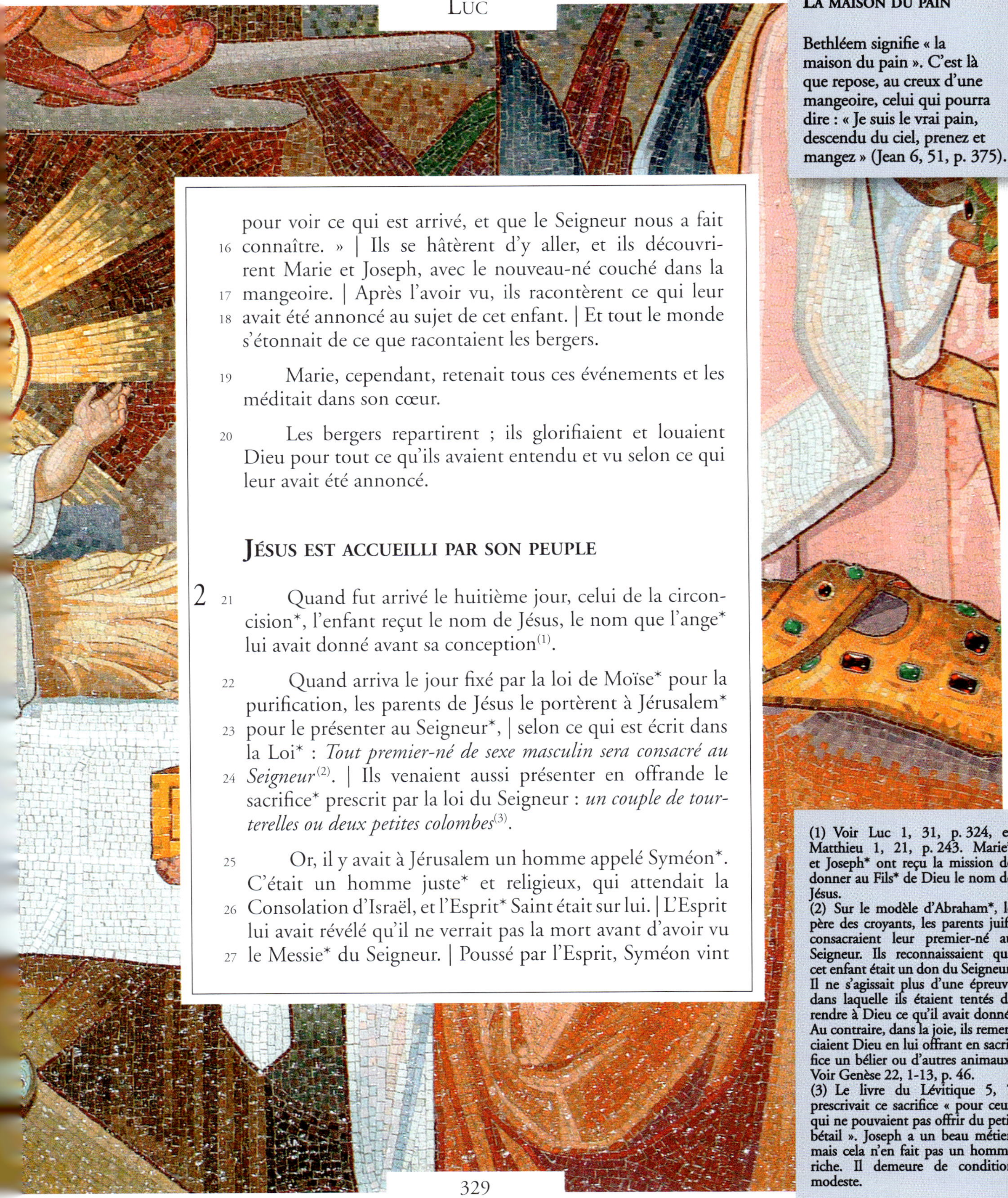

LA MAISON DU PAIN

Bethléem signifie « la maison du pain ». C'est là que repose, au creux d'une mangeoire, celui qui pourra dire : « Je suis le vrai pain, descendu du ciel, prenez et mangez » (Jean 6, 51, p. 375).

pour voir ce qui est arrivé, et que le Seigneur nous a fait
16 connaître. » | Ils se hâtèrent d'y aller, et ils découvri-
rent Marie et Joseph, avec le nouveau-né couché dans la
17 mangeoire. | Après l'avoir vu, ils racontèrent ce qui leur
18 avait été annoncé au sujet de cet enfant. | Et tout le monde
s'étonnait de ce que racontaient les bergers.

19 Marie, cependant, retenait tous ces événements et les
méditait dans son cœur.

20 Les bergers repartirent ; ils glorifiaient et louaient
Dieu pour tout ce qu'ils avaient entendu et vu selon ce qui
leur avait été annoncé.

JÉSUS EST ACCUEILLI PAR SON PEUPLE

2 21 Quand fut arrivé le huitième jour, celui de la circon-
cision*, l'enfant reçut le nom de Jésus, le nom que l'ange*
lui avait donné avant sa conception[(1)].

22 Quand arriva le jour fixé par la loi de Moïse* pour la
purification, les parents de Jésus le portèrent à Jérusalem*
23 pour le présenter au Seigneur*, | selon ce qui est écrit dans
la Loi* : *Tout premier-né de sexe masculin sera consacré au*
24 *Seigneur*[(2)]. | Ils venaient aussi présenter en offrande le
sacrifice* prescrit par la loi du Seigneur : *un couple de tour-*
terelles ou deux petites colombes[(3)].

25 Or, il y avait à Jérusalem un homme appelé Syméon*.
C'était un homme juste* et religieux, qui attendait la
26 Consolation d'Israël, et l'Esprit* Saint était sur lui. | L'Esprit
lui avait révélé qu'il ne verrait pas la mort avant d'avoir vu
27 le Messie* du Seigneur. | Poussé par l'Esprit, Syméon vint

(1) Voir Luc 1, 31, p. 324, et Matthieu 1, 21, p. 243. Marie* et Joseph* ont reçu la mission de donner au Fils* de Dieu le nom de Jésus.
(2) Sur le modèle d'Abraham*, le père des croyants, les parents juifs consacraient leur premier-né au Seigneur. Ils reconnaissaient que cet enfant était un don du Seigneur. Il ne s'agissait plus d'une épreuve dans laquelle ils étaient tentés de rendre à Dieu ce qu'il avait donné. Au contraire, dans la joie, ils remerciaient Dieu en lui offrant en sacrifice un bélier ou d'autres animaux. Voir Genèse 22, 1-13, p. 46.
(3) Le livre du Lévitique 5, 7 prescrivait ce sacrifice « pour ceux qui ne pouvaient pas offrir du petit bétail ». Joseph a un beau métier, mais cela n'en fait pas un homme riche. Il demeure de condition modeste.

au Temple*. Les parents y entraient avec l'enfant Jésus pour
28 accomplir les rites* de la Loi qui le concernaient. | Syméon
prit l'enfant dans ses bras, et il bénit* Dieu en disant :

29 « Maintenant, ô Maître,
tu peux laisser ton serviteur s'en aller dans la paix,
selon ta parole.
30 Car mes yeux ont vu ton salut,
31 que tu as préparé à la face de tous les peuples :
32 lumière pour éclairer les nations* païennes,
et gloire d'Israël ton peuple. »

33 Le père et la mère de l'enfant s'étonnaient de ce qu'on
disait de lui.

34 Syméon les bénit, puis il dit à Marie* sa mère : « Vois,
ton fils qui est là provoquera la chute et le relèvement de
35 beaucoup en Israël. Il sera un signe* de division. | Et toi-
même, ton cœur sera transpercé par une épée. Ainsi seront
dévoilées les pensées secrètes d'un grand nombre. »

36 Il y avait là une femme qui était prophète*, Anne, fille de
37 Phanuel, de la tribu d'Aser. | Demeurée veuve après sept ans
de mariage, elle avait atteint l'âge de quatre-vingt-quatre ans.
Elle ne s'éloignait pas du Temple, servant Dieu jour et nuit
38 dans le jeûne et la prière*. | S'approchant d'eux à ce moment,
elle proclamait les louanges de Dieu et parlait de l'enfant à
tous ceux qui attendaient la délivrance de Jérusalem.

39 Lorsqu'ils eurent accompli tout ce que prescrivait la
loi du Seigneur, ils retournèrent en Galilée*, dans leur ville
de Nazareth.

40 L'enfant grandissait et se fortifiait, tout rempli de
sagesse, et la grâce* de Dieu était sur lui.

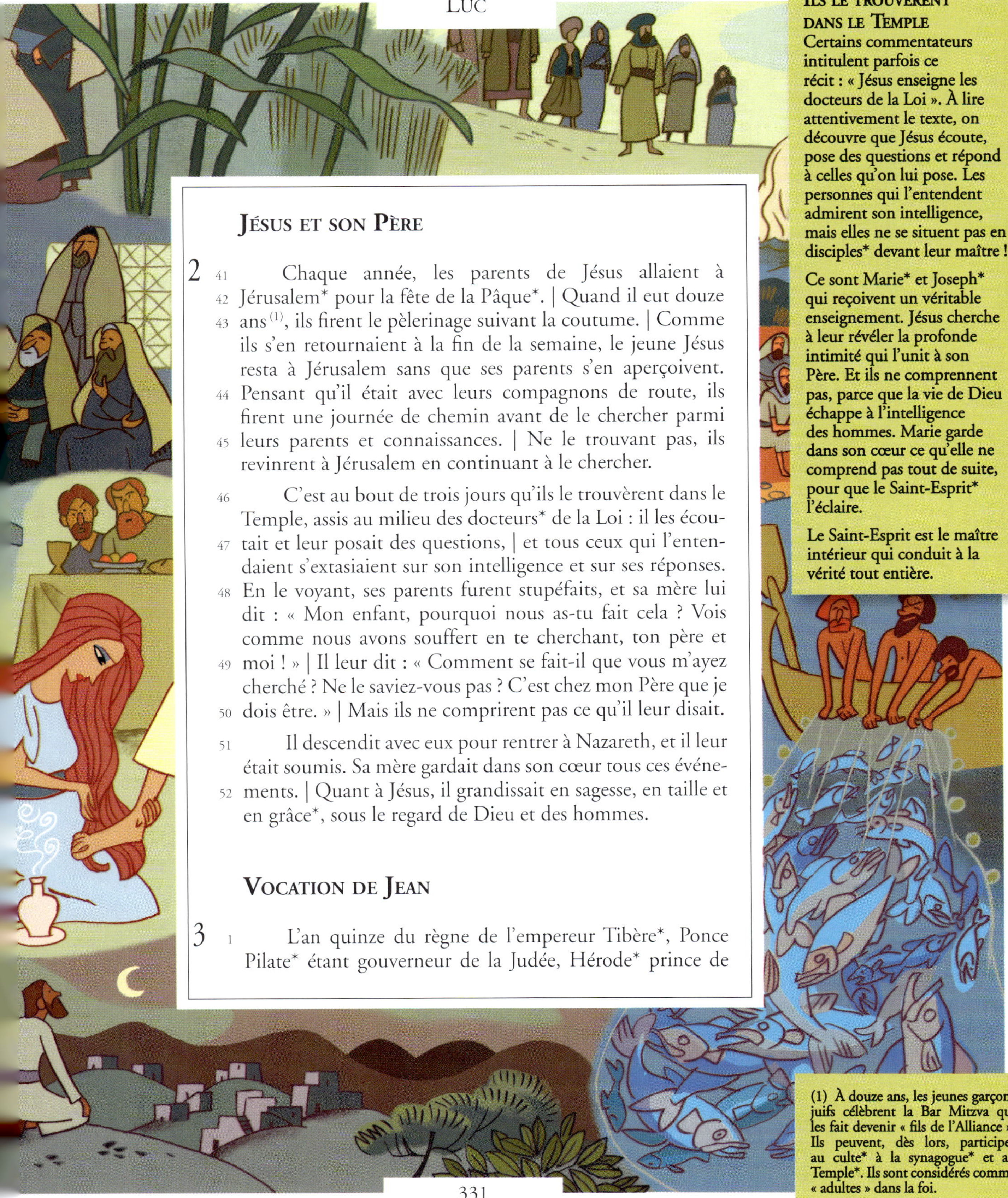

JÉSUS ET SON PÈRE

2 41 Chaque année, les parents de Jésus allaient à
42 Jérusalem* pour la fête de la Pâque*. | Quand il eut douze
43 ans [1], ils firent le pèlerinage suivant la coutume. | Comme
ils s'en retournaient à la fin de la semaine, le jeune Jésus
resta à Jérusalem sans que ses parents s'en aperçoivent.
44 Pensant qu'il était avec leurs compagnons de route, ils
firent une journée de chemin avant de le chercher parmi
45 leurs parents et connaissances. | Ne le trouvant pas, ils
revinrent à Jérusalem en continuant à le chercher.

46 C'est au bout de trois jours qu'ils le trouvèrent dans le
Temple, assis au milieu des docteurs* de la Loi : il les écou-
47 tait et leur posait des questions, | et tous ceux qui l'enten-
daient s'extasiaient sur son intelligence et sur ses réponses.
48 En le voyant, ses parents furent stupéfaits, et sa mère lui
dit : « Mon enfant, pourquoi nous as-tu fait cela ? Vois
comme nous avons souffert en te cherchant, ton père et
49 moi ! » | Il leur dit : « Comment se fait-il que vous m'ayez
cherché ? Ne le saviez-vous pas ? C'est chez mon Père que je
50 dois être. » | Mais ils ne comprirent pas ce qu'il leur disait.

51 Il descendit avec eux pour rentrer à Nazareth, et il leur
était soumis. Sa mère gardait dans son cœur tous ces événe-
52 ments. | Quant à Jésus, il grandissait en sagesse, en taille et
en grâce*, sous le regard de Dieu et des hommes.

VOCATION DE JEAN

3 1 L'an quinze du règne de l'empereur Tibère*, Ponce
Pilate* étant gouverneur de la Judée, Hérode* prince de

ILS LE TROUVÈRENT DANS LE TEMPLE

Certains commentateurs intitulent parfois ce récit : « Jésus enseigne les docteurs de la Loi ». À lire attentivement le texte, on découvre que Jésus écoute, pose des questions et répond à celles qu'on lui pose. Les personnes qui l'entendent admirent son intelligence, mais elles ne se situent pas en disciples* devant leur maître !

Ce sont Marie* et Joseph* qui reçoivent un véritable enseignement. Jésus cherche à leur révéler la profonde intimité qui l'unit à son Père. Et ils ne comprennent pas, parce que la vie de Dieu échappe à l'intelligence des hommes. Marie garde dans son cœur ce qu'elle ne comprend pas tout de suite, pour que le Saint-Esprit* l'éclaire.

Le Saint-Esprit est le maître intérieur qui conduit à la vérité tout entière.

(1) À douze ans, les jeunes garçons juifs célèbrent la Bar Mitzva qui les fait devenir « fils de l'Alliance ». Ils peuvent, dès lors, participer au culte* à la synagogue* et au Temple*. Ils sont considérés comme « adultes » dans la foi.

Galilée*, son frère Philippe prince du pays d'Iturée et
2 de Traconitide, Lysanias prince d'Abilène, | les grands
prêtres*(1) étant Anne* et Caïphe*, la parole de Dieu fut
adressée dans le désert à Jean*, fils de Zacharie*.

3 Il parcourut toute la région du Jourdain ; il proclamait un baptême de conversion* pour le pardon* des péchés*(2).

Vocation de Jésus

4 14 Lorsque Jésus, avec la puissance de l'Esprit*, revint en
15 Galilée*, sa renommée se répandit dans toute la région. | Il
enseignait dans les synagogues* des Juifs, et tout le monde
16 faisait son éloge. | Il vint à Nazareth, où il avait grandi.
Comme il en avait l'habitude, il entra dans la synagogue
17 le jour du sabbat*, et il se leva pour faire la lecture. | On
lui présenta le livre du prophète* Isaïe*. Il ouvrit le livre et
trouva le passage où il est écrit :

18 *L'Esprit du Seigneur* est sur moi*
parce que le Seigneur m'a consacré par l'onction(3).*
Il m'a envoyé porter la Bonne Nouvelle aux pauvres,
annoncer aux prisonniers qu'ils sont libres,
et aux aveugles qu'ils verront la lumière,
apporter aux opprimés la libération,
19 *annoncer une année de bienfaits*
accordée par le Seigneur.

20 Jésus referma le livre, le rendit au servant et s'assit.
Tous, dans la synagogue, avaient les yeux fixés sur lui.
21 Alors il se mit à leur dire : « Cette parole de l'Écriture*, que

(1) Le grand prêtre est désigné par l'autorité romaine (voir p. 199). Anne a été grand prêtre en titre de l'an 6 à l'an 15. Il fut déposé par le gouverneur Valerius Gratus (le prédécesseur de Pilate), mais plusieurs de ses fils lui succédèrent, ainsi que son gendre Caïphe (de l'an 18 à l'an 36), ce qui explique qu'il conserve une grande influence dans le milieu des prêtres.
(2) Pour la prédication de Jean Baptiste, voir Marc 1, 1-11, p. 300, et Matthieu 3, 1-12, p. 245.
(3) Jésus se présente comme le Messie*, « celui qui a reçu l'onction ». Il choisit dans tout l'Ancien Testament* le seul passage où cette onction n'est pas donnée à un roi, mais à un prophète (voir Isaïe 61, 1-9, p. 186).

vous venez d'entendre, c'est aujourd'hui qu'elle s'accom-
22 plit. » | Tous lui rendaient témoignage ; et ils s'étonnaient
du message de grâce qui sortait de sa bouche. Ils se deman-
daient : « N'est-ce pas là le fils de Joseph* ? »

23 Mais il leur dit : « Sûrement vous allez me citer le
dicton : "Médecin, guéris-toi toi-même. Nous avons appris
tout ce qui s'est passé à Capharnaüm : fais donc de même
24 ici dans ton pays !" » | Puis il ajouta : « Amen*, je vous
le dis : aucun prophète n'est bien accueilli dans son pays.
25 En toute vérité, je vous le déclare : Au temps du prophète
Élie*, lorsque la sécheresse et la famine ont sévi pendant
trois ans et demi, il y avait beaucoup de veuves en Israël ;
26 pourtant Élie n'a été envoyé vers aucune d'entre elles, mais
bien à une veuve étrangère, de la ville de Sarepta, dans le
27 pays de Sidon(1). | Au temps du prophète Élisée, il y avait
beaucoup de lépreux en Israël ; pourtant aucun d'eux n'a
été purifié, mais bien Naaman, un Syrien(2). »

28 À ces mots, dans la synagogue, tous devinrent furieux.
29 Ils se levèrent, poussèrent Jésus hors de la ville, et le menè-
rent jusqu'à un escarpement de la colline où la ville est
30 construite, pour le précipiter en bas. | Mais lui, passant au
milieu d'eux, allait son chemin.

PIERRE*, JACQUES ET JEAN APPELÉS PAR JÉSUS

5 1 Un jour, Jésus se trouvait sur le bord du lac de
Génésareth ; la foule se pressait autour de lui pour écouter
2 la parole* de Dieu. | Il vit deux barques amarrées au bord
du lac ; les pêcheurs en étaient descendus et lavaient leurs
3 filets. | Jésus monta dans une des barques, qui appartenait

(1) Voir 1 Rois 17, 17-24, p. 124.
(2) Voir 2 Rois 5, 1-17, p. 128.

Serviteurs de la Parole

Dans ce texte, la foule presse Jésus parce qu'elle veut écouter la Parole* de Dieu. Jésus est obligé de prendre de la distance en montant dans une barque pour se faire entendre.

Simon et ses compagnons accompagneront Jésus pour faire entendre aux foules cette Parole. Ils occuperont l'espace que Jésus met entre lui et la foule pour lui parler ; c'est par eux que la Parole sera transmise. Être pêcheurs d'hommes, c'est ainsi servir la Parole de Dieu.

Seigneur,
nous voulons te suivre
dans ton amour pour tous les hommes.
Transforme-nous en porteurs de lumière,
en artisans de paix,
en témoins joyeux de la Bonne Nouvelle.

à Simon*, et lui demanda de s'éloigner un peu du rivage.
Puis il s'assit et, de la barque, il enseignait la foule.

4 Quand il eut fini de parler, il dit à Simon : « Avance au
5 large, et jetez les filets pour prendre du poisson. » | Simon
lui répondit : « Maître, nous avons peiné toute la nuit sans
rien prendre ; mais, sur ton ordre, je vais jeter les filets. »
6 Ils le firent, et ils prirent une telle quantité de poissons
7 que leurs filets se déchiraient. | Ils firent signe à
leurs compagnons de l'autre barque de venir les
aider. Ceux-ci vinrent, et ils remplirent les deux
barques, à tel point qu'elles enfonçaient.

8 À cette vue, Simon-Pierre tomba aux pieds
de Jésus, en disant : « Seigneur, éloigne-toi de
9 moi, car je suis un homme pécheur*. » | L'effroi,
en effet, l'avait saisi, lui et ceux qui étaient avec
lui, devant la quantité de poissons qu'ils avaient
10 prise ; | et de même Jacques* et Jean*, fils de
Zébédée, ses compagnons. Jésus dit à Simon : « Sois sans
crainte, désormais ce sont des hommes que tu prendras. »
11 Alors ils ramenèrent les barques au rivage et, laissant tout,
ils le suivirent.

Jésus choisit les Douze*

6 12 En ces jours-là, Jésus s'en alla dans la montagne
13 pour prier, et il passa la nuit à prier Dieu. | Le jour venu,
il appela ses disciples*, en choisit douze, et leur donna
14 le nom d'Apôtres(1) : | Simon*, auquel il donna le nom
de Pierre*, André* son frère, Jacques*, Jean*, Philippe*,

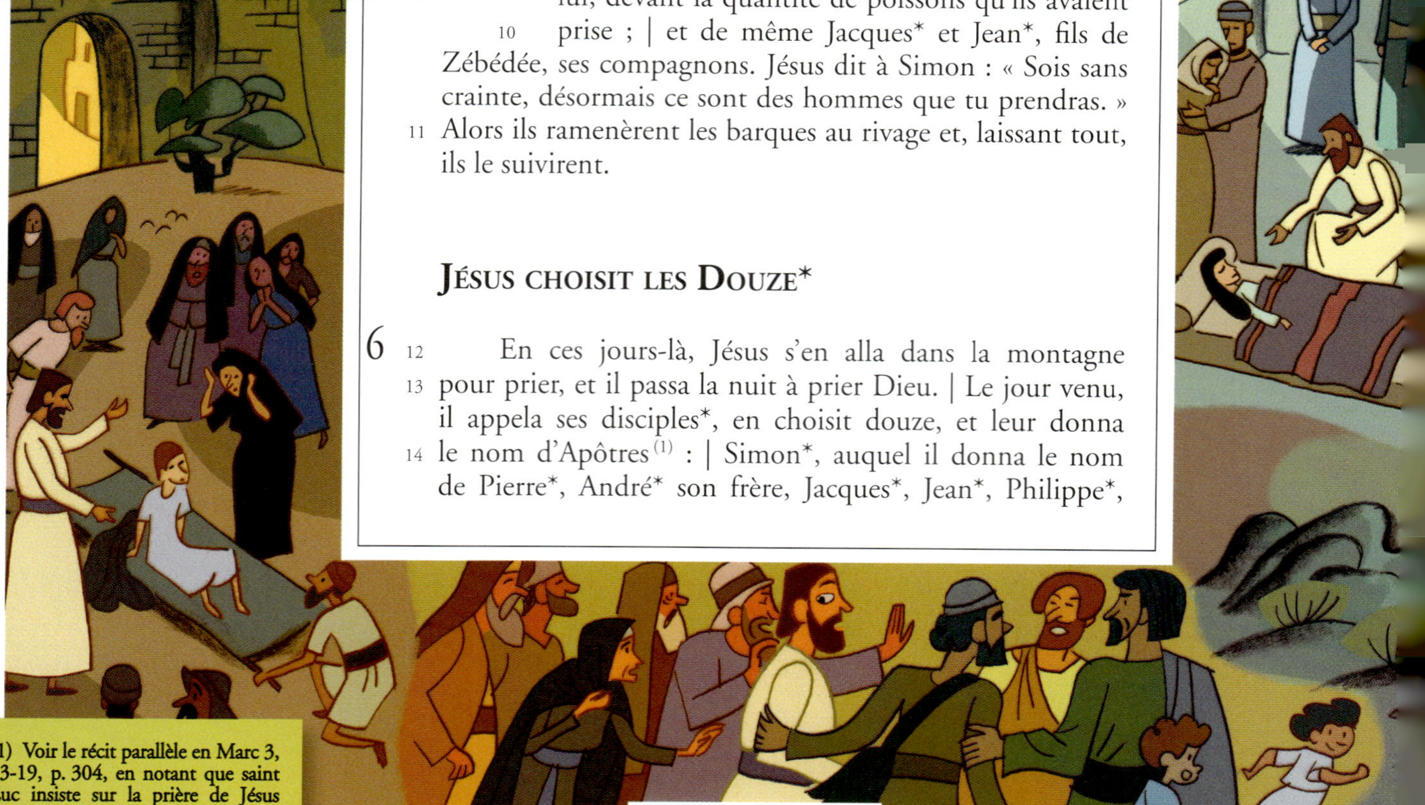

(1) Voir le récit parallèle en Marc 3, 13-19, p. 304, en notant que saint Luc insiste sur la prière de Jésus avant le choix des Apôtres.

15 Barthélemy*, | Matthieu*, Thomas*, Jacques* fils d'Al-
16 phée, Simon* appelé le Zélote, | Jude* fils de Jacques(1), et
Judas* Iscariote, celui qui fut le traître.

La foi d'un centurion

7 1 Lorsque Jésus eut achevé de faire entendre au peuple
2 toutes ses paroles, il entra dans Capharnaüm. | Un centu-
rion de l'armée romaine avait un esclave auquel il tenait
beaucoup ; celui-ci était malade, sur le point de mourir.
3 Le centurion avait entendu parler de Jésus ; alors il lui
envoya quelques notables(2) juifs pour le prier de venir
4 sauver son esclave. | Arrivés près de Jésus, ceux-ci le
suppliaient : « Il mérite que tu lui accordes cette guérison.
5 Il aime notre nation : c'est lui qui nous a construit la
synagogue*. »

6 Jésus était en route avec eux, et déjà il n'était plus loin
de la maison, quand le centurion lui fit dire par des amis :
« Seigneur, ne prends pas cette peine, car je ne suis pas
7 digne que tu entres sous mon toit. | Moi-même, je ne me
suis pas senti le droit de venir te trouver. Mais dis seule-
8 ment un mot, et mon serviteur sera guéri. | Moi qui suis
un subalterne, j'ai des soldats sous mes ordres ; à l'un, je
dis : "Va", et il va ; à l'autre : "Viens", et il vient ; et à mon
esclave : "Fais ceci", et il le fait. »

9 Entendant cela, Jésus fut dans l'admiration.
Il se tourna vers la foule qui le suivait : « Je vous
le dis, même en Israël, je n'ai pas trouvé une telle
10 foi* ! » | De retour à la maison, les envoyés trou-
vèrent l'esclave en bonne santé.

La foi d'un centurion

Ce centurion fait l'expérience continuelle de la puissance de la parole quand il donne ou reçoit des ordres. La parole met en mouvement les corps humains. Fort de cette expérience, il croit que la parole de Jésus est tout à fait capable de remettre sur pied son serviteur malade. Il suffit que Jésus parle pour que l'esclave soit guéri. Le centurion reconnaît en Jésus une puissance et une autorité largement supérieures à toute autre. Il est un subalterne indigne de l'accueillir chez lui.

« Je ne suis pas digne que Jésus
entre sous mon toit », dis-tu, centurion !
Mais ton esclave est guéri.
Christ est bien entré chez toi !*

Seigneur, que ton Esprit**
nous donne en partage
la foi du centurion !
Ainsi, Christ entrera dans notre demeure !

(1) Jude, fils de Jacques, correspond à Thaddée (Marc 3, 19, p. 304, et Matthieu 10, 3).
(2) Le texte grec de l'Évangile précise que ces notables sont des Anciens*, c'est-à-dire les responsables de la synagogue.

LE FILS DE LA VEUVE DE NAÏM

7 11 Jésus se rendait dans une ville appelée Naïm. Ses
disciples* faisaient route avec lui, ainsi qu'une grande foule.
12 Il arriva près de la porte de la ville au moment où l'on
transportait un mort pour l'enterrer ; c'était un fils unique,
et sa mère était veuve. Une foule considérable accompa-
13 gnait cette femme. | En la voyant, le Seigneur fut saisi de
14 pitié pour elle, et lui dit : « Ne pleure pas. » | Il s'avança
et toucha la civière ; les porteurs s'arrêtèrent, et Jésus dit :
15 « Jeune homme, je te l'ordonne, lève-toi. » | Alors le mort
se redressa, s'assit et se mit à parler. Et Jésus le rendit à sa
mère.

16 La crainte* s'empara de tous, et ils rendaient gloire* à
Dieu : « Un grand prophète* s'est levé parmi nous, et Dieu
17 a visité son peuple. » | Et cette parole se répandit dans toute
la Judée et dans les pays voisins.

JÉSUS ET JEAN BAPTISTE

7 18 Les disciples* de Jean* rapportèrent tout cela à leur
19 maître. Alors il appela deux d'entre eux, | et les envoya
demander au Seigneur : « Es-tu celui qui doit venir, ou
20 devons-nous en attendre un autre ? » | Arrivés près de
Jésus, ils lui dirent : « Jean Baptiste nous a envoyés te
demander : Es-tu celui qui doit venir, ou devons-nous en
21 attendre un autre ? » | À ce moment-là, Jésus guérit beau-
coup de malades, d'infirmes et de possédés, et il rendit la
22 vue à beaucoup d'aveugles. | Puis il répondit aux envoyés :
« Allez rapporter à Jean ce que vous avez vu et entendu :

Jésus est-il le Messie ?

Aux envoyés de Jean Baptiste qui lui demandent s'il est le Messie* attendu, Jésus répond en citant les faits qui manifestent la réalisation des oracles* prophétiques de l'Ancien Testament* (Isaïe 61, 1-9, p. 186) et laisse Jean Baptiste décider s'il est ou non le Messie attendu.

les aveugles voient, les boiteux marchent, les lépreux sont
purifiés, les sourds entendent, les morts ressuscitent*, la
23 Bonne Nouvelle est annoncée aux pauvres. | Heureux celui
qui ne tombera pas à cause de moi ! »

24 Après le départ des envoyés de Jean Baptiste, Jésus se
mit à parler de lui aux foules : « Qu'êtes-vous allés voir au
25 désert ? Un roseau agité par le vent ?… | Alors, qu'êtes-vous
allés voir ? Un homme aux vêtements luxueux ? Mais ceux
qui portent des vêtements magnifiques et mènent une vie
26 de plaisir sont dans les palais des rois. | Alors, qu'êtes-vous
allés voir ? Un prophète* ? Oui, je vous le dis ; et bien
27 plus qu'un prophète ! | C'est de lui qu'il est écrit : *Voici*
que j'envoie mon messager en avant de toi, pour qu'il prépare
28 *le chemin devant toi.* | Je vous le dis : Parmi les hommes,
aucun n'est plus grand que Jean ; et cependant le plus petit
dans le royaume* de Dieu est plus grand que lui. »

Jésus déconcerte

7 31 « À qui donc vais-je comparer les hommes de cette
32 génération ? À qui ressemblent-ils ? | Ils ressemblent à des
gamins assis sur la place, qui s'interpellent entre eux :

"Nous avons joué de la flûte,
et vous n'avez pas dansé.
Nous avons entonné des chants de deuil,
et vous n'avez pas pleuré."

33 Jean* Baptiste est venu, en effet ; il ne mange pas
de pain, il ne boit pas de vin, et vous dites : "C'est un
34 possédé* !" | Le Fils* de l'homme est venu ; il mange et il

LA LIBERTÉ DE JÉSUS

Le Peuple attendait un Messie* puissant et glorieux. Jésus refuse de se laisser enfermer dans cette image. Il vit dans la simplicité. Il va à la rencontre des petites gens. Il mange avec les pécheurs, il touche les lépreux, il pardonne aux prostituées. Mais il parle aussi aux docteurs* de la Loi. Il se manifeste comme un homme totalement libre.

boit, et vous dites : “C’est un glouton et un ivrogne, un
35 ami des publicains* et des pécheurs*.” | Mais la sagesse de
Dieu se révèle juste auprès de tous ses enfants. »

JÉSUS ACCUEILLE LES PÉCHEURS

7 36 Un pharisien* avait invité Jésus à manger avec lui.
37 Jésus entra chez lui et prit place à table. | Survint une
femme de la ville, une pécheresse. Elle avait appris que
Jésus mangeait chez le pharisien, et elle apportait un vase
38 précieux plein de parfum. | Tout en pleurs, elle se tenait
derrière lui, à ses pieds, et ses larmes mouillaient les pieds
de Jésus. Elle les essuyait avec ses cheveux, les couvrait de
baisers et y versait le parfum.

39 En voyant cela, le pharisien qui avait invité Jésus se dit
en lui-même : « Si cet homme était prophète*, il saurait qui
est cette femme qui le touche, et ce qu’elle est : une péche-
40 resse. » | Jésus prit la parole : « Simon, j’ai quelque chose
41 à te dire. — Parle, Maître. » | Jésus reprit : « Un créancier
avait deux débiteurs ; le premier lui devait cinq cents pièces
42 d’argent, l’autre cinquante. | Comme ni l’un ni l’autre ne
pouvait rembourser, il remit à tous deux leur dette. Lequel
43 des deux l’aimera davantage ? » | Simon répondit : « C’est
celui à qui il a remis davantage, il me semble. — Tu as
raison », lui dit Jésus.

44 Il se tourna vers la femme, en disant à Simon : « Tu
vois cette femme ? Je suis entré chez toi, et tu ne m’as pas
versé d’eau sur les pieds ; elle, elle les a mouillés de ses larmes
45 et essuyés avec ses cheveux. | Tu ne m’as pas embrassé ; elle,
depuis son entrée, elle n’a pas cessé d’embrasser mes pieds.

46 Tu ne m'as pas versé de parfum sur la tête ; elle, elle m'a
47 versé un parfum précieux sur les pieds. | Je te le dis : si
ses péchés*, ses nombreux péchés, sont pardonnés*, c'est
à cause de son grand amour. Mais celui à qui on pardonne
peu montre peu d'amour. »

48 Puis il s'adressa à la femme : « Tes péchés sont
49 pardonnés. » | Les invités se dirent : « Qui est cet homme,
50 qui va jusqu'à pardonner les péchés ? » | Jésus dit alors à la
femme : « Ta foi* t'a sauvée. Va en paix ! »

Jésus est accompagné par des femmes

8 1 Ensuite Jésus passait à travers villes et
villages, proclamant la Bonne Nouvelle du règne
2 de Dieu. Les Douze* l'accompagnaient, | ainsi que
des femmes qu'il avait délivrées d'esprits mauvais
et guéries de leurs maladies : Marie*, appelée
Madeleine (qui avait été libérée de sept démons),
3 Jeanne, femme de Kouza, l'intendant d'Hérode,
Suzanne, et beaucoup d'autres, qui les aidaient de
leurs ressources.

Marie Madeleine, disciple jusqu'au calvaire,
la première tu reconnais la voix du Ressuscité
t'appelant par ton nom…

Jeanne, avec Marie tu fais partie
de celles qui annoncent la Résurrection.*

Et toi, Suzanne,
nous ne connaissons que ton nom,
mais tu représentes ces femmes anonymes
qui ont suivi le Christ,*
qui par leurs charismes,
leurs ressources diverses, ont servi l'Église.*

Nous te rendons grâce, Seigneur,*
pour elles et leurs contemporaines.

La foi plus forte que la mort

8 41 Et voici qu'arriva un homme du nom de Jaïre ; c'était
le chef de la synagogue*. Tombant aux pieds de Jésus, il le
42 suppliait de venir dans sa maison, | parce qu'il avait une fille
unique, d'environ douze ans, qui était en train de mourir.

Et tandis que Jésus s'y rendait, la foule le pressait à
43 l'étouffer. | Or, une femme qui avait des pertes de sang

Que fait Jésus quand il fait un miracle ?

Saint Irénée, évêque de Lyon à la fin du IIe siècle, explique : « L'Artisan de toutes choses, le Verbe de Dieu, celui-là même qui a modelé l'homme au commencement, ayant trouvé son ouvrage abîmé par le mal, l'a guéri de toutes les manières possibles, tantôt en restaurant tel ou tel membre particulier à la manière dont il avait été modelé au commencement, tantôt en rendant d'un seul coup à l'homme une parfaite santé et intégrité en vue de le préparer pour la résurrection*. [...] Quel motif aurait-il eu de guérir les membres de chair et de les rétablir dans leur forme première, si ce qu'il guérissait ne devait pas être sauvé ? »

44 depuis douze ans, et que personne n'avait pu guérir, | s'ap-
procha par derrière et toucha la frange de son vêtement. À
45 l'instant même, sa perte de sang s'arrêta. | Mais Jésus dit :
« Qui est-ce qui m'a touché ? » Comme tous s'en défen-
daient, Pierre* lui dit : « Maître, la foule t'écrase de tous
46 côtés. » | Mais Jésus reprit : « Quelqu'un m'a touché. Car
je me suis rendu compte qu'une force était sortie de moi. »
47 La femme, se voyant découverte, vint, toute tremblante, se
jeter à ses pieds ; elle raconta devant tout le peuple pour-
quoi elle l'avait touché, et comment elle avait été guérie à
48 l'instant même. | Jésus lui dit : « Ma fille, ta foi* t'a sauvée.
Va en paix. »

49 Comme il parlait encore, quelqu'un arrive de la maison
de Jaïre pour lui dire : « Ta fille est morte. Ne dérange plus
50 le maître. » | Jésus, qui avait entendu, répondit : « Ne crains
51 pas. Crois seulement, et elle sera sauvée. » | En arrivant à la
maison, il ne laissa personne entrer avec lui, sinon Pierre*,
Jean* et Jacques*, ainsi que le père et la mère de l'enfant.
52 Tous pleuraient sa mort en se frappant la poitrine. Mais
Jésus dit : « Ne pleurez pas ; elle n'est pas morte : elle dort. »
53 Mais on se moquait de lui, en voyant qu'elle venait de
54 mourir. | Quant à lui, saisissant sa main, il dit d'une voix
55 forte : « Mon enfant, lève-toi ! » | L'esprit lui revint, à l'ins-
tant même elle se mit debout, et Jésus ordonna de lui donner
56 à manger. | Ses parents furent bouleversés, mais Jésus leur
commanda de ne dire à personne ce qui était arrivé.

Jésus prend la route de Jérusalem

9 49 Jean*, l'un des Douze*, dit à Jésus : « Maître, nous
avons vu quelqu'un chasser les esprits mauvais en ton nom*,

et nous avons voulu l'en empêcher, car il n'est pas avec nous
50 pour te suivre. » | Jésus lui répondit : « Ne l'empêchez pas :
celui qui n'est pas contre vous est pour vous. »

51 Comme le temps approchait où Jésus allait être enlevé
de ce monde, il prit avec courage la route de Jérusalem*.
52 Il envoya des messagers devant lui ; ceux-ci se mirent en
route et entrèrent dans un village de Samaritains* pour
53 préparer sa venue. | Mais on refusa de le recevoir, parce
54 qu'il se dirigeait vers Jérusalem[1]. | Devant ce refus, les
disciples* Jacques* et Jean intervinrent : « Seigneur, veux-tu
que nous ordonnions que le feu tombe du ciel
55 pour les détruire[2] ? » | Mais Jésus se retourna et
56 les interpella vivement. | Et ils partirent pour un
autre village.

57 En cours de route, un homme dit à Jésus :
58 « Je te suivrai partout où tu iras. » | Jésus lui
déclara : « Les renards ont des terriers, les oiseaux
du ciel ont des nids ; mais le Fils* de l'homme n'a
pas d'endroit où reposer la tête. »

59 Il dit à un autre : « Suis-moi. » L'homme
répondit : « Permets-moi d'aller d'abord enterrer
60 mon père. » | Mais Jésus répliqua : « Laisse les
morts enterrer leurs morts. Toi, va annoncer le
règne de Dieu. »

61 Un autre encore lui dit : « Je te suivrai, Seigneur ;
mais laisse-moi d'abord faire mes adieux aux gens de ma
62 maison. » | Jésus lui répondit : « Celui qui met la main à la
charrue et regarde en arrière n'est pas fait pour le royaume*
de Dieu. »

Seigneur,*
tu choisis des femmes et des hommes
imparfaits comme nous le sommes.
Ainsi Jean est jaloux, vindicatif, prétentieux,
et son frère Jacques lui emboîte souvent le pas.
Pourtant, tu les aimes.
Tu les reprends vivement
parce que tu désires
qu'ils s'ouvrent à ton Esprit.*
Fais de même pour nous !

(1) Voir le paragraphe sur la Samarie, p. 238.
(2) On comprend pourquoi Jésus donne aux deux frères le nom de Boanerguès : « Fils du tonnerre ». Voir Marc 3, 17, p. 304.

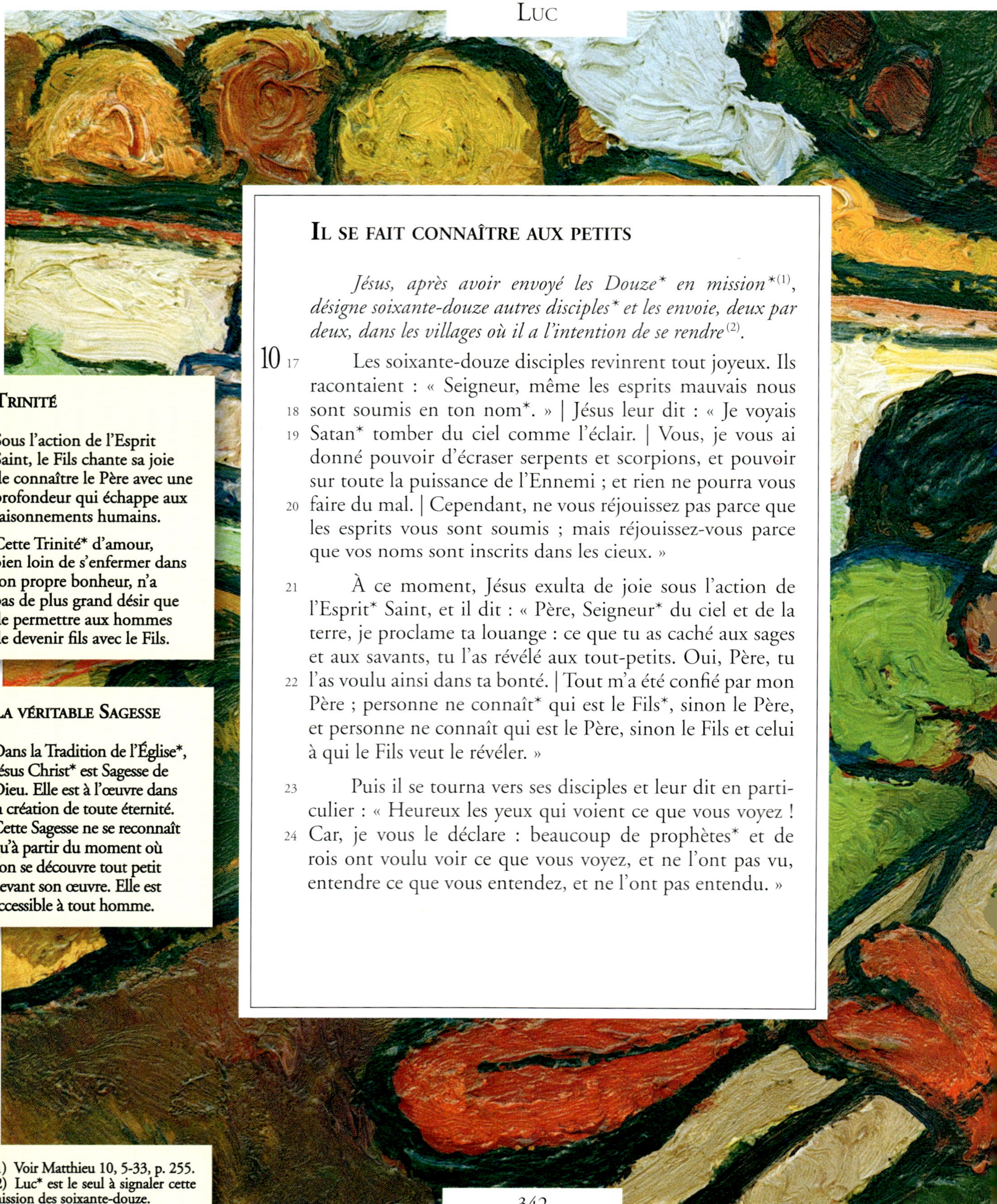

Il se fait connaître aux petits

Jésus, après avoir envoyé les Douze en mission*(1), désigne soixante-douze autres disciples* et les envoie, deux par deux, dans les villages où il a l'intention de se rendre(2).*

10 17 Les soixante-douze disciples revinrent tout joyeux. Ils
racontaient : « Seigneur, même les esprits mauvais nous
18 sont soumis en ton nom*. » | Jésus leur dit : « Je voyais
19 Satan* tomber du ciel comme l'éclair. | Vous, je vous ai
donné pouvoir d'écraser serpents et scorpions, et pouvoir
sur toute la puissance de l'Ennemi ; et rien ne pourra vous
20 faire du mal. | Cependant, ne vous réjouissez pas parce que
les esprits vous sont soumis ; mais réjouissez-vous parce
que vos noms sont inscrits dans les cieux. »

21 À ce moment, Jésus exulta de joie sous l'action de
l'Esprit* Saint, et il dit : « Père, Seigneur* du ciel et de la
terre, je proclame ta louange : ce que tu as caché aux sages
et aux savants, tu l'as révélé aux tout-petits. Oui, Père, tu
22 l'as voulu ainsi dans ta bonté. | Tout m'a été confié par mon
Père ; personne ne connaît* qui est le Fils*, sinon le Père,
et personne ne connaît qui est le Père, sinon le Fils et celui
à qui le Fils veut le révéler. »

23 Puis il se tourna vers ses disciples et leur dit en parti-
culier : « Heureux les yeux qui voient ce que vous voyez !
24 Car, je vous le déclare : beaucoup de prophètes* et de
rois ont voulu voir ce que vous voyez, et ne l'ont pas vu,
entendre ce que vous entendez, et ne l'ont pas entendu. »

Trinité

Sous l'action de l'Esprit Saint, le Fils chante sa joie de connaître le Père avec une profondeur qui échappe aux raisonnements humains.

Cette Trinité* d'amour, bien loin de s'enfermer dans son propre bonheur, n'a pas de plus grand désir que de permettre aux hommes de devenir fils avec le Fils.

La véritable Sagesse

Dans la Tradition de l'Église*, Jésus Christ* est Sagesse de Dieu. Elle est à l'œuvre dans la création de toute éternité. Cette Sagesse ne se reconnaît qu'à partir du moment où l'on se découvre tout petit devant son œuvre. Elle est accessible à tout homme.

(1) Voir Matthieu 10, 5-33, p. 255.
(2) Luc* est le seul à signaler cette mission des soixante-douze.

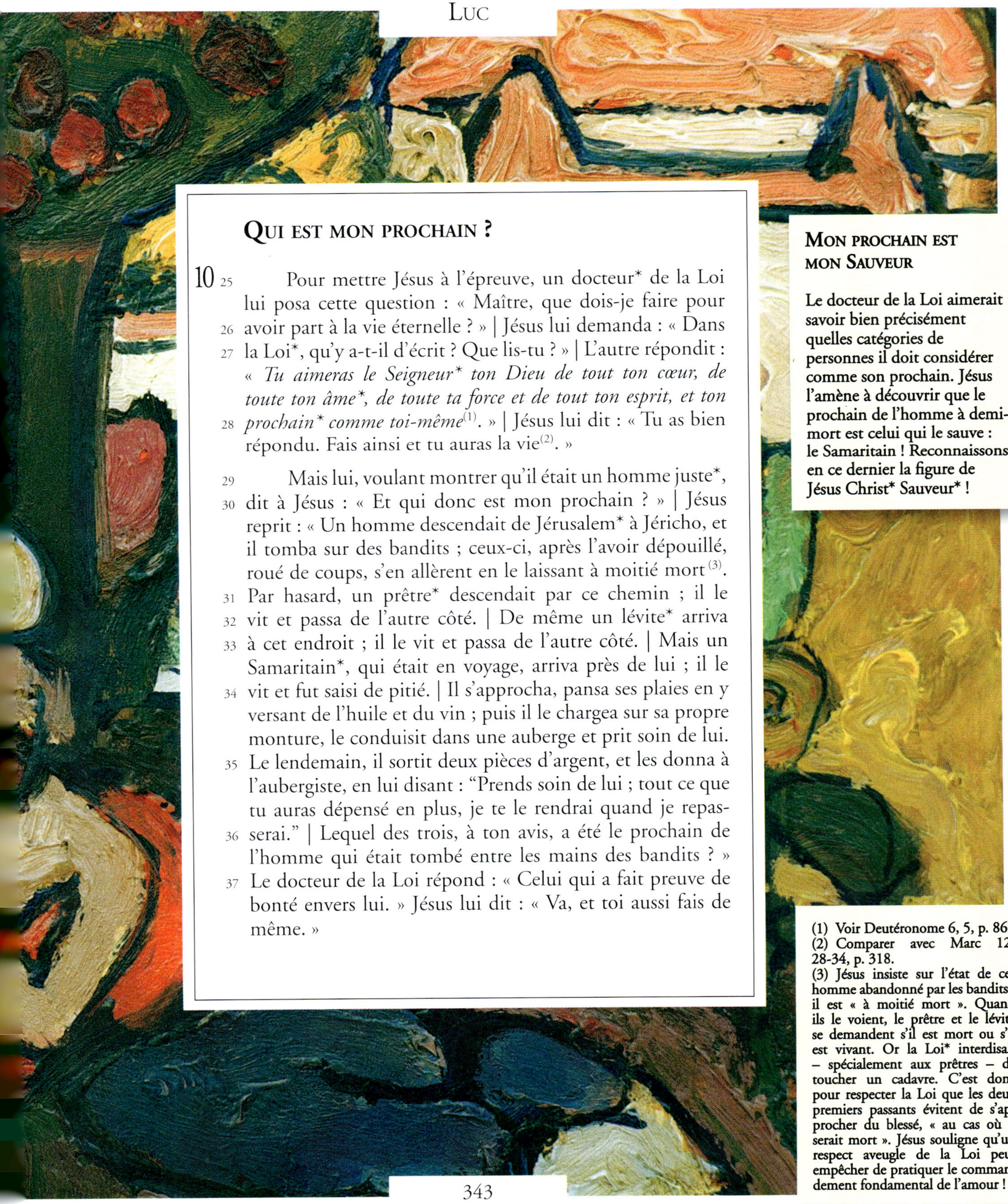

Qui est mon prochain ?

10 25 Pour mettre Jésus à l'épreuve, un docteur* de la Loi
lui posa cette question : « Maître, que dois-je faire pour
26 avoir part à la vie éternelle ? » | Jésus lui demanda : « Dans
27 la Loi*, qu'y a-t-il d'écrit ? Que lis-tu ? » | L'autre répondit :
« *Tu aimeras le Seigneur* ton Dieu de tout ton cœur, de*
toute ton âme, de toute ta force et de tout ton esprit, et ton*
28 *prochain* comme toi-même*(1). » | Jésus lui dit : « Tu as bien
répondu. Fais ainsi et tu auras la vie(2). »

29 Mais lui, voulant montrer qu'il était un homme juste*,
30 dit à Jésus : « Et qui donc est mon prochain ? » | Jésus
reprit : « Un homme descendait de Jérusalem* à Jéricho, et
il tomba sur des bandits ; ceux-ci, après l'avoir dépouillé,
roué de coups, s'en allèrent en le laissant à moitié mort(3).
31 Par hasard, un prêtre* descendait par ce chemin ; il le
32 vit et passa de l'autre côté. | De même un lévite* arriva
33 à cet endroit ; il le vit et passa de l'autre côté. | Mais un
Samaritain*, qui était en voyage, arriva près de lui ; il le
34 vit et fut saisi de pitié. | Il s'approcha, pansa ses plaies en y
versant de l'huile et du vin ; puis il le chargea sur sa propre
monture, le conduisit dans une auberge et prit soin de lui.
35 Le lendemain, il sortit deux pièces d'argent, et les donna à
l'aubergiste, en lui disant : "Prends soin de lui ; tout ce que
tu auras dépensé en plus, je te le rendrai quand je repas-
36 serai." | Lequel des trois, à ton avis, a été le prochain de
l'homme qui était tombé entre les mains des bandits ? »
37 Le docteur de la Loi répond : « Celui qui a fait preuve de
bonté envers lui. » Jésus lui dit : « Va, et toi aussi fais de
même. »

Mon prochain est mon Sauveur

Le docteur de la Loi aimerait savoir bien précisément quelles catégories de personnes il doit considérer comme son prochain. Jésus l'amène à découvrir que le prochain de l'homme à demi-mort est celui qui le sauve : le Samaritain ! Reconnaissons en ce dernier la figure de Jésus Christ* Sauveur* !

(1) Voir Deutéronome 6, 5, p. 86.
(2) Comparer avec Marc 12, 28-34, p. 318.
(3) Jésus insiste sur l'état de cet homme abandonné par les bandits : il est « à moitié mort ». Quand ils le voient, le prêtre et le lévite se demandent s'il est mort ou s'il est vivant. Or la Loi* interdisait – spécialement aux prêtres – de toucher un cadavre. C'est donc pour respecter la Loi que les deux premiers passants évitent de s'approcher du blessé, « au cas où il serait mort ». Jésus souligne qu'un respect aveugle de la Loi peut empêcher de pratiquer le commandement fondamental de l'amour !

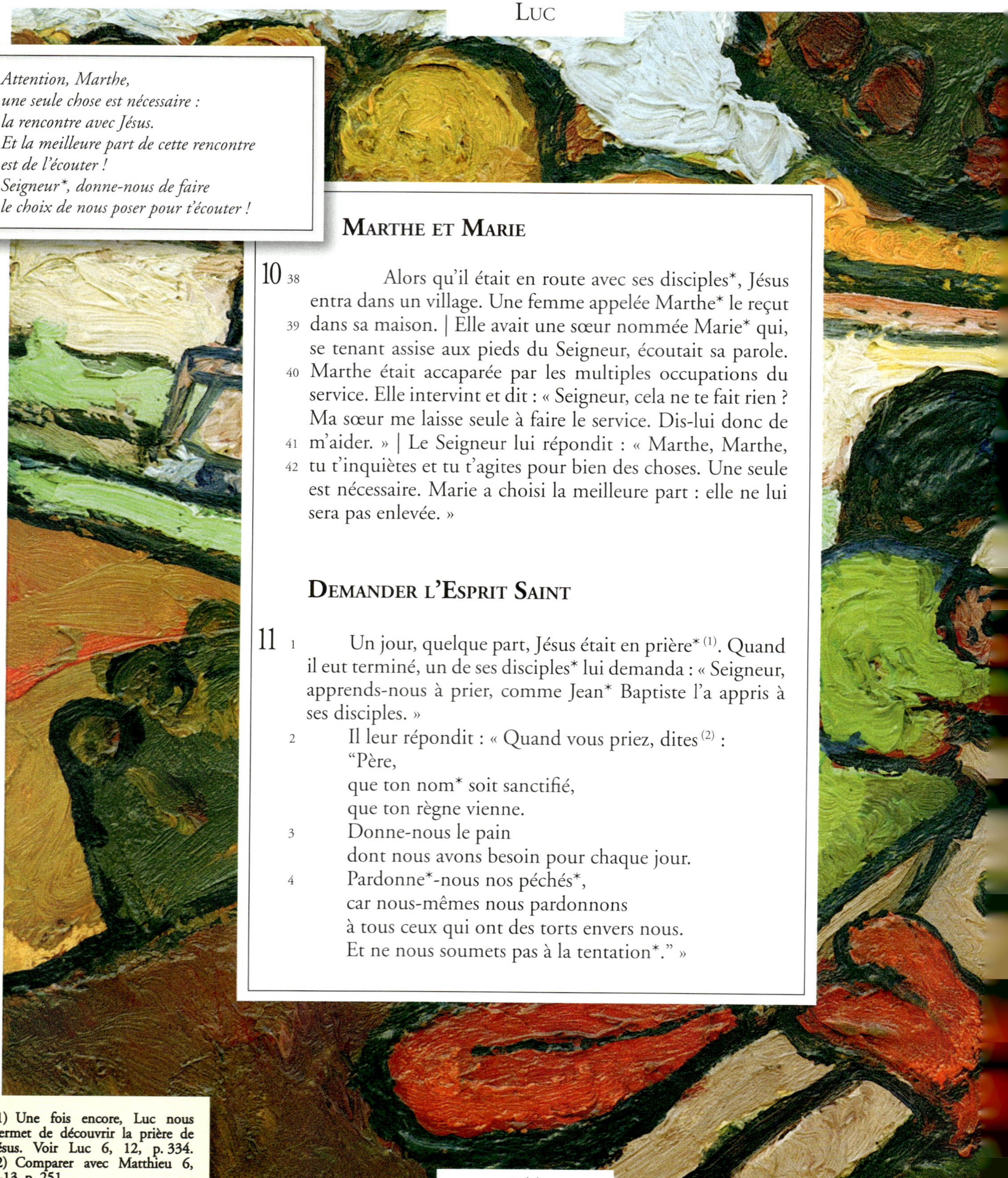

Attention, Marthe,
une seule chose est nécessaire :
la rencontre avec Jésus.
Et la meilleure part de cette rencontre
est de l'écouter !
Seigneur, donne-nous de faire*
le choix de nous poser pour t'écouter !

Marthe et Marie

10 38 Alors qu'il était en route avec ses disciples*, Jésus
entra dans un village. Une femme appelée Marthe* le reçut
39 dans sa maison. | Elle avait une sœur nommée Marie* qui,
se tenant assise aux pieds du Seigneur, écoutait sa parole.
40 Marthe était accaparée par les multiples occupations du
service. Elle intervint et dit : « Seigneur, cela ne te fait rien ?
Ma sœur me laisse seule à faire le service. Dis-lui donc de
41 m'aider. » | Le Seigneur lui répondit : « Marthe, Marthe,
42 tu t'inquiètes et tu t'agites pour bien des choses. Une seule
est nécessaire. Marie a choisi la meilleure part : elle ne lui
sera pas enlevée. »

Demander l'Esprit Saint

11 1 Un jour, quelque part, Jésus était en prière* (1). Quand
il eut terminé, un de ses disciples* lui demanda : « Seigneur,
apprends-nous à prier, comme Jean* Baptiste l'a appris à
ses disciples. »

2 Il leur répondit : « Quand vous priez, dites (2) :
"Père,
que ton nom* soit sanctifié,
que ton règne vienne.
3 Donne-nous le pain
dont nous avons besoin pour chaque jour.
4 Pardonne*-nous nos péchés*,
car nous-mêmes nous pardonnons
à tous ceux qui ont des torts envers nous.
Et ne nous soumets pas à la tentation*." »

(1) Une fois encore, Luc nous permet de découvrir la prière de Jésus. Voir Luc 6, 12, p. 334.
(2) Comparer avec Matthieu 6, 9-13, p. 251.

5 Jésus leur dit encore : « Supposons que l'un de vous ait
un ami et aille le trouver en pleine nuit pour lui demander :
6 “Mon ami, prête-moi trois pains : | un de mes amis arrive
7 de voyage, et je n'ai rien à lui offrir.” | Et si, de l'inté-
rieur, l'autre lui répond : “Ne viens pas me tourmenter !
Maintenant, la porte est fermée ; mes enfants et moi, nous
sommes couchés. Je ne puis pas me lever pour te donner du
8 pain[1]”, | moi, je vous l'affirme : même s'il ne se lève pas
pour les donner par amitié, il se lèvera à cause du sans-gêne
de cet ami, et il lui donnera tout ce qu'il lui faut.

9 Eh bien, moi, je vous dis : Demandez, vous obtien-
drez ; cherchez, vous trouverez ; frappez, la porte vous sera
10 ouverte. | Celui qui demande reçoit ; celui qui cherche
11 trouve ; et pour celui qui frappe, la porte s'ouvre. | Quel
père parmi vous donnerait un serpent à son fils qui lui
12 demande un poisson ? | ou un scorpion, quand il demande
13 un œuf ? | Si donc vous, qui êtes mauvais, vous savez
donner de bonnes choses à vos enfants, combien plus le
Père céleste donnera-t-il l'Esprit* Saint à ceux qui le lui
demandent ! »

La patience de Dieu

13 6 Jésus leur disait encore cette parabole* : « Un homme
avait un figuier planté dans sa vigne. Il vint chercher du
7 fruit sur ce figuier, et n'en trouva pas. | Il dit alors à son
vigneron : “Voilà trois ans que je viens chercher du fruit
sur ce figuier, et je n'en trouve pas. Coupe-le. À quoi bon
8 le laisser épuiser le sol ?” | Mais le vigneron lui répondit :
“Seigneur, laisse-le encore cette année, le temps que je
9 bêche autour pour y mettre du fumier. | Peut-être donnera-
t-il du fruit à l'avenir. Sinon, tu le couperas.” »

L'Esprit Saint

Jésus invite les croyants à formuler toutes leurs demandes dans leurs prières. Et le Seigneur* répond à ces demandes en donnant l'Esprit Saint. Ainsi les croyants pourront prendre les décisions, poser les actes nécessaires, et, en fils, vivre selon la volonté du Père.

(1) Les maisons de cette époque sont petites et ne comportent souvent qu'une pièce. La nuit, on étale sur le sol des nattes ou des matelas, rassemblés dans un coin de la salle pendant la journée. Quand tout le monde est couché, il est difficile d'ouvrir la porte.

La miséricorde de Dieu

15 1 Les publicains* et les pécheurs* venaient tous à Jésus
2 pour l'écouter. | Les pharisiens* et les scribes* récriminaient
contre lui : « Cet homme fait bon accueil aux pécheurs, et
il mange avec eux ! »

La brebis retrouvée

3-4 Alors Jésus leur dit cette parabole* : | « Si l'un de vous
a cent brebis et en perd une, ne laisse-t-il pas les quatre-
vingt-dix-neuf autres dans le désert pour aller chercher
5 celle qui est perdue, jusqu'à ce qu'il la retrouve ? | Quand il
6 l'a retrouvée, tout joyeux, il la prend sur ses épaules, | et, de
retour chez lui, il réunit ses amis et ses voisins ; il leur dit :
"Réjouissez-vous avec moi, car j'ai retrouvé ma brebis, celle
7 qui était perdue !" | Je vous le dis : C'est ainsi qu'il y aura de
la joie dans le ciel pour un seul pécheur qui se convertit*,
plus que pour quatre-vingt-dix-neuf justes* qui n'ont pas
besoin de conversion.

La pièce perdue

8 Ou encore, si une femme a dix pièces d'argent et en
perd une, ne va-t-elle pas allumer une lampe, balayer la
maison, et chercher avec soin jusqu'à ce qu'elle la retrouve ?
9 Quand elle l'a retrouvée, elle réunit ses amies et ses voisines
et leur dit : "Réjouissez-vous avec moi, car j'ai retrouvé la
10 pièce d'argent que j'avais perdue !" | De même, je vous le
dis : Il y a de la joie chez les anges* de Dieu pour un seul
pécheur qui se convertit. »

Le père aux deux fils

11-12 Jésus dit encore : « Un homme avait deux fils. | Le
plus jeune dit à son père : “Père, donne-moi la part d'héri-
tage qui me revient.” Et le père fit le partage de ses biens.
13 Peu de jours après, le plus jeune rassembla tout ce qu'il
avait, et partit pour un pays lointain où il gaspilla sa
14 fortune en menant une vie de désordre. | Quand il eut tout
dépensé, une grande famine survint dans cette région, et
15 il commença à se trouver dans la misère. | Il alla s'embau-
cher chez un homme du pays qui l'envoya dans ses champs
16 garder les porcs (1). | Il aurait bien voulu se remplir le ventre
avec les gousses que mangeaient les porcs, mais personne
17 ne lui donnait rien. | Alors il réfléchit : “Tant d'ouvriers
chez mon père ont du pain en abondance, et moi, ici, je
18 meurs de faim ! | Je vais retourner chez mon père, et je lui
19 dirai : Père, j'ai péché* contre le ciel et contre toi. | Je ne
mérite plus d'être appelé ton fils. Prends-moi comme l'un
de tes ouvriers.”

20 Il partit donc pour aller chez son père. Comme il
était encore loin, son père l'aperçut et fut saisi de pitié ; il
21 courut se jeter à son cou et le couvrit de baisers. | Le fils
lui dit : “Père, j'ai péché contre le ciel et contre toi. Je ne
22 mérite plus d'être appelé ton fils” | Mais le père dit à ses
domestiques : “Vite, apportez le plus beau vêtement pour
l'habiller. Mettez-lui une bague au doigt et des sandales
23 aux pieds. | Allez chercher le veau gras, tuez-le ; mangeons
24 et festoyons. | Car mon fils que voilà était mort*, et il est
revenu à la vie ; il était perdu, et il est retrouvé.” Et ils
commencèrent la fête.

(1) Pour un Juif, il ne peut pas y avoir de situation plus misérable que celle de garder des porcs, animaux impurs. Désirer manger comme les porcs, sans pouvoir le faire, c'est le comble de la déchéance.

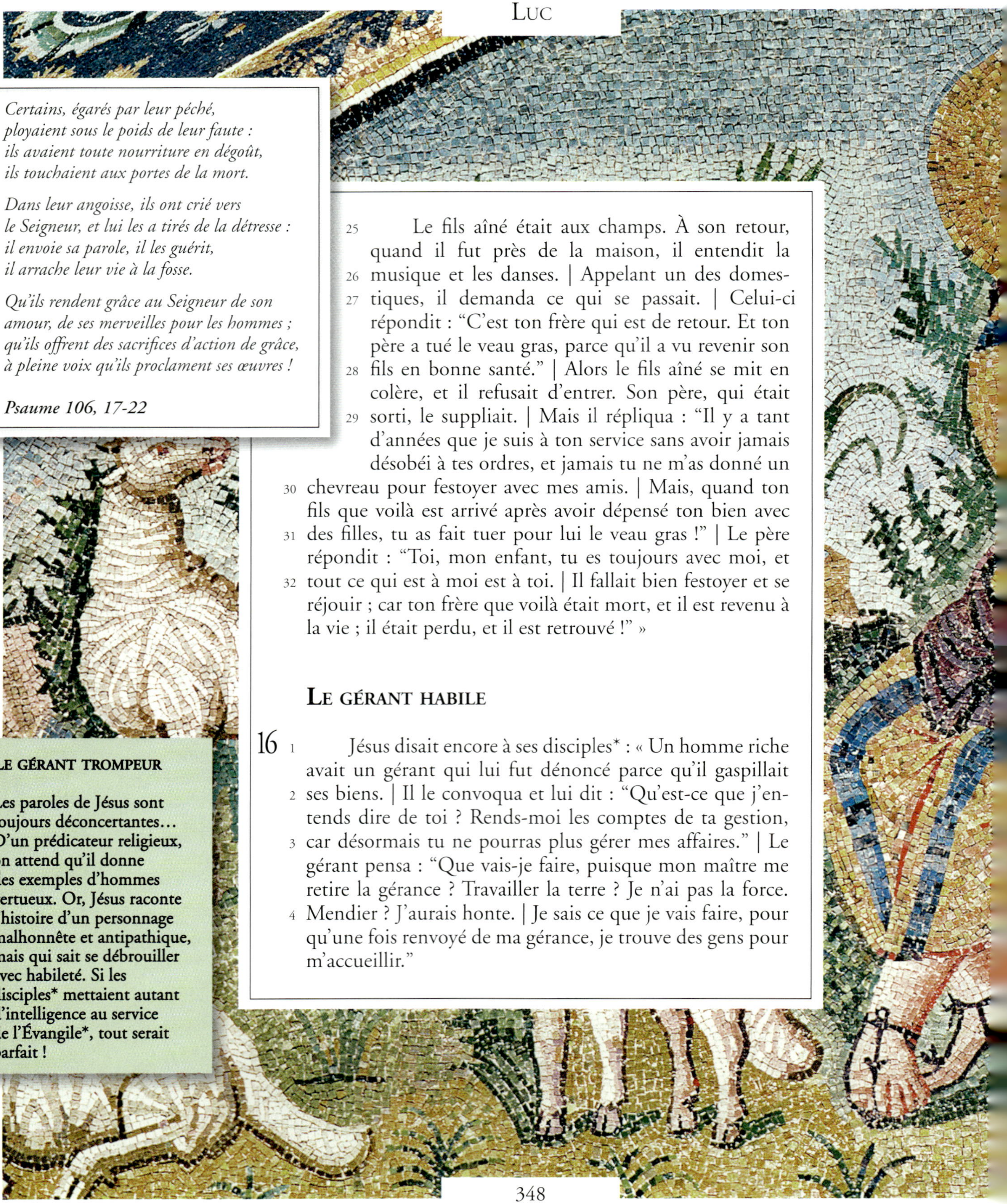

Certains, égarés par leur péché,
ployaient sous le poids de leur faute :
ils avaient toute nourriture en dégoût,
ils touchaient aux portes de la mort.

Dans leur angoisse, ils ont crié vers
le Seigneur, et lui les a tirés de la détresse :
il envoie sa parole, il les guérit,
il arrache leur vie à la fosse.

Qu'ils rendent grâce au Seigneur de son
amour, de ses merveilles pour les hommes ;
qu'ils offrent des sacrifices d'action de grâce,
à pleine voix qu'ils proclament ses œuvres !

Psaume 106, 17-22

25 Le fils aîné était aux champs. À son retour,
quand il fut près de la maison, il entendit la
26 musique et les danses. | Appelant un des domes-
27 tiques, il demanda ce qui se passait. | Celui-ci
répondit : "C'est ton frère qui est de retour. Et ton
père a tué le veau gras, parce qu'il a vu revenir son
28 fils en bonne santé." | Alors le fils aîné se mit en
colère, et il refusait d'entrer. Son père, qui était
29 sorti, le suppliait. | Mais il répliqua : "Il y a tant
d'années que je suis à ton service sans avoir jamais
désobéi à tes ordres, et jamais tu ne m'as donné un
30 chevreau pour festoyer avec mes amis. | Mais, quand ton
fils que voilà est arrivé après avoir dépensé ton bien avec
31 des filles, tu as fait tuer pour lui le veau gras !" | Le père
répondit : "Toi, mon enfant, tu es toujours avec moi, et
32 tout ce qui est à moi est à toi. | Il fallait bien festoyer et se
réjouir ; car ton frère que voilà était mort, et il est revenu à
la vie ; il était perdu, et il est retrouvé !" »

LE GÉRANT HABILE

16 1 Jésus disait encore à ses disciples* : « Un homme riche
avait un gérant qui lui fut dénoncé parce qu'il gaspillait
2 ses biens. | Il le convoqua et lui dit : "Qu'est-ce que j'en-
tends dire de toi ? Rends-moi les comptes de ta gestion,
3 car désormais tu ne pourras plus gérer mes affaires." | Le
gérant pensa : "Que vais-je faire, puisque mon maître me
retire la gérance ? Travailler la terre ? Je n'ai pas la force.
4 Mendier ? J'aurais honte. | Je sais ce que je vais faire, pour
qu'une fois renvoyé de ma gérance, je trouve des gens pour
m'accueillir."

LE GÉRANT TROMPEUR

Les paroles de Jésus sont toujours déconcertantes… D'un prédicateur religieux, on attend qu'il donne des exemples d'hommes vertueux. Or, Jésus raconte l'histoire d'un personnage malhonnête et antipathique, mais qui sait se débrouiller avec habileté. Si les disciples* mettaient autant d'intelligence au service de l'Évangile*, tout serait parfait !

5 Il fit alors venir, un par un, ceux qui avaient des dettes
envers son maître. Il demanda au premier : “Combien dois-tu
6 à mon maître ? | — Cent barils d’huile.” Le gérant lui dit :
7 “Voici ton reçu ; vite, assieds-toi et écris cinquante.” | Puis
il demanda à un autre : “Et toi, combien dois-tu ? — Cent
sacs de blé.” Le gérant lui dit : “Voici ton reçu, écris quatre-
8 vingts.” | Ce gérant trompeur, le maître fit son éloge : effecti-
vement, il s’était montré habile, car les fils de ce monde sont
plus habiles entre eux que les fils de la lumière [1].

9 Eh bien moi, je vous le dis : Faites-vous des amis avec
l’Argent trompeur, afin que, le jour où il ne sera plus là, ces
10 amis vous accueillent dans les demeures éternelles. | Celui
qui est digne de confiance dans une toute petite affaire est
digne de confiance aussi dans une grande. Celui qui est
trompeur dans une petite affaire est trompeur aussi dans
11 une grande. | Si vous n’avez pas été dignes de confiance
avec l’Argent trompeur, qui vous confiera le bien véritable ?
12 Et si vous n’avez pas été dignes de confiance pour des biens
étrangers, le vôtre, qui vous le donnera ?

13 Aucun domestique ne peut servir deux maîtres : ou
bien il détestera le premier, et aimera le second ; ou bien
il s’attachera au premier, et méprisera le second. Vous ne
pouvez pas servir à la fois Dieu et l’Argent. »

L’homme riche et Lazare

16 19 « Il y avait un homme riche, qui portait des vêtements
20 de luxe et faisait chaque jour des festins somptueux. | Un
pauvre, nommé Lazare, était couché devant le portail,

La vraie richesse

Luc est particulièrement attentif à transmettre les mises en garde de Jésus au sujet de l’argent.

À certains de ses disciples, Jésus demande de vendre tous leurs biens. La pauvreté librement choisie manifeste que la vraie richesse n’est pas matérielle. Aimer Dieu, aimer le prochain*, recevoir la Parole* de Dieu, vivre de sa vie, voilà ce qui rend riche. C’est pourquoi Jésus demande à ceux de ses disciples qui gardent leurs propriétés et leur argent de s’en servir pour manifester concrètement leur amour envers leurs frères. Il ne s’agit pas d’aimer avec des mots, mais en actes : en partageant, en procurant du travail… L’argent est un serviteur qui peut être bien utile. Quand il devient le maître, il est toujours détestable.

(1) Dans le même sens, en Matthieu 10, 16, p. 256, Jésus recommande à ses disciples d’être adroits comme des serpents.

21 couvert de plaies. | Il aurait bien voulu se rassasier de ce
qui tombait de la table du riche ; mais c'étaient plutôt les
chiens qui venaient lécher ses plaies.

22 Or le pauvre mourut, et les anges* l'emportèrent
auprès d'Abraham*. Le riche mourut aussi, et on l'enterra.
23 Au séjour des morts(1), il était en proie à la torture ; il leva
les yeux et vit de loin Abraham avec Lazare tout près de lui.
24 Alors il cria : "Abraham, mon père, prends pitié de moi
et envoie Lazare tremper dans l'eau le bout de son doigt
pour me rafraîchir la langue car je souffre terriblement
25 dans cette fournaise. | — Mon enfant, répondit Abraham,
rappelle-toi : Tu as reçu le bonheur pendant ta vie,
et Lazare, le malheur. Maintenant il trouve ici la
26 consolation, et toi, c'est ton tour de souffrir. | De
plus, un grand abîme a été mis entre vous et nous,
pour que ceux qui voudraient aller vers vous ne
le puissent pas, et que, de là-bas non plus, on ne
vienne pas vers nous."

27 Le riche répliqua : "Eh bien ! père, je te prie
d'envoyer Lazare dans la maison de mon père.
28 J'ai cinq frères : qu'il les avertisse pour qu'ils ne
viennent pas, eux aussi, dans ce lieu de torture !"
29 Abraham lui dit : "Ils ont Moïse et les Prophètes* :
30 qu'ils les écoutent ! | — Non, père Abraham,
dit le riche, mais si quelqu'un de chez les morts
31 vient les trouver, ils se convertiront*." | Abraham
répondit : "S'ils n'écoutent pas Moïse ni les Prophètes,
quelqu'un pourra bien ressusciter* les morts : ils ne seront
pas convaincus." »

*Toi, le riche qui n'a jamais
fait de mal à Lazare,
tu étais si aveuglé par ton confort,
prisonnier de ton luxe,
que tu ne l'as pas vu.
Tu as vécu à côté de lui
sans réaliser que ce pauvre avait besoin
d'aide. Tu nous souhaites d'être moins
égoïste que toi.
Seigneur, toi qui nous parles par cette
parabole*, change nos cœurs de pierre
en cœurs de chair.*

(1) Voir Shéol*.

Jésus guérit dix lépreux

17 11 Jésus, marchant vers Jérusalem*, traversait la Samarie
et la Galilée*.

12 Comme il entrait dans un village, dix lépreux vinrent
13 à sa rencontre. Ils s'arrêtèrent à distance | et lui crièrent :
14 « Jésus, maître, prends pitié de nous. » | En les voyant, Jésus
leur dit : « Allez vous montrer aux prêtres*(1). »

15 En cours de route, ils furent purifiés. | L'un d'eux,
voyant qu'il était guéri, revint sur ses pas, en glorifiant Dieu
16 à pleine voix. | Il se jeta la face contre terre aux pieds de Jésus
17 en lui rendant grâce. Or, c'était un Samaritain*. | Alors Jésus
demanda : « Est-ce que tous les dix n'ont pas été purifiés ? Et
18 les neuf autres, où sont-ils ? | On ne les a pas vus revenir pour
19 rendre gloire* à Dieu ; il n'y a que cet étranger ! » | Jésus lui
dit : « Relève-toi et va : ta foi* t'a sauvé. »

La persévérance dans la prière

18 1 Jésus dit encore une parabole* pour montrer à ses
2 disciples* qu'il faut toujours prier* sans se décourager : | « Il
y avait dans une ville un juge qui ne respectait pas Dieu et se
3 moquait des hommes. | Dans cette même ville, il y avait une
veuve qui venait lui demander : "Rends-moi justice contre
4 mon adversaire." | Longtemps il refusa ; puis il se dit : "Je ne
respecte pas Dieu, et je me moque des hommes, mais cette
5 femme commence à m'ennuyer : | je vais lui rendre justice
pour qu'elle ne vienne plus sans cesse me casser la tête." »

6 Le Seigneur ajouta : « Écoutez bien ce que dit ce juge
7 sans justice ! | Dieu ne fera-t-il pas justice à ses élus, qui crient

(1) Jésus envoie les lépreux vers les prêtres qui, conformément à la législation d'Israël (Lévitique 14, 2), doivent constater la guérison des lépreux.

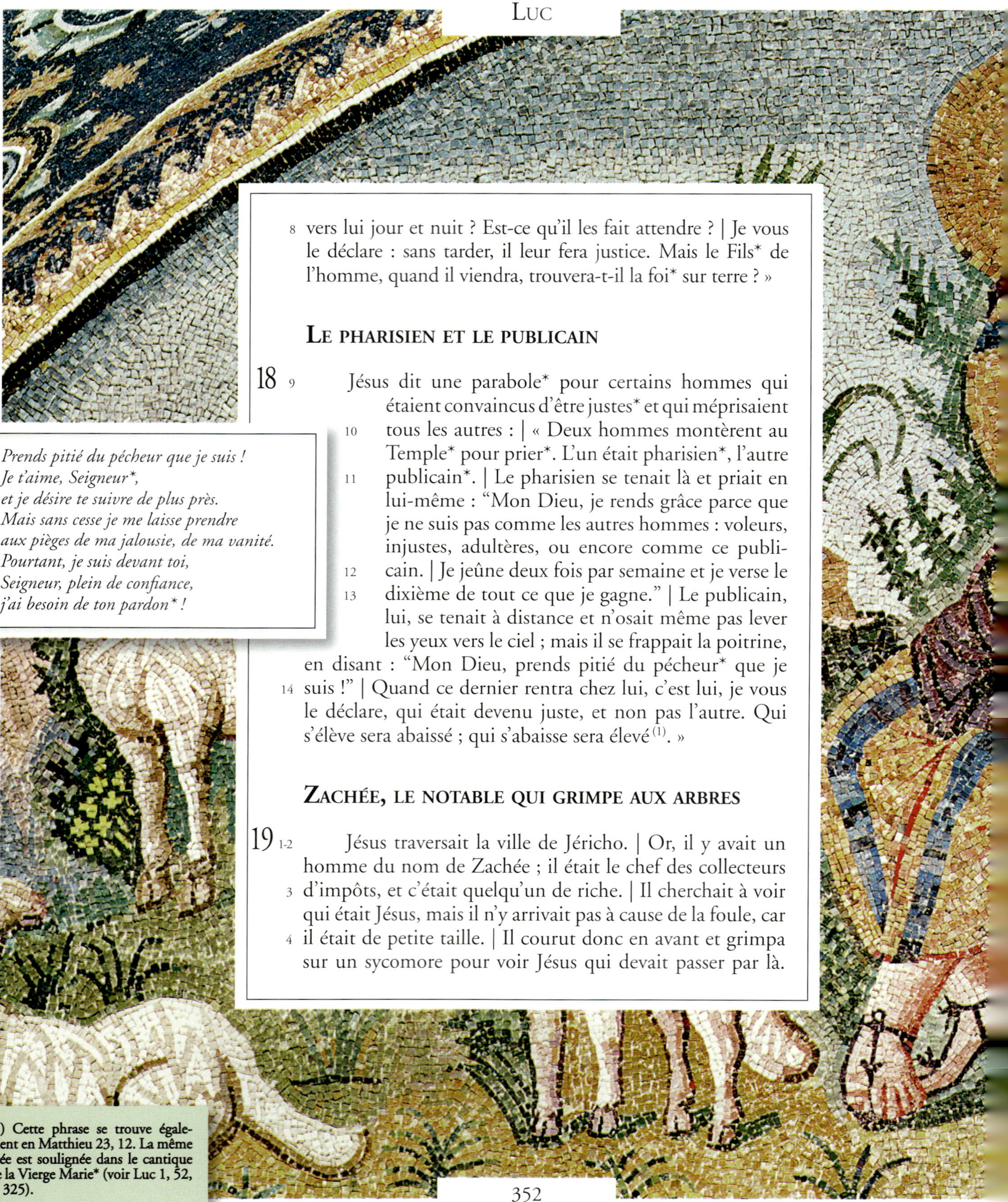

8 vers lui jour et nuit ? Est-ce qu'il les fait attendre ? | Je vous
le déclare : sans tarder, il leur fera justice. Mais le Fils* de
l'homme, quand il viendra, trouvera-t-il la foi* sur terre ? »

LE PHARISIEN ET LE PUBLICAIN

18 9 Jésus dit une parabole* pour certains hommes qui
étaient convaincus d'être justes* et qui méprisaient
10 tous les autres : | « Deux hommes montèrent au
Temple* pour prier*. L'un était pharisien*, l'autre
11 publicain*. | Le pharisien se tenait là et priait en
lui-même : "Mon Dieu, je rends grâce parce que
je ne suis pas comme les autres hommes : voleurs,
injustes, adultères, ou encore comme ce publi-
12 cain. | Je jeûne deux fois par semaine et je verse le
13 dixième de tout ce que je gagne." | Le publicain,
lui, se tenait à distance et n'osait même pas lever
les yeux vers le ciel ; mais il se frappait la poitrine,
en disant : "Mon Dieu, prends pitié du pécheur* que je
14 suis !" | Quand ce dernier rentra chez lui, c'est lui, je vous
le déclare, qui était devenu juste, et non pas l'autre. Qui
s'élève sera abaissé ; qui s'abaisse sera élevé [1]. »

Prends pitié du pécheur que je suis !
Je t'aime, Seigneur,*
et je désire te suivre de plus près.
Mais sans cesse je me laisse prendre
aux pièges de ma jalousie, de ma vanité.
Pourtant, je suis devant toi,
Seigneur, plein de confiance,
j'ai besoin de ton pardon !*

ZACHÉE, LE NOTABLE QUI GRIMPE AUX ARBRES

19 1-2 Jésus traversait la ville de Jéricho. | Or, il y avait un
homme du nom de Zachée ; il était le chef des collecteurs
3 d'impôts, et c'était quelqu'un de riche. | Il cherchait à voir
qui était Jésus, mais il n'y arrivait pas à cause de la foule, car
4 il était de petite taille. | Il courut donc en avant et grimpa
sur un sycomore pour voir Jésus qui devait passer par là.

(1) Cette phrase se trouve également en Matthieu 23, 12. La même idée est soulignée dans le cantique de la Vierge Marie* (voir Luc 1, 52, p. 325).

Comme Zachée, malgré mon péché,
je désire te rencontrer, Seigneur.
*Donne-moi son audace et sa foi**
pour t'accueillir et me laisser
transformer par ton regard.

5 Arrivé à cet endroit, Jésus leva les yeux et l'inter-
pella : « Zachée, descends vite : aujourd'hui il faut
6 que j'aille demeurer dans ta maison. » | Vite, il
descendit, et reçut Jésus avec joie.

7 Voyant cela, tous récriminaient : « Il est allé loger chez
8 un pécheur*. » | Mais Zachée, s'avançant, dit au Seigneur :
« Voilà, Seigneur : je fais don aux pauvres de la moitié
de mes biens, et si j'ai fait du tort à quelqu'un, je vais lui
9 rendre quatre fois plus. » | Alors Jésus dit à son sujet :
« Aujourd'hui, le salut est arrivé pour cette maison, car lui
10 aussi est un fils d'Abraham. | En effet, le Fils* de l'homme
est venu chercher et sauver ce qui était perdu. »

Peu après cette rencontre, Jésus entre à Jérusalem où il est accueilli par une foule agitant des rameaux. Viennent ensuite sa Passion*, sa mort et sa mise au tombeau*(1).

Le tombeau vide

23 55 Les femmes qui accompagnaient Jésus depuis la
Galilée* suivirent Joseph. Elles regardèrent le tombeau
56 pour voir comment le corps avait été placé. | Puis elles
s'en retournèrent et préparèrent aromates et parfums. Et,
durant le sabbat*, elles observèrent le repos prescrit.

24 1 Le premier jour de la semaine, de grand matin, les
femmes se rendirent au sépulcre, portant les aromates
2 qu'elles avaient préparés. | Elles trouvèrent la pierre roulée
3 sur le côté du tombeau. | Elles entrèrent, mais ne trouvè-
rent pas le corps du Seigneur Jésus.

(1) Vous trouverez ces textes dans une bible. Voir aussi le récit parallèle en Matthieu 21, 1-11, p. 275, Matthieu 26, 20 à 27, 61, p. 284 à 293.

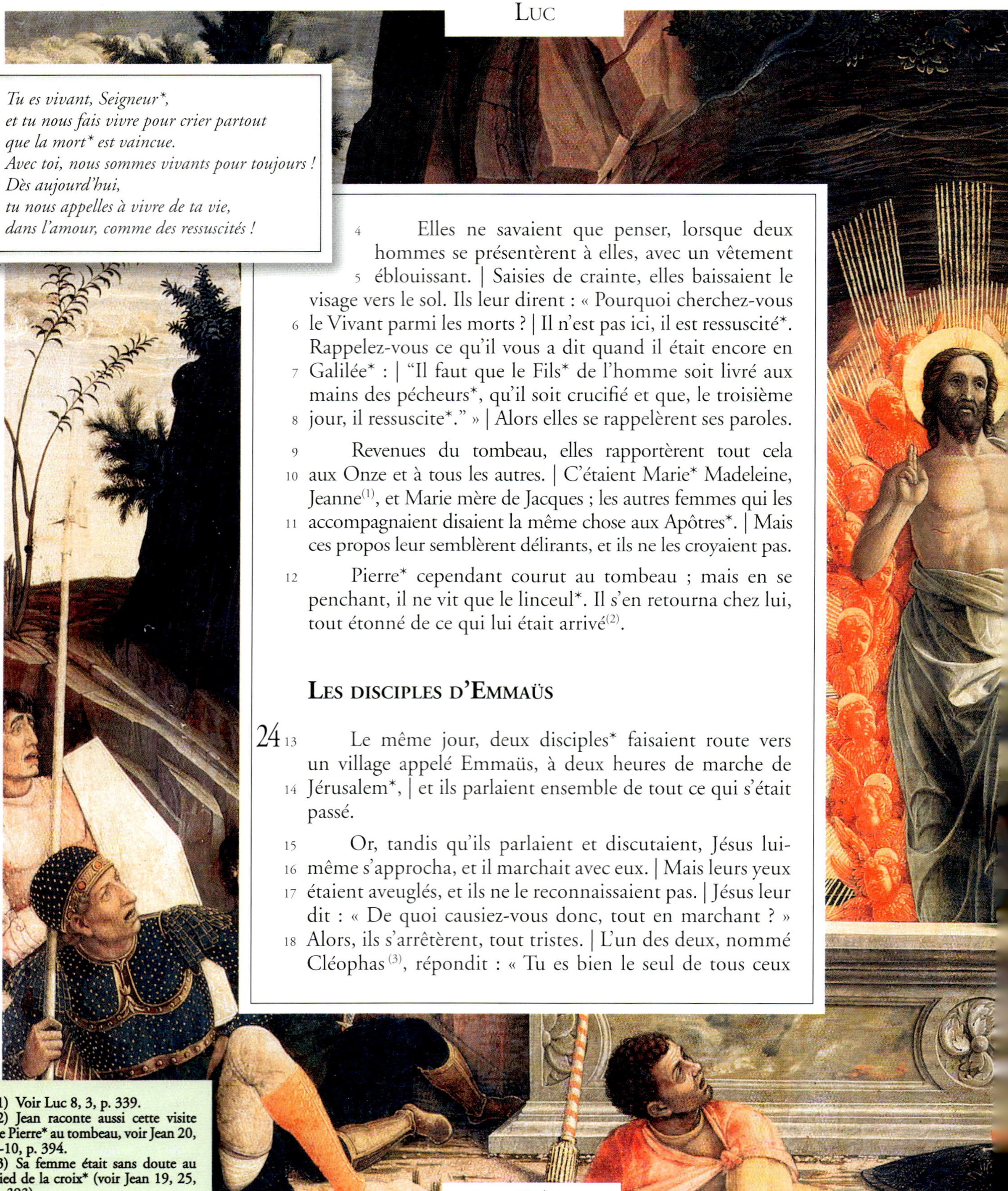

Tu es vivant, Seigneur,*
et tu nous fais vivre pour crier partout
que la mort est vaincue.*
Avec toi, nous sommes vivants pour toujours !
Dès aujourd'hui,
tu nous appelles à vivre de ta vie,
dans l'amour, comme des ressuscités !

4 Elles ne savaient que penser, lorsque deux
hommes se présentèrent à elles, avec un vêtement
5 éblouissant. | Saisies de crainte, elles baissaient le
visage vers le sol. Ils leur dirent : « Pourquoi cherchez-vous
6 le Vivant parmi les morts ? | Il n'est pas ici, il est ressuscité*.
Rappelez-vous ce qu'il vous a dit quand il était encore en
7 Galilée* : | "Il faut que le Fils* de l'homme soit livré aux
mains des pécheurs*, qu'il soit crucifié et que, le troisième
8 jour, il ressuscite*." » | Alors elles se rappelèrent ses paroles.

9 Revenues du tombeau, elles rapportèrent tout cela
10 aux Onze et à tous les autres. | C'étaient Marie* Madeleine,
Jeanne[1], et Marie mère de Jacques ; les autres femmes qui les
11 accompagnaient disaient la même chose aux Apôtres*. | Mais
ces propos leur semblèrent délirants, et ils ne les croyaient pas.

12 Pierre* cependant courut au tombeau ; mais en se
penchant, il ne vit que le linceul*. Il s'en retourna chez lui,
tout étonné de ce qui lui était arrivé[2].

Les disciples d'Emmaüs

24 13 Le même jour, deux disciples* faisaient route vers
un village appelé Emmaüs, à deux heures de marche de
14 Jérusalem*, | et ils parlaient ensemble de tout ce qui s'était
passé.

15 Or, tandis qu'ils parlaient et discutaient, Jésus lui-
16 même s'approcha, et il marchait avec eux. | Mais leurs yeux
17 étaient aveuglés, et ils ne le reconnaissaient pas. | Jésus leur
dit : « De quoi causiez-vous donc, tout en marchant ? »
18 Alors, ils s'arrêtèrent, tout tristes. | L'un des deux, nommé
Cléophas[3], répondit : « Tu es bien le seul de tous ceux

(1) Voir Luc 8, 3, p. 339.
(2) Jean raconte aussi cette visite de Pierre* au tombeau, voir Jean 20, 1-10, p. 394.
(3) Sa femme était sans doute au pied de la croix* (voir Jean 19, 25, p. 393).

qui étaient à Jérusalem à ignorer les événements de ces
19 jours-ci. » | Il leur dit : « Quels événements ? » Ils lui
répondirent : « Ce qui est arrivé à Jésus de Nazareth :
cet homme était un prophète* puissant par ses actes et
20 ses paroles devant Dieu et devant tout le peuple. | Les
chefs des prêtres* et nos dirigeants l'ont livré, ils l'ont fait
21 condamner à mort et ils l'ont crucifié. | Et nous qui espé-
rions qu'il serait le libérateur d'Israël ! Avec tout cela, voici
22 déjà le troisième jour qui passe depuis que c'est arrivé. | À
vrai dire, nous avons été bouleversés par quelques femmes
de notre groupe. Elles sont allées au tombeau de très bonne
23 heure, | et elles n'ont pas trouvé son corps ; elles sont même
venues nous dire qu'elles avaient eu une apparition : des
24 anges*, qui disaient qu'il est vivant. | Quelques-uns de nos
compagnons sont allés au tombeau, et ils ont trouvé les
choses comme les femmes l'avaient dit ; mais lui, ils ne
l'ont pas vu[1]. »

25 Il leur dit alors : « Vous n'avez donc pas compris !
Comme votre cœur est lent à croire tout ce qu'ont dit les
26 prophètes ! | Ne fallait-il pas que le Messie* souffrît tout
27 cela pour entrer dans sa gloire* ? » | Et, en partant de
Moïse* et de tous les Prophètes, il leur expliqua, dans toute
l'Écriture*, ce qui le concernait.

28 Quand ils approchèrent du village où ils se rendaient,
29 Jésus fit semblant d'aller plus loin. | Mais ils s'efforcèrent
de le retenir : « Reste avec nous : le soir approche et déjà le
30 jour baisse. » Il entra donc pour rester avec eux. | Quand
il fut à table avec eux, il prit le pain, dit la bénédiction*, le
31 rompit et le leur donna. | Alors leurs yeux s'ouvrirent, et ils
32 le reconnurent, mais il disparut à leurs regards. | Alors ils se
dirent l'un à l'autre : « Notre cœur n'était-il pas brûlant en

Eucharistie

En chaque eucharistie*, nous sommes invités à vivre la transformation des disciples au fil de ce chapitre 24 de saint Luc : devenir le corps* du Christ* porteur de la Bonne Nouvelle.
Les disciples se retrouvent entre eux. Le Christ les rejoint alors dans leurs préoccupations et leur « ouvre » les Écritures. Ils le reconnaissent présent dans le partage du pain, et ils repartent le cœur tout brûlant annoncer l'Évangile*.

(1) Luc connaît la visite des apôtres au tombeau que Jean raconte en 20, 1-10, p. 394.

DIMANCHE

Luc situe toutes les apparitions de Jésus ressuscité, y compris l'Ascension, dans la même journée. Par ce procédé, il souligne l'importance du premier jour de la semaine, que les chrétiens ont appelé dimanche, c'est-à-dire : « jour du Seigneur* ».

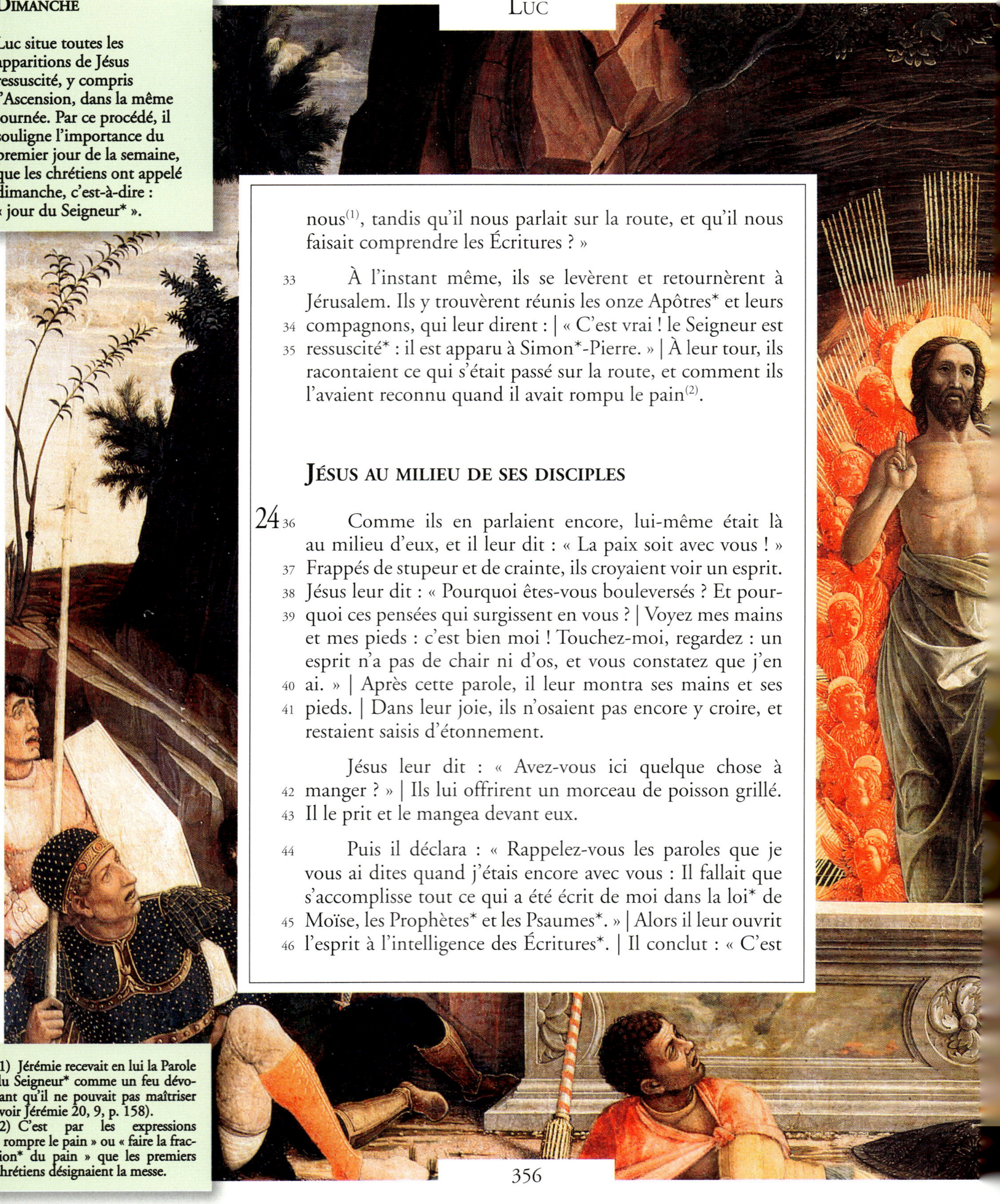

nous[1], tandis qu'il nous parlait sur la route, et qu'il nous
faisait comprendre les Écritures ? »

33 À l'instant même, ils se levèrent et retournèrent à
Jérusalem. Ils y trouvèrent réunis les onze Apôtres* et leurs
34 compagnons, qui leur dirent : | « C'est vrai ! le Seigneur est
35 ressuscité* : il est apparu à Simon*-Pierre. » | À leur tour, ils
racontaient ce qui s'était passé sur la route, et comment ils
l'avaient reconnu quand il avait rompu le pain[2].

JÉSUS AU MILIEU DE SES DISCIPLES

24 36 Comme ils en parlaient encore, lui-même était là
au milieu d'eux, et il leur dit : « La paix soit avec vous ! »
37 Frappés de stupeur et de crainte, ils croyaient voir un esprit.
38 Jésus leur dit : « Pourquoi êtes-vous bouleversés ? Et pour-
39 quoi ces pensées qui surgissent en vous ? | Voyez mes mains
et mes pieds : c'est bien moi ! Touchez-moi, regardez : un
esprit n'a pas de chair ni d'os, et vous constatez que j'en
40 ai. » | Après cette parole, il leur montra ses mains et ses
41 pieds. | Dans leur joie, ils n'osaient pas encore y croire, et
restaient saisis d'étonnement.

Jésus leur dit : « Avez-vous ici quelque chose à
42 manger ? » | Ils lui offrirent un morceau de poisson grillé.
43 Il le prit et le mangea devant eux.

44 Puis il déclara : « Rappelez-vous les paroles que je
vous ai dites quand j'étais encore avec vous : Il fallait que
s'accomplisse tout ce qui a été écrit de moi dans la loi* de
45 Moïse, les Prophètes* et les Psaumes*. » | Alors il leur ouvrit
46 l'esprit à l'intelligence des Écritures*. | Il conclut : « C'est

(1) Jérémie recevait en lui la Parole du Seigneur* comme un feu dévorant qu'il ne pouvait pas maîtriser (voir Jérémie 20, 9, p. 158).
(2) C'est par les expressions « rompre le pain » ou « faire la fraction* du pain » que les premiers chrétiens désignaient la messe.

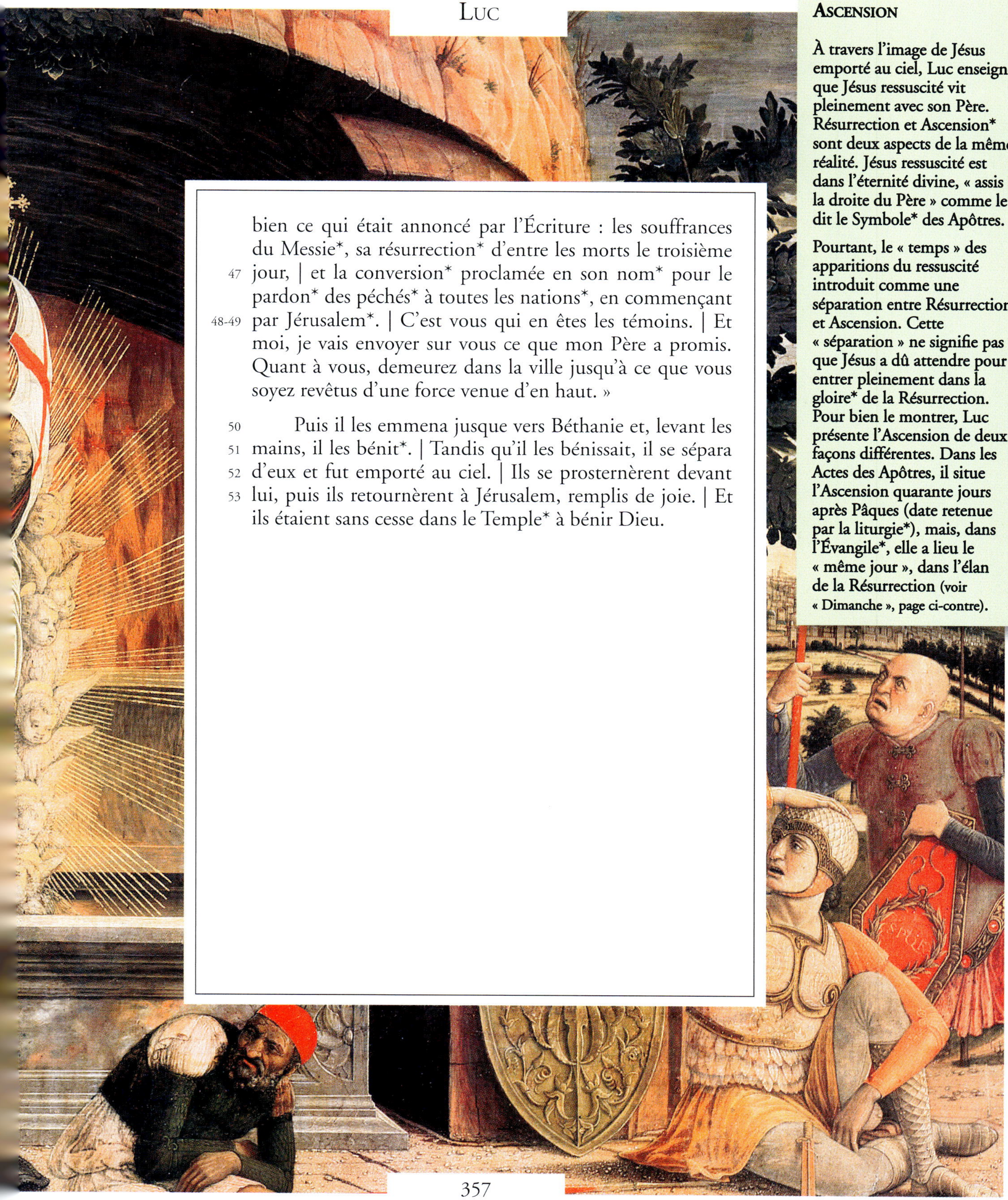

bien ce qui était annoncé par l'Écriture : les souffrances
du Messie*, sa résurrection* d'entre les morts le troisième
47 jour, | et la conversion* proclamée en son nom* pour le
pardon* des péchés* à toutes les nations*, en commençant
48-49 par Jérusalem*. | C'est vous qui en êtes les témoins. | Et
moi, je vais envoyer sur vous ce que mon Père a promis.
Quant à vous, demeurez dans la ville jusqu'à ce que vous
soyez revêtus d'une force venue d'en haut. »

50 Puis il les emmena jusque vers Béthanie et, levant les
51 mains, il les bénit*. | Tandis qu'il les bénissait, il se sépara
52 d'eux et fut emporté au ciel. | Ils se prosternèrent devant
53 lui, puis ils retournèrent à Jérusalem, remplis de joie. | Et
ils étaient sans cesse dans le Temple* à bénir Dieu.

Ascension

À travers l'image de Jésus emporté au ciel, Luc enseigne que Jésus ressuscité vit pleinement avec son Père. Résurrection et Ascension* sont deux aspects de la même réalité. Jésus ressuscité est dans l'éternité divine, « assis à la droite du Père » comme le dit le Symbole* des Apôtres.

Pourtant, le « temps » des apparitions du ressuscité introduit comme une séparation entre Résurrection et Ascension. Cette « séparation » ne signifie pas que Jésus a dû attendre pour entrer pleinement dans la gloire* de la Résurrection. Pour bien le montrer, Luc présente l'Ascension de deux façons différentes. Dans les Actes des Apôtres, il situe l'Ascension quarante jours après Pâques (date retenue par la liturgie*), mais, dans l'Évangile*, elle a lieu le « même jour », dans l'élan de la Résurrection (voir « Dimanche », page ci-contre).

LES RENCONTRES DE JÉSUS

1. « Heureux les pauvres de cœur » (Matthieu 5, 1-12, p. 247-248).

2. « Les petits chiens mangent les miettes... » (Matthieu 15, 21-28, p. 267-268).

3. « Dis seulement un mot » (Luc 7, 1-10, p. 335).

4. « Suis-moi » (Matthieu 9, 9, p. 254).

5. « N'est-ce pas là le fils de Joseph ? » (Luc 4, 14-30, p. 332-333).*

6. « Désormais ce sont des hommes que tu prendras » (Luc 5, 1-11, p. 333-334).

7. Jésus guérit dix lépreux (Luc 17, 11-19, p. 351).

8. « Jeune homme, je te l'ordonne, lève-toi » (Luc 7, 11-17, p. 336).

9. « Je vous envoie comme des brebis au milieu des loups » (Matthieu 10, 5-33, p. 255-257).

10. « Celui qui boira de l'eau que moi je lui donnerai n'aura plus jamais soif : et l'eau que je lui donnerai deviendra en lui source jaillissante pour la vie éternelle » (Jean 4, 3-42, p. 368-371).

11. « Aujourd'hui il faut que j'aille demeurer dans ta maison » (Luc 19, 1-10, p. 352-353).

12. « Celui-ci est mon Fils* bien-aimé » (Matthieu 3, 13-17, p. 246).

13. « Marie a choisi la meilleure part » (Luc 10, 38-42, p. 344).

14. « Va, et désormais ne pèche plus » (Jean 8, 1-11, p. 377-378).

15. « Détruisez ce Temple*, et en trois jours je le relèverai » (Jean 2, 13-25, p. 366-367).

16. « Comme votre cœur est lent à croire » (Luc 24, 13-35, p. 354-356).

17. « Vous trouverez un nouveau-né emmailloté et couché dans une mangeoire » (Luc 2, 1-20, p. 328-329).

IV
L'ÉVANGILE SELON SAINT JEAN

Qui est Jean ?

Les plus anciens écrivains chrétiens, comme saint Irénée de Lyon et saint Cyrille d'Alexandrie, attribuent le quatrième Évangile à l'apôtre Jean et à ses disciples*, installés à Éphèse à la fin du Ier siècle. Son auteur se désignerait à travers le personnage du « disciple que Jésus aimait*(1) *». Mais ce disciple diffère du portrait de Jean dans les autres Évangiles.*

Cet Évangile est celui qui parle le plus directement de l'incarnation du Fils* de Dieu.*

En raison de la profondeur de sa vision, Jean est traditionnellement représenté par le symbole de l'aigle.

Pour qui Jean écrit-il cet Évangile ?

Jean écrit pour les communautés d'Éphèse et d'alentour marquées par deux conflits :

– Un conflit entre les disciples de Jean Baptiste et ceux de Jésus. Les premiers soutenaient que leur maître était plus grand que Jésus parce que le premier avait baptisé* le second.*

– Un conflit entre les chrétiens d'origine juive et les responsables du judaïsme. À partir des années 80-90 après Jésus Christ, les Juifs qui reconnaissent en Jésus le Messie promis par les Écritures* sont expulsés des synagogues*.*

(1) Voir p. 395.

LE VERBE S'EST FAIT CHAIR

Jean ne raconte pas – comme Matthieu et Luc – la naissance et l'enfance de Jésus. D'emblée, il invite ses lecteurs à contempler celui qui est auprès de Dieu depuis le commencement. Dans ce premier chapitre, il l'appelle le Verbe, la Parole de Dieu. Dans les chapitres suivants, il le désignera comme le Fils unique de Dieu.

Dieu a tellement le désir de partager sa vie avec les hommes qu'il envoie sa Parole, son Fils, dans le monde. Son Verbe se fait chair. Homme semblable aux hommes, il reçoit le nom de Jésus. Il révèle, à travers sa vie, dans un langage d'homme, la profondeur de l'amour de Dieu.

PROLOGUE

1 1 Au commencement était le Verbe*, la Parole* de Dieu,
et le Verbe était auprès de Dieu,
et le Verbe était Dieu.
2 Il était au commencement auprès de Dieu.
3 Par lui, tout s'est fait,
et rien de ce qui s'est fait ne s'est fait sans lui.
4 En lui était la vie,
et la vie était la lumière des hommes ;
5 la lumière brille dans les ténèbres,
et les ténèbres ne l'ont pas arrêtée.
6 Il y eut un homme envoyé par Dieu.
Son nom était Jean*[1].
7 Il était venu comme témoin,
pour rendre témoignage à la Lumière,
afin que tous croient par lui.
8 Cet homme n'était pas la Lumière,
mais il était là pour lui rendre témoignage.
9 Le Verbe était la vraie Lumière,
qui éclaire tout homme
en venant dans le monde.
10 Il était dans le monde,
lui par qui le monde s'était fait,
mais le monde ne l'a pas reconnu.
11 Il est venu chez les siens,
et les siens ne l'ont pas reçu.
12 Mais tous ceux qui l'ont reçu,
ceux qui croient en son nom*,
il leur a donné de pouvoir devenir enfants de Dieu.
13 Ils ne sont pas nés de la chair et du sang,
ni d'une volonté charnelle, ni d'une volonté d'homme :

(1) Il s'agit de Jean le Baptiste (comme au verset 15). L'évangéliste souligne bien qu'il est un témoin au service de la Lumière.

Jésus, toi seul connais le Père.
Tu es avec lui depuis toujours.
Tu nous guides vers lui.
Tu nous manifestes son amour.
Tu nous le révèles.
Apprends-nous à l'accueillir
avec tout notre être !

ils sont nés de Dieu[1].
14 Et le Verbe s'est fait chair*,
il a habité parmi nous[2],
et nous avons vu sa gloire*,
la gloire qu'il tient de son Père
comme Fils* unique,
plein de grâce et de vérité.

15 Jean Baptiste lui rend témoignage en proclamant :
« Voici celui dont j'ai dit : Lui qui vient derrière
moi, il a pris place devant moi, car avant moi il
16 était[3] ». | Tous nous avons eu part à sa plénitude,
17 nous avons reçu grâce* après grâce : | après la Loi*
communiquée par Moïse*, la grâce et la vérité sont
18 venues par Jésus-Christ. | Dieu, personne ne l'a jamais
vu ; le Fils unique, qui est dans le sein du Père, c'est
lui qui a conduit à le connaître*[4].

JEAN BAPTISTE DÉSIGNE JÉSUS

Après avoir affirmé aux pharisiens qu'il n'est pas le Christ*, Jean* Baptiste désigne Jésus à ses disciples*.*

1 29 Le lendemain, comme Jean Baptiste voyait Jésus venir
vers lui, il dit : « Voici l'Agneau* de Dieu, qui enlève le
30 péché* du monde ; | c'est de lui que j'ai dit : Derrière moi
vient un homme qui a sa place devant moi, car avant moi il
31 était. | Je ne le connaissais pas ; mais, si je suis venu baptiser*
dans l'eau, c'est pour qu'il soit manifesté au peuple d'Israël. »

32 Alors Jean rendit ce témoignage : « J'ai vu l'Esprit*
descendre du ciel comme une colombe* et demeurer sur
33 lui. | Je ne le connaissais pas, mais celui qui m'a envoyé

(1) Dans sa deuxième épître, saint Pierre* n'hésite pas à écrire que Dieu veut nous rendre « participants de la nature divine » (2 Pierre 1, 4).
(2) Jean emploie un verbe grec qui signifie très précisément : « Il a planté sa tente » parmi nous. Il suggère ainsi que la Tente* du désert et même le Temple* de Jérusalem ne permettent plus de rencontrer Dieu. Jésus est la vraie présence de Dieu au milieu des hommes (voir Jean 2, 19-21, p. 366).
(3) Voir Marc 1, 7, p. 300. « Celui qui vient derrière moi » désigne le disciple* qui vient derrière son maître. Jésus a pu, pendant un certain temps, apparaître comme un disciple de Jean Baptiste. Mais, en réalité, il est bien plus grand que Jean Baptiste car il existait bien « avant » lui.
(4) Voir Luc 10, 22, p. 342.

baptiser dans l'eau m'a dit : "L'homme sur qui tu verras
l'Esprit descendre et demeurer, c'est celui-là qui baptise
34 dans l'Esprit Saint." | Oui, j'ai vu, et je rends ce témoi-
gnage : c'est lui le Fils* de Dieu. »

35 Le lendemain, Jean Baptiste se trouvait de nouveau
36 avec deux de ses disciples. | Posant son regard sur Jésus
37 qui allait et venait, il dit : « Voici l'Agneau de Dieu. » | Les
deux disciples entendirent cette parole, et ils suivirent
38 Jésus. | Celui-ci se retourna, vit qu'ils le suivaient, et leur
dit : « Que cherchez-vous ? » Ils lui répondirent : « Rabbi*
39 (c'est-à-dire : Maître), où demeures-tu ? » | Il leur dit :
« Venez, et vous verrez. » Ils l'accompagnèrent, ils virent où
il demeurait, et ils restèrent auprès de lui ce jour-là. C'était
vers quatre heures du soir.

40 André*, le frère de Simon*-Pierre, était l'un des deux
disciples qui avaient entendu Jean Baptiste et qui avaient
41 suivi Jésus. | Il trouve d'abord son frère Simon et lui dit :
« Nous avons trouvé le Messie* (autrement dit : le Christ).
42 André amena son frère à Jésus. Jésus posa son regard sur lui
et dit : « Tu es Simon, fils de Jean ; tu t'appelleras Képha »
(ce qui veut dire : pierre).

43 Le lendemain, Jésus décida de partir pour la Galilée*. Il
44 rencontre Philippe*, et lui dit : « Suis-moi. » | (Philippe était
45 de Bethsaïde, comme André et Pierre*.) | Philippe rencontre
Nathanaël [(1)] et lui dit : « Celui dont parlent la loi* de Moïse et
les Prophètes*, nous l'avons trouvé : c'est Jésus fils de Joseph,
46 de Nazareth. » | Nathanaël répliqua : « De Nazareth ! Peut-il
sortir de là quelque chose de bon [(2)] ? » Philippe répond :
47 « Viens, et tu verras. » | Lorsque Jésus voit Nathanaël venir à
lui, il déclare : « Voici un véritable fils d'Israël, un homme qui

(1) Nathanaël est souvent identifié à Barthélemy* dont parlent les synoptiques. Voir Marc 3, 19, p. 304.
(2) Voir Jean 7, 52, p. 377.

48 ne sait pas mentir. » | Nathanaël lui demande : « Comment
me connais-tu ? » Jésus lui répond : « Avant que Philippe te
49 parle, quand tu étais sous le figuier[1], je t'ai vu. » | Nathanaël
lui dit : « Rabbi, c'est toi le Fils de Dieu ! C'est toi le roi*
50 d'Israël ! » | Jésus reprend : « Je te dis que je t'ai vu sous le
figuier, et c'est pour cela que tu crois ! Tu verras des choses
51 plus grandes encore. » | Et il ajoute : « Amen*, amen, je vous
le dis : vous verrez les cieux ouverts, avec les anges* de Dieu
qui montent et descendent au-dessus du Fils* de l'homme. »

Les noces de Cana

2 1 Trois jours plus tard, il y avait un mariage à Cana en
2 Galilée*. La mère de Jésus était là. | Jésus aussi avait été
invité au repas de noces avec ses disciples*.

3 Or, on manqua de vin ; la mère de Jésus lui dit : « Ils
4 n'ont pas de vin. » | Jésus lui répond : « Femme, que me
5 veux-tu ? Mon heure[2] n'est pas encore venue. » | Sa mère
6 dit aux serviteurs : « Faites tout ce qu'il vous dira. » | Or, il y
avait là six cuves de pierre pour les ablutions rituelles[3] des
7 Juifs ; chacune contenait environ cent litres. | Jésus dit aux
serviteurs : « Remplissez d'eau les cuves. » Et ils les rempli-
8 rent jusqu'au bord. | Il leur dit : « Maintenant, puisez, et
9 portez-en au maître du repas. » Ils lui en portèrent. | Le
maître du repas goûta l'eau changée en vin. Il ne savait pas
d'où venait ce vin, mais les serviteurs le savaient, eux qui
10 avaient puisé l'eau. | Alors le maître du repas interpelle le
marié et lui dit : « Tout le monde sert le bon vin en premier,
et, lorsque les gens ont bien bu, on apporte le moins bon.
Mais toi, tu as gardé le bon vin jusqu'à maintenant. »

L'heure n'est pas encore venue

L'heure de manifester avec éclat les noces de Dieu avec son Peuple n'est pas encore venue. Le Peuple n'est pas prêt. Il n'est pas assez pur* pour vivre pleinement en Alliance avec Dieu et il le sait. À travers des gestes de purification, il intercède pour que Dieu le purifie.

En transformant l'eau des cuves de purification en vin des noces, Jésus annonce comment il purifiera son Peuple. Le vin de Cana préfigure le vin du dernier repas, dont il dira : « Ceci est mon sang répandu pour la rémission des péchés*. » Les noces de Dieu pourront être célébrées quand Jésus, en aimant jusqu'à la mort de la croix*, aura lavé son Peuple de toutes ses impuretés. C'est pour cette heure-là qu'il est venu (Jean 12, 23, p. 386).

(1) Tout se mange dans la figue, y compris peau et pépins. Ce fruit est comme un symbole de la Bible : il faut la « manger » tout entière pour grandir dans la foi*. Dire que Nathanaël est sous le figuier indique qu'il prend du temps pour se nourrir de l'Écriture*.
(2) Ce passage est en lien très fort avec le récit de la mort de Jésus, que saint Jean appelle « l'heure de Jésus » (voir Jean 12, 23, p. 386). On y retrouve aussi la mère de Jésus, désignée sous le même titre de « Femme » (voir Jean 19, 26, p. 393).
(3) Les cuves servent pour les rites* de purification. Voir Ézékiel 36, 25, p. 171, et Marc 7, 1-4, p. 308. Voir également Pur*.

LES NOCES DE DIEU

Le prophète* Osée avait annoncé que Dieu aimait son Peuple comme un Époux aime son épouse (Osée 2, 16-22, p. 135). Jésus, en fournissant le vin des noces à Cana, manifeste qu'il est l'Époux. En effet, comme le souligne le verset 10, c'était à l'époux de fournir le vin des noces. Jésus fournit en abondance du très bon vin. C'est le signe que son Alliance* avec les hommes leur procurera abondance de joie. Mais ce signe demeure caché et n'est reconnu que par quelques témoins.

11 Tel fut le commencement des signes* que Jésus
accomplit. C'était à Cana en Galilée. Il manifesta sa gloire*,
12 et ses disciples crurent en lui. | Après cela, il descendit à
Capharnaüm avec sa mère, ses frères et ses disciples, et ils y
restèrent quelques jours.

JÉSUS ANNONCE LE NOUVEAU TEMPLE

2 13 Comme la Pâque* des Juifs approchait, Jésus monta
14 à Jérusalem*. | Il trouva installés dans le Temple* les
marchands de bœufs, de brebis et de colombes, et les chan-
15 geurs. | Il fit un fouet avec des cordes, et les chassa tous
du Temple ainsi que leurs brebis et leurs bœufs ; il jeta
par terre la monnaie des changeurs, renversa leurs comp-
16 toirs, | et dit aux marchands de colombes : « Enlevez cela
d'ici. Ne faites pas de la maison de mon Père une maison
17 de trafic. »[1] | Ses disciples* se rappelèrent cette parole de
18 l'Écriture* : *L'amour de ta maison fera mon tourment*[2]. | Les
Juifs l'interpellèrent : « Quel signe* peux-tu nous donner
19 pour justifier ce que tu fais là ? » | Jésus leur répondit :
« Détruisez ce Temple, et en trois jours je le relèverai. »
20 Les Juifs lui répliquèrent : « Il a fallu quarante-six ans pour
bâtir ce Temple, et toi, en trois jours tu le relèverais ! »
21 Mais le Temple dont il parlait, c'était son corps*.

22 Aussi, quand il ressuscita* d'entre les morts, ses
disciples se rappelèrent qu'il avait dit cela ; ils crurent aux
prophéties de l'Écriture et à la parole que Jésus avait dite.

23 Pendant qu'il était à Jérusalem pour la fête de la
Pâque, beaucoup crurent en lui, à la vue des signes qu'il
24 accomplissait. | Mais Jésus n'avait pas confiance en eux[3],

(1) Comparer avec le récit de Matthieu 21, 12-17, p. 276. Lire les commentaires.
(2) Citation du Psaume 69, 10.
(3) Les gens interprètent les signes de Jésus d'après leurs propres désirs. Au moment de la multiplication des pains, ils voudront le faire roi. Ici, ils voient en lui le juge rigoureux qui vient remettre de l'ordre. Ils ne cherchent pas à connaître* Jésus tel qu'il est. Leur « foi » repose sur des bases fausses.

25 parce qu'il les connaissait tous | et n'avait besoin d'aucun
témoignage sur l'homme : il connaissait par lui-même ce
qu'il y a dans l'homme.

JÉSUS RENCONTRE NICODÈME

3 1 Il y avait un pharisien* nommé Nicodème* ; c'était
2 un notable parmi les Juifs. | Il vint trouver Jésus pendant
la nuit [1]. Il lui dit : « Rabbi*, nous le savons bien, c'est de
la part de Dieu que tu es venu nous instruire, car aucun
homme ne peut accomplir les signes* que tu accomplis si
3 Dieu n'est pas avec lui. » | Jésus lui répondit : « Amen*,
amen, je te le dis : personne, à moins de renaître, ne peut voir
4 le règne de Dieu. » | Nicodème lui répliqua : « Comment
est-il possible de naître quand on est déjà vieux ? Est-ce
qu'on peut rentrer dans le sein de sa mère pour naître
5 une seconde fois ? » | Jésus répondit : « Personne, à moins
de naître de l'eau et de l'Esprit*, ne peut entrer dans le
6 royaume* de Dieu. | Ce qui est né de la chair* n'est que
7 chair ; ce qui est né de l'Esprit est esprit. | Ne sois pas
8 étonné si je t'ai dit qu'il vous faut renaître. | Le vent souffle
où il veut : tu entends le bruit qu'il fait, mais tu ne sais pas
d'où il vient ni où il va. Il en est ainsi de tout homme qui
est né du souffle de l'Esprit. »

9 Nicodème reprit : « Comment cela peut-il se faire ? »
10 Jésus lui répondit : « Toi, tu es chargé d'instruire Israël*,
11 et tu ne connais pas ces choses-là ? | Amen, amen, je te
le dis : nous parlons de ce que nous savons, nous témoi-
gnons de ce que nous avons vu, et vous n'acceptez pas
12 notre témoignage. | Si vous ne croyez pas lorsque je vous

(1) Nicodème craint encore de s'exposer en pleine lumière (voir les versets 19-21) mais, petit à petit, il surmontera cette peur (voir Jean 7, 50-52, p. 377). Le jour de la crucifixion, il manifestera en plein jour son amour pour Jésus (voir Jean 19, 39, p. 394).

Seigneur, tu dis à Nicodème
qu'il lui faut renaître.
Seigneur, apprends-nous
à nous laisser traverser par le souffle
toujours nouveau de l'Esprit Saint,
à être disponibles,
*à redevenir comme des enfants**
remplis de confiance.

parle des choses de la terre, comment croirez-
vous quand je vous parlerai des choses du ciel ?
13 Car nul n'est monté au ciel sinon celui qui est
14 descendu du ciel, le Fils* de l'homme. | De même que le
serpent* de bronze fut élevé par Moïse* dans le désert (1),
15 ainsi faut-il que le Fils de l'homme soit élevé, | afin que tout
homme qui croit obtienne par lui la vie éternelle.

16 Car Dieu a tant aimé le monde qu'il a donné son Fils
unique : ainsi tout homme qui croit en lui ne périra pas,
17 mais il obtiendra la vie éternelle. | Car Dieu a envoyé son
Fils dans le monde, non pas pour juger le monde, mais pour
18 que, par lui, le monde soit sauvé. | Celui qui croit en lui
échappe au Jugement*, celui qui ne veut pas croire est déjà
jugé, parce qu'il n'a pas cru au nom* du Fils unique de Dieu.
19 Et le Jugement, le voici : quand la lumière est venue dans
le monde, les hommes ont préféré les ténèbres à la lumière,
20 parce que leurs œuvres étaient mauvaises. | En effet, tout
homme qui fait le mal déteste la lumière : il ne vient pas à
la lumière, de peur que ses œuvres ne lui soient reprochées ;
21 mais celui qui agit selon la vérité vient à la lumière, afin que
ses œuvres soient reconnues comme des œuvres de Dieu. »

JÉSUS RENCONTRE LA SAMARITAINE

4 3-4 Jésus quitta la Judée pour retourner en Galilée* ; | il
devait donc traverser la Samarie.

5 Il arrive ainsi à une ville de Samarie appelée Sychar, près
6 du terrain que Jacob* avait donné à son fils Joseph*, | et où
se trouve le puits de Jacob. Jésus, fatigué par la route, s'était
7 assis là, au bord du puits. Il était environ midi. | Arrive une

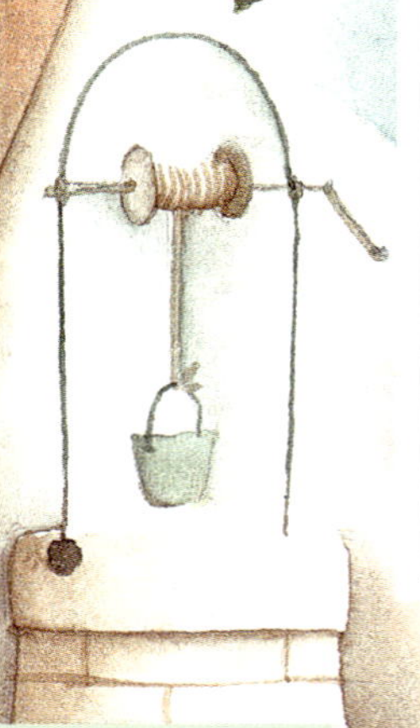

(1) Le livre des Nombres* (21, 4-9) raconte que, dans le désert, le Peuple fut attaqué par des serpents. Moïse fit dresser un étendard sur lequel était placé un serpent en bronze. Ceux qui avaient été piqués et qui regardaient vers ce serpent étaient sauvés.

femme de Samarie, qui venait puiser de l'eau. Jésus lui dit :
8 « Donne-moi à boire. » | (En effet, ses disciples* étaient partis
9 à la ville pour acheter de quoi manger.) | La Samaritaine lui
dit : « Comment ! Toi qui es Juif, tu me demandes à boire,
à moi, une Samaritaine ? » (En effet, les Juifs ne veulent rien
10 avoir en commun avec les Samaritains*.) | Jésus lui répondit :
« Si tu savais le don de Dieu, si tu connaissais* celui qui te
dit : "Donne-moi à boire", c'est toi qui lui aurais demandé,
11 et il t'aurait donné de l'eau vive [1]. » | Elle lui dit : « Seigneur,
tu n'as rien pour puiser, et le puits est profond ; avec quoi
12 prendrais-tu l'eau vive ? | Serais-tu plus grand que notre père
Jacob qui nous a donné ce puits, et qui en a bu lui-même,
13 avec ses fils et ses bêtes ? » | Jésus lui répondit : « Tout homme
14 qui boit de cette eau aura encore soif : | mais celui qui boira
de l'eau que moi je lui donnerai n'aura plus jamais soif : et
l'eau que je lui donnerai deviendra en lui source jaillissante
15 pour la vie éternelle. » | La femme lui dit : « Seigneur, donne-
la-moi, cette eau : que je n'aie plus soif, et que je n'aie plus à
venir ici pour puiser. »

16-17 Jésus lui dit : « Va, appelle ton mari, et reviens. » | La
femme répliqua : « Je n'ai pas de mari. » Jésus reprit : « Tu
18 as raison de dire que tu n'as pas de mari, | car tu en as eu
cinq, et celui que tu as maintenant n'est pas ton mari : là,
tu dis vrai. »

19 La femme lui dit : « Seigneur, je le vois, tu es un
20 prophète*. Alors, explique-moi : | nos pères ont adoré* Dieu
sur la montagne qui est là[2], et vous, les Juifs, vous dites
21 que le lieu où il faut l'adorer est à Jérusalem*. » | Jésus lui
dit : « Femme, crois-moi : l'heure vient où vous n'irez plus
ni sur cette montagne ni à Jérusalem pour adorer le Père.
22 Vous adorez ce que vous ne connaissez pas ; nous adorons,

(1) Le puits de Jacob est creusé au-dessus d'une rivière souterraine. On y puise de l'eau vive.
(2) Il s'agit de la montagne surplombant le puits, appelée mont Garizim, où les Samaritains avaient construit un temple.

nous, celui que nous connaissons, car le salut vient des Juifs.
23 L'heure vient – et c'est maintenant – où les vrais adorateurs
adoreront le Père en esprit et vérité : tels sont les adorateurs
24 que recherche le Père. | Dieu est esprit, et ceux qui l'adorent,
25 c'est en esprit et vérité qu'ils doivent l'adorer. » | La femme
lui dit : « Je sais qu'il vient, le Messie*, celui qu'on appelle
Christ*. Quand il viendra, c'est lui qui nous fera connaître
26 toutes choses. » | Jésus lui dit : « Moi qui te parle, je le suis. »

27 Là-dessus, ses disciples arrivèrent ; ils étaient surpris
de le voir parler avec une femme. Pourtant, aucun ne lui
dit : « Que demandes-tu ? » ou : « Pourquoi parles-tu avec
28 elle ? » | La femme, laissant là sa cruche, revint à la ville et
29 dit aux gens : | « Venez voir un homme qui m'a dit tout ce
30 que j'ai fait. Ne serait-il pas le Messie ? » | Ils sortirent de la
ville, et ils se dirigeaient vers Jésus.

31 Pendant ce temps, les disciples l'appelaient : « Rabbi*,
32 viens manger. » | Mais il répondit : « Pour moi, j'ai de quoi
manger : c'est une nourriture que vous ne connaissez pas. »
33 Les disciples se demandaient : « Quelqu'un lui aurait-il
34 apporté à manger ? » | Jésus leur dit : « Ma nourriture, c'est
de faire la volonté de celui qui m'a envoyé et d'accomplir
35 son œuvre. | Ne dites-vous pas : “Encore quatre mois et
ce sera la moisson” ? Et moi je vous dis : Levez les yeux et
36 regardez les champs qui se dorent pour la moisson. | Dès
maintenant, le moissonneur reçoit son salaire : il
récolte du fruit pour la vie éternelle, si bien que le
37 semeur se réjouit avec le moissonneur. | Il est bien
vrai, le proverbe : “L'un sème, l'autre moissonne.”
38 Je vous ai envoyés moissonner là où vous n'avez
pas pris de peine, d'autres ont pris de la peine, et
vous, vous profitez de leurs travaux. »

Seigneur,*
la première à qui tu révèles
que tu es le Messie est cette étrangère,*
une Samaritaine à la moralité douteuse.
Une marginale…
Apparemment, rien ne justifiait un tel choix.
Or, avec beaucoup d'habileté,
elle donne envie aux autres de te rencontrer.
Elle s'efface pour que d'autres puissent
s'abreuver à l'eau vive de ta Parole.*
Merci, Seigneur, de faire confiance
à ceux auxquels on ne pense jamais.

39 Beaucoup de Samaritains de cette ville crurent en
Jésus, à cause des paroles de la femme qui avait rendu ce
40 témoignage : « Il m'a dit tout ce que j'ai fait. » | Lorsqu'ils
arrivèrent auprès de lui, ils l'invitèrent à demeurer chez
41 eux. Il y resta deux jours. | Ils furent encore beaucoup plus
42 nombreux à croire à cause de ses propres paroles, | et ils
disaient à la femme : « Ce n'est plus à cause de ce que tu
nous as dit que nous croyons maintenant ; nous l'avons
entendu par nous-mêmes, et nous savons que c'est vraiment lui le Sauveur* du monde. »

JÉSUS, MAÎTRE DU SABBAT

5 1 Après cela, à l'occasion d'une fête* des Juifs, Jésus monta
2 à Jérusalem*. | Or, à Jérusalem, près de la Porte des Brebis,
il existe une piscine qu'on appelle en hébreu Bézatha. Elle a
3 cinq colonnades, | sous lesquelles étaient couchés une foule
5 de malades : aveugles, boiteux et paralysés. […] | Il y en avait
6 un qui était malade depuis trente-huit ans. | Jésus, le voyant
couché là, et apprenant qu'il était dans cet état depuis long-
7 temps, lui dit : « Est-ce que tu veux retrouver la santé ? » | Le
malade lui répondit : « Seigneur, je n'ai personne pour me
plonger dans la piscine au moment où l'eau bouillonne ; et
8 pendant que j'y vais, un autre descend avant moi. » | Jésus lui
9 dit : « Lève-toi, prends ton brancard, et marche. » | Et aussitôt
l'homme retrouva la santé. Il prit son brancard : il marchait !

10 Or, ce jour-là était un jour de sabbat*. | Les Juifs dirent
à cet homme que Jésus avait guéri : « C'est le sabbat ! Tu
11 n'as pas le droit de porter ton brancard. » | Il leur répliqua :
« Celui qui m'a rendu la santé, c'est lui qui m'a dit : "Prends
12 ton brancard, et marche !" » | Ils l'interrogèrent : « Quel est

À LA RECHERCHE DES BREBIS PERDUES

Comme un berger* (Luc 15, 3-7, p. 346, et Jean 10, 11-18, p. 382), Jésus n'hésite pas à partir à la recherche de ses brebis dans les lieux les plus étranges.

La piscine de Bézatha était, semble-t-il, un sanctuaire plus ou moins païen*. Les malades venaient chercher la guérison dans une ambiance magique. Le premier à plonger quand l'eau se mettait à bouillonner était guéri. Jésus n'hésite pas à venir jusque-là pour être source de vie.

13 l'homme qui t'a dit : "Prends-le, et marche" ? » | Mais celui
qui avait été guéri ne le savait pas ; en effet, Jésus s'était
éloigné, car il y avait foule à cet endroit.

14 Plus tard, Jésus le retrouva dans le Temple* et lui
dit : « Te voilà en bonne santé. Ne pèche* plus, il pourrait
15 t'arriver pire encore(1). » | L'homme partit annoncer aux
16 Juifs que c'était Jésus qui lui avait rendu la santé. | Et les
Juifs se mirent à poursuivre Jésus parce qu'il avait fait cela
le jour du sabbat.

Jésus annoncé par Moïse

5 39 « Vous scrutez les Écritures* parce que vous pensez
trouver en elles la vie éternelle ; or, ce sont elles qui me
40 rendent témoignage, | et vous ne voulez pas venir à moi
pour avoir la vie !

41 La gloire*, je ne la reçois pas des hommes ;
42 d'ailleurs je vous connais : vous n'avez pas en vous
43 l'amour de Dieu(2). | Moi, je suis venu au nom
de mon Père, et vous ne me recevez pas ; si un
autre vient en son propre nom, celui-là, vous le
44 recevrez ! | Comment pourriez-vous croire, vous
qui recevez votre gloire les uns des autres, et qui ne
cherchez pas la gloire qui vient du Dieu unique !

45 Ne pensez pas que c'est moi qui vous accu-
serai devant le Père. Votre accusateur, c'est Moïse*,
46 en qui vous avez mis votre espérance*. | Si vous
croyiez en Moïse, vous croiriez aussi en moi, car c'est de
47 moi qu'il a parlé dans l'Écriture. | Mais si vous ne croyez
pas ce qu'il a écrit, comment croirez-vous ce que je dis ? »

Tu le sais bien, Seigneur,*
nous avons besoin de gens qui,
à travers leurs paroles et leur façon de vivre,
témoignent de ta présence ;
de gens qui, sans cesse,
puisent dans les Écritures
ce qu'ils proclament de toi.
Fais de nous tes témoins, Seigneur !

(1) Jésus conseille à cet homme de ne plus recourir à des pratiques idolâtriques*. En endurcissant le cœur, elles conduisent l'homme vers la vraie mort*, la séparation du Dieu de vie.
(2) Voir Jean 2, 24, p. 366.

LES MIRACLES DE JÉSUS

Jésus n'utilise jamais les miracles* pour contraindre les gens à croire. Il veut leur donner des signes montrant que ses paroles sont vraies. Les actes extraordinaires qu'il accomplit manifestent que Dieu aime les hommes. Il révèle ainsi sa volonté de les sauver de tout mal*.

Les gens ne comprennent pas toujours les signes : ainsi, dans le miracle des pains, la foule veut que Jésus renouvelle ce miracle ; elle n'a pas compris qu'il voulait donner un sens spirituel à cette nourriture.

JÉSUS, PAIN DE VIE

Le chapitre 6 de saint Jean commence par le récit de la multiplication des pains[1]*, continue avec la traversée du lac de Tibériade dans la nuit, et s'achève par un long discours de Jésus dans la synagogue* de Capharnaüm.*

6 26 Jésus leur répondit : « Amen*, amen, je vous le dis :
vous me cherchez, non parce que vous avez vu des signes*,
mais parce que vous avez mangé du pain et que vous avez
27 été rassasiés. | Ne travaillez pas pour la nourriture qui se
perd, mais pour la nourriture qui se garde jusque dans la
vie éternelle, celle que vous donnera le Fils* de l'homme,
28 lui que Dieu, le Père, a marqué de son empreinte. » | Ils lui
dirent alors : « Que faut-il faire pour travailler aux œuvres
29 de Dieu ? » Jésus leur répondit : | « L'œuvre de Dieu, c'est
30 que vous croyiez en celui qu'il a envoyé. » | Ils lui dirent
alors : « Quel signe vas-tu accomplir pour que nous puis-
31 sions le voir, et te croire ? Quelle œuvre vas-tu faire ? | Au
désert, nos pères ont mangé la manne ; comme dit l'Écri-
ture* : *Il leur a donné à manger le pain venu du ciel* [2] ».
32 Jésus leur répondit : « Amen, amen, je vous le dis : ce n'est
pas Moïse* qui vous a donné le pain venu du ciel ; c'est
33 mon Père qui vous donne le vrai pain venu du ciel. | Le
pain de Dieu, c'est celui qui descend du ciel et qui
donne la vie au monde. »

34 Ils lui dirent alors : « Seigneur, donne-nous
35 de ce pain-là, toujours. » | Jésus leur répondit :
« Moi, je suis le pain de la vie. Celui qui vient à
moi n'aura plus jamais faim ; celui qui croit en
36 moi n'aura plus jamais soif. | Mais je vous l'ai déjà
dit : vous avez vu, et pourtant vous ne croyez pas.

La vie nouvelle que tu m'as donnée,
le jour de mon baptême, Seigneur*,*
tu la fais grandir en moi
en me donnant le pain de vie.
Ce pain, c'est toi-même, c'est ta vie,
qui vient transfigurer ma vie et l'accorder
à celle de tous mes frères chrétiens.
Et, ensemble,
nous serons signe de ta présence
au milieu des hommes.

(1) Voir Matthieu 14, 13-21, p. 266.
(2) Citation du Psaume 78, 24. Voir aussi Exode 16, 2-15, p. 71.

37 Tous ceux que le Père me donne viendront à moi ; et celui
38 qui vient à moi, je ne vais pas le jeter dehors. | Car je ne
suis pas descendu du ciel pour faire ma volonté, mais pour
39 faire la volonté de celui qui m'a envoyé. | Or, la volonté de
celui qui m'a envoyé, c'est que je ne perde aucun de ceux
qu'il m'a donnés, mais que je les ressuscite* tous au dernier
40 jour. | Car la volonté de mon Père, c'est que tout homme
qui voit le Fils et croit en lui obtienne la vie éternelle ; et
moi, je le ressusciterai au dernier jour. »

JÉSUS, VRAIE MANNE DESCENDUE DU CIEL

6 41 Comme Jésus avait dit : « Moi, je suis le pain qui
est descendu du ciel », les Juifs récriminaient contre lui :
42 « Cet homme-là n'est-il pas Jésus, fils de Joseph* ? Nous
connaissons bien son père et sa mère. Alors comment
43 peut-il dire : "Je suis descendu du ciel" ? » | Jésus reprit
44 la parole : « Ne récriminez pas entre vous. | Personne ne
peut venir à moi, si le Père qui m'a envoyé ne l'attire vers
45 moi, et moi, je le ressusciterai* au dernier jour. | Il est
écrit dans les prophètes* : *Ils seront tous instruits par Dieu
lui-même*(1). Tout homme qui écoute les enseignements du
46 Père vient à moi. | Certes, personne n'a jamais vu le Père,
sinon celui qui vient de Dieu : celui-là seul a vu le Père(2).
47 Amen*, amen, je vous le dis : celui qui croit en moi a la
48-49 vie éternelle. | Moi, je suis le pain de la vie. | Au désert,
vos pères ont tous mangé la manne, et ils sont morts* ;
50 mais ce pain-là, qui descend du ciel, celui qui en mange
ne mourra pas.

(1) Voir Jérémie 31, 34, p. 162.
(2) Voir Luc 10, 22, p. 342.

51 Moi, je suis le pain vivant, qui est descendu du ciel :
si quelqu'un mange de ce pain, il vivra éternellement. Le
pain que je donnerai, c'est ma chair*, donnée pour que le
monde ait la vie. »

JÉSUS, EUCHARISTIE

6 52 Les Juifs discutaient entre eux : « Comment cet
homme-là peut-il nous donner sa chair* à manger ? »
53 Jésus leur dit alors : « Amen*, amen, je vous le dis : si vous
ne mangez pas la chair du Fils* de l'homme, et si vous ne
54 buvez pas son sang, vous n'aurez pas la vie en vous. | Celui
qui mange ma chair et boit mon sang a la vie éternelle ; et
55 moi, je le ressusciterai* au dernier jour. | En effet, ma chair
est la vraie nourriture, et mon sang est la vraie boisson.
56 Celui qui mange ma chair et boit mon sang demeure en
57 moi, et moi je demeure en lui. | De même que le Père,
qui est vivant, m'a envoyé, et que moi je vis par le Père, de
58 même aussi celui qui me mangera vivra par moi. | Tel est le
pain qui descend du ciel : il n'est pas comme celui que vos
pères ont mangé. Eux, ils sont morts* ; celui qui mange ce
pain vivra éternellement. »

JÉSUS, PAROLE DE VIE

6 66 À partir de ce moment, beaucoup de ses disciples* s'en
67 allèrent et cessèrent de marcher avec lui. | Alors Jésus dit
68 aux Douze* : « Voulez-vous partir, vous aussi ? » | Simon*-
Pierre lui répondit : « Seigneur, vers qui pourrions-nous

LA CHAIR ET LE SANG

Saint Jean ne raconte pas l'institution de l'eucharistie* au cours du dernier repas de Jésus avec ses disciples*. L'essentiel de son enseignement sur l'eucharistie est contenu dans son chapitre 6.

La Parole* de Dieu, dont Ézékiel* s'était nourri en mangeant le livre venu du ciel (Ézékiel 2, 8-10, p. 167), s'est faite encore plus proche des hommes : elle s'est faite chair. Par le pain de l'eucharistie, c'est cette chair, c'est-à-dire la personne même du Fils* de Dieu, qui nourrit les hommes. Communier, c'est accueillir la Parole de Dieu en nous : efficace, elle nous façonne un cœur d'enfant de Dieu (Isaïe 55, 10-11).

Jésus va plus loin encore en invitant à boire son sang. C'est une formule étonnante, car les Juifs veillent attentivement à éliminer le sang des viandes qu'ils consomment. Ils s'abstiennent du sang car, le sang étant le principe de vie, ils ne veulent pas s'approprier la vie d'une autre créature (voir p. 427, note 1). En invitant à boire son sang, dans le signe* de l'eucharistie, Jésus proclame donc clairement son désir de communiquer sa propre vie à ses disciples.

Judas était l'un des Douze.
Tu l'avais appelé pour être avec toi.
Pourtant, petit à petit,
il s'est détourné de toi.
N'avait-il pas compris
la nouveauté de ta parole,
ni le sens de ta mission ?
Et nous, Seigneur,*
t'écoutons-nous vraiment ?
Prenons-nous les moyens
de te connaître tel que tu es ?*

69 aller ? Tu as les paroles de la vie éternelle. | Quant
à nous, nous croyons, et nous savons que tu es le
Saint*, le Saint de Dieu. »

70 Jésus leur dit : « N'est-ce pas moi qui vous
ai choisis tous les douze ? Et l'un de vous est un
71 démon* (1) ! » | Il parlait de Judas*, fils de Simon Iscariote,
car celui-ci allait le livrer ; et pourtant, c'était l'un des
Douze.

Annonce de l'Esprit Saint

7 37 Au jour solennel où se terminait la fête*(2), Jésus,
debout, s'écria : « Si quelqu'un a soif, qu'il vienne à moi
38 et qu'il boive, | celui qui croit en moi ! Comme dit l'Écri-
39 ture* : *Des fleuves d'eau vive jailliront de son cœur*(3). » | En
disant cela, il parlait de l'Esprit* Saint, l'Esprit que devaient
recevoir ceux qui croiraient en Jésus. En effet, l'Esprit Saint
n'avait pas encore été donné, parce que Jésus n'avait pas
encore été glorifié par le Père (4).

40 Dans la foule, on avait entendu ses paroles, et les
uns disaient : « C'est vraiment lui, le grand Prophète ! »
41 D'autres disaient : « C'est lui le Messie* ! » Mais d'autres
encore demandaient : « Est-ce que le Messie peut venir de
42 Galilée* ? | L'Écriture dit pourtant qu'il doit venir de la
descendance de David* et de Bethléem, le village où habi-
43 tait David(5) ! » | C'est ainsi que la foule se divisa à son
44 sujet. | Quelques-uns d'entre eux voulaient l'arrêter, mais
personne ne mit la main sur lui.

45 Voyant revenir les gardes qu'ils avaient envoyés
arrêter Jésus, les chefs des prêtres* et les pharisiens* leur

(1) Le texte original de l'Évangile utilise ici le mot Diable*. Judas est traité de Diable, comme Pierre* était traité de Satan en Matthieu 16, 23, p. 270.
(2) La fête des Tentes ou des Cabanes rappelle le séjour au désert pendant l'Exode*. Chaque famille construit une cabane dans laquelle elle prend ses repas et prie. La fête dure huit jours. Voir Néhémie 8, 1, p. 181.
(3) Cette citation peut se retrouver, de façon approchante, en Isaïe, Ézékiel ou Zacharie. Voir Jean 19, 34, p. 394, lorsque le coup de lance perce le côté de Jésus et qu'il en coule du sang et de l'eau.
(4) Jean présente Jésus communiquant l'Esprit Saint à ses Apôtres* dès sa première apparition de ressuscité* (voir Jean 20, 22, p. 396).
(5) C'est le prophète Michée (5, 1, p. 149) qui annonce cette naissance du Messie à Bethléem.

demandèrent : « Pourquoi ne l'avez-vous pas ramené ? »
46 Les gardes répondirent : « Jamais un homme n'a parlé
47 comme cet homme ! » | Les pharisiens leur répliquèrent :
48 « Alors, vous aussi, vous vous êtes laissé égarer ? | Parmi
les chefs du peuple et les pharisiens, y en a-t-il un seul qui
49 ait cru en lui ? | Quant à cette foule qui ne sait rien de la
50 Loi*, ce sont des maudits ! » | Parmi les pharisiens, il y avait
Nicodème*, qui était allé précédemment trouver Jésus ; il
51 leur dit : | « Est-ce que notre Loi permet de condamner un
homme sans l'entendre d'abord pour savoir ce qu'il a fait ? »
52 Ils lui répondirent : « Alors, toi aussi, tu es de Galilée ?
Cherche bien, et tu verras que jamais aucun prophète* ne
surgit de Galilée ! »

La femme adultère

8 1-2 Jésus s'était rendu au mont des Oliviers ; | de bon
matin, il retourna au Temple*. Comme tout le peuple
venait à lui, il s'assit et se mit à enseigner.

3 Les scribes* et les pharisiens* lui amènent une
femme qu'on avait surprise en train de commettre l'adul-
4 tère. Ils la font avancer, | et disent à Jésus : « Maître, cette
5 femme a été prise en flagrant délit d'adultère. | Or, dans
la Loi*, Moïse* nous a ordonné de lapider* ces femmes-
6 là. Et toi, qu'en dis-tu ? » | Ils parlaient ainsi pour le
mettre à l'épreuve, afin de pouvoir l'accuser. Mais Jésus
s'était baissé et, du doigt, il traçait des traits sur le sol.
7 Comme on persistait à l'interroger, il se redressa et leur
dit : « Celui d'entre vous qui est sans péché*, qu'il soit le
8 premier à lui jeter la pierre. » | Et il se baissa de nouveau

*Toi, Seigneur**,*
tu ne nous enfermes pas dans nos actes,
mais tu poses sur nous un regard d'amour
qui nous appelle à la conversion
et ainsi nous remet debout.
À chacun de nous tu dis :
« Va, et désormais ne pèche plus. »

9 pour tracer des traits sur le sol. | Quant à eux, sur
cette réponse, ils s'en allaient l'un après l'autre,
en commençant par les plus âgés. Jésus resta seul
avec la femme en face de lui.

10 Il se redressa et lui demanda : « Femme, où sont-ils
11 donc ? Alors, personne ne t'a condamnée ? » | Elle répondit :
« Personne, Seigneur. » Et Jésus lui dit : « Moi non plus, je
ne te condamne pas. Va, et désormais ne pèche plus. »

JE SUIS

8 51 « Amen*, amen, je vous le dis : si quelqu'un reste fidèle à
52 ma parole, il ne verra jamais la mort*. » | Les Juifs lui dirent :
« Nous voyons bien maintenant que tu es un possédé*.
Abraham* est mort, les prophètes* aussi, et toi, tu dis : "Si
quelqu'un reste fidèle à ma parole, jamais il ne connaîtra la
53 mort." | Es-tu donc plus grand que notre père Abraham ? Il
est mort, et les prophètes aussi. Qui donc prétends-tu être ? »
54 Jésus répondit : « Si je me glorifie moi-même, ma
gloire* n'est rien ; c'est mon Père qui me glorifie,
55 lui que vous appelez votre Dieu, | alors que vous
ne le connaissez* pas. Mais moi, je le connais, et, si
je dis que je ne le connais pas, je serai un menteur,
comme vous. Mais je le connais, et je reste fidèle
56 à sa parole. | Abraham votre père a tressailli d'allé-
gresse dans l'espoir de voir mon Jour. Il l'a vu, et il
a été dans la joie. »

57 Les Juifs lui dirent alors : « Toi qui n'as pas
58 cinquante ans, tu as vu Abraham ! » | Jésus leur
répondit : « Amen, amen, je vous le dis : avant

*Seigneur**, tu ES, depuis toujours.*
Tout ce qui existe prend vie en toi.
Toi seul peux dire en vérité :
« JE SUIS. »
Et pourtant, tu as voulu partager
notre condition mortelle.

Tu es venu nous expliquer
toi-même que, de toute éternité,
Dieu a décidé, non seulement
de nous donner la vie,
mais aussi de nous associer à la sienne.

Tu nous invites à entrer
dans la communion d'amour
*qui t'unit au Père, dans l'Esprit**.*
Avec toi, Seigneur,
je deviens fils pour toujours.

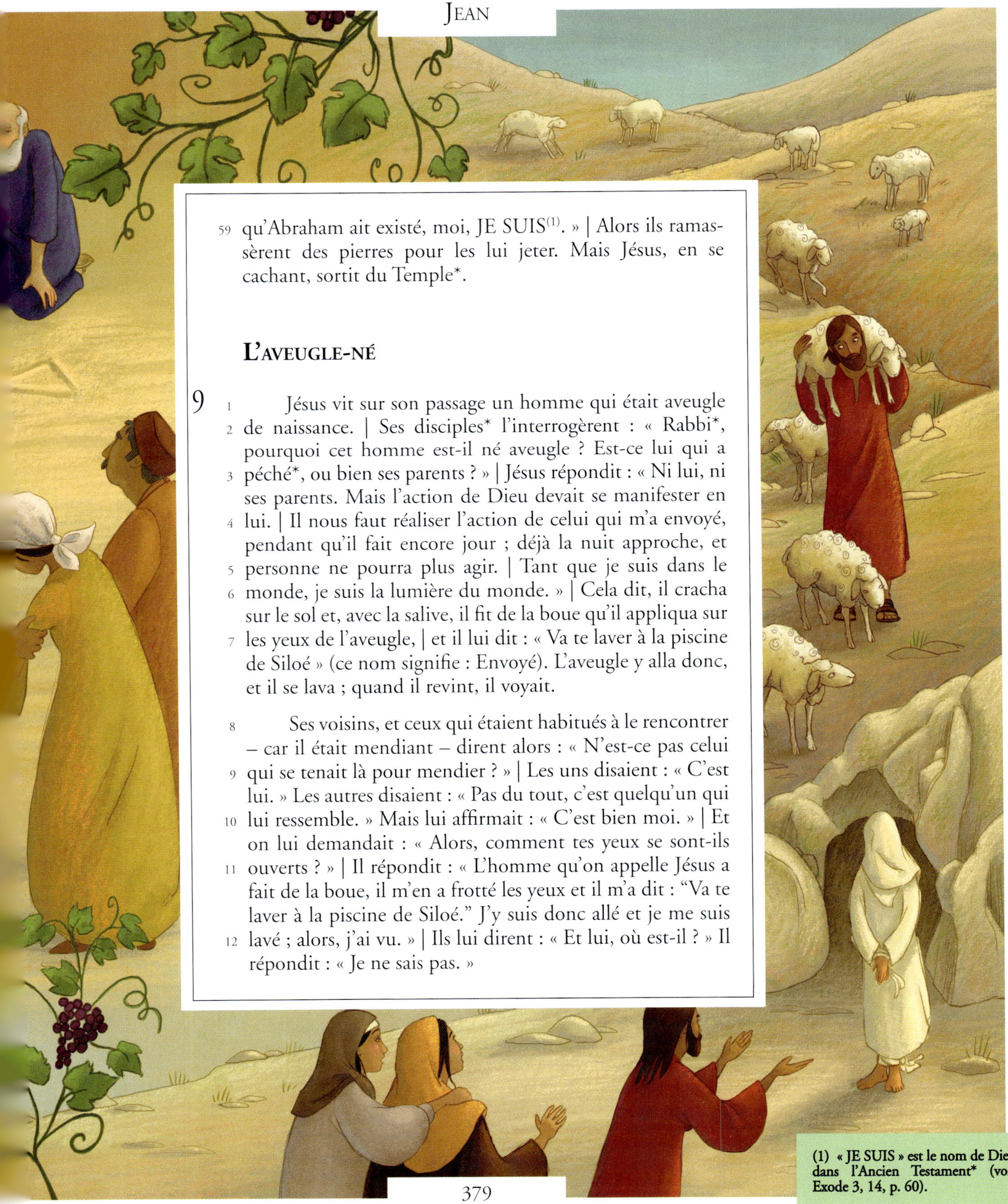

59 qu'Abraham ait existé, moi, JE SUIS[1]. » | Alors ils ramas-
sèrent des pierres pour les lui jeter. Mais Jésus, en se
cachant, sortit du Temple*.

L'AVEUGLE-NÉ

9 1 Jésus vit sur son passage un homme qui était aveugle
2 de naissance. | Ses disciples* l'interrogèrent : « Rabbi*,
pourquoi cet homme est-il né aveugle ? Est-ce lui qui a
3 péché*, ou bien ses parents ? » | Jésus répondit : « Ni lui, ni
ses parents. Mais l'action de Dieu devait se manifester en
4 lui. | Il nous faut réaliser l'action de celui qui m'a envoyé,
pendant qu'il fait encore jour ; déjà la nuit approche, et
5 personne ne pourra plus agir. | Tant que je suis dans le
6 monde, je suis la lumière du monde. » | Cela dit, il cracha
sur le sol et, avec la salive, il fit de la boue qu'il appliqua sur
7 les yeux de l'aveugle, | et il lui dit : « Va te laver à la piscine
de Siloé » (ce nom signifie : Envoyé). L'aveugle y alla donc,
et il se lava ; quand il revint, il voyait.

8 Ses voisins, et ceux qui étaient habitués à le rencontrer
– car il était mendiant – dirent alors : « N'est-ce pas celui
9 qui se tenait là pour mendier ? » | Les uns disaient : « C'est
lui. » Les autres disaient : « Pas du tout, c'est quelqu'un qui
10 lui ressemble. » Mais lui affirmait : « C'est bien moi. » | Et
on lui demandait : « Alors, comment tes yeux se sont-ils
11 ouverts ? » | Il répondit : « L'homme qu'on appelle Jésus a
fait de la boue, il m'en a frotté les yeux et il m'a dit : "Va te
laver à la piscine de Siloé." J'y suis donc allé et je me suis
12 lavé ; alors, j'ai vu. » | Ils lui dirent : « Et lui, où est-il ? » Il
répondit : « Je ne sais pas. »

(1) « JE SUIS » est le nom de Dieu dans l'Ancien Testament* (voir Exode 3, 14, p. 60).

13 On amène aux pharisiens* cet homme qui avait été
14 aveugle. | Or, c'était un jour de sabbat* que Jésus avait fait
15 de la boue et lui avait ouvert les yeux. | À leur tour, les
pharisiens lui demandèrent : « Comment se fait-il que tu
voies ? » Il leur répondit : « Il m'a mis de la boue sur les yeux,
16 je me suis lavé, et maintenant je vois. » | Certains phari-
siens disaient : « Celui-là ne vient pas de Dieu, puisqu'il
n'observe pas le repos du sabbat ». D'autres répliquaient :
« Comment un homme pécheur* pourrait-il accomplir des
signes* pareils ? » Ainsi donc ils étaient divisés.

17 Alors ils s'adressent de nouveau à l'aveugle : « Et toi,
que dis-tu de lui, puisqu'il t'a ouvert les yeux ? » Il dit :
18 « C'est un prophète*. » | Les Juifs [...] convoquèrent ses
19 parents | et leur demandèrent : « Cet homme est bien votre
fils, et vous dites qu'il est né aveugle ? Comment se fait-il
20 qu'il voie maintenant ? » | Les parents répondirent : « Nous
21 savons que c'est bien notre fils, et qu'il est né aveugle. | Mais
comment peut-il voir à présent, nous ne le savons pas ; et
qui lui a ouvert les yeux, nous ne le savons pas non plus.
22 Interrogez-le, il est assez grand pour s'expliquer. » | Ses
parents parlaient ainsi parce qu'ils avaient peur des Juifs.
En effet, les Juifs s'étaient déjà mis d'accord pour exclure
de la synagogue* tous ceux qui déclareraient que Jésus est
23 le Messie*(1). | Voilà pourquoi les parents avaient dit : « Il
est assez grand, interrogez-le ! »

24 Pour la seconde fois, les pharisiens convoquèrent
l'homme qui avait été aveugle, et ils lui dirent : « Rends
gloire* à Dieu ! Nous savons, nous, que cet homme est un
25 pécheur. » | Il répondit : « Est-ce un pécheur ? Je n'en sais
rien ; mais il y a une chose que je sais : j'étais aveugle, et

(1) Jean rapporte ici une mesure que les Juifs prirent vers la fin du Ier siècle. Les chrétiens d'origine juive avaient continué, jusqu'à cette époque, à fréquenter les synagogues. Les autorités religieuses décidèrent d'exclure tous ceux qui professaient que le Messie était déjà venu.

26 maintenant je vois. » | Ils lui dirent alors : « Comment a-t-il
27 fait pour t'ouvrir les yeux ? » | Il leur répondit : « Je vous l'ai
déjà dit, et vous n'avez pas écouté. Pourquoi voulez-vous
m'entendre encore une fois ? Serait-ce que vous aussi vous
28 voulez devenir ses disciples ? » | Ils se mirent à l'injurier :
« C'est toi qui es son disciple ; nous, c'est de Moïse* que
29 nous sommes les disciples. | Moïse, nous savons que Dieu
lui a parlé ; quant à celui-là, nous ne savons pas
30 d'où il est. » | L'homme leur répondit : « Voilà
bien ce qui est étonnant ! Vous ne savez pas d'où
31 il est, et pourtant il m'a ouvert les yeux. | Comme
chacun sait, Dieu n'exauce pas les pécheurs,
mais si quelqu'un l'honore et fait sa volonté, il
32 l'exauce. | Jamais encore on n'avait entendu dire
qu'un homme ait ouvert les yeux à un aveugle
33 de naissance. | Si cet homme-là ne venait pas de
34 Dieu, il ne pourrait rien faire. » | Ils répliquè-
rent : « Tu es tout entier plongé dans le péché
depuis ta naissance, et tu nous fais la leçon ? » Et
ils le jetèrent dehors.

35 Jésus apprit qu'ils l'avaient expulsé. Alors il
vint le trouver et lui dit : « Crois-tu au Fils* de
36 l'homme ? » | Il répondit : « Et qui est-il, Seigneur,
37 pour que je croie en lui ? » | Jésus lui dit : « Tu le
38 vois, et c'est lui qui te parle. » | Il dit : « Je crois,
Seigneur ! », et il se prosterna devant lui.

Voici un aveugle de naissance
enfermé dans ses ténèbres,
enfermé aussi dans le soupçon :
« il y a du péché là-dessous ! »
Il est là aussi avec son cœur d'homme
et son désir de « voir ».
Voici les pharisiens,
ils « voient », donc ils savent, argumentent,
jugent et condamnent… au nom de Dieu !
Et passe Jésus-lumière.
L'aveugle va se laver les yeux.
Il « voit », il croit, il témoigne.
Il est devenu lumière…
Les pharisiens dans leur mauvaise foi
ne « voient » même plus qu'ils sont aveugles.
Et passe Jésus-lumière dans nos vies :
saurons-nous le « voir » ?

Jean-Marie Bedez

JÉSUS, BON BERGER

10 7 « Amen, amen, je vous le dis : je suis la porte des
8 brebis. | Ceux qui sont intervenus avant moi sont tous des

voleurs et des bandits ; mais les brebis ne les ont pas écoutés.
9 Moi, je suis la porte. Si quelqu'un entre en passant par
moi, il sera sauvé ; il pourra aller et venir, et il trouvera un
10 pâturage. | Le voleur ne vient que pour voler, égorger et
détruire. Moi je suis venu pour que les hommes aient la vie,
pour qu'ils l'aient en abondance.

11 Je suis le bon pasteur, le vrai berger*. Le vrai berger
12 donne sa vie pour ses brebis. | Le berger mercenaire[1], lui,
n'est pas le pasteur, car les brebis ne lui appartiennent pas :
s'il voit venir le loup, il abandonne les brebis et s'enfuit ;
13 le loup s'en empare et les disperse. | Ce berger n'est qu'un
mercenaire, et les brebis ne comptent pas vraiment pour lui.
14 Moi, je suis le bon pasteur ; je connais mes brebis, et mes
15 brebis me connaissent, | comme le Père me connaît, et que
je connais* le Père[2] ; et je donne ma vie pour mes brebis.

16 J'ai encore d'autres brebis, qui ne sont pas de cette
bergerie : celles-là aussi, il faut que je les conduise. Elles
écouteront ma voix : il y aura un seul troupeau et un seul
17 pasteur. | Le Père m'aime parce que je donne ma vie pour
18 la reprendre ensuite. | Personne n'a pu me l'enlever : je la
donne de moi-même. J'ai le pouvoir de la donner, et le
pouvoir de la reprendre : voilà le commandement que j'ai
reçu de mon Père. »

19 De nouveau les Juifs se divisèrent à cause de ces
20 paroles. | Beaucoup d'entre eux disaient : « C'est
un possédé*, il est fou. Pourquoi l'écoutez-vous ? »
21 D'autres disaient : « On ne parle pas ainsi quand
on est possédé du démon*. Est-ce qu'un démon
pourrait ouvrir les yeux à des aveugles ? »

Dieu s'occupe lui-même de son Peuple

Ézékiel* avait annoncé que Dieu viendrait lui-même s'occuper de son Peuple comme un bon berger s'occupe de ses brebis (Ézékiel 34, 1-16, p. 169). Jésus proclame qu'il est ce bon berger.

Seigneur, tu es le vrai berger*
qui donne sa vie pour ses brebis.
Comme le berger connaît ses brebis,
tu connais chacun de nous par notre nom.
Tu prends soin du plus petit
et tu prends le parti de l'opprimé.
Tu nous invites à te reconnaître et à te suivre.
Auprès de toi, nous ne craignons rien.

(1) Le mercenaire est un salarié. À cette époque, les bergers étaient très mal rémunérés. Ils étaient souvent accusés de se payer en nature sur le troupeau sans se soucier réellement du bien des bêtes.
(2) Voir Luc 10, 22, p. 342.

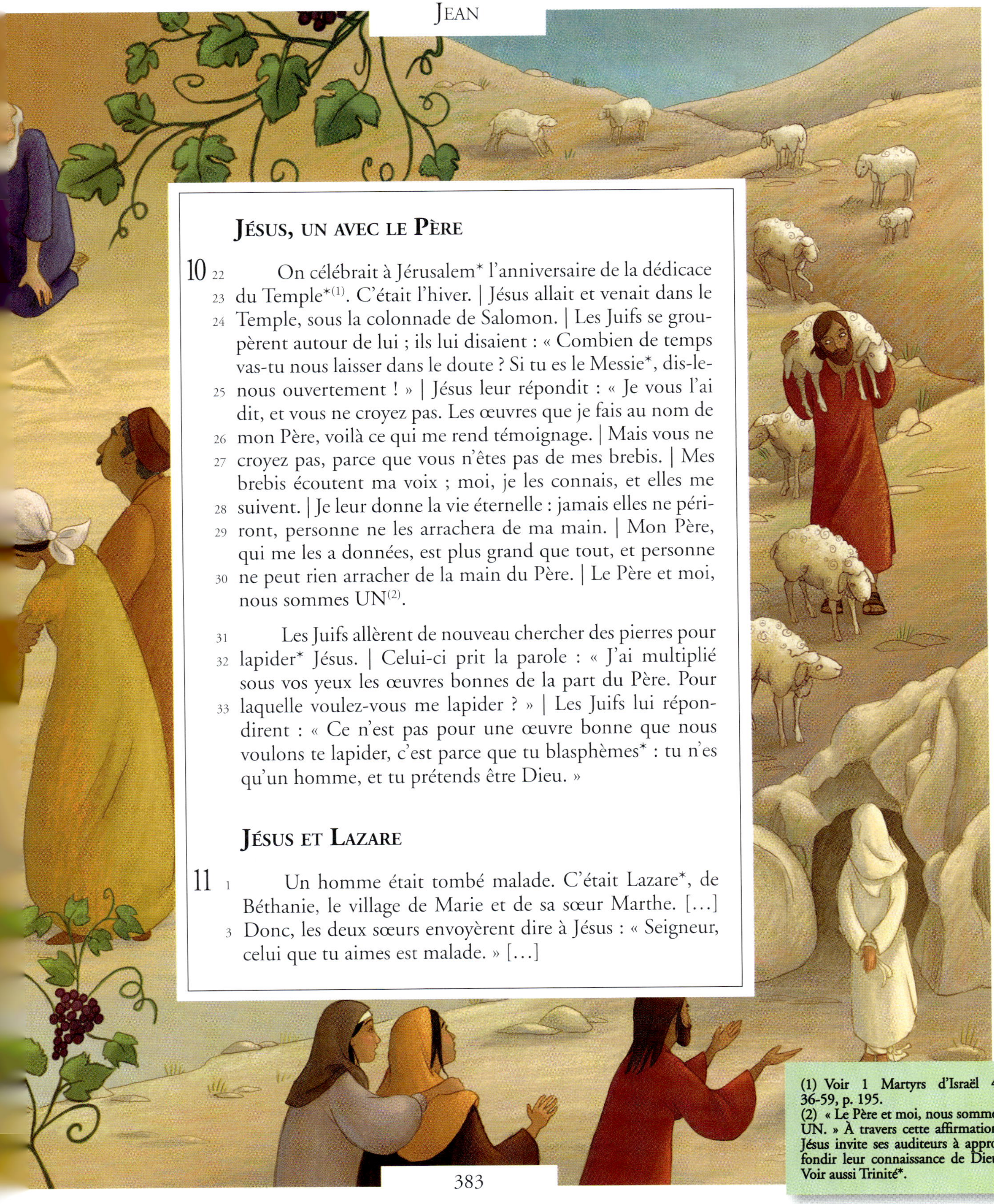

JÉSUS, UN AVEC LE PÈRE

10 22 On célébrait à Jérusalem* l'anniversaire de la dédicace
23 du Temple*(1). C'était l'hiver. | Jésus allait et venait dans le
24 Temple, sous la colonnade de Salomon. | Les Juifs se grou-
pèrent autour de lui ; ils lui disaient : « Combien de temps
vas-tu nous laisser dans le doute ? Si tu es le Messie*, dis-le-
25 nous ouvertement ! » | Jésus leur répondit : « Je vous l'ai
dit, et vous ne croyez pas. Les œuvres que je fais au nom de
26 mon Père, voilà ce qui me rend témoignage. | Mais vous ne
27 croyez pas, parce que vous n'êtes pas de mes brebis. | Mes
brebis écoutent ma voix ; moi, je les connais, et elles me
28 suivent. | Je leur donne la vie éternelle : jamais elles ne péri-
29 ront, personne ne les arrachera de ma main. | Mon Père,
qui me les a données, est plus grand que tout, et personne
30 ne peut rien arracher de la main du Père. | Le Père et moi,
nous sommes UN(2).

31 Les Juifs allèrent de nouveau chercher des pierres pour
32 lapider* Jésus. | Celui-ci prit la parole : « J'ai multiplié
sous vos yeux les œuvres bonnes de la part du Père. Pour
33 laquelle voulez-vous me lapider ? » | Les Juifs lui répon-
dirent : « Ce n'est pas pour une œuvre bonne que nous
voulons te lapider, c'est parce que tu blasphèmes* : tu n'es
qu'un homme, et tu prétends être Dieu. »

JÉSUS ET LAZARE

11 1 Un homme était tombé malade. C'était Lazare*, de
Béthanie, le village de Marie et de sa sœur Marthe. [...]
3 Donc, les deux sœurs envoyèrent dire à Jésus : « Seigneur,
celui que tu aimes est malade. » [...]

(1) Voir 1 Martyrs d'Israël 4, 36-59, p. 195.
(2) « Le Père et moi, nous sommes UN. » À travers cette affirmation, Jésus invite ses auditeurs à approfondir leur connaissance de Dieu. Voir aussi Trinité*.

17 Quand Jésus arriva, il trouva Lazare au tombeau
18 depuis quatre jours déjà. | Comme Béthanie était tout
près de Jérusalem* – à une demi-heure de marche
19 environ – | beaucoup de Juifs étaient venus manifester
leur sympathie à Marthe et à Marie, dans leur deuil.
20 Lorsque Marthe apprit l'arrivée de Jésus, elle partit à sa
21 rencontre, tandis que Marie restait à la maison. | Marthe
dit à Jésus : « Seigneur, si tu avais été là, mon frère ne
22 serait pas mort. | Mais je sais que, maintenant encore,
23 Dieu t'accordera tout ce que tu lui demanderas. » | Jésus
24 lui dit : « Ton frère ressuscitera*. » | Marthe reprit : « Je
sais qu'il ressuscitera au dernier jour, à la résurrection. »
25 Jésus lui dit : « Moi, je suis la résurrection et la vie. Celui
26 qui croit en moi, même s'il meurt*, vivra ; | et tout homme
qui vit et qui croit en moi ne mourra jamais. Crois-tu
27 cela ? » | Elle répondit : « Oui, Seigneur, tu es le Messie*,
je le crois ; tu es le Fils* de Dieu, celui qui vient dans le
monde. »

28 Ayant dit cela, elle s'en alla appeler sa sœur Marie, et
29 lui dit tout bas : « Le Maître est là, il t'appelle. » | Marie,
dès qu'elle l'entendit, se leva aussitôt et partit rejoindre
32 Jésus. [...] | Elle arriva à l'endroit où se trouvait Jésus ; dès
qu'elle le vit, elle se jeta à ses pieds et lui dit : « Seigneur, si
tu avais été là, mon frère ne serait pas mort. »

33 Quand il vit qu'elle pleurait, et que les Juifs venus avec
elle pleuraient aussi, Jésus fut bouleversé d'une émotion
34 profonde. | Il demanda : « Où l'avez-vous déposé ? » Ils lui
35 répondirent : « Viens voir, Seigneur. » | Alors Jésus pleura.
36-37 Les Juifs se dirent : « Voyez comme il l'aimait ! » | Mais
certains d'entre eux disaient : « Lui qui a ouvert les yeux de
l'aveugle, ne pouvait-il pas empêcher Lazare de mourir ? »

Croire, c'est « voir » Dieu à l'œuvre
hier et aujourd'hui, chez moi, chez nous.
C'est raconter ses hauts faits
et reconnaître qu'il tient à nous,
qu'il croit en nous.
Croire, c'est être persuadé
qu'aujourd'hui encore il fait le premier pas :
« je vais ouvrir vos tombeaux » ;
« moi, je suis la résurrection et la vie ».
Je crois qu'il croit en nous, je suis sûr de lui.

Pierre Haag

38 Jésus, repris par l'émotion, arriva au tombeau.
39 C'était une grotte fermée par une pierre. | Jésus
dit : « Enlevez la pierre. » Marthe, la sœur du mort,
lui dit : « Mais, Seigneur, il sent déjà ; voilà quatre
40 jours qu'il est là. » | Alors Jésus dit à Marthe : « Ne
te l'ai-je pas dit ? Si tu crois, tu verras la gloire*
41 de Dieu. » | On enleva donc la pierre. Alors Jésus
leva les yeux au ciel et dit : « Père, je te rends grâce
42 parce que tu m'as exaucé. | Je savais bien, moi, que
tu m'exauces toujours ; mais si j'ai parlé, c'est pour cette
foule qui est autour de moi, afin qu'ils croient que tu m'as
43 envoyé. » | Après cela, il cria d'une voix forte : « Lazare,
44 viens dehors ! » | Et le mort sortit, les pieds et les mains
attachés, le visage enveloppé d'un suaire. Jésus leur dit :
« Déliez-le, et laissez-le aller. »

45 Les nombreux Juifs, qui étaient venus entourer Marie
et avaient donc vu ce que faisait Jésus, crurent en lui.

LA MISE À MORT DE JÉSUS EST DÉCIDÉE

11 47 Les chefs des prêtres* et les pharisiens* convoquèrent
donc le grand conseil(1) ; ils disaient : « Qu'allons-nous
faire ? Cet homme accomplit un grand nombre de signes*.
48 Si nous continuons à le laisser agir, tout le monde va croire
en lui, et les Romains viendront détruire notre Lieu saint et
49 notre nation. » | Alors, l'un d'entre eux, Caïphe*, qui était
grand prêtre cette année-là, leur dit : « Vous n'y comprenez
50 rien ; | vous ne voyez pas quel est votre intérêt : il vaut
mieux qu'un seul homme meure pour le peuple, et que
51 l'ensemble de la nation ne périsse pas. » | Ce qu'il disait

(1) Le procès et la condamnation à mort de Jésus par le grand conseil, ou Sanhédrin*, ont lieu selon saint Jean quelques jours avant son arrestation. Les synoptiques les situent après.

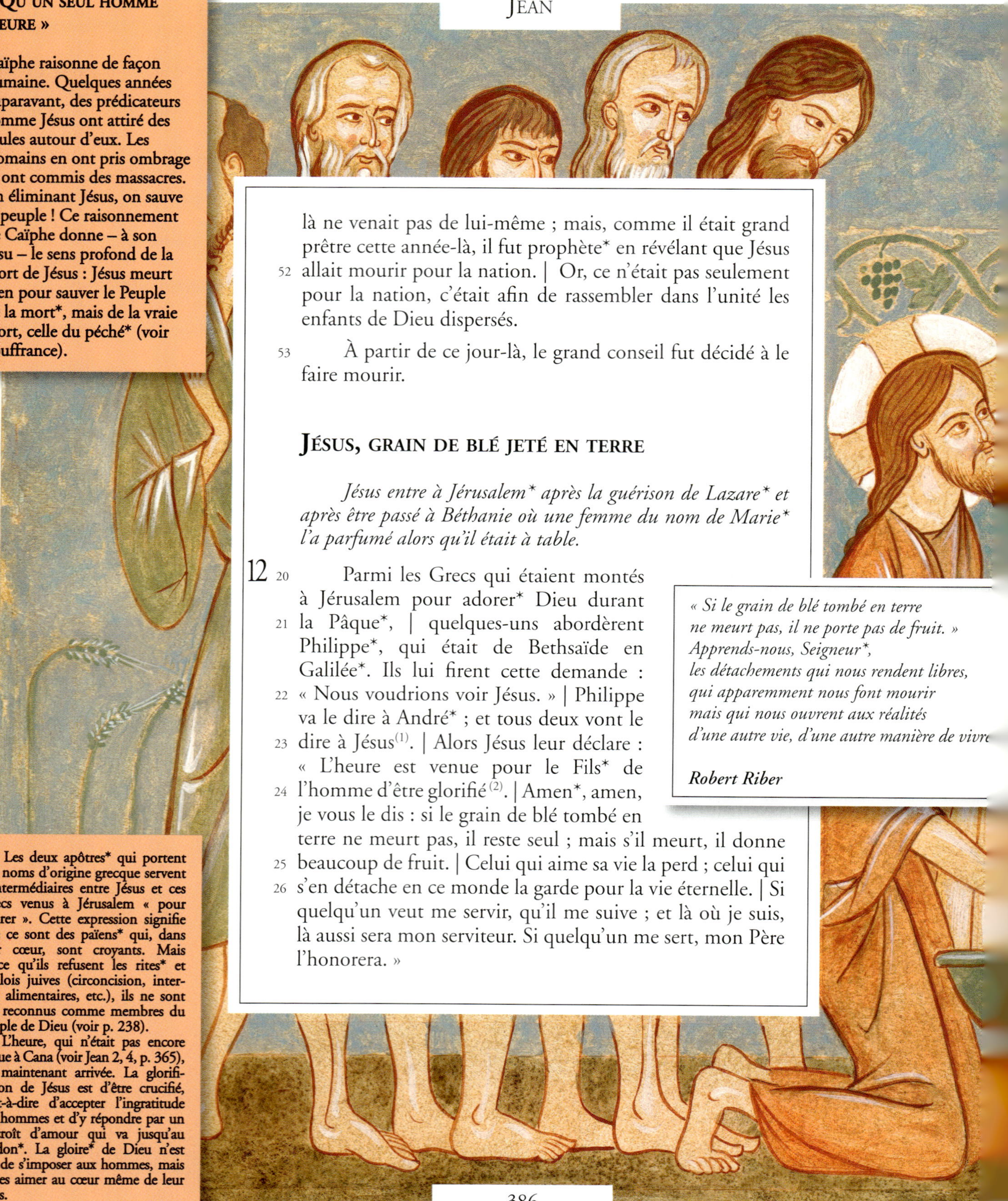

« QU'UN SEUL HOMME MEURE »

Caïphe raisonne de façon humaine. Quelques années auparavant, des prédicateurs comme Jésus ont attiré des foules autour d'eux. Les Romains en ont pris ombrage et ont commis des massacres. En éliminant Jésus, on sauve le peuple ! Ce raisonnement de Caïphe donne – à son insu – le sens profond de la mort de Jésus : Jésus meurt bien pour sauver le Peuple de la mort*, mais de la vraie mort, celle du péché* (voir Souffrance).

là ne venait pas de lui-même ; mais, comme il était grand
prêtre cette année-là, il fut prophète* en révélant que Jésus
52 allait mourir pour la nation. | Or, ce n'était pas seulement
pour la nation, c'était afin de rassembler dans l'unité les
enfants de Dieu dispersés.

53 À partir de ce jour-là, le grand conseil fut décidé à le
faire mourir.

JÉSUS, GRAIN DE BLÉ JETÉ EN TERRE

Jésus entre à Jérusalem après la guérison de Lazare* et après être passé à Béthanie où une femme du nom de Marie* l'a parfumé alors qu'il était à table.*

12 20 Parmi les Grecs qui étaient montés
à Jérusalem pour adorer* Dieu durant
21 la Pâque*, | quelques-uns abordèrent
Philippe*, qui était de Bethsaïde en
Galilée*. Ils lui firent cette demande :
22 « Nous voudrions voir Jésus. » | Philippe
va le dire à André* ; et tous deux vont le
23 dire à Jésus(1). | Alors Jésus leur déclare :
« L'heure est venue pour le Fils* de
24 l'homme d'être glorifié (2). | Amen*, amen,
je vous le dis : si le grain de blé tombé en
terre ne meurt pas, il reste seul ; mais s'il meurt, il donne
25 beaucoup de fruit. | Celui qui aime sa vie la perd ; celui qui
26 s'en détache en ce monde la garde pour la vie éternelle. | Si
quelqu'un veut me servir, qu'il me suive ; et là où je suis,
là aussi sera mon serviteur. Si quelqu'un me sert, mon Père
l'honorera. »

« Si le grain de blé tombé en terre
ne meurt pas, il ne porte pas de fruit. »
Apprends-nous, Seigneur,*
les détachements qui nous rendent libres,
qui apparemment nous font mourir
mais qui nous ouvrent aux réalités
d'une autre vie, d'une autre manière de vivre

Robert Riber

(1) Les deux apôtres* qui portent des noms d'origine grecque servent d'intermédiaires entre Jésus et ces Grecs venus à Jérusalem « pour adorer ». Cette expression signifie que ce sont des païens* qui, dans leur cœur, sont croyants. Mais parce qu'ils refusent les rites* et les lois juives (circoncision, interdits alimentaires, etc.), ils ne sont pas reconnus comme membres du Peuple de Dieu (voir p. 238).
(2) L'heure, qui n'était pas encore venue à Cana (voir Jean 2, 4, p. 365), est maintenant arrivée. La glorification de Jésus est d'être crucifié, c'est-à-dire d'accepter l'ingratitude des hommes et d'y répondre par un surcroît d'amour qui va jusqu'au pardon*. La gloire* de Dieu n'est pas de s'imposer aux hommes, mais de les aimer au cœur même de leur refus.

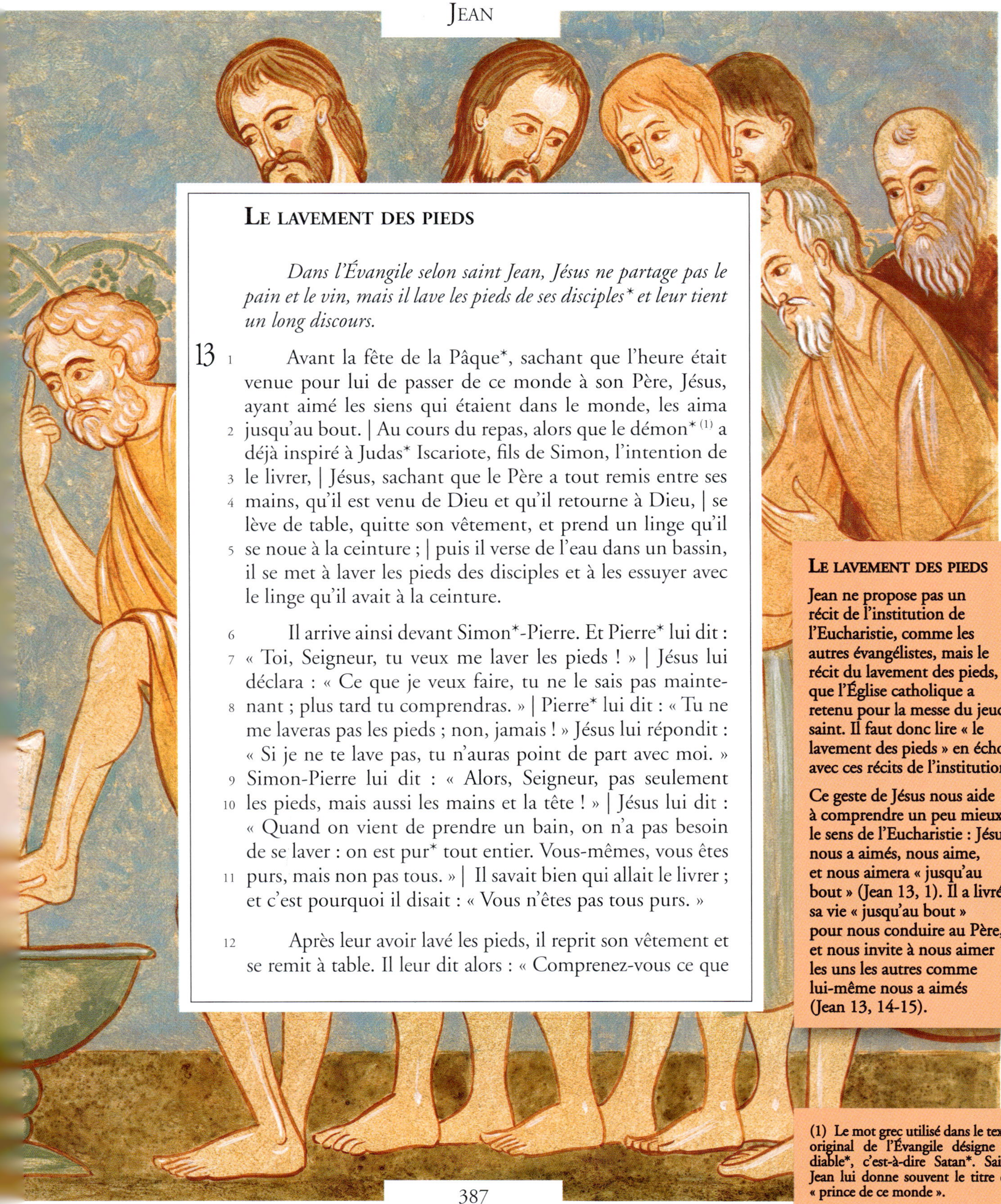

LE LAVEMENT DES PIEDS

Dans l'Évangile selon saint Jean, Jésus ne partage pas le pain et le vin, mais il lave les pieds de ses disciples et leur tient un long discours.*

13 1 Avant la fête de la Pâque*, sachant que l'heure était
venue pour lui de passer de ce monde à son Père, Jésus,
ayant aimé les siens qui étaient dans le monde, les aima
2 jusqu'au bout. | Au cours du repas, alors que le démon* [1] a
déjà inspiré à Judas* Iscariote, fils de Simon, l'intention de
3 le livrer, | Jésus, sachant que le Père a tout remis entre ses
4 mains, qu'il est venu de Dieu et qu'il retourne à Dieu, | se
lève de table, quitte son vêtement, et prend un linge qu'il
5 se noue à la ceinture ; | puis il verse de l'eau dans un bassin,
il se met à laver les pieds des disciples et à les essuyer avec
le linge qu'il avait à la ceinture.

6 Il arrive ainsi devant Simon*-Pierre. Et Pierre* lui dit :
7 « Toi, Seigneur, tu veux me laver les pieds ! » | Jésus lui
déclara : « Ce que je veux faire, tu ne le sais pas mainte-
8 nant ; plus tard tu comprendras. » | Pierre* lui dit : « Tu ne
me laveras pas les pieds ; non, jamais ! » Jésus lui répondit :
« Si je ne te lave pas, tu n'auras point de part avec moi. »
9 Simon-Pierre lui dit : « Alors, Seigneur, pas seulement
10 les pieds, mais aussi les mains et la tête ! » | Jésus lui dit :
« Quand on vient de prendre un bain, on n'a pas besoin
de se laver : on est pur* tout entier. Vous-mêmes, vous êtes
11 purs, mais non pas tous. » | Il savait bien qui allait le livrer ;
et c'est pourquoi il disait : « Vous n'êtes pas tous purs. »

12 Après leur avoir lavé les pieds, il reprit son vêtement et
se remit à table. Il leur dit alors : « Comprenez-vous ce que

LE LAVEMENT DES PIEDS

Jean ne propose pas un récit de l'institution de l'Eucharistie, comme les autres évangélistes, mais le récit du lavement des pieds, que l'Église catholique a retenu pour la messe du jeudi saint. Il faut donc lire « le lavement des pieds » en écho avec ces récits de l'institution.

Ce geste de Jésus nous aide à comprendre un peu mieux le sens de l'Eucharistie : Jésus nous a aimés, nous aime, et nous aimera « jusqu'au bout » (Jean 13, 1). Il a livré sa vie « jusqu'au bout » pour nous conduire au Père, et nous invite à nous aimer les uns les autres comme lui-même nous a aimés (Jean 13, 14-15).

(1) Le mot grec utilisé dans le texte original de l'Évangile désigne le diable*, c'est-à-dire Satan*. Saint Jean lui donne souvent le titre de « prince de ce monde ».

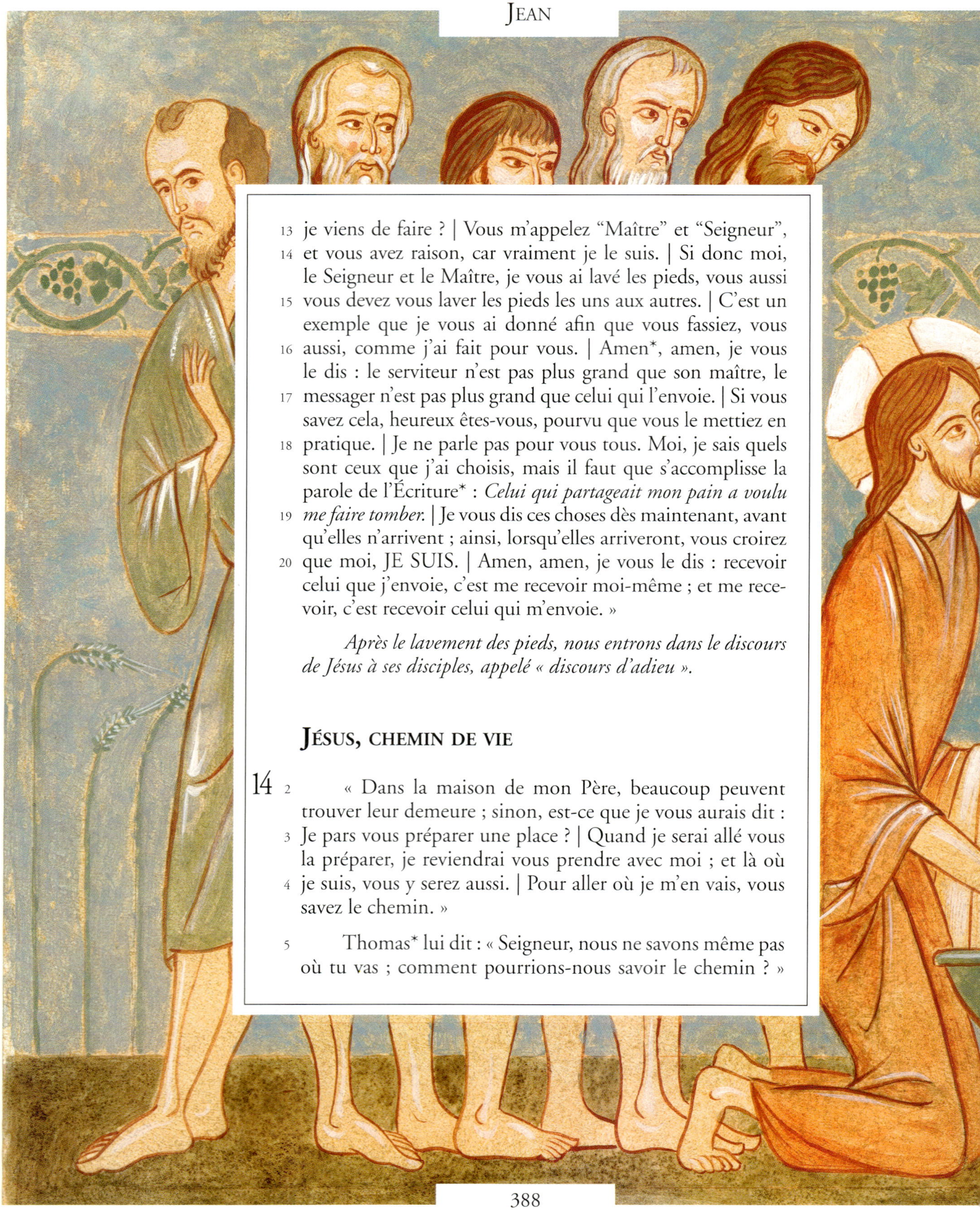

13 je viens de faire ? | Vous m'appelez "Maître" et "Seigneur",
14 et vous avez raison, car vraiment je le suis. | Si donc moi,
le Seigneur et le Maître, je vous ai lavé les pieds, vous aussi
15 vous devez vous laver les pieds les uns aux autres. | C'est un
exemple que je vous ai donné afin que vous fassiez, vous
16 aussi, comme j'ai fait pour vous. | Amen*, amen, je vous
le dis : le serviteur n'est pas plus grand que son maître, le
17 messager n'est pas plus grand que celui qui l'envoie. | Si vous
savez cela, heureux êtes-vous, pourvu que vous le mettiez en
18 pratique. | Je ne parle pas pour vous tous. Moi, je sais quels
sont ceux que j'ai choisis, mais il faut que s'accomplisse la
parole de l'Écriture* : *Celui qui partageait mon pain a voulu*
19 *me faire tomber.* | Je vous dis ces choses dès maintenant, avant
qu'elles n'arrivent ; ainsi, lorsqu'elles arriveront, vous croirez
20 que moi, JE SUIS. | Amen, amen, je vous le dis : recevoir
celui que j'envoie, c'est me recevoir moi-même ; et me rece-
voir, c'est recevoir celui qui m'envoie. »

Après le lavement des pieds, nous entrons dans le discours de Jésus à ses disciples, appelé « discours d'adieu ».

JÉSUS, CHEMIN DE VIE

14 2 « Dans la maison de mon Père, beaucoup peuvent
trouver leur demeure ; sinon, est-ce que je vous aurais dit :
3 Je pars vous préparer une place ? | Quand je serai allé vous
la préparer, je reviendrai vous prendre avec moi ; et là où
4 je suis, vous y serez aussi. | Pour aller où je m'en vais, vous
savez le chemin. »

5 Thomas* lui dit : « Seigneur, nous ne savons même pas
où tu vas ; comment pourrions-nous savoir le chemin ? »

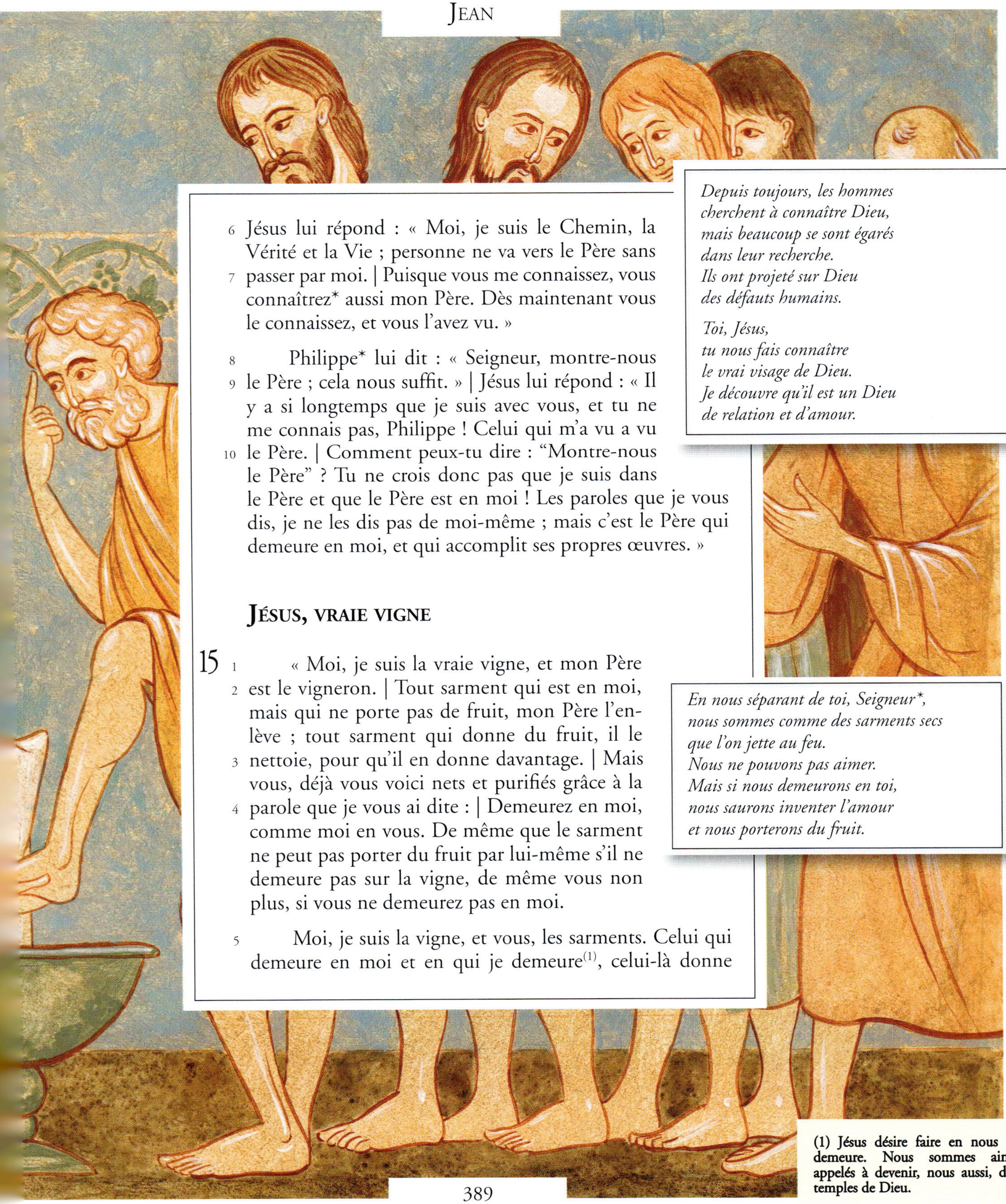

6 Jésus lui répond : « Moi, je suis le Chemin, la
Vérité et la Vie ; personne ne va vers le Père sans
7 passer par moi. | Puisque vous me connaissez, vous
connaîtrez* aussi mon Père. Dès maintenant vous
le connaissez, et vous l'avez vu. »

8 Philippe* lui dit : « Seigneur, montre-nous
9 le Père ; cela nous suffit. » | Jésus lui répond : « Il
y a si longtemps que je suis avec vous, et tu ne
me connais pas, Philippe ! Celui qui m'a vu a vu
10 le Père. | Comment peux-tu dire : "Montre-nous
le Père" ? Tu ne crois donc pas que je suis dans
le Père et que le Père est en moi ! Les paroles que je vous
dis, je ne les dis pas de moi-même ; mais c'est le Père qui
demeure en moi, et qui accomplit ses propres œuvres. »

Depuis toujours, les hommes
cherchent à connaître Dieu,
mais beaucoup se sont égarés
dans leur recherche.
Ils ont projeté sur Dieu
des défauts humains.

Toi, Jésus,
tu nous fais connaître
le vrai visage de Dieu.
Je découvre qu'il est un Dieu
de relation et d'amour.

JÉSUS, VRAIE VIGNE

15 1 « Moi, je suis la vraie vigne, et mon Père
2 est le vigneron. | Tout sarment qui est en moi,
mais qui ne porte pas de fruit, mon Père l'en-
lève ; tout sarment qui donne du fruit, il le
3 nettoie, pour qu'il en donne davantage. | Mais
vous, déjà vous voici nets et purifiés grâce à la
4 parole que je vous ai dite : | Demeurez en moi,
comme moi en vous. De même que le sarment
ne peut pas porter du fruit par lui-même s'il ne
demeure pas sur la vigne, de même vous non
plus, si vous ne demeurez pas en moi.

5 Moi, je suis la vigne, et vous, les sarments. Celui qui
demeure en moi et en qui je demeure[(1)], celui-là donne

En nous séparant de toi, Seigneur,*
nous sommes comme des sarments secs
que l'on jette au feu.
Nous ne pouvons pas aimer.
Mais si nous demeurons en toi,
nous saurons inventer l'amour
et nous porterons du fruit.

(1) Jésus désire faire en nous sa demeure. Nous sommes ainsi appelés à devenir, nous aussi, des temples de Dieu.

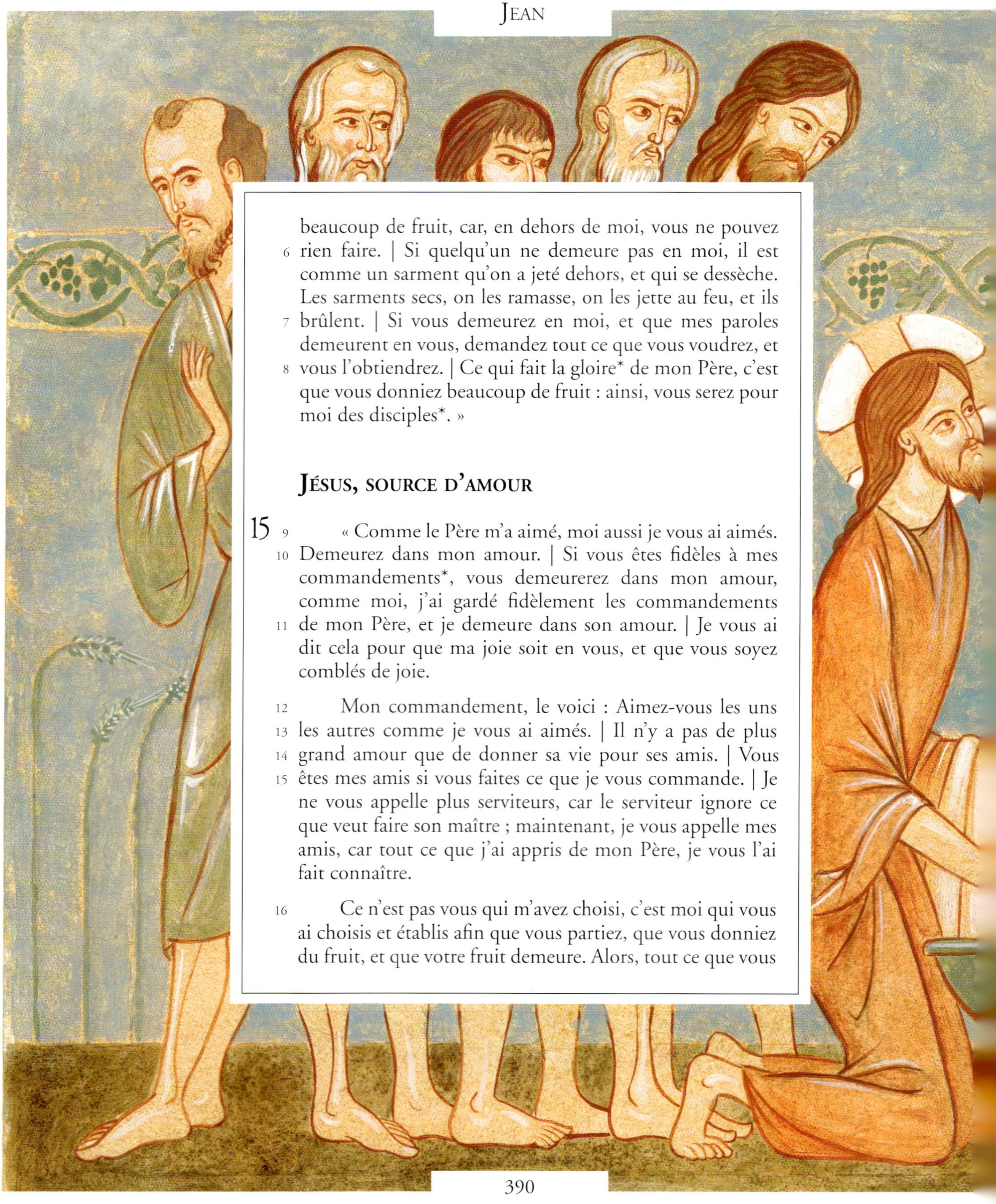

beaucoup de fruit, car, en dehors de moi, vous ne pouvez
6 rien faire. | Si quelqu'un ne demeure pas en moi, il est
comme un sarment qu'on a jeté dehors, et qui se dessèche.
Les sarments secs, on les ramasse, on les jette au feu, et ils
7 brûlent. | Si vous demeurez en moi, et que mes paroles
demeurent en vous, demandez tout ce que vous voudrez, et
8 vous l'obtiendrez. | Ce qui fait la gloire* de mon Père, c'est
que vous donniez beaucoup de fruit : ainsi, vous serez pour
moi des disciples*. »

Jésus, source d'amour

15 9 « Comme le Père m'a aimé, moi aussi je vous ai aimés.
10 Demeurez dans mon amour. | Si vous êtes fidèles à mes
commandements*, vous demeurerez dans mon amour,
comme moi, j'ai gardé fidèlement les commandements
11 de mon Père, et je demeure dans son amour. | Je vous ai
dit cela pour que ma joie soit en vous, et que vous soyez
comblés de joie.

12 Mon commandement, le voici : Aimez-vous les uns
13 les autres comme je vous ai aimés. | Il n'y a pas de plus
14 grand amour que de donner sa vie pour ses amis. | Vous
15 êtes mes amis si vous faites ce que je vous commande. | Je
ne vous appelle plus serviteurs, car le serviteur ignore ce
que veut faire son maître ; maintenant, je vous appelle mes
amis, car tout ce que j'ai appris de mon Père, je vous l'ai
fait connaître.

16 Ce n'est pas vous qui m'avez choisi, c'est moi qui vous
ai choisis et établis afin que vous partiez, que vous donniez
du fruit, et que votre fruit demeure. Alors, tout ce que vous

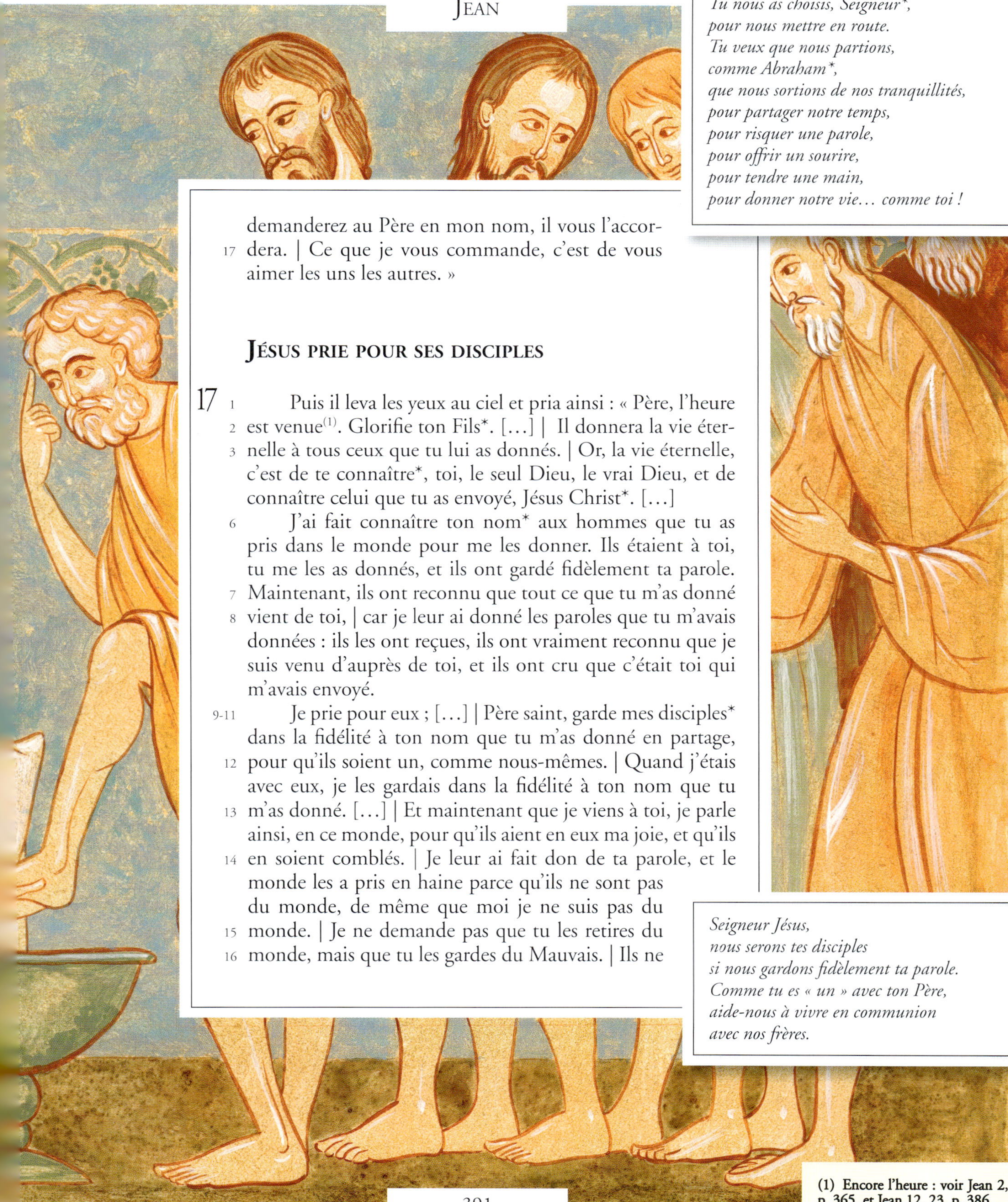

Tu nous as choisis, Seigneur,*
pour nous mettre en route.
Tu veux que nous partions,
comme Abraham,*
que nous sortions de nos tranquillités,
pour partager notre temps,
pour risquer une parole,
pour offrir un sourire,
pour tendre une main,
pour donner notre vie… comme toi !

demanderez au Père en mon nom, il vous l'accor-
17 dera. | Ce que je vous commande, c'est de vous
aimer les uns les autres. »

JÉSUS PRIE POUR SES DISCIPLES

17 1 Puis il leva les yeux au ciel et pria ainsi : « Père, l'heure
2 est venue[1]. Glorifie ton Fils*. […] | Il donnera la vie éter-
3 nelle à tous ceux que tu lui as donnés. | Or, la vie éternelle,
c'est de te connaître*, toi, le seul Dieu, le vrai Dieu, et de
connaître celui que tu as envoyé, Jésus Christ*. […]
6 J'ai fait connaître ton nom* aux hommes que tu as
pris dans le monde pour me les donner. Ils étaient à toi,
tu me les as donnés, et ils ont gardé fidèlement ta parole.
7 Maintenant, ils ont reconnu que tout ce que tu m'as donné
8 vient de toi, | car je leur ai donné les paroles que tu m'avais
données : ils les ont reçues, ils ont vraiment reconnu que je
suis venu d'auprès de toi, et ils ont cru que c'était toi qui
m'avais envoyé.
9-11 Je prie pour eux ; […] | Père saint, garde mes disciples*
dans la fidélité à ton nom que tu m'as donné en partage,
12 pour qu'ils soient un, comme nous-mêmes. | Quand j'étais
avec eux, je les gardais dans la fidélité à ton nom que tu
13 m'as donné. […] | Et maintenant que je viens à toi, je parle
ainsi, en ce monde, pour qu'ils aient en eux ma joie, et qu'ils
14 en soient comblés. | Je leur ai fait don de ta parole, et le
monde les a pris en haine parce qu'ils ne sont pas
du monde, de même que moi je ne suis pas du
15 monde. | Je ne demande pas que tu les retires du
16 monde, mais que tu les gardes du Mauvais. | Ils ne

Seigneur Jésus,
nous serons tes disciples
si nous gardons fidèlement ta parole.
Comme tu es « un » avec ton Père,
aide-nous à vivre en communion
avec nos frères.

(1) Encore l'heure : voir Jean 2, 4, p. 365, et Jean 12, 23, p. 386.

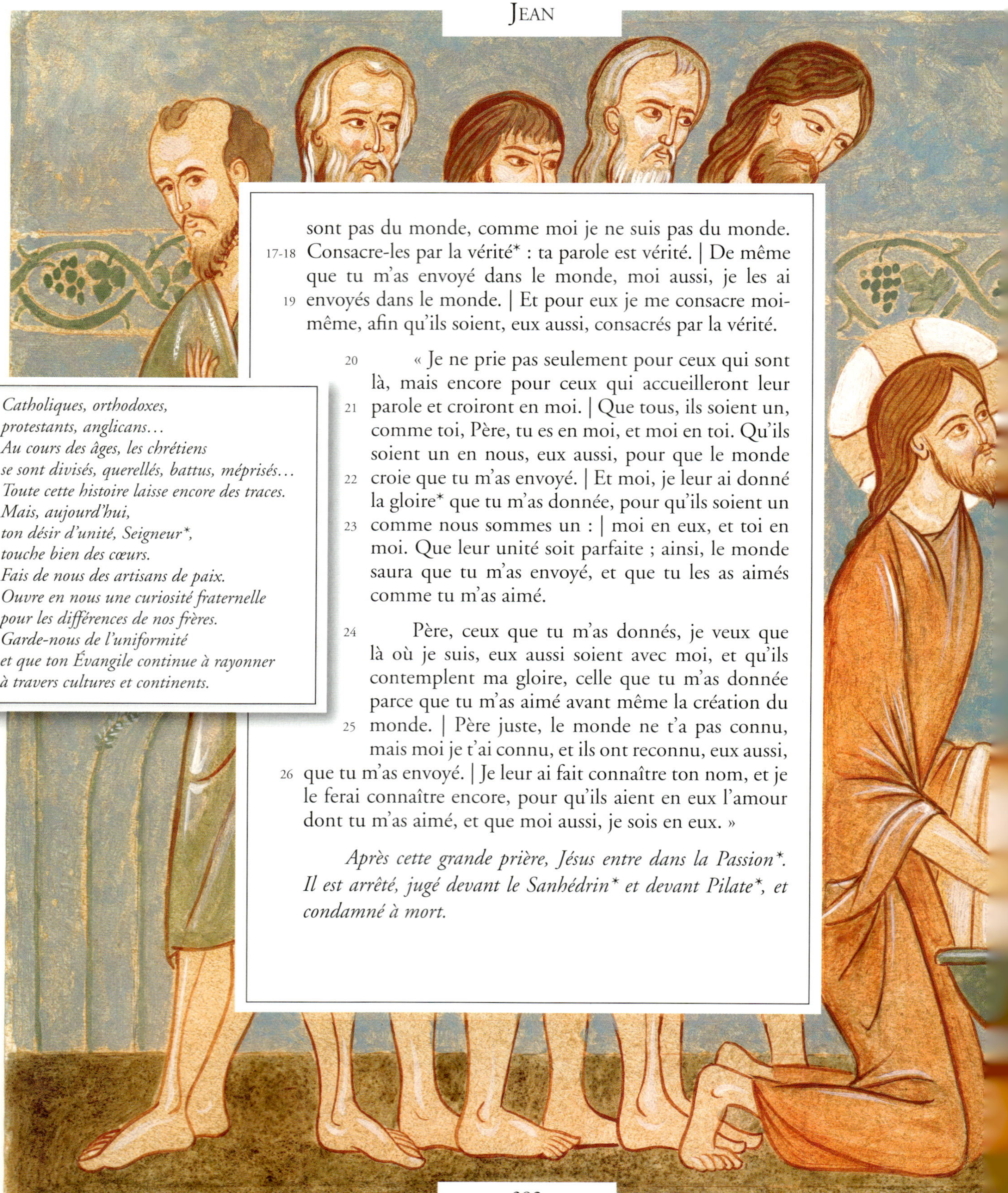

sont pas du monde, comme moi je ne suis pas du monde.
17-18 Consacre-les par la vérité* : ta parole est vérité. | De même
que tu m'as envoyé dans le monde, moi aussi, je les ai
19 envoyés dans le monde. | Et pour eux je me consacre moi-
même, afin qu'ils soient, eux aussi, consacrés par la vérité.

20 « Je ne prie pas seulement pour ceux qui sont
là, mais encore pour ceux qui accueilleront leur
21 parole et croiront en moi. | Que tous, ils soient un,
comme toi, Père, tu es en moi, et moi en toi. Qu'ils
soient un en nous, eux aussi, pour que le monde
22 croie que tu m'as envoyé. | Et moi, je leur ai donné
la gloire* que tu m'as donnée, pour qu'ils soient un
23 comme nous sommes un : | moi en eux, et toi en
moi. Que leur unité soit parfaite ; ainsi, le monde
saura que tu m'as envoyé, et que tu les as aimés
comme tu m'as aimé.

24 Père, ceux que tu m'as donnés, je veux que
là où je suis, eux aussi soient avec moi, et qu'ils
contemplent ma gloire, celle que tu m'as donnée
parce que tu m'as aimé avant même la création du
25 monde. | Père juste, le monde ne t'a pas connu,
mais moi je t'ai connu, et ils ont reconnu, eux aussi,
26 que tu m'as envoyé. | Je leur ai fait connaître ton nom, et je
le ferai connaître encore, pour qu'ils aient en eux l'amour
dont tu m'as aimé, et que moi aussi, je sois en eux. »

Après cette grande prière, Jésus entre dans la Passion. Il est arrêté, jugé devant le Sanhédrin* et devant Pilate*, et condamné à mort.*

Catholiques, orthodoxes,
protestants, anglicans…
Au cours des âges, les chrétiens
se sont divisés, querellés, battus, méprisés…
Toute cette histoire laisse encore des traces.
Mais, aujourd'hui,
ton désir d'unité, Seigneur,*
touche bien des cœurs.
Fais de nous des artisans de paix.
Ouvre en nous une curiosité fraternelle
pour les différences de nos frères.
Garde-nous de l'uniformité
et que ton Évangile continue à rayonner
à travers cultures et continents.

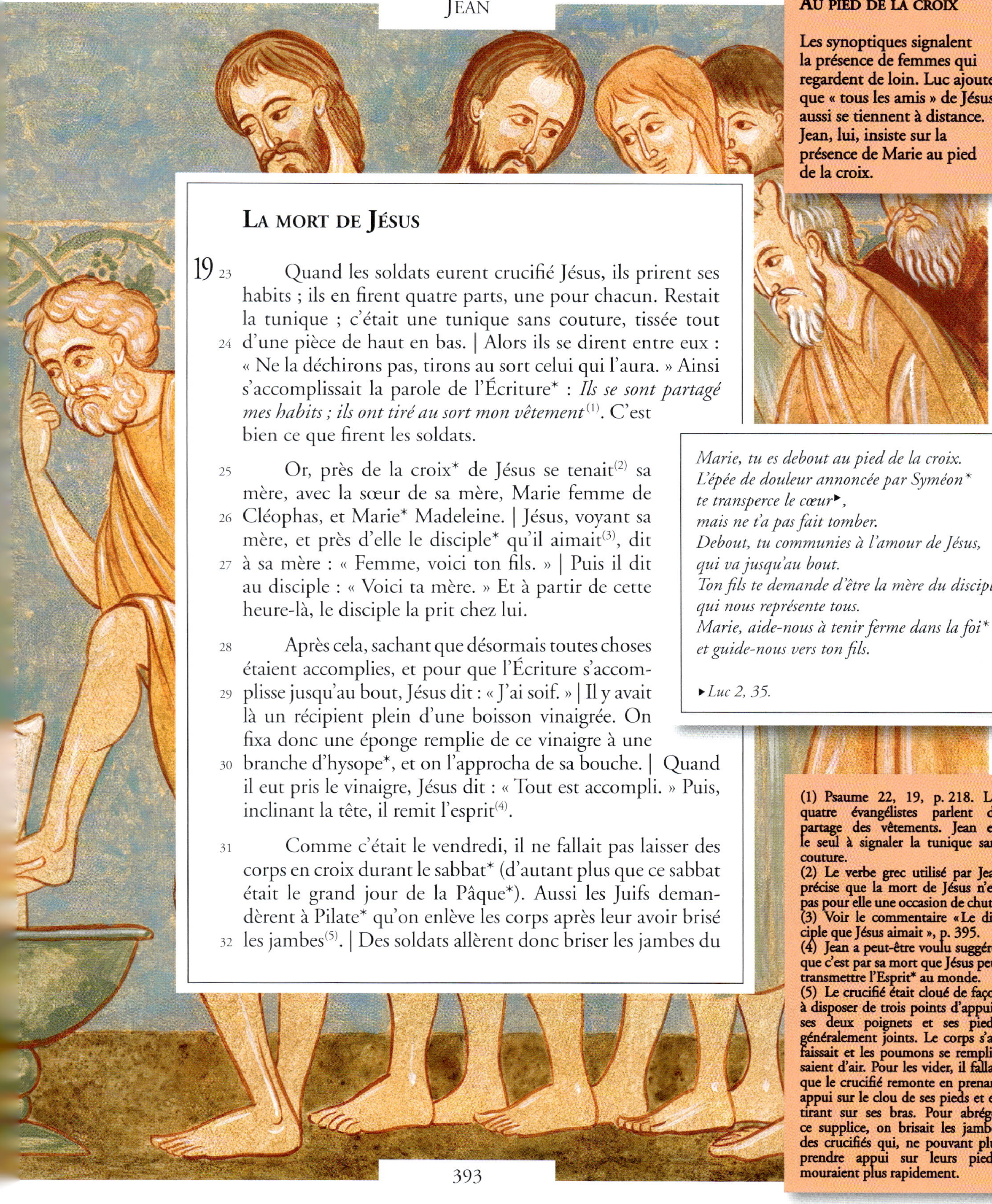

LA MORT DE JÉSUS

19 23 Quand les soldats eurent crucifié Jésus, ils prirent ses
habits ; ils en firent quatre parts, une pour chacun. Restait
la tunique ; c'était une tunique sans couture, tissée tout
24 d'une pièce de haut en bas. | Alors ils se dirent entre eux :
« Ne la déchirons pas, tirons au sort celui qui l'aura. » Ainsi
s'accomplissait la parole de l'Écriture* : *Ils se sont partagé
mes habits ; ils ont tiré au sort mon vêtement*(1). C'est
bien ce que firent les soldats.

25 Or, près de la croix* de Jésus se tenait(2) sa
mère, avec la sœur de sa mère, Marie femme de
26 Cléophas, et Marie* Madeleine. | Jésus, voyant sa
mère, et près d'elle le disciple* qu'il aimait(3), dit
27 à sa mère : « Femme, voici ton fils. » | Puis il dit
au disciple : « Voici ta mère. » Et à partir de cette
heure-là, le disciple la prit chez lui.

28 Après cela, sachant que désormais toutes choses
étaient accomplies, et pour que l'Écriture s'accom-
29 plisse jusqu'au bout, Jésus dit : « J'ai soif. » | Il y avait
là un récipient plein d'une boisson vinaigrée. On
fixa donc une éponge remplie de ce vinaigre à une
30 branche d'hysope*, et on l'approcha de sa bouche. | Quand
il eut pris le vinaigre, Jésus dit : « Tout est accompli. » Puis,
inclinant la tête, il remit l'esprit(4).

31 Comme c'était le vendredi, il ne fallait pas laisser des
corps en croix durant le sabbat* (d'autant plus que ce sabbat
était le grand jour de la Pâque*). Aussi les Juifs deman-
dèrent à Pilate* qu'on enlève les corps après leur avoir brisé
32 les jambes(5). | Des soldats allèrent donc briser les jambes du

AU PIED DE LA CROIX

Les synoptiques signalent la présence de femmes qui regardent de loin. Luc ajoute que « tous les amis » de Jésus aussi se tiennent à distance. Jean, lui, insiste sur la présence de Marie au pied de la croix.

Marie, tu es debout au pied de la croix.
*L'épée de douleur annoncée par Syméon**
te transperce le cœur▸,
mais ne t'a pas fait tomber.
Debout, tu communies à l'amour de Jésus,
qui va jusqu'au bout.
Ton fils te demande d'être la mère du disciple
qui nous représente tous.
*Marie, aide-nous à tenir ferme dans la foi**
et guide-nous vers ton fils.

▸ *Luc 2, 35.*

(1) Psaume 22, 19, p. 218. Les quatre évangélistes parlent du partage des vêtements. Jean est le seul à signaler la tunique sans couture.
(2) Le verbe grec utilisé par Jean précise que la mort de Jésus n'est pas pour elle une occasion de chute.
(3) Voir le commentaire « Le disciple que Jésus aimait », p. 395.
(4) Jean a peut-être voulu suggérer que c'est par sa mort que Jésus peut transmettre l'Esprit* au monde.
(5) Le crucifié était cloué de façon à disposer de trois points d'appui : ses deux poignets et ses pieds, généralement joints. Le corps s'affaissait et les poumons se remplissaient d'air. Pour les vider, il fallait que le crucifié remonte en prenant appui sur le clou de ses pieds et en tirant sur ses bras. Pour abréger ce supplice, on brisait les jambes des crucifiés qui, ne pouvant plus prendre appui sur leurs pieds, mouraient plus rapidement.

La pâque nouvelle

La veille de la Pâque, dans le Temple*, on sacrifie* les agneaux que chaque famille emporte pour le repas – mémorial* de la sortie d'Égypte. Sur la croix, à la même heure, Jésus meurt sans qu'aucun de ses os ne soit brisé…

En soulignant cette coïncidence, Jean témoigne que les rites* de la Pâque juive sont désormais dépassés. Le nouvel Agneau*, envoyé par Dieu, nous fait passer de l'esclavage du péché* à la liberté des enfants de Dieu. Il nous purifie par l'eau du baptême* et le sang de l'eucharistie*, dons de son cœur, c'est-à-dire de son amour.

premier, puis du deuxième des condamnés que l'on avait
33 crucifiés avec Jésus. | Quand ils arrivèrent à celui-ci, voyant
34 qu'il était déjà mort, ils ne lui brisèrent pas les jambes, | mais
un des soldats avec sa lance lui perça le côté ; et aussitôt, il
35 en sortit du sang et de l'eau. | Celui qui a vu rend témoi-
gnage, afin que vous croyiez vous aussi. (Son témoignage
36 est véridique et le Seigneur* sait qu'il dit vrai.) | Tout cela
est arrivé afin que cette parole de l'Écriture s'accomplisse :
37 *Aucun de ses os ne sera brisé*[1]. | Et un autre passage dit
encore : *Ils lèveront les yeux vers celui qu'ils ont transpercé*[2].

38 Après cela, Joseph* d'Arimathie, qui était disciple de
Jésus, mais en secret par peur des Juifs, demanda à Pilate de
pouvoir enlever le corps de Jésus. Et Pilate le permit. Joseph
39 vint donc enlever le corps de Jésus. | Nicodème*[3] (celui qui
la première fois était venu trouver Jésus pendant
la nuit) vint lui aussi ; il apportait un mélange
de myrrhe* et d'aloès pesant environ cent livres.
40 Ils prirent le corps de Jésus, et ils l'enveloppèrent
d'un linceul*, en employant les aromates selon la
41 manière juive d'ensevelir les morts. | Près du lieu où
Jésus avait été crucifié, il y avait un jardin, et dans
ce jardin, un tombeau neuf dans lequel on n'avait
42 encore mis personne. | Comme le sabbat des Juifs
allait commencer, et que ce tombeau était proche,
c'est là qu'ils déposèrent Jésus.

Ces deux hommes, Seigneur, se ressemblent :*
Joseph, disciple en secret,
et Nicodème, visiteur de la nuit…
Alors que les disciples qui t'accompagnaient
sont absents, ce sont les plus timides
qui s'affichent en pleine lumière.
Seigneur, aide-nous à dépasser nos peurs
et à oser dire notre foi.

Jésus est ressuscité

20 1 Le premier jour de la semaine[4], Marie* Madeleine
se rend au tombeau de grand matin, alors qu'il fait encore

(1) Citation d'Exode 12, 46 concernant l'agneau pascal.
(2) Voir Zacharie 12, 10, p. 191.
(3) Jean est le seul évangéliste à noter la présence de Nicodème, alors que la démarche de Joseph d'Arimathie est rapportée dans les quatre Évangiles.
(4) Voir « Dimanche », p. 356.

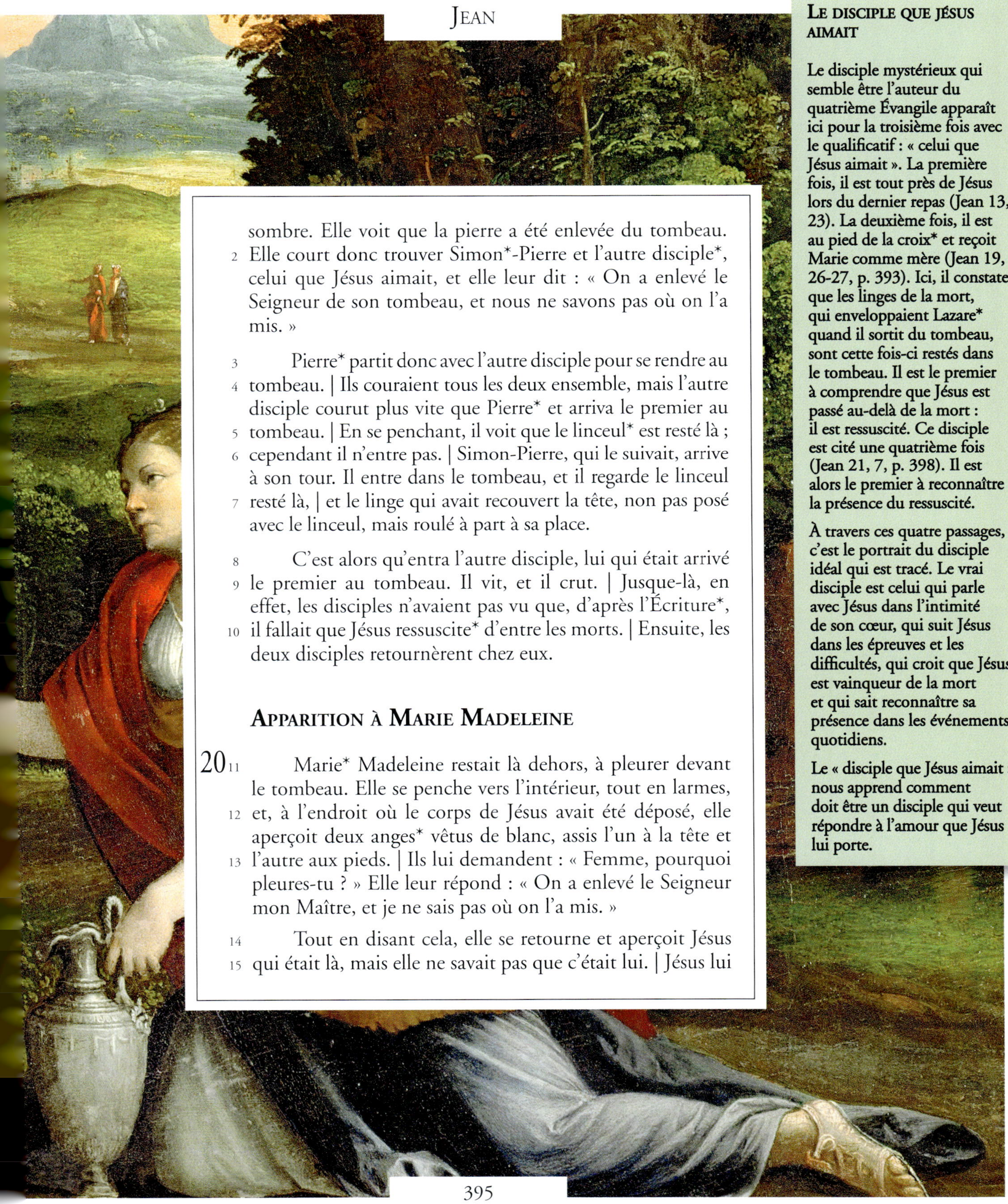

sombre. Elle voit que la pierre a été enlevée du tombeau.
2 Elle court donc trouver Simon*-Pierre et l'autre disciple*,
celui que Jésus aimait, et elle leur dit : « On a enlevé le
Seigneur de son tombeau, et nous ne savons pas où on l'a
mis. »

3 Pierre* partit donc avec l'autre disciple pour se rendre au
4 tombeau. | Ils couraient tous les deux ensemble, mais l'autre
disciple courut plus vite que Pierre* et arriva le premier au
5 tombeau. | En se penchant, il voit que le linceul* est resté là ;
6 cependant il n'entre pas. | Simon-Pierre, qui le suivait, arrive
à son tour. Il entre dans le tombeau, et il regarde le linceul
7 resté là, | et le linge qui avait recouvert la tête, non pas posé
avec le linceul, mais roulé à part à sa place.

8 C'est alors qu'entra l'autre disciple, lui qui était arrivé
9 le premier au tombeau. Il vit, et il crut. | Jusque-là, en
effet, les disciples n'avaient pas vu que, d'après l'Écriture*,
10 il fallait que Jésus ressuscite* d'entre les morts. | Ensuite, les
deux disciples retournèrent chez eux.

Apparition à Marie Madeleine

20 11 Marie* Madeleine restait là dehors, à pleurer devant
le tombeau. Elle se penche vers l'intérieur, tout en larmes,
12 et, à l'endroit où le corps de Jésus avait été déposé, elle
aperçoit deux anges* vêtus de blanc, assis l'un à la tête et
13 l'autre aux pieds. | Ils lui demandent : « Femme, pourquoi
pleures-tu ? » Elle leur répond : « On a enlevé le Seigneur
mon Maître, et je ne sais pas où on l'a mis. »

14 Tout en disant cela, elle se retourne et aperçoit Jésus
15 qui était là, mais elle ne savait pas que c'était lui. | Jésus lui

Le disciple que Jésus aimait

Le disciple mystérieux qui semble être l'auteur du quatrième Évangile apparaît ici pour la troisième fois avec le qualificatif : « celui que Jésus aimait ». La première fois, il est tout près de Jésus lors du dernier repas (Jean 13, 23). La deuxième fois, il est au pied de la croix* et reçoit Marie comme mère (Jean 19, 26-27, p. 393). Ici, il constate que les linges de la mort, qui enveloppaient Lazare* quand il sortit du tombeau, sont cette fois-ci restés dans le tombeau. Il est le premier à comprendre que Jésus est passé au-delà de la mort : il est ressuscité. Ce disciple est cité une quatrième fois (Jean 21, 7, p. 398). Il est alors le premier à reconnaître la présence du ressuscité.

À travers ces quatre passages, c'est le portrait du disciple idéal qui est tracé. Le vrai disciple est celui qui parle avec Jésus dans l'intimité de son cœur, qui suit Jésus dans les épreuves et les difficultés, qui croit que Jésus est vainqueur de la mort et qui sait reconnaître sa présence dans les événements quotidiens.

Le « disciple que Jésus aimait » nous apprend comment doit être un disciple qui veut répondre à l'amour que Jésus lui porte.

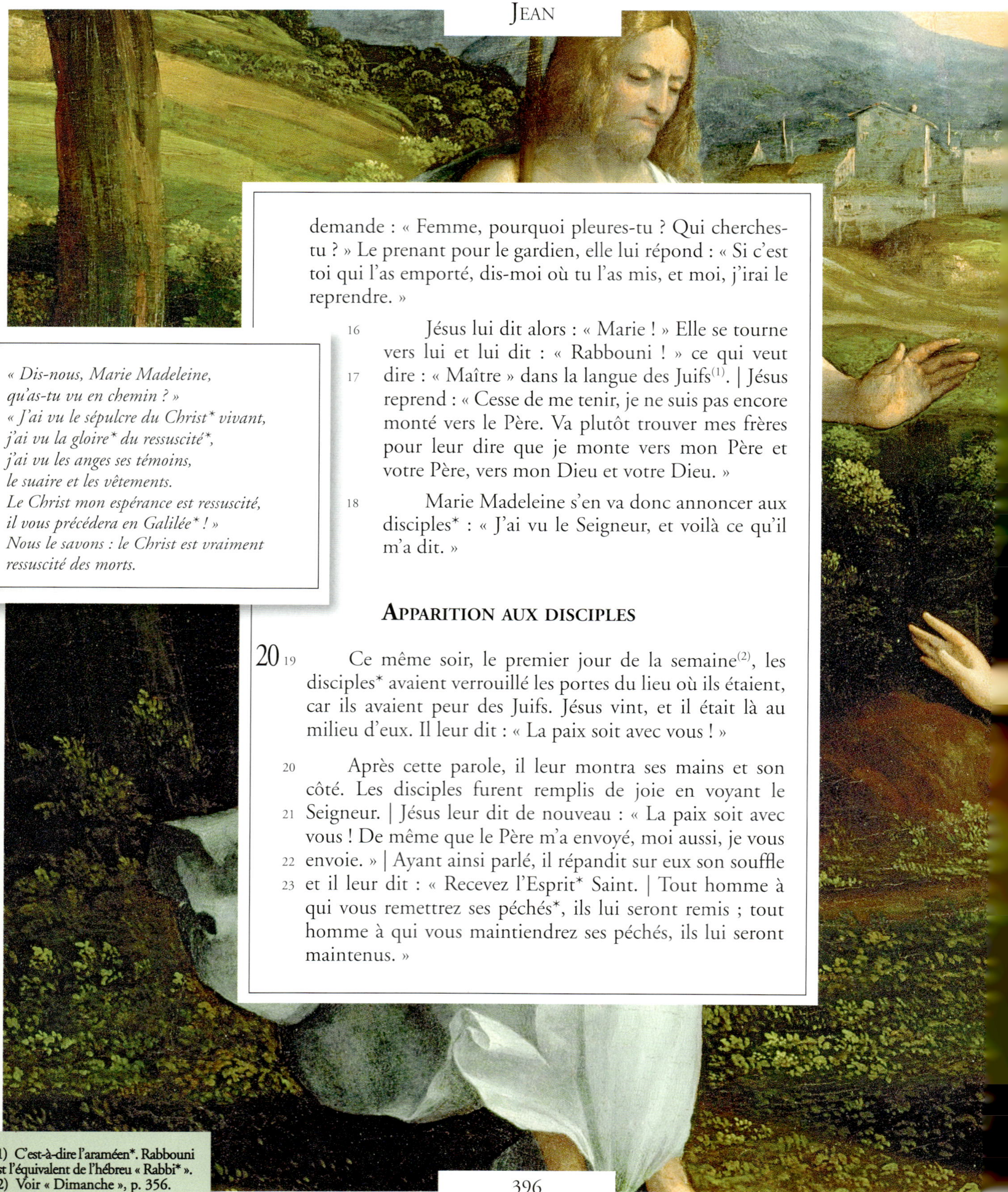

demande : « Femme, pourquoi pleures-tu ? Qui cherches-
tu ? » Le prenant pour le gardien, elle lui répond : « Si c'est
toi qui l'as emporté, dis-moi où tu l'as mis, et moi, j'irai le
reprendre. »

16 Jésus lui dit alors : « Marie ! » Elle se tourne
vers lui et lui dit : « Rabbouni ! » ce qui veut
17 dire : « Maître » dans la langue des Juifs(1). | Jésus
reprend : « Cesse de me tenir, je ne suis pas encore
monté vers le Père. Va plutôt trouver mes frères
pour leur dire que je monte vers mon Père et
votre Père, vers mon Dieu et votre Dieu. »

18 Marie Madeleine s'en va donc annoncer aux
disciples* : « J'ai vu le Seigneur, et voilà ce qu'il
m'a dit. »

« Dis-nous, Marie Madeleine,
qu'as-tu vu en chemin ? »
« J'ai vu le sépulcre du Christ vivant,*
j'ai vu la gloire du ressuscité*,*
j'ai vu les anges ses témoins,
le suaire et les vêtements.
Le Christ mon espérance est ressuscité,
il vous précédera en Galilée ! »*
Nous le savons : le Christ est vraiment
ressuscité des morts.

APPARITION AUX DISCIPLES

20 19 Ce même soir, le premier jour de la semaine(2), les
disciples* avaient verrouillé les portes du lieu où ils étaient,
car ils avaient peur des Juifs. Jésus vint, et il était là au
milieu d'eux. Il leur dit : « La paix soit avec vous ! »

20 Après cette parole, il leur montra ses mains et son
côté. Les disciples furent remplis de joie en voyant le
21 Seigneur. | Jésus leur dit de nouveau : « La paix soit avec
vous ! De même que le Père m'a envoyé, moi aussi, je vous
22 envoie. » | Ayant ainsi parlé, il répandit sur eux son souffle
23 et il leur dit : « Recevez l'Esprit* Saint. | Tout homme à
qui vous remettrez ses péchés*, ils lui seront remis ; tout
homme à qui vous maintiendrez ses péchés, ils lui seront
maintenus. »

(1) C'est-à-dire l'araméen*. Rabbouni est l'équivalent de l'hébreu « Rabbi* ».
(2) Voir « Dimanche », p. 356.

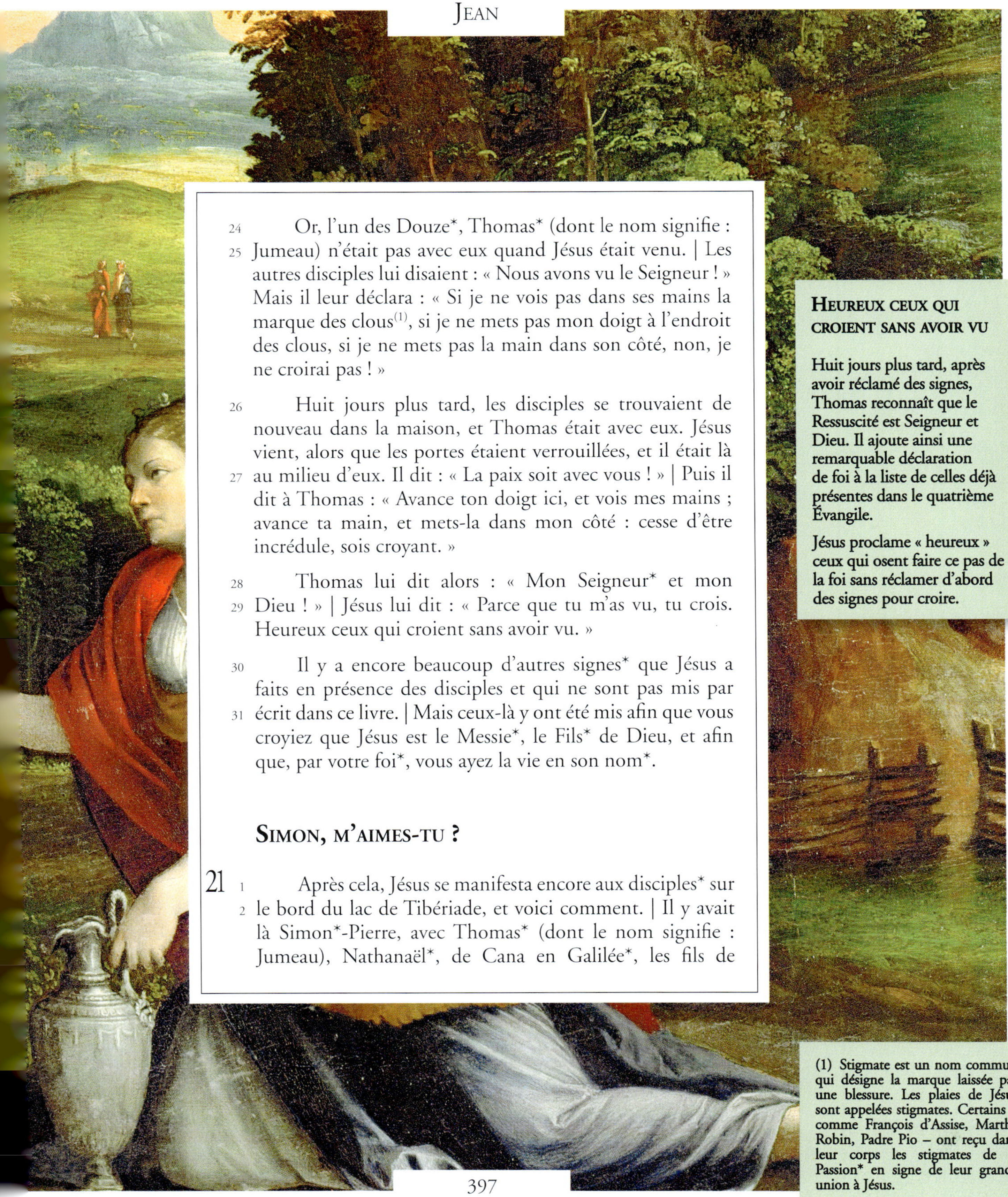

24 Or, l'un des Douze*, Thomas* (dont le nom signifie :
25 Jumeau) n'était pas avec eux quand Jésus était venu. | Les
autres disciples lui disaient : « Nous avons vu le Seigneur ! »
Mais il leur déclara : « Si je ne vois pas dans ses mains la
marque des clous[1], si je ne mets pas mon doigt à l'endroit
des clous, si je ne mets pas la main dans son côté, non, je
ne croirai pas ! »

26 Huit jours plus tard, les disciples se trouvaient de
nouveau dans la maison, et Thomas était avec eux. Jésus
vient, alors que les portes étaient verrouillées, et il était là
27 au milieu d'eux. Il dit : « La paix soit avec vous ! » | Puis il
dit à Thomas : « Avance ton doigt ici, et vois mes mains ;
avance ta main, et mets-la dans mon côté : cesse d'être
incrédule, sois croyant. »

28 Thomas lui dit alors : « Mon Seigneur* et mon
29 Dieu ! » | Jésus lui dit : « Parce que tu m'as vu, tu crois.
Heureux ceux qui croient sans avoir vu. »

30 Il y a encore beaucoup d'autres signes* que Jésus a
faits en présence des disciples et qui ne sont pas mis par
31 écrit dans ce livre. | Mais ceux-là y ont été mis afin que vous
croyiez que Jésus est le Messie*, le Fils* de Dieu, et afin
que, par votre foi*, vous ayez la vie en son nom*.

Simon, m'aimes-tu ?

21 1 Après cela, Jésus se manifesta encore aux disciples* sur
2 le bord du lac de Tibériade, et voici comment. | Il y avait
là Simon*-Pierre, avec Thomas* (dont le nom signifie :
Jumeau), Nathanaël*, de Cana en Galilée*, les fils de

Heureux ceux qui croient sans avoir vu

Huit jours plus tard, après avoir réclamé des signes, Thomas reconnaît que le Ressuscité est Seigneur et Dieu. Il ajoute ainsi une remarquable déclaration de foi à la liste de celles déjà présentes dans le quatrième Évangile.

Jésus proclame « heureux » ceux qui osent faire ce pas de la foi sans réclamer d'abord des signes pour croire.

(1) Stigmate est un nom commun qui désigne la marque laissée par une blessure. Les plaies de Jésus sont appelées stigmates. Certains – comme François d'Assise, Marthe Robin, Padre Pio – ont reçu dans leur corps les stigmates de la Passion* en signe de leur grande union à Jésus.

3 Zébédée, et deux autres disciples. | Simon-Pierre leur dit :
« Je m'en vais à la pêche. » Ils lui répondent : « Nous allons
avec toi. » Ils partirent et montèrent dans la barque ; or, ils
passèrent la nuit sans rien prendre.

4 Au lever du jour, Jésus était là, sur le rivage, mais les
5 disciples ne savaient pas que c'était lui. | Jésus les appelle :
« Les enfants, auriez-vous un peu de poisson ? » Ils lui
6 répondent : « Non. » | Il leur dit : « Jetez le filet à droite
de la barque, et vous trouverez. » Ils jetèrent donc le filet,
et cette fois ils n'arrivaient pas à le ramener, tellement il y
7 avait de poisson. | Alors, le disciple que Jésus aimait[1] dit
à Pierre* : « C'est le Seigneur* ! » Quand Simon-Pierre l'en-
tendit déclarer que c'était le Seigneur, il passa un vêtement,
8 car il n'avait rien sur lui, et il se jeta à l'eau. | Les autres
disciples arrivent en barque, tirant le filet plein de pois-
sons ; la terre n'était qu'à une centaine de mètres.

9 En débarquant sur le rivage, ils voient un feu de
10 braise avec du poisson posé dessus, et du pain. | Jésus leur
dit : « Apportez donc de ce poisson que vous venez de
11 prendre. » | Simon-Pierre monta dans la barque et amena
jusqu'à terre le filet plein de gros poissons : il y en avait cent
cinquante-trois. Et, malgré cette quantité, le filet ne s'était
12 pas déchiré. | Jésus dit alors : « Venez déjeuner. » Aucun des
disciples n'osait lui demander : « Qui es-tu ? » Ils savaient
13 que c'était le Seigneur. | Jésus s'approche, prend le pain et
le leur donne, ainsi que le poisson. [...]

15 Quand ils eurent déjeuné, Jésus dit à Simon-Pierre :
« Simon, fils de Jean, m'aimes-tu plus que ceux-ci ? » Il lui
répond : « Oui, Seigneur, je t'aime, tu le sais. » Jésus lui dit :
16 « Sois le berger* de mes agneaux. » | Il lui dit une deuxième
fois : « Simon, fils de Jean, m'aimes-tu ? » Il lui répond :

L'APPARITION AU BORD DU LAC

Dans un dernier chapitre ajouté à l'Évangile (qui se terminait d'abord, semblait-il, avec le chapitre 20), saint Jean raconte une apparition de Jésus en Galilée. Ce récit a dû être utilisé indépendamment des autres, pour donner des enseignements sur la présence de Jésus ressuscité dans son Église*, sur le pardon* des péchés* et sur le rôle des Apôtres*...

(1) Voir p. 395.

Oui, Seigneur, aller jusqu'au bout
n'est pas toujours facile.
Comme Pierre, il nous arrive de chuter.*
Après lui avoir posé trois fois la question :
« M'aimes-tu ? »
qui rappelle ses trois reniements,
tu confirmes Pierre dans son rôle de pasteur,*
fondement et acteur de communion
pour la communauté des croyants.
Seigneur, donne-nous de te faire confiance
et ainsi de trouver la force
pour te suivre jusqu'au bout.

« Oui, Seigneur, je t'aime, tu le sais. » Jésus lui dit :
17 « Sois le pasteur de mes brebis. » | Il lui dit, pour
la troisième fois : « Simon, fils de Jean, est-ce que
tu m'aimes ? » Pierre* fut peiné parce que, pour la
troisième fois, il lui demandait : « Est-ce que tu
m'aimes ? » et il répondit : « Seigneur, tu sais tout : tu sais
bien que je t'aime. » Jésus lui dit : « Sois le berger de mes
18 brebis. | Amen*, amen, je te le dis : quand tu étais jeune,
tu mettais ta ceinture toi-même pour aller là où tu voulais ;
quand tu seras vieux, tu étendras les mains, et c'est un
autre qui te mettra ta ceinture, pour t'emmener là où tu ne
19 voudrais pas aller. » | Jésus disait cela pour signifier par quel
genre de mort Pierre* rendrait gloire* à Dieu. Puis il lui dit
encore : « Suis-moi. »

20 En se retournant, Pierre* aperçoit, marchant à leur
suite, le disciple que Jésus aimait. (C'est lui qui, pendant le
repas, s'était penché sur la poitrine de Jésus pour lui dire :
21 « Seigneur, quel est celui qui va te livrer ? ») | Pierre*, voyant
ce disciple, dit à Jésus : « Et lui, Seigneur, que lui arrivera-
22 t-il ? » | Jésus lui répond : « Si je veux qu'il reste jusqu'à
ce que je vienne, est-ce ton affaire ? Mais toi, suis-moi. »
23 Ainsi se répandit parmi les frères l'idée que ce disciple ne
mourrait pas. Or, Jésus n'avait pas dit à Pierre* : « Il ne
mourra pas », mais : « Si je veux qu'il reste jusqu'à ce que je
vienne, est-ce ton affaire ? »

24 C'est lui, le disciple qui rend témoignage de tout cela,
et qui l'a rapporté par écrit, et nous savons que son témoi-
25 gnage est vrai. | Il y a encore beaucoup d'autres choses que
Jésus a faites ; et s'il fallait rapporter chacune d'elles, je
pense que le monde entier ne suffirait pas pour contenir les
livres que l'on écrirait ainsi.

PIERRE*, LE SERVITEUR BIEN-AIMÉ

Pierre* est l'objet d'une dernière mise au point de la part du Christ*. Si ce dernier lui confie de veiller à la croissance du troupeau, il ne lui donne pas pour autant une autorité totale sur l'itinéraire des autres disciples. Ainsi le parcours du disciple bien-aimé lui échappe…

5e PARTIE

NAISSANCE DE L'ÉGLISE

Dans les premières années après la résurrection de Jésus, ses disciples* demeurent très attachés au judaïsme. Ils forment un courant nouveau à côté des pharisiens*, des sadducéens*, des esséniens*[1]. La cohabitation entre ces tendances est difficile : des conflits éclatent, surtout au sujet de l'accueil des païens*.*

Les Juifs de la Diaspora avaient annoncé le message biblique aux païens qu'ils rencontraient. Certains de ces païens étaient devenus pleinement juifs par la circoncision*. D'autres restaient en retrait. Ils participaient à certaines réunions de prière, montaient en pèlerinage à Jérusalem*, mais refusaient de s'intégrer totalement dans le monde juif en se séparant de leur milieu de vie[2]. Beaucoup de ces croyants incirconcis, ayant eu connaissance de l'Évangile*, demandent à faire partie de la communauté chrétienne. Après avoir hésité, les apôtres* décident de les accueillir sans leur demander la pratique des lois juives.*

Dès lors, les communautés chrétiennes rassemblent des juifs chrétiens (les judéo-chrétiens) et des chrétiens venus du paganisme. La vie en communauté entraîne, bien évidemment, des repas entre juifs et non-juifs. Cette promiscuité est très mal jugée par les autorités du judaïsme[3]. Aussi, vers la fin du Ier siècle, les judéo-chrétiens sont-ils exclus des synagogues. Ils souffrent beaucoup de cette rupture, d'autant plus qu'ils ne se sentent pas à l'aise au milieu des chrétiens d'origine païenne, de plus en plus nombreux.*

Les chrétiens d'origine païenne, de leur côté, méconnaissent le judaïsme. Ils le considèrent comme une religion dépassée. Au fil des années, le fossé se creuse et l'Église s'arrache du milieu dans lequel elle est née. Cette séparation, ponctuée d'incompréhensions et de conflits qui dureront pendant des siècles, est dommageable pour les deux : le judaïsme poursuit son édification sans l'Évangile qui lui était destiné. L'Église, dans une grande partie de ses membres, méconnaît l'Ancien Testament* et n'y découvre plus les racines de l'Évangile.*

La naissance de l'Église est attestée par un certain nombre d'écrits du Nouveau Testament :

– I. Le livre des Actes des Apôtres, p. 403 à 431 ;
– II. Les lettres, ou épîtres, des apôtres, p. 435 à 457 ;
– III. L'Apocalypse de saint Jean, p. 459 à 467.

(1) Voir « Un peuple éclaté spirituellement », p. 239.
(2) Voir le paragraphe sur les Juifs de la Diaspora, p. 238.
(3) Juifs et païens ne pouvaient pas manger ensemble. Voir Actes des Apôtres 11, 3.

I
LES ACTES DES APÔTRES

Le livre des Actes des Apôtres, *écrit par saint Luc*, s'intéresse d'abord à Pierre*, le responsable de la première communauté des disciples* de Jésus à Jérusalem*. En l'an 36 ou 37, après la persécution au cours de laquelle Étienne* a été lapidé, Pierre* entreprend des tournées de prédication en Samarie et sur la côte méditerranéenne. Il baptise* un centurion romain incirconcis, posant ainsi un premier jalon vers l'ouverture aux païens*.*

Dans la deuxième partie de son ouvrage, Luc présente le travail missionnaire de Paul. D'abord opposé à la prédication de l'Évangile*, Paul se convertit* et devient l'apôtre des non-juifs. Luc termine son ouvrage lorsque Paul parvient à Rome. La capitale de l'Empire romain est désormais le lieu d'où la Parole de Dieu va pouvoir rayonner sur toute la Terre.*

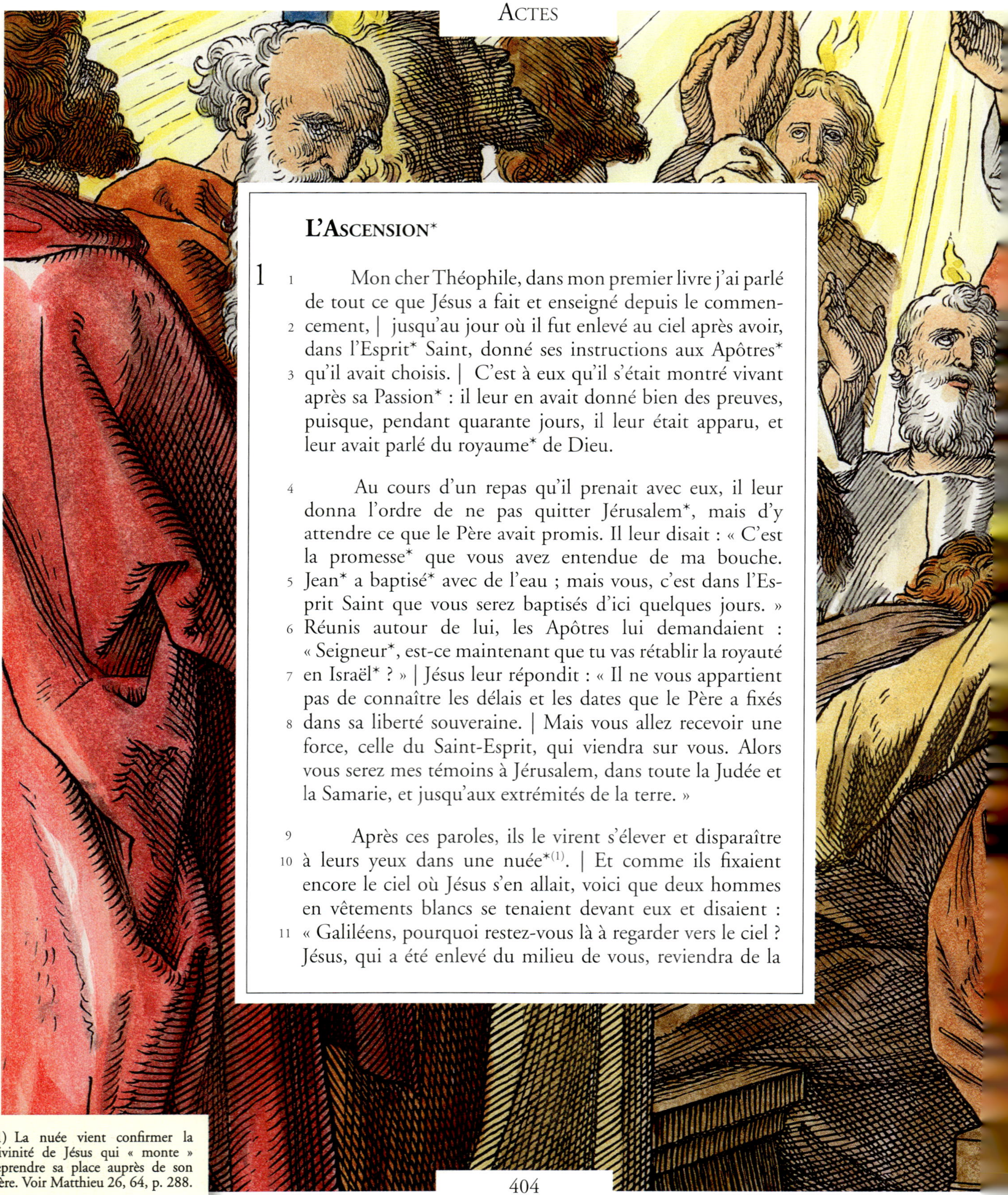

L'ASCENSION*

1 1 Mon cher Théophile, dans mon premier livre j'ai parlé
de tout ce que Jésus a fait et enseigné depuis le commen-
2 cement, | jusqu'au jour où il fut enlevé au ciel après avoir,
dans l'Esprit* Saint, donné ses instructions aux Apôtres*
3 qu'il avait choisis. | C'est à eux qu'il s'était montré vivant
après sa Passion* : il leur en avait donné bien des preuves,
puisque, pendant quarante jours, il leur était apparu, et
leur avait parlé du royaume* de Dieu.

4 Au cours d'un repas qu'il prenait avec eux, il leur
donna l'ordre de ne pas quitter Jérusalem*, mais d'y
attendre ce que le Père avait promis. Il leur disait : « C'est
la promesse* que vous avez entendue de ma bouche.
5 Jean* a baptisé* avec de l'eau ; mais vous, c'est dans l'Es-
prit Saint que vous serez baptisés d'ici quelques jours. »
6 Réunis autour de lui, les Apôtres lui demandaient :
« Seigneur*, est-ce maintenant que tu vas rétablir la royauté
7 en Israël* ? » | Jésus leur répondit : « Il ne vous appartient
pas de connaître les délais et les dates que le Père a fixés
8 dans sa liberté souveraine. | Mais vous allez recevoir une
force, celle du Saint-Esprit, qui viendra sur vous. Alors
vous serez mes témoins à Jérusalem, dans toute la Judée et
la Samarie, et jusqu'aux extrémités de la terre. »

9 Après ces paroles, ils le virent s'élever et disparaître
10 à leurs yeux dans une nuée*(1). | Et comme ils fixaient
encore le ciel où Jésus s'en allait, voici que deux hommes
en vêtements blancs se tenaient devant eux et disaient :
11 « Galiléens, pourquoi restez-vous là à regarder vers le ciel ?
Jésus, qui a été enlevé du milieu de vous, reviendra de la

(1) La nuée vient confirmer la divinité de Jésus qui « monte » reprendre sa place auprès de son Père. Voir Matthieu 26, 64, p. 288.

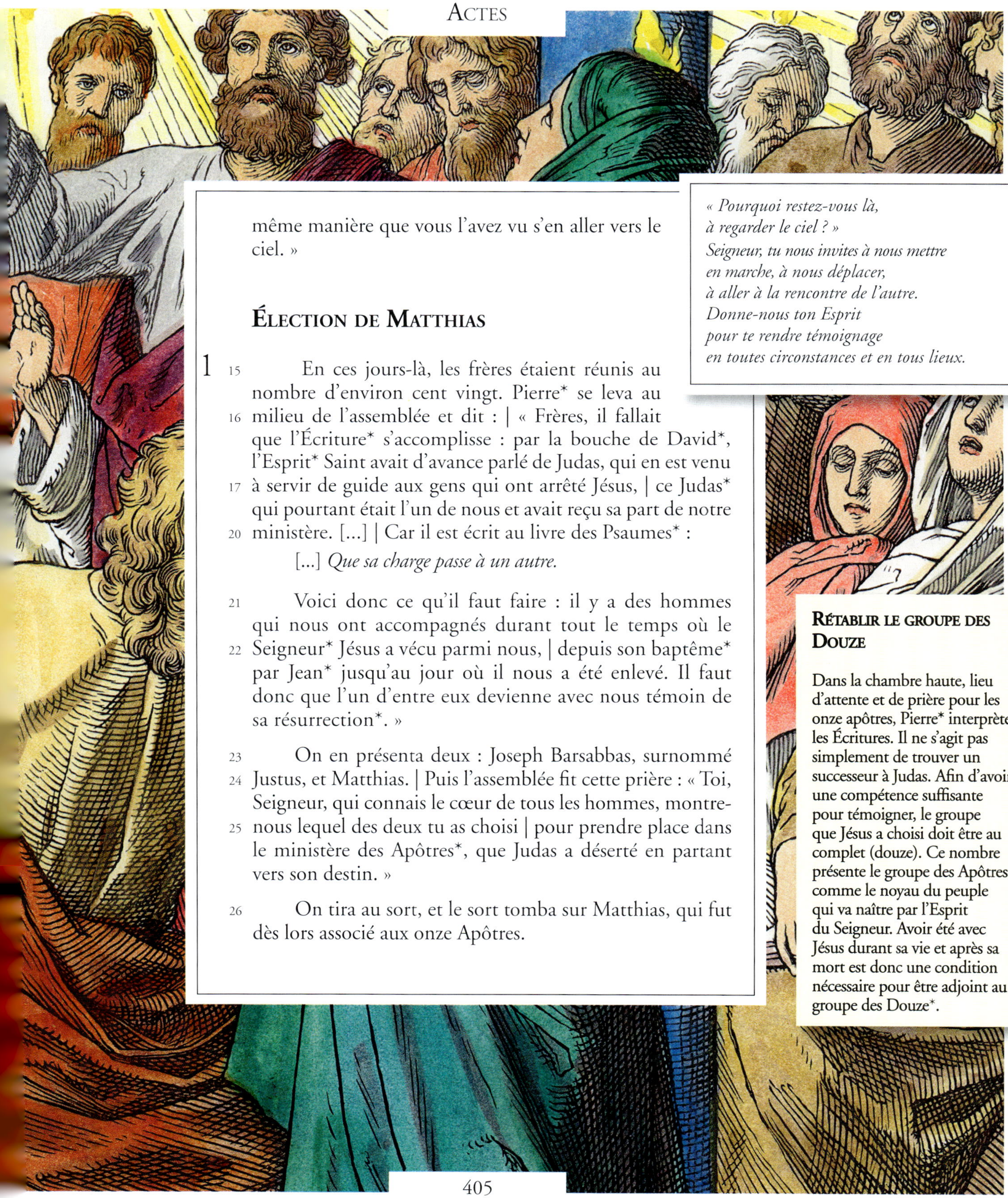

même manière que vous l'avez vu s'en aller vers le
ciel. »

ÉLECTION DE MATTHIAS

1 15 En ces jours-là, les frères étaient réunis au
nombre d'environ cent vingt. Pierre* se leva au
16 milieu de l'assemblée et dit : | « Frères, il fallait
que l'Écriture* s'accomplisse : par la bouche de David*,
l'Esprit* Saint avait d'avance parlé de Judas, qui en est venu
17 à servir de guide aux gens qui ont arrêté Jésus, | ce Judas*
qui pourtant était l'un de nous et avait reçu sa part de notre
20 ministère. [...] | Car il est écrit au livre des Psaumes* :

[...] *Que sa charge passe à un autre.*

21 Voici donc ce qu'il faut faire : il y a des hommes
qui nous ont accompagnés durant tout le temps où le
22 Seigneur* Jésus a vécu parmi nous, | depuis son baptême*
par Jean* jusqu'au jour où il nous a été enlevé. Il faut
donc que l'un d'entre eux devienne avec nous témoin de
sa résurrection*. »

23 On en présenta deux : Joseph Barsabbas, surnommé
24 Justus, et Matthias. | Puis l'assemblée fit cette prière : « Toi,
Seigneur, qui connais le cœur de tous les hommes, montre-
25 nous lequel des deux tu as choisi | pour prendre place dans
le ministère des Apôtres*, que Judas a déserté en partant
vers son destin. »

26 On tira au sort, et le sort tomba sur Matthias, qui fut
dès lors associé aux onze Apôtres.

« Pourquoi restez-vous là,
à regarder le ciel ? »
Seigneur, tu nous invites à nous mettre
en marche, à nous déplacer,
à aller à la rencontre de l'autre.
Donne-nous ton Esprit
pour te rendre témoignage
en toutes circonstances et en tous lieux.

RÉTABLIR LE GROUPE DES DOUZE

Dans la chambre haute, lieu d'attente et de prière pour les onze apôtres, Pierre* interprète les Écritures. Il ne s'agit pas simplement de trouver un successeur à Judas. Afin d'avoir une compétence suffisante pour témoigner, le groupe que Jésus a choisi doit être au complet (douze). Ce nombre présente le groupe des Apôtres comme le noyau du peuple qui va naître par l'Esprit du Seigneur. Avoir été avec Jésus durant sa vie et après sa mort est donc une condition nécessaire pour être adjoint au groupe des Douze*.

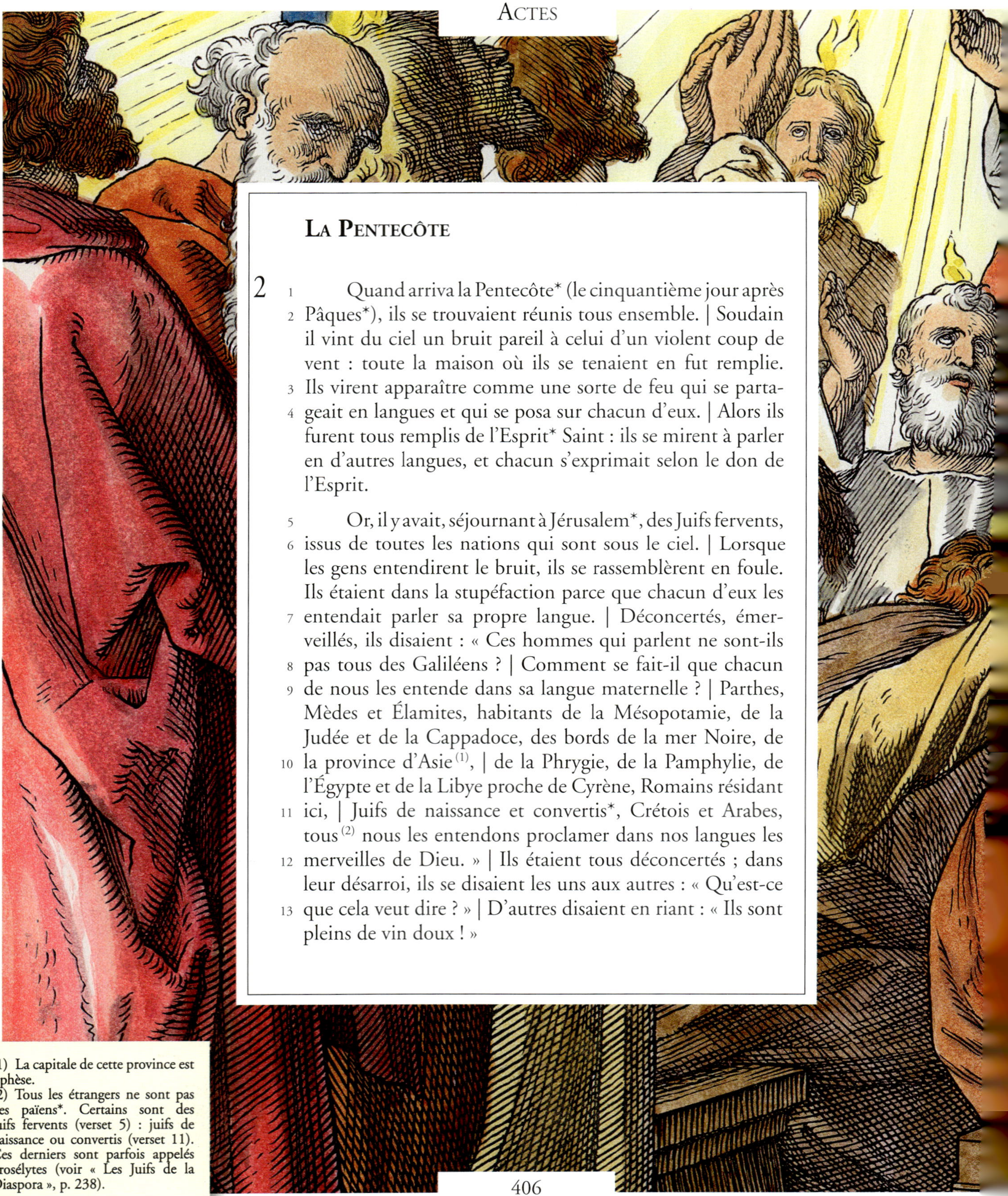

LA PENTECÔTE

2 1 Quand arriva la Pentecôte* (le cinquantième jour après
2 Pâques*), ils se trouvaient réunis tous ensemble. | Soudain
il vint du ciel un bruit pareil à celui d'un violent coup de
vent : toute la maison où ils se tenaient en fut remplie.
3 Ils virent apparaître comme une sorte de feu qui se parta-
4 geait en langues et qui se posa sur chacun d'eux. | Alors ils
furent tous remplis de l'Esprit* Saint : ils se mirent à parler
en d'autres langues, et chacun s'exprimait selon le don de
l'Esprit.

5 Or, il y avait, séjournant à Jérusalem*, des Juifs fervents,
6 issus de toutes les nations qui sont sous le ciel. | Lorsque
les gens entendirent le bruit, ils se rassemblèrent en foule.
Ils étaient dans la stupéfaction parce que chacun d'eux les
7 entendait parler sa propre langue. | Déconcertés, émer-
veillés, ils disaient : « Ces hommes qui parlent ne sont-ils
8 pas tous des Galiléens ? | Comment se fait-il que chacun
9 de nous les entende dans sa langue maternelle ? | Parthes,
Mèdes et Élamites, habitants de la Mésopotamie, de la
Judée et de la Cappadoce, des bords de la mer Noire, de
10 la province d'Asie (1), | de la Phrygie, de la Pamphylie, de
l'Égypte et de la Libye proche de Cyrène, Romains résidant
11 ici, | Juifs de naissance et convertis*, Crétois et Arabes,
tous (2) nous les entendons proclamer dans nos langues les
12 merveilles de Dieu. » | Ils étaient tous déconcertés ; dans
leur désarroi, ils se disaient les uns aux autres : « Qu'est-ce
13 que cela veut dire ? » | D'autres disaient en riant : « Ils sont
pleins de vin doux ! »

(1) La capitale de cette province est Éphèse.
(2) Tous les étrangers ne sont pas des païens*. Certains sont des juifs fervents (verset 5) : juifs de naissance ou convertis (verset 11). Ces derniers sont parfois appelés prosélytes (voir « Les Juifs de la Diaspora », p. 238).

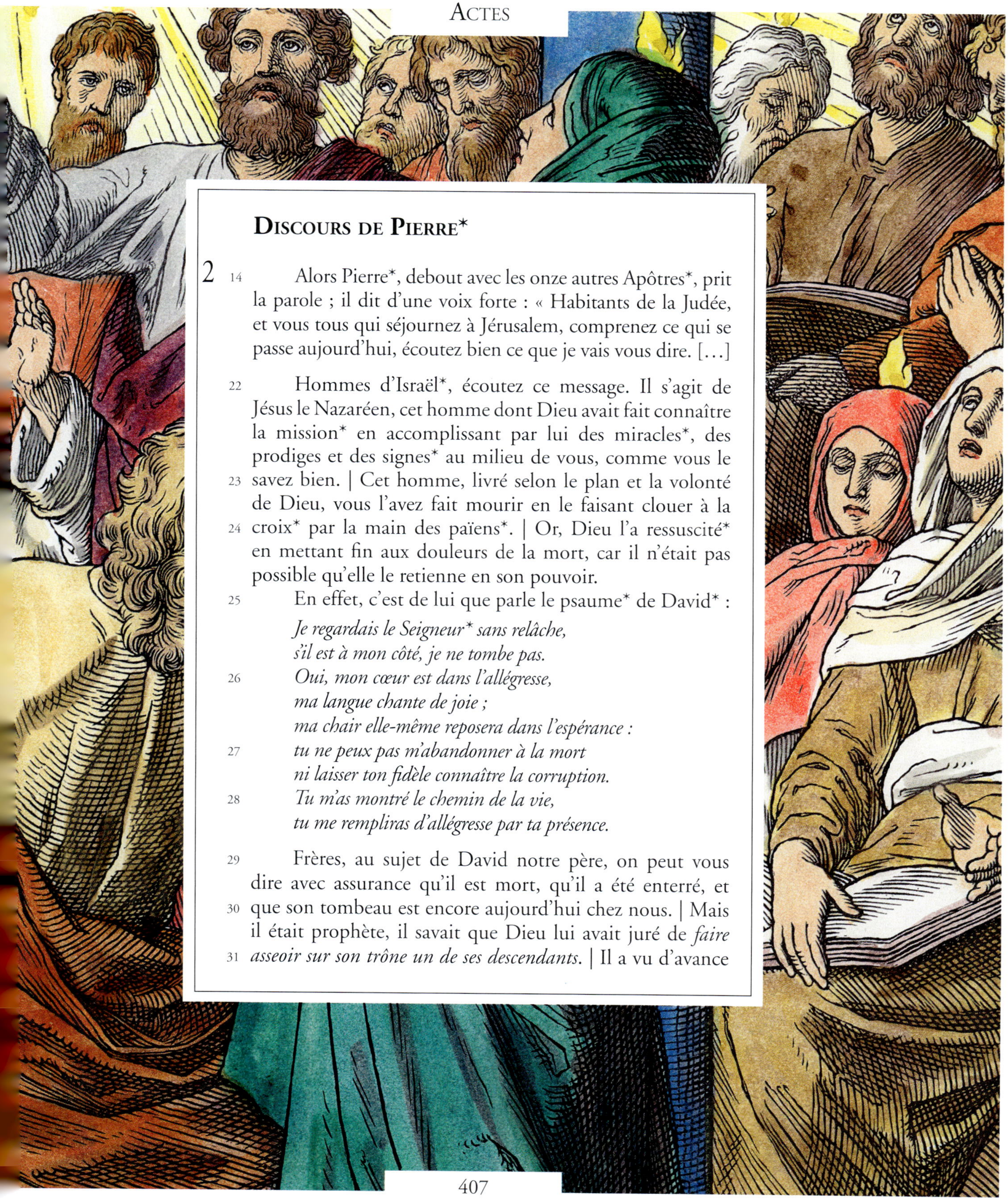

DISCOURS DE PIERRE*

2 14 Alors Pierre*, debout avec les onze autres Apôtres*, prit
la parole ; il dit d'une voix forte : « Habitants de la Judée,
et vous tous qui séjournez à Jérusalem, comprenez ce qui se
passe aujourd'hui, écoutez bien ce que je vais vous dire. […]

22 Hommes d'Israël*, écoutez ce message. Il s'agit de
Jésus le Nazaréen, cet homme dont Dieu avait fait connaître
la mission* en accomplissant par lui des miracles*, des
prodiges et des signes* au milieu de vous, comme vous le
23 savez bien. | Cet homme, livré selon le plan et la volonté
de Dieu, vous l'avez fait mourir en le faisant clouer à la
24 croix* par la main des païens*. | Or, Dieu l'a ressuscité*
en mettant fin aux douleurs de la mort, car il n'était pas
possible qu'elle le retienne en son pouvoir.
25 En effet, c'est de lui que parle le psaume* de David* :

Je regardais le Seigneur sans relâche,*
s'il est à mon côté, je ne tombe pas.
26 *Oui, mon cœur est dans l'allégresse,*
ma langue chante de joie ;
ma chair elle-même reposera dans l'espérance :
27 *tu ne peux pas m'abandonner à la mort*
ni laisser ton fidèle connaître la corruption.
28 *Tu m'as montré le chemin de la vie,*
tu me rempliras d'allégresse par ta présence.

29 Frères, au sujet de David notre père, on peut vous
dire avec assurance qu'il est mort, qu'il a été enterré, et
30 que son tombeau est encore aujourd'hui chez nous. | Mais
il était prophète, il savait que Dieu lui avait juré de *faire*
31 *asseoir sur son trône un de ses descendants.* | Il a vu d'avance

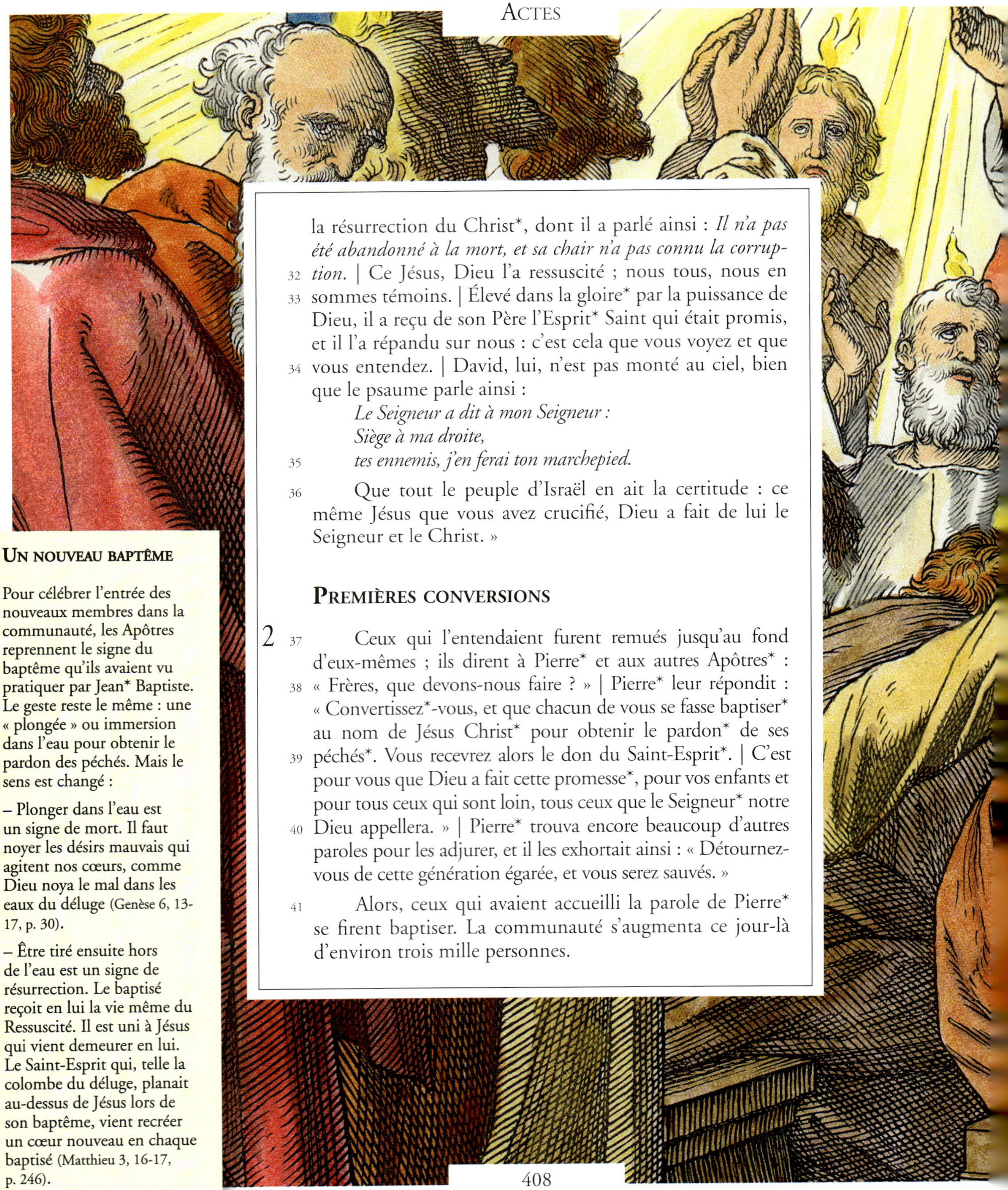

la résurrection du Christ*, dont il a parlé ainsi : *Il n'a pas
été abandonné à la mort, et sa chair n'a pas connu la corrup-
32 *tion.* | Ce Jésus, Dieu l'a ressuscité ; nous tous, nous en
33 sommes témoins. | Élevé dans la gloire* par la puissance de
Dieu, il a reçu de son Père l'Esprit* Saint qui était promis,
et il l'a répandu sur nous : c'est cela que vous voyez et que
34 vous entendez. | David, lui, n'est pas monté au ciel, bien
que le psaume parle ainsi :

Le Seigneur a dit à mon Seigneur :
Siège à ma droite,
35 *tes ennemis, j'en ferai ton marchepied.*

36 Que tout le peuple d'Israël en ait la certitude : ce
même Jésus que vous avez crucifié, Dieu a fait de lui le
Seigneur et le Christ. »

Premières conversions

2 37 Ceux qui l'entendaient furent remués jusqu'au fond
d'eux-mêmes ; ils dirent à Pierre* et aux autres Apôtres* :
38 « Frères, que devons-nous faire ? » | Pierre* leur répondit :
« Convertissez*-vous, et que chacun de vous se fasse baptiser*
au nom de Jésus Christ* pour obtenir le pardon* de ses
39 péchés*. Vous recevrez alors le don du Saint-Esprit*. | C'est
pour vous que Dieu a fait cette promesse*, pour vos enfants et
pour tous ceux qui sont loin, tous ceux que le Seigneur* notre
40 Dieu appellera. » | Pierre* trouva encore beaucoup d'autres
paroles pour les adjurer, et il les exhortait ainsi : « Détournez-
vous de cette génération égarée, et vous serez sauvés. »

41 Alors, ceux qui avaient accueilli la parole de Pierre*
se firent baptiser. La communauté s'augmenta ce jour-là
d'environ trois mille personnes.

Un nouveau baptême

Pour célébrer l'entrée des nouveaux membres dans la communauté, les Apôtres reprennent le signe du baptême qu'ils avaient vu pratiquer par Jean* Baptiste. Le geste reste le même : une « plongée » ou immersion dans l'eau pour obtenir le pardon des péchés. Mais le sens est changé :

– Plonger dans l'eau est un signe de mort. Il faut noyer les désirs mauvais qui agitent nos cœurs, comme Dieu noya le mal dans les eaux du déluge (Genèse 6, 13-17, p. 30).

– Être tiré ensuite hors de l'eau est un signe de résurrection. Le baptisé reçoit en lui la vie même du Ressuscité. Il est uni à Jésus qui vient demeurer en lui. Le Saint-Esprit qui, telle la colombe du déluge, planait au-dessus de Jésus lors de son baptême, vient recréer un cœur nouveau en chaque baptisé (Matthieu 3, 16-17, p. 246).

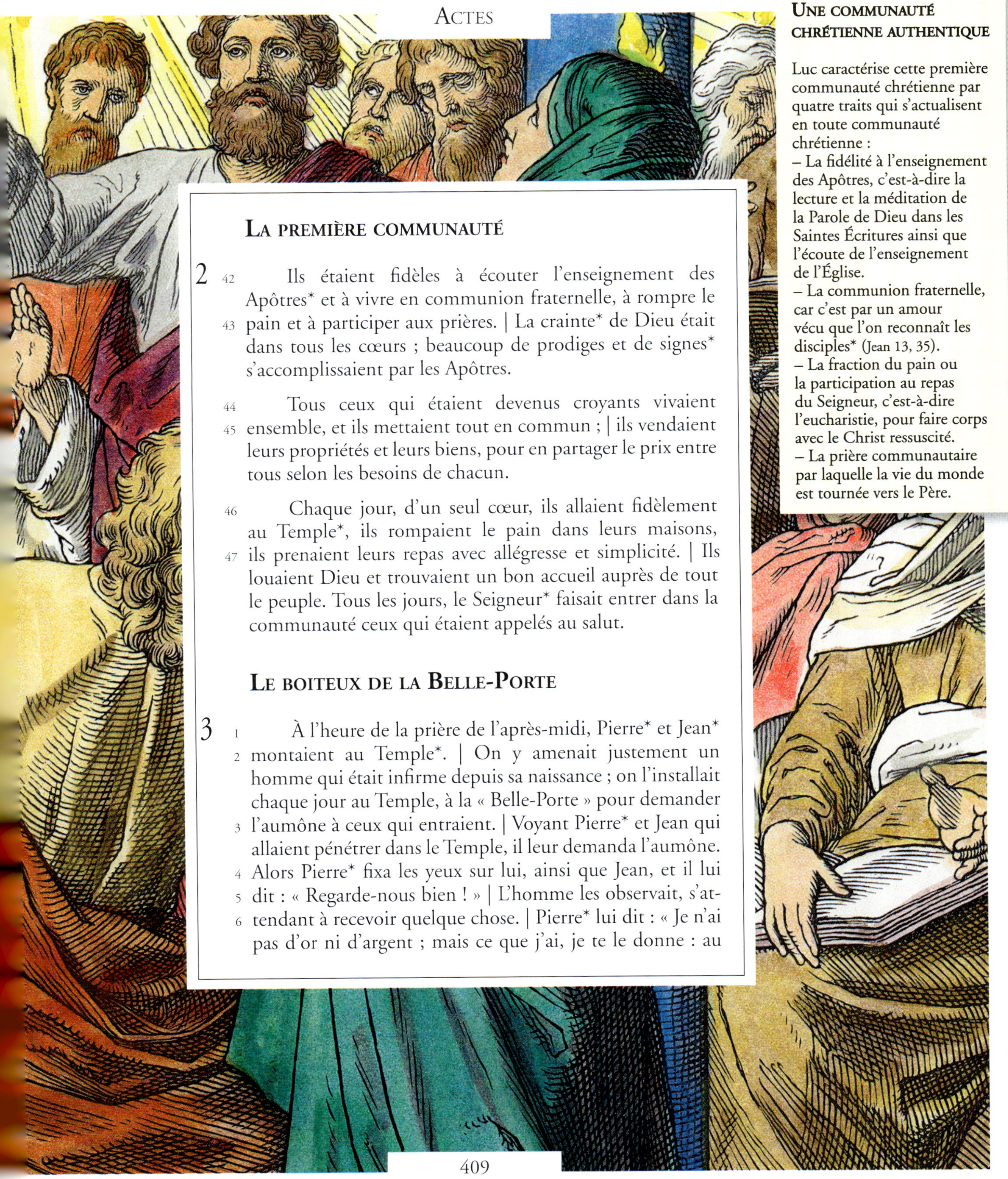

UNE COMMUNAUTÉ CHRÉTIENNE AUTHENTIQUE

Luc caractérise cette première communauté chrétienne par quatre traits qui s'actualisent en toute communauté chrétienne :

– La fidélité à l'enseignement des Apôtres, c'est-à-dire la lecture et la méditation de la Parole de Dieu dans les Saintes Écritures ainsi que l'écoute de l'enseignement de l'Église.

– La communion fraternelle, car c'est par un amour vécu que l'on reconnaît les disciples* (Jean 13, 35).

– La fraction du pain ou la participation au repas du Seigneur, c'est-à-dire l'eucharistie, pour faire corps avec le Christ ressuscité.

– La prière communautaire par laquelle la vie du monde est tournée vers le Père.

LA PREMIÈRE COMMUNAUTÉ

2 42 Ils étaient fidèles à écouter l'enseignement des
Apôtres* et à vivre en communion fraternelle, à rompre le
43 pain et à participer aux prières. | La crainte* de Dieu était
dans tous les cœurs ; beaucoup de prodiges et de signes*
s'accomplissaient par les Apôtres.

44 Tous ceux qui étaient devenus croyants vivaient
45 ensemble, et ils mettaient tout en commun ; | ils vendaient
leurs propriétés et leurs biens, pour en partager le prix entre
tous selon les besoins de chacun.

46 Chaque jour, d'un seul cœur, ils allaient fidèlement
au Temple*, ils rompaient le pain dans leurs maisons,
47 ils prenaient leurs repas avec allégresse et simplicité. | Ils
louaient Dieu et trouvaient un bon accueil auprès de tout
le peuple. Tous les jours, le Seigneur* faisait entrer dans la
communauté ceux qui étaient appelés au salut.

LE BOITEUX DE LA BELLE-PORTE

3 1 À l'heure de la prière de l'après-midi, Pierre* et Jean*
2 montaient au Temple*. | On y amenait justement un
homme qui était infirme depuis sa naissance ; on l'installait
chaque jour au Temple, à la « Belle-Porte » pour demander
3 l'aumône à ceux qui entraient. | Voyant Pierre* et Jean qui
allaient pénétrer dans le Temple, il leur demanda l'aumône.
4 Alors Pierre* fixa les yeux sur lui, ainsi que Jean, et il lui
5 dit : « Regarde-nous bien ! » | L'homme les observait, s'at-
6 tendant à recevoir quelque chose. | Pierre* lui dit : « Je n'ai
pas d'or ni d'argent ; mais ce que j'ai, je te le donne : au

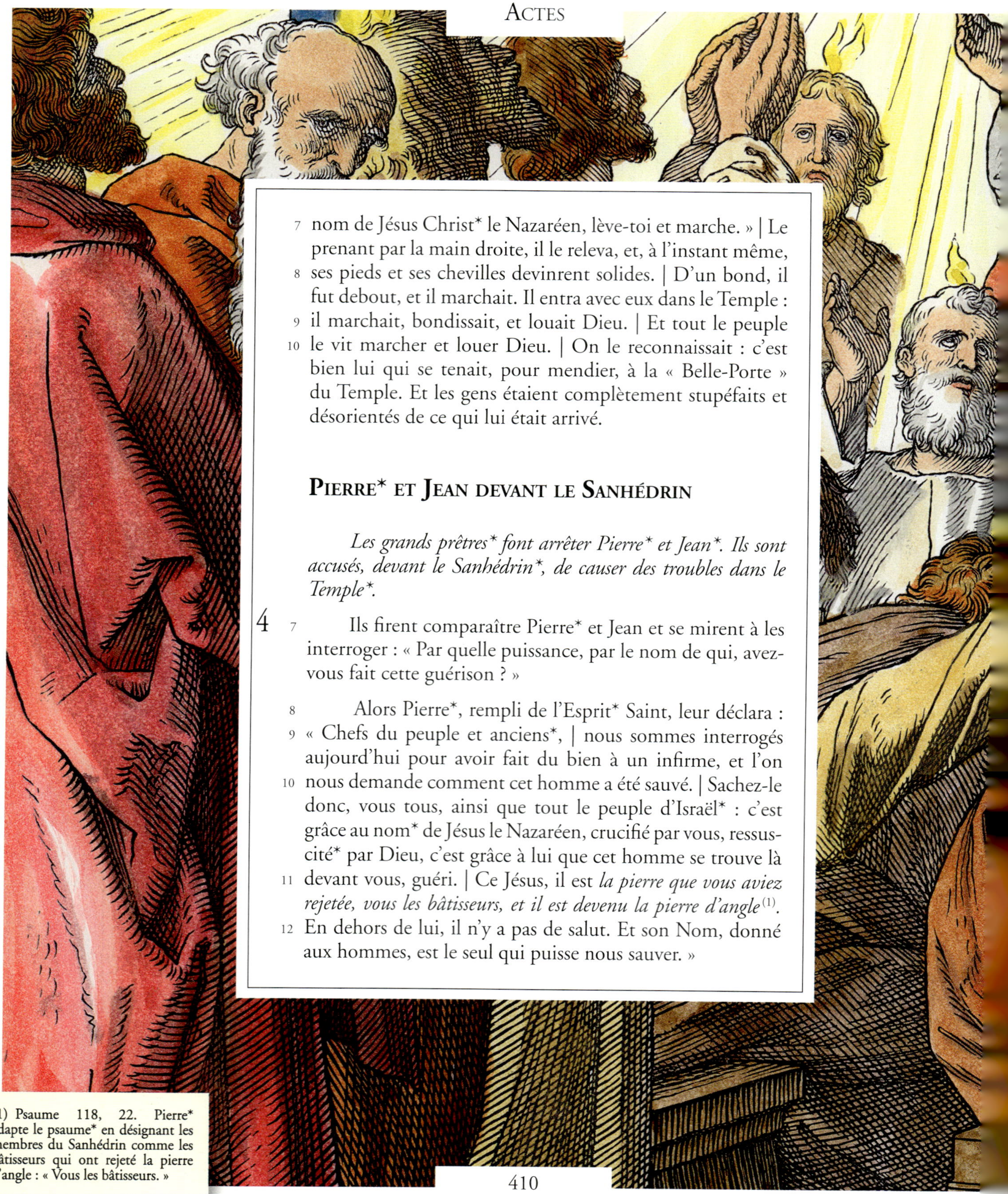

7 nom de Jésus Christ* le Nazaréen, lève-toi et marche. » | Le
prenant par la main droite, il le releva, et, à l'instant même,
8 ses pieds et ses chevilles devinrent solides. | D'un bond, il
fut debout, et il marchait. Il entra avec eux dans le Temple :
9 il marchait, bondissait, et louait Dieu. | Et tout le peuple
10 le vit marcher et louer Dieu. | On le reconnaissait : c'est
bien lui qui se tenait, pour mendier, à la « Belle-Porte »
du Temple. Et les gens étaient complètement stupéfaits et
désorientés de ce qui lui était arrivé.

PIERRE* ET JEAN DEVANT LE SANHÉDRIN

Les grands prêtres font arrêter Pierre* et Jean*. Ils sont accusés, devant le Sanhédrin*, de causer des troubles dans le Temple*.*

4 7 Ils firent comparaître Pierre* et Jean et se mirent à les
interroger : « Par quelle puissance, par le nom de qui, avez-
vous fait cette guérison ? »

8 Alors Pierre*, rempli de l'Esprit* Saint, leur déclara :
9 « Chefs du peuple et anciens*, | nous sommes interrogés
aujourd'hui pour avoir fait du bien à un infirme, et l'on
10 nous demande comment cet homme a été sauvé. | Sachez-le
donc, vous tous, ainsi que tout le peuple d'Israël* : c'est
grâce au nom* de Jésus le Nazaréen, crucifié par vous, ressus-
cité* par Dieu, c'est grâce à lui que cet homme se trouve là
11 devant vous, guéri. | Ce Jésus, il est *la pierre que vous aviez
rejetée, vous les bâtisseurs, et il est devenu la pierre d'angle*(1).
12 En dehors de lui, il n'y a pas de salut. Et son Nom, donné
aux hommes, est le seul qui puisse nous sauver. »

(1) Psaume 118, 22. Pierre* adapte le psaume* en désignant les membres du Sanhédrin comme les bâtisseurs qui ont rejeté la pierre d'angle : « Vous les bâtisseurs. »

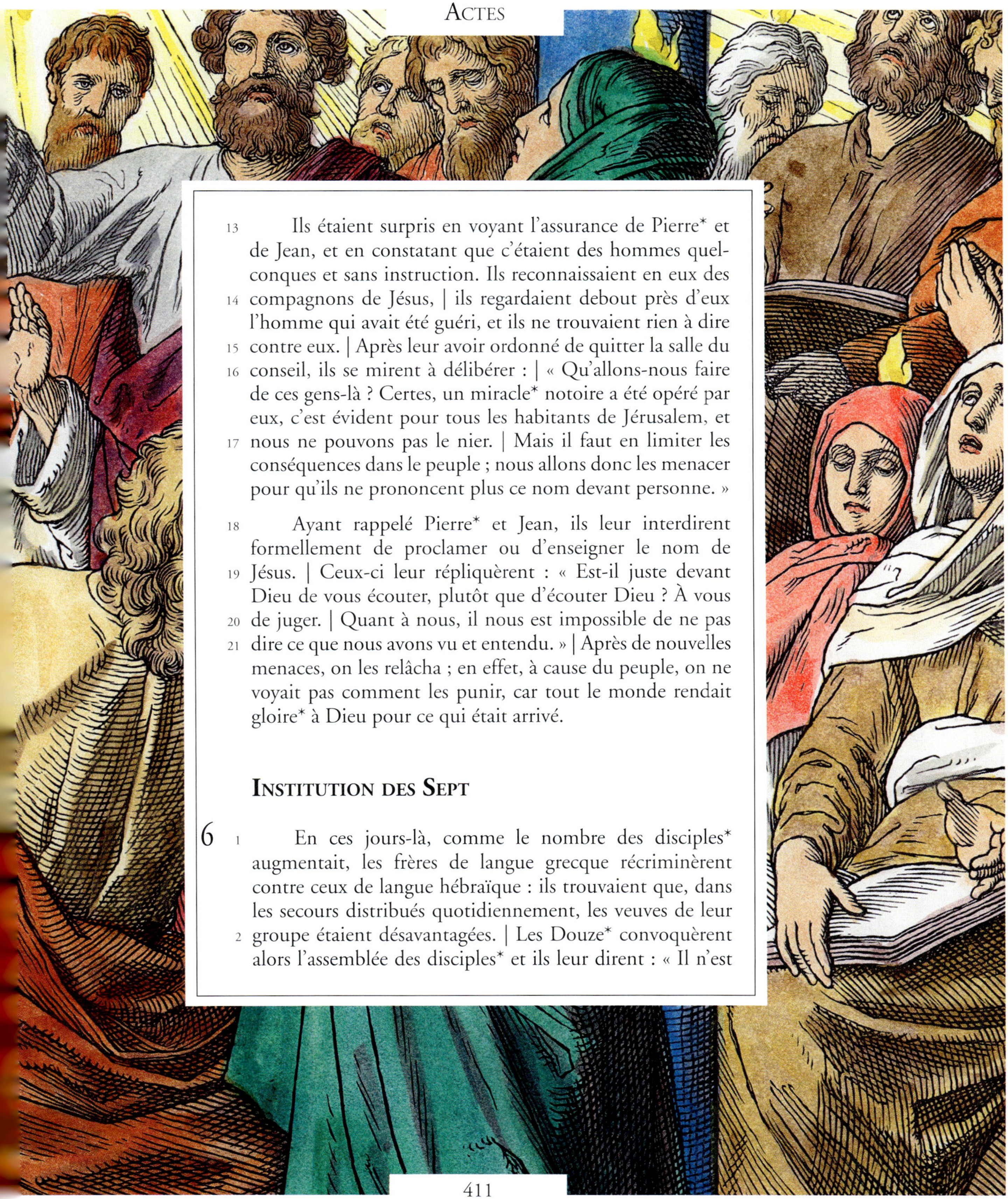

13 Ils étaient surpris en voyant l'assurance de Pierre* et
de Jean, et en constatant que c'étaient des hommes quel-
conques et sans instruction. Ils reconnaissaient en eux des
14 compagnons de Jésus, | ils regardaient debout près d'eux
l'homme qui avait été guéri, et ils ne trouvaient rien à dire
15 contre eux. | Après leur avoir ordonné de quitter la salle du
16 conseil, ils se mirent à délibérer : | « Qu'allons-nous faire
de ces gens-là ? Certes, un miracle* notoire a été opéré par
eux, c'est évident pour tous les habitants de Jérusalem, et
17 nous ne pouvons pas le nier. | Mais il faut en limiter les
conséquences dans le peuple ; nous allons donc les menacer
pour qu'ils ne prononcent plus ce nom devant personne. »

18 Ayant rappelé Pierre* et Jean, ils leur interdirent
formellement de proclamer ou d'enseigner le nom de
19 Jésus. | Ceux-ci leur répliquèrent : « Est-il juste devant
Dieu de vous écouter, plutôt que d'écouter Dieu ? À vous
20 de juger. | Quant à nous, il nous est impossible de ne pas
21 dire ce que nous avons vu et entendu. » | Après de nouvelles
menaces, on les relâcha ; en effet, à cause du peuple, on ne
voyait pas comment les punir, car tout le monde rendait
gloire* à Dieu pour ce qui était arrivé.

INSTITUTION DES SEPT

6 1 En ces jours-là, comme le nombre des disciples*
augmentait, les frères de langue grecque récriminèrent
contre ceux de langue hébraïque : ils trouvaient que, dans
les secours distribués quotidiennement, les veuves de leur
2 groupe étaient désavantagées. | Les Douze* convoquèrent
alors l'assemblée des disciples* et ils leur dirent : « Il n'est

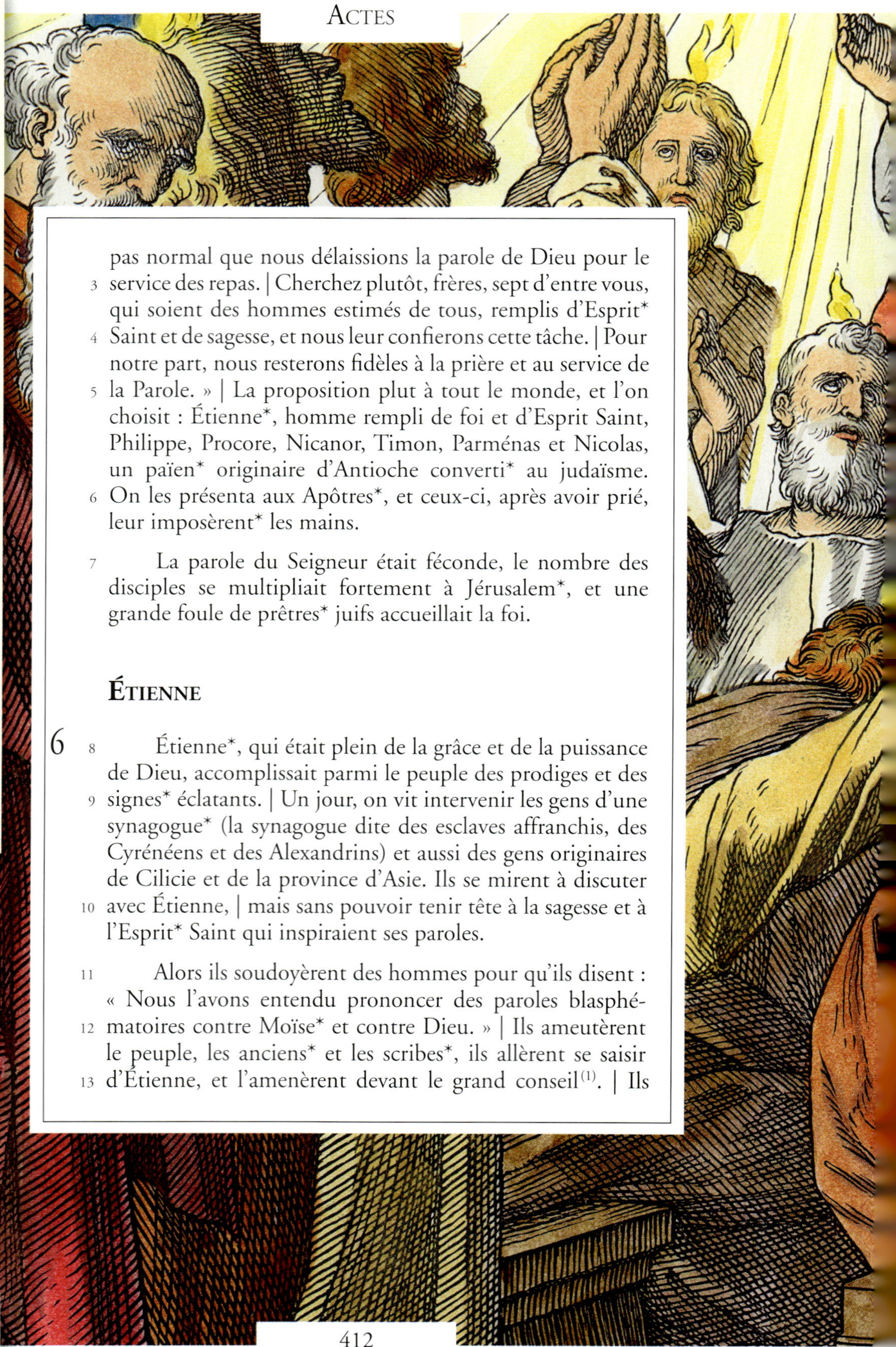

LES SEPT

La communauté des disciples est composée de frères de langue hébraïque et de frères de langue grecque. Ces derniers, appelés aussi « hellénistes », sont des juifs dont les familles ont séjourné dans la Diaspora*. De retour à Jérusalem pour des raisons diverses, ils ont du mal à s'intégrer, car ils ne connaissent pas suffisamment les langues hébraïque et araméenne… Leurs veuves, moins connues, ne sachant pas s'exprimer, sont oubliées quand on distribue les secours.

Les Apôtres désignent sept hommes parmi les hellénistes. Ils les chargent de veiller à la juste répartition des secours. Mais leur tâche ne se limite pas à cela, comme la suite le montre bien. Ces hommes sont des prédicateurs. Leur connaissance de la langue et des traditions du monde grec les oriente vers les juifs de la Diaspora et vers les païens. Leur nombre, sept, par opposition aux Douze, évoque les nations (voir p. 268). Ce sont ces Sept-là qui vont entraîner l'Église*, cantonnée à Jérusalem, à essaimer aux quatre coins du monde…

pas normal que nous délaissions la parole de Dieu pour le
3 service des repas. | Cherchez plutôt, frères, sept d'entre vous,
qui soient des hommes estimés de tous, remplis d'Esprit*
4 Saint et de sagesse, et nous leur confierons cette tâche. | Pour
notre part, nous resterons fidèles à la prière et au service de
5 la Parole. » | La proposition plut à tout le monde, et l'on
choisit : Étienne*, homme rempli de foi et d'Esprit Saint,
Philippe, Procore, Nicanor, Timon, Parménas et Nicolas,
un païen* originaire d'Antioche converti* au judaïsme.
6 On les présenta aux Apôtres*, et ceux-ci, après avoir prié,
leur imposèrent* les mains.

7 La parole du Seigneur était féconde, le nombre des
disciples se multipliait fortement à Jérusalem*, et une
grande foule de prêtres* juifs accueillait la foi.

ÉTIENNE

6 8 Étienne*, qui était plein de la grâce et de la puissance
de Dieu, accomplissait parmi le peuple des prodiges et des
9 signes* éclatants. | Un jour, on vit intervenir les gens d'une
synagogue* (la synagogue dite des esclaves affranchis, des
Cyrénéens et des Alexandrins) et aussi des gens originaires
de Cilicie et de la province d'Asie. Ils se mirent à discuter
10 avec Étienne, | mais sans pouvoir tenir tête à la sagesse et à
l'Esprit* Saint qui inspiraient ses paroles.

11 Alors ils soudoyèrent des hommes pour qu'ils disent :
« Nous l'avons entendu prononcer des paroles blasphé-
12 matoires contre Moïse* et contre Dieu. » | Ils ameutèrent
le peuple, les anciens* et les scribes*, ils allèrent se saisir
13 d'Étienne, et l'amenèrent devant le grand conseil(1). | Ils

(1) Le grand conseil est également appelé Sanhédrin*.

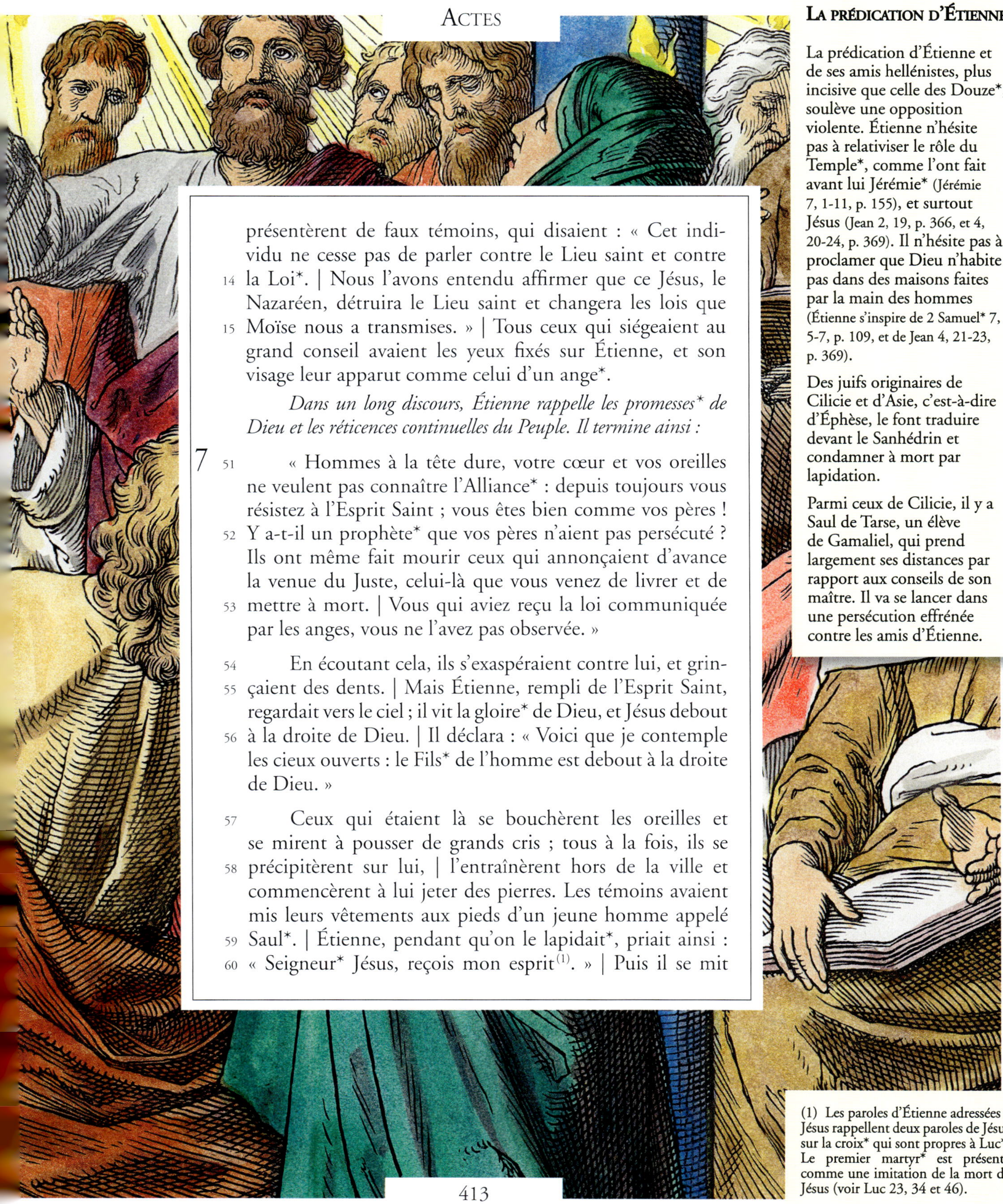

présentèrent de faux témoins, qui disaient : « Cet indi-
vidu ne cesse pas de parler contre le Lieu saint et contre
14 la Loi*. | Nous l'avons entendu affirmer que ce Jésus, le
Nazaréen, détruira le Lieu saint et changera les lois que
15 Moïse nous a transmises. » | Tous ceux qui siégeaient au
grand conseil avaient les yeux fixés sur Étienne, et son
visage leur apparut comme celui d'un ange*.

Dans un long discours, Étienne rappelle les promesses de Dieu et les réticences continuelles du Peuple. Il termine ainsi :*

7 51 « Hommes à la tête dure, votre cœur et vos oreilles
ne veulent pas connaître l'Alliance* : depuis toujours vous
résistez à l'Esprit Saint ; vous êtes bien comme vos pères !
52 Y a-t-il un prophète* que vos pères n'aient pas persécuté ?
Ils ont même fait mourir ceux qui annonçaient d'avance
la venue du Juste, celui-là que vous venez de livrer et de
53 mettre à mort. | Vous qui aviez reçu la loi communiquée
par les anges, vous ne l'avez pas observée. »

54 En écoutant cela, ils s'exaspéraient contre lui, et grin-
55 çaient des dents. | Mais Étienne, rempli de l'Esprit Saint,
regardait vers le ciel ; il vit la gloire* de Dieu, et Jésus debout
56 à la droite de Dieu. | Il déclara : « Voici que je contemple
les cieux ouverts : le Fils* de l'homme est debout à la droite
de Dieu. »

57 Ceux qui étaient là se bouchèrent les oreilles et
se mirent à pousser de grands cris ; tous à la fois, ils se
58 précipitèrent sur lui, | l'entraînèrent hors de la ville et
commencèrent à lui jeter des pierres. Les témoins avaient
mis leurs vêtements aux pieds d'un jeune homme appelé
59 Saul*. | Étienne, pendant qu'on le lapidait*, priait ainsi :
60 « Seigneur* Jésus, reçois mon esprit[1]. » | Puis il se mit

LA PRÉDICATION D'ÉTIENNE

La prédication d'Étienne et de ses amis hellénistes, plus incisive que celle des Douze*, soulève une opposition violente. Étienne n'hésite pas à relativiser le rôle du Temple*, comme l'ont fait avant lui Jérémie* (Jérémie 7, 1-11, p. 155), et surtout Jésus (Jean 2, 19, p. 366, et 4, 20-24, p. 369). Il n'hésite pas à proclamer que Dieu n'habite pas dans des maisons faites par la main des hommes (Étienne s'inspire de 2 Samuel* 7, 5-7, p. 109, et de Jean 4, 21-23, p. 369).

Des juifs originaires de Cilicie et d'Asie, c'est-à-dire d'Éphèse, le font traduire devant le Sanhédrin et condamner à mort par lapidation.

Parmi ceux de Cilicie, il y a Saul de Tarse, un élève de Gamaliel, qui prend largement ses distances par rapport aux conseils de son maître. Il va se lancer dans une persécution effrénée contre les amis d'Étienne.

(1) Les paroles d'Étienne adressées à Jésus rappellent deux paroles de Jésus sur la croix* qui sont propres à Luc*. Le premier martyr* est présenté comme une imitation de la mort de Jésus (voir Luc 23, 34 et 46).

à genoux et s'écria d'une voix forte : « Seigneur, ne leur
compte pas ce péché*. » Et, après cette parole, il s'endormit
dans la mort.

8 1 Quant à Saul, lui aussi approuvait ce meurtre.

Ce jour-là, éclata une violente persécution contre l'Église* de Jérusalem*. Tous se dispersèrent dans les campagnes de Judée et de Samarie, à l'exception des Apôtres*.

PHILIPPE ET L'ÉTHIOPIEN

La mort d'Étienne est accompagnée d'une vague d'arrestations qui visent surtout les hellénistes. Suivant les conseils de Jésus[(1)], ceux-ci quittent Jérusalem* pour d'autres villes où ils annoncent courageusement la Bonne Nouvelle. C'est ainsi que Philippe*, l'un des Sept, après avoir évangélisé la Samarie, donne le baptême* à un « adorateur de Dieu[(2)] ».*

8 26 L'ange* du Seigneur* adressa la parole à Philippe :
« Mets-toi en marche vers le midi, prends la route qui
27 descend de Jérusalem à Gaza ; elle est déserte. » | Et
Philippe se mit en marche. Or, un Éthiopien, un eunuque,
haut fonctionnaire de Candace, reine d'Éthiopie, admi-
nistrateur de tous ses trésors, était venu à Jérusalem pour
28 adorer* Dieu. | Il en revenait, assis dans son char, et lisait
29 le prophète* Isaïe*. | L'Esprit* du Seigneur dit à Philippe :
« Avance, et rejoins ce char. »

30 Philippe s'approcha en courant, et il entendit que
l'homme lisait le prophète Isaïe ; alors il lui demanda :
31 « Comprends-tu vraiment ce que tu lis ? » | L'autre lui
répondit : « Comment pourrais-je comprendre s'il n'y

(1) Voir Matthieu 10, 23, p. 256.
(2) Ce terme désigne habituellement des païens* qui, tout en croyant au Dieu d'Israël, refusent de pratiquer les lois juives (voir « Les juifs de la Diaspora », p. 238). Philippe baptise donc ici un païen, ce qui est le premier cas connu dans le Nouveau Testament*.

a personne pour me guider ? » Il invita donc Philippe à
monter et à s'asseoir à côté de lui. Le passage de l'Écriture*
qu'il lisait était celui-ci :

32 *Comme une brebis, on l'a conduit à l'abattoir,*
comme un agneau muet devant le tondeur,
il n'ouvre pas la bouche. [...]
33 *Sa destinée, qui la racontera ?*
Car sa vie a été retranchée de la terre[1].

34 L'eunuque dit à Philippe : « Dis-moi, je te prie : de
35 qui parle-t-il ? De lui-même, ou bien d'un autre ? » | Alors
Philippe prit la parole, et, à partir de ce passage de l'Écri-
ture, il lui annonça la Bonne Nouvelle de Jésus.

36 Comme ils poursuivaient leur route, ils arrivèrent à
un point d'eau, et l'eunuque dit : « Voici de l'eau : qu'est-ce
38 qui empêche que je reçoive le baptême ? » | Il fit arrêter le
char, ils descendirent dans l'eau tous les deux, et Philippe
baptisa l'eunuque.

39 Quand ils furent remontés de l'eau, l'Esprit du
Seigneur emporta Philippe ; l'eunuque ne le voyait plus,
mais il poursuivait sa route, tout joyeux.

LA CONVERSION* DE SAUL

9 1 Saul* était toujours animé d'une rage meurtrière
contre les disciples* du Seigneur*. Il alla trouver le grand
2 prêtre* | et lui demanda des lettres pour les synagogues* de
Damas, afin de faire prisonniers et de ramener à Jérusalem*
tous les adeptes de la Voie de Jésus, hommes et femmes,
qu'il découvrirait.

(1) Citation du quatrième chant du Serviteur. Voir Isaïe 53, 7-8, p. 178.

Quel est ce voyageur
que le Seigneur guette sur le chemin
et qu'il terrasse par sa lumière ?
Quel est cet homme violent
qu'entre tous le Seigneur a choisi
pour faire connaître à jamais
la force de sa Parole ?

Contre Jésus, il allait à Damas,
pour Jésus, il sillonnera le monde.

Dans la justice de la loi,
il mettait son orgueil,
la grâce de l'Esprit fera toute sa fierté.*

Hymne de la liturgie des Heures

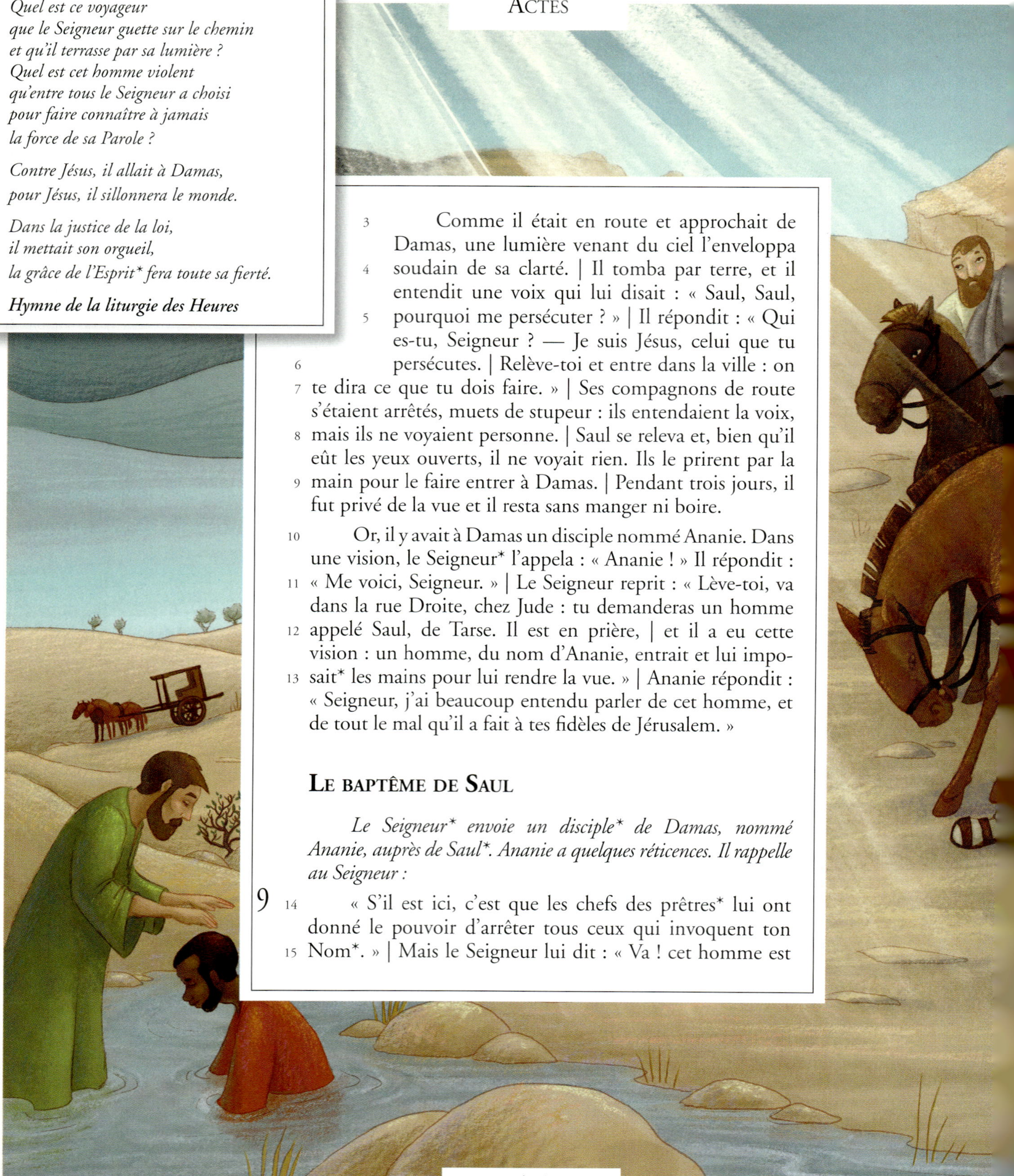

3 Comme il était en route et approchait de
Damas, une lumière venant du ciel l'enveloppa
4 soudain de sa clarté. | Il tomba par terre, et il
entendit une voix qui lui disait : « Saul, Saul,
5 pourquoi me persécuter ? » | Il répondit : « Qui
es-tu, Seigneur ? — Je suis Jésus, celui que tu
6 persécutes. | Relève-toi et entre dans la ville : on
7 te dira ce que tu dois faire. » | Ses compagnons de route
s'étaient arrêtés, muets de stupeur : ils entendaient la voix,
8 mais ils ne voyaient personne. | Saul se releva et, bien qu'il
eût les yeux ouverts, il ne voyait rien. Ils le prirent par la
9 main pour le faire entrer à Damas. | Pendant trois jours, il
fut privé de la vue et il resta sans manger ni boire.

10 Or, il y avait à Damas un disciple nommé Ananie. Dans
une vision, le Seigneur* l'appela : « Ananie ! » Il répondit :
11 « Me voici, Seigneur. » | Le Seigneur reprit : « Lève-toi, va
dans la rue Droite, chez Jude : tu demanderas un homme
12 appelé Saul, de Tarse. Il est en prière, | et il a eu cette
vision : un homme, du nom d'Ananie, entrait et lui impo-
13 sait* les mains pour lui rendre la vue. » | Ananie répondit :
« Seigneur, j'ai beaucoup entendu parler de cet homme, et
de tout le mal qu'il a fait à tes fidèles de Jérusalem. »

LE BAPTÊME DE SAUL

Le Seigneur envoie un disciple* de Damas, nommé Ananie, auprès de Saul*. Ananie a quelques réticences. Il rappelle au Seigneur :*

9 14 « S'il est ici, c'est que les chefs des prêtres* lui ont
donné le pouvoir d'arrêter tous ceux qui invoquent ton
15 Nom*. » | Mais le Seigneur lui dit : « Va ! cet homme est

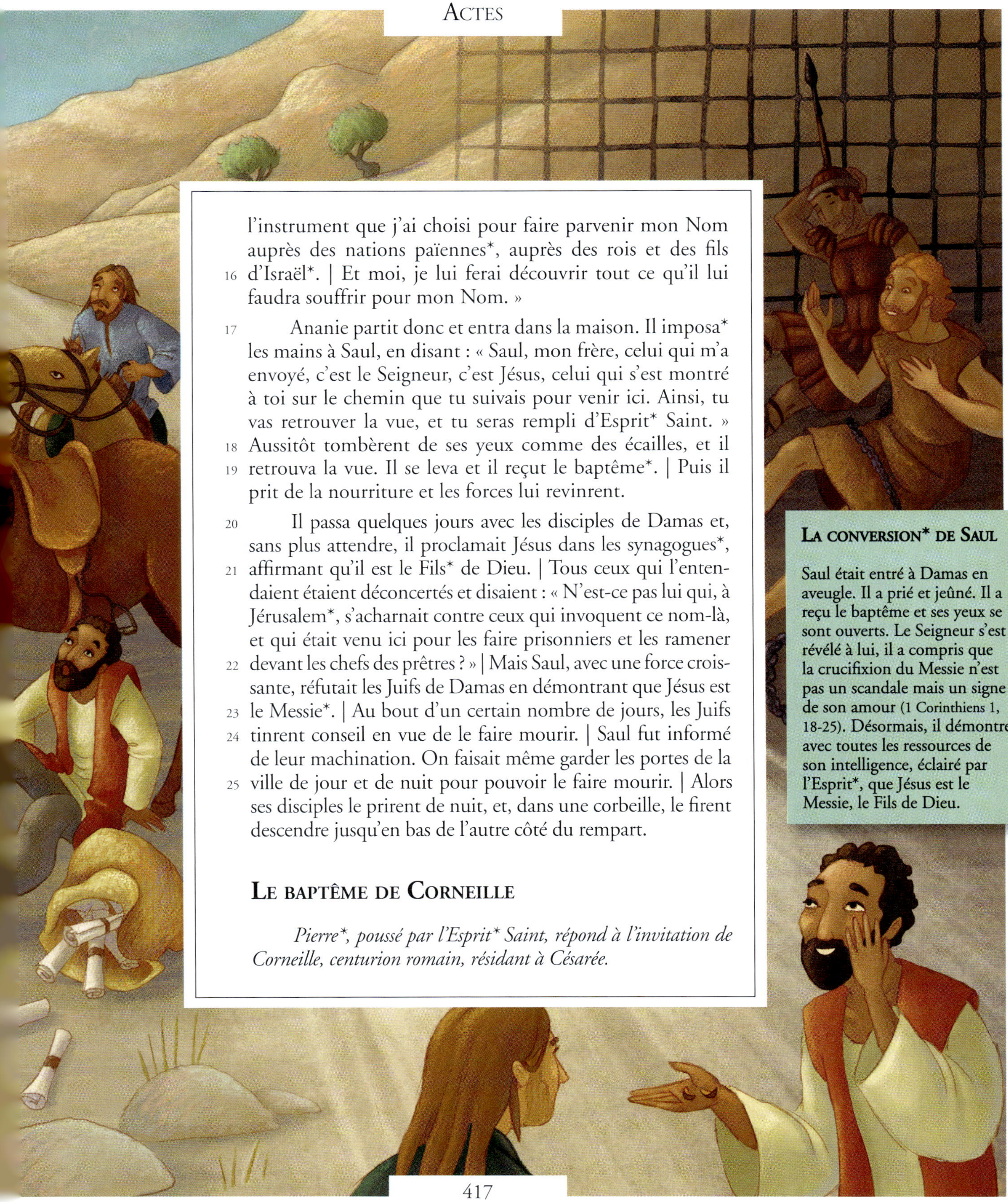

l'instrument que j'ai choisi pour faire parvenir mon Nom
auprès des nations païennes*, auprès des rois et des fils
16 d'Israël*. | Et moi, je lui ferai découvrir tout ce qu'il lui
faudra souffrir pour mon Nom. »

17 Ananie partit donc et entra dans la maison. Il imposa*
les mains à Saul, en disant : « Saul, mon frère, celui qui m'a
envoyé, c'est le Seigneur, c'est Jésus, celui qui s'est montré
à toi sur le chemin que tu suivais pour venir ici. Ainsi, tu
vas retrouver la vue, et tu seras rempli d'Esprit* Saint. »
18 Aussitôt tombèrent de ses yeux comme des écailles, et il
19 retrouva la vue. Il se leva et il reçut le baptême*. | Puis il
prit de la nourriture et les forces lui revinrent.

20 Il passa quelques jours avec les disciples de Damas et,
sans plus attendre, il proclamait Jésus dans les synagogues*,
21 affirmant qu'il est le Fils* de Dieu. | Tous ceux qui l'enten-
daient étaient déconcertés et disaient : « N'est-ce pas lui qui, à
Jérusalem*, s'acharnait contre ceux qui invoquent ce nom-là,
et qui était venu ici pour les faire prisonniers et les ramener
22 devant les chefs des prêtres ? » | Mais Saul, avec une force crois-
sante, réfutait les Juifs de Damas en démontrant que Jésus est
23 le Messie*. | Au bout d'un certain nombre de jours, les Juifs
24 tinrent conseil en vue de le faire mourir. | Saul fut informé
de leur machination. On faisait même garder les portes de la
25 ville de jour et de nuit pour pouvoir le faire mourir. | Alors
ses disciples le prirent de nuit, et, dans une corbeille, le firent
descendre jusqu'en bas de l'autre côté du rempart.

LA CONVERSION* DE SAUL

Saul était entré à Damas en aveugle. Il a prié et jeûné. Il a reçu le baptême et ses yeux se sont ouverts. Le Seigneur s'est révélé à lui, il a compris que la crucifixion du Messie n'est pas un scandale mais un signe de son amour (1 Corinthiens 1, 18-25). Désormais, il démontre avec toutes les ressources de son intelligence, éclairé par l'Esprit*, que Jésus est le Messie, le Fils de Dieu.

LE BAPTÊME DE CORNEILLE

Pierre, poussé par l'Esprit* Saint, répond à l'invitation de Corneille, centurion romain, résidant à Césarée.*

10 25 Comme Pierre* arrivait, Corneille vint à sa rencontre,
26 et se jetant à ses pieds, il se prosterna. | Mais Pierre* le releva
et lui dit : « Reste debout. Je ne suis qu'un homme, moi
27 aussi. » | Tout en parlant avec lui, il entra et il trouva tous
28 ces gens réunis. | Il leur dit : « Vous savez à quel point il
est interdit à un Juif de fréquenter un païen* ou d'entrer
chez lui. Mais à moi, Dieu m'a montré à ne déclarer aucun
29 homme interdit ou impur. | C'est pourquoi j'ai répondu à
votre convocation sans aucune objection. Je vous demande
30 donc pour quelle raison vous m'avez convoqué. » | Corneille
dit alors : « Il y a maintenant trois jours, à trois heures
de l'après-midi, j'étais en train de prier chez moi, quand
31 un homme au vêtement éclatant se tint devant moi, | et
me dit : "Corneille, ta prière a été entendue, et Dieu s'est
32 souvenu de tes aumônes. | Envoie donc quelqu'un à Jaffa
pour faire venir Simon surnommé Pierre*, qui loge au bord
33 de la mer chez un autre Simon qui travaille le cuir." | Je
t'ai donc aussitôt envoyé chercher, et toi, tu as bien fait de
venir ici. Maintenant donc, nous sommes tous là devant
Dieu pour écouter tout ce que le Seigneur* t'a chargé de
nous dire. »

34 Alors Pierre* prit la parole : « En vérité, je le comprends :
35 Dieu ne fait pas de différence entre les hommes ; | mais,
quelle que soit leur race, il accueille les hommes qui l'ado-
36 rent* et font ce qui est juste. | Il a envoyé la Parole aux fils
d'Israël*, pour leur annoncer la paix par Jésus Christ* : c'est
lui, Jésus, qui est le Seigneur* de tous.

37 Vous savez ce qui s'est passé à travers tout le pays
des Juifs, depuis les débuts en Galilée, après le baptême*
38 proclamé par Jean* : | Jésus de Nazareth, Dieu l'a consacré
par l'Esprit Saint et rempli de sa force. [...]

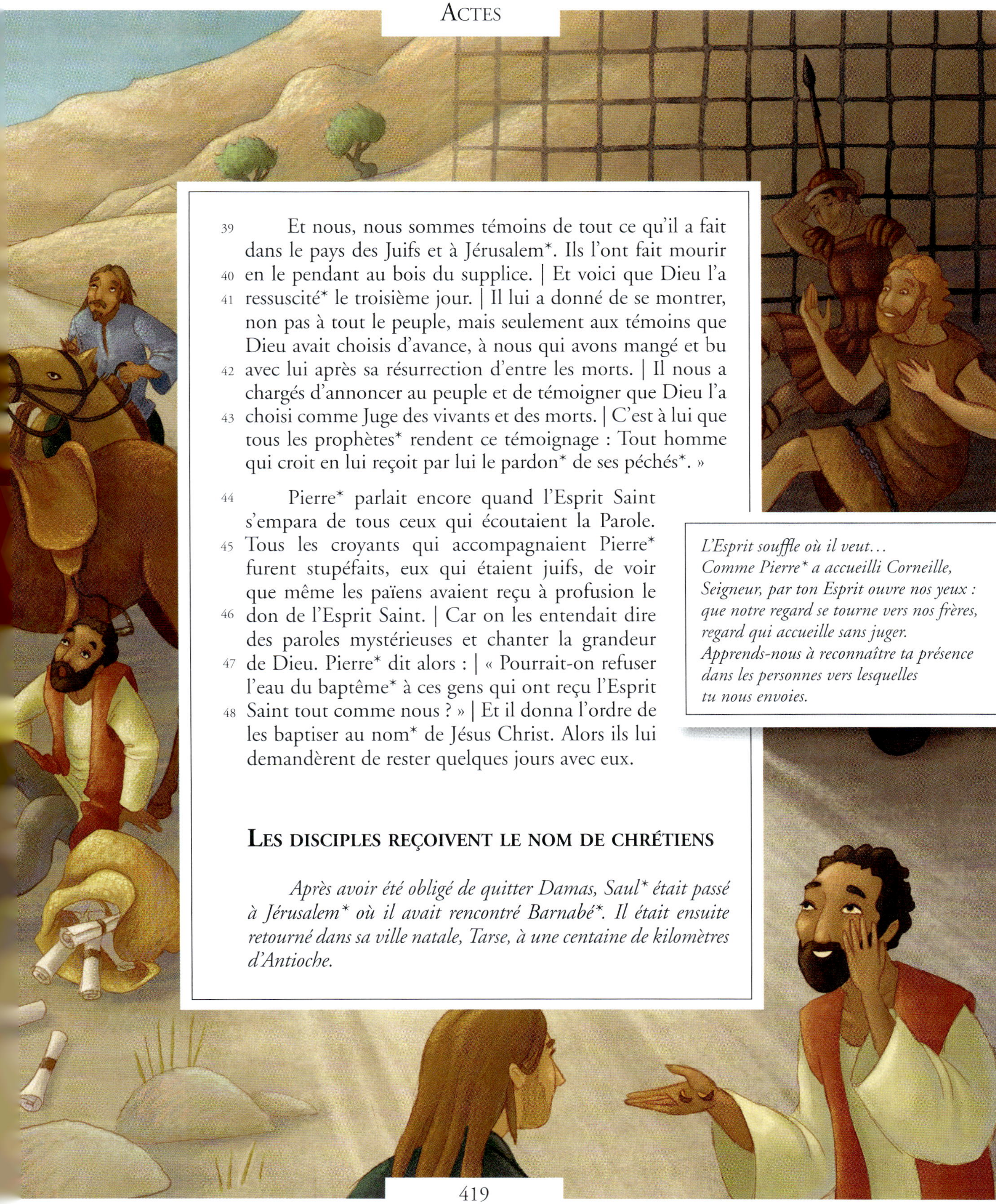

39 Et nous, nous sommes témoins de tout ce qu'il a fait
dans le pays des Juifs et à Jérusalem*. Ils l'ont fait mourir
40 en le pendant au bois du supplice. | Et voici que Dieu l'a
41 ressuscité* le troisième jour. | Il lui a donné de se montrer,
non pas à tout le peuple, mais seulement aux témoins que
Dieu avait choisis d'avance, à nous qui avons mangé et bu
42 avec lui après sa résurrection d'entre les morts. | Il nous a
chargés d'annoncer au peuple et de témoigner que Dieu l'a
43 choisi comme Juge des vivants et des morts. | C'est à lui que
tous les prophètes* rendent ce témoignage : Tout homme
qui croit en lui reçoit par lui le pardon* de ses péchés*. »

44 Pierre* parlait encore quand l'Esprit Saint
s'empara de tous ceux qui écoutaient la Parole.
45 Tous les croyants qui accompagnaient Pierre*
furent stupéfaits, eux qui étaient juifs, de voir
que même les païens avaient reçu à profusion le
46 don de l'Esprit Saint. | Car on les entendait dire
des paroles mystérieuses et chanter la grandeur
47 de Dieu. Pierre* dit alors : | « Pourrait-on refuser
l'eau du baptême* à ces gens qui ont reçu l'Esprit
48 Saint tout comme nous ? » | Et il donna l'ordre de
les baptiser au nom* de Jésus Christ. Alors ils lui
demandèrent de rester quelques jours avec eux.

L'Esprit souffle où il veut…
Comme Pierre a accueilli Corneille,*
Seigneur, par ton Esprit ouvre nos yeux :
que notre regard se tourne vers nos frères,
regard qui accueille sans juger.
Apprends-nous à reconnaître ta présence
dans les personnes vers lesquelles
tu nous envoies.

LES DISCIPLES REÇOIVENT LE NOM DE CHRÉTIENS

Après avoir été obligé de quitter Damas, Saul était passé à Jérusalem* où il avait rencontré Barnabé*. Il était ensuite retourné dans sa ville natale, Tarse, à une centaine de kilomètres d'Antioche.*

11 19 Le violent mouvement soulevé contre Étienne* avait
provoqué la dispersion des frères[1]. Ils allèrent jusqu'en
Phénicie, à Chypre et à Antioche. Ils annonçaient la Parole
20 exclusivement aux Juifs. | Et pourtant, il y avait parmi eux
des hommes, originaires de Chypre et de Cyrénaïque, qui,
en arrivant à Antioche, s'adressaient aussi aux Grecs pour
leur annoncer cette Bonne Nouvelle : Jésus est le Seigneur*.
21 La puissance du Seigneur était avec eux : un grand nombre
de gens devinrent croyants et se convertirent* au Seigneur.

22 L'Église* de Jérusalem entendit parler de tout cela, et
23 l'on envoya Barnabé jusqu'à Antioche[2]. | À son arrivée,
voyant les effets de la grâce* de Dieu, il fut dans la joie.
24 Il les exhortait tous à rester d'un cœur ferme attachés
au Seigneur ; c'était un homme de valeur, rempli d'Es-
prit* Saint et de foi*. Une foule considérable adhéra au
25 Seigneur. | Barnabé repartit pour aller à Tarse chercher
26 Saul. Il le trouva et le ramena à Antioche. | Pendant toute
une année, ils furent ensemble les hôtes de l'Église, ils
instruisirent une foule considérable ; et c'est à Antioche
que, pour la première fois, les disciples* reçurent le nom
de « chrétiens »[3].

Martyre* de Jacques et libération de Pierre*

12 1 À cette époque, le roi Hérode* Agrippa se mit à
2 maltraiter certains membres de l'Église*. | Il supprima
3 Jacques*, frère de Jean*, en le faisant décapiter[4]. | Voyant
que cette mesure était bien vue des Juifs, il décida une
nouvelle arrestation, celle de Pierre*. On était dans la
4 semaine de la Pâque*. | [...] Il avait l'intention de le faire

(1) C'est le nom que se donnent les disciples de Jésus. Voir Actes des Apôtres 6, 1, p. 411.
(2) Antioche sur l'Oronte, ou Antioche en Syrie, était l'ancienne capitale d'Antiochus IV (voir « L'occupation grecque », p. 194). Elle était à cette époque la troisième ville de l'Empire romain.
(3) La prédication des disciples est centrée sur le Messie* (en grec *Christos*). Ils annoncent qu'il est venu alors que les autres Juifs l'attendent. Ces partisans du Christ sont appelés tout naturellement « chrétiens ».
(4) Jacques, le fils de Zébédée, l'un des trois témoins de la Transfiguration, meurt ainsi en 43 ou 44 après Jésus Christ.

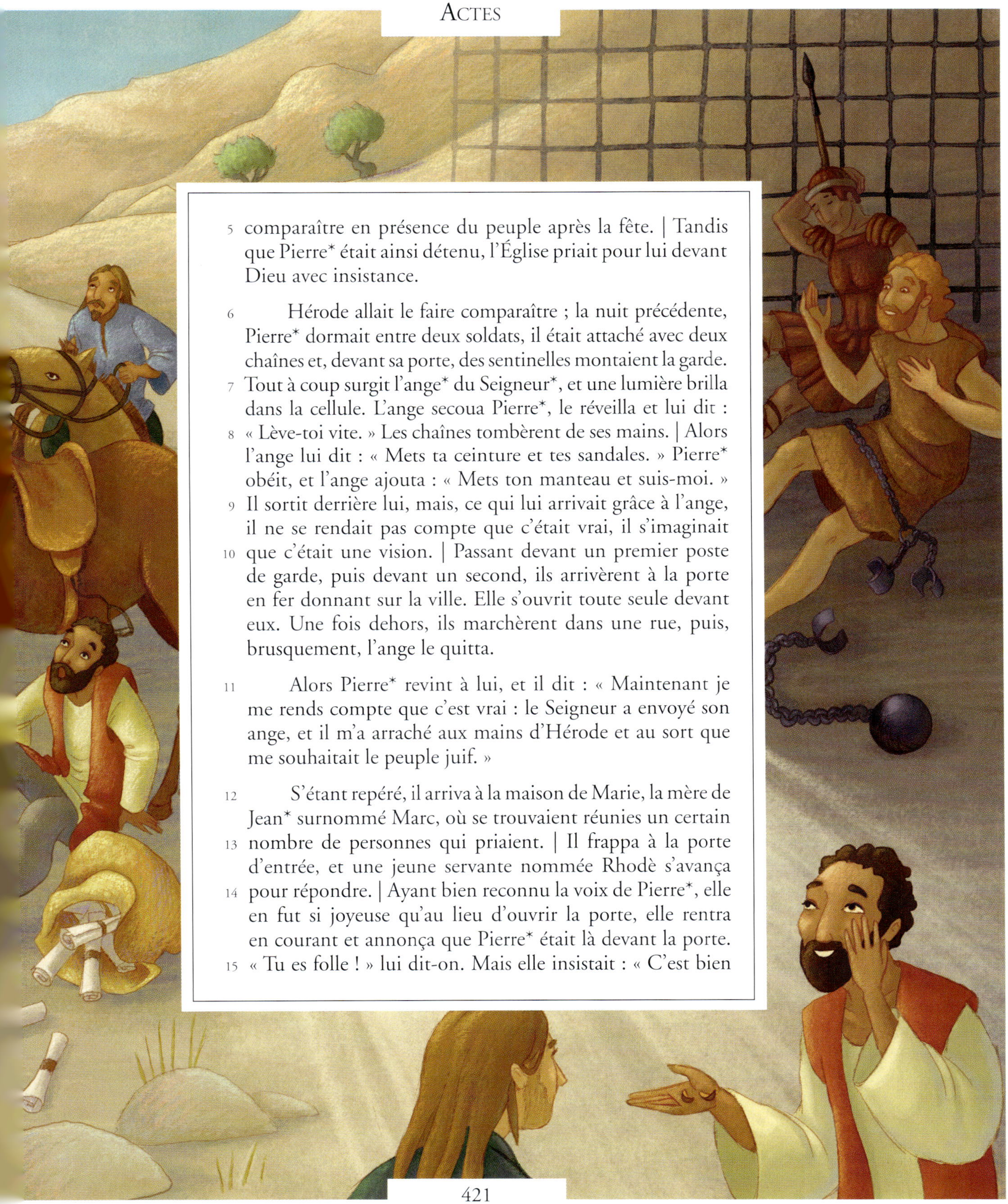

5 comparaître en présence du peuple après la fête. | Tandis
que Pierre* était ainsi détenu, l'Église priait pour lui devant
Dieu avec insistance.

6 Hérode allait le faire comparaître ; la nuit précédente,
Pierre* dormait entre deux soldats, il était attaché avec deux
chaînes et, devant sa porte, des sentinelles montaient la garde.
7 Tout à coup surgit l'ange* du Seigneur*, et une lumière brilla
dans la cellule. L'ange secoua Pierre*, le réveilla et lui dit :
8 « Lève-toi vite. » Les chaînes tombèrent de ses mains. | Alors
l'ange lui dit : « Mets ta ceinture et tes sandales. » Pierre*
obéit, et l'ange ajouta : « Mets ton manteau et suis-moi. »
9 Il sortit derrière lui, mais, ce qui lui arrivait grâce à l'ange,
il ne se rendait pas compte que c'était vrai, il s'imaginait
10 que c'était une vision. | Passant devant un premier poste
de garde, puis devant un second, ils arrivèrent à la porte
en fer donnant sur la ville. Elle s'ouvrit toute seule devant
eux. Une fois dehors, ils marchèrent dans une rue, puis,
brusquement, l'ange le quitta.

11 Alors Pierre* revint à lui, et il dit : « Maintenant je
me rends compte que c'est vrai : le Seigneur a envoyé son
ange, et il m'a arraché aux mains d'Hérode et au sort que
me souhaitait le peuple juif. »

12 S'étant repéré, il arriva à la maison de Marie, la mère de
Jean* surnommé Marc, où se trouvaient réunies un certain
13 nombre de personnes qui priaient. | Il frappa à la porte
d'entrée, et une jeune servante nommée Rhodè s'avança
14 pour répondre. | Ayant bien reconnu la voix de Pierre*, elle
en fut si joyeuse qu'au lieu d'ouvrir la porte, elle rentra
en courant et annonça que Pierre* était là devant la porte.
15 « Tu es folle ! » lui dit-on. Mais elle insistait : « C'est bien

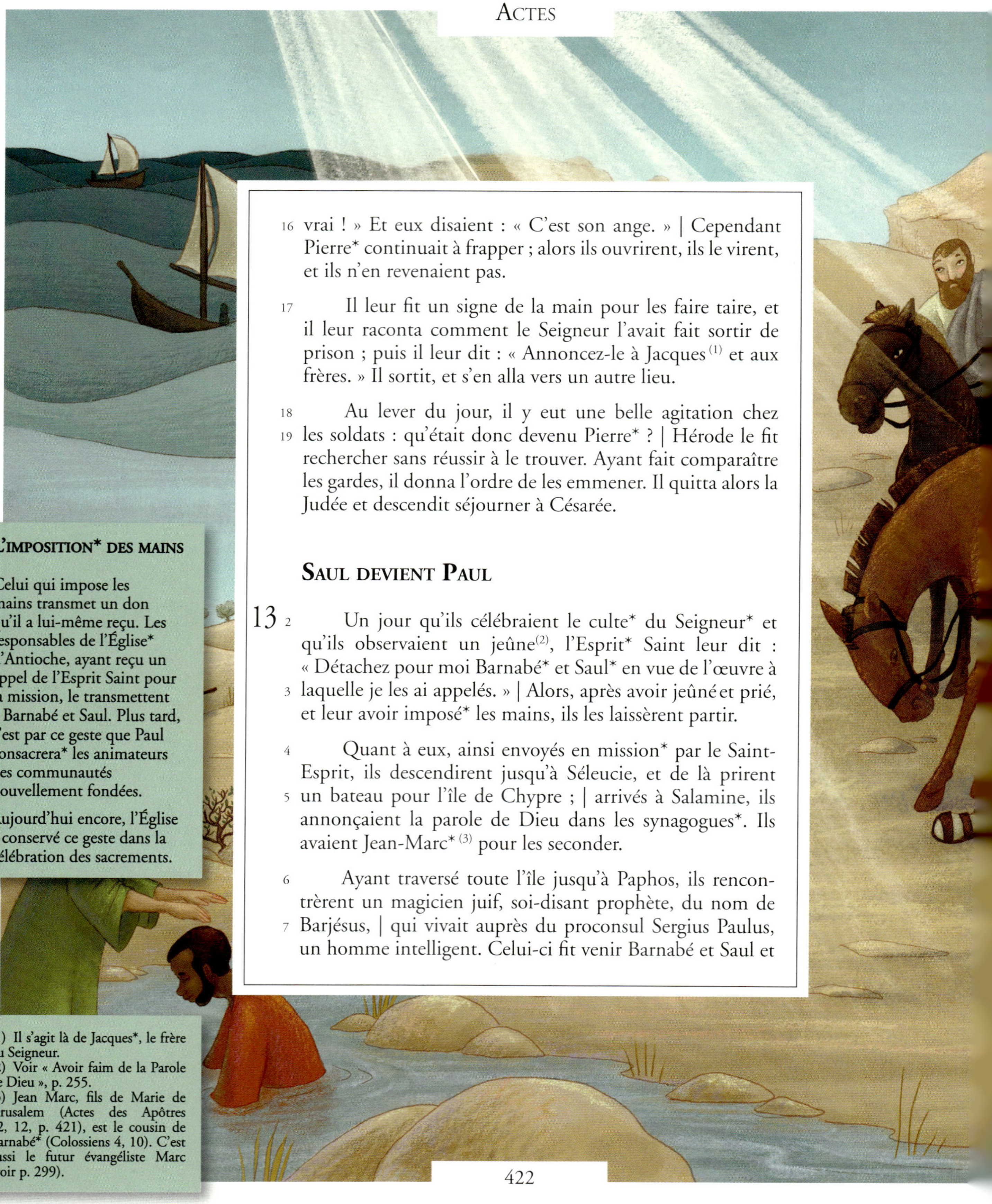

16 vrai ! » Et eux disaient : « C'est son ange. » | Cependant
Pierre* continuait à frapper ; alors ils ouvrirent, ils le virent,
et ils n'en revenaient pas.

17 Il leur fit un signe de la main pour les faire taire, et
il leur raconta comment le Seigneur l'avait fait sortir de
prison ; puis il leur dit : « Annoncez-le à Jacques[1] et aux
frères. » Il sortit, et s'en alla vers un autre lieu.

18 Au lever du jour, il y eut une belle agitation chez
19 les soldats : qu'était donc devenu Pierre* ? | Hérode le fit
rechercher sans réussir à le trouver. Ayant fait comparaître
les gardes, il donna l'ordre de les emmener. Il quitta alors la
Judée et descendit séjourner à Césarée.

Saul devient Paul

13 2 Un jour qu'ils célébraient le culte* du Seigneur* et
qu'ils observaient un jeûne[2], l'Esprit* Saint leur dit :
« Détachez pour moi Barnabé* et Saul* en vue de l'œuvre à
3 laquelle je les ai appelés. » | Alors, après avoir jeûné et prié,
et leur avoir imposé* les mains, ils les laissèrent partir.

4 Quant à eux, ainsi envoyés en mission* par le Saint-
Esprit, ils descendirent jusqu'à Séleucie, et de là prirent
5 un bateau pour l'île de Chypre ; | arrivés à Salamine, ils
annonçaient la parole de Dieu dans les synagogues*. Ils
avaient Jean-Marc*[3] pour les seconder.

6 Ayant traversé toute l'île jusqu'à Paphos, ils rencon-
trèrent un magicien juif, soi-disant prophète, du nom de
7 Barjésus, | qui vivait auprès du proconsul Sergius Paulus,
un homme intelligent. Celui-ci fit venir Barnabé et Saul et

L'imposition* des mains

Celui qui impose les mains transmet un don qu'il a lui-même reçu. Les responsables de l'Église* d'Antioche, ayant reçu un appel de l'Esprit Saint pour la mission, le transmettent à Barnabé et Saul. Plus tard, c'est par ce geste que Paul consacrera* les animateurs des communautés nouvellement fondées.

Aujourd'hui encore, l'Église a conservé ce geste dans la célébration des sacrements.

(1) Il s'agit là de Jacques*, le frère du Seigneur.
(2) Voir « Avoir faim de la Parole de Dieu », p. 255.
(3) Jean Marc, fils de Marie de Jérusalem (Actes des Apôtres 12, 12, p. 421), est le cousin de Barnabé* (Colossiens 4, 10). C'est aussi le futur évangéliste Marc (voir p. 299).

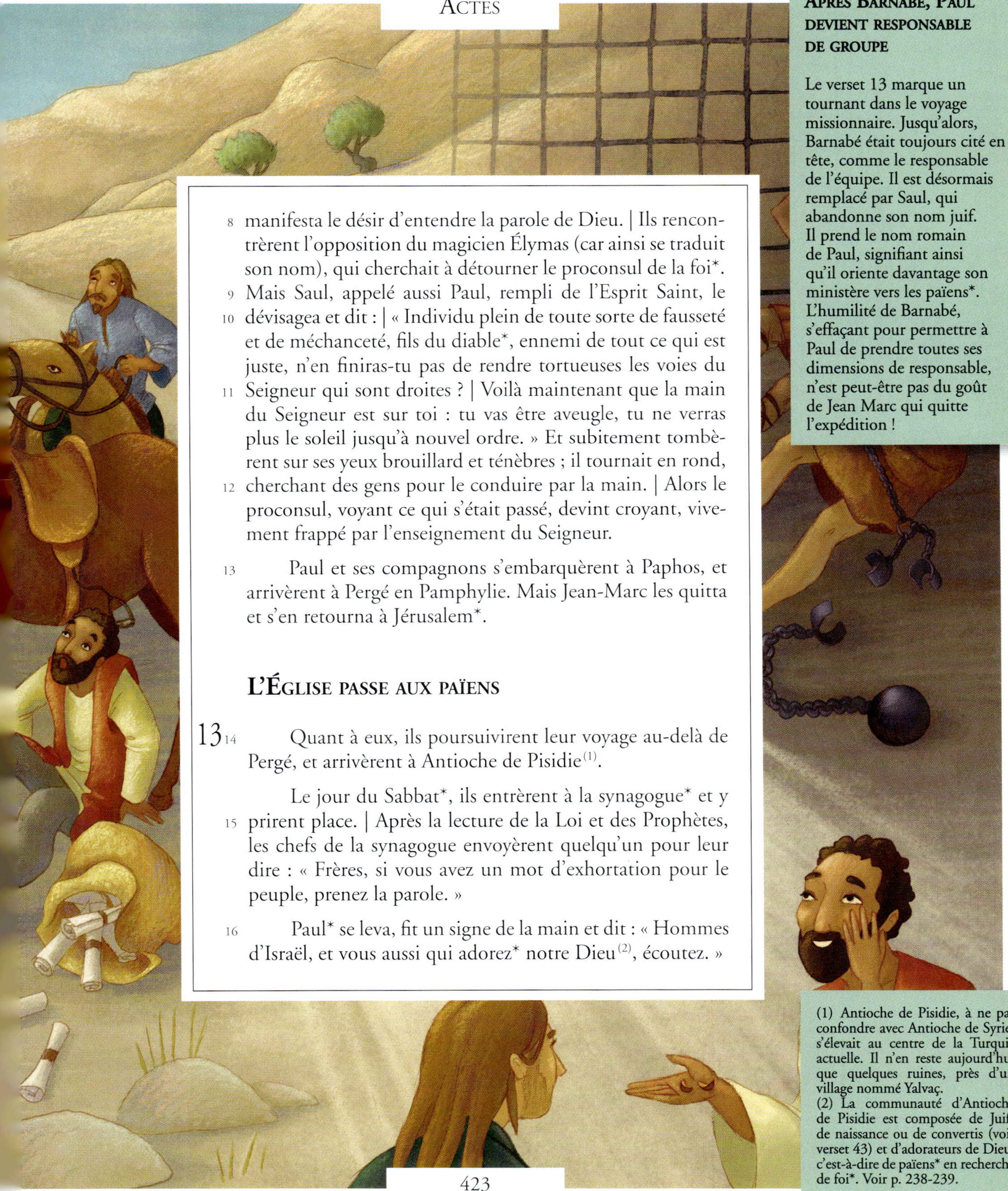

8 manifesta le désir d'entendre la parole de Dieu. | Ils rencon-
trèrent l'opposition du magicien Élymas (car ainsi se traduit
son nom), qui cherchait à détourner le proconsul de la foi*.
9 Mais Saul, appelé aussi Paul, rempli de l'Esprit Saint, le
10 dévisagea et dit : | « Individu plein de toute sorte de fausseté
et de méchanceté, fils du diable*, ennemi de tout ce qui est
juste, n'en finiras-tu pas de rendre tortueuses les voies du
11 Seigneur qui sont droites ? | Voilà maintenant que la main
du Seigneur est sur toi : tu vas être aveugle, tu ne verras
plus le soleil jusqu'à nouvel ordre. » Et subitement tombè-
rent sur ses yeux brouillard et ténèbres ; il tournait en rond,
12 cherchant des gens pour le conduire par la main. | Alors le
proconsul, voyant ce qui s'était passé, devint croyant, vive-
ment frappé par l'enseignement du Seigneur.

13 Paul et ses compagnons s'embarquèrent à Paphos, et
arrivèrent à Pergé en Pamphylie. Mais Jean-Marc les quitta
et s'en retourna à Jérusalem*.

L'Église passe aux païens

13 14 Quant à eux, ils poursuivirent leur voyage au-delà de
Pergé, et arrivèrent à Antioche de Pisidie(1).

Le jour du Sabbat*, ils entrèrent à la synagogue* et y
15 prirent place. | Après la lecture de la Loi et des Prophètes,
les chefs de la synagogue envoyèrent quelqu'un pour leur
dire : « Frères, si vous avez un mot d'exhortation pour le
peuple, prenez la parole. »

16 Paul* se leva, fit un signe de la main et dit : « Hommes
d'Israël, et vous aussi qui adorez* notre Dieu(2), écoutez. »

Après Barnabé, Paul devient responsable de groupe

Le verset 13 marque un tournant dans le voyage missionnaire. Jusqu'alors, Barnabé était toujours cité en tête, comme le responsable de l'équipe. Il est désormais remplacé par Saul, qui abandonne son nom juif. Il prend le nom romain de Paul, signifiant ainsi qu'il oriente davantage son ministère vers les païens*. L'humilité de Barnabé, s'effaçant pour permettre à Paul de prendre toutes ses dimensions de responsable, n'est peut-être pas du goût de Jean Marc qui quitte l'expédition !

(1) Antioche de Pisidie, à ne pas confondre avec Antioche de Syrie, s'élevait au centre de la Turquie actuelle. Il n'en reste aujourd'hui que quelques ruines, près d'un village nommé Yalvaç.
(2) La communauté d'Antioche de Pisidie est composée de Juifs de naissance ou de convertis (voir verset 43) et d'adorateurs de Dieu, c'est-à-dire de païens* en recherche de foi*. Voir p. 238-239.

Paul annonce que toutes les promesses de l'Ancien Testament* trouvent leur réalisation en Jésus. Il conclut, en disant :*

32 « Et nous, nous vous annonçons cette Bonne
33 Nouvelle : la promesse que Dieu avait faite à nos pères, | il
l'a entièrement accomplie pour nous, leurs enfants, en
ressuscitant* Jésus. […]

38 Sachez-le donc, frères, c'est grâce à Jésus que le
pardon* des péchés* vous est annoncé et, alors que, par
la loi de Moïse*, vous ne pouvez pas être délivrés de vos
39 péchés et devenir justes*, | par Jésus, tout homme qui croit
43 devient juste. » […] | Quand l'assemblée se sépara, beau-
coup de Juifs et de convertis* au judaïsme(1) les suivirent.
Paul et Barnabé*, parlant avec eux, les encourageaient à
rester fidèles à la grâce* de Dieu.

44 Le sabbat suivant, presque toute la ville se rassembla
45 pour entendre la parole du Seigneur. | Quand les Juifs
virent tant de monde, ils furent remplis de fureur ; ils
46 repoussaient les affirmations de Paul avec des injures. | Paul
et Barnabé leur déclarèrent avec assurance : « C'est à vous
d'abord qu'il fallait adresser la parole de Dieu. Puisque vous
la rejetez et que vous-mêmes ne vous jugez pas dignes de la
vie éternelle, eh bien ! nous nous tournons vers les païens*.
47 C'est le commandement que le Seigneur* nous a donné :
*J'ai fait de toi la lumière des nations**
pour que, grâce à toi,
le salut parvienne jusqu'aux extrémités de la terre(2). »

48 En entendant cela, les païens étaient dans la joie et
rendaient gloire à la parole du Seigneur.

DE LA LOI À LA FOI

Dans le verset 38, Paul exprime de façon ramassée sa propre expérience spirituelle. La pratique de la Loi* de Moïse ne l'a pas rendu juste, puisque, au nom de cette Loi, il persécutait les chrétiens. C'est à partir du moment où il s'est ouvert au don de la foi* qu'il a pu vivre dans la joie d'être aimé de Dieu et d'être sauvé (Philippiens 3, 8-9, p. 448). À partir de cette découverte, Paul n'a aucune réticence à accueillir dans l'Église* des gens qui ne pratiquent pas la Loi de Moïse, mais qui ont vraiment la foi en Jésus.

(1) Ces convertis au judaïsme sont parfois appelés prosélytes*.
(2) Citation d'Isaïe 49, 6. Voir un verset très approchant en Isaïe 42, 6, p. 174.

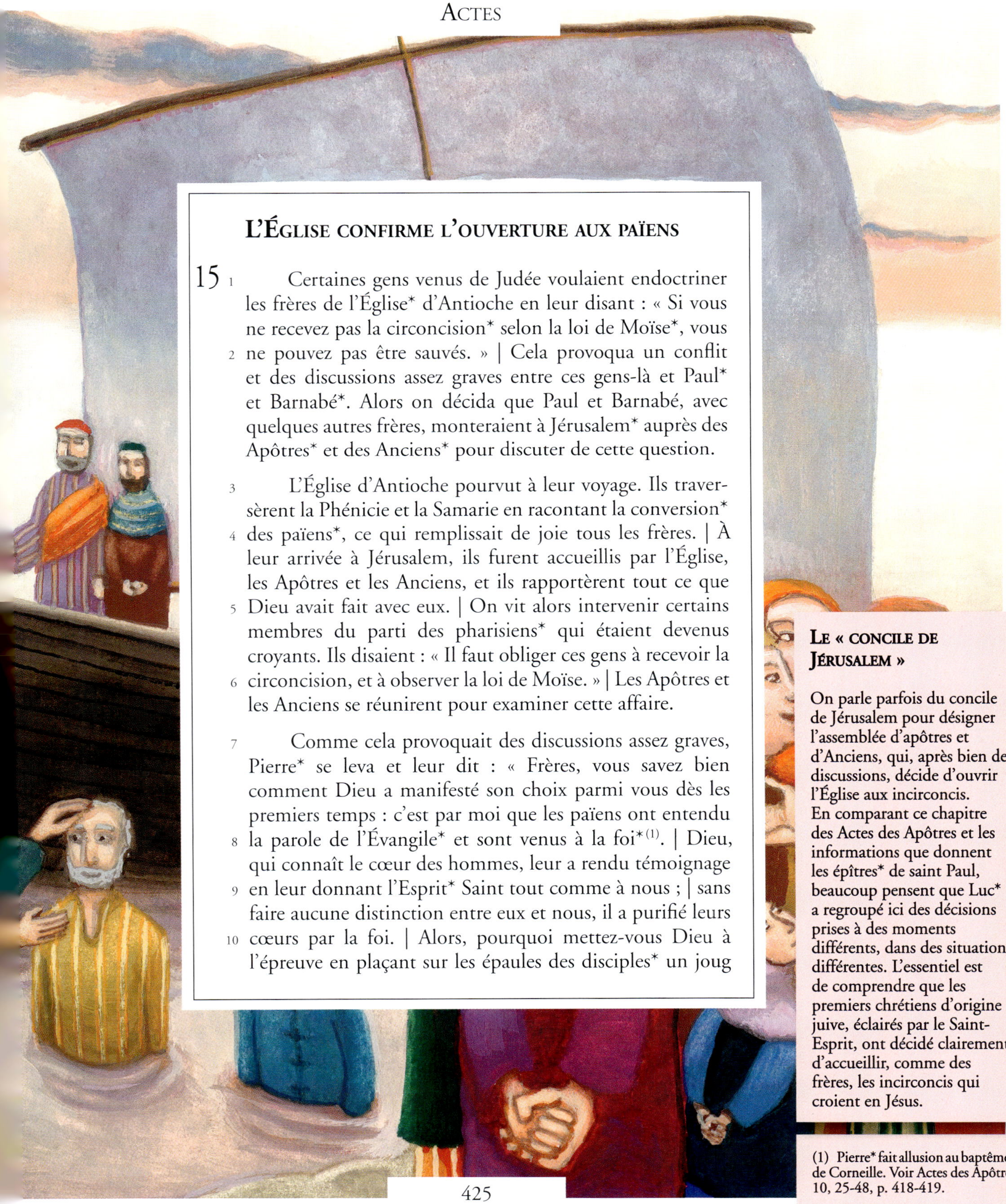

L'ÉGLISE CONFIRME L'OUVERTURE AUX PAÏENS

15 1 Certaines gens venus de Judée voulaient endoctriner
les frères de l'Église* d'Antioche en leur disant : « Si vous
ne recevez pas la circoncision* selon la loi de Moïse*, vous
2 ne pouvez pas être sauvés. » | Cela provoqua un conflit
et des discussions assez graves entre ces gens-là et Paul*
et Barnabé*. Alors on décida que Paul et Barnabé, avec
quelques autres frères, monteraient à Jérusalem* auprès des
Apôtres* et des Anciens* pour discuter de cette question.

3 L'Église d'Antioche pourvut à leur voyage. Ils traver-
sèrent la Phénicie et la Samarie en racontant la conversion*
4 des païens*, ce qui remplissait de joie tous les frères. | À
leur arrivée à Jérusalem, ils furent accueillis par l'Église,
les Apôtres et les Anciens, et ils rapportèrent tout ce que
5 Dieu avait fait avec eux. | On vit alors intervenir certains
membres du parti des pharisiens* qui étaient devenus
croyants. Ils disaient : « Il faut obliger ces gens à recevoir la
6 circoncision, et à observer la loi de Moïse. » | Les Apôtres et
les Anciens se réunirent pour examiner cette affaire.

7 Comme cela provoquait des discussions assez graves,
Pierre* se leva et leur dit : « Frères, vous savez bien
comment Dieu a manifesté son choix parmi vous dès les
premiers temps : c'est par moi que les païens ont entendu
8 la parole de l'Évangile* et sont venus à la foi*[1]. | Dieu,
qui connaît le cœur des hommes, leur a rendu témoignage
9 en leur donnant l'Esprit* Saint tout comme à nous ; | sans
faire aucune distinction entre eux et nous, il a purifié leurs
10 cœurs par la foi. | Alors, pourquoi mettez-vous Dieu à
l'épreuve en plaçant sur les épaules des disciples* un joug

LE « CONCILE DE JÉRUSALEM »

On parle parfois du concile de Jérusalem pour désigner l'assemblée d'apôtres et d'Anciens, qui, après bien des discussions, décide d'ouvrir l'Église aux incirconcis.
En comparant ce chapitre des Actes des Apôtres et les informations que donnent les épîtres* de saint Paul, beaucoup pensent que Luc* a regroupé ici des décisions prises à des moments différents, dans des situations différentes. L'essentiel est de comprendre que les premiers chrétiens d'origine juive, éclairés par le Saint-Esprit, ont décidé clairement d'accueillir, comme des frères, les incirconcis qui croient en Jésus.

(1) Pierre* fait allusion au baptême* de Corneille. Voir Actes des Apôtres 10, 25-48, p. 418-419.

que nos pères et nous-mêmes n'avons pas été capables de
11 porter(1) ? | Oui, c'est par la grâce* du Seigneur Jésus, nous
le croyons, que nous avons été sauvés, de la même manière
qu'eux. »

12 Toute l'assemblée garda le silence, puis on écouta
Barnabé et Paul rapporter tous les signes* et les prodiges
que Dieu avait accomplis par eux chez les païens.
13 Quand ils eurent terminé, Jacques*(2) prit la parole : « Frères,
14 écoutez-moi. | Simon-Pierre vous a rapporté comment, dès
le début, Dieu a voulu prendre chez les nations païennes
15 un peuple qui serait marqué de son nom. | C'est ce que
confirment les paroles des prophètes*, puisqu'il est écrit :

16 *Après cela, je reviendrai*
*pour reconstruire la demeure de David**,
qui s'est écroulée ;
je reconstruirai ce qui était en ruines,
je le relèverai ;
17 *alors, le reste des hommes cherchera le Seigneur**,
ainsi que les nations païennes
sur lesquelles mon nom a été prononcé.

Voilà ce que dit le Seigneur.
Il réalise ainsi ses projets,
18 *qui sont connus depuis toujours.*

19 Je suis donc d'avis de ne pas surcharger ceux des
20 païens qui se convertissent à Dieu, | mais de leur écrire
qu'ils doivent s'abstenir des souillures de l'idolâtrie*, des
unions illégitimes, de la viande non saignée et du sang.
21 En effet, depuis les temps les plus anciens Moïse a, dans
chaque ville, des gens qui proclament sa Loi, puisqu'on en

(1) Voir Matthieu 11, 28-30, p. 257.
(2) Il s'agit de Jacques, le frère du Seigneur, responsable de la communauté de Jérusalem.

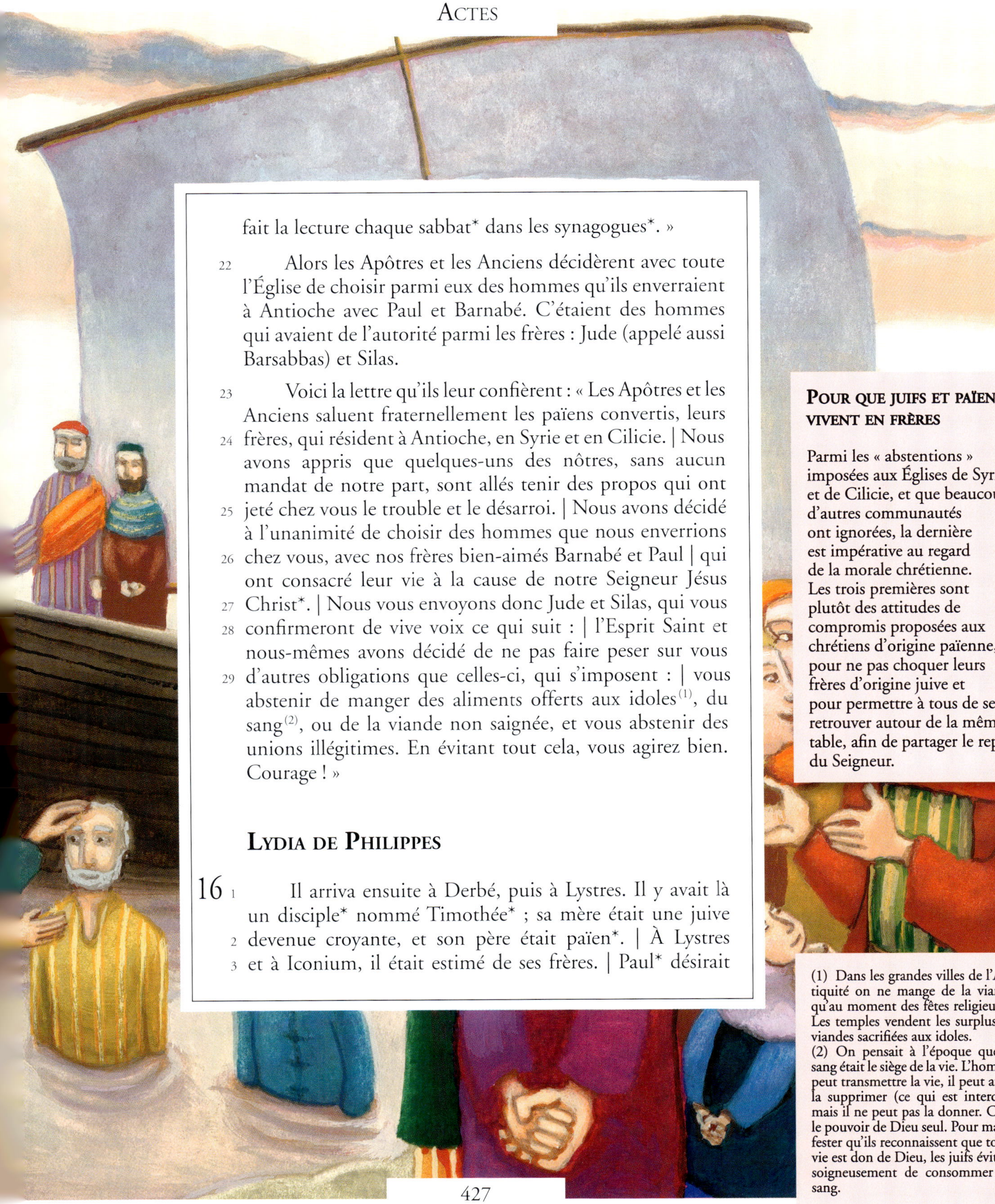

fait la lecture chaque sabbat* dans les synagogues*. »

22 Alors les Apôtres et les Anciens décidèrent avec toute
l'Église de choisir parmi eux des hommes qu'ils enverraient
à Antioche avec Paul et Barnabé. C'étaient des hommes
qui avaient de l'autorité parmi les frères : Jude (appelé aussi
Barsabbas) et Silas.

23 Voici la lettre qu'ils leur confièrent : « Les Apôtres et les
Anciens saluent fraternellement les païens convertis, leurs
24 frères, qui résident à Antioche, en Syrie et en Cilicie. | Nous
avons appris que quelques-uns des nôtres, sans aucun
mandat de notre part, sont allés tenir des propos qui ont
25 jeté chez vous le trouble et le désarroi. | Nous avons décidé
à l'unanimité de choisir des hommes que nous enverrions
26 chez vous, avec nos frères bien-aimés Barnabé et Paul | qui
ont consacré leur vie à la cause de notre Seigneur Jésus
27 Christ*. | Nous vous envoyons donc Jude et Silas, qui vous
28 confirmeront de vive voix ce qui suit : | l'Esprit Saint et
nous-mêmes avons décidé de ne pas faire peser sur vous
29 d'autres obligations que celles-ci, qui s'imposent : | vous
abstenir de manger des aliments offerts aux idoles[1], du
sang[2], ou de la viande non saignée, et vous abstenir des
unions illégitimes. En évitant tout cela, vous agirez bien.
Courage ! »

LYDIA DE PHILIPPES

16 1 Il arriva ensuite à Derbé, puis à Lystres. Il y avait là
un disciple* nommé Timothée* ; sa mère était une juive
2 devenue croyante, et son père était païen*. | À Lystres
3 et à Iconium, il était estimé de ses frères. | Paul* désirait

POUR QUE JUIFS ET PAÏENS VIVENT EN FRÈRES

Parmi les « abstentions » imposées aux Églises de Syrie et de Cilicie, et que beaucoup d'autres communautés ont ignorées, la dernière est impérative au regard de la morale chrétienne. Les trois premières sont plutôt des attitudes de compromis proposées aux chrétiens d'origine païenne, pour ne pas choquer leurs frères d'origine juive et pour permettre à tous de se retrouver autour de la même table, afin de partager le repas du Seigneur.

(1) Dans les grandes villes de l'Antiquité on ne mange de la viande qu'au moment des fêtes religieuses. Les temples vendent les surplus de viandes sacrifiées aux idoles.
(2) On pensait à l'époque que le sang était le siège de la vie. L'homme peut transmettre la vie, il peut aussi la supprimer (ce qui est interdit), mais il ne peut pas la donner. C'est le pouvoir de Dieu seul. Pour manifester qu'ils reconnaissent que toute vie est don de Dieu, les juifs évitent soigneusement de consommer du sang.

l'emmener, et il le prit avec lui. Il le soumit à la circon-
cision*, pour tenir compte des Juifs de la région, car ils
savaient tous que son père était païen.

4 Dans les villes où Paul et ses compagnons passaient,
ils transmettaient les décisions prises par les Apôtres* et les
Anciens* de Jérusalem*, pour qu'elles entrent en vigueur.
5 Les Églises* s'affermissaient dans la foi* et le nombre de
leurs fidèles augmentait chaque jour.

6 Paul et ses compagnons traversèrent la Phrygie et le
pays des Galates, car le Saint-Esprit* les avait empêchés
7 d'annoncer la Parole dans la province d'Asie. | Arrivés en
Mysie, ils essayèrent d'atteindre la Bythinie, mais l'Esprit
8 de Jésus s'y opposa. | Ils traversèrent alors la Mysie et
9 rejoignirent la côte à Troas. | Or, Paul eut une vision pen-
dant la nuit : un Macédonien était là debout, et l'appe-
lait : « Traverse la mer pour venir en Macédoine à notre
10 secours. » | Après cette vision de Paul, nous[1] avons cherché
à partir immédiatement pour la Macédoine, car nous
étions certains que Dieu venait de nous appeler à y porter
la Bonne Nouvelle.

11 Nous avons pris le bateau à Troas, et nous avons
gagné directement l'île de Samothrace, puis le lendemain
12 Néapolis, | et ensuite Philippes, qui est une cité romaine, la
première de cette région de Macédoine. Nous avons passé
13 là quelques jours | et, le jour du
sabbat*, nous sommes allés hors de
la ville, au bord de la rivière : nous
pensions y trouver l'endroit où les
Juifs venaient prier. Nous nous
sommes assis, et nous avons parlé
aux femmes qui étaient réunies.

PAUL ET SES COLLABORATEURS

Paul poursuit ses missions* à travers le bassin méditerranéen. Il est secondé par de nombreux compagnons : Silas (ou Sylvain), Tite*, Timothée…

Dans chaque communauté, Paul établit des Anciens comme responsables. Il s'efforce aussi d'éveiller tous les membres au sens de leurs responsabilités. L'Église est un Corps qui a besoin du concours de tous.

De nombreuses femmes collaborent avec Paul, lui qui est parfois qualifié de misogyne, dont Phébée (Romains 16, 1-2), Prisca (Romains 16, 3) et Nympha (Colossiens 4, 15).

Lydia, le jour du sabbat,
tu viens écouter les prédicateurs juifs
au bord de la rivière…
Un jour, l'un d'entre eux parle de Jésus,
Dieu au visage d'homme,
Dieu rejeté,
Dieu ressuscité.*
Tu ouvres alors toutes grandes
les portes de ta maison à Paul,
pour manifester
combien tu veux ouvrir ta vie
à celui qui l'a envoyé jusqu'à toi.

(1) L'auteur du livre, que la tradition désigne comme Luc*, rapporte des souvenirs personnels. Il intervient directement comme acteur des événements qu'il raconte. Voir p. 321.

14 Il y avait parmi elles une certaine Lydia, une commerçante
en tissus de pourpre, originaire de la ville de Thyatire, qui
adorait* le vrai Dieu [1]. Elle nous écoutait, car le Seigneur*
lui avait ouvert l'esprit pour la rendre attentive à ce que
15 disait Paul. | Elle se fit baptiser* avec tous les gens de sa
maison, et elle nous adressa cette invitation : « Puisque
vous avez reconnu ma foi* au Seigneur, venez donc loger
dans ma maison. » Et nous avons été forcés d'accepter.

JUSQU'AUX EXTRÉMITÉS DE LA TERRE

Après avoir parcouru l'actuelle Turquie et la Grèce, Paul arrive à Jérusalem* pour la Pentecôte* de l'an 58. Il est accusé faussement par des juifs d'Asie [2] d'avoir introduit des païens* dans l'enceinte sacrée du Temple*. Arrêté, Paul subit un long internement à Césarée. S'appuyant sur son statut de citoyen romain [3], il réclame d'être jugé à Rome devant le tribunal de l'empereur. Gardé par un centurion, Paul prend la mer. Après un naufrage dans l'île de Malte, le voyage se poursuit...*

28 11 Au bout de trois mois, nous [4] avions repris la mer à
bord d'un navire d'Alexandrie, le « Castor-et-Pollux », qui
12 avait passé l'hiver dans l'île. | Nous avons abordé à Syracuse
13 et nous y avons passé trois jours. | En suivant la côte, nous
sommes parvenus à Reggio. Le lendemain, le vent du sud
s'est levé, et en deux jours nous avons atteint Pouzzoles.
14 Nous y avons trouvé des frères [5] qui nous ont invités à
passer la semaine chez eux. Voilà comment nous avons
gagné Rome.

15 De la ville, les frères, qui avaient entendu parler de
nous, sont venus à notre rencontre jusqu'aux villages du

(1) Lydia n'est pas juive, elle est une « adoratrice de Dieu ». Le commerce de la pourpre était, à l'époque, une activité très lucrative.
(2) Des juifs d'Asie faisaient déjà partie des accusateurs d'Étienne (Actes des Apôtres 6, 9, p. 412).
(3) Le titre de citoyen romain donnait à celui qui le recevait les mêmes droits qu'à un homme libre natif de Rome. L'empereur avait coutume de décerner ce titre comme une récompense. Auguste* l'avait certainement donné aux notables juifs de Tarse pour services rendus. Paul en avait hérité.
(4) Luc*, qui avait accompagné Paul à Jérusalem, a mis à profit le long internement de son maître pour effectuer l'enquête dont il parle au début de son Évangile* (Luc 1, 3, p. 322). Il l'accompagne ensuite jusqu'à Rome. Voir p. 321.
(5) « Frères », c'est le nom que les chrétiens se donnent entre eux.

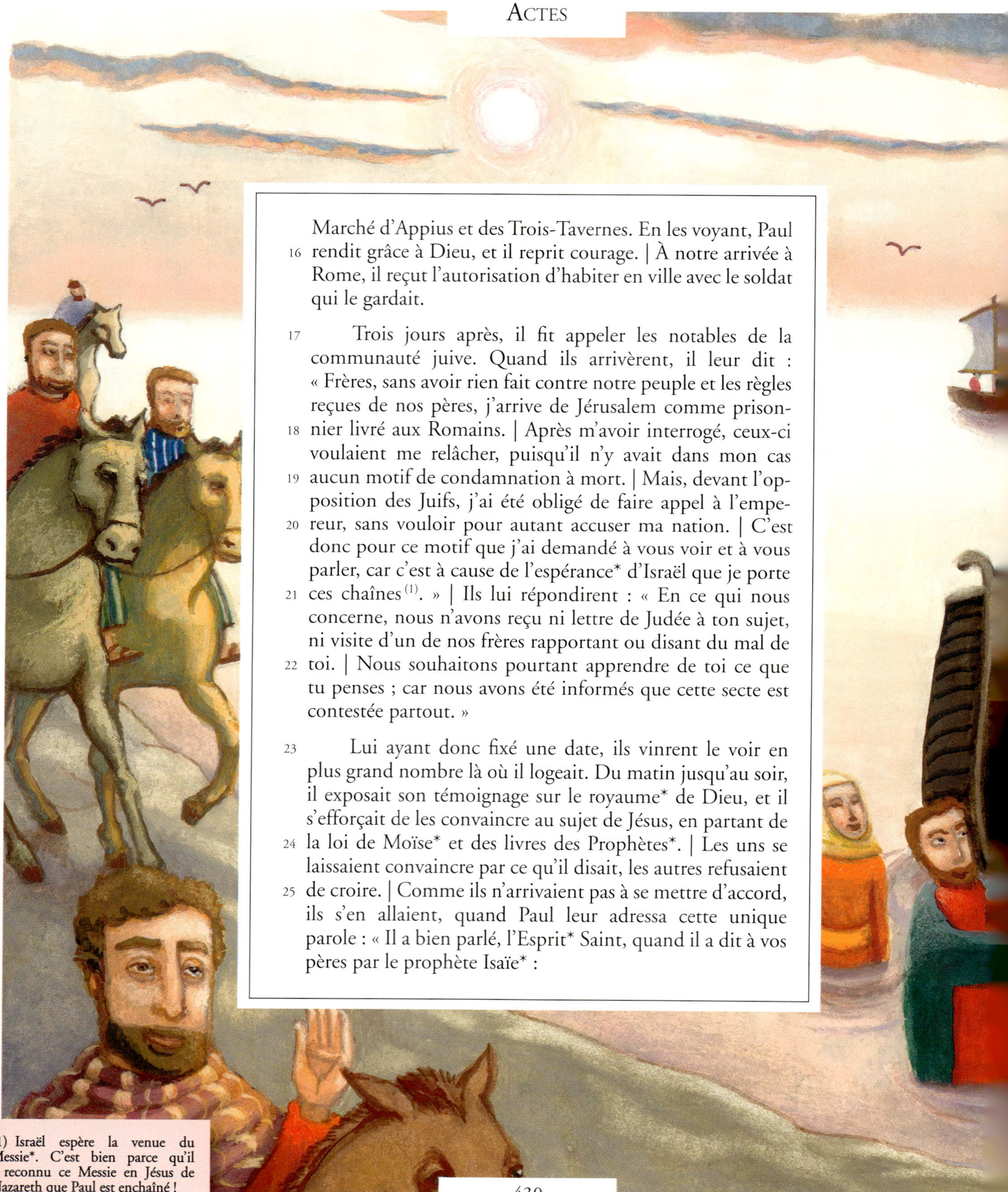

Marché d'Appius et des Trois-Tavernes. En les voyant, Paul
16 rendit grâce à Dieu, et il reprit courage. | À notre arrivée à
Rome, il reçut l'autorisation d'habiter en ville avec le soldat
qui le gardait.

17 Trois jours après, il fit appeler les notables de la
communauté juive. Quand ils arrivèrent, il leur dit :
« Frères, sans avoir rien fait contre notre peuple et les règles
reçues de nos pères, j'arrive de Jérusalem comme prison-
18 nier livré aux Romains. | Après m'avoir interrogé, ceux-ci
voulaient me relâcher, puisqu'il n'y avait dans mon cas
19 aucun motif de condamnation à mort. | Mais, devant l'op-
position des Juifs, j'ai été obligé de faire appel à l'empe-
20 reur, sans vouloir pour autant accuser ma nation. | C'est
donc pour ce motif que j'ai demandé à vous voir et à vous
parler, car c'est à cause de l'espérance* d'Israël que je porte
21 ces chaînes [1]. » | Ils lui répondirent : « En ce qui nous
concerne, nous n'avons reçu ni lettre de Judée à ton sujet,
ni visite d'un de nos frères rapportant ou disant du mal de
22 toi. | Nous souhaitons pourtant apprendre de toi ce que
tu penses ; car nous avons été informés que cette secte est
contestée partout. »

23 Lui ayant donc fixé une date, ils vinrent le voir en
plus grand nombre là où il logeait. Du matin jusqu'au soir,
il exposait son témoignage sur le royaume* de Dieu, et il
s'efforçait de les convaincre au sujet de Jésus, en partant de
24 la loi de Moïse* et des livres des Prophètes*. | Les uns se
laissaient convaincre par ce qu'il disait, les autres refusaient
25 de croire. | Comme ils n'arrivaient pas à se mettre d'accord,
ils s'en allaient, quand Paul leur adressa cette unique
parole : « Il a bien parlé, l'Esprit* Saint, quand il a dit à vos
pères par le prophète Isaïe* :

(1) Israël espère la venue du Messie*. C'est bien parce qu'il a reconnu ce Messie en Jésus de Nazareth que Paul est enchaîné !

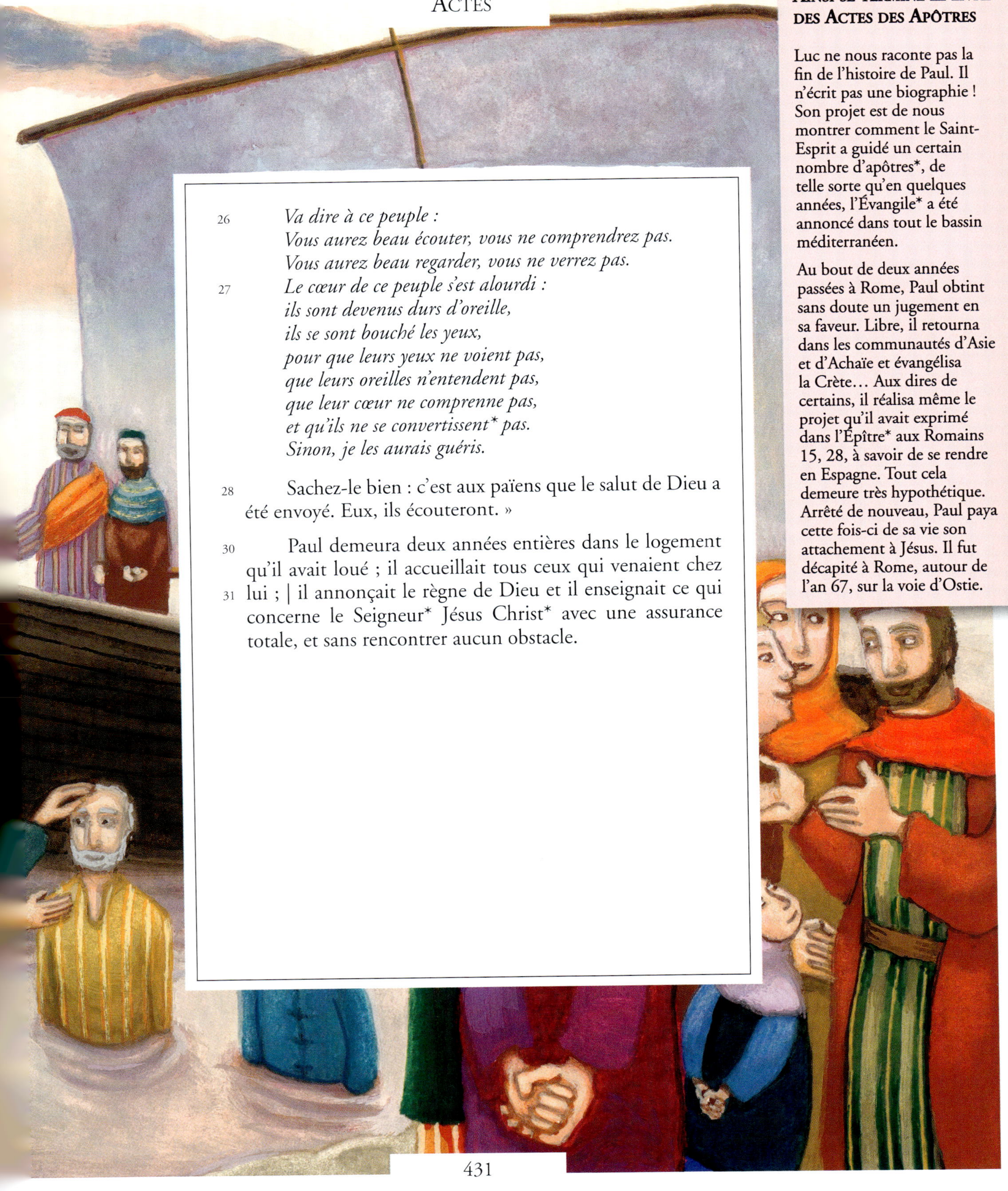

26 *Va dire à ce peuple :*
Vous aurez beau écouter, vous ne comprendrez pas.
Vous aurez beau regarder, vous ne verrez pas.
27 *Le cœur de ce peuple s'est alourdi :*
ils sont devenus durs d'oreille,
ils se sont bouché les yeux,
pour que leurs yeux ne voient pas,
que leurs oreilles n'entendent pas,
que leur cœur ne comprenne pas,
et qu'ils ne se convertissent pas.*
Sinon, je les aurais guéris.

28 Sachez-le bien : c'est aux païens que le salut de Dieu a
été envoyé. Eux, ils écouteront. »

30 Paul demeura deux années entières dans le logement
qu'il avait loué ; il accueillait tous ceux qui venaient chez
31 lui ; | il annonçait le règne de Dieu et il enseignait ce qui
concerne le Seigneur* Jésus Christ* avec une assurance
totale, et sans rencontrer aucun obstacle.

AINSI SE TERMINE LE LIVRE DES ACTES DES APÔTRES

Luc ne nous raconte pas la fin de l'histoire de Paul. Il n'écrit pas une biographie ! Son projet est de nous montrer comment le Saint-Esprit a guidé un certain nombre d'apôtres*, de telle sorte qu'en quelques années, l'Évangile* a été annoncé dans tout le bassin méditerranéen.

Au bout de deux années passées à Rome, Paul obtint sans doute un jugement en sa faveur. Libre, il retourna dans les communautés d'Asie et d'Achaïe et évangélisa la Crète… Aux dires de certains, il réalisa même le projet qu'il avait exprimé dans l'Épître* aux Romains 15, 28, à savoir de se rendre en Espagne. Tout cela demeure très hypothétique. Arrêté de nouveau, Paul paya cette fois-ci de sa vie son attachement à Jésus. Il fut décapité à Rome, autour de l'an 67, sur la voie d'Ostie.

LES VOYAGES DE PAUL

1. Saul rencontre Jésus sur le chemin de Damas (Actes des Apôtres 9, 1-9, p. 415-416).*

2. Barnabé va chercher Saul à Tarse. Il l'emmène avec lui à Antioche (Actes 11, 25-26, p. 420).*

3. Barnabé et Saul évangélisent Chypre et convertissent Sergius Paulus (Actes 13, 4-12, p. 422-423).

4. Premiers baptêmes collectifs de païens* à Antioche de Pisidie (Actes 13, 14-48, p. 423-424).*

5. À Lystres, Paul est lapidé.

6. À Philippes, Paul et Silas sont accueillis dans la maison de Lydia, qui vient d'être baptisée (Actes 16, 11-15, p. 428-429).

7. À Corinthe, Paul comparaît devant le tribunal de Gallion, frère de Sénèque : il est acquitté.

8. À Éphèse, Paul envoie ses disciples évangéliser les villes des alentours.

9. Paul est arrêté sur l'esplanade du Temple pendant la fête de Pentecôte* en 58 après Jésus Christ (voir p. 429).*

10. Paul demeure prisonnier du gouverneur romain à Césarée, de 58 à 60 après Jésus Christ.

11. Paul, conduit à Rome pour y être jugé par l'empereur, fait naufrage à Malte.

12. Arrivé à Rome, Paul est accueilli par des frères chrétiens à l'auberge d'Ostie (Actes 28, 13-16, p. 429-430).

Deux ans plus tard, Paul est sans doute libéré. Il repart en Asie, en Grèce et en Crète. À nouveau arrêté, il est décapité sur la voie d'Ostie à Rome, vers 67 après Jésus Christ.

II
LES ÉPÎTRES

Le Nouveau Testament contient vingt et une lettres, ou épîtres*, se présentant en deux groupes. Quatorze sont placées sous le patronage de saint Paul*. Les sept autres, d'auteurs différents, sont rassemblées sous le nom d'épîtres catholiques.*

Les épîtres de Paul

Paul est le premier écrivain du Nouveau Testament. Il commence à écrire ses épîtres en l'an 51, avant que ne commence la rédaction des Évangiles.*

Paul a beaucoup écrit. Il reste aujourd'hui treize épîtres qui lui sont attribuées. La quatorzième épître a toujours été considérée comme l'œuvre de l'un de ses disciples, Apollos [1] peut-être. Parmi les treize épîtres attribuées à Paul, certaines ont sans doute été remodelées par des disciples. Elles sont de genres très différents. Dans certaines, Paul expose sa doctrine, en particulier sur les relations entre la Loi et la foi*. L'Épître aux Romains est le type même de l'épître doctrinale. Dans d'autres épîtres, au ton plus pastoral, il répond à des problèmes très précis qui se posent dans une communauté dont il est éloigné.*

Les épîtres catholiques

Cette appellation, très ancienne, indique que ces épîtres ne sont pas adressées à une communauté ou à une personne précise, comme c'est le cas pour les épîtres de Paul. Elles sont destinées à un ensemble de communautés. Elles ont donc une portée plus universelle, plus « catholique ».*

Les épîtres catholiques regroupent une épître de Jacques, deux épîtres attribuées à Pierre*, trois épîtres de Jean* et un billet de Jude*.*

(1) Voir 1 Corinthiens 1, 12, p. 438.

Une introduction à l'Épître aux Romains

Dans cette lettre, Paul explique aux chrétiens de Rome que sa mission est fondée sur cette découverte : nous sommes justifiés par l'amour gratuit de Dieu mort sur la croix* pour nous pécheurs, et non par la loi et les bonnes actions. Il nous suffit de répondre à cet amour par la foi*. Pourquoi alors avoir une vie juste si les œuvres ne justifient pas ? Le chapitre 12 répond à cette question.

Contre la prétention

Paul combat avec énergie le vice qui menacera perpétuellement les communautés chrétiennes : la prétention, l'ambition. Il exhorte à l'humilité, à l'amour et au service fraternel.

La vie nouvelle au service de Dieu

12 1 Je vous exhorte, mes frères, par la tendresse de Dieu,
à lui offrir votre personne et votre vie en sacrifice* saint,
capable de plaire à Dieu : c'est là pour vous l'adoration*
2 véritable. | Ne prenez pas pour modèle le monde présent,
mais transformez-vous en renouvelant votre façon de
penser pour savoir reconnaître quelle est la volonté de
Dieu : ce qui est bon, ce qui est capable de lui plaire, ce
qui est parfait.

3 En vertu de la grâce* qui m'a été donnée, je dis à
chacun d'entre vous : n'ayez pas de prétentions déraison-
nables, soyez assez raisonnables pour n'être pas prétentieux,
chacun en proportion de la foi que Dieu lui a donnée en
4 partage. | Prenons une comparaison : notre corps forme un
tout, et pourtant nous avons plusieurs membres, qui n'ont
5 pas tous la même fonction ; | de même, dans le Christ*,
tous, tant que nous sommes, nous formons un seul corps ;
tous et chacun, nous sommes membres les uns des autres.
6 Et selon la grâce que Dieu nous a donnée, nous avons reçu
des dons qui sont différents. Si c'est le don de prophétie,
7 il faut se régler sur la foi ; | si c'est le don de servir, il faut
servir ; si l'on est fait pour enseigner, que l'on
8 enseigne ; | pour encourager, que l'on encou-
rage. Celui qui donne, qu'il soit simple ; celui
qui dirige, qu'il soit actif ; celui qui se dévoue aux
malheureux, qu'il ait le sourire.

9 Que votre amour soit sans hypocrisie. Fuyez
10 le mal avec horreur, attachez-vous au bien. | Soyez
unis les uns les autres par l'affection fraternelle,
11 rivalisez de respect les uns pour les autres. | Ne

Mon Père, je m'abandonne à toi,
fais de moi ce qu'il te plaira.
Quoi que tu fasses de moi, je te remercie.
Je suis prêt à tout, j'accepte tout.
Pourvu que ta volonté se fasse en moi,
en toutes tes créatures,
je ne désire rien d'autre, mon Dieu.
Je remets mon âme entre tes mains.
Je te la donne, mon Dieu,
avec tout l'amour de mon cœur
parce que je t'aime,
et que ce m'est un besoin d'amour
de me donner,
de me remettre entre tes mains sans mesure
avec une infinie confiance.
Car tu es mon Père.

Prière d'abandon de Charles de Foucauld

brisez pas l'élan de votre générosité, mais laissez jaillir l'Es-
12 prit* ; soyez les serviteurs du Seigneur*. Aux jours d'espé-
rance*, soyez dans la joie ; aux jours d'épreuve, tenez bon ;
13 priez avec persévérance. | Partagez avec les fidèles qui sont
dans le besoin, et que votre maison soit toujours accueillante.
14 | Bénissez* ceux qui vous persécutent ; souhaitez-leur du
15 bien, et non pas du mal. | Soyez joyeux avec ceux qui sont
16 dans la joie, pleurez avec ceux qui pleurent. | Soyez bien
d'accord entre vous ; n'ayez pas le goût des grandeurs, mais
laissez-vous attirer par ce qui est simple. Ne vous fiez pas
17 à votre propre jugement. | Ne rendez à personne le mal
pour le mal, appliquez-vous à bien agir aux yeux de tous
18 les hommes. | Autant que possible, pour ce qui dépend de
19 vous, vivez en paix avec tous les hommes. | Ne vous faites
pas justice vous-mêmes, mes bien-aimés, mais laissez agir la
colère* de Dieu. Car l'Écriture* dit :

*C'est à moi de faire justice**,
c'est moi qui rendrai à chacun ce qui lui revient,
dit le Seigneur.
20 Mais *si ton ennemi a faim, donne-lui à manger ;*
s'il a soif, donne-lui à boire :
ce sera comme si tu entassais sur sa tête des charbons ardents.

21 Ne te laisse pas vaincre par le mal, mais sois vainqueur
du mal par le bien.

Une introduction à l'Épître aux Corinthiens

Les chrétiens de Corinthe ont du mal à faire corps. Ils sont divisés. En répondant à des questions diverses qui lui ont été posées, Paul, tout au long de cette épître*, revient toujours à ce point fondamental : l'unité.

La sagesse de Dieu est folie

1 11 J'ai entendu parler de vous, mes frères, par les gens
12 de chez Cloé : on dit qu'il y a des disputes entre vous. | Je
m'explique. Chacun de vous prend parti en disant : « Moi,
j'appartiens à Paul* », ou bien : « J'appartiens à Apollos »,
ou bien : « J'appartiens à Pierre* », ou bien : « J'appartiens
13 au Christ* ». | Le Christ est-il donc divisé ? Est-ce donc
Paul qui a été crucifié pour vous ? Est-ce au nom de Paul
17 que vous avez été baptisés* ? […] | D'ailleurs, le Christ ne
m'a pas envoyé pour baptiser, mais pour annoncer l'Évan-
gile*, et sans avoir recours à la sagesse du langage humain,
ce qui viderait de son sens la croix* du Christ.

18 Car le langage de la croix est folie pour ceux qui vont
vers leur perte, mais pour ceux qui vont vers leur salut,
19 pour nous, il est puissance de Dieu. | L'Écriture* dit en
effet :

La sagesse des sages, je la mènerai à sa perte,
et je rejetterai l'intelligence des intelligents[1].

20 Que reste-t-il donc des sages ? Que reste-t-il des scribes ou
des raisonneurs d'ici-bas ? La sagesse du monde, Dieu ne
21 l'a-t-il pas rendue folle ? | Puisque le monde, avec toute sa
sagesse, n'a pas su reconnaître Dieu à travers les œuvres de
la sagesse de Dieu, il a plu à Dieu de sauver les croyants
22 par cette folie qu'est la proclamation de l'Évangile. | Alors
que les Juifs réclament les signes du Messie*, et que le
23 monde grec recherche une sagesse, | nous, nous procla-
mons un Messie crucifié, scandale pour les Juifs, folie pour
24 les peuples païens*. | Mais pour ceux que Dieu appelle,
qu'ils soient Juifs ou Grecs, ce Messie est puissance de

La croix

Aujourd'hui, la croix est devenue pour beaucoup un objet d'art, un bijou… Pour saint Paul, elle était un instrument de supplice, de scandale. Pour nous, chrétiens, le Père illumine ce signe* d'un éclat tout neuf. Christ ressuscité fait voir autrement : celui qui croit voit dans la croix un signe pascal, passage de la mort à la vie, une croix glorieuse.

(1) Citation d'Isaïe 29, 14. Il s'agit, bien entendu, des « sages » qui n'ont confiance que dans les seules lumières de leur intelligence, et qui refusent de se laisser illuminer par la Sagesse de Dieu. Voir « La véritable sagesse », p. 342.

25 Dieu et sagesse de Dieu. | Car la folie de Dieu est plus
sage que l'homme, et la faiblesse de Dieu est plus forte
que l'homme.

Comment prendre le repas du Seigneur

11 17 Puisque j'ai commencé à vous faire des critiques, je
ne vous félicite pas pour vos réunions : elles vous font plus
18 de mal que de bien. | Tout d'abord, quand votre Église* se
réunit, il paraît qu'il subsiste parmi vous des divisions, et je
19 crois que c'est assez vrai, | car il faut bien qu'il y ait parmi
vous des groupes qui s'opposent, pour qu'on reconnaisse
ceux d'entre vous qui ont une valeur éprouvée.

20 Donc, quand vous vous réunissez tous ensemble, ce
21 n'est plus le repas du Seigneur* que vous prenez : | en effet,
chacun se précipite pour prendre son propre repas ; alors
22 l'un reste affamé, tandis que l'autre a trop bu. | N'avez-
vous donc pas de maisons pour manger et pour boire ?
Méprisez-vous l'Église de Dieu au point d'humilier ceux
qui n'ont rien ? Que puis-je vous dire ? vous féliciter ? Non,
pour cela je ne vous félicite pas !

23 Je vous ai pourtant transmis, moi, ce que j'ai reçu de
la tradition qui vient du Seigneur(1) : la nuit même où
24 il était livré, le Seigneur Jésus prit du pain, | puis, ayant
rendu grâce, il le rompit, et dit : « Ceci est mon corps, qui
25 est pour vous. Faites cela en mémoire de moi. » | Après
le repas, il fit de même avec la coupe, en disant : « Cette
coupe est la nouvelle Alliance* en mon sang. Chaque fois
que vous en boirez, faites cela en mémoire de moi. »

Le repas du Seigneur

Le repas du Seigneur est la source de l'unité du Peuple de Dieu. En communiant au Corps* du Christ, chacun reçoit la force de faire corps avec les autres, dans l'unique Église.

Or, à Corinthe, le repas du Seigneur est devenu une occasion d'afficher et d'approfondir les différences. À cette époque, on faisait mémoire du dernier repas de Jésus au cours d'un repas complet. Les chrétiens de Corinthe se rassemblaient sans doute chez les plus riches d'entre eux, qui avaient de grandes salles pour recevoir toute la communauté. Gaïus ou Eraste devaient être de ceux qui accueillaient l'Église chez eux (Romains 16, 23). Chacun apportait son repas. Les pauvres et les esclaves arrivaient les derniers. Ils n'avaient qu'un repas modeste. Les plus aisés avaient commencé à manger et à boire, parfois même avec excès. Paul réagit vigoureusement contre une telle pratique.

Très rapidement, on cessera de « rompre le pain » au cours d'un repas normal, ne conservant – comme dans nos messes d'aujourd'hui – que le signe* du pain et du vin.

(1) Paul nous livre le plus ancien récit de l'institution de l'eucharistie*.

26 Ainsi donc, chaque fois que vous mangez ce pain et
que vous buvez à cette coupe, vous proclamez la mort du
27 Seigneur, jusqu'à ce qu'il vienne. | Et celui qui mangera le
pain ou boira la coupe du Seigneur sans savoir ce qu'il fait
28 aura à répondre du corps et du sang du Seigneur. | On doit
donc s'examiner soi-même avant de manger de ce pain et
29 boire à cette coupe. | Celui qui mange et qui boit mange et
30 boit son propre jugement s'il ne discerne pas le corps. | C'est
pour cela qu'il y a chez vous beaucoup de malades et d'in-
31 firmes et qu'un certain nombre sont morts. | Si nous avions
du discernement envers nous-mêmes, nous ne serions pas
32 jugés. | Mais les jugements du Seigneur sont pour nous
une leçon, afin que nous ne soyons pas condamnés avec le
monde.

33 Ainsi donc, mes frères, quand vous vous réunissez
pour ce repas, ayez soin de vous attendre les uns les autres.

L'Église est un corps

12 3 Personne n'est capable de dire : « Jésus est le Seigneur* »
sans l'action de l'Esprit* Saint.

4 Les dons de la grâce* sont variés, mais c'est toujours
5 le même Esprit. | Les fonctions dans l'Église* sont variées,
6 mais c'est toujours le même Seigneur. | Les activités sont
variées, mais c'est toujours le même Dieu qui agit en tous.
7 Chacun reçoit le don de manifester l'Esprit en vue du bien
8 de tous. | À celui-ci est donné, grâce à l'Esprit, le langage
de la sagesse de Dieu ; à un autre, toujours par l'Esprit, le
9 langage de la connaissance de Dieu ; | un autre reçoit, dans
l'Esprit, le don de la foi* ; un autre encore, des pouvoirs

10 de guérison dans l'unique Esprit ; | un autre peut faire des
miracles*, un autre est un prophète*, un autre sait recon-
naître ce qui vient vraiment de l'Esprit ; l'un reçoit le don
de dire toutes sortes de paroles mystérieuses, l'autre le don
11 de les interpréter. | Mais celui qui agit en tout cela, c'est
le même et unique Esprit : il distribue ses dons à chacun,
selon sa volonté.

12 Prenons une comparaison : notre corps forme un
tout, il a pourtant plusieurs membres ; et tous les membres,
malgré leur nombre, ne forment qu'un seul corps. Il en
13 est ainsi pour le Christ*. | Tous, Juifs ou païens*, esclaves
ou hommes libres, nous avons été baptisés dans l'unique
Esprit pour former un seul corps. Tous nous avons été
désaltérés par l'unique Esprit.

14 Le corps humain se compose de plusieurs membres,
15 et non pas d'un seul. | Le pied aura beau dire : « Je ne suis
pas la main, donc je ne fais pas partie du corps », il fait
16 toujours partie du corps. | L'oreille aura beau dire : « Je ne
suis pas l'œil, donc je ne fais pas partie du corps », elle fait
17 toujours partie du corps. | Si, dans le corps, il n'y avait que
les yeux, comment pourrait-on entendre ? S'il n'y avait que
18 les oreilles, comment pourrait-on sentir les odeurs ? | Mais,
dans le corps, Dieu a disposé les différents membres comme
19 il l'a voulu. | S'il n'y en avait qu'un seul, comment cela
20 ferait-il un corps ? | Il y a donc à la fois plusieurs membres,
21 et un seul corps. | L'œil ne peut pas dire à la main : « Je n'ai
pas besoin de toi » ; la tête ne peut pas dire aux pieds : « Je
n'ai pas besoin de vous. »

22 Bien plus, les parties du corps qui paraissent les plus
23 délicates sont indispensables. | Et celles qui passent pour

Sur le chemin de Damas

Jésus a demandé à Paul* : « Pourquoi me persécutes-tu ? » Paul n'avait jamais rencontré Jésus, mais il persécutait des chrétiens. Il comprend que toucher des chrétiens, c'est toucher le Christ*. Quand il écrit que l'Église est le Corps du Christ, ce n'est pas une simple comparaison. C'est son expérience spirituelle.

moins respectables, c'est elles que nous traitons avec plus
de respect ; celles qui sont moins décentes, nous les traitons
24 plus décemment ; | pour celles qui sont décentes, ce n'est
pas nécessaire. Dieu a organisé le corps de telle façon qu'on
25 porte plus de respect à ce qui en est le plus dépourvu : | il a
voulu qu'il n'y ait pas de division dans le corps, mais que les
26 différents membres aient tous le souci les uns des autres. | Si
un membre souffre, tous les membres partagent sa souf-
france ; si un membre est à l'honneur, tous partagent sa joie.

27 Or, vous êtes le corps* du Christ et, chacun pour
28 votre part, vous êtes les membres de ce corps. | Parmi ceux
que Dieu a placés ainsi dans l'Église, il y a premièrement
des apôtres*, deuxièmement des prophètes, troisièmement
ceux qui sont chargés d'enseigner, puis ceux qui font des
miracles, ceux qui ont le don de guérir, ceux qui ont la
charge d'assister leurs frères ou de les guider, ceux qui
29 disent des paroles mystérieuses. | Tout le monde évidem-
ment n'est pas apôtre, tout le monde n'est pas prophète,
ni chargé d'enseigner ; tout le monde n'a pas à faire des
30 miracles, | à guérir, à dire des paroles mystérieuses, ou à les
interpréter.

L'HYMNE À LA CHARITÉ

12 31 Parmi les dons de Dieu, vous cherchez à
obtenir ce qu'il y a de meilleur. Eh bien, je vais
vous indiquer une voie supérieure à toutes les
autres.

13 1 J'aurais beau parler toutes les langues de
la terre et du ciel, si je n'ai pas la charité*, s'il

Aujourd'hui,
Jésus n'a pas d'autre visage
que celui que, dans leur diversité,
les chrétiens proposent au monde.
Il n'a pas d'autres mains
que celles que les chrétiens
tendent vers leurs frères.

Quelle confiance tu as en nous, Seigneur !
Chacun, individuellement,
ne peut pas te représenter
auprès des autres, mais ensemble,
avec les dons de ton Esprit,
nous pouvons être ton sourire,
ta parole de douceur et d'exigence,
ton regard attentif à reconnaître
tous ceux qu'on met en marge…
Merci, Seigneur, de compter sur nous !

L'AMOUR DE DIEU

Aujourd'hui, le mot charité a pris un sens très proche du mot aumône. On fait « la charité » quand on donne une pièce à un pauvre. À l'origine, la charité c'est l'amour de Dieu qui transforme et purifie l'amour humain. Quelqu'un est plein de charité quand il laisse le Saint-Esprit* le remodeler de l'intérieur. Il le rend capable d'aimer avec la délicatesse et la ténacité de Jésus.

me manque l'amour, je ne suis qu'un cuivre qui résonne,
2 une cymbale retentissante. | J'aurais beau être prophète*,
avoir toute la science des mystères et toute la connaissance*
de Dieu, et toute la foi* jusqu'à transporter les montagnes,
3 s'il me manque l'amour, je ne suis rien. | J'aurais beau distri-
buer toute ma fortune aux affamés, j'aurais beau me faire
brûler vif, s'il me manque l'amour, cela ne me sert à rien.

4 L'amour prend patience ; l'amour rend service ;
l'amour ne jalouse pas ; il ne se vante pas, ne se gonfle pas
5 d'orgueil ; | il ne fait rien de malhonnête ; il ne cherche
pas son intérêt ; il ne s'emporte pas ; il n'entretient pas
6 de rancune ; | il ne se réjouit pas de ce qui est mal, mais il
7 trouve sa joie dans ce qui est vrai ; | il supporte tout, il fait
confiance en tout, il espère tout, il endure tout.

8 L'amour ne passera jamais. Un jour, les prophéties
disparaîtront, le don des langues cessera, la connaissance
9 que nous avons de Dieu disparaîtra. | En effet, notre
connaissance est partielle, nos prophéties sont partielles.
10 Quand viendra l'achèvement, ce qui est partiel disparaîtra.
11 Quand j'étais un enfant, je parlais comme un enfant, je
pensais comme un enfant, je raisonnais comme un enfant.
Maintenant que je suis un homme, j'ai fait disparaître ce
12 qui faisait de moi un enfant. | [...] Ce jour-là, je connaî-
13 trai vraiment, comme Dieu m'a connu. | Ce qui demeure
aujourd'hui, c'est la foi, l'espérance* et la charité ; mais la
plus grande des trois, c'est la charité.

LA FOI DE L'ÉGLISE

15 1 Frères, je vous rappelle la Bonne Nouvelle que je vous
ai annoncée ; cet Évangile*, vous l'avez reçu, et vous y

Le kérygme*

Paul* témoigne ici du contenu de la première prédication chrétienne. Il s'agit essentiellement d'annoncer la mort et la résurrection du Christ. Les prédicateurs s'attachent à montrer que la mort du Christ, si déconcertante, était cependant annoncée par les Écritures. La résurrection, proclamée par des témoins, manifeste que la mort de Jésus n'est pas un échec mais le sommet de la sagesse de Dieu, que les hommes considèrent comme une folie (voir p. 438), la preuve de son amour totalement gratuit pour l'humanité.

Apôtres

Paul utilise le mot « apôtre » pour désigner tous ceux qui sont envoyés annoncer l'Évangile, alors que Luc* réserve habituellement ce titre d'apôtre aux Douze.

Ce texte nous permet de réaliser que les écrivains du Nouveau Testament* ne donnent pas toujours le même sens aux mots qu'ils utilisent.

2 restez attachés, | vous serez sauvés par lui si vous le gardez
tel que je vous l'ai annoncé ; autrement, c'est pour rien que
3 vous êtes devenus croyants. | Avant tout, je vous ai transmis
ceci, que j'ai moi-même reçu :
le Christ* est mort pour nos péchés*
conformément aux Écritures*,
4 et il a été mis au tombeau ;
il est ressuscité* le troisième jour
conformément aux Écritures,
5 et il est apparu à Pierre*, puis aux Douze* ;
6 ensuite il est apparu à plus de cinq cents frères à la fois – la
plupart sont encore vivants, et quelques-uns sont morts –
7 ensuite il est apparu à Jacques*, puis à tous les Apôtres*.
8 Et en tout dernier lieu, il est même apparu à l'avorton que
je suis.

9 Car moi, je suis le plus petit des Apôtres, je ne suis pas
digne d'être appelé Apôtre, puisque j'ai persécuté l'Église*
10 de Dieu. | Mais ce que je suis, je le suis par la grâce* de
Dieu, et la grâce dont il m'a comblé n'a pas été stérile. Je
me suis donné de la peine plus que tous les autres ; à vrai
dire, ce n'est pas moi, c'est la grâce de Dieu avec moi.

11 Bref, qu'il s'agisse de moi ou des autres, voilà notre
message, et voilà votre foi*.

La résurrection

15 35 L'un de vous peut demander : « Comment les morts
ressuscitent*-ils ? avec quelle sorte de corps reviennent-
36 ils ? » – | Réfléchis donc ! Quand tu sèmes une graine,
37 elle ne peut pas donner vie sans mourir d'abord ; | et tu

ne sèmes pas le corps de la plante qui va pousser, tu sèmes
38 une graine toute nue : du blé ou autre chose. | Et Dieu lui
donne un corps comme il le veut : à chaque semence un
39 corps particulier. | Les espèces de chair sont différentes : il
y a celle des hommes, celle des bestiaux, celle des oiseaux,
40 celle des poissons. | Il y a des corps célestes et des corps
terrestres, mais autre est l'éclat des célestes, autre celui des
41 terrestres ; | il y a l'éclat du soleil, celui de la lune, celui des
étoiles ; et les étoiles ont les unes et les autres un éclat diffé-
42 rent. | Il en sera de même quand les morts ressusciteront.
Ce qui est semé dans la terre est périssable, ce qui ressuscite
43 est impérissable ; | ce qui est semé n'a plus de valeur, ce qui
ressuscite est plein de gloire* ; ce qui est semé est faible,
44 ce qui ressuscite est puissant ; ce qui est semé est un corps
humain, ce qui ressuscite est un corps spirituel ; puisqu'il
existe un corps humain, il existe aussi un corps spirituel.
45 L'Écriture* dit : *Le premier Adam était un être humain*
qui avait reçu la vie ; le dernier Adam – le Christ* – est
46 devenu l'être spirituel qui donne la vie. | Ce qui est apparu
d'abord, ce n'est pas l'être spirituel, c'est l'être humain, et
47 ensuite seulement, le spirituel. | Pétri de terre, le premier
homme vient de la terre ; le deuxième homme, lui, vient
48 du ciel. | Puisque Adam est pétri de terre, comme lui les
hommes appartiennent à la terre ; puisque le Christ est
venu du ciel, comme lui les hommes appartiennent au ciel.
49 Et de même que nous sommes à l'image de celui qui est
pétri de terre, de même nous serons à l'image de celui qui
vient du ciel.

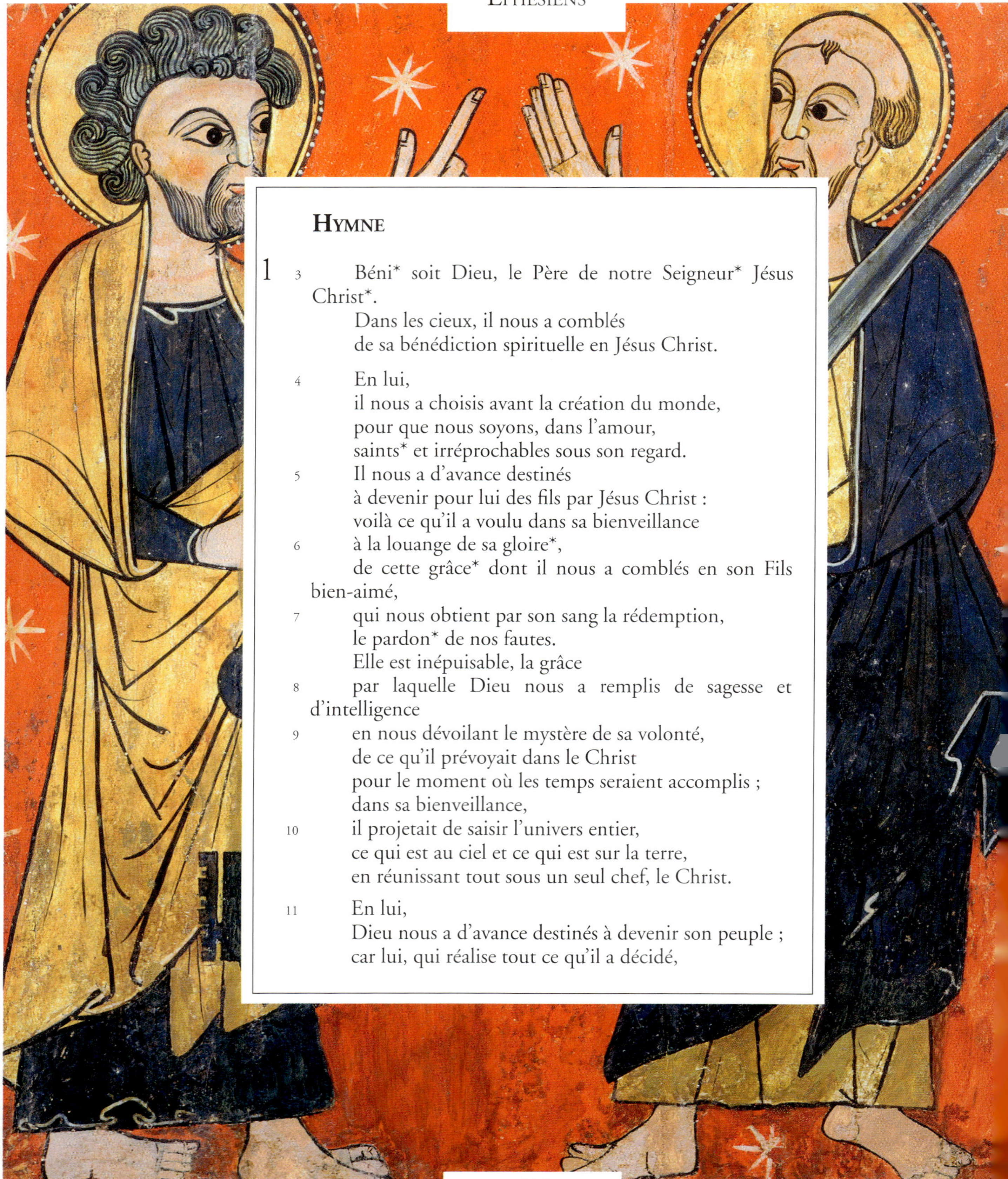

HYMNE

1 3 Béni* soit Dieu, le Père de notre Seigneur* Jésus Christ*.
Dans les cieux, il nous a comblés
de sa bénédiction spirituelle en Jésus Christ.

4 En lui,
il nous a choisis avant la création du monde,
pour que nous soyons, dans l'amour,
saints* et irréprochables sous son regard.
5 Il nous a d'avance destinés
à devenir pour lui des fils par Jésus Christ :
voilà ce qu'il a voulu dans sa bienveillance
6 à la louange de sa gloire*,
de cette grâce* dont il nous a comblés en son Fils bien-aimé,
7 qui nous obtient par son sang la rédemption,
le pardon* de nos fautes.
Elle est inépuisable, la grâce
8 par laquelle Dieu nous a remplis de sagesse et d'intelligence
9 en nous dévoilant le mystère de sa volonté,
de ce qu'il prévoyait dans le Christ
pour le moment où les temps seraient accomplis ;
dans sa bienveillance,
10 il projetait de saisir l'univers entier,
ce qui est au ciel et ce qui est sur la terre,
en réunissant tout sous un seul chef, le Christ.

11 En lui,
Dieu nous a d'avance destinés à devenir son peuple ;
car lui, qui réalise tout ce qu'il a décidé,

12 il a voulu que nous soyons
ceux qui d'avance avaient espéré dans le Christ,
à la louange de sa gloire.
13 Dans le Christ, vous aussi,
vous avez écouté la parole de vérité,
la Bonne Nouvelle de votre salut ;
en lui, devenus des croyants,
vous avez reçu la marque de l'Esprit* Saint.
Et l'Esprit que Dieu avait promis,
14 c'est la première avance qu'il nous a faite
sur l'héritage dont nous prendrons possession
au jour de la délivrance finale,
à la louange de sa gloire.

Le mystère* du Christ

2 1 S'il est vrai que, dans le Christ*, on se réconforte les
uns les autres, si l'on s'encourage dans l'amour, si l'on est
en communion dans l'Esprit*, si l'on a de la tendresse et
2 de la pitié, | alors, pour que ma joie soit complète, ayez
les mêmes dispositions, le même amour, les mêmes senti-
3 ments ; recherchez l'unité. | Ne soyez jamais intrigants ni
vantards, mais ayez assez d'humilité pour estimer les autres
4 supérieurs à vous-mêmes. | Que chacun de vous ne soit pas
préoccupé de lui-même, mais aussi des autres.

5 Ayez entre vous les dispositions que l'on doit avoir
dans le Christ* Jésus :

6 lui qui était dans la condition de Dieu,
il n'a pas jugé bon de revendiquer son droit
d'être traité à l'égal de Dieu ;

Introduction à l'Épître aux Philippiens

Paul expose aux chrétiens de Philippes l'étonnante profondeur de l'amour de Dieu. Jamais, il ne s'impose aux hommes. Au contraire, il prend la dernière place.

Nous, chrétiens,
nous sommes invités à vivre
dans la charité fraternelle,*
dans l'unité et l'humilité
en nous appuyant sur ton exemple, Seigneur.
En effet, Fils de Dieu,*
tu n'as pas voulu prendre le titre
d'égal de Dieu,
mais tu as choisi la condition humaine
en te faisant obéissant jusqu'à la mort.
Toi, le Ressuscité,
entraîne-nous à ta suite
et guide-nous vers le Père.

7 mais au contraire, il se dépouilla lui-même
en prenant la condition de serviteur.
Devenu semblable aux hommes
et reconnu comme un homme à son comportement,
8 il s'est abaissé lui-même
en devenant obéissant jusqu'à mourir,
et à mourir sur une croix*.
9 C'est pourquoi Dieu l'a élevé au-dessus de tout ;
il lui a conféré le Nom*
qui surpasse tous les noms,
10 afin qu'au Nom de Jésus,
aux cieux, sur terre et dans l'abîme(1),
tout être vivant tombe à genoux,
11 et que toute langue proclame :
« Jésus Christ est le Seigneur* »,
pour la gloire* de Dieu le Père.

La conversion de Paul

3 5 J'ai reçu la circoncision* quand j'avais huit jours ; je
suis de la race d'Israël, de la tribu* de Benjamin, Hébreu
6 fils d'Hébreux(2) ; pour la Loi, j'étais un pharisien* ; | pour
l'ardeur jalouse, j'étais un persécuteur de l'Église* ; pour la
7 justice que donne la Loi, j'étais irréprochable. | Mais tous ces
avantages que j'avais, je les ai considérés comme une perte
8 à cause du Christ*. | Oui, je considère tout cela comme
une perte à cause de ce bien qui dépasse tout : la connais-
sance* du Christ Jésus, mon Seigneur*. À cause de lui, j'ai
tout perdu ; je considère tout comme des balayures, en vue
9 d'un seul avantage, le Christ, | en qui Dieu me reconnaîtra

(1) Les cieux, la terre et l'abîme représentent la totalité du monde et de ses habitants (voir la grande planche illustrée, p. 20-21). Les cieux sont le domaine de Dieu et de ses anges*. La terre, le domaine des hommes, et l'abîme – ou shéol* – le lieu où descendent les morts. Désormais, partout, Jésus est reconnu comme Seigneur, c'est-à-dire comme Dieu.
(2) Bien que né dans la Diaspora*, Paul fait partie d'une famille qui n'a pas perdu l'usage de la langue des ancêtres. Il parle hébreu*. Il a étudié les textes sacrés en hébreu auprès de Gamaliel, à Jérusalem.

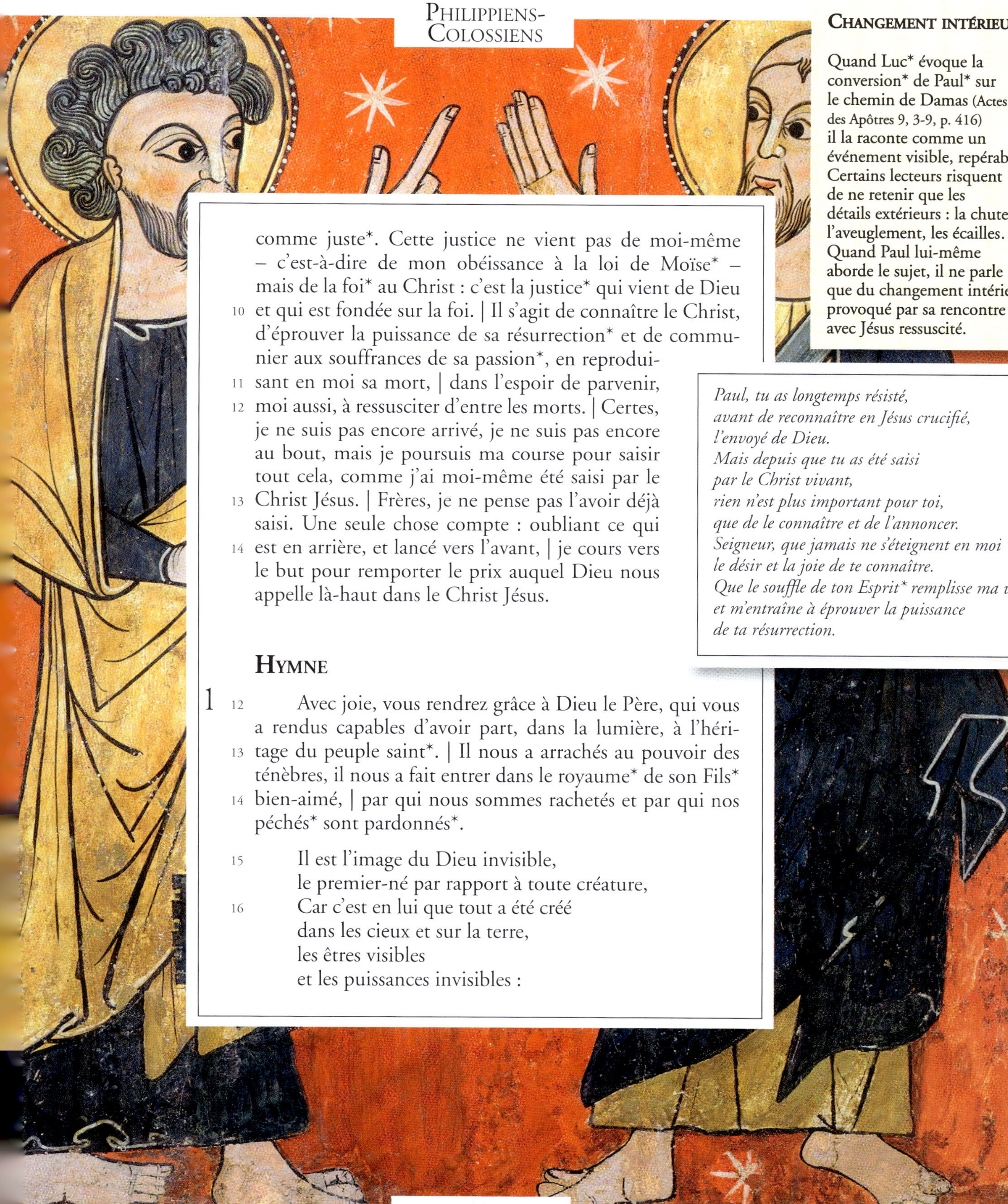

comme juste*. Cette justice ne vient pas de moi-même
– c'est-à-dire de mon obéissance à la loi de Moïse* –
mais de la foi* au Christ : c'est la justice* qui vient de Dieu
10 et qui est fondée sur la foi. | Il s'agit de connaître le Christ,
d'éprouver la puissance de sa résurrection* et de commu-
nier aux souffrances de sa passion*, en reprodui-
11 sant en moi sa mort, | dans l'espoir de parvenir,
12 moi aussi, à ressusciter d'entre les morts. | Certes,
je ne suis pas encore arrivé, je ne suis pas encore
au bout, mais je poursuis ma course pour saisir
tout cela, comme j'ai moi-même été saisi par le
13 Christ Jésus. | Frères, je ne pense pas l'avoir déjà
saisi. Une seule chose compte : oubliant ce qui
14 est en arrière, et lancé vers l'avant, | je cours vers
le but pour remporter le prix auquel Dieu nous
appelle là-haut dans le Christ Jésus.

HYMNE

1 12 Avec joie, vous rendrez grâce à Dieu le Père, qui vous
a rendus capables d'avoir part, dans la lumière, à l'héri-
13 tage du peuple saint*. | Il nous a arrachés au pouvoir des
ténèbres, il nous a fait entrer dans le royaume* de son Fils*
14 bien-aimé, | par qui nous sommes rachetés et par qui nos
péchés* sont pardonnés*.

15 Il est l'image du Dieu invisible,
le premier-né par rapport à toute création,
16 Car c'est en lui que tout a été créé
dans les cieux et sur la terre,
les êtres visibles
et les puissances invisibles :

CHANGEMENT INTÉRIEUR

Quand Luc* évoque la conversion* de Paul* sur le chemin de Damas (Actes des Apôtres 9, 3-9, p. 416) il la raconte comme un événement visible, repérable. Certains lecteurs risquent de ne retenir que les détails extérieurs : la chute, l'aveuglement, les écailles… Quand Paul lui-même aborde le sujet, il ne parle que du changement intérieur provoqué par sa rencontre avec Jésus ressuscité.

Paul, tu as longtemps résisté,
avant de reconnaître en Jésus crucifié,
l'envoyé de Dieu.
Mais depuis que tu as été saisi
par le Christ vivant,
rien n'est plus important pour toi,
que de le connaître et de l'annoncer.
Seigneur, que jamais ne s'éteignent en moi
le désir et la joie de te connaître.
Que le souffle de ton Esprit remplisse ma vie*
et m'entraîne à éprouver la puissance
de ta résurrection.

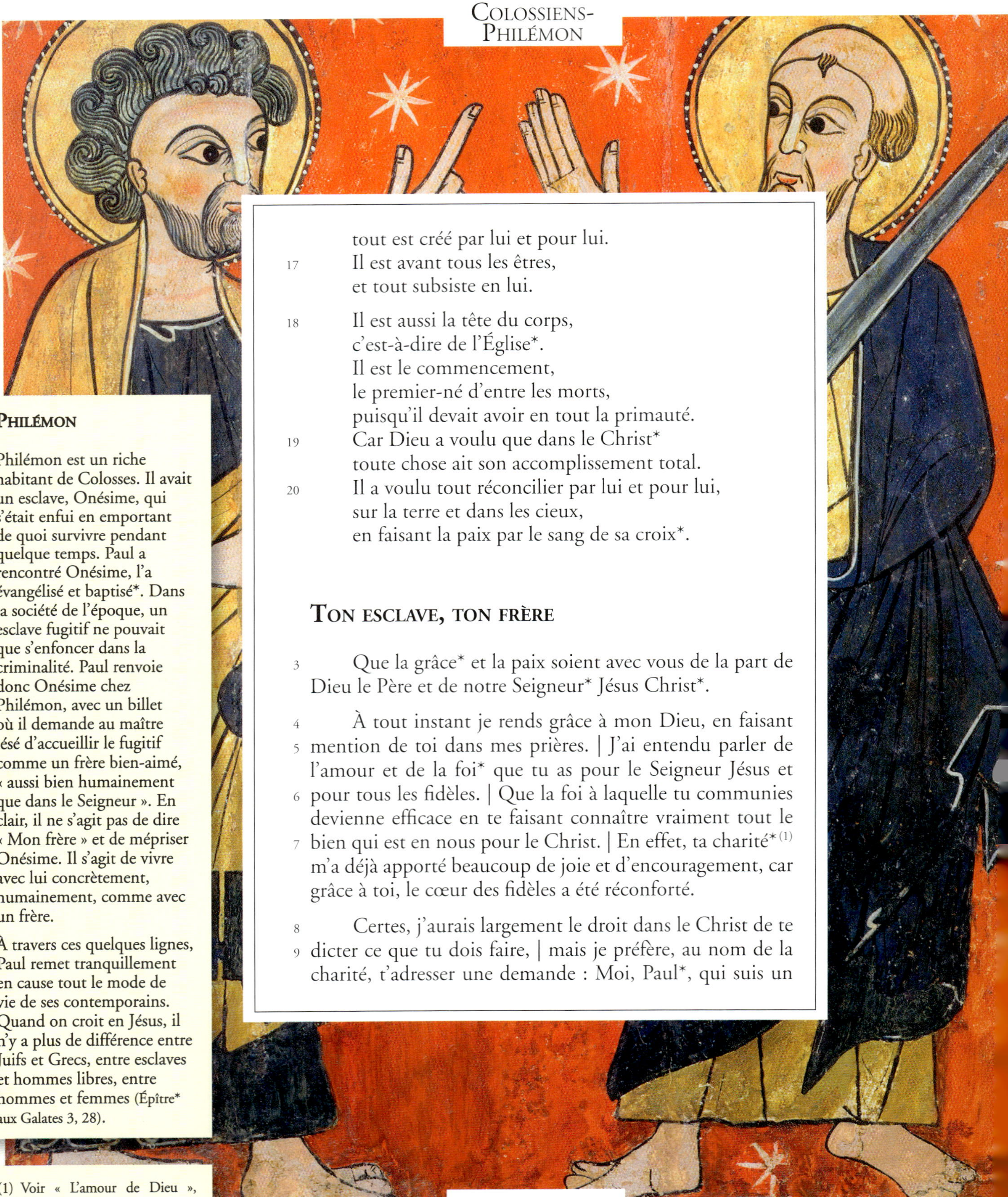

tout est créé par lui et pour lui.
17 Il est avant tous les êtres,
et tout subsiste en lui.

18 Il est aussi la tête du corps,
c'est-à-dire de l'Église*.
Il est le commencement,
le premier-né d'entre les morts,
puisqu'il devait avoir en tout la primauté.
19 Car Dieu a voulu que dans le Christ*
toute chose ait son accomplissement total.
20 Il a voulu tout réconcilier par lui et pour lui,
sur la terre et dans les cieux,
en faisant la paix par le sang de sa croix*.

TON ESCLAVE, TON FRÈRE

3 Que la grâce* et la paix soient avec vous de la part de
Dieu le Père et de notre Seigneur* Jésus Christ*.

4 À tout instant je rends grâce à mon Dieu, en faisant
5 mention de toi dans mes prières. | J'ai entendu parler de
l'amour et de la foi* que tu as pour le Seigneur Jésus et
6 pour tous les fidèles. | Que la foi à laquelle tu communies
devienne efficace en te faisant connaître vraiment tout le
7 bien qui est en nous pour le Christ. | En effet, ta charité*(1)
m'a déjà apporté beaucoup de joie et d'encouragement, car
grâce à toi, le cœur des fidèles a été réconforté.

8 Certes, j'aurais largement le droit dans le Christ de te
9 dicter ce que tu dois faire, | mais je préfère, au nom de la
charité, t'adresser une demande : Moi, Paul*, qui suis un

PHILÉMON

Philémon est un riche habitant de Colosses. Il avait un esclave, Onésime, qui s'était enfui en emportant de quoi survivre pendant quelque temps. Paul a rencontré Onésime, l'a évangélisé et baptisé*. Dans la société de l'époque, un esclave fugitif ne pouvait que s'enfoncer dans la criminalité. Paul renvoie donc Onésime chez Philémon, avec un billet où il demande au maître lésé d'accueillir le fugitif comme un frère bien-aimé, « aussi bien humainement que dans le Seigneur ». En clair, il ne s'agit pas de dire « Mon frère » et de mépriser Onésime. Il s'agit de vivre avec lui concrètement, humainement, comme avec un frère.

À travers ces quelques lignes, Paul remet tranquillement en cause tout le mode de vie de ses contemporains. Quand on croit en Jésus, il n'y a plus de différence entre Juifs et Grecs, entre esclaves et hommes libres, entre hommes et femmes (Épître* aux Galates 3, 28).

(1) Voir « L'amour de Dieu », p. 443.

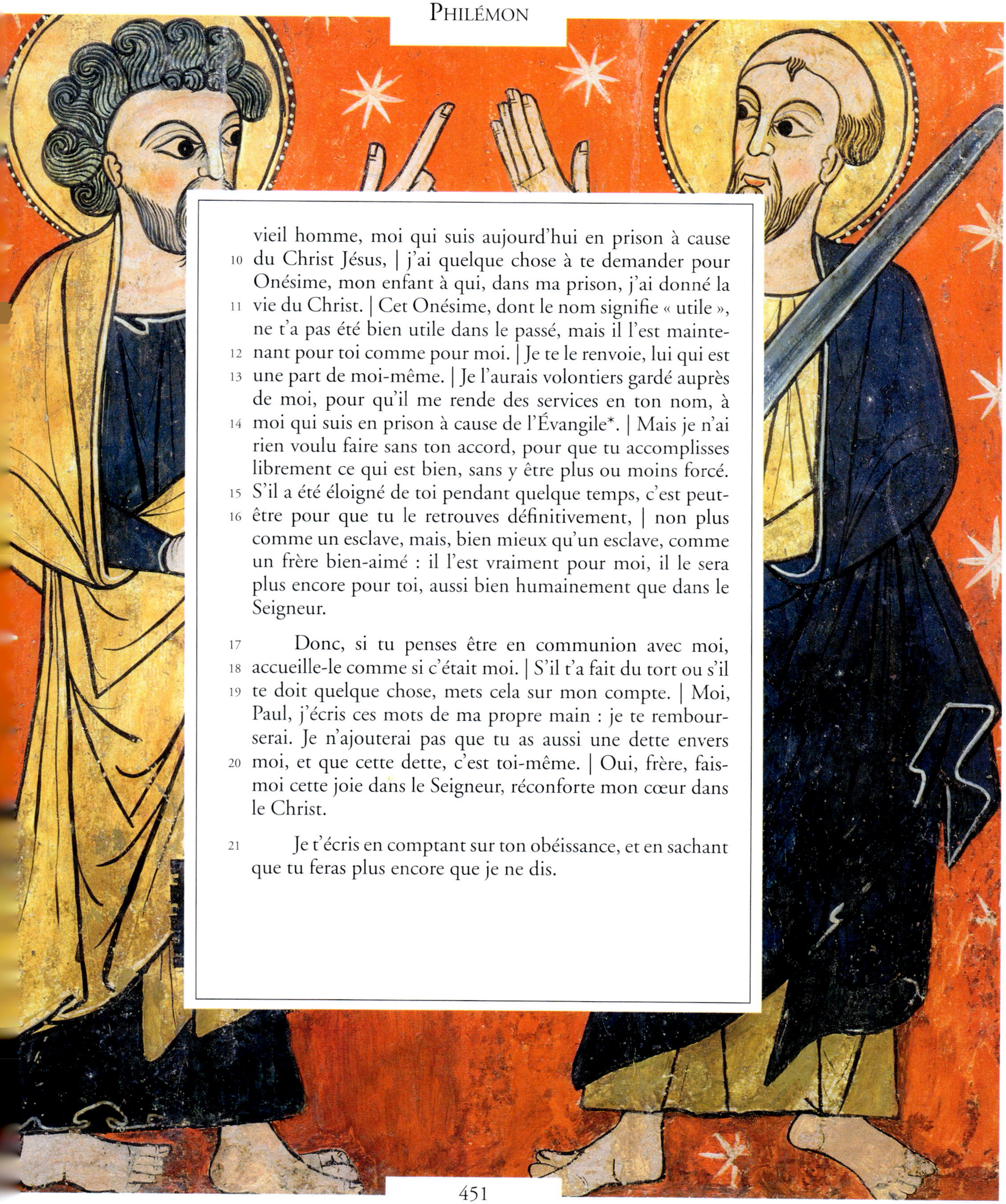

vieil homme, moi qui suis aujourd'hui en prison à cause
10 du Christ Jésus, | j'ai quelque chose à te demander pour
Onésime, mon enfant à qui, dans ma prison, j'ai donné la
11 vie du Christ. | Cet Onésime, dont le nom signifie « utile »,
ne t'a pas été bien utile dans le passé, mais il l'est mainte-
12 nant pour toi comme pour moi. | Je te le renvoie, lui qui est
13 une part de moi-même. | Je l'aurais volontiers gardé auprès
de moi, pour qu'il me rende des services en ton nom, à
14 moi qui suis en prison à cause de l'Évangile*. | Mais je n'ai
rien voulu faire sans ton accord, pour que tu accomplisses
librement ce qui est bien, sans y être plus ou moins forcé.
15 S'il a été éloigné de toi pendant quelque temps, c'est peut-
16 être pour que tu le retrouves définitivement, | non plus
comme un esclave, mais, bien mieux qu'un esclave, comme
un frère bien-aimé : il l'est vraiment pour moi, il le sera
plus encore pour toi, aussi bien humainement que dans le
Seigneur.

17 Donc, si tu penses être en communion avec moi,
18 accueille-le comme si c'était moi. | S'il t'a fait du tort ou s'il
19 te doit quelque chose, mets cela sur mon compte. | Moi,
Paul, j'écris ces mots de ma propre main : je te rembour-
serai. Je n'ajouterai pas que tu as aussi une dette envers
20 moi, et que cette dette, c'est toi-même. | Oui, frère, fais-
moi cette joie dans le Seigneur, réconforte mon cœur dans
le Christ.

21 Je t'écris en comptant sur ton obéissance, et en sachant
que tu feras plus encore que je ne dis.

INTRODUCTION À L'ÉPÎTRE DE JACQUES

Dans un langage sans détour, Jacques* dénonce la tendance à faire confiance aux gens qui présentent bien, et à se méfier de ceux dont la tenue révèle la pauvreté*.

LA LOI DU ROYAUME

2 1 Mes frères, ne mêlez pas des considérations de
personnes avec la foi* en Jésus Christ*, notre Seigneur* de
2 gloire*. | Imaginons que, dans votre assemblée, arrivent en
même temps un homme aux vêtements rutilants, portant
des bagues en or, et un homme pauvre aux vêtements sales.
3 Vous vous tournez vers l'homme qui porte des vêtements
rutilants et vous lui dites : « Prends ce siège, et installe-toi
bien[1] » ; et vous dites au pauvre : « Toi, reste là debout »,
4 ou bien : « Assieds-toi par terre à mes pieds ». | Agir ainsi,
n'est-ce pas faire des différences entre vous, et juger selon
des valeurs fausses ?

5 Écoutez donc, mes frères bien-aimés ! Dieu, lui,
n'a-t-il pas choisi ceux qui sont pauvres aux yeux du
monde ? Il les a faits riches de la foi, il les a faits héri-
tiers du Royaume* qu'il a promis à ceux qui l'auront aimé.
6 Mais vous, vous avez privé le pauvre de sa dignité. Ne
voyez-vous pas que ce sont les riches qui vous oppriment,
7 et vous traînent devant les tribunaux ? | Ce sont eux qui
blasphèment le beau nom du Seigneur qui a été prononcé
8 sur vous. | Certes, vous avez raison quand vous appliquez
la loi du Royaume, celle qui est dans l'Écriture :

Tu aimeras ton prochain comme toi-même[2].

9 Mais quand vous marquez des différences entre
les personnes, vous commettez un péché*, et
cette Loi vous dénonce comme coupables.

Seigneur,
*rappelle à ton Église**
qu'elle est envoyée auprès des plus pauvres,
des personnes fragiles, des sans-voix,
des naufragés de la vie…
Que ton Église soit un lieu de liberté,
de justice et de paix*
où tout homme puisse trouver
des raisons d'espérer.

(1) Comparer avec ce que dit Jésus en Matthieu 23, 5-7, p. 279.
(2) Voir Marc 12, 31, p. 318.

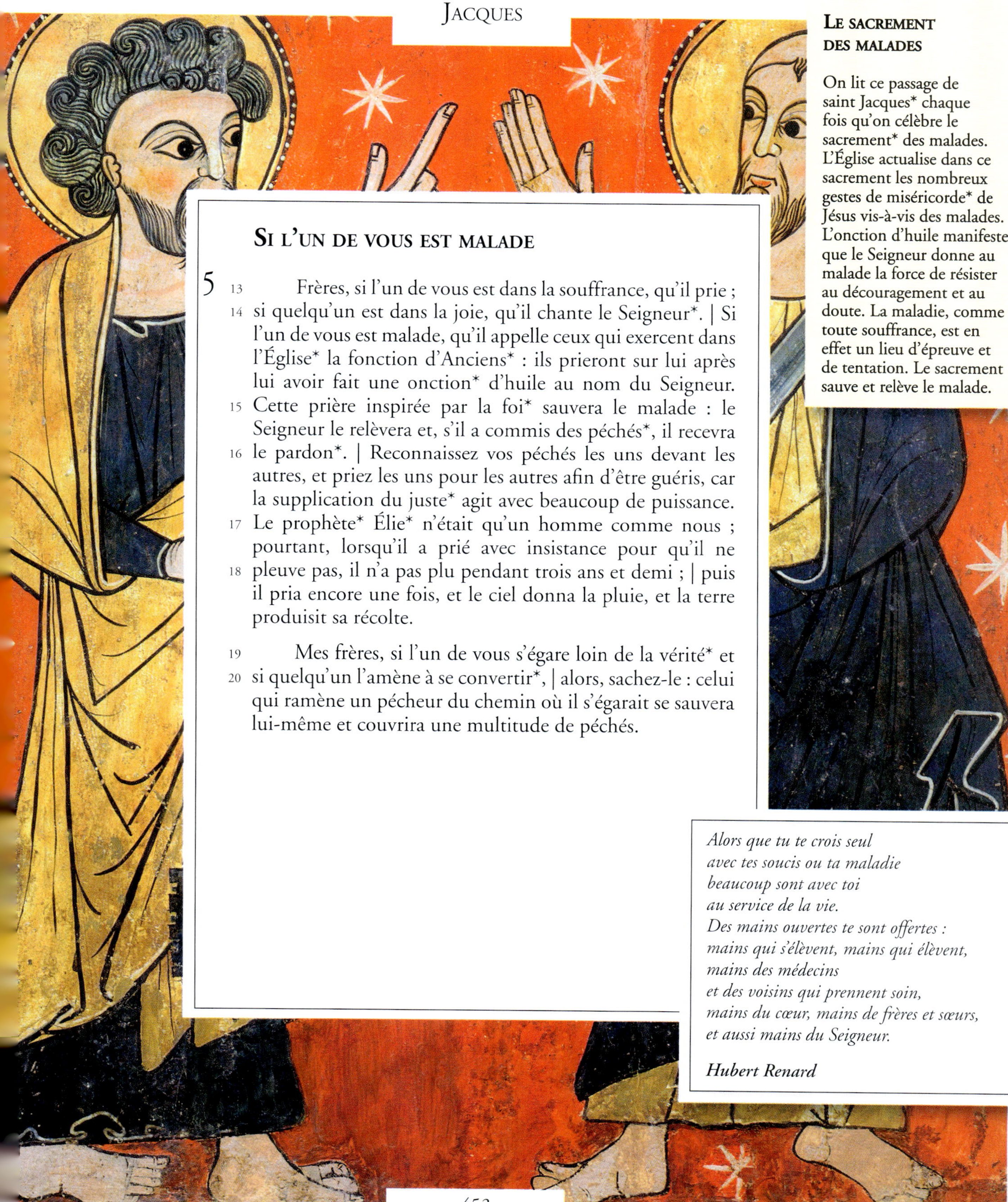

SI L'UN DE VOUS EST MALADE

5 13 Frères, si l'un de vous est dans la souffrance, qu'il prie ;
14 si quelqu'un est dans la joie, qu'il chante le Seigneur*. | Si
l'un de vous est malade, qu'il appelle ceux qui exercent dans
l'Église* la fonction d'Anciens* : ils prieront sur lui après
lui avoir fait une onction* d'huile au nom du Seigneur.
15 Cette prière inspirée par la foi* sauvera le malade : le
Seigneur le relèvera et, s'il a commis des péchés*, il recevra
16 le pardon*. | Reconnaissez vos péchés les uns devant les
autres, et priez les uns pour les autres afin d'être guéris, car
la supplication du juste* agit avec beaucoup de puissance.
17 Le prophète* Élie* n'était qu'un homme comme nous ;
pourtant, lorsqu'il a prié avec insistance pour qu'il ne
18 pleuve pas, il n'a pas plu pendant trois ans et demi ; | puis
il pria encore une fois, et le ciel donna la pluie, et la terre
produisit sa récolte.

19 Mes frères, si l'un de vous s'égare loin de la vérité* et
20 si quelqu'un l'amène à se convertir*, | alors, sachez-le : celui
qui ramène un pécheur du chemin où il s'égarait se sauvera
lui-même et couvrira une multitude de péchés.

LE SACREMENT DES MALADES

On lit ce passage de saint Jacques* chaque fois qu'on célèbre le sacrement* des malades. L'Église actualise dans ce sacrement les nombreux gestes de miséricorde* de Jésus vis-à-vis des malades. L'onction d'huile manifeste que le Seigneur donne au malade la force de résister au découragement et au doute. La maladie, comme toute souffrance, est en effet un lieu d'épreuve et de tentation. Le sacrement sauve et relève le malade.

Alors que tu te crois seul
avec tes soucis ou ta maladie
beaucoup sont avec toi
au service de la vie.
Des mains ouvertes te sont offertes :
mains qui s'élèvent, mains qui élèvent,
mains des médecins
et des voisins qui prennent soin,
mains du cœur, mains de frères et sœurs,
et aussi mains du Seigneur.

Hubert Renard

La première Épître de Pierre*

Dans un climat de persécution, cette épître* encourage les chrétiens à rendre témoignage de l'espérance qui les anime (Matthieu 10, 18-20, p. 256). Si ce témoignage entraîne le jugement et la condamnation à mort, l'auteur rappelle que, par le baptême, les chrétiens participent à la vie du Ressuscité. Cette vie-là, les persécuteurs ne peuvent pas la tuer (Matthieu 10, 28, p. 256).

En grec, témoignage se dit « martyre ». Les premiers chrétiens savaient bien les risques qu'ils prenaient en professant leur foi* dans le Christ. Mais ces risques leur paraissaient moins graves que de se séparer de Jésus.

Rendre compte de l'espérance qui est en nous

3 15 Vous devez toujours être prêts à vous expliquer devant
tous ceux qui vous demandent de rendre compte de l'es-
16 pérance* qui est en vous ; | mais faites-le avec douceur et
respect. Ayez une conscience droite, pour faire honte à
vos adversaires au moment même où ils calomnient la vie
17 droite que vous menez dans le Christ*. | Car il vaudrait
mieux souffrir pour avoir fait le bien, si c'était la volonté de
Dieu, plutôt que pour avoir fait le mal.

18 C'est ainsi que le Christ est mort pour les péchés*,
une fois pour toutes ; lui, le juste*, il est mort pour les
coupables afin de vous introduire devant Dieu. Dans sa
chair, il a été mis à mort ; dans l'esprit, il a été rendu à
19 la vie. | C'est ainsi qu'il est allé proclamer son message à
20 ceux qui étaient prisonniers de la mort. | Ceux-ci, jadis,
s'étaient révoltés au temps où se prolongeait la patience
de Dieu, quand Noé construisit l'arche, dans laquelle un
petit nombre de personnes, huit en tout, furent sauvées
21 à travers l'eau. | C'était une image du baptême* qui vous
sauve maintenant : être baptisé, ce n'est pas être purifié de
souillures extérieures, mais s'engager envers Dieu avec une
conscience droite, et participer ainsi à la résurrection* de
22 Jésus Christ | qui est monté au ciel, au-dessus des anges* et
de toutes les puissances invisibles, à la droite de Dieu.

La patience de Dieu

3 8 Mes bien-aimés, il y a une chose que vous ne devez pas
oublier : pour le Seigneur*, un seul jour est comme mille
9 ans, et mille ans sont comme un seul jour. | Le Seigneur n'est

Il est descendu aux enfers

La miséricorde* de Jésus ne s'exerce pas seulement sur ceux qui vivent après lui, mais aussi sur ceux qui ont vécu avant lui. Pour exprimer cette certitude, les premiers chrétiens affirmaient que Jésus était descendu aux enfers, ou au shéol*. Et, dans leurs icônes* de la résurrection, ils représentaient Jésus glorieux, remontant du shéol avec toute l'humanité qui l'avait précédé. Ces icônes continuent à être vénérées en Orient. On y voit Jésus, dans un mouvement d'un grand dynamisme, prendre Adam* et Ève* par le poignet pour les emmener avec lui.

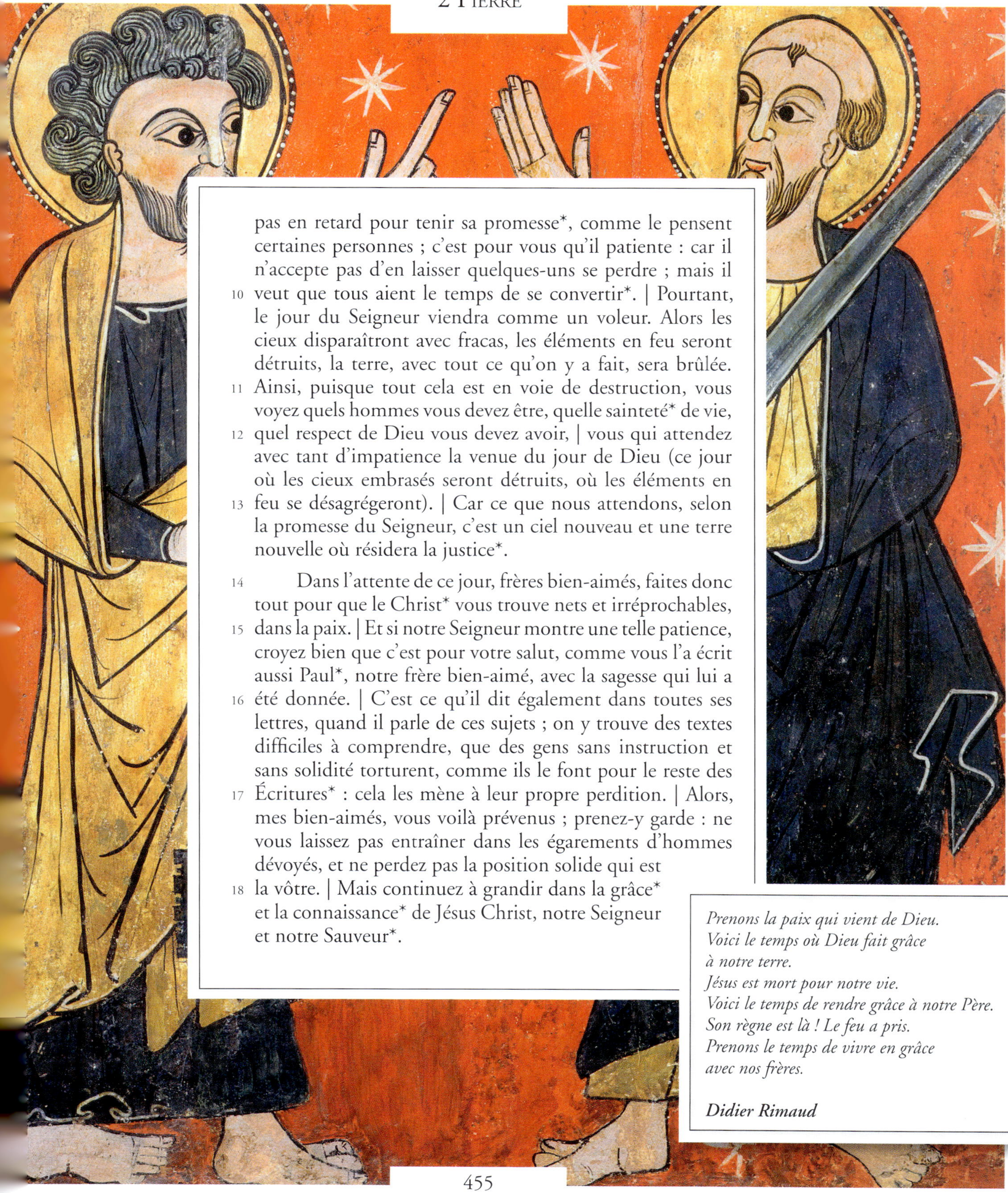

pas en retard pour tenir sa promesse*, comme le pensent
certaines personnes ; c'est pour vous qu'il patiente : car il
n'accepte pas d'en laisser quelques-uns se perdre ; mais il
10 veut que tous aient le temps de se convertir*. | Pourtant,
le jour du Seigneur viendra comme un voleur. Alors les
cieux disparaîtront avec fracas, les éléments en feu seront
détruits, la terre, avec tout ce qu'on y a fait, sera brûlée.
11 Ainsi, puisque tout cela est en voie de destruction, vous
voyez quels hommes vous devez être, quelle sainteté* de vie,
12 quel respect de Dieu vous devez avoir, | vous qui attendez
avec tant d'impatience la venue du jour de Dieu (ce jour
où les cieux embrasés seront détruits, où les éléments en
13 feu se désagrégeront). | Car ce que nous attendons, selon
la promesse du Seigneur, c'est un ciel nouveau et une terre
nouvelle où résidera la justice*.

14 Dans l'attente de ce jour, frères bien-aimés, faites donc
tout pour que le Christ* vous trouve nets et irréprochables,
15 dans la paix. | Et si notre Seigneur montre une telle patience,
croyez bien que c'est pour votre salut, comme vous l'a écrit
aussi Paul*, notre frère bien-aimé, avec la sagesse qui lui a
16 été donnée. | C'est ce qu'il dit également dans toutes ses
lettres, quand il parle de ces sujets ; on y trouve des textes
difficiles à comprendre, que des gens sans instruction et
sans solidité torturent, comme ils le font pour le reste des
17 Écritures* : cela les mène à leur propre perdition. | Alors,
mes bien-aimés, vous voilà prévenus ; prenez-y garde : ne
vous laissez pas entraîner dans les égarements d'hommes
dévoyés, et ne perdez pas la position solide qui est
18 la vôtre. | Mais continuez à grandir dans la grâce*
et la connaissance* de Jésus Christ, notre Seigneur
et notre Sauveur*.

Prenons la paix qui vient de Dieu.
Voici le temps où Dieu fait grâce
à notre terre.
Jésus est mort pour notre vie.
Voici le temps de rendre grâce à notre Père.
Son règne est là ! Le feu a pris.
Prenons le temps de vivre en grâce
avec nos frères.

Didier Rimaud

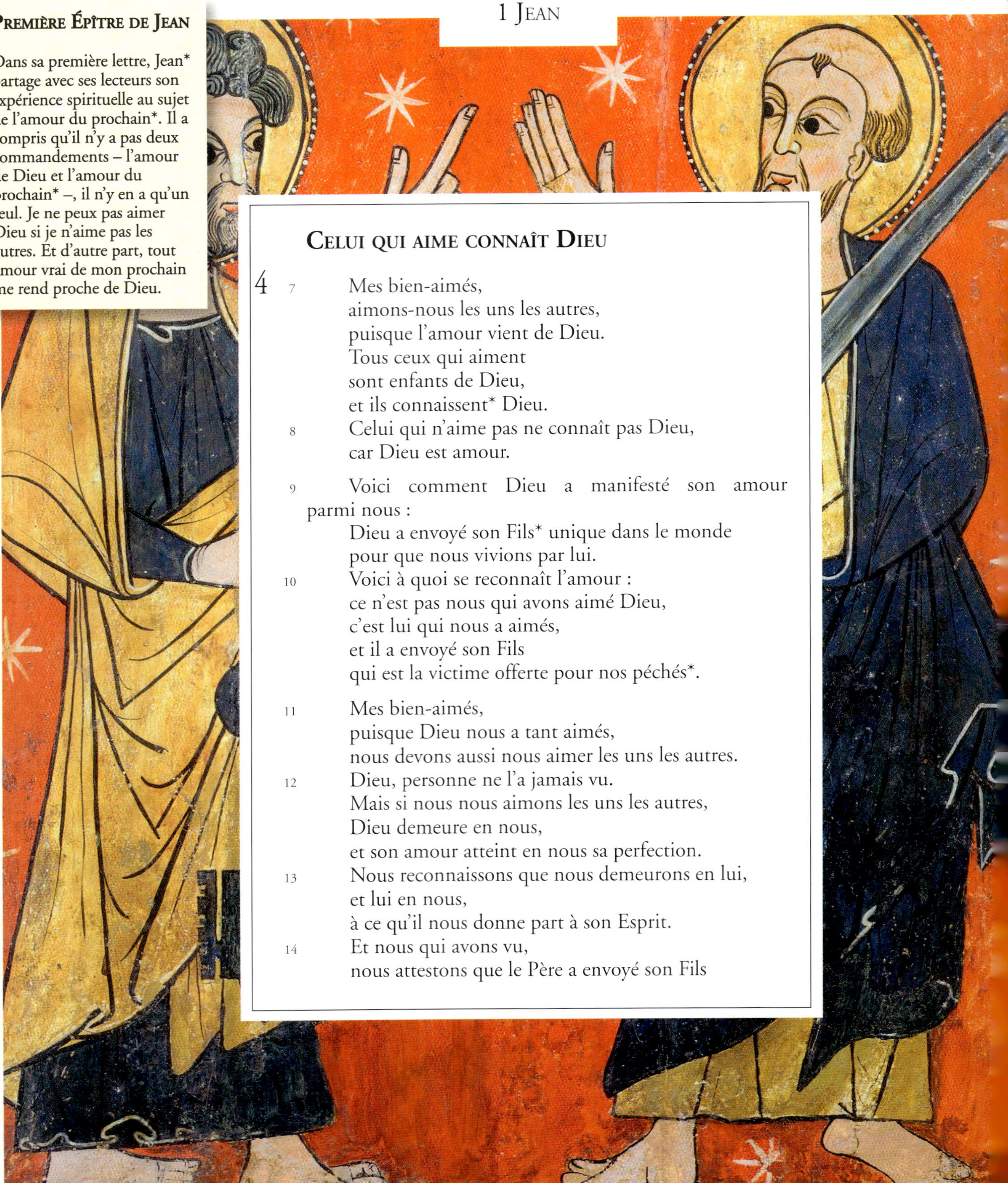

PREMIÈRE ÉPÎTRE DE JEAN

Dans sa première lettre, Jean* partage avec ses lecteurs son expérience spirituelle au sujet de l'amour du prochain*. Il a compris qu'il n'y a pas deux commandements – l'amour de Dieu et l'amour du prochain* –, il n'y en a qu'un seul. Je ne peux pas aimer Dieu si je n'aime pas les autres. Et d'autre part, tout amour vrai de mon prochain me rend proche de Dieu.

CELUI QUI AIME CONNAÎT DIEU

4 7 Mes bien-aimés,
aimons-nous les uns les autres,
puisque l'amour vient de Dieu.
Tous ceux qui aiment
sont enfants de Dieu,
et ils connaissent* Dieu.
8 Celui qui n'aime pas ne connaît pas Dieu,
car Dieu est amour.

9 Voici comment Dieu a manifesté son amour
parmi nous :
Dieu a envoyé son Fils* unique dans le monde
pour que nous vivions par lui.
10 Voici à quoi se reconnaît l'amour :
ce n'est pas nous qui avons aimé Dieu,
c'est lui qui nous a aimés,
et il a envoyé son Fils
qui est la victime offerte pour nos péchés*.

11 Mes bien-aimés,
puisque Dieu nous a tant aimés,
nous devons aussi nous aimer les uns les autres.
12 Dieu, personne ne l'a jamais vu.
Mais si nous nous aimons les uns les autres,
Dieu demeure en nous,
et son amour atteint en nous sa perfection.
13 Nous reconnaissons que nous demeurons en lui,
et lui en nous,
à ce qu'il nous donne part à son Esprit.
14 Et nous qui avons vu,
nous attestons que le Père a envoyé son Fils

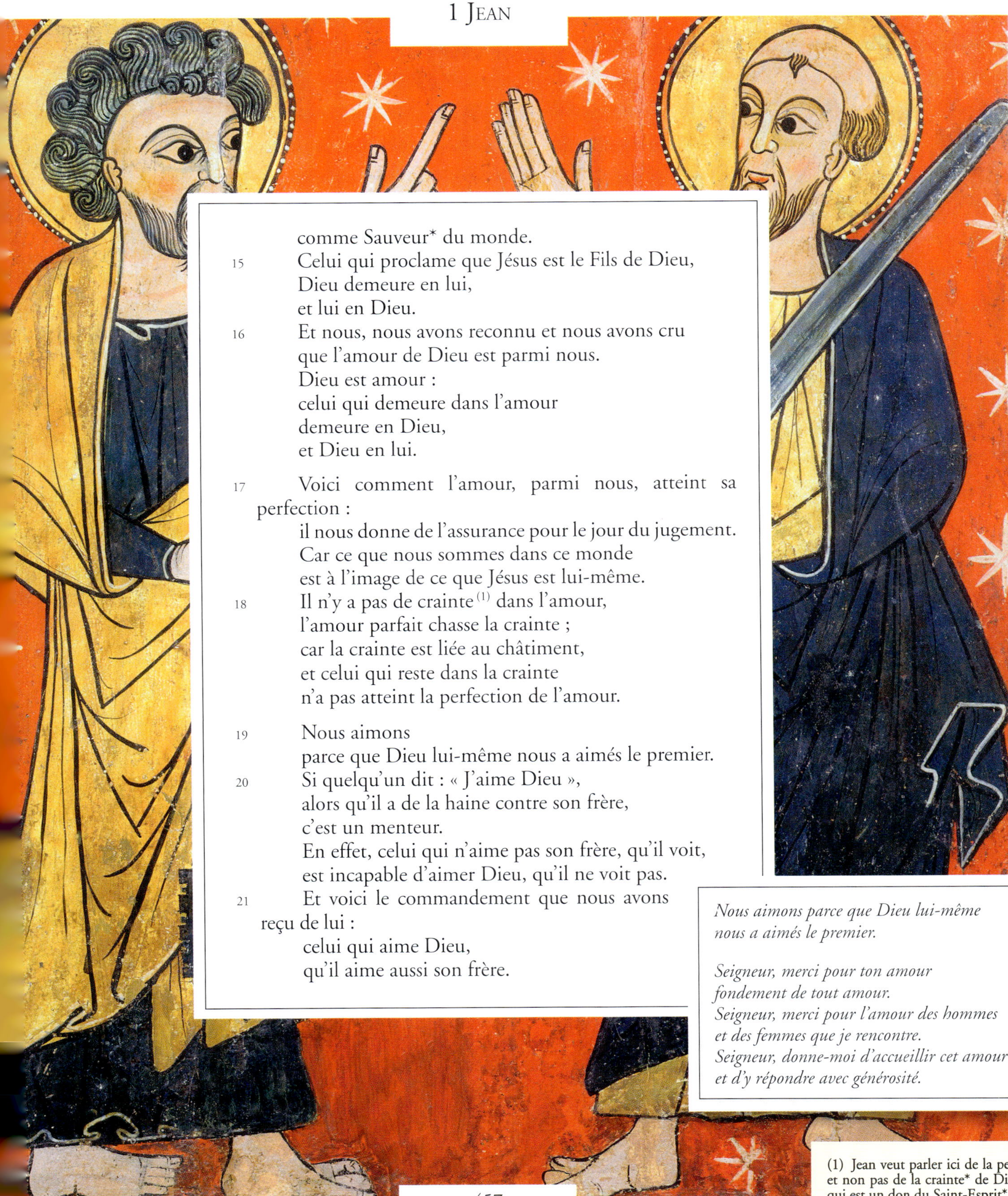

comme Sauveur* du monde.
15 Celui qui proclame que Jésus est le Fils de Dieu,
Dieu demeure en lui,
et lui en Dieu.
16 Et nous, nous avons reconnu et nous avons cru
que l'amour de Dieu est parmi nous.
Dieu est amour :
celui qui demeure dans l'amour
demeure en Dieu,
et Dieu en lui.

17 Voici comment l'amour, parmi nous, atteint sa perfection :
il nous donne de l'assurance pour le jour du jugement.
Car ce que nous sommes dans ce monde
est à l'image de ce que Jésus est lui-même.
18 Il n'y a pas de crainte [(1)] dans l'amour,
l'amour parfait chasse la crainte ;
car la crainte est liée au châtiment,
et celui qui reste dans la crainte
n'a pas atteint la perfection de l'amour.

19 Nous aimons
parce que Dieu lui-même nous a aimés le premier.
20 Si quelqu'un dit : « J'aime Dieu »,
alors qu'il a de la haine contre son frère,
c'est un menteur.
En effet, celui qui n'aime pas son frère, qu'il voit,
est incapable d'aimer Dieu, qu'il ne voit pas.
21 Et voici le commandement que nous avons reçu de lui :
celui qui aime Dieu,
qu'il aime aussi son frère.

Nous aimons parce que Dieu lui-même nous a aimés le premier.

Seigneur, merci pour ton amour
fondement de tout amour.
Seigneur, merci pour l'amour des hommes
et des femmes que je rencontre.
Seigneur, donne-moi d'accueillir cet amour
et d'y répondre avec générosité.

(1) Jean veut parler ici de la peur, et non pas de la crainte* de Dieu, qui est un don du Saint-Esprit*.

IC
XC

III
L'APOCALYPSE DE JEAN

Le dernier livre du Nouveau Testament est écrit par saint Jean* en pleine période de persécution*. L'apôtre* est alors exilé sur l'île de Patmos par l'empereur Domitien*[1] *qui prétend se faire vénérer comme un dieu. De nombreux chrétiens sont torturés, mis à mort.*

Pour réconforter les Églises dont il est responsable, Jean utilise le style des apocalypses**[2]*. À travers des images foisonnant de symboles, il révèle l'envers de la réalité dans laquelle les chrétiens sont plongés. Le monde, injuste et cruel, passe. La seule réalité qui demeure est le Royaume* de Dieu. Jean invite ses lecteurs à regarder vers l'Agneau* immolé. C'est Jésus qui est représenté ainsi. Un Agneau face aux bêtes terrifiantes, images des puissances persécutrices. Et pourtant, malgré sa faiblesse apparente, malgré sa mort, l'Agneau ressuscité* est vainqueur, et il introduit dans son Royaume ceux qui lui demeurent fidèles.*

(1) Domitien est le frère de Titus*. Il lui succède comme empereur de 81 à 96 après Jésus Christ. La persécution contre les chrétiens eut lieu dans les dernières années de son règne.
(2) Voir p. 210.

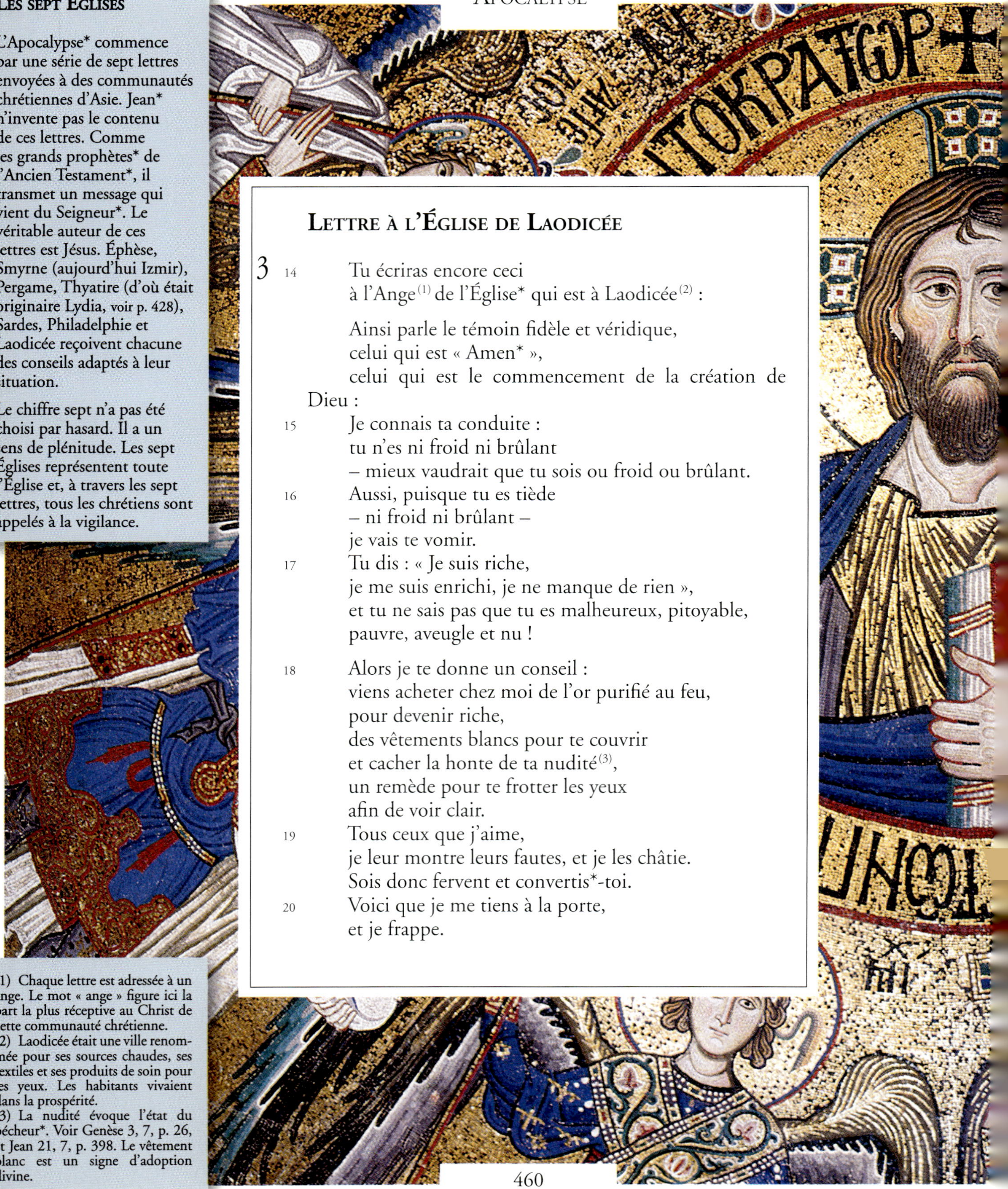

LES SEPT ÉGLISES

L'Apocalypse* commence par une série de sept lettres envoyées à des communautés chrétiennes d'Asie. Jean* n'invente pas le contenu de ces lettres. Comme les grands prophètes* de l'Ancien Testament*, il transmet un message qui vient du Seigneur*. Le véritable auteur de ces lettres est Jésus. Éphèse, Smyrne (aujourd'hui Izmir), Pergame, Thyatire (d'où était originaire Lydia, voir p. 428), Sardes, Philadelphie et Laodicée reçoivent chacune des conseils adaptés à leur situation.

Le chiffre sept n'a pas été choisi par hasard. Il a un sens de plénitude. Les sept Églises représentent toute l'Église et, à travers les sept lettres, tous les chrétiens sont appelés à la vigilance.

LETTRE À L'ÉGLISE DE LAODICÉE

3 14 Tu écriras encore ceci
à l'Ange[1] de l'Église* qui est à Laodicée[2] :

Ainsi parle le témoin fidèle et véridique,
celui qui est « Amen* »,
celui qui est le commencement de la création de Dieu :
15 Je connais ta conduite :
tu n'es ni froid ni brûlant
– mieux vaudrait que tu sois ou froid ou brûlant.
16 Aussi, puisque tu es tiède
– ni froid ni brûlant –
je vais te vomir.
17 Tu dis : « Je suis riche,
je me suis enrichi, je ne manque de rien »,
et tu ne sais pas que tu es malheureux, pitoyable,
pauvre, aveugle et nu !

18 Alors je te donne un conseil :
viens acheter chez moi de l'or purifié au feu,
pour devenir riche,
des vêtements blancs pour te couvrir
et cacher la honte de ta nudité[3],
un remède pour te frotter les yeux
afin de voir clair.
19 Tous ceux que j'aime,
je leur montre leurs fautes, et je les châtie.
Sois donc fervent et convertis*-toi.
20 Voici que je me tiens à la porte,
et je frappe.

(1) Chaque lettre est adressée à un ange. Le mot « ange » figure ici la part la plus réceptive au Christ de cette communauté chrétienne.
(2) Laodicée était une ville renommée pour ses sources chaudes, ses textiles et ses produits de soin pour les yeux. Les habitants vivaient dans la prospérité.
(3) La nudité évoque l'état du pécheur*. Voir Genèse 3, 7, p. 26, et Jean 21, 7, p. 398. Le vêtement blanc est un signe d'adoption divine.

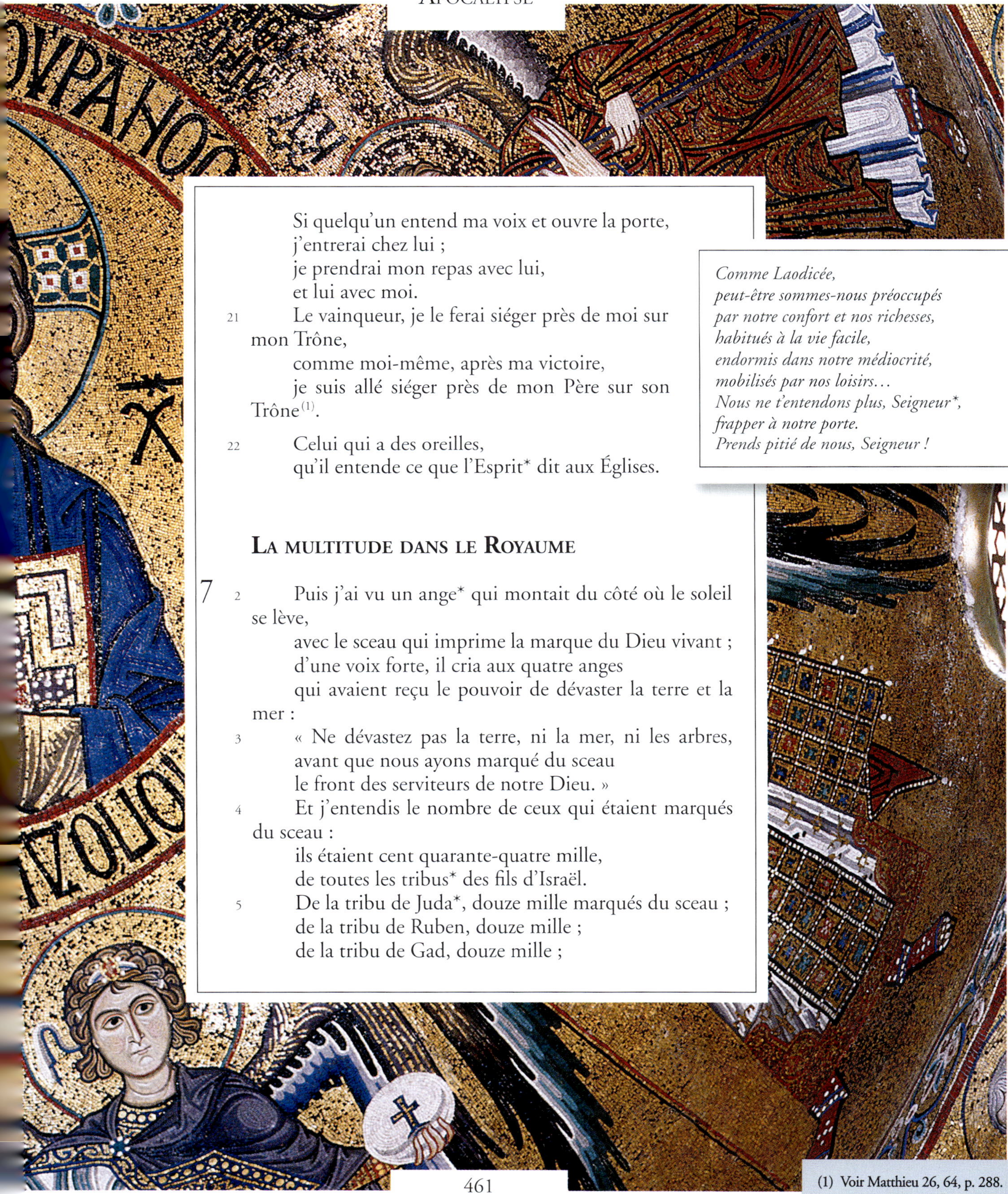

Si quelqu'un entend ma voix et ouvre la porte,
j'entrerai chez lui ;
je prendrai mon repas avec lui,
et lui avec moi.
21 Le vainqueur, je le ferai siéger près de moi sur
mon Trône,
comme moi-même, après ma victoire,
je suis allé siéger près de mon Père sur son
Trône[1].

22 Celui qui a des oreilles,
qu'il entende ce que l'Esprit* dit aux Églises.

Comme Laodicée,
peut-être sommes-nous préoccupés
par notre confort et nos richesses,
habitués à la vie facile,
endormis dans notre médiocrité,
mobilisés par nos loisirs…
Nous ne t'entendons plus, Seigneur,*
frapper à notre porte.
Prends pitié de nous, Seigneur !

LA MULTITUDE DANS LE ROYAUME

7 2 Puis j'ai vu un ange* qui montait du côté où le soleil
se lève,
avec le sceau qui imprime la marque du Dieu vivant ;
d'une voix forte, il cria aux quatre anges
qui avaient reçu le pouvoir de dévaster la terre et la
mer :
3 « Ne dévastez pas la terre, ni la mer, ni les arbres,
avant que nous ayons marqué du sceau
le front des serviteurs de notre Dieu. »
4 Et j'entendis le nombre de ceux qui étaient marqués
du sceau :
ils étaient cent quarante-quatre mille,
de toutes les tribus* des fils d'Israël.
5 De la tribu de Juda*, douze mille marqués du sceau ;
de la tribu de Ruben, douze mille ;
de la tribu de Gad, douze mille ;

(1) Voir Matthieu 26, 64, p. 288.

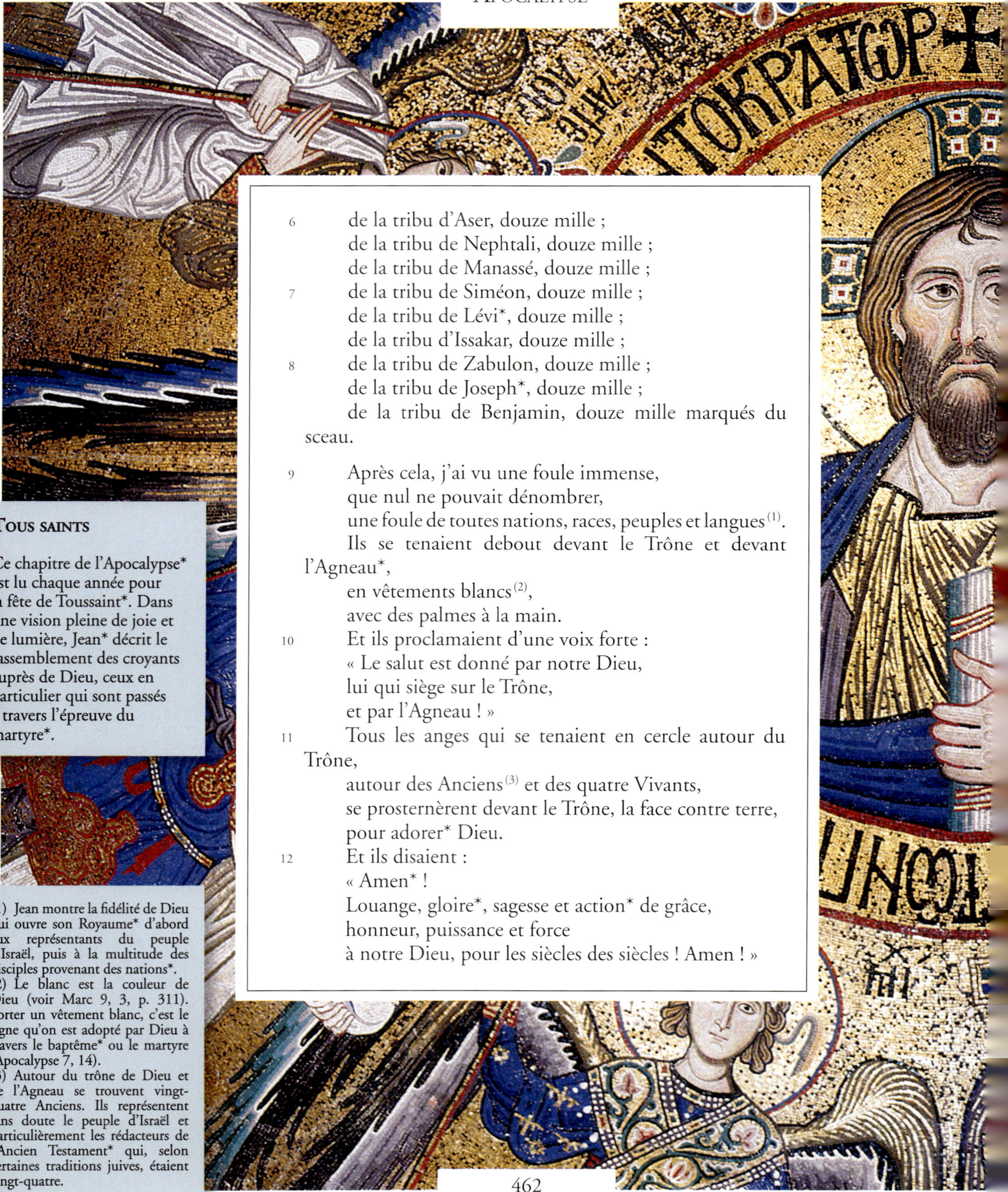

6 de la tribu d'Aser, douze mille ;
de la tribu de Nephtali, douze mille ;
de la tribu de Manassé, douze mille ;
7 de la tribu de Siméon, douze mille ;
de la tribu de Lévi*, douze mille ;
de la tribu d'Issakar, douze mille ;
8 de la tribu de Zabulon, douze mille ;
de la tribu de Joseph*, douze mille ;
de la tribu de Benjamin, douze mille marqués du sceau.

9 Après cela, j'ai vu une foule immense,
que nul ne pouvait dénombrer,
une foule de toutes nations, races, peuples et langues [(1)].
Ils se tenaient debout devant le Trône et devant l'Agneau*,
en vêtements blancs [(2)],
avec des palmes à la main.
10 Et ils proclamaient d'une voix forte :
« Le salut est donné par notre Dieu,
lui qui siège sur le Trône,
et par l'Agneau ! »
11 Tous les anges qui se tenaient en cercle autour du Trône,
autour des Anciens [(3)] et des quatre Vivants,
se prosternèrent devant le Trône, la face contre terre,
pour adorer* Dieu.
12 Et ils disaient :
« Amen* !
Louange, gloire*, sagesse et action* de grâce,
honneur, puissance et force
à notre Dieu, pour les siècles des siècles ! Amen ! »

Tous saints

Ce chapitre de l'Apocalypse* est lu chaque année pour la fête de Toussaint*. Dans une vision pleine de joie et de lumière, Jean* décrit le rassemblement des croyants auprès de Dieu, ceux en particulier qui sont passés à travers l'épreuve du martyre*.

(1) Jean montre la fidélité de Dieu qui ouvre son Royaume* d'abord aux représentants du peuple d'Israël, puis à la multitude des disciples provenant des nations*.
(2) Le blanc est la couleur de Dieu (voir Marc 9, 3, p. 311). Porter un vêtement blanc, c'est le signe qu'on est adopté par Dieu à travers le baptême* ou le martyre (Apocalypse 7, 14).
(3) Autour du trône de Dieu et de l'Agneau se trouvent vingt-quatre Anciens. Ils représentent sans doute le peuple d'Israël et particulièrement les rédacteurs de l'Ancien Testament* qui, selon certaines traditions juives, étaient vingt-quatre.

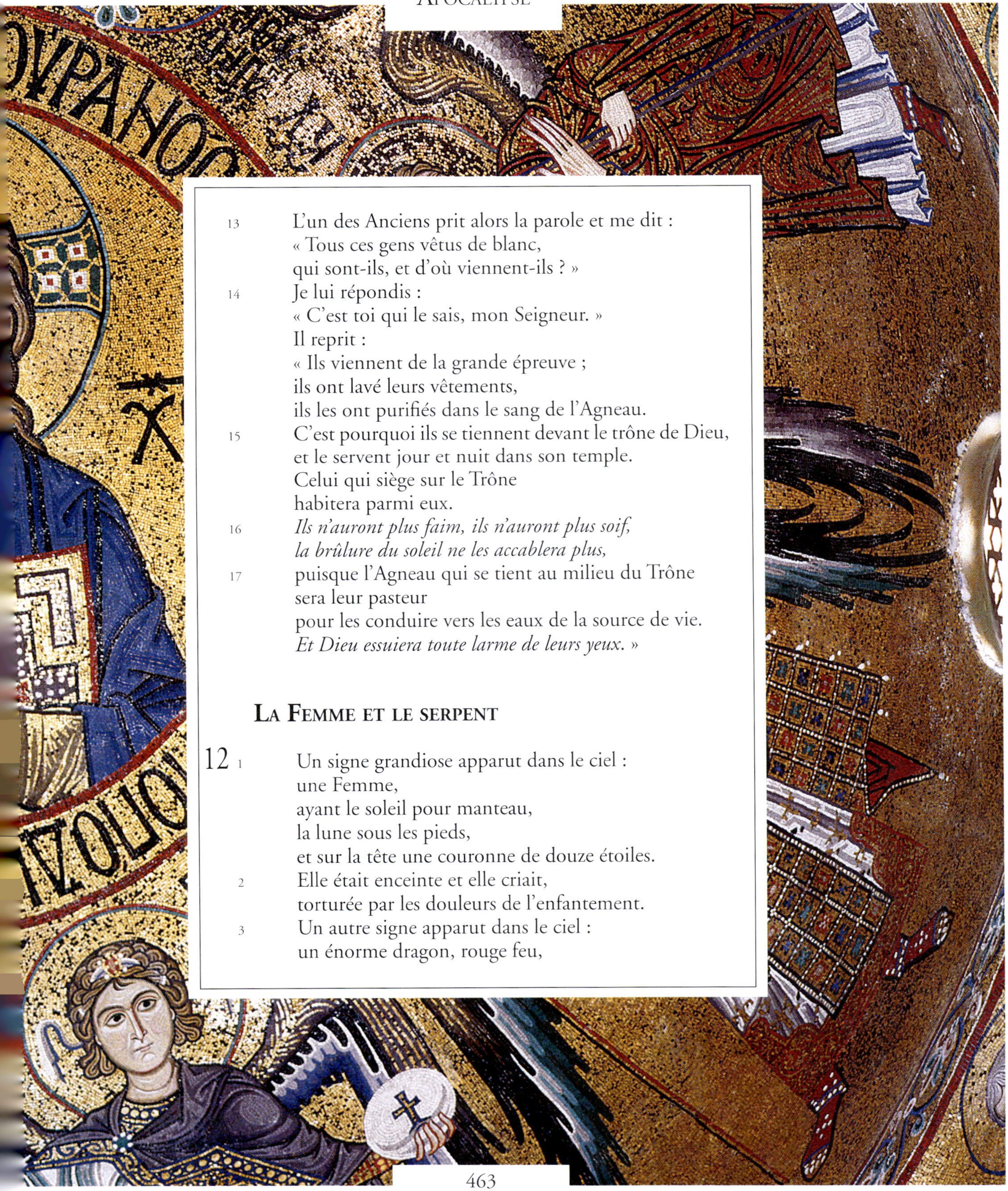

13 L'un des Anciens prit alors la parole et me dit :
« Tous ces gens vêtus de blanc,
qui sont-ils, et d'où viennent-ils ? »
14 Je lui répondis :
« C'est toi qui le sais, mon Seigneur. »
Il reprit :
« Ils viennent de la grande épreuve ;
ils ont lavé leurs vêtements,
ils les ont purifiés dans le sang de l'Agneau.
15 C'est pourquoi ils se tiennent devant le trône de Dieu,
et le servent jour et nuit dans son temple.
Celui qui siège sur le Trône
habitera parmi eux.
16 *Ils n'auront plus faim, ils n'auront plus soif,*
la brûlure du soleil ne les accablera plus,
17 puisque l'Agneau qui se tient au milieu du Trône
sera leur pasteur
pour les conduire vers les eaux de la source de vie.
Et Dieu essuiera toute larme de leurs yeux. »

LA FEMME ET LE SERPENT

12 1 Un signe grandiose apparut dans le ciel :
une Femme,
ayant le soleil pour manteau,
la lune sous les pieds,
et sur la tête une couronne de douze étoiles.
2 Elle était enceinte et elle criait,
torturée par les douleurs de l'enfantement.
3 Un autre signe apparut dans le ciel :
un énorme dragon, rouge feu,

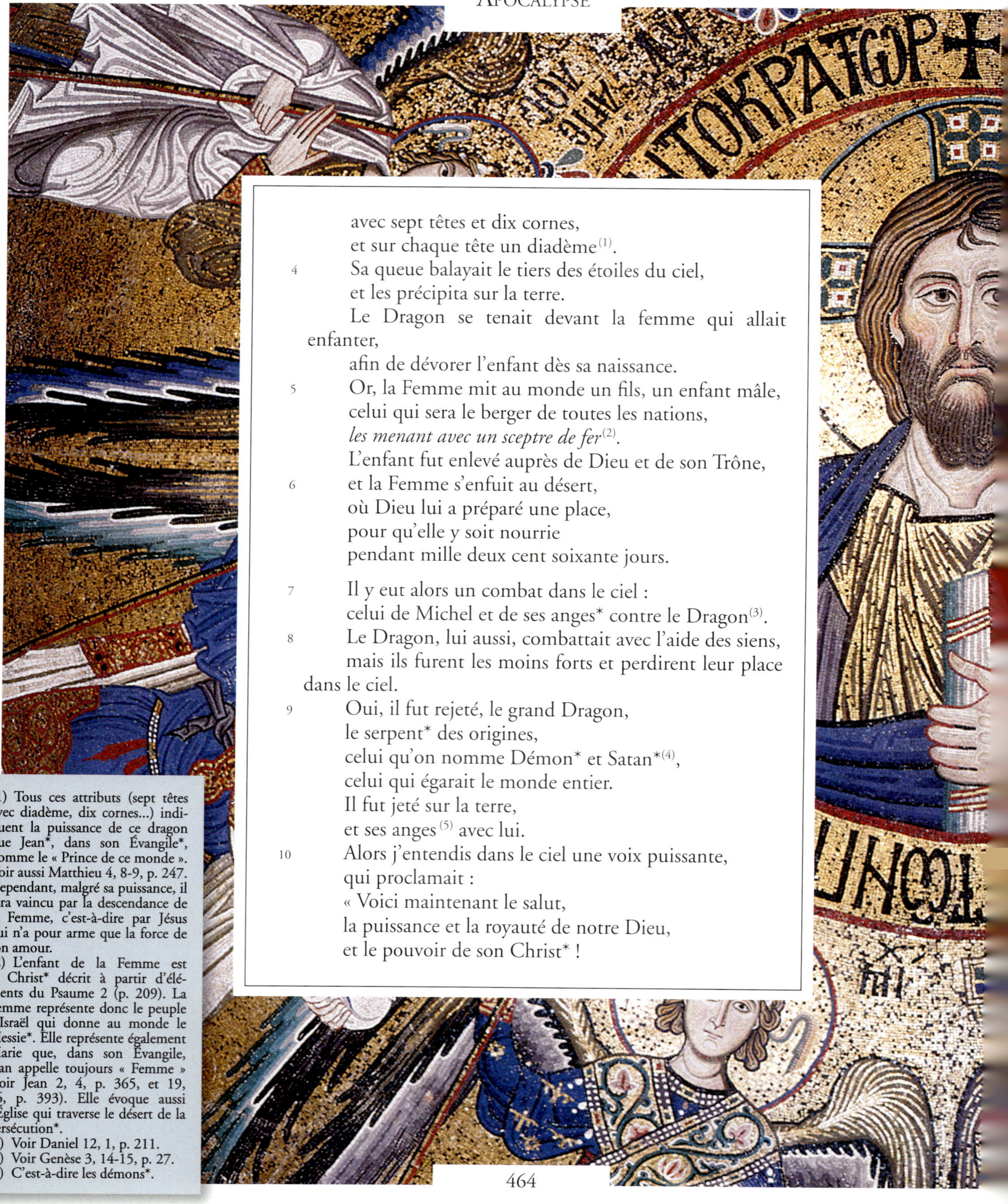

avec sept têtes et dix cornes,
et sur chaque tête un diadème[1].
4 Sa queue balayait le tiers des étoiles du ciel,
et les précipita sur la terre.
Le Dragon se tenait devant la femme qui allait enfanter,
afin de dévorer l'enfant dès sa naissance.
5 Or, la Femme mit au monde un fils, un enfant mâle,
celui qui sera le berger de toutes les nations,
les menant avec un sceptre de fer[2].
L'enfant fut enlevé auprès de Dieu et de son Trône,
6 et la Femme s'enfuit au désert,
où Dieu lui a préparé une place,
pour qu'elle y soit nourrie
pendant mille deux cent soixante jours.

7 Il y eut alors un combat dans le ciel :
celui de Michel et de ses anges* contre le Dragon[3].
8 Le Dragon, lui aussi, combattait avec l'aide des siens,
mais ils furent les moins forts et perdirent leur place dans le ciel.
9 Oui, il fut rejeté, le grand Dragon,
le serpent* des origines,
celui qu'on nomme Démon* et Satan*[4],
celui qui égarait le monde entier.
Il fut jeté sur la terre,
et ses anges[5] avec lui.
10 Alors j'entendis dans le ciel une voix puissante,
qui proclamait :
« Voici maintenant le salut,
la puissance et la royauté de notre Dieu,
et le pouvoir de son Christ* !

(1) Tous ces attributs (sept têtes avec diadème, dix cornes...) indiquent la puissance de ce dragon que Jean*, dans son Évangile*, nomme le « Prince de ce monde ». Voir aussi Matthieu 4, 8-9, p. 247. Cependant, malgré sa puissance, il sera vaincu par la descendance de la Femme, c'est-à-dire par Jésus qui n'a pour arme que la force de son amour.
(2) L'enfant de la Femme est le Christ* décrit à partir d'éléments du Psaume 2 (p. 209). La Femme représente donc le peuple d'Israël qui donne au monde le Messie*. Elle représente également Marie que, dans son Évangile, Jean appelle toujours « Femme » (voir Jean 2, 4, p. 365, et 19, 26, p. 393). Elle évoque aussi l'Église qui traverse le désert de la persécution*.
(3) Voir Daniel 12, 1, p. 211.
(4) Voir Genèse 3, 14-15, p. 27.
(5) C'est-à-dire les démons*.

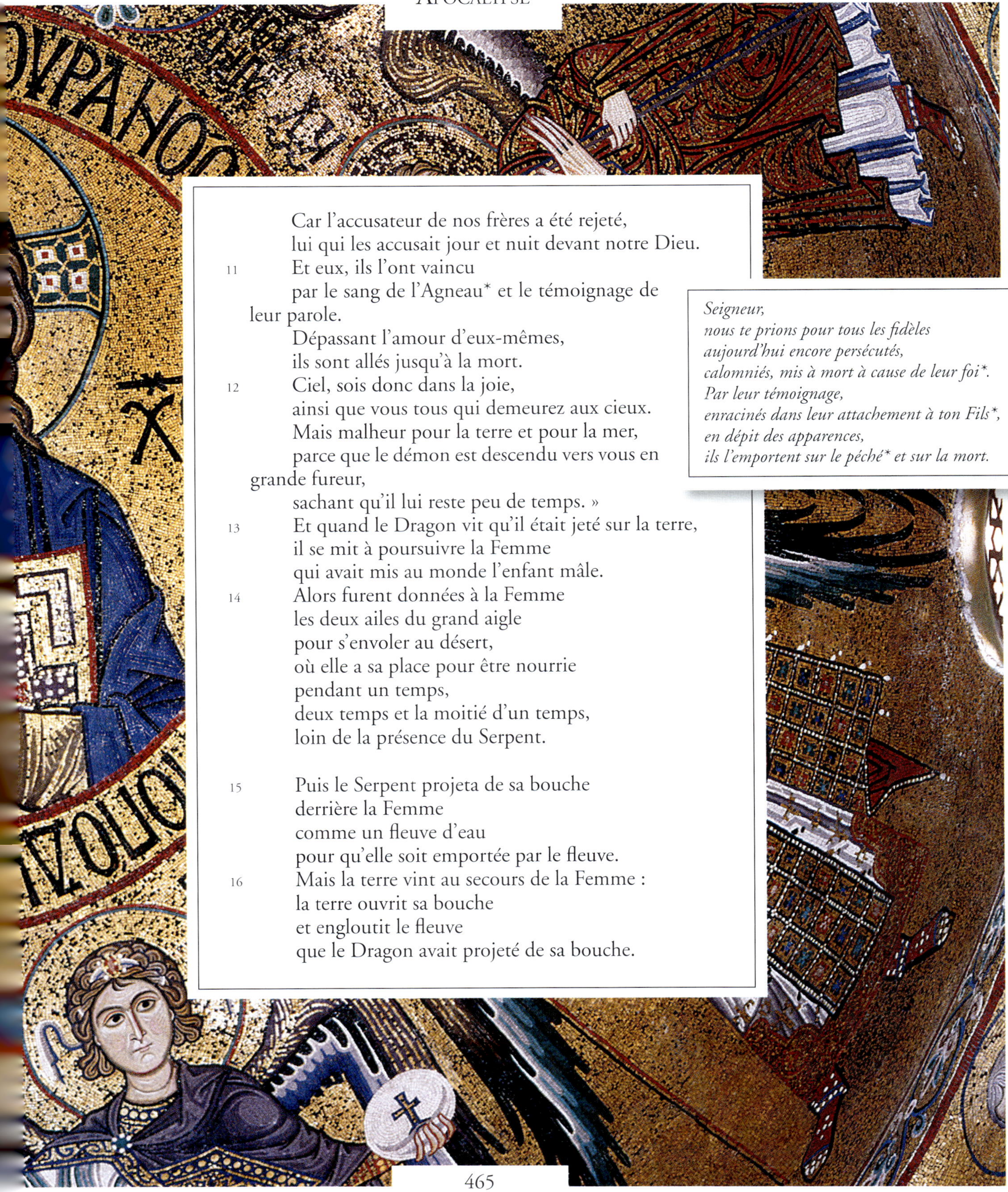

Car l'accusateur de nos frères a été rejeté,
lui qui les accusait jour et nuit devant notre Dieu.
11 Et eux, ils l'ont vaincu
par le sang de l'Agneau* et le témoignage de leur parole.
Dépassant l'amour d'eux-mêmes,
ils sont allés jusqu'à la mort.
12 Ciel, sois donc dans la joie,
ainsi que vous tous qui demeurez aux cieux.
Mais malheur pour la terre et pour la mer,
parce que le démon est descendu vers vous en grande fureur,
sachant qu'il lui reste peu de temps. »
13 Et quand le Dragon vit qu'il était jeté sur la terre,
il se mit à poursuivre la Femme
qui avait mis au monde l'enfant mâle.
14 Alors furent données à la Femme
les deux ailes du grand aigle
pour s'envoler au désert,
où elle a sa place pour être nourrie
pendant un temps,
deux temps et la moitié d'un temps,
loin de la présence du Serpent.

15 Puis le Serpent projeta de sa bouche
derrière la Femme
comme un fleuve d'eau
pour qu'elle soit emportée par le fleuve.
16 Mais la terre vint au secours de la Femme :
la terre ouvrit sa bouche
et engloutit le fleuve
que le Dragon avait projeté de sa bouche.

Seigneur,
nous te prions pour tous les fidèles
aujourd'hui encore persécutés,
calomniés, mis à mort à cause de leur foi.*
Par leur témoignage,
enracinés dans leur attachement à ton Fils,*
en dépit des apparences,
ils l'emportent sur le péché et sur la mort.*

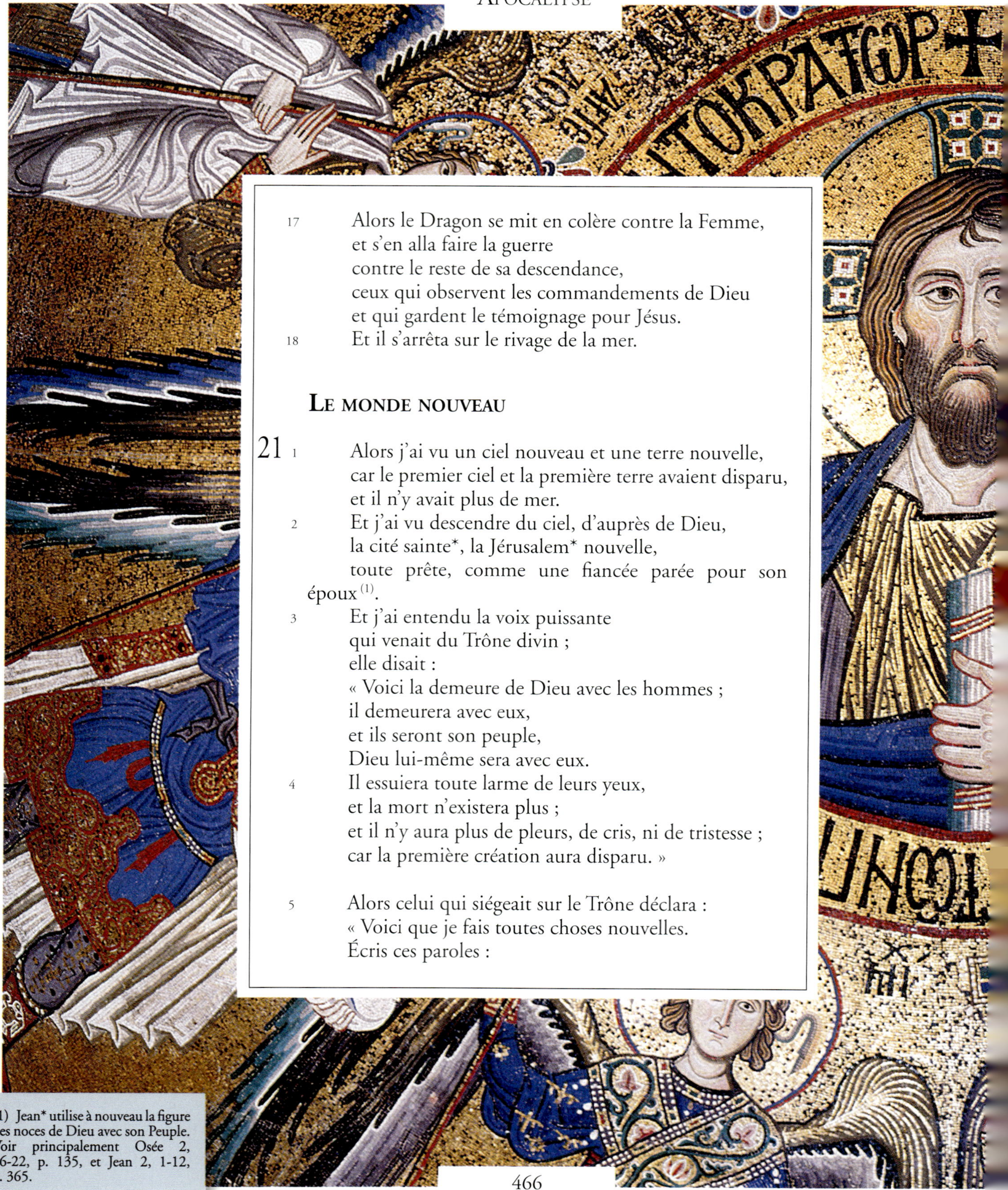

17 Alors le Dragon se mit en colère contre la Femme,
et s'en alla faire la guerre
contre le reste de sa descendance,
ceux qui observent les commandements de Dieu
et qui gardent le témoignage pour Jésus.
18 Et il s'arrêta sur le rivage de la mer.

Le monde nouveau

21 1 Alors j'ai vu un ciel nouveau et une terre nouvelle,
car le premier ciel et la première terre avaient disparu,
et il n'y avait plus de mer.
2 Et j'ai vu descendre du ciel, d'auprès de Dieu,
la cité sainte*, la Jérusalem* nouvelle,
toute prête, comme une fiancée parée pour son époux[1].
3 Et j'ai entendu la voix puissante
qui venait du Trône divin ;
elle disait :
« Voici la demeure de Dieu avec les hommes ;
il demeurera avec eux,
et ils seront son peuple,
Dieu lui-même sera avec eux.
4 Il essuiera toute larme de leurs yeux,
et la mort n'existera plus ;
et il n'y aura plus de pleurs, de cris, ni de tristesse ;
car la première création aura disparu. »

5 Alors celui qui siégeait sur le Trône déclara :
« Voici que je fais toutes choses nouvelles.
Écris ces paroles :

(1) Jean* utilise à nouveau la figure des noces de Dieu avec son Peuple. Voir principalement Osée 2, 16-22, p. 135, et Jean 2, 1-12, p. 365.

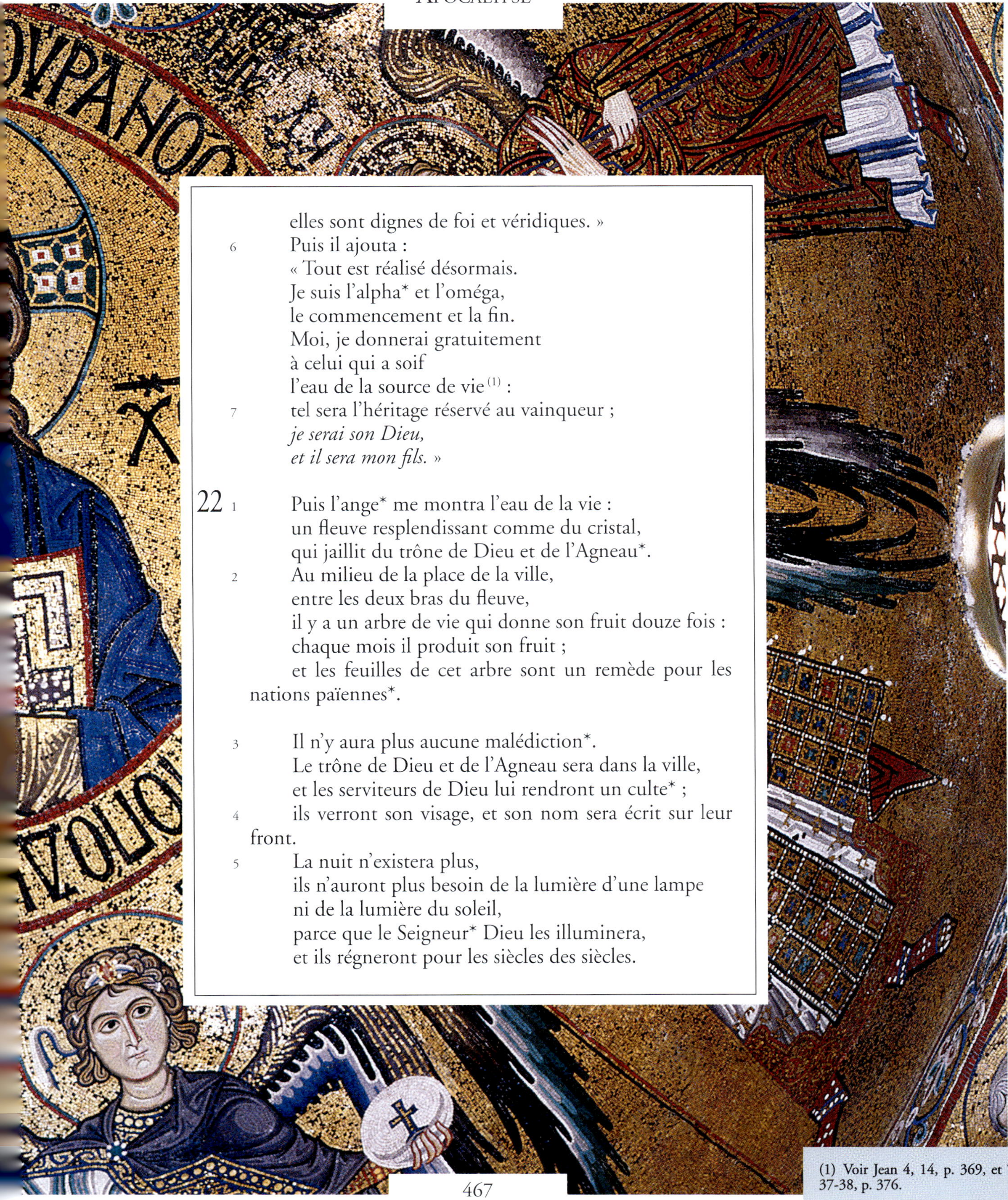

elles sont dignes de foi et véridiques. »
6 Puis il ajouta :
« Tout est réalisé désormais.
Je suis l'alpha* et l'oméga,
le commencement et la fin.
Moi, je donnerai gratuitement
à celui qui a soif
l'eau de la source de vie[1] :
7 tel sera l'héritage réservé au vainqueur ;
je serai son Dieu,
et il sera mon fils. »

22 1 Puis l'ange* me montra l'eau de la vie :
un fleuve resplendissant comme du cristal,
qui jaillit du trône de Dieu et de l'Agneau*.
2 Au milieu de la place de la ville,
entre les deux bras du fleuve,
il y a un arbre de vie qui donne son fruit douze fois :
chaque mois il produit son fruit ;
et les feuilles de cet arbre sont un remède pour les nations païennes*.

3 Il n'y aura plus aucune malédiction*.
Le trône de Dieu et de l'Agneau sera dans la ville,
et les serviteurs de Dieu lui rendront un culte* ;
4 ils verront son visage, et son nom sera écrit sur leur front.
5 La nuit n'existera plus,
ils n'auront plus besoin de la lumière d'une lampe
ni de la lumière du soleil,
parce que le Seigneur* Dieu les illuminera,
et ils régneront pour les siècles des siècles.

(1) Voir Jean 4, 14, p. 369, et 7, 37-38, p. 376.

6e PARTIE

LEXIQUE

des mots
des images
des explications
à découvrir

A

Aaron

La Bible le présente comme le frère aîné de Moïse*. Il a été choisi par Dieu pour être le porte-parole de Moïse (Exode 4, 14-16, p. 61). Malgré son manque de fidélité dans l'épisode du veau d'or (Exode 32, 2-24, p. 76), il est désigné comme responsable du culte*.
Dorénavant, les prêtres* juifs seront toujours choisis parmi ses descendants, dans la tribu* de Lévi. Il meurt avant d'atteindre la Terre* promise (Nombres 20, 12-28). Fête le 1er juillet.

Abba

Il s'agit du mot araméen* signifiant « papa ». Les enfants s'en servent pour dire à leur père toute leur affection filiale. Jésus l'utilise lui-même pour s'adresser à son Père et nous apprend aussi à le prier avec ce mot familier qui n'était auparavant jamais utilisé pour s'adresser à Dieu (Luc 11, 2, p. 344 et Galates 4, 6).

Abraham

Ancêtre du peuple d'Israël*.
Les récits le concernant, d'abord transmis par oral, ont été rassemblés dans le livre de la Genèse*. Abram – c'est son premier nom – quitte Ur en Mésopotamie (l'Irak actuel) avec son père Térah. Il s'établit d'abord à Harrane (en Turquie actuelle). Puis il part avec sa femme Sara* et son neveu Loth* pour la terre de Canaan* (Genèse 12, 1-4, p. 38, la grande planche illustrée p. 36-37 et la carte p. 471).
Dieu le choisit pour être à l'origine de son Peuple. Il lui fait la promesse* qu'il sera le « père d'une multitude » – c'est un des sens du nom* nouveau que le Seigneur lui donne : Abraham (Genèse 17, 5-6, p. 41). Il aura, avec sa femme Sarah*, dans leur vieillesse, un fils Isaac*, signe de cette promesse. Abraham meurt très âgé et est enterré à Hébron (Genèse 25, 7-8). Le nom d'Abraham est cité deux cent cinquante fois dans la Bible et soixante-quinze fois dans le Nouveau Testament*.
Fête le 9 octobre.

EN TOI SERONT BÉNIES TOUTES LES FAMILLES DE LA TERRE

Dès leur première rencontre, Dieu avait fait une promesse à Abraham* : « En toi seront bénies toutes les familles de la terre » (Genèse 12, 3, p. 38).
Pour montrer concrètement comment cette promesse se réalise, les rédacteurs bibliques établissent des liens de parenté entre Abraham et tous les peuples voisins.
Ainsi, la bénédiction* que Dieu a donnée à Abraham se répand sur toutes les familles qui descendent de lui, directement ou indirectement. Ismaël*, le fils d'Agar (voir p. 41), devient le père d'un grand peuple et Isaac*, le fils de Sara*, l'ancêtre des Hébreux*. Pour étendre encore les liens d'Abraham avec les autres familles de la terre, les textes n'hésitent pas à lui donner, après la mort de Sara, une dernière épouse, Qétura, mère de six fils.
Bien plus tard, Jean* le Baptiste constatera que les liens de parenté ne suffisent pas pour se prétendre fils d'Abraham (Matthieu 3, 9, p. 245).

Action de grâce

Rendre grâce, c'est dire merci à Dieu qui propose son Alliance* et donne son amour à tous les hommes, gra-

LA ROUTE DES PATRIARCHES

tuitement, « gracieusement ». En grec, action de grâce se dit *eucharistia* (qui a donné « eucharistie* »).

Adam

Mot hébreu* qui signifie littéralement « le terreux ». « Adam » vient de adamah : la terre. Adam désigne le premier homme. Pour saint Paul* et pour les Pères de l'Église, Jésus est le nouvel Adam car il correspond pleinement au désir du Père*. Il est « l'image du Dieu invisible, premier-né de toute créature » (Colossiens 1, 15, p. 449).

Adoration, adorer

C'est reconnaître la grandeur et la sainteté de Dieu avec un cœur plein d'admiration, de crainte* et d'amour. L'adoration se passe de mots. Elle se traduit souvent par des gestes : notamment par celui de se prosterner devant Dieu.

Selon la Bible, l'adoration est réservée à Dieu seul, Dieu unique qui se révélera progressivement Père, Fils* et Esprit* Saint.

▶ Voir Crainte et Trinité

Agneau de Dieu

C'est par cette expression que Jean le Baptiste a désigné Jésus dans

Le sang jaillit du cœur transpercé de Jésus, l'Agneau de Dieu.
Retable de l'agneau mystique (xve siècle)

l'Évangile de Jean* (Jean 1, 29-36, p. 363) pour montrer que Jésus est venu remplacer tous les sacrifices* de l'Ancienne Alliance* : Jésus est l'Agneau pascal (Exode 12, 1-14, p. 63-64, et Jean 19, 31-37, p. 393). Il est le Serviteur*, conduit comme un agneau à l'abattoir (Isaïe 53, 7, p. 178). Il donne sa vie pour révéler* aux hommes la grandeur de l'amour de Dieu.

Alléluia

Mot transcrit de l'hébreu*. **Il signifie : « Louez Dieu ! »** Les chrétiens chantent l'Alléluia à la messe pour

הללויה

acclamer la Parole* de Dieu dans l'Évangile*, sauf pendant le Carême. L'Alléluia apparaît à nouveau dans la liturgie pendant le temps de Pâques* pour acclamer le Christ ressuscité.

Alliance

Le grand désir de Dieu a toujours été de faire Alliance avec les hommes. Du début à la fin de la Bible il ne cesse de proposer son Alliance aux hommes, leur promettant son amour fidèle, source du véritable bonheur. Dès la Création, Dieu a voulu que l'homme vive en communion avec lui. Mais, en cherchant à être indépendant, l'homme s'est volontairement coupé de Dieu. Le Livre de la Genèse rapporte ensuite d'autres exemples du mal que peut faire l'homme lorsqu'il s'éloigne de son Créateur. Le Seigneur va alors conclure une Alliance solennelle avec l'humanité par l'intermédiaire de Noé (Genèse 9, 8-15, p. 32) avant de choisir Abraham* pour établir une Alliance avec sa descendance (Genèse 17, 3-20, p. 41-42).

Au temps de l'Exode*, Dieu renouvelle l'Alliance avec le peuple qu'il a choisi et libéré de l'esclavage d'Égypte (Exode 19, 4-5, p. 73). Le Seigneur* s'engage personnellement et attend en réponse que le Peuple garde son Alliance en observant ses commandements. Cette Alliance est scellée dans le sang des animaux offerts en sacrifice (Exode 24, 3-8, p. 75).

Par la suite, les prophètes* rappellent au Peuple son Alliance avec le Dieu fidèle. Fréquemment ils comparent cette Alliance à des noces : Dieu aime son Peuple comme un époux aime son épouse. Hélas ! souvent le Peuple est infidèle et, pour son malheur, se détourne de Dieu.

Mais les prophètes Jérémie* et Ézékiel* annoncent que Dieu concluera une Alliance nouvelle avec son peuple : il inscrira ses paroles au fond du cœur de chaque homme, il leur donnera un cœur nouveau (Jérémie 31, 31-34, p. 162 et Ézékiel 36, 25-28, p. 171). **Jésus réalisera cette promesse*.**

À chaque messe, les chrétiens font mémoire de cette parole du Christ* : « Ceci est mon Sang, le Sang de l'Alliance répandu pour la multitude en rémission des péchés » (Matthieu 26, 28, p. 285).
▶ Voir EUCHARISTIE, MÉMORIAL, TESTAMENT

Alpha et Oméga

αω

α est la première lettre de l'alphabet et ω la dernière. Jésus est l'Alpha et l'Oméga (Apocalypse 1, 8 et 21, 6, p. 467), c'est-à-dire le commencement et la fin de toute chose. Il viendra à la fin des temps pour tout récapituler en lui (Éphésiens 1, 10, p. 446 et Colossiens 1, 13-20, p. 449) et être l'unique lumière de tous ceux qui auront cru en lui (Apocalypse 21, 23).
Ces deux lettres sont toujours inscrites sur le cierge pascal.

Âme

Pour les Grecs anciens, l'âme est une partie de la personne, opposée au corps. Dans le langage hébraïque, le mot « âme » signifie d'abord « le souffle » et donc la vie que Dieu a insufflée à l'homme (Genèse 2, 7, p. 25).
Dans les textes bibliques, le mot « âme » garde des sens différents, aussi bien dans l'Ancien que dans le Nouveau Testament. Suivant les passages, il prend la signification de : vie physique (Matthieu 2, 20), personne tout entière (Psaume 103, 1, p. 225), siège des sentiments, des affections, de la pensée (Luc 2, 35, p. 330), principe immortel (Sagesse 15, 8).

Amen

אמן

Mot transcrit de l'hébreu* et pouvant être traduit par « C'est vrai » ou « Je le crois ». Jésus utilise très souvent l'expression : « Amen, je vous le dis. » Sa parole est vraie. Il est la vérité*. Dans l'Apocalypse*, il est même écrit que Jésus est l'Amen, c'est-à-dire le témoin fidèle et vrai (Apocalypse 3, 14, p. 460).

Ammonite

Peuple descendant d'Ammon, fils de Loth*, installé sur les terres de la Jordanie actuelle (voir carte p. 471 et l'encadré p. 470). En assiégeant Rabba, ville principale des Ammonites (la ville d'Amman actuelle), Ourias le Hittite trouve la mort (2 Samuel 11, 1-17, p. 111).

Amos

Berger* – et peut-être même responsable des troupeaux du roi ou du Temple* de Jérusalem* – appelé par Dieu à être prophète*. Il parle bien et fort. Il critique les riches : vautrés dans leur luxe, ils écrasent les pauvres (Amos 6, 1-7, p. 132). Il a annoncé la Parole* de Dieu entre 760 et 750 avant Jésus Christ.
Fête le 31 mars.
▶ Voir la grande planche illustrée p. 152-153

Anciens

Dans le monde juif, les Anciens sont des chefs de famille, des sages, qui administrent un village ou une communauté de la Diaspora*. Ils sont les responsables de la synagogue*.
Dans le Nouveau Testament*, il est dit que l'apôtre Paul* institue des « Anciens » quand il fonde des Églises*. Leur mission est de veiller sur la communauté, de présider les repas au cours desquels on pratique la « fraction* du pain » en mémoire de Jésus (1 Corinthiens 11, 24, p. 439).
En grec, le mot « Ancien » s'écrit *Presbuteros*, qui a donné en français le mot « prêtre* ».

André

Originaire de Bethsaïde (voir carte p. 498), il est le frère de Simon Pierre* et, comme lui, pêcheur sur le lac de Tibériade. Jésus l'a rencontré près de Jean* le Baptiste (Jean 1, 35-41, p. 364). Il l'a appelé à faire partie des Douze*. Son nom, d'origine grecque, signifie « l'homme », « le viril ». André présente à Jésus des croyants de langue grecque (Jean 12, 21-22, p. 386).

L'apôtre André (xve siècle)

Selon une tradition, il aurait évangélisé la Grèce et aurait été mis à mort à Patras sur une croix* en forme de X, appelée depuis « croix de Saint-André ».
Patron de Constantinople. Fête le 30 novembre.

Ange

Mot d'origine grecque signifiant « messager ».
Dans certains récits anciens, il est question de l'Ange du Seigneur*. C'est une façon de parler de Dieu lui-même, entrant en relation avec les hommes (Exode 3, 2, p. 59). Mais le plus souvent, la Bible parle des anges. Ce sont des êtres vivants, mystérieux, messagers de Dieu. Leur mission est de relier le monde de Dieu avec celui des hommes (Genèse 28, 12, p. 49). Leur présence annonce que Dieu est là, à l'œuvre dans le monde, pour le salut des hommes. Ainsi, à Nazareth, c'est l'ange Gabriel qui annonce à Marie que le Seigneur est avec elle et qu'elle va avoir un fils.
Certains anges sont désignés par un nom propre. Michel signifie : « Qui est comme Dieu » ? Gabriel : « Dieu s'est montré fort. » Raphaël : « Dieu guérit. » Fête le 29 septembre.
▶ Voir SÉRAPHIN

Ange musicien (xve siècle)
Les représentations d'anges musiciens ou chanteurs sont inspirées des anges qui chantent la gloire* de Dieu (Luc 2, 13, p. 328). On leur attribue très souvent des ailes, en raison de leur fonction de messager.

Animal

Les animaux interviennent souvent dans la Bible. Dans le récit de la Création, ils sont confiés par Dieu à l'homme : c'est Adam* qui leur donne un nom (Genèse 2, 19, p. 25).
Ils sont parfois, plus que l'homme, dociles à la volonté de Dieu... Ainsi, c'est une ânesse et non son maître Balaam qui voit l'Ange du Seigneur ! (Nombres 22, 23-34, p. 83-84).
De la même manière, Isaïe* oppose l'attitude du bœuf et de l'âne qui reconnaissent le maître qui les nourrit, à celle des hommes qui ne voient pas les bienfaits de Dieu (Isaïe 1, 3). Cette remarque du prophète* est à l'origine de la présence d'un âne et d'un bœuf dans les crèches de Noël*.
La venue définitive du Messie, annoncée par le prophète, sera marquée par l'harmonie de la Création retrouvée, entre les hommes et les animaux : « Il ne se fera plus rien de mauvais ni de corrompu sur ma montagne sainte ; car la connaissance du Seigneur emplira le pays » (Isaïe 11, 6-9, p. 145).

Anne

Ce prénom signifie « Grâce* ». Il est porté par :
• **Anne, la mère de Samuel*.**
• **Anne, la prophétesse*.** Cette femme de 84 ans vivant au Temple* de Jérusalem, y sert Dieu, nuit et jour, dans la prière et le jeûne. Avec Syméon*, elle accueille Jésus à sa première venue au Temple. Son cœur sait reconnaître en lui le Fils* de Dieu (Luc 2, 36-38, p. 330).
• **Anne, la mère de Marie*.** La Bible ne parle pas des grands-parents de Jésus, mais la Tradition les appelle Anne et Joachim. Sainte Anne est très aimée en Bretagne.
Fête le 26 juillet.

Sainte Anne, la Vierge et Jésus (XVe siècle)

• **Anne, le grand prêtre*.** Anne est grand prêtre pendant la jeunesse de Jésus. Il a une grande influence. Il est le beau-père de Caïphe*. Il demande à voir Jésus tout de suite après son arrestation (Jean 18, 13).

Annonciation :

« Voici la servante du Seigneur ; que tout se passe pour moi selon ta parole » (Luc 1, 38 p. 324).

Voir Marie, Ange

Apocalypse

Dès le IIe siècle avant Jésus Christ, on écrit des livres appelés « apocalypses » remplis d'images extraordinaires et de visions concernant les fins dernières de l'humanité, et décrivant le combat suprême de Dieu contre les forces du mal.
Dans l'Ancien Testament*, on trouve des textes du genre apocalyptique dans les livres de Joël, Zacharie et Daniel (voir p. 210-211).
Dans le Nouveau Testament, le livre de l'Apocalypse de saint Jean*, encourage les chrétiens persécutés à vivre dès maintenant de la vie même de Jésus (Apocalypse 2, 3). C'est lui qui vaincra définitivement Satan (Apocalypse 19) et qui sera le flambeau, la lumière éternelle de la Jérusalem céleste (Apocalypse 21).

Apocryphe

D'un mot grec désignant un écrit dont l'origine demeure cachée, mystérieuse. Il n'est pas utilisé de la même façon par les catholiques et les protestants.
– Pour les catholiques, les Apocryphes sont des livres attribués faussement à des prophètes* ou à des apôtres*. Ils contiennent souvent des erreurs. Ainsi « l'Évangile* de Thomas* », sans doute rédigé au IIe siècle, présente Jésus comme un simple sage qui enseigne. Il ne rapporte que des paroles de Jésus. Tous les événements de sa vie, y compris la Passion*, sont passés sous silence. Un autre exemple est « l'Évangile de Jacques* ». Il invente sur l'enfance de Jésus des détails si merveilleux que le lecteur risque d'oublier que Dieu a voulu vivre véritablement en homme. Mais tout n'est pas à rejeter dans les Apocryphes. Parfois, ils rapportent des traditions conservées dans les premières communautés chrétiennes, ou des détails qui aident les historiens à mieux comprendre les paroles et les événements présentés dans les quatre Évangiles.
– Pour les protestants, les Apocryphes sont des livres dont ils ne reconnaissent pas l'origine (ou l'inspiration) divine. Par exemple, les livres de l'Ancien Testament* que les catholiques appellent deutérocanoniques*.

Apostasie

Attitude de celui qui abandonne publiquement sa foi*.

Apôtre

Mot signifiant « envoyé ».
Dans le livre des Actes des Apôtres, le titre d'apôtre désigne particulièrement les Douze* que Jésus a choisis pour être avec lui (Marc 3, 14, p. 304). Ils ont pour mission* d'annoncer à tous les hommes que Jésus de Nazareth, qui a été mis à mort sur la croix*, est vraiment ressuscité*.
Les évêques sont aujourd'hui les « successeurs des apôtres », par leur consécration et par leur mission. Dans le Nouveau Testament*, d'autres personnes sont désignées par le titre d'apôtre : Jésus lui-même, l'envoyé du Père (Hébreux 3, 1) et, parmi les plus connus, deux grands évangélisateurs, Barnabé*

Jésus et les douze apôtres (XVIe siècle)

(Actes des Apôtres 14, 14) et Paul*, choisi par le Christ* pour être l'Apôtre des païens* (Romains 11, 13, Galates 2, 8 et 2 Timothée 1, 11).

Araméen

Peuple originaire de Syrie et de Mésopotamie. Abraham* était un « Araméen errant » (Deutéronome 26, 5 et carte p. 471). La langue araméenne devint la langue usuelle de tout le Moyen-Orient. Jésus lui-même parlait cette langue. Il appelle son père *Abba** (Marc 14, 36). Sur la croix, il dit le début du psaume 22 en araméen (Matthieu 27, 46, p. 292). Aujourd'hui encore, certains chrétiens de Turquie, d'Irak ou d'Iran s'expriment en araméen et disent le Notre Père* dans la langue dans laquelle Jésus l'a enseigné à ses disciples*.

Arche d'alliance

Coffre réalisé au temps de Moïse*, selon les indications du Seigneur (Exode 25), **pour contenir les tables des Dix Commandements* et le bâton fleuri d'Aaron*** (Nombres 17, 23-25).
Elle est le lieu de la rencontre avec Dieu. Elle est gardée sous la tente* de la Rencontre (Exode 40, 16-21, p. 79). Plus tard, le roi David* la fait transporter à Jérusalem* (2 Samuel 6, 12-19, p. 108).
Il désire ensuite bâtir une Maison au Seigneur (2 Samuel 7, 2, p. 109), mais c'est son fils Salomon* qui construit un Temple* somptueux pour centraliser le culte au Dieu unique.
L'Arche est alors soustraite au regard de la foule. Elle est déposée dans le Saint* des Saints, où seul le grand prêtre* peut entrer, une fois par an, le jour des Expiations*.
En 587, lors de la prise de Jérusalem par Nabuchodonosor (p. 161), l'arche d'Alliance et les Tables de la Loi sont détruites. Le prophète Jérémie* annonce que désormais Dieu écrira sa Loi sur le cœur des croyants (Jérémie 31, 31-33, p. 162).
Une légende rapporte que ce prophète aurait caché l'Arche dans une grotte du mont Nébo (2 Martyrs 2, 1-12). Mais Jérémie a prophétisé que l'« arche de l'Alliance du Seigneur ne viendra à la pensée de personne ; on ne l'évoquera plus, on ne remarquera pas son absence ; elle ne sera plus refaite » (Jérémie 3, 16).
▶ Voir la grande planche illustrée p. 114-115

Ascension

Fête* chrétienne célébrée quarante jours après Pâques*.
Elle fait mémoire du jour où Jésus ressuscité* quitte la terre pour mon-

Le roi David amène l'arche d'alliance à Jérusalem (XIVe siècle).

L'Arche introduite dans le Temple,
Les Très riches heures du duc de Berry (XVe siècle)
Vision très fantaisiste de l'Arche, représentée comme une église du XVe siècle.

Transport de l'arche d'alliance (XVe siècle)

ter vers le Père* (Actes des Apôtres 1, 4-11, p. 404).
Dorénavant, Jésus ne peut plus être vu, ni touché de façon humaine, comme l'a fait Thomas, mais les chrétiens peuvent expérimenter sa présence par la foi* (Jean 20, 27-29, p. 397) : « Quand deux ou trois sont réunis en mon nom, je suis là, au milieu d'eux » (Matthieu 18, 20, p. 271).

Dans son Évangile, Luc* situe l'Ascension de Jésus vers son Père le soir même de Pâques. Dans les Actes des Apôtres*, il précise que Jésus est apparu à ses apôtres pendant quarante jours après Pâques. Ce nombre quarante symbolise très souvent dans la Bible un temps de préparation. Luc veut nous dire ainsi que Jésus a pris le temps de préparer ses apôtres à leur mission* de témoins de la Bonne Nouvelle. Au cours de toutes ces rencontres, il a enraciné dans leur cœur la foi en sa résurrection.

Asmonéens

Nom de la dynastie fondée par les descendants des Maccabées* qui se réclamaient d'un ancêtre nommé Asmon. Ils prennent le titre de « roi des Juifs* » vers la fin du IIe siècle avant Jésus Christ. En 40 avant Jésus Christ, les Romains écartent les Asmonéens du pouvoir. Ils confient le trône de Jérusalem* à un Iduméen, Hérode*, qui a épousé une Asmonéenne, Mariamme. Pour garder le pouvoir, Hérode tue presque tous les Asmonéens. Mais de 41 à 44 après Jésus Christ, l'un de ses descendants, petit-fils de Mariamme l'Asmonéenne, est de nouveau roi. Il s'agit d'Hérode* Agrippa 1er, connu pour avoir fait décapiter l'apôtre Jacques* (Actes des Apôtres 12, 1-2, p. 420).

Assomption : Voir Marie

Auguste

Surnom de l'empereur romain Octave, fils adoptif de Jules César. Il signifie « le vénérable ». Jésus naît sous son règne (Luc 2, 1, p. 328).

Autel

Autel à cornes, (XIe siècle avant Jésus Christ)
Cet autel de sacrifices était utilisé pour brûler de l'encens.

Les premiers autels ne se trouvaient pas dans un bâtiment déterminé, mais dans le lieu d'une rencontre avec Dieu : les patriarches prenaient alors une grande pierre sur laquelle ils faisaient une onction d'huile pour dresser un mémorial de cette rencontre.
Dans le Temple* de Jérusalem, on construisit un autel très important pour offrir des sacrifices à Dieu : l'autel des holocaustes.
Dans la liturgie* de l'Église, le Christ est à la fois l'autel comme Dieu, la victime et le prêtre en tant qu'homme. L'autel reçoit sa consécration de l'évêque ; il est marqué de cinq croix qui rappellent les cinq plaies du sauveur ; il contient des reliques des saints pour manifester l'amitié entre le Christ-Tête et les membres de son corps mystique.
Pour la liturgie eucharistique, il est recouvert de nappes et la lumière des cierges indique que le Christ est « la lumière des nations ». Pour toutes ces raisons, l'autel est objet de vénération. Par son unique sacrifice, Jésus Christ a remplacé tous les sacrifices de l'Ancien Testament* en donnant sa propre vie par amour pour tous les hommes. Il est à la fois « le prêtre, l'autel et la victime ». Devant l'autel situé dans le chœur de chaque église, les chrétiens sont invités, à l'exemple du Christ à offrir toute leur vie à Dieu (Romains 12, 1, p. 436), pour vivre ainsi leur sacerdoce baptismal.

Avènement

Mot transcrit du latin *adventus*. Il désigne la venue d'un personnage important.
Dans la tradition chrétienne, ce mot recouvre une triple réalité de foi :
- La venue historique du Christ dans la chair : il est né à Bethléem et sera crucifié à Jérusalem.
- La venue spirituelle du Christ ressuscité* dans chacune de nos vies, selon sa promesse d'être toujours avec nous (Matthieu 28, 20, p. 295), par les moyens privilégiés de sa présence dans les sacrements et dans les saintes Écritures mais aussi à travers des événements de nos vies et du monde.
- La venue définitive du Christ (la parousie) dans la gloire de son Royaume*. Alors il sera « tout en tous » (1 Corinthiens 15, 28).

Avent

Contraction du mot « avènement* ». Il désigne le temps liturgique précédant Noël*. Pendant quatre semaines, les chrétiens sont dans l'attente. Ils célèbrent les trois avènements du Christ et ravivent leur désir de sa venue définitive : « Amen* ! Viens Seigneur* Jésus » (Apocalypse 22, 20).

B

Baal

Mot signifiant « Maître ». Divinité phénicienne, dieu des montagnes, de l'orage et de la pluie.
Ce sont les prophètes* de ce dieu qu'Élie a affronté sur le mont Carmel. À sa prière, le Dieu d'Israël s'est manifesté par le feu et le peuple a reconnu que « C'est le Seigneur qui est Dieu ; c'est le Seigneur qui est Dieu ! » (1 Rois 18, 21-40, p. 125.)
Par extension le mot Baal désigne tous les faux dieux (Osée 2, 19, p. 135) vers lesquels les Hébreux se sont tournés.
▶ Voir BÉELZÉBOUL

Baptême, baptiser

Ce mot vient d'un terme grec qui signifie « plonger ».
À son baptême, Jésus est reconnu comme fils par le Père qui lui dit : « Tu es mon fils bien-aimé. » Il reçoit en même temps l'Esprit* Saint. Au baptême, le disciple* est plongé dans la mort et la résurrection* du Christ (Romains 6, 2-11). Il devient alors une créature nouvelle et il prend place dans l'Église* : il devient fils de Dieu. Jésus parle d'une nouvelle naissance (Jean 3, 3-8, p. 367). Le baptisé recevra pleinement l'Esprit Saint par le sacrement de la confirmation*.

Baptistère antique en forme de croix (IVe siècle) Autrefois, les catéchumènes descendaient dans le baptistère rempli d'eau le jour de leur baptême.

Barnabé

C'est le surnom d'un lévite*, Joseph, originaire de Chypre, devenu disciple du Seigneur après la Pentecôte (Actes des Apôtres 4, 36).
Il a tout de suite fait confiance à Saul*, l'ancien persécuteur des chrétiens (Actes des Apôtres 9, 27). Ils seront ensemble envoyés en mission par l'Église d'Antioche (Actes des Apôtres 13, 2, p. 422) et mériteront tous les deux le titre d'Apôtre* (Actes des Apôtres 14, 14).
Barnabé signifie « fils de consolation » – d'où « l'homme du réconfort » –, mais aussi « fils de prophète » : cela correspond bien à sa réputation dans l'Église de Jérusalem : « C'était un homme de bien, rempli de l'Esprit Saint et de foi » (Actes des Apôtres 11, 24, p. 420). Fête le 11 juin.

Barthélemy

De *Bar Talmaï* (fils de Talmaï). Il fait partie des Douze*. Il a été assimilé à *Nathanaël*, dont le nom signifie « Dieu donne » ou « Don de Dieu ». Grâce à Philippe* il a pu rencontrer Jésus (Jean 1, 45-49, p. 364).
Une tradition dit qu'il fut un grand missionnaire en Inde et en Asie mineure et qu'il est mort martyr en Arménie. Fête le 24 août.
▶ Voir PHILIPPE

Béatitudes

« Heureux les cœurs purs : ils verront Dieu ! » (Matthieu 5, 8, p. 248)

La béatitude est le bonheur que connaissent ceux qui accueillent l'Évangile*. Matthieu* regroupe neuf raisons d'être heureux au début du sermon sur la montagne (Matthieu 5, 1-12, p. 247), mais on en trouve beaucoup d'autres dans les Évangiles (Matthieu 16, 17, p. 269 ; Luc 1, 45, p. 325 ; Luc 10, 23, p. 342 ; Jean 20, 29, p. 397). Ces béatitudes sont vraies dès aujourd'hui, mais elles trouveront leur plein épanouissement auprès de Dieu.

Béelzéboul

Dans les Évangiles*, ce mot désigne le prince des démons* (Marc 3, 22, p. 304). Ce nom est une déformation de l'expression *Baal Zeboul* (Baal le Prince), qui deviendra plus tard Belzébuth.

Ben Sirac

En hébreu*, *Ben* signifie « fils* » (comme *Bar* en araméen*). Ben Sirac est un scribe* de Jérusalem*. Vers 190 avant Jésus Christ, il écrit en hébreu un livre contenant des conseils de sagesse. Il veut donner à ses lecteurs l'amour des traditions juives, alors menacées par les traditions grecques (voir p. 205). Plus tard, une traduction en grec de ce livre, appelé aussi Ecclésiastique, le fait connaître de tous les juifs*. Il fait partie des livres *deutérocanoniques**.

Bénédiction, bénir

Bénir, c'est dire du bien de quelqu'un.
– Dans la Bible, c'est d'abord Dieu qui bénit. Le bien qu'il dit fait jaillir la vie, car la Parole* de Dieu est efficace (Genèse 1, 28, p. 24). C'est une assurance d'être aimé maintenant et pour toujours. La bénédiction de Dieu, reçue avec action* de grâce, conduit le croyant à vivre pleinement dans l'Alliance* (Deutéronome 30, 15-20, p. 87).
– L'homme, à son tour, est appelé à bénir Dieu, c'est-à-dire à reconnaître en lui la source de tout ce qui le fait vivre.
– À partir du IIIe siècle, les chrétiens prennent l'habitude de faire bénir des objets. L'objet béni (croix, image, etc.) rappelle à celui qui le voit ou l'utilise la présence aimante et bénissante de Dieu.
▶ Voir Psaume

Berger

Christ pasteur (IIIe siècle)
« Le vrai berger donne sa vie pour ses brebis » (Jean 10, 11).

L'image du berger est très souvent utilisée dans la Bible pour désigner celui qui a la responsabilité de guider le Peuple de Dieu. Dieu a parfois choisi de vrais bergers pour devenir les pasteurs de son Peuple (Joseph*, Moïse*, David*).
Les responsables du Peuple n'agissent pas toujours selon la volonté de Dieu ; les prophètes* Jérémie*, Ezékiel*, Zacharie*, dénoncent ceux qui maltraitent ses brebis. Dès le Premier Testament l'Écriture nous montre que le Bon Berger, c'est Dieu lui-même (Psaume 23, p. 220), lui qui prend soin de ses brebis, et en particulier des plus faibles (Ezékiel 34, 16, p. 170).
Jésus, le Bon Berger, le bon pasteur annoncé par les prophètes, ira jusqu'à donner sa vie pour ses brebis (Jean 10, 11, p. 382).
Il invitera Pierre*, et les Douze* avec lui, à l'imiter pour devenir les bergers du « troupeau » qu'il leur confie (Jean 21, 15-17, p. 398).
Aujourd'hui les évêques, successeurs des apôtres*, ont à veiller sur les chrétiens comme des bergers, des bons pasteurs. C'est ce que rappelle le bâton qu'ils tiennent à la main et qui s'appelle la « crosse » ou le bâton pastoral.

Bethsabée

Épouse d'Ourias le Hittite*. Elle est séduite par David* pendant que son mari est à la guerre. Le roi David choisit de faire mourir Ourias au combat pour prendre sa femme (2 Samuel 11, 1-17, p. 111). Par la suite il reconnaît son péché et, après un

châtiment, Dieu fait éclater sa miséricorde en donnant à Bethsabée et à David un enfant qui sera le roi Salomon*.
Bethsabée est une des femmes qui figurent dans la généalogie de Jésus (Matthieu 1, 6, p. 242).

Blasphème

D'un mot grec signifiant « parole qui blesse ». Dans le domaine religieux, blasphémer veut dire « outrager Dieu par des paroles ».
▶ Voir LAPIDER

C

Caïphe

Surnom de Joseph*, grand prêtre* de 18 à 36 après Jésus Christ. Caïphe est le gendre d'Anne*. D'après l'évangéliste Jean*, il a une responsabilité importante dans la mort de Jésus (Jean 11, 49-51, p. 385). Arrêté, Jésus est conduit devant Caïphe, qui l'envoie chez Pilate*, où il est condamné (Jean 18, 28).

Calendrier liturgique :

Voir FÊTES CHRÉTIENNES

Canaan

Autre nom de Cham, l'un des fils de Noé. Canaan est à la fois l'ancêtre des Cananéens et des Égyptiens. La terre* de Canaan fut promise par Dieu à Abraham* et à ses descendants. Elle est devenue la terre d'Israël*, appelée également plus tard Palestine* (voir carte p. 498).

Canon, canonique

En grec, signifie la règle, le modèle, la liste.
Dans l'univers biblique, le canon est la liste définitive des livres de la Bible.
À la fin du Ier siècle après Jésus Christ, à un moment où juifs et chrétiens se distinguent clairement, les autorités juives se mettent d'accord sur une liste de livres saints. Cette liste contient uniquement des livres écrits en hébreu*. Elle est parfois appelée le « canon de Jamnia », les responsables juifs s'étant installés dans cette ville après la destruction de Jérusalem*.
Les chrétiens utilisèrent cette liste en y ajoutant une seconde liste de livres généralement écrits en grec. Après une période d'incertitude sur le contenu de cette seconde liste, tous les chrétiens sont d'accord, à partir du Ve siècle, pour ajouter au « canon de Jamnia » les livres des Martyrs d'Israël (p. 194 à 198), de Ben Sirac (p. 205 à 207), de la Sagesse (p. 208 à 209), de Judith, de Tobie, ainsi que quelques chapitres de Daniel et d'Esther. On appelle « canoniques » les livres de la première liste et « deutérocanoniques » ceux de la seconde liste. Les Bibles protestantes n'ont pas retenu les livres deutérocanoniques.
Pour le canon du Nouveau Testament, dès la fin du IVe siècle, sont retenus 27 livres.
▶ Voir la grande planche illustrée p. 10-11.

Carême : Voir PÂQUE(S)

Catéchèse

D'un verbe grec signifiant « résonner ». Aux premiers temps de l'Église*, le rôle de la catéchèse est d'aider les nouveaux disciples* à mieux comprendre le kérygme*. Les catéchistes (ou catéchètes) d'aujourd'hui donnent aux catéchisés le goût de la Parole* de Dieu et le désir de vivre en disciples du Christ*.

Catholique

D'un mot grec signifiant « universel ». Le Symbole* des Apôtres et le Symbole de Nicée-Constantinople définissent l'Église* fondée par Jésus Christ comme « catholique », universelle, c'est-à-dire envoyée vers toutes les nations* (Matthieu 28, 19, p. 295).
On appelle aussi catholiques les chrétiens qui reconnaissent l'évêque de Rome, successeur de Pierre, comme le premier parmi ses pairs, présidant à la communion de tous les évêques.

hommes sont invités à vivre de cet amour.

« Ceci est mon corps » (Matthieu, 26, 26, p. 285).

Cène

Du mot latin *cena* qui signifie « repas du soir ». C'est ainsi que l'Église* appelle le dernier repas de Jésus, au cours duquel il institue l'Eucharistie* (Matthieu 26, 20-29, p. 284-285).

▶ Voir la grande planche illustrée p. 296-297

Chair

Dans la Bible, le mot « chair » n'est pas l'équivalent de « corps ». Il désigne généralement l'homme tout entier, bien vivant, mais fragile et mortel. Par exemple :

– Quand l'évangéliste Jean* écrit : « Et le Verbe s'est fait chair », il veut dire que le Fils* de Dieu s'est fait homme (Jean 1, 14, p. 363).

– Quand Jésus déclare à Pierre* : « Ce n'est pas la chair et le sang qui t'ont révélé cela », il veut dire que ce n'est pas avec les seules ressources de sa personne humaine que Pierre a compris que Jésus est le Messie* (Matthieu 16, 17, p. 269).

– Quand Jésus parle de manger sa chair et boire son sang (Jean 6, 53, p. 375), il veut inviter ses amis à le rencontrer en personne.

Charité

Dans l'Écriture*, le mot « charité » désigne l'amour qui unit le Père, le Fils et l'Esprit*. Par le Christ*, les hommes sont invités à vivre de cet amour.

Chrétiens

Nom donné aux disciples* de Jésus Christ* pour la première fois à Antioche (Actes des Apôtres 11, 26, p. 420). **Ils croient que Jésus Christ est Fils* de Dieu, qu'il est mort et ressuscité*. En recevant le baptême*, ils deviennent fils de Dieu et entrent dans la famille des chrétiens : l'Église*.**

Dans cette famille, les chrétiens ne se sont pas toujours entendus. Aujourd'hui, il y a séparation entre l'Église catholique et les orthodoxes, les protestants, les anglicans. Depuis le début du XIXe siècle, les chrétiens cherchent à se réconcilier*. On appelle œcuménisme ce mouvement de rencontre, de prière et d'étude pour une vraie réconciliation.

Christ

Vient d'un mot grec signifiant « celui qui a reçu l'onction* d'huile ». Il traduit le mot hébreu* *maschiah*, que l'on trouve dans l'Ancien Testament*. Le premier à avoir désigné Jésus comme Christ est Simon* Pierre (Matthieu 16, 16, p. 269). Dire que Jésus est Christ, c'est proclamer que l'homme couronné d'épines par dérision, et crucifié, est ressuscité*. Sa victoire sur la mort en fait bien le Messie* attendu par Israël* mais aussi le Sauveur* de tous les hommes.

décident de ne pas imposer cette obligation aux nouveaux croyants. On devient chrétien par la foi* en Jésus ressuscité*, et non par la circoncision (Actes des Apôtres 15, 4-20, p. 425).

Colère

Quand la Bible parle de la colère de Dieu, c'est pour bien souligner sa miséricorde* : en effet, Dieu le Père aime les hommes. Il les laisse libres de répondre à son appel. S'il se met en colère, c'est par amour. C'est un appel à la conversion* (voir les commentaires de Genèse 9, 8-15, p. 32, et Jonas 4, 1-11, p. 189).

Colombe

Retable de l'agneau mystique, frères Van Eyck (xve siècle)
Cette colombe représente l'Esprit Saint qui envoie des « rayons de sa lumière ».

Seul oiseau pouvant être offert en sacrifice* au Temple* (Luc 2, 24, p. 329, et Matthieu 21, 12, p. 276).
Dans le récit du déluge, la colombe survole les eaux dans lesquelles le monde du péché* a été détruit. Elle rapporte un brin d'olivier tout frais,

La Sainte Face (xiiie siècle)
« Celui qui m'a vu a vu le Père » (Jean 14, 9, p. 389).

Circoncision

La circoncision est une opération consistant à couper partiellement ou complètement la peau du prépuce. Cette marque, visible sur le corps humain, est choisie par Dieu comme signe de son Alliance* avec Abraham* et sa descendance. Aussi, tous les hommes et enfants mâles de la maison d'Abraham sont circoncis (Genèse 17, 10, p. 41).

Comme Jean* le Baptiste, Jésus est circoncis le huitième jour après sa naissance, conformément à la Loi* (Luc 1, 59, p. 326 et 2, 21, p. 329). Il en est de même des premiers disciples* de Jésus, car ils étaient juifs.
Après la Pentecôte*, des non-juifs demandent à faire partie de la communauté chrétienne. Ils ne désirent pas pratiquer la circoncision, souvent mal jugée dans le monde païen*. Les disciples s'interrogent et finalement

signe que Dieu crée un monde nouveau (Genèse 8, 8-12, p. 31).
Dans le récit du baptême* de Jésus, l'Esprit* Saint vient sous la forme d'une colombe qui manifeste que l'Esprit Saint repose éternellement sur le Fils*.

Commandement

Le livre de l'Exode* parle des « Dix Commandements », c'est-à-dire des dix paroles de Vie données par Dieu à Moïse. Ces dix paroles aident l'homme à comprendre comment construire sa vie avec Dieu (Exode 20, 1-17, p. 74-75).
Jésus révèle que tous les commandements de la première Alliance* sont résumés dans les deux commandements de l'amour : aimer Dieu et son prochain* (Marc 12, 28-34, p. 318). Pour saint Jean*, l'unique manière de montrer notre amour pour Dieu est d'aimer son prochain : « Aimez-vous les uns les autres comme je vous ai aimés » (Jean 15, 12, p. 390).

Confirmation

Avec le baptême* et l'eucharistie*, la confirmation est l'un des trois sacrements* de l'initiation chrétienne. De même que les Apôtres* au jour de la Pentecôte*, les confirmands reçoivent le don de l'Esprit* Saint, force pour vivre et annoncer Jésus Christ* ressuscité*.

La Descente du Saint-Esprit, Le Greco (XVIIe siècle)

Connaissance, connaître

Dans la Bible, il ne faut pas confondre les verbes « connaître » et « savoir ». Connaître Dieu, ce n'est pas savoir des choses sur lui. C'est le rencontrer dans la foi* et vivre avec lui. C'est l'écouter en lisant la Bible et lui parler dans la prière*. C'est, à la lumière de l'Esprit* Saint, chercher à « faire la volonté de notre Père qui est aux cieux » (Matthieu 7, 21-23, p. 253).

Consacrer

Dédier une personne ou un objet à Dieu. Ainsi, quand Dieu donne à Moïse* les dix paroles de Vie, il lui rappelle qu'au moment de la création* du monde, il a béni* le septième jour, le jour du sabbat*, et « l'a consacré » (Exode 20, 11, p. 74). Cette journée doit donc être dédiée, consacrée à Dieu.

Conversion

Conversion de saint Paul sur le chemin de Damas (XIVe siècle)

Acte manifestant un changement de direction, un retournement, une transformation.
Il y a plusieurs sortes de conversions :
– La conversion de l'incroyant, passant de la non-croyance en l'existence de Dieu, à la rencontre du Dieu vivant.
– La conversion du croyant, passant d'une fausse image de Dieu à la connaissance* de Dieu tel qu'il est. Saul* de Tarse, devenu l'apôtre* Paul*,

en est le parfait exemple. Il a renoncé à tout pour se laisser conduire par le Saint-Esprit* (Philippiens 3, 5-14, p. 448).
– Les conversions quotidiennes du chrétien. À celui qui est attentif à ses conseils dans la prière* et la lecture de la Bible, l'Esprit* Saint révèle chaque jour des attitudes à modifier, des jugements à dépasser, etc. Ainsi est-il celui qui tient le croyant tourné vers Dieu, affinant sans cesse la ressemblance avec Jésus.

Corps du Christ

Toute la création est appelée à prendre place dans le Corps ressuscité du Christ* (Colossiens 1, 15-20, p. 449). Par les sacrements* les baptisés sont associés à ce Corps dont l'Église* est la manifestation* visible. L'Église a pour vocation de lui rendre témoignage mais aussi d'en reconnaître la présence jour après jour. Ainsi, c'est par les disciples que le Corps du Christ, bien souvent discret si ce n'est caché, se manifeste.Lorsque le chrétien vient communier*, celui qui donne le pain consacré* lui dit : « Le corps du Christ. » Il reçoit le « pain vivant », l'hostie consacrée. C'est vraiment le corps du Christ « donné pour la vie du monde ». Tous les fidèles croient que Jésus, le Christ ressuscité*, est réellement présent au milieu des siens sous le signe* du pain et du vin.
En communiant, les chrétiens sont unis entre eux dans un seul corps. En ce sens-là, ils sont le Corps du Christ (1 Corinthiens 12, 3-27, p. 440).
▶ Voir Église

Craindre, crainte de Dieu

Attitude de respect mêlé d'humilité permettant de reconnaître la présence de Dieu. C'est un don du Saint-Esprit* (Isaïe 11, 2, p. 144) qui permet à l'homme de réaliser clairement ce qu'il est devant Dieu. Même si l'expression n'y est pas employée, le récit du « buisson ardent » est un bel exemple de crainte de Dieu (Exode 3, 1-12, p. 58-59). Moïse* se déchausse et se voile le visage. Il comprend que l'homme ne peut pas se servir de Dieu, mais qu'il doit le servir. Cependant, il parle avec Dieu, il discute même. Il n'est pas pétrifié par la peur. La crainte de Dieu n'est pas synonyme de peur puisqu'elle permet de connaître* celui qui est amour. Or l'amour exclut la peur (1 Jean 4, 18, p. 457).

Créateur, Création

Quand on dit que Dieu est Créateur, on affirme qu'il est à l'origine de tout ce qui existe et qu'il maintient dans l'existence ce qu'il a fait à partir de rien. À plusieurs reprises et dans des styles très différents, les livres bibliques évoquent la Création (voir, par exemple, Genèse 1 et 2, p. 22-26 ; Job 38, 8-18, p. 202 ; Psaume 8, p. 216). Ils ne cherchent pas à expliquer comment le monde a été créé. En revanche, la Bible révèle* pourquoi Dieu est Créateur. Dieu crée par amour. Il ne veut donc pas abandonner l'homme et sa Création à la mort. Au contraire, il l'associe à sa vie éternelle par la résurrection* du Sauveur du monde Jésus Christ*.

Croix

Le supplice de la croix est d'origine perse. Il s'est répandu dans tous les peuples de l'Antiquité comme la peine la plus cruelle et la plus dégradante. Elle pouvait être pratiquée de façons différentes. En mourant sur une croix, entre deux bandits, Jésus connaît la plus humiliante des morts.

Le signe de croix est le signe de reconnaissance des chrétiens. Ils affirment ainsi qu'ils participent à la mort et à la résurrection* de Jésus.

▶ Voir Scandale et Révélation

Christ en croix, appelé « le Dévot Christ » (XIVe siècle).

Crucifix de Saint-Damien (XIIe siècle)
Ce crucifix aurait appelé saint François d'Assise à reconstruire son Église.

Croix de Sybille, du nom de sa donatrice (XIIe siècle)

Croix celtique (monastère du VIIe siècle)

Crucifixion, Velazquez (XVIIe siècle)

Croix orthodoxe (XVIIe siècle)
La famille royale et le clergé russe orthodoxe entourent la croix.

Culte

Acte public à travers lequel le Peuple exprime son adoration*, sa louange, ses actions* de grâce ou ses demandes. Les prophètes* dénoncent souvent ceux qui se contentent de célébrer le culte sans rien changer à leur manière de vivre et de penser (Amos 5, 21-24, p. 132).

D

David

David musicien (XIIe siècle)
Amos affirme que David inventait des instruments de musique (Amos 6, 5, p. 133).

Né à Bethléem, dans la tribu de Juda*, David est le plus jeune fils de Jessé. Berger* et musicien, il reçoit de Samuel* l'onction* d'huile, signe que Dieu l'a choisi pour être roi* d'Israël (1 Samuel 16, 10-13, p. 102).
Après la mort de son beau-père Saül*, il devient effectivement le roi des douze tribus (de 1010 à 970 environ avant Jésus Christ). Il conquiert Jérusalem* et en fait sa capitale (voir p. 108). Il y fait transporter l'arche* d'Alliance. David eut plusieurs épouses. Ses différents fils se disputèrent sa succession. Absalon tenta vainement de s'emparer du trône, du vivant même de son père. David désigna Salomon*, le deuxième fils de Bethsabée*, pour régner après lui.
Le prophète* Nathan lui avait transmis une promesse* de Dieu : « Je te donnerai un successeur dans ta descendance, qui sera né de toi, et je rendrai stable sa royauté » (2 Samuel 7, 12, p. 110). Aussi, plus tard, le prophète Isaïe* annonce qu'un rameau sortira de la souche de Jessé, un messie* selon le cœur de Dieu (Isaïe 11, 1, p. 144). Cette prophétie trouve son plein accomplissement dans la naissance de Jésus (Luc 1, 32-33, p. 324).
On a attribué à David la composition du livre des Psaumes*. Son nom est cité 59 fois dans le Nouveau Testament*.
Fête le 29 décembre.
▶ Voir MESSIE

Décalogue

Vient du grec *deka logoï* : « les dix paroles ». Il s'agit des dix paroles de Vie transmises à Moïse* (Exode 20, 1-17, p. 74-75).
▶ Voir COMMANDEMENT

Démon

Le mot est habituellement au pluriel. Les démons sont les acolytes de Satan*. Souvent présentés comme des anges* qui se sont détournés de Dieu, ces « esprits mauvais » essaient d'entraîner les hommes dans le mal*.
▶ Voir DIABLE, POSSÉDÉ

Démon (XIIIe siècle)

Deutérocanonique : Voir CANONIQUE

Deutéronome

Nom donné au cinquième livre de la Bible et signifiant « la deuxième loi ». C'est sans doute le livre que le roi* Josias et son secrétaire Shafane trouvèrent dans le Temple* en 622 et sur lequel ils s'appuyèrent pour entreprendre une grande réforme religieuse (voir p. 151). Le Deutéronome reprend beaucoup d'éléments des livres de l'Exode* et des Nombres*. Mais il est plus chaleureux. Il invite le Peuple à vivre fidèlement en Alliance* avec Dieu (Deutéronome 30, 10-20, p. 86-87) et à l'aimer « de tout [son] cœur, de toute [son] âme, de toute [sa] force » (Deutéronome 6, 4-5, p. 86).

Diable

Le sculpteur se souvient que, selon la Tradition, le diable est un ange déchu. Il le représente avec des ailes (XIIe siècle).

Du mot grec *diabolos* signifiant « diviseur ». Le diable oppose les hommes à Dieu, les hommes entre eux, et disloque l'unité propre à chaque individu. Mais il ne peut agir sans le consentement des hommes.

Le Christ tenté par le diable dans le désert (XIVe siècle).

Il n'est fort que parce que nous le lui permettons (Genèse 3, 1-7, p. 26 ; Matthieu 4, 1-11, p. 246 ; Matthieu 16, 23, p. 270). Le mot « diable » est utilisé dans la version grecque de la Bible pour désigner celui que les textes hébreux appellent Satan*, c'est-à-dire « l'adversaire ». Le diable ou Satan est le chef des démons*. Les deux mots sont utilisés dans les Évangiles*.

▶ Voir BÉELZÉBOUL, MAL

Diacre

Du mot grec *diakonos* signifiant « ministre », « serviteur* ». Dans les premières communautés chrétiennes, les appellations de diacre, presbytre (prêtre*) et épiscope (évêque) ne correspondent pas encore à des fonctions précises, comme aujourd'hui. On a coutume d'appeler diacres les sept hommes choisis pour le service des frères de langue grecque (Actes des Apôtres 6, 1-7, p. 411), bien que ce titre ne leur soit pas directement attribué par les textes. Institués par imposition* des mains pour distribuer des secours aux veuves, les Sept annoncent également la Parole* de Dieu et baptisent*. Saint Paul* utilise quelquefois le mot « diacre ».

Aujourd'hui, le diacre est un homme, marié ou célibataire, appelé et ordonné par l'évêque pour être son collaborateur. Il reçoit sa mission* de l'évêque, aussi bien dans la liturgie, l'annonce de l'Évangile, que le service des tables.

▶ Voir ÉTIENNE

Diaspora

Mot grec signifiant « dispersion ». La destruction des royaumes d'Israël et de Juda (voir carte p. 504) fut accompagnée de déportation en Mésopotamie et d'exil en Égypte. Ainsi des communautés juives se sont constituées en dehors du territoire correspondant à Israël et Juda. **La Diaspora est l'ensemble des communautés juives vivant en dehors de la Terre sainte.** Les Juifs présents lors de l'événement de la Pentecôte* sont des Juifs de la Diaspora (Actes des Apôtres 2, 5-11, p. 406).

À l'époque de Jésus il y avait environ un million de Juifs dans l'Empire parthe (Babylone), un million en Égypte dont deux cent mille à Alexandrie où la Bible avait été traduite en grec (voir p. 209), deux à trois millions dans le reste de l'Empire romain et deux millions seulement en terre d'Israël (voir p. 238-239).

Dieu : Voir TRINITÉ

Dimanche : Voir SEIGNEUR

Disciple

« Suivre Jésus » ou « devenir son disciple », c'est d'abord demeurer avec Lui, se mettre à son écoute et participer à sa vie en le faisant connaître et aimer.

▶ Voir MISSION

Docteur de la Loi

Le docteur enseigne ce qu'il a appris. Les docteurs de la Loi enseignent les textes de l'Écriture*, qu'ils ont d'abord étudiés auprès de maîtres réputés. **Ils sont également appelés scribes*.**
▶ Voir Rabbi et la grande planche illustrée p. 10-11

Douze

Jésus choisit douze hommes pour « être avec lui » (Marc 3, 14, p. 304) et être ses représentants (Matthieu 10, 5-7, p. 255). Ces hommes sont appelés les douze disciples*, les douze apôtres* ou les Douze tout court. Ils sont préfigurés par les douze fils de Jacob*.
Après l'Ascension*, l'Église* est présidée par les Douze, Matthias ayant été désigné pour remplacer Judas* (Actes des Apôtres 1, 15-26, p. 405).
À leur mort, alors que l'Église s'étend hors des frontières d'Israël, leurs successeurs sont les évêques.
▶ Voir Apôtre, Pasteur

E

Écriture

Dans les Évangiles*, les textes bibliques de l'Ancien Testament* sont parfois désignés par le mot « Écriture », au singulier ou au pluriel. Ainsi, sur le chemin d'Emmaüs, Jésus explique « dans toute l'Écriture, ce qui le concernait ». Plus tard il ouvre ses disciples* « à l'intelligence des Écritures » (Luc 24, 27 et 45, p. 355).
Aujourd'hui, on parle des Écritures ou de l'Écriture pour désigner la totalité de la Bible.

Édomites

Descendants d'Édom, le Roux, surnom d'Ésaü, fils d'Isaac* et frère de Jacob*. D'abord installés au sud de la Jordanie actuelle, les Édomites, poussés par les événements de l'Histoire, s'établirent finalement dans la région d'Hébron.
Pendant l'occupation grecque, les Édomites devinrent les Iduméens. L'Iduméen le plus célèbre dont parlent les Écritures est Hérode* le Grand.

La Cène (xxe siècle)

Église

Dans la traduction grecque de l'Ancien Testament*, le mot « Église » désigne le Peuple convoqué et assemblé par Dieu. L'Évangile* de Matthieu* l'utilise une seule fois (Matthieu 16, 18, p. 269). En revanche, les Actes des Apôtres, les épîtres* et l'Apocalypse* parlent abondamment de l'Église. C'est la communauté voulue par Jésus. Elle n'est pas totalement nouvelle puisqu'elle est annoncée par Israël. **Fondée sur les Douze*, elle manifeste l'œuvre de Dieu et lui rend témoignage. Saint Paul* parle de l'Église comme d'un corps dont le Christ* est la tête** (1 Corinthiens 12, 27, p. 442). Dans la Tradition, Pierre* et Paul sont les piliers fondateurs de l'Église. On les fête ensemble le 29 juin.
Dans un sens plus restreint, le mot « Église » désigne aussi une communauté chrétienne locale : l'Église qui est à Corinthe, à Rome, à Laodicée... L'ensemble de ces Églises constitue l'Église universelle ou catholique*. À partir du IIIe siècle, le mot « église », écrit avec un « e » minuscule, désigne le bâtiment où se réunissent les membres de l'Église.
▶ Voir Corps du Christ

Élie

Prophète* du IXe siècle avant Jésus Christ. Il défend de toutes ses forces le culte* de YHVH* contre le culte de Baal* (voir p. 122-128). Il a rencontré Dieu dans la douceur d'une brise légère (1 Rois 19, 1-13, p. 127).
La Bible raconte qu'il n'est pas mort. Il a été enlevé sur un char de feu pour aller auprès de Dieu. Ce récit a joué un rôle important dans le cheminement de la foi en la résurrection* : si Dieu a pu préserver Élie de la mort, ne fera-t-il pas de même pour tous ceux qui essaient de marcher en sa présence ? Dans l'Ancien Testament*, Élie et Moïse* désiraient voir Dieu. Ils ont pu s'approcher de lui sur la montagne (1 Rois 19, 9-13, p. 127). Dans les Évangiles*, ils apparaissent au moment de la Transfiguration (Marc 9, 2-8, p. 311). Leur présence confirme que Jésus est Fils de Dieu*.
Fête d'Élie le 20 juillet.
▶ Voir la grande planche illustrée p. 192-193

Le prophète Élie est enlevé jusqu'au ciel sur un char de feu.

Emmanuel

Emmanuel signifie « Dieu avec nous ». Quand ce mot est utilisé pour la première fois dans la Bible, il annonce la naissance d'un enfant (Isaïe 7, 14, p. 143). Cette naissance est le signe* que Dieu n'oublie pas son Peuple. « Il est avec lui » dans ses épreuves. La seconde fois, ce même mot « Emmanuel » est encore utilisé à l'occasion d'une naissance (Matthieu 1, 23, p. 243). Mais cette fois-ci, l'enfant lui-même est vraiment « Dieu avec nous », le Fils* de Dieu fait homme.

Encens

Résine du boswellia, arbre d'Arabie et d'Afrique. Quand on la brûle, elle dégage une forte et agréable odeur. L'encens utilisé en Israël vient principalement de Saba, royaume situé au sud de l'Arabie (Isaïe 60, 6, p. 186). Il est brûlé sur l'autel* des parfums du Temple* (Luc 1, 9-11, p. 322). L'encens fait partie des présents apportés à Jésus par les mages * (Matthieu 2, 11, p. 244).

Enfant

« Celui qui se fera petit comme cet enfant, c'est celui-là qui est le plus grand dans le Royaume des cieux » (Matthieu 18, 4).

Jésus témoigne d'une grande attention aux enfants et invite les disciples* à leur ressembler (Marc 10, 13-16, p. 312 ; Matthieu 18, 1-5, p. 270). Cette invitation est en réalité le début d'un chemin qui conduira les disciples à recevoir en partage la dignité de fils de Dieu comme nous l'exprimons dans le Notre Père.

Enfer

Ce mot, écrit au singulier, ne se trouve pas dans la Bible. Il ne faut pas le confondre avec le shéol*, c'est-à-dire « les enfers », lieu de séjour de tous les morts. Aujourd'hui, quand on parle de l'enfer, on pense à des images utilisées par Jésus, comme celle de la « géhenne* de feu » (Matthieu 5, 22, p. 249).
L'homme peut refuser de vivre avec Dieu et ne chercher que son bonheur en s'enfermant sur lui-même. Aussi, pour le chrétien, « vivre en enfer » signifie vivre loin de Dieu, vivre sans Dieu, vivre contre Dieu. Cela correspond à la mort* de l'âme*, qu'il faut craindre plus que tout (Matthieu 10, 28, p. 256).

Éphraïm

Fils de Joseph* et petit-fils de Jacob-Israël*, il devient, avec son frère Manassé, l'un des ancêtres des douze tribus* d'Israël (voir p. 53, note 1).
Au moment de la division du Peuple en deux royaumes, la tribu d'Éphraïm joue un grand rôle dans l'histoire du royaume d'Israël. Cela lui donne une certaine supériorité sur les autres. Ainsi, il arrive souvent que le nom d'Éphraïm serve pour désigner tout le Royaume (Osée 6, 4, p. 136).
▶ Voir Tribu

Épiphanie

D'un mot grec signifiant « apparition » ou « manifestation divine ».
– Parce qu'il se considérait comme une manifestation de Zeus, le roi grec Antiochus IV fut surnommé Antiochus Épiphane (voir p. 194).
– **Les chrétiens célèbrent, sous le nom d'Épiphanie, la manifestation du Fils* de Dieu au monde.** Cette

fête, née au IVe siècle en Orient, fait référence à trois événements de la vie de Jésus :

– La visite des mages* (Matthieu 2, 1-12, p. 243).

– Le baptême* de Jésus par Jean* le Baptiste durant lequel l'Esprit* Saint intervient et Dieu le Père le désigne comme son Fils* bien-aimé (Matthieu 3, 16-17, p. 246).

– Le premier signe* accompli par Jésus à Cana pour manifester sa gloire* (Jean 2, 1-12, p. 365).

En Occident, on célèbre l'Épiphanie le 6 janvier ou le dimanche le plus proche de cette date.

Épître

Du mot grec *epistolos* signifiant « lettre », « message ». Le Nouveau Testament* contient vingt et une épîtres ou lettres d'apôtres.

Treize sont attribuées à saint Paul* ; une quatorzième, l'Épître aux Hébreux, est certainement l'œuvre de l'un de ses collaborateurs (voir p. 435). Les sept dernières sont regroupées sous le titre d'« épîtres catholiques », à savoir une Lettre de Jacques* (voir p. 452-453), une de Jude*, deux de Pierre* (voir p. 454-455) et trois de Jean* (voir p. 456-457). Cette désignation très ancienne vient sans doute de ce que ces lettres ne sont pas adressées à une communauté chrétienne précise, comme c'est le cas pour les épîtres de Paul. Elles sont destinées à un ensemble de communautés. Elles ont donc un impact plus général, une portée plus universelle (catholique*).

Ésaü

En hébreu, « le velu ». Frère de Jacob* et ancêtre des Édomites*.

Esdras

Prêtre* juif né à Babylone pendant l'Exil*. Son nom signifie « Dieu est aide ». Arrivé à Jérusalem* vers 458 avant Jésus Christ, il entreprend une réforme religieuse qui va permettre la reconstruction du Temple et la célébration du culte* (Néhémie 8, 1-12, p. 181).

Espérance, espérer

Attitude spirituelle enracinée dans la foi* que Christ* est ressuscité* ! La mort* et le péché* sont vaincus !

Déjà Israël vivait dans l'espérance de la venue du Messie*. Il ne faut pas confondre « espoir » et « espérance ». L'espoir est limité aux horizons de la vie terrestre. L'espérance aide l'homme à croire en la vie éternelle, au-delà de l'échec humain et de la mort. C'est pourquoi l'espérance ne se gagne pas à coup de volonté. Elle est un don de Dieu qu'il faut oser demander (voir Romains 5, 5 et Hébreux 6, 18-20).

Esprit Saint

Pentecôte, la descente de l'Esprit Saint (XIIe siècle)

Le mot que nous traduisons par « Esprit » signifie en hébreu*, en grec et en latin « souffle », et également « vent » en hébreu (Genèse 1, 2, p. 22).

Le Seigneur fait reposer son Esprit sur soixante-dix Anciens* d'Israël lors de l'Exode* (Nombres 11, 25-29, p. 80), sur David* au moment de l'onction royale (1 Samuel 16, 13,

p. 102), sur son Messie* annoncé par le prophète Isaïe* (Isaïe 11, 2, p. 144 ; Luc 4, 18, p. 332).

Il vient sur Jésus lors de son baptême* (Matthieu 3, 16-17, p. 246) et il conduit Jésus au désert (Matthieu 4, 1-2). Jésus le remet à ses disciples* après sa résurrection* (Jean 20, 22, p. 396) et il anime l'Église* à partir de la Pentecôte* (Actes des Apôtres 2, 1-4, p. 406). C'est par lui que la foi au Christ* est confessée (1 Corinthiens 12, 3, p. 440) et c'est en lui que sont baptisés les membres de l'Église pour former un seul corps (1 Corinthiens 12, 12-13, p. 441).

En 381, le concile de Constantinople affirme que l'Esprit Saint est Dieu avec le Père et le Fils*.

▶ Voir COLOMBE, TRINITÉ

Esséniens

Hommes juifs vivant en communauté à Qumran, au bord de la mer Morte. Ce groupe prend naissance aux environs de l'an 150 avant Jésus Christ. Les Esséniens ne fréquentent pas les autres juifs. Ils ne se rendent pas au Temple*. Ils pratiquent chaque jour des bains de purification*. Ils consacrent beaucoup de temps à recopier, sur parchemin, les livres bibliques et des écrits qui leur sont propres. On n'entend plus parler des Esséniens au-delà de l'an 70 après Jésus Christ. Avant de disparaître, pour des motifs que les historiens n'ont pas encore pleinement élucidés, ils enferment leurs parchemins dans des jarres d'argile munies de couvercles, et les cachent dans les grottes environnantes.

En 1947, un jeune berger bédouin découvre quelques manuscrits. Les fouilles entreprises de 1949 à 1956 mettent au jour quelque six cents manuscrits dispersés dans onze grottes. Ils sont écrits en hébreu* ou en araméen*. Un quart environ est constitué de textes bibliques ; les autres sont des écrits esséniens. On les appelle « les manuscrits de la mer Morte ».

Éternel

Nom donné à Dieu dans certaines traductions de l'Ancien Testament* pour exprimer le Tétragramme.

▶ Voir YHVH

Étienne

Premier des sept hommes chargés par les Apôtres* du service des tables qui comprend le soin des pauvres (Actes des Apôtres 6, 1-7, p. 411). La tradition chrétienne a fait de lui le premier diacre*. Très vigoureux dans sa prédication, Étienne critique la tiédeur du peuple juif qui a toujours persécuté les prophètes* (Actes 7, 52, p. 413). Cela lui vaut d'être condamné à la lapidation* sur l'instigation de juifs originaires de Cilicie et d'Asie. Parmi les juifs de Cilicie, il y a Saul* de Tarse. Il assiste à la mort d'Étienne (Actes 7, 58 à 8, 1, p. 413). Plus tard il deviendra l'apôtre Paul*.

Fête d'Étienne le 26 décembre.

▶ Voir PHILIPPE

Lapidation de saint Étienne (1381-1426)
Étienne est habillé comme un diacre du XIVe siècle. Au-dessus, Paul pointe un doigt accusateur, mais il réfléchit. Pour lui, commence le combat spirituel qui aboutira à sa conversion.

Eucharistie

Du grec *eucharistia* signifiant « action* de grâce ». La Bible n'utilise pas ce mot pour désigner le repas de la nouvelle Alliance*, institué par Jésus. Elle parle de « repas du Seigneur* » (1 Corinthiens 11, 20, p. 439) ou de « fraction* du pain » (Actes des Apôtres 2, 42, p. 409). Cependant, très rapidement, ces expressions bibliques sont remplacées dans le langage des chrétiens par le mot « eucharistie ». En effet, ce repas au cours duquel on fait mémoire de Jésus mort et ressuscité* (Matthieu 26, 26, p. 285) est l'occasion de la plus grande action de grâce. Par Jésus, avec lui et en lui, les chrétiens rendent gloire* au Père, dans l'unité de l'Esprit* Saint. Ils le remercient pour l'envoi de son Fils*, le Sauveur* du monde (Jean 3, 17, p. 368), qui donne sa vie à ceux qui croient en lui (Jean 6, 52-58, p. 375).

« Célébrer l'eucharistie » est une expression qui a le même sens que « célébrer la messe ».
Le mot « eucharistie » désigne parfois les hosties consacrées* ou « pain eucharistique ». Dans le tabernacle, appelé aussi « réserve eucharistique », on garde des hosties consacrées pour les malades et l'adoration.
▶ Voir ALLIANCE, MÉMORIAL

Évangile

Le mot « Évangile » vient du grec *euangelion* signifiant « bonne nouvelle » ou « joyeuse annonce ». C'est le nom donné aux quatre livres écrits par Matthieu*, Marc*, Luc* et Jean* (voir p. 236). Ces livres nous rapportent la vie et les paroles de Jésus.
▶ Voir MISSION

LES SYMBOLES DES QUATRE ÉVANGÉLISTES

En lisant les livres de l'Apocalypse* et du prophète Ézékiel* (Ézékiel 1, 4-10, p. 166), les premiers chrétiens étaient très frappés par l'image des quatre Vivants portant le char de Dieu. Le premier est comme un lion, le deuxième est comme un jeune taureau, le troisième a un visage d'homme et le quatrième est comme un aigle en plein vol. Très rapidement on établit une correspondance entre ces « Vivants » et les évangélistes.
Après quelques divergences, tous les chrétiens se rallièrent aux propositions de saint Jérôme (Ve siècle).
▶ Voir JEAN, LUC, MARC, MATTHIEU

Le Tétramorphe d'Arcabas (XXe siècle)

Ève

Nom donné à la première femme dans les récits de la Création* (Genèse 3, 20, p. 28). Il signifie « la vivante ».

Exil

Période de soixante années pendant lesquelles les Juifs* sont déportés hors de la Terre* promise.
Dès 598 avant Jésus Christ, Nabuchodonosor déporte à Babylone une partie des habitants de Jérusalem*. Il renouvelle cette opération en 587 avant Jésus Christ, l'année de la destruction du Temple*, puis en 582. Après un temps d'abattement (Psaume 137, p. 230), les exilés, avec l'aide de prophètes* comme Ézékiel* et le « deuxième Isaïe » (voir p. 173 à 178), approfondissent leur foi*. Ils découvrent que Dieu est fidèle, même en terre étrangère. Sa présence au milieu de son Peuple n'est pas liée au Temple. Les Juifs* commencent à comprendre que les sacrifices* d'animaux et les autres rites* religieux ne sont pas l'essentiel. Il faut surtout avoir un cœur prêt à recevoir l'amour de Dieu (Psaume 51, 18-19, p. 222).
L'Exil se termine en 538 avant Jésus Christ. Cyrus, roi de Perse, conquérant de Babylone, autorise les déportés à regagner leur terre d'origine (voir p. 179). Tous les Juifs ne rentreront pas. Ils ont appris à vivre leur foi en dehors de leur terre*. C'est ainsi que commence la Diaspora*.
▶ Voir Révélation et p. 152-153

Exode

Nom du deuxième livre de la Bible. Le mot « Exode » désigne pour les Juifs les quarante années passées dans le désert, après leur libération d'Égypte. Alors qu'ils étaient réduits en esclavage, sous la conduite de Moïse ils sont progressivement devenus le Peuple de Dieu. L'Exode se termine au moment où les tribus* s'installent en terre de Canaan* autour des années 1200 avant Jésus Christ.
▶ Voir Commandement, Décalogue et la grande planche illustrée p. 90-91

Expiation

En hébreu*, « expiation » se dit *kippour*. Chez les Juifs, aujourd'hui comme hier, il existe un *Yom Kippour*, jour des Expiations, au cours duquel on accomplit des rites* destinés à obtenir la purification* des péchés*. Autrefois, le grand prêtre* chassait vers le désert un bouc censé porter sur lui tous les péchés d'Israël. On offrait aussi des sacrifices* pour le pardon* des péchés (2 Martyrs d'Israël 12, 43-46). On espérait ainsi que Dieu se montrerait « propice », c'est-à-dire favorable, et qu'il pardonnerait à son Peuple toutes ses infidélités.
▶ Voir Propitiatoire

Ézékiel

Prêtre* de Jérusalem*, emmené en exil* à Babylone en 598 avant Jésus Christ. Il commence alors à prophétiser*. Puis il devient muet pour manifester que Dieu en a assez de parler à un Peuple qui ne l'écoute pas.

DIEU PARLE AUSSI EN TERRE ÉTRANGÈRE

Les Hébreux*, comme tous les peuples voisins, ont tendance à lier fortement Dieu à leur territoire. Leur Dieu est le Dieu du pays d'Israël*. Ainsi, Naaman emporte de la terre d'Israël pour pouvoir prier le Seigneur* en Syrie (2 Rois 5, 17, p. 130). Pourtant les grandes révélations* de Dieu et les grands approfondissements de la foi* ont lieu en terre étrangère :
– l'Alliance* entre Dieu et son Peuple est conclue au Sinaï (Exode 3, 1-12, p. 58-59 et 19, 1-6, p. 72) ;
– Élie* découvre la douceur de Dieu sur cette même montagne (1 Rois 19, 8-13, p. 127) ;
– l'Exil* est un temps de révélation intense. Les scribes* mettent par écrit de nombreuses pages de la Bible. Les croyants découvrent que l'essentiel est de se nourrir de la Parole* de Dieu, et non de monter au Temple* ;
– Jésus lui aussi sort des frontières d'Israël. Il visite la Décapole (Marc 4, 35, p. 305) et le territoire de Tyr et de Sidon (Matthieu 15, 21, p. 267). Il annonce la fondation de son Église* à Césarée de Philippe (Matthieu 16, 13, p. 269).
▶ Voir Terre

Il retrouve la parole au lendemain de l'annonce de la destruction de Jérusalem, en 587 avant Jésus Christ. Son message est alors rempli d'espérance*. Le Peuple ne disparaîtra pas : Dieu le ressuscitera (Ézékiel 37, 1-14, p. 171). Il le reconduira sur la terre d'Israël. Il y vivra une nouvelle Alliance*. Fête le 10 avril.

▶ Voir la grande planche illustrée p. 192-193

Le prophète Ézékiel (XIIIe siècle)

F

Femmes étrangères

Quand les femmes sont dénigrées dans l'Ancien Testament*, c'est parce qu'elles conduisent les fils d'Israël à l'idolâtrie*. Mais nombreuses sont celles qui, au contraire, prennent le parti de Dieu. Ainsi Thamar, Rahab et Ruth (Matthieu 1, 1-17).

Fêtes chrétiennes

Elles permettent à l'Église* de vivre enracinée dans l'incarnation* du Christ*. Elles suivent pour l'essentiel le parcours de Jésus depuis sa naissance jusqu'à son Ascension* (Noël*, Pâques*, Ascension). Certaines en soulignent les conséquences pour l'Église (Pentecôte*, Assomption*, Toussaint*). Le rythme de ces fêtes est fixé par un calendrier. Le premier dimanche de l'Avent* ouvre l'année liturgique.

Fêtes juives

- **Les fêtes joyeuses :** *Pessah* « Pâques* » ; *Chavouoth* « Pentecôte* » (Actes des Apôtres 2, 1, p. 406) ; et *Souccoth* « Fête des tentes » (Jean 7, 37, p. 376 avec la note 2).
- **Les fêtes austères :** *Roch Hachana* « Nouvel An » ; et *Yom Kippour* (voir expiation*).
- **Les petites fêtes :** *Hanoukah* « Dédicace du Temple* » (voir p. 196 note 2, et Jean 10, 22, p. 383) ; et *Pourim* (voir le livre d'Esther).
- **Une fête nouvelle :** *Ticha Beav* commémore, entre autres, la destruction du Temple*.

Fils

À plusieurs reprises dans l'Évangile*, Jésus est appelé « Fils ». Dieu

Calendrier des fêtes chrétiennes et juives

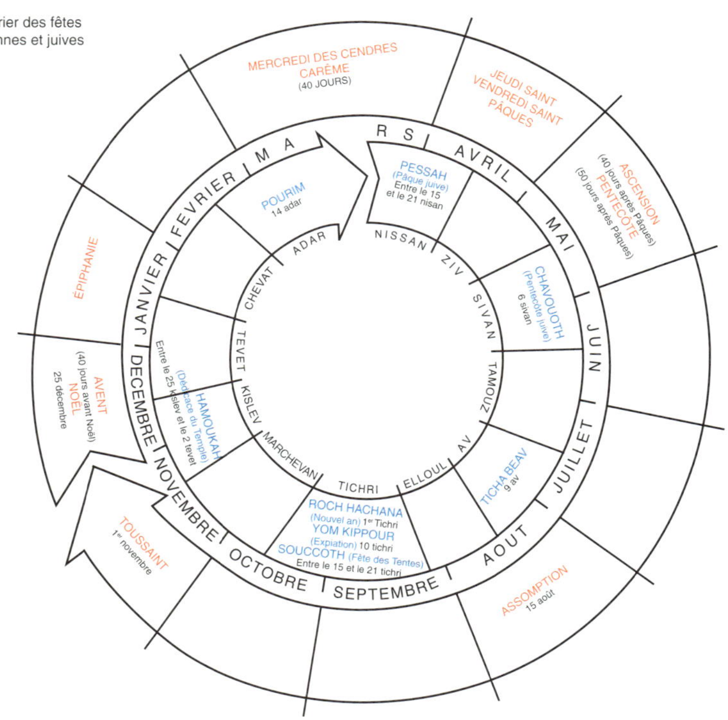

lui-même lui donne ce nom lors de son baptême* et de la Transfiguration : « C'est toi mon Fils bien-aimé » (Marc 1, 11, p. 300 et 9, 7, p. 312). Jésus déclare : « Personne ne connaît qui est le Père, sinon le Fils » (Luc 10, 22, p. 342). Il se présente comme le fils du propriétaire de la vigne (Marc 12, 6-8, p. 316). L'évangéliste Jean* parle fréquemment du « Fils » ou du « Fils unique ». À travers ce titre, les Évangiles révèlent la relation tout à fait particulière qui unit Jésus au Père.
▶ Voir Abba

Fils de Dieu

Le Baptême de Jésus, Giotto (XIVe siècle)
« Au moment où il sortait de l'eau ; Jésus vit le ciel se déchirer, et l'Esprit descendre sur lui comme une colombe » (Marc, 1, 10).

Dans le judaïsme avant Jésus, ce titre désigne le messie* (Psaume 2, 7, p. 215) et, plus largement, les hommes justes* (Sagesse 2, 13, p. 208). Il veut dire simplement que Dieu est comme un père pour l'homme, sa créature préférée. Jésus a dû être acclamé à plusieurs reprises comme « fils de Dieu », c'est-à-dire comme messie. Plus tard, quand on comprit que Jésus venait vraiment de Dieu, le titre de Fils de Dieu se remplit d'une signification nouvelle : il est « engendré par le Père », « de même nature que lui ».

Fils de l'Homme

Titre utilisé très souvent par Jésus lui-même pour se désigner. Contrairement à ce qu'on pourrait penser, ce titre n'insiste pas uniquement sur l'humanité de Jésus. Dans les visions de Daniel (voir p. 211), le Fils de l'Homme est d'origine céleste, il est sur les nuées*. Jésus le décrit même assis à la droite du Tout-Puissant, c'est-à-dire dans une position d'égalité avec le Père (Matthieu 26, 64, p. 288). Ce titre « Fils de l'Homme » permet à Jésus de révéler quelque chose de sa divinité.

Flavius Josèphe

Ce n'est pas un personnage biblique, c'est un historien juif. De la tribu* de Lévi, Josèphe est né en 37 ou 38 après Jésus Christ. Devenu citoyen romain, il ajoute à son nom celui de la famille de son protecteur, Flavius. Il écrit plusieurs livres pour faire connaître l'histoire des Juifs* aux Romains. Dans l'un d'entre eux, les *Antiquités juives*, il parle de Jean* le Baptiste, de Jésus et de Jacques*, le « frère de Jésus ».

Foi

Quand un homme est touché par la parole de l'amour de Dieu, il en vient plus ou moins vite à miser son existence sur cet appel sans savoir à l'avance où cela le conduira. C'est cela la foi (Abraham* : Genèse 12, 1-4, p. 38 et Genèse 15, 1-6, p. 40 ; Moïse* : Exode 3, 1-10, p. 58 ; Isaïe* : 6, 1-8, p. 140 ; Marie* : Luc 1, 26-38, p. 324 ; Pierre* : Luc 5, 1-11, p. 333 ; Paul* : Actes des Apôtres 9, 1-15, p. 415).

Fraction du pain :

▶ Voir Cène, Eucharistie

G

Galilée

Partie nord de la Terre* promise, où Jésus a passé toute sa jeunesse (voir carte p. 498).
Au bord de la mer de Galilée, appelée aussi lac de Tibériade ou lac de Génésareth, il fait bon et les terres sont fertiles. Depuis toujours, la Galilée est un carrefour où se rencontrent beaucoup de peuples. Pour cette raison, les juifs de Jérusalem* se méfient des juifs de Galilée. Ils ont trop de contacts avec les païens*. On souligne qu'aucun prophète* n'est sorti de Galilée (Jean 7, 52, p. 377). En revanche, on y connaît des révolutionnaires, les Zélotes*, comme Judas le Galiléen.

LA PALESTINE AU TEMPS DE JÉSUS

À plusieurs reprises les Évangiles* parlent du prince de Galilée, Hérode* Antipas.
Les Galiléens ont un accent facile à reconnaître (Matthieu 26, 73, p. 288).

Géhenne

Représentation populaire de l'enfer (XIIIe siècle) « où damnés sont bouillus » (François Villon).

C'est une vallée au sud de Jérusalem*. Autrefois, on y faisait des sacrifices* d'enfants. Au VIIe siècle avant Jésus Christ, le roi Josias les interdit et transforme la vallée en dépotoir (Jérémie 19, 1-6, p. 157). On y brûle les ordures de la ville. Jésus trouve dans ce lieu une image pour décrire l'état de ceux qui refusent de vivre avec Dieu. Leur cœur brûle de désirs inavouables et laids (meurtres, jalousie, amour de l'argent, etc.) qui, tous, conduisent à la vraie mort*.

Genèse

Du grec *genesis*, « commencement ». C'est le mot sur lequel s'ouvre la Bible (Genèse 1, 1, p. 22). Le livre de la Genèse est le premier livre du Pentateuque*. Il regroupe les récits de la Création* et ceux qui racontent les conséquences du péché*. Il contient aussi les histoires des patriarches*, Abraham*, Isaac* et Jacob*.
▶ Voir les grandes planches illustrées p. 20-21 et 36-37

Gentil

Vieux mot français provenant du latin *gentes*. Les gentils sont les membres des nations*, c'est-à-dire qu'ils ne font pas partie du Peuple de Dieu, ce sont des non-juifs, des païens.
Cependant, dans la Diaspora*, certains gentils ont été touchés par la religion juive. Ils viennent parfois au Temple* de Jérusalem, en restant sur les terrasses extérieures qu'on appelle le « parvis des Gentils » (voir p. 238). Saint Paul* est appelé « l'apôtre des gentils ».
▶ Voir PAÏEN, TEMPLE

Gloire de Dieu

Dans l'Ancien Testament*, le Seigneur* manifeste sa gloire à Moïse* au buisson ardent en lui faisant découvrir sa présence pleine d'amour et de miséricorde* perpétuelle à l'égard de son Peuple (Exode 3, 7-15, p. 59 et Exode 34, 5-7). Le Christ reprend la même expression dans sa prière sacerdotale pour demander au Père que ses disciples bénéficient de sa présence d'amour pour faire connaître à tous les hommes l'amour dont ils sont aimés (Jean 17, 22-26, p. 392).

Golgotha

À l'époque royale, une carrière est ouverte à l'ouest du Temple*. Les tailleurs de pierre laissent un bloc de roche de mauvaise qualité.

Vers le début de notre ère, la carrière, abandonnée, est transformée en lieu de sépulture.

Le site est aménagé en jardin. Le rocher dénommé « crâne » sert de gibet.

C'est le lieu où Jésus est crucifié (Marc 15, 22). En araméen*, Golgotha signifie « crâne ». Les Latins disent *calvarius,* « calvaire ». Il s'agit d'un rocher à l'extérieur des murs de Jérusalem*. Il est situé dans une ancienne carrière où des tombeaux avaient été creusés. Il est visible aujourd'hui dans l'église du Saint-Sépulcre.
▶ Voir la grande planche illustrée p. 296-297

Grâce

La grâce, c'est tout ce que Dieu donne à ses créatures sans aucun mérite de leur part, uniquement en raison de son amour.

H

Hébreu

Vient de *eber*, signifiant « de l'autre côté ». L'Hébreu est donc « celui qui vient de l'autre côté », l'étranger. Sans doute les Égyptiens et les Philistins* ont appelé ainsi les descendants d'Abraham*. Ce nom disparaît ensuite. On parle des fils d'Israël* ou des Juifs*, mais la langue qu'ils parlent et écrivent continue à s'appeler l'hébreu. La plupart des textes de l'Ancien Testament* ont été écrits en hébreu.

Après l'Exil*, les Juifs parlèrent d'autres langues : l'araméen* en Terre sainte et le grec dans la Diaspora*. L'hébreu devint alors la langue des savants qui étudient la Bible. Saint Paul* est originaire d'une famille qui connaît l'hébreu (Philippiens 3, 5, p. 448).

Hérode

Nom porté par différents rois d'une même famille. Avec l'appui des Romains, ils exercèrent leur pouvoir sur les Juifs* de 37 avant Jésus Christ jusque vers l'an 100 après Jésus Christ.

• **Hérode le Grand.** Iduméen* reconnu roi des Juifs par le Sénat de Rome en 37 avant Jésus Christ.

Hérode est un grand constructeur, s'attachant à agrandir et à embellir le Temple* de Jérusalem*, mais édifiant aussi des temples d'idoles* pour flatter l'empereur de Rome. Il vit comme un païen*. Il épouse puis répudie une dizaine de femmes dont il a une quinzaine de fils. Il est prêt à tout pour rester au pouvoir. Il fait assassiner ceux qui s'opposent à lui, et même quelques-uns de ses enfants. Il meurt à Jéricho en 4 avant le début de l'ère chrétienne.

• **Hérode Antipas.** Fils d'Hérode le Grand.

À la mort de son père, il devient gouverneur de la Galilée*. Il rejette sa première femme pour épouser Hérodiade, la femme de l'un de ses frères. Quand Jean* le Baptiste lui reproche ce mariage, il le fait arrêter puis exécuter (Marc 6, 17-29, p. 307). Il est présent à Jérusalem* au moment du jugement et de la mort de Jésus (Luc 23, 6-12). Il aurait voulu que les Romains lui décernent le titre de roi, mais en 39 après Jésus Christ, il est envoyé en exil en Gaule.

• **Hérode Agrippa Ier.** Petit-fils d'Hérode le Grand et beau-frère d'Hérode Antipas.

Il descend des Asmonéens* par Mariamme, l'une des épouses d'Hérode le Grand. Il est élevé à Rome et devient un ami des Romains, en particulier de l'empereur Caligula. Il est nommé roi de différentes provinces, avant d'être roi de Judée et de Samarie en l'an 41 après Jésus Christ. Il fait couper la tête de l'apôtre Jacques*, le fils de Zébédée, et emprisonner Pierre* (Actes des Apôtres 12, 1-5, p. 420). Il meurt en l'an 44.

JÉSUS EST-IL BIEN NÉ SOUS HÉRODE LE GRAND ?

Les Évangiles* assurent que Jésus est né au temps d'Hérode le Grand (Matthieu 2, 1, p. 243 ; Luc 1, 5, p. 322). Mais les livres d'histoire enseignent qu'Hérode est mort en l'an 4 avant Jésus Christ !

L'explication de cette difficulté est à rechercher dans les travaux de Denys le Petit. Ce moine fut chargé, au VIe siècle, d'établir un calendrier chrétien partant de l'année de la naissance du Christ*. Dans ses calculs, Denys ne tint pas compte de la date de la mort d'Hérode. Les historiens d'aujourd'hui estiment qu'il a fait une erreur de quatre à six ans. Jésus est donc né quelques années avant le début de l'ère chrétienne.

Hérodiens

Ce sont les partisans de la dynastie des Hérode* (voir p. 239).

Histoire sainte

Quand on dit que l'histoire du peuple d'Israël* est une « histoire sainte », on ne veut pas dire que ce peuple a été meilleur que les autres. En effet, son histoire est pleine de guerres, de meurtres, de massacres, d'injustices, d'idolâtries*... Mais c'est dans cette histoire tumultueuse que le Seigneur*, le Saint*, s'est révélé*. Bien plus, il y est entré lui-même, puisque Jésus, le Fils* de Dieu, est devenu un membre de ce Peuple. C'est la présence de Dieu et non l'action des hommes qui rend sainte l'histoire.

Hittites

Les Hittites sont à l'origine un peuple d'Anatolie centrale (Turquie actuelle). Au cours de leur histoire, ils annexent à leur territoire le royaume d'Ourartou (voir p. 31, note 1).
La Bible parle d'un Hittite qui porte un nom originaire d'Ourartou : Ourias le Hittite vient, sans doute, de ce pays des hautes montagnes où, racontait-on, l'arche de Noé s'était arrêtée. Là, Dieu avait fait Alliance* avec toute l'humanité (Genèse 9, 8-15, p. 32). Le nom d'Ourias, cité dans la généalogie de Jésus (Matthieu 1, 6, p. 242), indique que Dieu n'a pas oublié cette Alliance universelle.

Holocauste

Sacrifice* offert à Dieu. Les animaux offerts en holocauste étaient totalement brûlés. C'était un geste d'adoration*, une façon de dire à Dieu : « Tu es le maître de tout. Tout ce que nous avons, nous le tenons de toi. Nous voulons utiliser tout ce que tu nous donnes pour te rendre gloire*. » Les holocaustes d'animaux se pratiquèrent dans le Temple* de Jérusalem* jusqu'en 70 après Jésus Christ. Pendant longtemps, les Hébreux* se demandèrent s'ils devaient imiter leurs voisins en offrant au Seigneur* des holocaustes d'êtres humains (Michée 6, 6-8, p. 149). Pour répondre à cette question, on se racontait l'histoire d'Abraham* qui avait compris que ce genre de sacrifice ne plaisait pas à Dieu (Genèse 22, 1-13, p. 46). Cependant, il y eut des sacrifices humains, souvent offerts à des dieux étrangers, jusqu'au temps du prophète Jérémie* (Jérémie 19, 4-6, p. 157).
Le mot « holocauste » désigne parfois le génocide des Juifs commis par les nazis pendant la Seconde Guerre mondiale. Mais ce n'est pas le mot qui convient. En brûlant les corps des Juifs dans des fours crématoires, les nazis n'accomplissaient pas un sacrifice. Ils manifestaient leur mépris de Dieu. C'est pourquoi, aujourd'hui, on préfère parler de la Shoah, qui signifie « destruction ».

Le roi hittite Maradas en char poursuivant un cerf à la manière des rois d'Assyrie (XIe-IXe siècle avant Jésus Christ).

Hosanna

Mot hébreu* signifiant « Donne le salut », « Sauve ». Il est cité dans les Évangiles* au moment de l'entrée de Jésus à Jérusalem* : « Hosanna au fils de David ! Béni soit celui qui vient au nom du Seigneur » (Matthieu 21, 9, p. 275). Cette acclamation est reprise à la messe dans le chant « Saint, saint, saint, le Seigneur ».

Hysope

Plante aromatique d'Égypte et de Palestine. C'est un petit arbrisseau broussailleux à feuilles velues. On utilisait un bouquet d'hysope lors des rites* de purification* par aspersion de sang pendant la fête de la Pâque* (Exode 12, 22, p. 65 et Psaume 51, p. 221). Jean* rapporte que, quand Jésus fut cloué sur la croix*, on approcha de ses lèvres une éponge remplie de vinaigre et fixée à une tige d'hysope (Jean 19, 29, p. 393). Matthieu* et Marc* évoquent un roseau (Matthieu 27, 48, p. 292 ; Marc 15, 36).

La Descente aux enfers, Pskov (XIVe siècle)

I

Icône

Du grec *eikôn* qui est l'un des deux mots grecs signifiant « image ». **L'icône est une image ou une représentation qui oriente vers Dieu et qui aide à entrer en relation avec lui, contrairement à l'idole* qui détourne à son profit le regard et la contemplation.** À l'origine, l'homme et la femme sont icônes de Dieu (Genèse 1, 27, p. 24). Dans le Nouveau Testament*, Jésus se propose lui-même comme icône du Père (Jean 14, 9). Les Églises* d'Orient accordent une grande importance aux icônes, c'est-à-dire à des images qui ouvrent à la présence de Dieu.
▶ Voir IDOLE

Idolâtrie, idole

Du grec *eidolon* qui est l'un des deux mots grecs signifiant « image ».
Les hommes font des idoles quand ils attribuent les qualités de Dieu à des images, des représentations, des objets, des personnes, des idées. La Bible précise que les idoles sont sourdes et muettes car sans vie, on ne peut rien en attendre (Exode 32, 1-34, p. 76). Le deuxième commandement* donné par le Seigneur* à Moïse* interdit de faire des idoles, des images de Dieu (Exode 20, 4, p. 74). Ne pas confondre idole et icône*. L'idolâtrie est le culte* rendu à d'autres dieux.

Adoration du veau d'or (XIIIe siècle)

Iduméens : Voir Édomites

Imposition des mains

Geste utilisé dans les Écritures pour demander à Dieu, une bénédiction*, une guérison ou le don du Saint-Esprit* en vue d'une mission*. Ce geste est repris par l'évêque au moment de la confirmation* ou de l'ordination des prêtres* et des diacres*. À la messe, le prêtre impose les mains sur le pain et le vin pour qu'ils deviennent, par la puissance de l'Esprit Saint* le corps et le sang du Christ ressuscité.

Incarnation

Du latin *incarnatio*, « entrée dans la chair* ». Pour les chrétiens, l'Incarnation c'est le Verbe, c'est-à-dire la Parole* de Dieu, qui prend vie dans un corps de chair (Jean 1, 1-18, p. 362). L'Incarnation est initiée dès le commencement (Genèse 1, 1-31, p. 22).
Elle s'accomplit en Jésus Christ* et devient universelle parce que toute la Création* est associée à la résurrection* du Christ, à la victoire de l'Amour sur la mort (1 Corinthiens 12, 3-27, p. 440 ; Éphésiens 1, 3-14, p. 446).

Intercéder, intercession

Prière de demande en faveur de quelqu'un. Abraham* intercède en faveur des habitants de Sodome (Genèse 18, 16-33, p. 43-45).
La prière d'intercession n'a pas pour but d'attendrir le cœur de Dieu ni de lui apprendre la situation difficile dans laquelle se trouve celui pour qui l'on prie. Dieu, le Père, sait de quoi ses enfants ont besoin avant même qu'ils le lui demandent (Matthieu 6, 8, p. 251). Ceux qui intercèdent demandent, avant tout, d'être en communion* avec Dieu le miséricordieux, et avec ceux qui souffrent. La prière d'intercession sincère engage toujours davantage les chrétiens au service de leurs frères.
Jésus est le modèle des intercesseurs. Il ne se situe pas au-dessus de ceux pour qui il intercède. Il se met avec eux, au milieu d'eux (Matthieu 3, 13-15, p. 246).

Isaac

Fils d'Abraham* et de Sarah*. Son nom signifie « il rit ». C'est le fils de la Promesse* (voir p. 41-42). Abraham et Sarah, très âgés au moment de sa conception avaient ri lorsque leur fut annoncée la naissance d'un fils (Genèse 17, 17, p. 42 et 18, 12, p. 43).
▶ Voir Ismaël

Isaïe (ou Ésaïe)

Nom hébreu signifiant « Le Seigneur* est Salut ».
Isaïe habite Jérusalem*. Il fait sans doute partie des conseillers du roi. Il est appelé à devenir prophète* en 740 avant Jésus Christ. Il remplit sa mission* sous les règnes de Yotam, Acaz et Ézékias. Selon une tradition juive, il serait mort martyr (après 685 avant Jésus Christ) sous le règne de Manassé. Isaïe était caché dans un tronc d'arbre. Le roi ordonna de scier l'arbre... et le prophète !
Les oracles* d'Isaïe ont été recueillis par ses disciples* sur des rouleaux. On y a ajouté plus tard d'autres oracles de prophètes dont on a oublié le nom (voir p. 147).

Nativité (XXe siècle)

Dans le Nouveau Testament*, on trouve une soixantaine de renvois au livre d'Isaïe. Le nom d'Isaïe est cité vingt-deux fois. Fête le 6 juillet.

▶ Voir la grande planche illustrée p. 192-193

Le prophète Isaïe (XIIIe siècle)

Ismaël

Fils d'Abraham* et d'Agar, la servante de Sarah* (p. 41). Son nom signifie « Dieu entend ». Il n'est pas le fils promis par Dieu à Abraham, mais il n'est pas pour autant abandonné de Dieu. La Bible le présente comme l'ancêtre des tribus* arabes.

Le Coran, rédigé en arabe et livre sacré des musulmans, le considère comme le fils principal d'Abraham. Lors de la grande fête de l'*Aïd el Kebir*, les musulmans célèbrent le sacrifice* d'Ismaël, semblable à celui que raconte la Bible au sujet d'Isaac*.

Ismaélites : Voir Ismaël

Israël

Nom hébreu signifiant « Fort contre Dieu » ou « Que Dieu soit fort ». Jacob*, petit-fils d'Abraham*, reçoit ce nom lors de son combat à Pénouël (Genèse 32, 29, p. 51). Ses douze fils sont à l'origine des tribus* d'Israël. Les douze tribus forment le peuple d'Israël*. Enfin, le nom d'Israël désigne la terre* où s'installe le Peuple. Après la séparation du Peuple en deux royaumes, vers 931 avant Jésus Christ (p. 122), les prophètes* attribuent volontiers le nom d'Israël au royaume du Nord, composé de dix tribus. Le nom d'une de ces tribus, Éphraïm*, est également utilisé pour désigner ce royaume d'Israël.

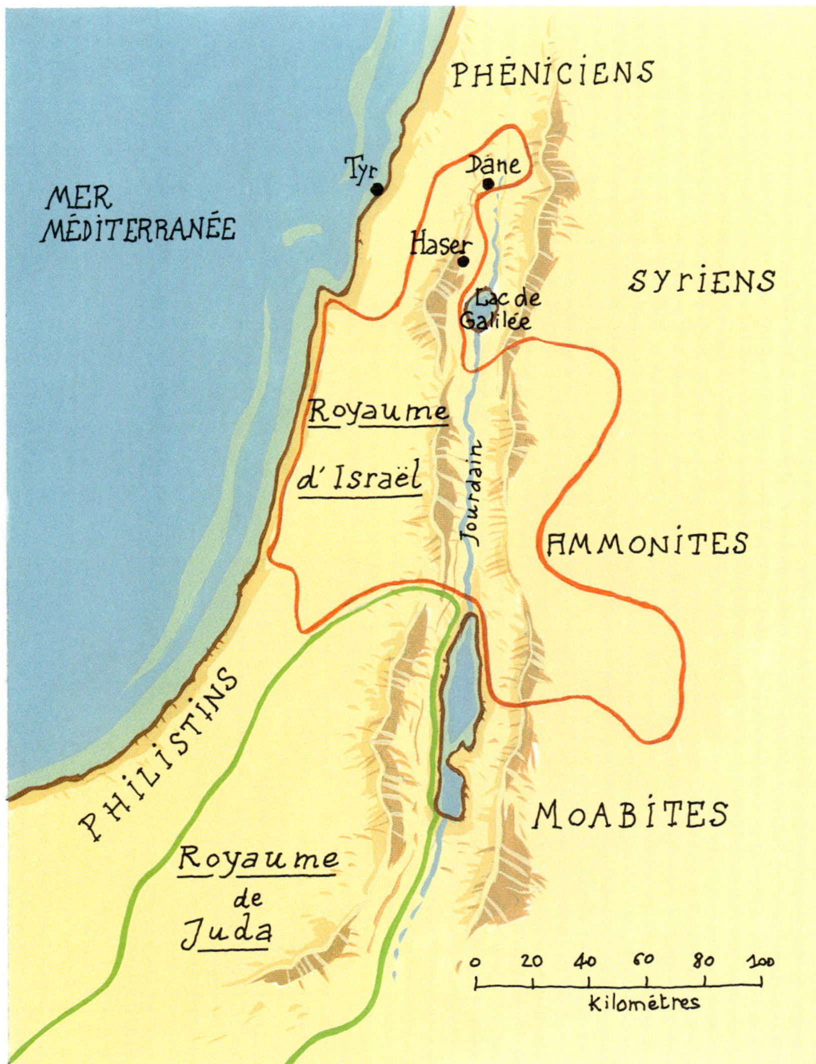

LES ROYAUMES D'ISRAËL ET DE JUDA

J

Jacob

Nom signifiant « il talonne, il supplante » (Genèse 25, 26 ; 27, 36). **Jacob est le fils d'Isaac* et de Rébecca.** Il a pour frère jumeau Ésaü*-Edom. Dieu lui donne un nom nouveau : Israël* (Genèse 32, 23-32, p. 50). Il épouse Léa et Rachel car, à cette époque, la polygamie est admise. Il devient le père d'une fille (Dinah) et de douze garçons (Ruben, Siméon, Lévy, Juda, Dan, Nephtali, Gad, Aser, Issachar, Zabulon, Joseph*, Benjamin) qui sont les ancêtres des 12 tribus* d'Israël. Fête de Jacob le 20 décembre. Fête de Rachel le 15 janvier.

▶ Voir la grande planche illustrée p. 36-37.

Jacques

Ce nom a la même signification que Jacob. Dans le Nouveau Testament*, il est porté par trois hommes :

• **Jacques, fils de Zébédée**. Il fait partie des Douze*, avec son frère Jean*. Tous les deux sont surnommés par Jésus « les fils du tonnerre ». Jacques est témoin de la Transfiguration de Jésus (Marc 9, 2, p. 311). Il s'endort pendant l'agonie de Jésus. Il meurt décapité, sur l'ordre d'Hérode* Agrippa Ier, en 43 ou 44 après Jésus

L'apôtre Jacques (XVIe siècle)

Christ (Actes des Apôtres 12, 2, p. 420). Certaines traditions racontent qu'il aurait évangélisé l'Espagne et que son corps se trouve à Compostelle. Les pèlerins du Moyen Âge, venant de toute l'Europe, créèrent les « chemins de Compostelle », jalonnés d'églises, d'hôpitaux et de monastères. L'Espagne étant alors gouvernée par des musulmans, saint Jacques fut nommé protecteur de la « reconquête » qui s'employait à les chasser. On lui donna le titre, bien peu évangélique, de *Matamore*, « le tueur de Maures ». Les pèlerins d'aujourd'hui sont plus en accord avec l'esprit de fraternité de l'Évangile*.

On l'appelle Jacques le Majeur. Fête le 25 juillet.

• **Jacques, fils d'Alphée**. Il fait partie des Douze* (Marc 3, 18, p. 304). Il a un frère, Lévi. On ne sait rien de lui. Il a souvent été confondu avec Jacques, le « frère du Seigneur ».

• **Jacques, le « frère du Seigneur »**. Le terme « frère » désigne, dans la Bible, un proche parent avec qui on a été élevé. C'est le cas par exemple pour Abraham* et Loth*, bien qu'ils soient oncle et neveu (Genèse 13, 8, p. 39). Jacques était sans doute un cousin de Jésus. Il ne fait pas partie des Douze*. Au début, il s'oppose même à Jésus (Marc 3, 21, p. 304). Par la suite, il est témoin d'une apparition de Jésus ressuscité (1 Corinthiens 15, 7, p. 444). Il devient le responsable de la communauté de Jérusalem* (Actes des Apôtres 12, 17, p. 422).

Flavius* Josèphe, un historien célèbre, et Clément d'Alexandrie nous parlent de sa mort, en 62 après Jésus Christ. Il fut lapidé* avant qu'un coup de bâton, donné par un teinturier, ne l'achève. Aussi est-il souvent représenté avec un bâton. Une épître* du Nouveau Testament* porte son nom (voir p. 452-453). On l'appelle Jacques le Mineur.
Fête le 3 mai.

Jardin

En grec, jardin se dit *paradeisos*, « paradis ». Pour un Oriental, et tout spécialement pour un nomade du désert, un jardin bien irrigué représente le repos et le bien-être : un paradis !

Le livre de la Genèse* décrit le jardin d'Éden (Genèse 2, 8-9, p. 25). C'est une image du bonheur que Dieu propose aux hommes. Vivre dans la paix et la joie auprès de lui ! Le péché* chasse les hommes de ce « paradis ». Mais l'amour de Dieu les invite à y revenir. Au cours des siècles, les artistes chrétiens ont représenté de différentes manières le « paradis » qui s'ouvrira devant les justes* après le jugement* dernier. En Orient, c'est un jardin, ceinturé de murailles, comme la Jérusalem* céleste décrite dans le livre de l'Apocalypse (Apocalypse 21-22, p. 466).

Quelques élus y ont précédé tous les autres, parmi lesquels la Vierge Marie* et le « bon larron » auquel Jésus a promis le paradis « aujourd'hui ».

En Occident, on a oublié le lien entre paradis et jardin. Vivre avec Dieu, c'est avant tout « aller au ciel », c'est pourquoi le paradis est souvent représenté rempli d'anges* et de saints* sur des nuages lumineux.

Adam et Ève sont accompagnés de Dieu dans le paradis terrestre. *Le Jardin des délices* (détail du triptyque), Jérôme Bosch (XVIe siècle)

Jean

Du nom hébreu *Yohanan* signifiant « Le Seigneur fait grâce ».

• **Jean Baptiste.** Fils de Zacharie*, prêtre du Temple* de Jérusalem*, et d'Élisabeth, elle-même descendante d'Aaron*, parente de Marie. Sa naissance est annoncée par l'ange* Gabriel (Luc 1, 5-20, p. 322).

Jean proclame la venue toute proche du Messie* (Matthieu 3, 1-12, p. 245). Il invite les foules à s'y préparer en recevant un baptême* de conversion*. D'où son surnom : Jean le Baptiste (voir aussi p. 192-193).

Il est arrêté par Hérode* Antipas dont il avait critiqué le mariage avec Hérodiade. Celui-ci le fait décapiter dans sa prison (Marc 6, 17-29, p. 307). Fête de sa naissance le 24 juin et de sa mort le 29 août.

• **Jean l'évangéliste.** Auteur du quatrième Évangile* (voir p. 361). Jean est mort à Éphèse. Une imposante basilique, aujourd'hui en ruine, a été construite sur son tombeau. Fête le 27 décembre.

• **Jean Marc.** Il s'agit de l'évangéliste Marc (voir p. 299). Il est considéré comme le premier évêque d'Alexandrie, en Égypte. Quand cette ville tomba entre les mains des musulmans, les reliques de saint Marc furent emportées à Venise. Aussi Venise a-t-elle pris comme emblème le « lion de saint Marc ». Fête le 25 avril.

Saint Jean le Baptiste, Antonio da Giovanni (XVIe siècle)

« Jean portait un vêtement de poils de chameau, et une ceinture de cuir autour des reins ; il se nourrissait de sauterelles et de miel sauvage » (Matthieu, 3, 4).

Jérémie

Du nom hébreu *Yirmeyah* signifiant « Que le Seigneur élève ». Jérémie naît à Anatoth (Jérémie 1, 1, p. 154). Il fait partie de la tribu* de Lévi*, mais ses ancêtres ont été écartés de toute fonction au Temple* à l'époque du roi Salomon*. Il commence sa mission* de prophète* vers 627 avant Jésus Christ. Il est le témoin du premier départ en exil du peuple hébreu, à Babylone, en 598 avant Jésus Christ. Il assiste à la destruction de Jérusalem* et du Temple, et à la disparition de l'arche* d'Alliance* en 587 avant Jésus Christ.

Au début de son ministère*, Jérémie est un prophète très triste. Il se demande parfois si Dieu n'en a pas assez de son Peuple et de son Alliance*. À la fin de sa vie, il devient au contraire un lumineux annonciateur d'espérance*. Dieu fera une nouvelle Alliance. Il ramènera son Peuple vers sa terre*. Pour remplacer les Tables de la Loi*, disparues avec l'arche d'Alliance, Dieu écrira ses commandements dans le cœur de ses fidèles (Jérémie 31, 31-34, p. 162). Jérémie meurt en Égypte. Sa vie de juste* persécuté, déchiré par les infidélités de son Peuple envers Dieu, est comme une annonce de la vie de Jésus (Matthieu 16, 14, p. 269). Fête le 1er mai.

▶ Voir la grande planche illustrée p. 192-193.

Maquette de Jérusalem et son temple

Jérusalem

Dont le nom signifie : « ville de paix ». Ville choisie par David* comme capitale de son royaume (2 Samuel 5, 1-7, p. 107). Elle est située sur un plateau à 700 mètres d'altitude. Délimitée par des vallées (vallée du Cédron, Géhenne*) et des monts élevés tel le mont des Oliviers (2 Samuel 15, 30 ; Matthieu 26, 36-46, p. 286). David y installe l'arche* d'Alliance*, autour de laquelle les tribus* d'Israël viennent renouveler leur unité (Psaume 122, p. 227). Salomon* y fait construire le Temple* (1 Rois 5, 16-20 et 32, p. 118). Jésus meurt crucifié aux portes de la ville, avant de ressusciter* le jour de Pâques* (voir la grande planche illustrée p. 256-257). Aujourd'hui, Jérusalem est considérée comme une ville sainte par les juifs* et les musulmans. Ces derniers, qui l'appellent *El Qods* (la Sainte), y ont construit la mosquée Al Aqsa pour commémorer une vision de Mahomet. Quant aux chrétiens, ils aiment venir en pèlerinage à Jérusalem pour y méditer sur la Passion* et la résurrection de Jésus. Carrefour de tous les peuples, Jérusalem évoque aussi la Cité sainte dont parle l'Apocalypse, figure de l'Église dans son accomplissement (Apocalypse 21, 1 à 22, 2, p. 466).

Jessé : Voir David

Joseph

D'un verbe hébreu signifiant d'abord « Dieu a enlevé, ôté » (Genèse 30, 23) et aussi « Dieu ajoute » (Genèse 30, 24).

• **Joseph, fils de Jacob*.** Premier enfant de Rachel et onzième fils de Jacob-Israël. À la suite d'un complot monté par ses frères jaloux, Joseph est vendu comme esclave en Égypte. Mais il gagne la confiance de Pha-

« Joseph se leva ; dans la nuit, il prit l'enfant et sa mère, et se retira en Égypte » (Matthieu 2, 14).

raon et grâce à lui, non seulement le pays d'Égypte, mais aussi son propre pays vont être sauvés de la famine.
Il préfigure le Christ à plusieurs titres :
– il est le Juste vendu par ses frères calomnié et condamné en Égypte ;
– il est celui qui a donné du pain à la « terre entière » (Genèse 41, 57) ;
– il a pardonné à ses frères (Genèse 50, 19-21).
Fête le 20 décembre.

• **Joseph, le charpentier.** De la tribu de Juda*. Dieu lui confie la mission* d'être le protecteur de son Fils*, né de la Vierge Marie* (Matthieu 1, 18-25, p. 242).
La tradition chrétienne a toujours considéré que Joseph était mort avant que Jésus ne commence son ministère public. Fête le 19 mars comme Époux de la Vierge Marie et, le 1er mai, comme patron des travailleurs. Il est aussi le patron de l'Église catholique depuis 1870.

• **Joseph d'Arimathie.** C'est un membre du Sanhédrin*. Disciple* discret de Jésus, il se manifeste publiquement au moment de sa mort. Il obtient de Pilate* l'autorisation d'ensevelir Jésus dans son propre tombeau (Jean 19, 38-42, p. 394). Fête le 17 mai.
▶ Voir Flavius Josèphe

Josué

Du nom hébreu *Yehoshua* signifiant « Le Seigneur* sauve ». Josué est d'abord le principal collaborateur de Moïse* puis son successeur.
Il combat les Amalécites à Rephidim (Exode 17, 8-13). Il accompagne Moïse sur le Sinaï lors de la remise des Tables de la Loi* (Exode 32, 15-17, p. 78). Grâce à sa fidélité, il fait entrer le Peuple en Terre promise. Il veille au partage du pays entre les douze tribus* d'Israël. On lui attribue le renouvellement solennel de l'Alliance* par toutes les tribus d'Israël rassemblées à Sichem (Josué 24, 1-25, dont 13-25 p. 96).
Fête le 1er septembre.

Juda

Du nom hébreu *Yehudah* signifiant « Dieu soit loué ». Fils de Jacob* et de Léa, Juda est l'ancêtre d'une des douze tribus* d'Israël*.
La tribu de Juda a eu un grand destin. David*, l'un de ses membres, obtient de Dieu la promesse* que le Messie* sera choisi dans sa descendance (2 Samuel 7, 12, p. 110). Après la séparation avec les tribus du Nord, le territoire de Juda constitue l'essentiel du royaume de Jérusalem*. Il prend le nom de Judée. On appelle ses habitants les Judéens. Quand le royaume de Samarie disparaît, les Judéens deviennent les principaux représentants du Peuple de Dieu. En français, le mot « judéen » va peu à peu se transformer en « juif ».

La Trahison de Judas, Fra Angelico (XVe siècle)
L'auréole sombre de Judas contraste avec celles, dorées, de Jésus et de Pierre.

Judaïsme

Mot formé à partir de Juda*. On l'utilise depuis l'Exil* pour désigner la religion du peuple de la première Alliance*. Nabuchodonosor avait emmené des Judéens en exil à Babylone. Ces Judéens découvrent que la présence de Dieu n'est pas liée au Temple*, mais d'abord à l'accueil de la Parole* de Dieu, dans la prière*. Ils prennent l'habitude de se réunir à la synagogue* pour écouter la lecture des livres saints.
Cette nouvelle façon de vivre l'Alliance avec Dieu, inaugurée par les Judéens, prend le nom de judaïsme.
▶ Voir Diaspora

Judas

• **Judas Maccabée.** Troisième fils de Mattathias. Il est choisi par son père

pour lui succéder à la tête de la résistance contre les Grecs (voir p. 195).
Son surnom de Maccabée* va peu à peu servir à désigner toute sa famille.

• **Judas Iscariote.** L'un des Douze*. Il trahit Jésus, son maître et ami, en conduisant les gardes du Temple* jusqu'à Gethsémani, où ceux-ci l'arrêtent.
Pour l'évangéliste Matthieu*, Judas fait cela pour de l'argent (Matthieu 26, 14-15, p. 284), mais il prend conscience de la gravité de son acte et rend l'argent avant de se pendre (Matthieu 27, 3-10, p. 289).
La figure de Judas ne cesse pas d'interroger les lecteurs de la Bible : quelles sont les motivations de son geste ? Pour certains, Judas tend un piège pour acculer Jésus à la révolte contre les Romains. Pour d'autres, il est simplement déçu que Jésus ne projette pas de rétablir l'indépendance de la Judée.
Aujourd'hui, certains pensent, en lisant attentivement l'Évangile*, que Judas pouvait avoir des motifs complémentaires. Ils avancent une hypothèse. Comme beaucoup d'autres, Judas attendait un messie* qui chasserait les Romains. En conduisant les gardes du Temple jusqu'à Jésus, il pense que Jésus va se défendre et appeler à la rébellion tous ceux qui attendent la libération d'Israël.
Mais Jésus se laissant arrêter, Judas, désespéré, se pend.

Jude

Le Nouveau Testament* nous parle de deux personnes portant ce nom :

• **Jude, l'un des Douze*,** aussi appelé Thaddée (Luc 6, 16, p. 335). Fête le 28 octobre.

• **Jude, « frère de Jésus » et frère de Jacques* le Mineur.** On lui attribue l'épître* qui porte son nom.

Juge

Chef d'une ou de plusieurs tribus* d'Israël.
Après l'installation en Terre* promise, les Juges aident les tribus à régler leurs conflits avec les autres peuples (voir p. 94). Les principaux Juges sont Gédéon, Jephté, Samson et une femme, Déborah. Le dernier Juge est Samuel. Il désigne Saül* comme premier roi* du peuple d'Israël (voir p. 95).

Jugement dernier

À la fin des temps Dieu séparera les bons des méchants (voir Apocalypse*). En posant des actes bons, le juste échappera à la condamnation lors du Jugement dernier (Jean 3, 18-21, p. 368).
▶ Voir Justice de Dieu

Juif : Voir Juda

Juste

Dieu seul est juste car il accomplit toujours ce qu'il dit. Ses promesses* se réalisent toujours.
Dieu désire tout partager avec les hommes. C'est pourquoi il veut les justifier, c'est-à-dire les rendre justes comme lui.
Jésus manifeste l'amour de Dieu pour les pécheurs*. Il donne sa vie pour eux : « Le sang du Christ* nous a fait devenir des justes » (Romains 5, 9). Un homme juste est un homme qui se laisse justifier par Dieu. **Il est comme « ajusté » à la volonté de Dieu. Il est capable de répondre « oui » à ses appels.**

Le Jugement dernier (XIIe siècle)

Justice de Dieu

La justice de Dieu envers les hommes est miséricorde* et tendresse. Elle s'exerce ultimement à travers le ministère de Jésus qui est le Chemin, la Vérité* et la Vie.

K

Kérygme

Prédication de saint Pierre (XIVe siècle)

Du mot grec *kerygma* qui signifie « prédication », « proclamation ». Le kérygme est la première annonce de la Bonne Nouvelle. Il permet à la foi* de naître en proclamant la mort et la résurrection* de Jésus, signes* de son amour pour tous les hommes et de la vie éternelle qu'il leur promet.

La Première Épître aux Corinthiens conserve un bon exemple du kérygme des Apôtres* (1 Corinthiens 15, 1-8, p. 443). L'annonce du kérygme doit être complétée par la catéchèse*.

L

Lapider

Tuer à coups de pierres. Selon la Loi juive, on lapide les idolâtres*, les blasphémateurs et les adultères. Mais Jésus donne à ce sujet un enseignement nouveau et catégorique : « Celui d'entre vous qui est sans péché*, qu'il soit le premier à lui jeter la pierre » (Jean 8, 1-11, p. 377). Pour lui, la Loi* doit aider à aimer toujours davantage. Elle ne suggère pas des idées de mort. Jésus lui-même a été menacé de lapidation. On disait qu'il blasphémait (Jean 8, 59, p. 379 et Jean 10, 31-33, p. 383). Étienne* (Actes des Apôtres 7, 57-60, p. 413) et Jacques*, le « frère du Seigneur », en moururent. Paul* fut lapidé dans la ville de Lystres, mais il survécut à ses blessures (voir la grande planche illustrée, p. 432-433).

Lazare

Forme grecque du prénom hébreu* *Eléazar* signifiant « Dieu a secouru ».

• **Lazare, le pauvre.** Personnage d'une parabole* de Jésus (Luc 16, 19-31, p. 349).

• **Lazare, de Béthanie.** Frère de Marthe* et de Marie*, ami de Jésus. Apprenant sa mort, Jésus pleure. Puis, arrivé à son tombeau, il le rappelle à la vie (Jean 11, 1-45, p. 383). Une légende prétend que Lazare serait mort martyr à Chypre, où il était évêque. Selon d'autres, il aurait été le premier évêque de Marseille ou d'Autun. Les chrétiens du Moyen Âge ont fait de saint Lazare le protecteur des lépreux, car ils ont confondu le Lazare de la

Résurrection de Lazare (XIIe siècle)
« Le mort sortit, les pieds et les mains attachés, le visage enveloppé d'un suaire » (Jean, 11, 44).

parabole, souffrant d'une maladie de peau, avec Lazare de Béthanie. Pour cette raison, les léproseries s'appelaient des lazarets. Fête le 17 décembre.

Lévi

Troisième fils de Jacob* et de Léa, à l'origine de l'une des douze tribus* d'Israël. Moïse*, Aaron*, Jérémie*, Ézékiel*, les Maccabées*, Zacharie*, Élisabeth, Jean* Baptiste, Caïphe* et Barnabé* sont tous de la tribu de Lévi. La tribu de Lévi n'est pas comme les onze autres tribus. Elle n'a pas de territoire. En effet, à la suite d'Aaron et de ses fils, les membres de la tribu ont été mis à part pour l'exercice du culte* divin. Ils habitent dans toutes les villes d'Israël. Prêtres* ou lévites*, ils montent au Temple* de Jérusalem quand c'est leur tour d'y accomplir leur service (Luc 1, 8, p. 322). L'évangéliste Matthieu* est appelé deux fois Lévi dans le Nouveau Testament*.

▶ Voir MATTHIEU

Lévite

Nom de ceux qui appartiennent à la tribu* de Lévi* et qui accomplissent au Temple* de Jérusalem* des tâches différentes de celles des prêtres* : chantres, portiers, entretien du Temple.

Lévitique

Nom du troisième livre de la Bible. Ce livre donne beaucoup de précisions sur les sacrifices* et le rôle des prêtres*.

Linceul

Pièce de tissu dans laquelle on enveloppe un mort. Joseph* d'Arimathie et Nicodème* ont déposé le corps de Jésus dans un linceul, après l'avoir détaché de la croix* (Jean 19, 40, p. 394).

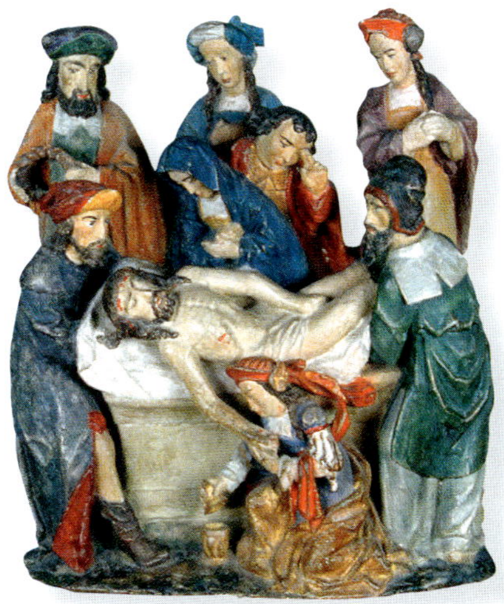

Mise au tombeau (XVIe siècle)

Liturgie

Le mot grec *leiturgia* signifie « l'œuvre du Peuple ».
Il a d'abord désigné un service public, puis le service du Seigneur. La liturgie est l'œuvre commune de Dieu et de son peuple, du Christ et de l'Église.
On trouve ce mot deux fois dans le Livre des Chroniques, au sujet de l'organisation de la liturgie de la Pâque dans le Temple (2 Chroniques 35, 10.16).

Loi

Dans la Bible*, le mot français « Loi » provient de la traduction en grec du mot hébreu* *Torah* (voir p. 18). Le sens premier du mot hébreu* *Torah* est beaucoup plus large : il signifie d'abord « enseignement, éducation, direction », et non seulement « directive, loi, règle ». C'est un chemin de vie.

JÉSUS ET LA LOI

Le Nouveau Testament nous révèle que Jésus n'est pas venu abolir mais accomplir la Loi* de la première Alliance* (Matthieu 5, 17, p. 249). Il met en pratique cette Loi. Il élimine certaines traditions établies dans le passé à cause de la dureté du cœur des hommes (Matthieu 19, 8, p. 273. Voir Lapidation*). Il dégage l'essentiel de la Loi. Pour lui, elle se résume dans un commandement* unique : aimer Dieu et son prochain* (Luc 10, 25-28, p. 343). Et ce commandement d'amour peut aller jusqu'à donner sa vie pour les autres (Jean 15, 12-14, p. 390).
L'apôtre Paul* ajoute que la Loi ne suffit pas pour rendre l'homme juste* devant Dieu. Elle indique ce qu'il faut faire. Elle ne donne pas la force de le faire. Mais le Saint-Esprit* donne cette force à ceux qui s'ouvrent à la foi*. Ils peuvent alors accomplir les bonnes actions décrites par la Loi (Philippiens 3, 5-14, p. 448).

Loth

Neveu d'Abraham* (Genèse 12, 4-5, p. 38), il est, selon la Bible, le père de Moab* et d'Édom*. Les premiers chrétiens ont célébré sa pureté* de cœur, au milieu des péchés* de Sodome, et son sens de l'hospitalité. Fête le 9 octobre.

▶ Voir la grande planche illustrée p. 36-37.

Luc

Médecin d'origine païenne*, auteur de l'Évangile* qui porte son nom et du livre des Actes des Apôtres (voir p. 321), saint Luc est le patron des médecins et des chirurgiens. Mais il est également celui des peintres. Il rapporte en effet un certain nombre de traits de la Vierge dans son Évangile. Il doit aussi ce titre à une tradition iconographique orientale qui lui attribue la peinture d'une Vierge longtemps vénérée à Constantinople.

Saint Luc peignant la Vierge, Roger van der Weyden (XVe siècle)

M

Maccabée

Surnom donné à Judas*, principal animateur de la révolte juive contre les Grecs au IIe siècle avant Jésus Christ. Le mot hébreu *maqqaba* signifie « marteau ».

Madianites

Nomades chameliers connus pour leurs troupeaux et leur commerce. Leur ancêtre est Madiane, fils d'Abraham* et de Qétura (voir p. 470). Moïse* épouse Cippora, fille de Jéthro, Madianite connu pour sa sagesse (voir p. 58). Mais plus tard, devenus ennemis d'Israël*, les Madianites sont vaincus par le Juge* Gédéon (Isaïe 9, 3, p. 143).

Mage

« Avertis en songe de ne pas retourner chez Hérode, les mages regagnèrent leur pays par un autre chemin » (Matthieu 2, 12).

Dans l'Antiquité, on ne faisait pas beaucoup de différence entre mages, magiciens, astrologues, devins… On interrogeait ces personnages avant de prendre une décision. On leur demandait des bénédictions* ou même des malédictions* contre les ennemis (voir p. 82 à 84).

Les mages les plus célèbres de toute la Bible sont ceux dont parle le début de l'Évangile* de Matthieu* (2, 1-12, p. 243). Ces étrangers viennent adorer* le roi des Juifs qui vient de naître. En Occident, à partir du IXe siècle, on pense que les mages étaient trois. Ils sont considérés comme les descendants des trois fils de Noé. Melchior, descendant de Cham, représente les Africains ; Balthazar, descendant de Sem, représente les Asiatiques ; Gaspard, descendant de Japhet, représente les habitants de l'Europe.

Mal

Job tourmenté par le diable (XVIe siècle)
Affligé par de nombreux maux, Job passera par la révolte avant de devenir un peu plus humble devant son Seigneur (Job 40, 4-5).

C'est tout ce qui entraîne l'homme loin de Dieu.
Parfois, la Bible présente le mal comme une personne. On parle alors du Malin ou du Mauvais. Il porte beaucoup d'autres noms : le diable*, Satan*, le serpent*, le dragon, l'adversaire, l'ennemi, le tentateur...
Un bel exemple de l'homme luttant pour ne pas céder à la tentation du mal est fourni par le livre de Job (voir p. 200 à 203).
Jésus est victorieux des forces du mal. Sur la croix*, malgré la souffrance, son cœur est rempli d'amour pour les hommes et pour son Père. Sa résurrection* manifeste que l'amour est plus fort que le mal. Désormais les croyants savent qu'en s'appuyant sur Jésus Christ*, ils peuvent, eux aussi, être vainqueurs du mal. C'est le sens du récit dans lequel Jésus invite Pierre* à marcher sur la mer* (Matthieu 14, 22-33, p. 266).

Malédiction, maudire

C'est le contraire de bénédiction*. Maudire, c'est dire du mal, souhaiter du mal à quelqu'un.
Très rapidement, les prophètes* révèlent* que Dieu aime les hommes comme un père au cœur de mère (Osée 11, 1-9, p. 137). Quand il prononce une malédiction, c'est une façon de dénoncer ce qui est mal afin que les hommes s'en détournent (Deutéronome 30, 15-20, p. 87).
▶ Voir PARDONNER

Marc

Auteur d'un des quatre Évangiles*.
▶ Voir JEAN MARC et p. 299.

Marie, Myriam

Se dit en hébreu Myriam.
• **Myriam, sœur de Moïse* et d'Aaron*.** Elle entonna un cantique d'action de grâce après le passage de la Mer rouge. Elle a le titre de prophétesse* (Exode 15, 20-21). Elle meurt à Cadès (Nombres 20, 1, p. 81).
• **Marie, mère de Jésus.** Elle est sans doute de la tribu* de Lévi* car elle est la cousine d'Élisabeth, descendante d'Aaron* (Luc 1, 5, p. 322). Elle habite Nazareth. Elle est fiancée à Joseph*, charpentier, descendant de David*, de la tribu de Juda*. À l'Annonciation, elle accepte d'être la mère du Fils* de Dieu (Luc 1, 26-38, p. 324). Elle met au monde un enfant, à Bethléem, et lui donne le nom de Jésus. Les Évangiles* parlent peu de Marie. Elle est toujours associée à Jésus. Sa présence auprès de lui est discrète tant qu'il rencontre le succès. Mais, au moment de l'échec et de la souffrance, elle est là. Debout au pied de la croix*, elle le soutient de son amour maternel et de sa foi* (Jean 19, 25-27, p. 393).
• **Marie de Béthanie.** Sœur de Marthe* et de Lazare*. Elle sait se mettre entièrement à l'écoute de Jésus (Luc 10, 38-42, p. 344). Elle est ainsi un modèle pour tout chrétien. Il faut savoir écouter et se laisser imprégner par la Parole* de Dieu, pour pouvoir ensuite chercher concrètement à faire sa volonté.

Vierge de tendresse
(XVIIᵉ siècle)

La Vierge debout portant l'Enfant sur le bras droit, Andrea della Robbia (XVIᵉ siècle).

Pietà, Michel-Ange (XVᵉ siècle)

Le Couronnement de la Vierge,
Fra Angelico (XVᵉ siècle)

MARIE ET LES CHRÉTIENS

Marie est devenue mère de Jésus en demeurant vierge*, selon le texte des Évangiles de Matthieu* et de Luc*.
Les catholiques fêtent le 8 décembre l'Immaculée Conception de Marie, définie par le pape Pie IX en 1854. Cela veut dire que, dès le moment de sa conception, Marie a été préservée du péché en raison d'une grâce spéciale provenant par avance du salut opéré par le Christ, en vue de sa maternité divine.
En 1950, le pape Pie XII a proclamé ce que beaucoup croyaient depuis des siècles : l'Assomption de Marie.
Au terme de sa vie terrestre Marie a été élevée avec son corps et son âme à la gloire du Ciel. L'Assomption de Marie est fêtée le 15 août.
Marie est aussi fêtée le 25 mars (fête de l'Annonciation du Seigneur) et le 8 septembre (fête de sa naissance).

Pietà, maître germanique (XVe siècle)

• **Marie de Magdala (ou Marie Madeleine).** Jésus l'a libérée de sept démons* (Luc 8, 2, p. 339). Elle devait donc être profondément enfermée dans le péché* car, chez les Juifs, le chiffre sept est celui de la plénitude. Elle est la première à voir Jésus ressuscité et va vite l'annoncer aux apôtres* (Jean 20, 11-18, p. 395). Aussi les premiers chrétiens l'appelaient « l'apôtre des apôtres ».
Elle fut souvent identifiée à la pécheresse qui verse du parfum sur les pieds de Jésus (Luc 7, 36-50, p. 338). Beaucoup la confondent avec Marie de Béthanie, qui fait le même geste.
On raconte que Marie Madeleine est venue en Provence. Elle aurait débarqué avec d'autres personnes dans un port appelé aujourd'hui Saintes-Maries-de-la-Mer.
Elle aurait vécu à la Sainte-Baume, en ermite. Fête le 22 juillet.

Marthe

Sœur de Lazare* et de Marie* de Béthanie. D'après Luc (10, 38-42, p. 344), c'est une maîtresse de maison active, généreuse, mais qui ne sait pas prendre le temps d'écouter. Jésus l'invite à s'agiter un peu moins et à prendre modèle sur sa sœur, Marie. Plus tard, Marthe accueille de nouveau Jésus au moment de la mort de Lazare. Elle sait, alors, se mettre à son écoute, et elle reçoit cette révélation* que Jésus fait de lui-même : « Je suis la résurrection* et la vie » (Jean 11, 17-27, p. 384). Dans la légende provençale (voir Marie* de Magdala), on raconte qu'elle débarrassa d'un monstre terrible, appelé la tarasque, la ville qu'on appelle aujourd'hui Tarascon. Fête le 29 juillet.

Martyr

Saint Laurent brûlé vif (XVIe siècle)

Du grec *marturos* signifiant « témoin ». Ceux qui témoignent de leur foi* en proclamant la Parole de Dieu ne sont pas toujours bien accueillis… Certains sont persécutés et mis à mort. Jésus demande à ses disciples* de ne pas craindre la mort du corps et de persévérer dans le témoignage, jusqu'au bout (Matthieu 10, 16-33, p. 256).
Étienne* (Actes des Apôtres 7, 51-60, p. 413), Jacques* (Actes 12, 1-2, p. 420), Pierre* (Jean 21, 18-19, p. 399), Paul*, Barnabé* et beaucoup d'autres mettent cet enseignement de Jésus en pratique. Ils témoignent de leur foi malgré les menaces et les persécutions (Actes 5, 28-32). Ils sont tués. On les appelle « martyrs » parce

qu'ils ont démontré qu'ils étaient de vrais témoins, jusqu'à donner leur vie.

Matthieu

Apôtre* de Jésus et auteur d'un des quatre Évangiles* (voir p. 241). Une tradition raconte qu'il fut tué d'un coup d'épée dans le dos pendant qu'il célébrait l'eucharistie*. Son corps est vénéré à Salerne, en Italie, depuis le Xe siècle. Fête le 21 septembre.

Mémorial

Le mémorial n'est pas seulement le souvenir mais aussi l'actualisation d'un événement du passé : Dieu fait aujourd'hui ce qu'il a fait autrefois. Aujourd'hui, Dieu nous libère de toute forme d'esclavage, et il en sera toujours ainsi. Quand Jésus demande à ses apôtres* de refaire son repas « en mémoire de lui » (1 Corinthiens 11, 23-26, p. 439), il institue un mémorial. Chaque messe actualise la mort et la résurrection* de Jésus et annonce son retour.

Mer

Pour les Juifs, la mer avec ses tempêtes représente la violence, le danger. Elle est le domaine de Léviathan, le dragon de la mer, puissant comme des flots en furie (voir la grande planche illustrée p. 20-21).

Au temps de Jésus, on pense que les démons* habitent dans la mer. C'est pourquoi Jésus y renvoie les esprits mauvais (Marc 5, 1-20, p. 306). Quand Jésus apaise la tempête et marche sur la mer, il manifeste sa victoire sur le mal* (Marc 4, 35-41, p. 305, et Matthieu 14, 25-33, p. 267).

Dans le monde nouveau que Dieu prépare, il n'y aura plus de mer, car Satan* et ses démons seront définitivement vaincus (Apocalypse 21, 1, p. 466).

Mercenaire

Dans la Bible, le mercenaire est un mauvais berger*. Il n'a pas le souci des brebis qui lui sont confiées. Quand il est mal payé, il n'hésite pas à voler viande et laine du troupeau. Comme Ézékiel (34, 1-16, p. 169), Jésus utilise cette image des mauvais bergers. Il traite de mercenaires les responsables du Peuple, car ils méprisent les gens qui leur sont confiés par Dieu. Ils ne sont pas prêts à donner leur vie pour les sauver (Jean 10, 11-15, p. 382 et 11, 47-53, p. 385).

Messie

De l'hébreu* *mashiah* signifiant « celui qui a reçu l'onction ». En grec, on dit *Christos*, « Christ ».

Dans le peuple d'Israël, on devient roi en recevant une onction* d'huile. L'huile symbolise l'Esprit* du Seigneur. Il pénètre dans le cœur de celui qui a reçu l'onction et le rend souple pour qu'il accomplisse les volontés de Dieu (1 Samuel 16, 13, p. 102).

Le messie-roi est choisi pour guider le Peuple sur les chemins de l'Alliance*. Ce ministère* est tellement important que Dieu considère le messie comme son fils* (Psaume 2, 6-7, p. 215).

Tout prophète est oint par l'Esprit. Élisée a reçu d'Élie l'onction (1 Rois 19, 16) au moment où il lui a succédé.

Lors de la cérémonie d'institution, le grand prêtre* était marqué par une onction d'huile. Cette pratique date, semble-t-il, du retour de l'Exil*. Hérode* le Grand l'abolit, car il veut lui-même désigner et destituer les grands prêtres (voir p. 199).

Jésus est bien le Messie, ou le Christ*, annoncé par les prophètes. En Lui seul la royauté, la prophétie et le sacerdoce trouvent leur plénitude.

Samuel vide sa corne d'huile sur la tête de David enfant (XIIIe siècle).

Michée

Prophète* écrivain vivant au VIIIe siècle avant Jésus Christ. Il est originaire de la campagne et il défend les pauvres. Il annonce un messie* porteur de paix (Michée 5,

1-4, p. 149). Il est le contemporain d'Osée* et d'Isaïe*.

▶ Voir la grande planche illustrée p. 192-193

Miracle

Du mot latin *miraculum* signifiant « chose étonnante », « merveille », « prodige ». Pour bien comprendre ce qu'est un miracle dans l'Évangile*, il faut se souvenir que Jésus a toujours refusé de faire des prodiges pour étonner les gens (Matthieu 4, 5-7, p. 247, et 12, 38-42, p. 259). Il a voulu faire des signes*. Ceux-ci veulent aider à comprendre quelque chose d'invisible. Par exemple, quand Jésus guérit un paralytique devant une foule de témoins, le plus important n'est pas la guérison. Mais à travers elle, Jésus invite les pécheurs* à lui faire confiance. Eux aussi, il peut les remettre en marche vers Dieu en leur pardonnant leurs péchés (Marc 2, 1-12, p. 303).

Les miracles de Jésus sont l'effet de sa Parole. C'est pour cela que dans les Évangiles, à plusieurs reprises, il est dit que Jésus parle avec autorité à la différence des scribes* (Marc 1, 21-28, p. 301).

▶ Voir la grande planche illustrée p. 358-359

Miséricorde

Le mot « miséricorde », d'origine latine, traduit deux mots hébreux* : le premier, *rahamim*, décrivant l'amour instinctif de la mère pour l'enfant qu'elle met au monde (Isaïe 49, 14-16, p. 175-176), **le deuxième, *hessed*, exprime la tendresse, la bonté, la fidélité, la compassion inépuisable du Seigneur, la prévenance dont il entoure ses enfants** (Exode 34, 6). Dans la Bible, « la miséricorde signifie une puissance particulière de l'Amour qui est plus fort que le péché et l'infidélité » (Jean-Paul II, encyclique *Dives in misericordia,* 4, 1980). C'est sur le Visage du Christ que la plénitude de la miséricorde divine nous est apparue.

Le paralytique de Capharnaüm entre par le toit de la maison (VIe siècle).
« Mais, ne voyant pas comment faire à cause de la foule, ils montèrent sur le toit et, en écartant les tuiles, ils le firent descendre avec sa civière en plein milieu devant Jésus » (Luc, 5, 19).

Mission

Confier une mission signifie envoyer quelqu'un accomplir une tâche précise. La Bible est toute remplie d'envois en mission.

Dieu envoie en mission ses prophètes* pour qu'ils appellent son Peuple à se convertir* (Jérémie 1, 1-10, p. 154). Jésus envoie ses Apôtres* proclamer l'Évangile* et baptiser* (Matthieu 28, 16-20, p. 295).

La mission de l'Église* est d'annoncer à tous les hommes la Bonne Nouvelle : Christ est ressuscité et avec lui nous sommes vainqueurs du mal et de la mort.

▶ Voir ÉVANGILE

Moabite

Tribu* dont l'ancêtre est Moab, descendant de Loth* (voir encadré, p. 470). Les Moabites étaient installés dans le territoire de l'actuelle Jordanie, à l'est

de la mer Morte. Ils furent soumis à David*, mais ils reprirent ensuite leur indépendance. Les archéologues ont trouvé une stèle du IXe siècle avant Jésus Christ sur laquelle le roi Mesha raconte ses démêlés avec les rois d'Israël. Pour obtenir la victoire, il a offert son fils* en sacrifice au dieu national Kémosh.
La Moabite la plus célèbre de la Bible est Ruth, l'arrière-grand-mère du roi David.
▶ Voir Femmes étrangères

Moïse

Moïse, Michel-Ange (XVIe siècle)

LES CORNES DE MOÏSE

Lorsque Moïse descendit du Sinaï après le deuxième jeûne de quarante jours, des rayons lumineux émanaient de son visage, à tel point que le Peuple eut peur de s'approcher de lui. (Exode 34, 29-35). Pour décrire ces rayons, le texte hébreu* emploie un mot proche de « corne ». En effet, pour les peuples du Moyen-Orient, les cornes sont un signe de force, de puissance, de beauté. Saint Jérôme, dans la version latine de la Bible, traduisit mot à mot : « Le visage de Moïse avait des cornes. » Les artistes occidentaux s'appuyèrent sur cette traduction et représentèrent Moïse avec un visage cornu.

De la tribu* de Lévi*, frère de Myriam (voir Marie) et d'Aaron*. À l'appel de Dieu, il fait sortir les Hébreux* du pays d'Égypte où ils étaient retenus en esclavage. Il les conduit jusqu'au Sinaï pour y faire Alliance* avec Dieu. Patiemment, il guide ce peuple « à la nuque raide et au cœur endurci ». Mais, ayant lui-même éprouvé un moment de doute, il n'entre pas en Terre promise (Nombres 20, 1-12, p. 81).
Il meurt sur le mont Nébo, face à Jéricho et à la plaine du Jourdain (Deutéronome 34, 1-10, p. 89). Moïse est l'un des personnages clés de toute la Bible. Son nom est cité sept cent quatre-vingt-trois fois dans l'Ancien Testament* et quatre-vingts fois dans le Nouveau Testament. Fête le 4 septembre.

Mort

Dans l'Évangile*, le mot « mort » a deux sens :

- **La mort physique**, par laquelle tout homme doit passer pour ressusciter* et vivre dans le Royaume* de Dieu. Il ne faut pas craindre cette mort (Matthieu 10, 28, p. 256, et Jean 11, 25, p. 384).
- **La mort spirituelle**, survenant quand on refuse de faire Alliance* avec Dieu, source de Vie. C'est une autre façon de parler du péché*. Il faut craindre cette mort (Matthieu 10, 28, p. 256). Mais l'homme peut y échapper car, dit Jésus, « tout homme qui vit et croit en moi ne mourra jamais » (Jean 11, 26, p. 384).

Myrrhe

Résine aromatique dont on tire des parfums spécialement utilisés pour embaumer les morts. Les mages* offrirent de la myrrhe lors de la naissance de Jésus (Matthieu 2, 11, p. 244). Nicodème* en apporta au moment de la mort de Jésus (Jean 19, 39, p. 394).

Mystère

Le mot « mystère » vient du mot grec *mysterion*. Ce mot grec se traduit en latin par le mot *sacramentum* qui a donné sacrement*. **Le mystère met en présence de Dieu.** Il ouvre à une réalité qui nous dépasse.
La méditation de la Bible, l'enseignement de l'Église, la participation aux sacrements* et l'attention à vivre dans l'amour du prochain* permettent d'entrer chaque jour davantage dans le mystère de Dieu.
L'homme n'aura jamais fini d'approfondir sa connaissance de Dieu. Il

sera toujours étonné devant la grandeur de Dieu et l'immensité de son amour.

N

Nathanaël : Voir Barthélemy

Nation : Voir Gentil

Néhémie

Du mot hébreu *Nehemyah* signifiant « le Seigneur console » (voir le commentaire « Néhémie » p. 180).
Néhémie est un Juif travaillant au service du roi de Perse. Il est informé des difficultés que rencontrent les Juifs en rentrant de l'Exil*. Il obtient l'autorisation officielle de se rendre à Jérusalem*, entre 445 et 433 avant Jésus Christ. Nommé gouverneur de Juda*, il relève les murs de la ville et combat l'injustice sociale (Néhémie 5, 1-12, p. 180). Il revient à Jérusalem pour une seconde mission vers l'an 424 avant Jésus Christ. Un livre de la Bible porte son nom.

Nicodème

Nom grec signifiant « Peuple vainqueur ». Dans l'Évangile*, Nicodème est un pharisien* reconnu comme un « maître en Israël* ». Il vient voir Jésus de nuit et devient son ami (Jean 3, 1-8, p. 367 et 7, 50-52, p. 377). Au moment de la mort de Jésus en croix*, il se manifeste publiquement comme son disciple* (Jean 19, 39, p. 394). Fête le 3 août.

La Crucifixion du Christ, Roger van der Weyden (XVe siècle)

Noël

Contraction du latin *dies natalis*, « jour de la naissance ». À partir du IVe siècle, les chrétiens, qui vivaient jusqu'alors de façon très discrète à cause des persécutions*, peuvent pratiquer librement leur religion. Ils décident donc de fêter chaque année la Nativité de Jésus. Comme ils n'ont pas de renseignements précis sur le jour de cette naissance, ils choisissent une date symbolique : le solstice d'hiver. En effet, à ce moment-là, les jours recommencent à grandir. La lumière l'emporte sur les ténèbres. Le jour de la Nativité est donc fixé au 25 décembre. Le Fils* de Dieu, en se faisant homme, fait resplendir la joie sur ceux qui marchaient dans les ténèbres (Isaïe 9, 1-6, p. 143). Jésus, lui-même, se désignera comme la lumière des Nations* (Jean 9,5, p. 379, et Luc 2, 32, p. 330).

▶ Voir Avènement, Avent, Hérode le Grand

Nom

Avoir un nom, c'est exister. Pouvoir appeler quelqu'un par son nom indique qu'on a de bonnes relations avec lui et bien plus, au sens biblique, qu'on le connaît vraiment (Jean 10, 3-5. 14 ; Jean 20, 16). Parfois, cela peut indiquer qu'on a un pouvoir sur lui.

Dans le monde antique, il n'est pas une simple étiquette pour distinguer les gens. Il dit quelque chose de celui qui le porte. Il peut indiquer son lieu d'origine, un événement de l'enfance comme pour Moïse* (Exode 2, 10, p. 58), ou un souhait des parents, comme pour Joseph*.

Un homme peut recevoir un nouveau nom quand une nouvelle mission* lui est confiée. Abram devient Abraham* (Genèse 17, 5, p. 41), Simon devient Pierre* (Matthieu 16, 18, p. 269). Le nom révèle donc la personne elle-même.

Les Juifs ne prononcent pas le Nom de Dieu car l'homme appartient à Dieu et ne saurait le posséder. À la place, ils disent « le Seigneur* » ou, tout simplement, « le Nom » (1 Rois 5, 17-19, p. 118).

Jésus invite ses disciples* à prier* en disant : « Que ton Nom soit sanctifié » (Matthieu 6, 9, p. 251). Dans l'Évangile* de Jean*, Jésus se présente avec le même nom que Dieu : « Je Suis » (Jean 8, 58, p. 378).

Jésus a reçu « le Nom qui est audessus de tout nom » après être passé par la mort, et la mort sur la Croix. Il est ressuscité*. À travers l'expérience du Ressuscité, les disciples découvrent que Jésus est bien le même homme qu'ils ont suivi

Saint Pierre l'évangéliste (XIVe siècle)
Jésus change le nom de Simon en Pierre, qui est coiffé de la tiare, comme les papes du XIVe siècle.

jusqu'à sa Passion. Ils découvrent en même temps que sa Résurrection le place au-dessus des normes de la condition humaine. Ils confessent alors que de toute éternité Jésus est de condition divine (Philippiens 2, 5-11, p. 457).

▶ Voir Seigneur, YHVH

Nombres

C'est le nom du quatrième livre de la Bible. Il débute par le compte rendu d'un recensement des tribus* d'Israël. Aussi lui a-t-on donné ce titre de « Nombres » dans la Bible grecque. On y trouve également des récits de la marche du peuple d'Israël dans le désert, du « doute » de Moïse (Nombres 20, 1-12, p. 81) et de l'intervention de Balaam (p. 82-84).

Nuée

La nuée est un signe de la présence de Dieu. Elle accompagne Moïse* et le peuple hébreu* dans la traversée du désert (Exode 14, 19, p. 69). Elle révèle Dieu aux prophètes* : « fumée » pour Isaïe* (Isaïe 6, 4, p. 140), « feu jaillissant scintillant de vermeil » pour Ézékiel* (Ézékiel 1, 4, p. 166).

Lors de la Transfiguration, les Apôtres* sont pris dans l'ombre d'une nuée d'où ils entendent la voix de Dieu (Marc 9, 7, p. 312). Lors de l'Ascension*, Jésus « disparaît aux yeux des disciples* dans une nuée » (Actes des Apôtres 1, 9, p. 404).

O

Offrande

Ce mot exprime l'idée d'un don fait à Dieu (Marc 12, 38-44, p. 318). En général, on associe offrande et sacrifice* qui, lui, désigne plus particulièrement l'immolation d'animaux.

Onction

Le verbe « oindre » signifie enduire d'huile ou de parfum.
L'onction était accordée aux prophètes*, aux prêtres et aux rois*. Le roi David* reçoit l'onction royale du prophète Samuel (1 Samuel 16, 12-13, p. 102).
L'onction est réalisée au baptême* et à la confirmation*. L'huile qui pénètre la peau est le symbole de l'Esprit* Saint qui s'imprègne en nous de façon indélébile et qui nous donne sa force. Les mains du prêtre* sont aussi ointes du saint chrême le jour de son ordination, pour qu'il puisse consacrer* le pain et le vin.

▶ Voir Esprit Saint, Messie, Roi

Oracle

Dans la Bible, les oracles sont des déclarations importantes faites par les prophètes* au nom de Dieu. Très souvent ce sont de vigoureux appels à la conversion*. Ils rappellent que Dieu est fidèle à son Alliance*. Ils invitent les hommes à rejeter le mal* pour vivre avec Dieu. Proclamer à la fin d'un discours : « Oracle du Seigneur* », « Ainsi parle le Seigneur » (Jérémie 19, 3-6, p. 157) ou « La bouche du Seigneur de l'univers a parlé ! » (Michée 4, 4, p. 184), signifie que le message transmis vient véritablement de Dieu.

Jonas prêchant aux habitants de Ninive (XVIe siècle).

Osée

Le seul prophète* écrivain originaire du Nord (voir p. 135). Osée commence son long ministère* autour de l'année 750 avant Jésus Christ. Il est le témoin du déclin du royaume du Nord, de plus en plus asservi par les Assyriens.
Osée a une vie conjugale difficile. Sa femme Gomer est infidèle. Il la recherche et on le traite de fou (Osée 9, 7). À travers cette expérience douloureuse, il découvre que Dieu aime son Peuple comme un époux fidèle. Israël* est semblable à une épouse infidèle qui oublie son Alliance* avec Dieu pour courir après d'autres

dieux. Et, cependant, le Seigneur* ne rejette pas l'infidèle. Au contraire, il désire son retour et sa conversion*.

▶ Voir la grande planche illustrée p. 192-193

P

Païen

Provenant du latin *paganus*, « paysan », le mot « païen » désigne ceux qui ne sont ni juifs ni chrétiens, et qui demeurent attachés au culte* des idoles*.

Le culte de Mithra, très répandu dans les armées romaines, fut un concurrent sérieux du christianisme dans les premiers siècles de notre ère.

Palestine

Ce nom désigne le pays où a vécu Jésus. Cependant, le nom n'apparaît pas tel quel dans la Bible. Il sera donné à ce territoire au début de l'ère chrétienne. Ce nom vient de « Philistie », le pays des Philistins*, plaine côtière autour de Gaza et d'Ascalon (voir carte p. 498).

Pâque(s)

Pâque vient du mot hébreu *pessah* qui signifie « passage ».

La Résurrection du Christ, maître de Hohenfurth (XIVe siècle)

Jésus Christ est passé par la mort et ressuscité pendant les jours de la fête juive de Pâque.

La fête juive est le mémorial* de la nuit où le Seigneur a libéré Israël* de l'esclavage en Égypte (Exode 12, 1-14, p. 63-64). Elle dure une semaine. Elle est aussi appelée « fête des Azymes » car pendant toute la fête on ne mange que du pain sans levain en souvenir du pain cuit à la hâte lors de la sortie d'Égypte. Depuis la destruction du Temple* en l'an 70, on ne fait plus de sacrifice* d'agneau.

Au temps de Jésus, tous ceux qui le pouvaient montaient en pèlerinage au Temple de Jérusalem pour célébrer la Pâque. Jésus y venait également.

La Pâque chrétienne est précédée par quarante jours de jeûne, de prière* et de partage avec les pauvres, le Carême. Les chrétiens se préparent ainsi à accompagner le Christ dans sa passion* jusqu'à sa résurrection. Le Carême s'achève au soir du mercredi saint et les fêtes pascales commencent le jeudi saint* où l'on célèbre le dernier

repas de Jésus. Elles se poursuivent le vendredi saint avec la célébration de la Passion et culminent lors de la veillée pascale dans la nuit du samedi saint au dimanche de Pâques, et de la messe de Pâques ce même dimanche.
▶ Voir Fêtes chrétiennes, Fêtes juives

Parabole

Les paraboles sont des récits apparemment simples qui découvrent une réalité cachée. Souvent très brèves, elles ne cessent de susciter des commentaires et des méditations. Ainsi, Jésus parle en paraboles pour faire comprendre ce qu'est le Royaume de Dieu et aider chacun à l'accueillir.
▶ Voir grande planche illustrée p. 264-265

Paradis : Voir Jardin et la grande planche illustrée p. 20-21

Pardon, pardonner

Par-donner, c'est donner au-delà, totalement, gratuitement.
Ce n'est pas seulement renoncer à punir une offense, c'est proposer à l'offenseur de se réconcilier*. Ce n'est pas non plus oublier l'offense. C'est lui dire : « Je t'aime quand même. »
Dieu seul est capable d'un tel don. Il propose son pardon aux hommes. Luc* rappelle que Jésus sur la croix* dit : « Père pardonne-leur : ils ne savent pas ce qu'ils font » (Luc 23, 34). Savoir accueillir le pardon de Dieu fait surgir de nouvelles capacités d'aimer. Ainsi Pierre*, pardonné de son reniement, devient vraiment le roc sur lequel peut s'appuyer la foi* de l'Église* (Jean 21, 15-18, p. 398). Les hommes qui ont accueilli le pardon de Dieu deviennent capables de pardonner à leur tour (Matthieu 18, 21-35, p. 271).
▶ Voir Miséricorde, Péché, Rémission des péchés

Parole de Dieu

La Bible nous apprend dès le livre de la Genèse que toute chose existe par la Parole de Dieu, est portée par elle (Genèse 1, 1-31, p. 22), et que cette Parole s'incarne en Jésus-Christ (Jean 1, 1-9 et 14, p. 362). La Bible nous sensibilise à la présence et à l'action de la Parole de Dieu en nous et autour de nous, comme dans la parabole* du semeur (Matthieu 13, 1-9 et 18-23, p. 259). La Bible fait entendre la Parole de Dieu pour autant qu'elle est lue dans la foi et en Église.
▶ Voir Verbe

Passion

Employé seul, ce mot désigne les souffrances de Jésus, depuis sa prière à Gethsémani jusqu'à sa mort sur la croix*. Chacun des évangélistes rapporte ces événements de son point de vue (voir Matthieu 26, 36 à 27, 50, p. 286).

Passion, Georges-Henri Rouault (XXe siècle)

Pasteur : Voir Berger

Patriarche

Nom désignant une personne qui est à l'origine d'une famille ou d'un peuple. Les patriarches du peuple d'Israël* sont au nombre de trois : Abraham*, Isaac* et Jacob*. Mais il

Âmes dans le paradis (XVIIIe siècle)

arrive aussi qu'on désigne par ce mot les fils de Jacob, ancêtres des douze tribus* d'Israël.

▶ Voir la grande planche illustrée p. 36-37

Paul

Saul de Tarse. De la tribu de Benjamin, il est né à Tarse, dans la Diaspora*. Il hérite du titre de « citoyen romain » (voir p. 429, note 3). Il reçoit l'enseignement de Gamaliel à Jérusalem* (Actes des Apôtres 5, 34-39).

Après avoir persécuté l'Église*, il se convertit* sur le chemin de Damas (Actes 9, 1-9, p. 415). Il devient l'Apôtre des gentils*. Il est martyrisé à Rome, sur la route d'Ostie, sans doute en l'an 67.

Il a envoyé des épîtres* aux communautés qu'il a évangélisées. Elles font partie du Nouveau Testament* (voir p. 435). Fête le 29 juin, avec saint Pierre. Fête de sa conversion, le 25 janvier.

▶ Voir la grande planche illustrée p. 432-433

Pauvreté

Pendant longtemps, les Juifs ont pensé que la pauvreté était le signe d'une malédiction*, et la richesse le signe d'une bénédiction*. Jésus prend une attitude très différente en dénonçant les dangers de la richesse : elle fait croire à l'homme qu'il se suffit à lui-même, qu'il n'a besoin de personne. Un tel discours étonne ceux qui pensent encore que les riches sont les bénis de Dieu (Luc 18, 18-30).

Jésus nous explique que la pauvreté laisse l'homme disponible, ouvert pour accueillir Dieu (Matthieu 5, 3, p. 248).

La pauvreté ne doit pas être confondue avec la misère qui est le manque des biens matériels nécessaires à la

LES VOYAGES DE PAUL

vie : nourriture, logement, vêtements, travail…

Péché, pécher, pécheur

Le péché est le refus de vivre avec Dieu. Les chrétiens croient que Dieu n'est qu'amour, aussi le péché revient-il à refuser volontairement d'aimer : c'est le mal* que l'on commet, mais aussi le bien que l'on ne veut pas faire. Le péché peut viser directement Dieu, ou les gens avec qui on vit, ou alors nous viser nous-mêmes.

Dans la Bible, le péché est source d'une véritable mort*. En effet, l'homme a été créé pour entrer en relation avec Dieu et avec les autres. Quand il refuse cette relation, il se détruit lui-même, il choisit la mort (Deutéronome 30, 15-20, p. 87). Mais l'amour de Dieu est plus grand que notre péché (1 Jean 3, 20). On peut toujours lui demander pardon* dès lors qu'on veut vraiment changer. Alors il nous pardonnera.

Pénitence

Du latin *pænitere* : « se repentir ». C'est la démarche de celui qui regrette d'avoir offensé Dieu. La pénitence s'exprime à travers des actes comme la confession de ses péchés*, le jeûne ou d'autres gestes d'humilité. Ainsi, dans le livre de Jonas, le roi de Ninive se couvre d'un sac et s'assoit dans la cendre pour manifester sa volonté de conversion* (Jonas 3, 6, p. 188).

▶ Voir Expiation, Réconciliation

Pentateuque

Nom grec donné aux cinq premiers livres de la Bible que les Hébreux* appellent Torah*. Les Grecs disaient *pentateuchos biblos*, c'est-à-dire « le livre composé des cinq rouleaux ». Ce sont les livres de la Genèse*, de l'Exode*, du Lévitique*, des Nombres* et du Deutéronome*.

Pentecôte

Pentecôte (XIIIe siècle)

Grande fête religieuse chez les juifs et chez les chrétiens.

– Chez les juifs, elle est connue sous le nom hébreu de *Chavouoth*, « fête des Semaines ». Elle est célébrée 50 jours après la Pâque* juive. D'où le nom grec de *Pentecôte* qui signifie « cinquante ». C'est un pèlerinage d'une journée. On y célèbre le don de la Loi* au Sinaï.

– Chez les chrétiens, la Pentecôte est la célébration du jour où le Saint-Esprit* est venu remplir les Douze* de sa flamme (Actes des Apôtres 2, 1-13, p. 406). Il inscrit la loi de la nouvelle Alliance* dans les cœurs. Il met fin à la division des peuples (Genèse 11, 9, p. 33).

Désormais animés par le même Esprit, des hommes, parlant des langues différentes, se comprennent et peuvent vivre en communion fraternelle.

L'Esprit confirme la foi* des Douze et la rend plus forte. Il leur donne le courage d'être des témoins*.

Tout cela, il le renouvelle pour les chrétiens dans le sacrement* de la confirmation*.

Père : Voir Abba

Persécution : Voir Martyr

Pharisien

Juif très attaché à la Torah* écrite et à la Torah orale (Tradition) – contrairement aux Saducéens* – et au respect minutieux des commandements* de Dieu (voir p. 239).

Le Nouveau Testament* n'est pas tendre avec les pharisiens, à l'exception de quelques-uns comme Nicodème* ou Gamaliel (Actes des Apôtres 5, 33-40).

Le drame des pharisiens, c'est qu'ils étaient riches d'un savoir sur Dieu qui les empêchait de connaître* vraiment Jésus.

Philippe

Nom grec signifiant « ami des chevaux ». C'est le nom de deux disciples de Jésus :

• **Philippe, l'un des Douze*.** Il est originaire de Bethsaïde, comme Pierre* et André*. Il conduit Nathanaël* vers Jésus (Jean 1, 43-48, p. 364). Avec André, il sert d'intermédiaire entre Jésus et des Grecs adorateurs de Dieu (Jean 12, 20-22, p. 386). Il demande à Jésus de lui montrer le Père et il reçoit cette belle réponse : « Celui qui m'a vu a vu le Père » (Jean 14, 8-9, p. 389).

Philippe évangélise des régions à l'ouest de l'Anatolie (Turquie actuelle). Selon une tradition, il meurt martyrisé avec deux de ses filles à Hiérapolis, sous le règne de Domitien (81-96 après Jésus Christ). Fête le 3 mai.

• **Philippe, l'un des Sept.** Il fait partie du groupe des sept hommes choisis par les Apôtres* pour veiller au service des tables (Actes des Apôtres 6, 2-5, p. 411). Il baptise* un Éthiopien (Actes des Apôtres 8, 26-39, p. 414). Il a quatre filles qui prophétisent (Actes des Apôtres 21, 9). Il habite Césarée, capitale de la Judée romaine et lieu de résidence du gouverneur. Selon une tradition, il meurt martyr à Tralles, près d'Éphèse, vers l'an 80. Fête le 6 juin.

▶ Voir ETIENNE

Philistins

Peuple originaire de la Grèce ou de l'Anatolie (Turquie actuelle). Il fait partie des peuples de la mer qui ont tenté d'envahir l'Égypte sous le règne de Ramsès III (vers 1175 avant Jésus Christ). Repoussés par les Égyptiens, les Philistins débarquent en Canaan*, dans la partie sud de la côte méditerranéenne. Au même moment, les tribus* d'Israël arrivent près du Jourdain. Dans leur désir d'étendre leur territoire, ces deux peuples vont sans cesse se combattre. Quelques épisodes de leur guerre sont célèbres, comme l'affrontement de David* et de Goliath (1 Samuel 17, 32-49, p. 102).

Les Philistins se soumettent au roi David mais, dès le règne du roi Salomon*, ils se mettent sous la protection des Égyptiens ; aussi entrent-ils en conflit avec les Hébreux*. Ils survivent à différentes occupations assyriennes, babyloniennes et perses. Au IVe siècle avant Jésus Christ, ils adoptent la culture grecque. On ne parle plus alors d'eux comme d'un peuple distinct.

▶ Voir PALESTINE et la carte p. 498

Prisonniers philistins (XIIe siècle avant Jésus Christ)

Phylactère

Mot grec utilisé pour désigner les *teffilin* juifs. Ce sont de petites boîtes de cuir noir contenant quatre paragraphes de la Torah* (Exode 13, 1-10 et 13, 11-16 ; Deutéronome 6, 4-9, p. 86 et 11, 13- 21). Les juifs se les attachent avec des lanières de cuir sur le front et sur le bras gauche, près du cœur (voir p. 86). Le *teffilin* du front rappelle au juif que toute sa pensée doit être guidée, selon la Torah, par la justice* et l'amour. Celui du bras lui rappelle que toutes ses actions doivent être au service de Dieu.

Pierre

Simon-Pierre, fils de Jonas, le premier des Douze. Originaire de Bethsaïde. Frère d'André*. Pêcheur, il habite chez sa belle-mère à Capharnaüm.

Jésus lui confie son Église* à bâtir et l'appelle alors *Kephas*, qui signifie

Jésus et saint Pierre marchent sur les eaux. Évangile du peintre Yovhannès de Berki (XIVe siècle)
« Pierre descendit de la barque et marcha sur les eaux pour aller vers Jésus » (Matthieu, 14, 29).

« Rocher » ou « Pierre » en araméen* (Jean 1, 42, p. 364 ; Matthieu 16, 18, p. 405).
Scandalisé* par l'arrestation de Jésus, Pierre renie le Christ (Matthieu 26, 69-75, p. 400), mais il lui demande pardon* par une triple confession d'amour (Jean 21, 15-19, p. 520) et Jésus l'appelle à nouveau à devenir le berger* de son peuple, le chef de l'Église.
Après la Pentecôte*, il devient le responsable de la communauté de Jérusalem*. Il part en mission et baptise* le centurion Corneille à Césarée. Il visite Antioche et Rome. À la suite du concile de Jérusalem, c'est Jacques*, le « frère du Seigneur » qui tient la place prépondérante à Jérusalem.
Pierre meurt martyr* dans le cirque du Vatican, sans doute en l'an 67. Fête le 29 juin avec saint Paul*.

Pilate

Procurateur de Judée de 26 à 36 après Jésus Christ. Ponce Pilate vit à Césarée, superbe ville païenne* construite par Hérode* le Grand au bord de la Méditerranée. Il « monte » à Jérusalem* au moment des pèlerinages afin de mieux surveiller les foules.
Flavius Josèphe* raconte qu'il est très dur et violent. Il fait exécuter des gens, sans jugement. Sous la pression des chefs religieux, il autorise la crucifixion de Jésus.
En l'an 36, il doit rendre compte de ses actes devant l'empereur romain. Il quitte la Judée et l'on perd sa trace.
▶ Voir la grande planche illustrée p. 296-297

Possédé

Au temps de Jésus, on dit volontiers d'un homme qui se conduit mal qu'il est possédé, c'est-à-dire habité par des « esprits mauvais ». On le dit parfois, aussi, des malades. On pensait en effet que les esprits mauvais provoquaient les maladies et cherchaient ainsi à éloigner les hommes de Dieu en les faisant douter de sa bonté. Jésus délivre les possédés que sa présence rend violents (Marc 5, 1-20, p. 306). Il guérit les malades. Il manifeste ainsi qu'il est le vainqueur du mal* et plus fort que Satan* et ses démons*.

Prêtre

Dans l'Ancien Testament*, les prêtres veillent à ce que les sacrifices* soient parfaits pour Dieu. Ils écartent animaux, encens*, farine ou autre offrande de mauvaise qualité.
La fonction du grand prêtre, responsable du Temple* et président du Sanhédrin*, prend toute son importance au retour de l'Exil*. Avant l'Exil, les prêtres dépendaient du roi* qui présidait lui-même les célébrations dans le Temple (1 Rois 8, 6-43, p. 119). Après l'Exil, il n'y a plus de roi, le grand prêtre devient le seul responsable religieux du Peuple.
Aujourd'hui, par l'ordination qu'il a reçue, le prêtre est mis au service de la mission* de l'Église*. Dans les communautés chrétiennes où l'évêque l'envoie, il est le signe de la présence du Christ* pasteur. Il proclame l'Évangile* et célèbre les sacrements*, spécialement le

sacrement de l'eucharistie* et le sacrement de réconciliation par lequel il transmet le pardon* de Dieu. Il aide les chrétiens à vivre dans la fidélité de l'Évangile et dans l'unité de l'Église.
▶ Voir ANCIENS, MESSIE

Prière

Orant, catacombe de Rome (IIIe siècle)

La prière est un dialogue avec Dieu.
Jésus a prié avec les Psaumes (p. 214). Pour faire entrer les disciples* dans le mouvement de sa propre prière, il leur a appris le Notre Père (Matthieu 6, 9-13, p. 251, et Luc 11, 2-4, p. 344). Psaumes et Notre Père étaient, pour les premiers chrétiens, les textes de référence pour nourrir leur prière personnelle et communautaire. Très tôt, ils ont enrichi cet héritage par des créations nouvelles :
– les symboles* de la foi : Symbole des Apôtres et Symbole de Nicée-Constantinople ;
– des chants de louange et d'intercession* pour la liturgie*.
Au cours des siècles, les chrétiens ont donné une place importante à la Vierge Marie* : le Je vous salue Marie, dont la forme définitive fut fixée au XVIe siècle, est l'une des prières les plus répandues chez les catholiques occidentaux.

Prochain

Dans les premiers livres de la Bible, le « prochain » est celui qui appartient au même peuple. C'est le compatriote (Lévitique 19, 16-18). Mais, peu à peu, les Juifs découvrent que l'amour du prochain dépasse les frontières. L'Évangile* révèle qu'il faut se faire le prochain de tout homme qui a besoin d'un frère pour le secourir (Luc 10, 29-37, p. 343).

Profaner

D'un mot latin signifiant « faire sortir du temple ». Profaner, c'est dépouiller quelque chose ou quelqu'un de son caractère religieux. Profaner un sanctuaire ou des objets sacrés, c'est s'en moquer et les utiliser contre Dieu.
Profaner le Nom* du Seigneur*, c'est s'en servir sans respect, sans crainte*, dans des blasphèmes* ou des formules magiques.

Promesse

Toute la Bible est remplie des promesses de Dieu adressées à son Peuple. Dieu promet de lui donner tout ce qui est nécessaire pour mieux vivre dans l'Alliance*. Il promet un guide, un messie* selon son cœur (2 Samuel 7, 11-16, p. 110). Il promet une nouvelle Alliance (Jérémie 31, 31-34, p. 162). Ces promesses s'accomplissent dans la venue de Jésus. Mais celui-ci apporte aussi une nouvelle promesse de Dieu : tous ceux qui croiront en lui deviendront fils* de Dieu (Jean 1, 12-13, p. 362).

Prophète, prophétesse, prophétiser

Quelqu'un qui parle au nom de Dieu.

Propitiatoire

Le propitiatoire était une plaque rectangulaire d'or massif posée sur l'arche* d'Alliance, et de dimensions similaires. Le propitiatoire était moins le couvercle de l'arche que l'arche n'était le support du propitiatoire. L'arche n'était que recouverte d'or, alors que le propitiatoire était en or massif car c'était un objet sacré en soi en tant que lieu de l'aspersion du sang du sacrifice, offert le jour des Expiations*, pour obtenir de Dieu le pardon des péchés du peuple élu, mais aussi, en tant que lieu de la présence miséricordieuse de Dieu. Cela permet de comprendre pourquoi, dans le Nouveau Testament*, Jésus est appelé « victime de propitiation pour nos péchés » (Romains 3, 25, 1 Jean 2, 2, et 1 Jean 4, 10, p. 456).

Prosélytisme

Action d'un prédicateur invitant des non-juifs à partager la foi* du

LES PROPHÈTES DANS LA BIBLE

– **Dans l'Ancien Testament***, le prophète n'est pas un devin qui prédit l'avenir. Il transmet un message de la part de Dieu, en disant des paroles fortes ou en faisant un geste étonnant. Ainsi, Jérémie* s'attache un joug sur les épaules pour annoncer la domination de Babylone (Jérémie 28, 2-11, p. 159).

Très souvent, le prophète intervient au moment où les autres guides du Peuple, en particulier le roi*, oublient leur rôle. Ainsi, Dieu choisit Isaïe* pour être son envoyé à la place du roi Yotam qui est incapable d'accomplir sa mission* (Isaïe 6, 1-8, p. 140). Il en est de même pour Jérémie (1, 1-10, p. 154).

Le prophète n'est pas un flatteur. Il ne tresse pas des louanges aux hommes pour les féliciter de bien vivre en alliance* avec Dieu. Au contraire ! Il est un provocateur. Il met en lumière ce que beaucoup voudraient laisser dans l'ombre. Il dévoile les péchés* du Peuple et appelle sans cesse à la conversion*.

Le prophète-écrivain est un prophète dont les oracles* ont été recueillis dans un livre portant son nom, la plupart du temps par ses disciples*. On compte habituellement quatre « grands » prophètes-écrivains : Isaïe, Jérémie, Ézékiel* et Daniel, et douze « petits » prophètes-écrivains : Amos, Osée, Michée, Sophonie, Nahum, Habacuc, Abdias, Aggée, Zacharie, Joël, Jonas et Malachie. L'adjectif « grand » ou « petit » s'applique plus à la longueur du livre qu'à l'importance du message.

– **Dans le Nouveau Testament**, Jean* le Baptiste est présenté comme un prophète (Luc 3, 2, p. 332). Jésus aussi est reconnu comme un prophète (Luc 7, 16, p. 336), puissant en paroles et en actes (Luc 24, 19-21, p. 355). Il s'est appliqué le dicton : « Aucun prophète n'est bien accueilli dans son pays » (Luc 4, 24, p. 333). Il est un messie* à la manière des prophètes.

Dans l'Église*, certains reçoivent un don particulier pour être prophètes (1 Corinthiens 12, 10, p. 441). Mais tous les chrétiens, par leur baptême* et leur confirmation*, sont d'une certaine manière prophètes puisqu'ils transmettent la Parole* de Dieu.

peuple juif. Les personnes répondant à cette invitation sont appelées des « prosélytes » (voir p. 239). Dans l'Église*, l'annonce de l'Évangile* aux païens* est désignée par des termes comme « témoignage* » ou « action missionnaire ». Aujourd'hui, le mot « prosélytisme » est devenu péjoratif. On dit que les sectes font du prosélytisme, car on a l'impression que les personnes ne sont pas libres de dire non.

Psaume

Du mot grec *psalmos* signifiant « chant accompagné de la cithare ». Le psaume est une prière* en forme de poème, accompagnée de musique. C'est une prière pour louer ou supplier Dieu, pour crier sa joie ou hurler sa détresse, pour dire à Dieu sa déception ou lui demander sa miséricorde*...

Le roi David jouant de la harpe (XIIe siècle).

Tout ce qui fait la vie d'un homme peut devenir prière s'il en parle à Dieu (voir p. 214). La Bible propose 150 psaumes de longueur variable. Ils font écho à la diversité des situations que peut traverser un homme. Ils ont été la prière* du Christ* et ils sont toujours abondamment utilisés par les chrétiens.

Publicain

Employé chargé de prélever des taxes.

Les Romains avaient mis en place un système de taxes sur les marchandises qui passaient d'une province romaine à une autre. Ils confièrent la collecte de ces impôts à des gens du pays, les publicains. Les juifs n'aimaient pas ces publicains qui collaboraient avec des païens*. **Deux publicains sont très connus : Matthieu* (ou Lévi), qui avait un bureau de douane à Capharnaüm** (Matthieu 9, 9, p. 254)**, et Zachée, le chef des publicains de Jéricho** (Luc 19, 1-2, p. 352).

Pur, pureté, purifier

Ce qui est sans mélange, sans alliage. Dans la Bible, un cœur pur est un cœur entièrement donné à Dieu. Un cœur qui ne sert pas deux maîtres (Luc 16, 13, p. 349). Un cœur qui ne se complaît pas dans l'obscurité de « jardins secrets » où Dieu ne peut entrer. « Heureux les cœurs purs : ils verront Dieu » (Matthieu 5, 8, p. 248).
Les hommes ne peuvent pas se purifier eux-mêmes. Mais le Seigneur* les purifiera. Il leur donnera un cœur nouveau, un cœur fidèle (Ézékiel 36, 25-28, p. 171).
Le baptême* est la grande source de purification pour le chrétien. Avec Jésus, le baptisé meurt au péché* et à ses sollicitations. Il renaît pour vivre en fils de Dieu.

Purification

La relation avec Dieu qui seul est saint* implique pour les juifs d'être en état de pureté. Cette exigence se traduit par des règles de toutes sortes, notamment alimentaires, par de nombreux rites de purification. Les rites de purification comportent notamment des ablutions et des sacrifices.

Purgatoire

Après sa mort, l'homme doit être purifié* pour vivre pleinement avec Dieu. C'est ce qu'on appelle, dans l'Église* catholique, le purgatoire. Ce n'est pas un lieu. C'est l'un des aspects de la rencontre de Dieu : sa sainteté* brûle tous les restes d'aveuglement et de dureté que le péché* a enracinés dans le cœur de l'homme. Parce que les morts ont besoin d'être purifiés, il est bon de prier pour eux (2 Martyrs d'Israël 12, 43-46).
On peut trouver une annonce du purgatoire dans quelques textes du Nouveau Testament* (1 Corinthiens 3, 13-15, et 1 Pierre 1, 7).

R

Rabbi

Mot hébreu signifiant « maître ». Il a donné « rabbin ». Dans le judaïsme officiel, le titre de « rabbi » est réservé aux scribes* et aux docteurs* de la Loi, car ils ont longuement étudié la Torah* et les traditions juives. Les disciples* l'utilisent à propos de Jésus. Il est pour eux un maître, un guide, un modèle. Nicodème*, un notable parmi les pharisiens*, n'hésite pas aussi à appeler Jésus « Rabbi » (Jean 3, 2, p. 367).
Jésus invite ses disciples à ne pas se donner le titre de rabbi. Car ils sont avant tout des frères. Éclairés par l'Esprit* Saint, ils doivent s'aider à vivre comme des fils du Père et des disciples de Jésus (Matthieu 23, 8-12, p. 279).

Réconciliation, (se) réconcilier

Le Retour de l'enfant prodigue, Leonello Spada (XVIIe siècle)

Il y a réconciliation quand deux adversaires se pardonnent* pour vivre, de nouveau, en amitié.
Les chrétiens sont appelés à se réconcilier :
– avec Dieu, qui désire toujours renouer l'Alliance* avec le pécheur*. Celui-ci doit accueillir dans l'action de grâce le pardon qui lui est offert ;
– et avec les autres hommes. Puisqu'ils sont pardonnés, les chrétiens doivent pardonner sans cesse (Matthieu 18, 21-35, p. 271).

MORT ET RÉSURRECTION DANS LA BIBLE

Il a fallu beaucoup de temps pour que la foi* en la résurrection naisse et s'affermisse dans le cœur des croyants. Tout au début de leur histoire, les Hébreux* croient que les morts partent vers un autre monde où ils sont en contact avec Dieu. Des voyants, des « nécromanciens » prétendent même entrer en relation avec eux et leur parler. On leur pose des questions sur l'avenir et on les considère presque comme des divinités. Le roi Saül* condamne les nécromanciens, car leurs pratiques risquent de détourner les gens de la recherche de Dieu.

Avec la disparition des nécromanciens, les représentations de l'au-delà deviennent très sombres. Les morts sont des ombres sans mémoire. Ils vivent dans l'obscurité du shéol*. Ils n'ont aucun contact avec Dieu. L'homme ne peut donc connaître* Dieu que de son vivant. Après sa mort, tout est fini.

Des croyants vont, peu à peu, réagir contre une telle vision des choses. L'espérance d'une véritable vie après la mort commence à naître, enracinée dans une connaissance toujours plus profonde des qualités de Dieu.

Dieu est puissant : il sait créer des êtres « à partir de rien ». Il saura bien recréer ceux qui sont morts, après l'avoir servi.

Dieu est fidèle : il ne peut abandonner ses amis au shéol, surtout quand la mort est venue interrompre prématurément le cours de leur vie.

Ainsi, la foi en une vie après la mort se répand dans le Peuple. Mais, au temps de Jésus, les sadducéens* ne croient toujours pas en la résurrection (Marc 12, 18, p. 317).

Comment se représente-t-on cette vie après la mort ?

Après un temps de sommeil ou d'attente dans le shéol, Dieu donnera aux morts une vie nouvelle. On l'imagine assez semblable à la vie actuelle. C'est pourquoi on utilise le mot « résurrection » qui veut dire « relever » : Dieu relèvera ses amis que la mort avait couchés au tombeau. L'image utilisée par Ézékiel* pour décrire la résurrection du Peuple après l'Exil* devient l'image de la résurrection des morts à la fin des temps (Ézékiel 37, 1-14, p. 171).

Le jour de la résurrection : « le troisième jour »

Le prophète Osée avait annoncé : « Après deux jours, [le Seigneur*] nous rendra la vie, le troisième jour il nous relèvera » (Osée 6, 2, p. 136). Le « troisième jour » devient la manière habituelle de désigner le jour où les morts se relèveront. Aussi, quand Jésus annonce qu'il ressuscitera le « troisième jour », les disciples* comprennent qu'il ressuscitera plus tard, avec tous les morts.

Les apports de Jésus

Pour Jésus, il n'y a pas deux vies : celle d'avant la mort et celle d'après. Dès maintenant, ceux qui aiment Jésus ont reçu la vie de fils de Dieu. Cette vie atteindra sa perfection au-delà de la mort (Philippiens 3, 10-14, p. 449). La mort est donc « passage » (Pâque*). Il n'y a plus d'attente ni de sommeil : le shéol* a disparu. « Aujourd'hui, avec moi, tu seras dans le Paradis », dit Jésus à l'un de ceux qu'on a crucifiés avec lui (Luc 23, 43).

Jésus souligne les changements que la résurrection introduit chez les hommes : ils seront bien les mêmes, mais beaucoup plus spirituels, « comme les anges dans les cieux » (Marc 12, 25, p. 317).

Ses amis ont du mal à reconnaître du premier coup Jésus ressuscité (Jean 20, 11-18, p. 395, et Luc 24, 13-35, p. 354). Saint Paul* compare le corps mortel à une graine jetée en terre, et le corps ressuscité à la fleur qui en naît (1 Corinthiens 15, 35-44, p. 444).

▶ Voir SEIGNEUR

Cette réconciliation avec Dieu et avec les autres se vit à travers un sacrement* : le sacrement du pardon et de la réconciliation. Luc souligne la joie de Dieu quand il accueille un pécheur qui revient (Luc 15, 7-10, p. 346).

Rémission des péchés

L'expression « rémission des péchés* » vient du verbe « remettre » qui signifie pardonner*. Dieu seul remet les péchés, c'est-à-dire qu'il les pardonne (Marc 2, 1-12, p. 303). Lors du sacrement* de réconciliation*, Dieu nous remet nos péchés et nous pardonne par l'intermédiaire du prêtre*.

▶ Voir PARDONNER et RÉCONCILIATION

Résurrection

C'est le passage de la mort à la Vie.

Révélation, révéler

Par la Révélation, Dieu fait connaître aux hommes ses desseins de Salut. Il se révèle lui-même pour que l'homme puisse le rencontrer.

▶ Voir VERBE

Rite

Du mot latin *ritus* signifiant « usage », « coutume ». Dans le domaine religieux, les rites sont des gestes codifiés, utilisés au cours d'une célébration. Ils sont reconnaissables par tous les membres de l'assemblée. Par exemple, le rite de l'imposition* des mains.
Par extension, le mot « rite » désigne l'ensemble des gestes et des paroles d'une célébration : par exemple, le rite de la messe, le rite du baptême*, le rite des funérailles…

Roi

Le vrai Roi d'Israël*, c'est Dieu (Isaïe 6, 1-8, p. 140). Le Peuple lui a réclamé un roi pour être comme les

Saintes Femmes au tombeau, Maurice Denis (XIXe siècle)
En arrière-plan, Marie Madeleine est à genou devant le Christ ressuscité.

autres peuples (1 Samuel 8, 5-22, p. 99). Le roi d'Israël est au service de chaque membre du Peuple. D'une certaine manière, il tient la place de Dieu auprès de son Peuple, il le guide et le protège.
▶ Voir MESSIE, PROPHÈTE et la grande planche illustrée p. 114-115

Royaume de Dieu

Vivre dans le Royaume de Dieu, c'est vivre pleinement avec Dieu (Matthieu 25, 34, p. 281). **Le Royaume de Dieu ne se gagne pas par des actions d'éclat. Il s'accueille, car c'est un don de Dieu** (voir commentaire « Le Royaume des cieux », p. 260).
Jésus est venu inaugurer le Royaume de Dieu : un royaume où les petits et les pauvres* sont les premiers, où l'amour est partagé, où chacun est reconnu et aimé. Le Royaume est déjà là quand l'homme met en pratique la Parole* de Dieu, quand il vit dans le respect des autres, le partage, le pardon*. Quand nous demandons dans la prière du Notre Père : « Que ton règne vienne », nous demandons à Dieu qu'il nous aide à faire venir ce Royaume sur notre terre en faisant advenir la civilisation de l'amour.

S

Sabbat

C'est le septième jour de la semaine juive (Genèse 2, 2-3, p. 24), **jour de repos en l'honneur du Seigneur*** (Exode 20, 8-11, p. 74).
Le sabbat commence le vendredi soir au coucher du soleil. Dans chaque maison, on organise une liturgie* familiale au cours de laquelle la mère de famille allume deux bougies. Elles rappellent les deux commandements* à vivre tout le long du sabbat : « Souviens-toi » et « Mets en pratique. »

Sacrement

Les sacrements sont des signes visibles de l'amour de Dieu qui se donne à ses enfants. À travers chacun d'eux, il nous donne sa vie, sa force, et nous envoie vers nos frères pour témoigner de lui.
Institués par le Christ* et confiés à l'Église*, les sept sacrements sont de trois ordres :
– les sacrements de l'initiation qui donnent la vie de Dieu et aident à grandir dans son amour : baptême*, confirmation*, eucharistie* ;
– les sacrements de guérison : réconciliation*, onction des malades ;
– les sacrements au service de la communion : mariage et ordination.
Chacun d'eux est accompagné d'un signe* (eau, imposition* des mains, onction* d'huile…) et d'une parole (par exemple, « Je te baptise au nom du Père, et du Fils* et du Saint* Esprit ») qui expriment le don que Dieu nous fait lors de ce sacrement : don de sa vie, don de son pardon*.

Sacrifice, sacrifier

Le sacrifice d'Isaac (XVIe siècle)

Acte à travers lequel l'homme exprime son respect de Dieu et son désir de vivre en relation avec lui.
Dans l'Ancien Testament*, les hommes offraient à Dieu leurs plus beaux animaux ou les premières gerbes de leur moisson, reconnaissant ainsi que tout vient de lui.
Les prophètes* rappellent que ce qui donne valeur au sacrifice, ce n'est pas le rite*, c'est la sincérité du cœur (Amos 5, 21-24 ; Osée 6, 6, p. 137).
Jésus fait découvrir à ses disciples* que toute leur vie quotidienne, avec ses joies et ses peines, ses réussites et ses échecs, doit devenir offrande d'amour pour Dieu. Voilà le sacrifice qui lui plaît : un don amoureux de soi ! Jésus donne l'exemple : sa vie, entièrement donnée à Dieu et aux hommes, est un sacrifice parfait qui remplace toutes les anciennes offrandes. Désormais, les chrétiens se nourrissent de son sacrifice à chaque

eucharistie*, et trouvent ainsi la force de faire, à leur tour, le don de leur vie (Romains 12, 1-2, p. 436).
▶ Voir HOLOCAUSTE

Sadducéens

Le groupe des sadducéens, composé des familles des grands prêtres* et d'autres familles importantes de Jérusalem*, apparaît au IIe siècle avant Jésus Christ (voir p. 239). Il tire son nom de Sadok, que Salomon*, quelques siècles auparavant, avait choisi comme responsable du Temple*. Les sadducéens sont les principaux artisans de la mort de Jésus : Caïphe*, l'un des leurs, décide que Jésus doit mourir (Jean 11, 49-52, p. 385). Ils paient Judas* et envoient des gardes arrêter Jésus (Marc 14, 43). Ils font pression sur Pilate* pour obtenir sa crucifixion (Jean 19, 15).

Sagesse

Courant de pensée à l'origine de plusieurs livres de la Bible* (voir p. 200). Salomon* est considéré comme le premier sage ; plusieurs ouvrages, en particulier le livre des Proverbes, lui sont attribués (voir p. 204).

Saint

Dieu seul est saint (Isaïe 6, 3, p. 140). La sainteté de Dieu est ce qu'il a en propre, ce qui le rend différent, unique.

La ronde des Bienheureux, détail du *Jugement dernier*, Fra Angelico (XVe siècle)

Il est « parfait » : il est l'amour absolu (Matthieu 5, 44-48, p. 250).
Jésus, modèle de sainteté pour ses disciples*, nous invite à l'imiter : « Aimez-vous les uns les autres comme je vous ai aimés » (Jean 15, 12, p. 390).
L'homme saint est celui qui, par sa vie, permet au Royaume* de Dieu d'être déjà là.
Les catholiques fêtent tous les saints, connus et inconnus, chaque 1er novembre : c'est la Toussaint.
▶ Voir TOUSSAINT

Saint-Esprit :

Voir ESPRIT SAINT

Salomon

Fils de David* et de Bethsabée*. Il règne de 970 à 931 avant Jésus Christ. Il fait construire le premier Temple* de Jérusalem* (voir p. 119). Il est resté dans la mémoire des croyants comme un modèle de

sagesse*. Malheureusement, à la fin de sa vie, il se laisse entraîner à l'idolâtrie* par les femmes païennes* qu'il a épousées.
▶ Voir la grande planche illustrée p. 114-115

Samaritains

Le Bon Samaritain, Paula Modersohn-Becker (1907)

Habitants de la Samarie. Après la conquête de Samarie en 721 avant Jésus Christ, les Assyriens déportent une grande partie des Israélites et les remplacent par des populations étrangères. C'est l'origine de ceux qu'on appelle les Samaritains (voir p. 138). Ceux-ci adoptent la Loi* de Moïse. Pourtant les Juifs leur refusent l'accès du Temple* de Jérusalem. Les Samaritains construisent alors leur temple sur le mont Garizim. Un roi asmonéen* le détruit. Il n'est jamais reconstruit, mais les Samaritains continuent à célébrer leur culte au sommet du mont Garizim (Jean 4, 20, p. 369). À l'époque de Jésus, Juifs et Samaritains ne se fréquentent pas (Jean 4, 9). Les Samaritains n'accueillent pas les pèlerins galiléens qui montent à Jérusalem (Luc 9, 52-56, p. 341). Cependant, Jésus parle d'eux avec bienveillance (Luc 10, 33-36, p. 343). Il révèle à la Samaritaine qu'il est le Messie*. Après la Résurrection*, il envoie ses Apôtres* évangéliser la Samarie (Actes des Apôtres 1, 8, p. 404). Aujourd'hui encore, des Samaritains se réunissent chaque année sur le mont Garizim pour célébrer la Pâque*, un peu comme on la célébrait à l'époque de Jésus, avec le sacrifice* de l'agneau pascal.

Samuel

Nom signifiant « le nom de Dieu ». Sa mère, Anne*, était stérile. Elle a longuement prié le Seigneur* pour avoir cet enfant. Peu de temps après sa naissance, elle le confie au prêtre Eli, responsable du temple de Silo. Samuel est au service de l'arche* d'Alliance (voir p. 97). Plus tard, Samuel reçoit de Dieu la mission de donner l'onction à Saül* comme premier roi* d'Israël* (1 Samuel 9, 15-17, et 10, 1). Par la suite, il donne l'onction* à David (1 Samuel 16, 1-13, p. 101). Fête le 20 août.
▶ Voir la grande planche illustrée p. 114-115

Sanhédrin

Du grec *sunedrion* signifiant « Conseil ». Pour être assisté dans sa tâche de gouverneur, Néhémie* crée au Ve siècle avant Jésus Christ un Conseil de 71 membres. Il s'inspire du Conseil réuni par Moïse* (Nombres 11, 16, p. 80).
À partir d'Hérode* le Grand, ce « grand Conseil » ou Sanhédrin juge unique-ment les affaires religieuses. Il prononce parfois la peine de mort par lapidation* comme, par exemple, lors du jugement d'Étienne* (Actes des Apôtres 6, 12 et 7, 58, p. 412). Trois groupes sont représentés au Sanhédrin :
– les grands prêtres*. Le grand prêtre en exercice préside ;
– les Anciens*, sadducéens* pour la plupart ;
– les scribes* ou docteurs de la Loi, pour la plupart pharisiens*.

Sarah

Épouse d'Abraham* (voir « Abraham et ses fils », p. 35-47). Stérile jusqu'à un âge fort avancé, Dieu lui fait la promesse* qu'elle aura un enfant. Sara reçoit alors un nom* nouveau. Désormais, elle s'appellera Sarah (Genèse 17, 15-16, p. 41-42). Elle donne naissance à Isaac*. Après sa mort, Abraham achète la grotte de Makpéla, à Hébron, pour l'enterrer. C'est là qu'on peut voir, aujourd'hui, l'imposant tombeau des patriarches* construit par Hérode* le Grand.
▶ Voir la grande planche illustrée p. 36-37

Satan

Mot hébreu* signifiant « accusateur », « adversaire ».
– Satan est peu cité dans l'Ancien Testament*. Dans le livre de Job, il est un ange* de la cour céleste. Il est

comme un accusateur public : il met Job à l'épreuve pour vérifier sa fidélité à Dieu.
– En revanche, les livres apocryphes* des IIe et Ier siècles avant Jésus Christ parlent beaucoup de Satan. Il est présenté comme le chef d'un groupe d'anges qui se sont opposés à Dieu. Ils cherchent à entraîner les hommes dans leur désobéissance à Dieu.
– Les Évangiles* reprennent ce portrait de Satan, ou du diable, chef des mauvais anges (Matthieu 25, 41, p. 282), acharné à combattre les projets de Dieu.
Dès le début de son ministère*, Jésus affronte Satan dans la grande scène des tentations (Matthieu 4, 1-11, p. 259). C'est la présentation en raccourci du combat que Jésus va mener jusqu'au bout de sa vie. Sans cesse, il rejette tout ce qui pourrait l'entraîner loin de la volonté de son Père. C'est pourquoi Pierre* est traité de Satan, parce qu'il ne voulait pas que Jésus passe par la souffrance et la mort (Matthieu 16, 23, p. 282). Judas* est également traité de diable (Jean 6, 70, p. 376).

Le Tentateur (XIIIe siècle)
Représentation de Satan comme celui qui tente l'homme.

Saül (ou Saul)

D'un mot hébreu signifiant « Demandé à Dieu ».
• **Le roi Saül.** De la tribu* de Benjamin, il est choisi par Samuel* comme premier roi* des douze tribus d'Israël* (de 1030 à 1010 environ avant Jésus Christ). Grand guerrier, il conduit les batailles avec Jonathan, son valeureux fils, contre les Philistins* et les Amalécites*. Il entre en conflit avec Samuel*, qui lui annonce que la royauté lui sera retirée. Il s'oppose alors à son gendre David*, en qui il voit un concurrent. Il meurt avec Jonathan dans un combat contre les Philistins (voir p. 100 à 107, et p. 114-107).
• **Saul de Tarse :** Voir PAUL

Sauveur

Sauver en hébreu* signifie « préserver », « écarter un danger », « délivrer ».
Dans l'Ancien Testament*, le Sauveur, c'est Dieu lui-même qui délivre son Peuple de l'esclavage en Égypte (Exode 20, 1-2, p. 74), qui le sauve de l'extermination et de l'Exil* (Jérémie 50, 4-20, p. 164).
Jésus, dont le nom signifie « Dieu sauve » en hébreu, par sa mort et sa résurrection*, délivre les hommes du péché* (Matthieu 1, 21 p. 243)**, pour qu'ils aient la vie en abondance** (Jean 10, 10 p. 382). **La volonté de Dieu est que tous les hommes soient unis à lui dans son Royaume*.**

Scandale

À l'origine, c'est un piège mis sur le chemin pour faire tomber son ennemi. Dans la Bible, le scandale est ce qui empêche de croire. Jésus annonce à ses disciples* qu'il sera, pour eux, une occasion de scandale ou de chute (Matthieu 26, 31, p. 285) ! De fait, sa mort en croix* les plonge dans le désarroi et le doute. Pour eux, le Messie* ne devrait pas mourir d'une manière aussi infamante (1 Corinthiens 1, 23, p. 438).

Scribe

À l'origine, fonctionnaire royal chargé aussi bien de la comptabilité que de la rédaction des mémoires du roi. Dès l'époque du roi Salomon*, les scribes mettent par écrit les traditions* religieuses des tribus* d'Israël. Ils rédigent ainsi la trame des cinq premiers livres de la Bible (voir la grande planche illustrée p. 10-11). À partir de l'Exil*, les scribes – ou docteurs* de la Loi – deviennent des autorités religieuses importantes. De véritables écoles de scribes se mettent en place. Elles donnent le droit d'enseigner et de recevoir le titre de « rabbi* ».

Christ en majesté, entouré de cercles concentriques avec anges et saints, Giusto de Menabuoi (XIVe siècle)

Seigneur

Les Grecs utilisent le mot *Kurios*, « Seigneur », à la place du tétragramme hébreu.
La résurrection* de Jésus permit aux apôtres* de reconnaître pleinement sa divinité. À partir de là, ils lui attribuèrent le titre de Seigneur (Actes des Apôtres 2, 36, p. 408). Ils donnèrent au premier jour de la semaine, jour de la Résurrection*, le nom de « Jour du Seigneur » ; en latin *dies domini*, ce qui a donné en français « dimanche » (voir « Dimanche », p. 356).
▶ Voir Nom, YHVH

Sémites

Descendants de Sem, fils aîné de Noé (Genèse 6, 10, p. 29). Les Juifs et les Arabes, descendants d'Abraham*, sont des sémites.

Séraphins

Nom signifiant « les brûlants ». Ce sont des anges*. Comme les chérubins, ils célèbrent la gloire* de Dieu et annoncent sa sainteté* (Isaïe 6, 2-7, p. 140).

Séraphin, détail de *La Stigmatisation de saint François* (XIIIe siècle)

Serpent

• **Le serpent, représentation du diable*.** Le serpent du jardin* d'Éden (Genèse 3, 1-5, p. 26. Voir la grande planche illustrée p. 20-21) est assimilé au diable* dans les livres d'Isaïe (Isaïe 27, 1), de Job (Job 26, 13) et de l'Apocalypse* (Apocalypse 12, 9, p. 464).
• **Le serpent de bronze.** Il s'agit du serpent que Moïse fait dresser sur un étendard dans le désert. Il protège le Peuple d'une invasion de serpents venimeux (Nombres 21, 6-9, Sagesse 16, 5 et voir la grande planche illustrée p. 90-91). Par la suite, il devient un obstacle à la foi* d'Israël, car on l'honore comme une idole*. Aussi le roi Ézékias, contemporain d'Isaïe*, le fait détruire (2 Rois 18, 4). Saint Jean fait allusion au serpent de bronze (Jean 3, 14, p. 368). Il y voit une annonce de l'élévation de Jésus sur « l'étendard de la croix* ».

Serviteur

Une des grandes surprises de la révélation* biblique est qu'elle pré-

Le Lavement des pieds, Duccio di Buoninsegna (XIVe siècle)
« Si donc moi, le Seigneur et le Maître, je vous ai lavé les pieds, vous aussi vous devez vous laver les pieds les uns aux autres. C'est un exemple que je vous ai donné afin que vous fassiez, vous aussi, comme j'ai fait pour vous » (Jean, 13, 14-15).

sente Dieu comme un serviteur. Les hommes de l'Ancien Testament* cherchaient, de tout leur cœur, à devenir de bons serviteurs de Dieu. Les prophètes* sont les modèles de cette recherche.
Mais Jésus révèle deux choses nouvelles :
• **Dieu lui-même est serviteur des hommes.** Jésus, le Fils* de Dieu, n'est pas venu pour dominer, mais pour servir et pour donner sa vie en rançon pour la multitude (Marc 10, 35-45, p. 314).
• **Dieu ne cherche pas des serviteurs.** Il veut des fils, des amis (Jean 15, 15, p. 390) qui, comme lui, avec lui, se feront serviteurs des autres hommes. Ils leur révéleront ainsi jusqu'où va l'amour de Dieu pour eux (Jean 13, 1-15, p. 387).

Shéol

Mot hébreu* désignant le séjour des morts, parfois traduit par « les enfers ». On l'imagine comme un lieu souterrain : on descend au shéol (voir la grande planche illustrée p. 20-21). Les textes les plus anciens le présentent comme un lieu de sommeil et d'oubli (Job 3, 13-17, p. 200). Jésus est « descendu aux enfers » (1 Pierre 3, 19, p. 454). Il en est « remonté », entraînant dans sa résurrection tous les justes qui l'avaient précédé. Désormais la mort est un passage vers la vie éternelle (Luc 23, 43).

Signe

Tout homme fait chaque jour des dizaines de signes, avec ses mains, ses yeux, son corps… Il salue quelqu'un, offre un cadeau, lève le poing… Les signes sont à la base de toute relation entre les personnes.
C'est pourquoi Dieu donne aux hommes des signes de son Alliance* : l'arc-en-ciel (Genèse 9, 13, p. 33), un Nom* (Exode 3, 13-15, p. 60), la nuée* (Exode 34, 5). Les prophètes* font des signes pour donner de la valeur à leurs paroles (Jérémie 19, 1-11, p. 157).
Jésus a fait de nombreux signes pour annoncer l'amour de son Père. Il se fait baptiser* comme un pécheur*, il touche les lépreux, il va chez les publicains*, il fait des miracles*… Sa vie tout entière, sa mort et sa résurrection*, sont signes de la victoire de Dieu sur la mort*. Aujourd'hui, Dieu donne à l'Église* des signes de sa tendresse pour les hommes : ce sont les sept sacrements*.

Simon (ou Syméon)

Nom hébreu signifiant « a entendu ».
• **Simon, le patriarche*.** Second fils de Jacob* et de Léa. Un des ancêtres des douze tribus* d'Israël* (voir p. 51).

• **Syméon, le vieillard du Temple*** (voir Luc 2, 25-35, p. 329).
• **Simon Pierre :** voir PIERRE.
• **Simon de Cyrène.** Originaire de Cyrène, ville de Libye, il aide Jésus à porter sa croix* (Matthieu 27, 32, p. 291).
• **Simon le Zélote*, l'un des Douze.** Appelé aussi le Cananéen. On ne sait pas grand-chose de lui. Son surnom le range parmi ceux qui ne supportent plus l'occupation romaine.
Selon certains, il évangélise l'Arménie en compagnie de Jude*-Thaddée, et meurt martyr, scié en eux comme le prophète Isaïe*. Fête le 28 octobre.

Sion

À l'origine, nom cananéen de la citadelle de Jérusalem* (2 Samuel 5, 7, p. 108). Ce nom est étendu au « mont du Temple* », voisin de la citadelle (Psaume 137, 1, p. 230). Puis, par la suite, Sion désigne toute la ville. Parler de Sion ou de Jérusalem, c'est la même chose. La « fille de Sion » est une personnification de la ville de Jérusalem (Zacharie 9, 9, p. 191).
▶ Voir la grande planche illustrée p. 114-115

Symbole de foi

Dans les premiers siècles de l'histoire de l'Église*, les chrétiens mettent au point des formules pour exprimer leur foi*. Ils proclament ces formules pendant les célébrations publiques, en particulier les baptêmes*. On les appelle « Symboles de foi ».
Le mot grec *sumbolon* désigne l'une ou l'autre partie d'un objet partagé entre deux personnes pour leur servir de signe de reconnaissance. Les Symboles de foi ont été soigneusement composés pour que tous les chrétiens « reconnaissent », en les disant, qu'ils ont la même foi. Aujourd'hui, catholiques, protestants et orthodoxes se reconnaissent dans le Symbole de Nicée-Constantinople.

Synagogue

La synagogue est d'abord le nom donné à la communauté des fils d'Israël (Exode 34, 31), qui a reçu les dix Paroles et qui prie Dieu dans le désert sous la responsabilité d'un groupe d'Anciens* (Exode 34, 1-35).
Elle est devenue le lieu d'étude et de prière pour les juifs. Aujourd'hui, les juifs se réunissent régulièrement pour étudier la Torah* et pour prier. Des enseignements particuliers sont donnés aux enfants. Lorsqu'il est prêt, le jeune garçon fait sa première lecture publique des Écritures* dans la synagogue à 12 ou 13 ans. C'est sa *Bar Mitzva,* célébration durant laquelle il devient vraiment « fils de l'Alliance* » (voir p. 305, note 1).
Chaque jour, il y a trois prières à la synagogue : le matin, l'après-midi (Actes 3, 1, p. 409) et le soir (Psaume 141, 2). Ce sont les moments où il y avait autrefois les sacrifices* au Temple*.
▶ Voir COMMANDEMENT

T

Tabernacle

Tabernacle, Fleur Nabert (2007)

Du mot latin *tabernaculum*, « tente ». Armoire où sont conservées les hosties consacrées dans les églises catholiques.
▶ Voir EUCHARISTIE et TENTE DE LA RENCONTRE

Temple de Jérusalem

La Bible parle du temple de Silo (p. 97), du temple de Béthel (p. 131-

L'esplanade du Temple mesure 480 mètres sur 300. Elle est divisée en plusieurs secteurs : le parvis des Gentils*, le parvis des femmes, le parvis des hommes et le parvis des prêtres*.
L'autel* des sacrifices* et l'entrée du sanctuaire se trouvent sur le parvis des prêtres.
Le sanctuaire comprend un vestibule. Il conduit à une grande salle de culte*, le « Saint ». Le chandelier d'or à sept branches, appelé *menorah*, s'y trouve. Il y a aussi une table et un autel. On pose chaque jour sur cette table des pains offerts au Seigneur* (Matthieu 12, 4, p. 258). Des parfums sont brûlés deux fois par jour sur l'autel (Luc 1, 9, p. 322). Le « Saint des Saints » se trouve au fond de cette salle, derrière un double rideau. Une pierre nue a remplacé l'arche d'Alliance depuis sa disparition. Le grand prêtre* y dépose un encensoir fumant, une fois par an, le jour des Expiations*.

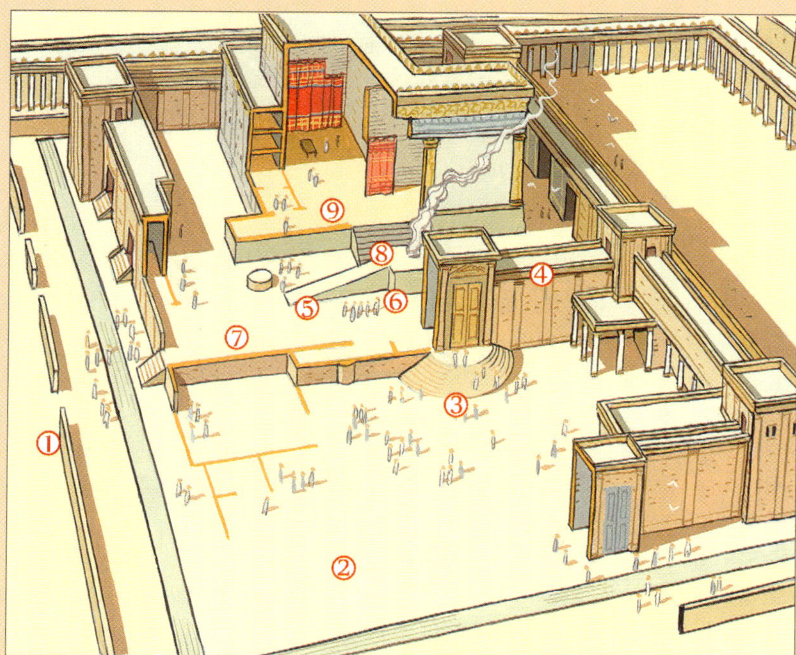

1. Parvis des Gentils. Interdiction pour les non-juifs d'aller au-delà (voir page 499).
2. Parvis des femmes. Elles pouvaient monter les 15 marches qui conduisent à la porte de Nicanor et, de là, voir les sacrifices et la façade du sanctuaire.
3. Porte de Nicanor.
4. Parvis des hommes.
5. Parvis des prêtres.
6. Autel des holocaustes. Un feu y brûlait nuit et jour.
7. Bassin pour la purification des prêtres avant les sacrifices.
8. Vestibule du sanctuaire.
9. Saint où ne pénètrent que les prêtres. Au-delà du rideau, le Saint des Saints.

133). Le plus important des temples du Seigneur est celui de Jérusalem*. Au retour de l'Exil*, tous les autres temples ayant disparu, celui de Jérusalem est le seul lieu de culte* des Juifs.
Le premier Temple de Jérusalem est construit par Salomon vers 960 avant Jésus Christ (1 Rois 5, 16 à 8, 43, p. 118). L'arche* d'Alliance* y repose dans le « Saint des Saints ». Nabucodonosor, roi de Babylone, détruit le Temple et l'arche d'Alliance en 587 avant Jésus Christ (voir p. 161).
Le Temple est reconstruit après l'Exil, entre 520 et 515 avant Jésus Christ. Il est bien plus petit. En 167 avant Jésus Christ, le roi grec Antochius Épiphane profane* le Temple en y offrant des sacrifices* à Zeus. Les Maccabées* le purifient en 164 avant Jésus Christ. C'est l'origine de la fête de la Dédicace, ou fête de *Hanoukah* (1 Martyrs d'Israël 4, 36-59, p. 195). Hérode* le Grand le réaménage à partir de 20 avant Jésus Christ (voir p. 296-297). Les travaux sont très longs et durent jusqu'en 62 après Jésus Christ. Le Temple est définitivement détruit le 28 août 70 par Titus*.
Chaque Juif, quel que soit son lieu de résidence, versait un impôt annuel pour l'entretien du Temple. À l'intérieur du Temple, on ne pouvait utiliser que l'ancienne monnaie frappée pendant le règne des Asmonéens*.

Tentation

Mauvais désir qui pousse au péché*. Le chrétien, en prenant

modèle sur Jésus, demeure vigilant pour lutter contre les tentations (Matthieu 26, 41, p. 286). Il prie le Père de le délivrer du Mal (Matthieu 6, 13, p. 251). Le plus souvent, c'est le diable* qui est à l'origine de la tentation (Genèse 3, 1-7, p. 26, et Matthieu 4, 1-11, p. 246). C'est la raison pour laquelle il est appelé « le tentateur » (Matthieu 4, 3, p. 246). Mais la tentation peut venir d'un autre, d'un ami parfois. C'est le cas de Pierre* qui veut conduire Jésus sur un chemin de facilité contraire à la volonté de Dieu (Matthieu 16, 22-23, p. 270).

Tente de la Rencontre

Tente construite dans le désert pour abriter l'arche* d'Alliance au temps de Moïse* (Exode 40, 16-21, p. 79). Elle est appelée « tente de la Rencontre » car Moïse y entrait pour rencontrer Dieu.
Saint Jean* écrit que le Fils* de Dieu « a dressé sa tente parmi nous » (Jean 1, 14, p. 363). Il enseigne ainsi que Dieu ne se rencontre plus ni dans la tente ni dans le Temple. C'est par Jésus qu'on rencontre Dieu désormais. Il est la présence de Dieu parmi les hommes (Matthieu 1, 23 ; Apocalypse 21, 3).

Terre

Dieu fait à Abraham* la promesse* de donner à ses descendants le pays de Canaan* (Genèse 12, 7, p. 38). Ainsi naît chez les Hébreux* l'expression « Terre promise ». Elle désigne la Terre* sainte du Seigneur*. Il y réside, dans son Temple*, à Jérusalem*. Ce lien entre Dieu et le territoire d'Israël est remis en cause pendant l'Exil*. Les Juifs découvrent que Dieu est présent aussi à Babylone ; ils le rencontrent en écoutant sa Parole*.
De cette expérience naît chez les Juifs la conviction qu'ils peuvent vivre leur foi* en dehors des frontières de la Terre promise. Aussi beaucoup ne repartent pas en Israël quand la possibilité leur en est donnée. Ils restent à Babylone ou partent s'établir dans tout le Bassin méditerranéen, créant ainsi la Diaspora* (voir « Dieu parle aussi en terre étrangère », p. 495).

Testament

Le même mot dans l'Écriture, *diathêkê* en grec et *Berit'* en hébreu, est riche de deux sens : testament et alliance. Testament et alliance entre les hommes et entre les hommes et Dieu.
Le Nouveau Testament nous révèle la Nouvelle Alliance* entre Dieu et les hommes, prophétisée dans l'Ancien Testament (voir p. 7 à 13) et scellée dans le Sang de Jésus.

Thaddée : Voir JUDE

Théophanie

Ce mot, dans l'Ancien Testament*, désigne une manifestation de Dieu (voir Exode 19, 1-16, p. 72-73 ; 1 Rois 19, 9-13, p. 127-128).

Thomas

Incrédulité de Thomas (XIIIe siècle)

L'un des Douze*. Il demande à Jésus quel chemin prendre pour le suivre (Jean 14, 5, page 388). Il ne veut croire que ce qu'il voit vraiment (Jean 20, 24-29, p. 397).
Selon la tradition, saint Thomas aurait évangélisé l'Inde. Les chrétiens de la côte Malabar se rattachent à lui. Ils vénèrent, près de la ville de Chen nai (Madras), une croix* avec une inscription du VIIe siècle indiquant le lieu de son martyre.

Tibère

Fils adoptif de l'empereur Auguste. Il est empereur romain de 14 à 37 après Jésus Christ. Hérode* Antipas fait construire en son honneur la ville de Tibériade. Le ministère de Jésus se déroule sous son règne (Luc 3, 1, p. 331).

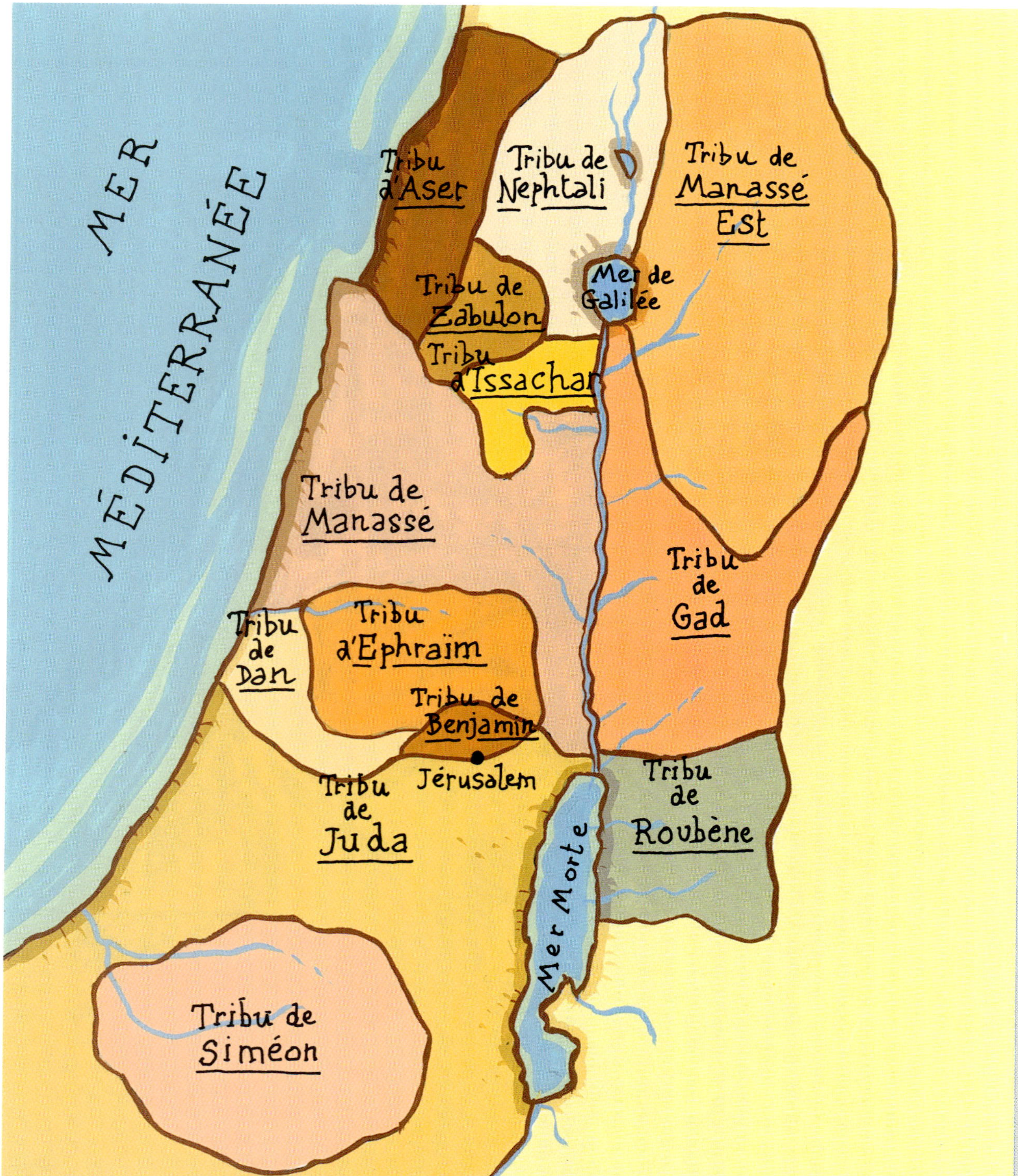

LES DOUZE TRIBUS D'ISRAËL

Timothée

Paul donne son livre à Timothée (XIVe siècle)

Nom grec signifiant « Qui honore Dieu ». Timothée est originaire de Lystres. Il est né d'un père païen* et d'une mère juive. Il est l'un des disciples* les plus connus de saint Paul* qui lui adresse deux épîtres*. Paul lui impose* les mains avec d'autres Anciens* pour en faire son coopérateur dans le ministère d'apôtre*. Timothée accompagne Paul dans toutes les grandes villes du bassin méditerranéen. Lors de la dernière captivité de Paul, il est le responsable de la communauté d'Éphèse. Il meurt martyr, lapidé*. Fête le 26 janvier, avec Tite.

Tite

Disciple* de Paul*. Premier païen*, selon la Bible, à exercer un ministère* important dans l'Église*. Il achève d'organiser les communautés chrétiennes dans l'île de Crète. Puis il part en Dalmatie. Certaines traditions affirment qu'il a évangélisé l'Espagne. Fête le 26 janvier, avec Timothée.

Titus

Général romain dont le nom n'est pas cité dans la Bible. Il arrive en Galilée en 67 après Jésus Christ, avec son père Vespasien, pour briser une grande révolte juive. Vespasien devient empereur en 69. Titus poursuit la guerre et il prend Jérusalem*. Le Temple* est détruit. Titus succède à son père. Il est empereur de Rome de 79 à 81.

Torah : Voir Loi

Tribu

Ensemble de familles vivant sur un même territoire et issues du même ancêtre. Le peuple d'Israël est formé par l'union des douze* tribus se réclamant des douze fils de Jacob*-Israël (voir p. 51-52, et carte p. 542). Après le règne de Saül*, vers 1010 avant Jésus Christ, l'unité des tribus se défait, puis elle se reforme sous l'autorité de David* (voir « Roi des douze tribus », p. 108). La désunion s'installe à nouveau, et de façon définitive, dès la mort de Salomon* (931 avant Jésus Christ). Ainsi se forment deux royaumes, souvent ennemis : le royaume d'Israël* regroupant les dix tribus du Nord, face au petit royaume de Juda* (voir p. 122).

Trinité

Trinité, Andreï Roublev (XVe siècle)
Le peintre s'est inspiré de la rencontre d'Abraham avec les trois étrangers au chêne de Mambré, représenté derrière les anges, qui sont une manifestation de la Sainte Trinité.

Ce mot vient du chiffre trois. Il ne se trouve pas tel quel dans les textes bibliques mais ceux-ci dévoilent peu à peu cette réalité de notre foi, préfigurée dans l'Ancien Testament (Genèse 18, 1-8) et exprimée dans le Nouveau. Dès l'origine de l'Église les Apôtres baptisent « au Nom du Père, du Fils et du Saint-Esprit » (Matthieu 28, 19-20, p. 295).
Jésus a mis en lumière ce qui était encore caché dans l'Ancien Testament* : **il révèle que le Dieu unique de l'Alliance est communion du Père, du Fils* et du Saint-Esprit*. Dieu est amour** (1 Jean 4, 8, p. 456)**. Le Dieu trinitaire invite tous les hommes à participer à sa vie. Le Saint-Esprit leur donne un cœur de fils, semblable à celui de**

Jésus, pour qu'ils aiment le Père (Romains 8, 14-17).
▶ Voir Baptême

V

Verbe

Mot synonyme de « parole* ». Il désigne le Fils* de Dieu (Jean 1, 1, 9 et 14, p. 362-363 ; 1 Jean 1, 1 ; Apocalypse 19, 13). Le Verbe s'est fait chair*, le Fils de Dieu s'est fait homme : c'est Jésus le Christ*.

Vérité

Dans la Bible, la vérité se découvre ou se révèle* dans une rencontre avec Dieu, Père, Fils* et Esprit*. Cette rencontre est souvent heureuse comme pour Abraham* et Sarah (Genèse 18, 1-14, p. 42). Elle peut être impressionnante comme pour Moïse* (Exode 19, 16-20, p. 73), ou discrète comme pour Élie* (1 Rois 19, 1-13, p. 127). Elle est toujours l'occasion d'une transformation ou d'une conversion* comme pour Moïse (Exode 3, 1-12, p. 58), comme pour Simon Pierre* (Luc 5, 1-11, p. 333), comme pour la Samaritaine* (Jean 4, 3-30, p. 368), ou pour les Apôtres (Actes des Apôtres 2, 1-12, p. 406). Jésus affirme qu'il est lui-même la Vérité (Jean 14, 6, p. 389).

Vie éternelle

Dieu notre Père est source de la vie éternelle. Il a voulu la partager avec les hommes depuis leur création. Malgré la chute, le Seigneur persévère dans son projet et finalement **il l'offre à tout homme de bonne volonté par son fils Jésus Christ.**
▶ Voir Éternel et Résurrection

Vierge Marie

Dans la traduction grecque de l'Ancien Testament*, il est annoncé que la mère du Messie* sera vierge (Isaïe 7, 14, p. 143). Cette prophétie se réalise avec Marie*, la mère de Jésus (Luc 1, 26-34, p. 324). Dans la tradition chrétienne, Marie est appelée « Vierge Marie » ou « Sainte Vierge ».

Vocation

Du latin *vocare* signifiant « appeler ». La vocation est un appel auquel l'homme est invité à répondre. Dans l'Ancien Testament*, Dieu appelle sans cesse : Abraham* pour être le père d'un grand peuple, Moïse* pour guider ce peuple dans l'Alliance* (Exode 3, 4, P. 59). Il appelle des hommes à être prophètes* (Isaïe 6, 1-8, p. 140 ; Jérémie 1, 1-10, p. 154 ; Ézékiel 2, 2-5, p. 167). Dans le Nouveau Testament, Jésus appelle des hommes à être apôtres* (Luc 6, 12-16, p. 334). Tous les hommes sont appelés à

La Vierge protégeant l'Église sous son manteau (XVe siècle), Le Puy-en-Velay

La Vocation de saint Matthieu, Le Caravage
(XVIIe siècle)

faire partie de la famille de Dieu (Apocalypse 3, 20, p. 460). Chacun répond à cet appel à sa manière : l'un dans le mariage, l'autre dans le célibat. Certains se mettront au service de la cité, d'autres utiliseront leurs dons dans la catéchèse… Les vocations sont variées, mais tous, prêtres*, religieux ou laïcs, sont les membres du même Corps* (1 Corinthiens 12, 3-27, p. 440).

YZ

YHVH (OU YHWH)

יהוה

Transcription dans l'alphabet latin des quatre consonnes hébraïques du Nom* de Dieu révélé à Moïse* (Exode 3, 13-15, p. 60). Les juifs ne prononcent pas ce nom lorsqu'ils le lisent dans le texte des Écritures. Ils disent à la place « *Adonaï* », ce qui signifie « le Seigneur* ».

L'Église demande aux chrétiens de faire de même. La vocalisation de ces quatre consonnes, quelle qu'elle soit, n'est pas respectueuse de la tradition biblique. C'est pourquoi le Tétragramme est toujours remplacé par « le Seigneur* » dans les lectures liturgiques.

Zacharie

Du mot hébreu *Zakaryah* signifiant « Le Seigneur se souvient ».

- **Zacharie, le prophète*.** Le livre de Zacharie contient les oracles* de deux prophètes. Le premier, au retour de l'Exil*, encourage les Juifs à rebâtir le Temple* de Jérusalem*. Le second, un peu plus tard, annonce un messie* humble et persécuté (voir p. 191 et p. 192-193).
- **Zacharie, père de Jean* le Baptiste** (Luc 1, 5-20, p. 322). Fête le 5 novembre.

Zacharie écrit le nom de Jean et retrouve la parole (XXIe siècle)

Zélotes

Ce sont des résistants qui s'opposent à l'occupation romaine (voir p. 240). À l'époque de Jésus, le terme « zélote » n'est pas encore très utilisé. Mais de nombreux Juifs, surtout originaires de Galilée*, aspirent à la libération d'Israël*. Ils sont prêts à recourir à la violence contre les Romains en s'inspirant des exploits des Maccabées*. Simon* le Zélote, l'un des Douze*, fait sans doute partie de ce courant.

IC
XC

TABLES ET COMMENTAIRES DES CADRES ORNÉS

TABLE THÉMATIQUE DE L'ANCIEN TESTAMENT

TABLE THÉMATIQUE DES QUATRE ÉVANGILES

LES RENCONTRES DE JÉSUS

TABLE DES LIEUX BIBLIQUES

QUELQUES THÈMES DÉVELOPPÉS DANS LES ENCADRÉS

(les encadrés sont situés en marge du texte biblique, dans les cadres ornés)

DIEU

LE PEUPLE DE DIEU

L'HOMME

TABLE DES GRANDES PLANCHES ILLUSTRÉES

TABLE DES PRIÈRES

PSAUMES

PRIÈRES DANS LES TEXTES BIBLIQUES

COMMENTAIRES DES CADRES ORNÉS

En adoptant pour ce livre le principe du « cadre orné », nous n'avons pas recherché avant tout à « illustrer » la Parole de Dieu, mais plutôt à créer un climat visuel favorisant l'accès à cette Parole, source de Vie.
Ces cadres ont été créés par des artistes contemporains ou choisis dans l'histoire de l'art chrétien.
Ainsi, le lecteur découvrira que ces textes ont inspiré et font vivre des hommes de tous âges, de toutes sensibilités, de toutes époques et de toutes cultures.
Voici maintenant, pour chaque cadre orné, quelques brèves annotations propices à une bonne contemplation de l'œuvre.

LA PAROLE DE DIEU, ARBRE DE VIE
Myriam Mollier, 2010
(pages 5 à 16
et tout le long du livre).

L'olivier, arbre de vie, symbole de prospérité et de paix, a été brisé par une terrible tempête. Mais ses rameaux emportés par le vent, dans la lumière dorée du matin, se répandent sur toute la surface de la Terre. Ainsi Jésus, le Christ, Parole éternelle du Dieu d'amour, a été mis à mort, à cause du péché du monde. Mais au matin de la Résurrection, le souffle de l'Esprit Saint porte au loin, à toutes les nations qui sont sous le ciel, la Bonne Nouvelle de la victoire de la Vie sur toute forme de mort.

LA CRÉATION
Michel-Ange, 1510.
Chapelle Sixtine
(Vatican).
© Jim Zuckerman/
Corbis
(pages 22 à 27 et 34).

À droite, un homme à la barbe blanche, d'âge mûr, mais plein de vigueur ! Il figure le Père éternel, Créateur des mondes. À gauche, un homme jeune, nu, aux formes parfaites, étendu sur la terre. C'est Adam, le premier des humains, celui qui fut modelé « avec la poussière prise du sol » (Genèse 2, 7). L'Éternel communique au premier homme la vie et l'être par son doigt tendu ; auquel répond la main abandonnée d'Adam, qui accueille dans l'humilité cette vie donnée. Entre le doigt qui donne et le doigt qui reçoit, subsiste un espace : celui de la liberté de l'homme.

L'ARCHE DE NOÉ
André Normil, 1967.
© DR/akg-images
(pages 28 à 33).

Quelle profusion de détails et de couleurs, à l'image de l'infinie diversité du monde créé par Dieu, pour ce dessin en style naïf, qui évoque le rassemblement par Noé de toutes les espèces d'animaux ! Noé et ses fils ont construit l'arche sur ordre de Dieu, pour que les eaux du Déluge n'anéantissent pas cette Création, que Dieu lui-même a désignée comme « bonne ». De partout, spontanément, les animaux viennent prendre place, obéissant aux instructions de Noé. L'arche flotte déjà sur des eaux encore calmes. Une paix précaire, dans l'attente de l'ouverture des vannes du ciel !

LA TRINITÉ

Roublev, 1410. Galerie Tretiakov. Moscou (Russie). © Baranovsky/ Siny Most (pages 38 à 45 et 54).

Cette icône fait mémoire de la visite des trois anges à Abraham au chêne de Mambré (Genèse 18) mais elle est souvent vue comme évocation de la Sainte Trinité. La composition souligne la communion qui existe entre les trois anges. Le Père, le Fils, l'Esprit : trois personnes qui s'accordent sans aucun nuage, entre lesquelles se vit, depuis toujours et pour toujours, un admirable échange. Devant, une place libre, celle offerte à tous ceux qui veulent bien entrer dans cette communion et s'asseoir à l'autel eucharistique.

LE SONGE DE JACOB

Nicolas Dipre, XVIe siècle. Musée du petit palais (Avignon). © akg-images/Erich Lessing (pages 46 à 49).

Cette peinture exprime bien le contraste entre l'homme, « le terrien », collé à sa terre d'origine, et l'ange montant vers le ciel. Le Fils de Dieu viendra abolir cet espace en partageant la condition des hommes pour leur ouvrir l'accès vers son Père (voir Jean 1, 35-51, page 364).

ABRAHAM

Étienne Jung, 2010 (pages 50 à 53).

Ce cadre fait référence au cycle des patriarches. Au moment où Abraham va sacrifier son fils Isaac, pensant obéir à l'ordre de Dieu, un ange retient sa main ; derrière lui, un bélier, qui sera la victime du sacrifice. Au centre, plus bas, le combat de Jacob et de l'Ange. À droite, la vision de Jacob endormi : sur une échelle qui relie terre et ciel, des anges montent et descendent. À gauche, Sarah prépare des galettes à la demande d'Abraham. Enfin, en bas, Joseph, vendu comme esclave à des marchands par ses frères, est emmené captif en Égypte.

MOÏSE

Éric Puybaret, 2010 (pages 56 à 67).

Le petit Moïse, que sa mère a mis dans une corbeille qui flotte sur le Nil, échappera à l'ordre du Pharaon de tuer tous les enfants mâles des Hébreux. Ces derniers, traités en esclaves, sont contraints de participer à la construction des monuments d'Égypte. Au centre, Moïse s'en prend à un Égyptien qui frappait un Hébreu et le tue, ce qui l'obligera à fuir le pays.

PASSER LA MER À PIEDS SECS

Laure Fournier, 2010 (pages 68 à 73).

Sous la conduite de Moïse, qui de son bâton a ouvert la mer Rouge, le peuple des Hébreux marche vers la liberté. Les eaux forment une muraille à leur droite et à leur gauche. Portant leurs enfants, emmenant leur bétail et leurs maigres richesses, ils n'ont pas peur, ils ont confiance en Dieu. Pourtant, Pharaon s'est ravisé, il a envoyé contre eux ses meilleures troupes, les voilà au loin qui arrivent ! Mais le Seigneur Dieu veille sur son Peuple. Les eaux vont se refermer pour engloutir l'armée des Égyptiens. À l'arrière-plan, le désert. Il s'étend aussi de l'autre côté de la mer, là où vont parvenir les Hébreux, pour une longue marche, au cours de laquelle leur confiance en Dieu sera souvent mise à l'épreuve…

MOÏSE REÇOIT LES TABLES DE LA LOI

Psautier d'Ingeburge. XIIIe siècle. Musée de Chantilly. © Giraudon/ The Bridgeman Art Library (pages 74 à 79 et 92).

Moïse reçoit les tables de la Loi de la main de Dieu. Un rocher suffit à évoquer la montagne du Sinaï, au pied duquel se tiennent Aaron et quelques représentants du peuple hébreu. L'arbre qui sépare ces personnages de Moïse rappelle que seul ce dernier est admis à gravir la montagne et à entrer en communication avec Dieu.

LE PEUPLE DE DIEU DANS LE DÉSERT

Gaëtan Évrard, 2010 (pages 80 à 89).

Moïse conduit le peuple hébreu dans le désert du Sinaï. C'est le lieu de la révélation de la Loi (les Dix Paroles de vie) et de la conclusion de l'Alliance entre Dieu et son Peuple.

L'APPEL DE SAMUEL

Éric Puybaret, 2010 (pages 96 à 101).

Dans le Temple du Seigneur, trois fois, en pleine nuit, le jeune Samuel entend l'appel de Dieu, et réveille le prêtre Eli, croyant que c'est lui qui l'a appelé. La troisième fois, Eli comprend que c'est le Seigneur qui appelle Samuel : « Parle, Seigneur, ton serviteur écoute », lui enjoigne-t-il de répondre.

DAVID ET GOLIATH
Gilles Weissmann, 2010 (pages 102 à 107).

David a été fait roi d'Israël par le prophète Samuel, qui verse de l'huile sur sa tête. Pourtant, David n'est qu'un petit berger, il est aussi musicien. Dieu, dans sa liberté souveraine, l'a choisi pour succéder au roi Saül, qui s'est montré infidèle. Mais David va avoir l'occasion de montrer son courage et son habileté en affrontant le géant Goliath, désigné comme le champion des Philistins, le peuple ennemi d'Israël. Avec sa fronde qu'il manie comme nul autre, le jeune David abat Goliath d'une seule pierre. Plus tard (à droite), il va faire comprendre à Saül qu'il ne veut pas sa mort : alors que Saül était endormi, David s'est approché de lui, il a pris sa lance, il aurait pu le tuer ; il ne l'a pas fait, car Saül avait reçu lui aussi l'onction du Seigneur.

DAVID CONDUIT L'ARCHE D'ALLIANCE À JÉRUSALEM
Enluminure. XIVe siècle. New York (États-Unis). © Photo Pierpont Morgan Library/ Art Resource/Scala, Florence (pages 108 à 113).

En tête du cortège, le roi David, reconnaissable à sa couronne et à sa harpe, conduit l'arche d'Alliance contenant les tables de la Loi, vers Jérusalem : « On chargea l'arche de Dieu sur un chariot neuf [...] David et tout Israël dansaient devant Dieu de toutes leurs forces en chantant au son des cithares, des harpes, des tambourins, des cymbales et des trompettes » (1 Chroniques 13, 7-8). Sur la même enluminure, présente dans le lexique, un homme s'effondre près du chariot : il a commis la faute de toucher l'Arche, ce que seuls les Lévites ont le droit de faire (cf. 2 Samuel 6, 6-8).

SALOMON ET LA CONSTRUCTION DU TEMPLE
Éric Puybaret, 2010 (pages 116 à 121).

Le roi Salomon, au faîte de sa gloire, ordonne et dirige la construction d'un temple pour le Seigneur à Jérusalem, avec les plus beaux matériaux et la collaboration des meilleurs artisans. C'est là que reposera l'Arche, symbole de l'Alliance entre Dieu et son Peuple.

L'ADORATION DES BAALS
Carine Sanson, 2010 (pages 122 à 129).

De la même façon que le peuple hébreu avait abandonné Dieu au désert pour adorer le veau d'or, les adorateurs des Baals, au temps du prophète Élie, se prosternent devant ces faux dieux dont le culte offense gravement le Seigneur. Ce dernier, pour répondre à l'invocation d'Élie, manifeste sa puissance en allumant lui-même le brasier, et tout le peuple crie sa joie.

L'ANNONCE DU ROYAUME
Étienne Jung, 2010 (pages 130 à 150).

En alternance, des scènes de beuverie, d'orgie et de violence faite aux pauvres, celles-là même que dénonce le prophète Amos, et des images paradisiaques, où hommes et animaux cohabitent en harmonie, où les travaux quotidiens permettent à chacun de vivre selon la justice et dans la paix : annonce du Royaume de Dieu, qui sera inauguré par la venue du Messie.

LES PROPHÈTES
Gaëtan Évrard, 2010 (pages 154 à 178).

Les prophètes (à gauche) n'ont pas été écoutés : le peuple ne met plus sa confiance en Dieu, il va à sa perte ! Pour symboliser cela, Jérémie brise une cruche, celle-là même que Dieu avait façonnée avec amour ! De fait, en bas, l'armée de Nabuchodonosor conquiert et détruit la ville de Jérusalem. Le roi et le peuple sont emmenés en exil à Babylone, dont la porte est représentée en haut. Ils y demeureront 50 ans. Mais Dieu n'abandonne pas son Peuple. Les prophètes annoncent désormais un renouveau de l'Alliance : le Berger d'Israël va venir rassembler le troupeau et ramener les brebis perdues : la joie du peuple purifié de ses péchés pourra se manifester à nouveau.

JÉRUSALEM, LUMIÈRE DES NATIONS
Carine Sanson, 2010 (pages 180 à 191).

Le peuple revient d'exil, avec ses bagages portés par des chameaux, et la reconstruction du Temple de Jérusalem est rapidement menée à bien. Le scribe

Esdras peut à nouveau proclamer la Loi du Seigneur et le peuple tout entier se réjouit de ce renouvellement de l'Alliance. En haut et à gauche du cadre, une baleine évoque le livre de Jonas, ce prophète récalcitrant qui fut avalé puis recraché après trois jours par « un grand poisson », pour prêcher la conversion à la ville de Ninive.

L'OCCUPATION GRECQUE
Laure Fournier, 2010 (pages 194 à 199).

Au temps de la domination de la terre d'Israël par les Grecs, une statue de Zeus, le plus grand dieu de la mythologie grecque, a été installée dans le Temple de Jérusalem. Pour les Juifs, c'est une abomination ! Aussi les plus courageux d'entre eux vont-ils combattre, jusqu'au martyre pour certains d'entre eux, afin de défendre les droits du Seigneur, seul vrai Dieu, et de pouvoir continuer à pratiquer leur religion.

JOB
Myriam Mollier, 2010 (pages 200 à 211).

Le vitrail, avec ses couleurs claires et sombres, ses entremêlements... évoque la vie de Job et, au-delà, celle de tout être humain, avec ses joies et ses peines, ses moments de foi et de désespoir. Dans la paix comme dans la tourmente, la lumière de Dieu vient toujours nous visiter et éclairer notre misère.

LA VISION DE DANIEL
Saint Jacques de Silos. 1109.
© British Library/ Bridgeman Giraudon (page 212).

De manière cohérente avec le genre apocalyptique du livre de Daniel, l'artiste représente des bêtes imaginaires, monstrueuses, inspirées de la description que le prophète fait de ses visions rapportées au chapitre 7 (p. 210). Trônant au-dessus de ces monstres, et donc les dominant, le « Fils d'Homme » est représenté dans une mandorle. Cette forme en amande évoque le premier arbre fleurissant au printemps, et donc le surgissement de la vie par-delà la mort. L'artiste représente ce Fils d'Homme avec les traits et les attributs du Christ ressuscité : sa main enseigne et bénit, il tient le livre de la Parole de vie. Autour de lui, une multitude d'anges ailés lui dessinent une couronne de gloire.

JOIE ET SUPPLICATIONS
Éric Puybaret, 2010 (pages 215 à 233).

Deux dessins alternent pour accompagner les psaumes : sur l'un, musiciens et danseurs chantent louange au Seigneur, source de vie, origine de toute la Création : la lune et les étoiles, les plantes, les animaux et l'Homme lui-même : « Ô Seigneur, notre Dieu, qu'il est grand ton nom par toute la terre » (Psaume 8). Sur l'autre dessin, des ronces et des épines, une prison, un homme qui implore à genoux, un autre qui est attaqué par des bêtes sauvages : « Des profondeurs, je crie vers toi, Seigneur, Seigneur, écoute mon appel ! » (Psaume 130). Ainsi les psaumes sont-ils l'expression de la prière d'Israël dans toutes les circonstances de la vie : dans la joie comme dans la détresse, dans l'abondance comme dans la misère.

LE ROI DAVID JOUANT DE LA HARPE
Psautier de Westminster. 1175. British Library. Londres (Royaume-Uni).
© Collection Dagli Orti (page 234).

David est représenté assis sur un trône richement décoré, drapé dans des étoffes de grand prix, coiffé d'une couronne : manière pour l'artiste d'affirmer qu'il est roi. Il préfigure le Roi qui descendra de lui, le Christ, « fils de David ». Pour l'artiste, cette « rencontre » de la culture de son époque avec les Écritures permet d'affirmer le caractère actuel de la Bible pour son temps, et donc pour tous les temps. David joue de la harpe (ou de la cithare) comme le rapporte le 1er livre de Samuel (1 Samuel 16, 23) ; de plus, il est considéré comme l'auteur de nombreux psaumes, ces prières juives qui étaient chantées, accompagnées d'instruments de musique.

LE BAPTÊME DE JÉSUS
Giotto, 1303. Chapelle Scroveni.

Jésus est baptisé dans le Jourdain par Jean Baptiste, qui se tient sur la rive. En signe d'humilité, Jésus est placé plus bas que les autres personnages. En face, des

Padoue (Italie).
© akg-images/
Cameraphoto
(pages 242 à 247).

anges se tiennent prêts à revêtir Jésus de vêtements somptueux. Ce jour-là, le Père éternel se manifeste et désigne Jésus : « Celui-ci est mon Fils bien-aimé ; en lui j'ai mis tout mon amour. » (Matthieu 3, 17). Derrière Jean Baptiste, les deux autres personnages pourraient être l'apôtre Pierre et Judas, dont la présence ici annonce les heures tragiques que vivra Jésus.

SERMON SUR LA MONTAGNE
Fra Angelico, 1437.
Couvent San Marco.
Florence (Italie).
© akg-images/
Rabatti – Domingie
(pages 248 à 253).

Jésus, assis dans la position dominante du maître, enseigne à ses 12 apôtres. Il tient à la main un rouleau, symbole de cette Écriture que Jésus accomplit et qui annonce l'Évangile à venir. Parmi les apôtres, l'auréole noire de l'un des auditeurs révèle la présence de Judas, l'apôtre qui trahira Jésus. La montagne stylisée évoque le récit de l'évangéliste Matthieu, qui situe le premier grand discours de Jésus sur une montagne, en rappel de l'Horeb, lieu de la révélation de la Loi divine à Moïse.

LA MOISSON
Carine Sanson, 2010
(pages 254 à 263).

Labours, semailles et moissons, taille de la vigne et vendanges, tous ces travaux des champs rythment la vie d'Israël et garantissent sa subsistance. Ils inspirent aussi les paraboles de Jésus, ces histoires fortement ancrées dans la réalité quotidienne du peuple auquel il s'adresse : « Voici que le semeur est sorti pour semer… » (Marc 4, 3) ; « La moisson est abondante, et les ouvriers sont peu nombreux… » (Matthieu 9, 37) ; « Allez, vous aussi, à ma vigne, et je vous donnerai ce qui est juste… » (Matthieu 20, 4).

JÉSUS MARCHE SUR LES EAUX
Éric Puybaret, 2010
(pages 266 à 273).

Les 12 apôtres sont dans une barque, sur le lac de Tibériade. Les vagues stylisées, en haut du dessin, rappellent qu'ils affrontent une tempête. Jésus vient à leur rencontre en marchant sur la mer. Pierre, le premier des apôtres, celui que Jésus va bientôt désigner comme « celui sur qui je bâtirai mon Église », s'apprête à quitter la barque, malgré le vent, pour aller à la rencontre de Jésus, en marchant lui aussi sur les eaux.

L'ENTRÉE À JÉRUSALEM
Gilles Weissmann, 2010
(pages 274 à 283).

Au centre, Jésus enseigne devant le temple de Jérusalem. C'est dans cette ville qu'il est entré, quelques jours plus tôt, de manière triomphale, comme le Roi Messie promis par les prophètes depuis des siècles. Ses disciples portent des rameaux en son honneur. Un enfant étend son manteau sous les pas de son âne. Mais à droite, les adversaires de Jésus, grands prêtres, scribes et Anciens du peuple, conspirent contre lui, cherchant le moyen de le mettre à mort. Jésus est vêtu selon la tradition des icônes d'Orient. Il porte une tunique rouge, signe de sa divinité, recouverte d'un manteau bleu, signe de son humanité. Autour de sa tête, l'auréole ornée d'une croix est le signe de sa victoire sur le péché et la mort.

LA CÈNE
Fra Angelico, 1438.
Couvent San Marco.
Florence (Italie).
© akg-images/
Rabatti – Domingie
(pages 284 à 287).

Le peintre a représenté le dernier repas de Jésus d'une manière inhabituelle : Jésus donne la communion à ses apôtres, de la manière dont se déroule ce rite au cours de la messe au XVᵉ siècle ; cela pour mieux faire saisir le lien entre la messe et l'institution de l'eucharistie. L'artiste veut rappeler que ce don du Christ lui-même est le même pour nous aujourd'hui.

LA CRUCIFIXION
Agnolo Gaddi, 1390.
Galerie des Offices.
Florence (Italie).
© akg-images/
Rabatti – Domingie
(pages 288 à 293 et 298).

Jésus est crucifié entre deux bandits, l'un qui semble apaisé et l'autre tourmenté par un démon. Dans la foule nombreuse au pied de la croix, se tiennent Marie et Jean, d'autres disciples, des soldats qui se partagent le vêtement de Jésus et, sous l'étendard de la légion romaine, un cavalier auréolé qui regarde Jésus : sans doute le centurion, ce païen

qui, le premier, proclame la foi chrétienne : « Vraiment, cet homme était Fils de Dieu » (Marc 15, 39).

LA RÉSURRECTION
Andrea Mantegna, 1459. Musée des Beaux-Arts. Tours.
© Collection Dagli Orti
(pages 294-295) 352 à 357).

Jésus surgit du tombeau, en pleine gloire, portant l'étendard de sa victoire sur la mort, escorté par une multitude d'anges. Terrassés, les gardes sont les spectateurs impuissants de la Résurrection. Pour certains, leurs armes gisent à terre, désormais inutiles. Mais la réponse ultime du Seigneur à la violence qu'il a subie est la bénédiction qu'il adresse aux hommes de tous les lieux et de tous les temps.
Une verte prairie parsemée de fleurs, au second plan un lac, dont l'autre rive apparaît désertique, et au loin des montagnes : quelques lieux familiers des habitants de Palestine, des lieux où la Parole de Jésus adressée à ses disciples se fait entendre, où Jésus recherche aussi la solitude, pour prier le Père.

SOLITUDE
Carine Sanson, 2010
(pages 300 à 309).

Une verte prairie parsemée de fleurs, au second plan un lac, dont l'autre rive apparaît désertique, et au loin des montagnes : quelques lieux familiers des habitants de Palestine, des lieux où la Parole de Jésus adressée à ses disciples se fait entendre, où Jésus recherche aussi la solitude, pour prier le Père.

LA TRANSFIGURATION
Icône russe. XVIIIe siècle. Venise (Italie).
© Collection Dagli Orti
(pages 310 à 320).

Au centre de l'icône, Jésus est transfiguré. Ses vêtements sont d'un blanc éclatant, tandis que l'étoile souligne le rayonnement de sa gloire. Quant au grand cercle, symbole traditionnel de la perfection divine, il pourrait évoquer la voix du Père qui se fait entendre. Moïse et Élie entourent le Christ sur le sommet du mont Tabor, rappelant ainsi que, par sa vie terrestre, sa mort et sa résurrection, Jésus accomplit définitivement les Écritures : la Loi et les Prophètes.

LA NATIVITÉ
Basilique Notre-Dame du Rosaire. Lourdes.
© Pascal Deloche/ Godong
(pages 322 à 329).

Sur fond de grotte, l'enfant Jésus est représenté en roi glorieux, assis sur une botte de paille pour évoquer sa naissance dans une étable ; il est entouré de Marie sa mère, de Joseph, des mages venus lui apporter leurs cadeaux précieux, et des bergers à l'arrière-plan. Les ailes des anges au-dessus de lui nous rappellent sa condition divine et son origine céleste. Au pied de la table où il trône, évoquant un autel, un crucifix : un jour, le roi de gloire sera rejeté, bafoué et mis à mort sur une croix.

VIE DU CHRIST
Étienne Jung, 2010
(pages 330 à 341).

Les vignettes illustrent diverses scènes de la vie de Jésus dans l'Évangile selon saint Luc : la présentation de Jésus au Temple de Jérusalem ; Jésus à 12 ans parmi les docteurs de la Loi ; le baptême de Jésus dans le Jourdain par Jean Baptiste ; la prédication au bord du lac et la pêche miraculeuse dans la barque de Pierre ; Jésus lisant Isaïe dans la synagogue de Nazareth ; la résurrection de la fille de Jaïre, ainsi que la scène où, sur le chemin de la maison de Jaïre, une femme malade touche le vêtement de Jésus ; la femme pécheresse qui essuie les pieds de Jésus avec ses cheveux, chez Simon le pharisien ; Jésus priant de nuit Dieu son Père avant de choisir ses apôtres ; la résurrection de la fille d'une veuve de Naïm.

LE BON SAMARITAIN
Paula Modersohn-Becker, 1907.
Collection particulière
© akg-images
(pages 342 à 345 et page 535).

Au centre de l'image, un voyageur, son âne près de lui, se penche sur un homme allongé et lui prodigue des soins. Tous deux sont au pied d'un arbre chargé de fruits. À l'arrière-plan, un chemin mène à une maison et sur ce chemin, deux marcheurs qui se tiennent éloignés. L'artiste a mis en scène, à sa façon, la parabole du Bon Samaritain (Luc 10, 30-37, p. 343). L'arbre de vie, au centre de la scène, symbolise la fécondité de l'aide offerte par le voyageur, pris de pitié pour le blessé. La maison pourrait figurer l'auberge dans laquelle le blessé sera conduit : image de l'Église, ce havre où l'on prend soin des âmes comme des corps !

LE BON BERGER
Mosaïque. Ve siècle. Ravenne (Italie). © Giraudon/ The Bridgeman Art Library (pages 346 à 351 et 360).

La représentation de Jésus en Bon Berger est l'une des plus anciennes dans l'iconographie chrétienne. Jésus est représenté jeune, richement vêtu, comme un dignitaire de l'empire romain. Il tient un bâton surmonté de la croix, signe de sa victoire sur la mort. Il est le berger des brebis qui l'entourent et tournent la tête vers lui. Il les connaît et peut les appeler chacune par son nom. Placée au-dessus de l'entrée d'une église, cette mosaïque rappelle aussi que Jésus est la porte des brebis : « Si quelqu'un entre en passant par moi, il sera sauvé, il pourra aller et venir, et il trouvera un pâturage » (Jean 10, 9).

LA VIGNE, L'EAU VIVE, LE PAIN DE VIE
Éric Puybaret, 2010 (pages 362 à 375).

Les grappes de raisin et les deux grandes jarres qui encadrent le dessin évoquent les noces de Cana : avec Jésus, vient le Vin nouveau qui apporte la joie au monde. Les épis de blé et les champs qui ondulent rappellent que Jésus est Pain de vie, que sa chair est vraie nourriture pour la vie éternelle. Jésus nourrit l'homme par sa Parole et son Eucharistie. « Si tu savais le don de Dieu… » (Jean, 4, 10), a dit Jésus à la femme de Samarie qu'il rencontre près du puits de Jacob…

MISÉRICORDE DU CHRIST
Laure Fournier, 2010 (pages 376 à 385).

Jésus dessine quelques traits sur le sable. Face à lui, des pharisiens ont amené une femme prise en flagrant délit d'adultère : quel jugement va prononcer Jésus ? Lui qui s'est dit le Bon Berger, celui qui ramène la brebis perdue, qui pardonne tous les péchés, va-t-il condamner cette femme ? Plus loin dans l'Évangile de Jean, Jésus guérit un aveugle de naissance… mais c'est le jour du sabbat ! Les pharisiens se mettent à conspirer contre lui. Un peu plus tard, il manifeste son pouvoir sur la mort en ressuscitant Lazare. Ce Jésus qui dérange, qui bouscule, n'est-ce pas lui qu'il faut mettre à mort ? « Va, ne pèche plus » (Jean, 8, 11) a-t-il dit à la femme. Reliés, unis à lui comme les sarments à la vigne, nous voilà pardonnés, nous aussi !

LE LAVEMENT DES PIEDS
Gilles Weissmann, 2010 (pages 386 à 393).

Jésus, à genoux, dans la posture du serviteur, lave les pieds de l'apôtre Pierre. Il fera de même pour les autres apôtres. Ils sont 12, donc Judas est parmi eux. À lui aussi, Jésus va laver les pieds… Pierre désigne sa tête, car dans un premier temps, il a refusé que Jésus, lui, le Maître et le Seigneur, se comporte en esclave. Il a dit à Jésus : « Pas seulement les pieds, mais aussi les mains et la tête. » Jésus lui répond qu'il doit se laisser faire, qu'il comprendra plus tard le sens de ce geste : Jésus donne librement sa vie, par amour. Alors, Pierre, le chef de l'Église, pourra se montrer à son tour serviteur de tous ses frères, à l'exemple de Jésus.

LE CHRIST APPARAÎT À MARIE MADELEINE
Garofalo. 1525. Musée d'Histoire de l'art. Vienne (Autriche). © akg-images/ Erich Lessing (pages 394 à 399).

Le Christ ressuscité apparaît à Marie Madeleine, cette dernière l'a d'abord pris pour le jardinier. Mais Jésus l'a appelée par son nom, et désormais elle reconnaît le Vainqueur de la mort. Marie Madeleine tend la main vers Jésus pour le toucher, mais Jésus lui répond : « Ne me retiens pas… va trouver mes frères… » (Jean 20, 17). Ses frères : les apôtres, les disciples de Jésus, mais aussi les habitants de la ville en arrière-plan, et peut-être d'abord les deux voyageurs représentés sur le chemin qui évoquent les deux pèlerins d'Emmaüs…

SAINT PIERRE ET SAINT PAUL
Panneau d'autel. Art gothique catalan. XIIIe siècle. Espagne. © Collection Dagli Orti/ Episcolpa Muséum

Sur fond d'étoiles, les apôtres Pierre et Paul, les colonnes de l'Église, sont représentés en dialogue. Un dialogue qui ne fut pas toujours très apaisé, comme le rapporte le livre des Actes des Apôtres. Pierre porte des clés, en

Vic Catalonia (pages 400 et 446 à 457).

signe du pouvoir que Jésus lui a conféré (Matthieu 16, 19), et Paul tient une longue épée, sans doute une allusion à sa vocation missionnaire : porter parmi les nations la Parole de Dieu, « plus vivante, efficace et incisive qu'un glaive à deux tranchants » (Hébreux 4, 12).

LA PENTECÔTE
Gravure sur bois. 1860. Berlin (Allemagne).
© akg-images
(pages 404 à 413).

Le jour de la Pentecôte, apôtres et disciples sont réunis dans la chambre haute, le Cénacle, pour attendre la réalisation de la promesse que Jésus leur a faite, avant de remonter vers le Père : « Je vous enverrai une force venue d'en-haut, l'Esprit Saint ». Le don de l'Esprit se manifeste par des langues de feu qui se posent sur la tête de ceux qui sont rassemblés. Nous faisant face, l'homme à la barbe grise est probablement Pierre, chef du collège des apôtres. Habillée de vert, partiellement masquée, Marie, la mère de Jésus, accompagne les disciples de ses prières. Certains rendent grâce, les yeux levés au ciel, d'autres méditent, tête baissée : seront-ils à la hauteur de la mission immense qui leur a été confiée ?

CONVERSION DE SAUL
Laure Fournier, 2010 (pages 414 à 423).

Au centre du dessin, la conversion de Saul : sur la route de Damas, alors qu'il porte les lettres du grand prêtre ordonnant de faire prisonniers les chrétiens de cette ville, Saul a une vision venue du ciel. Jésus lui apparaît et lui dit : « C'est moi que tu persécutes. » Saul devient aveugle, il ne retrouve la vue que trois jours plus tard, lorsque Ananie, un disciple de Jésus, le baptise. Dès lors, Saul, qui a pris le nom de Paul, va parcourir les terres et les mers pour annoncer la Bonne Nouvelle du Christ Seigneur. Il sera mis en prison, et Dieu le délivrera ; il subira des tempêtes, et Dieu le gardera en vie, jusqu'à Rome où, par son martyre, il rendra un dernier témoignage à Jésus.

JUSQU'AUX EXTRÉMITÉS DE LA TERRE
Carine Sanson, 2010 (pages 424 à 431).

« Allez, de toutes les nations, faites des disciples, baptisez-les au nom du Père, et du Fils et du Saint-Esprit », a dit Jésus après sa résurrection. Les Apôtres et leurs compagnons, forts de l'Esprit Saint qu'ils ont reçu à la Pentecôte, parcourent donc le monde pour annoncer la Bonne Nouvelle, à pied ou à cheval sur les routes de l'empire romain, en bateau sur la mer Méditerranée… À chaque étape, ils proclament que Jésus est Seigneur, qu'il a donné sa vie par amour, afin de nous réconcilier avec Dieu, qu'il a vaincu la mort et qu'il vit pour toujours… Beaucoup sont bouleversés par ces paroles, ils demandent à être baptisés. Dans la joie, ils rendent gloire au Seigneur.

SAINT PAUL PRÊCHE AUX JUIFS DANS LA SYNAGOGUE DE DAMAS
École byzantine, XIIe siècle. Duomo de Monreale. Sicile (Italie).
© Bridgeman Giraudon
(page 434).

Saint Paul, à droite, prêche aux Juifs dans une synagogue. Ces derniers sont reconnaissables aux châles de prière qu'ils portent sur la tête, et au livre ou feuillets des Écritures qu'ils tiennent à la main. Serrés les uns contre les autres, les trois Juifs, sans doute des docteurs de la Loi, semblent faire front pour s'opposer aux enseignements de Paul, refusant même de le regarder. De même que Jésus s'est durement confronté aux scribes et aux chefs du peuple juif, saint Paul doit lui aussi subir une rude opposition, allant jusqu'à la persécution, de la part des Juifs des villes où il annonce la Bonne Nouvelle du Christ.

SYMBOLES DE VIE
Éric Puybaret, 2010 (pages 436 à 445).

Les premières communautés chrétiennes s'organisent, elles se rassemblent autour des symboles qui rappellent les événements de la vie du Christ. L'Agneau, figure biblique qui désigne la victime innocente offerte à Dieu : ce que fut Jésus, le juste mis à mort pour le pardon de nos péchés. La croix, instrument du supplice mais aussi lieu de la victoire sur la mort. Le poisson, dont le nom écrit en grec forme les initiales de « Jésus Christ, Fils de Dieu, Sauveur ». Les rameaux en souvenir de l'accueil triomphal du Roi Messie à Jérusalem. Le Pain de Vie, corps du Christ qui se rend présent chaque fois que les chrétiens célèbrent la Cène. La colombe, symbole de l'Esprit donné à profusion, par lequel les chrétiens peuvent prier le Père en vérité.

APOCALYPSE

Le Christ Pantocrator. Chapelle Palatine. Palerme (Italie).
© akg-images/ Andrea Jemolo
(pages 458, 460 à 467 et page 547).

Au sommet d'une coupole qui symbolise le ciel, le Christ est représenté en gloire, entouré de huit anges : Il est le Ressuscité, le Seigneur de l'univers. Il porte une tunique dorée, signe de sa divinité, couverte d'un manteau bleu, signe de son humanité : Jésus, vrai Dieu et vrai homme. Il porte le livre des Évangiles, car il est lui-même la Parole, le Verbe éternel de Dieu. Dans la joie, les anges rendent gloire au Seigneur.

L'ARCHE DE NOÉ

Mikalojus Ciurlionis, 1909. Russian State Museum, Saint-Petersbourg (Russie).
© akg-images
(page 468).

La pluie s'est arrêtée, les eaux du déluge baissent : l'arche de Noé repose au sommet d'une montagne. En attendant que la terre redevienne habitable, Noé et sa famille offrent un sacrifice à Dieu. La fumée monte vers le ciel, et Dieu répond par l'arc-en-ciel, avec cette parole : « Voici que moi, j'établis mon alliance avec vous, avec tous vos descendants [...] il n'y aura plus de déluge pour ravager la terre [...]. Je mets mon arc au milieu des nuages, pour qu'il soit le signe de l'alliance entre moi et la terre » (Genèse 9, 9...13).

SOMMAIRE

ANCIEN TESTAMENT

NOUVEAU TESTAMENT

CRÉDITS DE LA COUVERTURE

Christ pantocrator, chapelle palatine, Palerne © akg-images/Andrea Jemolo
Saint Pierre et Saint Paul, détails d'un panneau d'autel, art gothique catalan, XIIIe siècle, Espagne © Collection Dagli Orti/Episcolpa Muséum Vic Catalonia
Illustration du bas © Éric Puybaret, 2010

CRÉDITS DES GRANDES PLANCHES ILLUSTRÉES

Étienne Jung p. 10-11
Emmanuel Cerisier p. 6, p. 90-91, p. 114-115, p. 152-153, p. 192-193
Christel Espié p. 20-21, p. 36-37, p. 264-265, p. 296-297, p. 358-359, p. 432-433

CRÉDITS PHOTOGRAPHIQUES DU LEXIQUE

(le numéro de page est parfois suivi de la lettre indiquant la colonne)

p. 472 et p. 483 c : Détails, cathédrale Saint-Bavon, Gand © akg-images.
p. 474 a : Bois polychrome, chapelle de Kermaria an Iskuit © akg-images/Hervé Champollion.
p. 474 b : Fresque, cathédrale Saint-Julien, Le Mans © akg-images/Hervé Champollion.
p. 475 a : Bois polychrome, musée du Bargello, Florence © akg-images/Rabatti-Domingie.
p. 476 : Suermondt Museum, Aix-la-Chapelle © The Art Archive/Suermondt Museum Aachen/Alfredo Dagli Orti.
p. 477 (en haut) : Enluminure, The Pierpont Morgan Library, New York © Scala/Photo Pierpont Morgan Library/Art Resource.
p. 477 (en bas à gauche) : Relief en bois doré d'un reliquaire, église de Tolède © ARTimages/Rémi Tournus.
p. 477 (en bas à droite) : Enluminure, école française © RMN (Domaine de Chantilly)/René-Gabriel Ojéda.
p. 478 b : Meggido (Israël) © ARTimages/Rémi Tournus.
p. 479 b : Cathédrale de Paros (Grèce) © Corbis/Roger Wood.
p. 480 : Ivoire, musée du Louvre, Paris © Bridgeman Giraudon/Peter Willi.
p. 483 a, b : École russe, musée Andrei Roublev, Moscou © Bridgeman Giraudon/Andrei Rublev Museum, Moscow, Russia.
p. 484 b : Musée du Prado, Madrid © akg-images.
p. 484 c : Église de Kœnigsfelden (Suisse) © ARTimages/Rémi Tournus.
p. 486 (en haut à gauche) : Bois, école allemande, cathédrale Saint-Jean, Perpignan © Bridgeman Giraudon.
p. 486 (en haut à droite) : Bois peint, école italienne, basilique Sainte-Claire, Assise © Bridgeman Giraudon.
p. 486 (au centre) : Ivoire, musée du Louvre, Paris © RMN/Jean-Gilles Berizzi.
p. 486 (en bas à gauche) : Lindisfarne Piory, Holy Island © akg-images/SPL.
p. 486 (en bas au centre) : Musée du Prado, Madrid © akg-images.
p. 486 (en bas à droite) : Lithographie en couleurs © akg-images/North Wind Picture Archives.
p. 487 a : © akg-images/Bildarchiv Monheim.
p. 487 c : Vitrail illustrant la vie de saint Nicolas (détail), cathédrale de Chartres © Henri Gaud/Centre International du Vitrail – La Crypte.
p. 488 (en haut) : *La Tentation de Satan*, chapiteau, église Saint-Pierre, Chauvigny © The Art Archive/Alfredo Dagli Orti.
p. 488 (en bas): Fresque, Sant'Abbondio, Côme © Bridgeman Giraudon/Merilyn Thorold.
p. 489 : Abbaye bénédictine de Keur Moussa (Sénégal) © Godong/Philippe Lissac.
p. 490 : Icône © akg-images/Erich Lessing.
p. 491 : Encensoir, cathédrale Notre-Dame, Paris © Philippe Lissac/Godong/Corbis.
p. 492 : Enluminure, évangéliaire d'Helmarchausen, dit « Henri de Lion », Herzog August Bibliothek, Wolenbuettel © akg-images.
p. 493 a : Manuscrit de la Mer morte (Ier siècle), musée Bible et Terre sainte, Paris © ARTimages/Rémi Tournus.
p. 493 c : Don Simone Camaldolese, enluminure, musée de San Marco, Florence © Bridgeman Giraudon.
p. 494 : Symboles des quatre évangélistes, (XXe siècle), sanctuaire Notre-Dame de la Salette © Marcel Crozet/Ciric/adagp.
p. 496 : Mosaïque, basilique Saint-Marc, Venise © Scala, Florence, 2010.
p. 497 : Fresque, chapelle Scrovegni, Padoue © akg-images/Cameraphoto.
p. 499 : Histoire de l'évêque de Siponto (détail), école espagnole, musée d'art de Catalogne, Barcelone © Bridgeman Giraudon.
p. 501 : Bas-relief, calcaire de Turquie, musée du Louvre, Paris © RMN/Les frères Chuzeville.
p. 502 (en haut) : Icône, musée national russe, Saint-Pétersbourg © akg-images.
p. 502 (en bas) : Enluminure, psautier d'Ingeborg de Danemark dite « Isembour », musée de Condé, Chantilly © akg-images/Erich Lessing.
p. 503 : G. D. Facchina, Mosaïque, basilique Notre-Dame du Rosaire, Lourdes © Pascal Deloche/Corbis.
p. 504 : Fresque, cathédrale d'Anagni © The Art Archive/Alfredo Dagli Orti.
p. 505 : Bois polychrome (Allemagne), collection particulière © akg-images/François Guénet.
p. 506 a : Détail, musée du Prado, Madrid © The Art Archive/Alfredo Dagli Orti.
p. 506 c : Musée Estense, Modena © Bridgeman Giraudon.
p. 507 : Musée d'Israël, Jérusalem © Richard T. Nowitz/Corbis.
p. 508 : Fresque, musée de San Marco, Florence © Rabatti-Domingie/akg-images.
p. 509 : Tympan ouest de l'église Sainte-Foy, Conques © The Art Archive/Alfredo Dagli Orti.
p. 510 a : Pedro Serra, école catalane, musée des Beaux-Arts, Bilbao © The Art Archive/Alfredo Dagli Orti.
p. 510 b, c : Peinture sur bois, église Saint-Martin, Zillis (Suisse) © ARTimages/Rémi Tournus.
p. 511 : Bois polychrome, retable de l'église de Guingamp © ARTimages/Rémi Tournus.
p. 512 a : Musée de l'Ermitage, Saint-Pétersbourg © akg-images.
p. 512 c : Le Songe des rois mages, chapiteau (XIIe siècle), cathédrale Saint-Lazare, Autun © Hervé Champollion/akg-images.
p. 513 a : Enluminure, livre d'heures, collection privée © akg-images.
p. 514 (en haut à gauche) : Icône, école russe, musée du Louvre, Paris © RMN/Hervé Lewandowski.
p. 514 (en haut à droite) : Terre cuite émaillée, musée du Louvre, Paris © RMN/Hervé Lewandowski.
p. 514 (en bas à gauche) : Marbre, basilique Saint-Pierre, Rome © akg-images/Electa.

p. 514 (en bas à droite) : Musée du Louvre, Paris © akg-images/Erich Lessing.
p. 515 a : Bois polychrome, cathédrale Saint-Rufin, Assise © akg-images/Gerhard Ruf.
p. 515 c : Maître de Saint-Séverin, *Le Martyre de saint Laurent*, The Barnes Foundation, Merion © Bridgeman Giraudon.
p. 516 : Enluminure, psautier d'Ingeborg de Danemark dite « Isembour », musée de Condé, Chantilly © RMN (Domaine de Chantilly)/René-Gabriel Ojéda.
p. 517 : Mosaïque, San Apollinare Nuovo, Ravenne © The Art Archive/Alfredo Dagli Orti.
p. 518 : Marbre, mausolée de Jules II, basilique Saint-Pieere-aux-Liens, Rome © akg-images/Andrea Jemolo.
p. 519 : Musée du Prado, Madrid © akg-images/Joseph Martin.
p. 520 : *Les Heures de Françoise de Guise*, enluminure, musée de Condé, Chantilly © RMN (Domaine de Chantilly)/René Gabriel Ojéda.
p. 521 : École française, musée de Condé, Chantilly © Bridgeman Giraudon.
p. 522 : Galerie Narodni, Prague © akg-images/André Held.
p. 523 (en haut) : Musée national d'Art moderne, Paris © Collection Centre Pompidou/RMN/D.R./adagp.
p. 523 (en bas) : Fresque, école roumaine, église de Maramures (Roumanie) © Bridgeman Giraudon.
p. 525 : *Missel du roi Louis*, enluminure, musée de la basilique Saint-François, Assise © akg-images/Stefan Diller.
p. 526 : Relief égyptien, temple de Ramsès III, Thèbes © akg-images/James Morris.
p. 527 : Manuscrit, musée arménien, Isfahan (Iran) © The Art Archive/Alfredo Dagli Orti.
p. 528 : Fresque, catacombe via Anapo, Rome © akg-images/Pirozzi.
p. 529 : Enluminure, British Library, Westminster © The Art Archive/Alfredo Dagli Orti.
p. 530 : Musée du Louvre, Paris © akg-images.
p. 532 : Musée du Prieuré, Saint-Germain-en-laye © akg-images/Erich Lessing/adagp.
p. 533 : Enluminure arménienne, collection particulière © akg-images/CDA/Guillemot.
p. 534 : Musée de San Marco, Florence © akg-images/Erich Lessing.
p. 536 : Musée de l'œuvre, cathédrale Notre-Dame, Strasbourg © Bridgeman Giraudon.
p. 537 (en haut) : Fresque, baptistère, région de Padoue (Italie) © akg-images/De Agostini Pict. Li.
p. 537 (en bas) : Fresque du maître de Saint-François, basilique Saint-François, Assise (Italie) © akg-images.
p. 538 : *Maesta*, musée de l'œuvre du Duomo, Sienne (Italie) © The Art Archive/Alfredo Dagli Orti.
p. 539 et p. 576 : Bronze patiné, église de la Sainte-Famille, Shiltigheim, Alsace © Fleur Nabert.
p. 541 : Guido da Como, église San Bartolomeo in Pantano, Pistoia (Italie) © Scala, Florence, 2010.
p. 543 a : Enluminure française, « La Bible historiale » (détail), Bodleian Library, Oxford (Royaume-Uni) © akg-images.
p. 543 c : Icône, Galerie Tretiakov, Moscou (Russie) © akg-images.
p. 544 : École française, musée Crozatier, Le Puy-en-Velay © Bridgeman Giraudon.
p. 545 : Église Saint-Louis-des-Français, Rome © akg-images/Erich Lessing.
p. 546 : Vitrail de Jérusalem © P. Deliss/Godong.

CRÉDITS DES ILLUSTRATIONS DU LEXIQUE

© Éric Puybaret : 470, 475, 476, 479, 482, 485, 491, 492, 501, 508, 519
© Emmanuel Cerisier : 471, 498, 499, 504, 524, 540, 542
© Mame-Tardy : 496

CRÉDITS DES TEXTES

p. 202 : Etty Hillesum, extrait de *Une vie bouleversée. Journal, 1941-1943* © Éditions du Seuil, 1985, pour la traduction française, 1995
p. 203 : Michel Quoist, texte *Seigneur, délivre-moi de moi* (extrait) © Éditions de l'Atelier
p. 267 : Saint Jean Chrysostome, *Homélies sur l'Évangile selon saint Matthieu*, n° 50 (extrait), © DR
p. 274 et p. 340 : Saint Irénée, *Contre les hérésies*, livres IV, 36, 7 et V, 12, 6 © Éditions du Cerf, 1985
p. 286 : Michel Quoist, « Il fait nuit » (extrait), Poèmes © Éditions de l'Atelier, 2003
p. 291 : Léon le Grand, *Sermons, III* (extrait), traduction et notes de Dom René Dolle, collection « Sources chrétiennes », n° 74 © Éditions du Cerf, 1976
p. 305 : Christine Reinbolt, *Autrement* (extrait), collection « Mille textes » © Éditions Les Presses d'Île-de-France, 1997
p. 309 : Extrait d'un commentaire de *La Bible expliquée* © Société biblique française, 2004
p. 381 : Jean-Marie Bedez, *Autrement* (extrait), collection « Mille textes » © Éditions Les Presses d'Île-de-France, 1997
p. 385 : Pierre Haag, *Autrement* (extrait), collection « Mille textes » © Éditions Les Presses d'Île-de-France, 1997
p. 386 : Robert Riber, *Chemins* (extrait), collection « Mille textes » © Éditions Les Presses d'Île-de-France, 2001
p. 416 : © AELF, Paris
p. 436 : © DR
p. 453 : Hubert Renard, *Sois sans crainte* (extrait), livret de la Pastorale Santé à l'occasion du Dimanche de la santé, 7 février 2010 © AELF, Paris
p. 455 : Didier Rimaud, *Prenons la main que Dieu nous tend* (extrait de « Au Dieu qui donne le pain » – CNPL 358), (T42) © Secli-Autorisation SECLI 2010009

MAME ▪ Tardy
Direction : Guillaume Arnaud
Direction éditoriale : Sarah Malherbe
Chef de projet : David Gabillet
Édition : Servane Bayle, assistée de Pauline Trémolet et Charlotte Walckenaer

Direction artistique : Élisabeth Hébert

Remerciements à Marine Lebrun, Marie-Noëlle Réniero, Sibylle Veillet-Lavallée, Marie Miannay, Camille Chanoine

Mise en page : IGS, Emmanuel Danielides

Fabrication : Thierry Dubus, Sabine Marioni

Photogravure : IGS
Achevé d'imprimer en janvier 2011 par Dea Printing (Italie)
Dépôt légal : septembre 2010